スイス銀行秘密と国際課税

石 黒 一 憲

# スイス銀行秘密と国際課税
―国境でメルトダウンする人権保障―

Swiss Banking Secrecy vs. International Taxation?

By

Prof. Kazunori Ishiguro

The University of Tokyo

❦ ❄ ❦

学術選書
129
国際租税法

2014
Shinzansha

信 山 社

## は　し　が　き

　「スイス銀行秘密」についての，今の世界の一般的理解は，以下の通りのものであろう。即ち，『スイスの銀行秘密こそは，国際的な脱税や金融犯罪の温床であり，諸悪の根源である』，との理解である。だが，果たしてそうなのか。どこまでそんなことが言えるのか。──本書に収められた私の論文は，「租税条約上の情報交換」の問題を中心に（「徴収共助」問題をも含めて），かかる一般的理解とその背後に見え隠れする或るもの（今の我々の世界の，救い難い病理！）に対して，根源的な批判を加えるために，構想されたものである。

　「スイス銀行秘密」を巡っては，（意図的なものを含めて）無数の誤解がある。例えば，スイスには「秘密口座」や「匿名口座」があって犯罪者等がそれを利用しており，それを前提としての「銀行秘密」ゆえ，諸悪の温床になるのだ，といったことが，まことしやかに説かれる。だが，そんな口座は，スイスには一切存在しない。スイスにあるのは，「番号口座」であって，1981-1982年の私のスイス（バーゼル［Basel］）留学でも，日々それを利用した。また，「スイス銀行秘密」は銀行側の有する権利のようにも思われがちだが，あくまでもそれは，銀行の「顧客の権利」なのであって，銀行側はそれを守る法的義務を負っている，のである。──といったところから始まる無数の誤解・無理解の山の中から，『「スイス銀行秘密」の真の姿』を，発掘せねばならない。

　ところで，従来の（「2009年3月13日」までの）スイスは，スイスの銀行口座等についての諸外国からの情報提供要請に対して，「スイス銀行秘密」を盾に常にそれを拒絶して来た訳ではない。外国側当局における課税や刑事処罰との関係で問題とされている，当該の者の行為について，スイス国内法上も国家的な強制措置が可能である場合には，それに応じて来た。

　端的に言えば，「情報交換」の前提として外国で問題とされた当該の者の行為が，その外国で「可罰的」であっても，スイスでは「可罰的」でない場合には，当該外国からの要請は拒絶される。だが，スイスでもそれが「可罰的」なら，「スイス銀行秘密」は解除され，（必要に応じて，スイス国内で国家的強制権限が発動され）当該外国への情報提供がなされる。──これを「双方可罰性（dual criminality）」の要件と言うが，スイスはそれを，課税との関係，つまり「租税条約上の情報交換」についても，堅持して来た。従来のスイスは，かかる基本方針の明確化のために，「情報交換」に関するOECDモデル租税条約26条についての「留保」を，行なって来たのである。

　ここで，次の場合に，果たしてあなたが何を感ずるかを，まずは考えて頂きたい。──或る朝，いきなりあなたの家に警察・検察，又は国税の職員が現れ，あなたに対して国家的な強制権限を行使しようとした，と仮定せよ。聞けば，「日本国内にはあなたに対して処罰ないし課税をする法的根拠（「実体的」な課税要件，等）はないが，外国の当局からあなたについての情報提供の要請があったので，あなたに対して強制権限を行使するのだ」，とのこと。

そこであなたが抱くであろう違和感の根底には,「日本国内に,国家の側が自分に対して,課税や刑事処罰を行なう(「実体的」な!)法的根拠がないのに,なぜ自分が,外国からの要請があったからということで,日本の国家権力の側からの強制(国家的強制)を受けるのか。おかしいではないか。ここは,日本の中なのに…..」,ということがある「はず」である。もっと言えば,憲法上の基本的人権保障(罪刑法定主義や租税法律主義)との関係は,一体どうなるのか,ということである。—— 一言で言ってしまえば,これが,本書の副題たる「国境でメルトダウンする人権保障」の問題,である(石黒・国際倒産 vs. 国際課税 [2010年・信山社] 5頁以下参照)。

実は,従来のスイスの立場,即ち,「双方可罰性要件」が満たされない場合には外国側との情報交換には応じない,との立場の根底にも,これと同様の考え方が,裏打ちされていた。また,とかく諸外国からの一方的な批判・非難の対象とされて来た「スイス銀行秘密」の究極的な法的根拠は,銀行の顧客が有する憲法上の「プライバシー保護」の基本権(基本的人権)の保障,にあった。しかもそれは,本書162頁に引用したブルクハルト(Jacob Burckhardt)の言葉が象徴するように,スイス社会の基本的な在り方,そして「市民の自由権」と,深く結びついたものだった。

ところが,「スイス銀行秘密」のかかる憲法的基盤をあえて無視して,(日本を含めた)諸国は,とりわけ「租税条約上の情報交換」についての,スイスの前記の立場を,強く批判し,猛烈な圧力をかけた。その結果としてスイス政府は,「2009年3月13日」,G8/G20/OECD等の猛攻に屈し,OECDモデル租税条約26条についての留保を撤回し,以後は「双方可罰性要件」を問うことなく,「銀行情報」を含めた情報交換を行なう旨の決定を行なった。そして,「2009年4月2日」のG20ロンドンサミット・コミュニケは,「銀行秘密の時代は終わった」との,高らかな(勝利)宣言を行なった。

こうした流れと併行して起きたのが,スイス最大の銀行たるUBS関連での,いわゆる**『IRS vs. UBS 事件』**であり,この事件の,法的処理の実像を深く抉るのが,本書第1章である。米国側の発する情報は,「歴史の改竄」とも言うべき歪んだものであり,米・スイス政府間の「UBS合意」の詳細とともに,本書では,スイス政府の議会向けの公的説明(Botschaft)を軸に,冷静な分析を行なっているので,まずは,本書第1章の目次項目を参照されたい(その分析の過程で解明された重要なポイントの一つは,「ゲシュタポ」の時代からのものとしての,「スイス司法制度の健全性」,である)。

続く本書の第2章・第3章では,序章で一応論じていた「スイス銀行秘密の歴史」を再確認した上で,スイスが主要国と結んだ租税条約上の情報交換問題について,最も初期のものから,「2009年3月13日」後の状況下での改正まで,詳細に検討することを軸に,周辺にある諸問題についても,広く分析の網をかけた(スイスの「刑事司法共助」への言及は,第2章1)。本書第4章は,多少理由があって,当初の予定を大幅に圧縮したものだが,これ以上この「はしがき」の中で,各章の概要等を示すことは,やめておきたい。本書目次はそのためにあり,目次を「通読」しただけでも,私の言いたいこと等が自然に理解できるように,すべてが入念に,そこにおいて既に,"構築"されているのだから。

但し,本書は約700頁もあり,計40冊位にはなろうかと思われる私の著書(いわ

ゆる単著）の中でも，最も頁数が多い。あくまで「スイス側の視点」からすべてを見直すというのが，本書の基本なのだが，そのスイスの政策が，「2009年3月13日」の前と後で，どのように変化したのかを，前記の『IRS vs. UBS 事件』の推移と対比しつつ示した『時系列的整理』が，本書568頁以下にある。本書全体を見通す上でも，まずはそれを参照されたい。

　また，スイス側の1次資料を「歴史の時間軸」に沿いつつ，丹念に読み解くのが本書の基本だが（エヴィデンス重視の本書における，読み手の意識の拡散を防止するための，その「基本的執筆方針」については，第2章の冒頭たる本書129頁参照），そのような丹念な作業から発掘された，貴重な（しかしながら現実世界では，殆ど全く無視されたままの）「或る文書」が，本書619頁以下に示されていることについても，あえてここで，一言しておきたい。そのような丹念な作業がもたらしてくれた成果の，一例として，である。

　他方，本書の一つの特徴としては，OECDモデル租税条約26条のコメンタリーや，いわゆる『グローバル・フォーラム』の文書，等について，徹底的に「英語のニュアンス」にこだわって（この点については，石黒・貿易と関税2010年10月号67-74頁と対比せよ！），その「不誠実さ」を，白日の下に曝そうとしたこと，がある。汚い英語表現をあえて用いる「書き手の心理」を執拗に探ることによって，「今の我々の世界の病理」が，鮮明に浮かび上がって来るから，である。


　本書に収められた論文は，「貿易と関税」2011年3月号から2013年12月号までの私の連載において，公表されたものである。一冊の著書に纏め上げるにあたって，とくに意を用いたのは，論述内容の一層の**「構造化」**，であった。おそらくは千か所（二千か所？）を優に超えるクロス・レファレンスを充実させ，それを「索引」と一体化させることにより，必要な情報等が，より効率的に得られるように配慮した，ということである。

　そう言ってしまえば一言で済むが，実はこれは，大変な作業であり，初校と再校との頁のズレ等の確認をも含めて，それに膨大な時間と労力を費やすこととなってしまった。雑誌連載の段階でも，クロス・レファレンスはそれなりに充実させていたつもりだが，そのこと「も」あって，本書には，どこまでが「貿易と関税」何年何月号の連載に対応するかを，一々明示しておくことにした。本書に思わぬ校正ミスがあった場合，等のためでもある。


　本書は，昭和49（1974）年春以来，実に40年に及ぶ私の全研究の集大成としてのものであり，かつ，東大在職中の最後の著書である（まだ，定年退職までには，今日の時点で2年と1か月あるが，今後は，もっぱら教育に専念したい）。特殊研究中の特殊研究のはずだった本書のテーマが，書き進めるうちに，岩波の『法と経済（Law vs. Economics）』等の中心テーマとぶつかり云々，といったことは，本書の中で示したことだが，ともかく，私は，**『学問の典型』**を，東大での最後の学問的業績としての本書（本論文）によって示すのだと，最初から心に決めていた。

だが，書き始めて暫くして大震災・大津波・原発事故が起き，それからは一層，嘆きながら書き，書きながら更に深く嘆くことの繰り返しとしての，誠に辛い執筆の日々を，送ることとなった。本書のテーマは，この日本の大災害と，多々連動し，同期するものだったのである。

　なお，「国境でメルトダウンする人権保障」との本書副題は，本書の英文タイトルにはない。私は，"Swiss Banking Secrecy vs. International Taxation?" という英文タイトルにおける『？』に，すべてを託したつもりである。

　その英文タイトルを最後に示しつつ，妻裕美子が，文字通り心を込めて作成してくれた外国向けのクリスマス・カードを，81－82 年のスイス留学の際にお世話になったバーゼル大学の F. Vischer 教授にも送ってくれていた。そうしたら，2013 年 12 月 31 日未明（スイス時間では前日の「午後 4 時半」と印字してあった）に，フィッシャー先生からファクスが来た。この十数年，音沙汰なくで心配していたのだが，その嬉しいファクスの最後には，„Ich wünsche Ihnen und Ihrer Familie viel Glück und Lebensfreude und Ihnen viel Kraft für Ihre wertvolle Arbeit." とあった。

　この下線部が重要である。「そして」の後に，「あなた（石黒）の意義深い仕事のために，大いなる力のもたらされることを祈る」，とある。本書の英文タイトルの，最後の「？」の意味が，それだけで完全に通じたのだ（なお，スイス留学中の私と，フィッシャー教授との関係については，石黒・前掲国際倒産 vs. 国際課税 145 頁以下参照）。

　だから私は，大喜びしている妻に深謝しつつ，すぐに返信ファクスを出す際，本書 162 頁に原文を示した Jacob Burckhardt の 4 行の言葉を，その冒頭にコピーして示した。それだけで，本書の基本的な方向性が，スイス人（しかも Basler!）たるフィッシャー教授には，十分に理解可能となるはずだから，である（フィッシャー教授の御年齢を後で確認したが，1983 年に満 60 歳の記念論文集が出ていたから，それから 30 年で，何と満 90 歳。感動である）。

　かくて，本書もまた――

**Der unvergesslichen Stadt Basel herzlich gewidmet!**

――とさせていただくこととする。

　最後になったが，2010 年刊の「国際倒産 vs. 国際課税」の時と同様，否，それ以上に，信山社の袖山貴・稲葉文子の両氏には，大変にお世話になった。今の日本の出版事情では全く考えられない本書の刊行について，常に前向きで最善を尽くして下さった両氏には，心から感謝している。

　そして，東大での最後の著書たる本書についても，常に私を支えつつ，いつも通りに校正を頑張ってこなしてくれた妻裕美子の献身に，心からの感謝の意を表したい。

2014 年 2 月 26 日　石黒一憲

# 目　次

はしがき　(v)

序　章 ……………………………………………………………………………… 1
　1　本書の基本的意図と構成　(1)
　2　「スイスの銀行秘密」——「その成立とナチス・ドイツとの関係」を含めた，押さえておくべき重要な諸点について　(4)

## 第1章　「IRS vs. UBS 事件」の展開過程と「同事件に関する"スイスの国家的選択"」——その実像解明の必要性 ………………………………… 13

　1　UBS に対する米国側の一方的措置の内実と事件の推移　(13)
　　(1)　米国側の理解と意図的誤解（曲解）　(13)
　　(2)　冷静な「スイス側」の問題整理から　(18)
　2　米国裁判所に対して提出されたスイス政府の「法廷の友（amicus curiae）」としての意見書（2009年4月30日＆7月7日）——「1951年米・スイス旧租税条約」及び「マーク・リッチ（Marc Rich）事件」等との関係を含めて　(24)
　　(1)　「2009年4月30日」提出のスイス連邦政府の「法廷の友」意見書——「1951年米・スイス旧租税条約」，当事者の「手続権の保障」等，そして「2009年2月18日」の"重大な出来事"(!!)との関係を含めて　(25)
　　☆　「1951年米・スイス旧租税条約」における「情報交換条項」についての補論　(31)
　　★　「修正前UBS合意」の成立前に，スイス側は「顧客データ」を米国側に引渡していたのか??　(37)
　　☆　「2010年1月5日」のスイス連邦行政裁判所の「判決」——「2009年2月18日の重大な出来事」（FINMAの命令による「256人分」の顧客データの米国側への引渡!!）の「違法性」とスイス新連邦憲法における「緊急権限 vs. 基本権保障」の基本構図をめぐって!!　(49)
　　(2)　「2009年7月7日」提出のスイス連邦政府の「法廷の友」意見書——「Marc Rich 事件」との関係を含めて　(62)
　　☆　執筆再開にあたっての付記——大震災・原発事故との関係　(72)
　3　米・スイス両国政府間の「UBS合意」（2009年8月19日署名）の内容と注意すべき点——「米国の一方的措置の抑止確約(!)」・「双方可罰性要件の堅持」といった「スイス側の論理の貫徹(!)」　(79)
　4　「UBS合意」をめぐるスイス国内での法的論議の展開プロセス——「スイス国内法に基づく権利者保護の貫徹」とスイス連邦行政裁判所判決（2010年1月21日）のインパクト　(91)
　5　「UBS合意修正プロトコル」（2010年3月31日）とそのスイス議会通過（同年6月17日）　(114)
　6　小　括　(125)

第 2 章 「従来のスイスにおける租税条約上の情報交換」と「堅持されていた"双方可罰性の要件"」…………………………………………………………… 129

　　☆　第 2 章冒頭にあたって——これまでの論述との関係での整理　(129)
1　"Tax fraud or the like" とスイスの国際刑事司法共助——従来のスイスの基本的な法制度的枠組について　(131)
　　☆　スイスの刑事司法共助と『引渡された情報の「他目的使用」の原則禁止』——「米・スイス刑事司法共助条約」を含めた検討と、「ループホール化する課税」(本書第 4 章 4) との関係　(144)
2　従来のスイスにおける「他の諸国との租税条約上の情報交換」の時系列的な展開過程——「2008 年版 OECD モデル租税条約 26 条についてのスイスの留保」との関係において　(155)
　(1)　はじめに——「スイス銀行秘密の歴史」についての再確認事項　(155)
　(2)　従来のスイスにおける「他の諸国との租税条約上の情報交換」の時系列的な展開過程—— OECD モデル租税条約 26 条についてのスイスの留保との関係において　(170)
　　(2−1)　「2009 年 3 月 13 日」の「重大な政策変更」に至るまでの、スイスの「OECD モデル租税条約 26 条についての留保」の変遷　(170)
　　(2−2)　スイスの締結した主要国との租税条約上の「情報交換」条項の「時系列的展開」——「2009 年 3 月 13 日」のスイスの「重大な政策変更」よりも前の時期について　(176)
　　(2−2−1)　「1951 年米・スイス旧租税条約」とその周辺——スイスの締結した初期の租税条約を含めた検討(「1920 年代から 1950 年代まで」の展開)　(177)
　　(2−2−2)　1960 年代から 1990 年代まで(「2000 年の政策変更」前)にスイスの締結した租税条約上の「情報交換条項」——その 1 (対英条約を軸として)　(194)
　＊　《「情報交換」によって引渡された情報についての「守秘の基準」及び「開示が許される人的・事項的範囲」(「使用目的の制限」)についての重要な注記(!!)》　(197)
　＊＊　《「情報交換」で引渡された情報の「開示範囲」(「使用目的の制限」)に関する OECD モデル租税条約 26 条「コメンタリー」の、「1963 年草案」段階からの「屈折した構造」!!》　(203)
　　(2−2−3)　1960 年代から 1990 年代まで(「2000 年の政策変更」前)にスイスの締結した租税条約上の「情報交換条項」——その 2 (対仏・対独条約、そして「1996 年の対米租税条約」について)　(215)
　　　(i)　対仏租税条約の展開　(215)
　　　(ii)　この時期にスイスの締結した租税条約上の「情報交換」条項の構造——これまでの論述の中間的な取り纏めとして　(219)
　　　(iii)　対独租税条約の展開　(220)
　　　(iv)　「1996 年対米租税条約」(「修正前・修正後の UBS 合意」の前提としてのそれ)の場合　(224)
　　(2−2−4)　『2000 年から「2009 年 3 月 13 日」まで』(「2000 年のスイスの政策変更」後、OECD モデル租税条約 26 条についての留保を撤回するまで)の

　　　　時期にスイスの締結した租税条約上の「情報交換条項」についての検討 (232)
　　　　（i）「利子課税に関する 2004 年対 EU 租税条約」とスイスの「政治的な妥協」
　　　　　　（!?）——その「実像」の解明に向けての検討（2004 年「6 月」の，
　　　　　　OECD モデル租税条約 26 条についてのスイスの留保の改訂ないし修正，
　　　　　　との関係を含めて）(235)
　　　　（ii）「利子課税に関する 2004 年対 EU 租税条約」との関係の「有無」を含
　　　　　　めた 2005 － 2006 年の展開（サンプル調査として）(253)
　　　　（ii－a）「2005 年」の対ノルウェー租税条約改正の場合 (255)
　　　　（ii－b）「2006 年」の対フィンランド租税条約改正の場合 (259)
　　　　（ii－c）「2006 年」の対スペイン租税条約改正の場合——「双方可罰性
　　　　　　の原則」についての明示の規定（!!）と「最恵国待遇」条項を中心に (262)
　◎　ほぼ 4 か月ぶりの執筆再開にあたって——『本章 2(2)のここまでの論述の纏め』
　　を兼ねた付記 (273)
　◆　［重要な注記(1)］『今般のわが関税法改正による外国税関当局との「情報交換」』
　　——「刑事訴追」との関係での"健全な制度的選択"としての「双方可罰性」要
　　件の堅持!!（「国境でメルトダウン［熔融］する人権保障」の問題との関係での，
　　今の日本の法制度の全体的制度設計と「国際課税」の場合との対比）(278)
　◆　［重要な注記(2)］『「日 EU 刑事共助条約」による「双方可罰性要件」への侵食
　　——「米 EU 刑事共助条約」との重大な対比（!!）において』(283)
　◆　［『「双方可罰性原則の放棄」との関係で「一枚岩ではない EU」』についての，
　　これまでの検討を踏まえた纏め］(291)
　◆　《「執筆上の本線」に戻るにあたって》(293)
　　　　（iii）「2007 年の対英租税条約改正」の場合——「利子課税に関する 2004 年
　　　　　　対 EU 租税条約」，とりわけそれに付随する前記「合意メモ」に示された，
　　　　　　『EU サイドの「双方可罰性要件」相対化・希釈化方針』を，「スペイン」
　　　　　　同様に無視した「英国」サイドの対応（「双方可罰性要件」の明文化!!）(295)
　　　　（iv）「2009 年 1 月 12 日」の「対仏租税条約改正」の場合——「双方可罰性
　　　　　　要件」の"実質的"な明文化（!!）(301)
3　典型としての「独・スイス租税条約改正プロトコル」（2002 年 3 月 12 日署名）(313)
　＊　《本章 2 と 3 の架橋のために》(313)
　(1)　「2002 年対独改正」と「双方可罰性要件」の明文化 (316)
　　(1－1)　「効率性基準」と「基本的人権保障」とのバランス!!——「2004 年 10 月」
　　　　のスイス側報告書との関係において (316)
　　(1－2)　スイス政府の議会向けの公的説明（Botschaft）から (320)
　(2)　ドイツにおける「人権保障の視点」とその限界——「双方可罰性」との関係は
　　どうなっているのか？(333)
　　(2－1)　ここでの論述の前提 (333)
　　(2－2)　「租税条約上の情報交換」関連での，ドイツにおける「人権的把握」の
　　　　内実——その限界について (338)
4　「双方可罰性の要件」に対する OECD 側からの不当な（!?）攻撃——「2004 年
　のスイス側報告書」との関係において (353)
　(1)　「2000 年 OECD 租税委員会報告書」における「双方可罰性要件」の取り扱いを

めぐって （353）
　　　（1－1）　はじめに――本書の後半部分（第3章以下）との架橋のために　（353）
　　　（1－2）　『「課税目的での銀行情報へのアクセス改善」に関する「2000年OECD租税委員会報告書」』と「双方可罰性要件」　（355）
　　（2）「グローバル・フォーラム」側からなされたスイスに対するPeer Review報告書（2011年6月）――そこにおける『効率性基準』の突出について　（374）
　　　（2－1）　はじめに――本論文第4章2との関係を含めて　（374）
　　＊【『「グローバル・フォーラム」とは一体何なのか？』に関する，あらかじめの注記】（375）
　　　（2－2）　「グローバル・フォーラム」の対スイスPeer Review報告書（2011年6月）の問題性――「隠された『効率性基準』」の暴走!!　（378）
　　（3）「グローバル・フォーラム」の「バックグラウンド・インフォメーション・ブリーフ（2010年12月10日）」――「2011年6月17日」の同様の文書との対比において　（393）
　　＊【重要な注記（!!）――「2008年以来のグローバルな政治的アジェンダ」の実像と「情報交換」問題との"位相のずれ"をめぐって・再論】（395）

第3章　「IRS vs. UBS事件」の展開過程でなされた「スイスの重大な政策変更」（2009年3月13日）――2008年版OECDモデル租税条約26条についてのスイスの留保の撤回とスイス銀行秘密 ……………………………………………… 413

1　2008年版OECDモデル租税条約26条の規律内容についての再確認――2010年版同条約26条，及び，「OECDマルチ税務執行共助条約への署名に対応したわが国内法整備」等との関係において　（413）
　　（1）「徴収共助」問題「等」にまで本章1で論及する趣旨――我が国の最近の国内法改正「等」によって「日本に差し始めた『一条の光』」を辿りつつ　（413）
　　＊【『効率的』との言葉に端を発した『米国「FATCA法」関連「等」での最近の動き』――「情報交換」問題と直結するがための《重要な注記》】（414）
　　　　［1］　『実効的』な情報交換」と「『効率的』な情報交換」？　（414）
　　　　［2］　「日本に差し始めた『一条の光』」とは？　（415）
　　　　［3］　租税条約実施特例法「9条2項」と2010年改正による同法「8条の2」の「3号」との対比を出発点としての例示　（415）
　　　　［4］　米国FATCA法を適切に理解するための4つのポイント　（417）
　　　　［5］　米国「FATCA法」実施のための「日米共同声明」（2012年6月21日）における「日本側の粘り勝ちの構図」について――『「欧州5カ国」及び「スイス」』と「米国」との「共同声明」との対比において　（420）
　　（2）「2008年版OECDモデル租税条約」26条とその「コメンタリー」――その後の「グローバル・フォーラム」の営為「等」との関係において　（432）
　　　（2－1）　はじめに　（432）
　　　（2－2）　「2008年版」の「OECDモデル租税条約26条」の「条文」についての検討　（434）
　　＊《今般の「関税法改正」（平成24年3月30日成立，翌日公布，同年4月1日施行）

       との関係──その後の推移に関する補充》（437）
　　（2-3）「2008年版」の「OECDモデル租税条約26条」に関する「コメンタリー」
　　　　　の記述内容について──「条文」との間の「亀裂」の氾濫!!（450）
　　　（2-3-1）「前提的コメント（Preliminary remarks）」から（451）
　　　（2-3-2）「1項」についてのコメンタリーから（460）
　　　（2-3-3）「2項」についてのコメンタリーから（462）
　　　（2-3-4）「3項」についてのコメンタリーから──その1・前提とすべき諸
　　　　　　　　点について（470）
　☆【2008年版OECDモデル租税条約26条「3項」の条文の英和対比】（477）
　　　（2-3-5）「3項」についてのコメンタリーから──その2・「パラ14」以下
　　　　　　　　の記述について（478）
　　　（2-3-6）「4項」についてのコメンタリーから（498）
　　　（2-3-7）「5項」についてのコメンタリーから（503）
　＊　《久々の執筆再開にあたって──「日・スイス租税条約改正議定書」新『25条
　　　のA』5項の「第2文」（!!）の"発見"と「2013年1月24日」の「日米租税条約
　　　改正議定書」による「第3次日米租税条約」26条等の改正，及び，本章2以下の
　　　「執筆内容の大幅圧縮」の予告について》（507）
　　（2-4）「2010年版」の「OECDモデル租税条約26条」及び「コメンタリー」
　　　　　　における変化の有無（514）
　(3)　「OECDマルチ税務執行共助条約」及びそれへの「署名」に伴う「わが国内法
　　　整備」との関係──「徴収共助」問題を含めての検討（516）
　　（3-1）「1988年」の「OECDマルチ税務執行共助条約」（「欧州評議会・OECD
　　　　　　税務行政執行共助条約」）と議定書によるその「2010年改正」について──「情
　　　　　　報交換」関連での新旧規定の対比に重点を置きつつ（516）
　☆　《『「2009年3月13日」の「政治的敗北」後のスイスにおける「プライバシー保
　　　護」のための法的新方策』!?──「2013年2月までの展開」についての極めて重
　　　要な注記（!!）》（525）
　　　　［1］「FATCA法実施のための米・スイス政府間合意」（2013年2月14日
　　　　　　署名）（525）
　　　　［2］『「2009年3月13日」の「双方可罰性要件放棄」』以後の状況下での，
　　　　　　スイスの新たな挑戦（!?）──主要国との『源泉税条約（withholding tax
　　　　　　agreement）』締結への流れと「対独」でのその挫折（535）
　　（3-2）租税条約実施特例法の「2012年改正」について──「徴収共助」制度
　　　　　　を中心に（567）
　＊＊【「2009年3月13日」の「スイスの政治的敗北」前後のスイスの営為につい
　　　ての『時系列的整理』──「IRS vs. UBS事件」の展開を含めた「米国」との関係
　　　を重視しつつ】（568）
2　「IRS vs. UBS事件」と併行してなされた「米・スイス租税条約」の改正（2009
　　年9月23日署名）──「OECD基準」を越えたその規定振り（!?）とスイス政府の国
　　内向けの公的説明（586）
3　「対デンマーク」（2009年8月21日）を出発点とする『「対米」に先行する「他
　　の諸国との租税条約改正」』における新たな情報交換条項を含めての比較検討

──「OECD モデル租税条約 26 条に関するコメンタリー」との関係？（603）
　　　（3－1）　対デンマーク租税条約改正（2009 年 8 月 21 日署名）の場合　（604）
　　　（3－2）　「対米」と「対デンマーク」との対比についての『補足』──「2008 年版」OECD モデル租税条約 26 条「5 項」への「コメンタリー」の記述内容の確認を含めて　（608）
　　　（3－3）　「対デンマーク」に近接する時期の，英仏独以外の若干の国々との租税条約改正の場合──問題の（OECD 基準からの）『はみ出し条項』に焦点を絞って　（617）
　　　　（3－3－1）　「対ルクセンブルグ」（2009 年 8 月 25 日署名）の場合　（617）
　　　　（3－3－2）　「対ノルウェー」（2009 年 8 月 31 日署名）の場合　（618）
　　　　（3－3－3）　「対オーストリア」（2009 年 9 月 3 日署名）の場合──オーストリア側提案による「交換公文」の中で全文引用された『「2009 年 3 月」の OECD 事務局による「技術的ノート」』の賞賛すべき内容!!　（619）
　　　＊　《スイスとオーストリアとの関係に関する重要な注記》（622）
　　　（3－4）　対フランス租税条約改正（2009 年 8 月 27 日署名）の場合　（625）
　　　（3－5）　対英租税条約改正（2009 年 9 月 7 日署名）の場合　（630）
　　　（3－6）　対ドイツ租税条約改正（2010 年 10 月 27 日署名）の場合　（633）
　4　「日・スイス租税条約改正プロトコル」（2010 年 5 月 21 日署名）の情報交換条項──そこにおける「引渡された情報の『他目的使用』の規定の欠如」とその周辺　（638）

# 第 4 章　OECD のタックス・ヘイブン対策と「租税条約上の情報交換」
　　──スイスの政策変更との関係において …………………………………………… 647

　1　その展開過程と留意点──「タックス・ヘイブンの定義」をめぐる不可解な展開を含めて　（647）
　　（1）　「東大法学部 2010 年度冬学期石黒ゼミ」での検討状況──「2001 年 11 月」の「タックス・ヘイブンの定義の変更」問題を中心に　（650）
　　（2）　「2013 年」の新たな動き──「税源侵食と利益移転（Base Erosion and Profit Shifting: BEPS）」問題の位置づけを中心に　（662）
　2　G20 及びグローバル・フォーラムにおける論議とスイス等四カ国の抵抗，そして，OECD へのスイス政府の苦情（2009 年 4 月 28 日）──再び「2004 年のスイス側報告書」との関係において　（669）
　3　スイスの「政治的決断」（2009 年 3 月 13 日）と「法制度的な重大な岐路（!?）」──果たしてそれは「乗り越えられるべき壁」だったのか？　（673）
　4　「国境を渡った情報の他目的使用」の際限なき拡大──その史的展開と「ループホール化する課税（?）」　（675）
　5　「最後の砦」としてのスイス国内での行政訴訟？──今まさに問われる「個々人の人権感覚」と「社会的復元力」　（681）
　6　出発点に戻って再度問うべき「日本の対応」──「国境でメルトダウンする人権保障」(!) との関係において　（683）

結　章 ………………………………………………………………………………………… 685

スイス銀行秘密と国際課税

# 序　章

## 1　本書の基本的意図と構成

　以下は，まさに「この世の終わり」を告知する，淋しい内容の論文である。そして，20 年以上に及ぶ『貿易と関税』での連載も，かくて「この世の終わりの到来」を悲しく告知して，本論文の終結をもって，終了することとする。

　本論文は，1981 － 82 年のバーゼル留学で私の魂を救ってくれた，「アルプスとライン川の国」たるスイスへの，最後の御恩返しとしての"鎮魂歌"，ないしは，私なりの"鎮魂帰神"の為のささやかな営為，である。本論文の冒頭部分が活字となる 2011 年 3 月から，更に 5 年経てば，私は，定年で東大を去ることとなる。この年齢になって，一切妥協のない徹底した執筆を，かくてなし得ることは，「氣」と「漢方」，そして何よりも妻の御蔭であるが，それ自体誇りとすべきことであると，私は思う。

　だが，私は，この 30 余年，「世の流れ」にたった一人抗するのみで，結局，何も出来なかったようにも思う。――所詮すべては「無」に帰する。それは何をやろうとやるまいと，最初から分かっていたことではあるのだが……。だが，もう，よいであろう。あとは，もっと長いスパンでの「歴史の選択」に，すべてを委ねることとする。ずっと後になって，誰かが私の書いたものを発掘する機会が万が一にもあって，その段階でその人が，何かを，心の奥底で感じてくれることだけに，もはや期待したい。

　ともあれ，「目次」作成に 1 時間余を要した後，2011 年 1 月 6 日午後 1 時過ぎ，満を持して，いよいよ本論文の執筆を開始する（本年初の「新月期大潮」2 日目である）。思えば，2010 年 8 月 31 日から 9 月 9 日まで，本論文執筆のための大量の資料をネットからダウンロードし，猛然と読み込んで，そろそろ書き出そうかと思っていた頃，何と「9 月 11 日」（かの「9．11」!!――本書第 4 章 1 と関係）に"事件"が起き，その処理に（K 氏，A 氏のご協力の下）9 月 15 日までを要し，天のお告げかその 9 月 15 日に，急遽，本論文と最も深いところで関係する「リーマン・ショック」の，かの「リーマン」関連日本企業の民事再生手続につき，某邦銀側に立つ意見書を執筆することとなり（或いは，すべては初めから繋がっていたのかもしれないと，今は思う……），同月末にそれが東京高裁に提出された。

　その翌日の 10 月 1 日からは，本郷での冬学期講義・ゼミが始まり，以後は，完璧にそれに専念した。そして，ようやく同年 12 月 28 日，3 カ月半近い「意識の断絶」を埋める資料読みをした後，この間に更に高まっていた「氣」のお蔭か，うまく意識が繋がっ「ていた」ので，2011 年 1 月 1 日にその作業を続行し，一応の全体的認識に至った。だが，2 日未明に風呂に浸かっているうちに，"針の穴"ほどの疑念が生じ，それから翌 2 日夕刻まで，仮眠を挟んで 2 度に分けて，その後の新資料の，これまた

大量の打ち出しをし，1月4日にそれらを一気に読み，「2009年3月13日」のスイスの政策変更の，真の重大な意義を，大なる苦痛と共に認識した。「また，たった一人で戦うのか！」との嘆きとともに，本論文執筆が自分にとって何を意味するのかも，かくて，痛いほどに明確となったのである。

　さて，貿易と関税2010年10月号76頁以下において，私は，「国際的な情報交換──『国境でメルトダウンする人権保障』との関係において」と題し，「(1)『OECDのタックス・ヘイブン対策──租税目的の情報交換に関する最近の動向』から」，「(2)『OECDモデル租税条約26条』と日本の対応──同条の史的展開と日本の『カッコ付きの留保』，そして第3次日米租税条約」の二つの項目に分けて，その段階での私の認識を，「IRS vs. UBS事件」(同前・77－79頁)とともに，示しておいた。その後，前記の作業を集中的に行なって，ここに至ったのである。

　この10月号の論述の出発点は，同前・76頁に示したように，中島隆仁「OECDのタックス・ヘイブン対策──租税目的の情報交換に関する最近の動向」税大ジャーナル14号(2010年6月号)141頁以下の"紹介"にある。そして，「総じて一方向からの風にのみ反応する，若干不健全な書き方のように，私には思われる」(石黒・同前79頁)との，既にそこで示した見方は，本論文においても，もとより維持される。──と言うか，「不健全」なのは(日本を含めた)「今の世界」そのものだ(!!)，ということが，本論文(本書)全体を通して，強烈に，だが悲しく，告知されることになる。

　同前・77頁に示したように，「2009年4月のG20ロンドンサミットは，『『(租税目的の)銀行秘密の時代は終わった。』と宣言した」(中島・前掲144頁を引用。正確には，この「序章」で原文を後に示す)。詳細は後述するが，今後は(2008年版)OECDモデル租税条約26条の線で情報交換をする旨の，既に一言した「スイスの政策変更」は，「2009年3月13日」になされた。こうして執筆を開始した今，「ロンドンサミット」での前記宣言は，まさにこのスイスの政策変更を受けてのものだったのか，とも思われて来る。

　2008年版OECDモデル租税条約26条は，その5項において──

「[情報提供要求を受けた側の国における国内法上の制約を認めた]3の規定は，提供を要請された情報が銀行……が有する情報……であることのみを理由として，一方の締約国が情報の提供を拒否することを認めるものと解してはならない。」(訳文は，国税庁・租税条約関係法規集[平成21年6月1日現在]716頁による。[*])

　＊　この下線部分は，その後の「米・スイス租税条約改正」(「等」──後述する)における情報交換条項との関係で，重要(重大)な意味を有する。ともかく，米国との条約改正は，この26条の「5項」の"文言"を，大きく踏み越える内容と，なってしまっているのである。

――と規定するに至っている（同条 4・5 項が，2002 年のレヴューを経た 2005 年の新設規定であることにつき，石黒・前掲貿易と関税 2010 年 10 月号 79 頁）。スイスは，「IRS vs. UBS 事件」係争中（!!）の「2009 年 3 月 13 日」に至り，（但し，OECD 等の動きとの関係で）それを受け入れることとなったのである。

だが，<u>注意すべきは，「IRS vs. UBS 事件」自体は，かかるスイスの政策変更とは完全に切り離され，スイスの従来の法制度をすべて"堅持（!）"した形で処理された，ということ</u>である（米・スイス間の従前の，1996 年の租税条約に基づく処理であること等，第 1 章で後述）。そして，そうすることによって，スイスは，米国の一方的措置を封じ，あくまでスイスの国内法（情報提供で影響を受ける私人の<u>「手続権」の保護</u>を含む!!）と両国間の現行租税条約に基づく処理を行なう旨，米国側の大きな譲歩を引き出したのである（!!）。

そのことを度外視して，この「IRS vs. UBS 事件」処理の実際を深く辿ることなく，同事件をもないまぜにした形で，「スイスは，グローバルな風に負けて諸悪の根源たるスイス銀行秘密に風穴を開けただけなのさ」云々と，情緒的に，世の一方的な風に身を任せて漠然と語ることは，（直近の出来事ではあれ）"史実"に反する（米国側の意図的誤解については，本書第 1 章 1 (1) において，後述する）。

確かに，既述（詳しくは後述）の如く，「2009 年 3 月 13 日」以降，スイスは，租税条約上の情報交換に関する従来の政策を，大きく変更した。その線での最初の条約締結例となるのは，実は，「IRS vs. UBS 事件」の相手国たる米国「ではない」のだが，ともかく，「2009 年 9 月 23 日」に署名された「米・スイス間の 1996 年 10 月 2 日の租税条約を改正するプロトコル」3 条によって全項差替えとなった新 26 条（情報交換）の 5 項には，前記の OECD モデル租税条約 26 条 5 項の内容を定めた同項第 1 文に続き，以下の第 2 文が，挿入されてしまっている（ドイツ語の文言との差等，すべて第 3 章で後述する）。即ち――

"In order to obtain such information [held by a bank .....], the tax authorities of the requested Contracting State, <u>if necessary to comply with its obligations under this paragraph</u>, <u>shall have the power</u> to enforce the disclosure of information covered by this paragraph, <u>notwithstanding paragraph 3 or any contrary provisions in its domestic laws.</u>"

――との条項である。

スイスについて言えば，「銀行保有情報の引渡しのため，スイスの課税当局は，<u>スイス国内法上のいかなる反対の規定にもかかわらず，それを米国側に引渡す『権限を持たねばならない』</u>」とするこの条項は，スイス側に対して，いかなる法的義務を課したものなのか。また，そのようなスイスの国内法改革は，可能なのか，そして，そもそも妥当なのか（スイスが，「IRS vs. UBS 事件」を含めて堅持して来た「双方可罰性の

要件」とその人権保障的意義，との関係)。——そこを，どこまでも突き詰めて示すのが，本論文（本書）の重大な課題となる。

だが，その前提として，スイスが，いわゆる「銀行秘密」（この「序章」の2でそれを論ずる）との関係で，従来，他国からの情報提供要求に対して，いかなる法制度的枠組に基づき対応して来たのかを，詳細に解明しなければならない（本書第2章）。どちらの道が（「政治的」にではなく!!——対仏租税条約改正についてのスイス政府の公的解説との関係で後述する，重要な点である）。「法的」に，正しかったのかを検証するために，である（若干の補足的なデータ検索を経て，2011年1月6日午後7時半に，ここまでの執筆を終了。明日は，ロー・スクールでの講義再開である。——執筆再開，1月8日午前11時）。

## 2 「スイスの銀行秘密」——「その成立とナチス・ドイツとの関係」を含めた，押さえておくべき重要な諸点について

さて，貿易と関税2010年10月号78頁でも言及したように，いわゆる「スイス銀行秘密」については，Honnegger, Swiss Banking Secrecy, Butterworths Journal of International Banking and Financial Law（August 1990), at 344ff が，スイス側からの，優れた紹介論文となっている。石黒・国際民事訴訟法（1996年・新世社）27頁以下でも引用したものである。もう20年以上前のものではあるが，後述の「IRS vs. UBS事件」に関するスイス政府の「法廷の友（amicus curiae)」意見書にも，このオネゲル論文が下敷きにあるな，と感じさせる部分がある。詳細な注も付されており，やはり，それなりの存在だったのだと思いつつ，毎年の税務大学校（和光市）での国際租税セミナー（実務コース）で，この論文をコピー配布して講義して来た私の選択は，正しかったと実感した。

オネゲル論文の冒頭近く（Honnegger, supra, at 344）には，まず，その違反に対して刑事制裁で臨む点が，スイスの銀行秘密（スイス銀行法47条）の特質だとしつつ，1990年の同論文執筆時点でのスイス銀行法（BankG: Bundesgesetz über die Banken und Sparkassen vom 8. Nov. 1934）47条の条文の英文仮訳が，掲げられている。石黒・前掲（貿易と関税2010年10月号）79頁では，「2009年2月1日現在」のRehbinder/Zäch (Hrsg.), Schweizerische Gesetze, 43. Aufl. (2009) を引用しつつ，同条が6項までとなり，2項分増えていることを含め，同条の基本がそのままであることを，確認しておいた。

ちなみに，後述の第1章2で言及する「IRS vs. UBS事件」関連でのスイス政府のAmicus Curiae Brief（2009年4月30日）の3-4頁にも，この47条の英訳があるが，その限りでは文言に変更はない。故意・過失で分けつつ，「自由刑（Freiheitsstrafe; imprisonment)」又は「罰金（Geldstrafe; fine)」が違反に対して科されるのだが，ただ，1990年時点では，「故意（vorsätzlich)」の場合につき，「6カ月までの自由刑又は5万スイス・フランまでの罰金」だったものが，その後は「3年までの自由刑又は罰金」となり，「過失（fahrlässig)」の場合にも，「3万スイス・フランまでの罰金」から「25万スイス・フランまでの罰金」へと，むしろ，刑が重くなっている点が注意される（ス

イス政府のホームページで，その後の法改正について，2010年末までの時点で検索したが，47条関連のものは，私の調べた限りでは存在しなかった）。――かくて，1990年のオネゲル論文と現時点とで，スイス銀行法47条の基本に変化はないことが，改めて確認された。

　ところで，Honnegger, supra, at 345 は，いまだに「スイス銀行秘密」を巡る，それこそグローバルな（一部意図的な？）誤解の源となっている点について，注意を喚起している。スイスの「番号口座（Numbered Account）」について，である。そこには――

>　"Regrettable misunderstandings of the nature of **numbered accounts** contribute a great deal to the mystification of Swiss banking practices. **A fairy-tale** goes around the world that any individual of dubious character can enter a Swiss bank and open a numbered account without ever having to disclose his name or identity. Numbered accounts are said to be "anonymous accounts" and Swiss bankers are stigmatized as unscrupulous profit-minded bankers who do not ask unnecessary questions and who care even less about the background of their customers. The contrary, however, is true.
>
>　It is correct that bank accounts which are identified by a code number rather than a client name do exist in Switzerland. Nevertheless, the identity of the owner of the code number must be known to the management of the bank, including usually a bank officer responsible for the acount and a secretary who maintains the relevant documentation. …..
>
>　**Anonymous accounts, however, do not exist in Switzerland.**"

――とある。スイスにあるのは「番号口座」であって，「匿名口座」なるものは，一切，スイスには存在しない（!!）のである(*)。

>　＊　1981-82年の私のスイス留学に際して，私はバーゼルの，まさにUBSのFreiestrasseの支店に，この「番号口座」を有していた。だから，右のオネゲルの指摘の正しさを，身をもって証明出来る。口座開設時に，私は，パスポートとスイスでの外国人登録証等を持参した。窓口の人がそのコピーをしに一旦消えて，そして，OKですとの答とともに私が渡されたのは，藁半紙の切れ端に手書きで書かれた十桁近い数字のみ，であった。そのときは，さすがに面食らっていろいろ尋ねたが，その後は，別支店での入出金でも（さすがにパスポート等は胸にしまっていたが）番号のみでOK。便利なものだな，と思った（かくて，スイス滞在中，私「も」，"the number of people familiar with the details of an [numbered] account"[Honnegger, supra, at 345 の，右の省略部分]の，一人となっていた）。

　ちなみに，「IRS vs. UBS事件」に関するスイス政府の，前記の2009年4月30日の

6　序　　章

Amicus Curiae Brief にも，その 4 頁の注 9 に，以下の記述がある。即ち――

"There is a common popular misconception that Switzerland allows bank accounts to be opened anonymously. To the contrary, Switzerland has an aggressive "know your customer" law that requires banks to have the identities of their customers. See Bundesgesetz über die Bekämpfung der Geldwäscherei und der Terrorismusfinanzierung in Finanzsektor (Geldwäschereigesetz, GwG)〔Federal Act on Combating Money Laundering and Terrorist Financing in the Financial Sector (Anti-Money Laundering Act, AMLA)〕, StGB Oct. 10, 1997, SR 955.0, arts. 3-5 (Switz.), available at http://www.admin.ch/ch/d/sr/9/955.0.de.pdf. An unofficial English translation is available at http://www.admin.ch/ch/e/rs/955_0/index.html."

――とある（＊）。

＊　なお，「IRS vs. UBS 事件」の詳細や，スイスと他国との租税条約等，すべて最新情報を含め，http://www.admin.ch/..... の，スイス政府のホームページから入手出来る。例えば「二国間租税条約」のリストや条文は，Systematische Sammlung > Internationales Recht > 0.6 Finanzen > Doppelbesteuerung で，すぐ出て来る（ちなみに，ch〔正式には CH〕とは，「コンフェデラチオ・ヘルベチカ」，即ち「スイス連邦」のこと）。また，スイス（連邦）の法律や条約については，同様の検索で，Startseite > Gesetzgebung > Bundesblatt > 2010 > Nr.3 のごとく進めば，すべて出て来る。そして，連邦レベルでの立法・条約締結については，連邦の官報に相当する Bundesblatt（BBl.）で，「条文本体」と「連邦政府の公的説明（Botschaft）」，及び「議会の決定（Bundesbeschluss）」の，3 点セットを見ればよい。
　　ここで一言しておけば，スイスの場合，政府のプレス・リリースの類においても，法的な詰めがキチンとなされており，精確無比である。平均的なスイスの弁護士たる前記のオネゲル氏の論文も，詳細な注を有し，しっかりとしたものである。そして，この辺が，日本とスイスとの，基本的な「法的体力」の差であると，私は思う。その他，例えば，連邦財務省（Eidgenössisches Finanzdepartment: EFD）が，「スイスの重大な政策変更」の後の，2009 年 6 月に出した，イラスト入りの一般的な啓蒙ペーパーたる全 44 頁の，EFD, Bankgeheimnis und internationale Steuerfragen: Der Schweizer Standpunkt（Juni 2009）も，決して，日本でよく眼にする，法的に曖昧な政府文書，ではない。実に緻密である。
　　ついでに一言しておけば，私が最初に「IRS vs. UBS 事件」を調べようと，2009 年夏頃だったか，スイス連邦政府のホームページにアクセスしたとき，「UBS 事件」は，「2009 年の欧州発の金融危機」と並んで，その二つが最大のホット・イシューとされていた。その後の検索では，同事件の重み付けが変更されているが，ともかく，この事件は，確かにスイスにとって，極めて重大な事件であったことになる。

ここで，Honnegger, supra, at 345 に戻れば，直近で引用したスイス政府の「法廷の友」意見書に示されていた 1997 年の当該連邦法制定に先立ち，1987 年に，スイス銀

行協会が，"Know Your Customer Agreement"に署名し，スイスの諸銀行によって既になされて来ていたことではあるが（Ibid.），「番号口座」への海外からの誤解回避に資するべく，それを明文化したことが，示されている。

その上でIbidが示すのは，後述の「米・スイス租税条約改正」（2009年）に際し，スイス政府が食い下がった点と関係する，以下の点である。即ち，1990年当時のスイスでのホット・イシューであったところの，"Super Banking Secrecy"の問題である。要するに，銀行顧客が弁護士を介在させ，銀行秘密自体に加えて「弁護士の守秘義務」でdouble secrecy protectionを受けようとする営み，である。そして，Ibidには，「職業上の守秘義務違反」を処罰するスイス刑法321条の英文仮訳と，弁護士が弁護士としてではなくアセット・マネージャーとして行動した場合には321条は不適用とするスイス連邦裁判所の判断とそれを巡るスイスでの論争とが，紹介されている。

さて，ここで，「スイス銀行秘密」を論ずる際の基本中の基本に，立ち戻ろう。Id. at 344の，同論文の冒頭頁である。スイス政府の前記の，2009年4月30日のAmicus Curiae Briefの4頁には，既述の**47条を含めたスイス銀行法の制定が「1934年」**であることのみが示されている。だが，Honnegger, supra, at 344には，極めて重要なことが（注による裏付けと共に!!），示されている。即ち——

"The truth is that Swiss banking secrecy legislation was enacted to protect legal behaviour from illegitimate investigation, but was never intended to protect illegal behaviour from legitimate investigation. Major legislation relating to Swiss banking secrecy was put into force **in the 1930s in order to effectively protect the privacy and assets of Jews pursued by Gestapo agents** [!!]. Ironically, the first major legal confrontation between US laws and Swiss banking secrecy, the so-called Rogers case (Interhandel case) [357 U.S. 197 (1958)], concerned Nazi German -- rather than Jewish -- assets held in Swiss bank accounts during World War Ⅱ.

Further it has to be emphasized that a banking secrecy is a secrecy of the bank customer and not a secrecy of the bank. Consequently, banking secrecy is a duty rather than a right of the bank."

これからなされる本論文執筆を通して訴えるべき最重要事項が，右の点との関係である。即ち，**今や世界的に悪名高い（!?）「スイス銀行秘密」は，実は，「ゲシュタポ」の手から「ユダヤの人々」のプライバシーと資産とを守るために制定されたものだったのである**。既述のごとくスイス銀行法の制定自体が「1934年」だが，この年は，当時の世界情勢において，ナチスが「1933年1月」に政権を獲得した，その翌年である（!!）。「スイス銀行秘密」を攻撃する一方だった人々は，この歴史的事実とその人間的な重みとを，まずもって深く知るべきである（!![*]）。

　＊　なお，「スイス銀行秘密」と「ユダヤ人・ゲシュタポとの関係」については，貿易と

関税 2011 年 10 月号分（本書第 2 章 2 (1)）で，許しがたい暴論との関係で，再説・詳論する（!!）。

私の留学先のバーゼルは，スイス・ドイツ（そしてフランス）の国境の町である。前日の土砂降りが嘘のような快晴となった或る日曜日の朝，Kathorisches Studentenhaus のトレッシュ神父さん（Rev. Dr. Felix Trösch SJ）が「お散歩に行こう」と私の部屋に来て，二人で出かけた。トレッシュさんの車を降りた後，膝くらいの高さで上が丸くなっている，スイスの紋章の十字マークを彫り込んだ，墓石のような石が数メートルおきに一列に並ぶ場所で，トレッシュさんは，それらの石を越えて向こう側に行っては戻り，を繰り返して，その間一言も喋らなかった。私は暫く，同じように黙ったまま，石の並ぶ道を右に左に，彼の後を，その通りに歩いた。そして，トレッシュさんは振り返って言った。「第二次大戦中，ここにナチスの戦車がぎっしり並んで，ずっとバーゼルの方に無数の砲門を向けていたんだよ」，と。——石の裏側は，ドイツの紋章。そこは，スイスとドイツとの国境だったのだ。

そうした武力による強烈な脅しの中，永世中立国スイスは，「ユダヤの人々」を守った(*)。その「法的表現」が，「スイス銀行法 47 条」の「銀行秘密」規定だったのである（!!）。

* もっとも，真偽の程は分からぬが，そうした明確なスイスの主義とは別に，密かに国境を越えて一部のユダヤ人をナチスに渡した事実があったとして，それを糾弾する"Haut"（「皮膚」）と題したスイス映画があり，留学中，学生寮の仲間（スイス人学生達）と，映画館に行ったことはある。

ここで私は，最も深い憂鬱に支配される。**あの「ナチス・ドイツ」でも出来なかったことを，我々の今の世界は，わずか数年のうちに，してしまった。G20 等やOECD が，寄ってたかって，である。** そして，「2009 年 3 月 13 日」の，「行政共助（Amtshilfe）」に関する，既述のスイスの「重大な政策変更」となり，その直後の G20 ロンドン・サミットは，「同年 4 月 2 日」に，高らかに，**「銀行秘密の時代は終わった」** と宣言した(*)。

* G20, Global plan for recovery and reform: the Communiqué from the London Summit (April 2, 2009), para. 15 には，"In particular we agree: ..... to take action against non-cooperative jurisdictions, including tax havens. We stand ready to deploy sanctions to protect our public finances and financial systems. **The era of banking secrecy is over [!!].** We note that the OECD has today published a list of countries assessed by the Global Forum against the international standard for exchange of tax information; ....."とある。（日本を含む）G20 諸国の「公的金融（財政）と金融システムを守るため」（!?）に，制裁の用意ありとしてまでの営為，である。

ちなみに，後述のスイス連邦大統領（President H.-R. Merz）名での，公式なスイス政府から OECD 事務総長宛の抗議文書（2009 年 4 月 28 日）は，右引用中の「同年 4 月 2 日」の OECD 発出の文書（the OECD Progress Report）に対して出されたものである。

かかる「グローバルな津波」に抗するのは,「個々人の人権意識」のみであるというのが,本論文の悲しい帰結である（第4章5）。だが,ここでともかくも,前記のHonnegger, supra, at 344 に戻ろう。

「ゲシュタポ」云々の前記引用個所には,もう一つ重要な点が示されていた。「銀行秘密は銀行の顧客が有するものであって,それ［を守るの］は,銀行の権利ではなく,義務である」,との指摘である。そこから,当該の銀行顧客が「銀行秘密」という自身の「権利」の「放棄（waiver）」をすれば,外国の当局への情報提供がなされる,との帰結が導かれる（Id. at 345.――「IRS vs. UBS事件」の実際の処理との関係でも,重要な点である）。

外国の当局への情報提供のもう一つの道として,Id. at 345ff が示すのは,従来のスイスにおける「司法共助（judicial assistance [Rechtshilfe]）」のルートである。だが,注意すべき点がある。

EFD［スイス連邦財務省］, supra (Juni 2009), at 19ff に,課税当局間の「行政共助（Amtshilfe）」と「司法共助」との区別が,要領よく纏められているのだが,Id. at 19f には,租税条約に基づく課税当局間の「情報交換」として,米・スイス間では長年（seit vielen Jahren）かかる「行政共助」がなされて来ており,近年（[i]n Jüngerer Zeit）はそれが,とくにEU諸国等,他の諸国との間でも,合意された（wurde ..... vereinbart）,とある。そうした前提（第2章2で詳論する）の上で,「2009年3月のスイス政府（Schweizer Regierung）の基本決定」以降は,それ（「行政共助」）を,OECDモデル租税条約26条の線で行うのだ,とあるのである（ちなみに,昭和46年12月9日条約22号としての,従来の「日・スイス租税条約」には,情報交換条項は存在していなかった。この点につき,Botschaft zur Genehmigung eines Protokolls zur Änderung des Doppelbesteuerungsabkommens zwischen der Schweiz und Japan vom 25. August 2010, BBl. 2010, at 5936 の,新25A条の説明冒頭参照）。

この「行政共助」と区別される「司法共助」について,EFD, supra (Bankgeheimnis und internationale Steuerfragen), at 20f は,「2006-2008年の期間の司法共助要請（Rechtshilfegesuche）」の実績（ドイツ47件,イタリア41件,英国21件,「その他諸国」198件。――米国は「その他」に入っていることになる）を図示しつつ,以下のように解説している。即ち,逐語訳をすれば――

『「司法共助」の場合に協力するのは「課税当局」ではなく「司法当局（die Justizbehörden）」であり,「租税犯罪の場合（bei Fiskaldelikten――細かな定義等は,「IRS vs. UBS事件」との関係を含めて,後述する）」の国際的な「司法共助」は,とりわけ（unter anderem）「二国間の司法共助条約」に基礎を置く（basiert ..... auf）。「司法共助」は,係属中（hängig）の刑事手続に際してのみ（nur bei）可能となり,かつ,引渡された情報は,租税刑事手続（Steuerstrafverfahren）の中でのみ使用され得る（dürfen nur im ..... verwendet werden）。「租税犯罪の場合」の「司法共助」の手続においては,押収（Beschlagnahmungen）,家宅捜索（Hausdurchsuchungen）のような強制措置,

及び,「銀行秘密の解除（Aufhebung）」が,可能となる。スイスは,ずっと以前から (seit jeher),「租税事件（Steuersachen）」について,「司法共助」を認めている。その際に注意を引くのは (Dabei fält auf, dass .....), **若干の国々（einige Länder）が,絶え間なく（ständig）情報交換の新たな可能性を要求（verlangen）しつつ,既に存在する可能性を汲み尽くす（ausschöpfen）ことすらしない（nicht einmal）**ことである。』

──とある。

　右の最後は,前記の「司法共助要請」の図において「その他諸国」に甘んずる「米国」を念頭に置くもの,と思われる。「そうした国（々）」がこれまでスイスに要求して来た「新たな可能性」について,再度 Honnegger, supra, at 347 に戻り,例示しておこう。同論文は 1990 年のものだが,その時点での「最近 (most recent)」の米国の裁判所及び当局（共に複数形）の実務として,"Compelled Waiver" なるものがあった,とされている。「銀行秘密」を有するのは,既述の「銀行顧客」の方ゆえ,ということで,米国で「銀行秘密を放棄する旨の文書への署名」が「強制」されるのである。Ibid は,それが「任意」でないことは明らかゆえ,スイス法上 not valid であるのみならず,（この点をも議論した1989年の国際会議での各パネリストの発言を注に引用しつつ）英国,ドイツ,リヒテンシュタイン,そしてケイマンでも,同様に invalid とされるであろう (seem to be),としている（ケイマンでは,その有効性を否定した二つの裁判例のあることが,そこで引用されている）。

　Ibid が次の（姑息な）手段として例示するのは,"Waiver By Conduct" である。1984 年に米国 SEC がその旨の立法提案をしたが,ワールドワイドな批判を浴びて,「少なくとも当分の間 (at least for the time being)」（そこも,いかにも米国らしい執拗さである）同提案は撤回された。米国で取引をしている以上,そうした行動から「銀行秘密の放棄」を導くという,強引そのものの提案である。

　そうした,「半分笑い話的な笑えぬ動き」はともかく,Id. at 346 には,外国側から「司法共助要請 (Request for Judicial Assistance)」があった場合の,スイス国内での手続の概要が示されている。当該の事項が,刑事・民事・行政のいずれに属するのかも,あくまでスイス側が判断すること,そして,IRS・SEC・CFTC・FTC を列記しつつ,それら当局の要請は「刑事」ではないことが示され,その上で,本論文（本書）においても強調されるところの,「双方可罰性の要件 (Requirement of Dual Criminality)」への言及がなされている (Id. at 346f.)。スイス側で「可罰的」とされる例として,そこでは,「米国当局の大きな圧力の下に」1988 年 7 月 1 日に発効したスイス刑法 161 条（内部者取引）等に続き,「租税詐欺 (tax fraud)」が詐欺罪を規定する「刑法 148 条」の射程内にあることを認めたスイス連邦裁判所の判断が,示されるのである。なお,**「租税詐欺（Steuerbetrug）」と「［単なる］違反（Übertretung）としての脱税（Steuerhinterziehung）」とのスイス特有の区別（後者は,犯罪とはされない）**については,詳しくは後述するが,さしあたり,EFD, supra, at 13f 参照(*)。

　　*　そこには,スイスは,これまでは (bis anhin)「［単なる］違反（Übertretung）」に

ついては「銀行秘密の解除」は正当化されないとの立場だったものの,『スイス政府 (Bundesrat ——後述) は,「金融及び経済の危機の背景の下に (**vor dem Hintergrund der Finanz- und Wirtschaftskrise**) 租税事件における国境を越えた協力の重要性が高まったとする見解」に,耳を貸さぬ訳ではない (verschliesst sich ..... nicht)』として,「(単なる) 脱税」についても, 将来的には (künftig),「行政共助 (Amtshilfe)」をも (auch) 認めるべく, OECD モデル租税条約26条についての留保を撤回したことが, 示されている。

　私が気になるのは, 右に波線の下線を付したところの, 昨今の一般の見方に, ある種の「論理の飛躍」があるのではないか, との点である。この点は, 第4章4との関係で詳論するが, 今や「課税」(租税条約) との関係で他国に渡った情報には, テロリスト対策等, 広範に「他目的使用」が認められる趨勢にある。それが「国際刑事共助」の制度枠組のバイパス・ルートとなることに, なってしまうのである (!! ——「双方可罰性の要件」を相対化させた「日米」・「日EU」の「刑事共助条約」を除けば, 日本の「国際捜査共助法」等も, この要件を, 堅持している。この要件に復帰した「日韓刑事共助条約」を含めて, 更に,「国連麻薬新条約」・「国連国際組織犯罪防止条約」における「双方可罰性」要件の取扱を含めて, 石黒・国際倒産 vs. 国際課税［2010年・信山社］8頁以下と, 本書第2章2(2) の「2-2-4」に続く,〔重要な注記(2)〕〔本書283頁以下〕を参照!!)。

　本当に, そうしたことで, よいのであろうか (!?)。

　続いて Honnegger, supra, 348f では,「IRS vs. UBS 事件」でも問題となるスイスの「刑法271条・273条」(後述) の英文仮訳, そして, 後述の「マーク・リッチ事件」等においてスイス政府が, 米国裁判所宛てに「法廷の友」意見書を提出して来たこと, 等が示されている (Id. at 349 は, 米国対外関係法第3リステートメント§442をも示す)。

　こうして読み返しても, スイスの平均的弁護士たるオネゲルの1990年の論文は, 十分に読み応えのある論文である。ともかく, 以上で, ここでの論述は, 十分と思われるので, 先に行く (以上, 2011年1月8日午後7時55分までの執筆。ここまでの点検終了, 同日午後8時32分。今日は, 9時間半の執筆, であった。——執筆再開は, 1月10日午前7時45分)。

# 第1章　「IRS vs. UBS 事件」の展開過程と 「同事件に関する"スイスの国家的選択"」
――その実像解明の必要性

## 1　UBS に対する米国側の一方的措置の内実と事件の推移

### (1)　米国側の理解と意図的誤解（曲解）

「IRS vs. UBS 事件」の概要については，貿易と関税 2010 年 10 月号 78 頁以下においても，「詳細はいずれ調べるが」との留保の下に，一応示しておいた。それとの整合性に留意しつつ，まずは米国（連邦）司法省のプレス・リリースから，事件の流れの概要を示し，その後で，スイス連邦政府のホームページから，「スイスの視点」に立った，ニュートラルな（！）整理を示しておく。本章は，米国の圧力に対してスイスが取った行動に焦点を当てるものゆえ，本章 1 においては，米国内での出来事への言及は，必要最低限にとどめる。

同前（10 月号）・78 頁には，「UBS 事件の発端は，2008 年 11 月 6 日に，UBS グローバル・ウェルスマネージメント部のラウル・ワイル会長が，米国の富裕層の顧客 2 万人の資産隠しに共謀した罪で米国連邦大陪審に起訴［indict］されたことにある」，と記しておいた。この認識は，そこにも示したように，UBS 日本法人に勤務する A 氏の，早大ファイナンス研究科 2009 年度春学期の私のクラスで提出された優れたペーパーにおいて示されていたものであって，UBS 側の思いを，その裏付けとして有する。

だが，それよりも早く，「2008 年 7 月 1 日」の，米国司法省プレス・リリース（DOJ, Federal Judge Approves IRS Summons for UBS Swiss Bank Account Records [**July 1, 2008**]――以下，DOJ, supra [July 1, 2008] のように記す）によれば，その前日（「2008 年 6 月 30 日」――この日付が，後述の米国側の，ある種の"自白"と関係する）の司法省側の申立てに基づき，同日（7 月 1 日），マイアミ連邦地裁の J.A. Lenard 判事が，IRS に対して，いわゆる John Doe summons（以下，JDS とする[*]）を UBS に対して送達する（to serve）ことを認める命令を，出している。

\*　スイス連邦司法・警察省（Eidgenössisches Justiz- und Polizeidepartment: EJPD）・同外務省（Eidgenössisches Department für auswärtige Angelegenheiten: EDA）・同財務省（EFD）連名での，**Press kit**, Agreement between Switzerland and the USA concerning UBS: Key information and explanations（August 19, 2009）の 1 には，"John Doe Summons（JDS）（court enforcement action）"との記載がある。要するに，「在外文書提出命令」の一種と考えればよい。ここでは，この JDS について，それ以上踏み込まないが，本論文との関係で重要なのは，JDS による（一方的な）情報提供の要求（命令）における，対象納税者の特定性の程度，の方にある。この点については，米国（DOJ）側プレス・リリースに即してすぐに後述し，スイス政府の Amicus Curiae Brief における後述

14　第1章　「IRS vs. UBS事件」の展開過程と「同事件に関する"スイスの国家的選択"」——その実像解明の必要性
の主張と，それを対比させることとする。

　「ワイル（Raoul Weil）会長」のことは，DOJ, UBS Enters into Deffered Prosecution Agreement: Bank Admits to Helping U.S. Taxpayers Hide Accounts from IRS; Agrees to Identify Customers & Pay $780 Million（**Feb. 18, 2009**）に出て来るが，そこにもあるように，それに先行して，「2008年6月」に，UBSの元プライベート・バンカーのBradley Birkenfeld が，前記と同様の共謀の罪を認めていた事実がある。それを踏まえての，前記の「2008年7月1日」のJDS発出許可だったことになる（但し，DOJ, supra［Feb. 18, 2009］には，June 2008 にその発出が認められたとある。1日違いだが，誤記である）。

　DOJ, supra（July 1, 2008）には，前記のBirkenfeld が米国裁判所に提出したステートメントに基づきつつ，UBSの職員達が画策して，米国納税者達の「<u>約200億米ドルの資産</u>」を隠した，とある。他方，かくて発出許可の出たJDSによる情報提供の対象者，等について，そこには，以下の記載がある。即ち，"to request information …… about U.S. taxpayers who <u>may</u> be using Swiss bank accounts to evade federal income taxes"とある。のみならず，JDSが求められた理由としても，そこには，"The IRS uses a John Doe summons to obtain information about <u>possible</u> tax fraud by people whose <u>identities are unknown</u>［!!］."とある。続いて，JDSはUBSに対して"to produce records <u>identifying U.S. taxpayers</u> with accounts at UBS in Switzerland who elected to have their accounts remain hidden from the IRS"を命令するのだ，ともある。

　<u>要するに，**IRS**による情報提供要求の対象者は，全体としては**"unknown"**のままであり，また，それらの者の問題とされる行為も**"may; possible"**の段階であった。むしろ**UBS**の方にそれらを**"identify"**せよと命ずる形となっている</u>のである。そのような曖昧な形でスイス側に情報提供を求めることの当否が，その一方的措置としての性格と共に，後述のごとく，大きな問題となる。

　さて，DOJ, supra（Feb. 18, 2009）には，そのタイトルにあるように，同日付けでUBSが，米国政府側と「**訴追猶予合意（deferred prosecution agreement）**」をするに至ったことが報じられている。前記の「共謀」の事実を認めた上でのものである（別途，「7億8000万米ドルの罰金等」の支払いも，そこで合意された）。

　但し，そこ（DOJ, supra［Feb. 18, 2009］）には，この「訴追猶予合意」の一部として（As part of ……），<u>UBS側が「スイス金融市場監督当局（**FINMA**）の命令に基づいて（based on an order by …… ［??］），直ちに（immediately）」，米国側に問題の情報を提供することに同意した</u>，とある。だが，後述のごとく，そんなこと（右の「訴追猶予合意」とUBS側の右の「同意」との<u>直結</u>）は，あり得ない。米国側がそう言いたいだけ，である（米国側がそう言いたい理由については，本章1で後述する。だが，<u>ここで米国側が意図的に伏せている事実が別にあり，本章2(1)において，再度この点を論ずる</u>。右の書き振りでは，「訴追猶予合意」の線でFINMAが，あたかも自動的に命令を出した，かの如くだが，これは全く事実に反すること，なのである）。

　ちなみに，一連の動向を総括するDOJ, Justice Department Highlights Tax Enforcement Results (**April 7, 2010**) においても，"Shutting Down Offshore Tax Evasion" に関する一連の米国司法省側の，情報取得への（画期的な）努力は「2009年2月」に始まったとあり，この UBS との「訴追猶予合意」が「パイオニア的（groundbreaking）」なものとして，まずもってそこで掲げられている。だが，そこには **FINMA** 関連の右の指摘は，消えている。

なお，この DOJ, supra (April 7, 2010) には，前記の「(刑事)訴追猶予合意」(2009年2月18日) のなされた後，直ちに（[i]mmediately following .....) 米国司法省側が UBS に対して "a civil action" を提起し，「更に多くの米国納税者の氏名［の開示］を求めた（, seeking the names of more .....）」，とある。「刑事」が終わればすぐに（米国で言う）「民事」，というのは，いつものことである（石黒・新制度大学院用国際私法・国際金融法教材［2004年・信山社］24頁以下の「ズワイ蟹輸入カルテル事件」関連の記述，及び，同・国際民事訴訟法［1996年・新世社］29頁以下を見よ。なお，「米国で言う民事」の特殊性については，とくに同前・31頁参照）。

この米国司法省の「民事訴追」については，DOJ, United States Asks Court to Enforce Summons for UBS Swiss Bank Account Records, **(Feb. 19, 2009)** に，直ちに報じられた。相手が一歩譲ればすぐに"吹っかけて"来るいつものパターンである。

このマイアミ地裁での同日の「訴追」において米国司法省は，「スイスの秘密口座（secret Swiss accounts [??]）」(「秘密口座」など存在しないこと，既述!!) を有する米国顧客の "identities" の開示命令を求めるとする際，「52,000人の米国顧客（52,000 U.S. customers）」について，かかる開示を求める，としている。

この「52,000」という数字は，前記の Birkenfeld の法廷証言等に基づくものだろうが，それが"吹っかけ"であることは明らかであり，その後，結局「4,450」にまで縮減することとなる。ともかく，この新たな「訴追」において，米国司法省のこのプレス・リリースでは，裁判所にファイルされた「或る UBS 文書（a UBS document）」によれば，「2000年代半ばの時点で（as of the mid-2000s）」それらの「秘密口座」(??) には，「$14.8 billion」の資産があったとされている。また，同様に，UBS 側は，米国の富裕層に向けて積極的に同銀行のサービスを売り込み，右の「訴追」においてファイルされた「複数の UBS 文書（UBS documents）」によれば，「UBS の銀行員達が1年に約4000回も，米国を訪れ，米国法違反を行った」，とある。そして前記の JDS の執行プロセスに入ることが，そこで示されている。

だが，私が検索した限りでは，本件に関する司法省の，次のプレス・リリースは，「2009年7月12日」であり，一転してそこでは，米国裁判所での前記手続の「中止（stay）の申立て」が報じられている(*)。

* スイス側の EJPD/EDA/EFD, Press kit (August 19, 2009), supra の冒頭には，「2009年の6月半ばから8月半ば」の間に，米・スイス両国間の交渉がなされ（スイス側は，右の三つの省と前記の **FINMA** が交渉を担当），同年8月11日に合意に至り，スイス政府（Federal Council）が「同年8月17日」にそれを approve し，同月19日に署名され，即日発効した，とある。両国政府間の「**UBS 合意**」(後述) である。

そして，本件の処理とは完全に切り離されたものではあれ，「2009 年 3 月 13 日」に，スイス政府による前記の「重大な政策変更」が，別途なされていたことになる。

即ち，DOJ, United States, UBS and Switzerland Request Stay in Court Proceedings（**July 12, 2009**）の，二つのパラグラフのみからなる全 12 行の短いプレス・リリースには，前記 JDS の執行を求める手続の「中止」が要請されたこと，そして，「問題解決のための可能な選択肢を議論するための付加的な時間の供与のために」それが求められた，とある。以上の第 1 パラを受けて，第 2 パラでは，前記の別途の合意においては，UBS に対して，同銀行に口座を有する「かなりの数の個人達（a significant number of individuals）」に関する情報を要求する規定が，必要的なものとして合意されるであろう，とのみある。前記の"吹っかけ"の問題が，その曖昧な数字の示し方に，現れている。

次 は，DOJ, U.S. Discloses Terms of Agreement with Swiss Government Regarding UBS（**August 19, 2009**）である。司法省・IRS 共同発表として，スイス政府との合意が成立し，「2008 年 6 月 30 日 ［!!］に UBS に対して JDS ［を求める手続］を開始したときに関心を有していたところの，実質的に全ての口座［についての情報］を，米国側が受け取るであろう（..... will receive substantially all of the accounts of interest when it initiated the John Doe summons against UBS on June 30, 2008.），とある。最初から「4,450」が「実質的に全て」(!?) だったのだ，との "自白＆自己正当化" が，ここでなされることになる。

だが，一層注意すべきは，以上の第 1 パラに続く第 2 パラにおいて，当該合意の下で IRS は，「スイス政府に対して条約上の要請（a treaty request [!!]）をする」，とあることである。これまで，米国側において何ら言及のなかった「条約上の要請」「(非) 一方的措置!!」が，ここで初めて登場することとなる。そして，この要請を受けてスイス政府は，「数千の口座［の情報］(thousands of account)」(!!) を IRS に引渡すこととなる手続を開始する，とある。そこでも，前記の「52,000」という数字はどこへやら，である。第 3 パラは，その結果が期待したのより相当程度低く，かつ，他の措置が奏功しなかった場合には，JDS の執行を含めた適切な司法上の救済を求める米国政府側の権利が，当該合意上留保されていることを示す。これまた，いつものこと，である。第 4 パラは，更に合意の内容を示して，JDS の執行を求める申立ては撤回される（will be withdrawn）とし，但し，その基礎となった JDS 自体は有効なまま残る，と述べる。これも同様。

かくて，DOJ, Justice Department & IRS Announce Results of UBS Settlement & Unprecedented Response in Voluntary Tax Disclosure Program (**Nov. 17, 2009**) に至る。その第 1 パラには，UBS に対する民事及び刑事の事件の「決着 (settlement)」後，「14,700 名を越える納税者」が，右決着を受けて IRS が実施した「任意開示プログラム」（更に後述する）の下で，以前はディスクローズされていなかった「外国 (foreign) の銀行口座」を自主的に開示したが，この数字は，10 月に IRS が発表したもともとの数

字の殆ど2倍であって, 2008年になされた自主的開示の数字を小さく見せる (dwarf) ものだ, とある (DOJ, supra [April 7, 2010] では, その段階までの「任意開示」が「殆ど15,000件」であったこと [約半年間, 殆ど増えていない] とともに, それまでは年間で「100件未満」であったことが, 示されている)。

DOJ, supra (Nov. 17, 2009) の第2パラでは, この「画期的決着 (this landmark settlement)」によって達成された「並外れた結果 (the extraordinary results)」を喜ぶべきものとする司法省側の見方が示されつつ,「米国の納税者達へのメッセージはクリアーだ。**『銀行秘密と資産隠しの時代は終わった ([T]he era of bank secrecy and hidden assets is over.)』**, ということだ」, とある。

だが, その第3パラグラフあたりから, 米国側の論調が目立って乱れて来る。即ち, そこ (第3パラ) では, 前記の「2009年2月」のパイオニア的 (groundbreaking) な「訴追猶予合意」から米国側の努力が始まったのだとしつつ,「当該合意の一部として, UBSは, 多くの米国のUBS顧客のアイデンティティーと口座情報とを, **直ちに (??)** 米国側に提供した (UBS **immediately** provided the United States with the identities of, and account information for, **a number of** U.S. UBS customers ...... .)」, などとある。これは, 前記のFINMA関連の記述同様に, 事実に反する (但し, 本章2(1)で再説し, 問題点を更に明確化する[*])。

* 「修正後のUBS合意」に関するスイス連邦司法・警察省のプレス・リリース (FDJP, Amending Protocol to Treaty Request Agreement UBS-USA Signed [**March 31, 2010**]) の末尾の, "Positive Parliamentary Decision Not Taken For Granted" の項にも, スイス連邦政府 (the Federal Council; Bundesrat) が, 同合意の議会通過までは, いかなる (any) 顧客データも米国側に引き渡さぬよう, 当局に命令した, とある。それに対する例外は, 当該の顧客がデータの引渡しに明示の同意をした場合 (前記の「権利放棄」の場合), または, その者がIRSの voluntary disclosure program に基づいてIRSに報告をした場合 (のみ) である, と明言されている。

なお, UBSが自己の判断で米国側に情報を渡した場合, スイス刑法違反 (犯罪) になること, 後述する通りである。

同様に, (若干飛ばせば) 第6パラでも, **事実に反する米国側の意図的誤解 (曲解)** がある。即ちそこには, 「これらの刑事的・民事的努力は, **初めてスイス銀行秘密を破った** (These criminal and civil efforts have, **for the first time, breached Swiss banking secrecy ...... .)」云々とある。これまた, 両国政府間の「UBS合意」に, 真っ向から反する (後述)。実に勝手な米国側の, 一般の誤解を意識的に醸成するための意図的誤解 (曲解), と言うべきである (!!)。

かくして, 一連の事態の総括としての, DOJ, supra (April 7, 2010) に至る。許し難いこととして, そこでも, "Shutting Down Offshore Tax Evasion" の項の第1パラにおいて, 「訴追猶予合意」後直ちにUBSが米国側に情報を渡した旨, Id. supra (Nov.

17, 2009）と同様の文言で，但し，後者における「多くの（a number of）」顧客の情報を，のところを「若干の（certain）」と書き換えた上で（これが同義別表現とは，文脈上言えまい），臆面もなく記されている。「日米通商摩擦」の最前線では，こうしたことは日常茶飯事ではあったが，実に，汚い（!!）。

　同じ項の第2パラで，米国側の事実（史実!!）に反する主張は，いわばピークに達する。DOJ, supra（Nov. 17, 2009）の，既述の第6パラと同じことではあるが，両国政府間の「UBS合意」につき，そこでは，「鉄壁をなすスイス銀行秘密に大きな亀裂をもたらした歴史的合意（an historic agreement that has put a large chink in the armor of Swiss bank secrecy）」，との評価が，不当に（!!）下されている。

　実際の「UBS合意」の内容は，後述のごとく，従来の米・スイス間の情報交換のための条約枠組の中に，「スイスが米国を（!!）引き戻した」上でのものである。IRSは，この政府間合意に基づき，新たに「条約上の情報提供要求」を，改めて行い，それに基づきスイス側は，全て自国の従来の法制度に基づき，粛々と手続を進めたのである。それが，事実（史実）（!!）なのであることは，これから示す通りである。

　ちなみに，右と同じ項目の第3パラでは，この意図的誤解の"文脈"が，如実に示されている。即ちそこでは，「UBS事件は世のすさまじいまでの注目を受け，銀行秘密に対抗する強い前進のためのモメンタムを全世界的にもたらした（..... has generated tremendous publicity and strong forward momentum against bank secrecy worldwide, ..... .）」，云々とある。それは，その限りでは，確かである。

　だが，「2009年3月13日」の前記の「スイスの重大な政策変更」も，直接対米でなされたのではなく，（米国の意向が強く働いたことは事実ではあろうが）正式にはOECDやG20等の後述の動きとの関係でのものであり，かつ，OECDモデル租税条約26条に準拠したスイスの租税条約改正も，対米が最初ではなかった。即ち，対デンマーク（2009年8月21日署名），対ルクセンブルグ（同年8月25日署名），対フランス（同年8月27日署名），対ノルウェー（同年8月31日署名），対オーストリア（同年9月3日署名），対英国（同年9月7日署名），等の後に，「2009年9月23日」になって，対米での改正（改正プロトコル）が，ようやく署名されたものなのである。

　そして，米・スイス両政府間の「UBS合意」の署名（即日発効）は，「2009年8月19日」であり，あくまでも「IRS vs. UBS事件」の処理，そして「UBS合意」は，米・スイス間の従来の条約枠組を遵守した上でのものだった，のである（以上，2011年1月10日午後4時40分までの，約9時間の執筆。執筆再開，同月15日午前11時35分）。

### (2)　冷静な「スイス側」の問題整理から

　この辺で，スイス連邦政府のホームページから，「IRS vs. UBS事件」の概要を，以上との重複回避に留意しつつ，見ておこう。私が2010年9月1日にアクセスしたところの，「2010年7月15日最終修正」のヴァージョンの，スイス連邦司法・警察省（FDJP）のプレス・リリース（**Federal Office of Justice, UBS case:** Agreement between the United States of America and Switzerland on the request for information [über ein Amtshilfegesuch] from the Internal Revenue Service regarding UBS) である (http://www.ejpd.admin.ch/ejpd/en/home/themen/wirtschaft/ref_fallubs.html[*])。

* ちなみに、スイス政府のホームページでは、ドイツ語版（右のアドレスの /en/ のところを /de/ とすればよい）と英語版とが常に一緒に出ており、この事件については、右のもの（ドイツ語版では Bundesamt für Justiz, Fall UBS: ……）が最も包括的で、必須情報に満ちている。その構成は（1カ所、ドイツ語のみの部分はあるが）、便宜番号を付して示せば——

  ① What is it about? [Worum geht es?];
  ② What has happened so far? [Was ist bisher geschehen?];
  ③ Documentation [Dokumentation];
  ④ UBS Agreement [UBS-Abkommen];
  ⑤ Ruling of the Federal Administrative Court [Urteil des Bundesverwaltungsgerichts];
  ⑥ Amending protocol [Änderungsprotokoll] ;
  ⑦ Botschaft und Entwurf;
  ⑧ Advisory opinions [Gutachten]

——となっている。関連文書として必須のものは、そこをクリックすれば、全て出て来る。私自身も、そうして、本論文の執筆準備を始めた（ドイツ語又は英語ヴァージョンのないものも、其処にその旨明示されている）。独英対訳上の便利もあるし、何より、実にシステマティックである。

右の①（「事件の概要」）は、（2009年8月19日即日発効の）『「UBS合意」の性格付け』から始まる（右の③以下は、後述の諸論点との関係で、適宜言及する）。ドイツ語では一層明確に、この合意が「UBS に関する IRS の行政共助要求について（über ein Amtshilfegesuch des ……IRS betreffend UBS）」のものであることが示されつつ、この合意が、米国との主権の衝突（the conflict over sovereignty）を、租税条約で規定された線に沿って解決する（resolves along the lines provided for in the Tax Treaty [löst …… auf dem staatsvertraglich vorgesehenen Weg]）ものだ、とある。

そして、以下、より直截なドイツ語の方をメインにしつつ、重要ゆえ、あえて逐語訳をすれば、「米国は情報入手（**Informationsbeschaffung**）への一方的措置を放棄（auf …… verzichten [now that the USA agree to forgo unilateral measures]）し、その代わりに（stattdessen）、米国側は、［現行の］二国間租税条約に基づいて（auf der Grundlage des …… [on the basis of the tax treaty currently in effect]）新たな行政共助要求をスイス連邦課税当局（EStV [SFTA]）に伝達（übermitteln）するのであるがゆえに、この交渉による処理（Verhandlungslösung）は、スイス・米国の法秩序間の差し迫った衝突を（den drohenden Konflikt [英語では単に the potential conflict]）、解決するものとなる（legt …… bei, da ……）。これに対してスイス側は、新たな行政共助要求を、1年以内に処理（bearbeiten [process]）する義務を負う」、とされている。

次に，②の「これまでの展開」は，マイアミ連邦地裁への，「2009年4月30日」のスイス政府の「法廷の友」意見書提出，から始まっている。そこにおいて，スイス政府が，「スイスの法秩序及び主権が尊重されねばならないことを強調した」ことへの言及，である。

次の時点は，「2009年7月7日」である。後述のごとく，この日にスイス政府は，第2の「法廷の友」意見書をマイアミ連邦地裁に提出したのだが，それについてこのプレス・リリースでは，「UBS事件における米国当局［複数──IRSと司法省と，である。後述］の見解に答えて，スイス法が顧客情報の引き渡しを禁じていること，そして，併せて以下の点が，スイス政府によって指摘された」，とある。即ち，「スイス法実施のための必要な措置が用意された」（[T]he government of Switzerland also points out that the necessary measures to implement Swiss law have been prepared [weist sie zudem darauf hin, dass ..... vorbereitet sind].），とある。この点は，同日付けの「法廷の友」意見書と，それに関するスイス連邦政府（Bundesrat）閣僚の指摘，そして，私が従来より論じて来た「マーク・リッチ（Marc Rich）事件」との関係で，後述することとする。

そこに記載されている三番目の時点は，「2009年7月12日」であり，（マイアミでの訴訟当事者たる）「米国政府とUBS」が，「スイス政府（the Swiss Government; Bundesrat）のサポートの下に」，マイアミ（フロリダ南部連邦地裁）に係属中の民事訴訟の，中止（stay）を求める共同申立てを行なった（reichen ..... ein Sistierungsgesuch ein）こと，そして，当該裁判所が，他の二回を含めて（noch zwei weitere Male），紛争の解決のために手続を（更に）中止したことが，示されている（UBS事件の米国担当判事は，幸い，「マーク・リッチ事件」の判事のようにアグレッシヴでは，なかったことになる。後述）。

次は「2009年8月12日」（私の満60歳の誕生日）であり，「米国とスイス」が担当判事に対して，両国が，UBSに対する米国民事手続についての「裁判外での和解（the out-of-court settlement; Vergleich）」に至ったことを伝えた，とある。

それを受けた「2009年8月19日」の項は二つあり，まず，同日に，両国政府間の「UBS合意」が発効し，UBS事件について米国側は，新たな「条約上の要請」をスイスに対して行ない，「52,000」のUBS口座保有者のアイデンティティの開示を求める前記のJDSを撤回（will withdraw .....; verzichten auf .....）する一方，スイス側は，「約4,450」の口座に関する，新たな，条約上の行政共助要請（Amtshilfegesuch）に対して，これを1年内に処理する義務を負うこととなった，とある。そして「同日」，スイス政府（Bundesrat; Federal Council）は，連邦課税当局（Eidg. Steuerverwaltung [ESTV]; Federal Tax Administration [FTA]）に対して，米国からの「行政共助要請（request for administrative assistance; Amtshilfegesuch）」への態勢作りを，命じた。

続いて「2009年8月31日」，IRSは，スイス側当局（ESTV; FTA）に対して，「約4,450」の口座についての「行政共助要請」をファイルした，とある。

だが，そこでの次の記述には，若干注意を要する。即ち，「2009年11月17日」，「**UBS合意のアネックス**（the Annex to Agreement; der Anhang zum UBS-Abkommen）」が「スイスの公式立法集（official compilation of legislation; **Amtliche Sammlung [AS]**）」(*)にお

いて，公表された，とある。そして，（それを前提に）IRS への「行政共助」が「順調に進んでいる（is on track; ist auf Kurs）」ことが，そこに示されている(**)。

* スイス連邦の条約や法律は，前記の Bundesblatt と共に，この AS でも公表される。例えば「UBS 合意」の前提となった（それが基礎を置くところの——後述）「1996 年 10 月 2 日」（発効は，「1997 年 12 月 19 日」）の「米・スイス租税条約」を，前記の Systematische Sammlung ＞ Internationales Recht ＞ 0.6 Finanzen ＞ 0.67 Doppelbesteuerung で検索すると，その「探し場所（Fundstelle）」として AS 1999 1460 と出て来るが，現物を打ち出すと，そこには „AS 1999 1460; BBl 1997 II 1085" とあるように，AS; BBl. のどちらでも条文が出て来る。

** もともとの（「2009 年 8 月 19 日」の）「UBS 合意」の 6 条（Confidentiality）は，その「第 2 文」において，「米・スイス双方での税務行政への阻害回避のために（[t]o avoid impairment of tax administration in both the United States and Switzerland）」，本合意の「アネックス」についての公的な議論又は出版を，本合意の署名から 90 日が経過するよりも前（earlier than 90 days）においては行なわないことが合意されている，とある。だが，スイス側当局（SFTA）が特定の口座保有者への事実説明に際してそれに言及することは，同条において許容されており，但し，それら個人が，この「アネックス」の公表前にかかる事実を第三者に開示することは，その非開示を刑事的に執行し得る義務とするスイス法の下に置かれる（will be），とも規定されている。また，前記の「第 2 文」には「脚注 3」があり，そこでは，この「アネックス」は，同一の守秘要件の下で，UBS に対しては公表される（will be），ともある。

右の「**」部分の，波線の下線部分の不自然さを，思うべきである。スイス側は，後述のごとく，それこそ公明正大かつ粛々と，スイス国内法に基づく処理を進めるのであって，スイス側にとってこんな要件は，そもそも不要なはずである。そこにまずは，気付くべきである。

　問題の「UBS 合意」の「アネックス」は，"Criteria for Granting Assistance Pursuant to the Treaty Request" と題したものであって，その 2 で，"The agreed-upon criteria for determining "tax fraud or the like" for this request pursuant to the existing Tax Treaty are set forth as follows: ……" とある。そして，それがこの「アネックス」の本体をなす。徹頭徹尾，スイス側が，米国との従来の条約枠組（詳しくは後述）に基づいて「IRS vs. UBS 事件」の処理を行なうことが，「米国側との合意」の内容として，其処に明示されている。それだけのことである。

　実は，この「アネックス」の公表が遅れたのは，専ら，米国側の要望のゆえ，である（!!）。スイス連邦政府（Bundesrat [Federal Council]——「内閣」に相当する「連邦評議会」[*]）の構成員，即ち「閣僚」の一員たる E. Widmer-Schlumpf が，2010 年 5 月 27 日にチューリヒ大学法学部で行なった講演において，そのことが示されている。

* 1999 年 4 月 18 日の「新スイス連邦憲法」174 条で，Bundesrat は，連邦諸官庁の頂

点に立つとされる。Bundesrat は 7 名の構成員から成り（同法 175 条 1 項），その議長は「連邦大統領（die Bundespräsidentin oder der Bundespräsident）」とされ（同法 176 条 1 項），178 条 1 項で，Bundesrat が連邦の行政を統率する，と規定されている。

　ちなみに，「連邦議会（Bundesversammlung）」は，同法 148 条 2 項で，<u>国民議会（Nationalrat）</u>」（国民の直接選挙で選ばれる 200 名で構成される。同法 149 条）と，各カントン（州──Kanton）の代表たる 46 名で構成される「<u>全州議会（Ständerat）</u>」（同法 150 条）とから成る，と規定されている。

つまり，同じく EJPD のホームページで検索出来るところの，„Die Verhandlungen im Steuerstreit UBS/USA": <u>Rede von Bundesrätin Eveline Widmer-Schlumpf</u> bei den Alumni der Rechtswissenschaftlichen Fakultät der Universität Zürich vom 27. Mai 2010（以下，**Widmer-Schlumpf, supra** として引用する）には，以下のごとくあるのである。即ちそこには──

> „<u>Der Anhang wurde auf Wunsch der USA im Interesse einer erfolgreichen Durchführung des freiwilligen Offenlegungsprogramms der amerikanischen Steuerbehörde erst 90 Tage nach Inkrafttreten des Abkommens veröffentlicht.</u> <u>Der Anhang ist nämlich so konkret gefasst, dass jeder Steuerpflichtige überprüfen kann, ob er vom Amtshilfegesuch betroffen ist.</u>"

──とある。

　要するに，「**UBS 合意**」の「アネックス」は，「<u>米国課税当局の"任意開示プログラム"の，実りある実施の利益という米国の願望</u>」のゆえに（!!），その公表が，<u>合意成立後 90 日も遅延した</u>，ということなのである。右の第 2 文は，そのことを踏まえたスイス政府側の皮肉まじりのコメントと，理解すべきである。そこには，「即ち［!!］，アネックスには，どの納税者でも，果たして彼が［IRS の］行政共助要請に該当（betroffen）するか否かを点検し得る程に，具体的に，記載がなされている」，とある。

　それが即時に公表されてしまっては，**IRS** として，"米国納税者の恐怖心理"（!!）に頼って，それらの者が（合意の詳細が分からぬために）「任意開示プログラム」に応じてくれる折角のチャンスを，失うことになる。だから 90 日間公表するな，ということだったのである。DOJ, supra, (**Nov.. 17, 2009**) の第 1 パラに，UBS に対する民事及び刑事の事件の「決着（settlement）」後，「<u>14,700 名を越える納税者</u>」が，右決着を受けて IRS が実施した「任意開示プログラム」の下で，以前はディスクローズされていなかった「外国（foreign）の銀行口座」を自主的に開示したことが示されていたことを，ここで，想起すべきである（この「11 月 17 日」の時点までは，「UBS 合意」の「アネックス」が，公開されていなかったことに，注意せよ!!）。この点に釈然としないものを感ずるとしたら，そうあって当然だと，私は思う。「<u>納税者の恐怖心理</u>」<u>を利用した税務行政</u>など，邪道である。

さて、ここでFDJP, supra の、「2009年11月17日」以降の記述に戻る。その後、かくて定められた手法でスイス課税当局は、「500」のケースを処理していたが、そこで、「2010年1月21日」に、あるUBSの口座保有者が、IRSへのデータの開示を妨げるべく提起していた「スイス連邦行政裁判所（Bundesverwaltungsgericht）」の事件で、勝訴の判決（Urteil）を、得るに至った。そしてこれは、「行政共助」の対象たる「継続的で重大な脱税（continued and severe tax evasion; fortgesetzte und schwere Steuerdelikte）」に関するものであった（ちなみに、右の最後のドイツ語部分は、前記の「アネックス」上は、„Betrugsdelikte und dergleichen" の und 以下を指す。詳細は、後述する）。ここで、あくまでスイス国内での法的手続を遵守した上で「情報交換」を行うという、両国政府間の「UBS合意」は、大きな曲がり角に至る。

そして、「2010年1月27日」、スイス政府（Bundesrat）は、この「連邦行政裁判所判決」を分析した上で、米国との対話の継続を決定し、場合によっては（[g]egebenenfalls）、次のステップを踏んだ上で「行政共助協定」たる「UBS合意」を、スイス議会の「承認（approval; Genehmigung）」のために提出（unterbreiten）する旨が、表明された。そして、その議会提出のために、「2010年2月24日」（妻裕美子の満43歳の誕生日!!）、Bundesrat は連邦司法・警察省（EJPD; FDJP）に対して、「政府の議会向け公的説明文書（Botschaft; Federal Council Message）」の作成を命じた。

かくて、（米国側との交渉を経て）「2010年3月31日」、スイス連邦政府は、「UBS合意」を修正する「プロトコル」を承認し、同「修正プロトコル（Änderungsprotokoll）」（その内容については後述）は、同日、ワシントンD.C.で署名された。続いて「2010年4月14日」、スイス連邦政府は、「修正UBS合意」の議会での承認のための「公的説明文書（Botschaft; dispatch）」を採択した。

これからは、スイス議会での承認手続きとなる。2010年夏の審議で、この「修正UBS合意」が議会で承認されることが予定される中、「スイス連邦行政裁判所」は、「2010年7月15日」（それが「修正UBS合意」の議会通過の「後」であることは、すぐ次に示す）、「修正UBS合意」の下での試金石的な決定（a pilot verdict; Pilotentscheid）において、UBSのある顧客からの、IRSへの情報引渡を拒絶すべきだとする請求を、排斥した。そして、このFDJP（Bundesamt für Justiz）のネット上の文書は、スイスの連邦課税当局が、「合意」された期限内に、「約4,450」の数の（共助のための）審査を終えたことを示して、「UBS事件」についてのコメントを、締めくくっている。

議会の承認については、FDJP, Parliament approves UBS Agreement: Disclosure of client details in cases where decisions have taken legal effect (**June 17, 2010**) のプレス・リリースが、別途なされている。それによれば、前記の「全州議会」では「2010年6月9日」に、「賛成31, 反対9, 棄権2」での可決（..... passed by 31 votes to 9 with two abstentions）、「国民議会」では「同年6月15日」に、「賛成81, 反対61, 棄権53」での（辛うじての）可決（..... by 81 votes to 61 with 53 abstentions）、であった。それを受けて、「2010年6月17日」、両院は、この「（修正）UBS合意」を、新スイス連邦憲法141条の「任意的国民投票（Fakultatives Referendum）」（詳細は後述）には付さない

ことを決定し（[T]he two Councils today decided not to make the federal decree on approving the UBS Agreement subject to an optional referendum.），かくて，<u>同日，スイス議会での審議は終了した</u>，とそこにある。

　この「2010年7月17日」のプレス・リリースを含めて，関連する同種の文書には，「スイス国内での権利者保護の法的手続」に関する重要な点等も，多々示されている。だが，それらについては本章2（以下）において，順次示してゆくこととする（以上，2010年1月15日午後6時50分までの執筆。今日は，石黒「国際課税と牴触法（国際私法）［上］」貿易と関税 2005年9月号分の連載冒頭（同前・53-54頁）に記した，故上本修君の悲しいご逝去から満25年目の命日に当たる。何としても今日中にここまでを仕上げようと決意しての執筆，であった。——点検終了，同日午後8時2分）。

［以上，2011年3月号 45 － 65 頁］

---

### 2　米国裁判所に対して提出されたスイス政府の「法廷の友（amicus curiae）」としての意見書（2009年4月30日＆7月7日）——「1951年米・スイス旧租税条約」及び「マーク・リッチ（Marc Rich）事件」等との関係を含めて

　さて，本書第1章1に示した「IRS vs. UBS事件」の展開過程において，スイス連邦政府は，米国裁判所宛てに，二つの「法廷の友」意見書を出していた。米・スイス両国政府間の「UBS合意」は，それらを踏まえたものだったのであり，そこで，この二つの「法廷の友」意見書の内容を，以下において，検討することとする（執筆再開は，2011年1月31日午後4時）。

　本章1において，米国サイドの動きについては，米国司法省のプレス・リリースをベースに，各時点における米国側の対外発表の姿（一部意図的に歪んだそれ！）を辿ったが，実際に米国裁判所において，米国側がいかなる（歪んだ!!）主張をしていたのかも，スイス政府側のそれら「法廷の友」意見書から，逆に察知できる構図となっている。また，「IRS vs. UBS事件」を巡って問題となる米・スイス間の法的コンフリクトの内実も，スイス政府自身の提出文書たるこの二つの「意見書」の記載を通して，一層明確なものとなる。関連するスイスの従来の法制度・条約枠組については，本論文第2章で更に詳述するが，その前提をなす"概観"としての意味もある。

　<u>そこで，以上の理由から，この「二つのアミカス・ブリーフ」の内容を，ここで，詳しく辿っておくこととする（とくに重要な論点については，☆や★のマークを付して，別枠で論ずる）</u>。なお，貿易と関税 2010年10月号 78－79頁において「IRS vs. UBS事件」を略述するに際して，私は既に，それが「『マーク・リッチ事件』と同じ展開」であったことにつき，一言していた（同前・79頁）。その詳細についても，両事件におけるスイス政府側の対応との関係で，以下に示す。

2 米国裁判所に対して提出されたスイス政府の「法廷の友（amicus curiae）」としての意見書（2009年4月30日＆7月7日）　　25

(1)　「2009年4月30日」提出のスイス連邦政府の「法廷の友」意見書——「1951年米・スイス旧租税条約」，当事者の「手続権の保障」等，そして「2009年2月18日」の"重大な出来事"（!!）との関係を含めて

　まず，「2009年4月30日」提出のスイス連邦政府の「法廷の友」意見書の内容を，見ておく。AMICUS BRIEF OF GOVERNMENT OF SWITZERLAND（April 30, 2009）IN THE UNITED STATES DISTRICT COURT FOR THE SOUTHERN DISTRICT OF FLORIDA MIAMI DIVISION, CASE NO.: 09-20423-CIV-GOLD/MCALILEY（UNITED STATES OF AMERICA, Petitioner, vs. UBS AG, Respondent），である。ちなみに，その現物も，本章1で引用したスイス連邦司法・警察省のプレス・リリースたる FDJP, UBS case, supra（Last modification: 15.07.2010）の，"Documentation: Civil proceeding against UBS"の項をクリックすれば，全文 pdf ファイルで出て来る（以下も，基本的には同じ）。

　全文で21頁あり，それに6つの APPENDIX が付されたのが，この「4月30日付け意見書」だが，その本文に入る前の TABLE OF AUTHORITIES（それが本意見書の何頁に引用されているかの，頁数の明示を含む）の冒頭の U.S. CASES の項を見るだけでも，興味深いものがある。

　例えば其処には，Societe Internationale v. Rogers, 357 U.S. 197（1958）も引用されているが，この事件は，本書序章2で，「『スイス銀行秘密』を論ずる際の基本中の基本」（ゲシュタポ関連）を論ずる際に多少長く引用した Honnegger, supra, at 344 に明示のある事件である。即ち，スイス銀行秘密をめぐる米・スイス間の，最初の大きな紛争事例として，そこに紹介されていた事件（Rogers case），である。だが，この「4月30日付け意見書」のこの項には，「マーク・リッチ事件」への言及がなく，そこで私は「アレッ？」と思ったのだが，同事件は「7月7日付け意見書」の方にあり，得心が行ったのである（後述）。

　ちなみに，6つの項目に区分されたそれ自体詳細なリストたる，この TABLE OF AUTHORITIES の中の SWISS LEGISLATIVE AND ADMINISTRATIVE MATERIALS の項の冒頭は，「スイス刑法典（StGB）」関連の条文であり，そこには，「スイス刑法271条・273条」と（本章1でその制定の背景事情を中心に論じた）「スイス銀行法47条」とが，並んで明示されている（この三つの条文をワン・セットで掲げるべきことについては，石黒・前掲国際民訴法27頁でも，そうして示しておいた通りである。なお，「マーク・リッチ事件」を論じた同・現代国際私法［上］［1986年・東大出版会］205－208頁をも参照せよ）。ちなみに，この項においては，前記の3カ条とともに，本書第2章1で後述の「スイス連邦国際刑事司法共助法（1981年3月20日）」と，本書1で言及した1997年の「スイス連邦アンチ・マネー・ローンダリング法」とが，掲げられている。

　さて，「2009年4月30日付けの法廷の友意見書」（以下，Switzerland's Amicus Brief, supra［April 30, 2009］として，それを引用する）の中身に入ろう。Id. at 1 冒頭の INTEREST OF THE AMICUS CURIAE の項の第1文で，まずもってスイス政府側が訴えているのは，「スイス政府は，スイス法の統合的一体性と主権の維持への，そして，

スイスに対する国際条約上の義務の，米国による尊重を促進させることへの，強い利益を有する（The Government of Switzerland has a strong interest in the preservation of the integrity of Swiss law and sovereignty and in promoting respect by the United States of its international treaty obligations to Switzerland.）」，ということである。そして，実際の「UBS 合意」が，全くもってその線で作成されたこと，更には，「2010年1月27日」の「スイス連邦行政裁判所」の判決（**Urteil**）を契機に作成された「修正 UBS 合意」も，すべてこのワン・センテンスの線で理解すべきことは，何処まで強調しても足りない位の重要な事実（**史実!!**），である。ちなみに，計2文からなるこの項の第2文は，この「法廷の友」意見書は，米国裁判所に，既存の条約によって米・スイス間の本件紛争が回避されるべきこと（should be avoided）を気づかせることを求めてのものだ（.....seeks to make the Court aware of .....），としている。何処までも，「既存の（!!）米・スイス租税条約」の枠内での問題処理が，強く求められているのである。

次の項（Id. at 1-10）は，STATEMENT OF RELEVANT FACTS であり，次の5つの小項目からなる。それ自体が重要なメッセージゆえ，原文で示せば──

"(A) the relevant provisions of Swiss domestic law;
 (B) the availability of Swiss assistance to foreign countries in criminal and civil investigations;
 (C) the history and content of the intergovernmental information exchange provisions of the Swiss-U.S. income tax treaty;
 (D) the recent announcement by the Government of Switzerland of a change in policy regarding information exchanges on tax evasion and related initiation of negotiations to amend the Swiss-U.S. treaty; and
 (E) the status of intergovernmental information exchanges relating to the UBS matter"

──となっている(\*)。

\*　但し，若干の注記をすれば，右の（B）に"civil"とあるのは，「米国で言う民事」の特異な意味内容に配慮したものと考えるべきである（既に本書でも一言したが，石黒・前掲国際民訴法9，22頁，44－45頁参照）。端的に言えば，もともと米国法の淵源をなす英国法上，「公法」の概念が明確化されていないこと（同・国際倒産 vs. 国際課税［2010年・信山社］20，30頁）とも深く関係するのだが，英米では，本来「官」の側の手続なのに，そこで民事の「手続」が用いられているときには，当該の問題自体を「民事」と把握することがなされて来ており（「米国対外関係法第3リステートメント§483」等との関係での同前・127－128頁，及び，英国の「ノルウェー・タックス事件」との関係での131，214頁参照），そこで，英米での議論の「直訳」をすると，とんでもない誤りが生じたりもする（同・前掲国際民訴法8－9頁）。なお，「ズワイ蟹輸入カルテル事件」に関する同前・30－31頁における，米国当局の「刑事」から「民事」への切り替えは，「IRS vs. UBS 事件」と同様のものであるので，対比されたい（なお，同・前掲

2 米国裁判所に対して提出されたスイス政府の「法廷の友（amicus curiae）」としての意見書（2009年4月30日＆7月7日） 27

新制度大学院用国際私法・国際金融法教材25頁の1段目左以降の個所参照）。

とくに注意すべきは，前記の(D)である。既述のごとく，スイス政府がOECDモデル租税条約26条の線で今後は情報交換をする旨の「重大な政策変更」をしたのは，「2009年3月13日」のことであった。Switzerland's Amicus Brief, supra（April 30, 2009）は，そのあとで出されていることになる。他方，そこには，スイス側の右の政策変更を受けた「米・スイス租税条約」の改正交渉が，「2009年4月30日」時点で既に始まっていたことが，示されている。

スイス側としては，まさに「IRS vs. UBS事件」の最中の「2009年3月13日」に，右の「重大な政策変更」をしつつも（それを踏まえた上でではあれ），「同年4月30日」のアミカス・ブリーフでは，あくまでスイス国内法と「現行の米・スイス租税条約」による同事件の処理を，強く訴えていたことになる。

それでは，米・スイス間の「租税条約改正交渉」は，一体いつから行われていたのか。米・スイス間の改正租税条約の「署名」がなされ，そのプレス・リリースがなされたのは，「2009年9月23日」のことであった（EFD, Schweiz und USA unterzeichnen revidiertes Doppelbesteuerungsabkommen [Sept. 23, 2009].）。そして，「2009年11月27日付け」の，この条約改正に関する，スイス連邦議会向けのスイス政府の公的説明書たるBotschaftには，以下の説明がある。即ち，Botschaft zur Genehmigung eines Protokolls zur Änderung des Doppelbesteuerungsabkommens zwischen der Schweiz und den Vereinigten Staaten von Amerika vom 27. Nov. 2009, BBl. 2010, at 235ff には，その2の項の冒頭（Id. at 237）において，以下のごとくある。即ち，「1996年10月2日」の現行「米・スイス租税条約」は，それ以降改正されることがなかった（wurde ..... seither nicht geändert）が，「2009年3月13日」の前記のスイス側の「政策変更」を受けて，「2009年4月25日」のワシントンでの両国財務相会合で，「行政共助（Amtshilfe）」に関するスイス側の，この新たな条約政策を，早急（rasch）に両国間の租税条約に埋め込むことが合意され，「2009年4月28日から4月30日[!!]までベルンで」，そして「2009年6月16日から6月18日までワシントンで」の交渉がなされて，「情報交換条項」とともに他の条項についても改正の必要が認識された，とある（「仲裁」規定の導入，等）。そして，（その後の交渉を経て）「2009年9月23日」の「改正米・スイス租税条約」の「署名」に，至るのである。

かくて，Switzerland's Amicus Brief, supra（April 30, 2009）は，（時差はともかく）ベルンでの第1次条約改正交渉の最終日に，米国裁判所に対して出されていたことになる(*)。

　　＊　ちなみに，スイス側にとってOECDモデル租税条約26条の線での「情報交換条項」を含む最初のものとなる「デンマーク・スイス間の改正租税条約」（2009年8月21日に「署名」）に関する交渉は，「2009年3月13日」のスイス側政策変更後，直ちに開始されたもののようであり，「その交渉は……2009年5月19日に終了することが出来た（Die Verhandlungen konnten am 19. Mai 2009 ..... beendet werden .....）」，とされている。Botschaft zur Genehmigung eines Protokolls zur Änderung des Doppelbesteuerungsabkommens zwischen der Schweiz und Dänemark vom 27. Nov. 2009, BBl. 2010, at 89ff, 92.

　かくて，交渉終了も署名も，ここで（米国との条約改正に先行するものとして）例示したデンマークの方が先だが，Botschaft の日付だけは同じ（ともに「2009年11月27日」）だった，ということになる。ちなみに，「署名」時点で「対米条約改正」に先行するものとしては，既に一言しておいたように，この「対デンマーク」に続き，「対ルクセンブルグ」（2009年8月25日署名），「対フランス」（同年8月27日署名），「対ノルウェー」（同年8月31日署名），「対オーストリア」（同年9月3日署名），「対英国」（同年9月7日署名），等がある（「情報交換条項」の内容に関する微妙な差異を含めて，詳細は後述する）。──以上，決して「対米交渉」がすべてにおいて先行していた訳「ではない」こと (!!) を示すために，あらかじめ一言した次第である。

　さて，ここで Switzerland's Amicus Brief, supra (April 30, 2009), at 1-4 の，「A. スイス国内法」の項に立ち戻って検討する。そこでは，まず，「スイス政府の参加又は同意なしに，外国当局がスイスからの情報のリリースを強制する一方的な試み（a unilateral attempt）は，スイス主権の侵害（an infringement of Swiss sovereignty）となる」旨が，スイスが大陸法系諸国の一員たることを示しつつ，明示されている（[l]ike a number of other civil law countries, Switzerland .....）。そして，「（ヨーロッパ）大陸法におけるこの原則が，国際法上の領域主権の理論に由来する（This principle of the civil law derives from the doctrine of territorial jurisdiction in international law.）」として，そこに付された注 2 で，Oppenheim's International Law. Vol. 1 (R. Jennings & A. Watts, eds., 9th ed. 1996), at 458 が，同書における実際の記述と共に，引用されている(*)。

　*　なお，以上における「大陸法（civil law）」の意味内容につき，石黒・前掲国際倒産 vs. 国際課税 163, 394 頁にも引用した，同・貿易と関税 2006年2月号 61 頁以下を参照。
　　より重要なのは，ここでスイス政府の意見書が，「オッペンハイム」の体系書を，わざわざ持ち出していることである。私自身の体験としても，とかく「一般国際法」の法的地位の低い米国側（それが裁判所であれ，当局であれ──なお，石黒・前掲国際私法［第2版］186 頁注 327 参照）を説得するためには，「米国」の法的淵源をなす「英国」の，オッペンハイムのような世界的権威書を引用して説得する必要がある。その実例については，石黒・前掲国際民訴法 42 頁，85 頁注 163 に示した「1995年版不公正貿易報告書巻末の，付－44 の 4, 及び付－48 以下」を参照せよ。
　　幸いにしてこの点は，「2010年版不公正貿易報告書」（産構審レポート）369 頁での言及を経て，同前・385 頁以下のコラムで，1995 年夏に決着の「日米自動車摩擦」当時，駐日モンデール米国大使の日本国内での勝手な動き（日本政府の了承なく，日本国内の自動車メーカー各社に対し，米国の要求に従わないとどうなるか考えよ，と脅しまくっていたこと）を封ずるべく米国側に対して出された緊急アピール文が，そのまま掲載されている（「外国政府が日本企業に対して直接外国製品の購入を要請することについて」のコラム）。同前（2010年版）報告書・389 頁の注 10 にも，「オッペンハイム」の第 9 版が，原文の直接の引用と共に，リファーされているのである。当時，そうしなければ米国を説得出来ないと，通産省の豊田部隊の面々に強く進言したのは私だが，「IRS vs.

UBS事件」のスイス政府も，やはり同じことを考えていたのだなと，若干感慨深いものが，私にはある（なお，「モンデール大使」については，右の一件について論じた石黒・前掲世界貿易体制の法と経済256頁以下と同前・244頁以下とを対比せよ）。

　Switzerland's Amicus Brief, supra（April 30, 2009）, at 2 は，「司法上の主権（[j]udicial sovereignty）」はスイスにとって重要な概念であることを示した上で，**1937年**以来（[s]ince 1937 [!!]）」，スイスが「**刑法271条**」で，スイス当局の事前の了承なく，外国政府による利用のためにスイス領域内で証拠収集をした者は処罰する旨規定していることが，条文の英文仮訳と共に，明示されている（この「1937年」という年［同法制定は，同年12月21日］を，「スイス銀行秘密」が「1934年」以来のものであることを示した，本書序章2での，**当時の世界情勢**に関する論述と対比せよ!!）。また，Ibid は，1984年以来，「刑法271条」違反で「29件」の有罪判決が実際にあったことも，示している（「29件」というこの数字は，この「意見書」の APPENDIX の Tab 1 [Convictions In Compliance With Articles 271 and 273: Translation of Relevant Excerpts] にあるように，2006年までのものである。Id. at 3 の注 4 に，スイス連邦統計局［Bundesamt für Statistik］の統計数字の出所も，示されている）。

　Id. at 3 は，「銀行の口座情報のプライバシー」を守る条項として，既述の「銀行法47条」と「**刑法273条**」（後者も，「271条」と同様に，「1937年」の制定）とがあることを，同じく条文の英文仮訳と共に示し，「271条」違反で1984年以来（2006年までに）「26件」の有罪判決のあったことをも，示している(*)。

*　こうしたスイス法とその実際の適用状況に関する，スイス政府の執拗なまでの言及は，後の「2009年7月7日付けのアミカス・ブリーフ」で一層明らかとなるところの，<u>米国当局による，米国裁判所での「スイス国内法」に関する意図的な歪んだ陳述</u>と，関係している（後述）。

　なお，Id.（April 30, 2009）, at 4 では，このアミカス・ブリーフの APPENDIX, Tab 2 に示されたスイス当局者の米国裁判所での陳述（Declaration）を引用しつつ，「1934年」に制定された「銀行法47条」の違反についての有罪判決（convictions）が，「1993年」以来「48件」あったことが示されている。

　ここで，前記の A. の項が終わり，Id. at 4f の，「B.　国際的な法執行におけるスイスの協力（Swiss Cooperation In International Law Enforcement）」の項となる（ここまでの執筆は，2011年1月31日午後10時28分まで。点検終了，同日午後10時54分。──執筆再開，同年2月4日午後1時半。ちなみに，昨日は，久々に小数点以下なしの「月齢0.0」の新月となった）。

　Id. at 4 は，以上の A. に示されたスイス法の内実が，「国家の主権独立（the sovereign independence）と市民の個別的自律性（individual autonomy）に大きな価値を置く国家の政治的伝統（a national political tradition）」を反映したものであることを示しつつ，スイスの司法的主権（judicial sovereignty）とそれを守るための前記の各種法規

定は，外国政府の正当（legitimate）な調査を挫折させようとするものではないとして，そこに付された注9で，既に一言した，「匿名口座」に関する誤解について言及し，その上で，スイスの国際司法共助の実際について，「例示」をしている。

まずもって Id. at 4f で言及されているのは，1973 年に署名され 1977 年に発効した「米・スイス刑事司法共助条約」(The Treaty on Mutual Assistance in Criminal Matters [TMAC], 27 U.S.T. 2019) である。Id. (Switzerland's Amicus Brief, supra [April 30, 2009])，at 5 では，それが（前記の）スイスの法規定を override することを確認した上で，この TMAC が，この種のものとしては米国にとって（!!）最初の条約だったこと，そして，それが米国と他の諸国との同種の条約のモデルとして使用されたことについて注意を喚起しつつ（注 11 では，35 U.S.T. 1361 の，米・オランダ間の，同様の 1981 年条約が，掲げられている），他方スイスは，として，この意見書の Appendix Tab 3 の条約リストを注 12 に引用しながら，スイスが他の多くの国々との間で（この種の）二国間「司法共助（legal assistance）」条約を有して来ていることを，（スイス側の大きな実績として，いわば）誇示している（注 12 には，http://www.admin.ch/ch/d/st/0.35.html#0.35 を見よ，とある）。

実際に，この Tab 3 を見てみると，スイス連邦政府のホームページから，Systematische Sammlung > Internationales Recht > 0.3 Strafrecht-Rechtshilfe > Rechtshilfe und Auslieferung の順に検索をかけた結果としての，多数の条約（!!）の，リストのコピーが，計 3 頁にわたって，示されている。その冒頭にあるのは，「1959 年の刑事司法共助（Rechtshilfe in Strafsachen）に関するヨーロッパ条約（Europäisches Übereinkommen）」であり，かつ，同条約を補完（Ergänzung）するためのドイツ・スイス間の「1969 年条約」等もそこに掲げられている。その重要なインプリケーションは，スイスの二国間刑事「司法共助」条約締結実績も，何ら米国主導で突き動かされてのものなの「ではない」（!!）ということだ，と見るべきである。ちなみに，このリストは，Switzerland's Amicus Brief, supra (Apr.l 30, 2009), at 4 において，「スイスが実は，外国の調査に対して協力的な法政策を採用するについて進取の気性に富み（proactive），イノヴェイティヴでもあったこと，そして，かかる政府間のチャネルで要請があれば，（後述の要件の下に）情報の引渡しを行なう制度を有して来た」とあること，を証拠立てるために，本意見書に添付されているものである。

そして，Id. at 5 では，スイスが，「刑事事件における国際司法共助に関する 1981 年の連邦法」(Bundesgesetz über internationale Rechtshilfe in Strafsachen [Rechtshilfegesetz, **IRSG**] [Federal Act on International Mutual Assistance in Criminal Matters (**IMAC**)] StGB: March 20, 1981, SR 351.1) を制定し，前記の TMAC 同様に，この IMAC もまた，スイスのプライバシー法に優先（take precedence over）する，とされている（スイス政府が，他の諸国からの刑事［司法］共助要請につき 1 年に約 1500 から 1800 件を処理 [process] していることも，そこに示されている）。

Switzerland's Amicus Brief, supra (April 30, 2009), at 5f では，ちなみにということで，スイスは，「政治的な批判にさらされた人々（politically exposed persons）」によってスイスに預けられた資産の返還において「も（also）」，「国際的なパイオニア」であった

2　米国裁判所に対して提出されたスイス政府の「法廷の友 (amicus curiae)」としての意見書 (2009年4月30日＆7月7日)　31

ことが，示されている。すなわち，これまた proactive な政策だとされつつ，最近において 16 億米ドルのこうした資産が他の諸国の政府に返還されていることが，フィリピンの「マルコス（Marcos）」資産問題（なお，石黒・前掲国際民訴法 47，87 頁）等を例示しつつ，示されている。

　さて，Switzerland's Amicus Brief, supra（April 30, 2009），at 6-8 が，いよいよ「C.（米・スイス間の）租税条約」について，である。Id. at 6 の冒頭には，米・スイス間の「1951 年租税条約」の改正交渉において，「情報交換」に関する「新たな文言（new wording）」が合意され，「1996 年の米・スイス租税条約」26 条となった，とある。そして，それ以降は，専ら「米・スイス現行租税条約 (1996 年)」の同条に規定された"tax fraud or the like"の問題（本書第 2 章 1 参照）へと，話が進むことになる。
　だが，ここではまず，右に「新たな文言」とあることとの関係で，そこに言及のある「1951 年 5 月 24 日」の米・スイス間の「旧租税条約」の方に，目を向けておこう。やっと，私なりのネット・サーフィンが，功を奏したから，でもあるが。

　　　　　　　●　　　　　●　　　　　●

☆　「1951 年米・スイス旧租税条約」における「情報交換条項」についての補論

　この点に私が気づいた経緯を，参考までに，まず示しておく。本書第 2 章 4，及び，第 4 章 2 で言及する予定の，（スイス連邦財務省宛に提出された）「2004 年のスイス側報告書」（本書の目次を参照）の名称は，**Bericht der Expertenkommission für ein Bundesgesetz über Steuerstrafrecht und internationale Amtshilfe in Steuersachen zu Handen des Chefs des EFD（Bern, Oktober 2004）**というものであるが，Id. at 33 とその注 65 に，次の記載がある。即ち，この報告書の時点たる「2004 年」の少し前まで（[b]is vor kurzem），スイスは他の諸国に対して，（前記の）「連邦刑事国際司法共助（Rechtshilfe）法」に基づいてのみ（nur），かつ，「租税詐欺犯罪（Steuerbetrugsdelikte）」の場合にのみ（nur），直接税の領域における（im Bereich der direkten Steuern）「司法共助」（Rechtshilfe ── 「行政共助」と区別されるそれ。既述）を行なって来ていた，とする本文を受けて，注 65 は，2004 年現在に至るまでずっと（schon immer），米・スイス間の租税条約に基づく「司法共助（Rechtshilfe）」が，その例外をなして来た，とする（但しそこには，「両国課税当局間の [zwischen den ..... Steuerbehörden]」との，それだけだと無用の誤解を生じさせ得る表現があるが，この点は今は無視する。── なお，本書序章 2 の末尾近くにおける，EFD, supra [Bankgeheimnis und internationale Steuerfragen][Juni 2009], at 19ff の指摘と，対比せよ）。
　そして，この点は，まず（zuerst），1951 年の対米旧租税条約（das ehemalige DBA-US von 1951）において，やはり「（[前記の] IRSG におけると同じ条件での）租税詐欺犯罪」について規定され，後に，「1997 年」（これは 96 年条約の発効時点に即して書いてあるので，注意）の改正条約において，依然として同じ実体的要件の下に規定されている（..... noch immer dieselben materiellen Bedingungen einschliesst），とある（以上，Bericht der

Expertenkommission, supra, at 33 fn. 65.)。

　他方,「IRS vs. UBS 事件」に関して, 両国政府間の後述の「UBS 合意」(「2009 年 8 月 19 日」署名) の正当性を基礎づけるために, 2009 年夏に UBS 銀行の依頼で (im Auftrag der UBS AG im Sommer 2009) 書かれ, 同年 8 月 24 日に脱稿, 同年 11 月 14 日改訂の, ザンクト・ガレン大学の Waldburger 教授の鑑定書 (以上の記載については, **R. Waldburger, Arbeitspapier** zur Frage, in welchen Fällen die Amtshilfe gemäss Art. 26 des DBA Schweiz-USA möglich ist, für US-Steuerpflichtige, welche bei einer CH-Bank Depos ohne US-Wertschriften und Konti unterhalten haben, ohne deren Erträge in der US-Steuererklärung zu deklarieren [2009], at 1, 27 参照) には, Id. at 21 (para.56) に, 以下の記述がある。即ち,「『詐欺罪及びそれと同種のもの』(Betrugsdelikte und dergleichen) という概念は, 既に, 1951 年に締結されて 2006 年 12 月 31 日まで効力を有していた 1951 年の対米旧租税条約 XV 条 [Art. XV ── その誤記については後述] に存在していた。だが, この旧条約関連の各種資料からは, この『それと同種のもの (u. dgl.)』との文言について, 条約締結時点で両当事国が何を意味しようとしたのかが, 判明しない」云々, とある。この点が,「96 年条約」26 条において, それなりにクラリファイされた, ということなのである。

　但し, Id. at 21 の,「1951 年条約」について付された注 49 には,「1951 年条約」の当該条文に対するこの「96 年改正」での唯一 (einzig) の変更は, 従来「u. dgl.」と省略体で示されていた点が,「[und] dergleichen」と標記されるに至ったことだ, とある。そこから先の詳細は, 後に論ずる。だが, 幸い, この注 49 には,「1951 年旧条約」について, BBl. 1951 II, S. 285ff 参照との, 指示があった。

　実は, Starseite > Gesetzgebung > Systematische Sammlung > Aufgehobene Erlasse > 1951 > ..... で検索しても, 今日の今日 (2011 年 2 月 4 日) まで, この「1951 年条約」の Fundstelle が AS 1951 892 だということまでしか, 辿り着けなかった (BBl の記載は, そこにはなかった)。だが, BBl. の頁が **Waldburger, Arbeitspapier, supra**, at 21 fn. 49 にあることに, 再度気づき,「古いからないかも……」とは思いつつも, Startseite > Gesetzgebung で Bundesblatt: Texte des BBl を見たみたら, 何と,「1849 ─ 15. Juni 1999」とあるではないか (!!)。

　つまり,「1849 年から」のすべての Bundesblatt の全文が, ネット上, 入手可能なのである。これには, 正直, びっくりした。同じことが, どこまで日本で可能なのかを, 思うべきである。

　なお, Waldburger, Arbeitspapier, supra, at 21 fn. 49 には, 右の点につき「285 頁以下参照」とあったが, BBl. 1951 II, at 269ff に, **Botschaft** des Bundesrates an die Bundesversammlung über die Genehmigung eines Abkommens zwischen der Schweiz und den Vereinigten Staaten von Amerika zur Vermeidung der Doppelbesteuerung auf dem Gebiete der Steuern vom Einkommen (Vom 29. Mai 1951) があり, 続いて Id. at 284 に, それについての Bundesbeschluss (Entwurf) が, Id. at 285ff に条文が, それ

ぞれ示されている。

　そこで，問題の1951年米・スイス旧租税条約XV条を見てみると，Waldburger, Arbeitspapier, supra, at 21 の条文番号の記載が誤記であったことが，判明する。「情報交換条項」は，「XV条」ではなく，「XVI条」である（これだから，現物を一々点検しないと，実に危ない!!）。同条1項の，いわば歴史的意味を有する条文を，以下に原文で示しておこう。そこには――

„**Artikel XVI**

1 Die zuständigen Behörden der Vertragsstaaten werden unter sich diejenigen (gemäss den Steuergesetzgebungen der beiden Vertragsstaaten erhältlichen) Auskünfte austauschen, die notwendig sind für die Durchführung der Bestimmungen dieses Abkommens oder für die Verhütung von Betrugsdelikten u. dgl., die eine unter dieses Abkommen fallende Steuer zum Gegenstande haben. …… ."

――とある。冒頭の括弧内は，「双方の締約国の租税法規に従って入手できるところの」情報を，交換する，ということであり，それら情報は，本条約の諸規定の実施のために必要であるか，又は，本条約の規定する租税を対象として有するところの，「詐欺罪及びそれと同種のもの」の，「予防」のために必要なもの，と規定されている(*)。

* ここで一言しておけば，「1996年米・スイス租税条約」26条1項の，ドイツ語正文の第1項第1文は，右に示した文言と，全く同じである。但し，英文の正文では，右の「双方の」が，「それぞれの（respective）」となっており，同じく右のundがorとなって，"tax fraud or the like" となっている。「96年条約」26条1項の英語正文については，Switzerland's Amicus Brief, supra（April 30, 2009）, at 6 にも示されている。

　ちなみに，右の引用部分の後の同条第1項では，第2文で，引渡された情報についての守秘が，第3項では，（銀行秘密への直接の言及はないものの）各種の秘密情報についての交換の禁止が，定められている。また，第2項は，「徴収共助」の規定であり，第3項は，同条1・2項につき，以下の解釈をしてはならない（……dürfen auf keinen Fall dahin ausgelegt werden, dass ……）として，一方の締約国に対して，その法規定又は行政上の慣行から逸脱する，あるいは当該国の主権等々と矛盾する行政上の措置の実施を義務づけること，等の禁止を，規定している。

　「情報交換」に関する「1951年米・スイス租税条約」XVI条1・3項の規定振りは，かくて，後の1963年版（草案）・1977年版の，**OECDモデル租税条約26条**（右では省略して示したが，77年版による開示対象者の拡大を考えれば，とくに前者）の，「前史」的意味合いを有するもの，と言えよう（なお，念のために，Botschaft, supra [29. Mai 1951], at 280f の，前記条文に関するスイス側の公的解説も，見てみたが，前記の問題の条文文言の意味内容については，たしかに特段の記載が，なされてはいなかった）。

34　第1章　「IRS vs. UBS事件」の展開過程と「同事件に関する"スイスの国家的選択"」――その実像解明の必要性

　ここで，Switzerland's Amicus Brief, supra（April 30, 2009），at 6 に戻る。そこでは，1996年の「現行米・スイス租税条約」26条の英文での条文が掲げられた上で，問題の"tax fraud or the like"の文言の意味内容について，同条約に付された「プロトコル」に規定のあることが，示されている（同条約の構成部分をなす Protokoll 10. Zu Artikel 26 [Informationsaustausch] である。詳しくは後述する）。

　Switzerland's Amicus Brief, supra（April 30, 2009），at 7 は，更に，この語の意味について，両国政府間での更なる論議を経て，「2003年MOU」（http://www.ustreas.gov/press/releases/mutual.htm.）が署名され，そこで14の仮想シナリオを含む明確化が意図された，とする。両国政府によりこの「2003年MOU」の重要性が確認されたことをもそこで示すところの，このスイス政府の「法廷の友」意見書は，そこから，米国政府側が，複数の公式ステートメントにおいて，両国間の租税条約による情報交換が「租税詐欺関連のケース」に限定された（limited to cases involving tax fraud）ものであることを認めていたことを，実際のそれらステートメントを引用することを通して，示している。

　それらを明示的に踏まえつつ，Switzerland's Amicus Brief, supra（April 30, 2009），at 8 が示すのは，以下の点である。即ち――

　　"Accordingly, the apparent implication of the February 6, 2009 Declaration of Barry B. Shott (paragraphs 15-17) that the Internal Revenue Service ("IRS") was somehow surprised or disappointed that the Government of Switzerland interprets [??] the Tax Treaty to allow information exchange only in cases of "tax fraud or the like" should be viewed in context."

――と，そこにある。

　これは，本書第1章1(1)の「米国側の．．．．．意図的誤解（曲解）」と，同じ現象である。本件米国裁判所での陳述において，IRS側が，現行の「米・スイス租税条約」26条の"文言"を意図的に無視して，条文通りのスイス政府の対応を，「ある種驚くべき，また，失望させる解釈だ」云々と，陳述していたのである（!!）。かかる陳述は「文脈に即して把握さるべきだ」との，（裁判所向け文書ゆえの）控え目な表現における「文脈」が，それまでの個所において，厳密に辿られて来ていたことになる。

　右の点を冷静に示した後，Ibid は，この1996年米・スイス租税条約の発効後，スイス政府は，26条に基づく IRS からの情報（提供）の要請を，「年平均3件」受領し，その殆どすべて（virtually all）のケースで要請を受けた情報の引渡しを行ない得たし，情報提供によって影響を受ける立場の者が（その間に）提起したスイス裁判所での訴えにおいて，スイス政府は勝訴して来た，とする（以上の点については，この意見書に添付された Appendix Tab 4 の，スイス連邦課税当局の担当者の法廷陳述が，引用されている[*]）。要するに（前記の"Accordingly"以下の引用中における IRS 側の陳述に対して），かかる実績があるのに，今更 IRS が何を言うのか，ということである。

## 2 米国裁判所に対して提出されたスイス政府の「法廷の友（amicus curiae）」としての意見書（2009年4月30日＆7月7日）

\* Id. Appendix TAB 4: Declaration of Eric Hess, Deputy Head, Division for International Affairs, Federal Tax Administration［Switzerland］, at 2 には，スイス政府側勝訴のスイス連邦裁判所，及び，連邦行政裁判所の判決が，引用されている。「修正前」の「UBS合意（2009年8月19日署名）」については，スイス政府側敗訴の連邦行政裁判所の判決（「2010年1月27日」）が下っていた訳だが，この点は，（同様にスイス政府側敗訴の，極めて重大な意義を有する，別の連邦行政裁判所の「2010年1月7日」の裁判とともに）後述する。

　なお，同氏のこの陳述の日付は2009年4月28日だが，Ibid には，以下のごとき注意すべき点が，続いて示されている。即ち，UBS問題に関して米国政府側から提供された（その情報提供請に関する）情報においては，（取引）スキームの性格に関する詳細が示されていて，それによって tax fraud or the like の合理的な証拠のある特定のグループ（a specific group for which there was reasonable evidence of .....）へと，関連する口座を狭めることが可能となる。だが，米国裁判所で求められた既述の JDS においては，tax fraud or the like を構成すると解釈し得る any fact もアイデンティファイされておらず，むしろそれは，単に，一定のフォームをファイルしていないすべての米国納税者のアイデンティティを求める広汎な要求をしているだけであって，租税条約及びスイス法は，かかる要請に対して情報提供することを，許容していない，とされている。
　以上は，**JDS の曖昧さに関する本書での論述（第1章1(1)）** と対比すべき点だが，右の下線部分は，「UBS合意」を受けたスイス国内での手続きとの関係で，別途重要な意味を有する。この点は，後述する。

以上を受けた Id. at 8f は，"D. Negotiations To Amend the Treaty" である。だが，ここで「も」(!!)，全てが米国主導での出来事だとは，意識的に，書かれて「いない」(!!)。即ち，まずこの項目において，最近までのスイスが締結した租税条約では，tax fraud のある offense の場合にのみ情報交換がなされ，（スイスでそれと区別されるところの――詳しくは後述）tax evasion については否であったが，との前置きの下に示されるのは，本書第2章2(2)の，(2-2-4)の(i)で後述の，2004年10月26日締結の，「支払い利息についての課税」を定めたEU側との条約である（Id. at 8 の，Agreement Providing for Measures Equivalent to Those Laid Down in Council Directive 2003/48/EC on Taxation of Savings Income in the Form of **Interest Payments**, Switz.-E.C., Dec. 29, 2004, O.J.［L 385/30］．――右の締結日は，SR 0.641.926.81 に公表された同協定の記載による）。
　ともかく，同協定に基づく実績（等）が示された後に，Switzerland's Amicus Brief, supra（April 30, 2009）, at 9 は，ようやく「2009年3月13日」の，既述の「**スイスの重大な政策変更**」について，言及する(\*)。

\* 但し，Ibid の注26では，スイス連邦外務省のプレス・リリースたる Fed. Dep't of Foreign Affairs, Switzerland's Credit Line to IMF（March. 13, 2009）が引用されているが，ネットで捜しても，この文書は見つからず，**FDFA, Media Release: Switzerland to adopt OECD standard on administrative assistance in fiscal matters**（13. 03. 2009）が出て来る。

そこには，同時にスイスが，OECD モデル租税条約 26 条についての留保を撤回し，各国との租税条約改正交渉を行なう旨決定したことが記載されているが，すぐに続いて，「スイス銀行秘密は影響を受けていない (Swiss banking secrecy remains intact.)」，とある。"Swiss banking secrecy itself" 位に書くべきではなかったか，とは思われるが。

　また，このプレス・リリースでは，第 3 パラにおいて，本書序章 2 で強調した点（本書目次の，この個所の副題参照）を彷彿とさせる指摘が，以下のとおり，なされている。即ち，「**個人のプライバシーの適切な保護への，スイスの人々の願望が，今なお強固なものとして確立している (is still firmly entrenched)** ことを，スイス政府は認めている。この理由のゆえに，連邦政府は，銀行秘密を完全に支持し (fully endorses banking secrecy)，断固として，いかなる形態の自動的情報交換も，拒絶する (resolutely reject)。顧客のプライバシーは，個人の資産に関する情報への権限なきアクセスから，引き続き保護される」，とある。「自動的情報交換」の問題は，若干話が別であろう，とは思われるが（後述），右の「**スイスの人々の願望 (the wish of the people of Switzerland)**」への言及は，極めて重要である。

　その第 4 パラは，「しかしながら，銀行秘密はいかなる形態の租税犯罪 (tax offence) をも保護しない」として，情報交換によるその制約を語るに至る。だが，「租税犯罪」を越えたところでの「行政共助」こそが，この新たな政策との関係で問題となるのであり（後述），ここも釈然としない。

　この個所は，「金融市場のグローバル化，及び，とりわけ現在の金融危機とともに租税事件についての国際協力は極めて重要になって来た（With the globalisation of financial markets and in particular the current financial crisis, ……．）」云々と，もはやお定まりとなった認識（詳しくは後述）を示すが，そこに「**論理の飛躍**」がないのかという，既に指摘した重大な問題が伏在するように，私は思う。総じて，この短いプレス・リリースにも，本書第 4 章 3 でも言及するところの，スイス連邦政府の若干アンビバレントな姿勢が，如実に示されているように，思われるのである。

　むしろ興味深いのは，この「重大な政策決定」についてのプレス・リリースがなされたのと同じ日に，それと並んで，**FDFA, Press Release: Swiss Confederation to set out its position in the court action against UBS in the USA (13.03.2009)** として，まさにこの日に，スイス連邦政府が米国弁護士事務所に対して，本件「法廷の友」意見書の作成・提出を依頼したことが，報じられていること，である（以上，執筆は，2011 年 2 月 4 日午後 10 時半まで。計 9 時間の執筆。ちと，やり過ぎた感がある。その割りに枚数は多くないが，ややこしい個所が多かったので，致し方あるまい。こんな日もある，ということである。点検終了は，同日午後 11 時 6 分だったが，その後，3 月号分の初校との関係で，FINMA 関連の文書の検索等を行ない，その作業を，結局，2 月 5 日午前 3 時半まで続行した。さすがに，二日程は休まねばなるまい……。——執筆再開，同年 2 月 7 日午後 2 時）。

　つまり，スイスが今後「は」OECD モデル租税条約 26 条の線で「情報交換」に応ずる旨の「重大な政策変更」をした，まさにその日に，スイス政府は，「IRS vs. UBS 事件」について，あくまで「現行の米・スイス租税条約」に基づき断固戦い抜く姿勢を，一層鮮明に示したことになる。

　Switzerlands Amicus Brief, supra (April 30, 2009), at 9f の，"STATEMENT OF REL-

EVANT FACTS"の最後の項は，"International Information Exchanges Regarding The UBS Matter"である。そしてここで，本書第1章1(1)で扱った米国司法省の「2009年2月18日」の「プレス・リリース」（DOJ, supra [Feb. 18, 2009]）における，スイスの **FINMA**（金融市場監督当局）関連の記述（等）との関係で，そこで予告しておいた補充を，すべきこととなる。

　　　　　　●　　　　　●　　　　　●

★　「修正前UBS合意」の成立前に，スイス側は「顧客データ」を米国側に引渡していたのか??(*)

　*　この「補充」は，本号分の最後まで続く。

　DOJ, supra (Feb. 18, 2009) は，米国政府側とUBSとの，同日付けの前記「訴追猶予合意」の成立について報じるものだが，その第2パラの，既に本書で問題とした個所には，原文で示せば——

　①　"**As part of** the deferred prosecution agreement ……, UBS, based on an order by the Swiss Financial Markets Supervisory Authority (**FINMA**), has **agreed to immediately provide** the United States government with the identities of, and account information for, **certain** United States customers of UBS's cross-border business. ……"（DOJ, supra [Feb. 18, 2009].)

——との記述があった（この①のマークは，以下の米国側の④，スイス側の②③及び⑤⑥，等の指摘との対比のためのもの）。ともかく，ここで卒然として，スイスの官庁たる「FINMAの命令」なるものが登場する。そして，あたかも，「訴追猶予合意」の線で自動的に，スイスのFINMAがその命令を出した（出してくれた）「かのごとき」書き振りが，そこにある。だが，そこには，**DOJ側が意図的に伏せている重大な事実(!!)** が，既に一言しておいたように，あるのである。右に下線を付した"based on"以下の挿入においては，もともと「米国政府・UBS」間のものたるはずの「訴追猶予合意」の中に，「FINMA・UBS」間の関係が埋め込まれている訳であるが，そこに説明のない「米国政府・FINMA」の関係は，どうなっ「ていた」のか。——米国での訴訟手続とは別に，米・スイス両国政府間の何らかの交渉が同時並行的になされていなければ，こうした書き振りにはならない「はず」だ，というところまで，あらかじめ"感じ取る"必要がある（後述）。

　Switzerland's Amicus Brief, supra (April 30, 2009), at 9fの，前記の項の冒頭第1パラの第1文は，「米国裁判所での米国政府側の申立て及びそれを支持する［米国側の法廷での米国側の］陳述は，UBSの行動及びその顧客に関する**情報提供上の政府間の**

協力状況についての，混乱した不完全な描写を示すものとなっている（The Petition and supporting declarations present **a confusing and incomplete depiction of the status of intergovernmental cooperation** on ..... .）」，というものである。だが，それに続く第1パラ第2文は，米国での前記「訴追猶予合意」が成立し「ていた」時点（2009年2月18日）に立ち，「UBSは既に米国司法省との訴追猶予合意をするに至っている（has already entered into）」ことのみを示す（SECとの紛争の決着も併せてそこで示されている）。その上で，この第1パラ第3・4文（それで，第1パラは終わり，JDS［John Doe summons］批判の第2パラへと続く）は──

　　②"**In connection with the tax fraud schemes** that were identified as part of that criminal investigation, the Swiss authorities, acting through the Swiss Financial Market Supervisory Authority ("FINMA"), **were able to** take exceptional measures, consistent with the requirements of Swiss law, **to allow** the requested information to be shared with the U.S. Government on an expedited basis. **The U.S. Government agreed to withdraw its pending treaty requests** to the Federal Tax Authority **as part of** this arrangement."（Switzerland's Amicus Brief, supra［April 30, 2009］.）

──とする（以下，米国側の①と後述の④，スイス側の②③及び⑤⑥等との，"厳密な対比"を行なう）。

　卒然とこのスイス側の指摘（前記の第2文，そして右の②の，第3・4文）を読むと，右の②の原文引用の末尾部分の「この合意」とは何なのかが，若干「？」となるはずである。第2パラでの「時点」の曖昧さと言い，右の「この合意」が突然出て来ることと言い，このあたりには，米・スイス間の微妙な駆け引きの跡が，ツンと匂うような「気」がするであろう。

　ともかく，スイス政府の「法廷の友」意見書の右の引用部分には，米国での訴訟手続とは別に，米国側が，「米・スイス租税条約」上の「情報交換」要請を，同時並行的に行なっていたこと (!!) が，示されている。そして，その「条約ルートでの要請」が，いまだ括弧付きの「この合意」の一部として「撤回」された，とある（但し，右において，続けて原文で示した①米国・②スイス双方の政府文書に共通する"as part of"の部分を，太字で示しておいたが，前者の「訴追猶予合意」は，スイス側のこの個所の第1パラ第2文で出て来ていた。だが，それがスイス側の右の「この合意」を，意味するのかどうか……）。

　実は，右の②の末尾部分の「この合意」の個所には，注28が付されている。この注には，"See Press Release, **FINMA, FINMA Makes Possible Settlement between UBS and the US Authorities and Announces the Results of Its Own Investigation (Feb. 18, 2009)**, available at ..... ."とある。米国での「訴追猶予合意」，そしてそれに関する前記①の DOJ, supra (Feb. 18, 2009) と同日の，スイス側プレス・リリースである。但し，ここで「も」また，指示されたところからは文書が出て来ず，まっとうに FINMA のホームページからアクセスすると，幸い，右と同文のタイトル（時点

も同じ）の「プレス・リリース」が出て来る。そこで，以下，FINMA のこの文書（**FINMA, supra ［Feb. 18, 2009］** として引用する）を辿り，一連のカラクリ（if any）を解明することとする。

　このFINMAの文書の記述において，まずもって注意されるのは，「2008 年 5 月から 12 月までの間（between May and December 2008）」において，本件とまさに関係するUBSの行動について，スイスの連邦銀行委員会（the Swiss Federal Banking Commission ［SFBC; EBK］）が調査を行なって来ていたこと，である。ここまでの論述では，DOJ, supra (Feb. 18, 2009) に基づき，「2008 年 6 月」の出来事（同銀行のBirkenfeldが「共謀」を認めた，云々）から，米国での動きを示しておいたが，右は，その一カ月前から，前記「訴追猶予合意」の 2 カ月前までの調査，である。そして，FINMA, supra (Feb. 18, 2009) の前記プレス・リリースの末尾には，「同日発表」の，FINMAの下でのSFBC（EKB）の調査報告書（The brief report by FINMA on the SFBC investigation）が，添付されている。**FINMA, EKB investigation of the cross-border business of UBS AG with its private clients in the USA: Summary Report (Feb. 18, 2009)** である（以下，専ら便宜のため，EKB, supra ［Feb. 18, 2009］ として引用する。なお，その冒頭のSummary 第 1 パラにあるように，2009 年 1 月 1 日に EBK ［SFBC］ はFINMAの 1 部門に統合された。ちなみに，この調査は，証券規制の米国SECマターにも及ぶものであるが，この点は，ここでは省略する）。

　EKB, supra (Feb. 18, 2009), at 2 (Summary) 末尾には，"The EKB provided administrative assistance to ... the DOJ." とある。米国側に対してなされた（過去形）「行政共助」の中身（!!）が，問題である（後述）。

　Id. at 3 には，米国当局のUBSに対する調査のそもそもの経緯が，示されている。それによれば，前記のB. Birkenfeldによる「内部告発（Whistleblowing）」がそもそもの発端であったことが，示されている。即ち，米国司法省（DOJ）が UBS 代表者に対して，同氏の「内部告発」と関係するUBSの内部調査関連のレター（a letter）を保有していることを，「2007 年 9 月」に伝えたことが，そこでまず示されている。その後，DOJの調査が開始され，その過程でUBSの米国事業担当者が拘留され（detained），「2008 年 11 月」には，本書第 1 章 1(1) 冒頭第 2 パラに示した R. Weil 氏の起訴があり，こうした DOJ の手続と連動して IRS が調査を開始した（Around the same time and in close coordination with the DOJ, the IRS also opened an investigation.）と，そこにある。

　Id. (EKB), at 3 は，スイス側（EKB）が，予備的調査を経て「2008 年 5 月 23 日」にUBSに対する「行政手続」を開始し，「2008 年 12 月 21 日の差止命令（an injunction）」をもって，包括的な調査を終えた（finalized its comprehensive investigation with ......），とする。「制裁」としてのその「差止命令」の，本件と関係する部分についての内容は，FINMA, supra (Feb. 18, 2009) にあるように，"banning it ［UBS］ from engaging in the cross-border business with private clients resident in the USA in the future" という，重いものであるが，UBS 側は，「2008 年夏」に自ら（of its own accord），米国居住の

private clients 向けのクロス・ボーダー・ビジネスから撤退する意向を表明した，とある（この FINMA のプレス・リリースの第 1 パラにあるように，この制裁は，「スイス銀行法の重大な違反 [a severe breach of certain provisions of the Swiss Banking Act]」としてのものであることに，ここでの文脈においては，注意せよ）。

さて，既述の，EKB, supra (Feb. 18, 2009), at 2 (Summary) 末尾における「行政共助」の内容であるが，同文書（報告書）をも踏まえた FINMA, supra (Feb. 18, 2009) の中に，前記のスイス政府「法廷の友」意見書（2009 年 4 月 30 日）と結び付く，具体的な記述がある。そこでは，第 1 – 第 3 パラから関連部分を抜き出せば，以下のような記述がなされているのだが，その前に，第 1 パラから一部のみをまず引くと——

③ "FINMA has **ordered** that **a limited quantity of** client data **handed over** to the US authorities immediately."（FINMA, supra [Feb. 18, 2009].）

——とある。

ここ「だけ」を見て，DOJ, supra (Feb. 18, 2009) の，前記①と対比すると，見事に平仄が合っている「かのごとく」である。だが，問題は，"恐らく"，そう単純なものではないし，何よりも，この「③の指摘に至る経緯」が，重要である。それらを論じ尽くして初めて，以上の①②③の指摘を，真に整合的に理解することが，可能となる。

以下の"ある種の**推理劇**"の前提をなすのは，この FINMA の「命令発出」（そこには，時点の明示は，ない‼）に関する右の指摘において，それ自体**極めて異例**なこととして，（後述のその第 2・第 3 パラにおいても）「米国側に自身の情報を引渡される立場の者の"**手続権の保障**"」について，何らの指摘ないし留保が「ない」，ということである。ちなみに，かかる「手続権の保障」は，問題の時点たる「2009 年 2 月 18 日」よりも後の「修正前 UBS 合意」（後述の，「2010 年 1 月 21 日」のスイス「連邦行政裁判所判決」との関係を考えよ‼）においても，「修正後の同合意」においても，更には，OECD モデル租税条約 26 条の線での「2009 年 3 月 13 日」以降の，スイスの他の諸国（米国を含む）との租税条約の改正においても，執拗なまでに，繰り返し重視されて来た（まさにこの点が，本書第 4 章 5 の問題関心と繋がる‼）。

そして，この③（「2009 年 2 月 18 日」現在）の「完了形」での指摘通りに，（「命令発出」のみではなく‼）実際にそれらの情報が米国側に引渡され「ていた」とした場合(*)，本論文第 1 章 1(1)末尾近くの，最後の「＊部分」（本書 17 頁）で示した点との関係が，問題となる。

＊　但し，米国側の前記①，スイス側の前記②③の指摘を，一層厳密に，読み返して見よ。実際に「情報が引渡された」という"表現"は，何ら用いられていない（‼）。——即ち，①では，FINMA の命令に基づいて UBS が「即時の引き渡し」に「同意した」，とあるのみ。②でも，注意深く読めば，"the Swiss authorities, acting through the Swiss Financial Market Supervisory Authority ("FINMA"), **were able to** take exceptional measures, consistent with the requirements of Swiss law, **to allow** the requested information to be shared with the U.S. Government" として，(後述の)「例外的措置」により，しかも，FINMA の「命令発出」(前記の③) 自体を示すの「ではなく，FINMA を「通して」(複数形の) スイス側当局は，米国側要請の情報を米国政府とシェアすることを「許容する」ことが「出来た (可能であった)」としているものの，そのようなことが，「スイス法上の要請に沿った形で」可能であった，とある。この「スイス法上の要請」として，最も重視さるべきが，当事者の「手続権の保障」なのである (詳しくは後述)。この最後の点は，一体どうなっていたのかが，問題となる。

　かくて，こうした状況の中で，果たして，「2009 年 2 月 18 日」の FINMA の命令，そして，「UBS 側の同意」に基づき，本当に，問題の情報が既に (一部にせよ) 米国側に渡っていたのか否か。──そこが，ここでの若干の「推理劇」の，メイン・テーマととなる。

　即ち，本書の前記個所では，米国側の前記①の指摘 (DOJ, supra [Feb. 18, 2009]) を受けた Id. supra (Nov. 17, 2009) において，米国側が──

④ "As part of the [deferred prosecution] agreement, **UBS immediately provided [??]** the United States with the identities of, account information for, **a number of** U.S. UBS customers ...... ." (DOJ, supra [Nov. 17, 2009].)

──としている点につき，私はそこで，「これは，前記の **FINMA** 関連の記述 [前記の①] 同様に，事実に反する」と述べ，そこに付した「＊部分」において，『「修正後の UBS 合意」に関するスイス連邦司法・警察省のプレス・リリース (FDJP, Amending Protocol to Treaty Request Agreement UBS-USA Signed [**March 31, 2010**]) の末尾の，"Positive Parliamentary Decision Not Taken For Granted" の項にも，スイス連邦政府 (the Federal Council; Bundesrat) が，同合意の議会通過までは，いかなる (any) 顧客データも米国側に引き渡さぬよう，当局に命令した，とある。それに対する例外は，当該の顧客がデータの引渡しに明示の同意をした場合 (前記の「権利放棄」の場合)，または，その者が IRS の voluntary disclosure program に基づいて IRS に報告をした場合 (のみ) である，と明言されている。なお，UBS が自己の判断で米国側に情報を渡した場合，スイス刑法違反 (犯罪) になること，後述する通りである』，と記しておいた。

　右の『』中の下線部分を中心に，原文で示せば，「修正後の UBS 合意」の承認の可否が完全に連邦議会の自由であることに鑑み，スイス連邦政府は以下の命令を発した，とそこにある。即ち，直前の 1 文とともにそれを示せば──

⑤ "Parliament is entirely free in its decision [on the acceptance of the revised UBS Agreement]. To ensure that this is the case, the Federal Council has instructed the SFTA not to hand over **any** client data to the USA until the UBS Agreement has been passed by parliament. **Exceptions are made in those cases in which** the person concerned has given express consent to the data transfer, or has reported to the US tax authority, the IRS, under the latter's voluntary disclosure program." (FDJP, Amending Protocol to Treaty Request Agreement UBS-USA Signed [March 31, 2010].)

——と。

　そこには，前記③の，まだ一部しか見ていないところのFINMAの「命令発出」への，何らの言及も「ない」のである。しかも，正式の政府間の合意（その署名）があっても，この⑤のような慎重さがスイス全体の問題として，スイス法の下で（!!）要請されるというのに，「当事者の手続権の保障」に一言の言及もなく，何故FINMAが，一気に「情報引渡」にまで突き進み得るのかが，大いなる疑問となる。

　更に，ここで再度前記②の，「2009年4月30日」のスイス政府の「法廷の友」意見書における極めて慎重な（FINMAの「命令発出」にすら直接言及「しない」）書き振りをも併せ考えたとき，米国司法省側の前記の④の指摘の如く，「2009年2月18日」の「訴追猶予合意」の段階で，FINMAの「命令発出」（それがあったのは，事実である）を踏まえ，「多くの（a number of）」顧客データ（この米国側の表現は，いずれにしても問題である。本書において既に，「a number of」から「［2010年4月7日］時点での」「certain」への，米国［DOJ］側の表現の変更が，<u>同義別表現とは，文脈上言えまい</u>」としておいたが，この点では，FINMA側の前記③に，"a limited quantity of"とあることを，想起せよ。詳しくは後述）が，本当に米国側に渡っていたのかが，一層強く疑われることになる。

　この辺で，前記③の指摘を含む，**FINMA, supra（Feb. 18, 2009）の全体的コンテク**ストに立ち戻って，考えることとしよう。その第1パラで前記③の指摘をするIbidには，その「命令発出」が，明確に<u>**緊急避難（!!）**</u>的なものであったことが，示されている。つまり，第1パラのこの③の，直前の，この文書自体の冒頭は，FINMAが同日（「2009年2月18日」）付けの「（刑事）訴追猶予合意」を歓迎する，というところから始まる。だが，それは，この「合意」によって，米国でUBSに対して科されたであろうところの，「不気味に迫り来る（looming）」正式の刑事責任の脅威の，回避のゆえであるとされる。そして，この第1文を受けた第2文で，「<u>**かかる［刑事］責任がUBS及びスイス金融システムの安定性**</u>に対してもたらすであろうドラスティックな結果を回避するために」前記の「命令」が出されたのだ（**[i]n order to avert the drastic consequences such charges would have for UBS and the stability of the Swiss financial system,** FINMA has ordered ……．），とある。

　続く第2パラでは，<u>かかる「命令」を「発出」せねばならなかった事情</u>が，別な角度から，一層端的に記されている。即ち，（後述のSEC関連も含む）FINMA側の「調査」によって（但し，原文では，"Thanks to the intervention of FINMA ……"とある），DOJの1年以上にわたった（ongoing over a year）ところの調査は，前記の「訴追猶予」の「合意」（ないし「決着」）に至った訳だが，SECとの関係はそこで決着したものの，IRSとの完全な合意には至り得なかった（It has not been possible to reach full agreement with the US Internal Revenue Service [IRS].），とある。この第2パラの，1文飛ばしてその次から第3パラまでが，問題の核心部分となるので，原文で引用すれば——

⑥ "Despite the cooperation displayed by the bank and the Swiss <u>authorities, and the pending administrative assistance proceedings of the Swiss Federal Tax Administra-</u>

tion, **the DOJ made a settlement conditional on the immediate handover of a limited quantity of cliant data [!!].** Through this settlement the threatening institution by the DOJ of criminal charges against the bank could be avoided.

Such charges could have had drastic consequences for UBS and its liquidity situation and ultimately put its existence at risk. To avert this threat, **FINMA ordered** UBS to surrender a limited quantity of client data **and handed it over to** the US authorities [!!]. This client data is the subject of the pending request for administrative assistance that had been submitted to the Swiss Federal Tax Administration; as a result of the settlement this request will now be withdrawn by the US authorities. **FINMA has taken these protective measures [!!] under Articles 25 and 26 of the Swiss Banking Act to protect the interests of creditors and investors of UBS clients and to ensure the stability of the Swiss financial system.**"（FINMA, supra [Feb. 18, 2009].）

──とある。

ここに至って，ようやく，スイス側が実際に，「限定された数量」ではあれ，実際に米国側に問題の顧客データを「引渡していた」ことが，100％明確に，スイス側の公式文書において，示されていることになる（右の"handed it over"の「主語」は，紛れも無くFINMAであるから!!）。そしてそれが，ここまで執拗に進めて来た「推理劇」の，一見あっけない幕切れ（!?），である「かのごとく」である（*）。

* 但し，前記の②（Switzerland's Amicus Brief, supra [April 30, 2009]）の冒頭に，"**In connection with the tax fraud schemes** that were identified as part of that criminal investigation, ……"とあるように，「人身御供」（後述）的にここで米国側に引渡された「顧客情報」は，「租税詐欺」の犯罪性が濃厚なものであった「のではないか」と，一応は**推測（期待）**される。

かくて，米国側の前記④（DOJ, supra [Nov. 17, 2009]）の指摘につき，「事実に反する」としていた既述の私の指摘は，修正を要する，「かのごとく」である。だが，私が「事実に反する」としたのは，前記①（DOJ, supra [Feb. 18, 2009]）の米国側指摘と同じく，**米国側のプレス・リリース**」には，スイス側の右の⑥（そして前記の②）にも示されている「二つの事実」が，伏せられていることと，関係する。つまり，第1に，当時米国側が，JDSによる一方的措置とともに，米・スイス租税条約に基づく「第1次」の「情報交換」要請をしていたこと，そして，前記のFINMAによる一部データ引渡によって米国側がそれを撤回していた「事実」が，まずある。だが第2に，**最も重大な「伏せられていた事実」は，米国政府側（DOJ）**が，（数量はともかく）「**顧客データの即時引渡**」を，「**訴追猶予合意**」の条件として，スイス側に（強硬に）求めていたこと，である。それをスイス側が蹴っ飛ばした場合，前記⑥の第2パラにあるように，（「スイス最大の銀行」たる）UBSの「流動性の危機」，更にはその「企業存続の危機」が十分に予見されるほどのサンクションを，米国側がちらつかせての，「明確な国家

的脅し」である。しかも，**その制裁が現実のものとなれば，スイス金融当局として，「スイス金融システムの安定性」**自体の危ぶまれる状況が，ともかくもあった，ということである。米国側への，「一部の限られた情報の引渡」は，それゆえの「緊急避難」行為だった，ということにはなる。

　実際にも，⑥の第2パラで当該措置の根拠条文として引用されている「**スイス銀行法25・26条**」は，銀行の「倒産の危険に際しての措置（Massnahmen bei Insolvenzgefahr）」の規定であり，かかる場合，FINMA は，26条の「**保護的措置（Schutzmassnahmen）**」を命じ得る，とされる。それを受けた26条1項では，いくつかの措置を例示する中で，a）において，「銀行の組織に対して指示を与える」こと（den Organen der Bank Weisungen erteilen;）といった，危機対策ならではの漠然たる条項も，そこにはある。他方，同条2項では，「第三者の保護のために必要な場合（, wenn dies ..... zum Schutz Dritter erforderlich ist）」には当該措置の公表に配慮する（Sie sorgt für eine angemessene Publikation der Massnahmen, .....）旨の規定も，一応はある。だが，危機対策とはいえ，規定の漠然性は否めない。

　FINMA は，この「銀行法25・26条」によって限定的な「顧客情報の引渡」がなされたのだ，と述べている。そして，②（Switzerland's Amicus Brief, supra［April 30, 2009］）の前記指摘における"exceptional measures, consistent with the requirements of Swiss law"も，かくて，それを意味するものとはなろう。

　だが，**実は，この「推理劇」は，実はまだ，「幕切れ」にはなっていない**。本書22頁でも引用した，スイス連邦司法・警察省（EJPD）のホームページ上で公表されたところの，**スイス連邦政府閣僚たる Widmer-Schlumpf の，チューリヒ大学法学部での「2010年5月27日」の講演（Widmer-Schlumpf, supra）**の，第2の項が，まさに „**Die Herausgabe von Kundendaten am 18. Februar** 2009 ...“ と題したものであって，FINMA の命令による「2009年2月18日」の米国側への「顧客データ引渡」の，更なる内実と，**その後の「スイスでの司法審査」（!!）**に，言及しているのである。なお，同氏（Bundesrätin ゆえ，女性閣僚）のこの講演には，後に，「2009年7月7日」のスイス政府の「法廷の友」意見書に即して言及するように，他の文書において公表されていない事実についての言及もあり，興味深い点が他にもある。

　そこではまず，「2009年2月18日」に米国側に引渡された「顧客情報」が，「**255人分（255 Kunden）**」であった，との記述がある。他方，同日までにスイス連邦課税当局が，米国側の「第1次」の「行政共助手続」の枠内で（im Rahmen eines ersten Amtshilfeverfahrens）処理し得たのは，「26件」であったにとどまるとされ，この後者のルートではいまだ1件も，情報の引渡がなかったとも，そこにある(*)。

* この数字をインプットして初めて，前記②（「2009年4月30日」のスイス政府の「法廷の友」意見書）における前記引用部分中の最後の一文の，その直前の部分との繋がりの悪さが，理解出来るはずである。あえて短絡的に言えば，「255」対「26」ゆえ，「26

2 米国裁判所に対して提出されたスイス政府の「法廷の友（amicus curiae）」としての意見書（2009年4月30日＆7月7日）　　　45

の方はいいや，ということで，米国側が，この段階までの条約ルートでの要請を撤回した，ということである。

　だが，Widmer-Schlumpf, supra の，次の „..... und ihre gerichtliche Beurteilung" の項には，何と，**FINMA による「この違反行為（Dieses Vergehen）」**(!!) は，「2010年1月7日」の連邦行政裁判所の裁判（**Entscheid**）によって，違法（**rechtswidrig**）なものと判断された(\*)，とある (!!)。

　\*　但し，2011年2月7日夜の12時近くから，明日の定期試験を気にしつつも，必死に捜したが，この「2010年1月7日」のスイス連邦行政裁判所の裁判は，どう検索をかけても，現物を見出だし得なかった。「スイス銀行法25・26条」の適用事例ということで，公表がされていない，といった事情があるのか否かは，今のところ分からないが，本論文を書き進める過程で判明した事実があれば，その都度，補充して行くつもりである（但し，本書47，49頁を見よ!!）。

　Widmer-Schlumpf, supra の指摘を，続けて見て行こう。それによれば，連邦行政裁判所は，以下の「連邦政府の (!!) 見解」に与（くみ）したものの，とまずある（Das Bundesverwaltungsgericht teilte **zwar** die Auffassung des Bundesrates, dass .....）。その「連邦政府の見解」とは，FINMA によってなされた「顧客情報の引渡」が，当時の時点においては，当の銀行及び**スイスの国民経済（Volkswirtschaft）**に対する重大な結果を伴うところの，UBS に対する刑事訴追の脅威を回避するための唯一の道であったとする見解，とされている。
　ちなみに，ここで，FINMA が決して独自の判断で米国側に「顧客情報の引渡」をしたのではなく，「連邦政府」（Widmer-Schlumpf 氏も閣僚としてその一員であることに，注意せよ）の判断でそうしたことが，示されている。そこに「も」，注意すべきである。
　さて，連邦行政裁判所は，右の点とともに，「銀行法25・26条」が FINMA に，銀行倒産の危機に際して保護的措置をとる権限を与えていることも，認める。だが，「これらの規定は，［条約上の］行政共助手続の外において顧客データの外国当局への引渡をすることの，十分な法的根拠とはならない」（Diese Bestimmungen stellen **aber** keine genügende gesetzliche Grundlage dar, um ausserhalb eines Amtshilfeverfahrens ..... zu verfügen.），と判断されたのである（以上，2011年2月8日午前1時37分。「8日」午後2時30分から定期試験があるので，ここで筆を擱かざるを得ない。――執筆再開，同年2月12日午後4時半）。
　Widmer-Schlumpf, supra の紹介する「2010年1月7日」のスイス連邦行政裁判所の裁判は，更に，以下のことをほのめかした（liess ..... durchblicken），とされる。即ち，当時の危機的状況（Notsituation）において合法的（rechtmässig）に行動し得たのはスイス連邦政府のみ（nur der Bundesrat）であり，それ自身が，合憲的なものとして「**スイス連邦憲法184条3項**」に定められた命令・処分権（Verordnungs- und Verfügungsrecht）に基づき，顧客データの引渡を命じ得たのだ，とされた旨の記述がある。ちなみに，この「**スイス連邦憲法184条**」は，「外国との関係（Beziehungen zum Ausland）」

における連邦政府の権限を定めた条文であり，その３項は，「**国家利益確保**のために必要のあるとき，連邦政府は，（「時限的な」——第２文）命令及び処分を行なうことができる（Wenn **die Wahrung der Interessen des Landes** es erfordert, kann der Bundesrat Verordnungen und Verfügungen erlassen.）」，とする。

だが，Widmer-Schlumpf, supra によれば，当時において連邦政府には，この「**緊急権限（Notrecht）**」を利用する積もりはなかった（hatte ..... keine Veranlassung），とされる。「**法治国家**としての理由から（aus rechtsstaatlichen Gründen）」して，この権限は，法的根拠が何ら存在しない場合にのみ使用さるべきであり，かつ，当時の判断においては，前記の銀行法の諸規定がその法的根拠となるからだ，とされている（双方ともに曖昧模糊とした規定であり，「法治国家」を言うなら，銀行法上の保護的措置とて同じことではないか，と私は思うが）。

そこで Ibid は，FINMA が，この「同年１月７日」の連邦行政裁判所の裁判について，（連邦憲法 188 条で最上級審とされる）「**連邦裁判所（Bundesgericht）**」に上訴した（hat ..... weiterzogen），というところまでは記している。だが，この点の記述はそこまでであり，次の項目にシフトし，「2009 年２月 19 日」の米国での前記「民事訴追」へと，話が転じてしまっている（以下の Ibid の指摘については，後述）。そして，現時点までの検索では，その後のスイス国内での「司法審査」の結果は，発見出来ていない（但し，この点は後に若干補充する）。

Widmer-Schlumpf, supra は，「2010 年５月 27 日」のものであり，既に述べたように，その当時，既に「修正後の UBS 合意」が，スイス連邦議会の承認手続に回っていた。そうではあっても，「2009 年２月 18 日の事態の合法性」は別問題のはず，である。

本書１(2)冒頭（本書 18 頁以下）で長く引用した「最終修正 2010 年７月 15 日（Last modification: 15.07.2010）」の連邦司法・警察省（FDJP）のネット上の文書（Federal Office of Justice, UBS case［Bundesamt für Justiz, Fall UBS］）には，既に一言した「修正後の UBS 合意」の議会通過後の，「2010 年７月 15 日」の「連邦行政裁判所」の裁判（修正後のそれによる米国側への情報引渡を違法だとする訴えを棄却）についての言及はあるが，Widmer-Schlumpf, supra の言及する，「2010 年１月７日」の同裁判所の裁判については，言及がないのである。

私としては，**FOJ, supra 自体，なぜ「2009 年４月 30 日」から記述を始めるのか**，との点について，私の当初からの違和感があったことを，ここで告白する。また，なぜスイス側として，「2009 年２月 18 日の，**FINMA**（その実，連邦政府自体）による，銀行法 25・26 条に基づく銀行倒産回避のための保護的措置［緊急避難!!］としての，『255 名』分の顧客データの米国側への引渡し」という「**事実**」を，そして，それを「**違法**」とした「2010 年１月７日」の連邦行政裁判所の裁判の存在を，ともに "伏せて"，**UBS 事件を論ずるのか（!!）**についても，大なる疑問がある（但し，いかにもスイスらしい対応だ，とは言える。「Schweizerhalle 事件」について論じた，石黒・国境を越える環境汚染［1991 年・木鐸社］190 頁の(2)の，第２パラを見よ）。

ここで私は，本書序章2で，スイス銀行法47条の「銀行秘密」規定が「ゲシュタポ」の手から「ユダヤの人々のプライバシーと資産」を守るために制定されたことを強調した際に「＊部分」で付記した，**「皮膚（Haut）」という私の留学（1981－82年）当時のスイス映画**のことを，想起する。

　「2009年2月18日」の出来事は，それ（この映画が訴えようとしていたこと）と同じこと，だったのではないか。つまり，「緊急避難」（これは，私の評価である）としての「255名分の顧客データの米国側への引渡し」は，その後のスイスが，国家として筋を通し，米国側を完全に「現行租税条約」上の「情報交換」ルートに引き戻すための，いわば"人身御供"だったのではないか。だから，そのことが，その後のスイス政府側の公式文書にも，「連邦政府」の一員（閣僚）たる Widmer-Schlumpf, supra の前記講演以外，正面切って言及されて「いない」のではないか。但し，それが連邦司法・警察省のホームページでともかくも「公開」されていることが，スイスのせめてもの「法的良心」の現れ，と見るべきなのではないか。――私は，以上のように，一連の事態を把握するのである。

　そして，だからこそ，「2009年4月30日」の，ここで論じているスイス政府の「法廷の友」意見書（前記の②）においても，この「2009年2月18日」の事態について，"[T]he Swiss authorities, acting through the Swiss Financial Market Supervisory Authority (**"FINMA"**), **were able to** take exceptional measures, consistent with the requirements of Swiss law, **to allow** the requested information to be shared with the U.S. Government on an expedited basis." といった婉曲な，若干の負い目を感じつつ（？）の微妙な"言葉遣い"が，なされていたのではないか[*]。

　　＊　但し，2011年2月15日の，この部分の脱稿後の検索で，ようやく「2010年1月5日」（前記の「7日」は誤記であった）の連邦行政裁判所の裁判が見つかった。また，「255名」ではなく「256名」分の顧客データの引渡しであったこと等，後にすぐ補充する。

　ここで，前記①（DOJ, supra [Feb. 18, 2009]）及び前記④（Id. [Nov. 17, 2009]）の「米国側の指摘」への評価に戻る。それらの米国側（**DOJ**）の指摘は，「重要な前提をなす必須の事実」を伏せ，意図的に一般の誤解を醸成させるように仕組まれていた点で，大いに問題である，と言うべきである。

　即ち，それらは，「米国側の強烈な国家的脅し」（前記の「訴追猶予合意」の条件として「顧客データ」の即時引渡しをスイス側に要求した事実）を背景とした「スイス側の緊急避難措置」，そして，一方的な JDS と同時並行的になされていた「第1次」の現行租税条約に基づく「情報交換」要請，といった「事実」を，一切伏せた（それに頬被りした）上で，示されていたものであった。具体的には，まず，①では，「訴追猶予合意の一部として（As part of）……FINMAの命令に基づきUBSが同意した」とあったが，余りにも不正確・不誠実な書き方，である。同様に，前記④では，「これらの刑事的・民事的努力が，初めてスイス銀行秘密を破った」とある。だが，「初めてスイス銀行秘密を破った」のは事実だが，それは，「2009年2月18日」の「（刑事）訴追猶予合意」の条件として米国側が前記の「強烈な国家的脅し」を行なったことによ

るものであって，右の書き方は，同様に不正確かつ不誠実である。

　つまり，この Id. (Nov. 17, 2009) における④の「文脈」は，直前のパラで「2009 年 8 月」の「合意」，即ち「修正前の UBS 合意」に言及し，それを前記の「訴追猶予合意」と同様の "a similarly landmark agreement" だとした上でのものである。従って，文脈上は「修正前 UBS 合意」も，④の「これらの刑事的・民事的努力」の文言に，含まれている。かくて，「修正前の UBS 合意」によって「も」，「スイス銀行秘密が初めて破られた」かのごとく，意図的に歪んだ記述が，なされているのである。だから私は，この点を論じた個所（第 1 章 1 (1)）において，「<u>一般の誤解を意識的に醸成するための意図的誤解（曲解）</u>」だとして，この記述の不正確さを批判したのである。

　本書の右の個所では，右に引き続き，DOJ, supra (April 7, 2010) に言及し，<u>改めて原文で正確に示せば</u>，そこに――

　　"Immediately following on the heels of <u>the deferred prosecution agreement [of Feb. 18, 2009]</u>, the division [the Tax Division] brought a civil action against UBS, seeking the names of more U.S. taxpayers. After approximately six months [on August 19, 2009], the U.S., UBS and the Swiss government entered into <u>an historic agreement that has put a large chink in the armor of Swiss bank secrecy.</u> ....."

――とあることを，問題視した。

　右は，"<u>動かぬ証拠</u>" として，ここで提示されるものである。右の「歴史的合意」とは，文脈上（というか，右の文言上），「修正前の UBS 合意」のことである。米国側が，「それ」を「<u>鉄壁をなすスイス銀行秘密に大きな亀裂をもたらした歴史的合意</u>」として宣伝したい意図は，見え見えである。だが，「修正前・修正後」の「UBS 合意」は，ともに，後にその詳細を示すように，全くそうしたもの「ではない」(!!)。右の悪意に満ちた米国側指摘は，まさに，「<u>歴史の改竄</u>」（「日米フィルム摩擦」に関する石黒・通商摩擦と日本の進路［1996 年・木鐸社］290 頁参照），なのである。

　「お前の国に核ミサイルを撃ち込むぞ」ということに匹敵する米国の国家的な脅し（相手国に，"a clear and present danger" をもたらすそれ !! ――それが一般国際法上，いかに評価されるべきものなのか !?）が，『「255 人の人身御供」としての顧客データ即時引渡し』という，確かに前代未聞の，スイスの，条約枠組の外での「<u>緊急避難措置</u>」を，「2009 年 2 月 18 日」にもたらしただけ，である。この "<u>極めて異例の措置</u>"（それが，「<u>スイスにとっての重大な法的汚点（!!）</u>」であることは，否めまい !!）の後，それを唯一の代償として，スイス側は，粛々と，国家としての「原則論」に基づく断固たる行動を，とったのである（後述）。

　　　　　●　　　●　　　●

　　＊　次号分では，「2009 年 4 月 30 日」のスイス政府「法廷の友」意見書に戻って，この先の論述を，引き続き行なう。そのつもりだったのだが……（以上，2011 年 2 月 12 日

2 米国裁判所に対して提出されたスイス政府の「法廷の友 (amicus curiae)」としての意見書 (2009年4月30日＆7月7日)　　49

午後 8 時 45 分までの執筆。点検終了，同日午後 11 時 48 分）。

［以上，2011 年 4 月号 43 － 66 頁］

☆ 「2010 年 1 月 5 日」のスイス連邦行政裁判所の「判決」——「2009 年 2 月 18 日の重大な出来事」（FINMA の命令による「256 人分」の顧客データの米国側への引渡!!）の「違法性」とスイス新連邦憲法における「緊急権限 vs. 基本権保障」の基本構図をめぐって!!

　本書のここまでの論述では，**Switzerland's Amicus Brief, supra**（April 30, 2009），at 9f の微妙な表現を出発点として，スイス側の FINMA の，UBS に対する「2009 年 2 月 18 日」の命令の内実を，深く辿った。要するに，『「修正前 UBS 合意」の成立前に，スイス側は「顧客データ」を米国側に引渡していたのか??』が，そこでの問題であり，答は，残念ながらイエスであった（執筆再開，2011 年 3 月 1 日昼の 0 時頃）。その「時点」は，「2009 年 2 月 18 日」であり，米国司法省（DOJ）が，同日付けの UBS に対する「(刑事）訴追猶予合意」の条件として，強烈な国家的脅し（!!）とともに，スイス側にそれを求めた結果としての，「緊急避難」的措置（この表現は，私の評価），であった（この米国の国家的脅しに，何と「ニューヨーク連銀」が一枚噛んでいたことについては，すぐに後述）。

　既に本書では，スイス連邦司法・警察省（FDJP ［ドイツ語では EJPD］）のホームページに掲載の，連邦政府閣僚の「2010 年 5 月 27 日」の講演たる Widmer-Schlumpf, supra に基づき，前記の日付で米国側に引渡された顧客情報が「255 人分」（後述のごとく，この数字は「256 人分」に，修正される必要がある）であり，その段階でスイス連邦課税当局が，米国側（IRS）の「第 1 次」の租税条約上の「情報提供要請」につき処理し得ていたのは「26 件」であったこと，等を示した。

　だが，一層重要なこととして，そこには，この FINMA の処分につき，スイス連邦行政裁判所の「2010 年 1 月 7 日」の裁判（Entscheid——実際には「判決［Urteil］」。なお，この日付けも，後述のごとく「1 月 5 日」に要修正となる）によって違法とされたこと，FINMA がそれを不服としてスイスの最上級審裁判所たる連邦裁判所（Bundesgericht）に上訴したことについての，指摘があった。ここまでの論述では，かかるスイス国内での「司法審査」の経緯が，「2010 年 7 月 15 日最終修正」の，FDJP のホームページ上の「IRS vs. UBS 事件」の経緯を示した文書（Federal Office of Justice, UBS case, supra）において言及されて「いない」ことの不自然さ，等を指摘しておいた。

　既に示したように，以上を受けてここでは，**Switzerland's Amicus Brief, supra**（April 30, 2009）に戻った検討を行なう予定，であった。だが，FINMA の前記の処分（命令）を明確に「違法」としたスイス連邦行政裁判所の「裁判」の現物が，ようやく検索でヒットし，もう 1 件の同裁判所の裁判とともに，それ自体を深く論じておく必要性の大きいことが，判明した（本論文第 4 章 5 の目次項目との関係で，である）。

　米国裁判所に「2009 年 4 月 30 日」に提出された「法廷の友」意見書に戻った検討は，

その後と，せざるを得なくなったのである。

まずは，右の「検索ヒット」の経緯から。決め手は，「修正後の UBS 合意」についての，「2010 年 4 月 14 日」のスイス連邦政府の議会向け公的説明（**Botschaft zur Genehmigung des Abkommens zwischen der Schweiz und den Vereinigten Staaten von Amerika über ein Amtshilfegesuch betreffend UBS AG sowie des Änderungsprotokolls vom 14. April 2010, BBl. 2010, at 2965ff**）における記載，であった（以下，**Botschaft UBS〔April 14, 2010〕, supra** として引用する[*]）。

* 「修正前の UBS 合意」についての Botschaft は，少なくとも BBl. には掲載されていないようである。事柄の緊急性のゆえであろうか。そもそも，初めからそれが存在していなかった可能性も，ないではない……。

議会での同合意承認手続のための正式文書だけに，Id. at 2972f には，さすがに「2009 年 2 月 18 日」の前記の出来事についての（しかも，後述のように，極めて重要な指摘を含む!!）記載があり，問題の裁判について，「事件番号の明示」があったのである。それをもとに，再度，連邦行政裁判所のサイトで検索をかけたところ，（関連するもう一件とともに）ようやく現物が出て来た，ということなのである。それと同時に，Widmer-Schlumpf, supra の，そして，一部この Botschaft 自体の，若干混乱した「表記」も，明らかとなった。重要な周辺事情とともに，まずは，この点を示しておく。

Botschaft UBS（April 14, 2010), supra, at 2972 には——

„Es ist in diesem Zusammenhang daran zu erinnern, dass der IRS bereits am 16. Juli 2008 ein Amtshilfegesuch gestellt hatte, dieses aber zurückzog, nachdem die UBS AG am 18. Februar 2009 aufgrund der im DPA〔Deferred Prosecution Agreement〕vorgesehenen Verfügung der FINMA **256 Kundendossiers** (wovon die meisten unter dieses erste Amtshilfegesuch gefallen waren), an die USA übermittelt hatte (vgl. den Abschreibungsentscheid des Bundesverwaltungsgerichts vom 5. März 2009 im Fall A-7342/2008). Dieser Weg der Datenherausgabe war gemäss (**zur Zeit noch nicht rechtskräftigem**) Entscheid des Bundesverwaltungsgerichts vom **7. Januar 2010** im Fall B-1092/2009 unrechtmässig."

——とある。

まずは，周辺事情から。本書 39 頁（スイス側の②③の指摘の引用個所の間。貿易と関税 2011 年 4 月号 58 頁）で，EKB（SFBC〔Swiss Federal Banking Commission〕), supra（Feb. 18, 2009), at 3 を引用した際，「米国当局の UBS に対する調査のそもそもの経緯」につき，「内部告発」関連の情報を米国 DOJ が UBS 側に伝えたのが「2007 年 9 月」であり云々とし，「こうした DOJ の手続と連動して IRS が調査を開始した」旨，Ibid を引用しつつ，述べていた。だが，そこに示した R. Weil 氏の起訴（2008 年 11 月）よりも前に，**IRS** は「2008 年 7 月 16 日」に，米・スイス租税条約 26 条による情報交換を，

既に求めていたことになる。

　次に，こちら（Botschaft UBS［April 14, 2010］, supra）の方が正式文書ゆえ間違いはなかろうから，「2009年2月18日」にFINMAの命令で米国側にわたっていた顧客情報は，Widmer-Schlumpf, supra の言う「255人分」ではなく「256人分」であったことが，判明する（その大半が，IRSによるこの第1次の，条約上の情報提供要請の対象だったことも，そこに示されている）。

　更に，Botschaft UBS（April 14, 2010）, supra, at 2972 には，問題の「裁判（Entscheid）」が「2009年1月7日」付けだとあるが，Id. at 2973 の注5には「2009年1月5日」とあり，現物を見れば，後者の方が正しいことが，判明する。

　「以上2点の修正」の上で，再度 Id. at 2972 の，前記引用の原文に戻れば，FINMAの「2009年2月18日」の命令による「256人分」の顧客データの米国側への引渡を「違法」としたところの，この「2009年1月5日」のスイス連邦行政裁判所の「裁判」（検索した現物では，「判決［Urteil］」）は，この Botschaft の時点（2010年4月14日）では，いまだ「既判力」が生じていない，とされている。これは，前記のFINMAによるスイス連邦裁判所への上訴のゆえであろうが，「2011年2月末段階」での検索によっても，連邦裁判所の裁判は，いまだ見つかっていない。

　だが，後述のごとく，この Botschaft 自体において，別途決定的な指摘がなされている。他方，問題の「2010年1月5日」のスイス連邦行政裁判所の「判決」の論理構成は，後述のごとく，よく練られたものであって，果たしてこれが覆り得るものかが，私には若干疑問とも思われる。


　さて，以上を踏まえ，前記の二つのスイス連邦行政裁判所の「裁判」（いずれも「判決」）を，見ておこう。既述のごとく，**Switzerland's Amicus Brief, supra（April 30, 2009）**に戻った検討は，それが済んでからとする。

　まず，「請求を拒絶した裁判（Abschreibungsentscheid）」たる「2009年3月5日」の「判決」の方だが，この訴訟の対象（Gegenstand）は，米・スイス租税条約（DBA-USA）による「行政共助（Amtshilfe）」にある（前記のごとく，IRSによる最初の，米・スイス租税条約上の情報交換要求は，「2008年7月16日」になされていた。この点につき，同判決・3頁の「事実関係」の冒頭参照）。それを拒絶すべきだとして2名の原告（うち1名は会社）が，スイス連邦課税当局（ESTV）を被告として訴えたものである。全文で71頁の同判決の，68頁のパラ8.5で，原告らの顧客情報が（FINMAの命令に基づき）UBSから米国側に既に引渡されていることからして，「権利保護の利益（Rechtsschutzinteresse）」が失われたとするのが，その結論である（なお，この結論は，同前・64頁のパラ8の主張に対応する）。

　だが，むしろ注目すべきは。この事件との関係で，「2009年2月18日の出来事」に関連して，FINMA（及びUBS）に対し，同裁判所の命令等が出ていたこと，である。つまり，米国での「訴追猶予合意」（2009年2月18日）当時のFINMAが，スイス連邦行政裁判所の監視下にあったという重要な事実が，別途あったことになる(*)。

＊　後述の「2010年1月5日」の同裁判所判決を含め，**当事者の手続権の保障（基本権としてのそれ!!）が，当面する問題との関係で，厳密にスイス司法制度によって守られていたことは，本書「第4章5」の目次項目との関係で，極めて重要な意義を有する。**それゆえに，ここでこの点を，詳細に解明する必要があることに「も」なる，のである。

　即ち，同判決・7頁（F.の項の冒頭）には，前記の「対米情報引渡し」の後の「2009年2月20日」になって同裁判所が，それも「緊急暫定措置（superprovisorische Massnahme）」の「申立て（Antrag）」によって，FINMAのUBSへの命令（米国側への顧客情報引渡についてのそれ）のあったことを知った（erhielt ..... davon Kenntnis, dass .....），とある。そして，（もはや後の祭りではあるが）同裁判所は，UBSに対して，「2009年2月23日」の命令で，問題の顧客情報の「第三者への（an Dritte）」引渡を禁止した。

　他方，同裁判所は，「2009年2月24日」の命令で，FINMAに対して，「2009年2月18日」の，既述のFINMA自身によるプレス・リリース（Medienmitteilung）の線で米国側に情報が引渡された者の，氏名（Namen）及び引渡された情報（Daten）等の開示（offenzulegen）を，「遅くとも（spätestens）2009年2月25日まで」にせよ，と命じた（同判決・7－8頁。──連邦行政裁判所が，いきなりのFINMAのプレス・リリースで深刻な事態を察知し，相当怒っているようにも思われることが，そこからも窺われることは，司法制度の在り方として，至極健全なことである）。

　ところが(!!)，同判決・8頁に示されたFINMA側の回答は，「ふざけるな！」と言いたくなる内容のもの，であった。即ち，「2009年2月25日の書面によりFINMAは，連邦行政裁判所に対し，FINMAとしては，［米国側に情報の引渡された対象者の］具体的な氏名及びデータを知らない（sie wisse nicht, .....）。FINMAは当該情報を伴うデータの記憶媒体を持っていない（Sie verfüge über keinen Datenträger mit entsprechenden Informationen.）」と回答した，とある。本書のここでの文脈上は，FINMAのかかる杜撰な対応の内実の方が，後述の「連邦政府の自己批判(!!)」との関係でも，また，「2009年2月18日の出来事」を「違法」とした「2010年1月5日」の連邦行政裁判所判決との関係でも，重要である。

　さて，一層重大な意義を有する「2010年1月5日」のスイス連邦行政裁判所「判決」の方に，ここで眼を転じよう。原告はいずれも会社たる3社で，被告はUBSとFINMA，である。訴訟の「対象（Gegenstand）」は，FINMAによる金融監督の在り方ないしは(evtl.)「行政共助（Amtshilfe）」，である（但し，「2009年2月18日」のFINMAの命令は，スイス銀行法25・26条によるものであって，租税条約上のものでないこと，既述の通り）。

　同判決・2頁の「事実関係」B.の冒頭第2文において，FINMAが，前記の「訴追猶予合意」及び「2009年2月16日」の（米国側の）Account Disclosure Letterの線に沿って顧客情報を米国側に引渡したことが示唆されていることは，返す返す（**その非主体性**からして）残念なことだが，それは措く。ともかく，同判決・7頁は，本件3名の原告の不服申立資格が，「2009年4月30日」の同裁判所「中間判決（Zwischenentscheid)」によって認められたことを，示している（ちなみに，同判決における「原審［Vorinstanz］」とは，FINMAによる行政不服審査の類いである）。

　本件におけるFINMAの主張には，重大な点が示されている。即ち，本判決・16頁には，『2008年10月，米国の各当局及び**NY FED**［「ニューヨーク連銀」!!］が，「訴追猶予合意」の締結は早急な［顧客］データの引渡を条件とする旨，明言した』，とあるのである。同前頁は，右にすぐ続いて，Raoul Weil氏の訴追（既述のごとく，2008年11月）が緊張を更に高めたこと（Zur Erhöhung des Drucks ……），等に言及し，こうした状況下でのFINMAの「2009年2月18日」の措置の正当性を，訴えている。

　ともかく，米国の金融監督の元締めたる「ニューヨーク連銀（NY FED）」が，「**IRS vs. UBS事件**」で登場していたこと，そして，**NY FED**もまた，（「訴追猶予合意」の条件としての）即時の顧客情報引渡しにこだわっていたことは，スイス側にとって，確かに重大な意義を有する。この点は，Botschaft UBS (April 14, 2010), supraに即して，後述する。

　他方，FINMAが，「2008年5月以来」，DOJ及びIRSとコンタクトを取っていたこと(*)も，この「2010年1月5日」連邦行政裁判所判決・16頁に，記載されている。

　　*　本書39頁の，③の引用部分の二つ前のパラグラフ（2011年4月号58頁）に示しておいたように，FINMA側（EKB）のUBSに対する「行政手続」の開始は，「2008年5月23日」であった。

　同判決・23頁以下が，判決理由となる。同前・25頁のパラ3.1で，原告側は，「法治国家的配慮から（aus rechtsstaatlichen Überlegungen）」，「2009年2月18日」のFINMAの措置の違法性を主張したことが示されているが，本判決は，まさにその視点から，同措置の「違法性」を指弾する内容のものと，なっている。以下，極めて重要な意味を有するその判旨の論理を，辿って行こう。

　同判決・26頁（パラ4.1）は，（スイス銀行法47条で保護される）「銀行データの保護」は，まずもって「人格権（Persönlichkeitsrecht）」として発展したことを指摘する。但し，同前・27頁（パラ4.1）においては，それを，「**スイス新連邦憲法13条2項**」の「**プライバシー保護の基本権（Grundrecht auf Schutz der Privatsphäre）**」の一部（Teilgehalt）と把握していることからして，**Persönlichkeitsrecht**を，端的に「**プライバシー保護の基本権（基本的人権!!）**」と訳してもよいところか，と思われる（英訳では，Privatsphäreが「プライバシー」となる）。

　だが，「銀行秘密」の場合には，その制限が可能であることに疑いがない（unbestritten）こと（同前・27頁），即ちそれは，同前・29頁の言及する，スイス新連邦憲法36条［**基本権の制限（Einschränkung von Grundrechten）**］の，4項に言う，基本権の「核心をなす内容（Kerngehalt）」（同項により，それは侵害出来ない［unantastbar］）ではない（同前・27頁）としつつ，具体的なその制約のなされ方を，問題としてゆく。

　同判決・30頁（パラ5.1）は，スイス新連邦憲法36条による「基本権の制限」につき，同条1項第2・3文に，その「重大（schwerwiegend）な制限は，法律自体に規定されねばならない。但し，重大（ernst）かつ直接的で，かつ，他に回避し得ない（nicht anders abwendbar）危険のある場合は別である」と規定されていることを踏まえつつ，同憲法 5 条 1 項の「**法治国家原則（Rechtsstaatsprinzip）**」の観点から，FINMA の前記措置の違法性を判断して行くのである（同判決・30 頁のパラ 5.2 以下）。

その際に重視されるのは，同判決・32 頁（パラ 5.3.2）の，**（基本権を制限する規範の）「明確性（Bestimmtheit）」**と，規制の名宛人にとっての**「予見可能性（Voraussehbarkeit）」**と，である。銀行法 25・26 条が FINMA による前記措置の正当化根拠となり得るかを問題とする同判決・35 頁（パラ 6.3）以下は，銀行秘密の権利享有者（Geheimnisherr）の意思に反した外国当局への，顧客情報引渡は，明らかに当該の者の「<u>経済的プライバシーへの介入（Eingriff in dessen wirtschaftliche Privatsphäre）</u>」だとし（同前・36 頁［パラ 6.3.1］），銀行法 25・26 条による前記措置は，「明確性」と「予見可能性」の要請からして，不十分（ungenügend）だと，指弾される（同前・37 頁［パラ 6.4 & パラ 6.4.1］）。

ここから先が，<u>連邦政府閣僚の「2010 年 5 月 27 日」の講演たる Widmer-Schlumpf, supra にも示されていなかった，重大な事実</u>である。即ち，「**スイス連邦政府は［スイス連邦にとっての］緊急事態（Notstandssituation）［の発生］を認識し，2008 年 12 月 19 日に，FINMA に対して，UBS に対する米国の一方的強制措置を回避するために必要な全ての措置をとるよう授権（ermächtigen）する旨の政府決定（Bundesratsbeschluss）を下した**」，との事実である（同判決・41 頁［パラ 8.］）。

但し，右の指摘にすぐ続き，同判決は，同前頁（パラ 8.）において，「<u>これに対して連邦政府［自体］は，何らの緊急権限の発動もしなかった（Hingegen habe der Bundesrat kein Notrecht erlassen.）</u>」，と述べている。そして，まさにこの点が，本判決の結論と，直結して行くこととなるのである。

同判決・42 頁（パラ 8.1.1）は，スイス新連邦憲法が，「ボン基本法」や「フランス憲法」とは異なり，「包括的な緊急事態の秩序立て（umfassende Notordnung）」をしていないこと，そして，関連するいくつかの個別憲法条項を示しつつ，かつ，新憲法制定に際しての連邦政府説明（Botschaft über eine neue Bundesverfassung vom 20. November 1996, BBl. 1997 I 1-643, 419）を挙げた上で，「それらの規定はいずれも，<u>憲法的な準則の枠内でのみ適用が許される点で共通であり，従って，純粋な緊急権限［立法］，ではない（Allen diesen Normen ist gemein, dass sie nur im Rahmen der verfassungsrechtlichen Vorgaben angewendet werden dürfen und somit kein echtes Notrecht darstellen.）</u>」，とする(\*)。

\*　この文脈で若干興味深いのが，同判決・44 頁（パラ 8.2.1）である。そこでは，後に Botschaft UBS（April 14, 2010），supra に即して一層具体的に示すところの，「2009 年 2 月 18 日」当時の状況下で，<u>スイス新連邦憲法の 184 条 3 項ないし 185 条 3 項の緊急権限（Notrecht）</u>に基づき，どこまで（[i]nwiefern）銀行顧客情報の引渡しがなされ得たかは，必ずしも明らかではない（nicht unbedingt klar）とした上で，同法 184 条 3 項により連邦政府は，学説上の一致した見解に基づき，<u>米国に対する「**復仇又は報復（Retorsionen oder Repressalien）**」</u>（一般国際法上のそれらである。Ignaz Seidl-Hohenverdern, Völkerrecht［9. Aufl. 1997］, at 344 参照。なお，それと理論上区別すべき曖昧な

「報復ないし対抗措置」については、石黒・通商摩擦と日本の進路［1996年・木鐸社］125頁以下を参照せよ）をなし得たはずだが、云々（So könnte der Bundesrat gemäss Art. 184 Abs. 3 BV ..... Retorsionen ..... gegen die Vereinigten Staaten verfügen ..... .），とする。

そして、その文脈で、スイスの旧連邦憲法102条（Art. 102 aBV）に基づく、かの「**マーク・リッチ事件**」の対米情報引渡禁止措置についての言及がある（Schweizerisches Jahrbuch für Internationales Recht［SJIR］, 1984, S. 161が引かれている）。なお、同事件についての「その先」は、もう一通のスイス政府「法廷の友」意見書との関係で、後述する（セットしておいた目覚まし時計が鳴ったので、今日はここで、強制的に筆を擱く。このところ、制限時間超過の執筆が続き、心身へのダメージが余りにきつく、こうすることとした次第。以上、2011年3月1日午後5時42分までの執筆。執筆再開、同年3月5日午後3時15分）。

本書48頁において、米国の国家的脅しが一般国際法上いかに評価さるべきかを、若干問題視していたこととの関係で、以上、一言した次第である（同判決・44頁は、前記状況下での米国当局側の情報提供要求が、FINMAや連邦政府の「想定［Annahme］」から出発すれば、「**内国金融システムに対して、その死活にかかわる影響［existenzielle Auswirkungen］をもたらすこととなる、外国による経済的な恫喝［wirtschaftliche Bedrohung durch einen fremden Staat］**」として把握され得ること［könnten ..... aufgefasst werden］を認めた上で、新連邦憲法上の「緊急権限」について、右のごとく言及している）。

さて、このスイス連邦行政裁判所の「2010年1月5日判決」は、同判決・44－45頁のパラ8.2.1及びパラ8.2.2において、直前の「＊部分」で言及した「スイス旧連邦憲法102条」と同様の（外国への情報提供の）「遮断（Blockierung）」（「マーク・リッチ事件の場合の、問題の情報の「没収」。石黒・前掲国際民訴法25頁）が、新連邦憲法184条3項、そして185条3項（ないしは173条1項a・b――こちらは、連邦議会の同様の権限を定めた規定）でも可能であることを、まず示す。その上で、<u>同判決・45頁のパラ8.3</u>において、本件で実際にとられた（いわば「マーク・リッチ事件」などとは逆方向での）「外国当局への情報引渡し」という措置についても、「憲法上の緊急権限」によるその基礎づけの点が問題となるが、本件ではその点は「当面（vorliegend）」ブランクのままにしておいてよい、とする。「なぜなら、本件では、（憲法上規定された「連邦政府」ではなく）FINMAが緊急状況における命令を発しているが、<u>連邦政府の許可があったところで（selbst mit Erlaubnis des Bundesrats）、FINMAには、その権限はないであろうから、である（, da die Vorinstanz zum ..... nicht kompetent wäre.）</u>」、とされている。

右の「連邦政府の許可」とは、既述の、「**2008年12月19日の、連邦政府によるFINMAへの、UBSに対する米国の一方的強制措置を回避するために必要な全ての措置をとるように、との授権**」のことである。実際にも、この点に関連して連邦政府とFINMAとの具体的なやり取りが「2009年2月18日」に至るまでなされていたことが、同判決・45頁以下に示されている。だが、同判決・47頁（パラ8.4）は、再度、実際に問題の措置をとったのはFINMAであって連邦政府ではないことを示した上で、憲法上その権限が明示された「連邦政府（Bundesrat）」ではなく、「<u>それよりも下位の

行政官庁（untere Verwaltungsbehörde）」たる FINMA が，「緊急事態における命令」を，果たして下し得るのかを，問題とする。

同判決・47－48 頁のパラ 8.4.1 は，新連邦憲法 184 条 3 項，185 条 3 項，そして（連邦議会の同様の権限を定めた）173 条 1 項 a・b の文言（Wortlaut）は，「憲法適合的な緊急権限の発動（Erlass von konstitutionellem Notstandsrecht），及び，緊急状況下での命令（Notstandsverfügungen）発出の権限（Kompetenz）」を，排他的（ausschliesslich）に，議会と連邦政府のみに認めており，**「下位の官庁への授権（Delegation）」が許されるとは，これらの規定からは導き得ない（kann nicht entnommen werden, dass …..）**，とする。そして，引き続いて，連邦政府による，スイス新連邦憲法についての議会向けの公的説明（Botschaft BV, BBl.1997 I 1-643, 417）や，主要学説を引きつつ，この点が従来から認められて来ていたことであることを，力説する。同判決・48－49 頁（パラ 8.4.2）は，新連邦憲法 5 条 1 項の**法治国家原則**（「国家的行動の基礎と制限は法である〔Grundlage und Schranke staatlichen Handelns ist das Recht.〕」と規定するそれ）からも，この点を基礎づけている。

だが，それだけではない（!!）。同判決・49 頁（パラ 8.4.2）は，この点を，**「歴史的背景（vor dem historischen Hintergrund）」**からも，以下のように基礎づけている。即ち――

「Die Schweizerische Eidgenossenschaft gestand unteren Bundesbehörden letztmals während des Zweiten Weltkriegs im Rahmen von extrakonstitutionellem Notstandsrecht selbständige Rechtsetzungskompetenzen zu (Vollmachtenbeschluss vom 30. August 1939 über Massnahmen zum Schutze des Landes und zur **Aufrechterhaltung der Neutralität**, AS 1939 769f.), was schon damals zu heftiger Kritik der Lehre und der Bevölkerung führte …… . Nachdem auch später regelmässig wieder Kontroversen um die extensive Anwendung von Art. 102 aBV durch den Bundesrat entflammt waren, kann demnach als ausgeschlossen angesehen werden, dass der Souverän mit der neuen Verfassung eine Ausweitung der konstitutionellen Notstandsrechtsbefugnis und insbesondere die (Sub-)Delegation einführen wollte …… ." (Bundesverwaltungsgericht: Urteil vom 5. Januar 2010, para.8.4.2 からの引用。)

――と。

要するに，第 2 次大戦中の「1939 年 8 月 30 日」の授権決定により，「スイス連邦」は，「（当時は認められていた）憲法外での緊急権限」を，「下位の連邦官庁」に認めた。それは，国家防衛と**「中立維持」**(!!) のためのものであったが，当時既に，それに対する学説及び人々の強い批判を招いた。その後，大戦後も，旧連邦憲法 102 条の連邦政府による広汎な適用が再三論争を巻き起こし，それがゆえに，「主権者が新憲法によって，憲法適合的な緊急権限の拡張，及び，とりわけ（この権限の下位の官庁への）授権を認めようとした」との見方は，排除されたものと考え得る，とされているのである。

同判決・50 頁（パラ 9.1）は，この結論を，**民主主義原則（Demokratieprinzip）**か

2　米国裁判所に対して提出されたスイス政府の「法廷の友（amicus curiae）」としての意見書（2009年4月30日＆7月7日）

らも基礎づけつつ，同前頁（パラ9.2）において，連邦政府は，FINMAへの前記の包括授権において「暗示的（implizit）」に緊急事態を認めつつも，一体何が連邦政府の考える「全ての必要な措置」かをブランクのまま示し，その判断をFINMAに委ねたのは問題であって，この点もまた連邦政府自体が決定せねばならなかった，とする。

　かくして，同判決・52頁（パラ11.）は，以上の結論として，連邦政府は，自身が緊急事態と考える状況下で，自ら緊急措置を講ずることなく，権限のないFINMAにそれを委ねたのであって，本件命令（による顧客情報の対米引渡し）は，<u>新連邦憲法36条1項の「基本権の制限」のために十分な法的基礎を，有していない</u>，としたのである。

　実によく書かれた判決である，と私は考える。FINMAが連邦裁判所に上訴したところで，それが覆る可能性は，果たしてあるのだろうか(*)。

　　＊　この判決の存在は，「修正前UBS合意」の違法性を指摘した後述の同裁判所「2010年1月21日判決」以上に，<u>スイスにおける司法制度の健全性</u>を，我々に教えるものだと，私は考える。そして，同様の観点からの「基本権の制限の在り方」への問いかけが，全ての国内法を凌駕するかのごとき，<u>米・スイス改正租税条約26条（問題の同条5項の条文は，貿易と関税2011年3月号49頁［本書3頁］でも示しておいた）等の，新たなスイスの情報交換条項との関係でも，健全になされて行くこと</u>を，私としては最も期待する（本書第4章5の目次項目参照）。

　だが，この上訴の結果を待つよりも先に，我々は，Botschaft UBS (April 14, 2010), supra, at 2973 (para. 2.2) の，<u>連邦政府による次のような重大な指摘 (!!)</u>に，まずもって注目すべきである。「法治国家的手続の保障」について論じたこのパラには――

„Eine ..... Überprüfung in einem rechtsstaatlichen Verfahren war in der entstandenen Situation **nur** durch den Abschluss des Abkommens vom 19. August 2009 zu erreichen. **Weder** die oben erwähnte (möglicherweise unrechtmässige) Herausgabe gestützt auf die Verfügung der FINMA, **noch** ein anderer Weg, etwa eine Herausgabeverfügung des Bundesrates gestützt auf Artikel 184 Absatz 3 der Schweizerischen Bundesverfassung (BV), **hätten diese rechtsstaatlichen Anforderungen zu erfüllen vermocht [!!]**. Der Bundesrat hat daher diese Möglichkeiten im Falle des JDS-Verfahrens aus grundsätzlichen Erwägungen ausgeschlossen."

――とある (!!)。即ち，ここには，『UBS事件の状況下で「法治国家」原則に沿う解決方法は，「2009年8月19日」の「UBS合意」の締結のみであって，（いまだ上訴中ゆえ「違法」たり得るとのみここで表記されたところの）<u>FINMAの命令による「2009年2月18日」の既述の情報引渡しも，また，連邦憲法184条3項［の緊急権限］による連邦政府の引渡命令も，この「法治国家の要請」を満たすことは出来ない (!!)</u>。それゆえ，連邦政府は，これらの可能性を，米国におけるJDS手続において，原則的

な考慮から排除した』との，**"屈折した連邦政府の自己批判"**が，しかしながら明確に，なされているのである（!!）。

かくて，スイス連邦政府は，自身が関与しつつも直接的にはFINMAに手を下させた「2009年2月18日の対米情報引渡し」を自ら否定し，「法治国家」原則を正面に立てた，（私の考える）「スイス本来の道」に，復帰したことになる。

ここで，**Switzerland's Amicus Brief, supra**（April 30, 2009），at 9fの微妙な表現に立ち戻って，その先を論ずる前提が，ようやく整ったことになる。だが，既述の「ニューヨーク連銀」の関与（即時の顧客情報引渡しを「訴追猶予合意」の前提条件とするそれ）との関係で，Botschaft UBS（April 14, 2010），supraから，更に若干の点を示しておく必要がある。

「2009年2月18日の重大な出来事」との関係で，具体的にスイス側が，一体何を，どのように懸念していたのか。この点を，若干見ておくこととする。

Id. at 2970-2972の，「1.3　UBS及びスイス国民経済（die schweizerische Volkswirtschaft）にとっての危機」の項には，米国のもろもろの監督官庁とともに，「ニューヨーク連銀（Fereral Reserve Bank of New York（NY Fed））」や**SEC**が，**UBS側に対する諸認可等の剥奪（die Bewillingung[en] zu entziehen）の圧力**をかけ，（折悪しく生じていた，リーマン・ショック以来の）「金融・経済危機及び一般的な経済の不安定性」と相俟って，「ニューヨーク連銀の査定（評価）によれば（[g]emäss Einschätzung des New York Fed）」，また，「アーサー・アンダーセン事件の経験に基づけば（gestützt auf die Erfahrungen aus dem Fall Arthur Andersen）」，既に（刑事）訴追があったということだけで，企業としての行動が全世界的に不可能となり，UBSがそうした展開に持ちこたえられないこととなろう，とある（Id. at 2971）。

Id. at 2971fは，「1989年以来の米国で，6つの金融機関が［同様の刑事］訴追を受け，そのうち1つのみが生き残ったこと」にも，言及している。そこでは，「UBS米国」の倒産がUBS本体の倒産をも容易に招くことや，**スイス国内でのUBSの「個人」の口座が300万超あること**（2007年のスイスの人口は，748万人程度であることを考えよ!!）等にも触れつつ，かくてスイスの「支払システム」等への悪影響「も」十分に予測されたことへの言及が，あるのである。――以上が，「2009年2月18日」の当時においてスイス連邦政府が抱いていた危機意識の，一層具体的な内実であることを示した上で，かくてようやく，本書は，「2009年4月30日付け」のスイス政府の「法廷の友」意見書へと，戻ることとなる。

●　　　●　　　●

極めて大きな回り道をしたことにはなるが，本書の全体構成上も最重要の事実が，書きながら新たに判明したのであるから，致し方ない。但し，早く先に行きたくも思うので，以下の論述は，若干簡略化する。本書第2章以下で論ずるべき諸点の多くが，かくて，以上の回り道によって，「偶然的必然」として，示され得たのであるから。

まず、事ここに至るまでの文脈を、明らかにしておこう。以上の「大きな回り道」は、**Switzerland's Amicus Brief, supra（April 30, 2009）**, at 9f の「UBS 事件における国際的な情報交換」の項で、本書 38 頁で引用しておいた②の、"**In connection with the tax fraud schemes that were identified as part of that criminal investigation**, the Swiss authorities, acting through the Swiss Financial Market Supervisory Authority ("FINMA"), were able to take exceptional measures, **consistent with the requirements of Swiss law**, to allow the requested information to be shared with the U.S. Government on an expedited basis. The U.S. Government agreed to withdraw its pending treaty requests to the Federal Tax Authority **as part of** this arrangement." の個所から、派生していたことになる。

但し右の引用のうち、太字で強調した部分には、以上の論述からして問題のあったことが、明らかである。つまり、米・スイス間の現行租税条約の線での情報交換であったのならば、右の太字部分のようには言えよう。だが、FINMA の前記措置は、何らそうではなかった。また、後にスイス連邦政府が「2009 年 2 月 18 日の出来事」につき、自己批判をしていることも、既に示したとおりである。既に指摘した、この②の部分の「微妙な言い回し」も、『その後の連邦行政裁判所「2010 年 1 月 5 日判決」による「違法」判断をも踏まえた前記自己批判』に至る、スイス連邦政府の内心忸怩たる思いの現れとも、見得るところであろう。

右部分に続き、Id. at 10 は、米国の条約上の（情報交換）要請と、米国裁判所で米国側が求めていた JDS とでは、話がまるで違う、というところから出発する。それに続き Ibid では、又しても（!!）**IRS** が、**本件米国手続において、いい加減な陳述をしていたことへの批判が**、なされている。

即ち、スイス政府は、IRS の曖昧な米国法廷での陳述を批判して、以下のように述べる。「この summons の発出準備中に、IRS はスイス政府に対して、時効成立を防ぐためにそうしているのであって、JDS の執行を求めることは意図しておらず、刑事事件における米国政府と UBS との交渉や条約上の要請の進捗の結果を待ちながらの行動であることを、通知していた」のに、そしてその後、前記の「訴追猶予合意」が成立し、スイス政府が「情報提供に必要なステップ」をとって、米国政府がその情報を受領した後に条約上の要請を撤回した、との事情があるのに、「なぜ IRS が、条約上の要請についてのスイス政府の回答への不満［貿易と関税 2011 年 4 月号 54 頁（本書 34 頁）で既述の、不当な IRS の言い分、である］に頼って、summons の執行を正当化するのか、不明確である」、と。

その直後の個所でスイス政府は、再三 JDS への反対の意を米国政府側に伝えて来たこと、そして、この「法廷の友」意見書の前日たる「2009 年 4 月 29 日」にも、スイス政府は「米国国務省」に対して、外交文書を交付し、本件が米・スイス間の租税条約改正交渉に対してもたらす脅威（the threat this case poses to the negotiation of the proposed amendments to the Tax Treaty）についてのその関心を伝えた旨を、明らかにしている（Id. at 10.）。

60　第 1 章　「IRS vs. UBS 事件」の展開過程と「同事件に関する"スイスの国家的選択"」——その実像解明の必要性

当該の文書は，この意見書の Appendix Tab 6 に添付されている（Diplomatic Note From Embassy of Switzerland to U.S. Department of State, Dated April 29, 2009.）。そこでは，『IRS の申立てで既に発出されていた JDS の，執行を米国司法省が求めており，それが認められた場合，司法省が罰金その他のペナルティを UBS に科して，その実施を強制するに至ることが予想されるが，米・スイス間の租税条約とその制約とを無視して，一方的（unilaterally）に summons の「域外執行（extraterritorial enforcement）」を求めることで，司法省は米国の国際的な（条約上の）義務に違反して行動している。のみならず，スイス法で刑事制裁をもって担保される事柄に対する違反を，かくて UBS に求める司法省と IRS の行動は，スイスの主権への直接的な挑戦である。』——そう述べられた後で，この文書には，たしかに，以下のごとく記されている。即ち——

"[T]he [UBS = JDS] case may interfere with ongoing efforts to improve intergovernmental mechanisms for cooperation in cross-border investigation. In particular, our nations have begun negotiations to expand the scope of information that may be shared under the treaty to matters involving not only tax fraud, but also tax evasion. The Government of Switzerland is deeply concerned that a decision to enforce the summons in the UBS case would seriously jeopardize the successful accomplishment of the proposed revision of the treaty since this type of unilateral coercive measure would creat the perception that the United States is not committed to its treaty obligations."

——とある。最後の「since 以下」について言えば，どんな条約を米国と結んだところで，米国がそれを「籠抜け詐欺」的に override することは，過去の実例からして，明らかである（例えば，石黒・前掲国際民訴法 26 頁，65 頁以下，同・国境を越える知的財産［2005 年・信山社］459 頁，461 頁以下の注 24，等）。スイス側も，もとよりそんなことは百も承知の上での指摘，と考えるべきである。

なお，スイス政府閣僚の講演たる Widmer-Schlumpf, supra（Reden, EJPD, 27.05.2010）においても，右の経緯が示されているが，そこには，JDS をめぐる本件と条約改正交渉とを，かくて「結び付けること（[d]iese Verknüpfung）」が，**米国の種々のメディア**で，「誤って（fälschlicherweise）」（と言うか，「悪意をもって」，と書くべきところであろう），"**bad deal**"だとして批判されたことが，示されている。もとより Ibid は，スイスがそこで何ら「取引（Handel）」を意図してはいなかったことを指摘するが，日米のメディアの悪意をいやと言うほどに知らされた私には，「いつもそうなんだよなあ……」との思いが過（よぎ）る。

さて，**Switzerland's Amicus Brief, supra（April 30, 2009）**, at 11ff は，「具体的な論証（Argument）」の項に移る（Id. 1-10 は「事実関係」の項である）。だが，「ファクト・ファインディング」を重視する本書のここでの執筆目的からは，ここはむしろ，以上

の諸点よりも，論ずる上での比重が，ずっと軽くなる（以上，先ほど既に目覚まし時計が鳴っていたので，今日は，執筆枚数に不満が残るものの，区切りでもあり，ここで筆を擱く。以上の執筆は，2011年3月5日午後9時51分まで。――執筆は明日と決めていたが，ちと突発事故があり，思い切って書き出して見た。執筆再開，同年3月9日午後0時50分）。以上の，ストレス満載での「胸突き八丁」の執筆がようやく終わったので，以下は若干リラックスして書き進むこととする。

　Id. at 11は，IRSが，米国裁判所にJDSを求めることで，米・スイス租税条約26条を「回避 (evade)」しようとしたことは条約違反だ，というところから出発する。「法廷の友」意見書ゆえ，この点を従来の米国判例から基礎づけることが，そこでなされているが，そこは本書の関心の外である。

　むしろ注意を引くのは，Id. at 15fが，JDS手続でIRSが行なおうとしているのは，明確な「証拠（情報）漁り (fishing expedition)」であって（なお，Id. at 19をも参照），OECDモデル租税条約26条の「コメンタリー」においても，情報提供要求には「若干の程度の特定性 (specificity)」が必要であって，fishing expeditionの手段としてそれを用いてはならぬことが示されている関係でも問題だ，としていることである。ちなみに，この点は，本書第1章1(1)においても指摘しておいたところでもある（貿易と関税2011年3月号57頁［本書14頁］参照）。

　スイス側は，Id. at 17fにおいて，UBS事件について，「特定の個人」がアイデンティファイされていなくとも，問題の租税詐欺のパターンの性格についての十分な詳細 (sufficient detail about the nature of the alleged tax fraud pattern) が示されておれば，条約上の情報交換要請に応ずるとの「寛大な解釈 (liberal interpretation)」を採用しているが，JDSはその網でも何ら掬い得ない，とする。そして，Id. at 18では，米国議会でもJDSがfishing expeditionのために利用されることへの警戒の念が示されて来ていること，をも指摘する。

　かくて，この「法廷の友」意見書の，最後の項目に至る。「国際的なコミティ (International Comity)」が，そこでの問題である。JDSの執行を強制することが，「コミティ」(*)に反する，との主張である (Id. at 19f.)。この項の最後でも，スイス側は，前記の「2009年4月29日」の外交文書を再度リファーし，現行の米・スイス租税条約とスイス法とに違反するJDSの執行は，米・スイス間の租税条約改正交渉の成功裡の終結に対する障害 (impediment) になる，と指摘している (Id. at 20.)。

* 　「コミティ」は，英米に特有の「法理」だが（その詳細かつ多面的検討は，石黒・国際倒産vs.国際課税［2010年・信山社］94頁以下等々で行なった。「コミティ」関連項目の，同書索引を参照せよ），米国裁判所を説得するには，条約や一般国際法を出しただけでは心もとなく，従って「コミティ」に頼らねばならない現実がある。
　私自身，「日本の銀行検査・税務調査の内容に対するハワイ裁判所での pre-trial discovery命令の発出」を何とか抑えようと，実際にそれを用いた（石黒・前掲新制度大学院用国際私法・国際金融法教材73頁以下。同様の事案における「第2の意見書」については，同・貿易と関税2006年4月号55頁以下参照）。

また、「米国1916年アンチ・ダンピング法」の「三倍賠償」規定との関係で日本が制定した「対抗立法」（同・貿易と関税2005年8月号46頁以下）を抑え込もうとして、米国企業が米国裁判所の1審で得た「外国訴訟差止命令」を覆すために、日本政府が米国裁判所に出した「法廷の友」意見書にも、経済産業省の担当官W氏に対し、私が強く進言して入れてもらった「コミティ」の論点が、目立っていた。

そして、そのいずれにおいても、日本側の「コミティ」主張が、米国裁判所の説得に、成功している（右の最後の問題については、経済産業省通商政策局編・2010年版不公正貿易報告書116－117頁参照。私は半分諦めていたのだが、控訴審で、外国訴訟差止命令が、幸い否定されたのである）。

スイス政府側は、ここで「も」私と同じことを考えていたのだなと、私は再び感慨に耽るのだが、全てが裁判官の「裁量」ゆえ、「コミティ」主張を実際にしたからと言って、結果がどうなるかは、全く分からない、というのが正確なところである（すべて、この＊部分の冒頭に示した著書で、解明してある）。

さて、これでようやく、「2009年4月30日」のスイス政府「法廷の友」意見書関連の論述が、終わったことになる。

### (2) 「2009年7月7日」提出のスイス連邦政府の「法廷の友」意見書——「Marc Rich事件」との関係を含めて

実はスイス政府は、「2009年7月7日付け」で、米国裁判所に「二つの文書」を提出している。まず、MOTION OF AMICUS CURIAE GOVERNMENT OF SWITZERLAND TO FILE RESPONSE TO PETITIONER'S JUNE 30 SUBMISSION AND INCORPORATED MEMORANDUM OF LAW（July 7, 2009）だが、これは（次に「第2の法廷の友」意見書として示す同日付けのものと同様）、「2009年6月30日」に米国政府側がJDSの「執行」を申立てたことに対して、提出されたものである。

右に原文でタイトルを示した文書で、とくに問題とされているのは、以下の点である。即ち、米国政府側の右の申立において、JDSの執行により（情報提供の）強制を受けても、UBSにはスイス法上刑事訴追がなされない旨の（不当な、事実誤認の）主張がなされていること（Petitioner's Brief, DE 83 at 27-30が引用されている）、また、JDS手続の係属は米・スイス租税条約改正作業に対してno impactだとする同様の主張がなされていること（Petitioner's Brief, DE 33 at 31, n.48が引用されている）が、問題視されている。

具体的なスイス政府側の主張は、RESPONSE OF AMICUS CURIAE GOVERNMENT OF SWITZERLAND TO PETITIONER'S JUNE 30 SUBMISSION（July 7, 2009）においてなされている（以下においてそれを、**Switzerland's Amicus Brief, supra [July 7, 2009]**として引用する）。計7頁の、短いものであり、JDSに従うことをスイス法が禁止していることの明確化（Id. at 1-5）、一連の事態につき（スイス政府に対して）「**コミティ**」を付与すべきことの、2点が主張されている。

まずId. at 1の冒頭では、米国裁判所でIRSが、JDSの執行命令によってUBSが米国法・スイス法双方の矛盾する執行の板挟み状態になるか否かは「不確実（uncertain）」

だと主張していることにつき，「不正確（incorrect）」な主張だと，これを批判する。前記の「2009年4月30日」付けのスイス政府意見書（DE 48）を引用しつつ，Id. at 1f は，IRS が独自の調査もせず，また，何らの専門的知見をもまじえずに，米国裁判所の強制の下に UBS が行動したならば，スイス法の違反がスイス裁判所によって免除（excuse）されると主張しているけれども，最近（2007年11月15日）の「バーゼル州」刑事裁判所の裁判（及び，上訴後の2009年4月24日の「バーゼル州」控訴裁判所の裁判）は，かかる主張と衝突・矛盾するとして，具体的な判旨をも示しつつ反論する（銀行法47条と刑法273条の違反事件）。そして，そこに付された注4で，早くも「マーク・リッチ事件」に言及し，同事件でとられた後述のスイス政府の行動こそが，「スイス法の違反を強制する外国裁判所の試み（attempts by foreign courts to compel violations of Swiss law）に対するスイスの公的立場を反映する」のだ，と指摘する。

　Id. at 3f は，この「**Marc Rich 事件**」を正面に立てた，興味深い議論を展開しているので，それを見ておこう。米国判決としてそこで引用されているのは，Marc Rich & Co., A.G. v. United States, 736 F.2d 864 (2nd Cir. 1984) だが，同事件では，「罰則付き召喚令状（subpoena）」の執行命令と，その違反に対する「裁判所侮辱」の制裁が，スイス政府が行動を起こす前に（before the Government of Switzerland acted），既に出されていた。被告たる同社（世界的な原油のトレーダーである）の米国法廷での争い方の点はともかく，Id. at 3 にあるように，この事件では，後にスイス政府が，米国側への提出が求められていた「国際的な移転価格（transfer pricing）」関連での文書（1980年・1981年の原油取引関連の全文書の提出という，法外な内容であったことにつき，石黒・前掲国際民訴法25頁）をブロックする命令を出し，**収用**した（issued a blocking order and **confiscated** the documents at issue）。マーク・リッチ社が裁判所侮辱の命令を争って上訴した際に，スイス政府が，この事件でも「法廷の友」意見書を，提出したのである（Ibid.）。

　以上を踏まえた Id. at 3f の興味深い論議を，以下に引用する。そこには——

"UBS is unable to comply with the summons without violating Swiss law. The Government of Switzerland will use its legal authority to ensure that the bank cannot be pressured to transmit the information illegally, including **if necessary** by issuing an order taking effective control of the data at UBS that is the subject of the summons and expressly prohibiting UBS from attempting to comply ---- **similar to what the Government of Switzerland did in reaction to the Marc Rich & Co. case**."

——とある。

　これは，後に改めて一言するが，**スイス側のある種の"脅し"**，である。「もし必要ならば」，マーク・リッチ事件と同様の，問題の情報の「収用」措置をとるぞ，ということである。

　実際にも，Id. at 4 には，「スイス政府がかかる命令を出した場合，それは"Act of State"になる」として，米国に特有の「国家行為理論」（石黒・前掲国際民訴法56頁

以下）に基づく議論を展開する。即ち、「サバチーノ事件」米国連邦最高裁判決等（Banko Nacional de Cuba v. Sabbatino, 376 U.S. 398, 401〔1964〕; Underhill v. Hernandez, 168 U.S. 250, 252〔1897〕――両事件につき、石黒・同前 57 頁、90 頁以下の注 220, 221 参照）を挙げ、そうなったら米国での訴えは門前払いとなるはずだ、とするのである。

そして、Switzerland's Amicus Brief, supra (July 7, 2009) at 4f は、「マルコス資産問題」（石黒・同前 47 頁）関連の「クレディ・スイス」の事件（Credit Suisse v. United States District Court For The Central District Of California, 130 F.3d 1342〔9th Cir. 1997〕）に言及する。スイスの銀行に預けられていた当該資産につきスイス政府側の「凍結命令（freeze order）」が出ていたのに、当該資産の対米移送（transfer）を injunctive relief として命じた地裁判決は、「アクト・オヴ・ステート・ドクトリン」に反するとした Credit Suisse, 130 F.3d at 1347 の判旨を、ことさらに引用するのである。その上で Id. at 5 は――

"The same principles will apply here if the Government of Switzerland issues an order prohibiting compliance with the summons. …… **It is hoped that** it will be unnecessary for the Government of Switzerland to take **the extraordinary action** of issuing an order to seize the information at issue, but **such an action should be expected if the IRS continues to pressure UBS to violate Swiss law**. This is highly relevant factor for the Court to consider."

――とする(\*)。

\*　そこに付された注 8 でも、「必要があれば」本件でスイス政府はかかる行動を取る旨、更に釘が刺されている。
　　こう見て来ると、前記の「2010 年 1 月 5 日」のスイス連邦行政裁判所判決パラ 8.4.2 が指摘していたように、スイス連邦政府の「緊急権限」の発動は、たしかに、結構頻繁になされて来たのではないか、とも思われる（そこには、„Nachdem auch später regelmässig wieder Kontroversen um die extensive Anwendung von Art. 102 aBV durch den Bundesrat entflammt waren, ……"、とあった）。

右は、随分とドスの効いた脅し、ではないか。同じ状況下で日本政府が、米国側に対して（但し、ここでは米国裁判所が相手だが）、どこまで同じことをなし得るのかが、私には訝（いぶか）しく思われる。昨日（2011 年 3 月 8 日）の日経新聞朝刊「交遊抄」欄で、霞が関の私の親友（彼は、「戦友」と書いてくれた!!）たる豊田正和氏（元経済産業審議官）が、「情熱の法学者」として、私のことを書いてくれたから、なおさらそんなことを、感ずるのでもあるが。

なお、以上の「スイス側の脅し」との関係で、連邦政府閣僚の講演たる Widmer-Schlumpf, supra (Reden, EJPD, 27.05.2010) には、「2009 年 6 月 30 日」の米国政府の前記 JDS 執行申立に対抗して、連邦政府が実際に、以上において「示唆」されていた

行動をとる旨、決断をしていた事実が、明かされている。即ち、「2009年7月7日」の「答弁書（Replik）」、即ち、この第2の「法廷の友」意見書において連邦政府は、誤解の生じない形で（unmissverständlich）、スイス法が顧客データの強制された引渡しを（も）禁止していることを繰り返して述べ、そして——

> „Überdies beseitigte er mögliche Zweifel an der Entschlossenheit der Schweiz, ihre Rechtsordnung und Souveränität zu schützen. Er wies auf **seinen bisher unveröffentlichen Grundsatzentscheid** hin, der UBS die Herausgabe der Kundendaten ausdrücklich zu verbieten und die Verfügungsgewalt über die geforderten Daten zu entziehen. Der Bundesrat kündigte an, dass im Ernstfall das Eidgenössische Justiz- und Polizeidepartment diesen Grundsatzentscheid durch den Erlass einer Verfügung umsetzen werde."

——との措置をとった、とある。

つまり、『連邦政府は、スイスが自国の法秩序と主権を守るための決意に対する、（米国側に）生じ得る疑念を払拭すべく、「これまでのところ公表されていない基本決定」を行なった。UBSに顧客データの（米国側への）引渡しを明示的に禁じ、かつ、問題のデータの処分権限を剝奪する内容のそれ、である。危急の場合には連邦司法・警察省がこの基本決定の実行を、命令発出で実行に移すことになる』、ということである（最後の点はある種の「授権」であり、前記の「2010年1月5日」の連邦行政裁判所の判決との関係で、若干気にはなるが）。

それが実地に移されていれば、まさに「マーク・リッチ事件」と同じ展開となったところである。だが、Widmer-Schlumpf, supra が続いて述べるように、スイスの法秩序と主権を守るために有効（wirksam）なこのBlocking Orderは、不可避的（unweigerlich）に紛争のエスカレーションをもたらすことから、結局は回避され、「2009年7月12日」には既に、米国政府及びUBSが、スイス連邦政府の助け（Unterstützung）の下に、米国裁判所に対して手続を中止（sistieren）することを求め（なお、この展開につき、石黒・貿易と関税2011年3月号58頁、62頁［本書15頁、20頁］と対比せよ）、その後の2カ月超の交渉を経て、「2009年8月12日」、UBSに対する「民事手続」についての和解成立に至った（同前・62頁［本書20頁］参照）と、そこにはある（時間制限の目覚まし時計を、ちと無視してしまったが、切りがよいので、今日はここで筆を擱く。以上、2011年3月9日午後7時2分までの執筆[*]）。

* 執筆再開は、2011年「3月13日」午後0時半。つい先程、「3月11日」午後2時46分の大地震（東北関東［東日本］大震災）の震度が、マグニチュード9.0に、変更された。私は、右の個所までの執筆を終え、「3月10日」（思えば、東京大空襲の日）の年度末教授会に臨んでいた。定年の延長がなければ、その日、私は「東大を去るの辞」を述べる立場だった。そして翌日、「震度5弱」を、自宅で経験した。皆そうだろうが、それからテレビはずっと、つけっぱなしである。私は、一応、東北人（生まれ故郷は、福島県いわき市平）だから、なおさらである……。

それだけでも最悪なのに，あまつさえ，昨「3月12日」午後以来の，更なる事件。しかも，「東京電力福島第1・第2原発」は，「第2原発」の避難地域が20キロ超となれば，いわき市（町村合併の結果としてのそのひらがな名称の命名者は，当時福島県連の纏め役だった祖父関内正一）がその射程に入ることは別としても，必ずしも私と，無縁ではない。

　東電管内の原発全基が停止する異常事態になったのは，2003年4月のこと。元 GE 社員の「<u>内部告発</u>」で，東電の3原発（福島原発等）での自主点検データの改竄が問題となり，当時の東電南社長は，<u>何故か</u>（関係ないはずの）「プルサーマルはやめた！」を，対外的な，その第一声とした。また，「内部告発」の日本の法制度の創設は，<u>何故か</u>，この事件をきっかけとする（「<u>公益通報者保護法</u>」平成16年6月18日法律122号）。当時の私の活動は，殆ど専ら水面下でのものであったが，<u>中部電力の**中部原子力懇話会**発行・BIG CENTURY69号（2003年6月発行）1－2頁の，石黒「いわゆる電力不祥事の背景にあるもの――日米関係の影」</u>は，その意味では貴重な記録である（なお，同・IT 戦略の法と技術［2003年・信山社］250－254頁，同・世界貿易体制の法と経済［2007年・慈学社］168－169頁，215－222頁，等をも参照）。

　「3月12日」午後の「福島第1原発1号機」の事態の不透明な進展の中で，私の頭にあったのは，まずもって，東電内部での原発部門とそれ以外の部門との間に厳然と存在するところの，（国税庁内の「個人」と「法人」との壁，なんてものではない）「隔壁」のこと。そして，「国民の原発アレルギー」の（これ以上の）増幅を何よりも恐れて，本当のことは「なるべく」言わない屈折した（秘密？）主義に塗り固められた，専門家諸氏のテレビ・コメント。私の眼（「氣」を裏付けとする第3の眼？）には，「何か不味いものから自分の立場を（！）守ろうとする人間の心理」が，ありありと看取された。――「炉心熔融（**メルトダウン!!**）」なら，なぜ「スリーマイル島事件」，そして「チェルノブイリ事件」との関係を，全国民に直ちに知らせないのか（それが専門家の真の使命であろう！）という私の苛立ちは，実は，私の従来の研究，しかも「<u>スイス</u>」（バーゼル）との関係でのそれを，背景としたものだった。

　それは，<u>石黒・国境を越える環境汚染――シュヴァイツァーハレ事件とライン川（1991年・木鐸社）</u>に纏められた私の論文，である。必死で集めた4枚の証拠写真を冒頭に掲げた同書・6頁の「はしがき」には，1986年11月1日未明に発生した大規模化学倉庫火災とそれによるライン川の国際的汚染事件たる「このシュヴァイツァーハレ事件は，ヨーロッパではかの**チェルノブイリ原発事故**と並ぶ大事件」とされていることへの言及がある。その関係で，私は，チェルノブイリ（Tschernobyl）事件それ自体や，同事件との関係でドイツで提起されていた民事訴訟等についても，種々の調査をしていたのだ（なお，例えば，Sandoz 社の燃えた倉庫の問題ある化学物質貯蔵実態を踏まえつつ，<u>原発事故と雑多な化学物質貯蔵倉庫の火災事故</u>との対比をした同書・27－30頁参照）。

　「シュヴァイツァーハレ事件」（事故は，まさにバーゼル近郊の化学薬品倉庫の密集地帯で生じた）の場合，「化学倉庫火災」なのに，大量の「放水」による消火がなされた。何故，「水」なのか。――そこに，「この事件の謎」がある（福島第1原発の場合には，「炉心熔融」に「海水」，である）。

　「バーゼル州議会極秘資料の一括入手」を背景に検討した結果，判明したのは，以下の「事実」であった（何故その一括入手が出来たのかを含め，概要は，石黒「国境を越える環境汚染から地球環境問題へ？――その1」技術雑誌 OHM 2008年3月号43頁。それを，<u>理工系の専門家の「不可解なつぶやき」に言及した同［その2］・同誌同年4月</u>

号43頁と対比せよ。「原子力」の専門家も，「地球環境」関係の専門家と，基本的には同じだなと，私は，前記の「3月12日」の事態に際し，直感した。もはや，経済学や法律学だけではない。文系・理系ともに，「学問研究」自体が，基本的におかしくなっているようなのだ！)。

　ケミカル火災なのに「水」による「緊急消火」がなされたのは，杜撰にも，火災を起こしたサンド社の倉庫に隣接して，大量の「ホスゲン」を保管する倉庫があったから，であった。だから，ともかくも燃えるものをライン川に「流してしまえ」ということで，大量の「放水」がなされたのである。

　この頃の学生達に「ホスゲン」と言ってもピンと来ないようだが，「ホスゲン」は，第1次大戦中に使用された毒ガスである（私だって，第2次大戦後の生まれである。最近の若者が「ピンと来ない」のは，彼らの感性の［鈍さの］問題である）。それが延焼の結果として周囲に「解放」された場合，「風向き(!!)」次第で，ドイツ南部のシュヴァルツヴァルト地域を含め，それこそ「何万人という死者」が出ることは必至。それを回避しようとしての，「大量の放水」だったのだ（東北関東［東日本］大震災と大津波による死者は，次第に千から万に近づきつつある。しかも，執筆の背後のテレビ報道では，今まさに，福島第1原発の今度は「3号機」の，「炉心熔融［メルトダウン］」が，被爆被害者数の忍び寄る増加とともに，例によって3歩遅れて少しずつ，報じられるに至っている。なぜ，「最悪のシナリオ」との関係で，今まさに起きている事柄を，それこそ「冷静に」，国際的・歴史的な事実との関係で客観的に位置付けつつ，常に問題の全体像を国民に「分かりやすく」示す人間的な努力を，尽くさないのか。石黒・法と経済［1998年・岩波書店］205頁以下の，「国民生活と危機管理」の項を見よ。「想定の甘さ」は，コストとの関係でそうなった面もあろうが，同・国際的剋の中の国家と企業［1988年・木鐸社］84頁以下，澤木敬郎＝石黒＝三井銀行海外管理部・国際金融取引2〈法務編〉［1986年・有斐閣］233頁以下［石黒］に示したように，日本の原子力損害賠償制度が，夙に世界に冠たるもの「だった」こととの関係で，一体どうしたことか，と思う）。

　しかるに，この事実は，スイス側によってひた隠しにされ，私の前記の著書以外においては，（私の調べた限りでは）欧州の研究論文や著書，マスコミ報道等において，一切触れられていない。「許されない秘密主義」，である（!!)。——だが，前記の著書は，万感の思いとともに，「わが心の街バーゼル」に，„Der unvergesslichen Stadt Basel herzlich gewidmet." として，献呈されている（同書・8頁）……。

　以上は，本論文とは関係のない横道のように，思われるであろう。だが，必ずしも，そうではない。

　ここまでの「IRS vs. UBS事件」に関する論述，とりわけ，かの「2009年2月18日」の出来事を知った後のそれにおいて，私の「心の中」には，常に，このシュヴァイツァーハレ事件があった。とくに，前号分の末尾近く（2011年4月号64－65頁［本書46頁］）において，私は，「最終修正2010年7月15日」のスイス連邦司法・警察省（EJPD［英語ではFDJP］）の「UBS事件の概要」を示した文書において，なぜ「2009年2月18日の出来事」を，「2010年1月5日」のスイス連邦行政裁判所の判決による，それに対する「違法判断」とともに，有り体に，事実に即して示さないのかを，強く問題視した。右の「最終修正」の時点は，スイス連邦政府による前記の自己批判（Botschaft UBS, supra）のなされた「2010年4月14日」よりも後であり，他方，EJPDの前記文書が，「修正UBS合意」の議会通過後の，自己に有利な「2010年7月15日」の連邦行政裁判所判決は引用しているのに，「2010年1月5日」の，自己に不利な同裁判所判決に言及し

ないという「国民に対する不誠実」を，疑問視したのである。

「IRS vs. UBS 事件」の場合には，辛うじて Botschaft UBS, supra（April 14, 2010）や，その後の「2010 年 5 月 27 日」の，連邦政府閣僚の講演たる Widmer-Schlumpf, supra によって，「2010 年 1 月 5 日」の連邦行政裁判所判決への言及があり，しかも，右の前者では，既述のごとき明確な自己批判もある。その点が，「シュヴァィツァーハレ事件」の完璧な秘密主義とは違う。即ち，「ケミカル火災になぜ放水か？」という，「ホスゲン」との関係での最も本質的な事実を，「炉心からの放射能漏れの早期公表」のごときものとして，仮に私が書かなかったならば，真実は，今も闇の中，のはずである。

だが，スイスの一般国民が，「IRS vs. UBS 事件」につき，私が引用した前記の二つの文書まで，果たしてどこまで「見る」であろうか。議会を含む国家としてのスイスの上層部や専門家達は知っていても，一般国民は，今の御時世ゆえ，ネット上の"UBS case: What has happened so far?"などと題した EJPD（FDJP）の文書や，そのレベルでのマスコミ報道（但し，本件についてのスイスのマスコミ報道の内容は，本論文の射程外だが）に「頼ってしまう」のではないか。そして，まさに其処を狙って，「2009 年 4 月 30 日」から論じ始める EJPD（FDJP）の前記文書が構想されていたのではないか。私は，そのようにさえ「感じてしまう」のである。

かくて，貿易と関税 2011 年 3 月号 53 頁上段の「＊部分」（本書 8 頁）に示した「**皮膚（Haut）というスイス映画**」と，「2009 年 2 月 18 日の出来事」とが，私の頭の中で，一層強くダブル・イメージされることとなる。スイスは 1934 年，「ゲシュタポの追及」からユダヤ人のプライバシーと資産とを守るために，「スイス銀行法 47 条」の銀行秘密規定を制定する（石黒・貿易と関税 2011 年 3 月号 49 頁以下［本書 7 頁以下］），等の断固たる姿勢を示した。だが，実は，スイスの「永世中立」を守るために，ナチス（ゲシュタポ）の要求がとくに強い若干のユダヤ人を，（バーゼルの？）国境を越えてドイツに引渡していたとして，それを糾弾するのが，「皮膚」という前記の映画である（既述）。

「2009 年 2 月 18 日」に米国側に引渡された「256 名」の顧客データ（FINMA がその詳細すら把握していなかったという，その杜撰さは，スイス連邦行政裁判所の開示命令との関係で，既に示した）も，同じことである。だから私は，本書 47 頁において，この「256 名」を，"**人身御供**"と表現した，英語で言えば，"human sacrifice"となる。「神」に捧げられるのは，「人間の命」である。ナチスは（今の米国同様に）「神」ではないが，「皮膚」の映画が事実ならば，「国境」を渡ったユダヤの人々は，殺されてしまったであろう。UBS 顧客データの「256 名」の場合には，高々「経済的な命」の部分的（？）剥奪ではあろうが，スイスは，「法治国家」として，「絶対にしてはいけないこと」を，してしまった。「緊急避難」的なことであったにせよ，まさに私の言う『国境で**メルトダウン（熔融!!）**する人権保障』（石黒・貿易と関税 2011 年 3 月号 47 頁［本書 2 頁］，同・前掲国際倒産 vs. 国際課税 5 頁以下，そして，それを踏まえた本書第 2 − 第 4 章の問題関心!!），である。連邦政府の自己批判があって当然，と言うべきである。

こうして書いているとき，NHK TV は，東北関東（東日本）大震災の死者が「1 万人」を越えるのは間違いないことを，そして，福島第 1 原発 3 号機の炉心メルトダウンによる水素ガス発生の事実と，「3 月 12 日」の 1 号機と同様の，建屋爆発の可能性を，更には，明日からの東京地域での電力制限（輪番［計画］停電）の可能性を，報じた。

「チェルノブイリの悪夢の再現」は，大震災直後の今の日本にとって苛酷すぎると，昨日夜，必死で「意識下の自分」を抑えようとし（!!），停電のこともあるが「意識下の自分」を抑えるには「執筆」によるもろもろの事象の「浄化」が効くかと思って，今日

の執筆を決意し、こうして書いている自分。「東京」で起きていたら、私達を含め、「死者1万人」では済むまいと思いつつ、「人身御供（人柱）」として地震と津波で死んで行った人々、今もまさに苦しみ嘆くあまりにも多数の「東北」（東日本）の人々の思いを其処に重ねつつ、<u>日本という国家の「メルトダウン」</u>（石黒・契約の神聖さ［2010年・信山社］はしがきⅲ頁）がそもそもの問題だと心の底で思いつつ、そして、月齢が小数点以下なしの2月の、2度の大潮の時期の苦しみを経て2月21日に切開手術に至った背中の大きな傷（霧島の新燃岳の噴火を想起する、其処に出来た手術後のカルデラ状の大きな陥没）と酷似する、今日明らかになった大震災の縦500キロ、横200キロの震源域の形・場所、3月12日未明以来の、科学的常識では起こるはずもない「中越地域での余震」（長岡！──同前・8頁）、等を思いつつ、こうして書いている自分……。

今の日本の惨状を目の当たりにしつつ、スイス関連の本論文など書いている場合かと強く訝りつつ、そもそも「書く」ということしか出来ない自分の無力を痛切に感じつつ、だが、ここに書き込んだように、<u>キイ・ワード群があまりにもダブる「偶然的必然」の意味するところ（「緊急事態」に対する再三の言及を含む）</u>を深く感じつつ、新たな鎮魂の思い（なお、「この世の終わり」を告知する貿易と関税2011年3月号46－47頁［本書1頁］）とともに、あと少しの今月分の原稿を、今日のうちに仕上げるべく、かくて、論文執筆上の本線に、ここで復帰する。

**Switzerland's Amicus Brief, supra**（July 7, 2009）, at 5f の、この「法廷の友」意見書の第2の項につき、簡単に論じて、それで今月分の原稿を、終えることとする。この項は、再度、「コミティ」に基づく主張をする。

Id. at 5 において、スイス政府側は、IRS 自身（IRS itself）が「コミティ」に言及していることを示す（引用されているのは、本件における法廷陳述書と思われる IRS Br. at 30, n. 47 である）。だが、IRS による「コミティ」主張は、UBS は悪い行為（bad conduct）を行なって「訴追猶予合意」で制裁を受けたのであるから、「スイスの利益を米国の利益が凌駕する（U.S. interests outweigh Swiss interests）」、との主張に終始している、と批判されている。

スイス側は、「この議論は国際的なコミティの本質を誤解（misconstrues the nature of international comity）するものだ」、とするのである（Ibid.）。この点は Id. at 6 の、この項の最後でも繰り返して示され、IRS Br. at 23, n.32 を引用しつつ、IRS は「米国の利益」が常に優越する（always preeminent）のがコミティだと主張するが、裁判所としては、外国の利益の考慮を一切排除するかかる見方を、支持すべきではない（should not）、とする。この点で更に、Id. at 5 は、IRS が、<u>米国対外関係法第3リステートメント §442（Request for Disclosure: Law of the United States）</u>の(1)(c)の規定に示された諸原則を「引用しているのに、それを無視している（..... disregards the principles the IRS cites in the Restatement .....）」、とも述べている（リステートメントの右の条項については、石黒・前掲現代国際私法［上］208頁、同・前掲国際民訴法28－29頁、及び59頁以下参照）。

だが、この §442 に示された諸原則もまた、所詮は、英米、とりわけ米国の裁判官に固有の、「広汎な裁量権限」に依存する（詳細は、石黒・前掲国際倒産 vs. 国際課税94頁以下、224頁以下、341頁以下、360頁以下、411頁以下、等）。そのことは百も承知の

上での，スイス側主張と，考えるべきである。

そして，ここで「も」露顕しているのは，以上の自国（米国）司法制度についての問題のみならず，条約上の義務の基本に関する，IRS側の，身勝手な主張である。即ち，Switzerland's Amicus Brief, supra（July 7, 2009）, at 6 は，IRS が，「租税条約は情報要求の排他的手段として意図されたものではない」と主張していること（the IRS's argument that the tax treaty was not intended to be the exclusive means of requesting information）を批判し，かかる理解は他方の条約締結国（スイス）の見解を無視したものであって，the well established principles of international law もスイスの解釈を支持する，としている。

ちなみに，IRS による類似の主張は，日米間の国際的な移転価格事件たる「オート・ケース（Auto Cases）」においても，なされていた。つまり，トヨタが米国裁判所において提起した訴えとの関係で，IRS は米国裁判所において，「日米租税条約」上の情報交換は「無駄」な努力だとして，一方的な文書提出命令にこだわっていた（石黒・前掲国際民訴法 26 頁）。

だが，これは，（IRS に限らず）米国側にありがちな主張と，言うべきである。Switzerland's Amicus Brief, supra（July 7, 2009）, at 6 に，スイス側の立場を支持する文脈で引用されている Société Nationale Industrielle Aérospatiale v. U.S. District Court For The Southern District of Iowa, 482 U.S. 522, 546（1987）は，米国側の一方的な在外文書提出命令の発出を抑え込もうとして作成された或るハーグ条約につき，そうであるにもかかわらず条約ルートは排他的なもの「ではない」とした，米国連邦最高裁判決である（石黒・前掲国際民訴法 65 － 66 頁，95 頁注 264 と，その後の経緯にまで言及する同・国境を越える知的財産［2005 年・信山社］461 頁以下の注 24 とを対比せよ）。

● ● ●

Switzerland's Amicus Brief, supra（July 7, 2009）, at 7 は「結論」であり，かくて，本書第 1 章 2 の論述は，これで終わることとなる(*)。

* 大規模計画停電が，明日以降あることを告知する経済産業大臣談話を，背後のテレビ報道で聴きつつ，「チェルノブイリの再発」のないことを祈りつつ，それにしても**「日本の電力会社による供給エリア内での発電設備の新設を原則禁止する」旨の，『2001 年 5 月 15 日の米国エンロン社の「対日要求」』**（石黒・前掲 IT 戦略の法と技術 254 頁に示した，「金融工学」という美名の下での金儲け一本槍の主張。エンロンの対日進出を支援する立場のオリックス某会長の仕切っていた政府の規制改革会議はもとより，当時の資源エネルギー庁も，その方向に大きく傾いていた）の通りになっていたら，「東北関東（東日本）大震災」直後の今日の，さっきの経済産業大臣談話はどうなっていたのだろうと，「東電の 1 名」とともに断固それを打破した私の過去を，ふと思ったりもする。

だが，「3 月 11 日」の震度 5 弱の揺れの後，妻が落下した書籍等を整理していて，ポトンと"自己主張"をするかのごとく 1 冊だけ抜け落ちた「赤いポスト白書」（石黒・同前 190 － 191 頁を見よ）は，ここまで堕してしまった日本という国を，確実に「呪って」いた，と見るべきである。同前・190 頁には，次のごとくある。即ち――

『民間が出来ることは国がやるな，との論に対して，私は言いたい。

**阪神・淡路大震災**を考えて欲しい。平成7（1995）年1月18日，つまり地震の翌日，宅配便最大手の某社が被災地向け宅配便の受付中止を決定し，他社も追随した。再開されたのは，ほぼ1カ月後の2月13日からである。

もとより，その間も郵便はフル稼働し，建物倒壊の危険をも省みず，公的使命（！）に基づき，局員達は配達に努めた。そのことは，証拠写真多数と共に，**白川書院新社刊の『阪神・淡路大震災――赤いポスト白書』（1966年）**に示されている。

宅配便各社は，遅配等についてのユーザーからのクレームを怖れたのであろうか。だが，被災地の人々は，当時のことを忘れていないはずである。

意地の悪い人々は，郵便局に山と積まれた未配達物資の写真を見て，だから郵便局は効率が低い，などと言ったらしい。民間宅配業者の倉庫には，たしかに被災地向けの配達物はたまっていなかった。受付自体をストップしたからである。企業経営の「効率性」のゆえである。

民間企業の言う「効率性」と，「国民生活の安全性」とは，別の次元の問題である。……』

――と。

ところが，昨日，「2011年3月12日」のテレビの文字ニュースで，「被災地向け郵パックの受付中止」が，宅配便各社の同様の措置と，仲良く並んで，報じられた。何のために私が，まさに心身ギリギリのところにまで自分を追い詰めつつ，「1997年の行革・規制緩和の嵐」から「郵政3事業」を守ったのか。本当に，馬鹿馬鹿しくなる。

だが，その後に，意味ない劇場政治と，もっと踊れとそれを煽るマスコミ報道に幻惑され，日本国民は，（中山間地を含め!!）小泉支持の大合唱となった。だから私は，「今の日本に，己が身を挺してまで救うべき対象なし」との判断の下，「もはや小乗の世界に籠もることとした」。「戦前の日本」での出来事とのダブル・イメージと共に，である（以上，石黒・前掲契約の神聖さ27頁）。

「何万人単位」になること必至の，今般の大震災の死者，そして大きすぎる被害につき，首相は昨日，それが未曾有の被害だとする認識を示した。だが，それは，違うはずである。あの戦争は，何だったのか。その「被害」と「人柱」。――「3月11日の大震災」の惨状が徐々に明らかとなるにつれて，私の心には，子供の頃に三陸沖の大津波の写真とダブル・イメージされた，広島・長崎を含む戦争直後の日本中の惨状を記録した写真の数々が，自分自身のトラウマのように，浮かんだ。もう，沢山だ。「チェルノブイリの再来」だけは，せめて回避して欲しい（!!）。――以上，2011年3月13日午後7時45分までの執筆。

＊＊ 次号分は，第1章3からとなる。ここ数日の大惨事で，執筆という営為自体に，大なる疑問が生じた。出来るだけ早く本論文を終えることを第一に，論述を簡略にすることとする（と書いたら，また，「水素爆発の可能性」のニュースである。全く，何をやっているのか!!――点検終了，同日午後9時22分。NHK TVが，リアル・タイム報道を遂に中断し，ドキュメンタリー番組に走った。無意味に人の心を乱す「音楽」の挿入と共に!!――今が今，遺体が収容されているかもしれないのに，何と無神経なことか［!!］。だが，国民は，そうしたことに，慣らされてしまっているのだ［!!］……）。

［以上，2011 年 5 月号 43 − 65 頁］

☆　執筆再開にあたっての付記——大震災・原発事故との関係

　2011 年 4 月 2 日の執筆再開にあたって，そして，本連載が何の因果か本号分で，満 20 年（第 240 回）を迎えるに当たって，「一日本人」として，若干の付記をしておく。
　まず，前月号の脱稿以後，雑誌には載せず，いずれ著書化をする際にと，福島原発事故の緊張が極限に達していた 3 月 15 日に書き加えておいた部分を，思い直して，以下に示す。そして，この間に関係各所を含めて送信しておいた文書のうちいくつかを，「断片」として続いて示す。本論文第 1 章 3 の論述は，それらに続いて行なう。いずれも，前月号分の後半の，大震災以後の展開と，「この世の終わり」を淋しく告知することから始まった本論文との，極度の"同期現象"に鑑みての付記，である。
　それにしても，本論文におけるスイス連邦憲法の国家緊急事態関連の論述を経て，「2011 年 3 月 11 日の東北関東（東日本）大震災」以後の日本の国家的混乱を体験し，改めて「日本国憲法」を思い，愕然とした。戦争だけが国家緊急事態ではないのに，憲法 9 条があるのみで，その先が思考停止状態の日本の憲法。もとより，憲法にどこまで書き込むべきかの問題は，国ごとに違ってよいが，ともかく，スイスの連邦憲法について前号分で言及した国家緊急事態関連の諸規定（Notrecht 関連）は，**「自然災害」に基づく国家緊急事態をも，十分に想定したものだった (!!)**。
　ちなみに，前号分で言及したスイス連邦行政裁判所「2010 年 1 月 5 日判決」のパラ 8.2.2 は，スイス新連邦憲法 185 条 3 項，173 条 1 項 a・b の緊急命令権限の規定は，「自然災害（Naturkatastrophen）」，「疫病（Epidemien）」，「武力的恫喝（militärische Bedrohungen）」，「重大な騒乱（schwere Unruhen）」を念頭に置くものだ，としている。その上で，「IRS vs. UBS 事件」によってもたらされる「経済危機（Wirtschaftskrisen）」が，それらと同等のものかは問題たり得るが，本件では連邦政府自身の行動は何ら存在していないのだから（あるのは FINMA の命令のみゆえ），この点にこれ以上は踏み込まない，としている。
　「疫病」で思い出すのは，バーゼルの私の住んでいた学生寮のすぐ近くの，Totengasse という名の，毎日何度となく往復していた路地のこと。他にも，やたら「Toten（死者）何々」という場所が目立った。すべて，ペストの関係，とのことだった。その歴史を，スイスは，憲法レベルで「も」忘れてはいない，ということである。
　かくて，日本は，制度的に「も」，国家緊急事態対応が甘いということを，強く感じざるを得ない（前記の憲法の規定内容に加えて，そこに更に，石黒・前掲法と経済［1998 年・岩波］で私が，文字通り身を挺して戦ったところの，1997 年の「行革・規制緩和の嵐」が，深く影を落とす。しかも，政権が変わっても，基本的には何も変わってはいない……。この点については，貿易と関税 2010 年 11 月号 50 頁以下を見よ）。そのことを，大震災との関係で気づかせてくれたのもまた，本論文執筆の，私にとっての，悲しい一つの意義，と言える。
　大震災直後の私は，次にその一端を示すように，夏の大停電回避，等々のために 3

月29日頃まで奔走し、これじゃあ「大乗」だと嘆いたが、心底悩みつつも、もはや、再度「小乗」に徹することとする。これだけのことがあったのに、以前と何も変わらぬ行動パターン（そして、「心」!!）の輩が、やたら目立つようになって来たから。

若い頃、私も参列していた葬儀場の出口で、黒服を着て、笑顔で名刺交換をしている人達を見て、そして作った一句は、「<u>糞蠅に生き残られし命とは　一憲</u>」というものだった。もとより、私が死んでも、同じこと。これは、悲しい定め、ではあるが、私は、許せなかった。そして今も、再度同じ気持ちとなった……。

かくて、既述のごとく、いくつかの「断片」を、以下において示す（3つ目からは、意図的に順不同）。最初は、前月号分の末尾［本書72頁］に、その脱稿・提出後の3月15日に、書き加えておいた部分である。

〇　『＊＊＊　そして、数日間、東電・政府・専門家達の「危機管理意識・能力の欠如」を思い知らされるマスコミ報道につき合わされた末、仮眠後の「3月15日」昼、「2号機」のいきなりの「メルトダウン」の報に接し、以来、大震災以後拒絶していたCNN（オンリー）に、チェンジした。そして、スッとした。「危機管理」・「緊急事態・国家安全保障対応」が当たり前の米国のリアクションの方が、私の目には、はるかに常識的だからである。

やはり私は、既述のごとき「小乗の世界」に、もはや徹底して、籠もるべきなのだ。そして、それが本来、猛烈な心の痛みと喪失感を伴うことも、今般の事態で、改めて深く認識した。

私は、本論文冒頭の1文（貿易と関税2011年3月号46頁［本書1頁］）において、「<u>この世の終わり</u>」を「<u>告知</u>」していた。そして、執筆準備中・執筆中に知り、大きく心を痛めた二つの出来事、つまり（それを知り得た時期の順に言えば）、「2009年3月13日」のスイス政府の重大な政策変更と、「2009年2月18日」の重大な出来事に接し、思えばここ数日の出来事についてと同様に（!）、悩み、苦しみ、もがきつつ、懸命に書き続けた。

そして、「2011年3月15日」に至った。「<u>轢かれ踏まれのたうつ頭陀袋裂けよ　一憲</u>」という、かつて句集に収めた、若い頃の一句を思う。

かくて、本論文のここまでの内容は、あまりにも「<u>3月11日</u>」<u>以来の日本を襲った出来事</u>と、同期している。否、同期「していた」と、言うべきである。もはや、それは、ある種の「予知」だったように、今は思う。日本という国への深い鎮魂の念と共に、本論文第4章5の目次項目に、「<u>社会的復元力</u>」という、かつて何度か用いた言葉のあることをも思い出しつつ、以上、2011年3月15日午後1時27分、雑誌（5月号）には掲載しないつもりの、この「＊＊＊部分」を記す。』

〇　俳誌「笹」平成23年5月号用原稿『「福島原発事故」vs.「国民生活と危機管理」』（石黒）

（以下は、平成23年<u>3月17日</u>実施の電経新聞用インタビュー［北島圭記者］を、若干修

正したものである。)

『私は「電経新聞」2010年1月1日号でセキュリティの重要性を指摘し，民間技術を駆使しながら国家としてのセキュリティを高めていくことがいかに必要であるかを主張していた。例えばNTTが注力する無線有線融合型の衛星通信関連の研究開発，具体的には横須賀研究所で行っているセンサ・ネットワーク技術のプロジェクトと，宇宙開発戦略本部（内閣府。当時の事務局長は，現在（財）日本エネルギー経済研究所理事長の，豊田正和元経済産業審議官）のプロジェクトをつなげることなどを，そこで提案したのだが，このたびの東北関東大震災により，セキュリティの重要性がはっきりと見えてきた。

　現在，東京電力福島原発の復旧作業が懸命に行われているが，情報が錯綜し国民の不安を無用に煽るような形になっている。なぜそうなるのかというと，政府と原子力発電所の現場との間の連携が悪いからだ。政府は，原子力発電所などから大量の放射性物質が放出されたり，そのおそれがある緊急事態になると，周辺環境における放射性物質の大気中濃度および被ばく線量など環境への影響を放出源情報，気象条件および地形データをベースに迅速に予測するシステムとして「緊急時迅速放射能影響予測ネットワークシステム（SPEEDI：スピーディ）」を構築していた。要するに時々刻々と変化する情報を国民に示すためのシステムだが，大地震の被害に遭いダウンしたようだ。

　有事のときのシステムが，有事のときに使えないというのも問題だが，システムが壊れたからといって，あのような不手際が許されるわけではない。大規模な原発事故が発生した場合，政府はIAEA（国際原子力機関）に通報しなければならないのに，当初何もやっていなかったに近い。だが，SPEEDIがダメになったのなら，ほかのICT（情報通信技術），例えば衛星通信をそのバックアップで使うなど手の打ちようがいくらでもあったはずだ。放射線量の公表についても情報が錯綜し，しかも，公表がランダムで，システマティックになっていない。だから国民はパニックになり，買いだめに走るのだ。放射線量の観測データをリアルタイムでネットワーク上にアップし，いつでもだれでも簡単に知ることができるようにしないといけない。国民は，科学的・客観的データを知る権利を持っている。だからIAEAなど国際機関が客観的なデータを要求してもいるのだ。継続的に科学的・客観的データを示すことで，国民の不安も緩和されるだろう。

　そういう観点で言っても，ICTをうまく活用すれば，かなりの不安を取り除くことができるはずだ。衛星通信の文脈でいくと，NTTドコモとNTT東西が一緒になって被災地で無料衛星携帯電話サービスを展開している。ここで活用されているのは「ワイドスター」で，2機の静止衛星（N-STAR）が赤道上空3万6000キロメートルから日本全土をカバー。衛星なので当然ながら地上災害や気象の影響を受けにくい。

　ここで注目したいのは20年余り前に日米摩擦の対象となったN-STARの存在である。日本で無線技術の重要性が強く認識されたのは，関東大震災がきっかけだった。日本の無線技術は，ドコモが分社化する以前から，戦後すぐ世界的レベルに達

2 米国裁判所に対して提出されたスイス政府の「法廷の友（amicus curiae）」としての意見書（2009年4月30日＆7月7日）　75

し，それを追い越していった。衛星通信の技術も，日米衛星摩擦などを乗り越えて，ここまで来た。その象徴がN-STAR（エヌ・スター）だ。

　一方，今後は，点と点で存在する研究開発の成果を，「災害対策」という形でつなぐようなマネジメントが強く求められる。例えばＮＴＴは，産業技術総合研究所（産総研），スペクトルデザインと共同で，最近，「テラヘルツ波を用いた遠隔分光センシングシステム」のプロトタイプを開発している。このシステムにより，有毒ガスを遠隔でリアルタイムに検知できる。火災現場での二次災害リスクを大幅に低減するものだが，例えばこのシステムを放射線量の測定とドッキングさせ，衛星配信へと持ってゆけないか。原子力発電所の周囲で発生する物質をリアルタイムに遠隔測定し，そのデータを衛星で配信すれば，現場で死闘を繰り広げる職員にとって大きな助けになるし，国民も正確な情報をリアルタイムで取得できるのでパニックにならずに済む。

　日本は災害大国で，地震や津波はこれで終わりというわけではない。衛星を利用したセンサシステムの開発など柔軟な発想で世界をリードする技術をどんどん開発していってもらいたい。この大きな逆境を，バネにするのだ。

＊　その後，以上の内容を政府部内に緊急発信する一方，この大逆境をバネとして，日本と日本人の美しい真の姿を世界に向けて発信するという，豊田さんと私の後継者某氏の，高い次元での構想に共感し，3月18日，それを「KOKOROプロジェクト」（仮称）と命名し（＊＊），支援中。（平成23年3月25日，「笹」主宰伊藤敬子先生のご依頼にて，以上を記す［＊＊＊］。）』

＊＊　TBS，そして警視庁の「絆」プロジェクトが，その後始まったことに，気づいた。だが，我々の構想は，震災対策を超え，「心」に実は適切な英訳のないことをも出発点とする，これからの世界を大きく変革するためのもの，である。いつの日にか，それの結実することを，切に願っている。

＊＊＊　ちなみに，もともとのインタビュー記事の末尾には，いわゆる公正競争論の不毛さとの関係で——

　　「今回のような大震災が発生すると，「光の道」構想がいかに空虚なものであるかがよくわかる。昨年末に公表された総務省の最終報告書を読んでも，災害対策に関する記述がほとんどなかった。
　　　国家の政策として本当にこれでいいのか。光の道といっても，災害やテロなどが起これば分断されるだろう。そのときのセキュリティはどうするのだ。国家や国民の緊急事態であっても，公正競争云々とやるのか。事業者間で競争させてパイの取り合いをさせておくのか。そんなことをやっている場合ではないだろう。とにかく「光の道」構想は見通しが甘すぎる。不測の事態が発生することをまったく予測していない。国民はそれを批判すべきだ。」

　——との部分があったが，右では割愛した。

○ 某氏宛て 2011 年 3 月 26 日メール

『今日（26 日），民放データ放送を見てたら，ＥＵの側から，日本救済のため，日本に自由貿易協定を提案するとのキャメロン首相の言葉が，出て来ました。それが「事実だとすれば」，我々の KOKORO プロジェクトとも関係する重大な局面です。豊田さんと私は，ＥＵとの協定締結交渉のキイワードは "beyond" にあり，で一致していました。事実ご確認のうえ，後はよろしく。貿易と関税 2010 年 11・12 月号は，そっちでも入手可能かと。論文の全体が，「文化と技術」の切り口と，深く関係するかと思われますので。

これ［ＥＵとの，従来型の経済連携協定を「超えた」協定作り］は，豊田さんが仕掛け，私がサポートした案件です。その後，経団連はＥＵの関税引き下げにこだわり，ＥＵ側もそれに嫌気がさして，交渉が下火に。欧州課長も交代でほとんど死んでましたが，震災の影響で，瓢箪から駒，の展開です。ＭＥＴＩ通商政策部会でも，一応，加藤課長のときに，発言しておきましたが，ともすれば，通常の協定の中に押し込もうとする傾向が，我々にとっての障害となっていました。そうならぬよう，そこに KOKORO を埋め込んでください（!!!!［*］）。』

* その後，フランス・ドイツ首脳も同様の発言をし，そこで，その作成の終盤にかかっていた 2011 年版不公正貿易報告書にも，最新情報を書き込むよう，小委員長として，担当者に指示した。

○ 送信日時 2011 年 3 月 23 日水曜日 16 時 43 分，石黒からのメール（件名：「怖い話」）

『なぜ，いわきに，福島に，余震を含め，いろんなことが，とくに昨日今日集中するのか，変だ変だと思ってたら，とんでもないことに，先程，「気」づきました。

ネットで福島原発の設置時期を妻に調べてもらったら，ドンピシャ。私の直感の通りでした。

汚職で後に逮捕されたＫ知事の時代に，最初の原発誘致。私もよく知ってる人で，しょっちゅう，いわき市平の関内正一（私の祖父）の家に来ていました。

「参議院から県知事にまわれ，十分儲けたんだろうから，今度は県民のために尽くせ」，と命じたのは，養子で入った江戸時代からの油屋を政治で殆ど食い潰した，福島県連の纏め役だった祖父。泣く泣く同氏は，県知事に。当時は，県知事がそんなに魅力なかったのです。

晩年病気がちだった祖父は，昭和 37 年 4 月 26 日に舌ガンで亡くなりましたが，知事になってみたら追い風で，Ｋ知事はルンルン。その中での原発誘致だったのだと思います。

ちなみに，「いわき」の名付け親も，祖父です。

しかも（!），偶然的必然として，その祖父のことを記した「続・縁ということ」という小文のコピーを，［三月］一八日に，皆さんに，さして意識せずに，お渡し申し上げていたのです。

そのことに，こうして書きながら気付いた私です。ギクッと，さすがに背筋が寒

くなりました。（妻の言によれば，上記小文の抜刷は，阪神淡路大震災のときの「赤いポスト白書」［既述］とともに，今般の大地震のとき，棚から飛び出してきたものだそうです。）

祖父は，戦争中，東北地方全体の消防の元締め（油屋で火消し），でした。

吉田茂内閣の頃，福島県で全員当選の快挙をなしとげた，等のことがありながら，Sという，地盤を譲った者の，議員会館の部屋に行ったとき，自民党福島県政史に祖父の名のないことを，私は，知りました。S氏の地盤は，その後，T氏の義理の息子に，カネで売られたとか。そうした，すさんだ土地柄に，なってしまっていたのです。

ともかく，以上のことを私に気づかせようと，もろもろの力が，昨夜来，猛烈に働いていたようです。震源域そっくりの背中の傷もふさがり，以上のことに私が気付いた今，多少なりとも，物事の（気の）流れが，よくなるのかどうか，そこが，次の問題です。

お忙しいさなか，詰まらない話で，お詫びいたします。』


○　石黒からの送信日時　2011年3月23日水曜日午前9時57分

『……それにしても，口だけのドイツと違い，フランスは，原発を，日本を，よく助けてくれてます。アルカテル社社長の非公式サポートコミッティメンバー（アジアからは，シンガポールのフィリップ・ヤオと私のみ。世界から計七名）で，数年間同社（フランスの基幹をなす企業？）のR&Dの方向性を大きく修正させた（ベル研の吸収の仕方も，社長に直接指南），等のことも，少しは関係してたりして……。また，2001年秋は，フランス司法省＝パリ第一大学共催の，インターネット法国際コロキウム（於フランス国民議会）で，物凄く頑張ったし……。どうも，今日は，正念場のようです。』

＊　そして，念じていたことが実現し，3月29日，サルコジ急遽来日（3月31日）の報あり。他方，同じ29日，ずっと捜していたアルカテル関連の記念写真等が見つかった。


○　石黒からの送信日時　3月28日午後1時半ごろ（「重点部品工場電力安定供給支援策についての補足」）

『西日本に部品調達ルートを切り替えて，それで済む企業・業種ばかり「ではない」可能性が，怖いところです。被災地のそうした部品工場は復興を待つしかない面がありますが，私がとくに気になるのは，計画停電の無計画性で，怖くて操業効率が落ちてしまう工場への安定的な電力支援です。……計画停電方式が夏以降も継続したとして，問題は，非常に重要な部品工場が，大田区のように，住宅地に，少なからず埋もれて存在することです。

大口のみの総量規制で対応できればよいのですが，原発再起動がままならないことも予想されますし，万が一にも需要予測が狂えば，ドミノ倒し的な大停電が起きて，大混乱に，なってしまいます。

自動車産業（等）ばかりが，日本の国力の源泉ではなく，既に一定のリサーチはあるかと存じますが，こうした国家戦略上重要な部品工場で，現在，安定的な電力供給面で，いわば孤立してしまっているところがどの位あるのかを，至急調査せねばなりません。

　民間の自助努力が第一ですが，戦略的にそれを支援する必要があると思うのです。ですが，問題は，電力のポイントポイントでの安定的支援をすべき<u>重点部品工場の戦略的決定</u>を，迅速に，どう行うか，です。日本の国力維持との関係で，システマティックに全体を見通す戦略マップの作成が，急務です。

　こういうことは，上の明確なビジョンに基づく指令がないと，それこそ，限られた電力資源，しかも，<u>移動電源車</u>的なそれ（日本に一体何台あるのか，また，容量はどうなのか，十分なのか……）の効率的配分など，出来ないはずです。全体の見取り図に沿った処理が必須かと存じます(*)。

　なお，東西間の<u>変電所大増設</u>の件ですが，現状で３つしかないものを（その処理能力のアップもさることながら），一から増やす以外にも，例えば，パソコンの並列処理でスパコンを抜くような技術が，どこかに眠っていたりして，などと思ったりもしています。技術的には，そんなに大変なことではないはず，とも感ずるのですが（当方においても，調査中です）。……』

\*　なお，その後，計画停電回避に向けた流れが生じているが，右の戦略的対応の必要性は，変わっていない。一律の総量規制の枠外で，どの程度細かな配慮が可能か，ということである。たまたま，石黒ゼミ OB シニアの某氏が，日本政策投資銀行（旧日本開発銀行）における，当面する問題の担当者だったこともあって，こうした各地の実情に詳しい同銀行と霞ヶ関とをゆるやかに結びつけ，対策を考えて頂いているところ，である（以上は，2011 年 4 月 6 日の追記）。

　更に，「移動電源車」については，右の懸念に関連して，至急の総台数・容量等の確認と，緊急時対応にそれらが十分か否かの点につき，照会中（足りなければ緊急輸入を考えるべきだ，等の提案と共に）。後は，彼らの問題である。だが，4 月 7 日の最大余震後の東北地区の各原発の危なっかしい状況が判明するにつれ，こうした<u>国家危機対応の基本</u>も，企業任せで，従来まともに考えられて来なかったことが，知られるに至る。「何が規制緩和だ。やはりそれは，市場原理の美名の下での<u>国家無責任体制の放任</u>に，過ぎなかったじゃないか」との私の思いは，募るばかりである（以上は，同年 4 月 10 日の付記）。

●　　　●　　　●

\*　さて，いよいよ，平常心と「小乗」の世界に戻っての，本論文の執筆作業への復帰，である。──なお，この間，3 月 19 日には，DH 国際書房堀達也氏からの「地震の被害影響は甚大。……が，しかし，よく到着してくれたという気持ちでもあります」との 17 日付けの添え書きとともに，Klaus Vogel on Double Taxation Conventions (3rd ed. 1997) が届いた。直ちに，追加で原語の最新版をお願いしたところ，同月 29 日に，Vogel/Lehner, DBA: Doppelbesteuerungsabkommen Kommentar (5. Aufl. 2008) と，それが数年前のものゆえとのことで，Beck'sche Textausgaben, Doppelbesteuerungsabkommen (Stand: 1. Sept. 2010) も一緒に，無事届いた。

3 米・スイス両国政府間の「UBS合意」(2009年8月19日署名)の内容と注意すべき点　　79

　　ドイツのVogelの英訳旧版には，それなりに「人権的把握」がしっかりとなされていたため，大震災後の混乱の最中ではあるが，それらを至急で注文していたのである。これで万全の態勢となった。嬉しい（以上，2011年4月1日，明日から「5日続き」の異例の新月期大潮の，前日の付記。――執筆再開は，3日休んで4月6日午前5時半）。

> **3 米・スイス両国政府間の「UBS合意」（2009年8月19日署名）の内容と注意すべき点**――「米国の一方的措置の抑止確約（!）」・「双方可罰性要件の堅持」といった「スイス側の論理の貫徹（!）」

　以下，本章2の末尾に記した趣旨で，論述は，極力簡略に行なうことを，まずもって心掛ける(*)。もはや，この論文をもって本連載を終結させる，という以上に，研究者としての私の筆も，ここで完璧に，折りたくなって来たので。

　＊　だが，書き始めてすぐに，挫折した。問題は，実にややこしいのだ。私の後で同じ問題を研究する人（達）のために，躓きの石の所在を含めて，丁寧に，やはり書いておかねばならない（!!）。それが，「先達としての私の，最低限の学問的義務」なのだから。

　さて，Systematische Sammlungから出発して，型通りにスイス連邦のホームページを検索すると，SR 0.672.933.612の，「修正前UBS合意」（2009年8月19日署名）の「ドイツ語訳」（Übersetzung des englischen Originaltextes）に至る，「かのごとく」である。ともかく，同合意の正文は，英文なのである（再度，後述する）。

　ちなみに，そこ（SR, supraのカバー頁）には，SR 0.672.933.612: Abkommen vom 19. August 2009 ..... über ein Amtshilfegesuch des Internal Revenue Service der Vereinigten Staaten von Amerika betreffend UBS AG, einer nach schweizerischem Recht errichteten Aktiengesellschaft (mit Anhang und Erkl.) とあり，発効日は「2009年8月19日」と，たしかに書いてあるのだが，PDFで計12頁の，前記のSR番号（1－12頁）の付されたそれは，実は，その1頁にあるように，「2010年6月17日」に連邦議会によって承認され，「発効日」は「2009年8月19日」のもの，とある。しかも，括弧内に，基準日（Stand）は「2010年6月17日」，とある(*)。また，そのFundstelleはAS 2009 5669とあるが，それと並んで，BBl. 2010 2965も引かれている。だが，BBl.のこの頁は，後述のように，「修正後のUBS合意」（2010年4月14日）の政府説明（Botschaft）の冒頭頁，である。

　＊　原文で示しておく。SR 0.672.933.612, supra, at 1には――

　　„Abgeschlossen am 19. August 2009; Von der Bundesversammlung genehmigt am 17. Juni 2010 (AS 2010 2907); In Kraft getreten am 19. August 2009 (Stand am 17. Juni 2010)"

　　――と，あるのである。

気を付けないと危ない。こんなところにも,「何かやばいことは本能的に隠そうとする」という, 私がバーゼル留学中に学生寮(等)でも度々経験したところの,「スイスにありがちなこと」が隠されているとは, 思いたくもないのだが, SR 0.672.933.612 にドイツ語訳で公表されているのは,「修正後の UBS 合意」の方なのである。もっとも, 別段, 明確にごまかす意図があったという訳でもなく(それも同じく,「ありがちなこと」である), 例えば Id. at 2 の, 第 1 条を示す直前の部分にも, その脚注で, „Fassung gemäss Art. 1 Ziff. 1 des Prot. vom 31. März 2010, vorläufig angewendet seit 31. März 2010 und in Kraft seit 17. Juni 2010 (AS 2010 1459 2909)." と,「修正後の UBS 合意」(「2010 年 3 月 31 日」の,「修正前の同合意」への「修正[改正]プロトコル」)との関係が, 一々明記されている。「親切心と(僅かな)ごまかし心との微妙な同居」と直感してしまう私だが, 少なくとも, Systematische Sammlung から出発して, 型通りにスイス連邦のホームページを検索して SR 0.672.933.612 に, いきなり至ってしまうと危ないので, 以上, 小さな躓きの石の所在を, 示しておく。

「修正前の UBS 合意」に至るには, 連邦司法・警察省(EJPD)の, Federal Office of Justice, UBS case, supra の, "UBS Agreement" のところをクリックすればよい("Amending protocol" と区別して示されている)。

さて, いきなりの「躓きの石」で, 若干手間取ったが, 米・スイス両国間の,「英文」が正文の「修正前の UBS 合意」(「2009 年 8 月 19 日署名」の Agreement)を, 以下に見ておく。検討の主眼は,「本章 3 の見出しに示してある 2 点」のほか, 次の点にある。即ち, 貿易と関税 2011 年 4 月号 66 頁(本書 48 頁)でも再度,「動かぬ証拠」を提示しつつ示したように,『米国(司法省)側が,「修正前 UBS 合意」を, 前記の「2009 年 2 月 18 日」の「訴追猶予合意(DPA)」と同列に置き, 同「合意」(右の前者)をもって,「鉄壁をなすスイス銀行秘密に大きな亀裂をもたらした歴史的合意」だと喧伝するのは,「歴史の改竄」(!!) であること』の検証である。

まず,「修正前 UBS 合意」の前文では, 以下の点に, 注意を要する。即ち, その第 2 パラで, 他国の側の主権, 国内的伝統(domestic traditions), 及び,「法の支配(the rule of law)」の尊重が, 相互的に確認されていること。第 3 パラで, 双方の国の法に従って紛争を解決しようという願望の共有が示されていること。そして, 第 4 パラで,「1996 年 10 月 2 日の米・スイス[現行]租税条約」の 26 条と, その一部をなす「プロトコル」, 及び,「2003 年 1 月 23 日」の同条約 26 条についての「相互合意(Mutual Agreement)」(貿易と関税 2011 年 4 月号 53 頁[本書 34 頁]では,「2003 年 MOU」として紹介)が,「情報交換につき相互に合意されたメカニズム」であることを明確に示しつつ, 早くもそれが, "tax fraud or the like" の防止に必要なそれについてのものであること (to exchange information, as is necessary for the prevention of ……)が, 明示されていること。とくに右の最後の点が, 重要である(同前[4 月号]・53 − 54 頁[本書 34 頁]と対比せよ)。

この「合意」の本体は, 全 10 条の, ごく短いものである。順次, 簡単に見ておく。

## 3 米・スイス両国政府間の「UBS合意」(2009年8月19日署名)の内容と注意すべき点　81

　第1条(「条約上の要請[Treaty Request])は，スイス側のとる措置との関係について規定する。まず，その1項で，「現行租税条約(the existing Tax Treaty)」(!!)に従い(pursuant to)，本協定の「アネックス」に示された後述の「基準(criteria)」に基づいてなされる情報提供要求(それが，the "Treaty Request"」として，そこで定義されている)につき，両締約国(the Contracting Parties)は，「約4,450」の口座についての情報提供を見積もり，かつ，期待する(estimate and expect that ……)，とある(同前・2011年3月号58，62頁[本書15，20頁]参照)。

　同条2項は，スイス連邦課税当局(SFTA)による(情報交換のための)最終決定への，期限の設定である。米国側の要請を受けてから，最初の500件については90日，残りは360日までの期限が，設定されている。3項は，それとの関係でのSFTAとUBSとのやりとり等の規定だが，4項は，SFTAによる処理の促進のために，IRSが，本合意の署名以後に，既述の「任意開示プログラム」(同前[3月号]・64頁[本書22頁]を見よ!!)に応じたすべてのUBSの顧客に対して，スイス銀行秘密の解除のために必要な「放棄」(同前[3月号]・54頁[本書10頁]参照)を，直ちに要請する(will)，と規定する。

　これらに対して，第1条の5項は，スイス政府側の当てが外れた規定，である。即ちそこでは，スイス連邦として，米・スイス租税条約26条に基づく，IRSによる付加的(additional)な情報要求を処理する用意があるとされ(*)，その条件として，スイス連邦行政裁判所の将来の裁判が，本合意のアネックスにある基準を「拡大」したならば(if a future decision ..... broadens the criteria .....)，との点が示されている。

* 本合意の，後述の「アネックス」の更に次に，本合意のintegral partをなす「宣言(Declarations)」があり，このIRSによる付加的情報要求についてのスイス側宣言として，"..... if they [requests] are based on a pattern of facts and circumstances that are **equivalent** to those of the UBS AG case." との条件の下に，右の点が示されている(ちなみに，これに対応する米国側の宣言は，後述の5条4項のリバランシングのための措置に関する，内容空疎なものゆえ，省略する)。

　これは，同前(4月号)・54頁(本書35頁)に記したように，米国への情報提供との関係で，従来「は」スイス政府側が同裁判所で勝訴して来たこと，を踏まえての規定であろう。だが，この流れはその後変わり，しかも，「修正前UBS合意」自体を違法とする，後述の「2010年1月21日」の同裁判所判決までが登場した，ということなのである。

　続く第2条は，両国間の現行租税条約の「26条(及び若干の他の諸規定)」の改正プロトコル(「2009年6月18日」に「仮調印[initialed]」されたそれ[*])の署名を極力早く，遅くとも「2009年9月30日」までに行ない，それぞれの憲法上のプロセスに従って，その即時批准をせよ(shall)，と規定する。

* 貿易と関税2011年4月号47－48頁(本書27頁)と対比せよ。「改正米・スイス租税条約」の「署名」は「2009年9月23日」だったが，その「仮調印」は，「同年6月

18日」だった，という新たな情報が，ここで付加されたことになる。だが，同前・48頁（本書27頁）にあるように，「米・スイス」に先行する「デンマーク・スイス」間の改正租税条約（「署名」は「2009年8月21日」）の，「交渉」の「終了」は，それよりも早く，「2009年5月19日」であった。

「修正前UBS合意」の第3条は，「米国裁判所でのJDS手続の撤回（Withdrawal）」と題して，米国側の義務を定める。このあたりが，本章3の見出しに「**米国の一方的措置の抑止確約（！）**」とある点と，関係する。

まず，同条1項は，本合意の署名後直ちに，米国政府とUBSは，JDSの執行を求める訴の取下げの合意（a stipulation of dismissal）を，フロリダ南部連邦地裁にファイルせよ（**shall**），と規定する。また，同条2項は，後述の本合意5条の条件の下で，米国は，本合意が有効である間，JDSにつき，更なる執行を求めてはならない（**shall not** seek further enforcement of the JDS），と規定する。

同条3－5項が，（「JDSの執行手続」の，更にその前提たる）「JDSそれ自体の撤回」についての規定だが，ややこしい構造になっている。どこまでそれに付き合うべきかは，若干迷うところである。

何故ならば，貿易と関税2011年3月号59頁（本書16頁）で，本合意の署名日たる「2009年8月19日」の，米国司法省のプレス・リリース（DOJ, supra［August 19, 2009］）に即して示したように，米国側は，「JDSの執行を求める申立ては撤回される」（但し，そこには"**will** be withdrawn"とあり，「**修正前UBS合意**」**3条の1・2項の文言との齟齬がある**）としつつも，「但し，その基礎となったJDS自体は有効なまま残る」，としているからである（DOJ, supraの原文を示せば，"While this [JDS] enforcement motion will be withdrawn, the underlying JDS remains in effect."と，そこにある）。

決めた。こういうところこそ，論述簡略化の新たな執筆上の主義に従い，スキップすべきなのだ。

要するに，スイス側は，「JDSの執行」を止め，更にその根っこの「JDS自体」も「撤回」させようと米国側に迫り，米国側は，実質上それに押し切られつつ，最後のところで踏みとどまろうと，必死にもがいて，あれこれ条件を付けているのだ（写真判定の結果を待つことなく，スイス側に，既に軍配が上がっている）。その構造さえ分かれば，それでよいはずだ。

ただ，第3条3－5項には，"the United States **shall** withdraw the JDS **with prejudice**……"というフレーズが，共通して存在する。この"with prejudice"について，ウェブスターのぶ厚くて重い英英辞書によれば，"final and binding with the effect of res judicata"という，ドンピシャの説明が載っている。「既判力」などという危うい訳語を避ければ，要するに，「確定的に」ということである。

それを踏まえて一言のみすれば，第3条の3項では，（第1条1項の前記の）"the Treaty Request"（約4,450口座についてのそれ）で「**カバーされない（not covered by ……）**」口座については，「2009年12月31日までに（not later than）」，JDSを確定的に撤回せ

よ (shall)，とある。4項は，最もゴチャゴチャした規定で，「10,000 の口座」云々とある。それ以上踏み込んでも意味なし，と判断する (Press kit, supra との関係で，後に一言のみする)。

5項は，一応3項と対をなす規定である。UBS が第4・第5条を遵守するならば，"the Treaty Request"で「カバーされる (covered by .....)」口座について，JDS を確定的に撤回せよ (shall)，とある。

既に土俵を割っているのに，ああだこうだと鬱陶しい限り。だが，これが，豊田正和氏を「戦友」として私が戦って来た日米摩擦における，米国の，いつもの姿である (この3条の規定については，スイス側の **Press kit, supra** に基づき，再度纏めて示すこととする)。

第4条は，「UBS による遵守事項 (Compliance by UBS)」である。UBS と IRS との間の，本協定とは切り離された合意における UBS の義務と，スイス側の SFTA; Federal Office of Justice; FINMA との関係についての規定，であるにとどまる。第5条も，"Assessment, Consultations and other Measures"であり，特にその4項で，本合意の署名後「370日」(後述) 経って，(米国にとって？) 思惑が外れる事態があれば，リバランシングのための適切な措置をとれるが，それを一定程度に抑えねばならない (such measures may not go beyond .....) とする。他方，5項で，かかる措置において，UBS に新たな義務を課すことが，禁止されている。

第6条が，米国側が要求した，既述の，非常に屈折した「守秘」の規定である (貿易と関税 2011年3月号 63－64頁 (本書 21－22頁) で，米国のその身勝手さを，厳しく批判したところである)。

第7条は，「第三者の権利」の規定で，UBS に関して本合意に規定された以外のいかなる第三者にも，何らの権利又は恩恵をも，本合意は付与しないと，ともかくも規定する。第8条は，署名と同時に本合意が発効するとし，第9条が，「改正」があれば，それも署名と同時に発効すると定める。第10条は，本合意中の双方の締約国の義務の (既) 履行が書面で確認されるまで，本合意が効力を有する，との規定。

以上が，全10カ条の，「修正前 UBS 合意」の本体である。

それでは，本章3の見出しにある『「双方可罰性要件の堅持」についての「スイス側の論理の貫徹 (!)」』は，どこでなされたのか。それは，本合意本体の第1条1項で，「条約上の要請」についての「基準」として言及 (規定) されていたところの，本合意の「アネックス」(**Annex: Criteria for Granting Assistance Pursuant to the Treaty Request**) において，である。

この「アネックス」は，1. と 2. の項からなる，A4 で3枚程度のものである。まず，その1. では，租税条約上の情報交換において，一般的には，当該の者の clear identification が必要だが，本件との関係では，この点を緩く解する旨が，示されている。即ち，本件の場合，問題となる個別の wrongful conduct，等が明確になっており，他方，

スイス連邦行政裁判所の「2009 年 3 月 5 日」の判決（本書 51 頁以下で，別な角度から言及したもの）の設定した条件（この点の詳細は，もはやスキップするが，貿易と関税 2011 年 4 月号 54 頁［本書 35 頁］の，E. Hess の米国での法廷陳述に関する論述参照）をも踏まえ，"[T]he names of the UBS United States clients do not need to be mentioned in this request for information exchange." との点についての，本合意における理解が，そこに示されている（この「アネックス」の 1. の後段は，右の線での特定の仕方を，A・B に分けて規定したものである）。

「アネックス」の 2. が，"tax fraud or the like" という，従来（「現行」）の「米・スイス租税条約」における，情報交換の条件（その「1951 年米・スイス旧租税条約」にまで遡った検討は，貿易と関係 2011 年 4 月号 51 頁以下［本書 31 頁以下］で，行なっておいた）の，既に合意されているところの決定基準（[t]he agreed-upon criteria for determining ……），についての規定である。

但し，今の段階でその詳細に踏み込むことは，必ずしも得策ではない。この点は，次の項目たる本章 4 で，「修正前 UBS 合意」を違法とした「2010 年 1 月 21 日」のスイス連邦行政裁判所の判決に即して論じた方が，ベターである。そこで，ここでの論及は，ミニマムとする（それでも，既にして複雑だが）。

右の「アネックス」の 2. では，再三，「1996 年米・スイス租税条約」の構成部分（Bestandteil）として合意された，『同条約の「プロトコル」パラ 10，サブパラグラフ 2』（具体的には，その第 1 文，及び，第 3 文）への言及がある。同条約 26 条（情報交換）に関するものである。このプロトコルの，右の第 1 文（paragraph 10, subparagraph 2, first sentence of the Protocol）では，同条約 26 条の "tax fraud or the like"（ドイツ語正文では，**Betrugsdelikte und dergleichen** だが，「租税詐欺［Steuerbetrug］」の語も，同条中の文言として，用いられている）についての説明が，ともかくもなされている（後述）。

だが，その前に，右の「プロトコル」パラ 10 の **サブパラグラフ 1** の方を，先に見て行こう。そこでは，「租税詐欺」（但し，そこでは Abgabebetrug との文言が用いられているが，意味は Steuerbetrug と同じ）との「用語（Ausdruck）」についての「了解（Einvernehmen）」が（両締約国間に）存在するとして，以下の点が示されている。即ち——

「租税詐欺との用語は，詐欺的な行動であって，一方締約国で課される税額の，法律違反で，かつ重大な，引き下げを引き起こし，又は意図するものを意味する（……, dass der Ausdruck《Abgabebetrug》 ein betrügerisches Verhalten bedeutet, welches eine gesetzwidrige und wesentliche Herabsetzung des Betrags der einem Vertragsstaat geschuldeten Steuer bewirkt oder bezweckt.）。」

——との了解である(\*)。

\* 後に改めて言及する，スイス側の Press kit, supra（本書 13 頁参照）においては，こ

3　米・スイス両国政府間の「UBS 合意」（2009 年 8 月 19 日署名）の内容と注意すべき点　　85

の部分の英文が示されている。即ちそこでは，"the term tax fraud" について，右の個所で，"fraudulent conduct that causes or is intended to cause an illegal and substantial reduction in the amount of tax paid to a Contracting State" とある。

　更にそこでは，現行の米・スイス租税条約上の，この "the term tax fraud" の定義は，「欺罔行為（deceitful conduct）」を前提とする（スイス）国内の刑事法上の「詐欺罪」の定義よりも広く，「単に詐欺的（only "fraudulent"）な行動」であることが，注意的に示されてもいる。

　それを受けた，問題の同「プロトコル」パラ 10．**サブパラグラフ 2**」の「**第 1 文**」は，先に原文を示してから訳せば，„Ein betrügerisches Verhalten wird angenommen, wenn ein Steuerpflichtiger sich zum Zwecke der Täuschung der Steuerbehörden einer falschen oder gefälschten Urkunde (beispielweise .....) oder eines Lügengebäudes bedient oder zu bedienen beabsichtigt." との内容のものである。即ち，「詐欺的行動とは，納税義務者が課税当局を騙す目的で，偽りの，または歪曲された文書（例えば……）を，もしくは，嘘で塗り固められた話を，用い，または用いようと意図するときに，それが存在するものと認められる」，と規定されている(*)。

* Press kit, supra では，直前の「＊部分」における「欺罔行為（deceitful conduct）」（犯罪となるそれ）と単なる「詐欺的行動（fraudulent conduct）」との（スイス特有の）区別を前提としつつ，ここで問題となるその後者につき，同「プロトコル」パラ 10，「**サブパラグラフ 2**」の第 1 文を引きつつ，"conduct that involves forged or falsified documents and/or scheme of lies constructed to deceive tax authorities" との説明を，行なっている。
　但し，そこにもあるように，同「プロトコル」パラ 10 の「**サブパラグラフ 2**」の「第 2 文」は，前記（vorstehend）の文言の具体化が，排他的なものではなく，例示的（beispielhaft）なものである旨，規定していることに，別途，注意すべきである。

　他方，同じく問題の，同「プロトコル」パラ 10 の「**サブパラグラフ 2**」の「第 3 文」は，「租税詐欺との用語は，［情報交換の］要請のなされた時点において，詐欺的行動と見なされるものであって，それについて被要請国の法または行政実務に基づき情報を入手できるところの行為をも，含み得る（Der Ausdruck《Abgabebetrug》kann auch Handlungen einschliessen, die im Zeitpunkt, in dem ein Gesuch gestellt wird, als betrügerisches Verhalten gelten, für das der ersuchte Vertragsstaat nach seinem Recht oder seiner Verwaltungspraxis Auskünfte beschaffen kann.)」，と規定する(*)。

* 同じく Press kit, supra では，この「第 3 文」につき，右と同様の英文説明があるが，もはや省略する。むしろ，そこにおいて注意すべきは，この「第 3 文」について念頭に置かれているのが，tax offence であって「強制的措置（coercive means）」により課税当局が情報を取得しうるところの，「例えば**大きな額についての継続的脱税**（such as continuous tax evasion involving large amounts）」のような serious tax offences であることについて，記述のあること，である。この点は，更に後述する予定である。

もう，ここでは，この位にしておこう。要は，貿易と関税 2011 年 3 月号 55 頁（本書 10 頁）に示しておいたように，スイスでは「租税詐欺（Steuerbetrug）」は刑法 148 条の詐欺罪に当たるが，（単なる違反としての）「脱税（Steuerhinterziehung）」はそれと区別されるという，スイス独特の法的取扱いが，ここにも反映しているのである。つまり，米国との条約 (26 条) 上の，"tax fraud or the like" との文言の，"or the like" の部分の取扱いが，終始微妙，なのである。そのことが，以上のミニマムの指摘から，ある程度感じ取れれば，ここでは，それで十分である。

　だが，**一層重要なこと**は，次のことである。即ち，3 月号の同前頁（本書 10 頁）にも示しておいたように（"or the like" の部分は，後述のごとく，たしかに微妙なものを含むとしても），スイス法上「租税詐欺」（詐欺罪にあたるそれ）及び「それと同様［同等］のもの」，という限定を租税条約上の情報交換に設けることによって，明確に従来のスイスは，『「双方可罰性（doppelte Strafbarkeit［dual criminality］）」の要件』を，対米でも (!!)，死守して来た，ということである（この点は，更に後述する）。

　ここでは，同前頁における論述を"補強"するものとして，更に 2 点を，あらかじめ補充しておこう。まず，『「双方可罰性の要件」を外せとする OECD 側の（理不尽な!!）要求とスイスとの戦い』について言及するところの，**Bericht der Expertenkommission für ein Bundesgesetz über Steuerstrafrecht und internationale Amtshilfe in Steuersachen, supra (Bern, Oktober** 2004), at 55 を，参照すべきである。そして次に，後述の「2002 年 3 月 12 日署名」の「ドイツ・スイス間の租税条約改正プロトコル」の，（同条約 27 条についての）3. における「双方可罰性要件の堅持」(!! ── „nach dem Recht beider Staaten ……" 云々，とある) こそが，スイス側から見れば「モデルとしての性格」を有するとして，その条文を示すところの，**Id. at 36**（そこには，„Die Regelung mit Deutschland, der aus schweizerischer Sicht Modellcharakter …… zukommt, ist wie folgt ausgestaltet: ……" とある）を，同様にここで掲げておく。
　但し，これらの点は，ドイツの Vogel の主張（本書 79 頁で若干既述）との関係を含めて，後に改めて論ずる点，ではあるのだが（本書第 2 章 3(2)参照）。

　ともかく，以上により，『米国（司法省）側が，「修正前 UBS 合意」を，前記の「2009 年 2 月 18 日」の「訴追猶予合意（DPA）」と同列に置き，「修正前 UBS 合意」をもって，「鉄壁をなすスイス銀行秘密に大きな亀裂をもたらした歴史的合意」だと喧伝するのは，「歴史の改竄」(!!) であること』，そして，本合意は，スイス側による「米国の一方的措置の抑止確約 (!)」と，スイスの従来の基本路線たる「双方可罰性要件の堅持」についての「スイス側の論理の貫徹 (!)」とを，その内容とするものであることが，検証され得た，と考える（以上の執筆は，2011 年 4 月 6 日午後 1 時半まで。一瞬，午前か午後か，分からなくなったが，今日は，早朝からの執筆であった。そして，明日は，震災後初の教授会である。果たしてどんな報告があるのやら。──ここまでの点検終了，4 月 6 日午後 3 時 22 分まで。約 10 時間の執筆だが，これで体調にどんな変化があるのか，観

3 米・スイス両国政府間の「UBS合意」(2009年8月19日署名)の内容と注意すべき点　　87

察しようと思ってのことである。今日は，5日続きの異例の大潮の最終日だが，妻の言うとおり，今回の大潮は，心の乱れが殆どゼロと，これまた異例というか，ここ数年で初めての現象があったので。——執筆再開は，同年4月10日午前9時半頃。予想通り，昨日までのところ，心の乱れは全くのゼロ。これは，実に画期的な出来事である)。

●　　　●　　　●

　なお，以上の点を，「修正前UBS合意」の成立と同じ日付けの，スイス連邦司法・警察省，連邦外務省，連邦財務省連名の，<u>EJPD/EDA/EFD</u>, **Press kit**: Agreement between Switzerland and the USA concerning UBS: Key information and explanations, supra (Bern, 19 August 2009) によって，再度「検証」しておこう (この文書は，貿易と関税2011年3月号56頁 (本書13頁) で，最初に言及したものである。その冒頭には，「2009年6月半ばから8月半ばまで」の間に本合意のための交渉がなされ，スイス側はFDJP; FDFA; FDF [ドイツ語ではEJPD; EDA; EFD] の他，既述のFINMAが交渉を担当したことが，示されている)。

　最初の項目 (1. Structure and content of the Agreement) には，本合意が「(租税) 条約」(a treaty [Tax Treaty]) の形をとるものだ，とある。この点が，後にスイス連邦行政裁判所で問題となったことは，後述する。

　なお，この1.の項の末尾には，「本合意は，現行の米・スイス租税条約の履行に関するのみ (governs only the execution of)」のものゆえ，「スイス連邦政府がその権限において締結し得る」ものだ (....., <u>it can be concluded by the Federal Council in its own authority.</u>)，との理解が，ともかくも示されている。この点も，スイスでの後述の司法審査との関係で問題となること，右と同じである。

　ただ，**本書50頁の「＊部分」で，「修正前UBS合意」につき，その議会承認用の公的解説 (Botschaft) が見当たらないことに言及していたこととの関係**では，右の理解のゆえに，「そもそも，初めからそれが存在していなかった」のではないかということが，ここで付加されるべきこととなろう。

　このPress kitの次の項目 (2. Evaluation of the Agreement) は，本合意のスイス側にとってのアドヴァンテージとして，まず，<u>米国が情報取得への一方的措置を差し控えること (to forgo) に同意し，そのかわりに (現行) 租税条約ルートでの処理を採用したこと</u>が，挙げられている。そして，そのことによってスイスの法秩序が保護 (safeguard) されることが，第2に掲げられている。

　スイスにとっての第3のアドヴァンテージは (右の点に含まれるものだが)，重要ゆえ原語で示しておけば——

　<u>"The legal protection of those concerned provided for in Swiss law (**right of appeal**) remains intact since no amendments have been made to existing procedural law."</u>

——との点である。

　本書第1章2(1)で既述の，『「2009年2月18日」の重大な出来事』(本書37頁以下)

との関係でも，こうした海外への情報提供に関する**「当事者の手続権の保障」**が，**スイス法上極めて重視されていること**を，詳細に示しておいた。そのことを踏まえて，右の指摘の有する意味を，再確認すべきところであろう（第4・第5の点は，省略）。

　続く3番目の項目（3. The most important points in detail）では，本合意により JDS の執行手続の即時停止（an immediate halt）が規定され，後の時点において（at a later date），JDS 自体の完全な撤回（[c]omplete withdrawal of the JDS itself）のなされること（will）が，最も重要な点だとしてまず示され，「約4,450」の口座についての"tax fraud or the like"基準での情報交換のなされること（すべて既述）が，続いて示されている。

　ただ，この項目の，後述の個別の小項目に至る前の，末尾において，「正確な基準」が本合意の「アネックス」で規律されていることが示される際，「米国の要請で（[a]t the request of the USA, .....）」この「アネックス」の公表が本合意署名後90日遅らされたこと（本合意6条）への言及が，明確になされている。この点は，貿易と関税2011年3月号63－64頁（本書21－22頁）で，IRS の「任意開示プログラム」との関係で既に示したが，この Press kit において「も」，この点が明示されていることは，同前頁の論述に，更に付加されるべき点である。

　それともう一点。Press kit, supra のこの項目の，個別の小項目に至る前の，最後の一文は，かかる本合意6条との関係でも，"The rights of the parties concerned remain protected."としている。前記の第3のアドヴァンテージ（スイス側における，当事者の手続権の保護の重視）との関係である。

　この Press kit の3.の項目の中の，最初の小項目は「スイス側の義務」ゆえ飛ばし，その次の「米国の義務」の小項目を，一応見ておこう。既述の，「修正前 UBS 合意」の第3条との関係である。

　ややこしいこの規定との関係で，そこには，「重要なマイルストーン」は，新たな「条約上の要請」(the new Treaty Request) によって「カバーされない」口座についての，「2009年12月31日」の，JDS の最終的（definitive）な撤回だとあり，それは「新たな執行の可能性を排除する確定的な撤回」であり，この時点以降，JDS は，スイス課税当局（SFTA）において未解決（outstanding）の行政共助要請（a request for administrative assistance）のケースに限定される（will be limited to），とある（本合意1条1項で定義された「条約上の要請」との，言葉遣いにおける差異には，注意を要する）。

　ややこしかった本合意の3条の後半の規定との関係を再度整理する意味で，この小項目の第3・第4パラグラフを，逐語訳しておこう。そこには──

　「2010年1月1日以降（on or after）既に10,000口座が IRS の任意開示プログラムの枠内で開示されている場合（行政共助手続［the administrative assistance procedure］によって引渡される情報も含まれる）には，本合意によれば，JDS は，JDS によってカバーされるすべての口座 and/or 顧客について，最終的かつ確定的に撤回されねばならず（must be definitively withdrawn with prejudice），それは，［既述のごとく約4,450と本協定上規定されたところの］条約上の要請にかかわる口座又は顧客につ

3　米・スイス両国政府間の「UBS合意」（2009年8月19日署名）の内容と注意すべき点

いても，同じである（── which also means for those accounts or customers that fall under the Treaty Request）。
　しかしながら，これ（this）が達成されない場合には，JDSは，本合意の署名から370日以内に，条約上の要請（the Treaty Request）にかかわる顧客又は口座についても（also for those customers or accounts which fall under .....），最終的に撤回される（will be definitively withdrawn）。」

──とある。
　もとより，それですべての霧が晴れた訳ではないが，細かなところは，本論文の趣旨からは，どうでもよい。既述の「スイス側押し出しの勝ち」のイメージが，これでいくばくかなりとも明確となれば，それで十分である。
　Press kit, supra の，この3. の項は，この文書の最後まで続くが，その，次の小項目（"Constellation of cases falling under administrative assistance in accordance with the valid Tax Treaty between Switzerland and the USA"）は，既述の"tax fraud **or** the like"の内容についての説明である（但し，既述の条約のドイツ語正文に即して，"tax fraud **and** the like"と表記されている個所があるが，同じことである）。

　だが，注意しないと読み飛ばしてしまうであろう，極めて重要な点が，この小項目の第1パラグラフの第2文末尾にある。即ち，そこには，従来の"tax fraud or the like"の要件に基づく行政共助手続が，「憲法上の要請に合致する」ものだということ（..... administrative assistance procedure that meets **constitutional requirements [!!]**）について，言及があるのである。
　それ以外の，この Press kit における"tax fraud or the like"についての説明は，米・スイス現行租税条約に関する前記の「プロトコル」の規定との関係で，適宜，いくつかの「＊部分」において示しておいた。

　そこで，私が，下読み中に「ウッ」と詰まったところの，この小項目の最後の一文を，有り体に，示しておく。それは──

"Once the new Tax Treaty between Switzerland and the USA is in effect, this interpretation of "fraud or the like" is no longer relevant because **the new standard** of administrative assistance according to the OECD Model Agreement in relation to tax evasion in any case goes further than that used in the current Tax Treaty."

──との内容のものである。
　要するに，米・スイス改正租税条約が発効すれば，OECDモデル租税条約に沿った「新たな基準」が採用され，従来の"tax fraud or the like"（ここではorとなっている）の基準は，いずれにせよ，「（一般の）脱税」に関して，それを踏み超えるものによって置き換えられるので，もはや問題とならない，ということである。

だが，この Press kit, supra において，従来の "tax fraud or the like" の要件に基づく行政共助手続が，「憲法上の要請に合致する」ものだということ（..... administrative assistance procedure that meets **constitutional requirements** [!!]）について言及があったこと（4つ前のパラグラフにおける私の指摘 !!）を，ここで是非想起すべきである。それとの関係は，一体どうなるのか（!!）。

念のため，問題の個所の全体を，原文で示しておく。前記の個所には——

"This mechanism [of the Treaty Request] facilitates both the identification of specific cases of tax fraud and the like in accordance with the Tax Treaty as well as the disclosure of requested information -- under the condition of a successful administrative assistance procedure that meets **constitutional requirements**."

——とあるのである。

言い換えれば，条約改正によってもはや否定される運命にあったところの（貿易と関税 2011 年 3 月号 49 頁［本書 3 頁］に示した，「米・スイス租税条約改正プロトコル」による新 26 条 5 項の「第 2 文」を見よ !!），「従来の基準」は，詳しくは再度後述するが，「双方可罰性の要件」(*)を介在させることによって，私の言う「国境でメルトダウン（熔融）する人権保障」の問題を，回避するものであった。即ちそれは，まさに，「憲法上の要請」（「基本的人権保障」に関するそれ !!）として，従来のスイスにおいて，堅持されて来たものだった「はず」である（「2009 年 2 月 18 日の重大な出来事」との関係でも，既に本書 53 頁で示したように，「2010 年 1 月 5 日」のスイス連邦行政裁判所判決が，新連邦憲法 36 条の「基本権の制限」の規定との関係を直視していたことに，注意せよ !!）。

* 後述するが，「2004 年 6 月」に修正された. OECD モデル租税条約 26 条についての従来のスイスの留保は，次の内容のものであった。即ち——

"Switzerland reserves its position on paragraphs 1 and 5. ..... This reservation shall not apply in cases involving **acts of fraud** subject to imprisonment according to the laws of **both** Contracting States."

——との留保である。そこでは，いわば裏から，「双方可罰性の要件」が，堅持されていたのである。Bericht der Expertenkommission, supra (Bern, Oktober 2004), at 35 参照（なお，同モデル条約 26 条の「5 項」の新設については，貿易と関税 2011 年 3 月号 48 頁［本書 3 頁］参照）。

「絶対に譲れないはずの其処」を踏み越えて，スイスは，一体何処に向かおうとしているのか。そこに，果たして「法的な正しい道」が有り得るのか。——それが，本書第 3 章，及び第 4 章の 3 − 5 における，重大な「検証」の対象と，なるのである。

* 以上で，第 1 章 3 は終わり，次号分は，同章 4 からとなる（以上の執筆は，2011 年 4 月 10 日午後 4 時 42 分まで。点検終了，同日午後 6 時 10 分）。

[以上，2011 年 6 月号 53 − 70 頁]

## 4 「UBS 合意」をめぐるスイス国内での法的論議の展開プロセス──「スイス国内法に基づく権利者保護の貫徹」とスイス連邦行政裁判所判決（2010 年 1 月 21 日）のインパクト

　これ以降の論述は，極力簡略に行なう。そういつまでも，本論文のテーマ（のみ）と付き合う気は，ないので（!!──執筆再開は 2011 年 4 月 22 日。朝 8 時頃から 11 時頃まで，これから論ずる「2010 年 1 月 21 日」のスイス連邦行政裁判所判決の，「再度の読み込み」を行ない，かくて，同日午前 10 時 59 分，執筆を再開する[*]）。

\*　本書 86 頁で，「修正前 UBS 合意」における「**双方可罰性要件の堅持**」が，同合意の「アネックス」においてなされていることを示す際に，私は，**Bericht der Expertenkommission für ein Bundesgesetz über Steuerstrafrecht und internationale Amtshilfe in Steuersachen, supra (Bern, Oktober** 2004**), at 55** 及び **Id. at 36** を，議論の補強のために，引用しておいた。それとの関係で，あらかじめ，以下において，若干の付記を行なっておく。

　　右に記した「再度の読み込み」に際して，「2010 年 1 月 21 日」の右判決・43 頁（パラ 6.3），47 頁（パラ 6.5.1），とくに後者に引用されていた同裁判所「2009 年 3 月 5 日判決」36 頁以下（パラ 5.4: Betrug und dergleichen），とくにその 37 頁において，"tax fraud or the like" の "or the like" の部分に相当する文言が，その後のスイスが締結して来た租税条約上の情報交換条項にも広がって来ていたこと（後述）につき，まず，以下の点を，改めて発見した。即ちそこ（パラ 5.4）では，「2004 年 10 月 26 日」の「**利子（Zins）**」関連の EC との条約（それについての詳細は，本書 235 頁以下［第 2 章 2 の (2-2-4) の(i)］参照）の 10 条 1 項や，後述の「英・スイス租税条約改正プロトコル」についての連邦政府の公的解説（Botschaft des Bundesrates vom 27. August 2008）が引用されているのだが，このスイス連邦行政裁判所「2009 年 3 月 5 日判決」37 頁（パラ 5.4）は，"tax fraud or the like" という前記基準の，設定の背景（Hintergrund）として，明示的に「**双方可罰性の原則（Prinzip der doppelten Strafbarkeit）**」が其処にあることに，言及している。それが，この「＊部分」の冒頭で示した本書 86 頁の論述に対して，ここで付加すべき一つの点である。

　　もう一つ，やや込み入った問題だが，付記すべきことがある。右の「2009 年 3 月 5 日」判決の「パラ 5.4」では，前記の "or the like" の部分について，「1996 年米・スイス租税条約」の「プロトコル」パラ 10，「サブパラグラフ 2」の「第 3 文」（本書 85 頁の「＊部分」において言及）の趣旨について，以下の言及もある。即ち，この「第 3 文」では，『tax offence であって「**強制的措置（coercive means）**」により課税当局が情報を取得しうるところの，「例えば**大きな額についての継続的脱税**（such as continuous tax evasion involving large amounts）」のような，serious tax offences であること』もそこに含まれることについて，記述があるのだが，同判決の右の「パラ 5.4」では，その趣旨について，以下の説明があるのである。即ち，純粋にスイス的な理解においては，（単なる）「脱税」も，事情によっては「租税詐欺と同じ違法な内容を有し得る」（Nach rein schweizerischem Verständnis können unter Umständen durchaus auch Steuerhinterziehung den gleichen Unrechtsgehalt wie ein Abgabebetrug haben, .....）のであって，［それについては］スイスの行政刑法（VStrR）で，刑事手続的な強制措置（die strafprozessualen Zwangsmassnahmen）がとられ得るのだ，との説明が，それなりになされているのである。「双方可罰性」についてのスイスの理解を確認する上では，重要なポイントでもあり，そこで，ここにおいて，あらかじめ付記する次第である（この点は，更に後述するところの，最重要ポイントの一つとなる。とくに，本章4末尾［本書111－113頁］の，長い「＊部分」と対比せよ）。

なお，ここで，スイス連邦行政裁判所の「2010年1月21日」判決に戻って，更に，あらかじめ一言しておけば，同判決・50頁（パラ6.6.2）は，狭義の租税詐欺を超えてどこまで租税条約上の情報交換がなされ得るかという，後述の論点との関係で，この「＊部分」の冒頭で示した **Bericht der Expertenkommission, supra, at** 35 を引用しつつ，私が前記の当該個所で論じたのと同じく，スイスが「2004年6月」に行なった，OECDモデル租税条約26条についての新たな留保における，"acts of fraud subject to imprisonment according to the laws of **both** Contracting States" との文言に，明示的に言及している。

以上，「双方可罰性」に関するこれまでの私の論述の仕方の正当性を補強する事柄として，あらかじめ，付記しておく。

さて，既に詳細に検討した「修正前UBS合意」の線で，あくまで「現行米・スイス租税条約」上の情報交換条項（同条約26条）に基づく処理がなされる「はず」，であった。だが，ここで「も」（本書37頁以下，49頁以下で詳論した「2009年2月18日の重大な出来事」についてと同様に!!），「スイス司法制度の健全性」が，遺憾なく発揮されることとなった。そして，当該事案との関係で「修正前UBS合意」に基づく米国への顧客情報の提供を違法とした，「2010年1月21日」のスイス連邦行政裁判所判決（Bundesverwaltungsgericht, Urteil vom 21. Januar 2010: Abteilung I, A-7789/2009）の登場によって，「修正前UBS合意」は，修正（改正）を余儀なくされるに至る，のである(＊)。

＊　以下，同判決に即した検討を行なうが，それを鬱陶しいと感ずる方々には，一連の検討を終えた後の区切りのマークの直前の，本書101頁に示した数行の英文引用部分を，ご覧いただきたい。考え方にもよるが，ひょっとしたら，それで十分なの「かも」しれないので。

なお，あらかじめ，私の本判決への評価を示しておけば，「詐欺的行動」が存在しなければ「情報交換」が出来ないとする本判決の立場（それはあくまで，「条約解釈」としてのものであって，必ずしも「双方可罰性堅持」というスイスの従来の法的伝統との関係を直視したもの「ではない」!!）は，若干硬直的ではないかというところに，私の見方は逢着する。

事案は，米国への情報提供の対象となった一個人から，スイス課税当局（Eidgenössische Steuerverwaltung: ESTV, Task Force Amtshilfe USA）に対する訴えであり，訴えの対象（Gegenstand）は，まさに「行政共助（Amtshilfe [DBA-USA]）」，である。

まずもって一言すべきは，これまで本論文で見て来たいくつかの同裁判所判決と同様に，本判決もまた，非常に格調が高く，学説引用等も周到であり，それ自体が重厚な論文と言えるものだ，ということである。無意味に文献等の引用を回避する傾向の強い「日本の判例」とは，其処が既にして違うことを，私としては強調しておきたい。

	さて，同判決・2頁以下の「事実関係（Sachverhalt）」から，最低限の記述を試みれば，「修正前UBS合意」（「2009年8月19日」署名。即日発効）に基づき，IRSがスイス課税当局（ESTV）に対して，「2009年8月31日」に共助要請を行なった。IRSのこの要請は，「1996年米・スイス租税条約」26条，同条約の「プロトコル」，そして「2003年1月23日」の「協調的合意（Verständigungsvereinbarung）」（但し，ESTVと米国財務省[Department of the Treasury]との間でのそれ。——貿易と関税2011年4月号53頁［本書34頁］では，「2003年MOU」として言及）をも，明示的（ausdrücklich）に踏まえたものであった。

	「米・スイス現行租税条約（1996年）」を補完するそれらについては，「修正前UBS合意」との関係で，既に本書で言及しておいた。本判決は，これから論じて行くように，「条約」本体及びそれと一体をなす「プロトコル」と，それ以外の（「修正前UBS合意」を含めた）右の二つの合意とを，法的に区別する。その上で，原告側の権利義務は，あくまで前二者によって判断すべきだ，とするのである。

	「事実」の摘示に続く，同判決・5頁以下が，具体的な判断内容である。本件訴えの適法性が示された後，同判決・6頁（パラ1.2）は，条約の「直接適用可能性・自動執行性」（direkt anwendbar [self-executing] であること——Justiziabilität とも表現されている）の論点から出発し，他方で，同裁判所での「法適用」の（当事者の主張・立証に拘束されないという意味での）「職権性（Rechtsanwendung von Amtes wegen）」（同判決・7頁［パラ1.4.1］）を確認しつつ，本件に関係する「鑑定意見書（Gutachten）」の類いを，同前・7～8頁（パラ1.4.2）で，列記する(*)。

*　貿易と関税2011年4月号51頁以下（本書32頁）で引用の，Waldburger, Arbeitspapier, supra を含む四つのものと，公表されず，また，本件両当事者によって提出されてもいないもの（von den Parteien dem Gericht nicht vorgelegte Gutachten）なども含めて考慮した上で，すべて職権で判断する，ということである。なお，パラ1.4.2に掲げられている4つのもの，即ち，Vallender のものと2通のWaldburger のもの，そして Cottier/Matteotti のものは，EJPD: Bundesamt für Justiz, Fall UBS, supra の末尾の，Gutachten のところをクリックすれば，すべて出て来る。

	かくて，同判決・9頁（パラ2.3）は，スイス連邦課税当局（ESTV）による，本件行政共助についての，「2009年11月17日」に行なった最終決定が，本件事案との関係で，正当なものであったか否かが，以下の検討の対象となる，とする。その出発点（同前・10頁［パラ3.1.1]）は，「連邦法及び国際法（Völkerrecht）の適用義務」を定めた，スイス新連邦憲法190条である。

	同前・11頁（パラ3.2.1）は，スイスが，国際法の国内適用につき「一元論（Monismus）」をとることを示した上で，「ウィーン条約法条約（VRK）」に基づく検討をする（同前・

12頁のパラ3.3.1以下。なお，慣習国際法の条文化たる同条約の規定に基づく条約解釈は，本判決全体に，深く織り込まれている)。その過程で，「米国がウィーン条約法条約の署名はしたが，批准はしていないこと」（同前・15頁のパラ3.5）なども別途示されつつ，徐々に網を狭めてゆくのである。

租税条約プロパーの検討は，同前・19頁（パラ3.6）以下となる。同前・20頁のパラ3.6.2では，「OECDモデル租税条約及びその公的コメンタリーが，租税条約（DBA）の解釈上，中心的な意義（eine zentrale Bedeutung）を有することにつき，スイスの学説・判例に争いがない（unbestritten）」ことも，示されている(*)。

* 但し，この点は，少なくとも今後において，日本としては要注意である。貿易と関税2010年10月号81頁で指摘したところ，である。

同判決・21頁（パラ3.7）以下は，いよいよ問題の本質たる「協調的合意（**Verständigungsvereinbarungen**)」へと，移行する。「1996年米・スイス租税条約」25条の「協調的手続（Verständigungsverfahren）」（日本的に言えば，「相互協議」の手続!!）に基づく合意，という意味である。

**なぜ其処に議論が行くのか**。結論を先に言えば，それは，前記の「2003年MOU」（それが，ESTVと米国財務省[Department of the Treasury]との間でのものであったこと，既述）も，また，「修正前UBS合意」も（!!），ともに，「条約」本体とは区別された，いわば下位の法規範にとどまる，との同裁判所の理解に基づく。

まず，同判決・24頁（パラ3.7.5及び3.7.7）では，（条約の）「解釈についての合意それ自体（Auslegungsvereinbarung per se）」が租税条約の「補完（Ergänzung）」として，新たな合意（条約）の内容をなすとの一部学説（Lehner）の立場を，同裁判所としては採用せず，スイスの支配的学説に従い，『管轄ある当局同士では，「協調的手続」の枠内において，租税条約を補完し，変更し，または新たな権利義務を導き入れることは，出来ない（**weder ..... noch**)』とする立場が，本判決において，採用されている(*)。

* 同判決・27頁（パラ3.7.10）では，前記の「協調的合意」と同じ意味で，「協議による合意（Konsultationsvereinbarung）」の語が用いられつつ，両国当局間にかかる「合意」は，「条約」となって既存の条約を変更し，それによってウィーン条約法条約30条（「同一の事項に関する相前後する条約の適用」）の3項に言う「後の条約」として，従前の条約を凌駕するもの「ではない」として，同旨が繰り返されている。
　だが（同条約30条3項自体との関係はともかく!!），これも若干，考え方としては硬直的，と思われる。この点につき，貿易と関税2011年2月号61頁と，対比せよ。

さて，同判決・28頁（パラ4.1.1）以下は，以上を踏まえて，「1996年米・スイス租税条約」26条の解釈について，検討を進める。その過程で，本書31頁以下で検討したところの，「1951年米・スイス旧租税条約」の「16条1項」についての言及も，別途なされているが（同判決・30頁のパラ4.1.3），同判決・31頁（パラ4.2.1）以下は，まず，「2003年1月23日」の前記の「MOU」の内容を，続いて同前・33頁（パラ4.3.1）

以下は、「修正前 UBS 合意」の規定内容（いずれも、もとより、情報交換をなし得る基準についてのそれ）を、それぞれ検討する。

それらを、「1996 年米・スイス租税条約」26 条と、どう関係付けるかについては、同判決・36 頁（パラ 5.1）以下が、論じている。もはや「修正前 UBS 合意」(Abkommen 09) の取扱いに集中すれば、同判決・38 頁（パラ 5.5.1）は、同合意が、「協調的合意 (Verständigungsvereinbarungen)」として、ウィーン条約法条約 31 条（「条約の解釈」に関する「一般的規則」）の 3 項(a)に言う「後になされた合意」（「条約の解釈又は適用」についてなされたそれ）に当たるか否かが問題だ、とするに至る(*)。

* ちなみに、ウィーン条約法条約 31 条は、1 項で、条約は「文脈」により、かつ、その「趣旨」及び「目的」に照らして与えられる「用語の通常の意味」に従って解釈せよとし、3 項では、「文脈とともに、次のものを考慮する」として、前記の(a)を設けている。かくて、この(a)では、「後になされた合意」は、条約解釈上の一考慮要素にとどまることになる（前記の、同条約 30 条 3 項との差に、注意せよ）。

ここで同判決は、「修正前 UBS 合意」の規定内容に立ち戻る。同前・38 － 39 頁（パラ 5.5.2）においては、「修正前 UBS 合意」2 条で、現行租税条約の改正が、本合意（「修正前 UBS 合意」）ではなく、「通常の改正手続において」(nicht mit dem Abkommen 09, sondern in einem ordentlichen Revisionsverfahren .....) なされる旨規定されていること等を理由に、「修正前 UBS 合意」が「1996 年米・スイス租税条約」と、国際法上同じランクに立つ (stehe ..... völkerrechtlich auf der gleichen Stufe) ものと考えることは「出来ない」、とする。そして、続いて、「むしろ［「修正前 UBS 合意」の］両当事者 (die Parteien) は、自身が、96 年条約 25 条への言及によって示しているように (wie sie selber mit dem Hinweis auf Art. 25 DBA-USA 96 zeigen[*])」、前記の「協調的合意」の締結を意図したものと考えるべきだ、と結論付けるのである（同判決・39 頁の、パラ 5.5.2 末尾）。

* 実際にも、「修正前 UBS 合意」の前文末尾は、"NOW, THEREFORE, pursuant to Articles 25 and 26 of the Tax Treaty, the Contracting Parties have agreed as follows: ....."となっている。

同判決・39 頁（パラ 5.5.3）は、そうである以上、本件処理上の基本は、あくまで「現行米・スイス租税条約」26 条と、それと一体をなす前記の「プロトコル」（それらを同判決は、いわば下位の「協調的合意」と区別して、**Stammabkommen [根幹をなす条約]** と表現する）なのであって、「修正前 UBS 合意」（や「2003 年 MOU」）は、その解釈上の一要素 (ein Element von dessen Auslegung) として、（前記の）ウィーン条約法条約 31 条 3 項(a)との関係で整理される存在たるにとどまる、とするのである。

こうした流れで同判決・40 頁（パラ 5.6.2）を見た私は、「なるほど……」と思ってしまった。そこには、「修正前 UBS 合意」の「署名者は誰か？」、との点が示されて

いたからである。

　同合意の原文の末尾を見て，私は納得した。たしかに，同判決が言うように，スイス側は，「在米スイス大使館の臨時代理公使（Chargé d'Affaires a.i. der schweizerischen Botschaft in Washington）」が署名し，米国側は，"Deputy Commissioner (International), IRS"の署名，であった。

　こうした，畳み掛けるような論理展開の中で，同判決・41頁（パラ5.7）は，<u>ズバッとスイス連邦政府の実際の営為を斬り捨てている</u>。即ち，**スイス連邦政府は「修正前UBS合意」を連邦議会に提出すること（Vorlage des Abkommen 09 an das Parlament）という別の道も，とり得たはず（hätte anders handeln können, etwa .....）**だがと，さらっと言って見せるのである。

　ここにおいて，貿易と関税2011年5月号分冒頭（46頁）の最初の「＊部分」（本書50頁）以来，私が気にしていたところの，『<u>「修正前UBS合意」についてのBotschaft が見つからないこと</u>』について，完全に納得がいった。本書87頁では，EJPD/EDA/EFD, **Press kit, supra** の 1. を引用しつつ――

　『「本合意は，現行の米・スイス租税条約の履行に関するのみ（governs only the execution of）のものゆえ，「スイス連邦政府がその権限において締結し得る」ものだ（....., <u>it can be concluded by the Federal Council in its own authority.</u>），との理解が，ともかくも示されていること』との関係で，『<u>「修正前UBS合意」につき，その議会承認用の公的説明（Botschaft）が見当たらないことに言及していたこととの関係では，右</u>の理解のゆえに，「そもそも，初めからそれが存在していなかった」<u>のではないか</u>……』

――としておいた。だが，事ここに至って，ようやく，右の「ではないか」との僅かな疑念も，払拭されたことになる。

　ここで再度，スイス連邦行政裁判所「2010年1月21日」判決に戻る。いよいよ，<u>本件事案との関係である</u>（同判決・41頁［パラ6.1］以下）。
　同判決・42頁のパラ6.2には，**本件の特質**が，以下のように記されている。即ち，「2009年11月17日」のスイス課税当局（ESTV）の最終決定（Schlussverfügung）においては，本件原告につき，「**修正前UBS合意**」の「**アネックス（Anhang）**」<u>2/A/b の基準（後述）</u>に当たるとされている。即ち，この基準に照らし，本件原告には，「**継続的で重大な脱税**（fortgesetztes und schweres Steuerdelikt[＊]）」の「十分な疑い（ein ausreichender Verdacht）」があったと ESTV は主張するが，果たしてそれで本件原告についての「情報交換」が肯定され得るかを，本判決は，問題として行くのである。

　　＊　既に示したように，Press kit, supra は，「1996年米・スイス租税条約」の「プロトコル」パラ10の「サブパラグラフ2」の「第3文」につき，「大きな額の継続的<u>脱税</u>（continuous tax evasion involving large amount）も含まれる，との解釈を，ともかくも示していた。それもあって，右においては，Steuerdelikt の邦訳を，それに合わせてある（この点は，

4 「UBS 合意」をめぐるスイス国内での法的論議の展開プロセス　　97

更に後述する）。

　なお，「修正前 UBS 合意」（BBl. 2010, infra, at 3015ff に，そのドイツ語訳がある）の「アネックス」（Id. at 3021ff.──ドイツ語訳では Anhang）の，2（《Betrugsdelikten und dergleichen》［英語で言えば tax fraud or the like］の定義）の A/b において，「継続的で重大な脱税（[f]ortgesetzte und schwere Steuerdelikte）」の語が用いられ，『「スイスの法と行政実務に従って（「プロトコル」10 の「サブパラグラフ 2」の「第 3 文」に規定されたように）情報を入手（beschaffen）し得るところの「継続的で重大な脱税」が，前記の「租税詐欺と同様（同等）のもの」の定義に含まれる』，とされていた（原文は，後述）。

　要するに（!!），「継続的で重大な脱税」という用語は，「修正前 UBS 合意」上のものであって，右に示されているように，96 年の現行米・スイス租税条約及びそれと一体をなす「プロトコル」上のもの「ではない」。単に，その「プロトコル」の「サブパラグラフ 2」の「第 3 文」を敷衍すればそれもそこに含まれる，との理解が，「修正前 UBS 合意」の「アネックス」において示されていたに，とどまるのである。

　本判決を理解する上では，この点に，注意する必要がある。

　その際に，本判決が強調するのは，次の点である。即ち，**本件原告の行動には，「偽りの，または歪曲された文書」も，「嘘で塗り固められた話」も，何ら用いられてはいなかった**，との点である。そこから本判決は──

『「従って」，本件で問題となるのは，右の事情があるにもかかわらず（dennoch）ここで問題とされる「継続的で重大な脱税（ein fortgesetztes und schweres Steuerdelikt）」が，「ウィーン条約法条約 31 条」によって解釈されるべき「1996 年米・スイス租税条約」26 条及びそれと一体をなす「プロトコル」パラ 10 に言う「詐欺的行動（ein betrügerisches Verhalten）」[*]に，あたると言えるのか否か「のみ」となる（Zu prüfen ist somit einzig, ob .....）。』

──と述べるに至る（以上，同判決・42 頁のパラ 6.2）。

＊　これまでの論述において，96 年条約の「プロトコル」パラ 10 の基本構造については，一応纏めて示しておいたが，ここで再度，本件との関係で，それを纏め直しておこう（基本となるスイス法上の区別として重要なのは，再三既述のごとく，以下に言う「租税詐欺」［英語では tax fraud］が，スイス法上明確に犯罪とされるものを意味し，それ以外の部分［英語では or the like］が，微妙なその外延をなす，ということである）。

　まず，このパラ 10 の「サブパラグラフ 1」と「サブパラグラフ 2」との関係だが，前者では「租税詐欺（Abgabebetrug）」との用語（Ausdruck）につき，『「詐欺的な行動（ein betrügerisches Verhalten）」であって，一方締約国で課される税額の，法律違反で，かつ，重大な，引き下げを引き起こし，又は意図するもの（....., welches ..... bewirkt oder bezweckt.)』との「了解（Einvernehmen）」が，まずは示されている。

　それを受けた「サブパラグラフ 2」の「第 1 文」は，「詐欺的行動とは，納税義務者が課税当局を騙す目的で，**偽りの，または歪曲された文書（例えば……）を，もしくは，嘘で塗り固められた話**を，用い，または用いようと意図するときに，それが存在するも

のと認められる」と規定し，同「第2文」は，「前記（vorstehend）の文言の具体化は，排他的なものではなく，例示的（beispielhaft）なものである」と規定する。

そして，同「第3文」は，再度「サブパラグラフ1」の，「租税詐欺（Abgabebetrug）」の用語に立ち戻りつつ，「租税詐欺との用語は，[情報交換の]要請のなされた時点において，詐欺的行動（betrügerisches Verhalten）と見なされるものであって，それについて被要請国の法または行政実務に基づき情報を入手できるところの行為をも，含み得る（kann）」，とする（「強制的措置」の介在による情報取得がそこで想定されていることにつき，Press kit, supra を引用しつつ，既述。なお，本書91－92頁の「＊部分」をも参照せよ）。

以上をもとに，**本件との関係での整理**をすれば，この「＊部分」の直前の本件事実認定により，「プロトコル」のパラ10の，右の「第3文」のみが，本件では問題となる，ということになる。

同判決・42頁以下（パラ6.3）以下では，"tax fraud or the like"の，"or the like (und dergleichen)"の部分の解釈が，検討され，そこにおいて，本書91－92頁の「＊部分」で示したところの，同裁判所の「2009年3月5日」判決への言及もなされているのだが，あまり薮の中の蛇を不必要につつかないように留意しつつ，先に進む。

同判決・42－44頁のパラ6.3では，前記の《und dergleichen (or the like)》の意味するところにつき，学説上争いがある，とするところからの検討が，なされている。ここでも同判決は，ウィーン条約法条約31条1項の解釈基準に基づきつつ，「及びそれと同様（同等）のもの」との用語は，スイス法上既に「租税詐欺（Steuerbetrug）」とされるものを超え，かつ，「租税詐欺」と類似の違法内容を有する違法行為（Delikte mit **ähnlichem** Unrechtsgehalt）であって，それ（租税詐欺）と同等（gleichstellen）のものを意図したものと考えるべきだ，とする。そして，それ以降，前記「プロトコル」の10とスイス法の具体的規律に即しつつの議論が，展開される。

スイス法の詳細な規律に，あまりに深く踏み込むことにはなるが，ともかく，同判決・43頁（パラ6.3）は，「1990年12月14日の連邦直接税に関する連邦法（**DBG**）」186条（ないしは[bzw.]，「1990年12月14日のカントンとゲマインデとの直接税の調和に関する連邦法[StHG]59条）に規定された「租税詐欺（Steuerbetrug）」の規律を超え，「1974年3月22日の行政刑法（Verwaltungsstrafrecht）に関する連邦法」，即ち**VStrR**の14条2項に規定された『更なる「詐欺」の概念（**weiteren Betrugsbegriff**）』をも，ここでの「行政共助」は含むのだ，とする(\*)。

* ちなみに，ここで同判決（43頁パラ6.3）は，この点についての一貫したスイス判例を示すべく，同裁判所の「2009年3月5日」判決（既述）の「パラ5.3」をも引用しているのだが，この「2009年」判決については，その37頁の「パラ5.4」の方が，分かりやすい。そこでは（DBG190条2項を引きつつ）――

  『スイス法上，事情によっては（unter Umständen），「脱税（Steuerhinterziehungen）」もまた，とりわけそれが「継続的で大きな税額の脱税（die fortgesetzte Hinterziehung grosser Steuerbeträge）」の場合には，「租税詐欺」と**同じ**違法内容を（den **gleich-**

4 「UBS合意」をめぐるスイス国内での法的論議の展開プロセス　99

en Unrechtsgehalt wie ein Abgabebetrug）有し得る。……この事情の下では，<u>直接税の「脱税（Hinterziehung）」の場合にも（auch bei .....），例外的に（ausnahmsweise），**VStRR** による刑事手続的な強制措置が適用され，従って「銀行秘密（Bankgeheimnis）」も排除される</u>ことになる。』

──とある。この文脈で，この「2009 年判決」は，「**双方可罰性の原則**」に言及していたのである（‼──本書 91 − 92 頁の「＊部分」参照））。

なお，再度後述する Widmer-Schlumpf, supra においては，「修正前 UBS 合意」の「アネックス」における「継続的で重大な脱税」の文言との関係で，それが，連邦直接税法の「**190 条**」と結び付けられたものであって，同条によれば，「継続的で大きな額の脱税」の「疑い（Verdacht）」が基礎づけられる場合には，銀行関係書類の強制的入手も可能となることが，示されている。

さて，ここで検討しているスイス連邦行政裁判所「2010 年 1 月 21 日」判決は，前記のごとく，あくまで 96 年条約 26 条と前記「プロトコル」に基づきつつ，その 44 頁（パラ 6.3 の末尾）において，同条約 26 条についての，前記の「2003 年合意（MOU）」及び「修正前 UBS 合意」には，「少なくとも部分的には（zumindest teilweise）」，「租税詐欺及びそれと同様（同等）のもの」についての記述があるものの，再三指摘したように（wie mehrfach dargelegt），<u>それら双方の「解釈合意（Auslegungsvereinbarungen）」によって，96 年条約を補完したり変更したりすることは出来ない</u>，としている。

以上の論理展開の下に，同判決・44 頁（パラ 6.4.1）は，問題の条約規定と前記の「プロトコル」からは，まずもって「詐欺的行動」と言えるものがなければ前記「プロトコル」10 の要件は満たされず，他方，単に「<u>重大な税額の縮減（eine wesentliche Herabsetzung des Steuerbetrags）</u>」があったとの一事によって，そこに「<u>詐欺的行動（ein betrügerisches Verhalten）</u>」があったとは，直ちには「言えない」，としている。

更に，同判決・44 − 45 頁（パラ 6.4.2）は，既述のごとく，前記「プロトコル」のパラ 10 の「第 3 文」との関係で，<u>ともかくも，スイスの国内法上「詐欺的（betrügerisch）」とされて情報入手をなし得る場合についてまでは「行政共助」が「拡張」され（wurde nur ..... ausgedehnt），</u>具体的には，スイス行政刑法（VStRR）14 条に規定される「租税詐欺（Abgabebetrug）」についても（eben auch），それが肯定されるけれども，スイスの（最上級審たる連邦裁判所の）判例上，「詐欺的行動」があったとするためには，「単なる嘘（[e]ine einfache Lüge）」では足らない，との扱いになっている，ともされている。要するに，同判決がここで重視するのは，「**因果関係（Kausalität）**」の問題であって，<u>スイス法上「情報入手」が可能な全ての行為が「詐欺的」と見なされ得る訳ではない</u>（あくまで「詐欺的行動」がなければ「行政共助」は不可），とされている（以上，同前・45 頁のパラ 6.4.2）。

同判決・45 − 46 頁の「**パラ 6.4.3**」は，後述の「修正後の UBS 合意」に関する連邦政府側の「議会向けの公的説明（Botschaft）」との関係でも重要ゆえ，若干注意深く見ておく必要がある。この個所の冒頭で強調されているのは，右の最後の部分で言及された「因果の流れを逆転させること（Umkehr des Kausalitätsverlaufs）」を不可とす

る見方，である。即ち，既述のDBG190条以下の「重大な脱税」の場合にも情報の（強制）取得が可能だから，「現行米・スイス租税条約」26条ないし「プロトコル」により，「大きな額の（継続的）脱税」の場合にも「行政共助」が可能だ，と言うのは，因果の流れを不当に逆転させるものであって，認められない，とされるのである。<u>あくまで「詐欺的行動」があったか否かが問題なのだ</u>ということが，執拗に，そこで説かれているのである（問題とされているのは，既述の，「プロトコル」10の，「サブパラグラフ2」の「第3文」，である）。

　ここで同判決・47頁（パラ6.5.1）に進めば，そこでは，本件でスイス当局の最終決定の根拠とされた，「修正前UBS合意」の「アネックス」2/A/b が，問題とされている。其処に示された基準で，果たして現行の米・スイス租税条約26条に基づく情報交換がなされ得るかが，論点となっているのである。そして，この点については，「スイスに判例がない」，とされている。
　この「**アネックス」2/A/b** の文言は──

"Acts of continued and serious tax offense for which the Swiss Confederation may obtain information under its laws and practices (as described in paragraph 10, subparagraph 2, third sentence of the protocol), which based on the legal interpretation of the Contracting Parties includes cases where (i)the US-domiciled taxpayer has failed to provide a <u>Form W-9</u> for a period of at least 3 years ..... and (ii)the UBS account generated revenues of more than CHF 100,000 on average per annum for 3-year period that includes at least 1 year covered by the request. ...... ."

──となっている。
　誰しもが思う「であろう」ことは，ここ（とくに，右の後段の，（ⅰ）（ⅱ）の部分）には，米国で要求される一定の書式（W-9）を提出しなかったことしか，殆ど書かれていないではないか，ということのはず，である。**本判決・51頁（パラ6.7.1）は，まさにそこを，鋭く突いている**。即ちそこには，本件で問題となるのは右の「2/A/b のカテゴリー」であること，そして，<u>まさに私が右に示した点</u>（....., dass sich die Tathandlung unbestrittenermassen in einem blossen Nichteinreichen des Formulars W-9 erschöpft.）を挙げつつ，『**それだけで，何らの付加的行為もない場合には，詐欺的行動はそこに見出だし得ないため**（Da darin allein bei Fehlen jeglicher Zusatzhandlung kein betrügerisches Verhalten erblickt werden kann ....., .....)，「1996年米・スイス租税条約」26条に基づく行政共助を行なう要件が満たされず，本件申立ては，完全に是認される（..... und die Beschwerde ist vollumfänglich gutzuheissen.）』，とされたのである。

　そして，<u>これが，本判決の結論である</u>。要するに，スイス側当局の最終処分においては，右の 2/A/b 冒頭の，下線部分に至るために必要な，本件原告の具体的な「詐欺的行動」が，スイス法の既述の内容との関係で，十分には示されていなかった，とい

うことになる（なお，同判決・51頁のパラ6.7.2では，本件では，「いかなる要件の下に，また，いかなる金額以上の場合に，継続的で重大な脱税（Hinterziehung）と言えるかの問題の詳細」には，初めから立ち入り得ない，等の指摘もある）。

周到な判決と，言うべきである（かくて，最終頁たる同判決・52頁において，「2009年11月17日」のスイス連邦課税当局の「最終決定」が取り消されること，また，本判決につき，BGG［連邦裁判所法］83条hにより，連邦裁判所への上訴をなし得ないことが，示されている。ちなみに，この83条hでは，「国際的な行政共助の領域での裁判」が，連邦裁判所への上訴の「例外」として，明示的に規定されている。従って，本判決は，確定した）。

なお，「2010年1月22日」には，**Bundesverwaltungsgericht, Medienmitteilung（Media release），**Legal Assistance Proceedings in The Case of UBS が，出されている。以上の一次資料に基づく検討を確認する意味で，本判決のポイントを，そこに示された英文で，示しておこう。そこには——

"This ruling involved a single test case on continued and severe tax evasion. The failure by U.S. citizens to provide a Form W-9 or declare income does not constitute "tax fraud or the like" that would require Switzerland to disclose account data, the Federal Administrative Court ruled. The decison may not be appealed to the Swiss Federal Court."

——とある（また，そこには，本判決が，「修正前UBS合意」の「アネックス」に示された4つのカテゴリーのうちの一つに関するのみ [relates solely to ......] であることも，示されている）。

●　　　●　　　●

さて，以下，連邦政府側の本判決の受け止め方に，眼を転ずることとする（以上，2011年4月22日午後7時ちょうどまでの執筆。ここまでの点検は，同日午後7時45分終了。——執筆再開は，昭和37年に亡くなった祖父関内正一の命日たる，2011年「4月26日」の，午前9時半頃から）。

まず，スイス連邦司法・警察省（EJPD）から出された Bundesamt für Justiz, Fall UBS, supra から，全体としての流れを，再確認しておこう。そこには，以下のごとき流れが，示されている。

即ち，「2009年8月19日」の「修正前UBS合意」を受けて，「同年8月31日」にIRSが，「約4,450」のUBSの口座につき「行政共助」の要請をし，「同年11月17日」には，既述のごとく米国側の要請でその公表が遅れていたところの，同合意の「アネックス」が公表された（この点につき，貿易と関税 2011年3月号64頁［本書21－22頁］参照）。

そして，500件を超えるケースについてESTVが処理していた段階で(*)，以上論

じた事件が起き,「継続的で重大な脱税」の取扱いを巡るパイロット・ケースとなった旨の記載がある。だが,その次の項目は,「2010年1月27日」に飛んでおり,同日,スイス連邦政府は,連邦行政裁判所判決の分析を行なった上で,米国との対話の継続を決定し,場合によっては([g]egebenenfalls),第2のステップとして当該の行政共助合意を,承認のために連邦議会に提出することとなろう,とある。

* **Botschaft UBS(April 14, 2010),infra, at 2981 (para. 5.1)** では,「2009年11月末」までにESTVが,500件超のケースにつき最終決定を行なっていたが,そのうち「26の決定」につき,連邦行政裁判所への異議申立て(Beschwerde)がなされた,とある(その数が相対的に少なかった理由につき,そこでは,既述のIRSの「任意開示プログラム〔VDP〕」に応じていた顧客が多かったことが,挙げられている)。

かくて,「2010年3月31日」に,連邦政府は,「UBS合意修正のための改正プロトコル」を承認し,同日中にワシントンでの署名もなされた。その上で,「2010年4月14日」に,連邦政府は,「UBS合意修正プロトコル」の議会での承認のための「公的説明(Botschaft)」を,議会に提出した。「2010年6月17日」のスイス連邦議会での手続の終了までに至る,その後の流れについては,貿易と関税2011年3月号65頁(本書23-24頁)でも記したところだが,大体のところは,以上の通りとなる。

それでは,スイス連邦政府閣僚が2010年5月27日にチューリヒ大学法学部で行なった講演たる,**Widmer-Schlumpf, Die Verhandlungen in Steuerstreit UBS/USA, supra** を,次に,見ておこう。だが,そこでの「2010年1月21日判決」の評価に立ち入る前に,一言しておくべきことがある。

それは,この講演において,「修正前のUBS合意」の内容が語られる際にも,同合意で影響を受ける者の法的保護が保障されていることへの,明示的言及のあること,である(Der Rechtsschutz der betroffenen Personen bleibt gewahrt.)。それが,スイス側の対応における全ての出発点であることは,再三述べた通りである。

また,同様にそこでは,「2010年1月21日の連邦行政裁判所判決」と題した項の冒頭において,スイス連邦政府は,常に(stets [!?]),「**UBS事件を,法治国家的に正しい基盤の上で克服するとの原則**」(Grundsatz....., den Fall UBS auf einer rechtsstaatlich korrekten Basis zu bewältigen)に基づき行動して来たことが,ともかくも示されている(既述の,「2009年2月18日の重大な出来事」は,その例外,ということなのではあろうが)。

さて,前記判決に対するWidmer-Schlumpf, supraの評価だが,右の項では,「修正前UBS合意」は,いくつかの鑑定意見書(既述)等にも基づくものだったのに,「何故スイスの政府と裁判所との見解の相違が生じたのか?」が,端的に問題とされている。そして,以下の3点が,その原因だとされている。即ち,(全て既述の点だが,纏めの意味でそれらを示せば),第1に,裁判所は,「修正前UBS合意」を,単なる「協調的合意」(いわば下位規範としてのそれ。既述)と位置付けたこと。第2に,「租税詐欺及びそれと同様(同等)なもの」の概念は,前記「プロトコル」(条約と一体をなすそれ)の10で包括的(umfassend)に規律されており,「協調的合意」においてはそれ

を修正し得ないとの立場が、裁判所によってとられたこと。そして第３に、「租税詐欺及びそれと同様（同等）なもの」の規定は、「租税詐欺（Steuer- oder Abgabebetrug)」の意味としてのみ、確定的に定義される（....., dass diese Bestimmung ..... abschliessend einzig im Sinne von ..... definiert.)、との見方が採用されたこと。──以上の３点である、とされている(*)。

*　但し、**Widmer-Schlumpf, supra** は、気になる事実について、サラッと触れている。即ち、そこには、„[das] UBS-Abkommen, das zu rund 90% Fälle von fortgesetzter schwerer Steuerhinterziehung betrifft, ....."として、大雑把な数字にせよ、「修正前UBS合意」で問題となっているケースの「約90％」が、（狭義の「租税詐欺」の外延として本来微妙な）「継続的で重大な脱税」の場合だと、されているのである（この点は、更に後述する）。
　　なお、**Botschaft UBS (April** 14, 2010), **infra (BBl.** 2010), **at** 2974 においても、パーセンテージの明示はないものの、従来の「行政共助」においては「重大な脱税の場合（bei schweren Steuerwiderhandlung)」が「例外的場合（Ausnahmefall)」であったのに対し、「修正前UBS合意」が、この点でも「異例（ausserordentlich)」であったことが、示されている（「修正前UBS合意」の「評価（Würdigung)」の個所において、である）。ちなみに、Id. at 2981 において、右の「重大な脱税（schwere Steuerwiderhandlungen)」は、「継続的で大きな額の脱税（fortgesetzte Hinterziehung grosser Beträge)」と、同視されている（この Botschaft における、前記の点についての具体的な数字の明示については、後述する）。

　だが、Widmer-Schlumpf, supra において、続いてそこで示されるのは、この判決の登場によってスイスが立ち往生してしまっては、米国でのUBSに対する手続の再燃等、由々しき事態が生じてしまうという、例の危機意識である（New York Times の "Is a Swiss Deal a Deal?" と題した記事も、この文脈で引用されている）。かかる流れの中で、「2010年３月10日」の「UBS合意修正プロトコル」についての紹介が、続く項においてなされるに至る。

　Id. の要約を先に示せば、この**「UBS合意修正プロトコル」は、前記連邦行政裁判所判決の指摘する前記の３点を、すべて覆すべく、意図された**(*)、とある。即ち、それが単なる「協調的合意」ではないこと、言い換えればそれが正式の「条約」であることを明確化すべく、「わずか（leicht）に修正された合意」を連邦議会の承認のために提出し、「継続的で重大な脱税」の場合も「租税詐欺及びそれと同様（同等）なもの」に含まれることを、同じく明確化し、更に、「現行の米・スイス租税条約」及びその「プロトコル」と「UBS合意修正プロトコル」との間に「規範の牴触（Normkonflikt)」のある場合には、「UBS合意修正プロトコル」の方が優先する旨の規定（eine Kollisionsregel）を設けた、とある。

*　この段階で一言しておくべきは、既述の、「修正前UBS合意」の「アネックス」2/A/b との関係である。実は、この規定は、**「UBS合意修正プロトコル」の「アネックス（Anhang)」**（そのドイツ語訳は、BBl. 2010, infra, at 3008 にある）においても、何ら

変更されていない（!!）。

　それでよいのかが問題ともなろうが，しかしながら，この 2/A/b 冒頭の，"Acts of continued and serious tax offense for which the Swiss Confederation may obtain information under its laws and practices (as described in paragraph 10, subparagraph 2, third sentence of the protocol)" の部分が，適切に裏付けられれば（前記の「2010 年 1 月 21 日」判決の事案では，この点の裏付けが，「詐欺的行動」との関係で十分でなく，最終処分が違法とされた），従来のスイス側の法的枠組（「双方可罰性の要件」を基軸とするそれ）に沿った処理が可能となる。そのようなものとして，ともかくもこの点を，把握すべきであろう（但し，この点の詳細は，微妙な問題が絡むこともあり，更に後述する）。

　この「**2010 年 3 月 10 日**」の「**UBS 合意修正プロトコル**」は，同日以降「**暫定的（vorläufig）**」に適用されることになるのだが，Widmer-Schlumpf, supra には，注意すべき以下の点が，別途示されている。即ち，この暫定適用が，「1997 年 3 月 21 日の政府及び行政機関法（Regierungs- und Verwaltungsorganisationsgesetz: RVOG）」の 7 条 b に基づくものだ，とある。

　RVOG の 7 条 b とは，「連邦政府による条約の暫定適用」の規定だが，その 1 項は，「**スイスの重要な利益の確保及び特別な緊急性**がそれを要求するとき（....., wenn die Wahrung wichtiger Interessen der Schweiz und eine besondere Dringlichkeit es gebieten.）」との要件を，それについて設けている。既述の，「**2009 年 2 月 18 日の重大な出来事**」を，想起させる条文である。

　この点について Widmer-Schlumpf, supra は，この暫定適用なくしては，「2010 年 8 月末まで（bis Ende August 2010)」という，全体的な最終決定の完了について米国に約束した期限(\*)を守り得ないという特別な緊急性が存在し，また，米国との紛争のエスカレーションの回避というスイスの重要な利益が，それによって確保されることを挙げ，同項の要件が満たされている，とする。そして再度，ここで暫定適用をせねば，米国での紛争再燃が懸念され，そうなれば，「2009 年 9 月 23 日」に署名された米・スイス新租税条約の迅速な批准もまた，危険に曝されるであろう，とする。

\*　「修正前 UBS 合意」1 条 2 項では，IRS からの要請を受け取ってから 90 日以内と定められた最初の 500 件の処理以外の，残りの「最終決定（final decisions）」は，同要請の受領から引き続いて（on a continuing basis）360 日以内に行なえ，とあった。そして，IRS の要請は，既述のごとく，「2009 年 8 月 31 日」になされていた。右の Widmer-Schlumpf, supra の，期限設定についての書き方は，署名後「370 日」という，同合意 5 条 4 項の，（予期に反した結果が生じた場合の）リバランシング措置の開始時期を，意識したものと思われる。なお，Botschaft UBS (April 14, 2010), infra, at 2982.

　以上のごとく指摘する Widmer-Schlumpf, supra は，右の暫定適用をしつつも，別途，連邦政府が，「UBS 合意修正プロトコル」の**議会承認**までは，何らの**顧客情報（keine Kundendaten）**をも米国側に引渡さないように，連邦課税当局に命令（anweisen）したことを，この文脈で指摘している（この最後の点については，貿易と関税 2011 年 3 月号 59 頁［本書 17 頁］において，EJPD［英語では FDJP］の別文書に即して，指摘しておい

## 4 「UBS 合意」をめぐるスイス国内での法的論議の展開プロセス

た。更に，同・2011 年 4 月号 60 頁［本書 41 頁］をも参照せよ）。

　以上を踏まえて，ズバリ，「UBS 合意修正プロトコル」についての「連邦政府の議会向けの公的説明」を，見ておく。**Botschaft zur Genehmigung des Abkommens zwischen der Schweiz und den Vereinigten Staaten von Amerika über ein Amtshilfegesuch betreffend UBS AG sowie des Änderungsprotokolls vom 14. April 2010, BBl. 2010, supra, at 2965ff** である（それを，**Botschaft UBS [April 14, 2010], supra** と引用することも含めて，貿易と関税 2011 年 5 月号分の冒頭［45－46 頁］で，これを示しておいた［本書 50 頁］）。

　前記の，『スイス連邦行政裁判所「2010 年 1 月 21 日」判決後の事態』への評価は，Botschaft UBS (April 14, 2010), supra, at 2981-2985 に示されている(*)。

* 同裁判所において問題となった「アネックス」の 2/A/b との関係で，既に一言したが，この Botschaft には，関連する一連の文書（条文等）が，纏めて添付されている。即ち，Id. (BBl. 2010), at 3001ff には，この Botschaft の「アネックス（Anhang）」としての「UBS 合意修正プロトコル」のドイツ語訳が，個別規定の前記の「暫定適用」との関係を脚注で一々示しつつ，「合意の統合されたヴァージョン（Konsolidierte Fassung des Abkommens）」として，掲げられている（以下が，本論文第 1 章 3 の冒頭で，「修正前 UBS 合意」との，かえってややこしい関係での，あり得べき「躓きの石」として示した点の，全体像である［本書 79－80 頁］。なお，同合意の正文が英文であることに，再度注意せよ）。

　ちなみに，同じく言葉としては「アネックス」ではあるが，「UBS 合意修正プロトコル」の「アネックス（Anhang）」は，Id. at 3007ff にあり，それに続く両国の「宣言（Erklärungen;Declarations）」が，Id. at 3011 にある。

　続いて Id. at 3013 には，この「修正後の UBS 合意」についての議会承認に関する「連邦決定（Bundesbeschluss）」の「草案」が，また，Id. at 3015ff には，「修正前 UBS 合意」のドイツ語訳があり，最後に，Id. at 3027ff に，修正個所のみを示した「UBS 合意修正プロトコル」のドイツ語訳（Protokoll zur Änderung des Abkommens ..... betreffend UBS AG ....., unterzeichnet in Washington am 19. August 2009 [Änderungsprotokoll Amtshilfeabkommen], Abgeschlossen am 31. März 2010, Vorläufig angewendet ab 31. März 2010）が，掲げられている。

　こう書くだけでも，実にややこしい限りである(**)。

** 少し早いが，切りがよいので，祖父関内正一の命日たる「4 月 26 日」（何と，25 年前の今日，「チェルノブイリ原発事故」が起きていた‼）の執筆は，ここまでとする。あれから，丸 49 年も経ったことになる。

　ちなみに，祖父の名は，前号分の前半（本書 76 頁）で，まさに「福島原発」との関係で記していたものだが，ようやくここ数日，「原発事故」関連の，「想定外」（いい加減にしろ‼）の突発的事態についての報道は，下火になった。まさにそうなるように，と祈り（念じ）つつ，「祖父の命日」の執筆を，断固すべしと，数日前から私は，自分自身に命じていたのではあるが。

　だが，案の定，前号分の前半（本書 78 頁）でも言及した「移動電源車」は，各地の

原発において，既にして「容量不足」とのラジオ放送に，昨日接した。ちなみに，私は，「3月28日」午後送信のメール以来，原発対応に限らず，「移動電源車」の「容量」・「台数」等が十分かを，某所を通じて政府筋に照会して来ていた（既に一言した点）。

「移動電源車」関連の不十分さに限らず，放射ノズルの位置の高い「放水車」や「ロボット」等々，何でいざとなると外国製なのか。情けない限りである。官民を問わず，「日本という国自体の想定の甘さ」が，問題の根にはある，と言わざるを得ない。

例えば「100万 KW 送電線」の技術がとうの昔に開発されつつ，ニーズがないとのことで日本では使われず，かえって中国がそれを採用するといったこと（「2002年夏」の「東電原発点検データ改竄事件」との関係での知見。——なお，貿易と関税 2011年5月号後半の，「3月13日」執筆の「＊部分」冒頭近く［本書 66 頁］において，「東電管内原発全基停止」は「2003 年 4 月」と記したが，それは，右時点で「全基停止していた」，という意味にとどまる）の積み重ねで，「電力の東西の壁（周波数関連）」が，そのまま放置されて数十年。今から，3 つしかない「変電所」の増設を考えたって，遅すぎる。

但し，「金融工学」と「電力規制緩和・部分自由化（地域独占打破）」との低次元でのドッキングで，そうした「不自然な東西の壁」撤去に向けた自然な流れが阻害されて来たことを，別途，忘れてはならない（!!）。昨日の早大ファイナンス研究科「国際金融法」講義の，震災で遅れた第 1 回目のセッションで，キック・オフとして言及する点である。

だが，気象庁も，NTT ドコモの「ワイドスター衛星」のサービスを，震災対応で，使用するに至った，とのこと。同衛星は，今は NTT が JSAT に「現物出資」した形のものだが（A 氏の 4 月 18 日のご教示），元を辿ればそれは，1990 年の「日米衛星摩擦」で，早々に米国の軍門に降った NHK とは一線を画し，NTT が死守したところの，「N-STAR」である（NTT DOCOMO テクニカル・ジャーナル 18 巻 2 号［2010 年 7 月号］37 頁以下の「ワイドスターⅡ」特集参照）。**NTT の技術陣は，この日米摩擦において，「日本を代表する電気通信事業者として，衛星通信の分野から［米国の圧力に屈して］完全に手を引くのはいかがなものか，……すべての技術を外部に頼り，通信衛星の研究開発の道を断つことは，ひいては NTT の研究開発全体に大きなマイナスになる」，との断固たる姿勢を貫いた**，のである（石黒・IT 戦略の法と技術［2003 年・信山社］332 頁）。その断固たる技術者魂が，右に示した関連各業界にも共有されておれば，今般の日本の国家的危機のマグニチュードも，いくばくかは緩和されていたであろうにと，思うことしきり，である。

振り返って，1985 年の中曽根電電改革で過去のものとなった「公衆電気通信法と日本電信電話公社法，そして……放送法，電波法などは，いずれも……祖父関内正一が衆議院で電気通信委員長を勤めていたあたりに制定されたものであり，頑固一徹の私の祖父がいろいろと睨みをきかせ，アメリカ視察団の団長などもしながらそれなりに活躍していた時期のもの」だった（石黒「続・縁ということ」日本加除出版株式会社創立 45 周年記念・随想［1987 年］16 頁以下，19 頁。同・超高速通信ネットワーク——その構築への夢と戦略［1994 年・NTT 出版］225 頁以下，227 頁に転載。なお，日本で「カラーテレビ」の導入が遅れたのには，米国視察との関係で，祖父が，「あんなものは，子供の眼に悪い」と言い張ったことが，多少なりとも関係していた，と聞く。当時の「委員長」は，今とは比べ物にならぬ程の力をもっていたことに，注意すべきである）。

その祖父の命日が，かの「チェルノブイリ原発事故の起きた日」（1986 年「4 月 26 日」）と同じだというのだから，もはや「氣の世界の住人」たる私は，今こうして本論文を書いていることの「絶対的必然」（単なる「偶然的必然」を越えたそれ）を，感じざるを

得ない。
　「1986年11月1日未明」に発生したところの，前号分（本書66頁以下）でも言及した「シュヴァイツァーハレ事件」（重大な国際環境汚染事件として，その少し前の「チェルノブイリ事故」と並んで，ヨーロッパ諸国で大きな論議を呼んだそれ）につき，当該の事故から満1年となることを報ずるドイツのテレビ放送に，短期留学中のレーゲンスブルグで気づいたという，まさにその日に，日本からの電話で，国際環境汚染に関する学会報告を依頼され「ていた」私。そのことが，私を，石黒・国境を越える環境汚染──シュヴァイツァーハレ事件とライン川（1991年・木鐸社）の元となった論文の執筆へと，一気に導いた。否，私は，最初から，「導かれていた」のである。──今般の大震災及び「フクシマ」での原発事故と「同期」する点の余りに多い本論文の執筆についても，かくて，「また同じことが起きている」と，私は強く感ずるのである（以上の執筆は，2011年4月26日午後8時17分まで。ここまでの点検は，同日午後10時48分に終了。計13時間超の執筆を，かくて，祖父の霊前に捧げたことになる。昨年5月，妻と京都祇園石段下で買い求めた，一番高い伽羅のお線香に，これから火をつけることとする。──執筆再開は，2011年5月1日午後2時半過ぎ）。

●　　　●　　　●

　さて，**Botschaft UBS（April 14, 2010), supra, at 2981-2984 (para. 5)** の，『「2010年1月21日」判決後の状況』に関する，連邦政府側の見方を，次に見ておこう。
　まずもって注意すべきは，Id. at 2981 (para. 5.1) において，ともかくも以下のようなスイス連邦政府側の見方が，示されていることである。即ち──

„Das Bundesverwaltungsgericht hat mit seinem Entscheid die Amtshilfefähigkeit der Fälle von fortgesetzter schwerer Steuerhinterziehung **insgesamt[!?]** verneint."

──と，されている。即ち，「2010年1月21日」の同判決が，「継続的で重大な脱税」についての「行政共助」の可能性を，**「全体として」(!?)** 否定した，とされている。
　だが，既に詳細に判旨を辿ったように，あくまで同判決は，当該事案の諸事情との関係で，それを否定したにとどまる。その意味で，連邦政府側のこの見方は，むしろ，純粋に「法的」と言うよりは，ある種の「政治的」な受け止め方を示したもの，と見るべきなの「かもしれない」(*)。

* 既に Widmer-Schlumpf, supra の指摘に即して示した**「気になる事実」**，即ち，「修正前 UBS 合意」で問題となっているケースの「約90％」が，（狭義の「租税詐欺」の外延として本来微妙な）「継続的で重大な脱税」の場合だと，されていること（**Botschaft UBS [April 14, 2010], supra [BBl. 2010], at** 2974 と対比させつつ，既述）が，ここで関係して来るのであろうか（後述）。同判決が，前記の26件の異議申立事例中のパイロット・ケースとしてのものゆえ，連邦政府側が，右の点「も」あって，かかる判断をした可能性も，残る。
　但し，次の「＊部分」参照。

　その上で，Botschaft UBS (April 14, 2010), supra, at 2981f (para. 5.1) は，Widmer-

Schlumpf, supra の既述の指摘と同様の3点を、同判決が連邦政府側と異なった結論に至った理由として挙げる。即ち、第1に、裁判所が「修正前UBS合意」を、単なる「協調的合意」にとどまるものと考えた点（同判決パラ5.5－5.8）、第2に、「租税詐欺及びそれと同様（同等）なもの」との文言の意義は、（下位規範たる）「協調的合意」によっては修正出来ないこと（同判決パラ6.3及びパラ5）、第3に、「現行米・スイス租税条約」26条のこの文言の意義は、「プロトコル」10によって「完結的（abschliessend）」に「租税詐欺」の意味として定義されており、**常に「詐欺的行動（ein betrügerisches Handeln）」が存在せねばならず、「大きな額の継続的脱税」は、それについてスイス法上、「国庫による情報の強制取得（der Informationsdurchgriff des Fiskus）」が可能であるときにも、右の概念には含まれないとされたこと**（同判決パラ6.4.3）。——以上の3点である(*)。

* 　右の第3点につき、Botschaft UBS (April 14, 2010), supra, at 2981f (para. 5.1) が引用する同判決「パラ6.4.3」は、既述のごとく、「重大な脱税」の場合にも情報の（強制）取得が可能だから、「現行米・スイス租税条約」26条ないし「プロトコル」により、「大きな額の（継続的）脱税」の場合にも「行政共助」が可能だ、と言うのは、因果の流れを不当に逆転させるものであって認められず、あくまで「詐欺的行動」があったか否かが問題なのだ、との点を、強調するものであった（この点を、多少リラックスして考え「得る」ことは、後述する）。

　その立場を「修正後のUBS合意」が、覆すことになる訳だが、その結果、「双方可罰性の要件」との関係を架橋するところの、「詐欺的行動」の概念が、相当程度"希釈化"されることになる(!!)。その点をどう考えるべきなのか。この点については、本号分の最後（本書111－113頁の「＊部分」）で、最終的な私なりの判断を下すが、一歩一歩、議論を進めて行く必要がある。

　同判決が当該事案との関係で問題としたのは、既述のごとく、「修正前UBS合意」の「アネックス」2/A/bとの関係であった。そして、同じく既述のごとく、この規定は、「**UBS合意修正プロトコル」の「アネックス（Anhang）」においても、何ら変更されていない(!!)**。だが私はこの点について、この2/A/b冒頭の、"Acts of continued and serious tax offense for which the Swiss Confederation may obtain information under its laws and practices (as described in paragraph 10, subparagraph 2, third sentence of the protocol)"の部分（右の下線部分）が適切に裏付けられれば「従来のスイス側の法的枠組に沿った処理」が「可能となる」旨、既に一応述べておいた。

　私がそう述べたのは、直接的にはそこに（明示的文言としては）、「詐欺的行動」の要件がインプットされてはいないが、右の文言の中で、「強制的な情報取得」がメルクマールとなっており、その適切な運用によって、「従来のスイスの法的枠組」において最も重要な「**双方可罰性**」概念との辛うじての架橋がなされ得る、という意味においてである。だが、スイス連邦行政裁判所「2010年1月21日」判決がまさに問題としたような、「何らの詐欺的行動」もない場合についてまで、一挙に話を進めても、何ら問題がないとまでは、私も考えていない。「詐欺的行動」の存在を要件とする方がベターであると、私自身も考えるからである（本書111頁以下において後述）。スイス連邦政府が、このあたりのことを、どう考えていたのかが、問題となる。

ここで，直前の「＊部分」に，回帰して頂きたい。**Botschaft UBS（April 14, 2010), supra, at 2981 (para. 5.1)** は，同判決が，「継続的で重大な脱税」についての「行政共助」の可能性を，「全体として」否定したとの，若干不自然な見方を示していた。右の点は，それが，一体，何を意味するかの問題（!!）で「も」ある。

　別な視角から，一言してみよう。「継続的で重大な脱税」の中には，同判決が扱った実際の事例とは異なり，何らかの（同判決の基準に照らして十分な）「詐欺的行動」が実際にあった場合も，一応含まれる（既述の点だが，更に後述する）。私は，そうした事例も別途あるはずゆえ，ここで連邦政府が，「継続的で重大な脱税」につき同判決が「全体として（insgesamt）」行政共助の可能性を否定したものとして同判決を見るのは，「法的」には不自然だ，としたので「も」ある。

　だが，連邦政府側が，「何らかの詐欺的行動」があろうとなかろうと，スイス法上，強制的な情報取得が可能なら，すべて，一挙に条約上の情報交換（この場合の行政共助）を「してしまえ」（何ら問題はないのだ!?）とする立場だった「とすれば」，多少複雑なものを，私は感ずる。

　Id. at 2974（パラ 3）では，「改正米・スイス租税条約」が発効すれば，もはや（tax) fraud or the like の概念は不要になることが，ことさらに示されてもいるが，**双方可罰性要件の"(更なる) 希釈化"という危ない橋**を，スイス連邦政府が，**修正前・修正後の UBS 合意**を通して，何の留保ないし躊躇もなく（!!）既に渡り始め「ていた」からこそ，前記の「全体として」との評価が，同判決に対して下された，とも考えられる。率直なところ，もう少し，これがギリギリの局面であること（後述）への，連邦政府としての明示的な自覚が，欲しかったところである（こうした点の機微は，Botschaft UBS, supra には，示されていないのだが）。

　さて，**Botschaft UBS（April 14, 2010), supra, at 2982ff (para. 5.2.1)** は，（連邦裁判所への上訴が，既述のごとく法の明文で禁止されていることから）「確定」した同判決（[d]as rechtskräftige Urteil）が，「2009 年 8 月 19 日」の「修正前 UBS 合意」の実施を，「全体として（gesamthaft）」問題視するものであった，との連邦政府の見方を示すことから，出発する。まさに，直前の「＊部分」で示した点である（但し，これは，右に示した点以上に，「政治的」な宣言とも受けとめられるものだが，**Widmer-Schlumpf, supra** の示す既述の「気になる事実」との関係が，以下に記されている）。

　そこ (Id. at 2982 [para. 5.2.1]) では，**同合意でカバーされた「約 4,450 件」中，「約 4,200 件」が，「継続的で重大な脱税」にあたるところの，同合意「アネックス」2/A/b（既述）または 2/B/b についてのものだったとの，"衝撃的な事実"** が，まずもって示されている（それが右の gesamthaft の実際上の意味だ，ということにもなる[＊]）。

＊　ちなみに，「修正前 UBS 合意」の「アネックス」2/A/b の条文は既に示したが，**2/B/b** は――

"Acts of continued and serious tax offense for which the Swiss Confederation may obtain information under its laws and practices (as described in paragraph 10, subparagraph 2, third sentence of the protocol), which based on the legal interpretation of the Contracting Parties includes cases where ……"

──までの部分は 2/A/b と共通で，スイス課税当局（SFTA）による通知に対して，IRS への一定の報告義務を果たしたことの証明が出来なかった場合（cases where the US person failed to prove .....）に，2/A/b と同様の形で SFTA が「情報交換」を「認める（would grant）」，とするものである。

**Botschaft UBS（April 14, 2010），supra, at 2982（para. 5.2.1）**は，前記判決の示した線によれば，（右の「4,200 件」の）「これらすべてのケースにおいて（in all diesen Fällen）」，米国に約束した情報交換が出来なくなり，残りの「**約 250 件のみ**」についてのみ（somit nur noch rund 250 Fälle ── Ibid は，それを，「10％未満」のケースとも言い換えている），それが可能になるとの結果になる，とする。

それに続く Id. at 2982f（para. 5.2.1）のスイス連邦政府の指摘は，気持ちは分かるが，半分，自暴自棄に陥っていると，言わざるを得ない面がある。即ちそこでは，「修正前 UBS 合意」は，連邦行政裁判所がそれに対して，単なる（下位規範たる）「協調的合意」としての国内的な「位置付け（Einstufung）」を与えようと，国際法的（völkerrechtlich）にスイスを，「合意は守られるべし（pacta sunt servanda）」の原則によって，拘束するのであって，「署名後 370 日」からの，米国側の前記のリバランシング措置（同合意 5 条 4 項）の発動が懸念される，とそこにはある。つまり，米国側が，約束違反だとして，UBS に対する JDS の執行手続の再開，等をすることは必至であり，そうなれば，**スイス全体にとっての大きな危機が再燃**する。それは何としても回避せねばならないと，スイス政府は力説するのである。

その際，Id. at 2983（para. 5.2.1）は，注目すべきこととして，別途，次の点を強調している。即ち，IRS の既述の「任意開示プログラム」との関係で，**スイスにとっての危機的状況（Bedrohungslage）**が，更に尖鋭化（**verschärft**）した，とされている。具体的には，米国当局の言明（Angaben）によれば，既に「殆ど 15,000 人の租税詐欺者及び脱税者（fast 15,000 Steuerbetrüger und Steuerhinterzieher）」が，米国側のこの任意開示に応じており，その中には，**UBS 以外のスイスの銀行との関係（Beziehungen zu anderen Schweizer Banken）**等を有する者もいることが考えられ，それらの（UBS 以外の）スイス金融市場のプレイヤー達（Akteure）に対する訴追等の，危機の更なる増幅が懸念される，というのである。

そこでは更に，「修正前 UBS 合意」の実施が，かくて不可能なままの状態が続けば，「2009 年 9 月 23 日」の「改正米・スイス租税条約」の米国上院（Senat）での迅速な批准も危うくなり，スイスにとっての利益に反することにもなることが，指摘されている。

かくて，Id. at 2984（para. 5.2.2）は，以上の展開を受けて，「2010 年 2 月 3 日」にワシントンで，スイス側当局者と，IRS 及び米国司法省（DOJ）との協議がなされたことを，次に示す。米国側は，初めから（von Anfang an），既になされた合意の履行に固執（auf ..... bestehen）し，スイス側の義務の引き下げ等の再交渉を拒絶した，とされる。米国側は，当初要求の「52,000 人」から「4,450 人」への削減（それについ

4　「UBS合意」をめぐるスイス国内での法的論議の展開プロセス　111

ては、貿易と関税2011年3月号58, 62頁［本書15, 20頁］参照）が、既にして相当の譲歩（beträchtliches Entgegenkommen）だったとし、実際に、同合意5条4項の「リバランシング措置」の発動を、ちらつかせたのである。

　かくて、Id. at 2985 (para. 5.3) は、交渉の結果（Fazit）として、「修正前UBS合意」の（そのままの）実施が、明らか（eindeutig）にスイスの利益に資するとの判断の下に、ツー・ステップ（zwei Schritte）での処理が必要（nötig）となった、とする。即ち、一方で（[e]inerseits）、前記の「2010年1月21日」判決の示す判断基準の下で、もはや「協調的合意」とは見なされないものとして、本合意を形式面で（formell）調整すること、他方で（[a]ndererseits）、それを正式の「条約」として、スイス新連邦憲法166条2項に基づき、その議会承認を求めることである、とある(*)。

*　裏を返せば、そこにおいて、同判決が重視した「詐欺的行動の存在」を必要とする立場は、一顧だにされなかった、ということになる。既述のごとく、同判決の立場は、「**双方可罰性の要件**」との関係で、いずれにしても、極めて重要な位置付けを有する「はず」のものである。

　その一線を踏み外し、スイスは一体、何処に行こうとしているのか。かくて、本号分の結びの一言もまた、前号分の、本論文第1章3の末尾（本書90頁参照）と、同じものとなる「かのごとく」(!!) である。けれども、実は、更に論ずべき点があるので、以下、それに集中したい。

　だが、他方において、ここまでを論じ切った上で、米国司法省側の、「修正前UBS合意」に関する、貿易と関税2011年4月号66頁（本書48頁）で、再度、「**歴史の改竄**」だとして批判した言説（DOJ, supra [Nov. 17, 2009]）について、改めて考える必要「も」、ないではない。

　そこにおいて米国司法省側は、「2009年2月18日の訴追猶予合意（DPA）」と同様に、「修正前UBS合意」によってもまた、「鉄壁をなすスイス銀行秘密」に対して「大きな亀裂」がもたらされた、と豪語していた。そのこととの関係は一体どうなるのか、の問題である。

　ここまで論じ進めた結果として言えるのは、次のことである。即ち、「双方可罰性」との関係を直視したもの「ではなく」(!!)、あくまで「条約解釈」に徹した結果としてのものではあるが、前記の「2010年1月21日」判決は、「行政共助」の要件として、「詐欺的行動」の存在を、必須のものとした。その点が、同合意の対象となる事例の90％を越える、同合意「アネックス」の 2/A/b 及び 2/B/b の場合において、明示的に（具体的な文言としては）インプットされていなかったことは、既述のごとく、事実である。

　そうではあるけれども、他面において、それ（「詐欺的行動」の存在）を何らインプットしないで「情報交換」に応ずることは、スイス連邦行政裁判所「2010年1月21日」判決（確定判決）の言うように、スイスにおいて、本来、『法的に何ら出来ないこと』だったと、何処まで言えるのか。この点が、これまでも示唆して来たように、問題となる。もっとも、ここで見ている Botschaft も、それについては何ら明示的には論じていない、のではあるが。

　仮に、その『法的には出来ないこと』を百も承知で、スイス連邦政府が当該合意を締結したのなら、前記の米国司法省の右の言説も、それなりに理解され得る、ということになる。だが、結論としては、やはり既述のごとく、米国側の前記の言説は、「**歴史の**

改竄」であって，許されるものではない，ということになる。理由は，以下の通りである。

　まず，再三述べたように，スイス政府側は，あくまで「現行米・スイス租税条約」26 条の線で，「修正前 UBS 合意」を締結していた。「2009 年 2 月 18 日の重大な出来事」を，法治国家原則との関係で明確に自己批判しつつ（既述の点である。**Botschaft UBS [April 14, 2010], supra, at 2973 [para. 2.2] 参照**），それとは一線と画しながら，である。

　次に，「双方可罰性」との関係で，何処まで，"tax fraud or the like" の "or the like" の文言を，緩く解し得るのかの問題が，別にある。スイス政府側は，「狭義の租税詐欺」の枠外でも，「継続的で重大な脱税」について，スイス法上，その「行政刑法」（VStrR）で，刑事手続的な強制措置（die strafprozessualen Zwangsmassnahmen）によって「情報取得」が可能なら，「双方可罰性要件」との関係が，（辛うじて）クリアされると考えていた，と見る「べき」であろう（本号分の冒頭［本書 91 頁］以来，「私なりの解釈」が多少なりとも介在するものの，この点は，意識して指摘して来たところ，である）。

　確かに微妙ではある。だが，「双方可罰性の要件」との関係で，かかる理解も，成り立ち得ないではないと，私は，以下のごとく判断する。

　もとより，前記判決が問題とした 96 年条約の「プロトコル」パラ 10 との関係は，極めて微妙である。その「サブパラグラフ 2」の「第 1 文」でも，「第 3 文」でも，「詐欺的行動（betrügerisches Verhalten）」との文言があるのだし，「修正前 UBS 合意」の「アネックス」2/A/b も 2/B/b も，「詐欺的行動」との直接の文言はないものの，ともに，この「第 3 文」を，括弧の中で示しつつ，「継続的で重大な脱税」の場合の「情報交換」を，規定しているから，である。

　この点は，スイス連邦政府側として，最も苦しいところのはず，である。たしかに，前記判決の方が，この点でははるかに説得力がある。

　けれども，既述のごとく，前記の「刑事的な強制措置」をとり得る場合には，少なくともその一部には，当該の事案とは異なり，何らかの「詐欺的行動」（例えば，当該の事案とは異なり，偽りの文書等の使用，等）が，実際にあったと言える場合も，含まれる。そして，この点については，前記の「2010 年 1 月 21 日」判決自体が，従来の判例を踏まえつつ，同判決・43 頁（パラ 6.3）において，**VStrR の 14 条 2 項に規定された『更なる「詐欺」の概念（weiteren Betrugsbegriff）』**をも，ここでの「行政共助」は含むのだ，としていたことに，注目する必要がある。但し，あくまで「詐欺的行動」と言えるものが実際にないと駄目だ，と同判決は説く。再度言うが，たしかに，その方が説得力がある。

　だが，（多少苦しいが）「詐欺的行動」の点が，『前記の「強制措置」が肯定されるだけの「悪性」』にまで「希釈化」されても，既述のごとく，「双方可罰性の要件」との関係は，辛うじてクリアされる，と考えるべきである。そして，かかる「希釈化」が，「2003 年 MOU」を経て，「修正前 UBS 合意」でも意図されていた，というのが，煎じ詰めたところでのスイス連邦政府側の見方だ，ということになろうかと思われる。

　ここは，この先には行けないので，視点を変えて，別な角度から，問題を捉え直してみよう。「双方可罰性の要件」には，いまだ従来解明されていない問題が，実はあるということが，ここでの議論と関係する。

　そもそも，私の言う「国境でメルトダウンする人権保障」の問題との関係では，従来の日本での「双方可罰性」を巡る議論においても，処罰を受ける側の身になって考えれば，「抜け落ちていた問題」が存在する。貿易と関税 2007 年 6 月号 66 − 67 頁で，「国

家管轄権」論との関係で一言したシチュエイションを，まずもって想起すべきである。だが，実は，それだけではない（!!）。

凩に私は，スイスの経済刑法上の議論を紹介しつつ，スイスにおける「双方可罰性の要件」について論じて来ていた（石黒・ボーダーレス・エコノミーへの法的視座［1992年・中央経済社］182頁以下）。例えばスイスでは，「類似した刑事規範（analoge Strafnorm）［が共助要請国に存在すること］……は双方可罰性の要件をクリアーする上での可能性をもたらすのみであり，内外規範の同一性（Identität）までは必要ないとしても，実際に可罰的であるか否かが，この要件の審査にあたっては必要」だと，正当に主張されて来ていた。だが，日本では，内外の刑罰法規が「重要な部分において重なる」ことで十分だとする，曖昧な見方が，示されていたりもするのである（同前・200頁注122を見よ。私はそこで，スイスのN. Schmid, Schweizerisches Insider Strafrecht, at 230 [1988]を引用しておいた。なお，石黒・前掲国際民訴法93頁注239をも参照）。

そうした日本における不明確な状況（但し，この点で，本書645頁以下の悲惨な状況に，注意すべきである!!）を考えればなおさら，また，ともかくも当該の者に対して，スイス行政刑法上の強制措置がとられて，問題の情報がその者から取り上げられるところ「まで」担保された法的状況下では，ギリギリにせよ，「双方可罰性の要件」ありとしても，よいのではないかと，考えられるのである（但し，当面，スイスについての，あくまで一つの考え方として，である）。

私の言う「国境でメルトダウンする人権保障」とは，何ら共助被要請国において，そうした措置を取り得る法的根拠なくして，当該の者が自国国家権力の発動を受ける場合を，問題視するものである（例えば，「日米刑事共助条約」におけるそうした不当な取扱［違憲？］につき，貿易と関税2007年7月号59頁以下，とくに64頁［!!］。なお，石黒・前掲国際倒産 vs. 国際課税5頁以下，とくに9－10頁参照）。

どこまで「双方可罰性の要件」を緩く解し得るかは，細かくは，国によって判断が異なり得ると思われるが，「双方可罰性要件」との関係で「は」，私は，以上のように考え，その限りにおいて，スイス連邦政府側の依拠する「修正前UBS合意」の「アネックス」2/A/b; 2/B/b（いずれも，前記の「情報取得可能性」を，要件としてインプットしている）は，肯定し「得る」ものと，考えているのである。但し，もとより，「詐欺的行動」を常に必要とする前記判決の方が，スイスの場合について，はるかにベターであり，自然でもあろう，との留保がつくのだが。

かくて，以上の2方面からの理由付けにより，「修正前・修正後のUBS合意」は，何ら米国司法省の前記の言説を基礎づけるものではないことが，論証されたものと，再度明確に私は，考えるのである（その先は，貿易と関税2011年9月号分［本書第2章1］において論ずる）。

さて，以上をもって，本章4は終了し，次号分は，同章5から，となる（以上，2011年5月1日午後11時47分までの執筆。点検は，翌5月2日午前3時17分終了。約12時間45分，ぶっ続けの執筆，であった）。

［以上，2011年7月号45－67頁］

## 5 「UBS 合意修正プロトコル」（2010 年 3 月 31 日）とそのスイス議会通過（同年 6 月 17 日）

\* 執筆再開にあたっての，**前号分への追記**——本号分のための，2011 年 5 月 9 日夜 0 時半頃からの，アイドリングのつもりでの「再度の下読み」のついでに，以下の点と，そして，次の第 2 章冒頭の，「これまでの論述との関係での整理」とを，事前に書いておくこととした。

「前号分への追記」とは，前号分の末尾の長い「＊部分」で論じたところの，<u>「双方可罰性要件」をどこまで緩く解し得るのか（あくまでスイスの場合についての問題であることは，既述の通り）の問題</u>との関係，である。前号分の枚数がリミットを越えたために，ここで補充（追記）をすることとした次第である。

前号分の右の個所において，私は，ギリギリで「双方可罰性要件」をスイス側としてクリアー出来る場合について，また，私の言う「国境でメルトダウン（熔融）する人権保障」との関係で，以下のごとく述べていた（下線部分を，ここでの補充との関係で，引き直してあることに注意）。即ち——

『<u>既述のごとく，前記の「刑事的な強制措置」をとり得る場合には，少なくともその一部には，当該の事案とは異なり，何らかの「詐欺的行動」（例えば，当該の事案とは異なり，偽りの文書等の使用，等）が，実際にあったと言える場合も，含まれる</u>。そして，この点については，前記の「2010 年 1 月 21 日」判決自体が，従来の判例を踏まえつつ，同判決・43 頁（パラ 6.3）において，**VStrR の 14 条 2 項に規定された『更なる「詐欺」の概念（weiteren Betrugsbegriff）』をも，ここでの「行政共助」は含むのだ，**としていたことに，注目する必要がある。但し，あくまで「詐欺的行動」と言えるものが実際にないと駄目だ，と同判決は説く。再度言うが，たしかに，その方が説得力がある。

だが，（多少苦しいが）<u>「詐欺的行動」の点が，『前記の「強制措置」が肯定されるだけの「悪性」』にまで「希釈化」されても，既述のごとく，「双方可罰性の要件」との関係は，辛うじてクリアされる</u>，と考えるべきである。そして，かかる「希釈化」が，「2003 年 MOU」を経て，「修正前 UBS 合意」でも意図されていた，というのが，煎じ詰めたところでのスイス連邦政府側の見方だ，ということになろうかと思われる。』

——と。

右で十分とは思われるのだが，スイス連邦行政刑法（VStrR）との関係を，今一歩明確化しておくべきではないかとの思いが，脱稿後しばらくして，湧いて来た。そこで，その点を補充（追記）しておく。<u>Bericht der Expertenkommission für ein Bundesgesetz über Steuerstrafrecht und internationale Amtshilfe in Steuersachen (Bern, Oktober 2004), supra</u> に基づく補充である。

補充すべきは，以下の 1 点のみである。即ち，「行政刑法に関する 1974 年 3 月 22 日の連邦法（VStrR）」において，右判決が言及する 14 条 2 項（及び同条の 1 項）は，たしかに「租税詐欺（Abgabebetrug）」を，罰金（Busse），又は，1 年から 3 年までの禁固刑（Gefängnis）で処罰する（Id. at 10.）。けれども，<u>VStrR 上の「強制措置（Zwangsmassnahmen）」は，「租税詐欺（Abgabebetrug）」が問題ではない［単なる］違反（Übertretung），例えば脱税（Steuerhinterziehung）の場合にも，とられ得る</u>（Diese

## 5 「UBS合意修正プロトコル」（2010年3月31日）とそのスイス議会通過（同年6月17日）　　115

　　Zwangsmassnahmen stehen ..... auch dann zur Verfügung, wenn es sich ..... nicht um ein ..... Abgabebetrug ..... handelt, sondern um eine Übertretung [z.B. Steuerhinterziehung].)，とされている（Id. at 11）。補充すべきは，この1点である（なお，本書131頁以下，とくに136頁と，対比せよ）。

　　この1点を補充した上で，再度，前号分における前記の『』で引用した指摘に戻った方が，ベターと考え，以上補充する（続いて，第2章冒頭の☆部分を書くこととする）。

　さて，Botschaft UBS（April 14, 2010），supra（BBl. 2010），at 2965ff に戻って，「2010年3月31日」の「UBS合意修正プロトコル」についての論述を，進めることとする（執筆再開は，2011年5月10日午後2時45分）。

　Id. at 2985（para. 6.1）は，「UBS合意修正プロトコル」について，既述のスイス新連邦憲法190条（連邦法とともに「国際法」が，連邦裁判所［Bundesgericht］その他の法適用機関［Behörden］において適用される旨を定める）に基づき，連邦行政裁判所をも拘束する正式の条約であって，「現行米・スイス租税条約」と同一の法的ランクの（auf gleicher Stufe wie .....）もの，しかも，疑いのある場合には現行条約に優先（Vorrang）するものを作り上げることが，その目的だ，としている。だが，実質的なその内容は，「行政共助」を行なうための「基準」を含めて，「変更がない（bleibt unverändert）」，とされている。いずれも，既述の通りの展開である。

　Ibid（para. 6.2）は，「2010年1月21日」のスイス連邦行政裁判所判決の39頁（パラ5.5.2）に即して前号分で指摘した点，つまり，「修正前UBS合意」の「前文」末尾が，同合意が，現行条約「25条及び」26条に基づき作成されたとしていることから，「修正前UBS合意」が（下位規範たる）「協調的合意」にとどまる旨，同判決が指摘していたことを受け，「前文」のこの個所から，現行条約「25条」への言及の「削除（Streichung）」をして，前記の点の明確化をした，とする。

　Id. at 2986（para. 6.3）は，「UBS合意修正プロトコル」で新設された「7条a」の，「規範衝突（Normkonflikt）の場合の規律（Kollisionsregeln）」について述べる。その趣旨は，既に前号分で示したので，ここでは，その条文を見ておく。この「7条a」では，「UBS合意修正プロトコル」とその「アネックス（Anhang）」は，「行政共助」要請の取扱という目的のために，「現行租税条約」及びその「プロトコル」，及び「2003年1月23日」の相互的な「条約」（Abkommen——これは，前号分でも述べたように，「2003年MOU」のことだが，いわばついでにそれも，ここで「格上げ」されているようである）に対して，規範衝突の際には優先する，と規定されている。

　Ibid（para. 6.3）は，「後法（lex posterior）」及び「特別法（lex specialis）」の優先という一般原則を，ウィーン条約法条約「30条2・3項」及び「31条以下」との関係で示しつつ，その明文化によって，「UBS合意修正プロトコル」（直接にはその「アネックス」）に示されたところの，「租税詐欺及びそれと同様（同等）のもの（Steuerbetrug und dergleichen）」についての，今や拘束力を持った解釈（nun verbindlich festgelegte Auslegung von .....）に基づく処理を，指示するのだ，とする。他方そこでは，「現行米・スイス租税条約（DBA-USA）」に基づく「情報交換」が，スイス国内での「租税条約実施規則（**VO-DBA**）」(*)の手続に基づいて処理されることを示す際に，それは即ち（D.h.），「利

害関係者の手続権 (**die Verfahrensrechte der Betroffenen**)」は，もともとの「条約」(「修正前 UBS 合意」のこと）におけると同じく，また，「根幹をなす条約 (**Stammabkommen**)」たる「現行米・スイス租税条約 (DBA-USA)」におけると同じく，<u>従前通り保障される (bleiben in gleicher Weise gewahrt wie ..... und wie .....)</u> ことを意味するのだ，とされている。

* 第 2 章 1 で扱うように，もともと「1951 年米・スイス旧租税条約」（同年 5 月 24 日署名）の締結と連動して，<u>「1951 年 6 月 22 日」の「租税条約実施に関する連邦決定」</u>(Bundesbeschluss über die Durchführung von zwischenstaatlichen Abkommen des Bundes zur Vermeidung der Doppelbesteuerung vom 22. Juni 1951) がなされており，連邦政府（Bundesrat）が，「情報交換 (Austausch von Meldungen)」を含めて（同決定 2 条 1 項 d），具体的な手続の規律につき，管轄を有して来た。

  ちなみに，同じく後述するように，2010 年には，OECD 基準での情報交換に応ずる旨の「2009 年 3 月 13 日」のスイス連邦政府の「重大な政策変更」を受けて，<u>「租税条約による行政共助に関する 2010 年規則</u> (Verordnung über die Amtshilfe nach Doppelbesteuerungs-abkommen: <u>**ADV [SR 672.204]**</u>)」が，前記の「1951 年 6 月 22 日の連邦決定」2 条 1 項 d に基づくものとして，作成されている。但し，この点については，本書 535 頁以下，及び同・568 頁以下の『時系列的整理』に注意せよ。

「利害関係者の手続権の保障」が，ここで「も」再確認されていることの意味は，再三述べて来たように，**従来のスイスの法制度の基本**との関係で，極めて重要である（ちなみに，右の Stammabkommen の語も，既に示したように，「2010 年 1 月 21 日判決」39 頁のパラ 5.5.3 が用いているものである。かくて，この Botschaft は，同判決の論理を忠実に辿り，尊重しつつ，しかしながら連邦政府側の「緊急事態」への認識を踏まえ，同判決の結論を，覆すものとなっているのである）。

さて，Botschaft UBS (April 14, 2010), supra, at 2986 (para. 6.4) は，同じく同判決を受けて，「UBS 合意修正プロトコル」3 条 2 項（その条文は，Id. at 3029）において，修正後の同合意の「正式発効」が，スイス側がその国内手続の終了を米国側に書面で通知したときからとされ，かつ，署名後の「暫定適用」を定めていることを，記している (Id. at 2986f [para. 6.5] は，スイス連邦課税当局 [ESTV] の既になされた最終決定等の有効性の維持，等を示すもの）。

Id. at 2987 (para. 6.6) は，「修正前 UBS 合意」に対する「更なる変更」について，略述する。更なる解釈問題の発生の防止のための，文言の削除（Streichungen）が，その内容である。だが，細かすぎるので，さすがに一々の変更については，省略する (*)。

* 「2010 年 1 月 21 日」判決との関係で問題となったところの，「修正前 UBS 合意」の「アネックス」2/A/b の文言は，前号分でも英文で示しておいた。そこには "Acts of continued andserious tax offense for which the Swiss Confederation may obtain information under its laws and practices <u>(as described in paragraph 10, subparagraph 2, third sentence of the protocol)</u>, which ....." との括弧内の部分があったのだが，「UBS 合意修正プロト

5 「UBS合意修正プロトコル」（2010年3月31日）とそのスイス議会通過（同年6月17日）

コル」の1条8項（Botschaft UBS [April 14, 2010], supra, at 3029）により，この括弧部分が，削除された。ちなみに，この「アネックス」で明示された「基準」を示す「4つの場合」とは，2/A/a; 2/A/b; 2/B/a; 2/B/b であり，それにはそれぞれ，「現行米・スイス租税条約」と一体をなす前記「プロトコル」10の，「サブパラグラフ2」の「第1文」，「第3文」，「第1文」，「第3文」が，右の英文引用部分（2/A/b）と同様に，括弧内に引かれていたのだが，「UBS合意修正プロトコル」の1条8項で，すべて削除された。

Botschaft UBS（April 14, 2010), supra, at 2987（para. 6.6）は，その理由につき，前記「プロトコル」のかかる参照（Verweis）が制限的（einschränkend）な意味合いを有するとの解釈を，封ずるための削除だと，これを解説している。

姑息と言えば姑息だが，「UBS合意修正プロトコル」が，新たな基準（但し，本章5冒頭の「＊部分」参照）を設定したのだとの，その趣旨の明確化，ということである。

Id. at 2987ff（para. 7.1ff）が，前号分で Widmer-Schlumpf, supra に即して言及しておいたところの，「UBS合意修正プロトコル」の（議会での正式承認までの）「暫定適用」について，である。そこで示した「1997年の政府及び行政機関法（RVOG）」7条bにより，「スイスの重要な利益の確保及び特別な緊急性」が，「条約」についてのこの「暫定適用」の，要件となる。Id. at 2987f（paras. 7.1 & 7.2）では，そのための必須の「事前手続」として，2002年12月13日の「連邦議会に関する連邦法（ParlG）」152条3項bis 及び同条4項の規定により，外交政策を管轄する諸委員会（die für die Aussenpolitik zuständigen Kommissionen）による「聴聞（Anhörung）」がなされたことを，示している(＊)。議会による行政府への牽制のための制度である（但し，連邦政府を内容的に拘束するものではない。後述）

＊ 「2009年2月18日の重大な事態」は別として，こうしたところにも，**スイスがしっかりとした「法治国家」であること**を，痛感する。同じく「国家緊急事態」に直面しつつ，大震災及び原発危機下の日本は，この点，一体どうなのか。また，直近の「生牛肉のユッケ食中毒事件」でも，今から罰則を検討するなどという「国家（社会）無責任体制」は，一体どうしたことか。

「規制緩和論者達」が，低レベルの新古典派的論理で，「妙なことをすれば，レピュテーションが問題となって，おかしなことをした者は，自然に市場から退出する」などという，「時間軸」を全く欠落させた論議を展開して来ていたこと，そして，それに沿って，前記の「無責任体制」が一層増長されたことを，我々は，忘れるべきではない（!!）。

なお，こうした新古典派的議論における「時間軸の欠落」の問題につき，石黒・前掲電子社会の法と経済（2003年・岩波）211－213頁参照。それを，同前・14－15頁と対比せよ。更に，同・前掲契約の神聖さ62頁以下の，「契約を破る自由に関する追記」，とくに同前・68－69頁参照（!!）。

「緊急事態」に直面した時の「基本的な国家の在り方」を，「今の日本の"ていたらく"」と冷静に対比する必要もあって，ここでの詳細な検討を，私は行なっているので「も」ある（!!）。

Id. at 2987f（para. 7.2）には，実際に，「スイス両院」（なお，貿易と関税2011年3月号64頁［本書22頁］参照）のそれぞれ担当委員会が，この点を検討し，「2010年3月

17日，18日」に，その立場を連邦政府に伝えた，とある。注目すべきは，この関係議会委員会報告において，「関係者にとっての法的確実性に関する懸念（Bedenken bezüglich der Rechtssicherheit für die Betroffenen）」，そして，「議会に対する透明性の欠如」が，指摘されていた，ということである。こうした観点から，議会委員会側は，「UBS合意修正プロトコル」の議会での承認が先取りされるべきではなく（dürfe nicht präjudiziert werden），再度連邦行政裁判所での処分取消し等もあり得ることを指摘し，更に，「暫定適用」によって生ずることとなる同「プロトコル」の「遡及適用（eine rückwirkende Anwendung）」への批判を行なった，とされる。かくして，議会委員会側は，（この段階では未だその「署名」の前だった）「UBS合意修正プロトコル」の「暫定適用」に，「賛成しない（nicht zustimmen）」としたのみならず，いわゆる"too-big-to-fail問題"にまで言及した（以上，Id. at 2987f［para. 7.2］）。

こうして，「暫定適用」問題についての議会側の事前了解は，結局，得られなかったのである(*)。

＊　こうした事情があったからなおさら，連邦政府側が，議会承認までは米国側に問題の顧客情報を渡してはならないとの命令を，出していたのである。なお，この連邦政府側の命令については，貿易と関税2011年3月号59頁，同4月号60頁，等においても，言及しておいた（本書17，41頁参照）。この点は，Id. at 2990f（paras. 7.3.2 & 7.4）に即して，後述する。
　　ところで，2011年5月15日，数カ月ぶりで，スイス連邦政府のホームページにアクセスしたところ，直接には第2章1のための，対米租税条約の実施規則の打ち出しが目的だったのだが（三つ前の「＊部分」参照），更なる大きな成果があった。厚さ15センチにはなろうかという大量の資料が，2011年の直近まで（5月10日のものまで）のBBl.（Bundesblatt）の検索で，出て来たのだ。
　　そのうち最も厚い，3センチ半程もあるものが，この「＊部分」の直前に示したスイス連邦議会側の動きとも，関係する。だが，そのコンテクストは，右の，いわば限定された文脈を超え，また，「IRS vs. UBS事件」をも超え，同事件を一連の金融危機の中での重要事件と位置付けつつも，こうした危機的状況において連邦政府及び各行政機関がどれだけしっかりと対応出来ていたのかを，徹底的に議会の側から批判するものである。即ちそれは，スイス両院の行政運営審査に関する委員会の報告書である（Die Behörden unter dem Druck der Finanzkrise und der Herausgabe von UBS-Kundendaten an die USA: Bericht der Geschäftsprüfungskommissionen des Nationalrates und des Ständerates vom 30. Mai 2010, BBl. 2011, at 3099-3458.）。
　　危機対応が全くなっていなかったとする，この議会委員会側の350頁超の批判は，800を超える数の詳細な注に裏付けられた，それ自体が重厚で包括的な研究書のレベルに，優に達するものである。これに対して連邦政府側は，連邦議会法（ParlG）158条に基づくものとして，40頁超の文書（Die Behörden unter dem Druck der Finanzkrise und der Herausgabe von UBS-Kundendaten an die USA: Bericht vom 30. Mai 2010 der Geschäftsprüfungskommissionen des Nationalrates und des Ständerates: Stellungnahme des Bundesrates vom 13. Oktober 2010, BBl. 2011, at 3459-3503）で，回答している。この二つの文書の双方で，「UBS顧客データの対米引渡し」問題が，かくて，一連の金融危機と同格で扱われていることには，注意を要する（貿易と関税2011年3月号51頁［本書

5 「UBS合意修正プロトコル」(2010年3月31日)とそのスイス議会通過(同年6月17日)　119

6頁]の「＊部分」の,最後のパラグラフと,対比せよ)。

　　この二つの文書が公表されたのは,「2011年4月19日」のBBl. 2011 Nr. 16においてだが,ともかく,本論文のこれまでの執筆との関係で言えば,最低限この二つの文書をベースとして,新たな論文執筆も,別途考え得るところである。だが,もはやそれは,誰か別の人に任せるべきものと,考える。

　　それはともかくとして,現下の危機的状況でも曖昧な会見や,国会での口頭の質問・答弁に終始する日本と,すべてを,「現在・過去・未来」を論理的・政策的に繋ぐための,詳細な文書等の「引用」とともに,活字で残すことが当たり前のスイスとの,「国力の差」には,歴然たるものがある。一つ前の「＊部分」の冒頭で示した点に,こうして回帰する必要が,あると思われる。**「法治国家」としての「国のかたち」の問題**である。


　　Botschaft UBS (April 14, 2010), supra, at 2988ff (paras. 7.3.1 & 7.3.2) は,こうした議会側の所見にもかかわらず,「UBS合意修正プロトコル」の「暫定適用」を行なうとする連邦政府の「決定（Entscheid）」について,である。つまり,議会委員会側の右の所見には,既述のごとく,そもそも法的拘束力はないのだが,「2010年3月31日」にスイス連邦政府は,同「プロトコル」の「署名」と,前記のRVOG7条bによるその「暫定適用」とを,決定した（同「プロトコル」については,「2010年4月7日」に,その公表がなされた）。

　　以下は,前記の議会側の,「暫定適用」にネガティヴな所見に対する,連邦政府としての回答である（Id. at 2988f [para. 7.3.1]）。RVOG7条bの1項によれば,既述のごとく,(議会がその承認につき管轄を有する) 条約につき,連邦政府がその「暫定適用」をなし得るが,その要件との関係では,今もなお (nach wie vor),「スイス全体とスイスの国民経済にとっての差し迫った危機的状況」(akute Risikolage für die Schweiz insgesamt und die schweizerische Volkswirtschaft) が,対米関係で存在することから出発する,その悲痛な訴えが,そこでも繰り返されている。具体的には,「修正前UBS合意」の5条4項による,「署名後370日」から発動可能となるところの,(当てが外れた場合の) 米国側の「リバランシング措置」への懸念が,再度語られるのである (Id. at 2988.)。

　　仮に私が,スイス連邦政府の側に立って,その先を具体的に書けと言われても,たしかに困惑する局面ではある。だが,ともかくも連邦政府は,ウィーン条約法条約26条の「合意は守られねばならない (pacta sunt servanda)」の原則,そして**同条約27条の,「当事国は,条約の不履行を正当化する根拠として自国の国内法を援用することはできない」との規定**を挙げ,「暫定適用」の必要性を訴えている(＊)。

* 本書第3章以下との関係で,極めて重要な問題ゆえ,「ウィーン条約法条約」との関係について,ここで一言しておく。

　　同条約27条（「国内法と条約の遵守」）は,たしかに,右のごとく規定する。だが,それは,同条第1文であって,同条第2文は,「この規則[同条第1文]は,第46条の適用を妨げるものではない」,と規定する。

　　同条約46条（「条約を締結する権能に関する国内法の規定」）は,その1項において

「いずれの国も，条約に拘束されることについての同意が条約を締結する権能に関する国内法の規定に違反して表明されたという事実を，当該合意を無効とする根拠として援用することができない。但し，違反が明白であり，かつ，<u>基本的な重要性を有する国内法の規則に係るものである場合</u>は，この限りでない。」

——と規定する（同条 2 項は，1 項の「違反」の「明白」性に関するもの）。

<u>本書第 3 章（そして第 4 章）</u>では，「2009 年 3 月 13 日」の「重大な政策変更」以降のスイスが，「双方可罰性堅持」の従来路線を越えて，OECD 基準での「情報交換」条項を含む租税条約を締結して来ていることを，私の言う「<u>国境でメルトダウン（熔融）する人権保障</u>」との関係で，問題とする。右の 46 条 1 項の文言のうち，下線を付した部分が，<u>重要</u>である。

貿易と関税 2011 年 5 月号 49 頁（本書 53 頁）で，「2010 年 <u>1 月 5 日</u>」のスイス連邦行政裁判所判決（連邦政府が後に自己批判したところの，「2009 年 2 月 18 日」の緊急避難的な，FINMA の措置に関する事例）に即して論じたように，スイス銀行法 47 条の「銀行秘密」規定の根拠は，スイス新連邦憲法 13 条 2 項の「プライバシー保護の基本権」にある。もとよりそれに対しては，同憲法 36 条による「基本権の制限」が可能だが，それを制限するには，「明確性」と規制の名宛人にとっての「予見可能性」とが必要であると，同判決は述べる。

同判決の論理を，「租税条約上の情報交換」に"置き換えた"場合，<u>「双方可罰性」の要件こそが（共助要請国・被要請国双方での"acts of fraud subject to imprisonment"という，2004 年に修正されたスイスの，OECD モデル租税条約 26 条に対する留保にも示されていたように），かかる人権的配慮と「基本権の制限」とを架橋する「憲法上の要請」</u>だったはずである（Press kit, supra を引用しつつ，貿易と関税 2011 年 6 月号分の末尾［本書 89 － 90 頁］で論じたところ）。

それを踏まえて，前記のウィーン条約法条約 27 条，46 条 1 項との関係に戻れば，この「憲法上の要請」を踏み越えて締結された条約（租税条約）上の「情報交換」条項に基づきつつも，具体的にはその実施のための，後述のごときスイスの国内法に依拠しつつなされた措置が，スイスの司法的チェックで，以上のような意味で「仮に違法（違憲）とされた場合」には，46 条の，前記の下線部分との関係で，それが「基本的な重要性を有する国内法の規則に係る」ものとなった（それに対する「違反」），と言い「得る」ことになろう。

但し，46 条 1 項・2 項は，かかる国内法の規定への「違反」の「明白性」をも要件としており，46 条 1 項，従って 27 条第 1 文・第 2 文をクリアーするためには，更なるハードルが残る。それがクリアー出来ない場合には，「対外関係」では条約遵守義務が残り，「<u>対内関係</u>」では条約の適用が出来ないという，"義務の衝突"が，生じることとなる。

なお，右の最後の点との関係では，ウィーン条約法条約との関係を超えて，<u>国際法規範と憲法との，法の位階構造上の問題</u>が別にある。そしてこの点は，各国の憲法体制に依存し，それゆえ，国ごとに扱いが異なることになる（石黒・前掲国際私法［第 2 版］186 頁以下の注 327 参照）。

ここで想起すべきは，「改正米・スイス租税条約」（2009 年 9 月 23 日署名）の，26 条 5 項第 2 文である。貿易と関税 2011 年 3 月号 49 頁（本書 3 頁）に掲げたように，そこには「銀行保有情報」の引渡しとの関係で，"<u>notwithstanding …… **any** contrary provisions in its domestic laws</u>"との，非常に気になる文言があった。この書き振りは，ウィー

5 「UBS合意修正プロトコル」（2010年3月31日）とそのスイス議会通過（同年6月17日）　　121

ン条約法条約27条の第1文と同じだが，そこには，46条との関係を留保する第2文があった。そのあたりをどう整理すべきかが，極めて重大な問題となるのである。

　以上，本論文のこれからの基本的な流れとの関係で，重要ゆえ，あらかじめ一言しておく次第である(**)。

\*\*　本章では，この程度で先に進むつもりであった。だが，既述の，「2011年5月15日」の新たなネット検索で，さまざまな文書を打ち出せた。その関係で，「ウィーン条約法条約」との関係，そして，**「条約と憲法」との関係**についても，更にここで，補足的に言及しておこう。

　実は，直前の「＊部分」の執筆に際して，私は，スイスの国際法学の古典たるJ. P. Müller/L. Wildhaber, Praxis des Völkerrechts (2. Aufl. 1982), at 58ff (Das Staatsvertragsreferendum), 103ff (Konkurrenz völkerrechtlicher und landesrechtlicher Normen), 113ff (Koordination völkerrechtlicher und landesrechtlicher Rechtssetzung), 130ff (Völkerrecht und Verfassung) や，条約法関係の，McNair, The Law of Treaties (1961 Oxford), at 58ff (Constitutional Requirements); Oppenheim's International Law (9th ed. 1992), Vol. 1 Part 4, at 1284ff (Invalidity of Treaties) などを読んではいた。だが，右の更なるネット検索で，ドンピシャの連邦政府側報告書がヒットした。**Das Verhältnis von Völkerrecht und Landesrecht: Bericht des Bundesrates** in Erfüllung des Postulats 07.3764 der Kommission für Rechtsfragen des Ständerates vom 16. Oktober 2007 und des Postulats 08.3765 der Staatspolitischen Kommission des Nationalrates vom 20. November 2008 (5. März 2010), BBl. 2011, at 2263-2341; **Zusatzbericht des Bundesrates** zu seinem Bericht vom 5. März 2010 über das Verhältnis von Völkerrecht und Landesrecht（30. März 2011), BBl. 2011, at 3613-3661 の，二つの報告書である。

　右の表記からも，スイス両院委員会からの要請（Postulat）による報告書の提出であることが知られる。議会委員会側の右要請の日付けからして，「IRS vs. UBS事件」との直接的関係があってのものではないのだが，スイスにおいて，「条約と国内法，とくに憲法との関係」で，これまで結構多数の問題が生じていたことは，Müller/Wildhaber, supra にも多々記述がある。

　ここでは，直前の「＊部分」との関係で，一言するのみにとどめるが，右の二つ目の報告書（**Zusatzbericht des Bundesrates**）の冒頭（Id. at 3614）では，連邦憲法上，「国際法上の強行法規（**ius cogens**）」に反する「国民発議（Volksinitiative）」については，連邦議会がこれを無効（ungültig）と宣言せねばならないと，まずある。だが，「その他の国際法（übriges Völkerrecht）」に違反する「国民発議」は，連邦議会によって有効なものとして宣言され，しかるべき投票へと，それが回されるべきこととなる，とされる。そこからも知られるように，この報告書の主たる関心事は，スイスならではの「国民発議」との関係である。

　そうではあれ，Id. at 3657f には，「国際法と国内法との関係」についての，一般的論述がある。即ち，「国際法の法的なランク付け（Rang des Völkerrechts）」に関する連邦政府側の見方である。それによれば，一般論としては，「国際法は国内法を破る（Völkerrecht bricht Landesrecht.）」との原則が妥当する。だが，スイスでの取扱いは，そう単純なものではない。この点は，むしろ右の前者の報告書の方に，明確に書かれていることだが，Id. at 3658 においても，「憲法上の基本原則及び基本権的な核心をなす内容は，国際法に優先すること（, dass verfassungsrechtliche Grundprinzipien und grundrechtliche Kerngehalte dem Völkerrecht vorgehen.）が，別途認められている旨，示されている。

この点での一層一般的な説明を，右の最初の報告書から見ておこう。**Das Verhältnis von Völkerrecht und Landesrecht: Bericht des Bundesrates（5. März 2010），**supra, at 2308ff（para. 8.6.1）である。そこには，条約を含む「国際法」と「連邦憲法」との衝突について，以下の記述がある。

まず，スイス新連邦憲法には，この点についての明示の規定はなく，常に右のいずれかが優先する訳ではない，とされる。また，一部既述の点だが，新連邦憲法193条4項，194条2項で，憲法改正は「国際法上の強行法規」には違反し得ないとされ，かつ，そうした違反のある「国民発議」については，同法139条2項で，連邦議会が，その無効を宣言することとなる（この「国民発議」は，新連邦憲法136条1項において，「連邦事項についての政治的な権利は全てのスイス国民に帰属する」と定められていることを，その背景とする）。

これに対して，「イウス・コーゲンス以外の国際法と憲法との衝突」については，新連邦憲法に明確な定めはない。同法5条4項にも，「連邦及び州（カントン）は国際法を考慮する（beachten）」，とあるにとどまる。Id.（5. März 2010），at 2308は，この規定からは，国際法が常に優先することは導き得ないと，新憲法制定時の連邦政府の公的説明（BBl. 1997 I, at 134）を引用しつつ，述べるのである。

他方，BBl. 2010, supra, at 2308は，続けて以下のように述べる。即ち，新連邦憲法190条は，法適用をする諸官庁，そしてとくに連邦の裁判所（und speziell das Bundesgericht）に対して，「連邦法及び国際法を，それが憲法違反であるときにも適用すべきこと（..... selbst dann anzuwenden, wenn diese verfassungswidrig sind.）を義務づけるものだとする，同条の文言を超えた連邦政府側の見解が，まずは示される。更には，この規定は，最初から（von Anfang an），「違憲審査権（Verfassungsgerichtsbarkeit）」を妨げるためのものだった，とされる。但し，この点については，（もとより）学説・判例によって例外が認められて来ている，とされている。

そして，全ての場合について判例がある訳ではなく，また，学説に争いがあるのだが，としつつ，Id. at 2309fは，以下の纏めを示している。まず，①当該の国際法上の規範（条約を含む）及び憲法190条よりも，（それと衝突する）憲法規定の方が新しい（jünger als）場合には，「後法優先の原則（Lex-posterior-Prinzip）」等により，その憲法規定が，優先適用される。次に，②当該の国際法上の規範が，基本権の本質的核心又はその他の中心的な基本的諸価値に触れる場合には，その憲法規定の適用（..... Anwendung der Verfassungsbestimmung, wenn die betroffene völkerrechtliche Norm den Wesenskern eines Grundrechts oder andere zentrale Grundwerte berührt.）が，なされる。最後に，③憲法規定が当該の国際法上の規範よりも新しく（jünger als），かつ，憲法の立法者（der Verfassungsgeber）が，意識的に国際法に反した行動をとった場合には，その憲法規定の適用がなされる。——そこでは，スイスの現状について，以上の纏めがなされているのである。

以上の，2カ所の「二重下線部分」が重要である。**従来の「双方可罰性要件」を超えた，新たなスイスの「租税条約上の情報交換」についての，スイスでの「司法審査」（直前の「＊部分」参照）を考える上での，必須の前提的論述**として，以上を付記しておく次第である。なお，本書第4章3・5の目次項目参照(＊＊＊)。

＊＊＊　だが，2011年5月15日の，前記の新たな検索で，右の「＊＊部分」とも深くかかわる，スイス国内での重要な，また「IRS vs. UBS事件」とも関連する様々な動きが，別途判明した。まず，『スイスを守ろう！——銀行秘密は憲法で保障しよう』との「国

5 「UBS合意修正プロトコル」(2010年3月31日)とそのスイス議会通過(同年6月17日)　　123

民発議」がなされた。連邦憲法の改正への発議である。前記の「2009年2月18日の重大な出来事」の後の,「2009年3月」になされたものだが,採択には至らなかった(Eidgenössische Volksinitiative《Verteidigen wir die Schweiz! Das Bankgeheimnis muss in der Bundesverfassung》: Vorprüfung, BBl. 2009, at 2127-2129；Fristablauf, BBl. 2010, at 6639.)。

　これに対して,連邦憲法の改正問題にまで事が波及した「国民発議」として,「2009年8月11日」になされた『外交政策における国民の諸権利の強化のために(条約を国民の前に!)』がある。これについては,それの「拒否(abzulehnen)」をすべきだとする連邦政府の公的説明として,**Botschaft zur Volksinitiative《Für die Stärkung der Volksrechte in der Aussenpolitik (Staatsverträge vors Volk!)》vom 1. Oktober 2010, BBl. 2010, at 6963ff** が出されている。条約についての「義務的国民投票(das obligatorische Referendum)」の拡張が,そこで提案されているため,連邦政府側が抵抗し,「国民発議に反対の提案(Gegenentwurf zur Volksinitiative)」をしたのである(すべては,連邦議会法［ParlG］97条2項に基づく手続であることにつき,Id. at 6966.)。

　この「国民発議」においては,新連邦憲法140条の「義務的国民投票」の規定に,1項dを新設し,「条約であって,(1)重要な領域において多角的な法統一をもたらすもの,(2)重要な領域において将来的な立法的規定(rechtsetzende Bestimmungen)の設定をスイスに義務づけるもの」等々の4項目を,そこに盛り込もうとすることが,意図されている(Id. at 6966.)。

　最も注目すべきは,この「国民発議」の「目的(Ziel und Zweck)」の中において,連邦政府が「OECDモデル租税条約」の基準による「行政共助」を規定する全ての租税条約につき,「国民投票」を「任意的」な(つまりは,しなくてもよい)ものとする決定をしたことへの不満が,ダイレクトに示されていることである(Id. at 6973.──他方,それへのネガティヴな評価をする連邦政府側も,その過程で,例えばId. at 6975で「修正後のUBS合意」につき,注記していたりもする)。

　この「国民発議」を否定すべきだとして連邦議会に提案する連邦政府(Bundesbeschluss, Entwurf, BBl. 2010, at 6993f)は,しかしながら,新連邦憲法140条1項bの改正を,別途提案している。即ち,Bundesbeschluss, Entwurf, über das obligatorische Referendum für Staatsverträge mit Verfassungsrang (Gegenentwurf zur Volksinitiative《Für die Stärkung der Volksrechte in der Aussenpolitik (Staatsverträge vors Volk!)》), BBl. 2010, at 6995は,従来から「義務的国民投票」の対象だった同項bをbの1として,「集団的安全保障のための国際組織又は超国家的な共同体への加入を規定する条約」との,従前通りの規定を残しつつ,同項bの2として,「連邦憲法の修正を必要とし,又はそれに匹敵する規定を含む条約(völkerrechtliche Verträge, die ..... Bestimmungen enthalten, die eine Änderung der Bundesverfassung erfordern oder einer solchen gleichkommen)」も,「義務的国民投票」の対象とする,極めて微妙な規定(!!)を,提案しているのである。

　この改正提案がその後どうなったかは,いまだBBl.には,2011年5月15日(昨日)段階では,載っていない。だが,そこには,前記の「国民発議」を否定しつつ,或る種その力を利用して一定方向にスイスの法的枠組をシフトさせようとする連邦政府の隠れた意図も,あるのではないかとさえ,感じられる。

　ともかく,以上のスイスにおける最近の「国民発議」動向は,直前の「＊部分」・「＊＊部分」で論じたところと同じく,本書第4章の目次項目の,重要な前提をなすものと

言えよう。**スイス社会の「復原力」**は,「司法の健全性」のみならず,その「直接民主制」の法的伝統にも,強く支えられている面が,ありそうである(!![****])。

＊＊＊＊　以上とは別に,「国民議会国家政治委員会報告(Bericht der Staatspolitischen Kommission des Nationalrates)」(2010年2月5日)に基づく,「緊急状況における民主主義,法治国家及び行動能力の確保のための連邦法(Bundesgesetz über die Wahrung von Demokratie, Rechtsstaat und Handlungsfähigkeit in ausserordentlichen Lagen)」(2010年12月17日)が,「国民投票の期限」を2011年4月7日とした上で,提案されてもいる(BBl. 2010, at 8963ff.)。スイスの政治は,日本に比して,動きがはるかにダイナミックなように,私は感ずる。

さて,挿入部分が非常に長くなってしまったが,Botschaft UBS (April 14, 2010), supra, at 2989 (paras. 7.3.1) に,ここで戻ろう。そこでは,以上を踏まえて,既述のごとく「約4,200件」の「継続的で重大な脱税」のケースにつき,「暫定適用」をしないままの状態が更に続けば,連邦行政裁判所が課税当局(ESTV)に対して,「2010年1月21日」の判決の線でそれらについて「も」行動せよとの,(更なる)命令を下すことも予想され(wäre damit zu rechnen, dass ……),条約の目的自体が覆されてしまう(unterlaufen),とされている。

だが,Id. at 2990f (para. 7.3.2) は,それだけではなく,議会委員会側が批判する条約の「遡及的適用」について,反論する。即ち,RVOG7条bの趣旨に,この点は織り込み済みのはずであって,本来ならば連邦政府は,「暫定適用」により米国側に,議会の承認前であっても,問題の顧客情報の引渡しも出来るはずだが,と斬り返すのである。そうではあるが,「遡及適用」(その意味内容についても反論があるが,ここでは省略)を出来る限り狭めるべく,連邦政府は,議会承認前の米国側への情報引渡しを(当該の者の同意のあった場合,当該の者がIRSの「任意開示プログラム」に応じていた場合を例外として),禁止する命令を出したのだ,とするのである(Id. at 2991のpara. 7.4をも参照。——但し,Id. at 2999 [para. 11.2] には,この「UBS合意修正プロトコル」が,「2001－2008年の納税期間」という「過去」の出来事を問題とするものであるがゆえに,それ自体が,「許されざる遡及効[unzulässige Rückwirkung]」を有するのではないか,との疑念に,別途答えた個所がある。そこでは,「行政共助」・「司法共助」は「手続法[Verfahrensrecht]」ゆえ,法の遡及的適用の禁止には当たらないとする連邦裁判所の裁判が,ともかくも引用されてもいるが,省略する)。

Id. at 2991ff (para. 8) が,「UBS合意修正プロトコル」の,従って(前記の微調整は別とした)「修正前UBS合意」の,個別条文の説明だが,ここは,もはや省略してよいであろう。

以上が,「UBS合意修正プロトコル」についての,スイス連邦政府の公的説明である。そして,以上を前提として,あとは,連邦議会での承認手続となった。貿易と関税2011年3月号65頁(本書23－24頁)に記しておいたように,「2010年6月17日」に議会での審議は,無事終了したのだが,とくに「国民議会」では,「賛成81,反対

61，棄権53」という，辛うじての可決，であった。ネットからは，議会での個別の論議についても，一次資料をダウンロードしてあるのだが，そこまで立ち入ることは，さすがに控える。先に早く行きたいから，である。

## 6　小　括

　以上で，「IRS vs. UBS 事件」に関する本論文での検討は，終わりとなる。貿易と関税2011年3－8月号にわたる（本書第1章での）検討の「小括」を，ここですることとなる。だが，再三述べたように，貿易と関税2011年3月号47頁（本書1頁）に記した「2010年」の「9月11日（「9.11」!!）」の「事件」を挟んだ本論文のここまでの展開と，そのちょうど6カ月後の<u>「2011年3月11日」の，かの「大震災と福島原発事故」</u>及びそれ以後の状況との"同期現象"が，まずもって想起される。

　実は，その前日の「3月10日」の午後に，私は，いつものように何をどう描くという明確な意識は一切持たずに，某会議中に，名刺の大きさの紙に，何となく人の顔を描いていた（3月8日未明の，本年最初の一枚には，「**Die Haut**」[貿易と関税2011年5月号62頁（本書68頁）参照]と絵の中に記しつつ，執筆途中の5月号分までの分についての，万感の思いを込めて，どんなに拡大してもその悲しく厳しい眼差しが希釈化されないものを，描いていた）。

　「3月18日」の某戦略会議の後，数日経って，何となくそれをはがき用の紙に印刷して，愕然とした。悲しい（優しい，と言う人も居る）顔の上の，髪の毛に当たるところの左側部分には，「なぎ倒された樹」が，右には，どう見ても，「引っ繰り返された家の屋根＆船」（!!）としか言えないものが，そして，その両者を繋ぐ多数の線の中には，髪の右上に向けて，「白い眼ですべてを飲み込む蛇」（津波!?）が，あるのである。しかも，顔の下には，「爆発でグニャグニャになった原発建屋の鉄骨」そっくりのものがあり，それが顔を支えている。結構多数の人に実際に見てもらったが，大体皆，愕然・慄然とする。但し，豊田正和氏（貿易と関税2011年5月号58頁[本書64頁]参照）などは，「お顔が優しいから救いになるし，そう考えて頑張ろう」（KOKORO Projectとの関係である），との趣旨のレスポンスだった。

　これは，明確に，「氣」による「予知」，である。しかも（!!），<u>私の2011年の「初夢」</u>は，『タクシーで高速を走っていて，メーターが真っ暗なことに気づき(*)，運ちゃんにその旨伝えると，「お客さん，関東一円，真っ暗ですよ」と言われ，左の方を見ると，確かにあたり一面真っ暗で，明かり一つなかった』，というものであった。そして，震災後の「計画停電」で，その通りの事態となった。これらが，すべて偶然だなどと，一体，誰が言えるのか，ということである。

　　＊　但し，これは，「モントリオール」で実際に起きた，信じ難い事態において，経験したことである。貿易と関税1999年11月号70頁参照。それは，「2004年12月2日」の私の「氣」の「覚醒」の，はるか前だが，思えば，その頃から既に，「過去の組み替え」をはじめとした，私の強い「先天の氣」が，働いていたようである。そうでなくては，

あの時私は，モントリオールの高速の，走行中の一番端の追い越し車線で，追突されて事故死していたはずである。空港で拾ったポンコツ・タクシーが全速力で走っていたのだが，そのメーターが，旧にプツンと音がしてすべて真っ暗となり，びっくりして後ろを見た。ところが，何と我々のすぐ後ろに，黄色い工事用車両がぴかぴかランプを回しつつ，ピタリと後方につい「ていた」。そして，安全に6車線の反対側の路肩まで，誘導してくれたのである（‼）。

ともかく，当初「グーグル検索」などにおける，収拾のつかない情報の，しかも偏った氾濫(*)に悩まされたあと，客観的なスイス政府のホームページに救われて，ここまで来れた訳である。

* ちなみに，ネットで「石黒一憲」を検索すると，第1に出て来るIという人の，私への誹謗中傷について，一言しておこう。ご丁寧に，石黒・前掲電子社会の法と経済を出した岩波書店についても，アホな営為としての付加的記載があるようだが，発端は，石黒・同前書 22 − 24 頁の，長い注 12 における，「池田信夫＝林紘一郎」論文への，学問的批判にある。それを根に持っての，悲しい営みである。

  だが，貿易と関税 2011 年 5 月号 58 頁（本書 64 頁）に引用したところの，豊田正和元経済産業審議官の，日経新聞 2011 年 3 月 8 日朝刊「交遊抄」における，「情熱の法学者」と題した私についての紹介文を読めば，I氏「も」，慌てたはずである。「ザマア見ろ」と，私は言いたい。それほど素晴らしい，そして有り難い「豊田さん」の，石黒についての人物紹介，であった。

  だが，下らない I 氏の中傷文がまず出て来て，それからあとも読み続けると，「石黒は気違いだ」，との結論に自然に落ち着くであろうところの，この種の検索システムに，単純なヒット数（それが本当かは，闇の中である ‼）だけではない或る種の暗い意図がないと，誰が言えようか。即ち，**客観性を装った「情報操作」**である（だからこそ私は，NTT 研究所における，一層ユーザー・フレンドリーな検索エンジンの開発に，大いに期待しているのである ‼）。

  実は，「IRS vs. UBS 事件」に関する，既述の，当初のネット検索でも，私は，同じことを感じていた（‼）。だからこそ，あくまで「一次資料」の解読に徹して，ここまで論じ進めたのである（‼）。

そのスイスは，「2009 年 2 月 18 日の重大な事態」を「悲し過ぎる例外」として，私の考えるその「本来の姿」に復帰し，あくまで「現行米・スイス租税条約」の線で，米国と交渉し，「修正前・修正後の UBS 合意」の締結に至った。前記の「国家緊急避難的事態」を自己批判しつつ，それを自ら乗り越えて，である。

米国側（司法省）が，「歴史の改竄」をしてまで，その事実（史実 ‼）を歪んで伝えようとすることの不誠実さについても，これまで再三，しかも，何度か「深掘りの度合い」を高めつつ，論じて来た通りである。

その米国は，実際のこの事件，そして，本書全体で訴える事柄を超え，何を画策しているのか。この「小括」においては，むしろ，この点に着目しておこう。いわゆる**「米国 FATCA 法」**である（なお，以下を，本書 414 頁以下，525 頁以下，等と対比せよ）。

前記の豊田正和氏が（APEC と同様に ‼）実質的に「創設」し，私が今日までサポー

## 6 小括

トするところの，産構審の「不公正貿易報告書」の2011年版第Ⅰ部第3章（「米国」）の「一方的措置」の「2．その他」の項には，諸事情あって一言のみだが，この「**米国FATCA法**」について，次の記述がある。即ち――

「米国籍の納税者による租税回避防止を主な目的として成立（2013年発効予定）した外国口座税務コンプライアンス法（Foreign Account Tax Compliance Act: FATCA）は，外国に存在する一定の金融機関に対して米国籍の自然人・法人が当該金融機関に保有する一定の口座に関連する一定の取引について源泉徴収義務を課し，これを免除するための要件として当該口座に関する情報の開示を要求し，さらに，その開示が不可能な場合に当該口座の閉鎖を求めた対応を求めることなどを規定する。こうした措置については，事案によって，管轄権の過剰行使になっていないか今後検討する必要があろう。」

――とある。

全銀協提出の米国向け意見書を含め，もっと書き込めたはずだ，とは思うが，ネットで「FATCA法」を検索すると，かつての「**米国SOX法**」（それについては，技術面を含めて，石黒・前掲国際倒産 vs. 国際課税 72頁，75－76頁）と同様の，フィーバー状態であることが知られる（全銀協の意見書も，出て来る。それについても一言しようかと思ったが，もはや割愛する）。

だが，僅かながらの右の紹介からも，貿易と関税2011年3－8月号（本書第1章）でこうして論じて来た「**IRS vs. UBS事件**」と，いわゆる「**FATCA法**」との，**濃密なリンケージ**を，誰だって感じ取れる「はず」である。

数日前だったか，「オサマ・ビン・ラディン急襲・暗殺」が現地国たるパキスタン政府の了解なしに，米国によって行なわれ，主要各国政府は，それを礼讃ないし積極的に評価した。そこに，「テロ撲滅」の美名の下に，「すべてひれ伏せ」とする，現実の世界がある。パキスタン政府が，自国の主権の侵害を訴えても，一応報道はされても，それは結局無視される。

だが，本書が論述の対象とする問題は，テロ撲滅とは，直接には関係しない（!!――テロ・ファイナンシングの防止のためだ，との声が，すぐさま聞こえて来そうだが。――本論文第4章4の目次項目参照!!）。そこで「打破」されるのは，純然たる私人の，いわば通常の法的枠組における「人権保障」である。「風が吹けば桶屋が儲かる」的な，強引な「因果関係」論で，どこかで「テロ撲滅」と結び付き「得る」なら，「国境でメルトダウン（熔融）する人権保障」は，即ち，その意味での「**炉心熔融（メルトダウン）**」は，むしろ積極的に肯定す「べき」だというのが，今の世界の風潮である。そして，全身全霊をもってそうした風潮に抗するのが，この私だ（!!），ということになる。

以上は,「小括」というよりは,これまでの議論の,ささやかな「展開」と言うべきものだが,以上を持って,第1章の論述を,終えることとする(以上の執筆は,2011年5月10日午後11時59分まで)。

# 第2章 「従来のスイスにおける租税条約上の情報交換」と「堅持されていた"双方可罰性の要件"」

☆ 第2章冒頭にあたって——これまでの論述との関係での整理

　ここで「IRS vs. UBS 事件」関連の論述が一応終わり、章が変わることになる。そこで、ここにおいて、第1章までの論述とこれからのそれとの、最低限の架橋をしておこう（本書 114 － 115 頁の「＊部分」と同様、2011 年 5 月 9 日のアイドリング的執筆。今、同日午前 4 時 15 分）。——その際、単に本書の頁を引くのみでは、読み手側の意識が頁をあちこち捜している間に、断絶してしまう。そのため、重複を厭わず、"架橋"のために必要な情報を、再度一々示す手法を、ここでは採用する（これは、もともとは毎月の雑誌連載のための工夫だったのだが、それを超えた意味もあろう。従って、これを本書の基本的執筆方針とする次第である）。

　本章1では、従来のスイスの「刑事司法共助」の法的枠組を、対米での「情報交換」との関係で、問題とする。その関係で、貿易と関税 2011 年 3 月号 53 － 54 頁における指摘が、まずは重要となる。即ち、そこで私は、スイス財務省（EFD）の文書を引きつつ——

① 『［「行政共助」以外の］外国の当局への情報提供のもう一つの道として、EFD, supra（Bankgeheimnis und internationale Steuerfragen [Bern, Juni 2009]）, at 345ff が示すのは、従来のスイスにおける「司法共助 (judicial assistance [Rechtshilfe])」のルートである。だが、注意すべき点がある。
　　EFD, supra（Juni 2009）, at 19ff に、課税当局間の「行政共助（Amtshilfe）」と「司法共助」との区別が、要領よく纏められているのだが、Id. at 19f には、**租税条約に基づく課税当局間の「情報交換」として、米・スイス間では長年（seit vielen Jahren）かかる「行政共助」がなされて来ており、近年（[i]n jüngerer Zeit）はそれが、とくに EU 諸国等、他の諸国との間でも、合意された（wurde ..... vereinbart）**、とある。そうした前提……の上で、「2009 年 3 月 13 日のスイス政府（Schweizer Regierung）の基本決定」以降は、それ（「行政共助」）を、OECD モデル租税条約 26 条の線で行うのだ、とあるのである。……
　　この「行政共助」と区別される「司法共助」について、EFD, supra（Bankgeheimnis und internationale Steuerfragen）, at 20f は、「2006 － 2008 年の期間の司法共助要請（Rechtshilfegesuche）」の実績（ドイツ 47 件、イタリア 41 件、英国 21 件、「その他諸国」198 件。——米国は「その他」に入っていることになる）を図示しつつ、以下のように解説している。即ち、逐語訳をすれば、「司法共助」の場合に協力するのは「課税当局」ではなく「司法当局（die Justizbehörden）」であり、**「租税犯罪の場合」（bei Fiskaldelikten**——細かな定義等は、「**IRS vs. UBS 事件」との**

関係を含めて，後述する）の国際的な「司法共助」は，とりわけ（unter anderem）「二国間の司法共助条約」に基礎を置く（basiert ..... auf）。「司法共助」は，係属中（hängig）の刑事手続に際してのみ（nur bei）可能となり，かつ，引渡された情報は，租税刑事手続（Steuerstrafverfahren）の中でのみ使用され得る（dürfen nur im ......verwendet werden）。「租税犯罪の場合」の「司法共助」の手続においては，押収（Beschlagnahmungen），家宅捜索（Hausdurchsuchungen）のような強制措置，及び，「銀行秘密の解除（Aufhebung）」が，可能となる。スイスは，ずっと以前から（seit jeher），「租税事件（Steuersachen）」について，「司法共助」を認めている［，とされている。］』

――と述べていた。

　他方，私は，貿易と関税 2011 年 4 月号 50 － 51 頁において，まず，Switzerland's Amicus Brief, supra（April 30, 2009), at 4f を引きつつ――

② 『まずもって Id. at 4f で言及されているのは，1973 年に署名され 1977 年に発効した「米・スイス刑事司法共助条約」(The Treaty on Mutual Assistance in Criminal Matters［TMAC］, 27 U.S.T. 2019）である。Id.（Switzerland's Amicus Brief, supra［April 30, 2009］), at 5 では，それが（前記の）スイスの法規定を override することを確認した上で，この TMAC が，この種のものとしては米国にとって (!!) 最初の条約だったこと，そして，それが米国と他の諸国との同種の条約のモデルとして使用されたことについて注意を喚起しつつ（注 11 では，35 U.S.T. 1361 の，米・オランダ間の，同様の 1981 年条約が，掲げられている），他方スイスは，として，この意見書の Appendix Tab 3 の条約リストを注 12 に引用しながら，スイスが他の多くの国々との間で（この種の）二国間「司法共助 (legal assistance)」条約を有して来ていることを，（スイス側の大きな実績として，いわば）誇示している。』

③ 『そして，Id.（Switzerland's Amicus Brief, supra), at 5 では，スイスが，「刑事事件における国際司法共助に関する 1981 年の連邦法」(Bundesgesetz über internationale Rechtshilfe in Strafsachen［Rechtshilfegesetz, IRSG］［Federal Act on International Mutual Assistance in Criminal Matters（IMAC）］ StGB March 20, 1981, SR 351.1）を制定し，前記の TMAC 同様に，この IMAC もまた，スイスのプライバシー法に優先 (take precedence over) する，とされている（スイス政府が，他の諸国からの刑事［司法］共助要請につき 1 年に約 1500 から 1800 件を処理［process］していることも，そこに示されている）。』

――と述べていた。

　更に，同前（4 月号）・51 頁においては，「1951 年米・スイス旧租税条約」上の「情報交換条項」に関する論述の冒頭部分として――

④ 『**Bericht der Expertenkommission für ein Bundesgesetz über Steuerstrafrecht und internationale Amtshilfe in Steuersachen zu Handen des Chefs des EFD (Bern, Oktober** 2004)であるが，Id. at 33 とその注 65 に，次の記載がある。即ち，この報告書の時点たる「2004 年」の少し前まで（[b]is vor kurzem），スイスは他の諸国に対して，（前記の）「連邦刑事国際司法共助（Rechtshilfe）法」に基づいてのみ（nur），かつ，「租税詐欺犯罪（Steuerbetrugsdelikte）」の場合にのみ（nur），直接税の領域における（im Bereich der direkten Steuern）「司法共助」（Rechtshilfe——「行政共助」と区別されるそれ。既述）を行なって来ていた，とする本文を受けて，注 65 は，<u>2004 年現在に至るまでずっと（schon immer），米・スイス間の租税条約に基づく「司法共助（Rechtshilfe）」が，その例外をなして来た</u>，とする（但しそこには，「両国課税当局間の[zwischen den ..... Steuerbehörden]」との，それだけだと無用の誤解を生じさせ得る表現があるが，この点は今は無視する）。』

——と述べていた。

　以上が，これまでの論述において，本章とかかわる部分，である（この部分の纏め的執筆は，2011 年 5 月 9 日午前 4 時 59 分まで。何となく徹夜めいたことを，してしまったが。——ここまでの点検は，2011 年 5 月 11 日午前 0 時 50 分まで。約 10 時間ぶっ続けの執筆，であった。執筆再開は，同年 5 月 10 日午後 2 時 57 分）。

## 1　"**Tax fraud or the like**"とスイスの国際刑事司法共助——従来のスイスの基本的な法制度的枠組について

　さて，右の①－④に略述したように，「従来のスイス」，即ち，「2009 年 3 月 13 日」のスイス政府の「重大な政策変更」までのスイスでは，もともと「米・スイス租税条約」（1996 年）を例外として，すべて「（刑事）司法共助」の形で，「租税詐欺」関連の「情報交換」がなされて来た。前記の①にあるように，近年においては，「租税条約」上の「行政共助」に基づくそれが，とくに EU 諸国等，他の諸国との間でも，合意されるに至っているのだが，それについては後述する。

　本章 1 では，右の見出しにあるように，「刑事司法共助」に関するスイスの国内的な法制度枠組について論ずる。だが，その前に，いわばそれとの対比として，第 1 章の（小さな）積み残し案件の方を，先に処理しておこう。つまり，「IRS vs. UBS 事件」との関係からも，「米・スイス租税条約」（1996 年）との関係での，スイス国内での具体的な手続について，言及しておこう。

　既述のごとく，「1951 年 6 月 22 日」の連邦決定によって，租税条約実施に関する具体的な規律は，連邦政府に委ねられていた。従来のスイスでは，各条約ごとに規則が制定されていたようであり，対米では，右の条約との関係で，Verordnung zum schweizerisch-amerikanischen Doppelbesteuerungsabkommen vom 2. Oktober 1996, SR 672.933.61, at 1ff が，作成されていた（例えば対独規則は，SR 672.913.610 にある[*]）。

132　第2章　「従来のスイスにおける租税条約上の情報交換」と「堅持されていた"双方可罰性の要件"」

\*　それらが、「2009年3月13日」の「重大な政策変更」との関係で一本化され、同じく1951年の前記連邦決定に基づきつつ、2010年の、前記規則（Verordnung über die Amtshilfe nach Doppelbesteuerungsabkommen: **ADV [SR 672.204]**）に、基本として一本化されたのである。ちなみに、同規則（ADV）15条では、南アフリカ、スペイン、フィンランド、英国、ノルウェー、ドイツ、そして米国との間の租税条約実施規則の廃止（対独・対米については一部条項の廃止）が、規定されている。裏を返せば、それらの国々との間の租税条約には、対米に続き、「行政共助（Amtshilfe）」が規定されていたことになる。前記の①における指摘と、対比せよ。

　なお、対米・対独の従来の規則を並べた議論が、スイス財務省（EFD）・連邦課税当局（ESTV）連名での、Anhörung zur Verordnung über die Amtshilfe nach Doppelbesteuerungsabkommen（ADV）: Erläuternder Bericht（Jan. 20, 2010）, at 6 にある。――その先の実にドラマティックな展開については、まずもって本書568頁以下の『時系列的整理』を見よ。

　ここでは、この従来の「対米租税条約実施規則」の規定を、まずは、軽く見ておく。その上で、租税条約とは別枠での、米・スイス間の国際刑事司法共助の法的枠組と、そこでの「双方可罰性要件」及び「銀行秘密規定」との関係を、見ることとする（なお、ADV15条2項bで廃止された対米規則の規定は、20条aから20条kまでの規定である）。

　右の「対米規則（Vo DBA-US）」19条以下が、「情報交換」の規定である。19条で、連邦課税当局（ESTV）が米国側の申請を「評価する（auswerten）」とあり、20条aの2項で、自らの情報が米国側に引渡される立場の者に対して、「事前に（im Voraus）」当該の情報の種類及び範囲について告知する、とある。同条3項で、当該の者が同意すれば、情報は同意後に引渡されるが、同意しない場合、または、30日以内にそれについて回答しない場合には、20条bの2項で、ESTVが命令を出す。ESTVの決定・命令については、同条3項を経て、同規則5条により、「法的救済（Rechtsmittel）」が、保障されている。

　なお、同規則20条c以下には、右とは別枠で、「租税詐欺の疑いのある場合（bei Verdacht auf Abgabebetrug）の情報交換」についての規定がある。20条cはスイス側の「事前審査（Vorprüfung）」の規定であり、20条cの3項で、米・スイス租税条約26条（及び前記の「プロトコル」）の規定に沿うものと判断された場合には、「情報保有者（Informationsinhaber）」に、右要請のなされたこと、及び求められた情報についてのみ、告知する（右条約26条1項第3文による）。同規則20条dの2項では、「情報保有者」又は「当該の者（die betroffene Person）」が14日以内に同意をしない場合、ESTVは「情報保有者」に対して命令を出すが、その際、「銀行秘密」又は「職業上の秘密」は、情報入手の妨げにはならない、とされる（同条3項）。20条eが、関係者（当該の者）の権利についての規定であり（送達の問題も絡むが）、その者の一定の手続参加が認められている。

　20条f以下が、種々の「強制措置」の規定である。その法的位置付けについては、本号分の冒頭（本書114頁以下の「＊部分」）を含めて、既に論じたので、省略する。20条jは当局の最終的な処分（命令）の規定であり、そこにおいて、「租税詐欺」の存否

を明示するとともに，米国側への情報引渡しについて，決定が下されることになる。そして，20 条 k で「法的救済」が規定され，「情報保有者」にも，その者が固有の利益を有する場合には，救済が認められる，とある（21 条は罰則規定）。

こうして「最終規定」となり，22 条で，対米での旧規則（1951 年 11 月 2 日）の廃止が規定され，24 条で本規則の 1998 年 2 月 1 日の発効が，規定される。

かくて，明確なスイス側の手続の下に，あくまで関係者の司法的救済を重視しつつ「情報交換」のなされて来たことが，本規則からも知られる。そして，この点が，本書で再三言及したところの，連邦行政裁判所の判決と，繋がって行くことに，なるのである。

こうした規則の細かなところは，重要とは思われない。いわばそれは，本書第 1 章の論述を，微視的に補強するための，そして，いよいよこれから本章 1 に入るための，露払いとしてのもの，であったにとどまる。但し，既述の，Botschaft UBS (April 14, 2010), supra (BBl. 2010), at 2986 (para. 6.3) が，本規則に言及していた関係で，ここでそれに言及したので「も」ある。そして，以上によって，「UBS vs. UBS 事件」には，はっきりここで，カタがついたことになる。

だが，他方，このまま本号分でその先を論ずるには，紙数が足りない。そこで，以下は，仕方がないので，次号分に回すこととする（以上，執筆は，2011 年 5 月 16 日午後 11 時 58 分まで。点検終了，同年 5 月 17 日午前 1 時 28 分）。

[以上，2011 年 8 月号 51 － 68 頁]

前号分末尾部分において，「対米租税条約実施規則」（1996 年 10 月 2 日）の内容を概観したのは，これから論ずる米・スイス間の「刑事司法共助」の場合との対比に，その主眼があった（執筆再開は，2011 年 5 月 27 日午前 4 時 15 分）。

以下，本書 129 頁以下の，「☆　第 2 章冒頭にあたって――これまでの論述との関係での整理」に示した①から④を前提に，まずは 1981 年のスイス「連邦国際刑事司法共助法（**IRSG**）」[*]について論じ，続いて，1973 年署名 1977 年発効の「米・スイス刑事司法共助条約」について論ずることとする。「IRS vs. UBS 事件」との関係を意識した論述となることは，言うまでもない。

　　*　貿易と関税 2011 年 4 月号 50, 51 頁において，同法の略称を「**IPRG**」と表記したのは，「**IRSG**」の誤りであるので，**訂正**する（本書では既に訂正済だが，私が何をどうミスしたのかの証拠は，そのまま残すこととする。本書において，以下同じ）。

そして，以上の本章 1 を受けて，本章 2 以下においては，再度「租税条約」上の「情報交換」の問題に移り，「双方可罰性要件」を維持した上での，スイスのその後の「租税条約」締結への基本姿勢を，いくつかの場合を例に，確認しておきたい。なお，「2009

年 3 月 13 日」のスイスの「重大な政策変更」後，最近に至るまでのスイスの，「租税条約改正」における「情報交換」条項については，第 3 章 3 以下で，右とは分けて，論ずることとする。

さて，「1981 年 3 月 20 日」の「**国際刑事司法共助に関する連邦法（Bundesgesetz vom 20. März 1981 über internationale Rechtshilfe in Strafsachen［Rechtshilfegesetz, IRSG］）**」（SR 351.1; AS 1982 846）について，本書におけるこれまでの論述との関係に重点を置きつつ，見て行こう(\*)。だが，同法の全体構造との関係で，必要な情報を抽出するという作業が，やはり必要となる。

> \*　同法についての，議会向けの連邦政府の公的説明（Botschaft）は，BBl. 1976 Ⅱ, at 444ff だが，2011 年 5 月 28 日のネット検索で，それとともに，**Bundesamt für Justiz（BJ）, Eidgenössisches Justiz- und Polizeidepartment（EJPD）, Bericht des Bundesamtes für Justiz zu Rechtsfragen in Zusammenhang mit der Zusammenarbeit mit ausländischen Behörden（Amtshilfe, Rechtshilfe, Souveränitätsschutz）, at 1-52（Bern, 14. März 2011）** が見つかった。最新のものであり，注もしっかりしているので，以下においては，後者を，**BJ, supra（2011）** として適宜参照する。なお，Botschaft, supra（1976）, at 447 にも，大原則としての「双方可罰性要件」についての言及は，もとよりあるのだが，Id. at 483 において，条文の説明が 63 条から 65 条に飛んでいたりするものだから，右のようにする次第である。

全体で 112 条の同法は，6 部構成となっている。第 1 部（Erster Teil）が「一般規定」（1－31 条），第 2 部は犯罪人「等」の「引渡し（Auslieferung）」（32－62 条），第 3 部が，外国での刑事手続のための「司法共助（Rechtshilfe）」（63－84 条）である。そして第 4 部は，「代理訴追・処罰（die stellvertretende Verfolgung und Ahndung strafbarer Handlungen）」（85－93 条），第 5 部は，外国刑事裁判の執行（94－108 条），第 6 部が最終規定（109－112 条），である（同法 1 条 1 項が，以上の同法の構成の，基本を示している）。

ここではまず，BJ, supra（2011）, at 35（para.4.3.1）の，同法（IRSG）の基本についての要領のよい纏めを見ておこう。そこには，同法において具体化された「**刑事司法共助**」の「**三つの原則**」（**Gegenrecht, beidseitige Strafbarkeit und Spezialität**）が，掲げられている。第 1 に挙げられているのは，相手国との間の「相互の保証（Gegenrecht）」である（IRSG 8 条 1 項第 1 文）。それを第 1 に挙げるのはどうかな，とは思うが，まあよい。

第 2 が，「双方可罰性要件」であり，（外国からの共助の）「要請の実施に際して，強制措置をとることが許されるのは，その要請において示された行為が，スイス法の定める犯罪構成要件（Straftatbestand）に合致するときのみである」（IRSG の 64 条 1 項），とされている(\*)。

> \*　Ibid の示す「第 3 の原則」は，「情報使用の特定性」（Spezialität）であり，IRSG 67 条

が，これを規定する。それについては，重要な問題として，後述する。

　かくて，**IRSG** において，「双方可罰性の原則」は，64条1項において，まさに「強制措置」との関係で(＊)，規定されていることになる。

　　＊　本書114頁以下の第1章5冒頭（貿易と関税2011年8月号52頁以下）の，「＊部分」を，ここで参照すべきである（!!）。

　IRSG64条は，「強制措置」と題し，同法第3部の（「引渡し」以外の）「その他の司法共助」の，第1章（「要件」）の「一般規定」（第1節）の，2番目の規定となっている（ちなみに63条は，「司法共助」でとられ得る措置等を列記する）。64条の1項は，次のように定める。即ち――

　「63条による諸措置であって手続的強制を要求するものについては，外国で訴追された行為（die im Ausland verfolgte Handlung）がスイス法により可罰的（strafbar）な構成要件の客観的特徴を示すことが，事実関係から明らかとなるときにのみ，命じられ得る（dürfen nur angeordnet werden, wenn .....）。それら［の措置］は，スイス法によって実施される。」

――との規定である（同条2項については，後述する）。
　この点を先に示した上で，同法の規定を，最初から順に，見て行くこととする。まず同法1条3項は，「この法律は，要請をする側（ersuchend）の国の法によって，裁判官の判断が求められ得るところの刑事事件（Strafsachen ....., in denen ..... der Richter angerufen werden kann）についてのみ，適用される」と規定する。それを前提としての64条1項だ，ということになる。
　同法の構造上，1条と1条aとが，「第1部　一般規定」の「第1章（1. Kapitel）適用領域」の，「第1節（1. Abschnitt）　協力の対象と限界」を構成するのだが，「本法から，刑事事件における国家間の協力についての請求権（Anspruch）は導かれ得ない」とする1条4項に続き，1条aは，「協力の限界」と題して，「この法律の適用に際しては，スイスの主権的権利（Hoheitsrechte），安全，公の秩序，またはその他の重要な利益に考慮が払われるべきである（ist ..... Rechnung zu tragen）」，と規定する。
　問題の3条3項があるのは，第1部第1章の「第2節　要請の排除（Ausschluss von Ersuchen）」の中である。この第2節は，2条（「外国の手続」）から始まる。外国の手続が，人権保護その他の，2条所定の事情（政治的・宗教的等の事情による訴追の場合を含む）にあたると判断される場合には，刑事事件における協力には応じられないとするのが，2条の規定である。
　同様に，（外国での）手続の対象が，スイスの側から見て（nach schweizerischer Auffassung）政治的性格のもの，国際人道法違反，等々の場合には，協力要請には応じられないとするのが3条である。とくに，3条3項は，いわゆる「財政関連の犯罪（Fis-

136　第2章　「従来のスイスにおける租税条約上の情報交換」と「堅持されていた"双方可罰性の要件"」

kaldelikt」(*)を，原則的に「司法共助」の対象から排除している（なお，BJ, supra [2011], at 32 [para.4.2.1].）。

* FDF（Federal Department of Finance），Administrative and mutual assistance in tax matters (Last updated on: 15.03.2010) には，"A fiscal offence is an act aimed at reducing fiscal duties or violating regulations concerning monetary, trade or economic policy." との説明が，なされている（なお，この文書で"mutual assistance"とあるのが，「司法共助」のことである）。

だが，こうした文脈の中で，3条3項の「但書」においては，「租税詐欺（Abgabebetrug）」に関して——

「a.　この法律の第3部による司法共助（Rechtshilfe）の要請であって，<u>租税詐欺（Abgabebetrug）が［外国での］手続の対象である場合，</u>
b.　この法律のすべての部（Teil）による要請であって，1974年3月22日の<u>行政刑法に関する連邦法14条4項に規定された特別な租税詐欺</u>（ein qualifizierter Abgabebetrug im Sinne von Artikel 14 Absatz 4 ……）が［外国での］手続の対象である場合」

——には，要請に応ずることが出来る（Es kann jedoch entsprechen werden: ……），と規定されているのである(*)。

* 貿易と関税2011年8月号分冒頭の「＊部分」（本書114－115頁）において，<u>スイス連邦行政刑法14条の1・2項について補充しておいたが，SR 313.0で同法の条文を見れば，「租税詐欺」との関係では，14条の1・2項が主に規定していることが分かる。右のb.で挙げられている「行政刑法」14条の「4項」は，1・2項による行為のうち，行為者が「グループの一員として（als Mitglied einer Bande）」，かつ，輸出入等に絡んで，「租税詐欺」を行なった場合を，qualifizierter Abgabebetrugとして，刑を重くする規定である。

<u>前記の64条1項と対をなすのが，この同法3条3項である。かくて，その双方により「課税」関係での，「租税詐欺」に限った「司法共助」が，「双方可罰性要件」を前提になされると，いう構造になっているのである。</u>

なお，この「双方可罰性要件」との関係で，「強制措置」に関する64条の「2項」には，「<u>外国で訴追された行為がスイスでは可罰的でない（処罰されない）場合（Ist die im Ausland verfolgte Tat in der Schweiz straflos, ……）</u>」についての規定がある。だが，それについては，あらかじめ最低限の補足説明が，必要となる。

「双方可罰性要件」との関係では，スイスで可罰的でないなら，単純に「司法共助」の要請は拒絶される「はず」である。確かに，原則論としてはそうなる。

だが，64条2項では，こうした「双方可罰性欠如」の場合であっても，以下の二つの場合には，「手続的な強制」を伴う63条に基づく措置が許される，とする。それは，第1に，「訴追者の免責のため（zur Entlastung des Verfolgten）」になる場合，であ

る（64条2項a）。つまり，当人が外国手続で免責（無罪）になり得る証拠等がある場合にも「双方可罰性要件」にこだわることは「しない」，との主義が，ここに「も」(＊)，示されていることになる。

＊　石黒・ボーダーレス・エコノミーへの法的視座（1992年・中央経済社）182頁以下において，私は，「双方可罰性の要件」について，夙に論じていた（なお，同・前掲新制度大学院用国際私法・国際金融法教材7頁をも参照。初出は，貿易と関税1991年12月号58頁以下）。
　　同書（中央経済社刊）・183－184頁以下において，「双方可罰性要件」を不要とする日本の一部刑事法学者の所説を批判すべく，私は，まさにスイスの場合について論じていたのだが，そこでも，右と同じスイスの主義について，以下の論述を行なっていた。即ち──

　　『まずもって重要なのは，一般論として外国から刑事の司法共助要請（Rechtshilfegesuch）があった場合，スイスは，自国法に基づき，スイス刑法上の犯罪があり，かつ，スイス法上の措置を発動し得るかにつき，独自に審査をする権限（Befugnis）を有するが，それは同時に義務（Pflicht）でもある（Weiss, Die Einziehung in der Schweiz liegender Vermögen aus ausländischem Drogenhandel, 102 ZStrR., at 195 [1985].），との強烈な認識があることである（なお，[本書で既に引用したところの] Honnegger, Swiss banking secrecy, Butterworths Journal of International Banking and Financial Law, at 347 [August 1990].）。アメリカとの [後述の刑事司法] 共助条約（[後述の] 組織犯罪関係の規定は例外）の場合を含めて，双方可罰性の要件は厳密に貫かれており（N. Schmid, Schweizerisches Insider Strafrecht, at 230-233 [1988].），それが外されるのは，当該の者の利益になる司法共助の場合に限られる（Frei, Beschlagnahme und Einziehung als Rechtshilfemassnahmen, 105 ZStrR, at 316 [1988].）。……』

　　──と，私は述べていた。

　かくて，スイス連邦「国際刑事司法共助法」（IRSG）64条2項aは，当該の者が外国手続で免責（無罪）となる（なり「得る」）ならば，「双方可罰性要件」を外し，かつ，そのための強制措置をも自国として行なうとの，スイスの従来からのポリシー（直前の「＊部分」参照）を，具体化したものである。だが，それは，この場合に閉じたものであって，それ以外の場合には，「双方可罰性要件堅持」の，64条1項の大原則に戻る，のである(＊)。

＊　但し，同法64条2項bは，スイスで可罰的でないときにも強制措置をとれるもう一つの場合について，規定している。それは，「未成年者との性的行為（die sexuelle Handlungen mit Unmündigen）」の訴追の場合，である。直前の「＊部分」における対米条約上の「組織犯罪」絡みの問題（後述）と同様の，特殊な法目的に基づく例外，である。

●　　●　　●

　ここで，EUがスイスに対して，「国際刑事司法共助」に際しての「双方可罰性要件」

138　第2章　「従来のスイスにおける租税条約上の情報交換」と「堅持されていた"双方可罰性の要件"」

の放棄ないし相対化を強く迫っていたという，重大な事実(*)について，後述の「支払い利息についての課税」関連での「スイス・EU 間の 2004 年条約」（詳細は，本書 235 頁以下で扱う）との関係もあり，一言しておく。そのことによって，IRSG の「64 条 1 項」，「3 条 3 項」を軸とする，従来のスイスの，「課税」絡みでの「国際刑事司法共助」の基本が，更に明確化される面もあるので。

*　これは，本章 4 の，OECD 側からの「双方可罰性要件」に対する攻撃と，深く関係する事実，でもある（!!）。

　ここで引用するのは，**Botschaft zur Genehmigung der bilateralen Abkommen zwischen der Schweiz und der Europäischen Union, einschliesslich der Erlasse zur Umsetzung der Abkommen（《Bilaterale II》）vom 1. Oktober 2004, BBl. 2004, at 5965ff** である。これは，「1992 年 12 月 6 日のスイスの欧州経済圏への（Europäischen Wirtschaftsraum [EWR]）参加の拒否（Ablehnung）」（「国民投票」の結果としての拒否である）以降の善後策として，スイスが EU と結ぶ「諸条約」（右の Abkommen は，複数形！）についての，スイス連邦政府の公的説明である（Id. at 5966.）。

　厖大な頁数のものだが，EU 側の主たる関心は二つ（zwei）であったとされ，「利子所得課税（Besteuerung von Zinserträgen）」確保と，間接税における「詐欺」との戦い，とくにタバコの密輸（Bekämpfung des Betrugs bei indirekten Steuern [insbesondere Zigarettenschmuggel]）とであった，とされている（Ibid.）。これに対してスイス側は，金融の中心としてのスイスの利益の維持（とくに銀行秘密の保持 [insbesondere Beibehaltung des Bankgeheimnisses]），等を条件として，交渉に臨んだ（Ibid.）。——こうした背景の下に，「租税犯罪の場合（bei Fiskaldelikten）」の「情報交換」問題が，「司法共助」・「行政共助」の双方で問題となったのである（Ibid.）。ここでは，以下，「司法共助」の問題の方に，集中することとする(*)。

*　Id. at 6033ff (paras. 2ff) が，「個々の条約（Die einzelnen Abkommen）」についての説明であり，以下では，Id. at 6063ff (para.2.6) の Schengen/Dublin（「シェンゲン協定」関連）と，Id. at 6184ff (para.2.7) の Betrugsbekämpfung（「詐欺撲滅」関連）とを，とくに参照する。

　ここで具体例として，まず扱うのは，「詐欺撲滅等に関する EU 側とスイスとの間の条約」（Id. at 6503ff[*]）である。その交渉過程の詳細はともかく，重大な事実として（!!），EU 側は，「家宅捜索」や「押収」等の「強制措置（Zwangsmassnahmen）」の要件としての「双方可罰性の原則（[d]as Prinzip der doppelten Strafbarkeit）」(**)についても，スイス側に譲歩を迫っていたようである。Id. at 6185 (para. 2.7.3.1) には，次のごとくある。

*　正式名称は，Abkommen über die Zusammenarbeit zwischen der Schweizerischen Eidgenossenschaft einerseits und der Europäischen Gemeinschaft und ihren Mitgliedstaaten

1 "Tax fraud or the like" とスイスの国際刑事司法共助　139

andererseits zur Bekämpfung von Betrug und sonstigen rechtswidrigen Handlungen, die ihre finanziellen Interessen beeinträchtigen である。

＊＊　再度，本書第1章5冒頭（貿易と関税 2011 年 8 月号 52 頁以下）の「＊部分」（本書 114 頁以下）を参照せよ。

即ちそこ（Id. at 6185）には，EU・スイス間で――

『交渉終結の少し前まで，「強制措置」実施の要件としての「双方可罰性の原則」……についての対立（!!）が残っていた。だが，双方にとって了承し得る解決が見つけられた。(**Das Prinzip der doppelten Strafbarkeit als Voraussetzung zur Ergreifung von Zwangsmassnahmen ..... blieben bis kurz vor Abschluss der Verhandlungen kontrovers** [!!]. Beiderseits akzeptierbare Lösungen konnten gefunden werden.)』

――とある（Ibid.）。

かくて，結論的には，「スイスに対してなされた司法共助要請に基づく，家宅捜索や押収のような強制措置は，スイス法による国内手続と同じ要件の下に，なされる（Zwangsmassnahmen ..... werden auf Grund eines an die Schweiz gerichteten Ersuchens in der ..... Rechtshilfe unter den gleichen Voraussetzungen vollzogen wie nach schweizerischem Recht in einem nationalen Verfahren.)」ことになった，とされている。そして，同旨が，Id. at 6186（para. 2.7.3.2）でも，繰り返して示されている。

細かなことは別として，この条約交渉を経た「行政共助及び司法共助の新たな規律（Neue Regelung）」の項たる Id. at 6186f（para. 2.7.3.2）では（間接税［indirekte Fiskalität］領域への司法共助の拡張は別として），ここでの合意による大筋での規律は，従来のスイス法に添う（スイス法にとって既知の）ものだ（Die meisten Regelungen sind dem schweizerischen Rechtshilferecht bereits heute bekannt.）とし，<u>前記の IRSG の「3 条 3 項」と行政刑法 14 条 2 項</u>を注 332 で引用しつつ，「租税詐欺」の場合の「刑事司法共助」が，従来からなされて来ていたものであることを，示している。

だが，実際の条文（Id. at 6187ff［para. 2.7.3.3］）で，「司法共助（Rechtshilfe）」（Id. at 6194ff［para. 2.7.3.3.4］）のところを見てみると，<u>「双方可罰性要件」を巡る EU 側との争いの跡</u>が，そこに残っていることに気づく。<u>「家宅捜索及び押収（Durchsuchung und Beschlagnahme）」</u>についての，この条約の「31 条」である（Id. at 6197f［para. 2.7.3.3.4］.）。

同条の出発点は，「双方の締約国の法により（nach dem Recht <u>beider</u> Vertragsparteien）」一定限度以上の処罰のなされるときという，「双方可罰性の原則」に沿った規定振りにある。だが，そこから文言が，徐々に捩じれ始める。そして，この条項を，同じ条約の 3 条 1 項(＊)とともに読む必要あり云々ともされ，多少複雑な構造になっている。

＊　この条約の 3 条 1 項（条文は，Id. at 6505）は，「司法共助」の被要請国官庁が，要請を拒絶出来る場合として，すぐ次に示す「25,000 ユーロ」，「100,000 ユーロ」の基準額

を掲げ，その額を越えない（nichtübersteigt）場合には，要請を拒絶し得る，と規定する。

ともかく，「要するにどうなるのか」だけについて，まず一言する。Id. at 6197 には，この場合の「家宅捜索及び押収」の「要件」として，次のごとくある。即ち――

「要件となるのは単に（lediglich），<u>一方の［!!］締約国の法が（das Recht einer［!!］der beiden Vertragsparteien），当該の行為について，最高刑（Höchststrafe）で少なくとも6カ月の自由剥奪を定め，かつ，推定欺罔額（der mutmasslich hinterzogene Betrag）が25,000ユーロを越えるか，もしくは，許可なく輸入又は輸出された貨物の推定価値が100,000ユーロを越えること，である。」</u>

――と。

これでは，「双方可罰性要件」が外された，かの如くである。だが（!!），実はそうではない。Ibid. は，すぐ続けて，<u>こうした行為が，スイスでは「可罰的（strafbar）」であること（!!）</u>を，示している。つまり，若干複雑な条文構成の中で，とくに右の"纏め"を見ると，一見，「双方可罰性の要件」が外された，かの如くだが，実際にはそうなっては「いない」，ということである(*)。

*  Id. at 6516 の，この条約の31条の条文を，ここで確認しておこう。同条1項は，「双方の 締約国は，家宅捜索及び押収についての司法共助要請を，以下に示すものよりも広い条件に服さしめることはしない（unterwerfen ..... keinen weiteren Bedingungen als denen, dass ......）」として，以下のa・bの文言を置く。とくに「31条1項a」は――

「a 司法共助要請の基礎となる行為が，<u>双方の締約国の法により（nach dem Recht beider Vertragsparteien），</u>自由刑……であって最高刑が少なくとも6カ月（mindestens sechs Monaten）のものによって処罰されるか，または，<u>一方の締約国の法により（nach dem Recht einer der beiden Vertragsparteien）</u>それと同じ最高刑で処罰され，かつ，<u>他方の締約国の法により（nach dem Recht der anderen Vertragspartei），</u>秩序規定への違反として（als Zuwiderhandlung gegen Ordnungsvorschriften）官庁によって処罰され（durch Behörden geahndet wird），その決定に対して，刑事事件をも管轄する裁判所の判断が求められ得ること（..... Gericht angerufen werden kann;）」

――と規定する（bの規定は，「司法共助要請の処理が，その他の点において，要請を受けた締約国の法に合致すること」，というものである）。

右のaの規定の末尾部分は，前記のIRSG1条3項の文言を想起させるものだが，ともかく，<u>このaにおいては，（EU側の）「双方可罰性要件」を外したいという思惑が，滲み出ている，</u>と言うべきである。だが，結局は，双方の国における処罰が，「強制措置」の要件となっていることには変わりはない。そのことを前提としたスイス側の理解が，前記の個所において示されていたことになる。かくて，争いはあったが，結局において，「双方可罰性要件」は維持された。

なお，この条約の31条の2項の方は，同じく「家宅捜索及び押収」を，「マネー・ローンダリング」（Geldwäsche――スイスの用語としては，Geldwäscherei である旨，Id. at

6516 に注記されている）関連の「司法共助」要請との関係で，規定している。だが，規定振りが，右の同条1項よりも，穏当である。即ち——

「この条約の適用範囲内のマネー・ローンダリングに関する家宅捜索及び押収の司法共助要請は，同様に（ebenfalls），その基礎をなす行為が双方の締約国の法により（nach dem Recht beider Vertragsparteien），最高刑が6カ月を越える（mehr als sechs Monaten）自由刑……によって処罰されるとの要件の下に，許される（zulässig）。」

——として，この2項では，ごく普通の「双方可罰性要件」の書き振りに，戻っているのである（!!）。

同じ31条の中なのに，かくて，1項aと2項とで，「双方可罰性要件」の処遇が異なっているあたりが，この要件を巡るEU側とスイスとの，前記の争い（blieben ..... kontrovers —— Id.at 6185）の跡だ，ということになる。Ibidには，マネー・ローンダリング関連での「妥協的解決（Kompromisslösung）」への言及があるが，右の文言との関係では，妥協ないし譲歩をしたのはEU側だ，ということになろう(**)。

** ここで私が想起するのは，「国連麻薬新条約」・「国連国際組織犯罪防止条約」における「双方可罰性要件」への攻撃（石黒・前掲国際倒産 vs. 国際課税8頁以下，9頁，同・貿易と関税 2007年7月号 62頁以下），である。そこでは，「日米刑事共助条約」との関係もあって，「米国の暗い影」にのみ着目していたが，EU自体も，同様のことを画策していたことが，本論文の執筆を通して，かくて明らかとなりつつある。憂慮は，深まるばかりである。この点は，更に後述する。

以上が，**「双方可罰性要件」を巡るEUとスイスとの前記の争いの結末**であり，既述の「双方にとって了承し得る解決」の実際の姿だったことになる(*)。

* 前記の31条の要件が満たされれば，この条約の32条で，銀行口座や金融取引関連の情報も，引渡されることになる（Id. at 6198.）。だが，粘り強いスイス側の交渉により，「双方可罰性要件」は，結局堅持されたことになる。

ちなみに，右の条約とともに，EU側との一連の条約の束の一つであるところの，**「Schengen/Dublin協定（SDÜ）へのスイスの加盟（Assoziierung）」**についての条約（Id. at 6415ff; 6447ff）関連の説明（Id. at 6063ff [para. 2.6]）を，ここで見ておく。その「刑事司法共助一般」の個所（Id. at 6154ff [para. 2.6.8.4.1]）においては，最後まで「双方可罰性要件」で揉めた前記の条約締結交渉とも対比すべき点が，「司法共助」についても示されている。

細かな点をバイパスする意味で，ここで「SDÜ51条のa」の，「家宅捜索及び押収」の「要件」の規定を，Id. at 6159から，見ておこう（para. 2.6.8.4.2の，「租税犯罪のための司法共助」の項に，条文が示され，説明が付されている）。そこには——

「要請の基礎をなす行為は，要請国の法及び被要請国の法によって，共に（sowohl .....als auch.....），少なくとも6カ月の自由刑によって処罰されるねばならず，また

は——

　要請の基礎をなす行為は，一方の（einer der beiden .....）締約国の法によって，少なくとも 6 カ月の自由刑によって処罰され，かつ，他の締約国の法によって，秩序規定に反する違反行為（Zuwiderhandlung gegen Ordnungsvorschriften）として，当局（Behörden）によって処罰され（geahndet werden），その当局の決定に対して，刑事事件についても管轄を有する<u>裁判所の判断が求められ得るもの</u>（, gegen deren Entscheid ein auch in Strafsachen zuständiges <u>Gericht angerufen werden kann</u>.）でなければならない。」

——とある。右の規定の後半は，「双方可罰性要件」を外すかの如くだが，よく読めば，やはり，そうなっては「いない」。この条文の規定振りは，前記の「<u>詐欺撲滅等に関するEU・スイス間の条約</u>」の「31 条 1 項 a」の場合と，同じである。だが，同じ条約の 31 条 2 項（マネー・ローンダリング関連）の方が，はるかに素直な規定振りであることは，既述の通りである。

　かくて，ここで「も」，スイス側として「双方可罰性要件」を死守出来た訳ではある。だが, Id. at 6159 は，スイスが，従来において（bisherig）は「1 年の自由剥奪（自由刑）」(*) を要件とした「双方可罰性（beidseitige Strafbarkeit）」を前提として来たこととの関係で，従来のスイスの実務との差があることを，まずは，指摘する（この点は，前記の「麻薬撲滅」云々の条約についても，言えることだが，ここでは省略する）。

- ＊　ちなみに，この「1 年の自由刑」との要件は，どこから来るのか。「租税詐欺」との関係で言えば，それは，IRSG の前記の「3 条 3 項」との関係でのこと，である。即ち，スイス行政刑法（VStrR）14 条の「2 項」で，「租税詐欺」につき「1 年までの禁固刑」を科す，とあることと関係する。それを踏まえての Ibid の右の指摘と，考えるべきである。

他方，Botschaft, supra（BBl. 2004), at 6160 は，従来は「司法当局（Justizbehörden）」による処罰のみが考えられていたのに対して，「行政当局（Verwaltungsbehörden）」による処罰まで，右規定によって「司法共助」が「拡張」したことを，従来のスイスの路線からの変更点として，挙げている（その他の論点は，ここでは省略する[*][**]）。

- ＊　なお，簡単なファクト・シートにおいて，以上の点を「双方可罰性（doppelte Strafbarkeit）」との関係で示したものが，スイス連邦司法・警察省から出ている。EJPD, Internationale Rechtshilfe: Faktenblatt（Stand: Mai 2005）である。

- ＊＊　ところで, 本論文のテーマではないが, Botschaft, supra（BBl. 2004), at 6156 には「**<u>郵便による送達（postalische Zustellung）</u>**」について，注目すべき点が，別途，示されている。**スイスは，近隣諸国との「条約」によって，「郵便による送達」を認めて来ている（!!）** として，そこには，<u>ドイツ，オーストリア，イタリアとの諸条約の規定が，列記されているのである</u>。ちなみに，それらは，Ibid. の注 257 に示されたものであり，ドイツとの 1969 年条約（SR 0.351.913.61），オーストリアとの 1972 年条約（SR

0.351.916.32），イタリアとの 1998 年条約（SR 0.351.945.41）である。

　「郵便による送達と国際課税」については，貿易と関税 2009 年 12 月号 64 頁以下，同 2010 年 1 月号 49 頁以下においても論じた。同前（12 月号）・68 頁，及び，同前（1 月号）・53 頁を見よ（!!）。貿易と関税 2011 年 1・2 月号で，「国際経済法の基本」との関係で厳しく批判した小寺彰教授は，何と，「米国を含めて外国に対して付郵便送達を行っている国はない」などと，事実無根の論断をしていた（小寺・ジュリスト 1254 号［2003 年］71 頁注 25）。

　右の私の論稿では，米国実務との関係等での批判をしておいたが，本書のこの部分においては，貿易と関税 2010 年 1 月号 53 頁以下で，「郵便による送達」を「自国主権の侵害として強く指弾する外国」として掲げた「スイス」（同前・53 頁では，「条約を別とすれば，スイスでは……」，と書いておいた!!）につき，それとは逆方向での「条約締結実績」のあることが，かくて，判明したことになる。

　しかも（!!），Botschaft, supra（BBl. 2004), at 6164（para. 2.6.8.4.4）には，「SDÜ52 条 1 項（郵便による送達）」（!!）の規定の趣旨の明確化のための，スイス政府の宣言（Erklärung）」として——

　「道路交通関連の諸規定の違反による刑事事件においては，手続文書［等］……の名宛人に対する，郵便による直接送達が，許されるべきだ（..... sollen dem Adressaten **direkt durch die Post** übersandt werden dürfen.）。」

——との内容のものの発出を，スイス政府が意図している，とある（右の sollen ..... dürfen の構文は，「神のおぼしめしで死ぬ人間は，死ぬことを許されるべきだ［Wen Gott sterben lassen will, der soll sterben dürfen.]」の辞書的例文の場合と，同じである）。

　他方，前記の「詐欺撲滅等に関する EU・スイス間の条約」の 14 条は，「郵便による送達」等の規定である。そこ（同条 3 項）にも，送達文書は，「直接郵便により送達がなされ得る（..... können direkt per Post [durch die Post] zugestellt werden [übersenden].）」旨が，規定されている（Id. at 6191, 6509.）。

　そもそも，BJ, supra（2011), at 34（para. 4.2.2.2）にあるように，前記のSDÜ52条は，「直接の郵便による送達（die direkte postalische Zustellung）」を認めた規定であり，そこにあるように，同様の規定は，「2001 年 11 月 8 日」の「刑事司法共助に関するヨーロッパ条約第 2 補足プロトコル」（SR 0.351.12）にもある。

　それどころか，（個別には条約の存在が基本的前提にせよ）ここでスイスの「国際刑事司法共助法（IRSG）」68 条（「送達の一般規定」）を見ておけば，同条 2 項は，「連邦政府は，外国からの文書の，スイス国内の受取人への直接の送達を，許されたものと宣言することが出来る（Der Bundesrat kann die Zustellung von Schriftstücken aus Ausland unmittelbar an Empfänger in der Schweiz als zulässig erklären.）。連邦政府は，その要件を規律する」，と規定する。前記のスイスの宣言は，この規定を踏まえたものとして，把握されるべきことになる（但し，IRSG69 条 2 項は，「**強制の脅しのある召喚状［Vorladungen, die Zwangsandrohungen enthalten］は送達されない**，と規定する。この点には，別途注意を要する。なお，この点につき，石黒・貿易と関税 2009 年 12 月号 67 頁［!!］，及び，同・2010 年 10 月号 76 頁参照）。

　ともかく，何の論拠・引用もなしに，ここで「も」示されていた小寺教授の前記の論断との関係は，一体どうなっているのか。スイスを含めた欧州諸国の「条約」の規定内容（条約法 !!）が問題だというのに（!!），つまり，欧州各国の条約締結実務などは，そ

れこそ国際法学者の専売特許の「はず」なのに、そこに「も」頬被りして、日本の国際法学者としてこのままで済ませられるはずはない、と私は思うのだが。

● ● ●

　ここで、IRSG の規定に戻る。「双方可罰性要件」との関係は、以上で一応済んだので、若干落ち穂拾い的にはなるのだが、実は、既に若干言及しておいたように、本書との関係で、極めて重要な問題が、別途存在する。

　まず、「一般規定」の同法第 1 部（第 1 章第 3 節）の、同法 8 条で、要請国との間に「相互の保証（Gegenrecht）」がないと、通常は（in der Regel）要請に応じない旨の規定のあることが、若干注意される（既述）。また、同じく第 1 部第 3 章（「国内手続」）の第 2 節（21 条以下）に、当該の者の「権利保護（Rechtsschutz）」の規定があり、25 条には、「不服申立（Beschwerde）」の規定がある。それについては、既に本書において、「IRS vs. UBS 事件」に即して、つまりは「行政共助」との関係で、詳論した。もとより、同じことが、「（刑事）司法共助」についてもあてはまる、ということである。

　第 1 部第 4 章（27 条以下）は、「国家間の手続（Zwischenstaatliches Verfahren）」であるが、さしたる規定はない。また、32 条以下の第 2 部（「引渡し」）については、35 条について既述の点はあるが、その他は、省略する。

☆　スイスの刑事司法共助と『引渡された情報の「他目的使用」の原則禁止』――「米・スイス刑事司法共助条約」を含めた検討と、「ループホール化する課税」（本書第 4 章 4）との関係

　次に、63 条以下の同法「第 3 部」（「その他の司法共助」）だが、その第 1 章（「要件」）の一般規定（第 1 節）の中では、67 条に最も注意する必要がある。**「（刑事）司法共助によって引渡された情報及び文書」の、"他目的使用の禁止"** が、そこで定められているから、である。

　これは、**本書第 4 章 4 の、『OECD モデル租税条約 26 条ルートで外国に渡った情報の、「他目的使用」の「際限なき拡大」――「ループ・ホール化」する「課税」の場合』と、明確かつ厳格に、対比すべき規定（!!）** である（今、2011 年 5 月 27 日午後 5 時 45 分。今日は、午前 4 時 15 分からの執筆ゆえ、既に 13 時間半ぶっ続けの執筆である。いくら何でも、やり過ぎであろう、ということで、ここで筆を擱く。だが、ここまでの部分の打ち出しと点検とで、結局、同日午後 6 時 55 分までかかった。「計 14 時間 40 分（durchgehend, ohne Pause!!）」となる。明らかにやり過ぎである。だが、実に面倒な部分であり、枚数も、そんなにこなせなかった……。――その後、翌 28 日、更に 29 日と、ここまでの部分の内容の改善に努め、相当程度疲労したが、2011 年 6 月 3 日午前 9 時 34 分、執筆再開）。

　既述の通り、BJ, supra (2011), at 35 (para.4.3.1) は、同法（IRSG）の基本についての、その要領のよい纏めにおいて、「第 3 の原則」として、67 条の（「司法共助」によって得られた情報使用の）**「特定性（Spezialität）の原則」** を挙げている。まずは、Ibid の説明に注視してから、実際の条文を見ることとする。そこには――

1 "Tax fraud or the like"とスイスの国際刑事司法共助 145

「刑事事件の司法共助の枠内で提供された情報は，通常は（in der Regel），その要請の基礎となる刑事手続においてのみ（nur），その使用が許される（..... dürfen ..... verwendet werden.）。要請国における他のいかなる使用も（[j]egliche andere Verwendung im ersuchenden Staat），事実として（ipso facto）禁止はされないが，被要請国の同意（Bewilligung des ersuchten Staates）の下に置かれる。この原則は，IRSG，及び，スイスが締結した司法共助に関する諸条約または二国間の諸条約において，様々な方法で規定されている。」

――とある。
　実際の同法の条文でも，外国での情報使用につき，一部明文で言及する規定振りとなっている。即ち，「特定性の原則」と題するIRSG67条の1項は――

「司法共助によって得られた情報及び文書は，要請国において（im ersuchenden Staat），それについて司法共助が許されないところの行為（Taten, bei denen Rechtshilfe nicht zulässig ist,）を理由とする手続において，調査（捜査）のために用いることも，証拠として使用することも，してはならない（..... dürfen ..... weder ..... noch ..... verwendet werden.）」

――と規定し，同条2項において，当該の情報の「更なる使用」については「連邦官庁の同意（Zustimmung des Bundesamtes）」を要するとしつつ，その但書で，以下の場合にはその必要はないとして，a・bの場合を示す。ちなみにそのbは，その「外国刑事手続（das ausländische Strafverfahren）」が，当該の可罰的行為に関与した他の者に対する（gegen andere Personen）ものである場合」，とする（関係者の権利保護に関する65条aの3項は，ここでは省略）。
　それ以外の，「要請国」たる「外国」における「引渡し情報の目的外使用」につき，スイス側の（国家的）同意に，この点をかからしめたところで，実際に情報が国境を越えて相手国側に渡ってしまえば，もはや後の祭りとなる。この点については，実際の相手国側との司法共助条約の規定内容が，問題となる。

　そこでこの点を，1973年5月25日署名の「米・スイス刑事司法共助条約」（SR 0.351.933.6）で，あらかじめ確かめておこう。同条約5条が，「情報使用の制限（Beschränkung der Verwendung von Informationen）」の規定である。
　この「対米刑事司法共助条約」5条は，1項でIRSG67条1項と同じ原則（!!）を示しつつ，2項及び3項でその例外を規定する。まず，その1項は――

「要請国がこの条約に基づき被要請国から得た情報［等］……は，要請国内において（im ersuchenden Staat），それについて司法共助が認められたところの行為とは異なる可罰的な行為を理由とする手続においては（in einem Verfahren wegen einer anderen strafbaren Handlung als .....），捜査のために用い，又は，証拠として提出（vorgelegt）されてはならない（dürfen ..... nicht）。」

―――と規定する。

　その例外を定めた2項は，「被要請国」が1項の例外をなす2項a－c（その詳細は省略）について了承（同意）を与えれば，「要請国内」において，一定の他の者に対する捜査又は刑事手続の実施について，当該情報等を使用することが許される（darf ..... verwendet werden）とする。同様に同条3項は，この条約の諸規定は，「要請国」の官庁（Behörde）が以下のことをする妨げにはならないとして，司法共助が認められた手続と関係する「損害賠償の履行（die Leistung von Schadenersatz）」についての調査手続又は裁判手続[*]において1項所定の資料を用いること（3項a），等を規定している（同項bは省略）。

　＊　石黒・前掲新制度大学院用国際私法・国際金融法教材5頁以下の，米国における「刑罰としての損害賠償」の項を，参照せよ。

　こう規定しても，実際に米国側が，引渡された情報の「他目的使用」を，勝手にしてしまえば，やはり「後の祭り」ではある。ただ，同条約39条で，「仲裁」による紛争処理の規定もあり（同条7項参照），国家として「は」，それで筋目はつけられることとなる。また，IRSG8条の，既述の「相互の保証」の規定が，こうした場面では効いて来ることにもなる。
　けれども，当該の者（その者の**「人権保障」!!**）との関係では，やはり，もはや**「後の祭り」**となる。そして，この最後の観点が，本論文第4章4の問題関心ともなる。

　ここで，本書の関心が，この後再度「課税」に戻ることをも勘案しつつ，「情報交換」に関する以下の英文を，まずは示すこととする。

"Whereas care must be taken to ensure that information provided in the course of such collaboration is not disclosed to unauthorized persons, so that **the basic rights [!!] of citizens and enterprises** are safeguarded; whereas it is therefore necessary that the Member States receiving such information should not use it, without the authorization of the Member State supplying it, other than for the purposes of taxation or to facilitate legal proceedings for failure to observe the tax laws of the receiving State; whereas it is also necessary that the receiving States afford the information the same degree of confidentiality which it enjoyed in the State which provided it, if the latter so requires; ....."

　右には，「市民及び企業の"基本的諸権利"のセーフガードのために」，とある。別に，「憲法上の基本的人権保障」のために，とまでは書かれていない。だが，右の「基本的諸権利」を突き詰めて考えて行けば，「憲法上の基本権（基本的人権）保障」に至

1 "Tax fraud or the like" とスイスの国際刑事司法共助　147

る「はず」である（右引用部分の最後において，「要請国」内での「守秘の基準」が，「被要請国（情報提供国）」側のそれ，とされている点にも，注意せよ。この点は，後に再論する）。

　国家間の情報交換で「要請国」が得た情報を，「被要請国」が了承（同意）することなしに，他目的（課税以外の目的）に使用する「べき（should）」ではない，とするこの文書の示すところは，「刑事司法共助」の場合についての，スイスのIRSG67条，「米・スイス刑事司法共助条約」（1973年）5条の，前記の規定の趣旨と，同じである。

　そしてそれは，現在において「も」(!!)，国境でメルトダウン（熔融）する人権保障を拒絶するためにも，どこまでも正しい主義だと，私は考える（右の「守秘の基準」を含めて，である）。本書におけるこれまでの，「IRS vs. UBS事件」関連の，とりわけスイス連邦行政裁判所の諸判決の分析を通して，少なくともこの点の基本は，さしあたり十分に，論証して来た「つもり」である。

　この辺で，右の英文の出所を，明らかにしておこう。それは，「1977年」段階での，或る文書であり，それのコピーを私は，もともと中山繁太郎氏の「OECDの（マルチラテラルな）税務執行共助条約」に関する研究を指導する立場で，同氏から頂いていた（中山繁太郎「税務執行共助の問題点」税務大学校研究科論文集第3分冊［税大研究資料194号（1987年）］所収論文である。石黒・ボーダーレス社会への法的警鐘［1991年・中央経済社］164頁注7において，同氏のこの論文に言及しつつ，「徴収共助」の観点から，前記の英文の示されている文書への言及も，行なっておいた。この点につき，石黒・前掲国際民訴法92頁注234参照）。

　同前書（1991年刊）・164頁注7にあるように，この文書は，1977年12月19日（1979年12月6日改正）の欧州評議会指令（77/799/EEC; 79/1070/EEC）であり，前記の部分は，その「前文」からの引用となる（この指令の正式名称は，Council Directive of 19 December 1977 Concerning Mutual Assistance by The Competent Authorities of The Member States in The Fields of Direct Taxation And Value Added Tax である[*]）。

*　ちなみに，この文書の「前文」の右に続くパラグラフには――

"Whereas a Member State which is called upon ..... to provide information shall have the right to refuse to do so where its laws or administrative practices prevent its tax administration from ..... collecting or using this information for its own purposes, or where the provision of such information would be contrary to public policy or would lead to the disclosure of a commercial, industrial or professional secret or of a commercial process, or where .....;"

　――ともある。これまた，穏当と言うべき規定である。

　実際にも，この「指令」の7条は，「守秘」について，以下のように定めている。即ち，同条1項で，まず「税額の査定（the assessment of the tax）」に直接関与する者及びこの査定を行政的に監督する者に対してのみの情報開示を定め，次に，「付加的」

に、「税額査定」関連での「制裁」を伴う司法的・行政的手続において、それら手続に直接関与する者のみへの開示が許容され、その他の場合には、「被要請国」（「情報提供国」）の「異議（objection）」のない場合に、開示が許される。そして同項の最後に――

"[In any case, such information] shall in no circumstances be used **other than for taxation purposes** ……"

――とあって、「課税目的以外での情報の使用」が、禁止されている。**しかも（!!）、その禁止の例外となる同条3項の書き振りも、「被要請国」が闇雲に「同意」を与えればよいとは、実は、規定されて「いない」（!!）**。即ち、7条3項は、「1項の規定にかかわらず、情報提供国の管轄ある官庁は、要請国（the requesting State）におけるその［情報の］他目的での（for other purposes）使用を、以下の場合には許容することが出来る」との書き出しである。だが、その場合とは、「情報提供国（the informing State）」の法の下で、「その情報が、類似の状況下で、情報提供国において類似の目的のために利用し得る場合には」（……, if …… the information could, in similar circumstances, be used in the informing State for similar purposes.）、と規定されている。

この点なども、この「指令」の「前文」における、既述の「市民及び企業の"基本的諸権利"のセーフガードのために」との目的意識の、具体的発露と、言うべきであろう。そして、かかる慎重な、突き詰めれば「（基本的）人権保障の問題」に直結する配慮は、極めて正当と、言う「べき」（!!）である。

EUサイドの、この「1970年代後半（77年・79年）」の「指令」をここで持ち出したのには、理由がある。第1に、「2004年段階」でのスイス・EU間の、前記の「双方可罰性要件」を巡る暗闘と対比した場合、その間の25年で、EUサイドの認識がガラリと変わってしまったことに、気づくはずである（情報交換につき被要請国側の法制度を尊重する、直前の「＊部分」に示された旧時のその姿勢にも、注意せよ）。それでよいのかの問題、である。

そして第2に、現在のOECDモデル租税条約26条（「情報交換」）についてのコメンタリーに、一体いかなることが書かれているのかが、大きな問題となる。それについては、「2008年版」のそれについて、本書450頁以下の第3章1(2)の（2－3）で論ずるが、第4章4の見出し（目次項目）の記載を参照するだけで、問題のマグニチュードは、明らかとなろう（最新の状況については、本書675頁以下）。

今のOECDモデル租税条約のコメンタリーは、引渡された情報の「他目的使用」のオン・パレードと言うべき状況にある。再度言う。それでよいかの問題、である。

私は、直接には「徴収共助」問題についてだが、夙に――

「基本的人権と直結する問題について、憲法規範を条約で空洞化することは、わが

憲法秩序において許されないはずである。**国際協調を錦の御旗として掲げても同じである。」**

──と述べていた，（石黒・前掲書［ボーダーレス・エコノミーへの法的視座（1992年・中央経済社）］185頁。同・前掲教材7頁2段目左）。
　そして，**「条約と憲法」**の論点については，「日本の場合」について，貿易と関税2007年5月号58－59頁において，若干の敷衍も，しておいた（「スイスの場合」については，前号分で，「ウィーン条約法条約」との関係を含め，一応，論じたところである）。

　ここで，スイスの「国際刑事司法共助」に問題を戻せば，たしかに，前記のIRSG67条と，それを踏まえた「1973年米・スイス刑事司法共助条約」5条とによって，米国側に引渡された情報の「他目的使用」は，原則禁止となり，かつ，その原則の解除には，スイス政府側の同意が必要となる。だが，問題は，将来的に「租税条約ルート」で米国に情報が渡った場合，具体的には「2009年3月13日」のスイスの「重大な政策変更」後の，OECDモデル租税条約26条の基準に沿った情報交換がなされた場合，「刑事司法共助ルート」における「情報の他目的使用の禁止」が，みごとにバイパスされてしまうこと(!!)，にある。それが，**本書第4章4の副題たる，「ループホール化する課税」の，意味**である。現段階での私の認識としては，スイス政府側に，この点に関する危機意識が，十分ではないように思われる。それでは，振り返って，日本はどうなのか。──その先は，後述することとする。

● ● ●

　さて，IRSGの条文を概観しつつ，ここまで来た。残された論点としては，外国側の共助要請に対する，スイス側の「事前審査（Vorprüfung）」（同法80条）と「不服申立（Beschwerde）」（80条e以下），そして111条1項に，連邦政府が，本法の実施のための細則を定める，とあること位である。
　従って，ここでは，以上の論述においても一部言及されていたところの，「**1973年米・スイス刑事司法共助条約**」（**Staatsvertrag zwischen der Schweizerischen Eidgenossenschaft und den Vereinigten Staaten von Amerika über gegenseitige Rechtshilfe in Strafsachen [Abgeschlossen am 25. Mai 1973; In Kraft getreten am 23. Januar 1977], SR 0.351.933.6**）について，「租税」との関係を念頭に置きつつ，以下において言及することとする(*)。

\*　なお，貿易と関税2011年4月号50頁では，『1972年に署名され……た「米・スイス刑事司法共助条約」（The Treaty on Mutual Assistance ..... [TMAC], 27 U.S.T. 2019）』と，Switzerland's Amicus Brief, supra (April 30, 2009), at 4fを引用しつつ，記した。そこには，実際にも，"[I]n 1972, Switzerland and the United States signed the Treaty ....."とあるのだが，現物をチェックすると，右の通り，署名は「1973年」であることが，判明する。アミカス・ブリーフを書いた米国の弁護士事務所の，ミスと思われる（本書30頁では，既にこの点を訂正してある）。

まず，この条約の全体構造だが，全体で41ヵ条あり，第1－9章に分かれているが，その後に「アネックス（**Anhang**）」として，「司法共助に際して強制措置が許される犯罪行為のリスト（List der Straftaten, wofür bei der Rechtshilfe Zwangsmassnahmen zulässig sind）」が，掲げられている。この「強制措置」の視点が，「双方可罰性要件」との関係で重要であることは，これまでの論述において，既に示して来たところである。

このリストのNr. 19に「詐欺（Betrug）」が，明示されている（Nr. 20は，「詐欺的倒産〔Betrügerischer Bankrott〕）。従って，そこに前記のIRSG3条3項の「租税詐欺」（スイス行政刑法14条のそれを含む）が読み込まれ，「刑事司法共助」の対象になる，との基本構図となる。

かくて，現行の「米・スイス刑事司法共助条約」においては，「1996年米・スイス租税条約」26条における，既述の"tax fraud or the like"の，"or the like"部分の文言上の広がり（それが1951年米・スイス旧租税条約16条以来のものであることにつき，本書31頁以下）が，明文上示されては「いない」。この点については，貿易と関税2011年4月号51頁（本書31頁）で引用したところの，Bericht der Expertenkommission, supra（Oktober 2004）, at 33が，同報告書の少し前まで（[b]is vor kurzem），スイスが他の諸国に対する「司法共助」を，「連邦国際刑事司法共助法」に基づいてのみ（nur），そして，「租税詐欺犯罪（Steuerbetrugsdelikt）」がある場合にのみ（nur），認めていた（..... gewährte die Schweiz anderen Staaten .....）と指摘していることが，参照されるべきである。そのこともあって，「IRS vs. UBS事件」でも，実際には「米・スイス租税条約」上のルートが選択された訳でもある。

だが，「2011年3月14日」付けのBJ（Bundesamt für Justiz）, supra, at 13ff（1.5: Amts- und Rechtshilfe in Fiskalsachen）には，**注目すべき最近のスイスの動き**についての記述がある。即ち，「2009年3月13日」の前記の「スイスの政策変更」以降の，OECDモデル租税条約26条の基準での新たな「行政共助」が，「刑事司法共助」の領域についての影響をもたらすことへの示唆が，Id. at 14にある（Diese Entwicklungen können demnach aber nicht ohne Auswirkungen auf die Rechtshilfe in Strafsachen bleiben.）。

そこでは，遡って既述のIRSG3条の構造自体，即ち，「財政に影響を及ぼす犯罪（Fiskaldelikte）」を共助対象から外すこと（3条3項は，その上で，「租税詐欺」はＯＫだとする）自体が，欧州レベルでの（1978年以来の）展開に対して遅れており，かつ，本書で既述の《**Bilaterale II**》（Botschaft, supra [BBl. 2004, at 5965ff] 参照）が，IRSG3条3項の留保よりも優先する（dem Vorbehalt von Art. 3 Abs. 3 IRSG vorgehen）ことが，示されている（以上，BJ, supra, at 14.）。

こうしたことを受け，連邦政府は，「2009年5月29日」に，ある決定をした，とされる。即ち，「課税」領域で「租税条約」による「行政共助」が可能な場合に，スイスの現行法上，「刑事」の「司法共助」が不可能である，という状況を打開すべく，「行政共助」（「情報交換」）に関する前記の「スイスの新たな政策」に基づく「租税条約」が存在する相手国との間で，「財政（課税）関連」での条約による「司法共助」を，更に発展させること（weiter zu entwickeln），との連邦政府決定である（Id. at 15.）。そして，Ibidの注39では，この点に関する米国との事前協議（diesbezügliche Vorgespräch）が，目下（[z]urzeit），なされている，とある。この文書は，「2011年3月14日」の発出であるから，まさに直近での出来事，ということになる（!![＊]・[＊＊]・[＊＊＊]）。

＊　そうしたこともあって，第2章1の目次項目は，「"Tax fraud or the like"とスイスの国際刑事司法共助」となっ「ていた」のである。もっとも，本論文のこの部分を書きながら，今の今まで，右のアンダーライン部分に対して，違和感を有し続けて来たのが私，である。それを書きながら，追加でBJ, supra（2011）を打ち出し，ここまで書いて，ようやく納得出来た。本論文（本書）全体の当初の目次作成段階では，この文書は存在していなかった（!!）のであるから，不思議と言えば不思議だが。

＊＊　なお，スイス財務省の，FDF, supra（Administrative and mutual assistance in tax matters: Last updated on 15.03.2010）も，Most recent developments として，（米国との事前協議云々は別として）以上の概要を示し，将来におけるIRSGの改正について，言及している。

＊＊＊　ちなみに，BJ（Bundesamt für Justiz），supra, at 13fは，本書116頁の「＊部分」で示したところの，「租税条約による行政共助に関する2010年規則（ADV［SR 672.204］）」について言及しつつ，「租税関連での行政共助法［連邦法］に関する態度決定［のための作業］は，[2011年]1月半ばに開始された（Die Vernehmlassung über das Fiskalamtshilfegesetz wurde Mitte Januar eröffnet.）」，としている。
　この法律に，既述の「人権保障」の観点を，如何に埋め込み得るのか（!!）。それが，本書第4章3の（そこで予定されていた）論述と，直結する。本書第3章3執筆のための下読みに際して，この連邦法の在り方が終始気になっていたが，ここで初めて，検討「開始」の時期が，判明したことになる（個別の新たな「租税条約」批准［承認］のための，連邦政府側の議会への説明の仕方，等については，第3章3で示す）。

　さて，「1973年米・スイス刑事司法共助条約」の規律内容について，以下，ポイントを絞った論述を行なう。まず，**裁量による司法共助（Rechtshilfe nach Ermessen）**」の3条から，見て行こう。
　「裁量による行政共助」と言うと，「日米刑事共助条約」3条1項についての，日本の中に何ら「強制措置」をとり得る旨の規定がなくとも，当局の裁量でそれをとることが「出来る」とする，**おぞましき日本の「警察実務家の立場」**（石黒・前掲国際倒産vs. 国際課税10頁。それを，「双方可罰性」の「相対化」に向けた，同前・9頁の，「国連国際組織犯罪防止条約」18条9項，「国連麻薬新条約」7条15項と，対比せよ!!）を，まずもって想起してしまう。だが，スイス（従来のスイス）は，そんな馬鹿なことはしない（!!）。右の対米条約3条1項は，「司法共助は，以下の場合には拒絶出来る（kann verweigert werden, soweit .....）」として，a・bの規定（それについては省略）が置かれているだけ，である。
　「双方可罰性」との関係は，4条の「強制措置」の規定で，明確に，示されている。まずその1項は，「被要請国」の法が規定する強制措置のみ（nur）をとることが許される（dürfen），とする。それを受けた同条2項が，かかる措置は，以下の場合にのみ

(nur dann, wenn .....) とられ得るとして, ①当該要請で問題となっている行為が, 犯罪構成要件の客観的メルクマールを満たし, かつ, ②「被要請国の法により, それがそこで [被要請国で] 行われたとした場合 (falls dort verübt) には可罰的 (strafbar wäre) であって, 更に, ③ [前記の] リストに挙げられた構成要件の一つに該当することが明らかである (sich als ..... darstellt) 場合を, 4条2項aとして掲げる。そこには, 一般的な「双方可罰性要件」に加えて, (右の③に示されたように) 前記の「リスト」に掲げられた犯罪のみを,「強制措置」を伴う「司法共助」の対象にしようとする, 慎重な規定振りがある(*)。

* 4条2項のbの方は, 右の①の要件はそのままに, それに「リストの Nummer 26」でカバーされているもの, との要件を付加するものである。その限りでは,「双方可罰性要件」が外されていることにはなる。だが, このリストの Nr. 26 は,「常習賭博 (gewerbmässige Wetten)」(等) を掲げるものであって,「組織犯罪」絡みの後述の規定とも, 関連する。それゆえの例外と, 考えるべきところであろう。

4条4項第1文は, 同条2項の要件が満たされるか否かの判断は,「被要請国」によってその国自身の法に基づいてのみなされる (Der Entscheid darüber ..... soll vom ersuchten Staat nur aufgrund seines Rechts getroffen werden.) 旨, 更に周到な規定を置いている (同条5項は, 右の2項又は3項の要件が満たされない場合には,「強制措置」なしで共助要請に応ずることが可能な限りにおいて [....., soweit dies ohne Anwendung von Zwangsmassnahmen möglich ist.], それに応ずる旨を, 明記している)。

同条約5条が, 既述の「情報使用の制限」の規定である。そしてそこまでが, 同条約第1章 (Kapitel I) の「適用範囲」となる。

同条約第2章 (6－8条) は,「組織犯罪に関する特則 (Besondere Vorschriften über das organisierte Verbrechen)」である。まず6条1項で, 両締約国が互いに (einander), 組織犯罪の撲滅 (Bekämpfung) のため, あらゆる手段をもって (mit allen Mitteln), 本章の司法共助の義務を果たす旨の, 強い決意が示される。

それを受けて, 7条1項では,「双方可罰性要件」が, (既述のごとく) 外されている。即ち, 同項には,「被要請国内において, 4条にいう強制措置は, 要請国における捜査手続又は裁判手続との関係では, その行為が, 被要請国の法によって可罰的でない (nicht strafbar wäre) 場合, または, [前記の] リストに挙がっていない場合にも (selbst dann ....., wenn .....), とられるものとする (werden ..... angewendet)」, とある。前記の, 組織犯罪撲滅への, スイス・米国の強い決意のゆえの,「双方可罰性要件」への例外, である (既述)。

但し, 7条1項では, その第2文において, 同条2項の制限が, 留保されている。そして, この7条2項で, 前記の「1951年5月24日の米・スイス [旧] 租税条約」(BBl. 1951 II, at 285ff) との, 一定のリンケージが, 示されている。即ち, 右の旧租税条約の適用対象を定めた1条に挙げられた租税に関する規定の, 違反としての捜査及び手続についての司法共助は, 要請国によって与えられた情報に基づき, 同項a・b, 及び (und), c所定の場合にのみなされる (wird ..... ausschliesslich dann geleistet, wenn .....),

1 "Tax fraud or the like" とスイスの国際刑事司法共助　153

との規定が、そこにある。だが、細かすぎるので、省略する。

　「被要請国の義務」に関する同条約第3章の中で、「被要請国における陳述義務（Aussagepflicht im ersuchten Staat）」を定めた10条、とりわけその2項については、**本条約締結に伴う「交換公文」**において、米国側から、明確化が執拗に求められていた（それらについては、SR 0.351.933.6, at 28ff に掲載されている。とくに Id. at 28, 32 等参照。後述する）。

　証言（等）を拒絶する権利（ein Recht zur Verweigerung des Zeugnisses）等との関係での、ややこしい場面設定は別として、この10条2項では、「銀行秘密」の対象たる事実（Tatsachen, die eine Bank geheimhalten muss .....）を含めて、各種の「秘密」に絡む事実について、「スイス側当局（die schweizerische Zentralstelle）」が、情報の引渡しを一定の条件（Bedingungen）の満たされる場合のみ（nur）とする旨が、規定されているから、である。しかも、その条件とは、（司法共助の）「要請は、**重大な犯罪行為の捜査又は訴追（die Untersuchung oder Verfolgung einer schweren Straftat）に関するものでなければならない」（10条2項a）**といった、若干曖昧なものであったがための右の展開（米国側の明確化要求）、である。そして、この2項を巡る米国側との一定の、具体的なやり取りの結果として、スイス側当局が自身の見解を正しいと考えるならば、米国側の見方を採用する必要がない（Wo ....., braucht sie [die schweizerische Zentralstelle] die Beurteilung der Vereinigten Staaten nicht zu akzeptieren.）、云々とする、同条3項の規定までが、本条約には存在していた。

　前記の、本条約締結に伴う「交換公文（Briefwechsel）」における米国側の理解を、本書におけるこれまでの論述との関係で、最低限、以下において見ておこう。本書25頁以下、62頁以下の、「IRS vs. UBS 事件」に関するスイス側のアミカス・ブリーフに関する論述等と、適宜、対比されたい。

　まず、SR 0.351.933.6, at 28 において、米国政府の見解が、以下のように示されている（Die Regierung der Vereinigten Staaten ist der Auffassung, dass .....）。即ち、「スイスの銀行秘密及びスイス刑法273条〔企業秘密の観点からの、外国の当局等への情報提供の禁止規定。なお、貿易と関税 2011 年 4 月号 46 頁（本書29頁）参照〕は、本条約で規定された司法共助を、10条2項の例外に当たらない限りにおいては（soweit nicht Artikel 10 Absatz 2 Ausnahmen vorsieht）、制限するものではない」との、米国政府の見方が、まず示されている（4条の「双方可罰性の要件」が別にあることには、注意せよ）。これに対して、1973 年 5 月 25 日付けで、スイス側は、これに同意する旨を、示している（SR, supra, at 29.）。

　同じく同日付けで、5条の引渡された情報の使用制限についても、米国側が照会している。だが、これは省略しよう。

　同じ日付けで、前記の「10条2項a」の「重大な犯罪行為（schwere Straftat）」の語につき、まずスイス政府側の見解として、いかなる場合に「重大」と言えるのかについての、一定の基準が、（なお曖昧ではあれ）示されている（Id. at 32.）。ただ、「課税」との関係で重要な「詐欺」は、既述のごとく前記の「リスト」の Nr.19 だが、それについての記載は、そこにはない。ともかく、米国側も、これに同意している（Id. at

これまた同じ日付けで，Id. at 36 には，前記の同条約規定関連の論述においては省略したところの，本条約15条についての，スイス側からの照会がなされたことが示されている。これについては，米国側からの回答は「ない」のだが，多少興味を引くやり取りゆえ，一言のみする。

本条約15条は，13条以下の第4章（要請国の義務）の中の規定であり，「秘密保持（Geheimnisschutz）」と題して，大略，次のように規定する。即ち，そこには――

『前記の「10条2項」により被要請国が（要請国に）告知した（bekannt gegeben hat）情報等の，公的な入手可能性を，要請国は，求めに応じて（auf Verlangen），その（要請国の）憲法（Verfassung）の法的要求に合致する最大限度において（im höchstmöglichen ..... Mass），排除する［であろう］（Der ersuchende Staat wird die öffentliche Zugänglichkeit ..... ausschliessen.）。』

――との内容の，規定がある。

何とも，締まりのない規定振りである。だが，それが実質的に意図するのは，もとより米国が要請国の場合，である。Id. at 36 にあるのは，この15条についての，スイス側からの照会，である。米国側が，以下のように述べたと，そこにはある。即ち米国側は――

「10条2項において規定され，かつ，この規定に基づいてスイス側によって［米国側に］引渡された証拠又は情報につき，スイス政府が好ましいと思う程度において，その秘密を保つこと（im Masse, in dem es die schweizerische Regierung als wünschbar erachtet, .....geheim zu halten）は，それらが米国において，刑事手続との関係で，証拠として提出され，又は，その他の方法で（anderweitig）使用される場合には，憲法上の理由により（aus verfassungsrechtlichen Gründen），恐らく可能ではない（wahrscheinlich nicht möglich）。」

――と，スイス側に伝えていた，とある。

これが，15条の文言にも既にして示唆されていたところの，『米国内での杜撰な守秘の実態』である。それではあんまりだ，ということでスイス側は，Ibid で米国に善処を求めたが，それ以上の回答はなかった，ということである。

ここで私が想起するのは，石黒・前掲国際倒産 vs. 国際課税71－72頁で言及した，「24時間・365日態勢のグローバル盗聴システム」たる，米国連邦政府主導の「**ACE (Automated Commercial Environment)**」である。「かくて収集されたデータ」は，100を超す（!?）米国の官庁によって，シェアーされる。それが，米国流のやり方である。

盗聴（通信傍受）関連ではなくとも，米国SECが実際に日本企業に対して一方的に

行なった情報提供要請において，当該要請文書の裏面には，不動文字で，SEC が得た情報が，しばしば司法省へ廻って，刑事訴追がなされる旨，印刷されていた。その実例については，石黒・前掲国際民訴法 61 頁を，参照せよ。

　前記の，OECD モデル租税条約 26 条のコメンタリー（詳しくは，後述）における，引渡された情報の「他目的使用」のオン・パレード状態は，米国にとっては，この「米国の流儀」の「グローバル化」に過ぎないのであろう。だが，再度言う。それでよいのか，と（!!）。

　以上をもって，本章 1 の論述を，終えることとする。かくて，次号分（10 月号 !!）は，本章 2 からとなり，再度「租税条約」に戻った検討を，進めることになる(*)。

* 以上の執筆は，2011 年 6 月 3 日午後 11 時 24 分まで。約 14 時間，休みなしの執筆であった。──点検終了は，6 月 4 日午前 1 時 38 分。従って計 16 時間余，ぶっ続けの作業 (!!)，であった。**かくて本論文執筆は，怨念渦巻く（!?）「2011 年 10 月号分」を，迎えることとなる。** 貿易と関税 2011 年 3 月号 47 頁上段（本書 1 頁）参照。
　　道理で（!!），先程，「6 月 4 日午前 1 時頃」，福島県沖震源で，「いわき市で震度 5 弱」の地震（マグニチュード 5.6）が起き，携帯電話の緊急地震速報のギイギイいう音が，久々に鳴った訳である。

［以下，2011 年 9 月号 47 － 67 頁］

## 2　従来のスイスにおける「他の諸国との租税条約上の情報交換」の時系列的な展開過程──「2008 年版 OECD モデル租税条約 26 条についてのスイスの留保」との関係において

### (1)　はじめに──「スイス銀行秘密の歴史」についての再確認事項

　さて，前号分でスイスの国際刑事司法共助を論じたことを受け，本号分以降では，再度，スイスの，租税条約上の情報交換の問題に戻る（執筆再開は，2011 年 6 月 20 日午後 0 時 35 分）。6 月 12 日に，本章 2 の見出しの「時系列的な展開過程」のための，追加的な資料の打ち出しとその読み込みを行なっていたのだが，6 月 16 日の教授会の日に，増井良啓教授から，スイス銀行秘密の歴史についての，興味深い（!?）或る文献のコピーを頂いた。

　そこには，私が，貿易と関税 2011 年 3 月号 49 頁以下の，本論文の冒頭部分（本書 4 頁以下）の序章 2（**『「スイスの銀行秘密」──「その成立とナチス・ドイツとの関係」を含めた，押さえておくべき重要な諸点について』**）において，まさに本論文全体の基調をなす問題として指摘した事柄を，実にあっさりと覆すようなことが，書かれていた。「スイス銀行秘密」の制定と「ゲシュタポ」とは関係がないのであって，それは「神話」に過ぎない，というのである（??）。

　その書き振りには，同じく貿易と関税 2011 年 3 月号 56 頁以下（本書 13 頁以下）の，

第1章1(1)で論じ，その後再三言及して来たところの，「IRS vs. UBS 事件」に関する米国側の，「歴史の改竄」としての歪んだ見方と相通ずる，"或る種の悪意"さえ，私は感ずる。増井教授には，こうした見方のあることをも踏まえて書いた方がベターでは，ということで今般のご教示に至ったものと，心から感謝している。

本書2から「租税条約上の情報交換」に戻ることだし，他方，第2章4では，『「双方可罰性の要件」に対する OECD 側からの不当な (!?) 攻撃』について論ずることとなる。OECD サイドの「不当な攻撃」の背後にも，これから扱う当該の文献と同様の，"悪意"めいたものを感ずるものだから（前号分で論じた EU 側の，スイスの「双方可罰性要件」に対する，「司法共助」関連での攻撃をも，想起せよ!!），ちょうどよい機会ゆえ，この点を潰してから「時系列的な展開過程」の検討に入るべく，方針転換した。6月16日の帰宅後，そのための追加でのネット検索をして，数日休んで今日（6月20日）に至った次第である。

さて，貿易と関税 2011 年 3 月号 52 頁（本書 7 頁）において，私は，以下のように論じていた（本書 129 頁の「基本的執筆方針」に，十分注意せよ!!）。即ち——

『ここで，「スイス銀行秘密」を論ずる際の基本中の基本に，立ち戻ろう。Id. [Honnegger, supra,] at 344 の，同論文の冒頭頁である。スイス政府の前記の，2009 年 4 月 30 日の Amicus Curiae Brief の 4 頁には，既述の **47 条を含めたスイス銀行法の制定が「1934 年」**であることのみが示されている。だが，Honnegger, supra (Butterworths Journal of International Banking and Financial Law [August 1990]), at 344 には，極めて重要なことが（注による裏付けと共に!!），示されている。即ち——

"....... . Major legislation relating to Swiss banking secrecy was put into force **in the 1930s in order to effectively protect the privacy and assets of Jews pursued by Gestapo agents** [4]. Ironically, the first major legal confrontation between US laws and Swiss banking secrecy, the so-called Rogers case (Interhandel case) [357 U.S. 197 (1958)], concerned Nazi German -- rather than Jewish -- assets held in Swiss bank accounts during World War Ⅱ.

Further it has to be emphasized that a banking secrecy is a secrecy of the bank customer and not a secrecy of the bank. Consequently, banking secrecy is a duty rather than a right of the bank."

……本論文執筆を通して訴えるべき最重要事項が，右の点との関係である。即ち，**今や世界的に悪名高い (!?)「スイス銀行秘密」は，実は，「ゲシュタポ」の手から「ユダヤの人々」のプライバシーと資産とを守るために制定されたものだったのである**。既述のごとくスイス銀行法の制定自体が「1934 年」だが，この年は，当時の世界情勢において，ナチスが「1933 年 1 月」に政権を獲得した，その翌年である (!!)。**「スイス銀行秘密」を攻撃する一方だった人々は，この歴史的事実とその人間的な重みとを，まずもって深く知るべきである (!!)**。』

## 2 従来のスイスにおける「他の諸国との租税条約上の情報交換」の時系列的な展開過程

——と。

　右においては，Honnegger, supra の右の原文に"in order to"とあるところに忠実に，「を守るために」と訳し，「私の言いたいことの要点」を示しておいた(\*)。著者の「オネゲル氏」は，いわばスイスの平均的弁護士ではあるが，十分な学問的訓練を受けて当該の論文を書いていることも，2011 年 3 月号分で言及しておいた。

* だが，「1934 年」という微妙な時期に，「スイス銀行法」の制定目的として「ゲシュタポ」・「ユダヤ」云々と明示されていたと考えるのは，それ自体が実に不自然である。そのことは，私も一応は法学者ゆえ，右の 3 月号の執筆時にも，分かってはいた。こうしたことは，「隠された（versteckt な）」法目的としてはあり得るけれども，「ユダヤ」だけを特別扱いすることも，立法技術上難しかろうし，第一，当時の緊迫した国際政治の状況からして，永世中立国スイスでは，なおさら得策ではなかろう（貿易と関税 2011 年 3 月号 52 － 53 頁（本書 8 頁）の，トレッシュ神父さんが私に教えてくれたところの，バーゼル近郊でのドイツとの国境に整列していたナチス・ドイツの数多くの戦車の話を，ここで想起せよ）。

　そうしたことは百も承知で，実質的な同法制定の効果ないし機能が，オネゲルの言う方向で発現した，ということで善解しつつ論じ進めたというのが，3 月号執筆時の私である（この点は，以下において，前後の事情の更なる検討とともに，しっかりと落とし前をつける!!）。

　そして，増井教授にお与え頂いたこの機会に，周辺事情を更に調べたところ，本論文でも再三論じたところの「**スイス司法の健全性**」が，オネゲル氏の右の指摘の背景に存在したことを，新たに発見出来たのである（後述）。

　あらかじめ一言しておけば，右の原文でゴチック体で示した個所に付されていた「注 4」を，3 月号分の当該頁では省略しておいたのだが，右では復活させた。前記の Honnegger, supra, at 350 に示されているその「注 4」には——

"[Note] 4  Bernhard F. Meyer, Swiss Banking Secrecy and Its Legal Implications in the United States, 19 New Engl. L. Rev. 18, at 26 (1978); Peter Forstmoser, Swiss Banking Secrecy, in International Financial Centres, Proceedings of the 40th International Banking Summer School 1987, published by the Swiss Bankers' Association (Interlaken/**Basle** 1987), at 73; Kurt Mueller, Swiss Banking Secret From a Legal View, 18 Int'l & Comp. L. Q. 360, at 361 (1969)."

——といったものが，引用されている。それらをも含めて，増井教授にご教示頂いた文献では，すべて（でっち上げの）「神話」だと，一蹴されていることになる（後述[\*]）。

* それが「神話」であって事実でないのならば，映画「サウンド・オブ・ミュージック」のラスト・シーンに描かれたスイスのイメージまでもが，疑われることにもなる。もとより，貿易と関税 2011 年 3 月号 53 頁（本書 8 頁）で最初に言及した「**Haut**（皮膚）」というスイス映画のことは，あるのだけれども（後述）。

158　第2章　「従来のスイスにおける租税条約上の情報交換」と「堅持されていた"双方可罰性の要件"」

以下，既述のごとくちょうどよい機会ゆえ，1934年のスイス銀行法，従ってその47条の「銀行秘密」規定の，淵源（等）を，一層深く探ることとする。

さて，増井教授から頂いたのは，<u>クリスチアン・シャヴァニュー＝ロナン・パラン著（杉村昌昭訳）・タックスヘイブン――グローバル経済を動かす闇のシステム（訳書発行2007年・作品社）の奥付と57－65頁の，「スイスの銀行家――1930年代」の項の，コピー</u>である（同書第2章の「タックスヘイブンの歴史」の一部）。奥付によると，シャヴァニュー（Chavagneux）氏は，フランスの経済誌の編集者で，イギリスのサセックス大学の国際関係論の研究員であり，他方，パラン（Palan）氏は，サセックス大学の国際関係論の教授だが，国際政治経済関係の雑誌の編集者として著名，とのことである(*)。

　　*　訳者の杉村氏は，かつて私が書評（石黒・国境を越える知的財産［2005年・信山社］23頁以下）を書いたスーザン・ジョージ（杉村訳）・WTO徹底批判（作品社・2002年）の訳者でもある。

この著者二人のバック・グラウンドが若干ジャーナリスティックな偏りを有していること（そして，フランスとの関係⁉）が，これからの私の論述においても，具体的に関係して来ることとなる。ともかく，同訳書・57頁以下を，見ておこう。

同前・57頁は，「18世紀のフランスの思想家ボルテール」の漠然たる言葉から，論じ始める。だが，1行で終わるその引用の次の，同前・58頁冒頭は，スイスの「**匿名口座**」は「19世紀末から開設されている」との，誤った指摘から始まる。

米国司法省が「スイスの**秘密口座**」に言及することの不当性については，「IRS vs. UBS事件」との関係で，貿易と関税2011年3月号58頁（本書15頁）でも批判したが，同じことである。<u>スイスにあるのは「番号口座」であって，「匿名口座」なるものは，一切，スイスには存在しない</u>（同前［3月号］・50頁［本書5頁］[*]）。

　　*　訳者の杉村氏が誤訳した可能性は低い。直前の「＊部分」で別な訳書の書評を書いた経験から，そう思うのである。もっとも，（以下も同じだが）東大法研書庫が改築・閉鎖中ゆえ，一々現物にあたる私の主義を貫きにくく，不本意だが，増井教授に，後は託そう。

シャヴァニュー＝パラン著（杉村訳）・前掲58頁は，「第1次世界大戦後」の状況下でスイスが，「税の避難所」となっていた，とする。「すでに当時から，<u>民法で保証された銀行の秘密厳守</u>」を「推進」し，「1934年のスイス銀行法は，その<u>47条</u>で，銀行の秘密厳守を刑法の対象とすることによって，さらに深化」させることとなった，とするのである(*)。

　　*　だが，一々，注釈を付けたくなる。右に「民法」とあるとき，スイスには「民法典（ZGB）」と「債務法（OR）」とがあり，「銀行法」制定前の銀行の守秘義務は，「債務法」の方で

担保されていたのである（後述。ZGBは，財産法分野では，物権法のみを規律する）。

　同前訳書・58頁は，「この法律」即ち「スイス銀行法」は，「スイスに資産を預けようとする外国人に対して，自国すなわちスイス政府に背いてでも［??］，完全に法的な保護をするという仕組みになっている」とする。だが，自国の「政府に背いて」よいなどという内容の立法を，スイスでなくとも，そもそも国家が行なうか。
　訳者のミスの可能性がないという仮定（直前の，そしてその前の「＊部分」参照）で考えれば，おかしなことが，ここで書かれている（tax fraud or the likeというキイ・ワードを想起するまでもなくおかしい，ということである）。そこに，まずもって気づくべきである。
　こうした，肝腎な部分に至るまでの叙述のおかしさや非厳密性（直前の「＊部分」をも，参照せよ）は，この文献の信憑性を，既にして相当程度に疑わせるに，十分なものとなる「はず」である。論じ方が，情緒的（!!）に過ぎるのである（増井教授とて，その点をお感じであったはずである）。
　かくて，同前訳書・59頁の，"最も批判すべき部分"に至る。そこには，「スイス当局は，銀行の秘密厳守がすでに実質的に定着し……ているのに，なぜ銀行の秘密をことさらに強化する必要性を感じたのだろうか？」とした上で──

「スイスの銀行家たちは，この法律がナチス・ドイツに迫害されたユダヤ人やその他のマイノリティーの資産を保護するためにつくられたのだという神話を維持したがっている。しかし，セバスチァン・ゲー［Sébastien Guex, 1999］とピーター・フグ［Peter Hug, 2000］は，この法律ができた経緯はナチスとは何の関係もなく，フランスが主要な役割の一つを演じている話であることを詳細に跡づけている。」

──とある。既述の「神話」と，「フランス」の登場，である。
　以下，同前訳書の小見出しは，（スイスの）「銀行の秘密厳守の強化」から，「銀行の監視強化への対抗として」（同前・59頁以下），「フランスの圧力とスイスの危機」（同前・60頁以下），「スイス左翼の黙認」（同前・63頁以下）となって，この項目が終わる。いずれも，（他のものも若干引かれてはいるが）主として，右の2文献に依拠した書き振り，である。
　既述のごとく，研究室書庫閉鎖の逆風の続く中，右の2文献（等）にあたって詳細を検証する暇はないし，実は，そこまでの必要は，私には感じられない。相手国の人権保障など知ったことではなく，テロ撲滅等の大義名分のためには何でも許されるとする，現下の一方的な風に対する戦いが私を待っているのだし，スイス側の同法制定の経緯（Botschaft, infra）「等」の検討で，論駁には十分と思われるから，である。
　ともかく，同前訳書の，その先を見ておこう。同前・59頁以下の，次の小見出しでは，前記のゲー氏の分析に依拠しつつ，「1929年の大恐慌とその国際的帰結」として，「1931年の後半から数年のあいだ」にスイスが大きな金融危機に見舞われ，「スイスの政府当局」が，「金融機関の活動のコントロールの強化をめざす」銀行法制定を決

定した,とする。
　この個所は,後述のごとく正しい。だが,同前・59 － 60 頁は,要するに――

　『「スイスの銀行家たち」が,銀行口座関連の情報が<u>スイスや諸外国の税務当局の目にふれるようになることを恐れ」</u>て,「監視を厳しくしないこと［??］,またそれ［監視？］がスイス連邦国家の公務員によって行使されないこと,とりわけ銀行の秘密厳守が強化されるようにすることを要求し」,こうして「銀行法（1934年）の第 47 条」が出来たのだ。』

――とする。同前訳書は,ここでフランス云々の次の小見出しに移るのだが,ちと奇妙ではないか（??）。
　あくまで「スイスの銀行家たち」が主役だとする,その若干不自然な論じ方において,「スイス政府側」は,彼ら（「スイスの銀行家たち」）を脅かす存在として,ここでは描かれている。<u>スイス当局からもアンタッチャブルな存在として,「銀行秘密」規定が制定された「かのごとき」書き振り</u>である。
　たしかに,「租税詐欺」と「銀行秘密」規定との関係が,同法の制定当初からのものかは,別途検証を要する。だが,<u>スイス政府自身も立ち入れない"法的真空地帯"を作るなどという,国家としてはおよそ自己否定と言うべき立法が意図されていたとする「かのごとき」ここでの指摘に対しては,最低限「論証不足」だろう</u>と,言わざるを得ない。ジャーナリズムに根っこを置く浮草のごとき単なる一文献にこれ以上付き合う義理も暇も,断じて無いのだと,私は,6月16日のこのコピーの読破と帰宅後のネット検索との間に描いた,厳しい眼差しの「怒れる自画像」（モノクロ）を,机の前に置き,こうして書いている。
　ともあれ,同前訳書・60 － 63 頁は,この項で最も長い「フランスの圧力とスイスの危機」の小見出しとなる（それを強調したい意図は,見え見えである）。「1932 年 6 月」以降の展開の中で,「バーゼル［!!］商業銀行」絡みのフランスでの脱税事件が発覚し（フランス側資料に基づく「Chavagneux 2001」が,この個所では引用されている）,フランスが同銀行に圧力をかけるとともに,同年「11 月 21 日」に,「スイス当局に両国の司法協力を求めるが,スイス連邦政府はこれを拒否する」といったことが生じた（同前・62 頁）。その間に,<u>「スイスの銀行の外国人顧客の多くが,あわてふためいて預けてあったお金を引き出しはじめた」</u>という,スイスにとって<u>「取り返しがつかないこと」</u>が起きた（同前頁[*]）として,その先はフグ氏の分析に戻る。

　　* 但し,この点は,全く逆のニュアンスで,スイス側の同法制定時の Botschaft に即して,後述する。

　そこでは,この事件の顛末を<u>「スイスの銀行全体の外国人顧客の信頼を失いかねないという危険</u>」と把握しつつ,「1934 年の法の第 47 条は,この危険を軽減したのである」とされる。そして,かくて<u>「スイスの銀行家たちは,1933 年初め,彼らのやっ

2　従来のスイスにおける「他の諸国との租税条約上の情報交換」の時系列的な展開過程　　161

ていることを何が何でも守るための法的手段を追求しはじめ」て、同法制定に至るのだ、とされているのである。

　何となく「IRS vs. UBS 事件」を彷彿とさせるような事件ではある。そして、銀行の「顧客の信頼確保」が1934年のスイス銀行法制定の背景にあったことは後述の通りだが、それは、大恐慌以後の世界的な金融混乱への対処としての、規制強化の一環、であった。たしかに、「スイスの銀行家たち」がプレイヤーとして重要であることは、今に至るまでスイスの立法との関係で、私とて否定はしない。だが、彼ら「のみ」の言い分でスイスという国家が動くというこの論者達の書き振りは、どうしたものか。

　同前・63頁以下は、「スイス左翼の黙認」という、またしても zu politisch な論じ方をする。もはや付き合い切れないが、同前・64－65頁は、以下の指摘をしている。そこを示した後、私の言いたいことを、順次示す。そこには——

「アメリカ合衆国議会が税金逃れと組織犯罪について絶えず聞き取り調査をし、そのたびにスイスの銀行の秘密厳守が問題になるので、スイスの銀行家たちは1966年、ユダヤ人の資産保護という伝説をでっちあげたのである。これはたしかに功を奏したと言えるだろう。たとえば、1968年に、アメリカ議会にスイスの銀行の秘密厳守に反対する法案が提出されたとき、銀行協会の会長は、「スイスの銀行の秘密厳守に関する現行の法律の起源は、第二次世界大戦直前のスイスにおけるゲシュタポの恐るべき作戦の時代にまでさかのぼる」という事実を考慮に入れなければならないことを強調した〔Hug 2000〕。それ以降、銀行の秘密厳守の起源をあつかったあらゆる出版物が、この伝説に言及しつづけるところとなる。あまつさえ、スイスの銀行は、この銀行の秘密厳守をうまく利用して、ホロコーストの生存者やその相続人に対して、戦争の時代から銀行が金庫に所持していた彼らの資産をなかなか返そうとしなかった。ようやく1998年になって、スイスの銀行にその記録保管所と金庫を開かせることができたが、それにはアメリカの強力な政治力が必要であった。60年以上も経って、政治力によって、かろうじてスイスの銀行の秘密厳守の原則に小さな風穴を空けることができたというわけである。」

——とある。

　何とまあ、スイスはひどい国であることか。そうであるにもかかわらず石黒は、自分の留学先がスイスだからといって妙な義侠心を起こし、この「でっち上げ」の「神話」ないし「伝説」を頭から信じて、自由の女神の国、即ち米国的正義とグローバルなトレンドの正しく指し示すところに「下らぬ反旗」を翻して、ようもここまで長々と下らぬことを書き続けて来たものだ。この10月号(!!)で連載を途中で打ち切り、早々に立ち去るべきだろうに……。——と、なる「はず」のところであろう。かくて、書きながら私は、(ご教示頂いた増井教授に感謝しつつ)久々に、本気で怒った。

　以下、現下のグローバル・トレンドの、"穢れた底流"の一部を示したに過ぎない「この文献」に対する、反撃を開始する。

まずは静かに，既に本書でも再三引用したところの，スイス財務省（EFD）の「スイス銀行秘密と国際課税」についての文献から。**EFD, Bankgeheimnis und internationale Steuerfragen: Der Schweizer Standpunkt, supra（Juni 2009），**at 13 の「銀行秘密」と題した項の，冒頭部分である(*)。

* ちなみに，Id. at 12 には，**ヤコブ・ブルクハルト**（Jacob Burckhardt［1818-1897］, Schweizer Kulturhistoriker）の，印象的な言葉が，スイス銀行秘密の基本を暗示するものとして，本人の顔のイラストとともに，大きな字で一頁，カラーで示されている。ここではあえて，原文のみを示すこととする。即ち——

  《 Der Kleinstaat ist vorhanden, damit ein Fleck［場所］auf der Welt sei, wo die grösstmögliche Quote der Staatsangehörigen Bürger in vollem Sinne sind. *Denn der Kleinstaat hat überhaupt nichts, als die wirkliche, tatsächliche* **Freiheit**, *wodurch er die gewaltigen Vorteile des Grosstaates, selbst dessen Machtideal völlig aufwiegt.*》

  ——との，スイスという美しい小国の真実と本来在る「べき」姿を示す，印象的な言葉である（aufwiegen は，「と釣り合う」の意味の他動詞。何も持たぬ小国スイスが，真の自由によって大国の力に匹敵する何かを持ち得るのだ，ということ）。印象的だが，悲しい。今流れている「マタイ受難曲」そのもののイメージ，である。そして，私は，その悲しみを，どこまでも浄化する。そのために絶大な「氣」のパワーを，授かったのだから(**)。

** 「ブルクハルト」の名を改めて見直して，ひょっとしたらと思い，電子辞書で調べて見たら，思った（感じた）通りであった。「1818 年 5 月 25 日バーゼル生まれ，1897 年 8 月 8 日バーゼルで没す」とあり，1858 － 93 年はバーゼル大学歴史学教授だった，ともある。彼は，Basler だったのだ（!!）。バーゼル留学中，何度となく耳にした彼の名前。——その彼の重い言葉を，ここで引用出来た喜びは，心は同じ Basler としての私には，大きい。否，ここで引用してくれと，最初は神学を学んだ彼が，今は亡きトレッシュ神父さん（貿易と関税 2011 年 3 月号 52 － 53 頁［本書 8 頁］参照）とともに，私を呼んでいたのかもしれない……。

EFD, supra, at 13 には，次のごとくある。即ち——

„Für die einen ist das Schweizer Bankgeheimnis ein Schweizer Markenzeichen, unbezwingbar wie eine Festung. Für die anderen ist es eine zweifelhafte oder gar schädliche Einrichtung, die es politisch zu bekämpfen gilt. Beide Wahrnehmungen kollidieren mit der Wirklichkeit —— die erste Auffassung ist positiv überhöht, während die zweite negativ aufgeladen ist. Die Realität ist anders.

Seit nunmehr 75 Jahren ist das Bankgeheimnis im Schweizer Recht explizit verankert —— und genau so alt sind die innen- und aussenpolitischen Kontroversen. Die spezifische Ausprägung des Bankgeheimnisses hängt eng mit dem liberalen schweize-

2 従来のスイスにおける「他の諸国との租税条約上の情報交換」の時系列的な展開過程　　163

rischen Staatsverständnis und mit den Freiheitsrechten der Bürgerschaft zusammen. In der Schweiz ist der Staat für die Bürger da. Dementsprechend solide ist die Rechtsstellung der Bürger ausgestaltet.

Das Bankgeheimnis schützt die finanzielle Privatsphäre der Bankkunden. ……"

——と。あえて逐語訳すれば——

「一方において，スイス銀行秘密は，砦のように攻略し難いスイスのトレードマークである。他方においてそれは，政治的に戦う必要のあるところの，疑わしく，又は全く有害な装置である。双方の主張が，現実と衝突している。——第1の見方は肯定的な意味で，それを実際よりも高い存在として示し，第2の見方はそれに，ネガティヴな意味で重荷を負わせる。だが，現実は，それらとは異なる。

　今や75年前以来，銀行秘密は，スイス法において明示的に定められており，国内政治的及び国際政治的な論争も，それ以来のものである。銀行秘密のその独特の形態は，リベラルなスイスの国家理解及び市民の自由権と，密接に結び付いている。スイスでは，国家は，市民のために存在する。それに従って，市民の法的地位は堅固に形作られている。

　銀行秘密は，銀行顧客の金融上のプライバシーを守るものである。……」

——となる。

　「スイスの銀行家たち」のみが主役だとするかのごときシャヴァニュー＝パラン著（杉村訳）・前掲の，実に不穏当な指摘に接し，すべて既述のことではあるが，あえて物事の基本を，以上，まずは示しておく。ヤコブ・ブルクハルトの前記の言葉に回帰して，その重みを，十分にアプリシェートす「べき」である。

　ちなみに，EFD, supra は，右引用部分の後，スイス銀行秘密はテロリスト等を保護するものではなく，（既に論じた）「司法共助」関連のスイスの多大な実績のあること等を，続いて示しているのだが，ともかく，スイス銀行秘密の「プライバシー保護の基本権」との関係等については，貿易と関税2011年5月号49頁（本書53頁）において，「2009年2月18日」の重大な事態との関係で，また，実際のスイス連邦行政裁判所判決との関係において，論じておいた。シャヴァニュー＝パラン著（杉村訳）・前掲の言説を頭から信じ込む者（if any）は，まずもって其処を，参照せよ。

　それでは，1934年のスイス銀行法制定時の，連邦政府の議会に対する公的説明を，以下において見ておく。**Botschaft des Bundesrates an die Bundesversammlung betreffend den Entwurf eines Bundesgesetzes über die Banken und Sparkas-**

sen (**Vom** 2. **Februar** 1934), **BBl.** 1934 Ⅰ, at 171ff である。

最初に断っておくが，Id. at 190ff に示された「銀行法草案」では「刑事規定（Strafbestimmungen）」の2番目の規定たる24条の中に，„Wer vorsätzlich ..... als Organ, Beamter, Angestellter einer Bank ..... die Schweigepflicht oder das Berufsgeheimnis verletzt, wer hierzu verleitet oder zu verleiten sucht, wird ..... bestraft." (Id. at 200) として，銀行秘密規定があった。ちなみに，当時の草案は，33条までのものであった。だが，成案（Bundesgesetz über die Banken und Sparkassen [Vom 8. November 1934], BBl. 1934 Ⅲ, at 601ff, 618) では，「47条1項b」として，右の文言がそのまま引き継がれ，いわば独立した規定となった。

成案を見るまでに相当の紆余曲折のあったことは，容易に推察される。だが，ともかくここでは，Botschaft (Feb. 2, 1934), supra に，集中しよう。その先で論ずべきこともあるので。

さて，右の Botschaft について，まずもって注意されるのは，Id. at 202－220 において，この手の政府説明（Botschaft）としては珍しく，「外国の銀行立法（Die Bankengesetzgebung im Ausland）」についての Anhang Ⅰ が付いていること，である（Id. at 221ff の Anhang Ⅱ は，統計）。そこでは，米国（Id. at 202－207），ドイツ（Id. at 207－210），オーストリア（Id. at 210－212），イタリア（Id. at 212f），チェコスロヴァキア（Id. at 213－215），スウェーデン（Id. at 216），デンマーク（Id. at 216－218），ノルウェー（Id. at 218f），英国（Id. at 219f），そして，最後に8行だけでフランス（Id. at 220），7行でベルギー，9行でオランダ（以上，Ibid）の状況が，纏められている。バーゼルの銀行関連の事件で前掲の訳書が注目する「フランス」が8行だけというのも興味深いが，ともかく，1934年のスイス銀行法は，（大恐慌の影響下ゆえになおさら!!）米国，ドイツその他の諸外国の銀行立法を十分に踏まえつつ，作成されたものだった，のである。

それでは，47条の「銀行秘密規定」作成の背景事情は，この Botschaft において，どのように説明されているのか。そこを見ておこう。

Id. at 171 の冒頭頁において，まず米国の連邦準備制度（Federal-Reservesystem）の「統一的コントロール（eine einheitliche Kontrolle）」が注目されていることは，それ自体が興味を引く。Ibid では，欧州の国々でも（Auch in Europa .....），銀行の義務的検査（obligatorische Prüfungen der Banken）があるけれども，当時の（大恐慌後の）状況下での銀行破綻を防げなかった，との「経験（die Erfahrungen）」が示されている。即ち，「危機の破滅的拡大（eine katastrophale Ausdehnung der Krisen）」を経験した上での銀行規制の在り方が，根本から問われ，同法制定に至るのである。

言い換えれば，スイス銀行法制定へのドライビング・フォースは，当時の「世界全体を支配していた経済危機（die in der ganzen Welt herrschende Wirtschaftskrise）」の中で（Id. at 172），いかにすれば健全な銀行業務を行えるか，の点にあった。

Id. at 172－174 は，当時のスイスの銀行制度の特性についての言及（それについては省略）だが，Id. at 174 では，この特性ゆえに，どこかの制度をそのまま持って来て植え付けることは出来ないとされ（Id. at 174f では，コントロールの厳しい米国でも危機

2 従来のスイスにおける「他の諸国との租税条約上の情報交換」の時系列的な展開過程　　165

が起きたことを，数字で示している），その上で，このスイス銀行法制定の基本が，示されることになる。

　そこ（Id. at 175）では，「この法律は，<u>債権者に獲得させるべき安全性</u>［!!］を，いくつかの措置の同時的な適用によって実現しようとするものだ（**Das Gesetz sucht die den Gläubigern zu verschaffende Sicherheit durch die gleichzeitige Anwendung mehrerer Massnahmen zu verwirklichen.**）」とする。そして，その一環として，「<u>全ての銀行にとって義務的な，厳しい専門家としてのコントロール</u>（die strenge fachmännische Kontroll, die für alle Banken obligatorisch ist）」がもたらされるが，それは，「<u>責任意識（**Verantwortungsbewusstsein**）」の強化</u>のためだ（!!），ともされている（Ibid.）。そこから先，この Botschaft は，スイス国内での銀行倒産の実態等に眼を転ずるのだが，こうした流れの中で Id. at 179 － 181 が，「銀行秘密」に直結する問題を，扱うに至る。

　まず，Id. at 179 では，諸外国の例（das Beispiel ausländischer Staaten）からは，厳しいコントロールがあったところで銀行倒産（Bankzusammenbrüche）の予防は出来ていず，そこでこの法律は，それら諸国での経験をも考慮しつつ，銀行業務に携わる者達の「**責任意識の尖鋭化（Schärfung des Verantwortlichkeitbewusstseins）**」を行なうのだ，とする。具体的にそこでは，「（スイス）<u>債務法</u>上の責任規定（die obligationenrechtlichen Verantwortlichkeitsvorschriften）」（それによって「不法行為［ein Delikt］」とされて来た事柄）を，「銀行にとって一層厳しい特別規定によって置き換える（ersetzen する）」ことが本法で意図されるとし，それによって各銀行の組織内各部署での，一層責任ある体制の構築が，「銀行秘密」との関係を含めて，目指されているのである。

　このあたりが，前掲訳書・58 頁（「債務法」ではなく「民法」云々に言及）と関係する。そして Botschaft, supra, at 179 は，こうした諸措置が，審査対象たる（金融）機関とは独立した連邦政府側の機関によってなされねばならないことをも示しつつ，徐々に「銀行秘密」プロパーの問題へと，接近する。

　但しそこには，銀行業務の複雑性からして，<u>官の側によるコントロールは，国家にとっても銀行にとっても，望ましいことではない</u>（Die amtliche Kontrolle ist ..... weder für den Staat noch für die Banken wünschbar.），とある（Ibid.）。前記の訳書の側に立つ者達は，ここで，それ見たことかと，色めき立つであろう（それ位の"悪戯"は，私にも許されるはずである）。

　だが，ここは，本来そうあるべきだがしかし，といった文脈の中でのものであるにとどまる。それの証拠として，「銀行秘密」という言葉が出て来る Id. at 180 の個所を，以下に，原文で示すこととする。

　シャヴァニュー＝パラン著（杉村訳）・前掲によれば，スイスからの預金の逃避を防止するべく「銀行秘密」規定が作成された，ということになる。だが，以下においては，（「銀行秘密」を含む!!）「責任意識の尖鋭化」のための諸規定の，<u>同法制定による導入により，スイス政府が，逆に，スイスからの資本逃避を，起こり得べきこととして，懸念しているのである</u>。<u>要するに，話が逆になっているのである（!!）</u>。Id. at

180 には——

>„Vor allem aber würde die amtliche Kontrolle den Verantwortungssinn der Verwaltungsorgane schwächen und die Verantwortlichkeit des Staates in gefährlicher Weise in Mitleidenschaft ziehen. Der Eingriff eidgenössischer Kontrolleure hätte auch noch andere Unzukömmlichkeiten zur Folge: Die Bankenkundschaft, die dem **Bankgeheimnis** grosse Bedeutung beimisst und darauf will zählen können, würde beunruhigt. Die Folge davon wäre wahrscheinlich **ein Kapitalflucht** der bei unseren Banken angelegten Gelder, ein Schaden, vor dem wir unser Land bewahren müssen."

——とある。

　ここも，（多少言葉を補いつつ）逐語訳しておこう。右には——

>「官による［日常的な］コントロールがなされたとすれば，とりわけ［銀行内部の］管理機関の責任意識が弱まり，かつ，国家の責任範囲（権限）が，危険な形で巻き添えを食うことに，なってしまうであろう。連邦の監督者の［日常的な］介入は，その他にも不当な結果をもたらすであろう。即ち，**銀行秘密**に大きな意味を認め，かつ，それをあてにしようとする者は，不安になるであろう。その結果は，恐らくは，我々の銀行に投資されていたカネについての，**資金の海外流出**という，我々が我々の国をそれから守るべきところの損失，となるであろう。」

——とある。

　但し，再度言うが，この Botschaft の示す右の懸念は，銀行法に基づく「日常的なコントロール」を，連邦政府側が行なった場合のものであることに，注意すべきである。そうしたことが起こり得るから，「責任意識」強化のための（「銀行秘密」強化を含む）諸規定は同法制定で整備するが，日々の監督等は，かくして内部体制の強化された銀行に，基本的には委ねるのだ，ということである。

　だが，そうではあれ，右の引用部分におけるスイス連邦政府側の危機意識から「も」，『「銀行秘密」規定の導入は，他の規制強化の諸措置とあくまでワン・セットで考えられていたこと』が，判明するはずである。他方，シャヴァニュー＝パラン著（杉村訳）・前掲の説くような，資金の海外流出を恐れての「銀行秘密」規定の導入といったニュアンスは，残念ながら，同法制定のための連邦政府の公的説明（Botschaft, supra）の中には，何ら示されては「いない」。

　それでは，『「ユダヤ」や「ゲシュタポ」との関係』は，どうなのか。それは，単なる『でっち上げとしての「神話」ないし「伝説」』だったのか。
　そんなこと（ユダヤやゲシュタポ云々）がこの Botschaft に書かれているはずのないことは，既に示した。シャヴァニュー＝パラン著（杉村訳）・前掲 65 頁が，戦後のユダヤ人資産の返還についてもスイス側が意図的にぐずぐずしていた旨の指摘をしてい

2 従来のスイスにおける「他の諸国との租税条約上の情報交換」の時系列的な展開過程　　167

ることからも，ここで或る別の文献を，見ておくこととする。

　それは，キイ・ワードを適当に入れて私が検索した結果ヒットした文献，である。**Jacques Picard, Die Schweiz und die Vermögen verschwundener Nazi-Opfer: Die Vermögen rassisch, religiös und politisch Verfolgter in der Schweiz und ihre Ablösung von 1946 bis 1973, 22 Studien und Quellen, at 271 － 324 (1996)** である。題名を邦訳すれば，「スイスと"消えたナチ犠牲者達"の財産——人種的，宗教的，及び政治的な迫害を受けた者達のスイス所在の財産と，<u>1946 年から 1973 年までの間におけるその償還（返却）</u>」となる。まさにシャヴァニュー＝パラン著（杉村訳）・前掲 65 頁と，"現象的"には符合する内容の文献である（但し，再度，その書き方を，右のタイトルと対比せよ，とだけ言っておく。何かが符合しないことに，気づくはずである。——キイ・ワードは，「<u>1998 年</u>」である）。

　これは，ある種の「鑑定意見書（Gutachten）」であることが，Picard, supra, at 271 のその冒頭に，示されている。そこには，「1992 年 10 月 26 日」に，この著者が，<u>英国 BBC のフィルム・プロデューサーたる Lawrence Lever 氏からの依頼</u>を受けて，この問題についての「学問的精査（eine wissenschaftliche Überprüfung; eine wissenschaftlich abgestützte Untersuchung）」を行なったとの，この「意見書」作成の経緯が，ともかくも語られている。

　そして，Id. at 272 には，この「意見書」が 1993 年に英語で出版され，続いて 1996 年にも，再度出版され（Jacques Picard, Switzerland and the Assets of the Missing Victims of the Nazis, Zurich, 1996 [Reprint by Bank Julius Baer]），<u>国内外のメディアで大いに注目</u>された（..... hat in den Medien des In- und Auslandes erhebliche Beachtung gefunden.），とある。それが事実なら，シャヴァニュー＝パラン著（杉村訳）・前掲の軸足も英国（サセックス大学）にあり，かつ，この共著者のベースがジャーナリズム（に近いところ）にあることからして，何故この文献が其処で引用されて「いない」のか，不思議となる「はず」である。

　もとより，この「意見書」のメイン・テーマたる，ユダヤ（ないしナチ）関連の戦後処理枠組について論ずることは，私の今の関心事項ではない。だが，Picard, supra, at 274ff に，「1938 年までの戦前（Vorkriegszeit [bis 1938]）」についての論述があり，そこに注目したいのである。

　もはやダイレクトに，Id. at 276 を見てしまおう。そこには，この時期においてスイスの金融機関は，「国家社会主義のドイツ」及び後に（ドイツによって）征服（erobert）された国々から，「ユダヤ人の資産」を受け取っていた，とある。その後の Ibid の指摘が決定的ゆえ，原文でまず示しておく。そこには，其処に付された脚注の 7 をも併せて示せば——

　„Die Geheimhaltung über Vermögen wurde durch <u>das Bankengesetz von 1934</u> mit einer streng formellen Rechtslegung garantiert, die selbstredend auch alle anderen, beispielsweise deutschen oder britischen Einleger vor Offenlegung schützte. Hinzu

168　第 2 章　「従来のスイスにおける租税条約上の情報交換」と「堅持されていた"双方可罰性の要件"」

kommen gerichtliche Entscheide, welche die Zwangsverwaltung von in der Schweiz liegenden Vermögen jüdischer Emigranten und Flüchtlinge aus Deutschland betrafen. ***Dabei schlugen das schweizerische Bundesgericht [!!] und das zürcherische Obergericht [!!] die sonst übliche Beachtung und Durchsetzung von fremden Gerichtsentscheiden (in diesem fall von deutschen Gerichten) zweitinstanzlich nieder*** [*]***.***

***Diese Massnahmen gaben verfolgten Juden und anderen Opfern des Nazismus also allen Grund, vorsorglich ihre Vermögenswerte auch in die Schweiz zu verlegen*** [!!]***.***

　* 　[FN. 7]: Bundesgerichtliche Entscheide, Lausanne 1936/37, Urteile der staatsrechtlichen Abteilung vom 11.9.1936 (Hartung contra hessisches Landestheater) und 17.9.1937 (Ufa contra Therag). Obergericht des Kantons Zürich, 1. Kammer, Urteil vom 1.3.1939, und 2. Kammer, Urteil vom 25.9.1942. Vgl. Schweizerische Juristenzeitung, Bern 19.4.1943 und Law Journal, **London** 19.6.1943, betreffend die zürcherischen Urteile."

——とある。逐語訳は，ちと疲れたのでしないが，注はともかくとして，要するに
——

『（預けられた）財産についての守秘は，1934 年銀行法によって，厳格に保障されており，もとより，他の全ての，例えばドイツや英国の預金者も，情報開示からの保護を受けた。其処に更に，ドイツからのユダヤ人たる移住者達及び亡命者達のスイス所在の財産の強制管理に関する（ドイツの）諸判決が現れた。それに際して，スイスの連邦裁判所及びチューリヒ高裁は，他の場合には通常行なうところの，外国裁判所（この場合にはドイツ裁判所）の裁判の考慮［承認］及び執行を，承認国の立場で，拒絶した。

　これらの諸措置は，迫害を受けたユダヤ人達やその他のナチズムの犠牲者達に，安全のために彼らの財産をもスイス国内に移すことへの，全ての根拠を与えた。』

——ということになる(*)。

　* 　右の本文の最後の一文の，「諸措置」（複数形）とは，文脈上，むしろ，「脚注 7」で引用された 4 つの判決を指すようにも思われるが，「其処に更に」とあったところからは，スイス銀行法上の「銀行秘密」規定をも含めたもの，とも思われる。だが，そのどちらでも，ここでの私の論述上は，かまわないことになる（後述）。この「意見書」の作成者が牴触法の専門家でないこともあり（そもそも，Dr. や Prof. ではない，ようである），右の言葉遣いには，細かくは文句はあるが，その指摘内容自体が，重要である。

　右の「脚注 7」には，計 4 つのスイスの判決が，引用されている。「外国判決の承認・

2　従来のスイスにおける「他の諸国との租税条約上の情報交換」の時系列的な展開過程　　　169

執行」は，私の世界（牴触法）の中での問題である。ここまできちんと引用されていると，ついついその先を確かめたくもなるが，本書のここでの論述のためには，これで十分と判断する。

　英国のBBC筋からの依頼で作成され，スイスの国内外で大いに注目されたこの「意見書」の，右の「注7」には，チューリヒ判決（複数形）についてのロンドンでの紹介までが，示されている。それなのに，こうしたことに一言だに「しない」シャヴァニュー＝パラン著（杉村訳）・前掲の論じ方は，あえて言うが，far from fair というか，そもそも，極めて unfair（!!）なのではないか。

　右は，要するに，1934年スイス銀行法の「銀行秘密」規定（違反に対しては，刑罰による制裁付き）それ自体とともに，ナチの意向通りにスイス所在のユダヤ人の財産を押さえようとしたドイツ判決（複数形）を，明確に蹴っ飛ばした複数のスイスの判決の多大なインパクト（!!）により，ユダヤ人等の資産が，スイスに集まった，という歴史的事実が，示されていることになる。そして，かくしてスイスに財産が集まったものの，戦後になって預けた者の多くが所在不明となり，それをどうするかでスイスの国内外が大いに揉めたという，そのプロセスが，この「意見書」の検討の，主眼となる。

　だが，本書がここで指摘すべきは，次のことである。即ち，シャヴァニュー＝パラン著（杉村訳）・前掲の一方的な論じ方に反して，「スイス銀行秘密」は，実は，「ゲシュタポ」の手から「ユダヤの人々」のプライバシーと資産とを守るために制定されたものだった，という Honnegger, supra や，それに基づく私の指摘は，何ら危うい「神話」・「伝説」ではなく，『ここでも華麗に示されていた「スイス司法の健全性」（!!）』を介して，我々の歴史に刻印され「ていた」事実を，分かりやすく"表現"したものだったことが，かくて，解明されたことになる。

　シャヴァニュー＝パラン著（杉村訳）・前掲の側に立つ者（if any）には，前記の「脚注7」の諸判決を叩き潰すこと，そして，Honnegger, supra, at 350 の「注4」に引用された例示的文献も含めて，それらを全て潰すことが，当然要求される。私と同じく Basler たる，高邁な理想に満ちた前記の，スイスの偉大なる歴史学者ブルクハルトの重い言葉をも，そして，其処にも示された「真の自由」の人権的価値をも，今の世界に一方的に流れる穢れた風に身を任せ，あっさりと蹂躙してそれで済まそうとする暴力的営為に対しては，たった一人の存在であるが，私は，最後まで抵抗する（!!）。

静かなる風鈴の血の一滴ぞ　一憲

　私も，そのうち本気で暇が出来たら，この先を調べて書くことも，考えないではない。だが，今は，これで十分であろう(*)。

　＊　そんなことよりも，Picard, supra, at 276 には，それを発見して以降，私を大いに悩

ませ続けているところの，次の指摘がある。前記の重要な指摘との関係でのものなのだが，そこには──

> „..... betrieb die Schweiz eine Juden- und Flüchtlingspolitik, die **versteckt antisemitisch [??]**, aber .....ˮ

──と，あるのである。この時期のスイスのユダヤ人政策及び亡命者（難民）政策が，「隠れた反ユダヤ主義」的なものだったと，そこにはある。最初私は，わが眼を疑った。だが，たしかにそう書いてある。もとより右の前後の文脈も確かめたが，ショックであった。

もし，本当にそうならば，貿易と関税 2011 年 3 月号 53 頁（本書 8 頁）以来，大震災・原発事故との関係を含めて再三言及して来たところの，「**Haut（皮膚）**」というスイス映画の有する，「人身御供」のイメージは，限りなく現実に近づくこととなる。Die Haut と絵の中に小さく記しつつ，2011 年 3 月 8 日に描いていた私の，厳しくも淋しい眼差しの絵を，自分で再度じっと見詰めもした。

天国のトレッシュ神父さんに，聞きたい。「本当なのですか？」，と。

そのトレッシュさんと，この世で一度だけ，バーゼルで 2003 年 11 月 22 日に，私に同行して会った妻は，「面倒なことを避けたがるお国柄からして，あり得る話なんじゃない？」と，サラッと言った。そう言われて，ハッとした。確かに，そうした国であり，社会なのだ。それが，右の「隠された（versteckt）」の，本当の意味なのかもしれない，と今は思う。更に更に，ものすごく淋しくなるのを，禁じ得ずに……。

いやはや，困った。こんなことで，紙数をここまで費やすはずではなかった。だが，仕方がない。本論文第 2 章の 2 は，かくて，次号分に跨がることになるが，先に進む（以上，2011 年 6 月 21 日午後 0 時 40 分までの執筆。ここまでの点検は，同日午前 1 時 50 分まで。計 13 時間 15 分ぶっ続けでの執筆作業，だったことになる。──執筆再開，2011 年 6 月 28 日午後 2 時 7 分）。

(2) 従来のスイスにおける「他の諸国との租税条約上の情報交換」の時系列的な展開過程── OECD モデル租税条約 26 条についてのスイスの留保との関係において

(2-1) 「2009 年 3 月 13 日」の「重大な政策変更」に至るまでの，スイスの「**OECD モデル租税条約 26 条についての留保**」の変遷

以下，最終的には，「2008 年版 OECD モデル租税条約 26 条についてのスイスの留保」の撤回（「2009 年 3 月 13 日のスイスの重大な政策変更」との関係で，同日になされたこと既述）の後に締結されたスイスの，諸外国との租税条約上の「情報交換」条項が，本書第 3 章以下（とくに第 3 章 3 で，個別にそれらについて検討する）との関係で，重要となる。だが，そこに至る過程に，むしろここでは，注目する。

全体的な流れにつき，まず注目すべきは，「2009 年 3 月 6 日」という，本書の関心からすれば絶妙のタイミング（租税条約上の「情報交換」に関する，スイス政府の右の重大な政策変更の直前!!）で出されたところの，対仏租税条約改正に関するスイス政府の議会向けの公的説明である（**Botschaft über die Genehmigung eines Zusatzabkom-**

## 2 従来のスイスにおける「他の諸国との租税条約上の情報交換」の時系列的な展開過程

mens zum Doppelbesteuerungsabkommen mit Frankreich vom 6. März 2009, BBl. 2009, at 1631ff.）。

ちなみに、対仏租税条約の改正が、その前になされたのは、「1997年7月22日」であったが（Id. at 1633.）、その後において、すぐ次に述べる「スイス側の新たな動き（2000年）」が生じた。また、右の改正（その署名は、「2009年1月12日」。Id. at 1631）のまさに直後に、スイス側の「重大な政策変更」（同年「3月13日」）があり、それもあって、右の「補足条約」の批准はなされず、「改正補足条約」が「2009年8月27日」に、新たに署名された（BBl. 2010, infra, at 1542.）。その意味で、Botschaft, supra（March 6, 2009）に示されたものを含めた、二度にわたる対仏租税条約の改正は、いずれも時期的に見て、非常に興味深いものと、なっているのである（最新の動きについては、後述する）。

さて、Id.（Botschaft: March 6, 2009, BBl. 2009）at 1633には、「租税条約上の情報交換」についてのスイスの政策の変遷について、以下の指摘がある。即ち、対仏での1997年の「部分改正以来、スイスは、OECDにおける多国間でのものとともに、EU及びその加盟諸国との間で、行政共助（Amtshilfe）に関するスイスの条約政策（Abkommenspolitik）の変更を結果としてもたらすところの、種々の義務を負うに至った」、とある。

具体的には――

『「OECDに対してスイスは、**課税目的のための銀行情報へのアクセス改善に関する2000年の租税委員会報告（Bericht des Fiskalkomitees**[*]**）への同意により**（mit der Zustimmung）、条約締約国の国内法の適用のために（für die Anwendung des innerstaatlichen Rechts eines Vertragsstaates）、租税詐欺（Steuerbetrug）の場合につき、情報交換の義務を負う」に至っている。（持株会社関連の次の1文は省略して先に行けば）「更に（ausserdem）、**EC（EG）とスイスとの利子収益（Zinserträge）の課税に関する2004年10月26日の条約**（以下ではZBstAとする：SR 0.641.926.81）においては、それによってカバーされる収益につき、租税詐欺又はそれに類似する犯罪（Steuerbetrug oder eines ähnlichen Deliktes）の場合についての情報交換が、規定されている。ZBstAを補完するために、スイスとEC（EG: Europäische Gemeinschaft）ならびにその加盟諸国との間で、「**合意メモランダム**」（ein Einverständliches Memorandum）が署名された。このメモランダムの2条は、スイスとEU[**]の各加盟国とが、租税詐欺又はそれに類似する犯罪の場合に、銀行情報を含めて（einschliesslich von Bankinformationen）情報交換をする規定を、その相互の租税条約に盛り込む目的での条約改正交渉を開始することを、規定している。』

* Bericht der Expertenkommission für ein Bundesgesetz über Steuerstrafrecht und internationale Amtshilfe in Steuersachen, supra（Bern, Oktober 2004）, at 35 には、「2000年3月」のOECD「租税委員会（Steuerausschuss）」報告へのスイスの同意として、この点が示されている。

** 「EC（EG）とEUとの関係」については、石黒・前掲国際倒産 vs. 国際課税223頁

172　第2章　「従来のスイスにおける租税条約上の情報交換」と「堅持されていた"双方可罰性の要件"」参照。

――とある。

　Botschaft, supra（March 6, 2009), at 1634 には，「**2000年以来生じたスイスの行政共助政策の変更**（die seit 2000 eingetretenen Änderungen der schweizerischen Amtshilfepolitik)」との言葉もあり，かくて，本章4で論ずる「OECD側からの不当な（!?）攻撃」との関係で，「2000年」を節目として，「租税詐欺」に限った「行政共助」（課税当局間の情報交換。［刑事の］「司法共助」とは区別されるそれ。既述）がなされるようになり，「2004年10月」のECとの「利子課税」に関する条約（詳細は本書235頁以下）以降，「租税詐欺」オンリーから，「それに類似する（同等な）犯罪」にまで「行政共助」の枠が拡大されるに至る，との全体構図が，「2009年3月13日」のスイスの「重大な政策変更」よりも前のものとして，ここに示されていることになる。

　そして，こうした流れの中で，「2004年6月」にスイスは，OECDモデル租税条約26条に対するスイスの留保を，「**修正**（modifiziert)」していたのである（Bericht der Expertenkommission, supra [Oktober 2004], at 35.)。Ibidに示されたその「**2004年6月修正**」後のスイスの留保は――

> "Switzerland reserves its position on paragraphs 1 and 5. It will propose to limit the scope of Article 26 to information necessary for carrying out the provisions of the Convention. This reservation shall not apply in cases involving acts of fraud subject to imprisonment according to the laws of **both** Contracting States."

――というものであった（行論上，この「2004年6月修正」後のスイスの留保を，「★マーク」で特定する）。

　右には**26条**の「**5項**」への言及がある。同条4・5項が，2002年のレヴューを経た「2005年」の新設規定であることは，貿易と関税2011年3月号48頁（本書3頁）にも示しておいたが，右は，それを先取りするものと言える。

　ここで，「2008年版OECDモデル租税条約コメンタリー」（OECD, Model Tax Convention on Income and on Capital: Condensed Version [July 2008], at 348ff) から，この「5項」関連の説明を，あらかじめ見ておこう（なお，本書503頁以下と対比せよ）。この「**5項**」は，情報交換に関する被要請国側の国内法上の制約を認めた同条3項に対して，「3項の規定は，提供を要請された情報が銀行その他の金融機関，名義人若しくは代理人若しくは受託者が有する情報又はある者の所有に関する情報であることのみを理由として，一方の締約国が情報の提供を拒否することを認めるものと解してはならない（In no case shall the provisions of paragraph 3 be construed to permit ......)」と規定する。

　OECD, Model Tax Convention (July 2008), supra, at 348（para. 4）は，2002年にthe Committee on Fiscal Affairs が26条についての包括的なレヴューを行ない，その結果として2005年に，条文本体とコメンタリーについての変更がなされた（[S]everal changes to both the text of the Article and the Commentary were made in 2005.)，とする。

2　従来のスイスにおける「他の諸国との租税条約上の情報交換」の時系列的な展開過程　　173

Ibid (para. 4.1) は、「新たな 5 項は、OECD 加盟諸国の大多数（the vast majority）の現在のプラクティスを反映すべく付加された」とし、そこでリファーされた Id. at 359f の「para. 19.10」では、"[T]he limitations of paragraph 3 cannot be used to prevent the exchange of information held by banks ……."とし、この「5 項」は 2005 年に付加されたものだが、大多数の加盟国では従来の 26 条の下でも銀行情報の交換が行なわれて来ており、その意味で、5 項の新設は確認的なものであることが、示されている。

「2004 年 6 月」のスイスの前記留保は、かくて、新設された（される）26 条 5 項の「銀行秘密」関連規定との関係で、「双方可罰性要件」を堅持した上でのみ、かかる情報の交換に応ずるとの、従来のスイスの主義を、鮮明に反映したものだったことになる。そしてその背景としては、Botschaft, supra (March 6, 2009), at 1634 に即して既に示した「2000 年以来のスイスの行政共助政策の変更」が、あったことになる。

　かくて、前記の「★マーク」で特定したスイスの留保が、「2008 年版 OECD モデル租税条約」にも受け継がれることになるのだが（OECD, supra [July 2008], at 361 [para. 24]）、ここで、1963 年の OECD モデル租税条約（草案）以来の、「情報交換」に関する 26 条に対するスイスの留保の変遷を、若干見ておこう。Bericht der Expertenkommission, supra (Oktober 2004), at 34 には、米国との租税条約（貿易と関税 2011 年 4 月号 51 頁以下〔本書 31 頁以下〕の、「1951 年米・スイス旧租税条約」のことである）を例外として、租税条約上の情報交換に関するスイスの実務は、長年「1950 年代以来（seit den 50er Jahren）」、条約の正しい適用に必要な情報のみ（nur）を交換する、ということにあった、とある（その点も、前記の「2000 年以来生じたスイスの行政共助政策の変更」で、修正を受けたことになるはずだが [Botschaft, supra, BBl. 2009, at 1633]、前記の「★マーク」で特定したスイスの留保の、第 2 文で対応する、ということであろう）。

　実際にも、右の長年の実務を如実に示すスイスの留保が、なされて来ていた。その点を、以下において見てゆこう。

　ここではまず、Kees van Raad (ed.), 1963 and 1977 OECD Model Income Tax Treaties and Commentaries (2nd ed. 1990) を、見ておく。1963 年草案と 1977 年モデルにおける 26 条（条文につき、Id. at lxiii－lxv）について、あらかじめ確認しておこう。

**1963 年版 OECD モデル租税条約草案 26 条**では、同条は 2 項までであり、その 1 項において、「条約**及び**締約国の国内法の実施に必要な (necessary for the carrying out …… of this Convention **and** of the domestic laws of the Contracting States) 情報の交換」と、それについての「守秘」（この段階では、条約に服する租税の「査定又は徴収 [the assessment or collection of the taxes which are ……]」に当たる者以外への守秘が、定められていた!!）が、まず規定されていた。そして、2 項には、今の同条 3 項に相当する規定（詳細は省略）があった。

　この段階での 26 条に対する留保をしたのはスイスのみだったようであり (Id. at 320)、そこでは──

"Under the Swiss concept a taxation Convention aims at avoiding international double taxation; the information necessary for the correct application and for the prevention of an abuse of such a Convention can be exchanged already within the existing framework of its provisions on the mutual agreement procedure, the reduction of taxes withheld at the source etc. Switzerland considers a particular provision on the exchange of information as **unnecessary** since even such an express clause could not, according to the purpose of the Convention, provide for more than for an exchange of information necessary for the correct application and prevention of an abuse of the Convention. Accordingly Switzerland has an express reservation on the Article on the exchange of information."

——とあった。これは，26条の存在自体を「不必要」とする，全面的な留保であるが，既にそこに，租税条約の正しい適用のためのみに情報交換を行なうという，（それに対する一部修正のなされた）「2000年の政策変更」（既述）に至るまでのスイスの方針が，示されている。

**1977年版OECDモデル租税条約26条**では，63年版草案26条1項の，前記の冒頭部分の「及び」が「又は」となり，「締約国の租税法の実施のために必要」な情報交換が，言わば独立した存在となった。それとともに，同じ1項の中で，「守秘」につき，情報を受け取った国の国内法におけると同じ「守秘」とする旨が明示され，かつ，この1項の中で，2008年版モデルの26条2項とほぼ同じ文言が，既に用いられるに至る。即ち，そこでの「開示」は，"only to persons or authorities (including courts and administrative bodies) involved in the assessment or collection of, the enforcement or prosecution in respect of, or the determination of appeals in relation to, the taxes covered by the Convention. Such persons or authorities shall use the information only for such purposes. They may disclose the information in public court proceedings or in judicial decisions."に対して認められる，とある（アンダーライン部分が，2008年版の26条2項と異なる）。そして，2項で，今の26条3項と同様の規定が，置かれている。

この1977年版モデルの26条については，Id. at 319, 321にあるように，「**日本**」が「コメンタリーに関する所見」（Observations on the Commentary: paras. 20 & 21）と題して，要請国が守秘に関して日本と同等（comparable）な法及び行政実務を有していること，及び，日本での課税と関係した（concerned with taxation in Japan）調査等によって得られた情報のみの提供しかできないことについて，実質的な留保をしていることが，まずもって注目される。それと一応区別された「同条についての留保（Reservations）」（Id. at 321: paras. 22-24）としては，「ポルトガル」が63年草案の線で行く旨を宣言し，「米国」が，条約によってカヴァーされた租税のみならず，全ての租税につき26条を適用すべきだと信ずる旨を，それぞれ留保している。そしてスイスは，63年版草案についての留保と同じ文言での留保を，行なっていた（この点については，Klaus Vogel on Double Taxation Conventions [Translator: John Marin], at 1209 [1991 Kluwer] をも参照）。

ちなみに，Vogelの右の英訳書は，1990年発行のドイツ語版第2版の翻訳だが，「3

2 従来のスイスにおける「他の諸国との租税条約上の情報交換」の時系列的な展開過程　　175

月11日」の震災直後に入手したところの（貿易と関税2011年6月号60頁〔本書78頁〕参照），同書第3版（1996年刊）の英訳たる Id. Third Edition, at 1402 (Translators: John Marin & Bruce Elvin [1997 Kluwer]) には，その段階での26条についての留保が，示されている。即ち，そこ (paras. 20 - 25) には，「日本」が右の2点のうち第1点について，前記と同じく「コメンタリーへの所見」を示し，「ポルトガル」と「米国」は右と同じ留保を，そして「メキシコ」が「米国」と同じ留保をしている。

　それに対して，Ibid (para. 24) のスイスの留保は，簡略化され——

"Switzerland reserves its position on this Article. When negotiating with other Member countries, Switzerland will propose to limit the scope of this Article to information necessary for carrying out the provisions of the Convention."

——となっている。だが，スイスの留保の趣旨は，右の第1文からして，63年草案の時から，変わっていない（従ってここでは，スイスの留保における文言の変更が，一体いつからのものかの点には，踏み込まない）。

　ついでに，「3月25日」入手の Vogel/Lehner, DBA: Doppelbesteuerungsabkommen Kommentar (5. Aufl. 2008), at 1878 (paras. 20 - 25) を見てみると，「コメンタリーへの所見 (Bemerkungen)」として，「日本」は右と同じだが，新たに「ギリシャ」が，「相互主義の原則」を持ち出し，他方，正式の「留保」としては，「米国」・「メキシコ」・「ポルトガル」の前記のものがなくなり，スイスは，1項・5項について既述の（2004年以来の）「双方可罰性」に言及する「留保」（前記の，「★マーク」で特定したそれ）となっている。だが，そこでは，新たに，「オーストリア」（パラ23），「ベルギー及びルクセンブルグ」（パラ25）の「留保」が，加わっている。

　実は，本章4で論ずる「OECD側からの不当な（!?）攻撃」との関係で，それに抵抗したのは，「スイス」と，「ルクセンブルグ，オーストリア，ベルギー」の計4カ国であった。そのことに言及するのは，Bericht der Expertenkommission, supra (Oktober 2004), at 55 である。そこには，「双方可罰性」を問うことなく「銀行情報」を引渡せとするOECD側（後述の「グローバル・フォーラム」を含む）の要求に対して，この4カ国が反対（Opposition）をし，そのために，「2006年中（im Jahre 2006）」にはこの「基準」が「グローバル・フォーラム」によって達成されていたはず（hätte …… erreicht werden sollen）のところ，その遅延したことが，示されている。

　Vogel/Lehner, supra (5. Aufl. 2008), at 1878 (para. 23) によれば，その段階での「オーストリア」の留保は，「2008年版OECDモデル租税条約26条」の「コメンタリー」（OECD, supra, at 361 [para. 23]）中のものと同文であり，「銀行情報」に関する前記の「第5項」についての留保，である。即ち，この5項を自国の締結する租税条約に「含めない (not to include)」ことを留保しつつ，「要請国 (the requesting State)」において「租税詐欺 (tax fraud; Steuerbetrug)」のゆえになされる刑事的調査の枠内での要請ならば，かかる情報交換に応ずる，との留保である。

これに対して、Vogel/Lehner, supra（5. Aufl. 2008）, at 1878（para. 25）では、「ベルギー」と「ルクセンブルグ」の留保が、同じパラの中で、纏めて示されていた。「第5項を自国の締結する租税条約に含めない権利」についての留保（「オーストリア」の右の留保の前段に相当）、である。だが、「2008年版 OECD モデル租税条約 26 条」の「コメンタリー」（OECD, supra, at 361〔para. 25 & 26〕）では、「ルクセンブルグ」の留保はそのままだが、「ベルギー」の留保が拡充されている。即ち、そのパラ 26 によれば、「ベルギー」の留保は、右を第1文としつつ、第2文で、「5項」が租税条約に含まれる場合には、「銀行等の保有する情報の交換は、特定（specific）の納税者及び特定の金融機関（both ..... and .....）に関する」それに制限される、というものである。

かくて、この4カ国の留保の中で「双方可罰性要件」に明示的に言及するのは、スイスのものだけであって、各国それぞれに、いわば濃淡はある。だが、以下においては、再び「スイスの場合」に戻って検討する。

スイスのこの留保（「2004年6月修正」後の、前記の「★マーク」で特定したそれ）は、「2009年3月13日」に、既述のごとく「撤回」されることになる。だが、<u>それまでの時期においてスイスの締結した、実際の主要国との租税条約上の「情報交換」条項に即して、その「時系列的展開」を、次に、検証する</u>こととしよう。主な対象国は、便宜、「米・英・独・仏」（そして EU）とするが、スイス側の右の「2004年6月修正」との関係で、2005年の「ノルウェー」、2006年の「フィンランド」、2006年の「スペイン」との、スイスの締結した租税条約をも、例として取り上げる方針で、先に進もう（*）。

　*　少なくとも、その検討の大半は、本号分で済ませるつもりであったのだが、「スイス銀行秘密の基本」に関して、念のために潰しておくべき論点が、増井教授のご教示により、新たに発生したため、かくて本章2は、次号分に跨がることと、なってしまった。切りがよいので、本号分は、以上とする（以上、執筆は、2011年6月28日の午後8時15分まで。点検終了は、同日午後10時31分。約8時間半の、やや軽い執筆、であった）。

〔以上、2011年10月号 44 － 63 頁〕

## （2 － 2）　スイスの締結した主要国との租税条約上の「情報交換」条項の「時系列的展開」
　　──「2009 年 3 月 13 日」のスイスの「重大な政策変更」よりも前の時期について

さて、前号分では、「スイス銀行秘密の歴史」との関係で必要となった"予定外での執筆"により、思わぬ足踏みをしてしまったが、2011年7月8日午前4時18分、執筆を開始する（昨日、『あるいは意識下の自分は、意識の上の自分とは違って、相当に怒ったのでは』、と思われる「或ること」についての至急連絡があり、案の定、8日の午前3時35分、久々の"揺れ"で、目が覚めてしまった。震源は福島県沖、深さ50キロでマグニチュードは5.6。新宿の震度は1と2の間位だった。「例の件」はその程度のマグニチュードであったか、とも思いつつ、かくて机に向かうこととなった。要するに、地震に執筆を開始せよと、告知された感じである）。

2 従来のスイスにおける「他の諸国との租税条約上の情報交換」の時系列的な展開過程　　177

　前号分の末尾に記しておいたように，本号分（以降）の当面の執筆方針は，『OECD モデル租税条約 26 条についてのスイスの留保（「2004 年 6 月修正」後のもの）が，「2009 年 3 月 13 日」に「撤回」されるまでの時期』においてスイスの締結した，実際の主要国との租税条約上の「情報交換」条項に即して，その「時系列的展開」を，検証することにある（主な対象国は，便宜，米・英・独・仏，そして EU とする。だが，スイス側の右の「2004 年 6 月修正」との関係で，2005 年の「ノルウェー」，2006 年の「フィンランド」，2006 年の「スペイン」との，スイスの締結した租税条約をも，例として取り上げるほか，若干の他の国とのものも，適宜含めることとする）。

## （2－2－1）「1951 年米・スイス旧租税条約」とその周辺——スイスの締結した初期の租税条約を含めた検討（「1920 年代から 1950 年代まで」の展開）

　貿易と関税 2011 年 4 月号 51 頁以下（条文は同前・52 頁［本書 33 頁］）に示したように，「1951 年米・スイス旧租税条約」（署名は，1951 年 5 月 24 日。Botschaft vom 29. Mai 1951, infra, at 269［*］）の「XVI」条には，「租税詐欺及びそれと同様（同等）のもの」の「予防」のための，当局間の情報交換が，夙に，定められていた。前号分（2011 年 10 月号 61 頁以下）で論じたスイスの，（右時点よりも後の!!）OECD モデル租税条約 26 条についての当初の留保（本書 175 頁）との関係で言えば，右の点は，「本条約の実施のために必要な情報交換」と並んで，「又は」以下で示されたもの，であった。

* 　ちなみに，それとは別に，相続関係に限定された米国との租税条約も，同じ年（「1951 年 7 月 9 日」）に，締結されていた。Abkommen vom 9. Juli 1951 zwischen der Schweizerischen Eidgenossenschaft und den Vereinigten Staaten von Amerika zur Vermeidung der Doppelbesteuerung auf dem Gebiete der Nachlass- und Erbanfallsteuern, SR 0.672.933.62, at 1ff (AS 1952 645; BBl. 1951 II 597) である。全部で 8 か条の短いものだが，その 7 条 2 項では，条約実施の目的のための両締約国所轄官庁の「直接の相互連絡（unmittelbar miteinander [zu] **verkehren**）」が可とされつつ，かくて伝えられた情報（auf diese Weise vermittelte Auskunft）についての守秘（..... soll vertraulich behandelt ..... werden）と，本条約のカヴァーする税に関する税額査定（Veranlagung）又は徴収を担当する者以外についての，当該情報へのアクセスの禁止が，定められていた（SR, supra, at 4.［**］）。

** 　「規定の構造」として注目すべきは，この「7 条 2 項」の第 1 文で「直接の相互連絡」が定められ，同項第 2 文では，その第 1 文によって「情報」の伝達（「交換」）がなされることを前提として，その情報の「守秘」の定められていたこと，である。原文では „..... können ..... unmittelbar miteinander verkehren. Jede auf diese Weise vermittelte Auskunft soll vertraulich behandelt und ..... ." となっている。この点は，「1931 年 7 月 15 日署名のドイツ・スイス間の租税条約」に即して，後述する。

　つまり，前号分で引用した Bericht der Expertenkommission, supra (Oktober 2004), at 34 にあったように，租税条約上の情報交換に関するスイスの実務は，1950 年代以来（2000 年の一部修正まで），「条約の正しい適用に必要な情報のみを交換する」とい

178    第2章 「従来のスイスにおける租税条約上の情報交換」と「堅持されていた"双方可罰性の要件"」

うものであったが，それに対する例外が，「1951 年米・スイス旧租税条約」だったことになる(＊)。

＊　念のために，本書33頁に示した「1951年米・スイス旧租税条約」16（「XVI」）条「1項」の文言を，本書129頁に示した基本方針（!!）に基づき，ここで意識の断絶が生ずることを回避すべく（なお，本書180頁），再度示しておこう。そこには――

„Die zuständigen Behörden der Vertragsstaaten <u>werden</u> unter sich diejenigen（gemäss den Steuergesetzgebungen der <u>beiden</u> Vertragsstaaten erhältlichen）Auskünfte austauschen, die notwendig sind für die Durchführung der Bestimmungen dieses Abkommens <u>oder für die Verhütung von **Betrugsdelikten u. dgl.**</u>, die eine unter dieses Abkommen fallende Steuer zum Gegenstande haben. ...... ."

――とあった。

そこでも引用しておいた，同条約についてのスイス政府の公的説明の，冒頭部分（Botschaft des Bundesrates vom <u>29. Mai 1951</u>, supra, BBl. 1951 II, at 269f）には，スイス側にとって，第2次世界大戦直後から米国との租税条約締結の必要性（Bedürfnis）が，強く認識された経緯が，示されている。それは，1940年以来（seit 1940）の米国での，<u>戦時ファイナンスの道具としての租税制度</u>（das Steuerwesen ...... als Instrument der Kriegsfinanzierung）によって，スイス企業が重荷を負って来たことと，関係する。

それはともかく，同条約「XVI」条に定められた前記の「行政共助」の義務については，スイスの指導的な諸経済団体（Wirtschaftsverbünde）から，受忍し得るものとして（als tragbar）把握されていたことが，Id. at 281 の本条の概括的説明において示されている(＊)。

＊　貿易と関税2011年4月号52頁（本書33，178頁）では，同条約「XVI」条の「1項」の文言について，その主要部分を示すにとどめておいたが，<u>同条3項には，本条の規定によって，締約国が自国の法規定又はその行政実務に反するか，又は自国の主権，安全，公序に反する行政措置の実施義務（等）を負うものと解してはならない，とする規定が，</u>ともかくもあった。
　　また，「守秘」については，同条約「XVI」条の「1項」の中で，前記の「租税詐欺」云々の次の，1項第2文で，規定されていた。即ちそこには，「守秘」（...... soll geheim gehalten ...... werden）とともに，二つ前の「＊部分」で示した相続関連の条約と同じ，「税額査定」云々の，引渡された情報の開示を制約する文言があった。
　　そして，同項第3文では，事業上・職業上その他の秘密（等）を開示することとなる情報の交換の禁止が，定められていた。

それでは，この時期にスイスの締結した租税条約の例（サンプル）として，「<u>1954年の英・スイス（旧）租税条約</u>」（署名は，「1954年9月30日」。BBl. 1954 II, infra, at 689）を，右の「1951年」の対米旧条約との対比のために，見ておこう。Botschaft des Bundesrates an die Bundesversammlung über die Genehmigung des zwischen der

2 従来のスイスにおける「他の諸国との租税条約上の情報交換」の時系列的な展開過程　　179

Schweiz und Grossbritannien abgeschlossenen Abkommens zur Vermeidung der Doppelbesteuerung auf dem Gebiete der Steuern vom Einkommen (Vom 22. Oktober 1954), BBl. 1954 Ⅱ, at 689ff である（Id. at 708 に連邦決定の草案があり，Id. at 709ff に条文が示されている。正文は英語とフランス語であり，その独訳，である）。

　第 2 次大戦中の米国での課税との関係から出発する前記の「米・スイス旧租税条約」への公的説明とは異なり，Id. at 689 では，「1920 年代」に既に（bereits in den Zwanzigerjahren），「英・スイス」間での租税条約締結の必要性（Bedürfnis）があった，とするところから，対英でのこのスイス政府の公的説明が始まる。第 2 次大戦による覇権国家の交代との関係でも，それ自体が若干興味を引くこと，ではある。

　「1929 年」になされた交渉は，「異常なまでの困難（ausserordentliche Schwierigkeiten）」に見舞われた，とある（BBl. 1954 Ⅱ, supra, at 689.）。それについては Botschaft des Bundesrates vom 19. Januar 1932, BBl. 1932 I 94 を見よ，とあるが，さすがにそこまでは，「今は」見ない。「1929 年」と言えば，「世界大恐慌」の年であり，大体のことは察しがつくから，である（但し，その後の私の方針転換と右の点の実際については，「1937 年の対仏租税条約」との関係で，本書 186 頁で後述）。

　それでも，「1931 年 10 月 17 日」には，「一定の場合における（in gewissen Fällen）」二重課税回避のための，「対英租税条約」が結ばれた，とある（BBl. 1954 Ⅱ, supra, at 689.）。その拡充が大戦中も両国間の課題だった訳だが，「1951 年 4 月 14 日」に英国当局が，スイス側に対して包括的な租税条約の準備草案（Vorentwurf）を提示し，スイス政府が対案を示す，等の流れの中で，政府間交渉が始まり，本条約締結に至った，とある（以上，Id. at 690.）。

　「情報交換」については，この「1954 年英・スイス（旧）租税条約」の 20 条が定めている。だが，それに先立ち，直前の 19 条 2 項において，前記の「相続関係に限定された 1951 年の米・スイス租税条約」7 条 2 項と同様に，両締約国所轄官庁の「直接の相互連絡（unmittelbar miteinander [zu] **verkehren**[\*]）」が，可とされている（但しこれは，「本条約……の実施の目的のため，及び，本条約の適用ないし解釈上の困難又は疑念を排除するため」のものだ，と規定されている）。

　＊　三つ前の「＊部分」（及び，それに続く「＊＊部分」）を参照せよ。

　この 20 条は，2 項からなる。同条 1 項第 1 文の文言は，「租税詐欺」云々に言及する「1951 年米・スイス租税条約」16 条 1 項のそれとは，微妙に異なる。即ち——

„Die zuständigen Behörden der vertragschliessenden Parteien werden unter sich diejenigen (gemäss den Steuergesetzgebungen der vertragschliessenden Parteien im Rahmen der normalen Verwaltungspraxis erhältlichen) Auskünfte austauschen, die notwendig sind für die Durchführung der Bestimmungen dieses Abkommens [▼] mit Bezug auf die Gegenstand des Abkommens bildenden Steuern."

180　　第 2 章　「従来のスイスにおける租税条約上の情報交換」と「堅持されていた"双方可罰性の要件"」
──となっている。

　本書 178 頁の「＊部分」に，それと対応する「1951 年米・スイス旧条約」16 条 1 項の規定を示しておいたので，対比されたい（内容的な違いをもたらさない文言の差の部分には，「点線の下線」を，実質的な差となり「得る」点については「実線の下線」を，それぞれ付しつつ，ここで抜けている「租税詐欺」云々の，対米で付加されていた個所には，「▼マーク」を付けてある）。

　要するに，「対米」を例外としたスイスの（2000 年に一部修正に至る）長年の実務に沿って，この「1954 年英・スイス（旧）租税条約」の 20 条では，租税条約の実施に必要な情報の交換に限定された文言となっており，かつ，交換される情報についての括弧内の記述も，「通常の行政実務の枠内で入手出来る」それ，との限定が，文言上かかっている。その上で，「租税詐欺」云々の対米では存在した文言が，ここ（対英）では，消えていることになる(＊)。

　　＊　「1954 年英・スイス（旧）租税条約」20 条 1 項の，第 2・3 文の，「守秘義務」，「秘密情報交換せず」の規定は，多少の文言の差はあるが，前記の「1951 年米・スイス旧租税条約」16 条と同じ，である。
　　　　また，この対英条約 20 条 2 項は，右の対米条約 16 条の「3 項」と，多少の文言の差はあるが，同じである（二つ前の「＊部分」参照[＊＊]）。

　＊＊　なぜ「対米」では条文が 3 項まであるのかと言えば，貿易と関税 2011 年 4 月号 53 頁（本書 33 頁）でも一言しておいたように，「1951 年米・スイス旧条約」16 条の「2 項」には，「徴収共助」の規定が挿入されているから，である。„ Jeder der beiden Vertragsstaaten darf Steuern des anderen Staates wie seine eigenen Steuern insoweit einziehen, als ...... .“との，対米でのその文言は，「各締約国は……他方の締約国が課する租税を，自国の租税と同様に，徴収することができる」とする，（相続関係に限定された）「第 1 次日米租税条約」（昭和 30 [1955] 年条約 2 号）6 条 2 項（それについては，石黒・貿易と関税 2007 年 6 月号 56 頁）を，明確に想起させるものである。なお，「徴収共助」については，同・貿易と関税 2007 年 5 月号 60 頁以下，同・2007 年 6 月号 53 頁以下，等参照。

　この「1954 年英・スイス（旧租税）条約」の 20 条への公的説明として，Botschaft (Vom 22. Oktober 1954), supra, BBl. 1954 II, at 706 は，それが条約の正しい適用（die richtige Anwendung）のためのものであることを正面に立て，かつ，「情報交換」に関する前記の「1951 年対米旧条約」，及び，「1953 年の対仏旧条約」への，スイス連邦政府の公的説明の頁（それぞれ，BBl. 1951 II 280; BBl. 1954 I 375）を示す。その上で，前記の対英条約 20 条の規定が，右の「1953 年の対仏旧租税条約」12 条で用いられた定式に大きく依拠する（lehnt sich eng an .....）ものであることが，そこで示されている(＊)。

　　＊　これまで，「租税条約」の新旧にこだわって，「対○旧租税条約」といった表記をして来たが，これからタイム・スパンを数十年間と長く取るにつれて，「旧」という（その意味では不自然な）表記は，論述上，徐々に自然消滅することとなる。

2　従来のスイスにおける「他の諸国との租税条約上の情報交換」の時系列的な展開過程　　181

そこで，次に，たった今検索してプリント・アウトしたところの，「**1953 年 12 月 31 日締結（abgeschlossen）のスイス・フランス間の（旧）租税条約**」を見ておこう(*)。

* その Botschaft（Vom 19. Februar 1954），infra, at 365 には，更にそれに先行する「1937 年 10 月 13 日署名（unterzeichnet）のスイス・フランス間の租税条約」についての Botschaf の BBl. の引用があったので，ついでにそれも見ておくこととする。前号分（本書 155 頁以下）で「スイス銀行秘密の歴史」を再論するにあたり，「フランスとスイスとの関係」に言及する或る文献を批判したが，それとの関係で「も」，若干興味を引くものがあるから，である。

　なお，BBl. ではなく，**AS（Amtliche Sammlung des Bundesrechts）** が引用されている場合，とくに古い時期の文書については，困難が伴う。AS は，「1998 年 9 月 1 日以降」のものしか，インターネットで利用出来ないから，である。既述の東大法研書庫閉鎖の逆境の下では，かくて，ドイツとの古い条約等の検討は出来ないのだが，致し方ないことである（但し，遂に発見した [!!]。後述する。──なお，BBl. については，貿易と関税 2011 年 4 月号 52 頁（本書 32 頁）に記したように，「1849 年」以降のものが，すべてネットで検索出来る）。

この「1953 年対仏条約」については，Botschaft des Bundesrates an die Bundesversammlung über die Genehmigung der zwischen der Schweiz und Frankreich abgeschlossenen Abkommen zur Vermeidung der Doppelbesteuerung (Vom 19. Februar 1954), BBl. 1954 I, at 364ff がある。Id. at 380 が連邦決定の草案であり，Id. at 381ff に全 16 条の条文（正文が仏語ゆえ，その独訳）が示されている（Id. at 388ff は，「最終プロトコル」[*]）。

* 但し，Id. at 398ff に，再度条約の条文（等）が載っているが，こちらは，全 7 条で個々の条文も若干簡略である。その相互の関係も気になるが，大勢に影響はなく，また，早く先に行きたいので，見切り発車し，「情報交換」条項に，ともかくも集中する。後のものの日付けも「1953 年 12 月 31 日署名（Unterzeichnet）」と同じなのだが……。

前記の対英条約 20 条についての Botschaft において，この対仏租税条約 12 条で用いられた定式に大きく依拠した，とあったのを受けて，ダイレクトに，「1953 年対仏条約」12 条の条文を，見ておこう。„Die obersten Verwaltungsbehörden der beiden Staaten können **auf Verlangen** [!!] diejenigen (gemäss den Steuergesetzgebungen der beiden Staaten im Rahmen der normalen Verwaltungspraxis erhältlichen) Auskünfte austauschen, die ……"で始まる 12 条 1 項の第 1 文は，"大筋において"，たしかに「対英条約」の前記条文と，殆ど同じである。「租税詐欺」云々の文言も，もとより存在しない。2 つの項で構成されたこの 12 条の，右以降の部分も，結局においては「対英条約」と同じ，である（以上，Botschaft [Vom 19. Februar 1954], supra, at 386f.）。

Id. at 375f が，12 条への公的説明である。そしてそこには，右の条文に，「情報交換」が「要請により」なされると，わざわざ書いてあることの理由が，若干示されている。

後述の，『**2009 年 3 月 13 日**』直前のスイスとフランスの租税条約改正』においては，一層広汎な「情報交換」を求めて，フランスが執拗に粘った事実がある。それと同様

182　第 2 章　「従来のスイスにおける租税条約上の情報交換」と「堅持されていた "双方可罰性の要件"」

の展開が，この「1953 年対仏条約」の 12 条についても，実は，あったようである。

　Id. at 375 には，次の記載がある。即ち，若干の他の諸国のように（[w]ie manche anderen Staaten），フランスが「一層大いに包括的な行政共助（eine viel umfassendere Amtshilfe）」，具体的には，「相互的で定期的な自発的（自動的）報告の義務付け（die Verpflichtung zu gegenseitigen periodischen Spontanmeldungen）」（等）を求めた。それに対して，スイス側のこの公的説明は，スイスにそのような広汎な義務を，これまで常に（stets）拒否して来た，と述べる。フランスとの条約でこの点を変更する理由はなく，前記の「1951 年対米租税条約」の 16 条でも，「情報交換」が，個別の案件（in Einzelfällen）において，条約規定の適用のために必要なものについて規定されていることが，ことさらに示されているのである(*)。

　　*　Id. at 375 のこの文脈においては，「租税詐欺」云々の点がこの対米条約で規定されていることは，いわば伏せられているかのごとく，である。また，Ibid を見る限りでは，フランスがこの時点で「租税詐欺」云々の場合につき，対米条約の線でスイスに譲歩を迫った訳ではないようにも思われる。Ibid では，フランスが拘ったのは自発的ないし自動的（spontan ≒ spontaneous ≒ automatic）な情報交換だったことが，縷々示されているからである。だが，Id. at 376 を見ると，フランス側が，「スイスが米国に認めたのと同じもの」をよこせ，と主張していたことが，判明する（すぐに後述するところ参照）。

　Id. at 375f には，フランスとの交渉が相当程度に揉めたことを反映してか，「1953 年対仏条約」の 12 条によって「情報交換」に関するスイスの従来の立場からの逸脱（Abweichung）が生じたと見るのは誤りのはずだ（, so dass es verfehlt wäre, .....）として，同条の基本を，以下の 5 項目に纏めて明記している。即ち，①自発的（自動的）情報交換の否定，②租税立法及び通常の行政実務において入手出来ない情報の提供拒否，③「銀行秘密（Bankgeheimnis）」を含めた秘密の開示をもたらすであろう情報の提供拒否，④主権・安全・公序等に反する情報の提供拒否，そして最後に，⑤条約の正しい適用に必要ではない情報の提供拒否，の 5 点である。

　そして，Id. at 376 では，12 条についての説明の最後に，こう記している。「スイスの交渉者達（Sie ＝ Die schweizerischen Unterhändler）」は，（1951 年の）対米条約 16 条における，「租税詐欺」云々の場合にも「情報交換」に応ずるとの規定を，この対仏条約に盛り込むことについて，これを「拒絶（abgelehnt）」した，と。やはりフランスは，この点をも要求していたのだ（!!）。

　こうして，「1953 年対仏租税条約」の「情報交換」条項については，フランス側が，随分と執拗なスイスとの交渉を行なったことが，スイス政府の公的説明からも窺われる。だが，既述のごとく，「1954 年英・スイス（旧）租税条約」の 20 条への公的説明たる，Botschaft (Vom 22. Oktober 1954), supra, BBl. 1954 II, at 706 は，1953 年の対仏条約への，スイス連邦政府の公的説明の頁として，右の最後に示した「租税詐欺」云々に言及する BBl. 1954 I, supra, at 376「ではなく」（!!），Id. at 375「のみ」を引用しつつ，右の対英条約 20 条の規定が，この対仏租税条約 12 条で用いられた定式に大き

## 2 従来のスイスにおける「他の諸国との租税条約上の情報交換」の時系列的な展開過程

く依拠する (lehnt sich eng an .....), としていたことになる。この「対英条約」の締結交渉で,「情報交換」がこの時点で大きく揉めた, とのニュアンスは, 少なくともスイス政府の公的説明には, 示されてはいない。

単純な**「最恵国待遇」的発想**(\*)からは,「英国」もまた, そして他の諸国も,「米国並み」を求めるのが自然である。だが, ともかくもスイスは,「米国以外」について, それ (if any) を, 拒絶し続けていたことになる。

* この点が, 相当後にスイスの締結した租税条約で, 実際に一部で問題となっていたこと (EUとの関係) は, 或いは数号分先になるかも知れないが, 後述する。だが, それよりも多少前の時点での同様の発想からの問題が, ドイツとの関係で1970年代初頭に生じていたことについては, Botschaft des Bundesrates an die Bundesversammlung betreffend Doppelbesteuerungsabkommen mit der Bundesrepublik Deutschland (Vom 20. Oktober 1971), BBl. 1971 II, at 1423ff, 1430 に即して, 本号分の末尾近くにおいて, 頭出し的に言及しておくこととする。

さて, 既述のごとく,「1953年対仏租税条約」の公的説明 (Botschaft vom 19. Februar 1954, supra, BBl. 1954 I, at 364ff) には, 同条約の「前史 (Vorgeschichte)」として,「1937年の対仏租税条約」以来の展開が示されている。そして, Id. at 365 に BBl. の引用があったので, 先程, この「1937年対仏租税条約」をネットからダウン・ロードすることが, やっと出来た。

そこで, 以下において, 1950年代の「フランス」との関係の補足として, この「**1937年10月13日署名のスイス・フランス間の租税条約**」についても, 多少見ておこう。前号分 (本書158頁以下) で批判したクリスチアン・シャヴァニュー＝ロナン・パラン著 (杉村昌昭訳)・タックスヘイブン——グローバル経済を動かす闇のシステム (訳書発行2007年・作品社) 60－63頁の,「フランスの圧力とスイスの危機」の項における,「1932年6月以降の展開」との関係で, 何か関係する記載があるかもしれない, と思ってのことで「も」ある。

以下, Botschaft des Bundesrates an die Bundesversammlung betreffend die Genehmigung des Abkommens zwischen der Schweiz und Frankreich zur Vermeidung der Doppelbesteuerung auf dem Gebiete der direkten Steuern (Vom 20. Dezember 1937), BBl. 1937 III, at 500ff について, 若干見ておく。Id. at 515 が連邦決定の草案, Id. at 516ff が, 条文の独訳, である。

「情報交換」もさることながら, Id. at 500ff には,「**第1次」の世界大戦以降の各国の課税の実態等**と, 今から見れば初期の, ということになる当時の, スイスの締結した租税条約との関係について, 簡略ながら, 興味深い既述がある。そこを, まずは見ておく。

Id. at 500 の冒頭に示されているのは, 次のことである。即ち, 多少纏め直して示せば, (第1次の) 世界大戦以来 (seit dem Weltkrieg), いわばすべての国において, 全くもって激しい国家財政の尖鋭化 (eine ganz gewaltige Verschärfung der Fiskalität), つ

まりは課税強化が，なされた。折りしも，国家間の経済関係は，制約と困難の中にあったが，スイスの抱える「輸出企業」にとって，外国課税当局の納税要求は，大きな高まりを示し，かくて，「条約的規律（die staatsvertragliche Regelung）」で二重課税回避を図ることが，急務となった。

そうした租税条約締結への流れの**第1（最初）**のものとして，Ibid で示されているのは，**「1927年10月24日」のオーストリアとの租税条約（Vertrag）**である（AS 44, 333 が引用されているが，当面私の力では［ネットでは］現物が出て来ないこと，既述）。この条約は，「連邦がカントン・ザンクトガレンの名代として（im Namen des Kantons St. Gallen）」締結したものである。他の少なからぬ数のカントンがそれに追随した，とある（AS 53, 707 が参照されている）。租税条約締結に関する連邦と州（カントン）との関係が，いまだ未整備な時代のことである。

**第2**のものとして BBl. 1937 Ⅲ, supra, at 501 が示すのは，**「1931年7月15日」のドイツとの租税条約，及び，「1934年1月11日」の同条約への「補足プロトコル」**であり，これは，連邦が主体的に締結したものである（AS 50, 105.──実物がダウン・ロード出来ず，残念である［但し，その後発見。後述する］）。そして，Ibid は，**第3**のものとして，既に言及した「1931年10月17日」の「対英条約（Vertrag）」を，これまた連邦が主体的に締結したものとして，掲げている(\*)。

\*　ちなみに，そこに示されているのは AS 48, 353 だが，これについては別途，BBl. の頁（BBl. 1932 I 94）が判明している。地道に捜せば，AS に対応する BBl. の頁も，すべて判明する「はず」だが，今その暇は，（そんなには）ない（既述）。

Botschaft (Vom 20. Dezember 1937), supra, BBl. 1937 Ⅲ, at 501 は，**以上の3つの租税条約**を掲げた後に「フランス」との関係について，述べるに至る。この3国との租税条約同様，フランスとの租税条約締結の必要性が，ずっと以前から（seit langem）認識されてはいたが，とあるのだが，シャヴァニュー＝パラン著（杉村訳）・前掲 60－63 頁との関係で，一寸だけ注意すべき指摘が，その先にある。

そこには，前記の租税条約締結前のドイツとの間で発生した二重課税問題に比して，「我々の西の隣国」つまりフランスとのそれは，「それほど多様なものではない（nicht so mannigfaltig）」のだが，との指摘がある。たしかに同前訳書で指摘されていた「事件」は，スイスとの二重課税問題ではない。だが，右のスイス側の認識（ドイツとの関係の方が，フランスとのそれ以上に大変だった，との認識）は，『当時のスイスにとって，フランスとの紛争がすべてだった』かのごとく論ずる同前訳書への，前号分での徹底批判との関係で，一寸だけにせよ，気になるのである。

右の「それほど多様なものではない」との指摘を受けて，Botschaft (Vom 20. Dezember 1937), supra, BBl. 1937 Ⅲ, at 501 では，そうではあるがスイスの「輸出企業（Exportindustrie）」にとって，「一部においては（zum Teil）」，フランスとの二重課税が，大問題であって云々と，ここでのスイス連邦政府の指摘が，続いてなされている（この zum Teil も，同様に，一寸だけ気になる）。その先は，スイス側にとって問題となる

## 2 従来のスイスにおける「他の諸国との租税条約上の情報交換」の時系列的な展開過程

フランスの課税についての，内容紹介となる。

シャヴァニュー＝パラン著（杉村訳）・前掲 60 － 62 頁が決定的な事件として掲げていたのは，「1932 年」にフランスで発覚した「バーゼル商業銀行」との関係での脱税事件（専ら個人の脱税事件のように書かれている）である。これに対して，Botschaft (Vom 20. Dezember 1937), supra, BBl. 1937 III, at 502 は，まさにこの「1932 年」を含めたスイス・フランス間の，租税条約締結に向けた当時のやりとりについて，以下のように述べている。

Ibid はまず，「或る特別な課税事件と関連して (im Anschluss an einen besondern Steuerfall)」，既に「1927 年」に，しかしながらスイス側からフランス政府に対して，租税条約締結のための一歩が踏み出されていたことを示す。更に，「1929 年及び 1930 年」には，両国当局間での「最初の口頭での意見交換 (die ersten mündlichen Meinungsaustausche)」がなされたものの，スイス側の関心事たる，フランス企業への外国（スイス）会社の出資 (Beteiligung) 関連での，フランスの課税の取扱いがいまだ曖昧だったために，成果なく (ergebnislos) 終わった，とある。

そして，Ibid によれば，何と，前掲訳書における"問題の年"たる「1932 年」(!!) には，スイス側から，租税条約の「草案」が，フランス側に対して提示されていた。内容的には，条約の人的適用範囲を「商事会社 (Handelsgesellschaft)」に限定しようとするものだったが，これもまた何ら積極的な結果を見ないで終わった。フランスの態勢が整ったのは，そこでは，「1934 年」とされている（以上，Id. at 502.）。

かくして，ようやく本格交渉となり，「1937 年 10 月 13 日」の「対仏租税条約」（個人課税も含むそれ）の署名に至ったのである。――こうして，スイス側の公的資料に基づいて，「1932 年」の前後の推移を見てゆくと，シャヴァニュー＝パラン著（杉村訳）・前掲の描く，「1932 年」前後の「スイス・フランス間の関係」とは，若干異なるイメージが，租税条約締結関連ではあれ，何となく湧いて来ることを，感じないか。前号分の補足として，まずはこの点を，示しておく。

さて，「情報交換」だが，15 条 2 項 (Art. 15 § 2) に，本条約の解釈又は適用上の困難又は疑念につき，双方の国の所轄官庁が連絡を取り合うことが出来る (können sich ..... **verständigen**)，との規定はあるが，直接の「情報交換」の規定は，どうも無いようである。

そこで（ドイツとの前記の，最初の租税条約については，今は調べようがないので――但し，後述するところ参照），BBl. の頁の明示のある，この時期のものとして，「1931 年 10 月 17 日」の「対英租税条約」につき，前記の方針を転換し，ネット検索をした。多少の工夫の末にダウン・ロード出来た同条約につき，直接には，「情報交換」問題について，そして付加的に，既述の「1954 年の英・スイス（旧）租税条約」との関係で一言した点との関係を含めて，見ておくこととする。

「1931 年 10 月 17 日署名の英・スイス間の租税条約」(Botschaft des Bundesrates an die Bundesversammlung betreffend die Genehmigung des Abkommens zwischen der Schweiz und Grossbritannien zur Vermeidung der Doppelbesteuerung in gewissen Fällen [Vom 19. Januar 1932], BBl. 1932 Ⅰ, at 92ff. ──その Id. at 99 が連邦決定の草案，Id. at 100ff が条文の独訳）は，既述のごとく，射程の極めて限定されたものである。現物を手にしたところ，条約の本体は，全部で 5 条しかない（Id. at 100 – 102.）。案の定，「情報交換」ないしはそれに関する明確な条項は，無かった(*)。

> \*　サンプル調査的な論述ゆえ，いまだ断言は出来ないが，第 2 次大戦終結前にスイスの締結した租税条約には，明確な「情報交換」条項は，なかったのかも知れない。本号分の冒頭近く（本書 178 頁）でも引用した Bericht der Expertenkommission, supra (Oktober 2004), at 34 が，租税条約上の情報交換に関するスイスの実務について，「1950 年代」から論じ始めていることが，ここで想起される。なお，本号分の末尾部分（本書 194 頁）参照。

　こうなると，私としては，面白くない。面白くないから，対英での Botschaft (Vom 22. Oktober 1954), supra, BBl. 1954 Ⅱ, at 689 に引用されていた Botschaft (Vom 19. Januar 1932), supra, at 94 とその周辺を，ここで見ておくこととする。
　「1842 年」の英国の租税立法から説き始める Id. at 92ff において，「1929 年」の条約締結交渉の「異常なまでの困難」に言及するのは，Id. at 94 である。Id. at 93 によると，この交渉は「1928 年秋（Herbst 1928）」以来のもののようだが，その草案について「1929 年 10 月（**Oktober 1929**）」(!!) に行われた「口頭での交渉に際して（[b]ei den mündlichen Verhandlungen)」，意図されていた包括的な二重課税問題の規律は，「異常なまでの困難」に見舞われた（既述）と，Id. at 94 に，確かに書いてある。
　「1929 年 10 月」と言えば，まさに「ウォール街発の世界大恐慌」が起きたのも，同じ月のことである。だから，（現物を見ないまま）本号分の冒頭近く（本書 179 頁）で一言したように，「異常なまでの困難」とは，「大恐慌」との関係だろう，との推測がますますなされ得ることになる。
　だが，やはり現物に一々当たらないと，危ない (!!)。違ったのだ (!!)。色々な困難があった中で，Ibid が「最大の障害（die grössten Hindernisse)」だったとしているのは，何と (!!)，大陸（法）の「住所概念（Wohnsitzbegriff)」とは掛け離れた，「英国」の「ドミサイル概念（Domizilbegriff)」，である（独訳すれば「住所」となる，この危ない用語は，実際にもこの条約で，何度も用いられている）。
　「英国のドミサイル概念の特殊性」は，まさに私の古巣としての「国際私法（牴触法）」の関心事項である。こんなところでそれと「再会」するとは，まさに奇遇である(*)。そして，「大恐慌」との関係が，とくにそこに明示されて「いない」ことは，意外である。

> \*　石黒・前掲国際私法（第 2 版）73 頁，167 頁以下（注 151)，同・前掲国際民訴法 160 – 161 頁，そして，従来のスイスの「住所単一の原則」に言及する同・前掲現代国際私法［上］95 頁等を，適宜対比せよ。

　ともかく，これで「1951 年対米旧租税条約」と同時期の，対英・対仏での，スイ

2　従来のスイスにおける「他の諸国との租税条約上の情報交換」の時系列的な展開過程　　187

スの結んだ租税条約における「情報交換」条項の検討（そして，それらを更に時期的に遡って検討する作業）が，一応終わった。既述のここでの執筆方針において，残るは，この時期の「ドイツ・スイス間の租税条約」，である（以上，書きながらネット検索を，更に何度も行なったこともあって，執筆枚数には不満が残るが，今日は「午前 4 時 18 分」からの執筆だったこともあり，2011 年 7 月 8 日午後 4 時 54 分，ここで一旦，筆を擱く。約 12 時間半の執筆だったことになる。──その後継続して，しつこく再度ネット検索を，同日午後 6 時 45 分まで行ない，欠けていた資料とともに，遂に，「1931 年 7 月 15 日署名のドイツ・スイス租税条約」等（!!）を，BBl. からプリント・アウトすることに，成功した。それらを整理し，直ちにパソコンに向かい，以上を書き足した後，ここまでの点検作業を開始した。点検終了は，同日「午後 8 時 30 分」。今日はトータルで，実に「16 時間 12 分」の，ぶっ続けの作業であった。その割りには，さほどに疲れてはいないが……。──作業再開，2011 年 7 月 17 日午前 6 時 38 分。ここまでの点検を同日午前 7 時 24 分に終え，いよいよである）。

　「1931 年 7 月 15 日署名のドイツ・スイス租税条約」についてのスイス連邦政府の議会向けの公的説明は，Botschaft des Bundesrates an die Bundesversammlung über die Genehmigung des zwischen der Schweiz und Deutschland geschlossenen Abkommens zur Vermeidung der Doppelbesteuerung auf dem Gebiete der direkten Steuern und der Erbschaftsteuern (Vom 19. Januar 1932), BBl. 1932 Ⅰ, at 41ff である（連邦決定の草案が Id. at 63 にあり，Id. at 64ff が条文，Id. at 70ff が「最終プロトコル」，Id. at 74ff が Anlagen である）。

　ここでの論述は，まずもって「情報交換」に特化して行なう「べき」なのかも知れないが，それよりも，Id. at 41f での，その冒頭での説明が，まずもって興味を引く。そこでは，「スイスにおける二重課税防止問題の，そもそもの初めからの展開に関する連邦政府の公的説明」が，なされているのである。

　つまり，「1874 年」のスイス連邦憲法の改正による同法「46 条 2 項」で，「二重課税」（の「禁止［Verbot］」──Id. at 42）についての，連邦レベルでの立法の必要性が定められた。けれども，はかばかしい立法的展開の無い状況下で，又しても（!!）「スイス司法制度の健全性」が顕著に示され，裁判所（「連邦裁判所［Bundesgericht; (u)nser oberster Gerichtshof］」──Id. at 41）主導で，スイスにおける「二重課税防止問題」に進展を見たことが，そこ（Id. at 41）に示されている。もっとも，初期の段階でのスイス裁判所の営為は「各カントン間（interkantonal）」での二重課税問題に向けられていた。だが，その後この文書に近い時点では，右憲法規定の「国際的意義（internationale Bedeutung）」にも，「一部」それが向けられるに至った，とある（所在地国で課税がなされている外国所在不動産に対する課税の禁止──Id. at 42.）。

　但し，かかる「例外」以外には，外国との二重課税に対する「法的保護（Rechtsschutz）」がなく，各カントンが，裁判所（「連邦裁判所」）がスイス国内の「カントン間」の問題について示した原則を「国際的」にも当てはめようと試みたが，さしたる展開には至らなかった，とされる。

　そうした中で，ここで「も」（1937 年の「対仏租税条約」についての公的説明への前記

188　第 2 章　「従来のスイスにおける租税条約上の情報交換」と「堅持されていた"双方可罰性の要件"」

言及個所参照）続いて示されているのは，「戦争」（第 1 次「世界大戦」―― der Weltkrieg [Id. at 43]）との関係である。戦時中（während des Krieges）及び戦後（nach dem Krieg）に，多くの国々が課税を大きく強化する中で，スイスの個人・企業が外国で新たな課税対象とされ（Id. at 42.），そこから生じる二重課税の防止のためには，慣習国際法上のルールも頼りにはならず，かくて，国家間の「条約」による処理しかない，との点が注目されるに至る（Id. at 43.）。

こうした戦中・戦後の状況に加えて，そこ（Id. at 43）では，「**当時における経済の国家（民族）主義的な流れ**」に際しての（bei der gegenwärtigen **nationalistischen [!!] Strömung** der Wirtschaft），二重課税問題の増大が，予測されている（Zudem werden voraussichtlich ..... sich eher vermehren.）。そして，スイスの「輸出企業」のみならず，スイスの「銀行（Bankwesen）」や「保険会社（Versicherungsgewerbe）」をも挙げつつ，それらがこうした流れの中で大きな影響を受けること，更には「スイス銀行協会（die schweizerische Bankiervereinigung）」を含めた産業界において，租税条約締結の切望されていることが，指摘されている（Ibid.）。

Id. at 43f では，当時「国際連盟（**Völkerbund**）」でなされていたところの，**個別条約による二重課税排除（die Beseitigung der Doppelbesteuerung durch Einzelverträge）のための作業**に着目し，それへの協力（mitzuwirken）がスイスの利益になることをも指摘しつつ，かくて，ドイツとの関係（Id. at 44ff）へと，議論を進めている。

Id. at 44 は，（1919 年の）「ワイマール憲法（die Weimarer Verfassung）」に基づいてなされた「ドイツ租税制度の統一」以来，スイス・ドイツ間の二重課税問題が大いに（stark）増加したことから，論じ始める。そして，Id. at 45 では，何と「我が町バーゼル」が登場する。即ちそこには，二重課税回避のための「本来の条約（ein eigentliches [!?] Abkommen）」は，「1910 年 12 月 20 日」に，カントン Basel-Stadt（!!）とプロイセンとの間に結ばれていた，とある。そこでは（この条約の射程は限られていたものの），そこに示されていた諸原則が，この Botschaft の当時においても（auch heute），租税条約締結に際して提案さるべきものだとの，右条約についての一定の評価が示されている。

Id. at 45 によれば，「**1923 年 3 月 24 日（24. März 1923）**」には，（ドイツと国境を接していた諸カントンの名代として[namens der an Deutschland angrenzenden Kantonen]の）スイス連邦と，ドイツ（das Deutsche Reich）との間で，租税条約が結ばれていた，とのことである。だが，それでも二重課税問題は残り，Id. at 46 には，（いつとは明示がないのだが）ドイツ側から「包括的な二重課税防止条約」の提案があったが，スイス側がこれを拒絶した，等の経緯があった，とされている。

「1927 年」には，ドイツ側から，再度「包括的な協定」以外についてドイツとしては関心がない旨が伝えられた（Id. at 47.）。かくて，スイス側の対応が問題となった。そこで，Id. at 47-50 では，「1848 年スイス連邦憲法」（Id. at 49）以来の，スイスにおける連邦とカントン（州）との関係が，縷々論じられることになる（詳細は，省略）。結局，連邦が条約締結の主体にならなければ，十分な問題解決にはならないことが結論として示され（Id. at 50.），ドイツとの「包括的（umfassend）」な租税条約締結交渉

2　従来のスイスにおける「他の諸国との租税条約上の情報交換」の時系列的な展開過程　　189

となる。

　「1928 年」に「半ば公式（offiziös）」な協議がなされ，出来上がった草案が，スイス側においては，最初に（vorerst），前記の（「輸出企業」，「銀行」，「保険会社」等の）利害関係を強く有する諸団体（Interessentenverbände）の態度決定のため（zur Vernehmlassung）に提示された。その結果を踏まえた草案が，ドイツ政府側に「1929 年春（im Frühjahr 1929）」に提示され，その後政府間交渉が，「1929 年 6 月 18 日から 7 月 4 日まで」（於ベルリン）と「<u>1929 年 10 月</u>[＊]29 日から 11 月 3 日まで」（於ベルン），なされた（Ibid.）。

　　＊　「世界大恐慌」の発端たるニューヨークでの株価大暴落の発生したのは，1929 年「<u>10 月 24 日</u>」の，「暗黒の木曜日」のことであった。その直後から，ベルンでの交渉が始まったことになる。

　Ibid は，「若干の困難のゆえに（[w]egen gewisser Schwierigkeiten）」協議が中断し，それの再開は「1931 年 7 月 9 日」になったとしている。だが，その「困難」とは，「商品倉庫（Warenlager）」の取扱いをめぐるものだった，とある（大恐慌ゆえの中断，ではなかった!!）。かくて，「<u>1931 年 7 月 15 日</u>」に，本条約と最終プロトコルが署名された（以上，Id. at 50.）。

　ところで，Id. at 51 には，注目すべきことが書かれている。即ち──

„Es bleibt noch zu erwähnen, dass in den jüngsthin erlassenen **Notverordnungen [!!] der deutschen Regierung** enthaltenen steuerrechtlichen Vorschriften ebenfalls den Bestimmungen des Abkommens unterstehen."

──とある。当時出されたばかりの「**ドイツ政府のもろもろの緊急命令**」（そこにおける課税）も，本条約の下位に置かれるとの，スイス側の見方が，ともかくもそこに，示されているのである。

　実は，其処に至るまでにおいて，実際のドイツの課税についてのスイス側からの見方が，縷々示されてもいたのだが，Id. at 51 には，そうした制度からもたらされるドイツの側での二重課税による「不当性（Unbilligkeiten）」を排除すべきは，まずもってドイツ側だ，といった結構強気の指摘もある。

　残念ながら，それ以上に踏み込んだ「ドイツの緊急命令」の内実（前号分で再論した「スイス銀行秘密」規定を含む，「1934 年」のスイス銀行法の制定とも関連し「得る」，ドイツ側法制度の内容）についての指摘は，そこにはない。ヒトラーの「ナチス」が第 1 党に躍進したのは，「1932 年 7 月」の総選挙のことだが，当時のドイツの法制度との細かな対比をすれば，けっこう興味深いものが其処にはあるはず，である。──かくて，Id. at 52ff は，個別条文への説明となる。

　さて，Id. at 64ff の，全 15 条の本条約の条文だが，<u>直接的な「情報交換」の条文は</u>，

やはり無い。1－8条は「直接税（Direkte Steuern）」の規定であり，9－12条が「相続税（Erbschaftsteuern）」の規定，である。だが，**「最終規定」の冒頭の「13条」**が，**「情報交換」**と関係し**「得る」**。

「13条」の1項は，ドイツ・スイス間で二重課税を受けたとする納税義務者の「異議（Einspruch）」を認めている。その者が自己の属する国に（dem Staate, dem er angehört）「異議」を申し立てて，それに理由ありとされるときには，両国当局間での，二重課税の回避（zu vermeiden）のための<u>協調</u>がなされねばならない（soll ..... eine **Verständigung** versuchen），と規定されている。

同条の2項は，本条約で「規定されていない（nicht geregelt）」二重課税の排除（Beseitigung）のために，及び，この条約の解釈又は適用上の困難又は疑念が生じた場合に，双方の国の管轄ある最高行政機関は<u>連絡を取り合うこと</u>が出来る（können sich ..... **verständigen**），とする(*)。

* この「<u>連絡を取り合うこと</u>が出来る（können sich ..... **verständigen**）」との文言は，既述の「1937年対仏租税条約」15条2項と，同じである。これに対して，前記の『相続関係に限定された「1951年7月9日」の「対米租税条約」』7条2項や，「1954年英・スイス（旧租税）条約」の19条2項では，両締約国所轄官庁の「直接の相互<u>連絡</u>（unmittelbar miteinander [zu] **verkehren**）」が，規定されていた。

  但し，この「1951年対米（相続）租税条約」7条2項では，既に**「規定の構造」**において<u>注目すべき点</u>として示したように，同項第1文の，当局間の「直接の相互連絡」によって，「情報交換」のなされ得ることが"含意"され，それを前提として同項第2文において，伝達（「交換」）された情報の「守秘」が，定められていた。これに対して，「1954年英・スイス（旧）租税条約」の場合には，19条2項に当局間の（場合を限定した）「直接の相互連絡」の規定がありつつ，「情報交換」については，それとは別に，20条がこれを規定していた。

  こうした個別条約ごとの規定振りの微妙な差は，（留保はなされていたにせよ）**OECD**モデル租税条約26条の線で，スイスの締結した租税条約における「情報交換」条項が純化されてゆくプロセスを，それなりに示すものとして，それ自体，若干注目すべきもののようにも，私には思われる（本号分の末尾部分（本書194頁）参照）。

ちなみに，この13条についての「最終プロトコル」における記述を，念のために見ておこう。Id. at 73 である。そこには，『「13条1項」による（両国当局間の）**「協調的手続（Verständigungsverfahren**[*]**）」**の「導入（Einleitung）」は，「一方では」，納税義務者が「異議」を申し立てるか否かに依存「しない」（nicht abhängig）ものであり，「<u>他方において</u>」，納税義務者は，同項所定の手続の開始（Einleitung）によって，<u>法律で定められた（救済）手段の行使を妨げられることはない</u>（..... wird ..... an der Geltendmachung der gesetzlichen Rechtsmittel nicht gehindert.）』，との記載がある。

* なお，貿易と関税2011年7月号49頁（本書94頁）参照。「1996年米・スイス租税条約」25条の「協調的手続」を，日本的に，**「相互協議**の手続」と言い換えて説明した部分，である。

2 従来のスイスにおける「他の諸国との租税条約上の情報交換」の時系列的な展開過程　　191

　次に，13条についての，スイス政府の公的説明だが，Botschaft (Vom 19. Januar 1932), supra, BBl. 1932 I, at 61f には，同条についての右の「最終プロトコル」の記述を参照しつつ，とくに右の「他方において」以下の部分を補充する指摘がある。即ち，「この［右の部分との］関係では，とりわけ (insbesondere)，［当時の］スイス連邦憲法113条による，連邦裁判所への憲法上の異議申立の可能性 (die Möglichkeit des staatsrechtlichen Rekurses an das Bundesgericht) が，指摘さるべきである」，とある。『どこまでも当事者の手続権の保障を重視する，本論文で再三示したスイスの法的伝統』が，夙にそこにおいて「も」，示されていたことになる。

　他方，同条2項については，そこに所定の場合（条約の「外」での二重課税問題，等）において両国当局の直接的な交流 (Verkehr) を規定することによって，かかる協調的手続のために（一々）「外交ルート (der diplomatische Weg)」を経ることを，回避する趣旨だ，とされている。そして，これが，実質的な条文説明の最後，となっている（以上，Id. at 62.）。

　以上の「1931年7月15日署名のドイツ・スイス間の租税条約」については，「1957年9月9日」署名の「補足プロトコル」がある。それが，第2次大戦後の独・スイス間の，最初の租税条約の改正だったようである。Botschaft des Bundesrates an die Bundesversammlung über die Genehmigung des zwischen der Schweizerischen Eidgenossenschaft und der Bundesrepublik Deutschland unterzeichneten **Zusatzprotokolls zum schweizerisch-deutschen Doppelbesteuerungsabkommen** (Vom 27. September 1957), **BBl. 1957 II, at 597ff** の冒頭頁に，その点が示されている（Id. at 609 が連邦決定の草案，Id. at 610ff が条文，である[*]）。

*　Id. at 597 に，前記の「1931年対独租税条約」のBBl.の頁が記されており，それで同条約の前記一次資料に，ようやく辿り着いたのである。

　Id. at 597 の，この「補足プロトコル」の「前史」についての記述を見ておく。この対独租税条約については，「1931年」以降，「同年，1934年，1940年，そして1943年」にも「補足プロトコル」等により改訂がなされて来ていたようである。だが，スイスによって「1948年以来 (seit 1948)」締結されて来た「諸」租税条約に比して (Verglichen mit den ..... Doppelbesteuerungsabkommen ──複数形），対独条約には色々と不十分な点があり云々，とある。Id. at 597f の記述からして，条約改正にはスイス側が積極的だったようだが，これに対して当時のドイツの当局は，ドイツとの間に「いまだ租税条約がないか，または不十分なそれしかない国々（米国，英国，オランダ，フランス，オーストリア）」との租税条約締結交渉の方に，強い関心を有していた[*]，とある（Id. at 598.）。

*　「ドイツ」の締結した租税条約に焦点を当てるのは，本論文の射程外だが，右の引用部分の原文には，たしかに右の通りの記述があり，それ自体が興味を引く。だが，ここで立ち止まる訳にも行かず，先に行く。

そうした中，1954 年にはドイツ当局も条約改正の必要性を認めるに至り，「1955 年春」に正式の交渉開始が合意された。交渉は，「1955 年 3 月の 21 日から 29 日まで」，そして「1957 年 2 月の 11 日から 16 日まで」なされた，とある（Ibid.）。

前記の「1931 年条約」の「部分改正（Teilrevision）」となるのが，この「1957 年 9 月 9 日署名の補足プロトコル」である。前記の，先行する数次の改訂は，基本的にはそれによって置き換えられる（ersetzt）。だが，「1956 年 7 月 6 日」の，「ドイツの第 2 次大戦の被害者に対する補償施策上の負担調整税（die deutschen Lastenausgleichsabgaben）」に関する「補足プロトコル」（「1957 年 10 月 9 日」に発効[*]）は，前記プロトコルと並んで存続する，とある（Ibid.）。

* BBl. 1956 Ⅱ, at 609, 616 等が，そこで引用されているが，さすがに其処までは，断固，見ない（!!）。「ベルリン」との関係（Id. at 619 のスイス側の Note 参照）等も別途あるが，そこも同様に，今は見ない。

さて，「1931 年対独条約」の，前記の 13 条だが，この「1957 年 9 月 9 日署名の補足プロトコル」の第 10 項（Botschaft [Vom 27. September 1957], supra, BBl. 1957 Ⅱ, at 613）に，13 条の「1 項」の文言変更が，規定されている。同項は，既述のごとく，納税義務者の（二重課税に対する）異議申立と，両国当局間の「協調的手続」を定める規定だが，何と，実質的なその変更は，「無い」（!!）。即ち，大略のみを示せば──

『納税義務者は，この条約の諸原則に反する課税（eine Besteuerung ..... die den Grundsätzen dieses Abkommens widerspricht）がなされたと考える場合には，<u>国内法上の法的救済手段を阻害されることなく</u>（unbeschadet eines .....），その者の<u>住所地国</u>の管轄ある当局に対して問い合わせ［つまりは異議申立］をなし得る（, so kann er sich ..... an ..... wenden .......）。その異議申立（die Einwendungen）に理由があると考えられる場合，両国の当局間での協議が，二重課税回避のために，なされねばならない。』

──ということであり，「1957 年」段階での租税条約改正なのに（!!），<u>実質は，何も変わっては「いない」</u>のである。Id. at 607 の，右の 13 条 1 項の改正に関する説明においても，「異議（Einsprachen）」の申立先を，その者の「本国（**Heimatstaat**）」から「住所地国（Wohnsitzstaat）」へと変更したことしか，記載されていない。

かくて，「1950 年代」のドイツ・スイス間の租税条約上の「情報交換」については，次の改正たる，**前記 1931 年対独租税条約に対する「1959 年 3 月 20 日署名の補足プロトコル」**を，見る必要がある。Botschaft des Bundesrates an die Bundesversammlung über die Genehmigung des zwischen der Schweizerischen Eidgenossenschaft und der Bundesrepublik Deutschland unterzeichneten **Zusatzprotokolls zum schweizerisch-deutschen Doppelbesteuerungsabkommen** (Vom 3. April 1959), **BBl. 1959 I, at 1021ff** である（Id. at 1028 に連邦決定の草案があり，Id. at 1029ff に条文がある）。

2　従来のスイスにおける「他の諸国との租税条約上の情報交換」の時系列的な展開過程　　　193

だが，何と（!!），前記の13条は，改正の対象にすら，なって「いない」。これには私も，ちと驚いた(*)。

* 「1950年代」までの展開を論ずる本論文のこの個所においては，既述のごとく頭出し的にのみ言及するにとどめるが，戦前の1931年条約を戦後も引き摺って来た両国間においては，「**1971年8月11日**」署名の「**新たなドイツ・スイス間の租税条約**」が成立した。**Botschaft des Bundesrates an die Bundesversammlung betreffend Doppelbesteuerungsabkommen mit der Bundesrepublik Deutschland (Vom 20. Oktober 1971), BBl. 1971 Ⅱ, at 1423ff** が，それについてのスイス政府の公的説明である。
　Id. at 1426ff に，「ドイツ側からの最も重要な改正要望（die wichtigsten deutschen Revisionsbegehren）」と「ドイツの立場」についての記述があり，その f. として，Id. at 1430 には，「租税情報の交換（Austausch von steuerlichen Auskünften）」の項がある。そこには，重要ゆえ逐語訳し，その後に原文を示せば──

『ドイツ代表は，すべての交渉段階において，再三再四，いわゆる行政共助条項の採用を要求し，かつ，この要望を，常に，改正の主たる目的の一つだとして挙げた。それについて，当初は1963年のOECDモデル租税条約［草案］に含まれた定式が，後においては，スイス・フランス間の条約中の条項が，しかしながら**租税詐欺の場合**にまで拡張されたものが，提案された。ドイツ代表は，スイスは［右の提案を］拒絶することを通して，ドイツ連邦共和国を，かかる条項が既に認められている他の諸国（フランス，英国，米国）に対して，**差別**［!!］している，と主張した。……』

(Die deutsche Delegation hat in allen Verhandlungsphasen immer wieder die Aufnahme einer sogenannten Amtshilfeklausel gefordert und dieses Begehren stets als eines der Hauptziele der Revision bezeichnet. Ursprünglich wurde hie[r]für die im Musterabkommen der OECD von 1963 enthaltene Fassung, später die im schweizerisch-französischen Abkommen enthaltene Klausel, aber ausgedehnt auf **Steuerbetrugsfälle**, vorgeschlagen. Die deutsche Delegation ..... machte geltend, die Schweiz **diskriminiere**［!!］ durch ihre Weigerung die Bundesrepublik Deutschland gegenüber den anderen Staaten (Frankreich, Grossbritannien, USA), denen eine solche Klausel zugestanden worden ist. ......)

──とある。
　かくして，そこには，「1953年対仏租税条約」の「情報交換」条項について論じた際に言及した，単純な**最恵国待遇「的」発想（「差別」許すまじ，とするそれ）**がある。また，「1963年」のOECDモデル租税条約（草案）への言及もある。
　Id. at 1423によると，この「**1971年8月11日の対独租税条約**」締結のための交渉は，「6年半」続いた，とされる。逆算するまでもなく Id. at 1424 には，「**1964年12月2日**」にドイツ側から改正交渉開始の正式依頼があり，「**1965年1月29日**」にスイス連邦政府がそれに応じた，とある。
　**かくて，次の問題は，次号分冒頭で扱うところの，「1960年代以降の展開」，となる。**

●　　　●　　　●

これで,『「1951 年米・スイス旧租税条約」とその周辺——スイスの締結した初期の租税条約を含めた検討(「1920 年代から 1950 年代まで」の展開)』についての, 予定していた論述は, 終わりとなる。

「情報交換」に限られず, 以上の論述においては, それぞれの租税条約の締結経緯や, 背景となる国際情勢等についても, 意識して言及して来た。前号分で批判した「或る文献」, 及び, その背景をなすであろう,『「スイス」, とりわけ「スイス銀行秘密」に対する, 半ば意図的な誤解の山』, との関係もあってのこと, である。

いまだサンプル抽出的な検討で不十分だが, どうもスイスの締結した戦前の租税条約には, 明確な「情報交換」の条項はなく, 日本的に言えば「相互協議」の条項の中に, 「情報交換」が埋め込まれる形であった「ようである」。そして, 戦後の, とくに「1951 年米・スイス(旧)租税条約」(相続に限定された同年の対米租税条約とは別のもの)あたりから, 独自の「情報交換」条項に発展した, ということの「ようである」(*)。

* 「1931 年 7 月 15 日署名のドイツ・スイス租税条約」の「13 条」について本号分で論じた際に付した「*部分」(この時期の個別条約ごとの規定振りの微妙な差が, OECD モデル租税条約 26 条の線で, スイスの締結した租税条約における「情報交換」条項が純化されてゆくプロセスを, 示している, との指摘を含むそれ〔本書 190 頁〕)を参照せよ (!!)。

* 次号分以下に続く (以上の執筆は, 2011 年 7 月 17 日午後 4 時 59 分まで。約 10 時間半弱の執筆であった。点検は, 同日午後 7 時 7 分に終了。計約 12 時間半の作業だったことになる)。

[以上, 2011 年 11 月号 68 − 85 頁]

(2 − 2 − 2) 「1960 年代から 1990 年代まで」(「2000 年の政策変更」前)にスイスの締結した租税条約上の「情報交換条項」——その 1 (対英条約を軸として)

前号分における「1920 年代から 1950 年代まで」の検討に引き続き, 本号分以降では, 同じ 40 年程度の区切りとして, 右の時期を検討の対象とする (執筆開始は 2011 年 7 月 25 日午前 6 時 15 分。本日未明, 午前 3 時 51 分の福島県沖深さ 40 キロ震源の, 最大震度 5 弱でマグニチュード 6.2 の地震は, 新宿では震度 2 だったが, 久々に鋭角的な揺れで, 前号分冒頭と同様, 又しても今日の執筆開始を CK と告知するかのごときもの, であった[*]。

* あらかじめ一言しておくが, 次の「(2 − 2 − 3)」の「その 2」は, 次号分回し (本書 215 頁以下) となる。この時期の「対英租税条約」との関係で,『《「情報交換」によって引渡された情報についての「守秘の基準」及び「開示が許される人的・事項的範囲」(「使用目的の制限」) についての重要な注記 (!!)》』をしておくことが適切と, 判断したためでもあるが, 本章 2(2) の「(2 − 2)」は, 扱うタイム・スパンが長いこともあって, 相当程度長い論述となることが, 予想される。

2　従来のスイスにおける「他の諸国との租税条約上の情報交換」の時系列的な展開過程　　195

　早く切り上げたい気持ちは強いが，論文の内容が，それを許してくれないのである（「1960年代から1990年代まで」の検討の次は，「2000年から2009年3月13日まで」となる。その後の，怒涛のごときスイスの租税条約改正については，既述のごとく，第3章3〔及び2＆4〕で，第2章とは分けて論ずる）。

　前号分では，対米・対英・対仏に続き，1950年代までのドイツとスイスとの租税条約の締結・改正における「情報交換」問題の展開について論じていた。そして，「1971年8月11日署名」の「新たなドイツ・スイス間の租税条約」締結交渉において，「情報交換」問題についてドイツ側から，スイスがドイツを米・英・仏に対して「差別」しているとの主張のなされていたことを示すところで，終わっていた。
　その先を，ここで論ずることとなる（なお，右のドイツの主張においても，「1963年のOECDモデル租税条約（草案）」26条の定式が，一つの論拠になっていた）。
　そこで，いきなり対独条約のその後を見ることも考えられる。だが，前号分における英・仏・独の一応の論述の順序に従い，まずは**対英での，60年代以降の展開**を，以下において見てゆこう。

　前号分では，「1954年の英・スイス租税条約」20条の「情報交換」条項に着目していた。同条では，租税条約の実施に必要な情報の交換のみが定められていた。この点，及び，「租税詐欺」云々への言及のないことが，「1951年米・スイス旧租税条約」16条とは異なっていた。
　この「1954年英・スイス租税条約」は，「1977年12月8日署名」の新たな租税条約によって置き換えられることとなる。だが，その間において，1966年と1974年に，前者につき改正があった（**Botschaft über ein Doppelbesteuerungsabkommen mit Grossbritannien vom 11. Januar 1978, BBl. 1978 Ⅰ**, at 210.）。「情報交換」条項への影響の有無を，簡単に見ておこう。
　まず，「1966年6月14日署名」の「改正プロトコル」（Botschaft des Bundesrates an die Bundesversammlung über die Genehmigung des zwischen der Schweiz und Grossbritannien unterzeichneten Protokolls zur Änderung des Doppelbesteuerungsabkommens von 1954〔Vom 12. Juli 1966〕, BBl. 1966 Ⅰ, at 1309ff）だが，54年条約の20条は改正の対象とされていない（Id. at 1310ff.）。せっかくプリントアウトしたのに，空振りであった。
　次に，「1974年8月2日署名」の「74年改正」（Botschaft des Bundesrates an die Bundesversammlung über eine Änderung des Doppelbesteuerungsabkommens mit Grossbritannien〔Vom 28. August 1974〕, BBl. 1974 Ⅱ, at 477ff）だが，これは「補足プロトコル（Zusatzprotokoll）」としてのものである（Id. at 477.）。けれども，ここでも「情報交換」の「54年条約」20条は，改正の対象外。またも，空振りである。
　そこで，これらに続く「**1977年12月8日署名**」の新たな「**英・スイス租税条約**」（**BBl. 1978 Ⅰ, supra, at 209ff**）の場合を，見てみる(*)。

*　Id. at 210の「概観」のところには，「1954年対英条約」への「第3」の改正となる，この「77年対英条約」につき，「**古い英国のモデル**にしたがった条約（das einem **alten britischen Muster** folgende Abkommen）」をOECDモデル租税条約に「適合（anpassen）」させるもの，との位置付けがなされている。この点は別途興味を引く。

だが，Ibid では，「54年条約」とこの「77年条約」とで大きな実質的な差はなく（Das neue Abkommen weicht materiell nicht wesentlich vom alten Abkommen von 1954/1974 ab.），もとよりいくつかの変更点はあるが，後者の諸規定は，その他の点では，実証済みのスイスの租税条約締結のプラクティスに従うものだ（Die übrigen Bestimmungen des Abkommens folgen bewährter schweizerischer Vertragspraxis.），とされている。

この「1977年英・スイス租税条約」では，「情報交換」条項は「25条」に置かれている。その「25条」についてのスイス連邦政府の議会向けの公的説明を，先に見ておく。Id. at 220f である。そこには，「54年条約」の「情報交換」条項については，「変更なく（unverändert）」，「77年条約」の「25条」になった，とある。

「1960年代」以降の対仏・対独条約については，この後で（次号分において）見るが，ともかく Ibid には，「ドイツ，フランス，イタリア，及び若干の他の諸国との条約と同様」に，「情報交換」は条約規定の実施に必要なものに「限定」されたものであることが，示されている（キリがないから引用するのみとするが，そこでこの点につき引用されているのは，1976年5月5日の対イタリア租税条約の Botschaft の頁[BBl. 1976 Ⅱ, at 685]である）。

そして，右に引き続いてそこ（BBl. 1978 Ⅰ, supra, at 220）で示されているのは，OECD（モデル租税条約26条）は右を踏み越える（weitergehend な）提案をしているけれども，スイスはそれについて明示的な留保をしている(*)，ということである（後述の「1971年対独租税条約」への Botschaft が，そこで引用されている。BBl. 1971 Ⅱ, at 1432 である）。

* 貿易と関税2011年10月号58頁以下の，本章2(2)の「(2−1)」（本書170頁以下）において，OECDモデル租税条約26条に対する，スイスの留保の変遷を論じておいたので，参照されたい。

この「1977年対英租税条約」の条文は，BBl. 1978 Ⅰ, supra, at 225ff にある。「情報交換」の「25条」は，Id. at 240f である。同条は全2項からなる。前記の Botschaft が指摘しているように，たしかに「54年条約」の20条と，殆ど文言に至るまで，同じである（本書179頁において，「54年条約」20条の1項第1文を，原語で示しておいた）。1項「第2文」の「守秘」の規定に続く，秘密情報の開示に繋がる情報の提供拒否についての「第3文」で，「77年条約」では新たに「銀行秘密（Bankgeheimnis）」の語が明示されるに至ってはいるが，これとて，「54年条約」1項第3文に，含意されていたことであって，内容的な変更ではない。

適宜①−③のマークを付して示せば，「77年対英租税条約」25条の「2項」も，本条の規定を，①自国の法規又は行政慣行に，あるいは②自国の「主権」，「安全」，「公序」に，反する行政的措置の義務づけと解釈してはならないこと（③要請国及び[und]被要請国の法の下で得ることの出来ない情報［データ（Angaben）］の提供も，同様に否）とあり，これも「54年条約」20条2項と同じである(*)。──若干唐突かもしれないが，ここで横道に入る。自分自身が，前号分以来のある種単調な論述に飽きて来たからで「も」あるが，決してそれが，単なる横道「ではない」ことは，徐々に明らかになって行くはずである（以下の「*部分」の冒頭で，右の①−③のマークを使用する）。

2 従来のスイスにおける「他の諸国との租税条約上の情報交換」の時系列的な展開過程　　197

● ● ●

\* 《「情報交換」によって引渡された情報についての「守秘の基準」及び「開示が許される人的・事項的範囲」（「使用目的の制限」）についての重要な注記（!!）》

　ここで，この「対英租税条約」が「1977年」のものであることからして，「1954年」のものを引き継ぐこの対英租税条約の「情報交換」規定を，「1963年草案」・「1977年版」の OECD モデル租税条約 26 条と，対比しておこう。「引渡された情報の開示が許される範囲」（及び「守秘の基準」――その基準を情報の提供国・受領国のいずれに置くかの問題）に話が行き着くことを，あらかじめ開示しておく。

　1963 年（草案）・1977 年の OECD モデルの 26 条も，全 2 項で構成されており，とくにその「2 項」は，その間に殆ど全く文言の差はない（Kees van Raad [ed.], 1963 and 1977 OECD Model Income Tax Treaties and Commentaries [2nd ed. 1990], at lxiii, lxv.）。この「2 項」から先に見ておけば，基本的にそれは，スイス・英国間の前記「54 年」・「77 年」条約の，それぞれ 20 条・25 条の「第 2 項」と，"似た構造"となっている。即ち，右の二つのヴァージョンの OECD モデル租税条約 26 条「第 2 項」では，この「\*部分」に突入する直前に便宜上記した前記の①から③につき，2 項 a では①が，同項 b では③が，規定されている（但し，この③につき，63 年草案 26 条 2 項 b では，77 年版で "information" と自然な用語であるところが，"particulars" となっていた。今は，英・スイス租税条約につき独文のみを見ているが，英語で見ればはっきりするであろう。ともかく，独和・英和の辞書で見れば，意味は同じにせよ語感において，"particulars" と "Angaben" は近く，若干の趣味的興味を引く）。

　だが，OECD モデル側の「2 項 c」では，英・スイス条約側の前記の②のうち，「公序」のみに言及があり，かつ，その開示が自国の「公序」に反することとなる情報の提供義務の否定という形で，各種の「秘密」情報（等）の提供の否定と並んで，規定されている。この「秘密情報」の提供拒否は，前記の二つの英・スイス租税条約では，それぞれの該当条文の 1 項第 3 文で規定されていた。こうして，「主権」・「安全」の点は，文言上は，右の OECD 側のものには無い（無くともどれほどの違いが生じ得るかは別として）。

　ここで英・スイス間，OECD 側それぞれの「情報交換」条項の「1 項」の比較に移ろう。前記の「英・スイス」間の「54 年」・「77 年」の二つの租税条約では，それぞれの該当条文の 1 項「第 2 文」において，「守秘」の義務と「開示制限」が定められていた訳だが，引渡された情報につき「開示の許される範囲」については――

「条約の対象を構成する租税についての税額査定又は徴収に携わる者（, der sich ..... mit der Veranlagung oder dem Bezug der Gegenstand des Abkommens bildenden Steuern bafasst）」

――との，当該情報の使用に関する制限があった。

ここでOECD側の26条の「1項」に戻れば，63年「草案」と77年版とでは，引渡された情報の「開示の許される者の範囲」につき，文言上の大きな違いがあることに気づく（63年［草案］の当初から，条約実施に必要な情報と並んで，締約国国内法の実施のために必要な情報交換が，1項第1文で定められていたことは，スイスの留保との関係で既述）。まず，「63年草案」では，26条1項「第2文」で（「守秘」とともに）「開示制限」が，以下の文言で規定されていた。即ち――

"Any information so exchanged ***shall be treated as secret*** ..... and shall not be disclosed to any person or authorities other than those concerned with the **assessment or collection** of the taxes which are the subject of the Convention."

――との文言である（Kees van Raad [ed.], supra, at lxiii.）。
　この，引渡された情報の「開示の許される範囲」に関するOECDモデル租税条約「1963年草案」26条「1項第2文」の規定は，「1954年」（20条）・「1977年」（25条）の英・スイス租税条約の「情報交換」条項（それぞれ，20条，25条）の前記の「1項第2文」と，何と同じ（!!）である。
　けれども，これに対応する条項たる「1977年版」のOECDモデル租税条約26条の1項「第3－5文」では，既にして（!!），この点が大幅に拡充されてしまっ「ていた」。Ibidに基づき，問題の条文を示しておく。そこには――

"Any information received by a Contracting State *shall be treated as secret in the same manner as information obtained under the domestic laws of* **that State** and shall be disclosed only to persons or authorities (including courts and administrative bodies) involved in the **assessment or collection** of, the enforcement or prosecution in respect of, or the determination of appeals in relation to, **the taxes** covered by the Convention. Such persons or authorities shall use the information only for such purposes. They may disclose the information in public court proceedings or in judicial decisions."

――とある。
　だが，これは今ここで論じている「開示範囲」（「使用目的の制限」）のみの変更「ではない」。「守秘の基準」を情報の提供国・受領国のいずれに置くかの点（「開示範囲」の，いわば論理的前提をなす問題）も，実はそこで，この点が明記されていなかった「63年草案」に対し，重大な「変更」（!!）を，受けている（イタリック体の直線による下線部分に注意せよ）。「守秘」の「基準」は，「77年版」において，「要請国＝情報受領国」の基準でよいことに，なってしまっている。
　この「守秘の基準」を，貿易と関税2011年9月号60頁（本書146－147頁）で引用した，「1977年（1979年改正）」の税務相互共助に関する「欧州評議会指令」（77/799/EEC; 79/1070/EEC）の「前文」と，対比すべきである。そこには――

2　従来のスイスにおける「他の諸国との租税条約上の情報交換」の時系列的な展開過程

"Whereas *care must be taken to ensure* that information provided ..... is not disclosed to unauthorized persons, so that **the basic rights [!!] of citizens and enterprises** are safeguarded; .....; whereas *it is also necessary* that **the receiving States afford the information the same degree of confidentiality which it enjoyed in the State which provided it**, *if the latter so requires*;"

――との文言があった。つまり，「市民及び企業の基本的諸権利をセーフガードするために」との目的意識の下に，権限なき者への情報開示がなされないよう確保するべく「注意がなされねばならない」とあるのを受けて，右の後段では，「情報受領国が，情報提供国におけるその情報の秘密と同じ程度の秘密を，当該情報について認めること」が「必要」である，とある。但し，この後段は，「情報提供国がその旨要求する場合には」，との限定付きではあるが。

　この後段部分において，「守秘の基準」が（「情報受領国」ではなく!!）「情報提供国」のそれになっていることに，注目すべきである。しかもそれは，同じパラグラフの中の「市民及び企業の基本的諸権利をセーフガードするために」との目的意識と，関係付けられたものであった。

　この認識は正しいと，言うべきである。だが，右の引用部分に付したイタリック部分の限定が，なぜ伴っているのか。

　実は，右の「前文」の主義とは逆に，この「指令」の7条1項第1文では――

"All information made known to a Member State under this Directive shall be kept secret in that State in the same manner as information received under its domestic legislation."

――となってしまっている。つまり，「守秘の基準」は，「情報受領国基準」となってしまっている。その限りでそれは，前記の「1977 年版」のOECDモデル租税条約 26 条の1項「第3文」と，同じである。

　だが，相互に逆の方向性を示すところの，前記の「欧州評議会指令」の「前文」と「7条1項第1文」との狭間に，即ち，その相互の"葛藤"の中に，真の問題点が隠されている (!!) ことに，ここでは，最も注意を要する。その意味で，この「指令」の構造は，貴重と言うべきである（同様に，この「守秘の基準」について対比すべきは，「刑事司法共助」関連でのものだが，同じく貿易と関税 2011 年 9 月号 66 頁以下（本書 154 頁）で言及した「1973 年米・スイス刑事司法共助条約」15 条の「秘密保持」の規定をめぐる，スイスの対米要望と，米国の曖昧な回答，である。再度後述する）。

　前記の「77 年版」OECDモデル租税条約 26 条の「守秘の基準」は，情報が国境を渡ってしまえば，もはや要請国側の基準で守秘を考えざるを得ない，との現実認識からのものであろうが，私には釈然としない（右の個所で一言した，刑事司法共助関連でのスイス側の執拗な追及に対する，曖昧な「米国流の対応」との関係，をも想起せよ）。

　もとより，この点を含めて，「1977 年版」のOECDモデル租税条約 26 条の前記文

言の示すところは，もはや各国の国際租税関係者の常識になっている，と思われる。2008（平成 20）年最終改正の同モデル租税条約 26 条 2 項（「平成 21 年 6 月 1 日現在」の国税庁・租税条約関係法規集 715 頁を参照）を見ても，「又はこれらの監督に関与する者又は当局」との文言が付加されている以外は，「77 年版」の前記文言と，同じである。

すべては，かくて「1977 年段階」で基本的に決着「していた」ことになる。だが，同年の英・スイス租税条約では，OECD 側の「63 年草案」の線が，この点で維持されていたことになる。それが何故なのかも，興味深い点である。

次に，引渡された情報の「開示範囲」（「使用目的の制限」）の問題だが，貿易と関税2011 年 9 月号 61 頁（本書 148 頁）にも示しておいたように，**税務相互共助に関する「欧州評議会指令」（77/799/EEC; 79/1070/EEC）7 条**の「開示制限」の規定も，「77 年版」の OECD モデル租税条約 26 条の場合と，ほぼ同様ではある。だが，前者では，7 条 1 項後段において――

"In any case, such information ..... shall not in no circumstances be used other than for **taxation purposes** ..... ."

――との明文規定があり（[a]），かつ，貿易と関税の右の個所（9 月号 61 頁以下）で言及したように，7 条 3 項には，「1 項に定めた以外の目的での情報使用」を，情報の「提供国」の法がこれを許容する範囲内において（!!），情報の「提供国」の許可にかからしめる規定（[b]）もあった。

前記「指令」のこの [b] は――

"[T]he competent authorities of the Member State providing the information may permit it to be used for **other purposes** in the requesting State, if, under the legislation of the informing State, the information could, in similar circumstances, be used in the informing State for similar purposes."

――との規定である。

これは，この「欧州評議会指令」のバックグラウンドとしての，前記の「前文」における「市民及び企業の基本的諸権利のセーフガードのために」との目的意識と直結する規定と，見得るものであろう。この「目的意識」が，重要である。

同じ時期のものたる「77 年版」OECD モデル租税条約 26 条と比較すると，右に原文を示した [a] について，「77 年版」の OECD モデルでは，「課税目的」での情報使用に条文上限定されている点では同じと言えるが，他方，（直接条文に規定された目的以外」での使用を，「情報提供国」の法と，それに基づく（!!）許可にかからしめる右の）[b] の規定は，「1977 年版」の OECD モデルにはない。だが，そうではあるけれども，そこ（前記の [b]）からの "重要な示唆" が，実は，あるのではないか。

つまり，条約上の営みである以上は（!!），まさに前記の「1973 年米・スイス刑事司法共助条約」15 条の「秘密保持」についてスイスが対米で粘ったのと同様，本来，

この ［b］ の点が，租税条約上の「情報交換」一般について「も」(!!)，堅持さるべきではなかったのか。

ちなみに，貿易と関税 2011 年 9 月号 66 頁以下（本書 154 頁）においては，右の「米・スイス刑事司法共助条約」15 条（同条約 13 条以下の第 4 章［要請国の義務］の中の規定であり，「秘密保持（Geheimnisschutz）」と題する）に着目していた。大略次のような規定である（なお，本書 129 頁の基本方針に注意!!）。即ち，そこには──

『本条約「10 条 2 項」により被要請国が（要請国に）告知した（bekannt gegeben hat）情報等の，公的な入手可能性を，要請国は，求めに応じて（auf Verlangen），その（要請国の）憲法（**Verfassung**）の法的要求に合致する最大限度において（im höchstmöglichen …… Mass），排除する［であろう］（Der ersuchende Staat wird die öffentliche Zugänglichkeit ……ausschliessen.）。』

──との内容の，既にして何とも締まりのない規定振りがある。

米国がいやがったから，こうした曖昧な規定になったことは，明らかである。そして，この規定について，スイス側からの照会がなされ，米国側が，以下のように述べたことを，本論文の前記個所において，示しておいた。即ち米国側はスイス側に対して──

「10 条 2 項において規定され，かつ，この規定に基づいてスイス側によって［米国側に］引渡された証拠又は情報につき，**スイス政府が好ましいと思う程度において，その秘密を保つこと**（im Masse, in dem es die schweizerische Regierung als wünschbar erachtet, ….. geheim zu halten）は，それらが米国において，刑事手続との関係で，証拠として提出され，又は，その他の方法で（anderweitig）使用される場合には，**憲法上の理由**により（aus verfassungsrechtlichen Gründen），恐らく可能ではない（wahrscheinlich nicht möglich）。」

──と伝えていたのである。

その後，今日に至るまでの OECD モデル租税条約 26 条を巡る議論（改めて後述する）が，まさにそうであるように，情報提供国（情報交換の要請を受けた国）の側における人権保障等の憲法上の要請は突破す「べき」ものとしつつ，情報が国境を越えて情報受領国（情報交換の要請国）に渡ってしまえばこっちのものだと言わんばかりに，情報受領国側の憲法を持ち出す構図が，そこにある。

「スイス銀行秘密」の背景に，明確に「プライバシー保護の基本権」の裏打ちのあることは，貿易と関税 2011 年 5 月号 49 頁（本書 53 頁）で示した。だが，「2009 年 9 月 23 日署名」の「米・スイス改正租税条約」新 26 条（情報交換）の 5 項第 2 文には，貿易と関税 2011 年 3 月号 49 頁（本書 3 頁）に条文を示しておいたように，「銀行秘密」突破の文脈において──

202　第2章　「従来のスイスにおける租税条約上の情報交換」と「堅持されていた"双方可罰性の要件"」

"In order to obtain such information [held by a bank ……], the tax authorities of the requested Contracting State, if necessary to comply with its obligations under this paragraph, shall have the power to enforce the disclosure of information covered by this paragraph, notwithstanding paragraph 3 cr **any** contrary provisions in its domestic laws."

——との条項がある。つまり、スイスについて言えば、「銀行保有情報の引渡しのため、スイスの課税当局は、スイス国内法上のいかなる反対の規定にもかかわらず、それを米国側に引渡す『権限を持たねばならない』」とするこの条項における「いかなる（any）」の中にスイスの右の憲法的配慮が埋め込まれる「とすれば」、以下のようなことになる。即ち——

『そんなスイスの憲法的配慮は突破して、情報を渡せ。但し、情報が米国内に入れば、その情報の開示範囲については、米国（情報受領国）の憲法で規律されるのだ。』

——ということになる（「1973年米・スイス刑事司法共助条約」15条の「秘密保持」についての、既述の米国側回答は、別段「刑事」の「司法共助」に限定された問題ではないことに、注意せよ）。

　　**かくて、「情報提供国（被要請国）の憲法」は無視され、「情報受領国（要請国）の憲法」は遵守されるという、ちぐはぐで「非対称」（!!）な法現象が、「国境」を跨いで現出することになる。**そしてそれが、「守秘の基準」を「情報受領国（要請国）」側に置くという、「1977年版」OECDモデル租税条約26条において既に示されていた主義の、"行き着くところ"、で「も」あるのである（!!）。

　現在のOECDモデル租税条約26条の「コメンタリー」が、引渡された情報の「他目的使用」のオン・パレード状態にあることは、詳しくは後述するが、国税関係者にとっては、もはや周知のことである。だが、以上の点に加え、ここで再度想起すべきは、前記の「欧州評議会指令」の7条3項において、「1項所定以外の目的での情報使用」を、情報の「提供国」の法がこれを許容する範囲内において（!!）、情報の「提供国」の許可にかからしめる規定（前記の[b]）があったということ、そしてそれが、同「指令」の「前文」における「市民及び企業の基本的諸権利のセーフガードのために」との目的意識と直結する規定であったと見得ること、である。

　今の現実の世界は、かかる配慮をすべて「忘却の彼方」に置き、「情報交換」関連での前記の「憲法の尊重」における、情報の提供国・受領国間の「国境」を間に挟んだ「アンバランス」（情報受領国の憲法のみが遵守されるという非対称状態!!——なぜそれでよいのか??）を、一切不問に付す「かのごとく」である。

　だが、そうしたことから、一体どんな事態が生じ「得る」のか（??）。そこを考えて置く必要があると、私は考える。

　今の流れからは、「情報提供国（被要請国）」の国内ではそれに基づく訴追等も法的

に出来ない情報の利用が（「国境」により「バイパス」され），外国たる「情報受領国（要請国）」の国内でなされ，当該の者が，その地で刑事訴追等を受けることにも，なり「得る」。最悪のシナリオとして，最初から両国の当局が結託して，その者を，言わば「国境」と「条約」の存在を奇貨として陥れようと画策「していた」（まさにそのために外国当局に情報が渡された）と，仮定せよ（例えば，身の毛も弥立［よだ］つことだが，第2次世界大戦中のスイスが，まさにそうしたことを意図して，ナチス・ドイツにユダヤ人関連の情報を渡していたと，仮定せよ !!）。

今の世界は，そんなこと心配ない，との楽観論に満ちている「かのごとく」である。だが，一度制度を作ってしまったら，その制度は一人歩きする（!!）。「自分がいわれなく狙われていたとしたら」，との前提で，国際課税の関係者も含めて，但し他人事としてではなく（!!），もう一度考え直して欲しいと，切に私は願う。

「情報提供国（被要請国）」が「自分の国」（例えば日本）であったとせよ。「あなた」は，「自分の国（日本）」の憲法上の基本的人権保障の規定を踏み越えた形で，日本の当局の，条約に基づく当然の営為だからということで，「外国」で刑事訴追（等）の憂き目に合う「かも知れない」のである（スイスが租税条約上の「情報交換」において「双方可罰性要件」を死守して来たのは，再三述べて来たように，憲法上の要請に基づき，そうしたことを排除するためだったのである !!）。

「本当にあなたは，それでよいのですか？」と，私は問いたい。もとより，「脱税などしていない」と信ずる「あなた」に対して（!!）。

そして，この点が，本論文第4章4のテーマとなる。貿易と関税2011年9月号58頁以下（本書144頁以下）の，「☆　スイスの刑事司法共助と『引渡された情報の「他目的使用」の原則禁止』——「米・スイス刑事司法共助条約」を含めた検討と，「ループホール化する課税」（本論文第4章4）との関係」の項目は，その頭出しとしてのものであったが，本号分のこの「＊部分」においても，長くなってはしまったが，それを再度，若干敷衍したことになる(＊＊)。

＊＊　《「情報交換」で引渡された情報の「開示範囲」（「使用目的の制限」）に関するOECDモデル租税条約26条「コメンタリー」の，「1963年草案」段階からの「屈折した構造」!!》

ここで，いわばついでに，OECDモデル租税条約の「63年草案」の，「26条」についての「コメンタール」を見ておこう。Kees van Raad (ed.), supra, at 312ff である（行論上は，「1963年草案」について見るだけで基本的に十分である。理由は，後述する）。

さて，前記の諸点との関係に，ここでは限定して検討するが，この「1963年草案」の「守秘」及び「開示制限」は，26条1項「第2文」で，前記のごとく，"Any information so exchanged *shall be treated as secret* ..... and shall not be disclosed to any person or authorities other than those concerned with the **assessment or collection** of the taxes which are the subject of the Convention." と，規定されていた。

この点について，Id. at 316の「コメンタリー」パラ9には，「守秘義務」との関係で，

以下のような「気になる指摘」があった。即ち——

「この関係で，そして，若干の国々の**憲法上**（constitutional）の手続及び司法組織によって要求され，又は許容される範囲において（In this connection, and to the extent required or permitted by .....），かかる［交換される］情報の秘密をセーフガードするために，それ［情報］が裁判手続（court proceedings）において使用されるならば，特別な措置（special measures）がとられ得る（may）。」

——と，そこにはある。

そうであるならば，そうした「特別な措置」を尊重すればよいはずだと，私は思うのだが，「コメンタリー」の路線は，逆である。即ち，右の一文に続き，そこでは，「もとより，両締約国は，かかる情報を公開の裁判手続で（in public court proceedings）使用出来ることを，二国間で合意する自由がある。そのためには……」として，".....the assessment, *including judicial determination*, or collection of the taxes ....."という条文にすればよい，との提案まで，されているのである。

右のパラ9の，下線を付した表現自体，奥歯に物が挟まったようで，いやいや書いているニュアンスがある。OECDモデル租税条約26条の「コメンタリー」は，明らかに，最初から「情報提供国」（例えばスイス。だが，「日本」はどうなのか??）の「憲法上の要請」に対して，アンチの側に立っていることが，何となくここからも，知れるはずである。

なお，26条の「2項」については，パラ10以下だが，パラ10を，試みに見ておこう。その"**屈折した構造**"は，パラ9と，同じである。パラ10は，計4つのセンテンスからなるが，その第2文以下の3つのセンテンスの関係が面白いので，以下，便宜それらを分割し，番号を付して示す。即ち——

(1) In the first place, the paragraph contains the clarification that a Contracting State is not bound to go beyond its own internal laws and administrative practice in putting information at the **disposal** [!!] of another Contracting State.

(2) In this connection, the internal provisions concerning **tax secrecy** should not be interpreted as constituting **an obstacle** to the exchange of information under the present Article.

(3) As was mentioned above, the authorities of a Contracting State are obliged to observe secrecy with regard to information received under this Article.

——となっているのが，このパラ10の第2文以下である。こうした**書き方をする「人間心理」(!!)** に，まずは注目すべきであろう。

右の(1)で「被要請国」（例えばスイス）側の国内法（等）を踏み越える必要なしとは

2　従来のスイスにおける「他の諸国との租税条約上の情報交換」の時系列的な展開過程　　205

言うものの（但し，この(1)に"at the disposal of"とあり，情報の受領国がそれを「思い通りに使えること」が，そこに赤裸々に示されている点に，別途注意せよ），その象徴たる「秘密」関連の規定につき，(2)では，「情報交換」の「障害」になるような「解釈」はするべきでないと，(1)を牽制する。本心としては，「解釈」ではなくて，そうした「障害」になる「立法」自体するな，と言いたいところなのであろう。だが，そうは書けないから，「解釈」止まりとなった，のであろう。

　この(2)で，スイスのような国に対して，或る種のクレイム（文句）をつけた格好になるから，そこで置かれたのが(3)だと，見るべきであろう。確かに，既述のごとく2項cは各種の秘密情報の規定だが，それはそれらの情報の「提供」（to supply information which .....）の「拒否」という，「被要請国」側の権利についての規定である。だが，右の(3)を，もう一度見て欲しい。同じ「秘密」でも，この(3)では，「要請国（情報受領国）」側の「義務」について，書かれている。けれどもそれは，このパラ10が役割とする「2項」の問題「ではない」(!!)。

　こうした「論理の捻じれ」に気づくか否かは，感性の問題かもしれない。だが，更に，この(3)が「守秘」に言及する点については，前記のパラ9の，「被要請国」側の憲法上（等）の制約を突破しようとする（私からすれば暗い）指摘が，これと関係する。前記の(2)で踏み込み過ぎたかな，との思いで付加されたであろうこの(3)には，パラ9の，同様の屈折した指摘が，前提としてあるのであろう。それが，この(3)の「既に述べたように」との書き出しの，意味ともなろう。つくづく，いやらしい書き振りである。

　かくて，**OECDモデル租税条約26条の「コメンタリー」**は，以上「**1963年草案**」について垣間見ただけでも，「被要請国」側のもろもろの法制度に対して，それらがその国の憲法上のものであったとしても，知ったことではなく(!!)，それらを単に「情報交換」に対する「オブスタクル」としか見ていないこと，そして，国境を越えた情報は，もはや情報受領国の"自由処分"に委ねられる（「べき」だ）と考えていることが，いわば本心レベルでの問題として，判明する。「1963年」段階からそうだった，ということである（その先は，本書450頁以下，及び本書第4章3・4等で後述することとする）。

　　　　　　　　　　●　　　　　●　　　　　●

　さて，ここで，「1977年英・スイス租税条約」における「情報交換」条項についての論述に，戻ろう。あまりにもこの「＊部分」＆「＊＊部分」（本書197頁以下）が長すぎたが，ともかく，OECDモデルの「63年草案」26条の「コメンタリー」（そのパラ9）についての，右の「＊＊部分」での指摘（いわばその反対解釈）からは，次の**推定**が，なされ得ることになる。即ち，「1977年英・スイス租税条約」25条1項「第2文」の，引渡された情報の「開示が許される範囲」に関する，「条約の対象を構成する租税についての税額査定又は徴収に携わる者（, der sich ..... mit der Veranlagung oder dem **Bezug** der Gegenstand des Abkommens bildenden Steuern bafasst)」，との限定からは，「裁判手続（court proceedings）での使用」は，そこで想定されていないのではないか，との「**推定**」，である。

実は，右の「1977年対英租税条約」25条1項「第2文」と同じ文言は，既に示した「1954年**対英**租税条約」20条1項第2文の他，「1953年**対仏**租税条約」12条1項第2文，更には何と (!!)，「1951年**対米**租税条約」16条1項の第2文でも，等しく用いられていた。だが，課税当局間の営為として**引渡された情報の，「要請国」側における「裁判手続での使用」**(*)については，それらについてのBotschaftにも，明確な言及がない（右に示した順に，BBl. 1978 Ⅰ, at 220f; BBl. 1954 Ⅱ, at 706; BBl. 1954 Ⅰ, at 375f; BBl. 1951 Ⅱ, at 280f 参照）。

* ここで，私の問題意識を，若干明確化するべく，かつて私が論文指導をさせて頂いた**中山繁太郎「税務執行共助における問題点」税大研究資料 194 号**（昭和 62 [1987] 年 6 月 [税務大学校研究科論文集第 3 分冊] 冒頭の論文である）71 頁からの引用をしておこう。そこには，OECD モデル租税条約（同前・3 頁にあるように，「1977 年版」のそれが，参照されている）の 26 条との関係で（注の中の記載も，括弧内で示せば）——

「ここでの問題は，その［課税当局間で］交換された情報が，租税犯罪（fiscal crimes）の告発のために使用されうる（モデル条約コメンタリー［パラ 12］）と解されている点である。

　我が国の法人税法及び所得税法は，質問検査権は「犯罪捜査のために認められたものと解してはならない」と定めている。この規定により，質問検査権の行使により収集した情報は，刑事手続上の証拠能力はなく，租税犯罪の告発のためにも使用できないと学説上解されている（金子宏「租税法・補正版」昭和 61 年弘文堂 374 頁，山田二郎「租税行政の諸問題」租税法研究 14 号 7 頁。これらの意見に疑問を呈しているものとして，玉國文敏「租税調査の現代的課題」租税法研究 14 号 58 頁）。このため，**我が国の質問検査権の行使により収集した情報が，[外国たる]情報の受領国において租税犯罪の告発のために使用されるという場合どのように考えるかという問題**が生ずる。

　この場合には，その情報の証拠能力及び証拠価値の評価は，その情報の受領国法により判断されることになろう（森下忠「国際刑事司法共助の理論」1983 年成文堂 52 頁）。しかし，その情報の収集に協力した**納税者は，刑事手続上認められる自己負罪拒否権などの行使をする機会が与えられず，十分な権利保護ができないことになり，不都合である**。その情報の使用目的の範囲，準拠法［??］の在り方について，更に研究する必要がある。」

——とある。

中山氏の右の指摘の最後に，私の指導の（屈折した）痕跡があるが，そんなことはどうでもよい。右は，ここでの問題（私の言う「国境でメルトダウン［熔融］する人権保障」の問題 !!）についての，**国税関係者からの，誠に貴重な問題提起**である。

右の中山論文を受けた，国税内部での，その後の更なる検討がどうなっていたのか，そこが多いに気になる私，ではあるが(**)。

** 以上の点につき，「憲法 38 条の趣旨が実質的に損なわれるのを防止するため」に「必要」な「解釈論上の歯止め」として，「質問・検査によって得られた資料は，関係者の刑事責任追及のために利用することはできず，また刑事手続において証拠能力をもたないと解すべき」だとする，**金子宏・租税法 [第 16 版][2011 年・弘文堂] 743 頁以下を**

2 従来のスイスにおける「他の諸国との租税条約上の情報交換」の時系列的な展開過程    207

も参照せよ。

　この点についての，個別条約の締約国間での問題処理は，条約の解釈として，それとしてなされる。しかも，その後現時点までの展開の中で，「1977 年版」以降の OECD モデル租税条約の線で，相手国課税当局以外における情報利用は，広汎なものとなって来ている(*)。従って，現段階でこの点を論じても，さしたる実益は，ないとも言える。だが，多少踏みとどまって，この点を突き詰めておこう。**貿易と関税 2011 年 9 月号分（本書 133 頁以下）の論述とも深くかかわる，重要な論点（!!）**が，そこにあるから，である。

* 　ちなみに，若干論述上の秩序を乱すようだが，スイス・英国間の前記「77 年」条約 25 条は，「2007 年 6 月 26 日」の「改正プロトコル」12 条で全文差し替えの改正を受け（BBl. 2008, supra, at 7676f.），新 25 条の 1 項 c で，「租税詐欺又はそれと同様［同等］のもの」についての「情報交換」も，新たに規定されるに至った（Id. at 7662.）。そして，「開示が許される範囲」に関しても，同条約 25 条 2 項の「第 1 ― 第 3 文」で，大きく拡大された。

　「開示範囲」（「使用目的の制限」）は，「1 項に示された租税についての税額査定（Veranlagung）又は徴収（**Erhebung**; collection），執行（Vollstreckung）又は刑事訴追（Strafverfolgung），又は上訴の決定（Entscheidung von Rechtsmitteln; the determination of appeals），又はそれらについての監督（Aufsicht darüber; the oversight of the above）にかかわる者又は官庁（裁判所又は行政官庁を含む）］，となった（以上，2 項第 1 文より。――なお，この段階で，同条は全 5 項となり，「銀行秘密」（等）については，同条 5 項で，「租税詐欺又はそれと同様［同等］のもの」の場合には，「情報交換の妨げとはならない」，と規定されるに至った）。

　ちなみに，右の 2 項第 1 文につき，右の括弧内で独文と共に示した英文は，「2008 年版 OECD モデル租税条約」26 条 2 項第 1 文の文言である。即ち，「2007 年 6 月」の段階で，「英・スイス租税条約」の「情報交換」条項は，25 条の「2 項」に関しては，「2008 年版（2008 年 7 月）」の OECD モデル租税条約 26 条の「2 項」と，同じものになっていた。同項第 2 文の，これらの目的のためにのみ情報使用が許されるとの規定，同項第 3 文の，公開の裁判手続又は裁判における情報開示の許容の規定も，同じくこの対英条約 25 条 2 項に，そのまま含まれている。

　更に，「2009 年 9 月 7 日署名」の「英・スイス租税条約改正プロトコル」（Botschaft zur Genehmigung eines Protokolls zur Änderung des Doppelbesteuerungsabkommens zwischen der Schweiz und dem Vereinigten Königreich von Grossbritannien und Nordirland［vom 27. November 2009］, BBl. 2010, at 259ff. ―― Id. at 271ff に条文がある）の 2 条によって，それまでの「対英条約 25 条」が「全文差し替え」となった。「2009 年 3 月 13 日」のスイス政府の「重大な政策変更」の後の条文，である。

　その詳細はともかく，「開示が許される範囲」に関しては，前記の「2007 年改正プロトコル」による同条 2 項第 3 文までに加え，「2008 年版 OECD モデル租税条約」26 条 2 項には存在しないところの，「第 4 文」が，追加されている。「情報の他目的使用」の規定である（..... kann für andere Zwecke verwenden, wenn ..... .)。その条件は，「かかる情報を，双方の国の法によって（nach dem Recht **beider** Staaten）かかるその他の目的の

ために（für solche andere Zwecke）使用することが許容され，かつ，その情報を与えた国の管轄ある官庁が，この他の［目的での］使用に<u>同意</u>する（zustimmt）場合」，と規定されている。

　「情報の他目的使用」の場合に至って，（スイスにとってはかつての）「<u>双方可罰性の原則</u>」"<u>的</u>"な考え方と，「<u>被要請国</u>」側の「<u>同意</u>」とが要件として"<u>復活</u>"（!?）していることは，興味深い現象と，言うべきである（以下において更に言及するところとなるが，貿易と関税 2011 年 9 月号 58 頁以下〔本書 146 頁以下〕での，刑事司法共助の場合の，同様の「同意」要件［等］についての論述と，対比せよ）。

　実は，右の「＊部分」に示した**「2007 年 6 月 26 日署名」の「対英条約改正プロトコル」による対英条約「25 条 2 項第 1 文」**について，スイス連邦政府は，以下のような説明をしている。Botschaft über ein Protokoll zur Änderung des Doppelbesteuerungsabkommens mit dem Vereinigten Königreich von Grossbritannien und Nordirland (vom <u>27. August 2008</u>), BBl. 2008, at 7655ff が，その公的説明なのだが，Id. at 7663 が，**[1]** 前記の<u>貿易と関税 2011 年 9 月号分の論述とも深くかかわる，重要な論点</u>についての，及び（!!），**[2]** 本書 205 頁で言及しておいた点，即ち——

　『もともとの「1977 年英・スイス租税条約」25 条 1 項「第 2 文」の，引渡された情報の「開示が許される範囲」（「使用目的の制限」）に関する，「条約の対象を構成する租税についての税額査定又は徴収に携わる者（, der sich ..... mit der Veranlagung oder dem **Bezug** der Gegenstand des Abkommens bildenden Steuern bafasst）」，との限定からは，「裁判手続での使用」は，そこで想定されていない，との「<u>推定</u>」』

——についての，関係個所となる（右の <u>[1]・[2] のマーク</u>は，後述の論点と関係する）。

　直前の「＊部分」の冒頭部分で示しておいたように，「2007 年」の「対英条約改正プロトコル」による新 25 条の 1 項 c で，**「租税詐欺又はそれと同様［同等］のもの」** についての「情報交換」が認められたのだが，Botschaft (vom <u>27. August 2008</u>), supra, BBl. 2008, at 7663 は，かかる 1 項 c の規定につき，以下のように述べている。即ち，これと同様の規定は（この時点で）「オーストリア及びスペインとの租税条約」に存在する。但し，この「行政共助」の規定（<u>Amtshilfebestimmung</u>）は，何らスイスの国際的な協力義務の「拡張（Ausdehnung）」ではなく，「1981 年 3 月 20 日」のスイス『国際刑事「<u>司法共助（Rechtshilfe）</u>」法』（**IRSG**）及びそこで規定された「双方可罰性の原則」に従ったものである。だが，「新たに（neu）」両締約国は，前記の 1 項 c で，「租税詐欺」（等）の場合についての「行政共助」ルートでの情報交換をなし得ることになる，とまずは指摘される。

　重要なのは，この新たなルートが（スイスの）課税当局にとって有する「長所（Vorteil）」に関する，その次の指摘である。Ibid には，次の点が示されている。即ち——

„Dies [Der Weg der Amtshilfe] hat für die Steuerbehörden den Vorteil, dass sie die Informationen, die sie vom andern Staat erhalten haben, auch für die Besteuerung

2 従来のスイスにおける「他の諸国との租税条約上の情報交換」の時系列的な展開過程　　209

verwenden können, was bei den auf dem Weg der Rechtshilfe übermittelten Informationen nicht der Fall ist. Wegen des im IRSG festgelegten **Spezialitätsprinzips** können nendort die Informationen nur vom Strafrichter, nicht aber von den Steuerbehörden verwendet werden."

——との点である。右の引用中の「特定性（Spezialität）の原則」（IRSG の 67 条）については，貿易と関税 2011 年 9 月号 58 頁以下で，前記の「☆　スイスの刑事司法共助と『引渡された情報の「他目的使用」の原則禁止』」——「米・スイス刑事司法共助条約」を含めた検討と，「ループホール化する課税」（本論文第 4 章 4）との関係」の項目（本書 144 頁以下）で，縷々論じておいた。これが，前記の [1] の点である。

　要するに，右の指摘は，『「(刑事) 司法共助」ルートでスイスに情報が渡って来ても，それを使用出来るのは，「刑事裁判官のみ」であって，スイスの課税当局は使用出来ない。新たに，（同じく租税詐欺［等］を要件とする）「行政共助」ルートが出来ることにより，スイスの課税当局が，当該情報をスイスでの課税目的で使用することが可能となる。それが，スイスの課税当局にとってのメリットだ』，とするものである。

　それでは，場面を逆にして，スイス側から外国側に渡された情報については，どうなのか。それが，前記 [2] の「推定」と関係する。直接的には，以下においてこの [2] の「推定」を，少しでもより深く基礎づけることが，意図されることになる。

　まず，前記の [1] の点について，貿易と関税 2011 年 9 月号分の該当個所（59 頁）においては，**Bundesamt für Justiz (BJ), Eidgenössisches Justiz- und Polizeidepartment (EJPD), Bericht des Bundesamtes für Justiz zu Rechtsfragen in Zusammenhang mit der Zusammenarbeit mit ausländischen Behörden (Amtshilfe, Rechtshilfe, Souveränitätsschutz), at** 1-52 (Bern, 14. März 2011) を引用しつつ，Id. at 35 (para. 4.3.1) の次の指摘を出発点とした論述を，行なっていた（本書 145 頁。なお，本書 129 頁の執筆方針〔!!〕に注意）。即ち——

「刑事事件の司法共助の枠内で提供された情報は，通常は（in der Regel），その要請の基礎となる刑事手続においてのみ（nur），その使用が許される（..... dürfen ..... verwendet werden.）。要請国における他のいかなる使用も（[j]egliche andere Verwendung im ersuchenden Staat），事実として（ipso facto）禁止はされないが，被要請国の同意（Bewilligung des ersuchten Staates）の下に置かれる [!!]。この原則は，IRSG，及び，スイスが締結した司法共助に関する諸条約または二国間の諸条約において，様々な方法で規定されている。」

——との指摘である。

　本論文の前記個所では，前記引用の Botschaft (vom 27. August 2008), supra, BBl. 2008, at 7663 の背景となっていたところの，IRSG の 67 条 1 項の条文(*)をも示しつつ，そこから，1973 年 5 月 25 日署名の「米・スイス刑事司法共助条約」（**SR** 0.351.933.6）5 条の「情報使用の制限（Beschränkung der Verwendung von Informationen）」の規

210    第 2 章　「従来のスイスにおける租税条約上の情報交換」と「堅持されていた"双方可罰性の要件"」

定へと，筆を進めていた．

> ＊　「司法共助によって得られた情報及び文書は，要請国において（im ersuchenden Staat），それについて司法共助が許されないところの行為（Taten, bei denen Rechtshilfe nicht zulässig ist,）を理由とする手続において，調査（捜査）のために用いることも，証拠として使用することも，してはならない（..... dürfen ..... weder ..... noch ..... verwendet werden.）」，とする規定である．

以上を前提に，前記 [2] の「推定」についてここで問うべきは，以下のことである．即ち——

『（刑事の）「司法共助」の場合にスイスで「情報交換」の「要請国」たる外国に対して「も」要求されるところの，「情報の他目的使用」の「禁止」に準ずる措置としての，スイス（「被要請国」）の「同意」に，「租税条約」上の「情報交換」（「行政共助」）の場合には，一体どうなっているのか．
　具体的には，もともとの「1977 年英・スイス租税条約」25 条 1 項「第 2 文」の，引渡された情報の「開示が許される範囲」（「使用目的の制限」）に関する，「条約の対象を構成する租税についての税額査定又は徴収に携わる者」，との既述の限定からは，「裁判手続での使用」は，そこで想定されていないと「推定」されるが（前記 [2] の点），スイス側の主義として，この点は，いかに考えられ「ていた」（過去形）のか（[問題★]）．』

——との点，である．

現時点においては，既述のごとく実益のない議論だと一蹴されるであろうが，「歴史の時間軸」をしっかりと立てて議論をするという，本論文の主義からは，避けて通れない「はず」の問題，である．そしてこれは，貿易と関税 2011 年 9 月号分〔本書 131 頁以下の本章 1〕の積み残し案件，でもある．

　ここで，まずもって参照すべきは，**Bundesamt für Justiz (BJ), Eidgenössisches Justiz- und Polizeidepartment (EJPD), Bericht (Bern, 14. März 2011), supra, at 35f** である．そこには，「（刑事）司法共助」の場合の「3 つの原則」，即ち，「相互の保証の原則」，「双方可罰性の原則」，そして，前記の（情報使用目的の）「特定性の原則」は，様々な形で（vielfach），国境を越えた「行政共助」の場合にも，最低限その準用（eine mindestens sinngemässe Anwendung）がなされており，スイスの個別の連邦法（Gesetze）がこの点を「行政共助」について規定している，とされている．
　Id. at 35 が，この点の補強としてそこで，注 142 において引用するのは，「1995 年 3 月 24 日の証券取引所及び証券取引に関する連邦法」（Börsengesetz [**BEHG**]，SR 954.1）上の「国際的な行政共助」規定の改正についての，「2004 年 11 月 10 日」に出された連邦政府の公的説明，である（Botschaft zur Änderung der Bestimmung über die internationale Amtshilfe im Bundesgesetz über die Börsen und den Effektenhandel [vom 10.

November 2004], BBl. 2004, at 6747ff.)。具体的には，Id. at 6764f が，引用されている。

但し，現物を先程ダウンロードして，そこに示されたスイスの新たな主義に，しばし私は「**愕然**」とした。従って，以下では，その点「も」示さねばならなくなる。早く「英国」を終えたいのに（!!）。但し，その「**愕然**」の内実を先に書くと混乱するであろうから，それは後回しにする。

BEHG の 38 条が，連邦銀行委員会（Bankenkommission）が一定の要件の下に，外国の監督官庁に対して，非公開情報（nicht öffentlich zugängliche Auskünfte）等を提供し得る旨を規定している（Id. at 6749.）。5つある要件のうち，第1・第3のものが，ここでの問題となる。

<u>第1の要件</u>としてそこで掲げられているのが，<u>スイスの連邦国際刑事司法共助法</u>（**IRSG**）について既に（再度）論及したところの，<u>「特定性（Spezialität）の原則」</u>である（!!）。「行政共助」の「要請国」側は，引渡された情報を，「証券取引所及び証券取引の直接の監視のためのみに（ausschliesslich zur direkten Beaufsichtigung ……）」使用することが許容される（同法 38 条 2 項 a）。かくて，同法による（条約によるのではない）「行政共助」においても，「国際刑事司法共助」の場合と同様，あくまで**「当局対当局」の，閉じた関係での「情報使用」**が許されることになる。

これに対して，<u>第3の要件</u>は，「長い手の原則（Prinzip der langen Hand）」という妙な名称を有するが，その意味は以下の通り。Ibid によれば，「要請国」の官庁は，取得した情報を，スイス銀行委員会の**事前の同意なしに（ohne die vorgängige Zustimmung）**，第三者に**「転送」してはならない**（darf …… nicht …… an Dritte weiterleiten）というのが，その基本である。そして，その情報が，外国の監督官庁から刑事訴追をする官庁に（an Strafverfolgungsbehörden）「転送」されるべき（[s]ollen）場合には，スイス銀行委員会は，更に（zudem），「刑事司法共助」が排除されないか否か（ob …… nicht ausgeschlossen wäre）について，審査せねばならない（muss）。――この最後の点は，<u>ここでの「要件」を，「双方可罰性の原則」を基軸とする「国際刑事司法共助」の場合と，合わせる趣旨</u>，である（Id. at 6764.）。

右の第1の要件につき，Ibid では，**「特定性の原則」を踏み越えた情報使用に対して，顧客側は，同原則が留保されていることを持ち出して，それを阻止し得る**（können sich …… dagegen wehren）とされ，「第3の官庁（die dritte Behörde）」がこの原則を無視（missachten）するような場合についての，スイス銀行委員会の対処の仕方についてまで，言及している。


ここでの行論上は，以上で一応十分なはずである。前記 **[2]** の「**推定**」について「**問題★**」として特定した前記の点（「1977 年対英租税条約」25 条 1 項「第 2 文」との関係）については，OECD モデル租税条約「63 年草案」26 条への「コメンタリー」からの，既述の反対解釈的な理解を，一層裏付けるスイスの従来の取扱いが，いまだ側面からのものであるにせよ，かくて判明した。少なくとも，「推定」の度合いは，若干ながら高まったはずである。

つまり，「スイスの刑事司法共助」の場合とパラレルに，租税条約上の「行政共助」

によって国境を越えて外国側に渡された情報についての,「使用目的の制限(「開示範囲」)」を考えることは,従来の(過去の!!)スイスの一般的な取扱いと整合的なもの「だったはず」,である。

　その後の流れの中で,いまやスイスにとって,その法的な「箍(タガ)」が,完全に外れてしまってはいる。だが,従来のその基本姿勢を,今一度想起しつつ,我々の日本における,本来の(!!)処理の在り方を,考えるべきでもあろう。

　　　　　●　　　　　●　　　　　●

　**本当は,以上で済む「はず」であった。**だが,何と Id. at 6764 には,前記の(第1の要件の派生としての)第3の要件が,「2004年」のこの改正で,一定の要件の下で,新たに排除される(neu wird ..... beseitigt)こととなった,とある。さあ,大変だ。

　具体的には,「要請国」側官庁が,スイス銀行委員会の同意なしに(ohne Zustimmung),スイス側から得た情報を,「他の諸官庁」に(an andere Stellen)「転送」することが,以下の要件の下で許容されることとなった。その要件とは,それら(の諸官庁)が,「証券取引所・証券取引・証券取引を行なう者」に対する「規制(Regulierungen)」を実施する限りにおいて(solange .....)という,緩いものであり,かかる諸官庁としては,行政官庁,民事・刑事の担当官庁,並びに,それらの補助者(Hilfspersonen)——補助者の例として,「警察(Polizei)」とある——が挙げられている。要するに,いかに外国の手続又は官庁が形作られているかは「些細な問題」(unerheblich [!?])であり,(「転送」)の要請の「目的」だけが(allein der Zweck)決定的なのだ,とされている(Ibid.)。

　しかも,この要件があれば,もはや「双方可罰性の要件」は審査されない(nicht mehr geprüft werden)との明言がなされており,スイスの規制ではカヴァーされない「証券取引犯罪(Börsendelikte)」の疑いのある場合に,この「行政共助」要件の緩和が機能するとまで,連邦政府側のこの公的説明には,書かれている(Ibid.)。

　Ibid から,その先のスイス政府の公的説明を,抜き書きしておこう。**悍ましいことに,そこには**——

「金融市場関連犯罪の特別な領域(Spezialbereich)においては,**双方可罰性の原則の放棄は,以下の理由で正当化される**。即ち,通常は,顧客とスイスとの唯一の関係(einzige Beziehung)は,銀行との結び付き(Bankverbindung)であり,かつ,この犯罪の独特の構造に基づき,顧客の氏名を知ることなしに調査(eine Untersuchung)をすることは,実施可能ではない。**ここで問題なのは,スイス法の見方によれば刑罰に値しない犯罪についての外国での訴追からの保護,ではない (Es geht hier *nicht* [??] um den Schutz vor Verfolgung im Ausland bei Delikten, welche nach schweizerischer Rechtsauffassung nicht strafwürdig sind. [??])**。むしろ(Vielmehr),外国の証券市場で取引する者は,その取引をスイスの金融仲介者を介して実行する場合であっても,そこ[外国]に存在する法的基盤をも考慮せねばならない,との考え方が,考慮される[べきである]。[但し,]特定性の原則を突破しての,

## 2　従来のスイスにおける「他の諸国との租税条約上の情報交換」の時系列的な展開過程　213

刑事事件を担当する諸官庁への情報の転送には，今後においても（weiterhin），銀行委員会の同意が，必要である。」

——とある。

　右は，ことさら慎重に訳した。「2004年段階」でのこの考え方を，貿易と関税 2011 年 3–8 月号（本書第 1 章）で詳論した「IRS vs. UBS 事件」に当てはめたら，一体どうなるのかを，思って（憂慮して）のことである（金融市場関連犯罪［Finanzmarktdelikte］がどれほど「特別な領域」と言えるのかも，多いに気になる点である）。

　右には，同じ頁の前半でそれなりに示されていた「顧客の法的な，要は**手続権の保護**」の視点は，影すらない（Ibid の，「特定性の原則」を踏み越えた情報使用に対して，顧客側は，同原則が留保されていることを持ち出して，それを阻止し得る［können sich ...... dagegen wehren］との前記の指摘と，対比せよ）。それどころか，『そうした保護はここでの問題ではない』とまで，スイス連邦政府は言う。

　**スイス連邦政府は，何を焦って（!!），こんな自殺行為的な行動に出たのか**。「租税条約」上の「情報交換」は，右の「金融市場関連犯罪」と，かなりの程度においてダブる問題についてなされる「はず」である。

　それなのに，こんな「考え方」を示したのでは，「租税条約」の場合についての「双方可罰性要件堅持」への，スイスの涙ぐましい，そして，当事者の「手続権の保護」を第一に据えた従来の（「2009 年 3 月 13 日」の「重大な政策変更」までの）正しい考え方は，『**国境ですべてをメルトダウン（熔融）させる毒性の霧**』に霞んで，殆ど見えなくなってしまうではないか（!!!）。

　実は，「スイス政府の猛烈な焦り」（!!）は，Id. at 6748 の，この法改正の「概観」の個所に，端的に（あまりにも赤裸々に），示されている。そこには——

「本法による［従来の］制限的な行政共助は，金融センターたるスイスに［悪い］評判をもたらした（..... hat dem Finanzplatz Schweiz den Ruf eingetragen, .....）。市場の濫用を可能にし，証券取引犯罪の有効な訴追に対して何らの手も差し伸べない，との評判である。そこから，スイスにとっての……国際市場における競争上の不利益（Wettbewerbsnachteile im internationalen Markt）がもたらされる。それゆえ，この改正は金融センターとしてのスイスの経済的利益からなされたものである（Die Revision liegt deshalb im wirtschaftlichen Interesse des Schweizer Finanzplatzes.）。」

——と，臆面もなく（!!）記されているのである。

　そこにあるのは，『「金融センター」たるスイスの「市場競争」上の「経済的」な「利益」・「不利益」』のみ（!!），である。そうした経済的価値と「人権的価値」（貿易と関税 2011 年 10 月号 51 頁（本書 162 頁）で引用した**ヤコブ・ブルクハルトの言葉**を想起せよ!!）との関係を，いかに衡量させる「べき」なのかという，基本的・統合的な視座が，そこには全く欠落している。

このスイス政府の **Botschaft** は，真実許し難い「裏切り」である (**!!**)。間違ってもらっては困る。私に対する裏切り，などということを言っているのではない。「スイス政府」が，「自身の，そしてスイス社会の正しい法的伝統」（本論文でこれまで，全力で示してきたそれ）を，「裏切った」のである。

そこにあるのは，「国としての経済的利益」の前に「人権保障」を屈服させるという，今の世の中で流行の，在り来りの歪んだ思想である。「美しきスイス」の象徴たるユングフラウやモンテローザ，そしてマッターホルンやバーゼルのライン川を想えばなおさら，その不純さゆえに，断固糾弾すべき愚論である（従って，申し訳程度の，Ibidのそれから先の指摘は，断固無視する）。

思い起こして欲しい。「IRS vs. UBS 事件」の処理における「2009 年 2 月 18 日」の「重大な出来事」（銀行法 25・26 条に基づく措置）は，「修正前・修正後の UBS 合意」と同様，**「国家緊急事態」** を背景としたものであった（前者につき，貿易と関税 2011 年 5 月号 45 頁以下〔本書 37 頁以下〕，後者につき，同 7 月号 46 頁以下，同 8 月号 53 頁以下〔本書 79 頁以下〕）。そして，双方とも，そうしたものとしてスイス裁判所での厳正な司法審査を受け，スイス政府としての苦渋に満ちた屈折を経験した。それらは，本論文において，すべて詳論してきたところ，である。

しかるに，それに先行する「2004 年」段階のものとは言え，右の法改正には，**「国家緊急事態」としての認識も，何ら示されていない**。おかしい（こんなことで，再三論じた「スイス司法制度の健全性」との関係で，果たして法制度として持ちこたえ得るのかも，気になる。暇が出来たら，その点「も」調べようか，とも思う）。

それでは，問題の「2004 年段階」とその前後において，スイスの締結した「租税条約」上の「情報交換」条項は，一体どうなっていたのか。右の法改正で，スイスの法的論理の一貫性には，見事なまでの（否，誠に見苦しい !!）破綻が生じ「ていた」。その影響はあったのか否か。――「2004 年」という年は，貿易と関税 2011 年 10 月号 59 頁（本書 171 頁）で，Botschaft über die Genehmigung eines Zusatzabkommens zum Doppelbesteuerungsabkommen mit **Frankreich** vom 6. März 2009, BBl. 2009, supra, at 1634 を引用しつつ示したところの，「2000 年以来生じたスイスの行政共助政策の変更」の，数年後となる。だがそれは，そこでも示したように，あくまで，本章 4 で論ずる「OECD 側からの不当な (!?) 攻撃」との関係で，「2000 年」を節目として，「租税詐欺」に限った「行政共助」がなされるようになり，「2004 年 **10 月**」の EC との「利子課税」に関する条約（貿易と関税 2011 年 4 月号 54 ― 55 頁参照。詳細は本書 235 頁以下）を契機として，「租税詐欺」オンリーから，「それに類似する（同等な）犯罪」にまで「行政共助」の枠が拡大されるに至る，との全体構図の中でのもの，であった。

そろそろ，「英国」に一端別れを告げ，右の最後に引用した「フランス（Frankreich）」へと，筆を進めるべきであろう(*)。

＊ 「2004 年」の前記の法改正と類似する，歪んだ発想からのものと言うべき，スイス連邦政府の「2009 年 5 月 29 日」の或る決定（「2009 年 3 月 13 日」の租税条約上の情報交換に関する「重大な政策変更」を受けて，「行政共助」の方が「[刑事] 司法共助」よりも突出する傾向が生じる中で，「財政 [課税] 関連」での条約による「司法共助」を「更に発展 [??] させること」を意図したそれ）については，貿易と関税 2011 年 9 月号分後半の，「＊」・「＊＊」・「＊＊＊」のマークが数行ずつ並んだ個所（本書 151 頁）を，参照せよ。

 「今のスイスは，アルプスの氷河のごとく，退潮し，本来の美しさを失いつつ，本格的に崩れ始めた」と，言うべきなのかもしれない（以上の執筆は，何と，2011 年 7 月 26 日午前 2 時 32 分まで [!!]。執筆開始は 2011 年 7 月 25 日午前 6 時 15 分だったから，知らぬ間に，**計 20 時間 17 分もぶっ続けで書いていた [!!]** ことになる。その割りに，途中はともかく，今は，さして疲れを感じていない。だが，あまりに非常識な執筆ゆえ，ここで筆を擱く[＊＊]）。

＊＊ こうして筆を擱いた直後，まさに今日，何とバーゼルでお世話になったフックスさんから，アルプスを背景として咲き乱れる花々の絵葉書が届いていたことを知った。これまた「偶然的必然」であろう。思わず，目が潤んだ。**前記の「2004 年の法改正」について知ってしまったことは，私にとって，「2009 年 3 月 13 日のスイス政府の重大な政策変更」，「2009 年 2 月 18 日の重大な出来事」に続く，第 3 の悲しい出来事**だったから……（＊＊＊）。

＊＊＊ その後，2011 年 7 月 30 日昼前に 9 月号分の初校が届き，妻の詳細チェックを残して，私の校正を終えたのだが，刑事司法共助を扱っていた 9 月号との関係で，何となく本号分の補充・訂正を行なっていたら，若干短か目ではあるものの，いつの間にか，一号分の分量に達してしまっ「ていた」。多少悩むが，この先を続けて書いても中途半端となる。そこで，思い切って，次の項目（『☆ 「1960 年代から 1990 年代まで」（「2000 年の政策変更」前）にスイスの締結した租税条約上の「情報交換条項」——その 2（対仏・対独条約を中心に）』は，次号分に回すこととした（以上，2011 年 7 月 30 日午後 3 時 40 分までの執筆。但し，点検は，別な日に行なう。——同月 31 日午前に 8 月号の雑誌が届き，組み上がりの点検，9 月号初校への 8 月号の頁の書き込み，等を経た後，同日午後 1 時 53 分，今月号の点検作業に入る。——単純な点検作業のつもりが，これまで書いた分の大幅補充となり，かくて，2011 年 7 月 31 日午後 5 時 23 分，作業が終了した）。

[以上，2011 年 12 月号 78 – 97 頁]

(2-2-3) 「1960 年代から 1990 年代まで」（「2000 年の政策変更」前）にスイスの締結した租税条約上の「情報交換条項」——その 2（対仏・対独条約，そして「1996 年の対米租税条約」について）

(i) 対仏租税条約の展開

 貿易と関税 2011 年 11 月号分の前半（本書 181 頁以下）において，「1953 年 12 月 31 日のスイス・フランス間の租税条約」上の「情報交換」条項（12 条）について，それに先行する「1937 年 10 月 13 日のスイス・フランス間の租税条約」と対比させつつ，

検討した。その際,「1953 年対仏条約」締結交渉においてフランス側が,スイスが「1951 年対米租税条約」で既に米国に与えていたものと同じものをフランスにもよこせと,相当程度粘っていたことを,その後の,「2009 年 3 月 13 日」のスイスの「重大な政策変更」の直前の,対仏租税条約改正の場合(詳しくは後述)と若干対比させつつ,論じておいた(執筆再開は,2011 年 8 月 10 日午前 10 時 15 分頃。今日の執筆は,極力淡々と行なう)。

前号分における「対英」に続き,この時期,即ち「1960 年代から 1990 年代」における,「対仏」での展開を,以下において,まずは辿っておく(*)。

* 前号分では,『「租税条約」上の「情報交換」によって要請国に引渡された情報についての「守秘の基準」(それを,要請国・被要請国のいずれに置くかの問題)及び,「開示が許される人的・事項的範囲」(「使用目的の制限」)についての重要な注記』を,「1977 年対英租税条約」25 条との対比において,併せて行なった。それは,右の点についての,この 1977 年対英条約の規定が,OECD モデル租税条約 26 条との関係で言えば,同じ年たる「1977 年版」での大きな拡充の前の,その「1963 年草案」段階でのものにとどまっていたという,それ自体興味深い事実と,関係する。
 すべては,私の言う<u>国境でメルトダウン(熔融)する人権保障</u>との関係での問題関心に帰着するが,右との関係で前号分(本書 197 頁以下)では,文言上は「課税当局間での情報交換」に閉じていた「1977 年対英租税条約」25 条の場合について,引渡された情報が,「要請国」の「裁判所」において果たして使用可能であったのか否かの点を,63 年草案段階での OECD モデル租税条約 26 条のコメンタリーとも対比させつつ,論じた。その際,ほかならぬ日本国内での取扱いがどうなっているのか(質問検査権の行使で得られた情報の刑事告発での利用可能性)につき,国税サイドの貴重な研究実績たる<u>中山繁太郎氏の論文</u>における指摘にも言及しつつ,私の問題関心の明確化をも行なった(本書 206 頁)。
 そして,そうした検討の,いわば副産物として,『「情報交換」で引渡された情報の「開示範囲」(「使用目的の制限」)に関する **OECD モデル租税条約 26 条の「コメンタリー」**が,その出発点たる「1963 年草案」段階から,極めて"屈折した構造"を示していたこと』が示された(本書 203 頁以下)。要するに,被要請国の側の憲法上の要請(等)を,「情報交換」の obstacle と把握し,他方,情報が国境を越えて要請国に渡れば,もはやそれは要請国側の「自由処分(at the disposal of .....)」に委ねられるとする,「1977 年版」以降,今日に至るまでのその(私からすれば歪んだ)基本観が,「63 年草案」の「コメンタリー」以来のものであることが,明らかとなった。
 前号分では,右の最後の点を,少なくともその「前文」において「市民及び企業の基本的諸権利のセーフガード」を重視し「ていた」ところの,1977 年(79 年改訂)の「税務相互共助」に関する「欧州評議会指令」の場合とを対比させつつ,また,「1973 年米・スイス刑事司法共助条約」15 条の「秘密保持」についての,「要請国」(米国)側の義務の明確化を求めるスイスの攻勢と,それに対する米国側の曖昧な対応と対比させつつ,「情報交換」に関連する「憲法上の要請への配慮」に関して,「被要請国」のそれは軽視ないし無視され,「要請国」のそれは通常通りに維持されるという,**重大な非対称的事態(いわれなき不平等?)**が,国境を跨いで生じていることにつき,警鐘を鳴らしておいた(なお,『要請国・被要請国の立場は interchangeable ゆえ,これは平等だ』といっ

## 2 従来のスイスにおける「他の諸国との租税条約上の情報交換」の時系列的な展開過程

た形式論［机上の論］は，ここでは論外とすべきものである）。

　世界の一方的な流れに巻き込まれるのみではなく，勇気を持って（!!）一度立ち止まり，"原点"に戻って考えたとき，平等な独立国家からなる我々の世界で，どうしてこのようなアンバランス（不平等）が許されるのか。──其処を，深く考えるべきであろう。

　「スイス銀行秘密」もまた，「プライバシー保護の基本権（基本的人権（!!）」からのものであり，前記の「欧州評議会指令」の線で言えば，「市民及び企業の基本的諸権利のセーフガード」のためのものであった。だが，それを単純な打破対象として今日に至る流れが，どこまで健全なものなのか。この点を，本論文のこれからの論述との関係において，あらかじめ検証しておくために，右の問題設定はなされている。

　この『国境を跨いだ「憲法上の要請」への配慮の非対称（アンバランス!）』という重大な法現象への鋭い眼差しが，国際課税の現場において「も」全く欠落しているように，思われる。日本の国際課税関係者においても，前記の中山繁太郎氏の論文の，その先を本論文が論じようとしていることについて，若干の注意喚起がなされるべきであろう（中山繁太郎氏の論文の「その先」についての，国税サイド内部での更なる検討の必要性が，必須のものとして，強く認識されるべきである!!）。

　ともかく，こうした重大な問題を併せて論じたため，前号分では，この時期の「対英租税条約」についてしか，論じられなかったのである。

　さて，以下においてはまず，「1953年12月31日のスイス・フランス間の租税条約」後の，「対仏」での展開について，淡々と論ずることとする。「1966年9月9日署名」の「対仏租税条約」が，最初の検討項目となる。Botschaft des Bundesrates an die Bundesversammlung über die Genehmigung des zwischen der Schweiz und Frankreich abgeschlossenen Abkommens zur Vermeidung der Doppelbesteuerung auf dem Gebiete der Steuern von Einkommen und vom Vermögen (Vom 18.Oktober 1966), **BBl. 1966 II, at 577ff** である。

　Id. at 577f には，「前史（Vorgeschichte）」として，既に検討した「1937年10月13日のスイス・フランス間の租税条約」の締結交渉以来の展開が，まず示されている。即ち，専らフランス側の税制によりスイスの「輸出企業（Exportindustrie）」が影響を受け，スイス側のイニシアティヴで10年間の交渉の後に（[n]ach zehnjährigen Verhandlungen）右条約が締結されたことが，冒頭で示されている。そして，「粘り強い（zähな）」交渉（Id. at 578）の後に，前記の「1953年対仏条約」締結に至った，とある。右の「粘り強い」の意味内容として，本号分の冒頭でも再論したところの，貿易と関税 2011年11月号分の前半（本書182頁以下）で論じた「情報交換」を巡る執拗なフランス側の要請の，スイス側による拒絶といったことも，そこに含まれている，と考えるべきであろう。

　だが，「1966年対仏租税条約」の締結は，「1965年7月22日」に，フランス側が求めて来たものであった。「同年9月24日」にスイス連邦政府がそれに応じる旨を決定し（Ibid.），交渉開始となった。

　Id. at 579ff に「フランス側の改正要望」が纏められているが，その1項目としてId. at 582 に，「情報交換」がある。それによれば，フランス側は，「情報交換」に租

税条約に必要な構成部分としての最大限の意義（grösste Bedeutung）を認め，「1953年条約」12条の線を越え，条約の正しい適用のためのみならず，一層広汎な「情報交換」条項を求めた，とある．

Id. at 584 には，この際スイス側も，「OECDモデル［租税］条約に基づく改正（eine Revision auf der Grundlage des Mustervertrages der OECD）」に同意することとした，とある．だが，「行政共助（Amtshilfe）」については，53年条約12条の，条約の正しい適用に限定された「情報交換」が，変更なく（unverändert），新たな条約に引き継がれた，とある（Ibid.）．

「情報交換」は新たな「28条」となったが，但しその説明としてのId. at 591 には，「文言上（wörtlich）」従来の規定が引き継がれたとある一方で，従来の実務とは違って（［i］m Gegensatz zur bisherigen Praxis），Id. at 582 に示されたフランス側の，条約で規定された租税の正しい適用（die richtige Anwendung der unter das Abkommen fallenden Steuern）を保証するために，"若干の膨らみ"をもたせたものとなった，とある．もっともそれについては，あくまで「条約の正しい実施（Durchführung）に必要なもの」としてのものであり，かつ，当該情報が「情報交換」のために「使用可能（verfügbar）」なものである限りにおいて，との限定が付されている（Id. at 591.）．

そこで，53年条約12条と66年条約28条（後者の文言は，Id. at 612）との，文言上の差を見ておくこととする．全2項構成の双方の条文には，たしかに，53年条約12条の1項冒頭の「双方の国の最高位の行政官庁は」の文言が「締約国の管轄ある官庁は」に改められた以外に，「文言上」の変更はない．53年条約締結交渉に際してフランスがこだわった「自動的情報交換」をスイスが拒絶して入った文言たる（個別の）「<u>要請により（auf Verlangen）</u>」情報交換がなされるとの文言もそのままだし，「<u>通常の行政実務の枠組みの中で入手し得る情報</u>」に限っての交換であること（それがId. at 591 の，既述の「使用可能［verfügbar］」の意味である）も同様である．かくて，前記の"若干の膨らみ"も，フランス側の要請を受けた，いわば運用上の確認事項的なものにとどまることが，判明する．

フランス側は，53年条約12条の場合と同様に，「1951年米・スイス租税条約」においてスイスが米国に与えたのと同じものをよこせと，スイス側に迫ったと見るのが自然だが，少なくともスイス政府のこの公的説明の該当部分には，その点は示されていない．

　この「1966年対仏租税条約」は，「1969年12月3日」及び「1997年7月22日」の二つの「補足条約（Zusatzabkommen）」を経て，後述の，**「情報交換」の点が大揉めに揉めた「2009年1月12日」の「補足条約」（!!）**に，至ることとなる（右の最後のものについてのBotschaft vom **6. März 2009 [!!]**, BBl. 2009, infra, at 1633 参照．――このスイス政府の公的説明の日付けが，『「2009年3月13日」のスイス政府の「重大な政策変更」』の直前であることに，注意せよ!!）．

　Id. at 1633 には，「1997年7月22日」の「対仏補足条約」締結後において（［s］eit dieser letzten Teilrevision），**情報交換に関する2000年のスイスの政策変更**，即ち，

2　従来のスイスにおける「他の諸国との租税条約上の情報交換」の時系列的な展開過程　　219

貿易と関税2011年10月号後半（本書173頁以下）で示した「2004年になされたOECDモデル租税条約26条へのスイスの留保」へと繋がるところの，OECD及びEUとの関係でスイスが負うこととなった「情報交換」上のもろもろの義務（verschiedene Verpflichtungen）への言及がある。かくて，「対仏租税条約」の改正は，若干既述の通り，「1997年」・「2009年」ともに，非常に興味深い時期になされたことになる。

　この点は，後の楽しみとして，まずは「1969年12月3日署名」の「対仏補足条約」を見ておく。Botschaft des Bundesrates an die Bundesversammlung über die Genehmigung des Zusatzabkommens zu dem zwischen der Schweiz und Frankreich abgeschlossenen Abkommen zur Vermeidung der Doppelbesteuerung auf dem Gebiete der Steuern von Einkommen und vom Vermögen (Vom 15. Dezember 1969), BBl. 1969 II, at 1474ff である。だが，残念ながら1966年条約28条は，Id. at 1483ffの全4条の改正範囲には，入っていなかった。

　次に，「1997年7月22日署名」の「対仏補足条約」だが（Botschaft über ein Zusatzabkommen zum Doppelbesteuerungsabkommen mit Frankreich vom 10. September 1997, BBl. 1997 IV, at 1141ff.），同じく「情報交換」の28条は，改正の射程外であった（Id. at 1149, 1153ff, 1162.）。かくて，後に「2009年対仏補足条約」について書く楽しみは，一挙に凝縮されて，更に大きなものとなった。

(ii)　この時期にスイスの締結した租税条約上の「情報交換」条項の構造――これまでの論述の中間的な取り纏めとして

　念のためにここで，「対仏」・「対英」（そして「対米」――「対米」は「1951年旧条約」）での，この時期までにスイスが締結した租税条約上の「情報交換」条項の内容について，以上の論述内容を，若干纏めて示しておこう。「対仏」での右の最後のものに至るまでの間，つまり，ここで問題としている「1960年代から1990年代までの間」において，「1966年対仏租税条約」28条の「情報交換」条項は，前号分で論じた「1977年対英租税条約」25条と，殆ど全く同じ文言であった。ただ，フランス側の執拗な要請との関係で，前記の「要請により（auf Verlangen）」の文言が，対仏では特異的に付加されてはいた。

　それを除けば，(a)通常の行政実務で入手可能な情報に限って，また，(b)条約の正しい実施に限定された情報交換のみが，しかも，(c)文言上は，「当局間」に限ったそれが，(d)「税額査定と徴収に関与する（携わる）者」との，「守秘」と関連づけられた「開示範囲の限定」とともに，規定されていた（右の最後の点は，『引渡された情報の「裁判所」での利用が可能か否か』に関する，対英条約との関係で前号分で重視しつつ論じた点と，直結する!!）。

　また，(e)（「銀行秘密」を含めた）秘密情報の交換禁止も規定され（以上が，「66年対仏条約」28条の「1項」），「2項」では，①要請国の法又は行政実務と異なる，又は②その国の主権，安全等又は公序に反する，ということになる行政措置の実施を，更には，③「双方の」国の法によって作成し得ない情報の提供を，それぞれ明示しつつ，以上の①－③を義務づけるものとしてこの条項を解釈することの「禁止」が，規定さ

れていた（右の①-③は，前号分冒頭近く［本書196頁］で「77年対英租税条約」25条2項を説明した際の番号と，合わせてある）。

　以上の，「1966年対仏租税条約」28条の内容は，かくて，「1963年草案」段階でのOECDモデル租税条約26条と（後者が，締約国の国内法の実施のために必要な情報交換を「も」規定する点を除けば），基本的に同じである。のみならず，（前号分では引渡された情報の「開示範囲」についてのみ言及したが）そうした基本構造が，対英・対仏と同様に，「1951年対米租税条約」16条の1項・3項の「情報交換」条項（2項は，既述のごとく「徴収共助」の規定）においても，「租税詐欺」云々の対米に特異的な点を除けば，夙に示されていた。即ちそこでも，以上の(a)-(e)，及び，①-③（の「禁止」）の点が，等しく規定されていた（対米では，BBl. 1951 II, supra, at 292f で確認した）。

　かくて，スイスが「1960年代から1990年代までの間」において締結し，または既に締結していた対英・対仏・対米でのいずれの租税条約も，（上記の差異は別として）基本的には「1963年草案」段階でのOECDモデル租税条約26条の線でのもの，だったことになる（1996年対米条約については，本号分で後述する）。

　そこで，この点でいわば出遅れていたドイツ（貿易と関税2011年11月号分後半［本書187頁以下］で，「1959年対独租税条約補足プロトコル」までの展開を示し，「1971年対独租税条約」の締結交渉において，ドイツ側が，米・英・仏に対するドイツの「差別」の不当性を，スイス側に対して主張したことまでを，そこで論じておいた）との関係が，その後どうなったのかを，次に見ておく必要が生ずる。

　(iii)　対独租税条約の展開

　貿易と関税の右の個所で言及しておいたように，戦前の1931年条約を戦後も引き摺って来たドイツ・スイス両国間においては，「1971年8月11日署名」の「新たな対独租税条約」が成立した。Botschaft des Bundesrates an die Bundesversammlung betreffend Doppelbesteuerungsabkommen mit der Bundesrepublik Deutschland（Vom 20. Oktober 1971), BBl. 1971 II, at 1423ff が，それについてのスイス政府の公的説明である。

　Id. at 1423によれば，この条約改正は1964年末にドイツ側が要求したものであり，「6年半の交渉」の末に，この条約が締結された。Id. at 1424ff に，それに至る「前史」が記述されている(*)。

　　*　Id. at 1424において，「法人本拠の海外移転（Sitzverlagerungen in das Ausland）」についてのドイツ側の関心が示されていることは，興味深い。スイス国際私法上は，「本拠地の海外移転」をSitzverlegungと言うが，スイス国際私法第2草案156条以下に，「外国からスイスへ」，「スイスから外国へ」のかかる「移転」につき規定があった。この点につき，石黒「スイス国際私法第2草案（1982年）について(1)」法学協会雑誌100巻10号（1983年）1927頁以下，同・「(3・完)」同101巻6号（1984年）960頁以下。成立した1987年スイス国際私法典161-163条につき，H. Honsell/N. P. Vogt/A. K. Schnyder/S. V. Berti（Hrsg.), Internationales Privatrecht: Basler Kommentar（2. Aufl. 2007), at

## 2　従来のスイスにおける「他の諸国との租税条約上の情報交換」の時系列的な展開過程

1281ff.

　以下、「情報交換」に集中する。Botschaft (Vom 20. Oktober 1971), supra, at 1430 に、「情報交換」についてドイツ側が、「差別」だとスイス側に食い下がった点が、示されている。そこには、スイスが他のすべてのドイツ側要求を完全に呑むのならば話は別だが（....., es sei denn, die Schweiz nehme alle sonstigen deutschen Revisionsbegehren vollumfänglich an.）、明示の［十分な］「情報交換」条項を欠く条約など、もはやドイツ議会及びドイツの人々（die deutsche Öffentlichkeit）にとって、耐えられるものではない（nicht mehr tragbar）旨、ドイツ代表が強調した、とある。具体的には、もともとは（ursprünglich）1963年段階でのOECDモデル租税条約［草案］の線で、とのドイツの主張だったものが、後にフランス・スイス間の前記租税条約上の条項の線に加えて、「租税詐欺」の場合を［対米条約と同様に］盛り込め、との主張にまで拡大された、とある（Id. at 1430.）。

　Id. at 1430ff には、この交渉が相当程度に揉めたことが示されているが、「情報交換」に関するId. at 1432 には、スイス側の対独反論の内容が示されている。即ち、『右のドイツ主張のごとき条項は、スイスによって「1955年以来」もはやいかなる［租税］条約でも採用されていず（....., dass eine solche Klausel von der Schweiz seit 1955 in keinen Vertrag mehr aufgenommen worden sei ...... .）、1966年の対仏条約でも1953年条約の情報交換条項と同じものが繰り返されたのみだ』云々、という反論である。

　突出した「租税詐欺」云々の文言を含む「対米租税条約」が締結されたのは「1951年」だが、右には「1955年以来」とある。それはともかく、右の"表現"からも、スイス側が米国に執拗に攻められて「租税詐欺云々」の文言の挿入されていたことが、裏から知られる。

　こうしたスイス側の対応に対して、ドイツ側は、断固として［かかる］明示の条項の挿入に固執した（beharrte indessen mit allem Nachdruck auf .....）と、Id. at 1432 にある。そしてIbid には、スイス側の官民を（連邦のみならず当然にカントンをも）巻き込む大掛かりな対応が、スイス側で取られざるを得なかったことが、示されている(*)。

\*　よほど大変な交渉だったのであろう。Ibid (Id. at 1432) には、こうして出来上がった条項を示す際に、実際の「27条」ではなく「Art. 29」と、誤記までしている。

　この「1971年対独条約」の概要を示すId. at 1433ff において、「情報交換」についてはId. at 1434 に言及がある。そこでは、最終的にここで合意された「27条」は、「1966年対仏租税条約」の「28条」に「相当する（entspricht [!!]）」ものであって、「**すべて (alle [!?])** の望ましい制限（要求された情報はこの1971年租税条約の正しい適用のために必要なものでなければならず、職業上の、及び事業上の秘密は、銀行秘密を含めて［mit Einschluss des Bankgeheimnisses］明示的に留保されたままである）を含む」ものだ、とある(*)。

\* 右に「相当［対応］する（entspricht）」という、よく考えれば、若干論理的な1対1対応を欠く言葉が、あえて用いられている点に、注目すべきである。理由は、後述する。
  そして、後述の諸点からは、「すべての望ましい制限」が「新27条」に盛り込まれたとする右の指摘には、「？マーク」が付されて然るべきことにもなる。

次に、この「1971年対独租税条約」の個々の条文の説明たる、Id. at 1435ffを見ておく。Id. at 1445fに、「情報交換」の「27条」についての、けっこう長い説明がある。以上の経緯からして、若干注意深くそれを見ておこう。

冒頭には、「対仏」・「対英」の条約と同じく、この「27条」による「情報交換」は、条約実施に必要な情報に限定されたものだと、まずある。その関係の部分は省略して先に行けば、Id. at 1446には、「27条」はスイスに対して「更なる（weitergehendな）行政共助」を義務づけるものではないとして、まず、(1)「定期的又は自発的（自動的）な報告は排除され（weder periodisch noch spontan .....）」、「要請に基づいてのみ（nur auf Ersuchen）」情報交換のなされること、次に、(2)ドイツ国内法規定の実施のために必要であるにとどまる（bloss benätigt）情報は提供されないこと、更に(3)「租税詐欺犯罪及びそれと同様（同等）のもの」の防止のための情報は、（米国との条約がそれを認めるものの）この対独での「27条」においては交換されないこと、の3点が、示されている。

Botschaft (Vom 20. Oktober 1971), supra, at 1446に、続いて確認的に示されているのは、スイスの側において利害関係者に（den Betroffenen）認められる、異議（Einsprache）及び行政裁判所への不服申立（Verwaltungsgerichtsbeschwerde）について、である。この点が、「**スイスの良き法的伝統**」になっていることは、主として「IRS vs. UBS 事件」に即しつつ、本論文で再三論じて来たところである。この対独交渉が相当程度に揉めたこともあって、私人の手続権の保障が、あえて確認的に、ここで示されている、と見るべきである。

以上を踏まえてIbidは、かかる情報交換条項にとって通例の（üblichな）こととして、以下の3点が留保されていることを、駄目押し的に示す。即ち、①交換される情報は、「双方の国」の租税立法によって入手可能（beschafft werden können）であり、**かつ、通常の行政実務の枠内においてそう（入手可能［erhältlich］）であること**、②「銀行秘密」等の秘密情報は交換されてはならない（dürfen nicht）こと、そして③「被要請国」は、自国の法規定又は行政実務に反する、又は公序に反する行政措置の実施を、義務づけられてはいないこと、の3点である[(*)]。

  \* 右の①については、1996年対米条約との関係で、本号分で後述する。

ここで、スイス連邦政府の、「1971年対独租税条約」27条についての公的説明が、終わっている。そこで次に、実際の条文を見てみよう。Id. at 1472に、「27条」の条文が示されている。

全2項構成である点は、たしかに、「1966年対仏租税条約」の「28条」と、同じである。だが、これまでの検討からは「対仏」の場合に特異的だった「要請により（auf

2　従来のスイスにおける「他の諸国との租税条約上の情報交換」の時系列的な展開過程　　223

Verlangen)」の文言が，この対独条約27条「1項」には，挿入されている。前記の(1)の点との関係である。

　他方，同条「1項」には，これまで検討して来た対英・対仏・対米（対米は1951年条約）でのスイスの締結した租税条約との，重要な差異がある。引渡された情報の「開示が許される範囲」についての，以下のような差異である。

　この27条1項の「第2文」には――

„Jede auf diese Weise ausgetauschte Auskunft soll geheimgehalten und niemandem zugänglich gemacht werden, der sich nicht mit der Veranlagung, der Erhebung, der **Rechtsprechung** oder der Strafverfolgung [▼] hinsichtlich der unter dieses Abkommen fallenden Steuern befasst."

――とある。
　同じ点に関する"或る条約"の条文を，ここでまず示しておこう（右の「▼マーク」は，それとの関係で付したもの）。ともかくも"そこ"には，引渡された情報の「開示範囲」（「使用目的の制限」）につき――

「税額査定（Veranlagung）又は徴収（**Erhebung**; collection），執行（Vollstreckung）又は刑事訴追（Strafverfolgung），又は上訴の決定（Entscheidung von Rechtsmitteln; the determination of appeals），又はそれらについての監督（Aufsicht darüber; the oversight of the above）にかかわる（携わる）者又は官庁（裁判所 [Gerichte] 又は行政官庁を含む）」

――とあった(*)。

＊　前記「1971年対独租税条約」27条1項の「第2文」との文言上の差となる点には，アンダーラインを付しておいた。この対独条約の右条文で「**裁判（Rechtsprechung）**」とあるところが，後者の"或る条約"の条文では「執行」となり，更にそこへ，右の「▼マーク」の個所への挿入として，「上訴の決定，又はそれらについての監督」が加わり，かつ，これこれに「かかわる（携わる）者」にプラスして，「又は官庁（裁判所又は行政官庁を含む）」の文言が，この"或る条約"では，付加されていることになる。

　どうであろうか。両者は，少なくとも非常に近い条文のように，思えないであろうか。実は，この"或る条約"とは，「2007年 [!!] 6月26日」の「改正プロトコル」による「1977年**対英**租税条約」の，新25条の2項「第1文」である（その1項cにおいて，「**租税詐欺又はそれと同様 [同等] のもの**」についての「情報交換」も，新たに規定されるに至ったことを含めて，前号分の後半 [本書207頁以下] で言及した）。
　しかも，この「2007年対英租税条約改正プロトコル」による新25条2項「第1文」につき，右の括弧内で独文と共に示した英文は，「2008年版OECDモデル租税条約」26条2項第1文の文言である。即ち，「2007年6月」の段階で，「英・スイス租税条約」の「情報交換」条項は，25条の「2項」に関しては，「2008年版（2008年7月）」の

OECDモデル租税条約26条の「2項」と，同じものになっていたのだが（この点も，前号分［本書207頁］で示したところである），**驚いたことに**，それまで「対米」・「対英」・「対仏」に対して「情報交換」で遅れを取っていた「対独租税条約」は，ここで一挙に（!!），**開示範囲**について，殆ど「対英」での「2007年レベル」にまで，従ってまた，OECDモデル租税条約の「2008年版」レベルまで，進んでしまっ「ていた」のである（!!――本書220頁の前記（ⅱ）後半の波線による下線部分と対比せよ）。

　もっとも，「1971年対独租税条約」27条のイノヴェイティヴな点は，前記の１項「第２文」の「開示が許される範囲」にとどまる。同条２項は，前記の「1966年対仏租税条約」の「28条」の場合と，同じものである。

　ともかく，以上の点が，Botschaft (Vom 20. Oktober 1971), supra, at 1434 において，最終的にここで対独で合意された「27条」が，「1966年対仏租税条約」の「28条」に「相当する（entspricht［!!］）」とされていた際の，微妙だが重要な差異を示すものと，判断されるべきことになる(*)。

　　＊　この「対独租税条約」27条については，「1978年11月30日締結のプロトコル」（AS1980 1427），「1989年10月17日締結のプロトコル」（SR 0.672.913.621）を経て，「1992年12月21日署名」の「改正プロトコル」（Botschaft über ein Protokoll zur Änderung des Doppelbesteuerungsabkommens mit der Bundesrepublik Deutschland vom 1. März 1993, BBl. 1993 Ⅰ, at 1521ff）で，ここでの本論文の問題関心とは異なる，その意味ではマイナーな，文言の付加を受けた（Id. at 1530.）。

　　　それが重要な抜本的改正を受けるのは，「2002年3月12日署名」の「改正プロトコル」において，である（Botschaft über ein Protckoll zur Änderung des Doppelbesteuerungsabkommens mit der Bundesrepublik Deutschland vom 8. Mai 2002, BBl. 2002, at 4287ff.）。この点は本章3において，「情報交換」関連で「人権保障」の観点を重視するドイツ学説との関係を含めて，後述する。

⒤　「1996年対米租税条約」（「修正前・修正後の **UBS合意**」の前提としてのそれ）の場合

　かくて，前号分以来の，「1960年代から1990年代の時期」にスイスが主要国（米・英・仏・独）と締結した租税条約の最後に，本書冒頭（貿易と関税2011年3月号分）以降，まさに「IRS vs. UBS事件」との関係で縷々論じて来たところの，**「1996年10月2日署名」の「対米租税条約」上の「情報交換」条項（26条）**について，改めてその成立経緯から，論ずるべきこととなる。以下，**Botschaft über ein Doppelbesteuerungsabkommen mit den Vereinigten Staaten von Amerika vom 10. März 1997, BBl. 1997 Ⅱ, at 1085ff** を検討する（「1951年米・スイス租税条約」についての，貿易と関税2011年11月号分の冒頭［本書31頁］以降の論述と，対比されたい）。

　Id. at 1087 の「前史」においては，「1951年対米租税条約」につき，それがスイスの締結したものとしては，最も古い（das älteste）現行租税条約であり，かつ，OECDモデル租税条約にいまだ適合（entsprechen）して「いない」数少ない条約の一つだ，とされている。

　そこには更に，既に「1979年」に米国側が，51年条約の改正をスイス側に求めた，

2 従来のスイスにおける「他の諸国との租税条約上の情報交換」の時系列的な展開過程　　225

とある。だが，米国の要求は，それを（当時の段階での）「米国型のモデル条約」（das damals geltende amerikanische Musterabkommen）に適合させようとするものであった。

　改正交渉は，「1980年」に開始され，実に「1996年1月」までに及んだ（..... wurden 1980 aufgenommen und dauerten bis zum Januar 1996.），とある（Ibid.）。その理由につき，Ibid は，不満たらたらに，以下の指摘をしている。即ち，交渉がかくまで長引いたのは，米国が様々な理由で交渉を，繰り返して中断したこと（1983－89年，1990－1992年の中断が挙げられている），交渉担当者，とくにそのトップの，頻繁な交代，更には，米国側が，この長いタイム・スパンの中で生じた米国租税法の発展を（その都度）条約に埋め込もうとして，繰り返し（wiederholt），新たな方向づけ（Neuorientierung）が要求されたこと，によるものだ，とある。──以上の「前史」についてのスイス政府の指摘からは，裏を返せば，とくに「情報交換」条項が揉めて，新条約締結が遅れた訳「ではない」，との示唆が与えられることになる。

　Id. at 1087ff は，「前史」に続いて，「個々の規定への説明」となる。「情報交換」の「26条」についての説明は，Id. at 1099f においてなされている。

　その冒頭には，既に「1951年条約」の「16条」がそうであったように，条約の正しい（richtig な，ないしは ordnungsgemäss な）適用に限定された「情報交換」というスイスの従来路線からすれば，一層広い「情報交換」条項であることへの言及が，まずは示されている。「［租税］詐欺犯罪及びそれと同様（同等）のもの（Betrugsdelikte und dergleichen）の予防」のための情報交換，のことである。

　この「租税詐欺犯罪の場合（［i]m Fällen von Steuerbetrugsdelikten）」につき，Id. at 1099 は，「非居住者（nichtansässige Personen）」についての情報も交換対象となる，とする。そして次に，スイス連邦裁判所の判例では，情報は，「職務上の報告書（Amtsbericht）」の形でのみ（nur）与えられ得るとされているのに対して，「将来的には（inskünftig）」，つまりはこの改正により，要請国の格別の要求があれば（auf besonderes Begehren），「オリジナル文書の認証されたコピー」の引き渡しによって行なうべきことになる，とある。Ibid には，その理由として，（スイス官庁の）「職務上の報告書」では証拠として認められず，**かくて取得された情報が「裁判手続 (Gerichtsverfahren)」において利用**出来ない（nicht verwertbar）という，米国手続法の「直接性の原則（Unmittelbarkeitsprinzip）」を考慮したものである，とされている。

　右には，もはや当然のことのように，「情報交換」で入手した情報の，「裁判所における利用」が，前提として示されている。だが，「1951年対米租税条約」の「16条」の「1項」では，既述のごとく，少なくとも文言上は，「管轄ある当局間」での情報交換が規定されていたのみであり，かつ，「税額査定及び徴収に携わる者以外」への「開示」が，禁止されていた。この「開示範囲」についての規定振りは，（前号分後半［貿易と関税 2011 年 12 月号 90 頁］の，**中山繁太郎氏の論文に言及した**「＊部分」の，直前の個所において示したように［本書 206 頁］）「1977 年対英租税条約」25 条 1 項第 2 文，「1953 年対仏租税条約」12 条 1 項第 2 文と，共通するものだったのである(＊)。

　　＊　前号分の後半［本書 210 頁］では，そのことを前提にしつつ，「1977 年対英租税条約」

226　第2章　「従来のスイスにおける租税条約上の情報交換」と「堅持されていた"双方可罰性の要件"」

25条1項第2文を例に，以下の［**問題★**］，即ち──

『（刑事の）「司法共助」の場合にスイスで「情報交換」の「要請国」たる外国に対して「も」要求されるところの「情報の他目的使用」の「禁止」に，準ずる措置としての，スイス（「被要請国」）のこの点についての「同意」は，「租税条約」上の「情報交換」（「行政共助」）の場合には，一体どうなっているのか。

　具体的には，もともとの「1977年英・スイス租税条約」25条1項「第2文」の，引渡された情報の「開示が許される範囲」（「使用目的の制限」）に関する，「条約の対象を構成する租税についての税額査定又は徴収に携わる者」，との既述の限定からは，「裁判手続での使用」は，そこで想定されていないと「推定」されるが，スイス側の主義として，この点は，いかに考えられ「ていた」（過去形）のか。（［**問題★**］）』

──との問題を設定し，私の言う「国境でメルトダウン（熔融）する人権保障」の観点から，論じておいた（なお，本書129頁に示した本書の執筆方針に，再度注意せよ。ちなみに，「1977年対英租税条約」25条1項第2文には，得られた情報が「それが与えられた目的のためのみに使用され得る」との，以下で問題とするところの［いわば確認的な］文言は，なかった）。

さて，Botschaft vom 10. März 1997, supra, BBl. 1997 II, at 1099 の，その先の指摘だが，以上に続いて，「租税詐欺」云々の前記文言の説明となり，「IRS vs. UBS 事件」関連で縷々論じた「プロトコル」の Ziffer 10 への言及を経て，次の指摘に至る。即ち，「行政共助」で得られた情報は，「要請国」において，通常の（üblich な）秘密保持規定の下に置かれ，それが与えられたところの**目的**のためのみに使用され得る（..... dürfen nur für **die Zwecke**, für die sie erteilt worden sind, verwendet werden.），とある。もはや，「守秘の基準」は「被要請国」の側に置かれ，かつ，「開示範囲」の拡大も，顕著である（「目的」の語は，既に複数形となっている）。

　ここで，それなりの理由（後述）があって，若干先走って，右の「それが与えられたところの**目的**のためのみに（..... dürfen nur für **die Zwecke**, für die sie erteilt worden sind,）」に相当するところの，**実際の「新26条」の1項「第4文」の文言**を，点検しておこう。この「第4文」は，そのまま訳せば──

「これらの者又は官庁は，［引き渡された］情報を，これらの目的のためのみに使用してよい（Diese Personen oder Behörden dürfen die Informationen nur für **diese Zwecke** verwenden.）。」

──となっており，たしかに，[目的］の語は複数形，である。具体的には，右の「これら」は同項の「第3文」で規定されており，その「第3文」では──

„Alle Informationen, die **ein Vertragsstaat** erhalten hat, sind ebenso geheim zu halten wie die aufgrund des innerstaatlichen Rechts **dieses Staates** beschafften Informationen und dürfen nur Personen oder Behörden (einschliesslich der **Gerichte** und

2 従来のスイスにおける「他の諸国との租税条約上の情報交換」の時系列的な展開過程　　227

der Verwaltungsbehörden) zugänglich gemacht werden, die mit der Veranlagung, Erhebung **oder Verwaltung[*], der Vollstreckung oder Strafverfolgung oder mit der Entscheidung von Rechtsmitteln** hinsichtlich der unter dieses Abkommen fallenden Steuern befasst sind."

*　この「又は管理（Verwaltung）」の語は，「1977年版」のOECDモデル租税条約26条の，これに対応する1項第3文にも，存在しない。いずれにしても，その直前の「税額査定，徴収」の語を，更に拡大させて，「執行又は刑事訴追」云々の文言と繋げるものではあるが。

　ちなみに，この「開示範囲」についての文言を，本号分の半ば（本書223頁）で引用した前記の「1971年対独租税条約」27条1項の「第2文」（原文引用部分の真ん中に［▼］のマークがあるので，それで特定出来るはずである）と対比せよ。殆ど同じ，である。そして，「1971年」段階でのこの対独租税条約の規定振りは，既述のごとく，「1977年版」のOECDモデル租税条約26条1項第3文を，実質上いわば先取りするもの，でもあった。それが，対米ではようやく「1996年」になって，明文化されたことになる。

——とされていた（条文については，Id. at 1126参照）。
　右の原文引用部分の「前段」で，最初の二か所のゴシック体で示したところが，「守秘の基準」を「要請国」側に置く点である。「裁判所」を含めた「開示範囲」についての右の「後段」では，同じく2カ所のゴシック体で示した部分が，「51年対米租税条約」の16条からの，拡大（拡張）部分である。右の後段では，もはや「情報交換」が，「両国の課税当局間」に「閉じた関係」（51年条約では，少なくとも文言上はそうだった）では，なくなっているのである。

　**私がここで，一体何を言いたいのか**。それは，Id. at 1099における前記の，（「行政共助」で）得られた情報が，「要請国」において，「それが与えられたところの目的（「目的」の語は，複数形）のためのみに使用され得る」とのスイス連邦政府の説明の仕方が，若干ミスリーディングないしは不誠実（!!）ではないのか，との点である。
　言い方を変えれば，前号分の末尾近くにおいてそれなりに論証しておいた点，即ち，「スイスの刑事司法共助」の場合とパラレルに，租税条約上の「行政共助」によって国境を越えて外国側に渡された情報についての，「使用目的の制限（「開示範囲」）」を考えることが，従来の（過去の!!）スイスの一般的な取扱いと整合的なもの「だった」との点（貿易と関税2011年12月号94頁下段の，最後の下線部分〔本書211－212頁〕参照）が，ここでの問題と関係する。
　それだけでは分かりづらかろうから，更に一言すれば，「行政共助」の場合にも，スイスの連邦国際刑事司法共助法（**IRSG**）について既に（再三）論及したところの，「特定性（Spezialität）の原則」と同様に，「行政共助」（!!）によって，「被要請国」の「当局」から「要請国」側の「当局」に対して引渡された情報については，あくまで「**当局対当局**」の，「**閉じた関係**」での**情報使用**が許されることになるというのが，スイスでの従来の取扱いの基本だった「はず」である(*)。

＊　前号分の右の個所では，**Bundesamt für Justiz (BJ), Eidgenössisches Justiz- und Polizeidepartment (EJPD), Bericht (Bern, 14. März 2011), supra, at 35f** を引用しつつ，「(刑事) 司法共助」の場合の「3つの原則」，即ち，「相互の保証の原則」，「双方可罰性の原則」，そして，情報使用目的についての「特定性の原則」は，様々な形で (vielfach)，国境を越えた「行政共助」の場合にも，最低限，その準用 (eine mindestens sinngemässe Anwendung) がなされている旨の指摘がそこにあることから，右の点を論じていた。それが，「2011年段階」でのものたることに，十分に注意せよ (!![＊＊])。

＊＊　だが，Id. at 35f のその「書き方」に対して，私は，不自然なものを感じていた。即ち，「行政共助」については，(租税条約を含めた)「条約」での規律が多く問題となる「はず」なのに，そこでは，右の「3つの原則」の「準用」が実際になされている場合につき，„So sehen einzelne Bundesgesetze vor, dass ...... ." と，何故か「条約」ではなく「連邦法」の場合のみについて，言及がなされているにとどまる，のである。

　　要するに，連邦の一官庁として，BJ/EJPD もまた，以下の問題について"頰被り"を決め込む不誠実さ (既述) においては，「共犯」だったのだなと，私は思わざるを得ない。これまた，「スイスでは，悲しいけれど，ありがちなこと」として，である。

右のことを前提とすれば，「1996年対米租税条約」の26条1項「第3文」・「第4文」との関係でのスイス連邦政府の前記の説明，即ち，この新26条の下でも，「行政共助」で得られた情報は，「要請国」において，「それが与えられたところの目的のためのみに使用され得る (..... dürfen nur für **die Zwecke**, für die sie erteilt worden sind, verwendet werden.) 」(Botschaft vom 10. März 1997, supra, BBl. 1997 II, at 1099. ──「目的」は複数形) との説明が，**何故何の断りもなしに (!!)** なされ得るのかが，問題となる「はず」である。

つまり，右に再度示したところの，従来のスイスの「行政共助」の基本からは，スイス側「課税当局」から米国側「課税当局」(IRS) に対して引き渡された情報は，前記の「**特定性の原則**」の準用的取扱いにより，あくまで相手国当局 (IRS) 自身の使用に閉じたものであるべきところ，実際のこの条文は，そうなっては「いない」。スイス政府として，まさに其処を，重要 (重大) な法的主義の問題として，十分に説明す「べき」ところ，何の説明もなく，其処をスキップすることは，意識的・無意識的のいずれによるものにせよ，**法的に不誠実ではないのか**。それが，ここで私の言いたいことである。

これは，"些細な問題"のように，(とくに「1977年版」の **OECD** モデル租税条約26条の線で考えることが当然視されている現段階では [!!]) 思われるであろう。だが，「特定性の原則」を軸に「行政共助」の場合を「も」考えるという，前記の従来のスイスの方針には，同じく前号分で力説したところの，「**人権的配慮**」が裏打ちされていた「はず」である。だから私は，この点を重視するのである。

思えば，いつもそうである。「**人権的配慮**」は，いつも「国境」で「メルトダウン (熔融)」し，人知れず相対化・希釈化，更には易々と無視を，されてしまう。──たしかにここでも，そうした「いつものこと」が，繰り返された「だけ」(??) である。

2 従来のスイスにおける「他の諸国との租税条約上の情報交換」の時系列的な展開過程　　229

だが，真の問題に頬被りして，其処には何も（最初から？）問題が無い（無かった）かのようにプリテンドしたのは，ここでは「スイス政府」自体なのである。**私は，其処が許せないのである（!![*]）。**

　　* 前号分の末尾部分（本書212頁以下）において，「2004年段階」での，同様の「スイス政府の裏切り」，即ち，証券規制関連でのスイスの或る連邦法の改正により，「人権的配慮」を一顧だにすることなく，専らスイス金融市場の国際競争力を維持するため「だけ」の目的で，前記の「特定性の原則」を自ら打破し，同法における「当局間の国境を越えた情報交換」につき，引き渡された情報の（相手国の「警察，等を含めた）広汎な利用を，スイス政府自らが認めたという「裏切り」について，糾弾した。
　　　ここでの「スイス政府の裏切り」（何に対する「裏切り」かの点も，前号分の末尾部分において，既にして示しておいた）は，それに比すれば，サラッとしたものである。**だから，見落としがちになる**。だが，問題の根っこの重大性は，同じである。そこに，注意すべきである（!!）。

さて，Botschaft vom 10. März 1997, supra, at 1099f の，その先の説明に，ここで戻ろう(*)。

　　* と思ったのだが，今，2011年8月11日の午前1時9分。今日の執筆開始は，昨日（8月10日）の午前10時15分頃だったから，計15時間弱の執筆となる。途中であれこれ追加のネット検索とプリント・アウトもしつつの作業だったが，既に一回分の連載の3分の2位の分量に，なってしまった。今月分は新年号ゆえ，少し短か目にしないといけないし，さりとて「対米」での論点は，本号分で済ませたい。従って，ここで筆を擱き，以下は，もう明日（8月12日）となってしまった私の満61歳の誕生日の後で，仕切り直しをすることとする（このところ毎日の妻の長時間の全身経絡マッサージと，いつもの漢方処方，そして私自ら開発した片足太極拳を軸とする「氣」の修行の成果が顕著であり，今，いくら我が身を振り返っても，疲れらしい疲れは，全く無い。すべては透明であり，清々しく，そして，「無」である。はるかに霞む黄山の姿すら，今は無い。どうしたことであろうか……。──2011年8月17日午後2時半，妻の徹夜での事前ケアを受けた後，万全の態勢で執筆再開。まずは，ここまでの分の点検から）。

「徴収共助」の26条「2項」（既述）についての説明に続き，Id. at 1100 では，同条「3項」の「主権・安全・公序」云々の点の留保についての説明に加え，「4項」につき，以下の説明がなされている。即ち，引き渡された情報が（25条6項の定めによる）「**仲裁裁判所**」(*)に対して開示され得るが，この仲裁裁判所のメンバーには，課税当局（Steuerbehörde）と同様の守秘義務の規定が適用される，とある。ここで「仲裁裁判所」に言及する位ならば，なぜ右の「＊部分」に至るまでの個所で私がこだわった点について，何の言及もないのかが，改めて不自然に，思われるところでもある。ともかく，以上で，スイス政府からの26条についての説明は，終わっている。

　　* 1996年対米租税条約25条は，貿易と関税2011年7月号49頁以下（本書94頁以下）でスイス連邦行政裁判所「2010年1月21日」判決との関係で言及したところの，「協

230　第2章　「従来のスイスにおける租税条約上の情報交換」と「堅持されていた"双方可罰性の要件"」

調的手続（Verständigungsverfahren）」の規定（日本的に言えば、「相互協議の手続」）の規定である。その「6項」には、本条約の解釈適用につき、25条の5項までの「協調的手続」の規定によって除去し得ない困難ないし疑いのある場合には、両締約国の管轄ある官庁及びすべての関係する納税者の同意により（mit Zustimmung der zuständigen Behörden beider Vertragsstaaten und aller betroffenen Steuerpflichtigen）、**仲裁**に付することが出来る、とある。但しそれには、右の後者（letztere）、即ち「すべての関係する納税者」が、仲裁裁判所の決定を拘束力のあるものとして認める旨の書面による宣言を行なう場合には、との限定（....., sofern letztere schriftlich erklären, .....）が、付されている（以上の「6項」第1文に続き、その第2文は、仲裁裁判所の決定［裁判］は当該の個別事件につき双方の締約国を拘束すると定め、手続規定等の第3・第4文に続く。以上、Id. at 1125f.）。なお、25条についてのスイス連邦政府の説明は、専ら、この6項の「<u>仲裁</u>」<u>規定の新設</u>（..... eröffnet Absatz 6 die Möglichkeit, .....）についてのものとなっている（Id. at 1099.）。

　「**2008年版OECDモデル租税条約**」25条における、従来の「相互協議」に代わる（それを補完する）「**仲裁**」**制度の導入**（同条への「第5項」の付加）については、石黒・前掲国際倒産 vs. 国際課税312頁、及び、貿易と関税2010年2月号61頁、同2008年12月号62頁以下、65頁で、増井良啓「国際課税ルールの安定と変動——租税条約締結によるロック・イン」税務大学校論叢40周年記念論文集（2008年）335頁以下、355頁と、石黒・前掲世界貿易体制の法と経済286頁以下とを対比させながら、論じておいた。

　だが、「2008年版OECDモデル租税条約」25条5項では、"<u>納税者主体の、いささか突出した書き振り</u>"となっている点が、1996年米・スイス租税条約25条6項の「仲裁」とは異なる。即ち、前者（OECDモデル）では、納税者側の申立があくまで前提となっており、2年以内に両国当局間で合意が成立しない場合には、そこで未解決のイシューは、その者が望むならば仲裁に「付さねばならない（shall be submitted to arbitration）」、とある。同条5項についての「コメンタリー」パラ63にも、「この手続は管轄ある当局間の事前の授権に依存しない（..... not dependent on a prior authorization by the competent authorities）」とあり、納税者の権利としての（当局側にとっては義務的な）仲裁付託、となっている（OECD, Model Tax Convention on Income and on Capital: Condensed Version［July 2008］, at 37f, 322.——Id.323のパラ65・66等からも知られるように、この点についての完全なコンセンサスがあって挿入された条文ではない。前記の私の論述において、注意喚起しておいたところではあるが）。

　これに比して、1996年対米租税条約25条5項の「仲裁」規定においては、両国当局の「同意」が、納税者の同意とともに要件化されており、かつ、仲裁決定への拘束力の付与について、納税者の「<u>書面による同意</u>」が必要だとされている。要するに、この1996年米・スイス租税条約の方が、同じ「仲裁」の規定ではあっても、はるかに穏当である。

　そこで次に、Botschaft vom 10. März 1997, supra, BBl. 1997 II, at 1126 の、この1996年対米租税条約26条の条文を、改めて確認しておくこととする。同条は、計4項からなる（51年条約では、計3項であった）。

　最も長い1項は、「5つのセンテンス」によって構成されている。その第1文に、前記の「租税詐欺」云々の文言があるのだが、そこで交換される情報については、括

2 従来のスイスにおける「他の諸国との租税条約上の情報交換」の時系列的な展開過程　　231

弧書きで,「双方の国の租税立法で入手可能(erhältlich)な」それ,との限定が付されている(*)。

* 「1971年対独租税条約」の27条についての,前記の①において,「交換される情報は,双方の国の租税立法によって入手可能(beschafft werden können)であり,かつ,<u>通常の行政実務の枠内においてそう(入手可能[erhältlich])であること</u>」とある点に対して,ここでは,右の「かつ」以下が抜け落ちていることになる。そこに,注意すべきである(!!)。

　1項第2文は,「租税詐欺の場合(Im Fällen von Steuerbetrug .....)」について規定し,そこでの情報交換は,(a)1条(人的適用範囲)に限定されず,また,(b)要請国当局の明示の要請があれば,「変更なきオリジナルの資料及び文書」の「認証されたコピー」で当該情報を引き渡すことが,規定されている。この(b)の点は,スイス政府の公的説明に即して,また,米国の証拠法との関係で,既に述べた点との関係でのもの,である。

　続く1項第3・第4文は,既に条文に即して検討した「守秘の基準」・「開示範囲」と「使用目的」の規定ゆえ飛ばして,第5文に進めば,そこには,各種の秘密情報は交換されてはならない(..... dürfen nicht ausgetauscht werden),との規定がある。「**銀行秘密**」への明示的言及はないが,それも含まれつつ,「租税詐欺」云々の場合にはそれが解除されて情報交換に至ること等,すべて本論文のこれまでの論述の中で,示して来たところである。

　26条2項は,(1951年対米条約16条2項と同様の)「徴収共助」の規定である。そこで,26条3項に進む。

　1996年対米租税条約26条3項は,1951年対米条約16条3項を,そのまま引き継ぐものである。即ち,本条の規定は,一方の締約国が以下の義務を負うものと解釈されてはならないとして,(多少の文言の差はあるが)「一方締約国の法規定に反する,又はその主権,安全又は公序に反する行政措置の義務づけ」,及び,「いずれの国の法によっても入手(beschafft)され得ない情報の引渡し」を,否定する。――そこから先の,「IRS vs. UBS事件」の場合の問題については,「2010年1月21日」のスイス連邦行政裁判所判決に即して,貿易と関税2011年7月号46頁以下(本書91頁以下)で,詳論した通りである。

　かくて,96年条約26条の,最後の「4項」となる(51年条約は3項までだった)。既述の,96年条約25条6項で新設された「仲裁手続」との関係での規定,である。この仲裁手続の実施のために必要な限りにおいて(insoweit ..... als),管轄ある当局(複数形)は,この仲裁裁判所に対して,問題の情報を開示出来るとし,仲裁裁判所のメンバー(Mitglieder)は26条の守秘義務規定の下に置かれる,とする規定である。

　実際の「IRS vs. UBS事件」の場合には,「仲裁」は何ら問題にはならなかった。だが,ともかくも「協調的手続」(相互協議手続)を補完する「仲裁」手続の導入についても,「租税詐欺」云々の問題と同様に,米国がスイスの腕を強く引っ張っていたこと「は」,事実のようである。

232　第 2 章 「従来のスイスにおける租税条約上の情報交換」と「堅持されていた"双方可罰性の要件"」

さて，これで――

☆　『「1951 年米・スイス旧租税条約」とその周辺――「スイスの締結した初期の租税条約を含めた検討（<u>1920 年代から 1950 年代まで</u>」）の展開』（貿易と関税 2011 年 11 月号分）

☆　『<u>1960 年代から 1990 年代まで</u>』（「2000 年の政策変更」前）にスイスの締結した租税条約上の「情報交換条項」』（前号分，及び，本号分）

――についての検討は，ようやく終わりとなる。

　次は，既に予告しておいたように，『<u>2000 年から「2009 年 3 月 13 日」まで</u>』の時期についての，同様の検討となる。そして，そこまで論じ切って，本章 2 の終わりとなる（本章 2 の残りの部分，及同章 3－4 では，この時期のスイス側にとっての問題を，分けて扱うこととなる）。
　右の，これから扱う時期において，スイスの租税条約上の情報交換に関する政策には，大きな変革がもたらされることになる。だが，「2009 年 2 月 18 日の重大な出来事」（それについては，貿易と関税 2011 年 5 月号 45 頁以下〔本書 37 頁以下〕）を唯一の"悲しすぎる例外"として，その変革の内実は，「1996 年対米租税条約」を軸として考えれば，いまだ「対米」で既に示されていたスイスの政策の，他の諸国に対するあてはめ，ないしは開放に，とどまるものであった。
　そうではあるけれども，其処に，如何なる圧力が，どのように働いていたのか，また，スイス連邦政府が，法的に，それに対してどのように対応して来たのか。本論文の問題関心は，引き続き其処に，置かれることとなる。

* 　次号分以下に続く（以上の執筆は，2011 年 8 月 17 日午後 8 時 29 分まで。今日は，午後 2 時半からの執筆だったから，計約 6 時間の，ほんの軽い執筆だった。点検に入る。点検終了，同日午後 10 時 43 分。トータルで，約 8 時間余となる。まだまだやれるが，謙虚に，ここで筆を擱く）。

[以上，2012 年 1 月号 65 － 81 頁]

(2－2－4)　『<u>2000 年から「2009 年 3 月 13 日」まで</u>』（「2000 年のスイスの政策変更」後，OECD モデル租税条約 26 条についての留保を撤回するまで）の時期にスイスの締結した租税条約上の「情報交換条項」についての検討

　前号分までの検討を受けて，本号分では，本章 3・4 に繋がる右の時期の検討を，引き続き行なう（執筆開始は，2011 年 8 月 24 日午後 1 時 5 分）。まずは，「2000 年から 2009 年 3 月 13 日まで」というこの時期の区切り方について，再確認をしておく。
　「2009 年 3 月 13 日」は，スイスがいまだ「IRS vs. UBS 事件」の渦中にあった時期

2 従来のスイスにおける「他の諸国との租税条約上の情報交換」の時系列的な展開過程　233

である。だが，同事件をあくまで，現行の「1996年米・スイス租税条約」（前号分で，改めてそれについての検討を行なった）に基づいて処理するとの断固たる方針とは別に，スイス政府はこの日に，従来の（2004年改訂以来の）OECDモデル租税条約26条についての留保を撤回し，今後は同条（貿易と関税2011年10月号60頁以下〔本書172－173頁〕で示しておいたように，2005年に条文本体とコメンタリーについての重大な変更がなされていた）に基づく「情報交換」条項を含む租税条約を締結する旨の新方針を，発表した。

　その新方針に基づく主要国との租税条約改正については，既述のように，第3章2以下で論ずる。そうなる前の主要国（但し，この時期については，後述の理由から，重要なプレイヤーとしての「EU」を含む）との租税条約上の「情報交換」について，ここで論ずることになる。

　他方，「2000年から」という時期の区切り方についても，念のために一言しておく。本章2(2)は，貿易と関税2011年10月号分の後半（本書170頁）以来のものであるが，同号（10月号）分の右の個所冒頭の，本章2(2)の「(2－1)」（本書170頁以下）において，『「2009年3月13日」の「重大な政策変更」に至るまでの，スイスの「OECDモデル租税条約26条についての留保」の変遷』と題して，本号分の論述の前提となる事柄について，論じておいた。「2000年から」という右の時期の区切り方については，まさにそれが関係する。

　要点のみを示せば，貿易と関税2011年10月号分の右の個所（本書171頁）においては，「2009年3月6日」に出された，後述の対仏租税条約改正に関するスイス政府の議会向けの公的説明たる **Botschaft über die Genehmigung eines Zusatzabkommens zum Doppelbesteuerungsabkommen mit Frankreich vom 6. März** 2009, **BBl.** 2009, at 1633 が，引用されている。そこに示されていたこととして，既に論じた対仏での1997年の「部分改正」以来，「スイスは，OECDにおける多国間でのものとともに，EU及びその加盟諸国との間で，行政共助（Amtshilfe）に関するスイスの条約政策（Abkommenspolitik）の変更を結果としてもたらすところの，種々の義務を負うに至った」，ということがある。

　具体的には，そこにも示しておいたように，——

『「OECDに対してスイスは，**課税目的のための銀行情報へのアクセス改善に関する2000年の租税委員会報告**への同意により，条約締約国の国内法の適用のために，租税詐欺の場合につき，情報交換の義務を負う」に至っている。のみならず，「更に，**EC（EG）とスイスとの利子収益の課税に関する2004年10月26日の条約（ZBstA**: SR 0.641.926.81）においては，それによってカバーされる収益につき，租税詐欺又はそれに類似する犯罪の場合についての情報交換が，規定されている。ZBstAを補完するために，スイスとEC（EG）ならびにその加盟諸国との間で「合意メモランダム」が署名された。このメモランダムの2条は，スイスとEUの各加盟国とが，租税詐欺又はそれに類似する犯罪の場合に，銀行情報を含めて情報交換をする規定を，その相互の租税条約に盛り込む目的での条約改正交渉を開始することを，規定している。』

——とされている（Botschaft［vom 6. März 2009］, supra, at 1633.）。

　Id. at 1634 には，「<u>2000 年以来生じたスイスの行政共助政策の変更</u>（die seit 2000 eingetretenen Änderungen der schweizerischen Amtshilfepolitik）」との言葉もあり，かくて，本章 4 で論ずる「OECD 側からの不当な（!?）攻撃」との関係で，<u>「2000 年」を節目として，「租税詐欺」に限った「行政共助」（課税当局間の情報交換。「刑事の」「司法共助」とは区別されるそれ。既述）がなされるようになり，「2004 年 10 月」の EC との「利子課税」に関する条約以降，「租税詐欺」オンリーから，「それに類似する（同等な）犯罪」にまで「行政共助」の枠が拡大されるに至る</u>，との全体構図が，「2009 年 3 月 13 日」のスイスの「重大な政策変更」よりも前のものとして，右に示されていることになる。

　そして，同じく貿易と関税 2011 年 10 月号後半の前記箇所（本書 172 頁）に示しておいたように，こうした流れの中で，「<u>2004 年 6 月</u>」に（<u>im Juni</u> 2004［!!］），スイスは，OECD モデル租税条約 26 条に対するスイスの留保を，「<u>修正（modifiziert）</u>」した（Bericht der Expertenkommission, supra［Oktober 2004］, at 35.）(*)。

　　＊　この「2004 年 6 月」というタイミングの有する（ないしは「有し得る」），<u>「利子課税」に関する対 EU 租税条約の規律内容及びその交渉経緯との関係については，重要な問題</u>として，本号分で後述する。

　以上により，「2000 年」から「2009 年 3 月 13 日」までという時期を区切り，以下の検討を行なうべきことと，なるのである。

　さて，OECD との関係については本章 4 で示すこととし，また，この時期のドイツとの租税条約については本章 3 で論ずるので，それ以外について，ここで論ずるべきことになる。これまで，本章 2(2) の「(2-2)」においては，英米独仏との関係を軸に検討して来たが，この時期については，かくて，英仏との関係のみが問題となる。そこに EU との関係が付加される形とはなるが，若干淋しいようにも思われるし，英仏との関係での改正の時期が，この期間の後半に集中していること(*)も，気にはなる。

　　＊　<u>対英での「2007 年」・「2009 年」の改正プロトコルについては貿易と関税 2011 年 12 月号分の後半（本書 207 頁以下）で，また，対仏での「2009 年」の「補足条約」については，前号分の冒頭近く（本書 218 頁）で，共にサラッとだけ，言及しておいた。</u>それらについて，ここで検討することとなる。

　他方，第 3 章 3 では，デンマークを出発点とする「2009 年 3 月 13 日」後の各国との租税条約改正について論ずる。そこで，サンプル的に，「<u>2005 年</u>」（対ノルウェー），「<u>2006 年</u>」（対フィンランド），（そして，「2007 年」について，然るべきものが見つからなかったので，同じ年だが）「<u>2006 年</u>」（対スペイン）の租税条約改正についても，専らそれが締結された時期に着目しつつ，いわばランダム抽出し，英仏・EU に付加して，軽く検討しておくこととする。

2 従来のスイスにおける「他の諸国との租税条約上の情報交換」の時系列的な展開過程

(i)　「利子課税に関する 2004 年対 EU 租税条約」とスイスの「政治的な妥協」(!?)——その「実像」の解明に向けての検討（2004 年「6 月」の，OECD モデル租税条約 26 条についてのスイスの留保の改訂ないし修正，との関係を含めて）

まずは，スイスにとって大きな転換点となった EU との租税条約について，検討しよう。既述の「EC（EG）とスイスとの利子収益（Zinserträge）の課税に関する 2004 年 10 月 26 日の条約」（ZBstA：SR 0.641.926.81）における「情報交換」条項が，問題となる。

だが，この条約は実は，貿易と関税 2011 年 9 月号 53 頁（本書 138 頁）で論じたところの，「1992 年 12 月 6 日のスイスの欧州経済圏へ（Europäischen Wirtschaftsraum [EWR］)の参加の拒絶（Ablehnung）」（「国民投票」の結果としての拒絶）以降の善後策として，スイスが EU と結んだ「諸条約」の一つ，としてのものである。即ち，「利子課税」についての前記条約への，スイス連邦政府の公的説明（Botschaft）も，本論文の右の個所で引用した **Botschaft zur Genehmigung *der bilateralen Abkommen zwischen der Schweiz und der Europäischen Union, einschliesslich der Erlasse zur Umsetzung der Abkommen*（《Bilaterale II》）vom 1. Oktober 2004, BBl. 2004, at 5965ff** の，一部を構成するものとなっている(*)。

* 「利子課税」に関する条約を含めたこの条約群については，「2004 年 6 月 25 日」に仮署名（仮調印）がなされ（paraphiert），「2004 年 10 月 26 日」に正式の署名がなされた。Id. at 5967.

本論文の右の個所（本書 138 頁）で言及しておいたように——

『この膨大な条約群の締結にあたっての EU 側の主たる関心は二つであったとされ，「利子所得課税」確保と，<u>間接税における「詐欺」</u>との戦い，とくにタバコの密輸とであった，とされている（**Id. at 5966.**）。これに対してスイス側は，金融の中心としてのスイスの利益の維持（<u>とくに銀行秘密の保持</u>）等を条件として，交渉に臨んだ（Ibid.）。——こうした背景の下に，「租税犯罪の場合」の「情報交換」問題が，「司法共助」・「行政共助」の双方で，問題となった（Ibid.）。』

——との基本構図の下に，諸条約の締結交渉がなされた。

Ibid には，これらの諸条約の交渉の終盤（Schlussphase der Verhandlungen）で，「詐欺撲滅」（等）関連の条約及び「シェンゲン（Schengen/Dublin）協定」関連の条約交渉において未だ存在していた**政治的に微妙な見解の相違**を解決すること（die noch bestehenden, politische sensiblen Differenzen zu bereinigen）が問題になったとあるが，それはまさに，「行政共助」・「司法共助」の双方での（im Rahmen der Amts- und Rechtshilfe），「租税犯罪の場合（bei Fiskaldelikten）」の「情報交換」問題であった，とされている。

本書の前記個所では，「司法共助」の問題に集中した検討を行なったが，そこで強調したのは，『**EU がスイスに対して，「国際刑事司法共助」における「双方可罰性要件」の放棄ないし相対化を強く迫っていたという，重大な事実**』について，であった。結

236　第2章　「従来のスイスにおける租税条約上の情報交換」と「堅持されていた"双方可罰性の要件"」

果としてスイスは，「双方可罰性要件」の維持に成功した訳だが，それでは，「行政共助」の場合については，どうだったのか。それが，前記の「利子課税」に関する，EUとの「2004年」の「租税条約」について検討する理由，ともなる(*)。

* 本号分では，それに併せて，貿易と関税 2011 年 9 月号分の積み残し案件としての，とくに「詐欺撲滅」（等）関連の前記の条約における「行政共助」の取扱いについても，（その検討がこの文脈で必要となる理由も含めて）後に一言のみする。

なお，右に引用した Botschaft (vom 1. Oktober 2004), supra, at 5966 は，その冒頭の「概観（Übersicht）」の最初の頁だが，Id. at 5969 には，この「概観」部分における「利子課税（Zinsbesteuerung）」についての言及がある。そこには，この 2004 年の EU との条約における「情報交換」条項との関係で，以下の説明がある。即ち，「課税当局間の自動的な情報交換は存在せず，従って，銀行秘密は引き続き維持される（Einen automatischen Informationsaustausch ..... wird es nicht geben. Das Bankgeheimnis bleibt somit gewahrt.）」，と。

右の「従って（somit）」（「それによって・それゆえに・かくして」の訳語も同じ）は，若干論理としての繋がりが悪いが（「それとともに」と訳すならば別である），ともかく先を見て行こう(*)。

* 後述の，「2 つの段階に分けた論述」との関係で，右の繋がりの悪さをも，把握すべきであるとだけ，ここでは言っておく。

Id. at 6003f に，「利子課税」に関するこの条約の「交渉結果」（パラ 1.3.8）が，まず纏められている。そこには，「利子の受取人（Zinsempfänger）」の明示の同意なしの「自動的（automatisch）な情報交換」は，「拒絶された（Abgelehnt wurde ..... .）」，とある。EU 側が「自動的情報交換」を，スイス側に対して，要求していたのだ(*)。

* 「1953 年対仏租税条約」の締結交渉において，フランス側が「情報交換」について，「相互的で定期的な自発的（自動的）報告（gegenseitige periodische Spontanmeldung）」の義務づけを求め，スイスが拒絶して，同条約 12 条に「要請により」の文言の入ったことについては，貿易と関税 2011 年 11 月号 74 頁以下（本書 181 − 182 頁）で言及した。また，「1971 年対独租税条約」27 条にも，同様の経緯で「要請により」との文言が入れられたことについては，前号分の「(iii)」（貿易と関税 2012 年 1 月号 71 頁以下〔本書 220 頁以下〕）において論じた。

Botschaft vom 1. Oktober 2004, supra, at 6003 は，右の「拒絶」の理由につき，「かかる規律は課税との関係での現行の銀行秘密〔の規定〕と両立しないであろうから（....., da eine solche Regelung mit dem geltenden steuerlichen Bankgeheimnis unvereinbar wäre.）」，と説明している。その先の説明も示しておけば，ともかくもそこ（Ibid）では，「スイスは，ある経過期間の後に自動的な情報交換に移行する用意もない（auch nicht dazu

2 従来のスイスにおける「他の諸国との租税条約上の情報交換」の時系列的な展開過程　　237

bereit)」，ともされている。

かくて，Id. at 6004 には，「**政治的な妥協　[!!]** において (in einem **politischen Kompromiss**)」，（「利子課税」に関する個別の3つの問題点と共に）「情報交換」については——

„Einführung der steuerlichen Amtshilfe zwischen den Mitgliedstaaten und der Schweiz in Fällen von Steuerbetrug oder bei Delikten mit **gleichem** Unrechtsgehalt."

——を認める，との交渉結果になった，とある。

かくて，ここで初めてスイスが，「1951年対米租税条約」のみにおいて存在していた「租税詐欺」云々（右をそのまま訳せば，**租税詐欺又はそれと同じ [同等の] 違法内容の場合**」となる）の場合の，「租税条約」に基づく「行政共助」を，具体的にはEUの加盟諸国との関係で，EUに対して，認めたことになる(*)。

*　注意すべきは，それによって（対米租税条約を唯一の例外として）スイスが従来維持して来たところの，一方締約国の「国内法の実施」のための「情報交換」を拒絶するという，OECDモデル租税条約「1963年草案」以来の，（同モデル条約26条に対する）「スイスの留保」の基盤もまた，「利子課税」の場合について崩された，ということである。なお，Id. at 6212 は，右のことを明示的に認めている。
　　そしてこれが，この条約と同じ「2004年」の「6月」になされた，スイスの同条に対する「新たな留保」（本号分でも既に再度英文で示したそれについては，スイスの従来の留保と共に，貿易と関税2011年10月号60頁の，本章2(2)の「(2－1)」で言及した）にも，本号分で後述の，極めて屈折した経緯と共に (!!)，繋がるのである。但しそこでも，EU加盟諸国との関係にはとどまらないOECDでの留保においては，一方締約国の「国内法の実施」のための「情報交換」は，既に示したように，依然として留保されている。

Botschaft vom 1. Oktober 2004, supra における，このEUとの条約に関する次の項目は，Id. 6032（パラ1.6.6.8）にある。スイス国内での関係団体等の「態度決定（Vernehmlassung）」についての指摘である。「利子課税」についてのこの条約については，SVP（スイス人民党［Schweizerische Volkspartei］）のみが，スイスにとって有害（schädlich für die Schweiz）だとして反対したが，それを唯一の例外として，他の政党や経済諸団体は，金融センターとしてのスイス（Finanzplatz Schweiz），「及び」(!!)，「課税との関係での銀行秘密の保護（Schutz des steuerlichen Bankgeheimnisses）」のための，この条約の意義を強調（hervorheben）して賛成した，とある。

もっとも，（賛成側の）左翼系及び緑の党系の政党及び慈善関係の諸団体（karitative Organisationen）は，脱税（Steuerhinterziehung）との戦いを正面に立て，その角度からとくに，スイスが課税との関係での「行政共助」及び「司法共助」，そして「銀行秘密」との関係で有している硬直的な姿勢（die harte Haltung）が嘆かれた（Bedauert wird ……．），とある。

他方，各カントンは，この条約における処理，とくに「自動的情報交換」の「拒絶（Ablehnung）」に，同意した，とされている（以上，Ibid.[*]）。

* こうしたスイス国内での政治的な力のせめぎ合いについては，本論文ではこれまで（「IRS vs.UBS 事件」の展開を含めて──なお，貿易と関税 2011 年 8 月号 62 − 63 頁〔本書 124 頁〕参照）意識的に避けて来た。だが，この Botschaft には，以上のスイスの国内政治絡みでの指摘が，既述の「問題の全体的な大きさ」（スイスの EU 加盟が国民投票で否決された後の，多面的な問題処理）のゆえか，比較的細かくなされている。そこで，この点にも言及したまでのこと，である。

Botschaft vom 1. Oktober 2004, supra は，その後，個別条約についての説明（Id. at 6033ff）へと，移行している。「利子課税」についてのこの条約の説明は，Id. at 6204ff（パラ 2.8）である。その冒頭（Id. at 6204f [para. 2.8.1]）に，この条約の締結に至る経緯が示されている(*)。

* 以下，本条約における「行政共助」の規律について，「2 段階に分けた論述」を行なう。あくまで，スイス政府の公的説明における微妙な言葉遣い（一部既述）にこだわり，其処を何処までも突き詰めてゆく論述方法をとる。「そして，やはり其処には重要な問題が隠されていた」，という結論となる，ある種の「推理劇」的手法である。

もともと，この「**EU**」との「利子課税」に関する条約(*)の正式名称は，Abkommen zwischen der Schweizerischen Eidgenossenschaft und der Europäischen Gemeinschaft über Regelungen, die den in der **Richtlinie 2003/48/EG des Rates vom 3. Juni 2003** im Bereich der Besteuerung von Zinserträgen festgelegten Regelungen gleichwertig sind, BBl. 2004, supra, at 6541ff という長いものだが（[**]・[***]），この名称の一部をもなす EU（EC[EG]）側の「2003 年の指令」に至る経緯からの説明が，Id. at 6204f に示されている。

* この Botschaft においてそれを含めた諸条約が，一括して「スイスと EU との間」（zwischen der Schweiz und der Europäischen Union）でのものと表記されていたことに，注意せよ。

** ここでは無視してよいところの，EU と EC（EG）との用語上の差については，石黒・前掲国際倒産 vs. 国際課税 223 頁を見よ。

*** 以下，本条約を「利子課税に関する 2004 年対 EU 租税条約」と略称する。

Botschaft vom 1. Oktober 2004, supra, at 6204 には，まず，EU 側の，域内での実効的な利子課税の確保を目指すこの指令（Richtlinie）の最初の草案が，「1998 年 5 月 20 日」に出されていたことからの説明がある。そして，「2000 年 6 月 19・20 日」に「利子支払い（Zinszahlungen）」についての課税当局間での「自動的な情報交換」が「最終

2 従来のスイスにおける「他の諸国との租税条約上の情報交換」の時系列的な展開過程　　239

目標（Endziel）」として合意された，とある(\*)。

　　\*　これが，「スイスは，ある経過期間の後に自動的な情報交換に移行する用意もない」とする，前記のスイス政府の説明と，繋がることになる。

　だが，Id. at 6205 には，「EU」の側において，右指令による「利子課税」の導入により，それが域内のみのものであるために，かかる課税を意識した「**EU 領域（EU-Raum）**」からの「**資本の流出（Kapitalabfluss）**」が懸念され，かくしてスイスを含めた「第三国」たる諸国(\*)を，EU のこのシステムに組み込むこと（in ihr System einzubinden）が決定されたのだ，とある。これが，スイスとのこの条約締結への経緯となる。

　　\*　Ibid において，かかる「第三国」（その冒頭はスイス）として掲げられているのは，順に，「アンドラ，モナコ，リヒテンシュタイン，サン・マリノ，及び米国[!!]，並びに，**英国及びオランダの属領**（die abhängigen und assoziierten Gebiete des Vereinigten Königreichs und der Niederlande）であって英国近辺の水域及びカリブ海にあるもの」，である。そして，「英国及びオランダの属領」は，具体的に「ジャージー，ガーンジー，マン島，ケイマン，アンギラ，モントセラット，英領ヴァージン諸島，タークス・カイコス諸島，オランダ領のアンティル諸島及びアルバ」，として示されている。
　一部英和辞書をも使って，細かな「英国及びオランダの属領」の名称を記したのには，実は理由がある。本書第 4 章 1 で，「OECD のタックス・ヘイブン対策」を扱う際に，「**タックス・ヘイブンの定義をめぐる不可解な展開**」への言及を行なう。「タックス・ヘイブン」と言えば英和辞書でも「租税回避地（軽課税国）」の訳が出て来るし，それが一般の用語法であろうに，「同時多発テロ」の起きた 2001 年「9.11」の，その 2 カ月後に，税率の（ゼロを含めた）低さは，「タックス・ヘイブン」の定義から，削除された（後述）。「情報交換」が問題の正面に，不自然に据えられたのである。
　この点については右の個所で後述するが，まさに EU が，ここで問題とする「利子課税」導入との関係で具体的な「資本の流出（逃避）」を懸念したように，「タックス・ヘイブン」と言えば「租税回避地（軽課税国）」のことだと，従来通りに考えることの方が，はるかに自然である。それなのに，どうして OECD での議論が，不自然な軌道修正を，してしまったのか。
　「タックス・ヘイブン対策」については，EU 内部での検討もなされて来ていたが，そこにおいて，多数の（しかも，その大半がいわゆる「タックス・ヘイブン」でもあるという !?）海外属領を抱え，Ibid においても，それが細かく明示されているところの「英国」が，どう動いていたのか。実はこの点は，両M氏を含めた国税庁職員（税務大学校研究科の，東大法学部派遣の研究生達）が参加してくれた私の 2010 年度冬学期演習において，集中的に扱った問題である。
　本書第 4 章 1 では，その検討結果も含めて，書くつもりだが，だいぶ先になってしまうのが，ずっと気になっていた。関係する属領名がずらっと登場した Ibid の指摘に接し，以上の頭出し的言及を，行なっておく次第である。

　次に，Id. at 6205ff（パラ 2.8.2）の「目標設定と交渉経緯」から，「情報交換」関連の点を，見ておこう。Id. at 6206 には既述の Id. at 6003f と殆ど同じことが再度示され

ているが，Id. at 6207 に至り，後述の OECD 内部での動き（但し，2002 年以降のそれ）が略述され，スイスがそうした動きに同意してはいないことが示される。第 4 章で論ずる点を先に示さないと理解もしづらい点ゆえ，そこはスキップして先に行く。

Id. at 6209ff（para. 2.8.3.2）に至り，ようやくこの条約（<u>「利子課税に関する 2004 年対EU 租税条約」</u>）の個別条文の説明となる。Id. at 6212 が，「<u>租税詐欺又はそれに類似する犯罪</u>の場合の，<u>要請による情報交換</u>（Informationsaustausch <u>auf Ersuchen</u> bei Steuerbetrug oder ähnlichen Delikten）」についての説明となる。

「情報交換」に関する同条約 10 条の規定は，後述のごとく結構長い条文である。既に言及した「租税詐欺」云々の点は省略するとして，そこ（Ibid）では，「<u>10 条 1 項及び 4 項</u>」（「4 項」については「第 2 段階での論述」において，後述する !!）を挙げ──

「**(EU) 加盟国の手続形態が様々であるという理由から（Aus Gründen der unterschiedlichen Bezeichnung der Verfahrensformen in den Mitgliedstaaten [!?]）**，この条約は，行政手続，民事手続又は刑事手続が，行政共助要請の<u>出発点 [!?]</u> <u>たり得る</u>（, dass ein Verwaltungs-, Zivil- oder Strafverfahren **Ausgangspunkt** für ein Amtshilfeersuchen sein kann [Art. 10 Abs. 1 **und** 4].），と規定する。」

──とされている。

だが，"気になる点" があるので，若干先走って，右の点を具体的に規律する本条約 10 条の「1 項」を見ておこう。Id. at 6546 に同項の条文があるのだが，**実際の条文には，右のスイス政府の説明における「出発点」の語は，実は存在しない**。同項「第3 文」が，スイス政府の右の説明に対応する(*)。

* なお，この 10 条の「1 項」は，第 1 文で.「スイスと個々の (EU) 加盟国の管轄ある当局は，本条約の規定する所得につき，<u>被要請国の法規定により租税詐欺又はそれに類似する犯罪（oder ein ähnliches Delikt）</u>とされる行為に関して，情報を交換する（tauschen ..... aus）」とし，第 2 文で，右の「類似する（ähnlich）」の文言につき，それを，「<u>専ら（排他的に [ausschliesslich]）</u>，被要請国の法規定によって租税詐欺と<u>同一の違法内容を（denselben Unrechtsgehalt wie .....）</u>示すもの，として規定する。それを受けての「第 3 文」である。
  ちなみに，10 条 1 項の最後の第 4 文は，「本項に規定された範囲内において，情報交換は，スイスと (EU) 加盟国との租税条約において定められた手続に従ってなされ，かつ，そこに（darin）含まれた規定によって，<u>秘密裡（vertraulich）に [!!]</u> 取扱われる」，と規定する。この「秘密裡に」との文言もまた，"気になるところ" である（後述）。

この 10 条 1 項「第 3 文」は──

„<u>Auf ein ordnungsgemäss begründetes Ersuchen hin übermittelt der ersuchte Staat</u>

2　従来のスイスにおける「他の諸国との租税条約上の情報交換」の時系列的な展開過程

Informationen über Angelegenheiten, die der ersuchende Staat i**n einem Verwaltungs-, Zivil- oder in einem Strafverfahren** ermittelt oder verfolgt, bzw. ermitteln und verfolgen **kann**."

──との文言の規定である。

　その何処にも，前記のスイス政府の説明中の「出発点」の語はない。「ルールに沿って基礎づけられた要請を受けて，被要請国は，要請国が**行政手続，民事手続，又は刑事手続**において捜査（調査）し，又は訴追するか，もしくは捜査（調査）及び訴追し得るところの事件について，情報を引き渡す」，との規定である。

　まず，私が"多少気になる"のは（刑事の「司法共助」の場合には要請国における「刑事手続」が実際に係属中であることが，後述のごとく要求されるが，それとの対比において），要請国の手続が「民事又は行政手続」であって，しかも「調査（捜査）」が「なされ得る」にとどまるという，早い段階（但し，「事件」とはある）で，どこまでスイスにとって「情報交換」がなされてもよいのか，との点である。そこに「事件」があり「手続」がある，ということによって，どこまでの絞り込みが可能なのかについての，漠たる不安である（[*]──直前の「*部分」において，同項「第4文」につき示した点も，同様に，気になるが，この点は後に解決する）。

　　*　「ルールに沿って基礎づけられた要請」との前記の文言の中で，次の点をも含めてここに示し，これからそれを敷衍するところの疑念が払拭されればよいのだが，そう断言できるだけの材料が，これを執筆中の今現在において，見つからないのである（!!）。

けれども，はるかに重大であり，深刻なのは，二つ前の「*部分」で示したように，10条1項「第1文」で「租税詐欺」云々についての情報交換が規定される際にも，「被要請国」での取扱いのみが，条文上規定されていたにとどまる点である。当該の行為の「要請国」での扱いがどうなっているか（「可罰的」[!!] とされているのか否か[??]）については，10条1項において，何も規定されて「いない」（!!）のである(*)。

　　*　にもかかわらず，Id. at 6212 には，まさにこの文脈でスイス政府が明示的に言及するところの，「双方可罰性の原則（Grundsatz der **beidseitigen** Strafbarkeit)」についての指摘，がある（!!）。それが，本条約10条の「行政共助」の場合にも担保されている，とのスイス連邦政府の理解が，次に指摘するように，そこに示されているのである。

既述の，Id. at 6212 における10条「1項**及び**4項」についてのスイス政府の説明，即ち，「**(EU)加盟国の手続形態が様々であるという理由から**，この条約は，行政手続，民事手続又は刑事手続が，行政共助要請の**出発点**たり得る，と規定する」，との説明に続き，Ibid では，「1981年3月20日」の「国際刑事司法共助に関する連邦法（IRSG）」を挙げ，本条約による「情報交換」については，スイスにとって「実質的に見て，租税事件における国際協力義務の拡張は存在しない（Materiell ergibt sich keine Ausdehnung ......)」とされ，『[刑事司法共助の場合と]同じことが行政共助にも広がるだけだ』，

242　第 2 章　「従来のスイスにおける租税条約上の情報交換」と「堅持されていた"双方可罰性の要件"」

とのニュアンスでの説明がなされている。

　ちなみに，貿易と関税 2011 年 9 月号分の冒頭近く（本書 135 頁）で論じたように，IRSG の「1 条 3 項」は――

「この法律は，要請をする側（ersuchend）の国の法によって，裁判官の判断が求められ得るところの刑事事件（Strafsachen ....., in denen ..... der Richter angerufen werden kann）についてのみ，適用される。」

――と規定している（*）。

　　＊　それを受けて，同法 64 条 1 項が――

　　「63 条による諸措置であって手続的強制を要求するものについては，外国で訴追された行為（die im Ausland verfolgte Handlung）がスイス法により可罰的（strafbar）な構成要件の客観的特徴を示すことが，事実関係から明らかとなるときにのみ，命じられ得る（dürfen nur angeordnet werden, wenn .....）。それら［の措置］は，スイス法によって実施される。」

　　――と，「双方可罰性の原則」を明確に規定していたのである。

　この IRSG の（「1 条 3 項」及び）「64 条 1 項」と，前記条約（「利子課税に関する 2004 年対 EU 租税条約」）10 条 1 項「第 3 文」とは，何ら整合的ではない。それが私の"最も気になる点"なのである。

　まさかとは思うが，こうした重大な問題に"頬被り"した上での「政治的な妥協［!!］における（in einem politischen Kompromiss）」処理（Id. at 6004）だった，ということなのであろうか。そして，そこまで考えてみると，Id. at 6212 における 10 条「1 項」についてのスイス政府の説明，即ち，「(EU) 加盟国の手続形態が様々であるという理由から［!?］」との，この点での理由付けが，十分なものだったのかが，改めて問題ともなる（その不自然さゆえに，初めから「!? マーク」を付しておいた次第である。だが，この点は，更に後述する［!!］）。

　かくて，この条約（「利子課税に関する 2004 年対 EU 租税条約」）10 条 1 項「第 3 文」とスイスの「1981 年」の「国際刑事司法共助に関する連邦法（IRSG）」（その 1 条 3 項・64 条 1 項によって示された「双方可罰性の原則」!!）との緊張関係（不整合!!）は，深刻たり「得る」ものとなる（但し，更に後述する［*］）。

　　＊　同様に，同じく"気になるところ"として既に示したところの，同条約 10 条 1 項の最後の「第 4 文」についての，「本項に規定された範囲内において，情報交換は，スイスと (EU) 加盟国との租税条約に含まれた規定によって，秘密裡（vertraulich）に［!!］取扱われる」，との文言についても（EU 側が，「利子の支払い［Zinszahlungen］」に関する当局間の自動的な情報交換にこだわっていたこと［Id. at 6204］をも勘案すればな

## 2 従来のスイスにおける「他の諸国との租税条約上の情報交換」の時系列的な展開過程　　243

おさら），10条所定の情報交換がなされたことに関して，当事者・関係者への「情報の開示」が，それらの者の「手続権の保障」のために，何処までなされるのか。其処が多いに気になる。

　かかる文言は，これまで本論文において検討された主要国との租税条約上の「情報交換」の規定には，存在しなかった。わずかに想起されるのは，「修正前・修正後のUBS合意」6条の，屈折した「守秘」の規定だが（その内容につき，貿易と関税2011年3月号63頁〔本書21頁〕），そこでも，スイス側当局が「米国側への情報提供」をする旨の「最終決定」のなされた場合につき，同条において，"[N]othing in this Agreement shall prevent the SFTA from explaining to a particular accountholder the specific facts upon which a final determination is based." として，口座保有者の「知る機会」が担保されていた。

　他方，「国際刑事司法共助」の場合の，IRSG21条以下の（訴追者の）「権利保護」の規定や，「1973年米・スイス刑事司法共助条約」36条の関係者への「通知（Benachrichtigung）」の規定（及び37条の，自国当局の決定に対する司法審査の規定）等の存在を，ここで想起すべきでもあろう。

　たしかに，この条約（「利子課税に関する2004年対EU租税条約」）についてのスイス政府の説明（Botschaft vom 1. Oktober 2004, supra, at 6003f）には，「利子課税」に関するこの条約の「交渉結果」（パラ1.3.8）について，「利子の受取人（Zinsempfänger）の明示の同意」なしの「自動的（automatisch）な情報交換」は「拒絶された（Abgelehnt wurde ……．）」，とある。だが，ここも，注意深く読めば，「利子の受取人（Zinsempfänger）の明示の同意」なしに「拒絶」されたのは，「自動的な情報交換」であって，そうではない本条約10条1項の場合の「秘密裡」になされる情報交換について，「利子受取人の明示の同意」の前提となるところの，この者への（情報交換の要請のあったことについての）「通知」は，一体，本条約において，どう考えられているのか。スイス政府のこの公的説明（Botschaft）において，この点もまた，明確な言及がなされてはいないのである。

　だが，実はこの点は，本条約締結に伴って制定される，スイスでの利子課税の基本をも定める連邦法（Bundesgesetz zum Zinsbesteuerungsabkommen mit der Europäischen Gemeinschaft〔Zinsbesteuerungsgesetz, ZBstG〕── Id. at 6530ff に，その草案が示されている）の中で，右に示した穏当な方向での具体的規律が，なされている。即ち，Id. at 6536ff の，同法16条（外国からの要請についての，スイス側の「事前審査〔Vorprüfung〕」）以下の「行政共助」関連の規定において，17条1項aには，「事前審査」をクリアした外国側要請につき，スイス連邦課税当局は，情報保有者（Informationsinhaberin）に対して，当該要請のあったこと，及び，要求された情報につき，通知（benachrichtigen）するとあり，但し，その要請のその他の内容（der übrige Inhalt des Ersuchens）は，情報保有者には知らせてはならない，とされている。そして，当事者の権利保護についての18条へと，規定が続いてなされている。かくし，私の感じていた「もう一つの気になる点」についての懸念は，幸い，ここに解消することとなった。

　以上，いずれにしても，Botschaft vom 1. Oktober 2004, supra, at 6212 における10条「1項」及び「4項」についてのスイス政府の説明，即ち，同項の定める「情報交換」について，「(EU)加盟国の手続形態が様々であるという理由から」前記条文のようになったとするスイス連邦政府のこの公的説明は，同じくIbidが示すところの，「1981

年3月20日」の「国際刑事司法共助に関する連邦法（**IRSG**）」との関係で，本条約において「実質的に見て（[m]ateriell），租税事件における国際協力義務の拡張（Ausdehnung）は存在しない」との指摘と共に，極めて釈然としない，不十分なものだと，言わざるを得ない。──以上が，<u>前記の"気になる点"についての，『第1段階』での論述</u>，である。

だが，実は，<u>以上の点について，『第2段階』での論述が，必要となる（!!）</u>。スイス連邦政府の Id. at 6212 の説明において，10条の「1項」と共に掲げられていた同条「4項」は，この点での問題に，いかに"絡んで"来るのか。次の問題は，其処にある。

同条の「4項」は──

「スイスは，いかなる [EU] 加盟国との間でも，**後者の国（[EU] 加盟国）において，税額査定手続に従って"類似"の犯罪とみなされるべき場合**のカテゴリーを定義するために，二国間での交渉を受け入れる（Die Schweiz nimmt bilaterale Verhandlungen mit jedem Mitgliedstaat auf, um Kategorien von Fällen zu definieren, die gemäss den Veranlagungsverfahren in <u>diesen Staaten</u> als „ähnliche" Delikte anzusehen sind.）。」

──と規定する。

けれども，既述のごとく，EU 加盟国を「要請国」，スイスを「被要請国」とすれば，<u>10条「1項」では，「要請国」（EU 加盟国）の法規定が問題の行為につき如何なる規律内容をしているかは，何ら問題となっては「いない」</u>。即ち，（繰り返しにはなるが，慎重を期して示せば）1項の「第1文」では──

「スイスと個々の（EU）加盟国の管轄ある当局は，本条約の規定する所得につき，<u>被要請国</u>の法規定により（nach den Rechtsvorschriften des <u>ersuchten Staates</u>），租税詐欺又はそれに**類似**する犯罪（oder ein **ähnliches** Delikt）とされる行為に関して，情報を交換する（tauschen ..... aus）。」

──とされ，1項「第2文」は──

「専ら（排他的に [!!]），<u>被要請国</u>の法規定により（nach den Rechtsvorschriften des <u>ersuchten Staates</u>）租税詐欺と同一の違法内容を示す犯罪が，《**類似**》とみなされる（Als《**ähnlich**》gelten **ausschliesslich [!!]** Delikte, die ..... .）」

──と規定する。

かくて，本条約10条の，「1項」と「4項」とは，<u>実は整合して「いない」（!!）</u>。其処に，注意する必要がある。

<u>10条の「4項」との関係では，同条「1項」の「第2文」における，「専ら（排他的</u>

に）」の文言が，大きく効いて来ることは，否めまい。つまり，10条「4項」の"<u>類似</u>"の犯罪（„ähnliche" Delikte）とみなされるべき場合」の，「類似の」の文言とは，明らかに同条「1項」の「第1文」におけるそれ，を意味する。だが，同項の「第2文」で，この「類する（ähnlich）」の文言につき，それを，専ら（排他的に [ausschliesslich!!]），被要請国の法規定によって租税詐欺と「同一の違法内容を（denselben Unrechtsgehalt wie .....）示すもの」として，規定されてしまっている。即ち，この10条「1項」の「第2文」からは，同条「4項」の規定するところの，（「要請国」たる）「<u>EU加盟国において"類似"の犯罪（„ähnliche" Delikte）とみなされるべき場合のカテゴリーを定義</u>」することは，そもそも問題にはならない「はず」である。

　だが，実際に，「4項」の規定がある。それは一体，何故なのか。——他方，ここまで考えると，10条1項「第3文」の，（情報交換がなされる際の）「<u>ルールに沿って基礎づけられた要請を受けて（Auf ein ordnungsgemäss begründetes Ersuchen hin .....）</u>」との，極めて曖昧な文言との関係が，改めて，新たな問題となって浮上する。

　この点につきスイス政府の説明は何らなされていないのだが，右の10条「1項」の「第3文」の曖昧な文言が，ひょっとして，同条「4項」と，結び付くのではないか（!?）。

　つまり，スイス連邦政府が，Id. at 6212 において10条「1項」のみならず「4項」をも挙げつつ，また，「1981年3月20日」の「<u>国際刑事司法共助に関する連邦法（IRSG）</u>」に言及した上で，本条約10条による「情報交換」については，「実質的に見て，租税事件における国際協力義務の拡張は存在しない（**Materiell ergibt sich keine Ausdehnung** .....）」とし，『［刑事司法共助の場合と］同じことが行政共助にも広がるだけだ』，とのニュアンスでの説明をしていたのには，既述の『<u>第1段階</u>』での論述とは別な意味が込められていたのではないか，ということである（!!）。

　<u>意識覚醒のために一言すれば</u>（!!），以上の<u>本条約10条の「1項」・「4項」においては，スイスの「国際刑事司法共助法（IRSG）」の基本となる「双方可罰性の原則」について，それを示す具体的文言が，実は欠落している（!!）</u>。にもかかわらず，Id.（Botschaft vom 1. Oktober 2004, supra,）at 6212 には，この部分での説明の最後に――

　　„Wegen des **Grundsatzes der beidseitigen Strafbarkeit** kommt <u>Amtshilfe</u> nur in Betracht, wenn eine Tat, wäre sie in der Schweiz begangen worden, einen Steuerbetrug nach schweizerischem Recht darstellen würde oder wenn ein **ähnliches** Delikt mit gleichem Unrechtsgehalt vorliegt."

――と記されている。

　これは，スイスの従来の「双方可罰性の原則」の，典型的な表明である。そして，前記の「第1段階での論述」において示しておいたように，また，貿易と関税 2011 年9月号分の冒頭近く（本書135頁）で論じたように，IRSGの「1条3項」は，（<u>これ</u>

また既述の点だが，重要ゆえ再度示せば）「この法律は，要請をする側（ersuchend）の国の法によって，裁判官の判断が求められ得るところの**刑事事件**についてのみ，適用される」と規定し，それを受けて，同法64条1項が，「63条による諸措置であって手続的強制を要求するものについては，**外国で訴追された行為**がスイス法により可罰的な構成要件の客観的特徴を示すことが，事実関係から明らかとなるときにのみ，命じられ得る。それら［の措置］は，スイス法によって実施される」旨，「双方可罰性の原則」を明確に規定していた(\*)。

* 但し，Botschaft vom 1. Oktober 2004, supra. at 6212の，右に原文で示した説明には，「双方可罰性の原則」につきIRSG1条3項，64条1項からして当然に問題となるところの，「要請国」側での当該行為の取扱いについて，明示的な言及が「ない」。「ない」けれども，それ（「要請国」側での当該行為の，「刑事事件」としての［!!］取扱い）は，この説明において「含意」されている，という微妙な"表現"に，なっているのである。

かくて，どう見ても，Botschaft vom 1. Oktober 2004, supra, at 6212 の，スイス政府の本条約10条についての前記説明は，本条約10条1項の前記の各文言と，平仄が合わない。——だが，スイス政府としては，前記の，10条1項「第3文」の，①（情報交換がなされる際の）「ルールに沿って基礎づけられた要請を受けて（Auf ein ordnungsgemäss begründetes Ersuchen hin ....）」との，極めて曖昧な文言，及び，同条4項の，②「［EU］加盟国において"類似"の犯罪（„ähnliche" Delikte）とみなされるべき場合のカテゴリー」の「定義」が，本条約との関係で必要であることを前提とする規定を梃子（テコ）として，スイスにとっての従来の扱い（「双方可罰性の原則」を基軸とするそれ）に変更のないことを，スイス側の条約解釈として，ともかくも示そうと，**藻掻いている**，と解す「べき」であろう。

そして，そのことを踏まえた上で，「第1段階での論述」においては否定的な意味で捉えていたところのスイス政府の説明，即ち，Id. at 6212における，『「10条1項及び4項」（Art. 10 Abs. 1 **und** 4）を挙げた上での，「この条約は，行政手続，民事手続又は刑事手続が，行政共助要請の**出発点（Ausgangspunkt [!!]）**たり得る，と規定する」のだとの，スイス政府の説明』に，立ち戻る必要がある。この「出発点」云々の説明は，スイス側の条約解釈として，「双方可罰性の原則」（**Ibid**は，既述のように，この原則に，明示的に言及している）との関係は不変であることを，もっと端的に示したいのだがそれが出来ぬ悶々たる思いの現れだと，最終的には把握される「べき」なのであろう（前記の"藻掻き"が，何らかの心理的屈折の結果，この「出発点」という，条文にはない言葉となって示され，そして，其処に何かがあると，私が気づいた，ということなのであろう）。——以上が，前記の"気になる点"についての，「第2段階での論述」の，結論となる。

以上，スイス政府の微妙な説明のニュアンスから，延々と論じて来た。要するに，『「双方可罰性の原則」を巡る**EU**とスイスとの暗闘』は，貿易と関税2011年9月号分の前半（本書138頁以下）で**Botschaft vom 1. Oktober** 2004, **supra, at** 6503ff, 6185,

## 2 従来のスイスにおける「他の諸国との租税条約上の情報交換」の時系列的な展開過程　247

6187ff, 6194ff 等を引用しつつ示した「詐欺撲滅等に関する EU 側とスイスとの条約」や，同じく Id. at 6154ff, 6415ff, 6447ff 等を引用しつつ示した「Schengen/Dublin 協定へのスイスの加盟についての条約」の場合（いずれも「刑事司法共助」の場合に即しての論述を行なっていた[*]）よりも，実は，「行政共助」についての本条約（「利子課税に関する 2004 年対 EU 租税条約」）の締結交渉の方が，はるかに尖鋭化していた，ということなのである。ここで「は」，スイス側は，『「双方可罰性の原則」の堅持』を，条文上「は」，何ら明確化出来なかったのであるから（!!）。

* なお，ここまで論じた後において，改めて気になったのは，貿易と関税 2011 年 9 月号 52 頁以下（本書 138 頁以下）において，専ら「（刑事）司法共助」との関係で論じたところの，「詐欺撲滅等に関する条約」・「シェンゲン・ダブリン協定へのスイスの加盟についての条約」について，「行政共助」との関係が，どのように規定されているのか，との問題である。言い換えれば，これら二つの条約において，「司法共助」については，右にも示したようにスイス側として，「双方可罰性の原則」を死守することが出来た（「シェンゲン・ダブリン協定関連」の右の条約につき，Id. at 5968 の「概観」部分での説明においても，EU 側が，直接税の領域における司法共助につき，「双方可罰性の要件」を廃止 [abschaffen] する方針であったのに対して，かかることはスイスの「銀行秘密」と整合しないであろうから [was mit dem schweizerischen Bankgeheimnis unvereinbar wäre] とのスイス側の理解の下に，結局これを拒絶した経緯が，示されている）。「その先」の「行政共助」問題の取扱いについて，2011 年 8 月 31 日の執筆再開に際して，その前に 2 時間ほど調べてみたのである。以下，その結果を「略述」のみする。

「行政共助」について（「司法共助」と共に）規定が置かれているのは，「詐欺撲滅等に関する条約」の方である。「行政共助」と題して，7 条から 24 条までの規定が置かれ，既に検討済みの「司法共助」については，25－38 条の規定がある（1 条の，本条約の規律の「対象」についての規定にも，「行政共助」と「司法共助」とが，既にして並んで示されている）。

本条約による「行政共助」の基本につき，Id. at 6190 の，本条約 9 条（管轄）の規定（Id. at 6002f にもあらかじめの説明があるが，本条約の規律する間接税領域での問題につき，EU 側の　官庁は，スイス国内手続におけるスイスの官庁と「同一」のものとして取扱われる [gleich behandelt werden wie .....] ことになるとする，本条約独特の規律手法としての "als ob 条項"――但し，このネーミングは，私自身のものである）との関係での説明において，「行政共助」に関する（本条約の）規定は，国内規定の変更と解釈されてはならない（Keine Bestimmung über die Amtshilfe darf als Änderung nationaler Bestimmungen ausgelegt werden.），とされている。いわばそれが，この条約における「行政共助」の基本となる。

14 条には，「直接郵送による送達」（..... können direkt per Post zugestellt werden）の規定もあるが，それはともかく（貿易と関税 2011 年 9 月号 57 頁以下[本書 143 頁以下]において，小寺彰教授の根拠なき論断との関係で既述の点である），「双方可罰性の原則」を死守し得た既述の「司法共助」の場合とパラレルな規律が，「行政共助」についてもなされている。この点は，本条約による「行政共助及び司法共助の新たな規律（Neue Regelung）」を一括して論じ，本条約所定の場合につき，「将来的にスイスは，行政共助及び司法共助の枠組みにおいて，強制措置を，スイス法による国内手続と同一の要件の下に認めることになる（進んでそれを行なうことになる）」（Künftig ist die Schweiz be-

reit, Zwangsmassnahmen ..... im Rahmen der Amts- und Rechtshilfe unter den gleichen Voraussetzungen zu gewähren wie nach schweizerischem Recht in einem nationalen Verfahren, sofern ..... .) とする Id. at 6186（パラ 2.7.3.2 の冒頭）の説明において，最も鮮明である。

　実際にも，例えば「引き渡された情報の使用」についての 19 条では，情報の「他目的使用」につき，被要請国側の書面による同意が必要とされているし（その条文につき Id. at 6192f 参照。「特定性の原則［Spezialitätsprinzip］」につき言及のある Id. at 6003 と，それを対比せよ），「強制措置」についても規定する 15 条に関する Id. at 6191f（同条の条文。Id. at 6191 の注 341 に注意）及び Id. at 6003 なども，参照せよ。

　ともかく，本条約上の「行政共助」については，前記条約（「利子課税に関する 2004 年対 EU 租税条約」）におけるがごとき深刻な状況は，少なくとも表面化してはいなかったようである。──そのことだけを示して，後者の条約についての論述に，ここで戻ることとする。

　ところで，条約に明文の規定はなくとも，従来のスイス法の規定に即して同条約（「利子課税に関する 2004 年対 EU 租税条約」）を解釈・適用することに，仮にスイス側がこだわったとすれば（例えば，その趣旨が，前記の「ルールに沿って基礎づけられた要請を受けて」との 10 条 1 項「第 3 文」の，本来曖昧な文言に盛り込まれている，等の主張をスイスがしたとせよ），後は「条約解釈」を巡る争いとなり「得る」。だが，10 条 1 項の「第 4 文」にも示されている通り，同条による「情報交換」は，結局は「スイスと（EU）加盟国との租税条約」において定められた手続に従ってなされるもの，である。

　従って，この先は，以上示した本条約 10 条 1 項・4 項についての問題が，実際の EU 加盟諸国とスイスが締結した個別の租税条約の中で，如何にクラリファイされているのかという視点から，後に改めて検討することとする（私自身，この論点を忘れないように，努めたい［*］）。

　　＊　忘れてしまいそうで，内心怖いのだが……。

　ここで，本条約（「利子課税に関する 2004 年対 EU 租税条約」）についての，Id. at 6212 に続くスイス政府の説明を，更に辿っておきたい（ここで時計を見たら，朝だか夜だか分からないが，「4 時 56 分」になっていた。どうも，8 月 25 日「午前」らしい。──ということは，執筆開始が，「2011 年 8 月 24 日午後 1 時 5 分」だったから，「15 時間 51 分」ぶっ続けの執筆，だったことになる。夕食も，風呂もなしに，文字通りの「ぶっ続け」である。今回は，いわゆる「徹夜」でもある。しかも，枚数的には，1 号分が 15 枚前後のところ，既に 11 枚目の半ばまで，書いてしまった。従って，今日のところは，ここで筆を擱くこととする。前号分までとほぼ同様，疲れはほとんど感じていない。以上，多少プリントアウトの準備もしつつ，2011 年 8 月 25 日午前 5 時 12 分記す。ここまでの点検は，後日行なう。──同年 8 月 31 日朝 5 時過ぎに下読みを開始し，同日午前 7 時 35 分，執筆を再開する［*］）。

　　＊　昨日（2011 年 8 月 30 日），貿易と関税 2011 年 1・2 月号分で論じた「来料加工取引」関連での東京高裁平成 21 年（行コ）第 236 号事件（なお，貿易と関税 2010 年 10 月号

2　従来のスイスにおける「他の諸国との租税条約上の情報交換」の時系列的な展開過程　　249

82頁下段参照）につき，無事国側（国税側）勝訴の判決言渡しが同日になされた旨の，第１報が入った。それをも励みとしつつ，本日中に，この２月号分を仕上げる覚悟，である（その後，大阪・名古屋でも無事，国側が勝訴した旨の連絡を受けた。まだ，それで確定したわけではないのだが）。

　「行政共助」関連でのスイス連邦政府の次の説明は，Botschaft vom 1. Oktober 2004, supra, at 6215f の，本号分の冒頭（本書233頁）でも既述の「合意メモランダム」（Einverständliches Memorandum; Memorandum of Understanding)」となっている。だが，そこでは，この「合意メモ」の「政治的性格」（**politischer Charakter**）が，まずもって，ことさらに（!!）強調され，「法的（rechtlich）」にはそれは，何ら条約ではない（Es stellt ..... kein Abkommen dar ..... .），とされている。

　Id. at 6559f に示された，スイスと EU（EG）及びその加盟各国（もとより，英仏及び「ドイツ」を含む!!──ドイツについては本章３参照）との間のこの「合意メモ」の，２条（２番目の項目）には，「行政共助」につき，以下の文言がある。まず，原文で示せば──

„2. Amtshilfe in Fällen von Steuerbetrug oder bei ähnlichen Delikten

Unmittelbar nach Unterzeichnung des Abkommens werden die Schweiz und jeder Mitgliedstaat der Europäischen Gemeinschaft bilaterale Verhandlungen aufnehmen, um:

— in ihre jeweiligen Doppelbesteuerungsabkommen **im Bereich der Steuern auf Einkommen und Vermögen [!!]** Bestimmungen aufzunehmen, die **für alle** verwaltungs-, zivil- oder strafrechtlichen Fälle, die nach dem Recht des ersuchten [!!] **Staates** als Steuerbetrug gelten, oder für ähnliche Delikte in Bezug auf andere, nicht das [i.e. dieses] Abkommen, aber durch die jeweiligen Doppelbesteuerungsabkommen abgedeckte Einkünfte Amtshilfe in Form eines Informationsaustauschs auf Ersuchen vorsehen;

— die Kategorien von Fällen zu definieren, die gemäss **den** Veranlagungs**verfahren** der **betreffenden Staaten** als《ähnliches Delikt》gelten."

──と，そこにある。
　そこには，これまで「２段階での論述」を経て示して来た **EU** とスイスとの暗闘が，更に増幅して（!!）示されている。まずはそこに，気付くべき（!!）である。
　本条約の署名後直ちに，「租税詐欺又はそれに類似する犯罪」の場合の「行政共助」につき，スイスとすべての EG（EU）加盟国との間での二国間での交渉がなされるとして，その目的を示すのが，右の「二つのバー」である。まず，その「第１のバー」が，本条約10条１項第１－第３文に，ぴたりと符合しているかといえば，そう「ではない」。

250 第2章 「従来のスイスにおける租税条約上の情報交換」と「堅持されていた"双方可罰性の要件"」

それについて、若干細かな点も含め、見ておく。

1項「第2文」の、「被要請国の法規定」を示す際の「排他的に」の文言は消えているが、その代わりに、「すべての」と、ある種の（気持ちの上での）強調を示す言葉が入っている。即ち、同項「第3文」で「要請国」での手続を示す際には「行政手続、民事手続又は刑事手続」とあり、かつ、それらについて、単数形で「ある手続（in einem ……［V］erfahren）」とあったのに対して、右の「第1のバー」では、「すべての行政、民事、又は刑事事件のために」と、変更されている。

そんな細かなことよりも、この「第1のバー」では、「租税詐欺又はそれに類似する犯罪」の場合の「行政共助」が、「利子課税」の場合を踏み越え、これらの国々との租税条約のカヴァーする領域の全体にまで、一気に拡大されている(!!)。これは、けっこう強引なことである。――そして、このことが、この「合意メモ」の「政治的性格」（politischer Charakter）をことさらに強調して始まるところの、前記のスイス政府の説明の仕方と直結する、と考えるべきであろう(*)。

* この「第1のバー」において、専ら「被要請国」（実質的にはスイス）の法規定によって「租税詐欺」とされる場合につき、「行政共助（情報交換）」がなされるとする部分は、10条1項「第2文」のままである。

他方、右の「第2のバー」についても、（意味するところは結局同じにはなるが）10条4項では（スイスとEU加盟国とを示し）「後者の国」としてのEU加盟国（要するに、「要請国」）における「類似する犯罪」の定義のための交渉を行なうとあったのが、「当該の国」と、やはり（気持ちの上で）それを"ぼかす言葉"が用いられている。一瞬、「当該の国」（［手続］とともに複数形!!）とは「要請国」・「被要請国」のどっちなのかが、少なくとも不安に、なるはずである。

10条1項（とくにその「第2文」の「排他的に」の語により「被要請国」での扱いのみが問題なのだとする規定振り）にもかかわらず、「要請国」側の「類似する」云々の行為についての取扱い「も」問題なのだと必至に訴えかけるのが、同条「4項」についての、既述の私の理解におけるスイス側の立場、であった。この「4項」においても、「要請国の」とはダイレクトに書き込めなかった訳だが、（前記の、本条約で規定された「利子課税」の場合を一気に越えた、「行政共助」の対象領域の「致命的な拡大」に加え）「気持ちの上で」、更にEU側はスイスを、押しまくった感じが、右の"ぼかす言葉"の有する、微妙でいやらしいニュアンス、であろう（本条約の条文の通りに書けばよいものを、ということである）。

ここで、Id. at 6215f の、この「合意メモ」についてのスイス政府の説明に戻る。Id. at 6215 では、以上の「合意メモ」の2条（二つ目の項目［Ziff. 2］）に示された、「利子課税」を一気に越える対象領域の拡大への言及がなされた後、「米国との租税条約でなされたのと同様に（Ähnlich wie ……．）」、EU加盟諸国との間で、「類似する犯罪」の定義がなされるべきことになる、とある。

## 2 従来のスイスにおける「他の諸国との租税条約上の情報交換」の時系列的な展開過程　251

　だが、「1996年対米租税条約」26条1項においては、既述のごとく、「租税詐欺及びそれと同様（同等）のものの防止のために必要な情報を交換する」とのみあって、租税詐欺云々の判断基準を「要請国」・「被要請国」のいずれに置くかについては、規定上、明言されていなかった。それがゆえに、「IRS vs. UBS事件」との関係でも、この文言の明確化のために、両国間でのその後の合意等々がなされて来たのでもあるが（すべて、本論文において既述）、それはスイス側にとっては、「双方可罰性の原則」の明確化のための営為、でもあった。Id. at 6215 でのスイス政府の前記説明には、「双方可罰性の原則」に基づく「1996年対米租税条約」の場合と「同様に（Ähnlich wie ..... .）」、「双方可罰性の原則（要件）」を一層明確化した上でのEU諸国との交渉を行なうとの、スイス政府の（隠された）決意が、裏打ちされていると、見るべきでもあろう。

　Id. at 6216 には、前記の「合意メモ」についての説明の最後として、以下の説明がなされている。即ちそこには、スイスとEUとが、合意された措置を「信義則に従って（nach Treu und Glauben）」実施し、かつ、そこでの規律を、「十分な根拠なしに、一方的な行動によって害さないこと（nicht ohne hinreichenden Grund durch einseitiges Handeln zu verletzen）で一致した」、とあり、**「合意メモ」の4条**（「第4の項目」[Ziff. 4]）が、引用されている。

　Id. at 6560 の、この条項（4条）は、二つのパラグラフからなる、多少長いものだが、右の趣旨は、その第1パラに示されている。そこ（第1パラ）では、この「合意メモ」の署名国（従って、EG[EU]及びその加盟諸国及びスイス）は、本条約及び「合意メモ」を、受け入れ可能で均衡のとれたものとみなす旨の宣言をし（..... erklären, dass sie ..... als akzeptable und ausgewogene Regelung ansehen, .....）云々とあって、それに続き、前記の「信義則」以下の内容が、示されている（第2パラは、ここでの問題と関係しない）。

　この「合意メモ」の4条も、若干屈折した内容のものである。それは、EU側がスイスを、前記のごとく（「利子課税」の場合を越えて）押しまくった上での条項、である。

　押しまくったならば、そのままにして置けばよいものを、①そこでの「規律」が「一方的な行動によって害さ」れることが、右において、暗に前提とされている、かの如くである。それをするのは、この文脈では、専らスイスであろう。他方、そこでは、②「スイス」もまた本条約及び「合意メモ」を、受け入れ可能で均衡のとれたものとみなす宣言をする、とある。これは、スイスに対して、「一方的な行動によって害さない」ように、釘を刺すものであろう。——この②と①で、EU側から見ればスイスの勝手な行動（EU加盟諸国との租税条約改正におけるそれ）を、何とか押さえ込もう、ということであろう。

　要するに、EU側は、「利子課税」に関する2004年の本条約締結を、**いわば奇貨として**、EU加盟諸国とスイスとの租税条約の中に、「利子課税」問題を越えた一般的な形で、「1996年米・スイス租税条約」26条と同じ、「租税詐欺」云々の場合の「行政共助」規定を盛り込むことを、この「合意メモ」で画策した。しかも、右の対米租税条約でも堅持されていたところの、「双方可罰性の原則」を相対化させた上で、ということである。

252　第 2 章　「従来のスイスにおける租税条約上の情報交換」と「堅持されていた"双方可罰性の要件"」

　だが、前記のスイス政府の公的解説にも、屈折した形で示されていたように、スイス側は、「双方可罰性の原則」を維持した上で、EU 加盟諸国との実際の二国間租税条約改正に臨む方針を、本条約締結交渉においても、ちらつかせていたの「であろう」。その間の葛藤を示すのが、この「合意メモ」4 条の、前記の構造となっている、と見る「べき」ものと思われる。

　ところで、そこまで論じた上で、改めて気になるのは、**本条約**(「利子課税に関する 2004 年対 EU 租税条約」)と、同じ年になされたスイスの、本号分冒頭近くでも再度英文で示した **OECD** モデル租税条約 26 条に対する、改訂(修正)された新たな留保との、「時期的連動」について、である。両者は、一体、如何なる関係にあるのだろうか。

　前記のごとく、スイスのこの留保の改訂は、2004 年 6 月になされたものである。他方、EU との前記条約についての Botschaft, supra の日付けは「2004 年 10 月 1 日」ではあるものの、Id. at 6207 には、本条約の締結経緯につき、若干興味深い記述が、なされている。即ち、「2003 年 5 月半ば」には、EU との本条約の草案が纏まったと、まずある。そして Ibid には、「2004 年 6 月 21 日」に、交渉の最終段階として、本条約の適用開始日が合意された、とある。

　かくて、本条約の締結交渉は、「2004 年 6 月」まで、であった。そして、同じ月に、スイスは、OECD モデル租税条約 26 条について、新たな留保を行なった。その内容は、既述のごとく、"This reservation shall not apply in cases involving acts of fraud **subject to imprisonment** according to the laws of **both** Contracting States."として、裏からではあるが、「双方可罰性の原則」を、明確に記述したものであった。

　要するに、スイスは、本条約(「利子課税に関する 2004 年対 EU 租税条約」)に明確に書き込みたくてもそれが出来なかった「双方可罰性の原則」を、本条約締結交渉が終結した「2004 年 6 月」という時期に、OECD 向けにクリア・カットに宣言し、それによって、前記「合意メモ」に基づく EU 加盟諸国との租税条約改正に際してのスイスの基本スタンスを、駄目押し的に示そうとしたのではないか。私には、以上の結果を踏まえ、そのように思われるのである[*]。

* なお、本条約 10 条の「情報交換」(「行政共助」)条項については、スイス連邦政府の前記説明に合わせ、同条の「1 項及び 4 項」に集中して、以上の論述を行なって来た。それ以外の条項についても、念のために、ここで一言しておく。まず、2 項は、時効期間 (Verjährungsfristen) に関するものゆえ、ここでは省略する。
　3 項は、1 項同様、若干長い条文であるが、「被要請国」([d]er ersuchte Staat) が、情報を引き渡すのは、「ある行為が租税詐欺又は類似する犯罪 (Delikt) にあたるとの、根拠のある疑いを、要請国 (der ersuchende Staat) が有する場合」だ、とする(同項第 1 文)。そして、それに続く第 2 文で、「租税詐欺又は類似する犯罪」があったとの「要請国の疑い ([d]er Verdacht des ersuchenden Staates)」が基礎づけられる場合を、4 つの場合につき、規定する。
　かかる 3 項の規定を受けての、既述の「4 項」(EU 加盟国との二国間の交渉で、何が「類似する犯罪」と見なされるべきかを定義する旨の規定)だったのである。だが、再

度注意すべきは，既述の通り，同条1項「第2文」において，「類似する」との文言については，排他的（ausschliesslich）に「被要請国」の定めによるとされていたこと，そして，続く「第3文」で，「刑事手続」が「要請国」において実際に進められていることを何ら問わずに，単にそこで行政・民事・刑事の手続がなされ「得る（kann）」段階での情報引き渡しまでが規定されていたこと，である。

つまり，この「3項」をインプットして考えて見ても，既になされた論述には，結果として影響はないことになる。「3項」では，「要請国」の側が，「被要請国」の法によれば「租税詐欺又は類似する犯罪」に当たる行為があったとの根拠ある「疑い」を有していること「のみ」が問題とされており，「要請国」の法において「も」それが犯罪とされる（それならば「双方可罰性」あり，となる）か否かは，その限りではやはり，何ら問われて「いない」から，である。

以上で，スイスにとって極めて重大な意味を有していたところの，「利子課税に関する2004年対EU租税条約」関連の論述を，終えることとする。次号分では，以上を受けた個別のEU加盟国との，租税条約改正において，本条約の影響がどう現れているかの検証を含む検討を，行なうこととなる（以上，執筆終了は2011年8月31日午後3時29分。点検に入る。——点検等終了，同日午後6時45分。今日の執筆は約8時間，再度の下読み等を含む作業全体では約13時間半，であった）。

* 次号以下に続く（作業終了の直前，8月31日の午後6時33分に，「3.11」を若干思い出させるような，久々のかなり大きな揺れを感じた。震源は千葉県北西部，深さ90キロで，マグニチュードは4.5。新宿区は震度2とのことだが，隣の千代田区では震度3。私たちの実感は，明らかに震度3であった。まるで，次号分の執筆が，本論文の冒頭でも一言した『2010年の「9.11」の事件』から1年の時期と重なることを，私に再度自覚させるような地震，であった）。

［以上，2012年2月号51 － 71頁］

(ii) 「利子課税に関する2004年対EU租税条約」との関係の「有無」を含めた2005 － 2006年の展開（サンプル調査として）

以下，右に記した時期について，前号分で論じた「（ⅰ）」の項目(*)に続き，検討を行なう（執筆開始は，2011年9月7日午前6時32分）。

* その見出しは，『「利子課税に関する2004年対EU租税条約」とスイスの「政治的な妥協」〔!?〕——その「実像」の解明に向けての検討〔2004年「6月」のOECDモデル租税条約26条についてのスイスの留保の改訂ないし修正との関係を含めて〕』という，若干長いものであった。

ここでは，本章2の結びとして，前号分で方針を示したように，この時期の対英・対仏でのスイスの租税条約改正(*)に併せて，サンプル的に，「2005年」（対ノルウェー），「2006年」（対フィンランド），そして，既述のごとく「2007年」について然るべきも

のが見つからなかったため，右と同じ年ではあるが，「2006 年」（対スペイン）の租税条約改正についても，専らそれが締結された時期に着目しつつ，いわばランダム抽出し，検討する。

　　＊　前号分でも示しておいたように，対英での「2007 年」改正プロトコル（貿易と関税 2011 年 12 月号 90 頁以下〔本書 207 頁以下〕で言及），及び，対仏での「2009 年」の「補足条約」（同 2012 年 1 月号 69 頁〔本書 218 頁〕で言及）について，ここで検討することとなるが，意に反して，対英・対仏での検討は，次号分回しとなってしまうことを，あらかじめ付記する。

　対英・対仏での租税条約改正が，この時期の後半に集中することもあり，その他の右の三国との租税条約の方を先に，まずは軽く見ておく。前号分で細かく論じたところの，①「双方可罰性の原則」を相対化させようとする EU 側の攻勢（とりわけ既述の「合意メモ」との関係），そして，②「2004 年 6 月」にスイスが行なった OECD モデル租税条約 26 条についての新たな（修正された）留保(＊)との関係が，焦点となる(＊＊)。

　　＊　前号分では，EU との「利子課税」に関する「2004 年租税条約」において，スイス側が，「双方可罰性の原則」を明確に書き込めなかったどころか，それと矛盾する「かのごとき」規定が設けられてしまったことを，まず示した。のみならず，前記の「合意メモ」では更に EU 側に押され，「利子課税」の問題を越えて EU 加盟国との租税条約の全射程に，「双方可罰性の原則」との関係が条文上不明確と言わざるを得ないところの，利子課税に関する 2004 年対 EU 租税条約の定める「行政共助」の内容を埋め込むことが（スイス側の理解においては，法的にではなく政治的に），合意されていたことを，示した。
　　　そして，そのようなスイス側にとってのかなり深刻な事態を受けて，EU との「2004 年条約」の締結交渉の終結した「2004 年 6 月」というまさにその時期・同じ月に，「双方可罰性堅持」のスイスの姿勢を明確に示した，OECD モデル租税条約 26 条についての新たな留保を，スイスがことさらに行なって"失地回復"を目指し，EU 加盟諸国との租税条約改正に「も」備えようとしたのではないか，との私の見方を，併せてそこに，記しておいた。そして，このことが，本号分における検討の，出発点となる。

　　＊＊　右に純粋に「ランダム抽出」した三国のうち，「ノルウェー」は，2011 年現在においても，EU の加盟国ではない。従って，もとより前記「合意メモ」にも，「ノルウェー」の国名はない。それゆえ，前記の（①ではなく）②の影響が，どのように及んでいるのかを見ることが，直接的な検討の，主眼となる。
　　　また，それがゆえに，前記『(ⅱ)』の小見出しにも，『「利子課税に関する 2004 年対 EU 租税条約」との関係の「有無」を含めた 2005 － 2006 年の展開（サンプル調査として）』としてある。ただ，「ノルウェー」が「情報交換」について，EU 加盟諸国との間での「最恵国待遇」的な発想（本論文は，貿易と関税 2011 年 11 月号 84 頁以下〔本書 193 頁〕の，「1971 年 8 月 11 日」署名の「ドイツ・スイス間の租税条約」の場合についての論述以来，その意識を持続させて，ここに至っている）でスイスに対して臨むことも，あり得ないではない。そこに「も」注意しつつ，検討を進めることになる。――本当にランダム抽出した（中身を一切見ずに，ランダムにプリント・アウトして置いておいた）だけの，しかも，露払い的に軽く見るのみで先に行こうと思っていた 3 国が，予定調和のごとく

2 従来のスイスにおける「他の諸国との租税条約上の情報交換」の時系列的な展開過程 255

相互に関係し、しかも、十分に1号分の論述にまでなってしまった「偶然の悪戯」(!?) については、私の頭の中の「時間の流れ」に忠実に、これから<u>有り体</u>に示す通りである。

## (ⅱ-a) 「2005年」の対ノルウェー租税条約改正の場合

まず、『「2005年4月12日」に署名された「ノルウェーとの租税条約」の「改正プロトコル」』について、見ておく。Botschaft über ein Protokoll zur Änderung des Doppelbesteuerungsabkommens mit dem Königreich Norwegen und des zugehörigen Protokolls vom 3. Juni 2005, BBl. 2005, at 4017ff が、それについてのスイス政府の公的説明である（EU非加盟国たるノルウェーとの関係を検討する趣旨は、直前の「＊＊部分」に示した通りである）。

Id. at 4018 の「概観」において、「情報交換」の「拡張（Ausweitung）」についての言及があり、「26条により、新たに（neu）、租税詐欺についても、また、持株会社の場合についても（auch für Steuerbetrug und im Falle von Holdinggesellschaften）行政共助が可能になる」ことが、既にしてそこで、示されている。だが、Id. at 4019 の「前史（Vorgeschichte）」の項では、<u>交渉の過程においてノルウェー側が、スイスに対して、「租税詐欺についてのみの情報交換」の代わりに（anstatt nur für Steuerbetrug）、スイスが米国との間で認めているのと同じく、「詐欺罪及びそれと同様・同等のもの（Betrugsdelikte und dergleichen）」についてのそれを求めた</u>、とある。

こうしたノルウェー側の要求には、スイス側として応じられないことが、Ibid において示されているが、そこでは、確かにスイスは「利子課税条約」でそうしたことを認めたが、それはEU加盟諸国に対してのみ（doch nur gegenüber EU-Staaten）のものなのだ、とされている。かくて、早速、『「利子課税に関する2004年対EU租税条約」との関係』が、この Botschaft にも現れていることになる（直前の「＊＊部分」参照!!）。

この「改正プロトコル」の10条が、「対ノルウェー租税条約」26条（但し、その「1項」）の「情報交換」条項の改正についてのものである。Id. at 4021f が、それについてのスイス政府の説明、となる。

Id. at 4021 の、その冒頭の説明は、新26条によって、新たに、「条約の正しい適用」のためのみならず、「租税詐欺（Steuerbetrug）」の場合の、「国内法実施」のための情報交換が可能になったことから、始まっている。そして――

「このプロトコルによれば、詐欺的な行動であって、**双方の国の法によって**（nach dem Recht **beider** Staaten）租税法違反（Steuervergehen）とされ、かつ、自由刑で処罰されるものが、租税詐欺と見なされる。……**双方可罰性の原則によって**（[a]uf Grund des **Grundsatzes der beidseitigen Strafbarkeit**）、行政共助は、ある行為がスイスで行なわれたとした場合に、スイス法により租税詐欺となる場合にのみ問題となる。このプロトコルでは、詐欺的な行動と求められる行政共助措置との間に、**直接の関係（ein direkter Zusammenhang**）が存在せねばならない（muss）ことが、<u>明確化</u>されている（Im Protokoll wird <u>klargestellt, dass …..</u> ）。最後に、いわゆる《**証拠漁り（Fishing expeditions)**》は、<u>明示的に排除（ausdrücklich ausgeschlossen）</u>さ

れている。」

――と，スイス側が，前号分で論じた「利子課税に関する 2004 年対 EU 租税条約」の中に明確に書き込みたかったであろう「双方可罰性堅持」の姿勢が，(「直接の関係」・「証拠漁り」の点とともに) スイス政府の公的説明として，明確に示されている (Ibid.)。

あくまでも対ノルウェー租税条約をここで検討するのは，サンプル調査的なものゆえ，Ibid に続いて示されている点は，ここでは省略し，ダイレクトに条文を見ておく。「利子課税に関する 2004 年対 EU 租税条約」の場合には，スイス政府の説明上の微妙な表現と実際の条文との間に，無視し得ない乖離があったが，そうしたことがないかの，点検のために，である。

このプロトコルの 10 条 (新 26 条の「1 項」についての改正) の条文は，Id. at 4031 にある。それによれば，新たな 26 条「1 項」(*) は，次のごとくなる。

* あくまでもサンプル調査ゆえ，「2005 年」段階での改正点に，検討を絞る (つもりであった……)。

同項は，冒頭に a－c の場合を挙げ，その後に，「守秘」等々について若干細かく定める構造となっている。その a の場合は，条約の実施に必要な情報の交換である。続く b・c は，いずれも「付加的に」([z]usätzlich) で始まる。この b は持株会社関連ゆえそこは飛ばして (以下も同じ)，c を見ることとする。

だが (!!)，そこには――

「c)　付加的に，両締約国の管轄官庁は，要請によって (auf Verlangen)，国内法の実施のために必要な，本条約の規定する租税との関係での租税詐欺の場合の情報を，交換することが出来る。」

――とあるのみ，である。即ち，スイス政府の説明にあった「双方の国の法によって」との，「双方可罰性の原則」を明確に示す文言は，そこには「ない」(!!) のである(*)。

* 「直接の関係」・「証拠漁り」の点も，同様に，この新 26 条「1 項」による条文上の明確化は，ない (なお，ここでの改正の前提となる同国との旧条約 26 条は，計 2 項からなるが，Botschaft vom 24. 2. 1988, BBl. 1988 Ⅱ, at 368f で，念のために，条文を確認した)。

この「改正プロトコル」には，その署名の若干前のものたる「2005 年 3 月 29 日」の「交渉プロトコル (Verhandlungsprotokoll)」(Botschaft vom 3. Juni 2005, supra, BBl. 2005, at 4035－4038) が，まさに右の，新 26 条 1 項 c の「情報交換条項」との関係で，その解釈・適用のために，存在する。その殆どの規定は，スイス側の措置についてのものだが (ノルウェー側については，Id. at 4038 の，最後の 4 行のみ)，「要請の事前審査 (Vorprüfung)」，「情報の入手 (Beschaffung)」，「関係者の諸権利」，「強制措置」，等々からスイス側当局の最終的な命令に対する行政裁判所への「不服申立 (Rechtsmittel; Be-

2 従来のスイスにおける「他の諸国との租税条約上の情報交換」の時系列的な展開過程　　257

schwerde)」までに至る，スイス国内での手続の流れが再叙されているのみで，新26条1項cの前記文言以上に突っ込んだ指摘は，何ら存在しない。

　かくて，『ここでもスイス政府は，「利子課税に関する2004年対EU租税条約」の場合と同じく，前記のId. at 4021の説明において，実際の条約の条文と乖離する独自の説明を行なっていたのか？』，との疑問が生じ「得る」ことになる。だが，「双方可罰性」については，そう考えるべき「ではない」。

　右の対EU条約の場合には，前号分で細かく見たように，「双方可罰性の原則」を否定する「かのごとき」文言が，条文上，存在した（同条約10条の1項[*]。──同条4項との不整合の問題として，前号分で詳述した）。だが，この対ノルウェー条約の場合には，「租税詐欺の場合の情報を，交換することが出来る」との文言があるのみ，である。そこが違う。

* 「2004年対EU条約」の10条1項「第1文」は，「**被要請国**の法規定により租税詐欺又はそれに**類似**する犯罪とされる行為に関して，情報を交換する」とし，同項「第2文」は，「専ら（排他的に），**被要請国**の法規定により租税詐欺と同一の違法内容を示す犯罪が，《**類似**》とみなされる」，と規定していた。「要請国」での当該行為の扱いがどうであるかは，そこでは明文上何ら問題とはされて「いなかった」（つまり，それを問題とすること自体が，"排除"されていた）のである。それが同条の「4項」と極めて微妙な関係に立つことも含めて，前号分で詳述した。

　対比すべきは，貿易と関税2012年1月号74頁以下の「iv」の項目（本書224頁）で改めて検討したところの，「1996年対米租税条約」26条の場合である。「租税詐欺及びそれと同様（同等）のもの」との，その文言は，貿易と関税2011年4月号51頁以下（本書31頁以下）で検討した「1951年米・スイス旧租税条約」16条を受け継ぐものだが，そこにも，「租税詐欺」云々についての判断基準は，条文上示されていなかった。

　それについて，再三述べたようにスイス側は，「双方可罰性の原則」にこだわる姿勢を堅持し，「**IRS vs. UBS事件**」も，その線で処理された。それと同じことを，スイス側は，ノルウェーに対しても，なし得る立場にある。前号分冒頭でも示した，既述の「2004年修正（改訂）」によるOECDモデル租税条約26条に対するスイスの，新たな留保（「双方可罰性の原則」を正面に立てたそれ‼)をも追い風として，である。──前記の「双方可罰性の原則」に関するスイス政府の説明は，以上のような意味合いのものとして，把握すべきである（[*]・[**]）。

* 但し，既述のごとく，「**直接の関係（ein direkter Zusammenhang）**」，及び，「**証拠漁り（Fishing expeditions）**」についてのスイス政府の説明も，この「改正プロトコル」の中に，何ら明確には規定されていない。この二つの点は，「2004年」修正（改訂）の，OECDモデル租税条約26条についてのスイスの留保においても，明示されてはいない。前記の「交渉プロトコル」1.3項でも，スイス側の「事前審査」において，対ノルウェー租税条約の「26条」，及び，この「プロトコル」による要件が満たされているならば云々，といった書き方しか，なされていない。

総じて，この「交渉プロトコル」では，貿易と関税 2011 年 8 月号 67 － 68 頁（本書 116 頁）で一言したスイス国内での租税条約の実施規則（右においては，対米での規則について，サンプル的に言及した）のレベルでの取扱いが（ここでの詳論は避けるが），"再叙"されている形となっている（但し，「交渉プロトコル」パラ 5.2 では，「強制措置」の一環としての「家宅捜索」につき，スイス「行政刑法」49 条による，とされている。ちなみに，スイスの国内法規定の引用は，ここだけである）。単にそのことによって，前記の「直接の関係（ein direkter Zusammenhang）」，及び，「証拠漁り（Fishing expeditions）」についてのスイス政府の説明が支持されるということならば，それはいささか強引ではないか，と思われるのだが……（本号分で後述の，前記の 2 点につき明文規定を有する対スペインの場合と，対比して考えよ）。

＊＊　なお，この対ノルウェー「改正プロトコル」10 条による，新 26 条 1 項の前記の a・b・c の列記に続く，「守秘」等々の文言について，一言のみしておく。この部分は，第 1 － 第 4 文からなる。ややこしいので，それらに①－④の番号を付す。

　まず第 1 文（①）で，「このようにして交換された情報は，秘密とし（soll geheim gehalten）」，としたあとのその文言だが，「1977 年版」の OECD モデル租税条約 26 条 1 項の「第 3 文」における，<u>守秘の基準を要請国側に置く文言</u>（「1996 年対米租税条約」にはそれがあった）は存在せず，他方，（引き渡された情報の）開示範囲について，「管理（Verwaltung）」という，同モデルの「第 3 文」にはない文言（但し，貿易と関税 2012 年 1 月号 76 頁以下〔本書 226 － 227 頁〕で論じた「1996 年対米租税条約」26 条 1 項第 3 文にはある文言）がある。その上で，開示範囲については，裁判所を含め，同モデルの「第 3 文」に沿った文言が示されている。――かくて，<u>こうしたところにも，米国並み</u>（右の対米条約の場合につき，貿易と関税 2012 年 1 月号 74 頁以下〔本書 224 頁以下〕参照）<u>を求めたノルウェーと，スイスとの暗闘の跡が，残っている</u>と，見るべきであろう。

　対ノルウェーの前記条項の，c に続く第 2 文（②）は，①で列記された者又は官庁が，そこに列記された目的のためだけに情報を使用してよい，とする。つまり，この②は，前記モデル 26 条 1 項第 4 文と，同じである。同モデルでは，続く第 5 文で，公開の裁判手続又は裁判における情報開示が認められているが，それは，対ノルウェーでのこの条項の第 4 文（④）である。

　つまり，対ノルウェーでは，その間に，<u>第 3 文（③）</u>が付加されている。そこでは，各種の秘密情報（但し，「銀行秘密」の文言はない）の交換は，されてはならない，とある。これは，スイス側が入れさせたのだろうが，「租税詐欺」の場合には，「銀行秘密」を含めて，情報交換がなされることになる（再三，既述）。


　だが，条文上，もっと明確に「双方可罰性の原則」を書き込む道は，別途あるはずである。例えば――


„Es besteht Einvernehmen, dass der Ausdruck 〈Steuerbetrugsdelikt〉 ein betrügerisches Verhalten bedeutet, welches <u>nach dem Recht **beider** Staaten</u> als Steuervergehen gilt und mit Freiheitsstrafe bedroht ist."


――といった条文があれば，スイスのこの立場は，最も鮮明となる。つまり，「〈租税

2　従来のスイスにおける「他の諸国との租税条約上の情報交換」の時系列的な展開過程　　259

詐欺犯罪〉との文言は，双方の国の法により租税法違反とされ，自由刑をもって処罰されるものを言う，との了解が［両締約国間に］存在する」との明示の文言があれば，「双方可罰性の原則」との関係で，スイス側にとって，ベストである。

　実は，右のドイツ語原文引用部分は，**Bericht der Expertenkommission für ein Bundesgesetz über Steuerstrafrecht und internationale Amtshilfe in Steuersachen（Bern, Oktober 2004), supra**, at 36 に示されているところの，後述の「2002 年」の「スイス・ドイツ間の租税条約改正プロトコル」（本章3参照）27 条の「情報交換」条項についての，更にそれに付随する「プロトコル」の「3」（「27 条について［Zu Art. 27］」），である。本論文でも既に言及した通り，Ibid は，（右の原文引用部分の「プロトコル」をも含めた）この「2002 年」の「対独租税条約改正」における規律に，「スイス側から見て他の国々との交渉のモデルとしての性格（**Modellcharakter**）が認められる」，としている。

　対ノルウェーでは，スイス側として，そこまで辿り着けなかった，ということである(*)。

* 既述のごとく，「2005 年」の，この対ノルウェーでの租税条約改正は，専ら「2005 年」というその時期，即ち対 EU での前記「2004 年」の条約の翌年のものだということだけに着目して，ランダム抽出したものだった。だが，Bericht der Expertenkommission, supra, at 36 には，対独での右の改正との関係で，「ノルウェー」との交渉の終了が既に終了し，他の諸国とは交渉中であることが，示されている（Id. at 35 で，OECD モデル租税条約 26 条に対する「2004 年 6 月」のスイスの新たな留保を，示した上での言及である）。この報告書が出されたのは「2004 年 10 月」だが，そこに「ノルウェー」への言及のあったことは，実は，今気付いたことである。不思議と言えば不思議，である。
　　──ついでに，もう一言。
　　恥を曝せば，「ノルウェー」と EU との関係も，今日この部分を書き出すまで，私にとって曖昧だった。以上において，最初から EU 非加盟国と知って「抽出」したように書いては来たが，嘘である。本日早朝，書き出そうとして，前号分で言及した EU 側との「合意メモランダム」に「ノルウェー」の国名のないことに気付き，「ひょっとして」と慌て，駐日欧州連合代表部発行の「ヨーロッパ」通巻 264 号（2011 年冬号）の裏表紙の加盟国の地図で，ノルウェーがスイス同様，非加盟国を示す灰色で表記されていることにより，ようやく事態を把握したというのが，偽らざるところ，である。本当に，恥ずかしいことではあるのだが。
　　「全くのランダム抽出」のはずが，かくて，思わぬ面白い展開となった。私の「氣」は，意識の上の自分とは無関係に働く面があり，これまた不思議，である（更に後述する）。

（ⅱ－b）「2006 年」の対フィンランド租税条約改正の場合

　次に，「2006 年 4 月 19 日」署名の，対フィンランド租税条約「改正プロトコル」の場合について，同様のサンプル調査を行なう。Botschaft über ein Protokoll zur Änderung des Doppelbesteuerungsabkommens mit der Republik Finnland（vom 24. Mai 2006), BBl. 2006, at 4771ff を，見ておこう。

　Id. at 4772 の「概観」では，「26 条によって，新たに行政共助が，租税詐欺（Steuerbetrug）についても可能になった」こと(*)，そして，「新たに合意された行政共助規

定は，ノルウェーと合意し，既に発効したものに匹敵する（vergleichbar）」，とある。そして Id. at 4773 の，「本プロトコルの基本的特質（Grundzüge）」の冒頭（パラ 1.1）には，前号分で論じた「利子課税に関する 2004 年対 EU 租税条約」に付随する「合意メモ」による義務として，「租税詐欺及びそれと同様（同等）なもの（und dergleichen）」について「情報交換」を行なう旨が，まずもって示されている。

　　＊　持株会社関連の問題は，以下においては捨象して論ずる。


　次に，個別条項の説明だが，Id. at 4774f の，本プロトコル 3 条で，「情報交換」の 26 条についての改正がなされている。Id. at 4774 の，新 26 条についての説明の冒頭では，前記の「合意メモ」への言及がなされつつ，<u>専らフィンランド法の構造からして，（租税詐欺と）「類似する（同等な）犯罪」という用語の採用は断念された</u>（Da ......, wurde auf die Aufnahme von《ähnlichen Delikten》verzichtet.），とある。従って，（対フィンランドの特殊事情として）「租税詐欺」の場合に限定した「行政共助」が規定されるに至った，とされている（Id. at 4775.）。
　Ibid は，続いて，「実質的に，新たな行政共助規定は，スイスの国際的な協力義務の拡張ではない」として，スイスの「国際刑事司法共助法（IRSG）」を掲げ，「双方可罰性の原則」が「既に今日［この時点において］例えば米国及びドイツとの間でそうであるように（**wie dies z.B. schon heute mit dem USA und Deutschland der Fall ist**）」，「租税詐欺」の場合につき，フィンランドとの関係でも維持されていることを，示している（*）。

　　＊　Ibid において，それに続いて示されているのは，「租税詐欺」の場合に，（「司法共助」のみではなく）<u>「行政共助」が可能となることには，「課税当局にとっての長所（Vorteil）」がある</u>，との点である。つまり，「司法共助」の場合には，IRSG 上の，既述の（情報使用についての）<u>「特定性の原則（Spezialitätsprinzip）」</u>からして，スイス側の入手した情報を使用出来るのは「刑事裁判官（Strafrichter）」のみだが，「行政共助」ルートが認められれば，外国側当局から得られた情報を，課税のためにも（auch für die Besteuerung）使用できるようになるからというのが，Ibid の言う長所，である。なお，同様の指摘は，この時期以降のスイスの結んだ租税条約においてとくに，繰り返しなされているが，私としては，こうした指摘に対して，若干割り切れないものを，感じてもいる。


　Ibid は，「スイスの行政共助の実務に従って」，本プロトコルの 3 番目の項目（Ziffer 3 ―― Id. at 4782 の Art. 3 のこと）において，「**双方可罰性の原則**」が「**確認**」され（Entsprechend der schweizerischen Amtshilfepraxis wird ...... **festgehalten** ...... .），かつ，対ノルウェーの場合について既述の，『詐欺的行動と要求された行政共助措置との間に「**直接の関係（ein direkter Zusammenhang）**」のなければならぬ（muss）こと』が，「**指示（指摘）されている**」（wird ...... **darauf hingewiesen**, dass ......），とする。
　この「指示（指摘）されている」との"表現"は，対ノルウェーの場合の，（この点が）「プロトコル中に**明確化されている**（Im Protokoll wird **klargestellt**, dass ...... .）」との"表現"よりも，和らげられたものになって「は」いる。だが，Ibid が続いて示す

## 2 従来のスイスにおける「他の諸国との租税条約上の情報交換」の時系列的な展開過程

「証拠漁り（**Fishing expeditions**）」の問題（但し、それについて Ibid では、「単なる証拠捜しに役立つ要請［Ersuchen, die der blossen Beweisausforschung dienen ..... .］」との表現が、用いられている）については、対ノルウェーの場合と同様、「明確に排除されている（..... sind ..... ausdrücklich **ausgeschlossen**）」との、断定的な表現が、なされている。

Ibid では、以上を踏まえ、「2005 年 8 月 10 日」の「交渉プロトコル（Verhandlungs-protokoll）」において、（スイス側の）管轄ある当局は、フィンランド側の要請の実施に必要な手続規定を、既に確定した（legten .....fest）とし、この手続が、「本質的には（im Wesentlichen）、ドイツ及びノルウェーと合意されたものに対応（entsprechen）する」ものだ、としている（持株会社関連の説明がこれに続くが、既述のごとく、それについては、ここでは省略する）。

ここで、Id. at 4782 の、本プロトコル 3 条（それによる対フィンランド租税条約 26 条「1 項」の改正）の条文を、実際に見てみよう。新たな 26 条「1 項」は、前記の対ノルウェー「改正プロトコル」10 条（それによる新 26 条「1 項」）と、同じ構造となっている。

この、対フィンランドの「1 項」もまた、a－c を列挙し、その後で「守秘」等々について規定する。「租税詐欺」関連の c を見ると、確かに「及びそれと同様・同等なもの」の文言はないが、「租税詐欺の場合に国内法の実施のために」の文言に、「しかしながら要請によってのみ（....., jedoch nur auf Verlangen）」との制約がかけられ、しかも、a－c すべてについて、「……の実施のために重大だと予測されるところの情報（die Informationen ....., die voraussichtlich erheblich sind ..... zur .....）」を交換する、との制約が、更にかけられている。

このあたりの機微は、個別の相手国との交渉（言い換えれば、双方の国の交渉力のバランス）に左右されるところではあろう。だが、a－c の列記に続く「守秘」等々の規定は、対ノルウェーの場合と、文言まで全く同じである。

ともかく、そこに「も」、対ノルウェーの場合と同様、「双方可罰性の原則」の明文化は、何らなされておらず、かつ、前記の「直接の関係」・「証拠漁り」の点についても、同様に、前記のスイス政府の説明を裏付ける明文は、存在しない（スイス政府の説明における、「直接の関係」についての、「指示［指摘］されている」との和らげられた前記の"表現"を、想起せよ）。「双方可罰性の原則」については、対ノルウェーの場合に指摘しておいたように、既述の「対米租税条約」の場合と同様の理解がなされるべきだが、「直接の関係」・「証拠漁り」についてのクラウディーな状況は、やはり残る[*]。

---

[*] Id. at 4785ff の、「2005 年 8 月 10 日」の「交渉プロトコル」も、対ノルウェーの場合と同じ構造であり、今日の執筆には、何だか徒労感が伴う。さっきまで、頭が少しだけ重かったし。まあ、こんな日もあるさと割り切って、先に進む。

要するに、スイス側としては、相手国のガードが固く、「双方可罰性の原則」を始めとして、租税条約改正に際して、種々なことを書き込みたくとも、それが出来なかった、ということであろう。だが、そうだとすれば、逆に（!!）、「対独の 2002 年改正」で、「双方可罰性の原則」の明文化を、何故スイス側としてなし得たのかが、注目すべき点として、浮上する「はず」である（本章 3 参照）。今私の感じている徒労感は、其処に至る

262　第2章　「従来のスイスにおける租税条約上の情報交換」と「堅持されていた"双方可罰性の要件"」

ための，実は重要な布石，なのかもしれない……(**)。

**　他面において，右の点を，次の対スペインの場合と対比したとき，一体何が見えて来るのかが，問題ともなる。

### (ⅱ−c)　「2006年」の対スペイン租税条約改正の場合──「双方可罰性の原則」についての明示の規定（!!）と「最恵国待遇」条項を中心に

もはやスキップしようかとは思いつつ，「2006年6月29日」署名の，対スペイン租税条約の「改正プロトコル」について，一応見ておくこととする。本当は「2007年」のものを見つけたかったのだが，「2007年」のBBl.を虱潰しに見ても，残念ながら，然るべきものが見つからなかったため，仕方なくこれについて，サンプル調査することとした次第である（既述[*]）。

*　但し，執筆のこの段階では，まだ中身を何ら読まずに，気楽に考えていたが，後述のごとく，ここでスペインを扱うことには，十分な理由のあることが，判明した。そこで，右の「(ⅱ−c)」の見出しに，これ以降の論述を踏まえて副題を，急遽，つけることとした。

検討の対象は，Botschaft über den Abschluss eines Revisionsprotokolls zum Doppelbesteuerungsabkommen zwischen der Schweiz und Spanien auf dem Gebiet der Steuern vom Einkommen und vom Vermögen vom 26. April 1966（vom 6. Sept. 2006），BBl. 2006, at 7681ff である。これまでの二か国との租税条約改正では，繰り返しが多く，私自身フェッド・アップ状態だったが，Id. at 7682 の「概観」において，多少新しいことがあったので，ほっとした（この間に，妻にヘルプ・メッセージを出し，その漢方処方で頭のもやもやが一気に消えたことにも，ここで言及しておく。漢方の効き目が遅いというのは，殆ど迷信である）。

　この「対スペイン改正プロトコル」において，「租税詐欺及びそれに類似する犯罪の場合について（im Falle von Steuerbetrug und ähnlichen Delikten）」の情報交換が規定されているとする Ibid は，対スペインでの「1966年4月26日」の租税条約は，それ以来何らの改正もなされなかったが，この旧条約（das alte Abkommen）には，「情報交換」条項が存在していなかった，とする(*)。

*　サンプル調査ではあるが，本当かいなと思って，Botschaft (Vom 31. Mai 1966)，BBl. 1966 Ⅰ, at 807ff（対スペイン旧租税条約関連）を見てみたが，その通りであった。

Botschaft（vom 6. Sept. 2006），supra, at 7683 では，まず，**課税当局による「銀行情報」へのアクセス改善に関する（über den verbesserten Zugang），「OECD 租税委員会」の「2000年報告書」（へのスイスの同意──なお，本書353頁以下参照）によるスイスの義務**として，OECD 加盟諸国との租税条約において，「租税詐欺」の場合について，「要請国」の国内租税法の実施のために，「銀行情報」の交換を「行政共助」ルートで認

2　従来のスイスにおける「他の諸国との租税条約上の情報交換」の時系列的な展開過程　　263

めることになったことが，示されている。そして，既に「対独租税条約」で，かかる条項の置かれていることが，続いて指摘されている。

　他方，Id. at 7683f では，前記の「利子課税に関する 2004 年対 EU 租税条約」（「2005 年 7 月 1 日」に発効，とある）とそれに付随する「合意メモ」への言及があり，「租税詐欺又は類似する犯罪の場合（in Fällen von Steuerbetrug oder ähnlichen Delikten）」の場合の，「銀行情報を含めた（inkl. Bankinformationen）」情報交換に至る経緯が，記されている。

　この「改正プロトコル」5 条で新設された「情報交換」条項は，対スペイン租税条約の「新 25bis 条」であり，それについてのスイス政府の説明は，Id. at 7687 - 7690 に及び，詳細なものとなっている。そして，そこにおいて，前記の「利子課税に関する 2004 年対 EU 租税条約」の条文とスイス政府側の見方との間に存在する亀裂ないしは乖離につき，前号分で詳細に示しておいた点が，ようやく，顔を覗かせることとなる。これは，同じく EU 加盟国たる対フィンランドの租税条約改正（既述）では顕在化してはいなかったところの，スイス側にとって極めて有利な点である（後述）。

　Id. at 7687 - 7690 の，このスイス政府の説明は，5 つの項目からなる。まず，その項目名を，列記しておけば——

a)　とりわけ租税詐欺及び類似の犯罪の場合にもなされる行政共助，
b)　行政共助の持株会社への拡張，
c)　租税詐欺及び類似の犯罪の定義，
d)　行政共助の許可（Gewährung）の条件，
e)　**最恵国待遇条項（Meistbegünstigungsklausel [!!]）**，

——の，5 つとなる（既述のごとく，そのうち，持株会社関連の b）は，省略する）。
「最恵国待遇」の条項が，遂に出て来た (!![*])。そして，ようやく，面白くなって来た (!!)。もはや，本号分でのこれまでの論述との重複を避け，注目すべき点のみに絞って，論ずることとする。

* 　「最恵国待遇（**MFN**: the most-favored-nation treatment）」的発想については，貿易と関税 2011 年 11 月号 84 頁以下の，「1971 年対独租税条約」締結交渉以来，これまで折に触れて言及して来た。この MFN の点（本書 193 頁）が，対仏租税条約の後述の改正で，大いに揉めることに，なるのである。
　　ちなみに，遂にお蔵入りとなった「2009 年 1 月 12 日」の対仏租税条約改正に関する，Botschaft (vom 6. März 2009), infra, BBl. 2009, at 1631ff では，Id. at 1641 において，この「対スペイン租税条約改正プロトコル」における MFN 条項についての言及がなされている（後述）。

　まず，Botschaft (vom 6. Sept. 2006), supra, at 7687f の，右の「a)」だが，これまで（[b]is anhin）スイスとスペインとの間での，租税詐欺の場合の情報交換は，スイス

264　第2章　「従来のスイスにおける租税条約上の情報交換」と「堅持されていた"双方可罰性の要件"」

の「国際刑事司法共助法（IRSG）」に基づきなされて来たが，それが（対米・対独と同様に）「行政共助」についても新たに，「要請国」においていまだ刑事手続が開始されていない場合にも，なされることになる（Wie dies im Verhältnis der Schweiz zu Deutschland und den USA schon heute gilt, können neu auch mit Spanien bei Verdacht auf Steuerbetrug selbst dann Informationen auf dem Weg der Amtshilfe ausgetauscht werden, wenn im ersuchenden Staat noch kein Strafverfahren eröffnet ist.），とある（Id. at 7687.）

　前号分でも言及したように，刑事の「司法共助」の場合には，実際に「要請国」において刑事手続が係属中であることが，「情報交換」のなされるための要件として，IRSGにおいて，定められていた。もとより「行政共助」の場合には，この点を外した上で，「双方可罰性の要件」が厳守されることになるのだが(*)，その点が，右には念のために示されているのである。

　　＊　有り体に言えば，「スペイン」をランダム抽出の3番目の国と，前号分の執筆時に決めたとき，スイスとの租税条約の改正時期を，私は，（資料を読み間違って）「2007年」だと思っていた。だが，こうして本号分を書き出した9月7日に，それが「2006年」のものであることを発見し，私は，大いに（但し，静かに）慌てた。
　　そして，執筆を中断し，BBl. の「2007年分」を片っ端から調べて，何か見つかったら，もはや「スペイン」は「フィンランド」と同じ年だし，捨てようかとまで考えた。だが，幸か不幸か（否，結果としては大いに幸運なこととして），然るべき「2007年」改正の租税条約が，見つからなかった。
　　そこで仕方なく（‼），既定方針通りに「スペイン」を3番目に扱うこととし，前号分の校正刷り到着がまだ数カ月先であることもあって，姑息にも（⁉），提出済みの前号分の原稿・データを「2006年」と変更して，「2006年」のものが二つ重なるけれども，それについての，もっともらしい理由（但し，そこに嘘はない）を，書き添えたりもして体裁を繕い，ここに至っていた。
　　その間，『「最恵国待遇」&「この時期の対仏租税条約改正」（後述）』との関係で，数カ月以上前に下読みしてしていた対仏での資料において，「フランス」と「スペイン」とが繋がっていたの「ではないか」との，うっすらとした記憶はあったが，「スペイン」をここでのサンプル調査の対象と決めた当初は，本当に，ランダム抽出の積もり，だったのである。
　　この数カ月分の執筆前倒しにおいて，常にクリア・カットだった私の脳が，もあっと霞んだような，珍しく若干重たるい「9月7日から9月8日まで」の執筆の果てに，偶然（⁇）「スペイン」との関係での，右のId. at 7687関連の，右に傍線を付したところの，今（9月13日午前7時15分）改めて思えば何でもない個所について，有り体に言えば，私は，前号分以来，重大な或る勘違いをしていた。「9月7日から9月8日まで」の執筆に際しては，その勘違いを引き摺り，本号分でこの先延々と，書いてしまっ「ていた」。
　　ここで「スペイン」を扱わなかったら，と思うと，実に恐ろしいが，「9月13日」の執筆再開にあたり，「自分の頭（論理）の不整合」にようやく気づき，既に提出済みの2月号分の原稿をも訂正した上で，ここに至ったというのが，本当のところである。
　　「9月7日から9月8日まで」の執筆においては，この「勘違い」との関係で，私は以下のように記していた。即ち，『私は，意識下の私，つまりは私の「氣」が，今まで

2　従来のスイスにおける「他の諸国との租税条約上の情報交換」の時系列的な展開過程　　265

とは大きく違った何処かへと，私を導い「ている」事実に，こうして気づかされたのである。それが何のためか，また，これから何処へ連れて行かれるのかは，いまだ分からないのだが。ともかく，「天の声」（それと私の「氣」とが，如何なる関係にあるのか，私には其処が，分からない!!）は，この私を更に大きな問題と直面させ，私が其処から果たして抜け出せるかを，実は，試し「ている」のだ。それが，やっと分かった』，と記していた。

　だが，「本当に偶然選んだスペイン」についての論述が，かくて，私の前号分以来の「勘違い」を自ら解消する機会を，実は，与えてくれ「ていた」のだ。そのことに感謝しつつ，前回の執筆分でその「勘違い」（IRSGの規定の通りに「行政共助」を考えるという，初歩的なミス）を引き摺っていた個所を「潔く」（!!──以前の私は，この「潔さ」が，かなり欠けていた）全部削除し，先に進むこととする。

　後述のごとく9月13日の執筆再開に際して，ふと思い立って「真夜中」にそれを始めたのも，今となっては，「十分に時間をとって，ゆっくりと，2月号分を含め，自分がこれまで書いて来たことを，再度精査し，より正しい自分の姿を発見しなさい」との，優しくも厳しい「天の声」に導かれてのものだったように，感じられる……。

さて，前号分で**「利子課税に関する2004年対EU租税条約」の条文とスイス政府側の見方との間に存在する亀裂ないしは乖離**として示したのは，まさに「双方可罰性の原則（要件）」をめぐっての問題であった。即ち，同条約10条「1項」においては，「要請国」側での当該の行為の取扱いが，何ら問われないことになっていた点（10条の「1項」）について，であった。この点について，対スペインでのBotschaft (vom 6. Sept. 2006), supra, at 7688 には，「c)」の，「租税詐欺及び類似の犯罪の定義」の項において──

> „Gemäss Ziffer VI Absatz 3 des Zusatzprotokolls gelten als Steuerbetrug betrügerische Handlungen, die gemäss dem Recht **beider** Staaten ein Steuervergehen darstellen und mit Freiheitsstrafe bedroht werden."

──とされている。

　だが，実際の条文を見てみなければ安心出来ないことは，本号分で既に示した。そこで，条文を見ておく(*)。

* この対スペインの「改正プロトコル」の条文については，**AS 2007 2199ff** を打ち出しておいたので，同じことゆえ，ここではその頁を引用する。

Id. at 2201f に，情報交換について新設された「25bis条」の条文があるのだが，後述のごとく，そこには，**「双方可罰性」を明示する文言**は，やはりない。だが，それについては，この対スペインの場合に特徴的な，本「改正プロトコル」を補充し，その一部をなす旨，その6条で規定されているところの，「補足プロトコル（Zusatzprotokoll）」（Id. [**AS**] at 2204－2208）の中で，**何と明文による規定がなされている** (**!!**[*])。

\*　Id. at 2204 の，この「（補足）プロトコル」冒頭には，それが「本条約の不可欠の構成部分を構成するものとして合意されたこと（..... die nachstehenden Bestimmungen vereinbart, die einen integrierenden Bestandteil des Abkommens bilden: .....）」が，明記されている。

嬉しいので，先に原文で示しておく。Id. at 2205 － 2207 に，「25bis 条」についての，実に全 12 項に及ぶ「IV」の規定があるのだが．その「3 項」である（その 1・2 項は「持株会社」関連ゆえ，既述のごとく，ここでは省略する）。そこには――

„ IV.　Zu Artikel 25bis

　　　　.....................................

3. Es besteht Einvernehmen, dass der Ausdruck《Steuerbetrug》ein betrügerisches Verhalten bedeutet, das nach dem Recht **beider** Staaten als Steuervergehen gilt und － sei dies im Zeitpunkt der Tatbegehung oder des Ersuchens um Amtshilfemassnahmen － mit Freiheitsstrafe bedroht wird."

――とある（!!）。つまり，両国間の「合意（了解事項）」として，「租税詐欺とは，詐欺的行動であって，双方の国の法によって租税法違反とされ，かつ，――その行為の時点又は行政共助措置の要請の時点において――自由刑をもって処罰されるものを意味する」ことが，そこで明文で規定されている。そして，右の文言は（細かな時点についてのそれを度外視すれば），前記の，「2002 年」の「スイス・ドイツ間の租税条約改正プロトコル」（本章 3 参照）27 条の「情報交換」条項についての，更にそれに付随する「プロトコル」の「3」（「27 条について [Zu Art. 27]」）と，殆ど同じである。
かくてスイスは，「利子課税に関する 2004 年対 EU 租税条約」及び前記の「合意メモ」において EU 側に阻止された「双方可罰性の原則」の明文化を，この対スペイン租税条約改正において，"失地回復"的に，成し遂げることが出来たことになる。しかも，ここまでの明文化は，「1996 年対米租税条約」においても，また，本号分で既に見た対ノルウェー・対フィンランドの租税条約改正においても，なし得なかったことである。それはまさに，**スイス側にとって**，快挙と言うべきものであろう（[\*]・[\*\*]）。

\*　Bericht der Expertenkommission für ein Bundesgesetz über Steuerstrafrecht und internationale Amtshilfe in Steuersachen (Bern, Oktober 2004), supra, at 36 には，もとよりそれが発表された時期との関係で，前記のドイツとのもののみが，スイス側にとっての「モデル」として掲げられているが，この「対スペイン」の場合が，それとともに，そこで掲げられるべきことになる。

\*\*　対英・対仏での論述が，私の予想に反して次号分にずれ込むことに鑑み，「双方可罰性」との関係での，ここで続いて扱う対英・対仏の場合の基本について，いわば事前

## 2　従来のスイスにおける「他の諸国との租税条約上の情報交換」の時系列的な展開過程

に，一言のみしておく。

　まず，今検討しているスペインとの租税条約改正（「2006 年 6 月 29 日」署名）よりも後の，「**2007 年 6 月 26 日**」に署名の，「**対英**租税条約改正プロトコル」（Botschaft [vom 27. August 2008], infra, BBl. 2008, at 7655ff）にも，Id. at 7663 に，以下のスイス政府の指摘がある。即ちそこには，「租税詐欺及びそれと同様（同等）のもの」についての，「情報交換の拡張」の説明の中で，──

„Materiell bedeutet deshalb diese Amtshilfebestimmung **keine Ausdehnung** der internationalen Kooperationspflichtungen der Schweiz, insbesondere **nicht** im Vergleich zum Bundesgesetz vom 20. März 1981 über internationale Rechtshilfe in Strafsachen（SR 351.1; **IRSG**) und namentlich betreffend **das Prinzip der doppelten Strafbarkeit**."

──とのスイス政府の指摘がある。要するに，対スペインでの「2006 年改正」の翌年の，「2007 年」の対英での改正についても，スイス政府は，従来からの「双方可罰性の原則」に変更のないこと，また，スイスにとっての義務の拡張（拡大）のないことを，明確に指摘している。

　それでは，同じくスペインとのここで見ている改正よりも後の，「**2009 年 1 月 12 日**」に署名の，「対仏租税条約についての補足条約（Zusatzabkommen）」の場合は，どうなのか。この「補足条約」がお蔵入りになったことは既述の通りだが，今はそれは，問題ではない。スイス政府が，「2009 年 3 月 13 日」の「重大な政策変更」直前の時期のこの改正において，何を指摘していたのかに，今は集中する。そして，Botschaft（vom 6. März 2009), infra, BBl. 2009, at 1640 には，やはり──

„Materiell stellt dies gegenüber dem Bundesgesetz vom 20. März 1981 über internationale Rechtshilfe in Strafsachen（**IRSG**, SR 351.1) **keine Ausweitung** der schweizerischen Verpflichtung zur Hilfeleistung dar, weil **das Erfordernis der beidseitigen Strafbarkeit** vorbehalten bleibt."

──との，言葉は違えど，前記の「2007 年時点」での「対英」での指摘と，全く同旨の，スイス政府の指摘がある。

　以上の「対英」・「対仏」での，本号分で問題としている「対スペイン」での租税条約改正よりも後であって，「2009 年 3 月 13 日」の「スイス政府の重大な政策変更」（前記の OECD 向けの「2004 年改訂［修正］の留保」の撤回）よりも前の時期のものにおいて，従来通りの「双方可罰性の原則ないし要件（das Prinzip der doppelten Strafbarkeit; das Erfordernis der beidseitigen Strafbarkeit)」は，かくて，スイス政府によって，明確に「堅持」され，併せてそこで，スイスにとっての国際的な義務の拡張のないことが，明確に示されていたことになる。

　しかも（!!），これらの「対英」・「対仏」でのスイス政府の公的説明においては，右に引用した双方，つまり Botschaft（vom 6. März 2009), infra, BBl. 2009, at 1640; Botschaft（vom 27. August 2008), infra, BBl. 2008, at 7663 のいずれにおいても，『この点はスペインとの租税条約でも同旨だ』，とされている（「対英」ではオーストリアと並んで，「対仏」では，ドイツ，オーストリア，米国と並んで，この点が示されている。──条文等，「その先」については，次号分で後述する）。

268　第2章　「従来のスイスにおける租税条約上の情報交換」と「堅持されていた"双方可罰性の要件"」

のみならず，この対スペインでの「補足プロトコル」Ⅳの「7項」・「8項」には，前記の「直接の関係」の要件及び「証拠漁り」の排除につき，以下のように，同じく明文での定めが，両国間での合意（了解事項）として，示されている（**AS** 2007, supra, at 2206.）。即ち――

„7. Eine Auskunftserteilung setzt in jedem Fall <u>einen direkten Zusammenhang</u> zwischen dem betrügerischen Verhalten und der gewünschten Amtshilfemassnahme voraus.

8. Es besteht ferner Einvernehmen, dass die Amtshilfe nach Absatz 1 dieses Artikels <u>keine</u> Massnahmen einschliesst, die der blossen Beweisausforschung (《<u>fishing expeditions</u>》) dienen."

――との規定であり，これまたスイス側にとって快挙と，言うべきものであろう。

以上を示した上で，この対スペインでの租税条約改正について，実際の条文の全体像を，一応示しておこう。まず，Id. at 2201f に，情報交換について新設された「25bis条」の条文がある。

その「1項」は，a－cの場合を，これまで見て来た対ノルウェー，対フィンランドの場合と同様の形で，まずは示す。aは，条約実施に必要な情報，bは持株会社関連ゆえ，ここでは省略。そしてcが，「租税詐欺及び類似の（ähnlich な）犯罪」についてである。同条2項の「守秘」等々の規定は，これまで見て来た2カ国の場合の，それぞれの「1項後段」を，別な項としたものだが，「守秘の基準」について，**情報受領国（要請国）の法による守秘**であることが，この対スペインの場合には，明示されている。そこが，前記の2カ国の場合との差となる。その情報の「開示範囲」・「使用目的」・「公開の裁判手続」等での取扱いの点は，同条の文言において，前記の2カ国の場合と，同じである(*)。

* なお，前記の対ノルウェー，対フィンランドの場合には，2項までで「情報交換」条項が終わっていたが，<u>25bis条</u>には，3－5項がある（その5項が，多少突出していること，後述）。また，何よりも，「改正プロトコル」を補充する，前記の詳細な「補足プロトコル」において，更なる規律が，前記の**最恵国待遇**条項についてなされている（それが Id. at 2207 の，「補足プロトコル」の「11項」において明確に定められている点でも，この対スペインでの「改正プロトコル」は，これまで検討して来た諸条約との関係で，異質である）。

但し，右の「使用目的」については，既述のごとくこの対スペインの場合に特徴的な，詳細な「補足プロトコル（Zusatzprotokoll）」（Id.［AS］at 2205－2208）の，「9項」（Id. at 2206）に，更なる規定がある。そこでは，「25bis条2項」にかかわらず，**「要請国」**は，引き渡された情報を，**「他の目的のためにも（auch für andere Zwecke）」使用出来る**，

2 従来のスイスにおける「他の諸国との租税条約上の情報交換」の時系列的な展開過程　　　269

と規定されている。

　そしてその条件は，「被要請国」の法において，当該情報がそれらの他の目的のために使用され得る場合だ（..... auch für andere Zwecke verwenden, sofern diese Auskünfte nach dem Recht des ersuchten Staates für diese anderen Zwecke verwendet werden dürfen.），と規定されている。「被要請国」側の「同意」は，要件とされていない(*)。この点は，本章2(2)において，これまで検討して来たスイスの租税条約の中には見られない規定振りである。

　　* Botschaft (vom 6. Sept. 2006), supra, at 7689 は，「疑わしい場合には（[i]m Zweifelsfall）」，（相互的な）「協調的手続（Verständigungsverfahren）」における合意が目指される旨，指摘している。

　ここで，「25bis 条」の3項以下へと進む。同条「3－5項」（AS 2007, supra, at 2202）は，「2008年版 OECD モデル租税条約」26条の「3－5項」に，ほぼ完全に，一致する。
　注目すべきは，右の OECD モデルの，「2005年」に新設された26条5項の趣旨が，「租税詐欺及び類似の犯罪の場合」に限定した上で，「銀行等の保有情報だからという理由のみで情報交換を拒絶してはならない」として，「25bis 条」の5項で規定されていること，である。但し，そう規定しても，「双方可罰性の原則」が維持されている限りにおいては，従来のスイスの立場にとって，影響はない。「2009年3月13日」の「スイスの重大な政策変更」以降の，各国との租税条約改正において，この「双方可罰性」の留保がなくなった状況下で，初めて深刻な事態となること，後述の通りである。

　以下，Id. at 2205ff の「補足プロトコル」の，残された部分をざっと見てから，「最恵国待遇」関連について，検討することとする。「双方可罰性」を明文で示した前記の「3項」に続く「4項」は，スペインの法規定との関係で，「租税詐欺又は類似の犯罪」の意義を明確化するものであり，「5項」は「詐欺的行動」の内容を若干明確化させた規定。そして「6項」は，簿記上の義務（Buchführungspflichten）についての細かな規定である。「7・8項」，及び，「情報の他目的使用」の「9項」は既述ゆえ，ここで「10項」となる。
　この「10項」は，前号分末尾（本書252－253頁）の「＊部分」で言及したところの，「利子課税に関する2004年対 EU 租税条約」10条3項に対応する。即ち，この「10項」（AS 2007, supra, at 2206f）の「第1文」は，「被要請国」（[d]er ersuchte Staat）が情報を引き渡すのは，「ある行為が租税詐欺又は類似する犯罪（Delikt）にあたるとの，根拠のある疑いを，要請国（der ersuchende Staat）が有する場合」だ，とする規定であり，それに続く「第2文」で，「租税詐欺又は類似する（ähnlich な）犯罪」があったとの「要請国の疑い（[d]er Verdacht des ersuchenden Staates）」が基礎づけられる場合を，4つの場合につき，規定する。
　かくて，11項の「最恵国待遇」条項となり，最後の12項では，珍しくスイス側がスペイン側に対して「25bis 条」で情報を要求する場合について，規定されている。

270　第 2 章　「従来のスイスにおける租税条約上の情報交換」と「堅持されていた"双方可罰性の要件"」

——大体以上が，実際の条文について，である(\*)。

* この「対スペイン」での条約改正の場合に特徴的な現象を，念のために再度，順不同で，纏めて示しておけば，「双方可罰性」の明文化の他にも，「2006 年」の段階で，OECD モデル租税条約の，「2005 年」に新設された 26 条 5 項（銀行等の保有情報だからという理由のみで情報交換を拒絶してはならない，とする）の趣旨を，いち早く盛り込んだことがある。のみならず，「守秘の基準」を情報受領国（要請国）の法とすること，「詐欺的行動」と「求められた行政共助措置」との「直接の関係」，そして，「単なる証拠漁り《fishing expedition》」の排除の，それぞれの明文化，更に，「最恵国待遇」条項の挿入，等である。

　そして，注意すべき点として，これらの点は，いずれも，前号分で検討した「利子課税に関する 2004 年対 EU 租税条約」から直接もたらされるもの「ではない」，ということがある。同じ「2006 年」（「2006 年 4 月 19 日」署名）の，前記の対フィンランドの改正と対比すると，違いの大きさが，一層際立って来るのを感ずる（対スペインの改正は，前記のごとく，「2006 年 6 月 29 日」署名ゆえ，わずか 2 カ月の差しかない[\*\*]）。

\*\* 対スペインでの論述は，いまだその途中だが，今日はここで，筆を擱く。以上，2011 年 9 月 8 日午前 1 時 20 分までの執筆。昨日午前 6 時 32 分が執筆開始ゆえ，18 時間 48 分ぶっ続けの作業であったが，「氣」の新たな次元での問題として，実に様々なことが生起した 1 日（!?），であった。ちなみに，途中での疲れは，今は，殆ど解消している。ここまでの，多少粗目の点検終了，同日午前 2 時 22 分。「計 19 時間 50 分の休みなしの作業」であった。——執筆再開，2011 年 9 月 13 日「午前 2 時 59 分」。せっかくの中秋の名月期の大潮ゆえ，人知れず月の出ているうちに，執筆を開始する（ここまでの個所の改訂等が，作業の主たる内容となったのだが）。


ここで，最もイノヴェイティヴな，前記の「最恵国待遇」条項について，まずは条文の方を見ておく。前記の「補足プロトコル」の「11 項」では，「a)」と「b)」とに分けた規定をしている。

　その「a)」は，「本条約の規定する租税について，スイスがある EU 加盟国に対して，任意（beliebig）の合意又は租税条約の規定において，行政共助を認める義務を負うこととなる場合，スイスはスペインに対して——そしてスペインはスイスに対して——，行政共助を（....., so gewährt die Spanien ― und Spanien der Schweiz ― Amtshilfe .....），スイスがその合意又はその条約，又は，その合意又は条約のある規定又はある部分において確約（zusichern）したのと同じ範囲で（im gleichen Umfang, wie .....）認める」，と規定する（右の後半の，若干くどい「又は」の連発は，まさに対スペインでの本租税条約の，「改正プロトコル」以下の構造を，意識したものであろう）。

　次の「b)」は，若干簡略化して示せば——

『「スイスが（スペイン以外の）他の EU 加盟国と結んだ租税条約」において，「利子課税に関する 2004 年対 EU 租税条約」の「10 条 4 項」，又は，右の対 EU 条約の構成部分をなす前記の「合意メモランダム」に規定されているところの（im Bestand-

## 2 従来のスイスにおける「他の諸国との租税条約上の情報交換」の時系列的な展開過程

teil des Abkommens bildenden Einverständlichen Memorandum[*]）,「租税詐欺又はそれに類似する（ähnlich な）犯罪の適用事例についての一又はそれ以上のカテゴリー」が定義され（Werden ..... definiert sind, ..... .），かつ，スペインの見解によればスペインの法規定の中にそれに匹敵する，出発点となり得る状況（eine vergleichbare Ausgangslage）が存在する場合には，管轄あるスペインの当局は管轄あるスイスの当局に対して，この 11 項の a）の規定にかかわらず，この補足プロトコルをそれに沿って適合させる提案を，行なうことが出来る。この適合は，双方の締約国において，議会による承認を要する。』

――と規定する。

* 前号分で示したように，スイス政府は，この「合意メモ」を，「法的」なものではなく，単に「政治的」なものと説明しているが，ここでは，スペイン側の理解に合わせた，ということであろう。

かくて，右の「a）」・「b）」ともに，「行政共助」についての，「他の EU 加盟国」とスペインとの平等取扱いが問題となっているにとどまり，（同じく「行政共助」についての）「EU 域外国」との関係を含む一般的な最恵国待遇要請には，なって「いない」（*）。

* なお，言うまでもないことながら，「行政共助」の問題を離れ，そもそも租税条約の規律内容一般につき「最恵国待遇」を問題とすることは，従来の「二国間租税条約」の世界的ネットワークを，根底から覆すものとなる。問題は，国際租税の場合と同様に，二国間条約のネットワークで成り立っているところの国際航空運輸の場合と，同じなのである（その両者を対比しつつ，EU 裁判所の介入との関係についても論ずる，石黒・世界貿易体制の法と経済［2007 年・慈学社］89 頁以下，とくに 101 － 102 頁，108 －110 頁，等参照）。
 なお，正当に（!!）挫折した「多数国間投資協定（MAI）」において，「貿易屋（trade people）」の単純な論理で，まさにそうした事態に立ち至ろうとしていたことについては，石黒・グローバル経済と法（2000 年・信山社）230 頁以下。同前・233 頁に示したように，1998 年の MAI 草案Ⅷの「課税（Taxation）」の見出しに付された「脚注 1」には，「諸締約国の政治宣言（Political Declaration of the Contracting Parties）」として，各締約国は外国の投資家及び投資のための「無差別的取扱い」の重要性を認め，この観点から二重課税防止の条約締結に努める，云々とまであった。「貿易屋の無知」が曝（さら）け出された「脚注」，である。

ここで，Botschaft（vom 6. Sept. 2006), supra, at 7687ff の，この対スペインでの租税条約改正における「情報交換」（「行政共助」）問題についての，スイス政府の説明に戻ろう。「双方可罰性」についての Id. at 7687, 7688 の説明に続き，Id. at 7689f に，「**最恵国待遇条項（Meistbegünstigungsklausel）**」についての説明がある。

Id. at 7689 に，「自動的に（automatisch）」の語が出て来るので，一瞬身構えたが，「最恵国待遇」の「自動的」な付与のことであり，もとより「自動的情報交換」のことで

272　第2章　「従来のスイスにおける租税条約上の情報交換」と「堅持されていた"双方可罰性の要件"」はなかった(*)。

* 原文は，„In den Fällen von Steuerbetrug gemäss Absatz 11 Buchstabe a wird Spanien ..... Amtshilfe <u>automatisch</u> und in dem Umfang zugesichert, den die Schweiz einem anderen EU-Mitgliedstaat zugestehen sollte." というもの。

　Id. at 7689 － 7690 には，「スペインがこの領域において第三国と（mit einem Drittstaat），行政共助の拡張を合意する場合には，スイスは平等取扱いの請求権（Anspruch auf Gleichbehandlung）を有する」とある。だが，右に言う「第三国」とは，実際の前記条文に照らし，「EU 加盟国」たる「第三国」のこととなる。
　重要なこととして，Id. at 7690 には，①この「**最恵国待遇**」の規律は，スペインが**これを強調して要求**し，導入されたものであること（[d]iese **von Spanien mit Nachdruck geforderte** ..... Regelung），そして，②それは，租税条約の枠組において**スイスによって初めて認められたものであること**（[d]iese ..... Regelung, die <u>von der Schweiz im Rahmen eines Doppelbesteuerungsabkommens</u> **zum ersten Mal** zugestanden worden ist, ..... ）が，示されている。
　Ibid は，こうした条項の導入については，貿易と関税 2011 年 9 月号 52 頁以下（本書 138 頁以下）で「刑事」の「司法共助」との関係で論じ，かつ，前号分で，「<u>利子課税に関する 2004 年対 EU 租税条約</u>」との関係で補足的に言及したところの，スイスと EU 側との「詐欺撲滅等に関する条約（Betrugsabkommen）」及び，スイスの「シェンゲン協定への加盟に関する条約（Schengener Assoziierungsvertrag）」を考慮する必要がある，とする。つまり，右の二つの条約において，租税領域について合意されたスイスの「<u>司法共助</u>」上の義務（Rechtshilfeverpflichtungen）においては，すべての EU 加盟国を平等に扱う（gleichgestellt）ことが要求されるが，そのことが（「<u>利子課税に関する 2004 年対 EU 租税条約</u>」をも介しつつ），租税条約における，それに対応した平等取扱い（eine analoge Gleichstellung）を正当付ける（Es rechtfertigt sich deshalb, ..... .），とされているのである。

　以上が，この対スペインでの租税条約改正について，である。「純粋なサンプル抽出」としてノルウェー・フィンランド，そしてスペインの三か国を選んだのだが，結果的に，其処には「予定調和」的な纒まりが，出来てしまっ「ていた」感じ，である。
　つくづく，私の今の，もろもろの状況下で，無に（虚心坦懐に）徹することのもたらす結果に，自分ながら驚いてもいるが，あとは対英・対仏を残して本論文第 2 章 2 を終え，同章 3 で，同じくこの時期の，対独租税条約改正を，<u>従来のドイツにおける，「双方可罰性の原則」との関連での「人権的把握」</u>に重点を置いて，論ずることとなる。

　そして，本号分が，ここ数カ月の間，「2011 年 10 月からの本郷での講義・ゼミの開始までに，1 か月に 2 号分を前倒し執筆し，2012 年 1 月 20 日締切分までを完成させる」という，**自分が自分に課した苛酷な目標**の，最後となる。冬学期中は，講義・

ゼミに専念し、2012年2月以降、その先の執筆を再開する予定、である（以上の執筆は、2011年9月13日昼の、午後0時40分に終了。点検に入る。点検終了、同日午後2時20分。今日の執筆は、夜中の「午前2時59分」からだったから、「約11時間半の作業」だったことになる）。

［以上、2012年3月号56－74頁］

◎　ほぼ4か月ぶりの執筆再開にあたって──『本章2(2)のここまでの論述の纏め』を兼ねた付記

2012年1月に入ってから、多少のアイドリングを含めて準備等はしていたが、2012年2月3日午後1時16分、いよいよ執筆を再開する。昨日の23回目の結婚記念日に2月号の雑誌が届き、一昨日には3月号分の初校を済ませた。もう、待ったなしである。その2012年3月号分の脱稿が、2011年9月13日だったから、実に4か月半以上も、執筆の世界から遠ざかっていたことになる。

本号分において、まずは、本論文のここ半年近い論述の流れを、振り返っておこう。
本論文第2章の2は、実に、貿易と関税2011年10月号45頁（本書155頁）以来、半年以上かけて、ここまで延々と続いて来たものである。同前頁以下の、第2章2の「(1)　はじめに──『スイス銀行秘密の歴史』についての再確認事項」の項目は、増井良啓教授のご教示により、急遽付加されたものだが、同前・58頁以下（本書170頁以下）の同章2の(2)が、延々とここまで続いて来たことになる（あらかじめ断っておくが、本章2(2)の最後の部分は、次号回しとなってしまう）。
なぜ、かくまで論述が詳密なものとなって来たのか。それについては、増井教授のご教示にかかる「スイス銀行秘密の淵源」に関する某文献が、1930年代のスイスとフランスとの或る事件をスイス銀行法の制定過程に、誇大に歪曲して投影するものだったことが、関係する。そのために私の眼差しは、1930年代、そして更に1920年代のスイスにまで、自然に向かうこととなった。そして、そこで併せて必要とされた、詳細なスイス租税条約締結史（但し、基本的には「情報交換」関連に限定されたそれ）についての検討姿勢が、その後のスイスの締結した主要諸国との租税条約上の「情報交換」問題の検討にもそのまま維持されたために、かくまで紙数を費やす論述と、なったのである。

その本章2(2)の検討も、貿易と関税2012年2月号分の、スイスにとっての重大な屈折点としての「利子課税に関する2004年対EU租税条約」の検討を経て、まさに終盤を迎えることとなっていた。EU側の猛烈な攻勢と、（とりわけ同条約締結に伴う「合意メモランダム」における）ゴリ押し（本書249頁以下）とにより、スイス側は、EU加盟諸国との租税条約改正において、「利子課税」の問題を超えて、「双方可罰性要件」を希釈化させた「情報交換」（「行政共助」）を義務付けられた、かの如くであった。そ

れもあってスイス側は、右の2004年条約締結交渉の実質的終結時たる「2004年6月」という時期に、OECD向けに、OECDモデル租税条約26条についての、「双方可罰性要件」を一層明確化させた新たな留保を行った「のではないか」、との重要な指摘が、貿易と関税2012年2月号70頁以下（本書252頁）において、なされることとなった。それを受けての、前号（2012年3月号）分の検討となる。

ところが、「偶然的必然」として前号分で検討された「2006年対スペイン租税条約改正」においては、後述の「2002年対独租税条約改正」の場合以上に鮮明に、『双方可罰性要件』の明確化が、明文でなされることとなった。スペインは紛れもなく、EU加盟国である。もとより、前記「合意メモ」にも「スペイン（Königreich Spanien）」の国名は明示されている。——そこから知られる重要な事実がある。即ち、『**EUは、必ずしも一枚岩ではない（!!）**』(＊)ということ、である。

＊　[**重要な注記!!**]　EUが本当に「一枚岩」であるのならば、域外の第三国たる「スイス」との関係で、「スペイン」もまた、EUサイドの明確な方針に従って、「双方可罰性要件」の相対化を、どこまでも右の租税条約改正において、求めたはずである（「2004年」の前記「利子課税」に関するスイスとの租税条約締結交渉におけるEU側の、『双方可罰性要件』に対する執拗なまでの攻撃を考えよ）。だが、そうなってはいない。それはなぜなのか、ということである。——ちなみに、この点は、本号分でさらに敷衍して示され、かつ、それ以降の論述へと、繋がることとなる、重要な問題となる（!!）。

ここでまずもって想起すべきは、EUにおいて、課税問題が、基本的には域内各国の権限に、いまだ属しているという、その制度的前提である。同じ構図は、後述の「刑事処罰」にも（!!）、そして、「航空運輸」にもある。

「航空運輸」分野においては、「国際課税」分野と同様、域内各国が（EU域外国との関係を含めて）他国と結ぶ「2国間条約のネットワーク」がある。それを前提として初めて、特定の2国間での定期便の運航が可能となるというのが、ともかくも従来の制度的前提であった。

それに対してEU側は、EU裁判所の判断をも梃子としつつ、『域内各国の規制権限のもぎ取り』に、躍起となっている。この点については、石黒・世界貿易体制の法と経済（2007年・慈学社）103頁以下で、こうした流れの「不安定性」（同前・105頁）を含めて、批判的に指摘しておいた。そしてそこでは、「航空」の延長線上において、EU域内での「国際課税」についても論じ、『**虎視眈々とEU官僚が其処[域内各国の規制権限]を狙っている構図**』は「航空」の場合と同じであることにまで、言及しておいた。

そこまでのことを改めて示した上で、「2004年」の前記「利子課税」に関するEU・スイス間の租税条約に戻って考えよう。「利子課税」を超えた「租税条約」一般の問題については、EUの直接的・統一的権限は、域内各国との関係で、いまだ及んでいない。しかるに、かかる制度的前提の下で、前記「合意メモ」は、スイスと「域内各国」との間の「租税条約」における「情報交換」の在り方につき、『双方可罰性要件』の希釈化を、域内各国に「も」求める内容となっている。それは、域内各国との関係で「も」EUサイドのゴリ押しであり、かつ、或る種の「越権」とも、見得るものであった。

こう考えると、「利子課税に関する2004年対EU租税条約」についての、貿易と関税2012年2月号69頁以下（本書251頁）で言及した「合意メモ」4条の意味していたところが、改めて問題となる。この4条では、この「合意メモ」の署名国（したがって、

## 2 従来のスイスにおける「他の諸国との租税条約上の情報交換」の時系列的な展開過程

EU及びその加盟諸国及びスイス）が，この「合意メモ」を含めて，「受け入れ可能で均衡のとれたものとみなす旨の宣言」をし，合意された措置を「信義則に従って」実施し，かつ，そこでの規律を「十分な根拠なしに，一方的な行動によって害さないこと」(Die Unterzeichner dieses Einverständlichen Memorandums …… werden daher die vereinbarten Massnahmen nach Treu und Glauben durchführen und diese Regelung nicht ohne hinreichenden Grund **durch einseitiges Handeln** verletzen.）, とされていた。

だが，それについて，貿易と関税 2012 年 2 月号 70 頁（本書 251－252 頁）における指摘とは別な面での，重要な含みのあることが，ここで明らかとなる。つまり，同前頁では，『双方可罰性』希釈化を「一方的な行動」によって害するのは，「この文脈では，専らスイスであろう」と記したが，それと同時に，EU 側は，加盟諸国（域内各国）の「一方的行動」を「も」，ここで牽制したつもりなのであろう，ということである。

けれども，実際のスイスとの「租税条約」の締結権限は，専ら域内各国が有する。かくて，EU が表に立つスイスとの前記 2004 年条約締結交渉では EU 自体の後方に控え，立場上いわば **benign neglect（!!）**として沈黙を守っていた「スペイン」が，スイスとの「2006 年租税条約改正」においては，公然と，対スイスでの EU の方針を無視して，スイスのこだわる「双方可罰性要件」を，かつてないほどの明確性をもって条文上明記した形に，なったのである。また，条文上の明確性はともかく，いずれも前号分で示したように，「2006 年」の「対フィンランド改正」も，また，（詳しくは次号分で後述するものの）「2007 年 6 月 26 日署名」の「対英」，「2009 年 1 月 12 日署名」の「対仏」での租税条約改正も，結果としてスイス政府側に，『双方可罰性堅持』の公的説明を許す内容のものとなった。かくて，その限りでは，「利子課税」の場合を突破口とし，併せてそれを奇貨として域内各国の租税条約締結権限に対して一定の介入を試みた EU 側の思惑は，加盟諸国（域内各国）との関係で，いわば空振りに終わったことになる（!!）。

ところで，「2004 年」の「利子課税」に関する EU 側の前記の攻勢との関係で，更に遡れば，貿易と関税 2011 年 9 月号の本論文第 2 章 1 での，「スイスの国際刑事司法共助」に関する論述が，問題となる。そこにおける重大な指摘事項として，「EU がスイスに対して，『国際刑事司法共助』に際しての『双方可罰性要件』の放棄ないし相対化を強く迫っていたこと」（本書 137 頁以下）が，示されている。

この問題の全体的マグニチュードは，同前（9 月号）・55－56 頁（本書 141 頁）に記した通りである。即ち，「国連麻薬新条約」・「国連国際組織犯罪防止条約」における「双方可罰性要件」への攻撃との関係で，従来の私の研究では，「米国の暗い影」にのみ着目していたが，少なくとも一定時期以降においては，『双方可罰性要件』への攻撃について米・EU が共同歩調をとって来ていた可能性が，かくて高まったことになる。――この点の機微は，直前の重要な「＊部分」との関係で，本号分において，まさに「国際刑事司法共助」について，更に敷衍して示されることになる。

さて，2012 年 3 月号分を執筆した後，私は，本郷での冬学期の講義・ゼミに，文字通り専念した。だが，その間，久々に「関税・外国為替等審議会（関税分科会）」の審議に参加した。財務省関税局関税課長の岸本浩君は，私のゼミの出身であり，10 年の委員任期終了後も，同審議会の「専門委員」としての私の任務は，意外にも，ま

だ残っていた、とのことであった。

　ところが、審議対象の関税法改正には、本論文の内容と重なる、重大な論点が存在していた。外国当局（この場合には税関当局）との「情報交換」の問題であり、しかも、交換された情報に基づく「刑事訴追」との関係で、この関税法改正に際しては、「双方可罰性」を堅持した上での新たな制度作りが目指されていた。これは、本論文における私の主張（「国境でメルトダウン［熔融］する人権保障」の問題）との関係で、すこぶる健全なことである。

　他方、その間、財務省主税局参事官室では、これまた私のゼミ出身の西方建一参事官補佐が深く関与して、OECDのマルチの税務執行共助条約（改訂後のそれ）の批准作業が、進行中であった。こちらの方では、本論文の目次に沿って順次これから示してゆくように、右条約自体において、「双方可罰性」など、影すらない。その前提の下で「国境でメルトダウン（熔融）する人権保障」をいかに回避すべきかの点に、幸いにも、関心が寄せられることとなった（但し、「徴収共助」の方に、力点が置かれている）。

　岸本・西方両君には、相互に連絡を取り合うよう、元教師として再三サジェスチョンをしているが、ともかく、本論文にとって重要なのは、現下の「関税法改正」において、「双方可罰性」が堅持されていること、そしてその意義、である。言い方を変えれば、『「双方可罰性の原則」を否定し去るのが今や当たり前だという「国際課税」の場合の突出ぶりが、日本の法制度全体を見渡した場合に浮き彫りとなる構図』が、其処にあるのである。そこで、以下、ほぼ4か月半ぶりの執筆再開にあたっての重要な注記として、この「関税法改正」の場合について略述した上で、（次号分にはなるが）本来予定していた執筆を、行なうこととする。

　だが、他方において、2011年度冬学期の東大ロースクール（LS）での、私の完全双方向型「国際私法」講義（その進め方と具体的成果の重要な一端につき、石黒・契約の神聖さ――住友信託 vs. UFJ 事件［2010年・信山社］62－69頁を見よ）において、国際刑事法上の「双方可罰性の原則」をめぐって、新たな進展があった。

　同年度LS講義では、IRS vs. UBS 事件についても詳細に扱ったのだが、2010年度冬学期の私の学部・院合併での「国際課税」ゼミ（国税庁サイドの「二人のM君」の参加を含めて、貿易と関税2012年2月号59頁〔本書239頁〕参照。そこに「H君・M君」とあったのは、ミス。本並・馬淵の両君であり、本書では訂正しておいた）にも、学部生として参加してくれていたS・Yさん（ちなみに、学部からの参加者は、計3名のみ。但し、うち1名はオブザーバー参加であり、指揮者と同じ名前の読み方のH・I君。彼は、財務省に入省した）が、同ゼミの延長線上での「国際刑事共助」関連のペーパー提出を、右のLS講義の初期段階でしてくれて、絶大なるペース・メーカーとしての役割を果たしてくれた（2011年度冬学期LS講義活性化の立役者は、彼女ともう一人、韓国のJ・Yさんとであった。彼女の韓国大法院判決の適時・適切な紹介は、「平成12年法」の制定ですべて決着とするがごとき日本の国際倒産法制への、痛烈なパンチとなった。その活字化が、強く期待される）。そして、学期末のプレゼンテーション・コンテストにおけるS・Yさん（Yさん）の提出ペーパーも、右と同じテーマでの、実に鋭いものであった。

2 従来のスイスにおける「他の諸国との租税条約上の情報交換」の時系列的な展開過程　277

　前記の関税法改正での基本方針は，これから示すように，内外税関当局間の「情報交換」が「国際刑事共助ルートのバイパス」になってはならないとの，正当な法的認識に裏付けられたものであった。だが，肝心の「国際刑事共助」分野で，夙に私が批判していた「日米刑事共助条約」の場合（石黒・国際倒産 vs. 国際課税［2010年・信山社］5頁以下，とくに9頁以下）に続く，第2の悪しき先例として，「日EU刑事共助条約」における，日米の場合と同様な「双方可罰性要件」の「相対化」が，なされてしまったのである（後述）。

　但し，S・Yさんの最終提出ペーパーが強調するのは，決してそれが日本の国際刑事共助のメイン・ストリームになってしまったわけではなく，この間に締結された他の4つの刑事共助条約についてはそうしたことはなく，右の事態は専らEU側が，日本に対して，米国と同様に「双方可罰性要件」撤廃への強い圧力をかけたためであろう，との点である（この点は，貿易と関税2012年2月号55頁以下（本書235頁以下）で詳述した，スイスの「利子課税に関する2004年対EU租税条約」締結とその周辺での問題を，明確に想起させる展開である!!）。

　しかも，興味深いことに，「米EU刑事共助条約」においては，一転して「双方可罰性の原則」が「維持」されている，ということにまで，S・Yさんの最終提出ペーパーの分析は，及んでいる（詳細は後述）。だが，なぜ，そうなるのか。

　スイスや日本に対して「双方可罰性の原則」の放棄ないし相対化を強く要求するのがEUの方針であるのならば，もとよりそれと同じ方針の米国との刑事共助条約において，EU側が，なぜ改めて「双方可罰性要件」にこだわりを示すのか（??）。実はここに，財務省（関税局）サイドでも見逃がされがちな，重大な落とし穴が，見え隠れしている。

　今日しばしば，「米国だけじゃなくって，EUも同じことをしているのだから，日本が同じことをやってもいいのでは？」といったニュアンスのことが，語られる。だが，後述のごとく，EUの対内的（域内各国向け）・対外的（EUの域外向けの）行動パターンには，EU域内各国のそれとは，微妙なずれの看取される場合がある。ここで問題となる「国境で熔融（メルトダウン）する人権保障」の問題が，その典型である（もう一つの例については，本号分の末尾部分において，補足的に言及する）。

　確かに，EU域内では，「双方可罰性要件」なしに刑事共助を行う方針ではある（後述）。だが，刑事処罰関連で，「人権保障の最も深いところ」にまで最終責任を負うのは，EU自体ではなくて，現状では域内各国である。そこに，微妙な亀裂の断面が，見え隠れすることとなる(*)。

　　＊　ここで，直前の長い「＊部分」における重要な指摘事項に，回帰すべきである（!!）。

　あらかじめ一言しておけば，「米EU刑事共助条約」において米国側との情報交換等の正面に立つのは，実際にはEUの域内各国である。比喩的に言えば，EU自体は，この場合，米国と域内各国との間にある，或る種のフィルターに過ぎない。米国と或

る域内国とが，かくて直接対峙する局面で，域内各国間の問題処理と同様に「双方可罰性要件」を外した場合，とかくアグレッシヴな米国との関係ゆえ，いろいろと問題が生じ得る。そのことが懸念されて，前記のごとき同要件の「復活」に至ったの「ではないか」。——そう考えると，S・Yさんの最終提出ペーパーにおける前記の指摘の真の意義が，見えて来るはずである。

ともかく，以下においては，こうした相互に絡みあう「2つの問題群」（もう一つの，OECDの税務執行共助条約関連の論点は，当初より本論文の執筆内容に組み込まれていたので，目次に即して，改めて後に論ずる）について，若干論じておこう。本章2(2)の論述が終盤を迎える今，それは，それ自体必要なことのように思われる。——このまま「国際課税」に限定して論述を進めたのでは，『「双方可罰性要件」を外すのが当たり前という，今の日本の法制度全体からすれば「異常な世界」が，それ自体異常なのだという感覚が，麻痺したままで話が進むようなこと』に，なってしまいがちだから，である(!!)。

　　　　　　　●　　　●　　　●

◆　[重要な注記(1)]　『今般のわが関税法改正による外国税関当局との「情報交換」』——「刑事訴追」との関係での"健全な制度的選択"としての「双方可罰性」要件の堅持‼（「国境でメルトダウン[熔融]する人権保障」の問題との関係での，今の日本の法制度の全体的制度設計と「国際課税」の場合との対比）

以下，平成23（2011）年10月25日の関税・外国為替等審議会関税分科会での配布資料3－1（「外国税関当局との情報交換の拡充」）に基づき，必要最低限の論述を行う。

現行関税法（昭和29年法律第61号）の108条の2（情報提供）は，その1項で，外国税関当局への情報の提供を定め，同項但書で，「ただし，当該情報の提供を行うことが，関税法令の適正な執行に支障を及ぼし，その他我が国の利益を侵害するおそれがあると認められるときは，このかぎりでない」，と規定する。同条2項は，情報提供を行う際の「確認事項」であり，1号で，当該外国税関当局からの情報提供が可能であること（相互の保証——スイス的に言えば，Gegenrechtの問題），2号で，日本側から「秘密として提供するもの」につき，当該外国の法令において「我が国と同じ程度の秘密の保持が担保されていること」(*)，3号で，日本側の提供する情報が，当該外国税関当局において「その職務の遂行に資する目的以外の目的で使用されないこと」を，いずれも情報提供の前提となる確認事項として，定めている。この2項3号が，今般の改正の主眼たる同条3項と，関係する。

　　＊　この「2号要件」に当たる配慮が，一般の国際課税の場合には既に撤廃されて久しいことにも，注意せよ。この点については，OECDモデル租税条約26条への，日本の実質的留保との関係で，貿易と関税2011年10月号62－63頁（本書174－175頁）参照。また，情報が国境を越えてしまえば，「守秘」とは言ってもすべては要請国の自由処分に委ねられるとするかのごとき，63年草案以来の同モデル租税条約コメンタリーの「屈折した構造」を批判した同2011年12月号87－89頁（本書203頁以下）参照。

2　従来のスイスにおける「他の諸国との租税条約上の情報交換」の時系列的な展開過程　　　279

　ちなみに，「2008年版」OECDモデル租税条約においては，26条のコメンタリーの「パラ20」において，同パラ11の「守秘」との関係で，**日本と同等（comparable）な守秘の規定を有する要請国に対してしか情報を提供出来ないであろう（It would be difficult for Japan ……．）**との，従来の「**日本のobservation**」が，維持されていた（なお，貿易と関税2011年10月号63頁（本書175頁）に記したように，この段階では，同モデル26条5項の，銀行秘密を理由に情報交換の拒絶をなしえないとする条項との関係で，同コメンタリーのパラ23－26にあるように，スイス［スイスは1・5項への留保］の他，**オーストリア・ルクセンブルグ・ベルギー**が，留保をしていた）。
　だが，「**2010年版**」の**OECD**モデル租税条約コメンタリーを，画面でのみ確認したところ，日本の「守秘」関連の，「パラ20」のこの実質的留保は，単純に「削除（**Deleted.**）」となってしまっている。単純な削除で済む問題なのか（??）。関税法の前記規定（等!!）との関係で，十分な精査を要する問題のはずである（!!）（＊＊）。

＊＊　但し，租税条約実施特例法の2010年改正による，8条の2の「2号」については，本書430－431，442－449頁で後述する。

　同条「3項」は，「第1項の規定により提供される情報については，**外国における裁判所又は裁判官の行う刑事手続**に使用されないよう適切な措置がとられなければならない」，と規定する。OECDモデル租税条約26条2項の世界に慣れ親しんだ日本の国税当局の方々が直視すべきは，この「3項」についての，これから示す改正方針である（＊）。『**どっちが異常な世界なのか？**』，ということである。

＊　なお，この現行関税法108条の2の条文を，旧証券取引法189条（以前は同法184条の2だった）について，とくにその「4項」に着目する，石黒・前掲国際民訴法60－61頁の指摘と，対比せよ。現在の**金融商品取引法189条（外国金融商品取引規制当局に対する調査協力**）に，そのまま引き継がれている規定である。その4項が，外国当局に引渡された情報が外国刑事手続「に使用されないよう適切な措置がとられなければならない」と，今も規定する。石黒・同前61頁では，夙に，「国際捜査共助法（昭和55年法律69号）2条2号には，いわゆる双方可罰性の欠如が共助拒絶事由の1つに挙げられている。**証取法上の国際的な『行政』共助規定により上記の双方可罰性要件がバイパスされることは，あってはならないはずである**」，と記していた。
　今般の関税法改正が，その線でなされることとなったことは，幸いなことであった，と言うべきであろう。

　税関ベースで交換された情報を（内外ともに）刑事訴追にも使えるようにしようとするのが，今般の関税法改正なのだが，まずは，**参考としてそこに示されている3つの法律の場合**を，先に示しておこう。まず，「出入国管理及び難民認定法」（昭和26年政令第319号）の61条の9（情報提供）だが，要点のみを示せば，1項で「外国入国管理当局」への情報の提供が定められ，3項では，「外国入国管理当局からの**要請**のあったとき」には，外国側に渡した情報につき，それを「外国の刑事事件の捜査又は審判」（「捜査等」）に使用することについて，「法務大臣」が「**同意**をすることができる」とある。但し，同項所定の以下の3つの場合を除いてのこと，である。即ち，3項の1

号は，「政治犯罪」関係，3号は，当該外国との相互の保証の欠如である。そして，この3項3号の「同意」除外事由の存否については，同条4項で，「法務大臣」が事前に「外務大臣の確認」を受けることが，要件化されている。

注目すべきは，61条の9の3項「2号」であり，そこには——

「二　[外国入国管理当局からの] 当該要請に係る [外国の] 刑事事件の捜査等の対象とされている犯罪に係る行為が<u>日本国内において行われたとした場合において，その行為が日本国の法令によれば罪に当たるものでないとき</u>。」

——が，「同意」除外事由として，明確に定められている（!!）。

これは，「<u>双方可罰性要件</u>」そのものである(*)。そして，健全にも（!!），それを維持する形で，今般の関税法改正が意図されている。

> \*　但し，こうした従来の「双方可罰性の要件」の設定の仕方では抜け落ちてしまう重大な論点については，石黒・貿易と関税2007年6月号64－67頁を見よ（!!）。また，この要件についての，<u>わが刑事当局の問題ある把握</u>を批判した本書645－646頁，675頁に，注意せよ。

先例となる立法の第2として掲げられているのは，「特定電子メールの送信の適正化等に関する法律」（平成14年法律第26号）の30条（<u>外国執行当局への情報提供</u>）である。「外国執行当局」への情報提供を定めた1項に続き，同条2項は，「当該情報が当該外国執行当局の職務の遂行以外に使用されず，かつ，次項の規定による<u>同意</u>がなければ外国の刑事事件の捜査（その対象たる犯罪事実が特定されたのちのものに限る。）又は審判（同項において「捜査等」という。）に使用されないよう<u>適切な措置がとられなければならない</u>」，と規定する(*)。

> \*　右の「適切な措置」との関係で直視すべきは，いずれにしても情報が国境を越えて外国に渡ってしまえば「後の祭」だ，ということである。この点につき，「スイスの刑事司法共助」と「1973年署名の米・スイス刑事司法共助条約」に即して論じたものとして，貿易と関税2011年9月号58頁以下（本書144頁以下）を参照せよ。

それを受けた同条3項は，1－3号の除外事由の場合を除き，「総務大臣は，外国執行当局からの<u>要請のあったとき</u>」は，「第1項の規定により提供した情報を当該要請に係る外国の刑事事件の捜査等に使用することについて<u>同意をすることができる</u>」，とする(*)。

> \*　前記の「出入国管理及び難民認定法」の場合と同じく，外国側に引き渡された情報の刑事事件への使用については，その旨の外国側からの「<u>要請</u>」のあることが前提とされ，それに対する日本側の国家としての「同意」が，あくまで制度的前提とされていることもまた，健全と言うべきである（この「<u>同意</u>」の点に着目した，国際課税の場合を含めたスイスの条約締結実務「<u>等</u>」との関係については，貿易と関税2012年2月号67頁（本

書 248 頁），同 2011 年 12 月号 85，93，94 頁（本書 200，209，211 頁），等々参照）。
　但し，当該外国が，被要請国の「同意」を求めることなく，かかる使用をしてしまう危険性が常に伴うこと（!!）には，別途注意すべきである（!!）。


　30 条 3 項の「同意」除外事由は，1 号が「政治犯罪関連」，3 号が相互の保証の欠如，そして，2 号が，前記の「出入国管理及び難民認定法」61 条の 9 の 3 項 2 号と全く同じ文言での「双方可罰性の要件」，である。同法の場合には，所轄が「総務大臣」であるために，同条 4 項で，前記の「同意」の前提として，3 項 1・2 号の事由のないことについては「法務大臣の確認」を，3 号の事由のないことについては「外務大臣の確認」を，それぞれあらかじめ受けよ，と規定されている。
　第 3 の立法例としてそこで掲げられているのは，「犯罪による収益の移転防止に関する法律」（平成 19 年法律第 22 号）12 条（外国の機関への情報提供）である。同条 1 項では，「疑わしい取引に関する情報」の外国機関への提供が定められ，2 項で，外国刑事事件の捜査等に使用されないよう，「適切な措置」をとれ，とある。3 項で，「国家公安委員会」が，「外国からの要請」で，「当該要請に係る刑事事件の捜査等」への当該情報の使用に「同意」できるとあり，「同意」除外事由の 1・3 号は，政治犯罪関係・相互の保証の欠如で，以上の 2 例と同じだが，「双方可罰性要件」を定めた同条 2 号は，「日米刑事共助条約」（平成 18 年条約第 9 号）の余波もあってか——

　「二　国際約束（第 1 項の規定による疑わしい取引に関する情報の提供に関する国際約束をいう。第 5 項において同じ。）に別段の定めがある場合を除き，当該要請に係る刑事事件の捜査等の対象とされている犯罪に係る行為が日本国内において行われたとした場合において，その行為が日本国の法令によれば罪に当たるものでないとき。」

——との規定内容と，なってしまっている。
　この点は，「日米刑事共助条約」を経た「国際捜査共助法」2 条 2 号の改正と同じだが（石黒・前掲国際倒産 vs. 国際課税 13 頁注 19 参照），ともかく，「犯罪による収益の移転防止に関する法律」12 条の 4 項では，「国家公安委員会」が 3 項 1・2 号については「法務大臣の確認」を，同項 3 号については「外務大臣の確認」を，あらかじめ受けよ，としている。
　そして，同条 5 項は，「国際約束」に基づく「情報の提供」の場合には，（細かな点はともかくとして）その限りで原則的に「3 項の同意があるものとみなす」，と規定する。

　さて，以上を受けた前記の関税分科会資料では，前記の関税法 108 条の 2 の 1・3 項を踏まえつつ，「現在，外国税関当局から入手している情報については，それが犯則事実の立証に有効な情報であっても……当該刑事手続に使用できない状況にある」が，「不正薬物等の密輸事犯」への適切な対処の上で，「我が国が外国税関当局に提供する情報について，当該外国の刑事手続に使用できることとし，もって，我が国が外国税関当局から入手した情報についても我が国の刑事手続に使用することができるよ

う環境を整備することが必要であると考えられる」，とされている。
　以下の「検討」の部分（同資料2頁）は，本論文全体の主張にとって極めて重要ゆえ，正確に引用した上で，コメントを付すこととする。そこには——

「(1)外国の刑事事件の捜査に必要な証拠の提供については，国際捜査共助等に関する法律（昭和55年法律第69号。以下「国際捜査共助法」という。）に基づき，原則として，外交ルートを通じ，かつ，非政治性及び双罰性並びに相互主義に係る確認等を前提として，外国の要請に応じて必要な証拠の提供を行うこととしている。現行の関税法第108条の2第3項においては，国際捜査共助法の潜脱を防ぐ観点から，我が国が外国税関当局へ提供する情報については当該外国における刑事手続に使用されないよう適切な措置がとられなければならないことが規定されている。

　(2)現行の関税法第108条の2第3項の規定が国際捜査共助法の潜脱を防ぐ観点から設けられたことから，これを別途の方法で担保できる場合には，我が国が外国税関当局へ提供した情報を当該外国における刑事手続に使用しできることとして問題はないものと考えられる。実際に，同条制定以降に改正された立法例においては，執行当局が外国に提供した情報について，当該外国から要請があったときは，一定の条件の下（注），当該要請に係る外国の刑事手続に使用することに同意することができるとしたものがある。」

——とあり，そこに付された「注」で，前記の3つの立法例を示しつつ，それらにおいては——

「国際捜査共助法の潜脱を防ぐ観点から，非政治性及び双罰性（国際捜査共助法第2条）について法務大臣の確認を，相互主義（同法第4条）について外務大臣の確認を受けることを前提として，外国に提供した情報を当該外国における刑事手続に使用することに同意することができることとされている。」

——とある。
　かくて，「双方可罰性の堅持」をあくまで基軸としつつ，関税法改正がなされることとなったのである(\*)。

　\*　今般の関税法改正は，幸いにして（!!），「国際課税の常識」とは無縁のところで，専ら他の諸法との横並びを意識してなされるものである。その主眼は，外国側における情報の刑事手続（刑事事件）への使用を認めることによって，「もって」日本国内でも同様の使用を認めようとする，若干屈折したものだが，それはよい。
　　むしろ問題なのは，私も審議会で指摘したことだが，日本国内における問題の整理である。関税局資料自体においては言及がないのだが，最決平成16年1月20日刑集58巻1号26頁の位置づけが問題となる。法人税法上の質問検査権の行使で収集された情報が後に犯則事件の証拠として利用されると想定できても，同権限が犯則事件の調査な

2　従来のスイスにおける「他の諸国との租税条約上の情報交換」の時系列的な展開過程　　283

いし捜査のための手段として行使されたことにはならないとされた，若干微妙な最高裁決定である。

　これは，貿易と関税 2011 年 12 月号 90 頁（本書 206 頁）で，中山繁太郎氏の貴重な先行業績との関係で論じ，同・2012 年 1 月号 67 頁以下（本書 216 頁）でも，まさに「国際課税」の場合について，問題とした点である。金子宏・租税法［第 16 版］（2011 年・弘文堂）743, 744 頁では，それぞれ，「犯則調査のために質問検査権を行使することは許されない」，（質問検査権で得られた資料は刑事事件追及のために利用できず，また刑事事件において証拠能力を持たないとすべきだが）同決定は「証拠能力を認めているように読める」との文脈で，同決定が引用されている。

　もっとダイレクトに，しかも，まさに私の言う「国境でメルトダウン（熔融）する人権保障」の文脈で最高裁の判断が下されたら，紛れもなく「世も末」となる。だが，行政実務的には，ともかくも，"それらしい"最高裁のこの判断を前提に，話を進める，ということのようである。ただ，自分が狙われていた当人だったとして，本当でそれでよいのか（貿易と関税 2011 年 12 月号 87 頁〔本書 202－203 頁〕を見よ!!）。

　他方，同じく「関税法」関連のかつての大法廷判決への或る種"似たような"，即ち，100％確実「ではない」対応が，重大な人権問題を，具体的な制度設計において増幅して示すに至った実例についても，私は夙に指摘して来た（石黒・前掲国際倒産 vs. 国際課税 10－11 頁）。再三述べたように，常に自分の身に実際に起きた問題として考えないと，人権感覚は，特に昨今，容易に麻痺してしまう。あと一歩のところの人間的（全人格的）な詰めが，更に要求されるべきところではあろうが，基本的にはすべて既述の点ゆえ，この位にしておこう。

　国際課税の関係者に対しては，「関税法改正」をも含めた既述の他の諸法（それらについては，更に，本書 437 頁以下参照）における「双方可罰性要件堅持」の実態について，日本の法制度の在り方の問題として，ここで踏みとどまって，再度一から検討する余裕が，求められている，と言うべきところであろう。

●　　　　●　　　　●

◆　[重要な注記(2)]　『「日 EU 刑事共助条約」による「双方可罰性要件」への侵食――「米 EU 刑事共助条約」との重大な対比（!!）において』

　まさに 1 号炉の問題が一応解決するや，2 号炉に飛び火するがごとき事態である。せっかく日本の「関税法改正」の関係で，『国際捜査共助法ルートの潜脱防止』という，正しい観点からの「双方可罰性要件」の堅持が，（関連諸法との横並びということではあれ）確認できたというのに，肝心の国際刑事共助の分野での，情けない事態について，次に検討をせねばならない。以下，東大 LS における，前記の S・Y さんの健闘振り（最終提出ペーパー）を，石黒・前掲契約の神聖さ 65 頁以下における「K 君の提出ペーパー」についての論述と同様の視角から，示しておこう。

　Y さん（S・Y さん）は，「日 EU 刑事共助協定の背景」と題したペーパーを，2012 年 1 月 20 日の学期末「プレゼンテーション・コンテスト」に際して提出した。だが，2011 年 10 月 7 日の講義開始間もなくの段階で，「刑事共助条約・協定の双方可罰性

と題したペーパーを、既に提出していた。その双方の論ずるところを紹介しつつ、多少実際の条約規定に沿った確認的検討をも、行なっておこう。

　Yさんは、後者の（最初の）ペーパーにおいて既に、外務省のホームページを参照しつつ、署名順に①「平成15年」の「日米刑事共助条約」に続き、②「平成18年」の「日韓」（『双方可罰性』については「3条1項5号」——そこで「双方可罰性」堅持の原則に日本が復帰したこと[*]までの検討は、石黒・前掲国際倒産 vs. 国際課税8－10頁、とくに12頁以下の注12で、行なった）、③「平成19年」の「日中」（『双方可罰性』については「3条1項5号」）、④「平成20年」の「日香港」（『双方可罰性』については「3条1項6号」）、⑤「平成21年」の「日露」（『双方可罰性』については「3条1項5号」）、そして⑥同年の「日EU」と、日本が計6つの刑事共助条約を締結したことを、まず示す（中内康夫［外交防衛調査室］「欧州27カ国への刑事共助ネットワークの拡大」立法と調査2010年4月号［303号］19頁なども、参照されている）。だが、「日米」の場合と同様の形で、「日EU刑事共助条約」（平成21年12月30日署名）の場合には、「双方可罰性要件」の相対化がなされてしまったことを、問題とするのである。

*　Yさんのペーパーでは、石黒・同前書10頁が、「『日韓』の場合には、本来の姿に戻った、ということで考えるべきところ」とある点への、その限りでは正当な批判も、なされている。つまり、「日韓」の場合にも、「裁量での共助拒否」となっているが、「裁量」はおかしい、との批判である。これは、もっともな批判である。

　私自身も、もとより、日本の当局の（英米型の？）「裁量」で「執行共助」が左右されることは、それ自体がおかしいと、感じている。だが、私には、同前書・8頁以下の、「国連麻薬新条約」、「国連国際組織犯罪防止条約」以来の、ある種抗しがたい流れの中で、よくぞ「日韓」の場合に、「双方可罰性要件堅持」の正しい日本の法的伝統に復帰し得たものだ、との思いが強かった。

　他方、同前書・14頁注20には、その12頁以下の注12で引用した河村憲明「日韓刑事共助条約について」警察学論集59巻8号31頁以下、35頁以下を再度引用しつつ、「日本国憲法（や国際法）上の要請により、『裁量』が（共助拒絶への）『法的義務』に"運用"上、格上げされるべきだとの私の立場と共通するものが、其処にある」との指摘を、行なっておいた。Yさんがそこまで読んでくれたら、前記の批判は、解消したはずである。

　それでは、まず、この「日EU刑事共助条約」について、以下において、原文を確かめつつ、見ておこう（以上、4か月半ぶりの、アイドリング的な今日の執筆は、ここまでとする。2012年2月3日午後7時50分、筆を擱く。執筆再開、同年2月5日午前11時39分）。

　**Official Journal of the European Union (OJ), L 39/20ff (12.2.2010)** で、「日EU刑事共助条約（Agreement between the European Union and Japan on mutual legal assistance in criminal matters）の条文を確認しておこう。但し、本号分の最初の「*部分」の、「**重要な注記**」（本書274－275頁）との関係で、まずもって注意すべきは、この条約が、その前文にあるように、「EU **加盟諸国**（the European Union **Member States**）」と日本

## 2 従来のスイスにおける「他の諸国との租税条約上の情報交換」の時系列的な展開過程

との「実効的協力」のためのものであること，である。決して EU 自体と日本とのそれ，なの「ではない」。

だが，ともかく 11 条の「共助拒絶事由（Grounds for refusal of assistance）」の条文を，見ておこう。その 1 項は，「被要請国（the requested State）」の判断として，以下の場合には，「共助が拒絶され得る（Assistance may be refused [*]）」，とする。それは，以下の(a)-(e)の場合である。即ち，(a)政治犯罪関連の場合，(b)要請に応ずることが，自国の主権，安全，公序，またはその他の本質的利益（other essential interests）に反する場合（詳細は略する），(c)人種・宗教等の理由に基づく訴追等の場合，(d)既に EU 域内国又は日本で最終的な有罪・無罪（convicted or acquitted）の判断がある場合，等である（その(e)は省略）。

* この点については，直前の「＊部分」を参照せよ。

問題の「双方可罰性」の点は，11 条 2 項にある。以下に，英文を示しておく。そこには，まず同項「第 1 文」として——

"The requested State <u>may refuse</u> assistance which would necessitate <u>coercive measures</u> under its laws <u>if it considers that the conduct</u> that is the subject of the investigation, prosecution or other proceedings, including judicial proceeding, in the requesting State <u>would not constitute a criminal offence under the laws of the requested State</u>."

——とある。要するに，「強制措置」が必要な場合について，「被要請国」が『双方可罰性』がないと判断する場合には，「共助」を「拒絶し得る」，とある。

Y さんが指摘するように，この書き振りは，「日米刑事共助条約」の 3 条 1 項 4 号と，「ほぼ同じ」である。即ち，まず，「(『強制捜査』・)『強制措置』[*]が必要となる場合『以外』には，『双方可罰性』の要件が，かくて，外されるに至っている」（「日米」の場合の同号に関する，石黒・前掲国際倒産 vs. 国際課税 9 頁）。

* 「強制措置」と「任意措置」との微妙な境界と「現場での対処」との関係については，石黒・貿易と関税 2007 年 7 月号 68 － 69 頁参照。

次に，「日米」の場合と同様に，右に「し得る」とあることの意味として，日本国内に「強制措置」をとり得る旨の何等の規定のない場合にも，「当局」の「裁量」で，それをなし得るということが，右の 11 条 2 項第 1 文に，含意されていることになる。Y さんは，「日米」の場合に私の用いた手法に沿って，警察庁国際課の担当者の筆による<u>中野崇嗣「日 EU 刑事共助協定及び日露刑事共助条約の発効」警察公論 2011 年 3 月号</u>中の「日 EU 刑事共助規定の特徴」に関する部分に，『双方可罰性要件』との関係での言及が，やはり何等ないことを，確認している（Y さんの最終提出ペーパーは，

286　第2章　「従来のスイスにおける租税条約上の情報交換」と「堅持されていた"双方可罰性の要件"」

中内康夫［外交防衛調査室］前掲立法と調査2010年4月号25頁をも引用しつつ，<u>当局者においては「国家の対等性あるいはそれに由来する相互主義の確保に専ら注意が向けられ，刑事共助にあたっての人権侵害の危険性は忘れられてしまったかのようである」</u>との，私が「日米」の場合に行なったのと同様の，厳しい指摘を，行なっている）。

以上が，「日EU刑事共助条約」11条2項の「第1文」だが，同項には「第2文」がある。同じく，まずは英文で示せば――

"In the relations between Japan and **two Member States, set out in Annex IV** to this Agreement, assistance <u>may be refused if the requested State considers that the conduct</u> that is the subject of the investigation, prosecution or other proceeding, including judicial proceeding, in the requesting State <u>would not constitute a criminal offence under the laws of the requested State</u>."

――とある。要するに，「アネックスIV」に示された2つのEU域内国と日本との関係では，「強制措置」・「任意措置」の区別なく，<u>従来通りの『双方可罰性の原則』によって共助が「拒絶され得る」</u>ことになる（ここでの「得る」云々の点は，本号分において既に説明済み）。

右の2国とは，「オーストリア（!!）」と「ハンガリー」である。そこにも，本号分冒頭の「**[重要な注記!!]**」（本書274頁以下）に示し，その直前で記したように，『<u>EUは，必ずしも一枚岩ではない</u>』ということが，如実に示されている(*)。

* 他の域内国の中にも，前記の「利子課税に関する2004年EU・スイス租税条約」の場合の「スペイン」（等）のように，本条約締結との関係では**benign neglect**として沈黙を守っていた国が，「ない」のかどうかが，ここでも問題となる。
　なお，右の「オーストリア」は，貿易と関税2011年10月号63頁（本書175頁）で記したように，『双方可罰性』を問うことなく「銀行情報」を引渡せとするOECD側の要求に反対していた4カ国に，含まれていた。

なお，「日EU刑事共助条約」11条の3項は，「<u>銀行秘密</u>」を理由として共助を拒絶してはならない（shall not be refused），と規定している(*)。

* Yさんの最終報告書では，中内・前掲立法と調査2010年4月号（303号）を引用しつつ（同前・19頁？――頁の引用の一部がなされていない点が，惜しまれる），この11条「3項」の「銀行秘密」関連の条項が，「EU側の要請による明文化」だと，指摘している。

以上が，問題ある「日EU刑事共助条約」である。そして，これと対比すべきが，Yさんの最終提出ペーパーが正当に着目するところの，「<u>米EU刑事共助条約</u>」である。Yさんはそこで，<u>この「米EU刑事共助条約」が「日米刑事共助条約と同時期に署名されたにもかかわらず，意外なことに，4条4項(a)は，強制措置であるか否かを問わ</u>

2 従来のスイスにおける「他の諸国との租税条約上の情報交換」の時系列的な展開過程　　287

ず（この点に触れず），双方可罰性要件を維持することができるとする」点に，注目している。

　EU の OJ, L 181（19.07.2003），at 34-42 において公表されている「米 EU 刑事共助条約」(Agreement on mutual legal assistance between the European Union and the United States of America) を，次に見ておこう。そこでもまずもって確認すべきは，前文冒頭にあるように，この条約が「EU **加盟諸国**（the European Union **Member States**）」と米国との「協力」についてのものだ，ということである。

　だが，まさにこの点で，別途注目すべきは，右の点を含む計 4 段落に分かれる同条約『前文』において，他の 3 つの段落は"DESIRING ……"で始まっているのに，一つだけ，第 3 段落目が"MINDFUL……"で始まり——

　"MINDFUL of the guarantees under **their respective legal systems** which provide an accused person with the right to a fair trial, including the right to adjudication by an impartial tribunal established pursuant to law,"

——とあることである。

　「**それぞれの法システム**」とは，ここでの文脈（EU 側の問題）においては，「EU 域内各国の法システム」のことになる。それが米 EU 間の本条約において，ことさらに想起されているのには理由がある，と考えるべきである(\*)。

*　なお，同条約 3 条の見出しは，「[EU の] 加盟諸国との間の 2 国間共助条約との関係での，及び，それのない場合の，本条約の適用範囲（Scope of application of this Agreement in relation to bilateral mutual legal assistance treaties with Member States and in the absence thereof)」という長いものである。3 条 1 項は，EU 及び米国が，本条約の諸規定が「EU 加盟諸国」と米国との 2 国間共助条約との関係で適用されること（are applied in relation to）を以下の条件の下で確保せよ（shall ensure），とする。その 1 項(a)に，次に見る 4 条との関係も規定されているのだが，もはや 4 条自体を見てしまおう（但し，すぐ次に見る「4 条 4 項(a)」との関係でも，EU 域内各国と米国との二国間刑事共助条約で，「双方可罰性」の点がどう扱われているかを，個別に検証する必要がある。だが，本論文では，そこまでは立ち入らないこととする）。

　同条約 4 条は，「銀行情報の特定（Identification of bank information）」と題する。「銀行情報」の引渡に関する細かな定めたる 1 — 3 項と，「銀行秘密を理由とする共助拒絶を許さず（may not be refused)」とする 5 項に挟まれて，問題の「4 条 4 項」がある。そこには同項(a)として——

　"4. (a)　Subject to subparagraph (b), a State may, pursuant to Article 15, limit its obligation to provide assistance under this Article to:

　(i)　Offences punishable under the laws of **both** the requested **and** requesting

States;

(ii) offences <u>punishable</u> by a penalty involving deprivation of liberty or a detention order of a maximum period of at least four years <u>in the **requesting** State</u> **and** at least two years <u>in the **requested** State</u>; **or**

(iii) designated serious offences <u>punishable</u> under the laws of **both** the requested **and** requesting States."

——とある（!!）。即ち，<u>そこにあるのは，見事なまでの『双方可罰性要件』の明確な留保，である（!!</u>[*]）。

* 右にメンションされている本条約15条（Designations and notifications）では，とくに3項において，4条4項の制限がなされる場合の事前通知が定められている。

しかも，注意すべきこととして，<u>この4条4項(a)には，「3つのパターン」での『双方可罰性要件』が，それぞれ記述され，そのいずれによる「双方可罰性堅持」も，可とされている（!!）</u>。前記の同条約『前文』の，"MINDFUL ……" 云々の箇所に対応するであろう，この「3つのパターン」が，それぞれ，どのEU加盟国（域内国）の法制度に対応するのかの精査には，（域内各国と米国との二国間刑事共助条約についてと同様）ここでは踏み込まない。だが，(i)‒(iii)がそれぞれ別の1か国の法制度に対応するものだと仮定すれば，少なくとも（at least !!）3か国の法制度が，EUが他の域外国（少なくともスイスと日本）との関係でこだわっていた『双方可罰性要件の相対化・希釈化』に対して，米国との関係では，明確に待ったをかけ，こうした条文になったことになる。即ち，いずれにせよここでも，『<u>EUは，必ずしも一枚岩ではない（なかった）</u>』ことになる（!!）。其処に，最も注意する必要がある(*)。

* この点の更なる重要なインプリケーションがある。右に示した冷厳な事実は，<u>ともすれば日本の刑事法学者が陥りがちな認識，即ち，「EU域内」での『双方可罰性要件放棄』の扱い「のみ」を見て，（EU域外国たる）日本でも，それと同様に考えようとする短絡的な思考</u>（それに対する批判として，石黒・貿易と関税2007年7月号61頁以下）に対して，一層の慎重さを要求するもので「も」ある，ということである（!!）。

ところで，この「4条4項(a)」だけでは困るということで（!?），米国と一緒になってEUも入れようとしたのであろう同項(b)を，同じく英文で，示しておく。同条約4条4項(b)は——

"(b) A State which limits its obligation pursuant to subparagraph (a)(ii) or (iii) shall, <u>at a minimum, enable identification of accounts associated with **terrorist activity and the laundering of proceeds**</u> generated from a comprehensive range of serious crim-

2 従来のスイスにおける「他の諸国との租税条約上の情報交換」の時系列的な展開過程　　289

inal activities, <u>punishable</u> under the laws of **both** the requesting **and** requested State."

――と規定する。

「テロリストやマネー・ロンダリングの関係」なら，『双方可罰性』なんて言わずに情報交換をしようね，と言いたいところなのだろうが，どっこい，そうは問屋は卸してくれなかった。右の条文の最後に，<u>『双方可罰性要件』が，重ねて示されていることに，注意すべきである</u>（*）。

* なお，OJ, L 181, supra, at 34ff には，簡単な Explanatory Note が付されているが，4条についてのそれは，存在していない。

　若干付言すれば，Y さんは更に，これから論ずる 2000 年の「EU 域内での刑事共助条約」にも言及しつつ，他方において，<u>「1990 年 12 月 14 日に国連決議（決議 45/117）で採択された「刑事における相互援助〔共助〕に関するモデル条約（Model Treaty on Mutual Assistance in Criminal Matters）」の，「1998 年 12 月 9 日に採択（決議 53/112）された改訂案」</u>についても論じ，その「4 条脚注 10」において，「とくに，いくつかの諸国は，要請の根拠となっている行為が要請を受けた国の法域において犯罪とされていないことを援助の拒否要件に追加すること（双方可罰性）を欲することがあり得る」との文言が削除され，「諸国は，実際的である場合には，要請の根拠となっている行為が要請を受けた国の法域において犯罪とされていない場合であっても援助を与えることとすることを欲することがあり得る（双方可罰性の欠如）。諸国は，捜索・押収のような特定の種類の援助に**双方可罰性の要件**を限定することを検討することもあり得る」との文言が追加された旨，指摘している。そこでは，<u>今井勝典（警察庁国際第 2 課課長補佐）「国連による『刑事における相互援助に関するモデル条約』の改訂について――実務家の視点から（上）」警察学論集 52 巻 6 号 64 頁</u>を引用しつつ（同論文（下）同誌 52 巻 7 号 114 頁も，別途引用されている），「<u>米国が任意処分における双罰性の緩和を強く主張</u>」した結果としての，右の改訂であることを，示している。

　他方，Y さんは，前記の「米 EU 刑事共助条約」作成について，「米国・EU 双方の文書において，この条約に関し **9.11 への言及**があること［\*］からすれば，テロ・マネーローンダリング［等］に関する銀行情報を得るために両国［米・EU］が歩調を合わせ，その流れが加速して日 EU 刑事共助協定［条約］に至ったとみることができるのではないか」との，重要な指摘をしている。

* この点に関する Y さんの最終報告書の注 33 では，US Justice News (Feb. 1, 2010), "US/EU Agreements on Mutual Legal Assistance and Extradition Enter into Force"; European Parliament Report A5-0172/2003（22 May 2003）, at 8 が，引用されている。
　なお，Y さんが，ここで『「9.11」との関係』を意識したのは，Y さんも参加した 2010 年度冬学期の私の「国際課税」ゼミにおいて，『まさに「9.11」の 2 か月後に「タックス・ヘイブンの定義」が不自然な変更を受けたこと』について，集中的に討議したこ

と（この点につき，貿易と関税 2012 年 2 月号 59 頁〔本書 239 頁〕を見よ!!）が，深く関係する。なお，本書第 4 章 1(1)参照。

以上の「冷厳なる事実」を発掘した Y さんの功績には，実に多大なものがある，と言うべきである。そのことを改めて記して，今日の執筆は，ここで終えよう（以上，2012 年 2 月 5 日午後 8 時 5 分までの執筆。──同年 2 月 7 日午後 2 時頃からの多少のネット検索の後，同日午後 4 時 12 分に，執筆を再開する）。

さて，最後に残ったのは，Y さんも着目する「2000 年の EU 域内の刑事共助条約」である。確かに，Y さんも指摘するように，そこに「双方可罰性に関する規定は見当たらない」。当該の条約は，「2000 年 5 月 29 日」の，"Convention established by the Council in accordance with Article 34 of the Treaty on European Union, on Mutual Assistance in Criminal Matters between the Member States of the European Union"（OJ 2000/C 197/01）である。域内の被要請国にとって，本条約の定める「方式と手続（formalities and procedures）」に従わなくてよい場合として，辛うじて 4 条 1 項に，<u>被要請国の基本的な法の諸原則に反する場合</u>」への言及はあるが（[T]he requested Member State shall comply with the formalities and procedures …… provided that such formalities and procedures are not contrary to <u>the fundamental principles of law in the requested Member State</u>.），（細かな点は別として）いわばそれだけ，である。

「双方可罰性要件」との関係では，むしろ，純粋刑事の場合から更に共助の枠を広げるための，同条約 3 条（"Proceedings in connection with which mutual assistance is also to be afforded" との見出しを有する）に，注目する必要がある。即ち，この 3 条の 1 項では，「行政当局」の手続きであっても，それが刑事手続に結びつく（帰着し得る［"may result in" ── OJ 2000/C 379, infra, at 10］）ものの場合には，以下の場合に共助を行え（shall），とされ，その要件として──

"<u>punishable</u> under the national law of <u>the requesting **or** the requested Member State, or **both**</u> ……"

──とある。「要請国」・「被要請国」いずれかで「可罰的」なら，それで「共助」に結びつけてよい，との規定である。<u>確かに，「双方可罰性要件」は，そこにはない</u>。

同条約の解説（OJ 2000/C 379/7: Explanatory Report on **the Convention of 29 May 2000 on Mutual Assistance in Criminal Matters between the Member States of the European Union**）にも，純粋刑事とは言えない「同条自体」(*)が，「シェンゲン協定」を受けたもの，との記載がある（Id. at 10.）。「シェンゲン協定」へのスイスの加盟が EU 側との間で問題となった「2004 年当時」において，同協定上『双方可罰性要件』が堅持されていたことについては，貿易と関税 2012 年 8 月号分（本章 4 の冒頭）において示すが，私には，次の「◆部分」の冒頭に示す「思い」があることを，あらかじめここで示しておく。

* なお，貿易と関税 2012 年 4 月号 95 頁には，右の「同条自体」を「同条 1 項」と読み違えた上で，「かくて，『双方可罰性要件廃棄』が（少なくとも）『シェンゲン協定』以来のものであることが，同条約のこの規定からも，いわば裏から知られる」とする，<u>私の不適切な指摘（ミス!!）</u>があった。それについては，貿易と関税 2012 年 8 月号分の前記箇所（本書 358－359 頁）で訂正をしており，本書では記述を改めているが，貿易と関税 2012 年 8 月号分における訂正はそのまま残し，<u>「自分のミス」を塗り潰さないよう</u>，配慮した。<u>研究者として，絶対にしてはならないことだから</u>，である。

　なお，右の「2000 年 EU（域内）刑事共助条約」25 条は，本条約に格別の定めのある場合以外の「留保」を禁止しており，OJ 2000/C 392, at 28 には，留保の認められる規定として，7 つの場合が掲げられているが，いずれも限定的で，ここでの問題関心とは，直接関係しないようにも思われる。そうだとすればそれは，域内各国にとっては，いわば EU 域内の更なる統合のための，『**<u>benign neglect の強制</u>**』，でもあったことになる。

　　　　　　　　●　　　　　●　　　　　●

◆　[『「双方可罰性原則の放棄」』との関係で「**一枚岩ではない EU**」』についての，これまでの検討を踏まえた纏め]

　以上，本論文における私のこれまでの検討からは，全体的な"印象"として，<u>もともと『1990 年』に成立していたところの，この「シェンゲン協定」で，「国境」の存在が大きく相対化され，それが故に，国境を跨いだ犯罪の防止の必要性が高まり，そのあおりで，EU 域内での問題として「双方可罰性原則」が外された</u>，との構図がそこにあるように，思われてならない。ともかく，EU 域内のこの「2000 年条約」を背景として，EU はスイスに対して，「国際刑事司法共助」に際しての「双方可罰性要件」の放棄ないし相対化を強く迫り（貿易と関税 2011 年 9 月号 52 頁以下〔本書 137 頁以下〕），かつ，「利子課税に関する 2004 年スイス・EU 租税条約」において，「行政共助」に関して，条文上は同要件の相対化を，かなりの程度もぎ取った，という展開だったことになる。

　だが，『「双方可罰性要件」外しへの EU の攻勢』は，「日 EU 刑事共助条約」では同様の成果を見たものの，既述のごとく「オーストリア」と「ハンガリー」が「双方可罰性要件」の維持を宣言し，かつ，「米 EU 刑事共助条約」では，前記のごとく「3 つのパターン」での「双方可罰性要件の堅持」が，域内各国によって留保された，という全体構図となる（[*]・[**]）。

 * 「域内諸国間での刑事共助」に関する，その後の EU サイドの或る文書（Press Releases: Making it easier to obtain evidence in criminal matters from one Member State to another and ensuring its admissibility, Brussels, Nov. 11, 2009, MEMO/09/497）を見ても，現状での域内各国間での問題処理について，"burdensome; hinder; slow and inefficient" といった言葉で象徴される，**EU サイドの苛立ちのみ**が，浮き彫りとなっている。だから EU 官僚が刑事分野での直接的規制権限を持つべきなのだと，言わんばかりの焦りである。

また，"Last updated: 21.08.2006" の文書だが，同じく EU サイドの "Enhancing police and customs cooperation in the European Union" という文書を見ると，「シェンゲン協定」46 条との関係で，以下の指摘がある。即ち──

"Article 46 gives police authorities the right to exchange information with another Member State on their own initiative to prevent crime and threats to public order. **In practice, it is not known whether the right is exercised.** The Commission therefore proposes that the Council examine this question;"

──との指摘である。

　要するに，域内各国間の「情報交換」の権利が，実際には行使されているのか分からないとの，**「今更ふざけるな!!」**と言いたくなる現実が，そこに語られている。他方，同文書には，「9.11 の事態を受けて（following the events of 11 September），米国との［前記の］協力合意が署名されている」というのに，「**域内各国の情報の伝達（引渡）へのリラクタンス（the reluctance of Member States to transmit information [!!]）**」があり，それが，せっかく設立した Europol という組織の運営を阻害している (is hampering)，との焦りに満ちた現実認識が，赤裸々に示されている。

　これが，スイスや日本に対して威丈高に「双方可罰性要件」の放棄ないし相対化を求めて来た EU の，現実の姿であることは，日本の当局者においても，十分に認識しておくべきことのはず，である (!!)。

＊＊　ここで（本号分の最後に），**重要な点**につき，一言する。私は，WTO 上クロとされた「米国 1916 年アンチダンピング法」に対する「**EU の対抗立法**」と，それを模範として制定された「日本の対抗立法」について論じた際に（貿易と関税 2005 年 8 月号 46 頁以下），問題の「EU の対抗立法」が過度に英米的であることに対して，非常に違和感を抱いていた。私の問題とする点の全体像を適切に把握して頂くためには，本号分の論述と対比すべく，貿易と関税 2005 年 8 月号の同前頁以下の検討を精査して頂く必要がある。だが，まずは，本号分のこれまでの検討と関係する点を，以下に抜き書きし，検討上のヒントだけでも，示しておこう。

・　「それにしても，英国は別として，EU の前記対抗立法における余りにも広汎な……が，私としては終始，気になっていた。ドイツ・フランス等の大陸法系諸国が，こうした点をどう考えているのか，現地大使館等を通して早急に調べるべきだと［METI 担当者に］強調したのだが，具体的な回答は得られなかった。**EU 法**という，それら**各国の国内的な法的土壌とは別の次元の問題**であるがゆえに，この点が特に問題とされないでいる可能性もある。」（同前・55 頁。──本号分でも言及した **benign neglect** の問題なのかも知れない !!）

・　「米国法への，いわゆる"ミラー・アタック"の結果として，日本（そして EU）の法制度の中に，"**鏡の中の虚像**"として，極めて英米法的色彩の濃い法技術が，移入されてしまったのである。」（同前・59 頁。同旨は同前・56 頁にもあり。）

・　「前記の EU の対抗立法……は，EU の一員たる英国の法制度をピックアップし，前記の同国 1980 年法「的」に，とりわけ大陸法系の各国法制度の基本構造とは切り離した法的地平において，制定され得たものである。だが……表層部分でのその規律から，それを支える基盤たる法的土壌を深く覗き込んだとき（これは，"比較法"という学問的営為の，基本である），そこには"まっ暗で巨大な虚無空間"が待ち受けているのみとなる。」（同前・61 頁。）

　　本号分で示した『決して一枚岩ではない EU』の実像について，こうした視角から検討する必要は大である，とだけ言っておこう。

●　　　　●　　　　●

　以上で，この 4 か月半余の執筆上の空白を埋める作業を終え，次号分では本来の目次項目に戻り，「(iii)　対英租税条約改正の場合――「利子課税に関する 2004 年対 EU 租税条約」との関係を含めて」からの執筆となる。

＊　それにしても，一体誰が，かくて「関税法改正」とも深く関係することとなった本論文を，「数か月で打ち切るようにさせろ」などと，"入れ知恵"をしたのであろうか。「2010 年」の「9.11 の事件」（本誌 2011 年 3 月号 47 頁上段参照）との関係，である。改めて「K 氏・A 氏」（いずれも国税庁）のご尽力に，感謝の意を表させて頂く（以上，執筆は，2012 年 2 月 7 日午後 9 時 37 分まで）。

[以上，2012 年 4 月号 79 － 97 頁]

◆　《「執筆上の本線」に戻るにあたって》
　前号分では，本論文におけるここ半年余の検討を振り返りつつ――

　①『今般の関税法改正における情報交換条項の拡充と「双方可罰性要件の堅持」』，
　②『日 EU 刑事共助条約における「双方可罰性要件の相対化」』
――という，日本国内での二つの相反する流れを示しつつ，本書のテーマたる「国際課税」分野における論議の，他の法分野での動きとの，冷静な比較を試みた。
　右の①との関係では，日本の法制度全体としては，「双方可罰性要件堅持」の前者の流れが，幸いにもいまだ主流をなすことに，十分な注意が払われるべきである。しかもその際，同要件を「基本的には」（＊）維持する「国際捜査共助法」との関係で，「同法（国際捜査共助法）ルートのバイパス防止」という健全な政策目的が，今般の「関税法改正」の際に「も」明示されていることが，前号分では示されている。そのことを示すことによって，『「双方可罰性要件など不要だ」とすることを主流（もはや常識？）とする，OECD モデル租税条約を軸とする「国際課税」の世界の"突出ぶり"』を明確化することに，重点が置かれているのである。

　＊　右に「基本的には」との限定を付した意味は，前号分にも示したように，以下の通り。即ち，私の観点からは「当局者の憲法感覚」を疑うべき日米・日 EU の二つの「刑事共

助条約」(「日米」の場合につき，石黒・前掲国際倒産 vs. 国際課税 10 頁，13 － 14 頁の注 20。より詳細には，「◆《重大なる警告》——当局者の憲法感覚を疑う!!」と題した，貿易と関税 2007 年 7 月号 64 頁以下を参照せよ）は別として，従来通りに「双方可罰性要件」を堅持する他の 4 つの二国間「刑事共助条約」を含めて，「原則としては」，ということである。

なお，本号分の執筆開始は，2012 年 2 月 22 日午後 3 時 15 分。月齢 0.2 の大潮二日目，である。同年 2 月 3 日，5 日，7 日に「4 月号」（連載「250 回目」!!）分を，4 か月半ぶりの「執筆の世界」への復帰だったのに，間にさして日を置かずに一気に，殆ど全くノー・ストレスで書き上げた後，同月 13 日（テレコム・知財の「特別講義」の採点と，LS・ゼミを含めた成績報告の日），16 日，21 日に，本章 3 の「ドイツ」をどう書くべきか，多少の読み込みを行って，一応の方針を固めた。

21 日にその後仮眠して，テレビ（CATV）をつけたところ，何と，珍しいことに「わが街バーゼル」の特集，しかも，「2011 年のバーゼル」のそれを，街の様子を含めて，ハイヴィジョンの鮮明な画像で 45 分間も（!!）。これはもう，「明日書き出せ」との天の声だ，と直感した。

「そうだ，早くスイスに帰ろう!!」――前号分執筆の軸足は日本だったし，『アルプスと「バーゼルのライン川」のスイス』に早く戻りたいとの思いは，募るばかりだったから。

このような基本スタンスによる前号分の執筆が，あえてなされた理由は，以下の通り。即ちそれは――

『「租税条約上の情報交換」（行政共助）において「も」，「国際刑事司法共助」の場合と同様に「双方可罰性要件」を死守しようとする，<u>「国際課税の世界」では異端の存在だったスイスの従来の国家的選択が</u>，正しいもの「である」こと（悲しいことに，現時点では，「であった」と，過去形になってしまっている!!）を，ほかならぬ「現在の日本の法制度の基本」（米・EU との関係で多少の"虫食い"はあるものの，原則としては維持されているそれ）との親和性（!!）に留意しつつ，改めて示すための営為』

――であった。

他方，前号分では，「利子課税」に関する「2004 年」のスイスとの租税条約で，スイスに対して「双方可罰性要件の放棄ないしは相対化」を強く迫った **EU が**，**「決して一枚岩ではないこと」**を，右の②との関係で示した。「課税」・「刑事処罰」ともに（「航空運輸」と同様），EU の直接的規制権限が，いまだ不十分であることが，これと関係する。「2003 年」の「米 EU 刑事共助条約」においては，過激な米国と直接対峙することとなるのが域内各国であることを反映してか，そこには何と「双方可罰性堅持」を認める旨が，条文上明記されているのである。

そして，その点を含めた，前記②に関する検討から得られた「光」を，貿易と関税 2012 年 3 月号分での論述に「反射」させることまでが，前号分ではなされている。まさにその「EU が決して一枚岩ではないこと」の，具体的な発露として，<u>貿易と関税 2012 年 3 月号分（本書 262 頁以下）で検討した「2006 年対スペイン租税条約改正</u>

における，明文による極めて鮮明な「双方可罰性要件堅持」（もとより「情報交換」に関するそれ）という冷厳な事実に対し，新たな「色調」ないし「意味合い」が，加えられることとなった。即ち，前号分では，「利子課税」に関する「2004年」の前記条約に付された「合意メモ」において端的かつ赤裸々に示されていたところの，『「双方可罰性要件相対化・希釈化」の同条約の趣旨を，スイスとEU域内各国との租税条約に，「利子課税」問題を越えて一般的に盛り込ませようとする，或る種「越権的」な「EUの思惑」』が，「スペイン」によって明確に「無視」されたということが，この「2006年対スペイン租税条約改正」の意味するところである，との点が明確化され，スイス側から見た貿易と関税2012年3月号における論述を，その意味で補充するものとなったのである。

　ここで，議論を「本線」に戻し，右の3月号までの論述の，その先を論じ，本論文第2章の2の論述を，終えるべきこととなる。本章2(2)の「(2－2)」において，貿易と関税2012年2月号53頁以来の議論の流れは，同前・53頁（本書233頁）で設定された『2000年から「2009年3月13日」まで』との期間において，まず同前・55頁以下の「(i)」の小項目において，前記の「利子課税に関する2004年対EU租税条約」を扱い，同前・3月号分において，「(ii)」の小項目において，右の「2004年条約」との関係の「有無」を含めた「2005－2006年の展開（サンプル調査として）」と題し，「2005年の対ノルウェー」，「2006年の対フィンランド」，そして「偶然的必然」としての大ヒットとなった「2006年の対スペイン」の，それぞれの租税条約改正を，これまで見てきたことになる。かくて，右の「サンプル調査」（そこにおいて英米独仏の主要諸国以外を扱う趣旨につき，貿易と関税2012年2月号54－55頁（本書235頁））を終え，以下の「(iii)」・「(iv)」の小項目において，この時期の対英・対仏の場合を，扱うこととなる。

　　　　　●　　　　　●　　　　　●

(iii) 「2007年の対英租税条約改正」の場合——「利子課税に関する2004年対EU租税条約」，とりわけそれに付随する前記「合意メモ」に示された，『**EU**サイドの「双方可罰性要件」相対化・希釈化方針』を，「スペイン」同様に無視した「英国」サイドの対応（「双方可罰性要件」の明文化!!）

　スイスの締結した「対英」での租税条約については，本論文の以下の箇所において，それぞれ論じて来た。まず「1931年対英条約」を貿易と関税2011年11月号78頁（本書185－186頁）で軽く扱い，続く「1954年対英条約」を，同前（11月号）・72頁以下（本書178頁以下）で扱っていた。続いて「1977年対英条約」は，貿易と関税2011年12月号80頁以下（本書195頁以下）で，間に同前・82頁以下（本書197頁以下）の『引き渡された情報の使用目的の制限・開示範囲』等に関する重要な「指摘事項」の項目を挿入しつつ論じ，同前（12月号）・90－95頁（本書207頁以下）で，右の「指摘事項」との関係で，これから論ずる「2007年対英改正」，及び，後に論ずる「2009年対英改正」についても，一言していた。以下，「2007年対英改正」につき，議論の重複を避ける意味でも，「双方可罰性要件」との関係を，ダイレクトに見ておくこととに

する（なお，貿易と関税 2012 年 3 月号 69 頁以下〔本書 267 頁〕においても，「2007 年改正」の「双方可罰性要件」関連の部分について，一言しておいた）。

「2007 年 6 月 26 日署名の対英租税条約改正プロトコル」についてのスイス政府の公的説明は，**Botschaft über ein Protokoll zur Änderung des Doppelbesteuerungsabkommens mit dem Vereinigten Königreich von Grossbritannien und Nordirland vom 27. August 2008, BBl. 2008, at 7655ff** である。なお，この「改正プロトコル（Revisionsprotokoll）」は「2008 年 12 月 16 日」に連邦議会の承認（Genehmigung）を受け，「2008 年 12 月 22 日」の「交換覚書（Noten*austausch*）」によって発効した旨，「2008 年 12 月 22 日段階（Stand am 22. Dezember 2008）」での実際の条文とともにそれらを示す **SR 0.672.936.712.1, at 1ff** の冒頭頁（Id. at 1）に，示されている。

BBl. 2008, supra, at 7656 の短い「概観（Übersicht）」の第 2 文でも，対英の「25 条」において，新たに，「租税詐欺及びそれと同様（同等）の場合」に「も」，（スイスの）「目下のところのこの（情報交換の）分野での政策に一致する形で，情報交換が可能となる（Neu ist in Übereinstimmung mit der aktuellen Politik auf diesem Gebiet der Informationsaustausch nach Artikel 25 auch in Fällen von …… möglich.）」ことが，明記されている（持株会社関連の問題は，これまでと同様に，省略する）。この改正における「情報交換」問題の重要性が，そこに既にして示されているのである。

さて，Id. at 7657 には，改正史・交渉の概要等の記載がある。そこでは，1.1 の第 1 パラで，前記の「1977 年対英条約」については，「1981 年 3 月 5 日」及び「1993 年 12 月 17 日」の「改正プロトコル」のあることが，記載されている（それらについては，SR 0.672.936.712.──なお，SR 0.672.936.712.1, supra, at 1 には，右のそれぞれについて，AS 1982 900; AS 1995 3149 の参照が，指示されている）。だが，ここでは，「情報交換」条項の全面差し替えとなった，この「2007 年改正」を，もはや直截に，見ておこう。

BBl. 2008, supra, at 7657 の，1.1 の第 2 パラでは，この改正において重点の置かれたこととして（schwergewichtig），前記の「利子課税に関する 2004 年対 EU 租税条約」に付された「合意メモ」（それについては，貿易と関税 2012 年 2 月号 54 頁，68 頁以下〔本書 233 頁，249 頁以下〕）による，「租税詐欺及びそれと同様（同等）の場合」についての情報交換の義務付けを，対英条約の場合に組み込むことが，まずもって掲げられている。それでは，「双方可罰性」の点がどうなったのか。既述のごとく，ここでの問題は，専らそこにある。

Ibid の「総括評価（1.2 Würdigung）」の冒頭第 2 文でも，「行政共助」（「情報交換」）の改正規定が，**「OECD において，及び，EU に対して（in der OECD und gegenüber der Europäischen Union）スイスの負った義務」**を顧慮するものであることが，明記されている（この段階での，スイスの OECD に対する義務については，本章 4 で，改めて論ずる）。そして，Id. at 7658ff が，個別条文の説明となる。（この「改正プロトコル」の 12 条による）対英租税条約の「新 25 条」についてのスイス政府の公的説明は，Id. at 7662-7665 の，長いものとなっているが，重要ゆえ，一歩一歩検証する。

Id. at 7662 の冒頭では，右（直前のパラ）に示したスイスの，対 OECD・対 EU の義務が，再度メンションされた上で，**「英国の要望で，これらの義務が，本改正において具体化された（Auf Wunsch des Vereinigten Königreichs wurden *diese Verpflichtungen* nun konkretisiert.）」**との，**重要な経緯（!!）**が示されている。右の「これらの義務」の中には，Id. at 7657 の「スイスが EU に対して負った義務」も，含まれる

2　従来のスイスにおける「他の諸国との租税条約上の情報交換」の時系列的な展開過程　　　297

ことになる。

　そうなるとなおさら，この「**英国の要望**」が，貿易と関税 2012 年 3 月号分（本書 262 頁以下）で論じた「スペイン」とは異なり，前記「2004 年条約」（とくにその「合意メモ」）に示された EU の，「双方可罰性要件相対化・希釈化」の路線を，そのままプッシュするものとなっていたのかどうかが，大いに注目されることになる(*)。

　　＊　結論を先に言っておけば，後述のごとく，<u>この「2007 年対英租税条約改正」においては，「租税詐欺」云々の文言(**)との関係で，「双方可罰性要件」の堅持が，明文をもって規定されることとなった</u>(!!)。

　　＊＊　この「租税詐欺」云々の文言は，「2004 年 6 月」にスイスが行なったところの，OECD モデル租税条約 26 条に対する新たな留保の中で，『「双方可罰性要件」を組み込みつつ，従来のスイスの立場を反映させる形で明示したもの』であったことに，注意せよ。
　　　　ちなみに，スイスのこの新たな留保の，該当する第 3 文をドイツ語で示せば――

„Dieser Vorbehalt gilt nicht in Fällen von **Betrugshandlungen**, die nach den Gesetzen **beider** Vertragsstaaten mit Gefängnis bedroht sind."

――となる（Klaus Vogel/Moris Lehner, Doppelbesteuerungsabkommen [5. Aufl. 2008], at 1878.）。「租税詐欺（Steuerbetrug）」の概念はスイス独特のものゆえ，「詐欺的行為（行動）」とのドイツ語（英文では，"acts of fraud"――貿易と関税 2011 年 10 月号 60 頁〔本書 172 頁〕）に，なったものと思われる。
　　<u>かくて，「英国の要望」により，まさに「OECD 向けのスイスの意思表示」そのままに，「双方可罰性の原則」が，この「2007 年対英租税条約改正」において，明文化されたことになる。そして，その反面において，「利子課税」に関する前記の「2004 年対 EU 租税条約」，とりわけそれに付された「合意メモ」における，「双方可罰性の相対化・希釈化」（要するに，その無視）についての，EU サイドの域内各国向けの"越権的要望"は，対スイスでのこの「英国の要望」において，完全に無視されることとなった</u>，のである(!!)。
　　本号分におけるこれからの論述を先取りしてしまえば，以上のごとき展開と，なっているのである(!!)。


　「租税詐欺」云々の点は，BBl. 2008, supra, at 7663-7665 において，詳細に説明されている。Id. at 7663 では，まず，「租税詐欺」云々に関する，この改正による「情報交換」が，最近の（in den letzten Jahren）「オーストリア」及び「スペイン」(!!)との租税条約と，同様のものである，とある。「2006 年対スペイン改正」では，貿易と関税 2012 年 3 月号 69 頁（本書 266 頁）で既述のごとく，「双方可罰性堅持」が，華麗ともいえる形で条文化されていたのであり，この先の展開が，大いに期待されることとなる。
　そして，Ibid には，右にすぐ続き，本論文においても若干既述のごとく，「それゆえ（deshalb）」として，この対英改正における「行政共助」の規定は，何らスイスの

国際協力義務の「拡張（Ausdehnung）」を意味せず，とりわけ（insbesondere），「1981年3月20日の連邦国際刑事司法共助法（IRSG）」，そして就中（und namentlich），「**双方可罰性の原則（das Prinzip der doppelten Strafbarkeit）**」との関係での「拡張」（希釈化）を，意味しない，とある[*]。

* かくて，「租税詐欺」云々の場合につき，両国間での「行政共助」が可能となるのだが，Ibid には，続けて，IRSG 上の「特定性の原則（Spezialitätsprinzip）」（それについては，貿易と関税 2011 年 9 月号 58 頁以下〔本書 144 頁以下〕）との関係で，従来は，他国から「刑事司法共助」ルートで得た情報を，課税目的で当局（課税当局）が使用することはできなかったが，この改正でそれが可能となることを，**課税当局にとっての「長所（Vorteil）**」として評価している。
　このようなスイス側の指摘に対する私の「割り切れない」気持ちについては，貿易と関税 2012 年 3 月号 64 頁の，「（ii -b）」の項（「2006 年」の対フィンランド改正）の，2 番目の「＊部分」（本書 260 頁）参照。

続いて BBl. 2008, supra, at 7663 には，**本改正プロトコル本体に付随する「交換覚書（交換公文―― Notenwechsel）」**への言及がある（前記の，この対英改正プロトコルの「発効」をもたらしたものとしての，「2008 年 12 月 22 日」の「交換覚書〔Noten*austausch*〕」，とは別の存在であることに注意せよ）。

即ちそこでは，「新 25 条」についての，（後にそれ自体を見るところの）この**「交換覚書（交換公文―― Notenwechsel）」の「第 3 項（Ziffer 3）」**によって（Gemäss Ziffer 3 …… des Notenwechsels zu Artikel 25），前記の「租税詐欺」云々の意味内容につき，「**双方の国の法において（im Recht beider Staaten）**」租税法違反行為（Steuervergehen）とされ，かつ，自由刑によって処罰されるものを言う，となっていることが，示されている。

Id. at 7663-7664 では，延々と「租税詐欺」云々の概念の具体化がなされ（この点は省略する），その次に，「**銀行秘密**」が，「租税詐欺」云々の場合には情報交換の妨げにはならないことにつき，後述の「交換覚書」の「第 5 号」で合意がある（Gemäss Ziffer 5 besteht Einvernehmen, dass ……），とされている。更にこの「第 5 号」では，「詐欺的行為」と要求される行政共助措置との間に，「**直接の関係**」の存在することが要求されており，単なる証拠漁りに資するのみの要請，即ちいわゆる **fishing expeditions** は，許されない，とある[*]。

* Id. at 7665 では，「情報交換」問題の最後に，「新 25 条」の 2 項における「守秘義務」及び「使用制限」についての説明が，なされている。この点については，貿易と関税 2011 年 12 月号 91 頁（本書 207 頁）で論じておいたところを，参照せよ。

この「直接の関係」及び「fishing expeditions」関連の問題については，貿易と関税 2012 年 3 月号分の「(ii-a)」で論じた「2005 年対ノルウェー改正」の場合（本書 257 頁の「＊部分」）を，まずもって想起すべきである。この対ノルウェー改正の場合

2 従来のスイスにおける「他の諸国との租税条約上の情報交換」の時系列的な展開過程 299

には，スイス政府は，「双方可罰性の原則」とともに右の 2 点も，条文上明記されている「かのごとく」説明していたが，実際にはそうではなかった。また，同号分の「(ii-b)」の，「2006 年対フィンランド改正」の場合にも，右と全く同じ現象が生じていた（本書 261 頁）。

したがって，同じことが，この「2007 年対英改正」でもなされていないかを，条文に即して検証する必要が，生ずることとなる。

この「改正プロトコルの XII 条」による対英租税条約の「新 25 条（情報交換）」の条文は，Id. at 7676f にも示されている。以下，まずはそれを見た上で，前記の「交換覚書」へと目を転ずることとする。

対英での「新 25 条」は，全 5 項からなる。同条「1 項」は，この租税条約の対象となる租税に関して，「要請に基づいて（auf Ersuchen hin）」，「重大なものと予測される情報を（die Informationen……, die voraussichtlich erheblich sind）」，当局間で交換する，とした上で，「この条約規定の実施（Durchführung）のため」，及び，「租税詐欺又は（oder）それと同様（同等）な場合」における「一方の締約国の国内法の実施（Verwaltung）・適用のため」にそれを行う，とする（もう一つ，持株会社関連の部分もあるが，それはここでも省略）。

「2 項」は「守秘義務」（基準は，「要請国」の国内法）及び「開示範囲」の規定だが，本論文において既に一応検討済み（既述）ゆえ，省略。「3 項」は，本条 1・2 項は以下の点を一方締約国に義務付けるものと，解釈されてはならないとして，3 点を掲げる。まず，一方又は他方の締約国の法又は行政実務から逸脱（abweichen）する行政的措置をとること，次に，一方又は他方の締約国の法又は通常の（üblich な）行政手続において入手され得ない情報の提供，各種の「秘密」等を漏らすこととなる（preisgeben würden）情報の提供，またはその提供が公序に反することになるであろう情報の提供，の 3 点である。

「新 25 条」の「4 項」は，本条による要請があった場合，他方締約国は，自国の課税目的にとって必要でない情報についてもそれを交換する，との規定。最後の「5 項」は，「租税詐欺又はそれと同様（同等）な場合」には，「銀行秘密（Bankgeheimnis）」及び「その他の職業上の秘密（andere Berufsgeheimnisse）」は情報交換の妨げとはならない，との規定である。

かくて，「新 25 条」のどこにも，「双方可罰性要件」に関する明文規定は，存在しない。だが，「2006 年対スペイン改正」の場合にも，「改正プロトコル」本体には，「双方可罰性」に関する明文規定はなかった。その代り，対スペインの場合には，「改正プロトコル」を補充し，その一部をなす旨の明文の定めのある「補足プロトコル」において，明文で「双方可罰性堅持」の規定があった（貿易と関税 2012 年 3 月号 69 頁〔本書 266 頁〕参照）。

対スペインの場合のこの「補足プロトコル」に当たるのが，この「2007 年対英改

正プロトコル」の「付属文書（Anhang）」として BBl. 2008, supra, at 7680ff に示されているところの，前記の，本改正プロトコルに付随する「**交換覚書（交換公文——Notenwechsel）**」である（その日付は，本改正プロトコルの署名と同一の日たる，「2007年6月26日」である。なお，Id. at 7682 参照）。

スイス側から英国側へ（「Ⅰ」），英国側からスイス側へ（「Ⅱ」）の，対をなす「提案（Vorschläge）」が，全くの同文で（!!）相互になされ，それぞれの末尾（Id. at 7681 & 7683）において，相手国側の「同意（Zustimmung）」のある限りにおいて，この「交換覚書」の内容が，「本租税条約の<u>不可欠の部分</u>をなす両国政府間の合意」となる（eine Vereinbarung zwischen den beiden Regierungen‥…, welche zu einem integralen Teil des Abkommens wird）旨が，明記されている。そして，後で文書を受け取った英国側が，この点を Id. at 7684 で更に重ねて確認する形で，この「交換覚書」の内容が，「2007年対英租税条約改正」の「不可欠の部分」となったことが，示されている。

さて，BBl. 2008, supra, at 7663 においてスイス政府は，この「**交換覚書**」の「**第3項（Ziffer 3）**」に言及しつつ「双方可罰性要件堅持」を宣言していた訳だが，実際の文言を見てみよう。さあ，いよいよである（!）。はたして吉と出るか，凶と出るのか（*）。

   \*　と言っても，この項の見出しに結論まで書いてあるので，ワクワク感は半減するのだが，致し方ない。

まず，Id. at 7681 の，この「交換覚書」の「第3項」には，スイス側の提案として，——

„3. Es besteht Einvernehmen darüber, dass der Ausdruck 《Steuerbetrug》 ein betrügerisches Verhalten bedeutet, welches <u>nach dem Recht</u> **beider** (!!) Staaten als Steuervergehen gilt und mit einer Freiheitsstrafe bedroht ist, wie beispielsweise ……."

——との，明確な「双方可罰性要件堅持」の文言がある。そして，Id. at 7683 で，既述のごとく右と全く同文での，英国側の提案が，なされている（!!）。

かくて，「2007年対英租税条約改正」の場合にも，「2006年」の「対スペイン」の場合と同様に，「双方可罰性要件」は，明文をもって規定（スイス側から見れば「堅持」，そして英国側から見れば，新たに規定）されたのである(\*)。そして，これを EU 域内での問題としてとらえれば，「スペイン」同様，「英国」もまた，「2004年」の「利子課税」に関する前記条約，とりわけそれに付随する前記の「合意メモ」に赤裸々に示されていた「**EU サイドの明確な（但し越権的な）方針**」に，正面から反して，スイスとの関係で「双方可罰性要件」を明示する租税条約を締結したことになる（!!）。——この後者の点は，「**EU が決して一枚岩ではないこと**」を示した前号分の論述を，更に

2　従来のスイスにおける「他の諸国との租税条約上の情報交換」の時系列的な展開過程　　301

補充するもの，との位置づけとなる。そのことにも，十分な注意が必要である。

　　＊　それでは，前記の「直接の関係」及び《fishing expeditions》については，どうなのか。実は，その双方とも，この「交換覚書」の中で，明記されている (!!)。即ち，Id. at 7681 & 7683 にあるように，まず，「交換覚書」の「第 5 号」において，「租税詐欺」云々の場合には，「銀行秘密」は情報交換の妨げとならないとされる際，但し，「詐欺的行為（行動）」と「求められた行政共助措置」との間に，「直接の関係（ein direkter Zusammenhang）」のあることが，情報提供の前提となる（Eine Auskunftserteilung setzt aber voraus, dass ……．），との明文での定めがある。「直接の関係」がなければ駄目なのだから，従って「単なる情報（証拠）漁り」（fishing expeditions）も否定されるのだ，との文脈で，Id. at 7665 の前記のスイス政府の公的説明は，この点を，「交換覚書」のこの「第 5 号」の中で，扱っていたことになる。

　以上が，「2007 年対英租税条約改正」との関係での，本論文における指摘事項である（貿易と関税 2011 年 12 月号 91 頁〔本書 207 頁〕でも一言しておいたが，「対英」でのその次の改正は，「2009 年 9 月 7 日」署名のものとなる。「2009 年 3 月 13 日」以降の「対英」での展開は，本書第 3 章 3 において，後述する）。

(ⅳ)　「2009 年 1 月 12 日」の「対仏租税条約改正」の場合――「双方可罰性要件」の "実質的" な明文化（!!）

　本論文における（スイスにとっての）「対仏租税条約の展開」については，「1937 年」・「1953 年」のそれを含めて，貿易と関税 2012 年 1 月号 67 頁でその概要を示し，同前・68 頁以下で，「1966 年の対仏租税条約改正」について論じた。そして同前・69 頁で，「69 年」・「97 年」の改正のあったことにも言及しつつ，同前頁以下で，これから正面から扱う「2009 年 1 月 12 日」の「対仏租税条約改正」（「補足条約の締結」）についても，一言した（以上，本書 215 頁以下）。

　他方，貿易と関税 2012 年 3 月号 70 頁（本書 267 頁）でも，前記の「2006 年対スペイン改正」との関係で，「2009 年 1 月 12 日」署名の「対仏補足条約」についてのスイス政府の，「双方可罰性」関連での公的説明に（右に示した「2007 年対英改正」についてのそれと同様），言及しておいた。それらを踏まえた上での検討を，これから行なうことになる(＊)。

　　＊　以上の執筆は，2012 年 2 月 22 日午前 0 時 25 分まで。計 9 時間 10 分の，ノー・ストレスでの執筆，であった。次の執筆は，2 月 24 日の，妻裕美子の満 45 歳の誕生日，そしてその翌日の，丸一日の入試監督業務を経て，行なうこととなる。――執筆再開は，2 月「29 日」の東京が雪だったので，窓の雪を妻と楽しみ，一日遅らせて，2012 年 3 月 1 日の「午前 4 時 13 分」。この間，「ドイツ」をどう書くかにつき再度考え，また，本論文第 2 章の結び部分と 3・4 章との関係，等につき，資料の読み込みを再度若干行ない，ここに至った。雪が 25・26 日の東大の二次入試の日に降らぬように念じていたが，本当に良かった。それでは，ここまでの部分の点検から，作業を開始する。

302　第 2 章　「従来のスイスにおける租税条約上の情報交換」と「堅持されていた"双方可罰性の要件"」

　スイスとフランスとの間では、「2009 年 1 月 12 日」に、「1966 年 9 月 6 日」の両国間の租税条約についての、「補足条約（Zusatzabkommen）」が署名された。この改正についての、スイス連邦政府の議会向けの公的説明（Botschaft）の日付は、既述のごとく、「2009 年 3 月 6 日」である。つまり、OECD モデル租税条約 26 条についてのスイスの留保を撤回する旨の、スイス連邦政府の宣言のなされた「2009 年 3 月 13 日」の、まさに直前である。こうした微妙過ぎるタイミングのゆえに、この「2009 年 1 月 12 日」改正は、お蔵入りとなるのである。だが、それは別として、ここでは、同改正自体において、前の小項目で見た「英国」の場合と同様の視点から、「双方可罰性」の点がいかに扱われていたのかを、見ておくこととする。

　この「2009 年 1 月 12 日」改正についてのスイス政府の公的説明は、**Botschaft über die Genehmigung eines Zusatzabkommens zum Doppelbesteuerungsabkommen mit Frankreich vom 6. März 2009, BBl. 2009, at 1631ff** である。まずはそれを見た後で、実際の条文に目を転ずることとする(*)。

　　＊　結論を先に言えば、「スペイン」・「英国」の場合と同様に、「双方可罰性要件」は、この「対仏改正」においても、但し"実質的"に、明文をもって「堅持」されている、と言ってよい。もっとも、実際の条文におけるこの点の「表現の仕方」に、若干注意すべき点がある。そこで、その「表現の仕方」の有する意味合いを、「利子課税」に関する「2004 年対 EU 租税条約」の条文とも対比しつつ、細かく検討する後述の作業が、必要になる。

　さて、Id. at 1632 の、この公的説明冒頭の「概観」だが、「1966 年対仏租税条約」についての最後のものたる「1997 年改正」以降、スイスが、EU との関係で、また、OECD の枠組の中で、「情報交換」につき「様々な義務（verschiedene Verpflichtungen）」を負うに至ったことが、冒頭に掲げられている。そして、とりわけ（insbesondere）EU 側との「利子課税」に関する前記の「2004 年租税条約」が、それにスイス・フランス間の租税条約を適合させること（Anpassung）に関する交渉開始の、きっかけを与えた（gaben Anlass für die Aufnahme von Verhandlungen）、とされている。

　続く Id. at 1633-1635 に、「本補足条約の基本的特徴（Grundzüge）」についての説明があり、そこに重要な点が纏めて示されている。そこで、既に本論文で何度か、この部分に注目した指摘を行なって来た訳でもあるが、再度一から見ておこう。

　前記の「様々な義務」の内容についての記述が、Id. at 1633 にある。その最初に掲げられているのは、OECD に対するスイスの二つの義務、である。まず、OECD 租税委員会（Fiskalkomitee）の「課税目的のための銀行情報へのアクセス改善に関する 2000 年報告書」（本書 353 頁以下において後述）へのスイスの同意（Zustimmung）により、租税条約締結国の国内法の適用のための情報を、租税詐欺の場合において交換する義務の生じたことが、示されている。だが、「更に（[i]m Weiteren）」としてそこでは、「**有害税競争の排除（die Beseitigung der schädlichen Steuerkonkurrenz）**」に関する OECD の作業の枠組の中において、スイスが既に、一定の租税制度をそれに適合させ、かつ、持株会社関連で国内法実施のための情報交換を行なう旨の宣言をしていること

2　従来のスイスにおける「他の諸国との租税条約上の情報交換」の時系列的な展開過程　　303

が，記されている（持株会社関連の問題は，本論文ではすべて省略して来ているが，重要ゆえ，右の点につき，一言した次第）。

　それに続いて Ibid は，「利子課税」に関する「2004 年対 EU 租税条約」に触れ，とくにそれに付された「合意メモ」の 2 条（それについては，貿易と関税 2012 年 2 月号 68 頁以下〔本書 249 頁以下〕）によって，スイスと EU 域内国との間で，租税条約中に「租税詐欺又は（oder）それと同様（同等）な場合」についての，**銀行情報（Bankinformationen）**を含めた情報交換の規定を盛り込む目的での改正交渉を行なうことになったことが，示されている。

　そこまではよいのだが，Id. at 1633f には，<u>若干の国々（gewisse Staaten）が，その国内法規定において，「十分に広汎な条約上の情報交換を行なう国々に居住する者，または，かかる国々に由来する所得を，租税法上優遇する制度的規定（Bestimmungen ……, die für Personen, die in Staaten mit einem genügend weiten abkommensrechtlichen Informationsaustausch ansässig sind, oder für aus solchen Staaten stammende Einkünfte steuerlich günstigere Regimes vorsehen）」を導入したこと（!!<sup>[*]</sup>）</u>が，指摘されている。しかも，フランスも，「2004 年」（im Jahre 2004 ……）以降，そうした国の仲間入りをすることとなった（Dies trifft auch für Frankreich zu, …….），とある。

*　これは，本論文第 4 章 2 で，そして一部頭出し的に第 2 章 4 で扱う点と，もろに関係する。G20 やいわゆる「グローバル・フォーラム」等々の猛烈な圧力により，「租税目的での情報交換」(**)に消極的な国々に対する，組織だった「**制裁ないし対抗措置**」(***)が大きくクローズアップされる中での，各国ベースでの対応，である。そして，そうしたことの積み重ねによって，遂にスイスは，「2009 年 3 月 13 日」に OECD モデル租税条約 26 条についての，「双方可罰性要件」を堅持する留保を，撤回したのである。但し，それが「**政治的屈服**」であったこと（後述）が，第 4 章 3 以下の論述（目次項目）の，前提となる。

**　但し，その情報が要請国内に入れば，非租税目的での使用への野放図な道が開かれる構図たることは既述。この点は，第 4 章 4 で，再説する。「**ループホール化する課税**」の問題である。

***　——と書いたところで，久々の大きな鋭い揺れを感じた。時間は，「2012 年 3 月 1 日の朝 7 時 32 分頃」。こうして今も，「私の内面」と「地震」とは，強く連動しているようである（東海村で震度 5 弱，東北新幹線で，地震による停電も生じた，とのこと）。
　　この「制裁ないし対抗措置」については，さしあたり，**J.C. Sharman, Havens in a Storm**（2006），at 208 の Index における，defensive measures; economic coercion の項の該当頁参照。それをちらちらと見ようかと思った矢先の，地震であった。なお，一応同書にも目を通しつつあるのだが，若干，各プレイヤーの政治的な動きに重点が置かれ過ぎており，本論文の目的との関係で，それ自体を一から検討の対象とする必要はないように，今は感じていることを，付記する。同書につき増井良啓教授の紹介論文のあること（2010 年度冬学期の「国際課税」ゼミでは，それを一つの検討上の軸としていた）等，本書第 4 章 1(1)で後述はするつもりだが。

Botschaft vom 6. März 2009, supra, BBl. 2009, at 1634f に, フランスの当該措置の概要が示されているのだが, その詳細はともかく,「情報交換」が十分でなければ「不利」に扱われることになる。まさにその文脈で, Id. at 1634 には,「**2009年1月1日から (ab 1. Januar 2009)**」, フランスとの租税条約において,「租税詐欺と同様に (それ以外の) 脱税の克服にも資する行政共助規定を有しない国に<u>居住</u>する企業 (Gesellschaften, die in Staaten <u>ansässig</u> sind, deren Doppelbesteuerungsabkommen mit Frankreich <u>keine</u> Amtshilfebestimmung enthält, <u>die</u> der Bekämpfung sowohl des Steuerbetrug als auch der Steuerhinterziehung dient)」に対する不利な取り扱いの顕在化することが, 指摘されている。

Ibid で続いて示されているのは, フランスのかかる「**防御措置 (Defensivmassnahmen [\*])**」が,「2005年初頭 (Anfang 2005)」において, 両国当局間での交渉のきっかけとなった (bildeten …… Anlass), との事実である。そして,「**部分的に困難な交渉**の終結後 ([n]ach dem Abschluss teilweise schwieriger Verhandlungen)」に,「2009年1月12日」の署名に至った, とある (Ibid.)。

\* まさにこの言葉が出て来る, 直前の「\*\*\*部分」の下線部分に, 注意せよ。

そうなると,「双方可罰性」の点が, 果たしてどうなったのかが, 大いに気になることとなる。まず, 個別条項の説明に至る前の, Id. at 1634f の「総括評価 (Würdigung)」の部分には, この改正において,「2000年以来のスイスの行政共助政策」が (はっきりと) 定められている (verankern), とある。そして, この「補足条約」の7条による,「対仏租税条約」28条 (情報交換) の改正についての, スイス政府側の説明が, Id. at 1640-1642 にある。そこを, 次に見ておこう。

Id. at 1640 の冒頭には, 新たな対仏条約 28 条は,「たとえばオーストリアやスペイン (!!)」と合意した諸原則に従うものだ, とある。即ち,「個別事件における, そして要請に基づく (im Einzelfall und auf Verlangen)」情報交換は, 要請国の国内法の実施のために,「租税詐欺及びそれと同様 (同等) な場合」についてなされることが, 前記の「2004年対 EU 租税条約」及び「合意メモ」をメンションしつつ示され, そのあとに——

„**Materiell** stellt dies gegenüber dem Bundesgesetz vom 20. März 1981 über internationale Rechtshilfe in Strafsachen (IRSG, SR 351.1) <u>keine Ausweitung der schweizerischen Verpflichtung zur Hilfeleistung dar</u>, weil **das Erfordernis der beidseitigen Strafbarkeit** <u>vorbehalten bleibt</u>."

——とある。この対仏改正においても,「双方可罰性要件」が堅持されているので, 従来のスイスの対外的義務の拡張はない, とされているのである。Ibid のその先の説明では, この改正により, 既に「例えばドイツ, オーストリア, スペイン, 及び, 米国との (z.B. mit Deutschland, Österreich, Spanien und den Vereinigten Staaten)」租税条約において可能となっているように,「租税詐欺」の場合には (beim Vorliegen eines Steu-

## 2 従来のスイスにおける「他の諸国との租税条約上の情報交換」の時系列的な展開過程

erbetrugs），「行政共助」においても，情報交換がなされ得ることになる，とあり，その先で，本号分の「(iii)」における，二つ目の「＊部分」（本書 298 頁）で示したところの，**課税当局にとっての「長所（Vorteil）」**が語られている。

「双方可罰性」について，"微妙な表現"が用いられているのは，Ibid (Id. at 1640) の，その先である。そこには──

> „Nach der neuen **Ziffer XI des Zusatzprotokolls** zum Abkommen gilt als Steuerbetrug oder ähnliches Delikt ein betrügerisches Verhalten, das nach dem **Recht des ersuchten Staates** ein mit Freiheitsstrafe bedrohtes Delikt darstellt. Damit wird klargestellt, dass die Schweiz nur dann gehalten ist, Informationen (einschliesslich **Bankinformationen**) auszutauschen, wenn die Tat der steuerpflichtigen Person, wäre sie in der Schweiz begangen worden, als Steuerbetrug zu qualifizieren wäre."

──とある。対仏租税条約の「補足プロトコル」の，「第 11 号」の規定がリファーされているのだが，「双方の国の法により」ではなく，「被要請国の法」により，自由刑をもって処罰されるもの，との表現となっている。この点については，「補足プロトコル」の実際の条文で，確認する必要がある（後述）。

なお，（持株会社関連は省略するとして）その他の注目すべき点を，示しておこう。まず，Id. at 1641 で，「補足プロトコル」の右の「第 11 号（Ziffer XI）」によって，詐欺的行為（行動）と要請された行政共助措置との間に，「**直接の関係**」のあることが要求されている，とある。また，「一般的な**情報漁り**の行動は排除されている（Allgemeine Suchaktionen sind ausgeschlossen.）」とも，そこにある(＊)。それらの点につき，果たして明文規定による裏付けがあるのか。そこ「も」，問題となる。

> ＊ 結論を先に示せば，「補足プロトコル」の「第 11 号」においては，その「第 2 パラ」で「直接の関係」が規定され，「情報漁り」の点は，その「第 3 パラ」において，若干不自然なカッコ書きで，示されている。この後者の点については，とくに後述するところ参照。

次に，Id. at 1641f は，貿易と関税 2012 年 3 月号 72 頁以下（本書 263 頁以下，270 頁以下）で「2006 年対スペイン改正」との関係で扱ったところの，「**最恵国待遇**」問題について，多少長く言及している。フランスは当初（ursprünglich），情報交換について，スイスが「OECD 加盟国たる他国との間で（mit einem anderen Staat, der Mitglied der OECD ist）」一層踏み込んだ行政共助規定を結んだ場合についての，「自動的最恵国待遇条項（eine automatische Meistbegünstigungsklausel）」を要求していた，とそこにある。

貿易と関税 2012 年 3 月号 72 頁以下（本書 263 頁以下，270 頁以下）で，「2006 年対スペイン改正」での，スイスにとっては初めてのこととなるところの，「行政共助」（情報交換）に関する「最恵国待遇」条項について言及した。だがそれは，そこでも示しておいたように，スイスと「EU 加盟諸国」との間での「最恵国待遇」に，とどまっ

ていた。フランスの右要求は、はるかにそれを踏み越えるものだったのである。

　Botschaft vom 6. März 2009, supra, BBl. 2009, at 1641 は、フランス側の右要求を、「スイスにとって許容できない（für die Schweiz nicht annehmbar）」ものだとし、この対仏改正で、右要求が、以下のごとく縮減（eingeschränkt）された、とする。要するに、右の「対スペイン改正」と同様に、基本的には「EU 加盟諸国間」での「最恵国待遇」となったのである。Ibid には、貿易と関税 2012 年 3 月号 74 頁（本書 272 頁）で示したところの、「対スペイン」の「最恵国待遇条項」についてのスイス政府側の説明と同じく（そして、まさにこのスペインの場合を明示しつつ‼）、スイスと EU 側との「詐欺撲滅等に関する条約」、及び、スイスの「シェンゲン協定への加盟に関する条約」がメンションされ、それらにおける「司法共助」の領域での全 EU 加盟諸国の平等取扱いとの関係で、かかる形での「最恵国待遇条項」の導入が、ともかくも説明されている。

　だが、直前の段落で「基本的には」と書いておいたように、対フランスでは、それだけでは済まなかった。Botschaft vom 6. März 2009, supra, BBl. 2009, at 1641f には、この「補足条約」の署名後、スイスが「非 EU 加盟国たる OECD 加盟国に対して（gegenüber einem nicht der EU angehörenden Mitgliedstaat der OECD）」、一層踏み込んだ行政共助を認める場合は、スイス・フランスの当局は、かかる一層の合意の発効から 1 年以内に、新たな「補足条約」に関する交渉を開始する旨、合意された、とある。

　そして、「情報交換」に関するスイス政府のこの説明の末尾（Id. at 1642）には——

„Auf französischer Seite galt diese Bestimmung als eine unverzichtbare Voraussetzung für den Abschluss der Verhandlungen über das vorliegende Zusatzabkommen."

——とある。フランス側は、かくて、当初のその対スイス要求からはトーン・ダウンしたものの、「OECD 加盟諸国間での最恵国待遇確保」のためのこの条項を、交渉終結の不可欠の前提として、どこまでもこだわっていた訳である（Id. at 1645 には、連邦憲法 141 条 1 項の「条約に関する任意的レファレンダム［das fakultative Staatsvertragsreferendum］」との関係で、再度「情報交換」条項への言及があるが、省略する）。

　さて、以上を踏まえた上で、実際の条文を検討することとなる。果たして、「双方可罰性要件」は、スイス連邦政府の説明の通り、明文をもって、この改正において、規定されているのか否か。この点が、以下の検証の要となる。

　「2009 年 1 月 12 日署名」（なお、Id. at 1655 参照）の、この対仏租税条約改正に関する「補足条約」、及び、それに付属する「補足プロトコル」の改正規定は、Id. at 1649ff にある。右の両者を一括して示す条文構成、となっている点が特徴的、ではある。本「補足条約」の 7 条と 9 条が、情報交換関連の規定である（フランス側の問題に関する 10 条も興味深いが、これについては後に一言するにとどめる）。

　まず、対仏条約 28 条の「1 項の改正」、及び、同条「3 項の新設」に関する、本「補足条約」7 条（Id. at 1651f）を見てみよう。「新 28 条」の「1 項」は、a）−d）に分けて、

## 2 従来のスイスにおける「他の諸国との租税条約上の情報交換」の時系列的な展開過程　　307

交換される情報を明示する。a）は本条約実施に必要な情報，b）は持株会社関連ゆえ省略，c）は，本条約に規定する租税との関係での，「租税詐欺及び（und）それと同様（同等）な犯罪（Delikte）の場合」に国内法実施のために必要な情報，d）は，要は「利子課税に関する 2004 年対 EU 租税条約」（その 15 条）関連で必要な情報，とある。

「新 28 条」の「1 項」は，右の 4 種の情報を列記した後，「守秘」（但し，その基準を要請国側におく明文規定はなし），及び「開示範囲」について定める。税額査定（Veranlagung）又は徴収（Erhebung），執行又は刑事訴追（Vollstreckung oder Strafverfolgung），又は上訴の決定に携わる者または官庁（裁判所及び行政官庁を含む）のみに「開示範囲」が限定され（この点を，例えば，貿易と関税 2012 年 1 月号 73 頁〔本書 223－224 頁〕と，対比せよ），「これらの者又は官庁は，情報を，これらの目的のためのみに使用してよい（Diese Personen oder Behörden dürfen die Informationen nur für diese Zwecke verwenden.）」，との規定が置かれている。公開の裁判手続等での使用が許容され，そして最後に，各種の秘密情報（但し，「銀行秘密」の語はない）の引渡禁止が，定められている。

以上の「新 28 条」の「1 項」のどこにも，「双方可罰性要件」への言及は，ない。それでは，Botschaft vom 6. März 2009, supra, BBl. 2009, at 1652 の，「新 28 条」の「3 項」はというと，これは，前記の「最恵国待遇」関連の条項である(*)。

> \*　私としては，馬鹿馬鹿しくてもう「指摘し飽きた」ことだが，やはりここで，再度一応指摘しておく「べき」であろうから，一言する。Id. at 1652f の，「新 28bis 条」の「1 項」は，**当局の書類及び文書の「送達」**（die Zustellung von amtlichen Schriftstücken und Dokumenten）の規定であり，同項を受けた「2 項」の第 1・第 2 文には，次のような規定がある。即ち――
> 
> „Ein Vertragsstaat kann einer Person, die sich im anderen Vertragsstaat aufhält, den Inhalt eines Dokumentes **unmittelbar auf dem Postweg** eröffnen. Die Eröffnungen werden als eingeschriebener Brief mit Empfangsbestätigung **zugestellt**."
> 
> ――との規定である。相手国内に居る者に対する，書留「郵便」による，公文書の「直接送達」（!!）が，ここで規定されている。
> 「日本国外務省」もまた，小寺彰教授の，根拠なき，引用ミスだらけの論断（貿易と関税 2011 年 9 月号 57 頁以下，同 2012 年 2 月号 66 頁，等を「も」参照せよ !!）に従って，「米国を含めて外国に対して付郵便送達を行っている国はない」などと，事実に反することを，いまだに考えているのかどうか。もはやそこが，「主税局」・「国税庁」との関係での問題となる，と言うべきであろう。

次に，本「補足条約」の「9 条」だが，そこでは，本条約（「1966 年 9 月 9 日」）の対仏租税条約）に関する「補足プロトコル（Zusatzprotokoll）」につき，「第 10 号及び第 11 号（die Ziffern X und XI）」による補充が，定められている(*)。

> \*　なお，右の「1966 年対仏租税条約」の「補足プロトコル」のもともとのヴァージョンは，Botschaft des Bundesrates an die Bundesversammlung über die Genehmigung des

zwischen der Schweiz und Frankreich abgeschlossenen Abkommens zur Vermeidung der Doppelbesteuerung auf dem Gebiete der Steuern vom Einkommen und vom Vermögen (Vom 18. Oktober 1966), BBl. 1966 II, at 615 に掲げられている。そしてその冒頭には，それが「<u>条約の不可欠の構成部分</u>をなす補充規定（die einen integrierenden Bestandteil des Abkommens bildenden ergänzenden Bestimmungen）」であることが，明確に示されている。

　Botschaft vom 6. März 2009, supra, BBl. 2009, at 1653f が，この「9条」だが，「第X号」は持株会社関連ゆえ省略し，Id. at 1654 の「**補足プロトコル**」の「**第XI号**」の方を，見ることとする。そこでは，「新28条1項」の，<u>「本条約に規定する租税との関係での，租税詐欺及び（und）それと同様（同等）な犯罪（Delikte）の場合に国内法実施のために必要な情報」</u>の交換を定める，前記のc）について，以下の内容の合意のあることが，規定されている。即ち，便宜①②の番号を付して示せば――

「① In Bezug auf …… Artikel 28 Absatz 1 c) besteht <u>Einvernehmen darüber, dass</u> der Ausdruck《Steuerbetrug oder ähnliche Delikte》ein betrügerisches Verhalten bedeutet, das **nach dem Recht <u>des ersuchten [!!] Staates</u>** ein mit Freiheitsstrafe bedrohtes <u>**Vergehen**</u> darstellt. ……"

「② Es besteht <u>Einvernehmen darüber, dass</u> im Fall eines《Steuerbetrugs oder ähnlichen Delikts》das **Bankgeheimnis** dem Zugang zu Beweismitteln …… an den ersuchenden Staat **nicht** entgegensteht. Ein solcher Informationsaustausch setzt allerdings einen **unmittelbaren Zusammenhang** zwischen der in Anspruch genommenen Amtshilfe und dem betrügerischen Verhalten voraus. *<u>Der ersuchte Staat</u> übermittelt Informationen, wenn <u>**der ersuchende** [!!] Staat</u> einen **begründeten Verdacht** hat, dass das Verhalten einen Steuerbetrug oder ein ähnliches **Delikt** darstellen könnte* (**allgemeine Suchaktionen sind ausgeschlossen**). *Der Verdacht des ersuchenden Staates kann sich stützen auf: a) ……; b) ……; c) ……; oder d) …… .* [◆]"

――との，スイス・フランス間の，この租税条約の「不可欠の構成部分をなす補充規定」（直前の「＊部分」参照）における合意，である（とくに問題となる「②の後段」のイタリック体の部分の特定のために，[◆]マークを付す）。

　まず確認しておくべきは，右の②において，前記の「**直接の関係**」，「**fishing expeditions の排除**」の2点が，明文をもって規定されていることである。それでは，「双方可罰性要件」の方はどうなのか。

　右の①の引用部分においては，「租税詐欺」云々の意味につき，「被要請国の法」において，自由刑をもって処罰される「違反行為（Vergehen）」がそれにあたる，とされている。それを前提として「新28条」の「1項」の，既述のc）に戻り，「本条約

2　従来のスイスにおける「他の諸国との租税条約上の情報交換」の時系列的な展開過程

に規定する租税との関係での，租税詐欺及び (und) それと同様（同等）な犯罪 (Delikte) の場合に国内法実施のために必要な情報」が，かくて交換されることになる。だが，「要請国」での取り扱いについては，その限りでは，何ら言及がない（!!）。

　「双方可罰性要件」の素直な表現においては，「要請国・被要請国の双方の法において」自由刑をもって処罰される場合，となるはずのところ，である(＊)。だが，条文上，そうなってはいない。

> ＊　本号分で既述の，「2007 年対英租税条約改正」の場合の，「交換覚書」の「第 3 項」には，両国間の合意として，„Es besteht Einvernehmen darüber, dass der Ausdruck ≪Steuerbetrug≫ ein betrügerisches Verhalten bedeutet, welches nach dem Recht **beider** Staaten als Steuervergehen gilt und mit einer Freiheitsstrafe bedroht ist, wie beispielsweise ……." との文言のあったことを，想起せよ。

　だが，ここで，前記の①と②の引用部分を，若干注意深く対比する必要があるように，私には思われる。①においては，確かに「被要請国」での可罰性のみが規定されているにとどまる。これに対し，「②の後段」（イタリック体の「◆の箇所」）においては，「要請国」側が，問題の行為を「租税詐欺又は類似の"犯罪" (ein Steuerbetrug oder ein ähnliches Delikt)」だとして，根拠をもって疑う場合に，そしてそのような場合に初めて，「被要請国」は情報交換に応ずる，とされている。
　その双方を合体させれば，直前の「＊部分」で示した「双方可罰性要件」の通常の示し方に，限りなく近づくことに，なりはしないか。――この点を，以下において示すこととする。

　ここで，この対仏租税条約改正の前提となった『「利子課税に関する 2004 年対 EU 租税条約」の規定振りとの関係，との視点』から，検討をしてみよう。この「2004 年条約」の「10 条 1 項」は，貿易と関税 2012 年 2 月号 60 頁（本書 240 頁）に示したように，【1】『「被要請国」の法により「租税詐欺又はそれに類似する犯罪 (Delikt)」とされる行為につき情報を交換する』，と規定し，かつ，『右の「類似する (ähnlich)」の意味を，専ら（排他的に）「被要請国」の法によって決定する』，と規定していた。
　だが，同前・63 頁（本書 244 頁）に示したように，【2】同条約の「10 条 4 項」は，「スイスは，いかなる [EU] 加盟国との間でも，後者の国（[EU] 加盟国）において，税額査定手続きに従って"類似"の犯罪 (Delikte) とみなされるべき場合のカテゴリーを定義するために，二国間での交渉を受け入れる」，と規定していた。同前・64 頁（本書 244 頁）に示したように，『かくて，本条約 10 条の，「1 項」[右の【1】] と，「4 項」[右の【2】] とは，実は整合して「いない」』，のである。

　そのことを前提に，Botschaft vom 6. März 2009, supra, BBl. 2009, at 1654 の，この対仏改正における「補足プロトコル」の「第 XI 号」（前記①②の原文引用部分）に戻って考えよう。前記①の部分は，「2004 年条約」10 条の「1 項」，即ち右の【1】の，但

しその前段の『』部分に対応する。言い換えれば、「対仏」での前記①には、右の【1】の後段の、『「類似する（ähnlich）」の意味を、専ら（排他的に）「被要請国」の法によって決定する』の部分は、存在「しない」（!!）。

それに対して、「対仏補足プロトコル」の「第XI号」の前記「②の後段」の、イタリックで示した原文引用部分（「◆の箇所」）は、直截に（!!）、『「被要請国」が情報交換に応ずる場合』を、規定している。しかもそれは、「要請国（der ersuchende Staat）」側において、問題の行為が、「租税詐欺」云々の「犯罪」を意味するとの、「基礎づけられる疑い」を有する場合に、限定されている。その場合に限って、「被要請国」側が、共助要請に応ずる、ということである。

この前記「②の後段」（イタリック部分）に当たる規定は、「利子課税に関する2004年対EU租税条約」の「10条」には、存在して「いない」（!!）。重要ゆえ再度言うが、前記【2】の、同条約の「10条4項」は、そこに所定の「犯罪」の、「カテゴリーの定義」のためのもの、であるにとどまっていた。しかも、「10条1項」からは、「要請国」（それをEU加盟国と仮定する）において、問題の行為が法的にいかに位置づけられるかは、一切問題とならず、かかる位置づけは、専ら（排他的に!!）、「被要請国」の法による、とされていた。それゆえ、「10条」の「1項」からは、同条「4項」の「カテゴリーの定義」は、本来不要な作業の「はず」なのであった（この点が、既述の、『10条の「1項」と「4項」との不整合』の問題、である!!）。

要するに、「2009年1月12日」署名の、この「対仏租税条約改正」における、「対仏補足プロトコル」の「第XI号」の前記「②の後段」の、イタリックで示した原文引用部分（「◆の箇所」）は、「利子課税に関する2004年対EU租税条約」の「10条1項」の、前記【1】の主義に反し（!!）、「要請国」側において当該行為が「租税詐欺」云々という「犯罪」としての（法的!!）位置づけを受けること（その旨の基礎づけられたその疑いのあること）を、「被要請国」側の情報交換義務の、"要件"としている。その「要件」が満たされなければ、「租税詐欺」云々についての情報交換は行なわない、ということである（!!）。

つまり、このような論理過程を経つつ、そこでは、「被要請国」・「要請国」の「双方」において、当該行為が犯罪とされる（され「得る」）ものであることが、情報交換の「要件」とされていることになる。<u>若干の回り道的なものはある</u>が、要するにそれは、「双方可罰性要件」と、<u>実質的に</u>(*)同じことに、なるのである(**)。たしかに、明文による更なる一歩の詰めがあれば、「双方可罰性」との関係は万全になるのだが、ここまで押せば、以上のようにこれを評価することは、十分に可能なはずである。

* ここで想起すべきは、Botschaft vom 6. März 2009, supra, BBl. 2009, at 1640における、既に検討したスイス政府側の説明において、„**Materiell** [!!] stellt dies …… keine Ausweitung der schweizerischen Verpflichtung zu Hilfeleistung dar, <u>weil das Erfordernis der beidseitigen Strafbarkeit vorbehalten bleibt</u>." とあったことである。但し、厳密には、右の「実質的には（[m]ateriell）」の語は、本来、右の „weil" 以下に、挿入すべきもの、ではあろうが。

もっとも、この „Materiell ……" の語（表現）は、本号分で検討した「2007年6月26

2　従来のスイスにおける「他の諸国との租税条約上の情報交換」の時系列的な展開過程　　311

日」署名の「対英租税条約改正」において，右と同じコンテクストでのスイス政府側の説明においても，同様に用いられていた。この点については，「双方可罰性」の扱いに関するスイス政府側の説明を，あらかじめ「対英」・「対仏」で対比して示したところの，貿易と関税 2012 年 3 月号 70 頁（本書 267 頁）を参照せよ。

＊＊　「対仏」での，前記の「②の後段」のうち，カッコ内の一文（一般的な［単なる］情報漁りは排除される，との一文。その部分はイタリック体に，していない）を除いた前後の部分を合わせた文言は，実は，「2006 年対スペイン租税条約改正」において，殆どそのままの文言が用いられていた(!!)。この「対スペイン改正」の「補足プロトコル」の「10 項」について，貿易と関税 2012 年 3 月号 72 頁（本書 269 頁）で示した点，である。念のために，ここでは「対スペイン」での改正の該当部分を，「対仏」での前記「②の後段」と対比すべく，原文で示しておこう（AS 2007, at 2206f.）。

「2006 年対スペイン改正」の「補足プロトコル」の「10 項」には――

„Der ersuchte Staat übermittelt Informationen, wenn der ersuchende Staat einen begründeten Verdacht hat, dass **eine Handlung** einen Steuerbetrug oder ein ähnliches Delikt darstellt［★］. Der Verdacht des ersuchenden Staates, **dass Steuerbetrug oder ein ähnliches Delikt vorliegt,** kann sich stützen auf: a) ……; b) ……; c) ……; oder d) ……."

――とあった。右のゴシック体の部分が，「対仏」の場合の前記「②の後段」の，イタリックで示した原文引用部分（「◆の箇所」）と文言の差のある部分である（「対仏」の場合には，右の „darstellt［★］"の部分が，„darstellen könnte"であった）。「要請国の疑い」の内実を具体的に示す右の a) − d) も含めて，両者は，殆ど同一である。

右の「対スペイン改正」の場合には，貿易と関税 2012 年 3 月号 69 頁（本書 266 頁）で示したように，別途「双方可罰性要件」を明示する文言があり，その上で，重ねて右の「10 項」があった訳で，そこが，この「対仏」の場合との差となる。

この「対仏」の場合には，前記の「②の後段」の，イタリックで示した原文引用部分（「◆の箇所」）が，a) − d) による「要請国の疑い」の内容の一層の具体化を含めて，『「要請国」側での「犯罪」としての「疑い」の確実度』を高め，かくて「被要請国」のみならず，「要請国」の法的認識においても「可罰的」であること（あり得ること［könnte］），即ち，『「双方可罰性」の状態にあること』を，"実質的"に示す形で，機能していることになる(＊＊＊)。

＊＊＊　その意味では，前記のこの「◆の箇所」でイタリック体「ではなく」示したところの，情報漁り関連のカッコ内の記述は，或る種の戦略的ダミー（!?）として挿入されたもののようにも思われる面が，ないではない。このカッコ内の記述は，前記②の**前段**の，「直接の関係」云々の箇所に置いても，よいはずであるから。

但し，実際には，右とは逆に，「双方可罰性要件」との関係を希釈化させようとして，あえてこのカッコ書きが，ここで挿入された可能性も，完全には否定できない（いずれにしても，このカッコ書きの 1 文は，若干座りが悪い）。フランスとの交渉の暗闘部分が，「このカッコ書きのある場所」に，示されているのかも知れないのである。

以上要するに，この改正においてフランス側は，前記の EU サイドの越権的要望に反して，結論的には，「双方可罰性要件の明文化」を（「スペイン」・「英国」と同様に!!），但し"実質的"に，行なっ「ていた」ことになる。フランス側が，「最恵国待遇」等の，「双方可罰性」とは別の問題に交渉上の力点を置いていたことも，こうした結果と関係し得るように，思われる。

かくて，Id. at 1640 のスイス連邦政府側の公的説明に即して既に示した諸点は，**前記のフランス側の「防御措置」(!!) の過激さを考えれば，極めて意外なこととして**(*)，すべて，この「補足プロトコル第 XI 号」において，明文をもって規定されている（「双方可罰性」については，少なくとも，そう評価できる）ことになる。つまり，前記の「**直接の関係**」，「**fishing expeditions の排除**」の点とともに，（その若干屈折した表現はともかくとして）「**双方可罰性要件**」についても，ここで明文で規定されている（「双方可罰性」については，実質的に，そう見てよい），との検討結果となる。

* なお，この「補足条約」の「10 条」に示された，「補足プロトコル」の「第 XII 号」の b）においては，フランス側の前記の「**防御（対抗）措置**」との関係で，情報交換の不十分な国に対して発動される措置の基準日たる「**2009 年 1 月 1 日**」以降においても（auch nach dem 1. Januar 2009），スイス側との関係ではそれを発動しないことが合意された旨，規定されている（Id. at 1654 参照）。
　この点も，執拗なフランス側の攻勢に対する，スイス側のタフな交渉の成果，ではあろう。直前の「＊部分」のすぐ前に示したところの，前記の「双方可罰性要件」に関する**若干の回り道的なもの**も，同様の文脈で，理解すべきところか，と思われる。

以上が，「2009 年 1 月 12 日」署名の，「対仏租税条約改正」の場合についての論述，である。

　　　　●　　　　●　　　　●

既述のごとく，この改正に関するスイス政府の Botschaft, supra, BBl. 2009, at 1631ff の出された日付は，「2009 年 **3 月 6 日**」であった。そのわずか 1 週間後の「2009 年 **3 月 13 日**」に，スイス政府は，この対仏改正についての検討においても，フランスの「**防御措置**」との関係で一言したような，猛烈な諸外国の攻勢に，遂に屈して，「双方可罰性要件の堅持」を内容とする「2004 年 6 月」の，OECD モデル租税条約 26 条についての新たな留保を撤回し，グローバルな（私からすれば，不健全の極と言うべき）流れに，「**政治的**」に，巻き取られてゆくこととなった。

そして，まさにそのこととの関係で，この「対仏租税条約改正」は，発効を見ることなく，お蔵入りとなった。だが，そうなる直前の，この「対仏 2009 年 1 月 12 日改正」における，かかる「双方可罰性堅持」の実績は，それ自体として，スイス側にとっての，「対スペイン」，「対英国(*)」の場合と同様の，大きな成果だった，と言うべきであろう。

### 3 典型としての「独・スイス租税条約改正プロトコル」(2002年3月12日署名)

＊ それにしても，前から若干不思議に思っていたのは，「情報交換」に関する限り，「対英国」の一連の租税条約改正が，本号分で検討した「2007 年改正」に至るまで，スイスにとって，如何にスムーズになされて来たか，との点である。或いは，**「英国」がいわゆるタックスヘイブンを，数多く"内に抱える"存在だから**（この点につき，貿易と関税 2012 年 2 月号 59 頁〔本書 239 頁〕参照），なのであろうか（!?）。

● ● ●

以上で，『2000 年から「2009 年 3 月 13 日」までの時期』についての検討を，そしてまた，本章 2 における検討を，すべて終了する。

＊ 次号分は，本章 3 から，となる（以上，2012 年 3 月 1 日午後 5 時 37 分までの執筆。今日は，夜明け前の午前 4 時 13 分からの執筆だったから，「計 13 時間 24 分」，ぶっ続けの作業だったことになる。さすがに，ちと疲れた「ような」気がする。――点検を主体とする作業の再開は，同年 3 月 5 日午前 9 時頃から，同日午後 2 時 40 分まで）。

［以上，2012 年 5 月号 57 － 75 頁］

### 3 典型としての「独・スイス租税条約改正プロトコル」(2002年3月12日署名)

＊ 《本章 2 と 3 の架橋のために》

前号分までで，『猛烈な外圧でスイスが「双方可罰性要件」を放棄した「2009 年 3 月 13 日」，よりも前の時期』におけるスイスの，主要各国との租税条約改正に際しての，「双方可罰性要件」の取り扱いについての検討を，すべて終えたことになる（執筆開始は，2012 年 3 月 13 日午前 8 時 10 分頃）。

前号分までの本章 2 における，検討の山場は，貿易と関税 2012 年 2 月号 53 頁以来，前号分までに及ぶところの，『2000 年から「2009 年 3 月 13 日」までの時期』（本書 232 頁以下）にあり，とくに，同前（2 月号）・55 頁以下（本書 236 頁以下）の「利子課税に関する 2004 年対 EU 租税条約」との関係にあった。そして，この時期の主要国との租税条約改正の中で，意識して残していたのが，これから論ずる「2002 年対独改正」であった。

有り体に言えば，「2011 年 1 月 6 日」に本論文の目次を作成した段階（貿易と関税 2011 年 3 月号 47 頁〔本書 1 頁〕参照）では，前号分までの論述で大いに注目した「2006 年対スペイン改正」及び「2007 年対英改正」，従ってそれらにおける「双方可罰性要件」の「明文化」について，資料のプリントアウト等はしていたものの，私はいまだ不知であった。そこで，「2004 年 10 月」公表の，再度後述する Bericht der Expertenkommission, supra の指摘に従って，これから論ずる「2002 年対独改正」の場合を，本章 3 として括り出し，別枠で論ずることとしていた。右報告書の時点で，この対独改正が，

「双方可罰性要件」明示の観点から，スイス側にとっての"モデル"として評価されていたから，である。

　だが，その後の執筆と更なる準備作業の中で，「ドイツ」が，スイスとも基底において「は」共通する「人権的配慮」を，「情報交換」について重視していることが，別途判明していた（なお，貿易と関税 2011 年 6 月号 60 頁〔本書 79 頁〕，同・2012 年 1 月号 74 頁〔本書 224 頁〕，等参照）。この点に注目することも，今の段階では，「2002 年対独改正」を，本章の 3 において別枠で論ずる，重要な意味となる。但し，次号分にわたる本章 3 の検討により解明されるのは，残念ながら，<u>ドイツにおけるこの「人権的配慮」の，不徹底さ（!!）</u>ではあるのだが(*)。

> ＊　その意味で，本章 3 の(2)で論ずる<u>「ドイツ」における「人権的配慮の不徹底さ」（『双方可罰性要件』を直視しないそれ）</u>を，貿易と関税 2012 年 4 月号 85 頁以下〔本書 278 頁以下〕で論じたところの，「現在の日本の法制度の基本」と対比しつつ考えることが，重要となる。即ち，日本において，関税当局を含む行政（規制）当局による，外国当局との「情報交換」に際して，「国際捜査共助法ルートのバイパス防止」の観点から，「双方可罰性要件」が堅持されているという，重要な事実との対比，である（!!）。

　ともかく，前号分までの論述の中に，かくて「2002 年対独改正」を組み込むことにより，英米独仏を主軸とする，スイスの主要諸国との，『2000 年から「2009 年 3 月 13 日」までの期間』の租税条約改正に関する検討は，一応完結することになる。だが，そこで一つの感想めいたものが，私にはある。

　思えば，その間の展開は，<u>或る種のシーソー・ゲーム</u>（なお，石黒・電子社会の法と経済［2003 年・岩波］70－71 頁と対比せよ）のようにさえ見えて来る。念のために，この点を，ここで示しておく。

　まず，その詳細を以下で検証するところの，「2002 年」の「対独改正」で，最も鮮明に，スイスの従来の取扱いを反映した「双方可罰性要件」の「明文化」が，ともかくもなされた。だが，その 2 年後の，「2004 年」の「利子課税に関する対 EU 租税条約」（及びそれに伴う，前記の「合意メモ」）で，同要件の「相対化・希釈化」が，専ら EU 側の攻勢で条文化された「かのごとき」状況となり，EU とのこの条約の締結交渉の実質的終結時点と重なる「2004 年 6 月」に，スイスは OECD 向けに，「双方可罰性要件」を明示の上で，OECD モデル租税条約 26 条に対する「新たな留保」を，行なった。

　その 2 年後の「2006 年対スペイン改正」では，域内各国の租税条約締結権限に介入しようとした EU サイドの（域内各国向けに，前記「合意メモ」で端的に示された，越権的な）思惑に，正面から反し，「双方可罰性要件」が明文化された。だが，この「対スペイン改正」には，スイスにとって初めてとなる「最恵国待遇」条項（但し，EU 域内各国との関係に限定された，「情報交換」関係でのもの）が，スペイン側の要求で，挿入されていた。「双方可罰性要件」の「明文化」自体は，「2007 年対英改正」でもなされ，しかもそれは，「情報交換」問題に関する「英国側の要望」を，踏まえたものであった（ここでも，EU サイドの，域内各国向けの前記の思惑は，無視されたことにな

3　典型としての「独・スイス租税条約改正プロトコル」（2002年3月12日署名）　315

る）。

　そして，またその2年後，しかも，「2009年3月13日」のスイスの重大な政策変更の直前の，「2009年1月12日」署名の，（遂にお蔵入りとなった）「対仏改正」においては，「フランス側」が，「情報交換」が不十分な国に対する「防御（対抗）措置」をちらつかせつつ，右の「対スペイン」の場合を越えた「最恵国待遇条項」をスイスに要求する，等の若干困難な状況下で，交渉がなされた。だが，「双方可罰性」の明文化は，右の（「対独」・）「対スペイン」・「対英」の場合ほどには明確ではないが，実質的に，なされ得た。即ち，前号分で論じたように，右の「対スペイン」の場合に，「双方可罰性」を明示した条項にプラスして，別途存在していた"駄目押し的条項"（それについてだけ，念のために，参照されるべき頁を示しておけば，貿易と関税2012年3月号72頁（本書269頁）の，「補足プロトコル」の「10項」である）を，問題の条項に入れ込むことにより，「要請国」・「被要請国」での「可罰性」を，ともに「情報交換」の前提とする，との形で，辛うじて「双方可罰性要件」の「明文化」が，この「対仏改正」でもなされ得た，と言い得る状況となった。

　だが，この「対仏改正」に関するスイス政府の議会向けの公的説明（Botschaft）が出された日付は「2009年3月6日」であり，その1週間後の「2009年3月13日」に，スイス政府は，（日本を含めた!!）「諸外国の猛烈な攻勢」（＊）に遂に屈して，OECDモデル租税条約26条についての前記の「新たな留保」を撤回し，従ってまた「情報交換」に関する「双方可罰性要件」をも放棄することとなる。──以上が，私の言う前記の「シーソー・ゲーム」の，内実となる。

　　＊　「それ」（「諸外国の猛烈な攻勢」）が，<u>「スイスに対する**ナチス・ドイツ**の攻勢」</u>（それについては，貿易と関税2011年3月号49頁以下（本書4頁以下）と，同・2011年10月号45頁以下（本書155頁以下）とを，対比せよ!!）をはるかに超えた，<u>まさに「2011年3月11日（「3.11」!!）の日本」を襲った巨大津波のごときもの</u>であったことについては，本章4と第4章2で，分けて示すこととする。また，第4章1では，「それ」が，2001年のかの「9.11」とも関係する（関係し得る）事態であることについても，言及する（さしあたり，この最後の点については，貿易と関税2012年2月号59頁〔本書239頁〕参照）。また，<u>『日本の「3.11」以降』の状況と本論文の執筆内容との，異常な（!?）"同期"現象</u>については，<u>何と（!!）本号分の執筆開始をした今日の，ちょうど1年前の「2011年3月13日」に書いたところの，貿易と関税2011年5月号59頁以下（本書65頁以下）</u>，及び，同・6月号54頁以下（本書72頁以下），そして，「**IRS vs. UBS事件**」の「小括」としての，同・（2011年）8月号63頁以下（本書125頁以下）を見よ。

　　なお，震災直後の日本の，極度の混乱状態の中で至急の注文をし，2011年3月19日・29日に，殆ど奇跡的に到着していたドイツの諸文献（貿易と関税2011年6月号60頁〔本書78頁〕参照）を，ようやく本章3で，正面から扱うことになる。

(1) 「2002年対独改正」と「双方可罰性要件」の明文化
(1-1) 「効率性基準」と「基本的人権保障」とのバランス!! ——「2004年10月」のスイス側報告書との関係において

　まずは，本号分冒頭で，この「2002年対独改正」を本章2とは別枠で扱った趣旨について示した点を，再度確認しておこう。本論文執筆の初期段階で私が注目していたのは，既述のごとく，**Bericht der Expertenkommission für ein Bundesgesetz über Steuerstrafrecht und internationale Amtshilfe in Strafsachen zu Handen des Chefs des EFD (Bern, Oktober 2004),** at 36 の，次のような指摘であった。そこには，Id. at 34ff の同報告書「パラ 2.3.1.」(\*)の末尾に至る，その後半部分で，以下の指摘がなされている。

> \*　その見出しは，„2.3.1. Neue Amtshilfepolitik im Anschluss an den Bericht der OECD 2000 über den Zugang von Steuerbehörden zu Bankinformationen: Klausel zur Amtshilfe bei Steuerbetrugsdelikten nach Schweizer Recht" となっている。即ち，「2000年 OECD 租税委員会報告書」における，「銀行情報」への課税当局のアクセス（その改善）要望を受けた，スイスの新たな「行政共助」政策についての項であり，スイス法による「租税詐欺」の場合に対応する「行政共助」条項，について論じた個所，である。ちなみに，このスイス側報告書の出されたのが「2004年10月」であることもあり，前記の「2004年6月」の，OECD 向けの同モデル租税条約26条についての新たな留保が，Id. at 35に英文で示され（なお，その第3文の独文は，貿易と関税 2012年5月号 62頁〔本書297頁〕の「＊＊部分」参照），貿易と関税 2012年3月号 59頁以下〔本書255頁以下〕で論じた「2005年対ノルウェー改正」につき，同国との交渉が既に終了（bereits abgeschlossen）した段階であることが Id. at 36 に記された直後で，この「2002年対独改正」についての以下の記載が，Id. at 36f でなされている。

　即ち，この「2002年対独租税条約改正」について，Id. at 36 には——

„Die Regelung mit Deutschland, **der** aus schweizerischer Sicht **Modellcharakter** für die Verhandlungen mit anderen DBA-Staaten **zukommt**, ist wie folgt ausgestaltet: ……"

——とあり，続いてこの対独改正による「27条」（情報交換）の「1項」a)・b)の条文と，この「27条」についての，（付随）「プロトコル」の「3.」の a) の条文とが，Id. at 36f に，掲げられている。スイス政府の公的説明等については後で示すこととし，まずは，スイス側のこの**「専門家委員会報告書」**（2004年10月）に即して，見ておくこととする。

　まず，右の原文引用部分について確認のために言えば，そこでは，この「2002年対独改正」における「行政共助」（「情報交換」）の規定には，「スイスの側から見て，他の租税条約（DBA）締結諸国との交渉のための，**モデルとしての性格が当然与えられる（der …… zukommt）**」，とされていることになる(\*)。

3　典型としての「独・スイス租税条約改正プロトコル」（2002年3月12日署名）　317

＊　この報告書公表の後の展開において，とくに「対スペイン」・「対英国」の改正についても，それらが，同様に「スイス側にとってのモデル」とされる「べき」ものであることについては，本論文において，既に指摘した。例えば，「対スペイン」の場合についての，貿易と関税2012年3月号69頁（本書266頁）参照。

　そして，この改正を経た「27条」の「1項」のa）では，「要請により（auf Verlangen）」，以下の「情報交換」を行なうとされ，その際，「情報」には，カッコ書きで「締約国の租税立法に従って，通常の行政実務の枠内で入手可能（im Rahmen der normalen Verwaltungspraxis erhältlich）」な情報であることが，示されている。それに加えて，このa）では，当該情報につき，本条約所定の租税につき，条約実施のために必要なものであること等が，明記されている。
　同項b）は，前段と後段とに分かれ，前段では，「租税詐欺犯罪の場合（bei Steuerbetrugsdelikten）」の場合にも，「行政共助」が認められ，締約国がその国内法によって，この規定の実施のために必要な措置を講ずることが，定められている。このb）の後段は，「守秘」と「開示範囲」の規定（その詳細は，もはや省略する）だが，各種の「秘密情報」の交換禁止を規定した後で，それ（秘密情報の交換禁止）との関係で，「[但し，本改正に付随する] プロトコルで規定されたところの，租税詐欺犯罪の場合の<u>銀行秘密の制限</u>（die im Protokoll genannten **Einschränkungen des Bankgeheimnisses**）は留保される」，とされている。
　かくて，この対独改正に伴う<u>前記の（付随）「プロトコル」の，「27条」に関する「3.」の項</u>（**Protokoll 3. Zu Art. 27**）の，**a**）となる。その「第1パラ」を，Id. at 36から引用すれば――

　　„Es besteht Einvernehmen, dass der Ausdruck〈Steuerbetrugsdelikt〉ein betrügerisches Verhalten bedeutet, welches <u>nach dem Recht</u> **beider** Staaten als Steuervergehen gilt und mit Freiheitsstrafe bedroht ist."

――とある。「租税詐欺犯罪」の意義についてのスイス・ドイツの合意内容として，かくてそこには，<u>最も自然な形での「双方可罰性要件」の明文化</u>が，なされているのである。
　なお，このa）の「第2パラ」では，「第1文」で，「**銀行秘密**」が「租税詐欺犯罪」の場合には「情報交換」の妨げにならないことが示され，「第2文」で，但しその（第1文の）前提として，「詐欺的行動」と「要請された行政共助措置」との間に，「<u>直接の関係（**ein direkter Zusammenhang**）</u>」のあることが，規定されている。<u>「直接の関係」の点も，かくて，この「2002年対独改正」においては，明文で規定されている</u>のである。
　このa）の最後となる「第3パラ」では，「第1文」で「法的および事実としての**相互主義**（die rechtliche und tatsächliche Reziprozität）」が規定され，最後の「第2文」で，「<u>単なる証拠漁り</u>に資する措置の排除（……keine Massnahmen einschliesst, die der blos-

318　第 2 章　「従来のスイスにおける租税条約上の情報交換」と「堅持されていた"双方可罰性の要件"」

sen Beweisausforschung dienen.)」，つまりは《fishing expeditions》の排除についても，両国間で合意のあることが，明文をもって示されている。

　以上が，この「専門家委員会報告書」の示す「2002 年対独改正」の関係条文だが，Id. at 37 には，右に続き，**極めて重要な指摘（!!）**が，同報告書「パラ 2.3.1.」の締めくくりとして（但し，［付随］「プロトコル 3.の b)」を，„……" と，全文省略した上で!!──後述する），以下のようになされている。即ちそこには──

„Die in dieser Bestimmung enthaltenen Verpflichtungen beider Staaten müssen in Anwendung innerstaatlicher Bestimmungen durchgeführt werden. Das Verfahren beim Informationsaustausch ist wichtig, da es sowohl den Erfordernissen der zwischenstaatlichen Zusammenarbeit (**Schnelligkeit und Wirksamkeit der Massnahmen**) als auch den Rechten der betroffenen Person und allfälliger Dritter, die über Informationen verfügen[*] (**Beschwerderecht**), Rechnung tragen muss."

──とある（★）。

　＊　Id. at 37 の原文では，„…… verfügen), Rechnung tragen muss (Beschwerderecht)." となっているが，右の „verfügen" の後の，「始まりのない閉じかっこ」の部分に „ (Beschwerderecht)" を入れる方がはるかに自然ゆえ，印刷ミスと判断して，右にはその旨修正した上で，原文を示してある。
　　なお，右の「★」マークは，この報告書が Ibid において一切省略している「（付随）プロトコル 3.の b)」の条文との関係で，本書 320 頁以下の「(1-2)」で後述する重要な点と，深くかかわる。そのために付したマーク，である。

　要するに，『以上の「情報交換」条項に基づく両締約国の義務は，それぞれの国内法規定によって実施されることになるが，情報交換の際の手続は，以下の理由から，重要である』とされ，そのあとで──

　『「情報交換」に際しては，その手続において，「国家間協力の要請（**措置の迅速性及び実効性**）と同様に，情報を保有している（über Informationen verfügen）当該の者又はそこで登場し得る第三者の権利（**不服申立権**）をも，顧慮せねばならない。』

──との，本来当然だが，「国際課税」の世界では，忘れられて久しい『**最重要とも言うべき指摘**』（!!）が，なされている(＊)。

　＊　本章 4 において，いわゆる「グローバル・フォーラム」の側からなされた，「2009 年 3 月 13 日」より後のスイスの，各国との租税条約改正についての，「ピア・レヴュー」報告書（**Global Forum on Transparency and Exchange of Information for Tax Purposes, Peer Reviews: Switzerland 2011, PHASE 1 (June 2011 [reflecting**

### 3 典型としての「独・スイス租税条約改正プロトコル」（2002年3月12日署名）

the legal and regulatory framework as at March 2011］）について言及するが，「グローバル・フォーラム」の側からの審査では，そこで具体的に示すように，「情報交換」の「効率性」(!!) のみが唯一の価値基準とされ，そこから照射される「禍々（まがまが）しい光」で，現実世界の「人権保護」等々の視点が，不当に焼き切られる構図となっている（!!）。しかも，許し難いことに，外圧に屈したスイス側は，こうした不当な営為に対して，徒に「恭順の意」を表すのみ，となっている。

本号分の執筆準備中にかかる事態を把握した私は，以下の思いを募らせた。即ち──

『こうした不当な現象は，確実に何かを想起させるもののはず，である。即ちそれは，まさしく『「行革・規制緩和の嵐」が吹き荒れた1997年の日本』の中で，私が，文字通り身を挺して戦い，1998年刊の岩波の『法と経済』（Law vs. Economics）においてそれへの第1弾の体系的批判を示したところの，「市場原理主義」（つまりは「新古典派経済学」!!）における「効率万能」の考え方，正確には，鈴村興太郎教授が，その「新古典派経済学・日本分室」との戦い（石黒・電子社会の法と経済［2003年・岩波］231頁の，同書「あとがき」参照）を通して，強く訴えかけて来たところの，「モデルの世界から現実世界への，あってはならない逆流現象」（なお，石黒・同前書163頁，同・世界貿易体制の法と経済［2007年・慈学社］17，144頁，等々参照）の，しかもその"最も幼稚なパターン"(!!) のはず，である。』

──との思い，である。

「2004年段階」での，このスイス側の「専門家委員会報告書」では，かくて，「情報交換」問題における各国協力の「迅速性及び実効性」，つまりは「**効率的な情報交換の要請**」と，決して『「効率性」基準』の中に埋没してはならない「はず」の「**基本的人権保障の要請**」とが，正しく「正義の女神（Themis）の秤」（なお，石黒・契約の神聖さ［2010年・信山社］69頁）にかけられ「ていた」のである。そしてそれが，「**双方可罰性要件**」を死守して来た「従来のスイスの法制度の基本」でもあった，のである(*)。

* ここで再度，貿易と関税2012年4月号85頁以下（本書278頁以下）における，「**現在の日本の法制度の基本**」（「双方可罰性要件」の堅持，との関係でのそれ）についての論述へと，回帰すべきである（!!）。

それでは，「情報交換」における「人権的配慮」をそれなりに示して来た「ドイツの場合」（私がそれに気づいた経緯を含めて後述）には，「双方可罰性」の点は，如何に評価されて来たのか。──ここまでの本号分の論述の，文脈としては，この点が次の問題となる。だが，それは，次号分で後述の，本章3の「(2)」に委ね，ここでは，「2002年対独改正」に関するスイス政府の公的説明（Botschaft）を，次に見ることとする。一歩一歩進まねばならないのが，「論文というものの宿命」，なのだから。

320　第2章　「従来のスイスにおける租税条約上の情報交換」と「堅持されていた"双方可罰性の要件"」

## (1-2) スイス政府の議会向けの公的説明（**Botschaft**）から

　本論文において、スイスの、対独での租税条約の締結・改正については、以下の箇所で、順次論じて来た。即ち、まず貿易と関税 2011 年 11 月号 76 頁、及び 79 頁以下（本書 184 頁、187 頁以下）で、「1931 年対独租税条約」、「1934 年」の「補足プロトコル」について、更に同前・82 頁以下（本書 191 頁以下）で、「1957 年補足プロトコル」につき、論じた。だが、同前・84 頁以下（本書 193 頁）では、併せて、<u>「1971 年対独租税条約」の交渉過程で、ドイツ側が、「情報交換」につきスイスは、英米仏に対してドイツを「差別（discriminieren）」しているとして、強硬な姿勢を示したこと</u>についても、あらかじめ言及しておいた。

　なお、この「1971 年対独租税条約」自体については、同・2012 年 1 月号 71 頁以下（本書 220 頁以下）で論じたが（<u>「情報交換」問題が大いに揉めたこと</u>については、とくに同前・71－72 頁〔本書 221 頁〕）、同前（1 月号）・74 頁では、「1978 年」、「1989 年」、「1992 年」の、それぞれの「改正プロトコル」についても、一応言及しておいた（本書 224 頁）。その次が、この「2002 年対独改正」となる。

　「2002 年 3 月 12 日」署名の、この「対独租税条約改正」についての、スイス政府の公的説明は、**Botschaft über ein Protokoll zur Änderung des Doppelbesteuerungsabkommens mit der Bundesrepublik Deutschland vom 8. Mai 2002, BBl. 2002, at 4287ff** である。Id. at 4288 の「概観（Übersicht）」の項において、<u>『もう一つの改正事項』</u>（それを、以下の論述との関係で、『改正事項α』とする）と並んで（[d]aneben [!!]）、「詐欺犯罪（Betrugsdelikte）」の場合に限定された「情報交換条項の拡充（Erweiterung）」のなされた旨が、早速示されている（そこに、最後にサラッと触れられている「濫用防止規定［Missbrauchsbestimmungen］」については、ここでは省略する。それを合わせれば、「概観」で言及されている点は、計 3 点となる）。

　ここで、<u>以下の検討の方針ないし基本的視点</u>を、あらかじめ明らかにしておこう。以下では、まず、Ibid の「概観」と Id. at 4289f の「前史（Vorgeschichte）」とを対比する。この対比により、実は、「情報交換」に際しての「双方可罰性要件」に関する、若干興味深い本改正の背景事情が、おぼろげながらではあるが、若干見えて来るように、私には思われるからである。

　この対独改正では、既に一応条文で確認した通り、「情報交換」についての「双方可罰性要件」は、明文で規定されている。だが、再度右にも示したような、<u>これまでにも結構揉めて来た対独改正の流れの中にあって、何故スンナリと、ドイツ側が、「双方可罰性要件」の明確化</u>（しかも、<u>最も自然な形での「双方可罰性要件」の明文化</u>）に応じたのか。──そのカラクリ（!?）の一端が、右の「概観」と「前史」との対比の中で、微かにせよ、炙（あぶ）り出されて来るようにも、思われるのである。かかる視点から、以下の論述を行うこととする（所詮、すべては再度「闇の中」に戻ることと、なってしまうのではあるが）。

　**Id. at** 4288 の前記の「概観」は、わずか 8 行の、短いものだが、そのうち 5 行半は、

3　典型としての「独・スイス租税条約改正プロトコル」（2002年3月12日署名）

従って，この「概観」の大半の部分は，前記の『もう一つの改正事項』（『改正事項α』）にあてられている。それについて，そこでは，大略以下のごとき指摘がなされている。即ち——

『[概観]　本プロトコルに基づく対独租税条約の改正により，最低出資比率20％［以上］を有する会社に対して［国境を越えて］支払われる配当（Dividenden, die an Gesellschaft …… mit einer Mindestbeteiligung von 20 Prozent ausgeschüttet werden）についての源泉課税の税率（der Quellensteuersatz）は，現行の5％から0％へと，引き下げられる（abgesenkt）。**それと並んで（Daneben）**，詐欺犯罪に限定された情報［交換］条項の拡充……が合意された。』

——として，「情報交換」関連の改正については，実質わずか1行の指摘，となっているのである。

この „daneben" の語には，「その傍らに寄り添って」とのニュアンスが伴う。もっとも，これが，単なる改正事項の列記「か否か」（!!）は，そこからだけでは，判断できない。

だが，Id. at 4289f の，本改正の「前史（Vorgeschichte）」に至ると，この „daneben" の語のニュアンスが，一層の"粘着性"を帯びて来る。それは，以下のようなことである。

Id. at 4289 の「前史」の冒頭は，**意外な指摘**から始まる。それは，前記引用部分の，„Daneben" の前の，『もう一つの改正事項』（『改正事項α』）についてのものであり，それが Ibid の頁全体に及ぶ。そして，その中に，「情報交換」問題が，非常に屈折した文脈で，"埋め込まれている"（!!）のである。しかも，**Id. at** 4290 の，この「前史」の最後の6行は，『改正事項α』（配当支払いに対する源泉税のゼロ化）について，「2001年12月6-7日の交渉」で，「両国は合意に至った。**それと並んで（Daneben）**……」として，そのあとは，前記引用の「概観」と同様，「情報交換」についての改正（等）への，ごく短い言及がある。

こうして，前と後ろとをしっかりと押さえた上で，Id. at 4289 の，この「前史」の核心部分について，以下で見ておくこととする。まずは，この部分の冒頭の，前記の**意外な指摘**の内実である。

Id. at 4289 の，この「前史」の冒頭第1パラには，以下のごとくある。即ち——

「1989年の対独租税条約の部分改正（Teilrevision）により，（最低出資比率20％の）出資関係（Beteiligungsverhältnis）における配当につき，源泉課税の税率は，1992年から（ab 1992），5％に引き下げられた（abgesenkt）。同時に，**ドイツ側はスイスに対して**，別途交わされた「交換覚書（Notenwechsel）」において，「**最恵国待遇（Meistbegünstigung）**」を与えた（…… räumte die deutsche Seite der Schweiz …… ein.）。それにより，ドイツは，以下のことを確約した（Damit sicherte die Bundesrepublik zu, dass ……）。即ち，ドイツが他のOECD加盟国との或る条約において（in einem Abkommen mit ……），一層低い税率を（einen tieferen Satz）合意する場合には，スイス・ドイツ間の関係において同等の待遇を定めるべく（um die gleiche Behandlung …… vorzusehen），直ちに（unverzüglich）交渉を開始することの確約，である。」

―――と(*)。

* 問題の更なる核心部分に入る前に，「**最恵国待遇（Meistbegünstigung: MFN）**」問題との関係で，一定の整理をしておこう。この「1989 年対独改正」で導入された「最恵国待遇」は，もとより「情報交換」関連のものではない（それゆえ，問題の条文自体の点検は，他日に期す）。だが，右の引用部分からも，そこでの **MFN** が，完全に双務的・互恵的なもの「ではなく」，実質的に義務を負う側として想定されているのが，ドイツ側であること，が知られる。
  ここで想起すべきは，貿易と関税 2012 年 3 月号 72 頁以下（本書 270 頁以下）の，「2006 年対スペイン改正」における，「情報交換」関連での MFN 条項，である。実際の条文もそこで示してあるが，当該条項によって実質的な義務を負うのは，まずもってスイス側，であった。
  そして，まさにそのことを反映して，そこでは，「情報交換」についてスペインが要求して「2006 年対スペイン改正」で導入された「最恵国待遇条項」につき，同改正についてのスイス政府の公的説明たる Botschaft (vom 6. Sept. 2006), BBl. 2006, at 7690 を，原文を含めて引用しつつ，対スペインでのこの「最恵国待遇条項」が，「租税条約の枠組においてスイスによって初めて認められたものである」こと（[d]iese …… Regelung, die **von der Schweiz** im Rahmen eines Doppelbesteuerungsabkommen zum ersten Mal **zugestanden** worden ist, ……）を，示しておいた。
  この，「スイスによって認められた（容認された―― von der Schweiz …… zugestanden worden ist)」との表現は，問題の MFN 条項によって，まずもって義務を負うものと想定されるのがスイス側であって，それに即した規定振りとなっていることを，反映したものである。
  ともかく，たしかに，「2006 年対スペイン改正」が，他国に対して「最恵国待遇」を，「スイスが容認（zugestehen）した」ものとしては初めてだが，「ドイツがスイスに対して」認めた，一定事項（非「情報交換関連」）についての「最恵国待遇条項」は，それに先立ち，「1989 年」の「対独改正」にもあった，ということになる。
  なお，「情報交換」以外でも，事項をしっかりと限定すれば，「租税条約の規律内容一般（要するに，そのすべて）」と「最恵国待遇条項」との関係についての，（いわゆる「多数国間投資協定［MAI］案」に即して）貿易と関税 2012 年 3 月号 73 頁（本書 271 頁）に示した問題は，もとより生じない。

さて，Botschaft vom 8. Mai 2002, BBl. 2002, supra, at 4289 の，この「前史」の「第 2 パラ」に移る。この部分が，「情報交換」と前記の『**改正事項 α**』（配当支払いに対する源泉税のゼロ化）とが絡み合う，「核心部分」となる(*)。

* 前記のごとく，今，このコンテクストで私が，究極的に（その一部でも）解明しようとしているのは，過去の改正において，「情報交換」問題があれほど揉めたドイツとの

### 3 典型としての「独・スイス租税条約改正プロトコル」(2002年3月12日署名) 323

関係で，何故「双方可罰性要件」が，前記のごとくしっかりとした文言によって明確化され得たのか，との点である。この点は，結局は解明出来ずに終わるのだが，後に，若干の「推理劇」的な指摘も，あえてしておくこととする。後述の，『私の視点からは中途半端な，「情報交換と人権保護」に関するドイツのスタンス』との関係で，である。

　この「第2パラ」の流れを，以下，略述する。この部分も，前記の「第1パラ」と同じく，ドイツ側がスイスに確約した前記の「最恵国待遇 (MFN)」との関係から始まる。1990年の或るEU指令 (Richtlinie) により，EU域内では，国を異にして存在する親会社・子会社間 (但し，親会社は25％以上の出資をしていることが必要) での，親会社への「国境を越えた配当支払い」には，源泉税がかけられないこととなった (Nach …… werden …… keine Quellensteuern auf grenzüberschreitenden Dividendenzahlungen an die Muttergesellschaft erhoben.)。

　ドイツは，この指令に従った措置を，「1996年半ば以来 (ab Mitte 1996)」，講じた。要するに，EU域内各国との関係では，源泉税は0％，スイスとの関係では5％のまま，となったのである。**スイス側は，前記の「最恵国待遇条項」を持ち出してドイツ側に迫った**。だが，ドイツ側は，EU指令に基づく措置ゆえ，二国間条約によるものではないから，前記の「最恵国待遇」条項の問題は生じない，と切り返した。**のみならずドイツ側は，問題の源泉税率5％を0％にするには，「情報交換」についてスイスが，(その時点における) 大きな譲歩をすることが必要だ，と主張した (!!)** のである。──かくて，ここで，「情報交換」と前記の『**改正事項α**』(配当支払いに対する源泉税のゼロ化) とが，非常に屈折した形で，絡み合うこととなった。

　Id. at 4289 の，この部分の原文で，右の点を確認しておこう。そこには──

„Aufgrund dieser Richtlinie befreite die Bundesrepublik Dividenden …… von der Kapitalertragsteuer. Damit war der Tatbestand, der die Meistbegünstigung auslöste, aus schweizerischer Sicht erfüllt. Deutscherseits wurde demgegenüber geltend gemacht, dass es sich bei der EU-Mutter-Tochter-Richtlinie nicht um ein bilaterales Abkommen handle, weshalb die Meistbegünstigungsklausel nicht zum Tragen komme. **Eine Absenkung der Quellensteuer wäre daher [!?] nach den deutschen Vorstellungen nur in Betracht gekommen, wenn die Schweiz u.a. Bereitschaft gezeigt hätte, die sogenannte grosse Auskunftsklausel ins Abkommen aufzunehmen.** Eine solche Klausel hätte die Schweiz verpflichtet, Auskünfte nicht nur － wie bisher － für die richtige Durchführung des Abkommens, sondern auch für die Durchsetzung des innerstaatlichen deutschen Rechts zu erteilen. Da die Schweiz der gewünschten Erweiterung der Amtshilfe nicht zustimmen konnte, liess ein Durchbruch in den Verhandlungen auf sich warten."

──とある(*)。かくて，「情報交換」条項の拡充に向けた従来のドイツの執拗な姿勢が，この改正においても，如実に示されていたことになる。

324　第 2 章　「従来のスイスにおける租税条約上の情報交換」と「堅持されていた"双方可罰性の要件"」

＊　それに続く，Ibid の「第 3 パラ」では，（その詳細は略するが）**「2000 年」以降の更なる展開の中で，スイス側のこだわる「最恵国待遇」問題が，「ドイツと OECD 加盟諸国との租税条約」を介して，一層明確な形で顕在化したこと**が，示されている。そして，**Id. at** 4290 となり，「2001 年 12 月 6－7 日の交渉」で，この点についての合意が成立し，「それと並んで（**Daneben**）」，「情報交換」についての合意も成立した，とされている。

　右の長い原文引用部分につき，各センテンスの要点を，箇条書き的に，示しておこう。

☆　「第 1 文」――ドイツが源泉税 0％化を実施。
☆　「第 2 文」――スイス側は，これによって「最恵国待遇」条項の発動条件が満たされた，と判断。
☆　「第 3 文」――これに対してドイツ側は，EU 指令は二国間条約ではないから，との理由で，対スイスでの最恵国待遇条項の問題にはならない，と主張。
☆　「第 4 文」――更にドイツ側は，右の「第 3 文」の理由のゆえに（**daher**），「源泉税のゼロ化」をスイス側が求めるのならば，スイスがいわゆる「大きな情報交換条項（**die grosse Auskunftsklausel**）」を対独租税条約に盛り込むことが必要だ，と主張。
☆　「第 5 文」――ドイツの要求する右の「大きな情報交換条項」とは，条約実施のためのみならず，一方締約国の国内法の実施のための情報の交換も含むものであること，の説明。
☆　「第 6 文」――かかるドイツ側要望は（1990 年代当時の）スイスとして受け入れることができず，そのため交渉打開の突破口は，なかなか見えなかった，との指摘。

　以上の，Id. at 4289 におけるスイス政府側の説明について，**注意**すべきことがある。第 1 に，貿易と関税 2011 年 11 月号 84 頁，同・2012 年 1 月号 71 頁（本書 193 頁，220 頁以下）で指摘した通り，ドイツは，「1971 年改正」においても，スイスに対して，スイスの「対米租税条約」と同様，「租税詐欺」の場合を「情報交換」条項に盛り込め，と主張していた。「2002 年改正」との関係での，右の「第 3・4 文」におけるドイツの要求は，「71 年」段階での対スイス要求と，『同じ』だったのである。
　第 2 に，貿易と関税 2012 年 5 月号 65 頁以下（本書 301 頁以下）の「(iv)」の項において，「2009 年 1 月 12 日」の「対仏租税条約改正」についての Botschaft (vom 6. März 2009), at 1633 を引用しつつ示したように，「OECD 租税委員会」の「2000 年報告書」への同意により，「租税詐欺の場合に，一方締約国の国内法実施のための情報交換を行う義務」が，既にスイスにとって，生じていた（本書 302 頁）。従って，1990 年代においてはともかく，「2002 年」のこの「対独改正」においては，右の「第 4 文・第 5 文」の線まで譲歩しても，スイスにとっては痛くも痒くもない，といった状況にあったことになる。

3　典型としての「独・スイス租税条約改正プロトコル」（2002年3月12日署名）　　325

「EU指令」と「条約」との関係に関する，右の「第3文」の論点はともかくとして，直前の「＊部分」に示したように，「2000年以降」においては，まさにドイツの締結したOECD加盟諸国との二国間租税条約との関係で，「最恵国待遇」の問題が一層顕在化した，ということになると，右の「第4文」のドイツの（強引な）主張は，成り立たなくなる。そしてそれが，「ドイツにとっての交渉上の大きな弱み」となる。実際にも，この改正で，結論的に，スイス側の要望通りとなった(＊)。

* Botschaft vom 8. Mai 2002, BBl. 2002, supra, at 4296 に，この「2002年対独改正プロトコル」の「2条」による，新たな対独条約「10条3項」の規定が，そして，Id. at 4297 に，この改正に伴う，（付随）「プロトコル」の「1.」の a）の規定が，示されており，それらによって，前記の『改正事項α』の「配当支払いに対する源泉税のゼロ化」が，定められることとなった（この点についての連邦政府の説明は，Id. at 4290.）。

前記の「第1－第6文」に示された展開の中で，交渉がデッド・ロック状態になっていたところに，右の「2000年以降」の新たな展開で，無理やり前記の『改正事項α』と「情報交換」問題とを"抱き合わせ"にしようとするドイツ側の思惑は，既に崩れている。だったらスイス側にとっては，「情報交換」問題と前記の『改正事項α』とを単純に切り離し，後者のみをドイツに要求する道も，ドイツ・スイスの両国関係に閉じて考えれば（そう仮定すれば!!），あったはずである。

両国間の交渉の現場（或る種の閉鎖空間？）には，年来の交渉(＊)の蓄積としてのエネルギーが，充満していたはずである。スイス側は前記の『改正事項α』を押し，ドイツ側は『改正事項α』とのバーターで，「情報交換」を強く押していた。その猛烈な"両者押し合い"の中で，『改正事項α』をめぐる紛争エネルギーの源が，突然フッと消えれば，ドイツ側はバランスを失い，スイス側に，倒れ掛かるであろう。

* 但し，このBotschaftには，「2001年12月6－7日」の交渉で合意達成に至ったこと以外，交渉の始期等について，何故か，記載がない。

スイス側としては，ドイツがそのまま倒れるのを，ただ見ているだけでも良かったはずだが，優しく（!?），今まさに倒れんとするドイツの体を支え，まさに寄り添うように（!![＊]）抱き起こし，そして，優しくこう言ったのかも知れない。「あなたの欲しがるものをあげましょう」，と。

* Id. at 4288, 4290 に即して，本改正における前記『改正事項α』と「情報交換」問題との関係につき用いられているところの，「„daneben"の語のニュアンスが，一層の"粘着性"を帯びて来る」旨，既に示した（本書321頁）。右はこの点を念頭においての"表現"である。

こうした，或る種の「推理劇」（!?）を考えた時，スイス側に優しく抱き起された

ドイツ側は，或る種，頭が真っ白に近い状態に（あるいは，或る種の金縛り状態に），なり「得る」（相撲というよりは，摑み合いの喧嘩として考えよ）。

　だって，これだけ揉めた交渉で，実質スイスが勝ったのに，虚を突かれて負けたドイツが，ずっと膠着状態だったこの交渉で執拗に求め，スイスが拒絶して来たものを，スイスは，何故急に「くれる」などと言うのか，などと思うのではないか。しかも，それ（「米国並み」のスイスとの「情報交換」）は，「1971年」段階から，ドイツが執拗に求めて来たものだったのだから，なおさらである（前記の「閉鎖空間」の「仮定」は，実際の交渉現場での現実に，或いは，近いものかも知れない……）。

　更に，そこでスイス側が，「2000年OECD租税委員会報告書」にスイスが同意するに際しても，ドイツさんの年来のご主張を考えていましてね，などと巧妙な交渉テクニックを使っていたら，どうか。——そうした心理状態の中で，ふらふらっと相手（スイス）の側に，思わず友好的な一歩を踏み出すことも，全くあり得ないではなかろう。スイス側が，前記の交渉上の「**ドイツにとっての大きな弱み**」を逆手にとって，巧妙に誘導した結果，「双方可罰性要件」の「明文化」まで，するするっと事が運んだ，との可能性も，全く否定はできないであろう。もとより，すべては，全くの憶測の域を出ないのだが。

　私がこんなことを"感ずる"のも，後述のごとく従来のドイツは，「租税条約上の情報交換」について，「人権保護」を重視しながらも，自覚的に「双方可罰性要件」の重要性を認める立場では，必ずしもなかったから，である。これに対して，「**国境でメルトダウン（熔融）する人権保障**」を問題視する私の視座からは，ここでの「人権保護」と「双方可罰性要件」とは，切っても切れない関係となる（再度, 貿易と関税2012年4月号分の論述を，同前・89頁以下（本書283頁以下）をも含めて，ここで想起せよ!!）。

　だが，その繋ぎ目が曖昧なドイツゆえ，前記の状況下で（!!），其処に急に友好的な球を投げられると，案外スンナリと，応じてしまう（応じてしまった），ということなの「かも知れない」[*]。

　　* ドイツ側が，単純に「米国並み」を求めるということならば，「2005年対ノルウェー改正」につき，貿易と関税2012年3月号6頁（本書258頁）でも一言しておいたように，「1951年」以来の「米・スイスの租税条約」の流れにおいても，条約自体においては「双方可罰性要件」の明示はないのだから（なお，「1996年対米租税条約」につき，貿易と関税2012年1月号74頁以下〔本書224頁以下〕），わざわざ，この「2002年改正」で，この（「双方可罰性」の）要件の，クリアカットな明文化までしてしまうインセンティヴは，ドイツ側にはなかったはず，とも思われる。

　そこから先は，今の私にとって，『闇の中』なのだが，誰か別の（若手?）研究者が，ドイツ側資料等を含めて，本気で「この先」を研究しようとする際に，ヒントとなる点もあろうかと思って，以上を，あえて記した次第である。要するに，何故ドイツ側が，スイス側にとって悲願とも言うべき「双方可罰性要件」の，しかも最も素直な形での「明文化」までを，この改正で，認めることとなったのか。——その理由は，こ

3 典型としての「独・スイス租税条約改正プロトコル」（2002年3月12日署名）　　327

こで見たスイス側の資料（Botschaft）からは判明しないが，前記の，『改正事項α』と「情報交換」問題とを「抱き合わせ」にしたドイツ側の交渉上の弱みと，（「情報交換」関連での）ドイツにおける人権保護の不徹底さとが，偶発的に作用した結果のように「も」感じられる，ということである。

　　　　　　　●　　　　　●　　　　　●

　さて，この「2002年対独改正プロトコル」の逐条的説明は，Botschaft, supra, BBl. 2002, at 4290ff である。そして Id. at 4291f が，同プロトコル「V条」による，対独租税条約「27条1項」の改正について，となる。

　なお，それら条文の規定内容については前記「専門家委員会報告書」に即して既に見たところだが，Id. at 4295ff に，この「改正プロトコル（Revisionsprotokoll）」の規定があり，「5条」は，Id. at 4296f に示されている。他方，その「6条」（Id. at 4297f）は，「対独租税条約」に付加（angefügt）されるものとしての（付随）「プロトコル」（Protokoll zum Abkommen……）を，それ自体として示している（この［付随］「プロトコル」が「条約の構成部分［Bestandteil des Abkommens］」をなすことが，Id. at 4297 の，［付随］プロトコルの冒頭で，明記されている）。

　但し（!!），これから先，本章3で「情報交換に関するドイツの人権的配慮」について論ずる際に，重要となる事柄が，Id. at 4298f の，「対独条約27条について」と題した，この（付随）「プロトコル」の「3.」の，後半部分（「b）」の項）で，示されている。結構長いこの「3.b）」の部分は，実は，Bericht der Expertenkommission, supra, at 37 において，すべて省略されているのだが，Botschaft, supra, BBl. 2002, at 4292 には，重要な経緯が示されている。そこを先に見ておこう。Ibid には——

　　„**Auf deutschen Wunsch hin** wurde ins Protokoll zu Artikel 27 **eine Datenschutzklausel** aufgenommen. Diese Bestimmung soll **die Rechte der vom Auskunftsaustausch betroffenen Personen** sicherstellen."

——とある。この（付随）「プロトコル」の「3. b)」が右の指摘に対応する訳だが，しかしながらそれを，「データ保護条項」とのみ記述することは，後述のごとくミスリーディングである(＊)。

　＊　だが，それにも増して，なぜ Bericht der Expertenkommission, supra, at 37 が，あえて「3. a)」の条文を示した後，この「3. b)」の条文を一切カットして，本号分の「(1-1)」の末尾近く（本書318頁）で示したところの，前記の，「★マーク」で特定した重要な指摘をしていたのか，不可解である。この「3. b)」は，まさに当事者・関係人の「人権保護」を重視した条項だから，である（!!）。
　　「3. a)」の条文と，前記の「★マーク」の指摘との間には，単に，„b) …" とあるのみだが，この „…" の沈黙箇所に込められたスイス側の思いの内実が，大いに気になるのである。スイスとて「人権保護」を重視する立場であることに，変わりはないはずなの

328　第2章　「従来のスイスにおける租税条約上の情報交換」と「堅持されていた"双方可罰性の要件"」に……。――「情報交換」問題で従来から大いに揉めて来たドイツに対する，スイス側の，或る種の反詰めいたものが，そこに示されているようにも，若干私は感ずる。

　私がスイス側交渉担当者なら，「ドイツ側要望」によるこのb）の部分を逆手にとって，「双方可罰性」を一層一般的に，かつ，自覚的に（!!）正面から認めるよう，ドイツ側に迫るところだが，それは，スイスにとって危険過ぎる賭け，だったのであろうか（そこまで読めれば，私とて，この手は使わない）。

　ともかく，「ドイツ側」の要望で，『「情報交換」で影響を受ける者の権利確保』のための，この「3. b）」の規定が，挿入されたのである（!!）。このことは，本号分の「（1－1）」の末尾近くで示した前記の「★マーク」の指摘，及びそれに続く二つ目の，『法と経済』（Law vs. Economics）云々に言及した「＊部分」（本書318－319頁）との関係で，極めて重要(＊)，である（!!）。

　　＊　そうであるにもかかわらず，こうした配慮の端的な発露と言うべき「双方可罰性要件」について，後述のドイツ学説（Vogel）の極めて冷たい指摘があるのは，一体何故なのか（??）が，疑問視されるべきである。

　さて，Botschaft, supra, BBl. 2002, at 4298の，この（付随）「プロトコル」の「3. b）」の条文を，若干，点検しておこう(＊)。

　　＊　まだまだ書けるが，このところの更に一層の「氣」の高まりの中で（例えば，法研改築最終段階の轟音と猛烈な埃の中で，目を真っ赤にして働いていた或る人に，殆ど一瞬の「氣」を送り，綺麗な色の目にしてあげたり……），この程度の執筆でも，わが心身への潜在的ダメージは，従来のレベルを超え，相当なものとなっている「はず」である。そう気づいたのはごく最近だが，回復へのプロセスを冷静に考えると，ギリギリまで執筆するのは，得策ではない。所詮は，「4月20日締め切り分」の前倒し執筆なのだし，「2012年3月13日」の執筆は，ここまでとする。今，同日午後5時30分ゆえ，計9時間20分の，比較的軽い執筆だったことになる。――連日の執筆はしない主義だが，「最恵国待遇」関連の箇所が気になって，翌日の「3月14日」，昼の12時くらいから午後10時55分まで，執筆を行なった。さすがに数日は，休まねばなるまい。

　　なお，「最恵国待遇」関連での「推理劇」的なことを，苦労して書いている最中，かの「3.11」と同じようなことになるのではないかという，結構激しく長い揺れを感じた。妻によると，時間は午後9時5分で，震源は，千葉県東方沖深さ10キロ（後に震源の深さは訂正されたが，「深さ10キロ」のところに，何かがあるのか。「深さ10キロの震源」が，あまりにも多いとは思わぬか!?)，最大震度5強で，新宿は，「震度3」（私の体感は，震度4），マグニチュードは6.1，とのこと。まさにそれに匹敵する，相当に脳を酷使した執筆だったし，無重力空間で泳いでいるような感覚もある執筆，であった。――執筆再開は，十分に休んで2012年3月21日午前10時20分。

　Botschaft, supra, BBl. 2002, at 4292で，前記のごとく僅か3行で片づけられているのが，この（付随）「プロトコル」の「3. b）」の規定だが，それは，Id. at 4298fに示された，aa）－ii）に至る，長い条文である。それが，次号分で検討するところの，「情

3　典型としての「独・スイス租税条約改正プロトコル」(2002年3月12日署名)　　329

報交換」関連での「ドイツの人権保護（保障）」の内実とも深くかかわるものゆえ，若干丁寧に，ここで見ておくこととする。

　このb)の冒頭では，本条約に基づき国内法の基準に従って「個人と関係づけられたデータ（personenbezogene Daten)」が引き渡される場合には，補充的に以下の諸規定が，締約国の法規定を顧慮しつつ，適用される，とある。この部分のみを切り取れば，それらを「データ保護条項」と記すスイス政府側の前記の説明も，確かに可能ではあるが，その内実は，以下のごとく多面的に，「情報交換」で影響を受ける者の「人権保護（人権保障）」を考慮するもの，となっている。

　まず，aa)は，かかるデータを「受領する官庁」（die empfangende Stelle)におけるデータの使用につき，その定められた（angegeben）目的のためのみに，かつ，それを「引渡しをする側の官庁」によって指示された条件の下でのみ，その使用が許される（und zu den durch die übermittelnde Stelle vorgeschriebenen Bedingungen zulässig），と規定する。目的外使用の禁止と，被要請国側の付した条件の遵守，ということである。

　bb)は，データを「受領する官庁」（die empfangende Stelle)は，それの「引渡しをする側の官庁」（die übermittelnde Stelle)に対して，（後者の）要請により（auf Ersuchen），引渡されたデータの使用，及びそれによって達成された結果について，通知をする（unterrichten），との規定である。右のaa)を，受けた規定である。

　cc)は，「個人と関係づけられたデータ（[p]ersonenbezogene Daten)」は，管轄ある官庁に対してのみ引渡され得る（dürfen nur an ……）とし，他の官庁への更なる引渡し（[d]ie weitere Übermittlung an andere Stellen)は，「引渡しをする側の官庁」の「事前の同意があって初めて（nur mit vorheriger Zustimmung)」なされ得る，とする。これまた，被要請国側の立場（法制度）への十分な配慮を示した規定，である。

　dd)は，計4文からなる，多少長い規定である。その第1文は，「引渡しをする側の官庁」（[d]ie übermittelnde Stelle)への一定の義務付け，の規定である。即ち，被要請国側のこの官庁は，引渡される情報の，「正しさ（Richtigkeit)」，並びに，引渡しによって追求される目的との関係での「必要性」及び「相当性」（die Erforderlichkeit und Verhältnismässigkeit in Bezug auf den mit der Übermittlung verfolgten Zweck)を，顧慮する義務を負う（ist verpflichtet, auf …… zu achten），とある。データ（**情報**）の「正当さ」はともかく，むしろこれらの点は，「要請国」側の義務とするのが自然だ，とも思われるが，「被要請国」（例えばスイス）側の官庁におけるチェックを義務付けるのが，この第1文である。

　dd)の第2文は，第1文の場合について（[d]abei)，国内法上の「引渡しの禁止（Übermittlungsverbote)」を顧慮せよ，とする。その上で第3文は，更に「被要請国」側への義務付けとして，以下のごとく定める。即ち，「不正確（unrichtig)」なデータ，又は，「引渡してはならないデータ」が引渡されたことの判明した場合には，直ちに「受領した官庁に」（der empfangenden Stelle)対して，そのことを通知せよ，とある。第4文は，後者の，データを受領する官庁（[d]iese = die empfangende Stelle)の義務としての，かかるデータの「削除または**抹消**（die Berichtigung oder **Löschung**)」を，規定する。

以上のaa）-dd）が，ひと纏まりの規定をなすので，一言する。現時点で考えても（!!），これらは（右の「dd」の第1文）について既に示した点はともかくとして），「要請国」・「被要請国」間で"本来なされて然るべきこと"を，ごく自然に規定したもの，と見る『べき』である。少なくともそこには，『情報が国境を越えて引渡されたなら，あとは情報受領国（要請国）側の思い通り』といったような，貿易と関税2011年12月号87頁以下（本書203頁以下，とくに205頁）に記したところの，『OECDモデル租税条約26条「コメンタリー」の，「1963年草案」段階以来の「屈折した構造」』とは無縁（!!）の，『対等な主権国家相互でのあるべき自然な関係』が，明確に規定されている。そこに，十分に注意すべきである（!!）。

さて，Botschaft, supra, BBl. 2002, at 4298fの，次のee）以降だが，ここからが，「情報交換」で影響を受ける私人の，「権利（人権）保護」の規定となる。まずee）だが，これも，計3文からなる，結構長い規定である。

ee）の第1文は，**利害関係者に対して（[d]em Betroffenen）**は，要請により（auf Antrag），その者について引渡されたデータ，並びに，予定（vorgesehen）されている使用目的について，**情報が与えられねばならない**（ist …… Auskunft zu erteilen），と規定する。但し，第2文は，この第1文につき，条件を設け，「利害関係者に情報を与える利益を，情報を与えないことに寄せる公的利益が，凌駕するときには，（第1文の）情報提供の義務は存在しない（Eine Verpflichtung zur Auskunftserteilung besteht nicht, soweit eine Abwägung ergibt, dass das öffentliche Interesse, die Auskunft nicht zu erteilen, das Interesse des Betroffenen an der Auskunftserteilung überwiegt.）」，と規定する。この第1・第2文を受けたee）の第3文は，その者について存在する（情報交換の対象たる）データに関する情報を受け取るという，利害関係者の権利（das Recht des Betroffenen, über die …… Daten Auskunft zu erhalten, ……）の，その他の点については，その領域内において情報要請のなされるところの締約国の国内法による（…… nach dem …… Recht des Vertragsstaates, in dessen Hoheitsgebiet die Auskunft beantragt wird.），と規定する。かくて，このee）は，利害関係者の権利保護についての，丹念に形作られた規定，と言うべきものである。

続くff）も，利害関係者の権利保護の規定だが，次号分で論ずる『ドイツにおける人権保護の不十分さ』を，もろに反映する規定である（そのことからも，このb），従ってaa）-ii）の規定がドイツ側の要望で［Auf deutschen Wunsch hin wurde ……］挿入されたとの，スイス政府側の前記の，Id. at 4292の指摘が，いわば裏から，基礎づけられる）。

このff）は，『損害賠償』の規定なのだが，私の言う「国境でメルトダウン（熔融）する人権保障」を防止するためには，データが国境を越えて外国に渡ってしまう「前に」（!!），被要請国側において，防波堤となる措置が，必須のものとなる。そして，それがまさに，「双方可罰性要件」（ないしは，それ「と同等の要件」――石黒・前掲国際民訴法64頁参照!!）なのだが，次号分で論ずるように，基本的にドイツでは，前記のee）でも規定されている「利害関係者への情報提供」と，そして「損害賠償」とによって「人権保護」の問題を処理しようとする傾向が，強過ぎる。

たしかに，この「2002年対独租税条約」に限っては，「双方可罰性要件」の「明文化」

3　典型としての「独・スイス租税条約改正プロトコル」(2002年3月12日署名)

があり，かつ，前記の aa) による目的外使用の禁止と，被要請国側の付した条件の遵守，といった縛りもある。だが，次号分で「も」論ずるように，ここにおける「双方可罰性要件」の「明文化」が，ドイツ側の自覚的対応としてのものでは「なかった」とすれば，そして，(ドイツにとっての) 相手国側の抵抗，「等」(*) があったとすれば，『損害賠償』では遅きに失し，やはり，「国境でのゲート・キーパー(**)」としての役割を果たす制度的対応 (その整備) が，必要とされるべきであろう (従来のスイスにおける，かかる防波堤が，「双方可罰性要件」だったことになる !!)。

＊　右の「等」には，次号分で若干言及する予定の，学説側の正しい対応を無視したドイツ政府の政治的決断も，含まれる。ちなみに，次号分において，この点で引用する予定でいるのは，Vogel/Lehner, DBA: Doppelbesteuerungsabkommen Kommentar (5. Aufl. 2008), at 1883 であることを，あらかじめディスクローズしておこう。

＊＊　なお，この「2002年対独改正」においては，これまたドイツ側に合わせた結果かも知れないが，「引き渡される情報」について，「データ (Daten)」の語が，これまでにも示して来た通り，用いられている。その関係もあって一言すれば，「**TDF (Transborder Data Flow) 規制**」に関する OECD での，1980年ガイドライン以来の流れ，つまりは，まさに「国境」との関係での「データ保護」ないし「プライバシー保護」の流れにおいても，そして，**EU の「1995年の個人情報保護指令」** との関係でも，「プライバシー侵害が起こる前の段階での，国境でのゲートキーパーの存否が，最もクリティカルな問題となる」ことにつき，石黒・貿易と関税 2005 年 9 月号 58 頁以下，とくに 59 頁参照 (!!)。

　　更に一言すれば，日本の「国際課税」関係者に対しては，この「＊＊部分」における私の指摘 (その意味するところと，その重み !!) に，十分に留意されるよう，切望する (!!)。

　さて，Botschaft, supra, BBl. 2002, at 4299 の，前記の ff) だが，規定内容は，以下の通り。まず，その第 1 文で，いずれかの者 (jemand) が，本条約による「データ交換 (Datenaustausch)」の枠内での「引渡し (Übermittlung)」の結果として，違法に損害を被った (rechtswidrig geschädigt) 場合，それについて，(要請国の !!) データを「受領した側の官庁 (die empfangende [!!] Stelle)」は(*)，その国内法の基準により，この者に対して責任を負う，と定める。

＊　これに対して，ドイツが，被要請国 (情報の引渡しをした国) だった場合に，どうなるのか。この点については，次号分で論ずるつもりである。

　計 2 文からなる ff) の第 2 文は，データを「受領する側の官庁」は，損害を被った者との関係において (im Verhältnis zum Geschädigten)，自己の免責 (Entlastung) のために，その損害が (データを) 引渡した国によって (durch den übermittelnden Staat) 引き起こされたものであることを，持ち出してはならない (…… kann sich …… nicht darauf berufen, dass ……)，と規定する(*)。

＊ 突然だが，多少「**国際私法**」的なことを言えば，当該のデータ（情報）は，もともと被要請国側にあり，それが要請国側に渡るのだが，右においては，当該の損害が要請国・被要請国のいずれで生じたかは，問題とされていない。当該損害が「違法に」生じたとする際の，違法性の判断基準も，明示されてはいない。損害は「要請国」内で生ずるであろうこと，が前提となっての規定ではあろうが，<u>「被要請国」内で損害が発生する場合も，別途あり得るであろうし，そうした点が若干気になる規定振り</u>，ではある。

かくて，gg）となる。これは，前記の dd）の第 4 文を，私人の側から規定したものである。つまり，引き渡されたデータの，抹消の規定である。データを「引渡す官庁（die übermittelnde Stelle）」の側の国内法において，引渡された「個人と関係づけられたデータ」につき，特別な「**抹消の規定（Löschungsvorschriften）**」がある場合には，この官庁は，データを「受領する官庁（die empfangende Stelle）に，注意喚起をする（weist …… darauf hin），とするのが第 1 文。かかる法の有無にかかわらず，引渡された「個人と関係づけられたデータ」は，その引渡された目的にとって，もはやそれが必要ではなくなると同時に（sobald），抹消されねばならない（sind …… zu löschen），とするのが第 2 文，となる。

続く hh）は，データの「引渡しをする官庁」，及び，それを「受領する官庁」は，<u>「個人と関係づけられたデータ」の引渡し，及び受領を，公的書類において証拠立てておくこと</u>（aktenkundig zu machen）を義務付けられる，と規定する。利害関係者の権利保護のための（その前提をなす）規定，である。

やっと，最後の ii）に至った。これも，前記の aa）・cc）を私人の側から捉え直した規定であり，データの「引渡しをする官庁」，及び，それを「受領する官庁」は，引渡された「個人と関係づけられたデータ」が，無権限でのアクセス，無権限での変更，および無権限での公表に対して，実効的に保護されること（…… wirksam gegen <u>unbefugten</u> Zugang, <u>unbefugte</u> Veränderung und <u>unbefugte</u> Bekanntgabe zu schützen）を，義務付けられる，と規定する。

右の ii）で，無権限（unbefugt）の語を，念を押して三度も繰り返すあたりにも，『私人の権利保護（つまりは「人権保障」──次号分で更にクラリファイする）に関するドイツ側のこだわり』は，看て取れる。そしてそれが，以上の（付随）「プロトコル」の「3.」の，「b）」の規定をすべて省略して示されていたところの，本号分の「(1 − 1)」の末尾近くで示した「★マーク」の指摘，つまりは 『「情報交換」に際しては，その手続において，「国家間協力の要請（**措置の迅速性及び実効性**）と同様に，情報を保有している当該の者又はそこで登場し得る第三者の権利（**不服申立権**）をも，顧慮せねばならない』とする，「2004 年 10 月」のスイス側「専門家委員会報告書」（Bericht der Expertenkommission, supra）における最重要の指摘と，直結するのである。

そうであるならばなおさら，ドイツは，自覚的に（!!），「双方可罰性要件」をも，必須のものと考え『ている』はずだ，と思われるであろう。だが，次号分で続いて示すように，実は，そうではない。──そして，ドイツにおける人権保護のかかる「中

3 典型としての「独・スイス租税条約改正プロトコル」（2002年3月12日署名）　333

途半端さ」が，『「国境でメルトダウン（熔融）する人権保障」に対する，必須の"砦"としての「双方可罰性要件」』など，サッサと放棄して先に行こうとする，今の「国際課税」の世界における，「人権保障上の不安定さの象徴」（!!）のように，私には，強く思われるのである。

　　＊　次号分は，本章3の(2)から，となる（以上，2012年3月21日午後5時47分までの執筆。点検終了，同日午後7時40分。計9時間20分の作業だったことになる）。

[以上，2012年6月号64－81頁]

## (2)　ドイツにおける「人権保障の視点」とその限界――「双方可罰性」との関係はどうなっているのか？

### (2−1)　ここでの論述の前提

　前号分の最後の部分において，「2002年対独改正プロトコル」に付随する「プロトコル」の，「3.」（同条約27条の「情報交換」関連）の「b)」について，若干詳細に，その規定振りを辿っておいた。aa)−ⅱ)にわたるそれらは，『「情報交換」で影響を受ける者の権利確保（つまりは人権保護）』のための規定であり，かつ，この「b)」の規定は，「ドイツ側の要望」で挿入されたものであった（貿易と関税2012年6月号77頁〔本書328頁〕）。――執筆開始は，2012年3月31日午前11時45分頃）。

　前号分の論述では，まず，この「2002年改正」に至るまでの数次の対独租税条約改正交渉において，「情報交換」問題が結構揉めて来たこと，及び，ドイツ側がこの改正において「も」「情報交換」問題にこだわり，（ドイツ側がかつてスイスに確約していた，非「情報交換」関連での）「最恵国待遇」の問題との関係で，非常に屈折した形で，この点（「情報交換」）に関するスイス側の譲歩を求めていたことを，一方では示した。そして，他方において，そうした経緯にもかかわらず，この「2002年改正」において，「双方可罰性要件」（等）の明文化が，スイス側にとってかつてないほどに，最も自然な形でなされ得たことの，不自然さを，若干の「推理劇」的手法を用いつつ，ともかくも指摘した。

　その背景には，次の事実があった。即ち，従来のドイツにおいて，前記の（付随）「プロトコル」の「3. b)」に端的に示されているような形で，『「情報交換」で影響を受ける者の人権保護』が重視されつつ，そうでありながら，私の言う「国境でメルトダウン（熔融）する人権保障」の防止のためには必須の砦となるはずの，「双方可罰性要件」について，自覚的にそれを重視する姿勢が見られない（!!）という，まさに本号分でこれから順次示してゆく事実，である。

　さて，前号分においても若干示しておいたように，本論文の第1章を執筆中の私は，「租税条約」上の「情報交換」について，ドイツでは「人権保障」の視点がそれなりに重視されていることを，偶然，知るところとなっていた。そのあたりから，論じ始めることとしよう。

334　第 2 章　「従来のスイスにおける租税条約上の情報交換」と「堅持されていた"双方可罰性の要件"」

　教授会の前の暇な時間だったか，ある日私は，本郷綱ビル 2 階の仮研究個席で，どう時間を潰そうかと思いつつ，本棚を何となく見渡していた。そこで目に付いたのが，随分前に研究助成金で購入していた或る本，であった。それは，<u>Klaus Vogel on Double Taxation Conventions (1991)</u> と題した，K. Vogel, Doppelbesteuerungsabkommen (2. Aufl. 1990) の英訳本（訳者は John Marin），であった。

　その中の，OECD モデル租税条約 26 条（情報交換）関連の部分の頁に目を通していた私は，右の英訳本を，以下 **Vogel, DTC (1991)** と略記すれば，Id. at 1250ff の "German DTCs"，即ち，「情報交換」に関するドイツの，実際に締結した租税条約の検討部分，とくに Id. at 1252ff に，ずっと捜していた「**基本的人権**」関連の記述を，偶然発見したのである。

　当時の私は，「IRS vs. UBS 事件」関連の部分を執筆中であり，それに集中していたのだが，スイスでは，「銀行秘密」と「租税条約上の情報交換」との関係につき，「基本的人権の保障」との関係で，以下の点が明確に示されていた（本誌 2011 年 5 月号 47 頁以下（本書 53 頁）で，まさに『「**IRS vs. UBS 事件**」に関する「**2009 年 3 月 5 日**」のスイス連邦行政裁判所判決』の判旨を引用しつつ，示した点である）。

　即ち，まず，スイス銀行法 47 条の「**銀行秘密**」の基本は，「**人格権（Persönlichkeitsrecht）**」の保護にあり，「スイス新連邦憲法 13 条 2 項」の「**プライバシー保護の基本権（Grundrecht auf Schutz der Privatsphäre）**」の一部を構成するものとされている。だが，「銀行秘密」（但し，それはあくまで，「顧客の権利」であって，それを守ることは，銀行にとって義務となること既述）の場合には，「スイス新連邦憲法 36 条」の「基本権の制限」が可能であり，右判決は，「同憲法 5 条 1 項」の「**法治国家原則**」の下で，基本権制限規範の「**明確性（Bestimmtheit）**」と，規制の名宛人にとっての「**予見可能性（Voraussehbarkeit）**」とを要件として，かかる「制限」がなされ得る，としていた（そのコンテクストを含め，本書 54 頁参照）。

　「連邦国際刑事司法共助法（IRSG）」の場合とパラレルに，「租税詐欺」の場合に限り，かつ，「**双方可罰性要件**」を堅持した上で「情報交換」に応ずるという，「2009 年 3 月 13 日」まで堅持されていたスイスの従来の一貫した対応は，こうした**憲法上の基本的人権保障の要請**によって，明確に裏打ちされていたもの，なのである[*]。

* 　貿易と関税 2012 年 4 月号分の前半（本書 278 頁以下）で論じた，<u>直近での「関税法改正」への流れを含む，「現在の（!!）日本の法制度の基本」との関係でも，「国際捜査共助法ルートのバイパス防止」という正当な政策根拠の，更にその奥にある「人権的配慮」の，一層の明確化と，それに基づく一層の自覚的対応が，強く望まれる</u>，と言うべきであろう。

　「IRS vs. UBS 事件」が，「2009 年 3 月 13 日」のスイス政府の重大な政策変更とは別に，こうした従来のスイスの基本方針に（基本的には）忠実に処理されたことは，既に本論文において，詳細に論じた。だが，<u>同事件についての検討を進めていた私には，以下の思いがあった。即ち（多少長いが，「租税条約上の情報交換」関連での「**ドイ**</u>

## 3 典型としての「独・スイス租税条約改正プロトコル」(2002年3月12日署名)　335

ツの人権保護の実態」に至る前提ゆえ，ここで，その前後を本書338頁までのマークで区切って，纏めて示しておけば）――

●　　　●　　　●

『スイスにおいて最も端的かつ自覚的に堅持されて来たところの，こうした「人権的配慮」は，「租税条約上の情報交換」にとって必須のものとなるはずなのに，（日本を含めた）スイス以外の国々の側から，『「双方可罰性要件」を外せ』との主張が一方的になされ，遂に「**2009年3月13日**」の「スイスの重大な政策変更」(OECDモデル租税条約26条についてのスイスの留保の撤回，そして，それによる『双方可罰性要件』の放棄!!）に至った。そして，まさにその直後の，「**2009年4月2日**」の「**G20ロンドンサミット・コミュニケ**」（もとより「日本」もそこに居たことに注意せよ!!）において，スイスのかかる政策変更を歓迎する (??) かの如く，「銀行秘密の時代は終わった (**The era of banking secrecy is over.**)」，との宣言が出されることとなる（この点につき，貿易と関税2011年3月号48，53頁〔本書2，8頁〕）。

　この「2009年4月」の「G20ロンドンサミット」における，「銀行秘密の終焉宣言」の原文は，本書8頁に，その前後の部分を含めて示しておいたが，そのコンテクストは――

"In particular we agree: …… to take action against non-cooperative jurisdictions, including tax havens. We stand ready to deploy sanctions [*] **to protect our public finances and financial systems**. **The era of banking secrecy is over.** We note that the OECD has today published a list of countries assessed by **the Global Forum** against the international standard for exchange of tax information; ……"

\* 貿易と関税2012年5月号分で扱った「2009年1月12日」署名の「対仏租税条約改正」に至る交渉の前提として，フランスが，かかる観点からの「防御（対抗）措置」を，講じようとしていたことについても，そこで言及しておいた（本書303，312頁）。そのことを，ここで想起すべきである。

――というものである。即ち，「銀行秘密の終焉」は，「G20諸国の公的金融（財政）と金融システムを守るため」に，「租税情報の交換」に非協力的な国々に対する「制裁」も辞さないとする決意が示された直後で，但し，当該のワン・センテンスにおいては，「租税」との関係での限定なしに（貿易と関税2011年3月号48頁〔本書2頁〕と対比せよ!!），宣言されている。

　要するにそれは，『「G20諸国の公的金融（財政）と金融システムを守るため」には，従来のスイスが端的に維持して来た「銀行秘密」を打ち砕く必要がある』(!?)，との文脈でなされた宣言である。だが，其処に，多少の違和感を抱かないか。

　「G20ロンドンサミット」の開催されたのは，たしかに，世界が**2008年秋以来の**「**リーマン・ショック**」の混乱の中にある時期だが，それと「銀行秘密」との間に，どれだけ直接的な因果関係があるというのか。その意味では，「銀行秘密」は，或

る種の「(政治的な!!) スケープ・ゴート（scapegoat）」とされ，あたかも，それが諸悪の根源であって，『それさえなくせば「G20 諸国の公的金融（財政）と金融システム」は守られる』かのごとき文脈で，歪んで取り扱われた面が，ありはしないか。

あらかじめ私の視角から言っておけば，「リーマン・ショック」やその後の先進諸国における金融不安の原因は，何でもカネ儲けの種とする，「金融工学」万能の，今の世界の「金融手法」そのものにある（なお，石黒「国際金融（1980－2008）──『羅針盤なき日本と世界』に抗して」貿易と関税 2010 年 8 月号 53 頁以下，同 9 月号 71 頁以下，とくに，9 月号 84 頁以下の『「日本の構造改革の原点」と「エンロン」＆「金融工学」』の項と，同前・86－87 頁の「小括」とを見よ!!）。「銀行秘密」によって隠蔽されるのは，そのごく一部にすぎない，はずである（!![*]）。

\* 本論文のここでの文脈を越えて，最も重大な事柄について，あえて一言しておく。
　「銀行秘密」，「テロ・ファイナンス」等の，問題の「外側」をいくら攻めたところで，すべての根源の，肝心の「金融工学」ないし「金融手法」そのもの（基本的に，「倫理・道徳」の欠如した，「新古典派経済学」そのものとも言うべきその問題性と，現実世界にそれを投射した場合の，サステイナビリティの欠如!!）をアンタッチャブルとしたままでは，その後の欧州発の金融不安を含めて，真の問題解決にはならない「はず」である。
　その意味でも，同前（9 月号）・84－85 頁の指摘，とくに，1997－98 年の「多数国間投資協定（MAI）」交渉ドラフトが出されたのと時期的に重なる「アジア経済危機」への対処として，同交渉に参加した大多数の国々が，投資家利益の極大化の方を優先させた事実（石黒・グローバル経済と法 [2000 年・信山社] 157－158 頁に示したところの，「若干の国々」による「国際投資ファンド」の「投資フローに重大なコストと歪みをもたらす無限定な競争を防止すべきだ」との提案が，「投資家の視点」から，「大多数の国々」によって否定された事実）を，ここで想起すべきである。
　たしかに，この時期にピークを迎えた「（多国籍）企業が国家を縛る構図」（例えば同前書・426 頁以下，同・世界貿易体制の法と経済 [2007 年・慈学社] 157 頁以下，とくに 166－171 頁）を修正すべく，「グローバル盗聴網の構築」（石黒・国際倒産 vs. 国際課税 [2010 年・信山社] 71 頁以下）とともに，まさに「国際課税」関連での「銀行秘密打破」，等の動き（貿易と関税 2011 年 8 月号 64 頁以下〔本書 126 頁以下〕で一言した「米国 FATCA 法」制定を含めたそれ!!）が加速したのだ，との見方がなされ得よう。だが，OECD でのこの関連の動きの中でも，すべてを隠蔽する，まさに諸悪の根源とも言うべき「タックス・ヘイブン」自体を撲滅することは，巧妙に回避されている（さしあたり貿易と関税 2012 年 2 月号 59 頁〔本書 239 頁〕参照!!）。
　この関係で，私は，ケイマンとの関係での国際倒産事例につき，米国の或る文献が，ケイマンのことを，"a no-man's land Congress [!!] has created ……" などと表現していたことが，妙に気になっている（石黒・前掲国際倒産 vs. 国際課税 362 頁）。要するに，米国型金融手法の旨味は，普通に言うところのタックス・ヘイブンあってのものであるが，「そこはいじらずに」周辺からの監視のみを強化しよう，ということであろうか。
　なお，欧州諸国の金融不安への対処として IMF の緊急融資が問題となって久しいが，

3 　典型としての「独・スイス租税条約改正プロトコル」（2002 年 3 月 12 日署名）　　337

「**IMF コンディショナリティ**」（IMF 融資の条件としての，対象国への緊縮財政要求，つまりは「非」福祉国家型の，単純な「小さな政府」要求）の問題性は，前記の「**アジア経済危機**」の際にも，問題とされていた（石黒・法と経済［1998 年・岩波］の 33 頁以下と，「**新古典派経済学**」の「**マクロ経済学への侵攻**」［!!］を論じた 21 頁以下とを，対比せよ !!）。「IMF コンディショナリティ」の問題性は，そこにも示したように，「新古典派経済学」自体の抱える問題性，そのものである。

　現下の，EU 域内でのスペイン等々への要求もまた，同様の論理に立脚しているが，それがスペイン等々の高失業率等をさらに高めて行ったとき，この流れは，果たしてサステイナブルと言えるのか。これまた，本当の問題に手を触れずに，基本的なところを従来路線で何とか，との発想のゆえ，であろう。悲惨である。

　MAI 交渉の「1998 年秋の挫折」以降の，現在に至る諸状況においても，「金融手法の在り方」自体には手を触れずに，その周辺でいくら策を弄したところで，限界がある。ダイレクトに，**『金融工学 vs. 倫理・道徳』**という視座からの問いかけが，なされてゆかねば，真の問題解決にはならないし，また，前記の「**（多国籍）企業が国家を縛る構図**」の本質も，変わらない，と言うべきであろう。

　なお，この関係で，石黒・前掲世界貿易体制の法と経済 164 － 165 頁の「**OECD 多国籍企業行動指針**」の「**骨抜き**」についても一言すれば，私が「骨抜き」と言うのは，主として以下の点と関係する。即ち，外務省のホームページでも，この「行動指針（ガイドライン）」が，いまだにそのまま生きているかのごとく扱われている。だが，今では加盟国政府は，「行動指針」の普及のための「連絡窓口」を設置する程度のところで止まっている。不遵守事例の「通報」を受ける窓口を置け，というのみで，その先の手当てがない。だが，従来においては，とくにその「国際レベルのフォロー・アップ」（総合研究開発機構編・多国籍企業の法と政策［1986 年・三省堂］333 頁以下［小寺彰］）が活発になされ，「裁判類似の機能」（小寺・同前 343 頁。具体的には，336 頁以下）が果たされていた，ともいえる状況にあった。その観点が，今は，実際上失われてしまった。そこにこそ，問題があるのである（!!）。


　他方，もう一つ，忘れてはならないことがある。G20 ロンドンサミットの前記の宣言には，『「G20 諸国の公的金融（財政）と金融システムを守るため」には，従来のスイスが端的に維持して来た「**銀行秘密**」を守ることの背後にある（あり得べき）**人権的配慮（!!）も，ともに打破せよ**』（??）との，**非常に危険なメッセージが隠されている（!!）**ことにも，十分注意すべきである。其処にも，強烈な疑問符が，（付される，というよりは）打たれる，べきであろう。

　従来の，"スイス自身の政策分裂"ということで言えば，貿易と関税 2011 年 12 月号 95 頁以下（本書 212 頁以下）において，「租税条約上の情報交換」に関する前記の毅然たる基本政策にもかかわらず，何とスイス政府が，専ら「金融センターとしてのスイスの経済的利益」から（本書 213 頁），「金融市場関連犯罪」につき，「2004 年」の或る国内法改正により，「双方可罰性要件」なしに外国側への情報提供を行なうとの，自殺行為的な対応をしたことを，私は批判していた。こうして，スイスは，「2009 年 3 月 13 日」の重大な政策変更に向けて，（外圧に屈して）自ら外堀を埋める（ないしは墓穴を掘る）矛盾した営みを，してもいたことになる。それと同

じことだが,「2009年4月のG20ロンドンサミット」の前記宣言では,『「国としての経済的利益」の前に「人権保障」を屈服させるという……歪んだ思想』(同前頁)を,「課税目的での情報交換」につき,日本を含めた(!![\*])G20諸国が,一致して示していたことになる。

* 「国際課税」以外の法領域における,貿易と関税2012年4月号分(本書278頁以下)で示した「現在の日本の法制度の基本」(『双方可罰性堅持』のそれ!!)との関係は,一体どうなるのか。其処に,『日本という国家の"政策分裂"』があることに,気づくべきである(!!)。

そんなことが,許されてよいのであろうか(!!)。』

──との思い,である。

● ● ●

だからこそ,「IRS vs. UBS 事件」について執筆中の私は,Vogel, DTC (1991), supra, at 1252ff に,「基本的人権」関連の記述のあることに,大いに注目したのである。だが他方において,「銀行秘密」(要は,「人権保護」のための「双方可罰性要件」)など打破して,「租税条約上の情報交換」を行なえとする,OECD側からの攻撃に対して抵抗を示したのは,貿易と関税2011年10月号63頁(本書175頁)にも示したように,「スイス」と,そして「ルクセンブルグ,オーストリア,ベルギー」の計4か国であり,そこに「ドイツ」は,含まれていない。そこで,一体どういうことなのか,という私の疑問が生じ,それを引き摺ったまま,スイスの締結した主要各国との租税条約の検討を行ない,(前号分でも若干ながら,然るべき言及はしておいたが)ようやくここで,「ドイツにおける人権的把握」の内実について,正面から論ずることとなったのである。

(2-2)「租税条約上の情報交換」関連での,ドイツにおける「人権的把握」の内実──その限界について

さて,まずはVogel, DTC (1991), supra, at 1252ff の,もともと私が注目した記述を,見ておこう(その後の英訳本,及び,ドイツ語の最新版については,後述する)。既述の通り,この部分は,「情報交換」に関してドイツが実際に締結した租税条約の内容を記した個所であり,Id. at 1252-1255の,実質3頁程度の分量で,それらの「説明(Explanatory notes)」が示されている。

この部分の冒頭は,「ドイツ国内法上(under German Law)」の扱いから出発している。私がまずもって注目したのは,Id. at 1252f (**para.** 114) に,(それら自体の引用はここでは省略するものの)ドイツ連邦憲法裁判所の種々の裁判[BVerfGE]を多数引用しつつ,次のようにある点である。即ち──

"[A] request for information is already illegal (i.e. is a case coming under **sub-paragraph a) of Art. 26 (2) [of the OECD Model Convention]**) if it violates one of **the**

3 典型としての「独・スイス租税条約改正プロトコル」(2002年3月12日署名)　　339

**constitutional basic human rights** (as laid down in the Basic Law — **GG**). Thus, no question may be asked [by the domestic authorities] which affects the requested person's private life (**Intimsphäre**), the latter being protected by the right to the development of the personality and respect for human dignity ('**allgemeines Persönlichkeitsrecht**' [!!]) under Arts. 1 and 2 **GG** unless overriding interests exceptionally justify an encroachment ……. …… Whether or not the person refusing to supply information is a German national, is irrelevant, as **the right of protection of a person's private life**, being one of the human rights, is available also to aliens under the Basic Law ……. A request for information is also illegal from the outset, if the German authorities are barred by the constitution from passing on the information (for details, see supra **m. no. 112 [para. 112]**), unless the information is simultaneously being obtained under §39 AO [Abgabenordnung] in the interest of German taxation as well."

——とある。
　この後の「パラ115」以降は，個別の租税条約との関係となる。その意味で，「情報交換」問題の総論部分が，右の「パラ114」なのだ，という位置づけとなる(*)。

　＊　なお，念のため，再度あらかじめ一言すれば，本論文の行論上は，ドイツの「人権的把握」との関係で，「双方可罰性要件」が如何に自覚的に把握されているのかを検証することが，以下の論述のコアとなる。そして，以下の検討においては，この要件への認識がスッポリ抜け落ちたまま，私人の側の争訟提起に，殆どすべてが委ねられているという，「租税条約上の情報交換」関連での「ドイツの人権的把握の限界」が，示されることとなる。其処に問題が行き着くことへの認識を維持しつつ，以下の論述を行なうことに，十分注意されたい。

　右の引用部分冒頭の，(当時の) OECDモデル租税条約26条2項a) は，自国の法及び行政実務と一致しない行政的措置は，同条1項の情報交換によって義務付けられない，とする規定である (今の，26条3項aである)。そして，この観点から，ドイツにとっては，ボン基本法 (Grundgesetz: GG) に定められた「基本的人権」を侵害する情報提供の要請には，応じられない旨が，記述されている。しかも (!!)，ここで守られるべき「基本的人権」の内容について，そこには，「プライバシー領域 (**Intimsphäre**)」の保護，言い換えれば「一般的な**人格権** (allgemeines **Persönlichkeitsrecht**)」の保護が，明示されているのである。
　ここで想起すべきは，本書53頁で既述のごとく，スイス銀行法47条の「銀行秘密」の基本もまた，「**人格権** (**Persönlichkeitsrecht**)」の保護にあり，「スイス新連邦憲法13条2項」の「プライバシー保護の基本権 (Grundrecht auf Schutz der **Privatsphäre**)」の一部を構成するものとされていること，である (スイスの場合，こうした憲法的・人権的保護を具体化したものが「双方可罰性要件」だったこと，そして，それが私の言う「国境でメルトダウン [熔融] する人権保障」を回避するための必須の砦であったことについて

は，本論文において，再三再四示して来たところである）。かくて，「租税条約上の情報交換」における「人権保護」の憲法的基盤は，ドイツ・スイス双方で，共通するものとなる。

だったら，「双方可罰性要件」についても，ドイツで必須のものとされているのではないか，とも思われようが，実は，そうなっては「いない」。そのことを示すべく，まずは，「1990年段階」でのドイツ語の著書の翻訳たる，Id. at 1254f (**para.122**) の，"**g) Legal protection**" の箇所を見ておこう（前記引用部分にあった「パラ112」については，後述する）。この「(g)」の見出しは，この英訳本で，見出し自体がゴチック体になっており，強調されている部分である。はてさて，そこに「双方可罰性要件」が明示されているのか否か。答えは否なのだが，順次見てゆこう。

この「(g)」の部分の書き出しは，「情報交換」の「被要請国（the requested State）」が，要請に応ずるか否かの「裁量権（discretionary powers）」を有しており，かつ，「情報提供」につき納税者側に対する「調査（investigation）」が必要な場合，「後者（the latter）」，つまり納税者の側には，ドイツ法上，その「調査のための措置」に対して「不服申立及び訴訟」を提起し，当局の**裁量的決定（裁量権行使）の合法性**の審査を受ける権利」が，認められる，とするところから始まる。

重要ゆえ，この部分の英訳を示しておけば，そこには，"If ……, the latter is entitled, under German law, to have **the legality of the discretionary decision** tested by taking action against the investigatory measures (complaint and actions before the fiscal courts, § 349 AO [Abgabenordnung], § 40 FGO [Finanzgerichtsordnung]; ……." とある(*)。

* ちなみに，AO の条文が § 347 となっている点を除けば，全く同旨の指摘が，原著の最新版として入手し得た **Klaus Vogel/Moris Lehner, DBA: Doppelbesteuerungsabkommen (5. Aufl. 2008),** at 1885 (para. 26) においても，なされている。右の「不服申立及び訴訟」の原語は，„Einspruch und finanzgerichtliche Klage" であり，「審査」の対象は，やはり，「裁量権行使の合法性（**die Rechtsmässigkeit der Ermessensausübung**）」止まり，である（後述）。

Vogel, DTC (1991), supra, at 1254f の，そこから先の論述も，その最後に至るまで，すべてドイツ側当局の外国側への情報提供が「裁量権の行使」であることを前提とした，それへの司法的救済についてのものとなっている。Id. at 1254f の概要を，それに対応する指摘が（その限りでは）基本的には維持されているところの，Vogel/Lehner (5. Aufl. 2008), supra, at 1885f に基づき，適宜ドイツ語の原語もイタリック体で補いつつ示せば——

"[I]f the supplying of information is contrary to German statutory law — **basic rights [Grundrechte]** or ordinary law — the decision to supply information, according to the treaty, may remain a matter within the Federal Republic's **discretionary powers**, but it will nevertheless be forbidden under domestic law. Therefore, in such

3 典型としての「独・スイス租税条約改正プロトコル」(2002年3月12日署名) 341

cases the statutory law concerned will give the taxpayer an individual right to require the authorities to abstain from supplying information [*ein subjektives Recht auf Unterlassung der Auskunft*]. The same applies, mutatis mutandis, to anything contrary to **public policy**. …… **[T]he competent authority is obliged to observe certain general legal principles on the exercise of discretionary powers** […… *verpflichtet, die rechtlichen Grundsätze über die Ausübung des Ermessens zu beachten*] (§5 AO ……)."

——といった具合に，あくまで外国側への情報提供がドイツの当局の「裁量権の行使」であることを前提に，ここでの，つまりは情報提供によって影響を受ける私人の「法的保護」が，語られているのである(*)。

* 但し，Vogel, DTC (1991), supra, at 1255 では，当該の情報をドイツの当局が既に有している場合，「調査」は必要ないが，そうではあっても納税者との関係では，外国側に対して情報を提供する旨の裁量的決定は，**行政行為** (administrative act) であることが明示され，それを前提とした権利保護について語られていたが，Vogel/Lehner (5. Aufl. 2008), supra, at 1886 では，かかる場合の外国側への情報の引渡しは，通説に従い（nach h. M.），「行政行為ではない」（…… stellt …… keinen Verwaltungsakt dar.），と記述が改められている。ちなみに，「3.11」の震災直後の混乱のさなか，殆ど奇跡的に，2011年3月中に到着していたところの，同書英語版の3版（**Klaus Vogel on Double Taxation Conventions [3rd. ed. 1997]**, at 1452 [para. 123]）において，既に，「行政行為ではない」との記述への変更が，なされている。また，右の英文引用箇所と全く同じ指摘が，Federal Republic を Germany と変えたのみで，Id. at 1451（para. 122）においても，なされている。

ただ，**注意すべきこと (!!)** がある。即ち，Vogel, DTC (1991), supra, at 1255 においては，（ドイツ連邦行政裁判所の裁判［BVerwGE］をも引用しつつ）以下の指摘がなされていた。即ち，**情報が外国側に提供されてしまえば，もはや「後の祭り」となること**（……, there would no longer be any possibility to reverse the situation …….）**を踏まえて (!!)**，外国への情報提供によって影響を受ける，然るべき私人に対して，ドイツ当局として外国側に情報を渡す意向であること等につき，「**事前のノーティス**」を，その者が争うための時間的余裕をもって与えねばならず（must），ドイツ当局の外国側への情報提供を阻むためのかかる請求は，当該情報が納税者に不利に働く場合には，情報が外国側に渡ってしまえば，もはやいわば**覆水盆に返らず**（要するに「あとの祭り」）となってしまうのだから，原則として認容されねばならないであろう，とされ「ていた」。だが，「2008年」のドイツ語最新版においては，この部分の記述の仕方が，ガラッと変わってしまった (!!) のである。——そこには，『「**ドイツにおける人権保護**」の「**後退**」(!?)』を象徴するものがあるように思われるので，以下，原文を引用しつつ，若干丁寧に，この点を見ておくこととする。

まず，Vogel, DTC (1991), supra, at 1255 の，既に内容を紹介した部分の原文だが，

342　第2章　「従来のスイスにおける租税条約上の情報交換」と「堅持されていた"双方可罰性の要件"」

そこには，直前の「＊部分」に示した「行政行為」云々の指摘とともに，（便宜，それに①の番号を付して示せば）――

> ①　"If the request for information concerns a fact already known to the German tax authorities, investigations are not necessary. But, in relation to the taxpayer, the discretionary decision on furnishing information is an <u>administrative act</u>（§118 AO）against which he has a right to legal protection. <u>If the information were to be supplied,</u> **there would no longer be any possibility to reverse the situation**, it would be an accomplished fact. <u>Under Art. 19 Abs. 4</u> **GG [Grundgesetz]**, the German tax authorities are, in such cases, <u>obliged</u> to give the taxpayer **an advance opportunity** to take the matter to court (16 BVerwGE, 289, 294 (1964)). They must, consequently, <u>notify him of the fact that they intend to supply information and</u> what the particulars will be, and they <u>must</u> leave him <u>enough time to apply for a stay of action</u>（§[＊] AO, §69 FGO）. **If the information were to operate to the taxpayer's disadvantage, his application for a stay of action will as a rule <u>have to be granted</u>, because any disadvantage would be irrevocable** [!!]. ……"
>
> ＊　AO の条文は，この英訳本では欠落している。

――とある。『「情報が国境を渡って外国に渡ってしまえば，後の祭り」となることの**事前防止**』のための，**憲法（ボン基本法［GG］）上の要請**を踏まえた指摘，である。

ところが，この部分の指摘に相当する部分が，**Klaus Vogel on Double Taxation Conventions (3rd. ed. 1997)，**supra, at 1452 (para. 123) にあるものの，その記述は大きく簡略化され，右の「事前防止」措置への力点もまた，（その限りでは）大きく減ずることと，なってしまった。ちなみに，右の英語版3版は，K. Vogel, Doppelbesteuerungsabkommen **(3. Aufl. 1996)** についてのもの，である（訳者は，John Marin/Bruce Elvin）。だが，その後の Vogel/Lehner (5. Aufl. 2008), supra, at 1886 (para. 27) では，この点での記述の簡略化を踏まえつつ，更に，『**象徴的な加筆**』が，若干なされているのである。

つくづく**面白い展開**だが，まずは，Klaus Vogel on Double Taxation Conventions (3rd. ed. 1997), supra, at 1452 (para. 123) の，右に原文を引用した部分に対応する箇所の記述を，見ておこう(＊)。

> ＊　かくて，Vogel の著書から窺い知られるところの，（その限りでの――更に後述する点があるために，かかる限定を付す）ドイツ国内での「人権的把握」の後退は，「1990年」から「1996年」の間に，生じていたことになる。その間のドイツ国内での議論の流れの解明は，本論文の問題意識を超える。私としては，誰かが「その先」を研究してくれるよう，祈るばかりである。

そこには僅かに，以下の指摘がなされるにとどまっている。即ち（前記の①と区別

3　典型としての「独・スイス租税条約改正プロトコル」（2002年3月12日署名）　　343

するべく，それに②の番号を付して示せば）――

②　"If no specific investigation into the concerned taxpayer is required to respond to a request for information of a contracting State, the passing on of the information is not an administrative act according to prevailing opinion. …… In this case the taxpayer is **only** able to defend himself against *the information request*[*] with a preventive action to restrain. An objection may be based on an analogy to § 1004 **BGB**, read in conjunction with § 30 AO (cf. BFH 38 RIW 604 (1992); FG Köln KFR 59 (1992)). Preliminary legal protection is allowed via a provisional decree (§ 123 FGO). **The granting of information to a foreign State creates situations which may no longer be reversed** and are capable of **harming** the concerned party. Article 19 (4) **GG**, therefore, requires that the administrative authorities hear the taxpayer **prior to** *the request for information*[*] and provide him with the opportunity to present his objections in a legal forum."

* 　右の引用文中，イタリック体で示した2箇所の「情報提供の要請」は，文脈からして，おかしい。そこで，右と同旨が繰り返されている（その上で付加的部分がある）ところの，Vogel/Lehner (5. Aufl. 2008), supra, at 1886 で確認したところ，後者では，右の二か所が，いずれも，（外国側への）「情報の引渡し（die Auskunftserteilung）」となっていた。そうでないと，意味が通じない。
　　こんな誤訳が仮にあちこちにあるとなると，大変だが，大筋での誤りはない「よう」ゆえ，このまま先に進む。

　　――と，そこにある。外国側への「情報の引渡し」（直前の「＊部分」参照）に対して納税者（情報交換で影響を受ける者）の側は，この状況下では，何とドイツ民法典（BGB）の類推的な，仮処分的なものでしか（only）身を守れないとあり，その先で，辛うじて Vogel, DTC (1991), supra, at 1255 の前記引用部分が強調していた『後の祭』論が，顔を覗かせる。だが，外国側への「情報の引渡し」の「前」に，納税者にその旨のノーティスを与えれば「憲法上の人権保護の要請」はクリアされる，と言わんばかりのニュアンスが，そこから汲み取れはしまいか。
　　それともう一点，右の②の最後から二つ目のセンテンスには，前記の『後の祭』（『覆水盆に返らず』）論が示されるのと同時に，当該の者が（外国への情報引渡しによって）「**害される**可能性のあること」（capable of **harming**），への言及がある。そして，Vogel/Lehner (5. Aufl. 2008), supra（後述の③）においては，右の，『損害賠償』で問題を"事後的"に処理する方向の示唆，を維持した上で，「事前のノーティス」も，常に与えなくてよいことを，この文脈でことさらに示す形で，論述のトーンが，更に「アンチ納税者」の方向にシフトするかのごときことに，なるのである。
　　総じて，「1991年段階」での前記の①においては，『後の祭』となってはまずいから，だから，納税者側からの，外国への「情報引渡し」を妨げる旨の請求は，原則的に認容せねばならぬ（have to be granted），とまで「私人の側」に立って論じていたのに，

その『「情報が国境を渡って外国に渡ってしまえば，後の祭り」となることの事前防止』のための，憲法（ボン基本法［**GG**］）上の要請を踏まえた（正しい!!）指摘は，（原著で言えば「1996年段階」での）②から，「2008年段階」の③へと，どんどん希釈化され，『後の祭』論と「事前のノーティス」要件の必須性はそれとして示しつつも，実際のところ，『損害賠償』による「**事後的救済**（!?）」のウエイトが，逆に高まってゆく構図を，端的に示しているのである（!!）。

さて，次に Vogel/Lehner (5. Aufl. 2008), supra, at 1886 (para. 27) を見て，右に略述した点を，確認しておこう(\*)。

* これからの論述の段取りだが，以下の③を示したのち，再度①の記述のある Vogel, DTC (**1991**), supra に戻ることが必要となる。「人権保護」関連での同書の記述は，以上で言及した以外にもあるから，である（以上，一応一日分の執筆枚数には達したため，2012年3月31日の執筆は，ここまでとする。今，同日午後10時20分ゆえ，約10時間半の，中程度の執筆だったことになる。──執筆再開は，31日以上の暴風雨とされる同年4月2日の午前10時55分。まずは，ここまでの部分の点検と補充から作業を開始したが，ようやく同日午後2時18分，ここから先の執筆となった）。

前記の①②に対応する Vogel/Lehner (5. Aufl. 2008), supra, at 1886 の指摘だが，重複を避けるべく，前記②の最後から三つ目に相当するセンテンス，以降を引用すれば

③ „Vorläufiger Rechtsschutz wird im Wege der <u>einstweiligen Anordnung gewährt</u> (§114 Abs. 1 FGO). **Die Erteilung einer Auskunft an einen ausländischen Staat schafft Tatsachen, die nicht mehr rückgängig gemacht werden können** und die geeignet sein können, dem Betroffenen **Schaden** [**!!**] zuzufügen. Art. 19 Abs. 4 GG fordert **deshalb**, dass die Verwaltung den Betroffenen **vor** <u>der Auskunftserteilung anhört</u> und ihm Gelegenheit gibt, seine Einwendungen gegebenenfalls gerichtlich geltend zu machen. <u>Eine Anhörung braucht jedoch dann</u> **nicht** <u>stattfinden, wenn eine Ausnahme nach §91 Abs. 2 oder 3 AO vorliegt, insbes.</u> <u>bei Gefahr im Verzug</u> oder wenn der Anhörung <u>ein zwingendes öffentliches Interesse</u> entgegensteht (s **BMF-Merkblatt zum zwischenstaatlichen Auskunftsaustausch Ziff. 2.1.3**; ……). Allein ein Antrag des um Auskunft ersuchenden Staates, die Auskunftserteilung vor dem Betroffenen geheim zu halten, reicht hierzu nicht aus …… ."

──と，そこにある。即ち，「保全処分」で身を守れ，とした後で，前記①以来の，ゴチック体で示した『後の祭り』論が，右の第2文の前半にあり，その後半で，<u>情報交換で影響を受ける者の側での『損害』発生の可能性</u>(\*)への言及がある。「それゆえ」憲法上の要請から「事前のノーティス」が必要だとするところまでは，前記の②と，基本的には同じである。

### 3 典型としての「独・スイス租税条約改正プロトコル」(2002年3月12日署名) 345

* 但し、注意深く原文を読むと、外国への情報の引渡しが、もはや元に戻し得ぬ事実を生じさせ、かつ、<u>関係者に損害を与えることがふさわしいと言い得る事実を、生じさせる</u>」(...... schafft Tatsachen, <u>die nicht mehr ...... können und die</u> geeignet sein können, dem Betroffenen Schaden zuzufügen.) と、右の「かつ」以下は、<u>非常に持って回った表現</u>となっていることに、気づく。私も「書き手」の一人ゆえ一言すれば、『納税者側の権利保護を肯定する方向での、前記①の踏み込んだ指摘との関係での、それが大きくトーン・ダウンしてしまったことへの、或る種の屈折した思い』が、そこにあるように、感じられる。

つまり、『誰々に「損害を与える」』が Schaden zufügen だが、geeignet は、「ふさわしい」（英語の suitable）であり、何とも言葉を補わないと、繋がりが悪い。<u>関係者に『損害賠償請求権』が認められ得る事実が生じ「得る」、と書けばすっきりするはずだが、そこまでは、どうしてか書かれていない</u>。

ここで、情報交換の結果、いずれかの者 (jemand) が「違法に損害を被った場合」について規定する、前号分の末尾近く（本書 330 頁）で言及したところの、「**2002 年対独租税条約改正**」の（付随）「**プロトコル**」の、「**3. b**）」の **ff**）に戻れば、そこでは、情報（データ）を「受領した側の官庁」が、その国内法の基準により、この者に対して（賠償）責任を負う、ということしか、何故か規定されていない。<u>本号分のここで問題としているのは、ドイツが、右とは逆に、「被要請国」（情報引渡し国）であった場合の、（賠償）責任の問題なのだが、それには何故か言及「しない」</u>**不自然な規定振り**、なのである。

なお、ドイツの「情報交換」の実務指針たる **BMF-Merkblatt, infra, paras.** 6.1 & 6.2 においても、「情報交換」のためにドイツ側で「調査措置（Ermittlungsmassnahmen）」が講ぜられる場合（この場合には、行政行為［Verwaltungsakt］性が肯定される）と、調査なしで情報提供がなされる場合とに分けて、「手続及び<u>法的救済（Verfahren und Rechtsbehelfe）</u>」についての記述はあるが、『損害賠償問題』についての記述は、存在していない（同文書の性格上、やむを得ないこと、のようにも思われるが）。その先が、是非とも知りたいところなのに……。

だが、そのあとに加筆がある。「遅滞（Verzug）」の恐れ (!?) 等、又は、公益の優先する場合には、「ノーティス（聴聞［Anhörung］)」すらも不要であること（それ自体は、場合を厳しく限定した上でなら、致し方ないことではあろうが）を、あえてこの文脈で示す(*)。そして最後に、「要請国」から秘密にしておいてくれとの要請があっただけでは、「ノーティス」なしにはならないが、と付け加え、文脈上、最後に至って、（事柄自体は当然のことだが）情報交換で影響を受ける者の側へのリップ・サービスが、なされているのである。かくて、前記の『後の祭り』論（③の第 2 文の前半）に対応するのは、『損害』の問題と、『相対化・希釈化された上での「ノーティス」の問題』のみと、なってしまっている（③の後半で引用されている BMF-Merkblatt については、後述する）。

* 但し、Ibid（2008 年刊）が、かかる「事前のノーティス（聴聞）を受ける権利」の「縮減」について、あえてここで言及する背景事情は、Id. at 1885 (para.24) に示されている。即ちそこでは、<u>「2008 年版」の OECD モデル租税条約「コメンタリー」の「パラ 14.1</u>

が明示され，「今やこのモデル租税条約コメンタリーが，国内法上の聴聞義務は，極力，情報交換を制限又は遅延させるべきではないとしている」，そして，「それゆえに（!?），特定の場合につき，聴聞義務の例外を定めることがそこで推奨されている」（Der MA-Komm. weist nunmehr darauf hin, dass Anhörungspflichten nach nationalem Recht möglichst den Informationsaustausch nicht einschränken oder verzögern sollten（MA-Komm. Ziff. 14.1）. Er empfiehlt deshalb, in bestimmten Fällen Ausnahme von der Anhörungspflicht vorzusehen.），とある。同書の同じ「パラ24」において，この「聴聞義務」が，この場合の「**基本権保護の具体的な姿だ**」（Die Anhörungspflicht stellt **eine Ausprägung des grundrechtlichen Schutzes** …… dar.），とあるのに，である。

その「論じ方」（!!）は，あたかも，OECDモデル租税条約の「コメンタリー」に書いてあれば，ドイツの基本権保護も相対化される，と言うがごとくであり，釈然としない。ちなみに，「2008年版」のOECDモデル租税条約「コメンタリー」の「パラ14.1」の，傲慢と言うべき書き振りを，ここで確認しておこう。そこには——

"14.1 **Some** countries' laws include procedures for notifying the person who provided the information and/or the taxpayer …… prior to the supply of information. Such notification procedures **may be** [??] an important aspect of the rights provided under domestic law. They can help prevent mistakes (e.g. in cases of mistaken identity) and facilitate exchange (by allowing taxpayers who are notified to co-operate voluntarily with the tax authorities in the requesting State) [??]. Notification procedures should not, however, be applied in a manner that, in the particular circumstances of the request, would **frustrate** the efforts of the requesting State. In other words, they should not prevent or unduly delay **effective** [!!] **exchange of information**. For instance, notification procedures should permit exceptions from prior notification, e.g. in cases in which the information request is of a very urgent nature or the notification is likely to undermine the chance of success of the investigation conducted by the requesting State. ……"

——とある。結局，該当部分をすべて抜き書きしてしまったが，私は，正直，軽い吐き気を催した。

第1文の「若干の国々」とは，何事か。第2文の「may be」とは何事か。第2文で「国内法上の権利の重要な側面」たり「得る」とされた事前ノーティスの手続について，第3文（「??」マークを付しておいた）で挙げられた低レベルの例は，一体何なのか。そこにおいて，そして，右の引用部分の全体において，それが「基本的人権保障」ゆえの「私人の権利」である（であり得る）ことに対して，何の考慮も払われていないではないか。第4・5文も，要するに，「要請国」側の努力を，また，情報交換の「**実効性（効率性）**」（!!）を，被要請国側の人権保障手続が阻害するべきではない，と言っているに等しい。第6文の例示でも，（緊急の場合への言及はともかく）アンダーラインを付した部分では，臆面もなく，「要請国側の調査の成功のチャンスを阻害する場合には事前ノーティスの例外を設けよ」，とある。そこには，何の留保もない。「人権」の「じ」の字もない（!!）。すべてが，「情報交換」の「**実効性（効率性）**」と「**要請国側の都合**」とによって，"塗り潰されて"いる（!!）。

こうした現象が，「1963年草案」の段階からの，OECDモデル租税条約「コメンタリー」の「悍（おぞ）ましい体質」を，惰性で引き摺るものでしかないことは，貿易と関税

3 典型としての「独・スイス租税条約改正プロトコル」(2002年3月12日署名)　　347

2011年12月号87頁以下（本書203頁以下）でも示した。だが，前号分の，本章3の（1－1）の見出しを見よ。「ドイツ側の要望」で，「2002年対独租税条約改正」の（付随）「プロトコル」の「3. b)」に挿入された，「私人の権利保護」の規定（それについては，前号分の最後の部分〔本書327頁以下〕参照。それが，本号分で論じている「ドイツにおける人権保護」を，誠に素直に反映したものであることに，注意せよ）をもベースに，スイス側では，「情報交換」の問題における『「効率性基準」と「基本的人権保障」とのバランス』の必要性が，自覚的に認識されていたのである。

　それなのに，この「＊部分」冒頭の，Vogel/Lehner（5. Aufl. 2008), supra, at 1885 の「論じ方（書き方）」は，一体何なのか。ここで私は，深く嘆かざるを得ないのである。

　さて，ここで，「(2－2)」の項の冒頭で示した Vogel, DTC (1991), supra, at 1252f において，ドイツ当局がドイツの憲法上，情報引渡しを禁止される場合についての詳細はそこを見よ，とされていたところの，Id. at 1248f の「パラ112」へと，目を転じよう。この部分は，当時のOECDモデル租税条約26条2項（被要請国が国内法等を理由に情報提供を拒絶できる場合についての規定）の下で，「公序（public policy [ordre public]）」違反に基づく拒絶を，論じた個所である。「被要請国の国内法上の基本的要請（基本的評価）」に反する場合には，「公序」に反するが，但し，Id. at 1249 では，公序違反は「極端なケースにおいて（in extreme cases; in exceptional cases only)」に限られるとの，いわば当然の限定がある。その文脈で「国家としての基本的な正義概念（basic conceptions of justice)」，そして，「憲法上の基本的人権（the basic human rights as laid down in the constitution [Basic Law])」への言及が，あるのである(＊)。

＊　若干興味深いのは，Vogel/Lehner（5. Aufl. 2008), supra, at 1883 (para. 18) が，1988年に成立のOECDのマルチの「税務執行共助条約」（正式名称は，「**欧州評議会・OECD税務行政執行共助条約**」。改正前のものである）につき，まさに「公序」との関係で，微妙な記述を行なっていることである。即ちそこには，「1979年以来」進められてきた同条約作成作業について，同条約の草案（[d]er Konventionsentwurf）が，納税者側の参加なしに（ohne Beteiligung der Steuerpflichtigen）立案され，「(納税者側への）十分な権利保護もなされておらず，かつ，一方的に，課税当局の利益にのみ方向づけられている，との批判がなされて来た」（…… ist kritisiert worden, weil er …… keinen ausreichenden Rechtsschutz gewähre und einseitig nur an den Interessen der Steuerverwaltung ausgerichtet sei ……．）。**それにもかかわらず，ドイツ政府が「2008年2月」に同条約への署名（zu unterzeichnen）を決定した**，とある。そしてすぐ続いて，そこには，「従来の条約実務に沿って，右のことに関して，個人と関係づけられたデータの引渡しについては，ドイツの公序に基づく，その許容性の制限についての宣言が，なされるべきである」（Entsprechend gängiger Abkommenspraxis soll hierbei eine Erklärung zur eingeschränkten Zulässigkeit der Übermittlung personenbezogener Daten nach dem deutschen Ordre Public abgegeben werden.），とあるのである。

　もっとはっきり書けばよいのに，との思いは，ここでもあるが，ともかく，「基本権保護」の文脈で「公序」に言及するという同書の基本には，Id. at 1886 (para. 26) でも変更はない。そして，Id. at 1920 (**para. 112**) でも，「公序」についての記述がなされており，この場面での「公序」適用の例外性等への指摘の後で，「引渡された情報が要請

国内において，十分な程度に**秘密**に保たれない場合にも公序違反となる」（…… liegt ein Verstoss gegen den ordre public auch vor, wenn die erteilte Information im ersuchenden Staat nicht in ausreichendem Masse **geheim** gehalten wird; ……．），といった実際の判例に基づく指摘もある。だが，そこで「も」，「双方可罰性要件」への言及は，ないのである。

以上で，Vogel, DTC (1991), supra を軸に，その後の Vogel の著書をも踏まえつつ示して来たところの，「租税条約上の情報交換」についての「ドイツの人権的配慮」に関する検討は，一つの区切りとなる。注意すべきは，ドイツ側当局の外国側への情報提供につき，その「裁量権行使」の面が非常に強調され，かつ，「憲法的配慮」の実現のためには，かかる「裁量権行使」の合法性を含めて，<u>「情報交換で影響を受ける私人」の側の争訟（訴え等）の提起が，あくまで必要とされていること</u>(*)，である。しかも，その点が，毅然たる，私人の権利（人権）保護に大きく踏み込んだ同英訳書の前記①から，その後の②③に至り，Vogel のこの著書の中で，相対化・希釈化されていることになる。──そして，<u>その何処にも（!!），かかる「人権保護」のための必須の「事前の防波堤」たるはずの，『双方可罰性要件』への言及は「ない」（!!）</u>，のである。

   ＊  前号分で，OECD（及び EU）での **TDF（Transborder Data Flow）**規制ないしプライバシー（データ）保護の流れの中で，<u>問題発生の未然防止（!!）のための「国境でのゲートキーパーの存在」</u>が極めて重視されていることに，論及した（本書 331 頁）。『双方可罰性要件』は，まさにそのための，「事前の防波堤」としての法的装置のはずである。単純にそれを外せとする，諸国の大合唱のある今の世界には，<u>どこかで或る種の混線が生じている</u>，と言うべきではないのか（!!）。

それでは，前号分で論じた<u>「2002 年対独租税条約」</u>における「双方可罰性要件」の明文化は，その後の版たる Vogel/Lehner（5. Aufl. 2008），supra において，一体，どのように扱われているのであろうか。ここまでの検討を経た上で，次に問題とさるべきは，まさにこの点の「はず」である。

まず，ドイツの締結した租税条約（Deutsche DBA）について論ずる Id. at 1897ff の中で，Id. at 1903 (para. 66) において，（参考として）「1951 年米・スイス租税条約」の「16 条」（なお，それ自体については，貿易と関税 2011 年 4 月号 51 頁以下〔本書 31 頁以下〕，同 2011 年 11 月号 70 頁以下〔本書 177 頁以下〕）への言及がある。だが，そこでは，1951 年段階から存在した米・スイス間の条約 16 条における，「（租税）詐欺犯罪及びそれと同様のものの防止（die Verhüttung von Betrugsdelikten u. dgl.）」との文言をめぐる「スイス連邦裁判所（SchweizBG）」の或る裁判例（BGE 96, 737 (742)）への言及がなされつつ，「（租税）詐欺犯罪云々」についての「基礎づけられた疑い（der begründete Verdacht）」の存在する場合にのみ（nur），外国側への情報の引渡が許されるとするその判断につき，次のような，**実に冷たい指摘**がなされるに，とどまっている。即ちそこには──

3 典型としての「独・スイス租税条約改正プロトコル」（2002 年 3 月 12 日署名）　　349

„Diese Entscheidung ist jedoch Ausdruck der <u>Auskünften in Steuersachen besonders
zurückhaltenden Rechtsposition der Schweiz;</u> **sie lässt sich auf ausserschweize-
rische Verhältnisse nicht übertragen.**"

——とある。要するに，「租税詐欺云々に言及する［スイスの］この裁判は，課税事件における情報交換について，とくに抑制的なスイスの立場を反映したものであって，**スイス以外との関係に，これを引き移して考えることはできない**」，とされているのである。なお，Ibid (para.66) には，「スイス連邦国際刑事司法共助法 (IRSG)」への言及もある。それを含めての「冷たい切り捨て」，である。

　<u>注意すべきは，この「冷たい指摘」によって，『ドイツはスイスほど情報交換に対して後ろ向きではない』との姿勢が示されるとともに (!!)，スイスのこの主義の内実として深く埋め込まれて来た『双方可罰性要件』が，それへの言及なくして (!!)，同時に"切り捨てられて"いること</u>，である。そして，同書の次の頁となる。

　こうした流れを経て，Id. at 1904 においては，「2002 年対独租税条約改正」(DBA Schweiz) についての記述がある。だが，何とそこには，『双方可罰性要件』についての明文があることの，"**単なる紹介**"があるのみで，すぐに「ケニアとの租税条約」に，移ってしまっている。該当部分を，原文で示しておこう。そこには——

„Ziff. 3 des Protokolls zum DBA definiert als Betrugsdelikt ein betrügerisches Verhalten, welches <u>nach dem Recht **beider** Vertragsstaaten</u> als Freiheitsstrafe bedrohtes Steuervergehen gilt. Der Auskunftsaustausch beschränkt sich damit auf Fälle des Steuerbetrugs …… und umfasst nicht Fälle der ‚einfachen' Steuerhinterziehung ……."

——<u>とあるのみ，なのである。そこには，『双方可罰性要件』についての，何の評価も下されていない。否，その評価は，その 1 頁前の，前記の「冷たい指摘」の中に，既に示されていた，と見るべきである。</u>

　こうして，Vogel の著書を見る限り，「租税条約上の情報交換」についての『双方可罰性要件』は，実際上無視されていることが，判明する(*)。

　　＊　そうであるからこそ，（本号分で後述の点をも含めて）私は，前号分において，「2002年対独租税条約改正」においてドイツ側が，スイスにとって画期的成果となる『双方可罰性要件』の「明文化」を，なぜスンナリと受け入れたのかにつき，「推理劇」的なことをも行ないつつ，あれこれ論じたのである。

　ところで，「2008 年刊」の Vogel/Lehner (5. Aufl. 2008), supra においては，「人権保護」関連の前記の論述の随所において，例えば Id. at 1885 (para. 24) のように，詳細については (näher)，**BMT-Merkblatt** を見よ，との指摘がある。それについては，幸いにも，**Franz Wassermeyer (Hrsg.), Doppelbesteuerungsabkommen, Textsamm-**

**lung mit Verweisungen [Beck'sche Textausgaben] (20. Ergänzungslieferung [Stand: 1. Sept. 2010]**, Zu Art. 26 OECD-MA: 26.4 に, ズバリそのものが, 入っていた (!!<sup>[\*]</sup>)。以下, それを見てゆくこととする。

* この点で私は, 国際書房の堀達也氏に, 本当に感謝している。既述の, **震災直後**の海外発注であったにもかかわらず, 2011 年 3 月 25 日付の, 同氏からのレター付きで, Vogel/Lehner (5. Aufl. 2008), supra が届いたのだが, そこには, 「Vogel 先生で 1 冊, 但し 2008 年です。そこで, 補足として 2010 年の別の書籍をご用意いたしました。急ぐあまり勝手しました事, お許し下さい」とあり, そして, この Beck'sche Textausgaben が, 同梱されていた (!!) のである。

この文書は, その正式名称が, **Merkblatt zur zwischenstaatlichen Amtshilfe durch Auskunftsaustausch in Steuersachen, Vom 25. Januar 2006** (BStBl. I S. 26): (BMF IV B 1 — S 1320 — 11/06) というものであり, BMF とは, ドイツ連邦財務大臣 (Bundesminister der Finanzen) のこと。要するに,「課税事件における情報交換による国家間協力について」の「(実務上の) 注意事項」を, ドイツ連邦財務省の側から詳細に纏めた文書だ, ということになる (極細字の目次だけで, この Beck'sche Textausgaben の 1 頁半近くになる)。

この文書の「パラ 3」が,「ドイツ財務官庁への情報 [提供の] 要請 (Auskunftsersuchen an deutsche Finanzbehörden)」,「パラ 5」が,「内国関係者の聴聞 (Anhörung inländischer Beteiligter), そして最後の「パラ 6」が, (関係者の)「権利保護 (Rechtsschutz)」の項となる。本論文のここでの問題関心は, それらの項において,『**双方可罰性要件**』への言及が, 果たしてあるのか否か, にある。

だが, 結論として, **BMT-Merkblatt, supra** のどこを見ても,『双方可罰性要件』への言及はなかった<sup>(\*)</sup>。

* 本論文のここでの関心との関係での, BMT-Merkblatt, supra の記載内容は, Vogel/Lehner, (5. Aufl. 2008), supra に, 大筋で織り込み済みゆえ, 基本的に, 重複は避けたい。だが, 最低限のことを示しておけば, まず,「パラ 3.2.2」で, (外国側当局からの情報提供要請を受けて) ドイツ側当局が「調査」を実施するか否かの決定は,「義務としての裁量により (nach pflichtgemässem Ermessen)」なされる, とある (かかる措置に対しては, 法的救済が許される)。「パラ 3.3.1 & 3.3.2」の「情報提供の禁止・拒絶」の項には, さしたることは書かれていず,「パラ 5」の「内国関係者の聴聞」の項を, 次に見ればよいことになる。「パラ 5.1」の「原則」の箇所で,「例えば遅滞 (Verzug) の危険のあるとき」, 又は, 聴聞が「強行的な公的利益」に反するときには,「聴聞」の機会付与の例外となる, とある。その先は, 既述の「パラ 6」の,「権利保護」の項となる。
  要するに, 肝心なことは, 何も書かれてはいない。

また,「2002 年対独租税条約改正」に関する, **Wassermeyer (Hrsg.), Doppelbesteuerungsabkommen, supra** の,「スイス (Schweiz)」の箇所に, 何か注記がなされているかと思って, 調べても見たが, 徒労に終わった。単に,「2001 年 12 月 7 日」

3　典型としての「独・スイス租税条約改正プロトコル」（2002年3月12日署名）　351

付けでの、「2002年3月12日改正プロトコル」への「仮署名（Paraphierung）」に際して作成された「交渉プロトコル（Verhandlungsprotokoll）」において、スイス側のとる手続の詳細が示された後で、ドイツ側の手続については **BMT-Merkblatt, supra** を見よ、とあっただけである。

　以上、本号分では、「租税条約上の情報交換」に関する「ドイツでの人権的把握」につき、不毛な結論となることを覚悟で、これまで延々と検討して来た。結論は、Vogel の著書に即して、既に示した通りである。

　最後に、「ドイツの人権的把握」が、なぜこんな中途半端なものになっているのかについて、従来の私の研究との関係で、一言する。それは、まさに私が、「**国境でメルトダウン（熔融）する人権保障**」という、「**2008年刊**」の西村利郎先生追悼論文集に寄せた小論（なお、石黒・前掲国際倒産 vs. 国際課税5頁以下に、それを収めてある）以来の基本的視座を、得る過程での、20年以上前の分析に、遡る。即ちそれは、**石黒・ボーダーレス社会への法的警鐘（1991年・中央経済社）**151頁以下の、同書第6章（「国際倒産と租税——国際的な税の徴収制度との関係において」）の中の、「**条約上の徴収共助条項と租税法律主義との相剋**」と題した部分（同前書・155頁以下）である（その初出は、ジュリスト981号［1991年］）。

　そこにおいて私は、ドイツ側当局の行なった、ドイツ・オーストリア間の「条約に基づく徴税共助」を「憲法違反」とする、ドイツの有力学者 H. J. Papier 教授の指摘に注目し、それを合憲とした「**ドイツ連邦憲法裁判所**」の「**1983年3月22日決定**」（BVerfG, Beschluss vom 22. März 1983, WM, at 1032ff [17. Sept. 1983].——なお、石黒・同前書164頁注6、及び、同前・168頁注31参照）について、疑問を呈していた(\*)。

* 但し、私の「徴収共助」に対する関心は、石黒・現代国際私法［上］（1986年・東大出版会）の、492頁以下以来のものである（故**上本修君**のご教示にも言及する、同前・493頁参照）。

　そして、**石黒・前掲国際民訴法（1996年・新世社）63－64頁**では、そこでの検討を踏まえ、適宜、その注の部分における、同・前掲法的警鐘からの引用部分をも盛り込んで示せば——

『ドイツ・オーストリア間の税の徴収共助協定により、オーストリアの課した税をドイツ当局がドイツ国内で徴収しようとしたケースがあった（BVerfG, Beschluss, supra.）。ドイツ連邦憲法裁判所は、かかる場合にはドイツの**実体的課税権**は発動していず、単に**手続的**なそれが発動する、とするかの如き前提をとり、これを合憲とした（石黒・前掲法的警鐘168頁注36）。だが、**納税者側から見たとき**、かかる立論が説得力を持ち得るかは、大いに疑問であり、ドイツでも、まさに「法治国家」論に関する有力学者が、本書における筆者の立場と同様の視角からの立論をしている。……』

――と，指摘しておいた。

　ここで，ドイツ連邦憲法裁判所が，その苦しい立論（具体的には，石黒・前掲法的警鐘 156 頁以下を見よ）の末に，なぜ合憲の判断を下すに至ったのかの，"実質論"の側面に，注目してみよう。「納税者の司法的保護の上での不利（ein gewisses Rechtsschutzdefizit）のあることは認めながら，そのことと執行共助から受けるドイツ側の（相互主義的）利益との衡量がなされるべきだ」，とする同裁判所（WM, supra, at 1037）は――

『この点での司法的保護を厳格に考え，パピーア教授的な（むしろオーソドックスな）ボン基本法上の民主主義原則等（わが国で言う租税法律主義）に基づく主張をすれば，ドイツは，租税の場合に限らず，憲法上の制約から国際的な共助を実際上なし得なくなってしまうとの実質論』

――を，実は，複数個所において示し，強調している（Id. at 1036, 1037. なお，石黒・同前 157 頁，及び，168 頁注 33・注 34 参照）。そして，同裁判所の合憲決定も，殆ど破綻した前記の論理ではなく，かかる「実質論」に支えられたものではないか，と私は考えている（同前・157 頁）。

　ここで，「租税条約上の情報交換」関連での，「ドイツの人権的把握」が，なぜ本号分で縷々示したような，中途半端なものにとどまっているのかという，前記の疑念に立ち戻ってみよう。直前の箇所で示した点は，たしかに「徴収共助」関連の問題だが，それと，本号分でこれまで示して来た「情報交換」関連での論述とを，2 枚の透明シートのように，重ねて見よ。――そこには，『今のドイツ』が置かれた二律背反的状況の中で，「人権保障」を貫徹することなく，安易に「国際協調」へと「走る」，否，「走らねばならない」その苦しい立場が，ダブって見えて来るようには，思われないか。

　「9.11」以後の世界は，テロ撲滅の錦の御旗の下に，闇雲に，国家として「国際協調」に向けて「走らねばならない」との，悲しい宿命を背負った。しかしながら「国家」とは，こうした流れの中で巻き添えを食って，何の罪も科もないのに，いわれなく震えている弱い立場の人々を，その「基本的人権」を，しっかりと守ってゆくことこそが，その最低限の責務ないし，そのレゾン・デートル（raison d'être ――「存在理由」）の「はず」である。一時の激情に身を委ね，惰性で「人権保障」を相対化・希釈化してしまう今の世界の流れの中に，「ドイツの輝かしい栄光」は，埋もれてしまっている。――本号分で解明されたのは，そのことである。

　ならば，「今の日本」はどうなのか（??）。――そのことが，徐々に不安になって来る「はず」，ではないのか（第 2 章 3 は，以上で終了[*]）。

　　＊　以上，執筆は，2012 年 4 月 4 日午前 2 時 50 分まで。執筆時間は，ぶっ続けの計「約 15 時間 55 分」だったことになる（点検は，同月 5 日に，適宜行なった）。

## 4 「双方可罰性の要件」に対する OECD 側からの不当な (!?) 攻撃

［以上，2012 年 7 月号 48 − 66 頁］

> 4 「双方可罰性の要件」に対する OECD 側からの不当な (!?) 攻撃
> ―― 「2004 年のスイス側報告書」との関係において

(1) 「2000 年 OECD 租税委員会報告書」における「双方可罰性要件」の取り扱いをめぐって

(1−1) はじめに――本書の後半部分（第 3 章以下）との架橋のために

　貿易と関税 2012 年 6 月号分，及び，前号分における「2002 年対独改正」関連の論述によって，『「2009 年 3 月 13 日」の重大な政策変更に至るまでのスイス』，即ち，あくまで『双方可罰性要件』を前提として「租税条約上の情報交換」を行なうという，『本書第 2 章で言うところの「従来のスイス」』が，主要国と締結・改正した租税条約についての検討は，すべて終了した（執筆再開は，2012 年 4 月 15 日午後 0 時半頃）。

　前号分で検討したところの，租税条約上の情報交換に関する「ドイツの人権保障の不十分さ・不安定さ」は，その前の 6 月号分の末尾（本書 333 頁）に記しておいたように，「国境でメルトダウン（熔融）する人権保障」の問題を直視しようとしない今の諸国の現状(*)を，象徴的に示すものでもあった。そして，その 6 月号分前半の，本章 3 の(1)冒頭（本書 316 頁）において，私は，「(1−1) 『効率性基準』と『基本的人権保障』とのバランス――『2004 年 10 月』のスイス側報告書との関係において」との項目を立て，本号分の論述のための，或る種の『予告』をしておいた(**)。「情報交換」の「効率性」のみが志向される OECD・「グローバル・フォーラム」側の一方的な動きを牽制するために，である。

　* 『今の日本』について言えば，貿易と関税 2012 年 4 月号分（本書 278 頁以下）で示したように，一般の行政（規制）当局における外国当局との情報交換については『双方可罰性要件』を堅持し，「国際捜査共助法」ルートの「潜脱防止」の観点からの制度作りが，直近の「関税法改正」の場合を含めて明確に志向されている。だが，他方において，肝心の「国際刑事共助」の領域で，日米・日 EU の二つの刑事共助条約に限っては，米・EU の対日圧力に屈して，『双方可罰性要件』の相対化・希釈化が，認められてしまっている（本書 283 頁以下）。その矛盾する二つの方向性に対する，国家としての政策分裂が自覚的に意識されて「いない」という法現象が，『今の日本』の置かれた問題ある状況を，端的に示すものとなる。

　　そして，そうした全体的状況の中で，「国際課税」の領域において「は」，専ら OECD モデル租税条約 26 条との関係に終始して，この「＊部分」の冒頭に示した，他の法領域における「日本の法制度の基本」との関係が意識されずに今日に至っているという，これまた不健全な状況にある，ということになる（その先の，新たな展開については，貿易と関税 2012 年 11 月号分〔本書 413 頁以下の第 3 章 1(1)〕で示す）。

　** 極めて重要なメッセージを含む，貿易と関税 2012 年 6 月号分の，右の「(1−1)」の項目中の，最後から二つ目の「＊部分」（本書 318−319 頁）を見よ (!!)。

354　　第 2 章　「従来のスイスにおける租税条約上の情報交換」と「堅持されていた"双方可罰性の要件"」

　こうした流れを受けた，本論文第 2 章の最後の部分たる本号分の論述には，第 3・4 章への導入部としての性格も持たせておきたい。そこで，まずは，「2000 年」と「2011 年」という，前記の「2009 年 3 月 13 日」を間に挟む『二つの時点』での象徴的な出来事に焦点を当て，右の『予告』の肉づけを，行なっておこう。

　「2009 年 3 月 13 日」のスイスの悲しい政策変更の前提となったところの，「2008 年版」の OECD モデル租税条約 26 条の要求内容については，第 3 章 1 で（追加的に「2010 年版」のそれを含めて）確認するし，OECD・G20 等を巻き込んだグローバルな流れについては，第 4 章 1・2 の目次項目で論ずる。その間の，前記の「『効率性基準』と『基本的人権保障』とのバランス」の観点からすれば誠に単純な，一方的な流れについての，『二つの時点』を選んでの，いわば"抜き取り調査"的な検証である。

　そのうち「2000 年時点」での検討は，本章 3 の(1)の，「(1 − 1)」の項の冒頭でも一言した「2000 年 OECD 租税委員会報告書」（正式名称は後述）について行なう。そこにおいて，右の「バランス」論が，如何に欠如（!!）していたかを，まさに『双方可罰性要件（双方可罰性原則）』との関係で，検討するのである。再三述べたように，スイスは，同報告書への「同意」により，「租税詐欺」の場合に限って，夙に対米租税条約で認められて来たような形での「行政共助」（情報交換）を，他の諸国との租税条約に盛り込む方針に，転換した。そしてそのことが，1990 年代から改正交渉のなされて来た「2002 年対独改正」の帰結とも，深く関係していたことになる（非常に屈折したその改正過程については，貿易と関税 2012 年 6 月号 75 頁以下で，一定の「推理劇」的手法とともに，これを示しておいた〔本書 320 頁以下〕）。

　次に，「2011 年時点」での検討だが，具体的には，同じく貿易と関税 2012 年 6 月号の 70 頁（本書 318 頁）で言及していたところの，**Global Forum on Transparency and Exchange of Information for Tax Purposes, Peer Reviews: Switzerland 2011, PHASE 1** (June 2011 [**reflecting the legal and regulatory framework as at March** 2011])を扱う(*)。

　　＊　なお，同文書は，2011 年 6 月 20 日付けで増井良啓教授から，また，同月 27 日付けで，元ゼミ生（1996 年度冬学期石黒ゼミ）の西方建一君からも（他の若干の文書とともに），本論文執筆のために，頂戴したものである。ここに，深く感謝の意を表させていただく。
　　　　以下においては，この文書を，**Global Forum, Peer Reviews: Switzerland 2011, supra** として引用する。

　前記の"抜き取り調査"的な検証としては，それで十分なのだが，貿易と関税 2012 年 7 月号分冒頭（本書 335 − 338 頁）の，本章 3(2)の「(2 − 1)」において，『「ドイツの人権保護の実態」に至る前提』として示した（痛切に !!）「私の思い」（「銀行秘密の時代は終わった」との「2009 年 4 月 2 日」の，まさに『2009 年 3 月 13 日』のスイスの政治的敗北』を受けて出されたかのごとき「G20 ロンドンサミット・コミュニケ」から説き起こしたところのそれ !!）との関係もあり，本論文第 2 章を結ぶにあたって，自力でプリントアウトした「2010 年 12 月 10 日」時点での，「グローバル・フォーラム」の

側からの或る文書についても，ここで併せて言及しておこう。**The Global Forum on Transparency and Exchange of Information for Tax Purposes: A Background Information Brief** (10 Dec. 2010) である(\*)。それを検討することで，第3章以下の論述の流れが，多少なりとも，よくなるように思われるから，である。

* 以下，それを，**The Global Forum, A Background Information Brief (2010), supra** として引用する。

(1－2)　『「課税目的での銀行情報へのアクセス改善」に関する「2000年OECD租税委員会報告書」』と「双方可罰性要件」

さて，前記の「2000年時点」での状況について，ここで検討するのは，**The Committee on Fiscal Affairs (OECD), Improving Access to Bank Information for Tax Purposes** (2000) である(\*)。

* 以下，それを，**OECD (2000), supra** として引用する。ちなみに，この報告書の冒頭で，「2000年3月24日」に，それについての「機密扱いが解除（declassified）」された，とある。

まず，本論文のこれまでの論述における，この報告書の位置づけを，再度明確化しておこう。本章4の目次項目に，『『2004年のスイス側報告書』との関係において」とある点について，である。

本論文において再三言及した**Bericht der Expertenkommission für ein Bundesgesetz über Steuerstrafrecht und internationale Amtshilfe in Steuersachen zu Handen des Chefs des EFD (Bern, Oktober 2004), supra** では，ここでの論述との関係において，2箇所でOECD (2000), supraへの言及がある。まず，Id. at 35において，「2000年3月（März 2000)」にスイスが，OECD租税委員会の2000年報告書に「同意」し，それ以降，スイス法上の「租税詐欺犯罪」の場合について，（「2002年対独改正」で前提とされたように）「行政共助」に応ずることになったことが示され，すぐ続いて，『双方可罰性要件』を明示した上でなされた「2004年6月」の，OECDモデル租税条約26条についての，スイスの新たな留保が示されている。そして，その流れでId. at 36において，『双方可罰性要件』を明示する「2002年対独改正」の場合を，スイスにとっての，他の諸国との租税条約改正上のモデルとする見方が示され，Id. at 37に至り，本号分で更にそれを深彫りして示すところの，前記の「『効率性基準』と『基本的人権保障』とのバランス」の観点が，銘記されている。

本論文の行論上は，それを受けて，直ちにOECD (2000), supraにおける「双方可罰性要件」への「攻撃」について，論じ進めれば十分ではある。だが，Bericht der Expertenkommission, supra, at 55において，OECD (2000), supraへの再度の言及がある。そして，この部分を先に見ておくことが，本号分の論述全体のためには，必須のものとなる。そこで，この点を先に潰しておくこととする。

356　第2章　「従来のスイスにおける租税条約上の情報交換」と「堅持されていた"双方可罰性の要件"」

　Bericht der Expertenkommission, supra, at 55 は、スイス側のこの報告書の「パラ3.2.1」の冒頭部分であり、この部分は、「透明性と情報交換」に関するOECD側の作業全体を考察した部分である。そこでは、OECD側の作業が、三つに分けて示されている。その第1にOECD (2000), supra が挙げられているのだが、第2に「**有害税競争**」（有害な税制上の策略［die schädlichen Steuerpraktiken］）関連のそれ（1998年報告書[*]）、そして第3に、「**2003年以来（seit 2003）**」のものとしての「**グローバル・フォーラム**」の作業が、挙げられているのである。

* The OECD Report, Harmful Tax Competiton: An Emerging Global Issue, approved by the Council on 9 April 1998 のことである。OECD (2000), supra, at 12 n. 3 にあるように、ルクセンブルグとスイスは、同報告書の採択に際して、棄権をした（abstained）。

　Bericht der Expertenkommission, supra, at 55 は続いて、これらOECDの作業（[d]ie Arbeiten der OECD）の目的（Ziel）が、**『双方可罰性要件』を度外視して（ohne die Bedingung der doppelten Strafbarkeit erfüllen zu müssen）**「銀行情報」の引渡しを認め「させる」ところに置かれていることを、指摘する。それを（OECDの）「スタンダード」だとした上でIbid は──

„Theoretisch hätte dieser Standard im Jahre **2006** erreicht werden sollen; die Arbeiten des **Global Forum** sind aber wegen der Opposition der Schweiz, Luxemburgs, Österreichs und Belgiens, welche die Standard nicht akzeptierten und entsprechenden Berichten der OECD nicht zustimmen, noch nicht so weit fortgeschritten wie erhofft."

──と述べている。重要ゆえ逐語訳すれば、「このスタンダードは、理論的には、**2006**年には達成されていたはずだったが、しかしながら、このスタンダードを承認せず、かつ、それに沿ったOECDの報告書に同意しない旨の、スイス、ルクセンブルグ、オーストリア、ベルギーの反対により、いまだ期待されたような進捗を、見せていない」、とある。

　このスイス側報告書が「2004年10月」のものであることには、再度注意すべきである。その後OECD「等」の猛攻があって、「2009年3月13日」に至る訳だが、Id. at 55f には、この報告書の発出時点までの経緯と、**OECD「等」の猛攻の意味するところへの重大なメッセージ**も含まれている。そこで、今しばらく、その説くところを辿っておこう。

　Id. at 55f には、次のごとくある。即ち、OECD側は、「2003年9月18日（18. Sept. 2003）」にこのスタンダードについての「推奨草案（Empfehlungsentwurf）」を審査したが、上記4カ国の反対によって、その承認はなされなかった。だが、（多少省略して示せば）OECDの「26加盟国」は、「2005年12月31日までに（bis zum 31. Dezember 2005）」課税目的での銀行情報（Bankauskünfte）へのアクセス改善に向けた更なる一

## 4 「双方可罰性の要件」に対するOECD側からの不当な（!?）攻撃

歩を踏み出すことに合意し，この問題についてのOECDの作業の重要性を確認した，と。

重要なのは，以上の経緯の下で示されたId. at 56 の，次のような認識である。即ち，スイス側のこの報告書は，かかるOECD側の動きについて，要するにそれを，「<u>プライバシー保護という政治的にセンシティブな領域における"干渉"</u>（**Interventionen im politisch sensiblen Bereich des Schutzes der Privatsphäre**）」だとし，この点で「<u>重要なOECD加盟諸国（とりわけG7諸国［!!］）が，引き続き直接的に，又はグローバル・フォーラムを通して，スイスに対しても圧力を行使するであろう</u>」（Die gewichtigen Mitgliedstaaten der OECD [**insbesondere die G7-Staaten**] werden weiterhin direct oder via Global Forum, **Druck** auch auf die Schweiz ausüben, …….），とされているのである。

若干整理（再整理）をしておこう。まず，右には，『<u>基本的人権保障 vs. 効率的情報交換</u>』の基本的な対立図式が，鮮明に示されていることを，深く認識する必要がある（効率性云々の点は，これから順次，深彫りしてゆくこと，ではあるが……）。即ち，『双方可罰性要件』に対する認識の差はともかく，「租税条約上の情報交換」に際して重視さるべき「基本権保障」の内実として，前号分で論じたように，スイス・ドイツに共通して，「プライバシー領域（**Privatsphäre; Intimsphäre**）」<u>の保護</u>，つまりは「<u>人格権（**Persönlichkeitsrecht**）</u>」の保護が挙げられていたことを，ここで想起すべきである。スイスの場合には，まさに「スイス銀行秘密」とそれを守る「国境での事前の砦（ないしゲート・キーパー）」としての『双方可罰性要件』を必須のものとする法的根拠として，かかる基本権保障が，深く認識されていたのである。それに対する，つまりはスイスなりの人権保障の在り方に対する「圧力（Druck）」が，OECD側，とりわけG7諸国によって行使されているのだ，というこの報告書のここでの認識は，我々にとって，『問題の核心部分を照らす貴重な灯し火』として，把握さるべきである。

次に，右に「とりわけG7諸国」からの「圧力」，とあることとの関係で，再度問題となるのは，「<u>日本の立ち位置</u>」（??），である。言うまでもなく，前記のG20ロンドンサミット（等）にも，「グローバル・フォーラム」にも，事実として，「日本」は，深く関与している。G7やG20は，もとより「国際課税」のみを扱う場，ではない。そこには，いわば《**全体としての日本**》の顔がある「はず」である。既に再三述べたことだが，その「日本」は，一体どこまで自覚的に，スイスの人権保障の在り方（要するに，『双方可罰性要件』）を，他の諸国と一緒になって攻撃して来たのか。──それとも，ここで「も」単に，「主要諸国の作った流れ」に（バスに乗り遅れまいとの一念で）「何となく乗ってきただけ」なのか（!?）。貿易と関税 2011 年 4 月号 85 頁以下で論じたように，現在においても，日本の法制度の基本は，「従来のスイス」と同様，『双方可罰性要件堅持』にあるというのに（!![*]）。

* この辺でOECD（2000），supraにおける「双方可罰性要件」の取扱いに移行しないと，本号分で予定していた論述が，中途で終わることになりかねない。従って，Bericht der Expertenkommission, supraへの言及は，この程度としたい。だが，もう一点，重要なことがある。

    それは，貿易と関税 2012年4月号 96頁（本書 291頁）で，<u>EU域内での問題として『双方可罰性原則』が外された経緯について，「シェンゲン協定」による「国境の相対化」</u>

358　第 2 章　「従来のスイスにおける租税条約上の情報交換」と「堅持されていた"双方可罰性の要件"」

が作用した結果としてそうなったの「ではないか」，と述べていたこと（後述!!）と関係する。実は，その間の事情が，Bericht der Expertenkommission, supra, at 56f に示されているので，ここで一言せざるを得ない。

　Id. at 56f は，まず，「シェンゲン協定」は，「司法共助」を扱うものであって，「行政共助」がそこで扱われてはいない（Der Schengenvertrag …… behandelt die Rechts- und nicht die Amtshilfe, …….），とする（この点につき，貿易と関税 2012 年 2 月号 66 頁〔本書 247 頁〕）。そして，「シェンゲン協定を実施するための 1990 年 6 月 19 日の条約」の 51 条（Art. 51 des Schengener Durchführungsübereinkommen ……）「等」によって，『双方可罰性要件』が堅持されていることを示す（そうであるにもかかわらず，「シェンゲン協定」の関連でも，EU 側がスイスに対して，『双方可罰性要件』の相対化ないし放棄を強く迫っていたことについては，貿易と関税 2011 年 9 月号 52 頁以下，56 頁以下〔本書 137 頁以下，141 頁以下〕で論じた）。

　だが, Bericht der Expertenkommission, supra, at 57 は，現状ではそうであっても，「シェンゲン協定」（但し，そこでは „[d]er europäische Acquis" という表現が用いられている。ちなみに，英語では "the Schengen acquis" との表現が，よく用いられる）は，今後も更に発展し得るとし，同協定において「課税領域における『双方可罰性原則』が将来的に廃棄され，又は変更されることになった場合」のスイスとしての対応（そうなった場合にもスイスは拘束を受けないこと）について，論じている（Sollte künftig **das Prinzip der doppelten Strafbarkeit** im Steuerbereich aufgehoben oder abgeändert werden, ist …….）。

　この記述を踏まえて，貿易と関税 2012 年 2 月号 66 頁（本書 247 頁）の，「EU 側が，直接税の領域における司法共助につき，『双方可罰性の要件』を廃止（abschaffen）する方針であった」云々の私の指摘に，回帰して頂きたい。ちなみに，この部分の原文は，同前頁にも記したように，Botschaft vom 1. Oktober 2004, BBl. 2004, at 5968 だが，正確を期すべく，ここで該当部分を示せば，EU 側の方針転換があったとしてもスイス側は大丈夫であることを示すべく，そこには，„…… wurde der Schweiz allerdings eine unbefristete Ausnahme gewährt, und zwar für den Fall, dass die EU bei der Rechtshilfe im Bereich der direkten Steuern **das Erfordernis der doppelten Strafbarkeit** abschaffen sollte (was mit dem schweizerischen Bankgeheimnis unvereinbar wäre)." とある。貿易と関税 2012 年 2 月号 66 頁（本書 247 頁）の，前記の「であった」との私の表現との関係で一言すれば，EU レベルではその方針「であった」し，そうであるからこそスイス側に対して，「シェンゲン協定」関連での前記の攻勢に出たが，この段階においては同協定との関係での『双方可罰性放棄』は，いまだ将来の可能性にとどまっていた，ということである。

　但し，貿易と関税 2012 年 4 月号 95 頁において，「2000 年の EU 域内の刑事共助条約」の 3 条の「1 項」に言及し，『双方可罰性要件』がそこにないことを指摘した際，同条約の解説（OJ 2000/C 379/7 ──そこに「379/02」と記したのは誤りゆえ，訂正する）の中で，「これが『シェンゲン協定』を受けたもの，との指摘がある（Id. at 10.）」ことから，「かくて，『双方可罰性要件廃棄』が（少なくとも）『シェンゲン協定』以来のものであることが，同条約のこの規定からも，いわば裏から知られる」と私が指摘したのは，同前（4 月号）・96 頁の，同協定に対する私の思い（この「＊部分」の第 2 段落で示したそれ）が突出したものであって，不適切な指摘であった（本書 291 頁の「＊部分」参照。本書では既にすべて訂正済み）。

4 「双方可罰性の要件」に対する OECD 側からの不当な (!?) 攻撃 　　359

　即ち，右に「これが『シェンゲン協定』を受けたもの，との指摘」とある際の「これ」とは，もう一度原文を確かめたところ，「純粋刑事の場合から更に共助の枠を広げるための，同条約3条」自体についてのものであって，その「1項」を特定した上でのものではなかった。従って，右の「『双方可罰性要件廃棄』が（少なくとも）『シェンゲン協定』以来のもの」（「シェンゲン協定」はもともと独仏及びベネルクス3国間で 1990 年に署名され，その後加盟国を拡大し，1995 年 3 月から実施されている）云々の指摘は，ほかならぬこの「＊部分」の論述からも知られるところの，<u>私のミス (!!)</u> である（右の「以来のもの」を，せめて「由来のもの」と書いておけば，多少は救われたであろうが，この部分は，断じてミスプリではない。<u>ミスはミスである。だから，堂々とそれを認めるのだ [!!]。それによって，私の認識が一歩進むことの方が，私にとっては大切なことなのだから</u>）。

　だが，この「＊部分」の第2段落に記した私の「思い」は変わらない。「シェンゲン協定」関連の問題は，それ自体を扱う積りのない今の私にとって，魔窟のように複雑すぎる。暇になったら，その先を調べることとしたい。――ちょっとでも手を抜くと，こうしたことが生じる。気を付けよう（小ミス発見で，何だか嬉しく [!!] なったので，今日はここで，筆を擱く。以上の執筆は，2012 年 4 月 15 日午後 8 時 20 分まで。アイドリングを兼ねた8時間弱の，軽い執筆だったことになる。――執筆再開は，同年 4 月 17 日午後 0 時 15 分）。

　さて，ここで，「**2000 年 OECD 租税委員会報告書**」，即ち OECD (2000), supra における『双方可罰性要件』の取扱いについて，正面から論ずることとなる。Id. at 3 の「前文」冒頭にもあるように，この報告書は OECD の「租税委員会（the Committee on Fiscal Affairs）」自体によって準備された（prepared by ……）ものである(＊)。

　＊　それでは，後述の <u>Global Forum, Peer Reviews: Switzerland 2011, supra</u> はどうなのか (??)。後に示す重要な点，である。

　OECD (2000), supra, at 3 にあるように，この 2000 年報告書は，当面，個別の要請に基づく情報交換の場合について，「銀行情報（bank information）」へのアクセスについての OECD 加盟諸国の，当時の立場（the current position）を叙述し，課税目的での銀行情報へのアクセス改善のための措置を suggest することをもって，その目的とする。だが，Ibid の示す「租税委員会」としての見解（The Committee on Fiscal Affairs is of the view that……）は，（同報告書の「パラ 20」をリファーした上で）以下の通りとされる。

　即ち，同委員会の見解は，「<u>理想的には (**ideally**)</u>」，すべての課税目的のため（for all tax purposes）の「銀行情報」への直接・間接のアクセスが，許容されるべき（should）であり，それによって，課税当局が歳入確保の責任を完全に果たすため（so that tax authorities can fully discharge <u>their revenue raising responsibilities</u>）の，「**実効的**な情報交換（**effective** exchange of information）」を目指すべきだ，というところに，置かれている。要するに，<u>**目的**は「**国家の歳入確保**」</u>に置かれ，その手段として<u>「情報交換」</u>の<u>「**実効性（効率性）**」</u>の向上が，位置づけられていることになる。

Ibid は，その上で，OECD の「大多数の加盟国」（[t]he vast majority of OECD Members）と「若干の国々」（some countries）とを，対比する。「大多数の国々」は，この報告書で示された線を「第一歩」とし，既に，更に踏み込んだ措置を採用しており，かつ，「すべての国々」がこうしたことを行なうべき（should）だ，としている。だが，「若干の国々」はそうではない，とされるときの，その際の表現の機微に，注目すべきであろう。即ちそこ（Id. at 3）には──

"However, some countries are of the view that, while they recognize the interest of tax authorities ……, they would have great **difficulty** in the present circumstances in achieving **the ideal**."

──とある。

右においては，極めて象徴的なこととして，（スイスを含めた）「若干の国々」の「現状」が，国境を越えた銀行情報への（課税目的での）自由なアクセスという「理想」（つまりは「国家の歳入確保」という目的）を達成する上での「困難」としてのみ把握されている。つまり，その「困難」が，それら「若干の国々」における『憲法上の人権保障』によってもたらされているという問題の本質が，この表現においては，不当に隠蔽（!!）されているのである。

言い換えれば，「大多数の国々」の「国家の歳入確保」のためには，「若干の国々」における『憲法上の人権保障』を蹂躙しても構わないのか（??），という『今の我々の世界に突きつけられているはずの究極的な課題』（右の「歳入確保」を「テロ撲滅」に置き換えても同じ!!──なお，貿易と関税 2011 年 8 月号 65 頁〔本書 127 頁〕参照）は，そこにおいて，巧妙に頬被りされ，表現上の問題のすり替えが，なされてしまっている。要するに，そこにおける「理想（the ideal）」の示し方が，おかしいのである。

OECD（2000），supra, at 3f は，右の「理想」達成上の「困難」があるために（Therefore [!?] ……），OECD 加盟諸国は，一致して（unanimously），後述の「パラ 21」の線で一歩を進め，更に，以下の点を考慮しつつ対話（dialogue）を続ける，云々とする。何を考慮するのかといえば──

"……, taking into account that bank secrecy is widely recognized as **playing a legitimate role in protecting the confidentiality** of the financial affairs of individuals and legal entities, ……"

──とある。

注意すべきである。右には，「銀行秘密」は顧客の「秘密を守る上で正当な役割を果たすこと」が「広く認められている」，とある。それはそうだが，そこには，「銀行秘密」が「プライバシー保護の基本的人権保障」と直結し「得る」こと，そして，一連の攻撃のメイン・ターゲットたるスイスにおいては，まさにそうであることへの，直接的言及は，またしても不当に（巧妙に），回避されている。

以上の，同報告書のコンテクストを整理すれば，「国家の歳入確保」の目的のためには，国境を越えた課税目的での情報交換の『実効性（効率性）』を目指すべきだが，「銀行秘密」という「困難」が若干の国々にあり，更なる対話によって，その困難を打破す「べき」だ，ということになる。だがそれは，「国家の歳入確保」の目的のためには，「若干の国々」，とりわけスイスにおける『憲法上の基本的人権保障』を打破す「べき」だ，と言っているに他ならない。

　「人権保障」の在り方もまた，国によって異なる。私のもともとの専攻分野たる「牴触法学」の基本からは，（サヴィニー的な）各国法の『平等』の観念への強烈な認識が，必須のものとなる。それを「一つの価値基準」（OECDスタンダード？）で押し切ることが，ここで強行されているのである。

　そして，現象的には，『効率性』基準が，『正義・平等』（等）の諸々の価値基準をすべて"塗り潰す"という，私が岩波の『法と経済』（Law vs. Economics）において，研究者生命を賭けて戦ったのと同じ構図が，真の問題の所在を適当な英語表現で誤魔化すという，姑息な（「彼ら」のいつもの）手段の下に，ここで「も」，示されていることになる（「効率性」と「実効性」との関係については，本書385頁以下の「＊部分」で後述する）。

　さて，以上の「前文」を受けた　OECD（2000），supra は，Id. at 5-45 が報告書本体をなし，Id. 47ff が若干の図表，そして，Id. at 51-116 が，各国の Country Practices のサーヴェイとなっている。実は，その中で，Id. at 15 の「注7」に，纏まった『双方可罰性要件』への（但し，歪んだ）評価がある。私は，最初からそこに注目し，頭に来ていたのだが，「前文」につき右に述べて来たことを裏付けるべく，多少丁寧に同報告書の論ずるところを順次辿ってから，その核心部分について論ずることとしよう。一方的な決めつけは「彼ら」の専売特許であって，私の主義に反するので。

　まず，Id. at 19f (paras. 29-31) に，「銀行秘密の重要性」と題した個所がある。そこで，前記の「真の問題」が，何処まで言及されているのかを，最初に見ておこう。

　「パラ29」では，「若干の国々」において「銀行秘密」が，深い歴史的及び文化的ルーツ（deep historical and cultural roots）を有すること，そしてまた，「健全な銀行システムの基本的要請（a fundamental requirement of any sound banking system）」でもあることが，示されている。だが，その先で，この「パラ29」にあるのは，銀行が秘密を洩らしちゃまずいでしょう的な，当たり前のことのみであって，このパラの末尾に，後に「多くの国々において（in many countries）」，「顧客の金融上の**プライバシー**の権利 (the customer's right to financial **privacy**)」を守るために，銀行秘密が立法によって (by legislation) 強化された，とある。

　だが，この「パラ29」を，もう一度点検すべきである。「歴史的及び文化的ルーツ」が，『憲法上の人権保障』にまで至り「得る」ことへの言及は，そこには「ない」。『人権問題』ではなく，「健全な銀行システム」の側の「要請」だ，との認識があるのみ，である。また，「プライバシーの権利」への言及はあるが，（前文にあった「若干の国々」ではなく!!）「多くの国々」とあることに注意せよ。しかも，「立法によって」とある

のみで，どのレベルでの立法かを問わないことで，（スイスにおける）『憲法上の人権保障』の問題が，この部分においては，二重に隠蔽されている。

次の「パラ30」は，「銀行秘密」が「金融サービス産業」の発展をも刺激するが，それは，かかるサービスの発展における一ファクターに過ぎない（Bank secrecy is, however, but one factor in the growth of such services.）とし，「銀行システムの**効率性**」（[t]he **efficiency** of the banking system）が語られている。ここで「も」，『人権問題』は，不当にバイパスされ，その代わりに，『**効率性**』基準が，明示的に（!!）登場している。

「パラ31」の冒頭の一文は，"Because of [??] the importance of banking secrecy to the stability of a country's banking system, access to banking information by tax authorities should not be unfettered." である。「銀行秘密」は重要だから，課税当局のアクセスへの足かせは取り除かれる（be unfettered）べき「ではない」，とある。だが，「銀行秘密」は何のために重要かといえば，「銀行システムの安定のため」，とされている。それはそうだが，ここで「も」，『人権問題』は素通りである。

この「パラ31」のその後は，この第1文を受けて，（だから）課税目的での（情報交換における）「銀行秘密」解除は，「使用目的制限」の「厳格なセーフガード（stringent safeguards）」と抱き合わせでなされるべき（should）だ，とある。一見まともそうな指摘だが，そこに「も」，カラクリがある。

右の「使用目的制限」云々は，原文には "…… safeguards to ensure that the information is used only for the purposes specified in the law." とある。「法の中で」定められた使用目的とあるが，「**要請国**」・「**被要請国**」のいずれの法かが，明示されて「**いない**」(!!)。

この「使用目的制限」の点は，貿易と関税2011年12月号82頁以下（本書197頁以下）で論じたところである。また，同前・87頁以下（本書203頁以下）においては，「**1963年草案**」段階での**OECD**モデル租税条約26条「コメンタリー」において既に，「**被要請国**」側のもろもろの法制度に対して，（それらが『憲法』上のものであったとしても知ったことではなく）同「コメンタリー」がそれらを，単に情報交換に対する"**obstacle**"としてしか考えておらず，情報が国境を越えてしまえば，もはや『後の祭り』であって，あとは「要請国」側の『自由処分』に委ねられる（at the **disposal** of ……），とのスタンスであったことにまで，論及しておいた。

OECD (2000), supra, at 19 (para. 31) にも，その"体質"が無反省に受け継がれていることを，知るべきである。こうした基本問題がありながら，「セーフガード」措置があるから安全だとして，そこをバイパスして先に行くことの不誠実さ，ないしはアンフェアさ（!!）を，思うべきである。

実際にも，この「パラ31」は，「OECD加盟諸国のかかるセーフガードとしては……（Such safeguards in OECD Member countries include …….）」と論じ進めるのだが，ここで，例えば以下の事実を，想起すべきでもあろう。即ち，「**1973年米・スイス刑事司法共助条約**」について，貿易と関税2011年9月号63頁以下（本書149頁以下，154－155頁）で論じたところだが，スイス側が，米国側に引渡した情報の守秘の程度について，米国側に照会した際，米国側は，かかる情報につき「スイス政府が好ま

しいと思う程度に，その秘密を保つこと……は，［米国の］憲法上の理由により，おそらく可能ではない」，と回答した。この問題が刑事の司法共助に限ったものでないことは，明らかである。

かくて，OECD (2000), supra, at 19 (para. 31) の前記の，単に「法の中で」とする，もはや狡猾とも言うべき無責任な指摘の中に，貿易と関税 2011 年 12 月号 86 頁（本書 202 頁）で指摘したところの，『「情報提供国（被要請国）の憲法」は無視され，「情報受領国（要請国）の憲法」は遵守される という，ちぐはぐで「非対称」(!!) な法現象が，「国境」を跨いで現出する』という重大な事態が，隠蔽されているのである(*)。

* どうしてもここで書く『べき』だと思うに至ったので，一言する。「こんなところ，サラッと読んで先に行けばいいじゃん。何をネチネチやってんだい，あいつは……」といった蔑みの声が，「氣」のパワーの故か，ガンガン聞こえて来る。だから言っておこう。
　ここまで執拗に英文を読む私の癖 (!?) は，私のことを書いてくれた**豊田正和「情熱の法学者」日経新聞「交遊抄」2011 年 3 月 8 日朝刊**にも示されている通り，彼とともに 1990 年代以来の「日米通商摩擦」を戦い抜く中で，そして，さらに遡れば，**故森一郎先生直伝の「日比谷の英語」**（とくに，貿易と関税 2010 年 10 月号 67 - 74 頁を見よ!!）によってもたらされたものである。
　実際にも，USTR 等の勝手な言い分を，それこそ『効率的』に叩くには，この手法が必須であった。しかも，**OECD 租税委員会の営為の中に，「日米通商摩擦」におけると同質の「米国の影」を，私は強く感ずるに至っていた**（石黒・国際倒産 vs. 国際課税［2010 年・信山社］301 - 302 頁の「*部分」，及び，同前・310 頁の，「絶望的な叫び」参照）。「**IRS vs. UBS 事件**」における米国側の勝手な報道発表（貿易と関税 2011 年 3 月号 56 頁以下〔本書第 1 章 1(1)〕）も同じことである。だから，ここで「も」，私は前記のスタンスを貫いているのである。
　OECD 租税委員会のこの報告書が，サラサラッと書かれていると見るのは，あまりに皮相的である。それは，慎重・周到に（要するに狡猾に）言葉を選び，構文まで工夫しつつ，**その打破対象がスイス等の「人権問題」であることを徹底的に隠蔽した，極めて戦略的な文書 (!!)**，なのである（更に後述するが，そこに更に，スイス側の抵抗のゆえではないかと思われる屈折が，後述の「核心部分」たる「注 7」の前後において見られる）。

OECD (2000), supra, at 19 (para. 31) は，「セーフガードがあるから大丈夫だよ」の論の中で，更に，"In many countries, the accountholders **is** notified when the tax administration **seeks** to obtain information about the accountholder's account." と，畳み掛けている「かのごとく」である。「多くの国々では」とのあいまいな言い方はともかく，何故ここで「現在形」を使い，真の問題をまたしても隠蔽するのか。

情報提供の「要請がある」ときの「通知」は，事前か事後かの問題，である。前号分において，情報が国境を越えて渡ってしまえば『後の祭り』であることとの関係で，ドイツの Vogel の所説の変遷（そのトーン・ダウン）を，①-③の番号を付して詳論したところ（貿易と関税 2012 年 7 月号 57 頁以下〔本書 342 - 347 頁〕）を，まずもって想起すべきである。

こうして狡い論じ方（まさに USTR の対日批判の各種ペーパーを想起させるそれ）の先で，Id. at 20 (para. 31) の末尾には，"The adequate protection of taxpayers' rights and the confidentiality of their banking information is particularly important for economies in transition that are attempting to establish sound banking and taxation systems." などと，「移行期経済」の諸国に対して，偉そうな教訓を垂れる部分がある。「適切な」が味噌である。言外に，スイスのような「過剰な（人権的!!）保護」はするなよ，ということがある。いやになるほどに，汚らしい論じ方，である。

さて，Id. at 33 (para. 68) には，「銀行秘密」の「法的根拠（[l]egal basis）」についての，短いパラグラフがある。「大多数の OECD 加盟諸国」と「他の加盟諸国」とを対比させ，後者においては「銀行秘密」を，"…… through tradition or administrative practice or through general **constitutional** or other rules that protect **personal freedoms or privacy**." ということで保護している，とある。ここで「は」，「個人の自由又はプライバシー」そして「憲法」への言及がある。

この箇所は，同報告書第 4 章の「各国のプラクティス」云々の箇所の冒頭であって，いわば事実を列記した部分である。だからこうなっている，ともいえる。だが，同章の末尾には，「銀行秘密に関する法の変更への提案（Proposals to change laws relating to bank secrecy）」（Id. at 45）がある(*)。

> \*　Id. at 33 について言えば，細かなことのようだが，どうも「書き手」は，『憲法』を希釈化して示したいようである。「または」を多用して印象を薄め，おまけに「憲法上の」に，「一般的な」の形容詞まで付している。事実そうでしょうと言われれば，確かにそうかも知れないが，私は，こうした「書き方」をする人間の心理を，これまでと同様に，問題としている。

そこで，この報告書の実質的な最後の頁たる Id. at 45 (para. 108) を見てみると，そこには，ルクセンブルグ，スウェーデン，トルコの国内法改正のことしか，書かれていない。あくまで「各国のプラクティス」についての記述でしかない。

だが，この報告書の最後のパラたる Ibid (para. 109) には，（スイスも含めた）各国のプラクティスから得られる「結論」が，示されている。その書き方がまた，狡猾である。

この「パラ 109」は，「大多数の国々」では問題がないが，というところから始まる。これまでのその論じ方からすれば，（スイスを含めた）「若干の国々」が，それと対比されることになろうが，そうなってはいない。

そこでは，「大多数の国々」では問題がないが，とした上で——

"However, some important **impediments**[!!] to effective access to bank information for tax purposes continue to exist."

——とある。そこに，本報告書の本性（更に後述する点と，対比せよ）が，露顕している。

「大多数の国々」ではない（若干の）国々についての，Id. at 33 (para. 68) における「**個人の自由又はプライバシー**」そして「**憲法**」への言及を，右の英文に，いわば"代入"し，図式化して示してみよう。そこには——

★ 【効率的（実効的）な銀行情報へのアクセス上の重要な阻害要因】＝【若干の国々における「憲法上の個人の自由又はプライバシー保護」（の基本権保障）】

——のクリアな図式が，浮かび上がることとなる（「実効的」と「効率的」との関係については，次号分で補充する）。

だが，Id. at 45 (para. 109) において「も」，この図式がクリア・カットとならぬための，彼らなりの工夫が示されている。即ち，右の「若干の重要な阻害要因」は四つあるとされているが，その何処にも『人権』関連の問題は，明示されては「いない」。具体的に見てみよう。

まず，「第3 (Third)」から見てゆくと，「潜在的なバリア」として，「国内的な課税利益」の存在にこだわる国（かつての日本——例えば貿易と関税2011年10月号62頁〔本書174頁〕参照）のあることがそれだ，とされる。「第4 (Forth)」は，レシプロシティの問題である。

残る「第1」・「第2」の「阻害要因」の部分を，抜き書きしておこう。そこには——

"First, **not all** countries allow their tax authorities access to bank information for tax administration purposes, including exchange of information. Second, **most, but not all**, countries have adequate customer identification requirements for bank customers."

——とある。これを「も」サラッと読み飛ばすか否かは，もはや感性の問題かも知れないが，そうとばかりは言っていられない。最初から「国境を越えた情報交換」の問題なのに，右の「第1」の書き方は，不自然であろう。なぜ"including……"などと書くのか。また，「阻害要因」を前記の「第3」・「第4」のように，具体的に書くべきところ，右の「第1」では，「すべての国が（効率的な）情報交換に応ずる訳ではない」と，殆ど同義反復的な指摘がなされるにとどまっている。おかしい。

右の「第2」の箇所も，文の捩じれが気にならないか。直訳すると，「すべてではないが，大多数の国々が，『適切な顧客の同一性確認要件』を有している」となって，「阻害要因」の具体的指摘に，何らなってはいない。せめて，"Second, some countries have excessive customer identification requirements."と，はっきり書けばよいものを，ということである（関連する問題は，「グローバル・フォーラム」側からの対スイス審査に即して，次号分で後述する）。

「書き手が何かを気にしている」から，こういう妙な書き方になる，のではないか。

但し，以上は，この「2000 年 OECD 租税委員会報告書」，即ち OECD (2000), supra における『双方可罰性要件』の取扱いを論ずる上で，単に「核心部分」の前と後ろとを押さえたものに過ぎない。既述のごとく，その「核心部分」は，Id. at 15 の，異常に長い「注 7」である。まさにそこにおいて，同委員会の『双方可罰性要件』に対する見方が，赤裸々に示されているのである。

ちなみに，Ibid のこの「注 7」のコンテクストは，同報告書第 1 章の，「課税目的での銀行情報へのアクセス改善の概観とそのための措置」の終盤に当たり，Id. at 14f において，同委員会が OECD 加盟諸国に推奨（encourage）する三つの措置を掲げたうちの，その三つ目の，c) の措置について付されたもの，という位置づけとなる。

Id. at 14f (para. 21) のこの c) は，（スイスのような）加盟国に対して，銀行情報へのアクセス改善を求めたものだが，そうした国に「政策及び実務の再審査（to re-examine）」を求める際に，「租税上の刑事的な訴追に服する意図的行為を伴う課税事件における (in tax cases **involving** intentional conduct which is subject to criminal tax prosecution)」情報交換，との限定をしている（更に後述する）。そして，それに（その限度で）答えたのが，スイスの同報告書への同意に基づく，「租税詐欺犯罪の場合」に限定された，但し『双方可罰性要件』を堅持した上での「行政共助」だった，ということになる（右に **including** ではなく，**involving** とあることに，注意せよ）。

このc) の前段では，「租税上の刑事的な訴追に服する意図的行為を伴う課税事件」において，課税当局に銀行情報へのアクセスを直接・間接に認めない政策及び実務を，「必要ならば，そうした国の法，規制，及び行政実務の変更をする目的で (with a view to making changes, if necessary, to their **laws**, regulations and administrative practices)」再審査することを，「租税委員会」として推奨する，とある。既述のごとく，推奨の対象が，『「課税事件」における銀行情報へのアクセス改善』ではなく，「刑事訴追」との関係で，既にして限定的なものとなっていることに，まずもって注意すべきである（スイス側の抵抗でこうなったの「ではないか」，との点を含め，後述する）。Id. at 3 の，前記の「前文」における，**同委員会の考える「理想」状態**とも，対比すべきであろう。

他方，c) の後段には，以下の指摘があるのだが，その後段に多少英語に不自然な部分があり（すぐ次の「＊部分」で示す），かつ，右に訳出した c) の前段の個所も，若干入り組んだ構造となっているので，「パラ 21」の a) - c) の前に置かれた部分とともに，この c) の部分の全体を英文で示しておこう。あえて前段と後段とを，別のパラグラフのように分けて示し，かつ，一部にイタリック体，等も含めて示せば，そこには——

"21. The Committee on Fiscal Affairs encourages Member countries to: ……

c) re-examine policies and practices that do not permit tax authorities to have access to bank information, directly or indirectly, for purposes of exchanging such information in tax cases **involving** intentional conduct which is subject to criminal tax prosecution, with a view to making changes, if necessary, to their laws, regulations and administrative practices.

4 「双方可罰性の要件」に対する OECD 側からの不当な (!?) 攻撃　367

The Committee *acknowledges* that implementation of these measures could raise **fundamental issues [!?]** in some countries *and* **suggest**[*] that countries initiate a review of their practices [!?] with the aim of identifying appropriate measures for implementation. *The Committee will initially review progress in the area at the end of 2002 and thereafter periodically.* [7]"

——とあって，「核心部分」の「注7」となる。

* 　右の後段部分に "and suggest" とある。単なるミスプリとも思われようが，"and suggests" とはなっていない。そこで相当程度悩んだ私だが，単純なスペル・チェックで解決するはずの，こんな凡ミスが，何故残っているのか，不可解でもある。
　　深読みをすれば，"and suggest" の前の，「若干の国々においてこれらの措置の実施が基本的問題を惹起し得ること」を委員会として「認める」(acknowledges ——そこに，若干にせよ，「渋々認める」とのニュアンスのあることにも，注意せよ)，とする部分が，ひょっとして後から (??) 付け加えられたがゆえの混乱か，とも思われる。
　　「提案する (suggest)」の "suggest" には，もともと「控え目に提案する」のニュアンスもあるが，直前の "could" と "心理的に" 結びついて，"and suggest" となってしまったままで残ったのか，とまで感じられる。だが，右の後段の最後の一文には，この線での進捗をレヴューするとの，「パラ21」冒頭と同様の，断固たる方針が示されており，釈然としない。だから，「基本的問題」云々の箇所が，(例えばスイス [等] の要望で) 後から付け加えられたのか，とも感ずるのである。それ自体は，十分にあり得ること，と思われるのだが……。
　　それにしても，右の最後の，イタリック体で示した一文の執拗さは，まるで「**USTRの対日要求**」のようではないか (!?)。その後の展開も，全くその通りのものであることは，これから手順を踏んで示してゆくが，そもそも「書き手」の内面が (野放図な対日要求をして来た USTR と) 同じだから，こうなるのでもあろう，と私は思いつつ (石黒・前掲国際倒産 vs. 国際課税 301 - 302 頁の「＊部分」参照)，筆を進めている。

　さて，右の c) の後段の，原文引用箇所だが，**不自然だとは思わぬか**。同委員会の求める措置の実施が，若干の国々において，「基本的問題 (fundamental issues)」を惹起し得ることを，同委員会として認識しているとある点，である。「基本的問題」とのみあり，「基本的人権 (fundamental human rights)」の「問題」とは，なっていない (!!)。
　ここで，本号分で既に引用したスイス側の前記「2004 年 10 月報告書」(Bericht der Expertenkommission, supra, at 56) を，再点検する必要が生じる。そこでも，OECD 側の動きについて，それを，「プライバシー保護という**政治的にセンシティブな**領域における "干渉"」(Interventionen im politisch sensiblen Bereich des Schutzes der Privatsphäre)」だとし，「重要な OECD 加盟諸国 (とりわけ G7 諸国) からのスイスに対する**圧力**」について語られていた，にとどまる。
　その限りで言えば，**OECD (租税委員会) 側もスイス側も，事柄の本質が『憲法問題』であることを，表面化「させない」ことで手を打ったの「ではないか」との疑い (??)** も，若干ながら浮上する。そうだとしたら，スイス政府側も含めて，個々人の人権保

368　第 2 章　「従来のスイスにおける租税条約上の情報交換」と「堅持されていた"双方可罰性の要件"」

障との関係で，許し難い背信となる（!![＊]）。

＊　なお，ここで，OECD（2000），supra, at 51ff の，同報告書 Appendix I の，「課税目的での銀行情報へのアクセスに関する国家実行のサーヴェイ（Survey of Country Practices）」を，スイス側の視点に立って，多少点検しておこう。Id. at 51 にあるように，これは，1997 年に各国に出された質問への回答を，纏めた部分である（纏め方が不十分であれば，当然スイス等からのクレイムがついて修正を受けたはずである）。

　だが，Ibid の冒頭の項目たる「パラ 1.1」の，「銀行秘密の根拠（**the basis for bank secrecy**）」の項において，銀行秘密につき明示の規定のある国々が，若干の詳細情報とともに列記される際，スイスについては，"Switzerland（based on civil and commercial law）"とのみあって，『憲法上の人権保障』への言及は，何故かなされてはいない。

　すべては其処に帰着するのだが，その先も，念のために見ておこう。次にスイスの国名の出て来る箇所は Id. at 54 である。ここは，銀行秘密の例外として銀行情報が課税当局に対して利用可能となる場合についてのものであり，「スイス法で定義された租税詐欺の場合」への言及がある。また，Id. at 55 では，「マネー・ローンダリング」関連で「銀行秘密」を relax させる措置を有する国々の中に，スイスも列記されている（Id. at 56 で，それも「租税詐欺」の場合であることが，スイスについて記されている。なお，「1990 年 8 月 1 日」に発効の，スイスの「マネー・ローンダリング」関連の立法については，Id. at 115 に記述がある）。

　ちなみに，Id. at 56ff においては，さすがに「匿名口座（anonymous account）」と「番号口座（numbered account）」とを明確に区別した質問事項がある。そして，「番号口座」はオーストリア，ルクセンブルグ，及びスイスでのみ可能（only possible in ……）とある Id. at 57 には，"In Switzerland, the numbered account only has a security character within the bank and it does not exempt the bank from identifying the customer."との，正確な記述がある。また，Id. at 58 では，「番号口座」につき，前記の 3 国それぞれに口座開設時に identification が必要であることが示される際にも，スイスについては，"Switzerland（numbered accounts have a security character within the bank and it does not exempt the client from identification; an identity card, passport or similar official document must be shown）."と，これまた正確な記述がある（スイスには「秘密口座」があるとする「**IRS vs. UBS 事件**」における米国司法省の勝手な言い分を批判した貿易と関税 2011 年 3 月号 58 頁と，同前・50 頁〔本書 15，5 頁〕とを，対比せよ）。

　以下，OECD（2000），supra の Appendix I の細かな点は省略するが，Id. at 71ff (para. 3) の「課税当局のための銀行情報へのアクセス」の項における，スイスについての纏まった記述を拾っておけば，Id. at 81 (para. 3.5) の，「租税条約上の情報交換」についての箇所において，本論文において再三論じたところが，以下のごとく纏めて示されている。即ちそこには，"In Switzerland, only international judicial assistance as provided in the Federal Law of International Mutual Assistance in Criminal Matters (EIMP) permits the lifting of bank secrecy. On a unilateral basis, subject to reciprocity, Switzerland offers to all countries mutual assistance in criminal matters, **including** in the case of fiscal fraud in accordance with article 3.3 of the EIMP."とある（Id. at 90〔para. 3.5.3.3〕; Id. at 100〔para. 3.9〕，等にも同様の指摘がある）。

　かくて，Id. at 116 までに至るこの Appendix I を全部点検したが，結局，この「＊部分」冒頭の，Id. at 51 にある「銀行秘密の根拠（the basis for bank secrecy）」の項で，スイ

スについては，"Switzerland (based on civil and commercial law)" とのみあったことが，この点検作業の，乏しい収穫となる。むなしい限りである。

　それにしても，何故，スイス側は，「スイス銀行秘密」の法的根拠につき，「憲法上の基本的人権保障」にまで遡った回答を，しなかったのか。そこで再度浮上するのは，この「＊部分」の直前の箇所で言及したところの，OECD（租税委員会）側もスイス側も，事柄の本質が『憲法問題』であることを，表面化「させない」ことで手を打ったの「ではないか」との疑い（??）である（!!）。

　悲しいことだが，ここで想起すべきは，次の事実なのかも知れない。即ち，「**IRS vs. UBS 事件**」でもそうだったが，スイスにおいて人権問題を真に直視するのは，スイス政府（行政府）ではなく，（私人の訴えを前提とする）裁判所の側だった，ということである（そのことが，本論文第4章4・5へと，繋がることとなる）。

　具体的には，第1に，「修正前 UBS 合意」成立前の，「2009年2月18日」になされた「256名」分の顧客情報の米国側への引渡しを，想起すべきである（貿易と関税2011年4月号56頁以下と同5月号45頁以下とを，対比せよ〔本書37頁以下，49頁以下〕）。スイス政府側は，スイス金融システムを守るための，国家緊急事態ゆえの緊急避難的なものとして，それを行なった（同前4月号61頁〔本書42頁〕）。だが，この行為は，「2010年1月5日」のスイス連邦行政裁判所「判決」によって否定され，ここに，スイス新連邦憲法における「**緊急権限 vs. 基本権保障**」**の基本構図**（同前5月号・45頁〔本書49頁〕）が，鮮明に浮かび上がることとなった。そして，まさに同判決において，「スイス銀行秘密」の「法的根拠」が「プライバシー保護の基本権」にあることが，鮮明に示された（同前5月号・49頁〔本書53頁〕）。また，第2の事実として，貿易と関税2011年7月号46頁以下（本書91頁以下）で論じたように，国家緊急事態の認識よりも法的な筋道を正すことの方を優先させ，「修正前 UBS 合意」に基づく顧客情報の米国への提供を違法としたのも，「2010年1月21日」の同裁判所判決であった。こうした裁判所側の健全なチェックを経て，スイス政府が，ようやく「法治国家」原則に忠実な正しい道を歩むに至ったことは，本論文において，強調して示して来たところである（例えば，貿易と関税2011年5月号52頁〔本書57頁〕，同7月号57頁〔本書102頁〕，等）。

　なお，「修正前 UBS 合意」と同じ日付けのスイス政府側（関係各省連名）の或る文書において，「租税詐欺」云々の場合に限っての情報交換が，「憲法上の要請（**constitutional requirements**）に合致する」旨の記載のあったことは，貿易と関税2011年6月号67，70頁（本書87，90頁）で示したところである。だが，『双方可罰性要件』を捨て，スイスが OECD・G20 等の軍門に降った，まさにその日に出されたスイス連邦外務省の文書たる，**FDFA, Media Release: Switzerland to adopt OECD Standard on administrative assistance in fiscal matters**（13. 03. 2009）においては，「スイス銀行秘密は影響を受けていない（Swiss banking secrecy remains intact〔??〕.）」との，この文脈においては殆ど誤りとも言うべき認識や，「個人のプライバシーの適切な保護への，スイスの人々の願望が，今なお強固なものとして確立している（is still firmly entrenched）ことを，スイス政府は認めている」云々と，よく読むと論理の飛躍「も」ある不自然な指摘が，なされている（この点については，貿易と関税2011年4月号55頁〔本書36頁〕）。同前頁にも示した「スイス連邦政府の若干アンビバレントな姿勢」が，ここで見ている「**2000年 OECD 租税委員会報告書**」へのスイス政府側の，若干不徹底ないしは踏込み不足とも言うべき対応にも，示されているように，かくて私は，思わざるを得ないのである（但し，本書616頁の「＊＊部分」を見よ !!）。

だが，ともかくもここで，OECD (2000), supra, at 14f の，前記の c) の，「注7」を明示した引用箇所と，その直前の部分とに戻ろう。「必要ならば，そうした国の法」を改正せよ，とされる際，そこでの「法」が，例えばスイスの「憲法」上の規範（プライバシー保護の基本権に関するそれ）を含むことになるのは分かっているはずなのに，何故そこに頬被りして，曖昧なことを言うのか。また，同じことだが，<u>例えばスイスにおいて，同委員会の推奨に基づく法改正が</u>『基本的問題』<u>を惹起し得ると言う際，何故それを，正直に（!!），</u>『憲法上の基本権保障の問題』<u>と言わないのか。</u>

既述のごとく，Id. at 33 (para. 68) には，「銀行秘密」の「法的根拠（[l]egal basis）」について，辛うじて**「個人の自由又はプライバシー」**そして**「憲法」**への言及がある。だが，肝心の同委員会の各国への推奨措置についての Id. at 14f の，右の部分には，それがないのである。<u>実に不誠実ないしアンフェア（!!）な議論の仕方だと私は思うのだが，どうなのか</u>(*)。

* こうして，一つ一つ潰してゆくと，『憲法問題』（＝『人権保障の問題』）の表面化を，巧妙に迂回（**circumvent** [!!]）しようとする，この OECD 租税委員会報告書の「書き手」の，戦略的意図が，炙り出されて来るはず，である。本書 365 頁で「★マーク」を付した前記の，【**効率的（実効的）な銀行情報へのアクセス上の重要な阻害要因**】イコール【**若干の国々における「憲法上の個人の自由又はプライバシー保護」（の基本権保障）**】との基本構図を，ここで想起すべきである。

さて，ここでようやく，Id. at 15 の「注7」に，ようやく辿り着いたことになる。「<u>2000年 OECD 租税委員会報告書</u>」の中で『双方可罰性要件』に直接言及するこの「<u>注7</u>」<u>において，本来同要件の「法的基盤」に対して正直に（!!）向けられるべき眼差しが，一体どうなっているのか。其処を，検証せねばならない</u>（但し，本号分で予定していた項目の，三分の一しか達成できないことが，判明しつつある。そこで，ここで仕切り直しとし，この先の執筆は，明日夜の早稲田大学大学院ファイナンス研究科での「国際金融法」講義，等の終了後に行なうこととする。以上，2012 年 4 月 17 日午後 8 時 50 分までの，計約 8 時間半の執筆。まだまだ書けるが，心身の貯金をしておこう。――執筆再開，同年 4 月 23 日の午後 11 時 38 分。思うところがあって，あえて夜を徹しての執筆をする）。

Id. at 15 の「注7」は，「（**刑事の租税上の調査を含む**）刑事の捜査（criminal investigations [**including** criminal tax investigations]）」において，若干の国々は，『**双方可罰性**』の原則（**the principle of "double incrimination"**）を，一般的に適用する，との指摘（第 1 文）から始まる。第 2 文は，その「双方可罰性」の原則の内容説明ゆえ，省略する。第 3・第 4 文は，以下の通り。即ち――

"In the tax area, application of **this [double incrimination] principle** will <u>not</u> generally be an **impediment** to exchange of information for criminal purposes where *the definitions of tax crimes* are similar. **However,** where *the definitions of tax crimes*

## 4 「双方可罰性の要件」に対する OECD 側からの不当な (!?) 攻撃

in the requesting and requested countries are markedly different, it may be impossible in many cases for the requesting country to obtain information that is vital to criminal tax investigation."

――と，そこにはある。

スイスが，この報告書に同意して，「租税詐欺」の場合に限って「租税条約上の情報交換」を行なう方向に転換したのも，右の第 3 文に，『双方可罰性原則』が租税領域での情報交換の，一般的な「阻害要因（impediment）」ではない（であろう［will not］），との認識が示されていたがゆえ，であろう。だが，よく読むと，**右の第 3 文に示された問題意識自体が，歪んで示されている**ことに気付く，はずである。

即ち，右の第 3 文には，「租税領域において……刑事的目的のためには」，とある。だが，スイスと他国との「租税条約上の情報交換」において問題となっていたのは，「要請国」側において，明確な「刑事的目的（criminal purposes）」のために，との認識のあった場合のみではないはず，である。「要請国」側は（課税という）「行政的目的」があり，そのために情報を求め，「被要請国」たるスイスの側が，「国際刑事司法共助」の場合とパラレルに，『双方可罰性要件』を持ち出す，というのが基本構図だったはず，である。

それなのに，「要請国」・「被要請国」ともに，（租税関連の）「刑事的目的」で情報交換をする場面のみが，この第 3・第 4 文では，クローズ・アップされている。**不自然な場面設定なのである（!!）**。そして，更に遡れば，「注 7」の第 1 文が，「（刑事の租税上の調査を含む）刑事の捜査（criminal investigations [**including** criminal tax investigations]）」における共助に関して（With respect to assistance ……），ということで始まっていたこともまた，不自然だった，ということになる（**including の語と involving との微妙な関係**については，これまでの論述において，若干示唆して来たところである）。

"However" 以下の第 4 文でも，第 1・第 3 文のかかる歪んだ問題設定を受けて，「刑事の租税上の調査（criminal tax investigations）」との屈折した表現を用いつつ，それについて「要請国」・「被要請国」間に「租税犯罪」の "定義上の差" が大きいと，問題が生ずる，という方向に，（いわば無理やり?）問題をシフトさせている。おかしい。

例えば「**IRS vs. UBS 事件**」でも，米国での「刑事訴追猶予合意」（貿易と関税 2011 年 3 月号 57 頁〔本書 14 頁〕）の前提として，米国側への情報提供が，位置づけられていた。「刑事訴追」をしないで済ませるから，その代わりに，米国側課税当局（IRS）への情報提供を行なう，ということであり（なお，貿易と関税 2011 年 5 月号 53 頁〔本書 58 頁〕にも注意せよ），それを前提としての「修正前・修正後の UBS 合意」であったことも，既に示した通りである（貿易と関税 2011 年 6 月号 60 頁以下，同 8 月号 52 頁以下〔本書 79 頁以下，114 頁以下〕）。決して，米・スイス両国間で「刑事」の「租税上の調査」が，租税条約との関係で問題となった訳ではない。OECD (2000), supra, at 15 の，「注 7」の第 1・第 3 文，そして第 4 文の前記の問題設定は，実際の同事件との関係で「も」，ズレているのである。そこに，気づくべきである（!!）。

Ibid の「注 7」は，『租税犯罪の定義上の大きな差』が問題の核心だとする，以上

の（歪んだ）第 1 － 第 4 文を受けて，第 5 文で，「諸国は，（それぞれ）その国内租税システムにとって完全に適切たり得る，（それぞれ）大きく相違する『租税犯罪』の定義を有し得る (Countries may have markedly different definitions of tax crimes which may be perfectly appropriate for that country's domestic tax system.)」と述べ，『真の問題の核心（憲法上の人権保障の問題）』を隠蔽した上で，別なところに論点（『租税犯罪』の定義上の大きな差が問題の核心だとするそれ!!）を作り出そうと腐心する。即ち，この第 5 文を受けた第 6 － 第 8 文では，例えば (For example) として，自己査定（申告）制度 (a self-assessment system) をとる国々に比して，当局が自分でこの点を決定する「他の国々」では，「租税犯罪の定義」が一層限定的になり得る (Other countries …… may have a more limited definition of tax crimes.) とし，第 9 文で，「所得課税制度を何ら有しない他の国々」での「租税犯罪の概念」は根本的に違い得る (Still other countries may not have an income tax system at all, and may therefore have a radically different concept of tax crimes.)，などとする。

もはや面倒ゆえ，「注7」の第 10 － 第 11 文を，原文のまま示しておけば──

"**Thus**, where there are marked differences in the definitions of tax crimes, application of a **"double incrimination" standard** in the tax area can *significantly hinder **effective** [!!] exchange of information* between treaty partners on criminal tax matters. **Accordingly**, paragraph 21 c) should be understood to encourage Member countries, in the context of their bilateral tax or mutual assistance treaties [??], to search for **solutions** [!?] to this issue **so that they can in practice exchange bank information**."

──とある（その後の第 12・13 文は，「プログレス・レヴュー」で同委員会としてウオッチする，等の文言）。

こうして，あくまで「租税犯罪の定義」における各国間の大きな差が問題だとプリテンドしつつ，第 10 文では，OECD 租税委員会として"本当に言いたいこと"（*），つまりは，租税領域での『双方可罰性原則』が情報交換の『実効性（効率性）』(!!) を著しく妨げ「ている」こと（但し，右の「注7」の第 10 文の原文では，妨げ「得る」こと）を，しかしながら再度，「刑事の租税事件」に限定して，示す。

* 同報告書「前文」の Id. at 3 に，同委員会として，"[I]deally all Member countries should permit access to bank information …… for **all** tax purposes ……."との見解であることが示されていたことを，ここで想起せよ (!!)。

そもそも，前記の「パラ 21 の c)」では，既述のごとく，そこでの同委員会側からの推奨は，『『課税事件』における銀行情報へのアクセス改善』自体ではなく，「刑事訴追」との関係で，既にして限定的なもの（「租税上の刑事的な訴追に服する意図的行為を伴う課税事件 [tax cases **involving** ……]」についてのもの），とされていた。それを受

けての「注7」ゆえ，あくまでその第10文までは，「刑事」で書かざるを得なかったのであろう（既述のごとく，スイス［等？］の抵抗があったからこうなったの「であろう」，とは思われる）。

ところが，第11文では，一転して，「それゆえに（［a］ccordingly）」として，前記の「パラ21のc）」は，各国間で銀行情報の（スムーズな？）交換がなされ得るように，租税条約（等）との関係で解決を模索するべく各国に奨励するという意味で理解さるべきだ，とされる。そこには，「刑事」云々の限定は，何ら存在しない。しかも，延々と『双方可罰性原則』を論じて来た末にこれ，である。

想起すべきは，前記の「パラ21のc）」において，「若干の国々においてこれらの措置の実施が基本的問題を惹起し得ること」を委員会として「認める」，とあったことである。実際上，この「基本的問題」が『憲法上の人権問題』を意味していることは，既に示した。だが，この「注7」の（第10文及び）第11文では，そこ（すなわち，人権問題）をもすっ飛ばして（!!），不当な単純化がなされ，かつ，まさに『双方可罰性原則』との関係で（!!），前記の「パラ21のc）」自体を，情報交換の『効率性（実効性）』のために（それを阻害することのないように），必要なら法改正等をすべく，自国の政策等の再審査をせよ，ということとして理解せよ，となってしまっている（同報告書「前文」のId. at 3に，再度注意せよ）。

実際にも，「パラ21のc）」や「注7」の『刑事的限定』を度外視する形で，その後のOECD側等の攻勢が，スイスに対してかけられた。そして，「2009年3月13日」の重大なスイスの政策変更（スイスの政治的な敗北）に，至る訳である。

だが（!!），以上の検討の結果として最も重要なことは，「スイス銀行秘密」の，そして，『双方可罰性要件』の法的根拠としての，『憲法上の人権保障』の観点は，この「2000年OECD租税委員会報告書」において（既述のごとく，『スイス政府との共謀』の結果かも知れないが），終始，無視されることとなった，ということである。OECD (2000), supra, at 3に即して既に示したように，この2000年報告書の究極的な目的は，「国家の歳入確保」に置かれ，その手段として「情報交換」の「効率性」の向上が，位置づけられている。そのことを，改めてここで想起すべきである。

結局はすべてを情報交換の『効率性』から判断し，『被要請国側の憲法上の人権保障』などは，単なるその「阻害要因」とする傾向は，その後，一層赤裸々に示されて現在に至っている。そのことを，**Global Forum, Peer Reviews: Switzerland 2011, supra** によって示すことから，次号分での検討を始めることとしよう(\*)。

\* 以上，執筆は，2012年4月24日午前7時半まで。点検終了，同日午前10時10分。夜を徹しての，計約10時間半の作業であった（次号分以下に続く）。

［以上，2012年8月号 55 － 74 頁］

374　第 2 章　「従来のスイスにおける租税条約上の情報交換」と「堅持されていた"双方可罰性の要件"」

## (2) 「グローバル・フォーラム」側からなされたスイスに対する Peer Review 報告書（2011 年 6 月）――そこにおける『効率性基準』の突出について

### (2 - 1)　はじめに――本論文第 4 章 2 との関係を含めて

2012 年 5 月 3 日，憲法記念日の午前 10 時 15 分頃，本号分の執筆を開始する。

前号分での，「2000 年 OECD 租税委員会報告書」（OECD [2000], supra）についての論述を受け，本号分（以降）では，本章 4 において検討すべき，残された二つの文書について，順次検討を進める。まずは，**Global Forum on Transparency and Exchange of Information for Tax Purposes, Peer Reviews: Switzerland 2011, PHASE 1 (June 2011 [reflecting the legal and regulatory framework as at March 2011])** についての検討，である（同文書を，以下において，Global Forum, Peer Review: Switzerland 2011, supra として引用する）。

本章 4 における検討の方針については，前号分の冒頭の「(1 − 1)」で示した通りである。即ち，「2000 年」と「2011 年」という，「二つの時点」を選んで，「**『効率性基準』と『基本的人権保障』とのバランス**」の観点（貿易と関税 2012 年 6 月号 67 頁〔本書 316 頁〕の，本章 3(1)の冒頭参照）からの，"抜き取り調査"的な検証を，行なうのである。

「グローバル・フォーラム」とは一体何なのかが，大きな問題となるが，それについては次の「＊部分」において，あらかじめ【注記】をするほか，右の「2011 年 6 月」段階での文書に引き続き，**The Global Forum on Transparency and Exchange of Information for Tax Purposes: A Background Information Brief** (10. Dec. 2010) について検討することを通して，自ずから明らかとなろう（この文書を，The Global Forum, A Background Information Brief [2010], supra として引用する）。ともかく，貿易と関税 2012 年 7 月号分冒頭近く（本書 335 頁）でも引用したところの，「2009 年 4 月 2 日」の「**G20 ロンドンサミット・コミュニケ**」においても，「銀行秘密の時代は終わった」とする宣言に続き，そこにも原文を示しておいたように――

> "We note that the OECD has **today** published a list of countries assessed by **the Global Forum** against the international standard for exchange of tax information; ……"

――とされていた（同日付けの「非協力国リスト」は「グローバル・フォーラムが」作成し，それを「OECD が」公表した，とある点に注意せよ。Merz, infra との関係で，である）。

前号分の本章 4(1)の「(1 − 2)」の，冒頭近く（本書 356 頁）でも示したように，「2004 年 10 月」のスイス側報告書たる，Bericht der Expertenkommission, supra, at 55 において，『双方可罰性要件』に対する OECD 側の 3 つの攻勢のうちの 1 つとして，「2003 年以来」のものとしての「グローバル・フォーラム」の作業が，挙げられていた。

ここで，あらかじめ，本論文第 4 章 2 で検討する予定の，**スイス連邦大統領（Hans-Rudolf Merz, President of the Swiss Confederation）**から **OECD 事務総長（Angel**

Gurria, Secretary-General, OECD）宛に出された或る文書（要するに,「2009 年 4 月 2 日」の前記の事態に対する,苦情である）について,「グローバル・フォーラム」の作業関連のごく一部のみを,引用しておこう。当時のスイス政府が,「グローバル・フォーラム」の作業,そして OECD 側としての対応について,一体どう考えていたのかを知るために,である。

　この『**スイス連邦メルツ大統領の OECD 事務総長宛の「2009 年 4 月 28 日」付けの書簡**』(**Merz, supra**)の基本は, OECD 自体が終始責任を負う形ではなく,何故「グローバル・フォーラム」などという曖昧な組織が「非協力的な国々」のリストを作成し,それを OECD（および G20）が丸呑みするのか,との点への批判にあるように,思われる。その点に限って,ここでこの書簡の内容を,示しておく。

　「2009 年 4 月」段階での,以下に示すスイス政府の対応は,今においても正しいものと私は考える。だが,「2011 年段階」の, Global Forum, Peer Review: Switzerland 2011, supra へのスイス側の対応は,本当にミゼラブルなものとなってしまった。**国家としての魂を抜き取られたように (!!)**,である（後述）。

　さて, Merz, supra の冒頭には——

　"I refer to your letter dated 2 April 2009 regarding the OECD Progress Report released following the G-20 Summit in London "on the jurisdictions surveyed by **the OECD Global Forum** in implementing the internationally agreed standard on exchange of information for tax purposes". This report was produced following a request by the G-20."

——とある。即ち「G20 ロンドンサミット・コミュニケ」の前記引用部分にもあるように,「グローバル・フォーラム」が「非協力国リスト」を作成し,それを OECD が,「OECD プログレス・レポート」として公表したのである。右の最後の一文では,「G20」の要請で同レポートが作成されたとあるが,中身は「グローバル・フォーラム」が作成した,ということなのである。そこで多少は,「アレッ??」と思うべきである[*]。

* 【『「グローバル・フォーラム」とは一体何なのか?』に関する,あらかじめの注記】

　国際課税の関係者においては,いわゆる「グローバル・フォーラム」は『2009 年に拡大設立され,(その)加盟国がお互いの制度・執行を審査しあう仕組みとなっている』ものとして,認識されている。右の「拡大設立」の語がどこまで適切かはともかくとして, The Global Forum, A Background Information Brief (2010), supra, at 3 (para. 8), 4 (para. 13) にあるように,「グローバル・フォーラム」は,「**2009 年 9 月 1－2 日**」のメキシコ会合において,改組を受けた。Id. at 4 (para. 13) から引用すれば, "In order to monitor and encourage **effective** exchange [of information], the Global Forum was restructured and strengthened as decided at its Mexico meeting on 1-2 September 2009." ということである。

だが，Id. at 11ff の Annex I の見出しにあるように，そこに至るまでは，「**G7/G8/G20 のサポート**」("G7/G8/G20 Support for the OECD's Work on Transparency and Exchange of Information")が，いわゆる「グローバル・フォーラム」の作業の"政治的"な支えであったに過ぎない。例えば，右の「アネックスⅠ」の最初から 2 番目に掲げられている「2004 年 11 月 20 – 21 日」の，ベルリンでの「G20」のステートメントにおいて，"the OECD Global Forum"への強いサポートが示される，といった形において，である。

だが，右に「OECD のグローバル・フォーラム」という，極めて政治的な，策略 (!!) に満ちた表現が用いられていることに，徒に眩惑されてはならない。「OECD」と「グローバル・フォーラム」との関係は，Merz, supra の出された「**2009 年 4 月 28 日**」の段階では，いまだ不透明 (!!) なままだった，のであるから。

『「**透明性**」を錦の御旗として掲げる作業が，実は「**不透明**」極まりない』といったことは，昨今の世界において，残念ながら，もはやありふれた現象ではある。だが，おかしいものはおかしいと，どこまでも主張せねばならない。そこを，スイス連邦大統領のこの書簡は突い「ていた」のである。

もっとも，その後において，OECD と「グローバル・フォーラム」との関係に関する「不透明性」が，果たしてなくなったのかは，大きな問題として，いまだ残っている，と言うべきである。次の「(2 – 2)」の項において Global Forum, Peer Review: Switzerland 2011, supra を検討することを通して，この点が，引き続き解明されることとなる。

むしろ，この「不透明性」は，『「覆面調査員」vs. 対象国政府』の一層曖昧な構図（後述）の下に，（国際組織としての OECD の「外」へと浸み出した）**アメーバ状の霧**のごとく増幅し，対象国政府が「ピア・レヴュー」に同意すれば，その同意の事実のみが，対象国の「約束」として他の諸国との関係でクローズ・アップされるという，不健全な構図を示すに至っている。『国際的な合意形成の在り方』としての問題は，むしろ増幅しているように，私には思われる。

Merz, supra の次のパラグラフは，「2009 年 3 月 13 日」のスイスの（重大な）政策変更後，スイスは，OECD 基準（当時の，即ち「2008 年版」の，OECD モデル租税条約 26 条［及びそのコメンタリー］に沿った情報交換――もはや『双方可罰性要件』を度外視したそれ）に従って，既に，各国との租税条約改正へと迅速に動き出していることを，訴えかけるものである。それに続く Id. の第 3 パラを，以下に引用する。そこには――

"Furthermore, I had the occasion to convey to you personally the view of the Swiss government that **the process initiated by the G-20 and OECD** leading to the publication of this report was **non-transparent** [**!!**], arbitrary and exclusive. Prior to the publication of the list contained in this report, OECD Member States were neither consulted by the OECD Secretariat about the content of such a list, nor were they informed of its publication. The way in which the OECD Secretariat has prepared and communicated the list was **contrary to the decision making process of the OECD** and to the principles of **good governance**. Consequently, this list was published without Switzerland's consent. Furthermore, our country even though it has committed to implementing Article 26 of the OECD Model Agreement, does not approve of the criteria used for establishing such a list."

——とある。この一つ前の引用部分では，"the OECD Global Forum"という曖昧な表現に従ってはいたものの，ここでは，「グローバル・フォーラム」の作業を丸呑みしたOECD側の報告書公表に至るプロセスが，「OECDの意思決定プロセス」に反し，「透明性」を欠き，恣意的で他を排除した（exclusive）ものだ，とされているのである(*)。

* なお，OECD事務局が，常に公正に，透明性を重んじて行動する，と考えるのは，単なる幻想である。OECDのいわゆる「構造分離報告書」（2001年）との関係での，「OECD事務局」の「更なる暴走」についての，石黒・電子社会の法と経済（2003年・岩波）185－186頁参照。それは，日本国内の有志とともに，OECD事務局の「暴走」と戦った私の，実体験に基づく指摘である。

早くGlobal Forum, Peer Review: Switzerland 2011, supraに進みたいので，Merz, supraについてのここでの言及は，一連のクレイムのあとでOECD事務局側に対してなされた，スイス政府の側からの要請の，3番目のものを示すことのみに，とどめておこう。そこには——

"3. Furthermore, in the light of recent events the Secretariat should **clarify the role of the Global Forum** on exchange of information in this process and revise the mandate and composition of this forum. Is the Global Forum a standard setter or will the Forum's role be limited to evaluating progress? ……"

——とある。OECD事務局側として，「グローバル・フォーラム」の役割をクラリファイせよ，とのスイス側の要請である。だが，それとともに示された，「グローバル・フォーラム」のマンデートと組織（構成）を改めよ，とのスイス側の要請は，結局は裏目に出てしまった。同フォーラムの「2009年9月1－2日」のメキシコ会合における改組で，結局スイス側も参加しつつ，その後の更に一方的な流れに，（人権的観点からは誠に屈辱的な形で）深く巻き込まれてしまったから，である。

だが，Merz, supraがここで言いたかったのは，一つ前の引用部分にあったところの，「グローバル・フォーラム」が，本来国際機関たるOECDの正式の意思決定プロセスの外で，いわば"隠れ蓑"（!!）的に活動していることの問題性について，であったはずである。そして，この点は，「グローバル・フォーラム」改組後のスイスに対するレヴューにおいて「も」，同じであることが，後述のごとく判明する。

ともかく，以上で，Global Forum, Peer Review: Switzerland 2011, supraを検討する

378　第 2 章　「従来のスイスにおける租税条約上の情報交換」と「堅持されていた"双方可罰性の要件"」

前提が，ようやく整ったことになる。

### （2－2）「グローバル・フォーラム」の対スイス **Peer Review** 報告書（2011 年 6 月）の問題性――「隠された『効率性基準』」の暴走!!

以下，Global Forum on Transparency and Exchange of Information for Tax Purposes, Peer Reviews: Switzerland 2011, PHASE 1 (June 2011 [reflecting the legal and regulatory framework as at March 2011])，つまりは，<u>Global Forum, Peer Review: Switzerland 2011, supra</u> を，検討することとする。

　この報告書は，全体で 102 頁の詳細なものだが，報告書本体の後の Id. at 95f に，Annex 1 として，この報告書に対するスイス政府側のレスポンス（Annex 1: Jurisdiction's Response to the Review Report）がある。その問題性（既述の，**国家としての魂を抜かれた後のスイスの悲しく屈辱的な姿!!**）については，後述する(*)。

* 　ちなみに，Id. at 101f の，この報告書の最後の Annex 3 は，このレビューの対象となったスイスの法規制のリストであるが，Id. at 97ff の Annex 2 (List of all Exchange-of-Information Mechanisms) は，「2009 年 3 月 13 日」よりも前のものを含めた，この報告書の基準時点までにスイスが締結・改正した計 88 の租税条約の，リストである。<u>「2009 年 3 月 13 日」のスイスの政策変更後に署名されたものについても，アルファベット順にそれらが示されている</u>。本論文第 3 章 3 の頭出し的な意味で，それらを，<u>個々の締結・改正についての署名日（Date Signed）</u>とともに，ここで列記しておく（Id. at 100 に示された<u>このリストの基準日は，「2011 年 2 月 28 日」</u>）。それらは――

　Austria―3 Sept. 2009; Canada―22 Oct. 2010; **Denmark―21 August 2009**; Faroe Islands―22 Sept. 2009; Finland―22 Sept. 2009; **France―27 August 2009**; Georgia―15 June 2010; <u>Germany―27 Oct. 2010</u>; Greece―4 Nov. 2010; Hong Kong―6 Dec. 2010; India―30 August 2010; <u>Japan―21 May 2010</u>; Kazakhstan―3 Sept. 2010; Korea―28 Dec. 2010; **Luxembourg―25 August 2009**; Malta―25 Feb. 2011; Mexico―18 Sept. 2009; Netherlands―26 Feb. 2010; **Norway―31 August 2009**; Poland―20 April 2010; Qatar―24 Sept. 2009; Romania―28 Feb. 2011; Singapore―24 Feb. 2011; Slovak Republic―8 Feb. 2011; Sweden―28 Feb. 2011; Tajikistan―23 June 2010; Turkey―18 June 2010; <u>United Kingdom―7 Sept. 2009</u>; **United States―23 Sept. 2009**; Uruguay―18 Oct. 2010.

　――であり，やはり，「対デンマーク」のものが，最初となる。続いて，6 日遅れで「対フランス」，約 1 か月遅れで「対米」，といった流れとなっている（丹念に一々現物を BBl. から打ち出した結果としての，貿易と関税 2011 年 4 月号 48 頁〔本書 28 頁〕の記述，及び，本書第 3 章 3 の見出しとも，対比せよ）。

　なお，（「対日改正」の他）本論文第 2 章 2 で扱った相手国には，右にアンダーラインを付しておいたが，<u>「対スペイン」は，「2009 年 3 月 13 日」後の状況について，このリストに記載がない</u>。また，最も早い「2009 年 8 月」中に署名のもの，及び，「**IRS vs. UBS 事件**」との関係でも重要な「対米」での改正については，ゴチック体で示してある。本書第 3 章 2・3 との関係で，である。

　それにしても，よくもまあ，これだけの短期間に，これだけの租税条約の締結・改正

4 「双方可罰性の要件」に対する OECD 側からの不当な（!?）攻撃　379

を，スイスという一小国がこなせるものだと，思わぬか。日本の「主税局参事官室」だけで，スイスと同様の膨大な作業に，十分対処できる状況にあるのか。そこが気になる。スイスに出来て日本に出来ぬことがあるの「ならば」，それが何故か，どうすべきなのかを，今のうちに，せめて十分に調査しておくべきだと，私は思うのだが……。

　ところで，この報告書の中身に入る前に，**表紙の次の頁（Id. at 2）に，実に気になること（!!）が書かれている**。断じて，其処を見過ごすことは出来ない（!!）。この「（2-2）」の項に至る直前に用いた"**隠れ蓑**"という言葉が想起されるべきだが，其処には――

"This work is published on the **responsibility** of the Secretary-General of the OECD. *The opinions expressed and arguments employed herein do* **not necessarily [??]** **reflect the official views of the OECD or** *the governments of its member countries* **or those of the Global Forum** *on Transparency and Exchange of Information for Tax Purposes.*"

――とある。即ち，まず，この報告書は，OECD 事務総長の責任において公表されるものだ，とある。だが，その後が問題である。「2009 年 3 月 13 日」後のスイスの租税条約改正作業（等）を，「グローバル・フォーラム」の立てた国際基準（!?）で評価するこの報告書における意見や議論は，「必ずしも」OECD やその加盟諸国の政府の公式見解を反映するもの「ではない」とし，しかも，「グローバル・フォーラム」の公式見解「でもない」，と畳み掛ける。

　ならば，<u>この**報告書**に示された**意見**や**議論**は，一体誰のものなのか（??）</u>。――要するに，「改組」後の「グローバル・フォーラム」に，例えばスイスも参加し，もはや，「グローバル・フォーラム」側が行なうレヴューに，スイスも包括的に同意しているからということで，"**覆面調査員（!?）**"的な者（\*）がスイスに対して調査を行ない，後述のごとく，スイスがそれに対して恭順の意を表することによって，スイスの「国家的」（!?）同意（ないし或る種の国際的な「約束」）が推定（!?）され，以後，それを前提としてスイスの更なる（屈辱的）改善努力がなされる，ということに，なってしまっ「ている」のである（!!）。

　\*　但し，Id. at 9 のパラ 10 には，実際にこの報告書作成を行なった「二名の専門査定人（two expert assessors）」等の氏名・所属が示されてはいる。即ち，「グローバル・フォーラム事務局」の 1 名を含めたそれらは，Mr. Juan Pablo Barzola, tax advisor in the International Tax Division of the <u>Argentinean Tax Administration</u> and Mr. Torsten Fensby, <u>Project Manager [??], Denmark</u>; and one representative of the Global Forum Secretariat: Miss Caroline Malcolm であると，そこにある。その「2 名＋1 名」がどのようにして選ばれたのか，また，右の二人目の者の所属記載の不十分さは何を意味するのか，等は，そこからは知られ得ない。

前記の英文を，再度見よ。この報告書の「公表」は，たしかに OECD「事務総長」の責任でなされる。だがそれは，組織としての OECD 自体の責任ではないし，「事務総長」が責任を負うのも，その「公表」についてであって，『報告書の内容をなすところの個別の意見や議論』についての責任ではない。そして，<u>肝心の本報告書の内容については，『結局は誰も責任を負わない』</u>というのが，この「ピア・レヴュー」なるものの実像なのである（!![*]）。

> \* Id. at 95 の，「スイス側のレスポンス」についての Annex 1 にも，欄外に注記がなされ，ご丁寧なことに，"This Annex presents the Jurisdiction's response to the review report and **shall not be deemed to represent the Global Forum's views**." とまで記されている（!!）。
>
> 前記の，「表紙の次の頁」の書き振りとの差に，注意すべきである。報告書本体については，「必ずしも……を反映するものではない（not necessarily reflect ……）」として，報告書の中で指摘されていることとの"微妙な距離感"を保ちつつ，「スイス側のレスポンス」については，俺達は全く無関係であって，スイスが勝手にやっていることだ（shall not ……）と，完全に関係を断ち切ろうとするのである。個々人の「人権問題」が直接絡む問題なのに，どうしてこんな<u>無責任</u>なことが許されるのか（!!）。
>
> 私は，こうしたことに直接・間接に関与した各国政府（従って，日本政府も含む!!）の対応を，<u>極めて不誠実（!!）</u>なものと感ずるのだが，どうなのだろうか。せめて，日本の国際課税の関係者各位には，正面からこの点を，考えて頂きたいものである。

なぜ，そうなるのか。なぜ，**OECD 自体やその加盟諸国の政府，そして，「グローバル・フォーラム」（やそのメンバーたる諸国政府）自体が，直接責任を「負わない」形で，事が進むのか。**──昨今の世界の一種の流行，ということで片づけられない問題が其処にあることに，気づくべきである。それは，次のようなことの「はず」，である。

一連のグローバル・トレンドにとっての主たる打破対象が「**スイスの銀行秘密**」であったことは，周知のことである。そして，「スイス銀行秘密」と「租税条約上の情報交換」との接点には，スイスなりの「**基本的人権保障**」を担保するための『**双方可罰性要件**』が，必須のものとして存在していた。

まさに其処を打破するのが，こうしたトレンドの，コアであった訳である。つまりそれは，『人権保障』を「情報交換の効率性（実効性）」で打破する営み，であった。そして，前号分で論じた「2000 年 OECD 租税委員会報告書」に「も」，真の問題が『人権保障の打破』にあることを隠蔽するための，様々な小細工が弄されていた。

それに続く，いわば第 2 段階としてのこの「ピア・レヴュー」においても，『人権問題』が何ら直視されて「いない」ことは，これから順次示す。だが，ここで「も」，**OECD やその加盟諸国，そして，それら諸国を含む各国「政府」の営みたる「グローバル・フォーラム」が，特定国（例えばスイス）の「人権保障の打破」を直接もたらした**，との構図が鮮明になることは，出来れば回避しておこうとの，暗く，かつ，不誠実（!!）な意図が，多少なりとも働いていた，と考えることの方が，自然であろう。「テ

ロ撲滅 vs. 人権保障」の構図の表面化を避けようとする，今の世界のトレンド(*)と，同じことである。

* 本書336頁以下で示した「最も重大な事柄」と対比せよ。そして，まさにこの点で，「2011年度冬学期」の東大ロー・スクールでの私の講義においても，参加者の注意喚起のために言及し，その後複数の者の提出ペーパーでも引用されて，議論の活性化に大きく貢献したところの，私の大切な元ゼミ生たる西平等教授（関西大学・国際法）の論文を，掲げておく。西平等「『敵』と『犯罪者』──近代法的人道性の基礎についての考察」日本平和学会編・平和研究36号［グローバルな倫理］（2011年）21頁以下，である。同前・21頁の，「対テロ戦争」や「対テロ法規」により，「21世紀の初頭」において，「思いもよらぬ速さ」で，「『敵』と『犯罪者』の区別が決定的に失われた」との，その冒頭の指摘を，私のここでの指摘と，重ねて見よ。今の我々の世界の危うさが，そこから炙り出されてくる「はず」，である（なお，前記論文の拡充版たる英訳の，Taira Nishi, Enemy and Criminal─Analysis of the Different Structures of Legal Protection, Japanese Yearbook of International Law, Vol. 55 (2012), at 403 − 439，及び，強烈かつ至当なる認識を背景とする，西平等「カテコン（抑止する者）という視座──カール・シュミットの秩序思想に基づくEUの現代的可能性」法律時報85巻11号（2013年）20頁以下，の存在にも，注意せよ）。

だから，『"覆面調査員" vs. スイス政府』の不自然な構図の下に，『ともかくも「スイス政府」が自分で，この報告書に同意したのだから，後は「グローバル・フォーラム」の一員でもあるスイス政府として，「約束」は履行しろよ』，ということで，話が進むことになるのである(*)。

* かつての日米摩擦で，米国政府がよく使っていた手，である。なお，日本政府が米国に約束したから，ということで加えられる対日圧力の，最も不公正な実例の一端については，石黒・通商摩擦と日本の針路（1996年・木鐸社）40頁参照。
ちなみに，豊田正和氏と彼の下の「豊田部隊」を支援すべく私が関与してからの，通産省関連の日米摩擦は，すべて日本側勝利に終わったが，ここでの問題について，スイス側は，「2009年3月13日」に，政府レベルで，全面的に「政治的敗北」の白旗を掲げてしまっていた。其処が違うのである（但し，本書525頁以下 !!）。

以下，Global Forum, Peer Review: Switzerland 2011, supra の，中身に入ることになるが(*)，ここでは，ポイントを絞った検討をしておきたい。本章4においてこの文書を検討する趣旨は，『「効率性基準」と「基本的人権保障」とのバランス』の観点（貿易と関税2012年6月号67頁［本書316頁］参照）が，前号分で検討した「2000年OECD租税委員会報告書」と同様に，如何に欠如（!!）しているかの検証にあるから，である。

* なお，いくつか前の段落において，この報告書の表紙の次の頁（Id. at 2）に，実に気になること（!!）が書かれているとして，肝心の本報告書の内容については，『結局は誰も責任を負わない』というのが，この「ピア・レヴュー」なるものの実像なのである（!!）

382　第2章　「従来のスイスにおける租税条約上の情報交換」と「堅持されていた"双方可罰性の要件"」

と述べた点について，一点補足しておく。Id. at 5の，「グローバル・フォーラムについて」と題した後述の 1 頁分の記述において，その第 5 パラには──

"All review reports are published once approved by the Global Forum and they thus represent agreed Global Forum reports."

──とある。既に批判した Id. at 2 には，レヴュー自体の中身についての，責任者不在を示した前記の逃げ口上がありながら，である。
　この Id. at 5 の第 5 パラがあるから，お前の批判は当たらない，と言われそうだが，『この合意形成のなされ方の不透明性』についての前記の私の指摘は，もとより変わらない。後述の，『このレヴュー・レポートに対するスイス政府の恭順の意』（Annex 1: Jurisdiction's Response to the Review Report）を含めて，OECD 事務総長の責任での公表がなされれば，当該国がそれでよいと言っている以上，そのまま（!!）approve されることは，半ば必然であろう。それを見越して「グローバル・フォーラム」としての合意あり，とされることの巧妙さ（狡猾さ）を，思うべきである。そこまでスイス（等）のターゲット国政府を「政治的」にとことん追い詰めた段階で，勝負は既に決まっていたことになる。

だが，周辺事情の説明も必要ゆえ，まずは，この報告書の冒頭部分から，若干見ておく。核心部分についての，的を絞った検討は，その後で行なうこととする（少し早いが，今日の執筆はここまでとする。以上，2012 年 5 月 3 日［憲法記念日］午後 4 時 50 分までの執筆。計 6 時間 35 分の，極めて軽い執筆だった。次の執筆への余力を残すため，である[*]）。

　　＊　執筆再開は，同年 5 月 7 日午前 5 時 1 分。5 月 3 日の執筆は，その時間的短さとは無関係に，心身に結構ダメージを与えた。心身のアップ＆ダウンを経て昨 5 月 6 日，妙にイラついていたら，茨城県等に最大級の同時多発的竜巻被害（等）があり，大潮初日の 7 日早朝，BBC でフランス大統領選挙のオランド（Hollande）氏勝利の報に接した上で，机に向かう。貿易と関税 2012 年 7 月号の第 2 章 3(2)の，「(2－1)」の三つ目の「＊部分」（本書 336 頁以下）で示した「最も重大な事柄」を思いつつ，である。BBC の字幕で出た "Austerity can no longer be the only option." のテロップと同じことが，その「＊部分」に書かれているから，である。石黒・前掲法と経済（1998 年・岩波）を一気に書き上げるドライビング・フォースとなったところの，「偶然的必然」としての **J. Stiglitz 教授の "Whither Socialism?" という著書との出会い**（同書の「あとがき」参照）を思いつつ，この先を，淡々と書くこととする。

さて，Global Forum, Peer Review: Switzerland 2011, supra, at 5 には，最初の項としての，「グローバル・フォーラムについて」と題した 1 頁の部分があるが，そこで既にして，**『双方可罰性要件』の「完全否定」**が，宣言されている。まず，Ibid の第 1 パラから見てゆく。そこには，「グローバル・フォーラム」について，それが──

"The Global Forum …… is the multilateral framework within which work in the area of tax transparency and exchange of information is carried out by over 100 jurisdictions which participate in the Global Forum on an equal footing."

——なのだ，とある．それが前記の，「改組」後の同フォーラムの基本ではある．そこに，スイスが"巻き取られた"上での，対スイスの「ピア・レヴュー」報告書なのである．

同報告書が，前記のごとき大量の租税条約締結・改正を，「2009年3月13日」の政策変更後の極めて短期間に行なったスイスに対して，更に追い打ちをかける内容のものであることは，これから順次示してゆく(\*)．

 \*  その執拗さもまた，かつての「日米通商摩擦」を想起させるものである．一つ譲れば必ず次が来る，という執拗さである．

日本側の一般的な理解においては，この「対スイスのピア・レヴュー報告書」について，スイスのそれらの新たな租税条約における情報交換条項には，『情報交換にあたって，納税者の名前を特定すること，情報保有者の名前を特定すること，を要求する規定を置いており，これを厳格に解釈した場合には，実効的［効率的??］な情報交換を阻害し得るため，これらは，国際基準（特に"Foreseeably relevant standard"）に沿ったものではない』との，『不適格評価』が，（但し，誰によって??——既述）下された，ということだとされているようである．一体どういうことなのか．また，問題はそれだけなのか（!!）．それらを，一歩一歩，これから解明してゆくこととなる．

次に，Ibid の第2パラでは，「グローバル・フォーラム」による「透明性と情報交換」に関する「国際基準」は，「課税事件における情報交換に関する OECD モデル・アグリーメント及びそのコメンタリー」，及び，「2004年改訂（updated）の OECD モデル租税条約26条及びそのコメンタリー」（等）に，もともと反映されている（These standards are primarily reflected in ……），とされている．そして，その次の第3パラが，『双方可罰性要件』の「完全否定」である．

この第3パラでは，前記の standards は，要請国の国内租税法の実施または執行のための foreseeably relevant information の交換のためのものであって，単なる情報漁り（[f]ishing expeditions）は正当化されないが，**all** foreseeably relevant information が提供されねばならず，それらには「銀行情報」も含まれ，かつ，（被要請国としての）国内的課税利益の存在，又は，『双方可罰性基準』にかかわらず（regardless of …… **a dual criminality standard**），かかる情報が提供されねばならない（must），とある(\*)．

 \*  かくて，本書361頁以下で論じた「2000年 OECD 租税委員会報告書」の前記の「注7」（OECD [2000], supra, at 15 n. 7）においては，そこで批判したところの，極めて屈折した（屈折し過ぎた）論理の下にではあれ，"In the tax area, application of **this [double incrimination] principle** *will not generally be an* **impediment** to exchange of information ……．"として，『双方可罰性要件』自体を批判・非難するものではなかったのに対して，「2011年」の Global Forum, Peer Review: Switzerland 2011, supra, at 5 では，『双

384　第2章 「従来のスイスにおける租税条約上の情報交換」と「堅持されていた"双方可罰性の要件"」

方可罰性要件』は既に葬り去られた後，ということに，ともかくも，なってしまっている。

　Ibid（Global Forum, Peer Review: Switzerland 2011, supra, at 5）の第4パラは，このレポートがそうであるところの「フェーズ1」の次に，practical implementation についての「フェーズ2」のレヴューのあることを示しつつ，"The ultimate goal is to help jurisdictions to effectively implement the international standards ……."とする。「国際基準」の実施しか，眼中にはないのである（問題ある第5パラについては，既述）。

　次の項は，Id. at 7f の **Executive summary** だが，重要な情報が其処にあるので，飛ばす訳にはゆかない。この箇所から，この報告書全体のパラグラフ番号が始まっているのだが，まず，Id. at 7 のパラ1において，前記の「**国際基準**」が the Global Forum's Terms of Reference to Monitor and Review Progress Towards Transparency and Exchange of Information なるものであることが，示される。これについては，ここでの的を絞った検討（既述）との関係で，適宜，以下において言及する。

　Ibid のパラ2では，スイスに対する前記の『不適格評価』，及び，後述の『スイス政府の恭順の意』（Annex 1）との関係での，重要な事実が記されている。即ち，「2009年3月13日」にスイス政府が，OECDモデル租税条約26条についての留保を撤回し，『双方可罰性要件』を放棄した後の，前記のごとき涙ぐましい租税条約の締結・改訂の努力にもかかわらず（「情報交換」を **EOI** と略称した上で）──

"However, the new agreements recently negotiated by Switzerland have been found not to be fully in line with the standard because of an issue concerning the obligations for an EOI partner to provide certain **identity information** in their EOI requests. As a result, in **February** 2011, the Swiss government announced it would take further steps to ensure those new agreements would be applied consistently with the standard **in all regards**."

──ということになった，とある（それについては，「もう一つの論点」として，後述する）。『スイスの更なる譲歩』，である。

　そして，「憲法上の私人の権利保護（!!）」に直接的に言及する Id. at 8 のパラ6に至る。既述のごとく，ここ（本書の第2章4）では，『「**憲法上の人権保護**」**をこの報告書がどのように切り捨てているか**』に着目し，そこに的を絞った検討を，以下において行なう。それゆえ重要な指摘となるのだが，そこには──

"6. Switzerland has a strong system of rights and safeguards for taxpayers and other persons concerned by an EOI request, and in some instances these rights are protected by its **Constitution**. These rights do not allow exceptions to notification consistently with the standard, which may **impede** *effective* access to information in

――とある。「憲法上の通知要件」が「実効的な情報交換」を阻害する場合があり得る，というのである。

　Id. at 19ff が「基準へのコンプライアンス」を論じた部分だが，ここは，前記の趣旨による「サンプル調査」ゆえ，もはやダイレクトに，右のパラ6に相当するこの報告書の指摘内容へと，飛んでしまおう。Id. at 66ff（B.2. Notification requirements and rights and safeguards）が，右のパラ6に相当する部分である。

　Id. at 66 の冒頭には，この「通知要件」に関する「グローバル・フォーラム」の「国際基準」の，関連する部分(*)が，以下のように示されている。

* 「グローバル・フォーラム」の示す誠に単純な「国際基準」における「10 の必須の要素（The 10 Essential Elements）」の全体像は，The Global Forum, A Background Information Brief (2010), supra, at 7 に，示されている（それ自体は後述）。ここで問題とされるのは，その 5 番目の B.2. である。

即ち――

"The rights and safeguards (e.g. notification, appeal rights) that apply to persons in the requested jurisdiction should be compatible with effective[*] exchange of information."

――というのが，ここでの「国際基準」の内容をなす。

* ここで，前号分の後半（本書 365 頁）で「★マーク」を付して示したところの――

★【効率的（実効的）な銀行情報へのアクセス上の重要な阻害要因】＝【若干の国々における「憲法上の個人の自由又はプライバシー保護」（の基本権保障）】

　――との基本図式との関係を含め，若干の補足をしておく。
　2011 年の本報告書の随所，そして右の原文引用箇所に「も」，「実効的（effective）」との言葉が用いられているが，これは，『効率的（efficient）』の語の単なる言い換えに過ぎない，と考えるべきである。
　この点で想起すべきは，前号分で検討した「2000 年 OECD 租税委員会報告書」（OECD [2000], supra）において（本書 359 頁），Id. at 3 に示された同委員会の見解として，「理想的には（ideally）」すべての課税目的のための「銀行情報」へのアクセスが許容されるべきであり，それによって『実効的（effective）』な情報交換を目指す，とされていたことである（結論部分の Id. at 45 [para. 109] でも同じ）。『効率性（efficiency）』の語は，前号分との関係では，Id. at 19 (para. 30) において，「銀行秘密」の背景をなす「銀行システム」の「効率性」，との文脈で用いられていた（本書 362 頁）に過ぎない。
　むしろ，「2000 年」の前記報告書以来，『効率的（efficient）』の語の使用は，慎重か

つ巧妙に，**避けられていた (!!)**，と見るべきであろう。『効率的（efficient）』の語には，"achieving maximum productivity with **minimum wasted** effort or expense; preventing the **wasteful** use of particular resource"の意味がある。即ちそこには，資源配分上の「無駄（waste）」をなくす，との意味合いがあるのだが，ここでの文脈において，その「無駄」は，端的にスイスの場合を考えれば，「憲法上の人権保護」によってもたらされることになる。要するに，本書 380 － 381 頁で既述の，**OECD やその加盟諸国，そしれ，それら諸国を含む各国「政府」の営みたる「グローバル・フォーラム」が，特定国（例えばスイス）の「人権保障の打破」を直接もたらした，との構図が鮮明になることは，出来れば回避しておこうとの，暗く，かつ，不誠実 (!!) な意図と，同じことである。**
だからなおさら，『効率的（efficient）』の語を避けて，その意味ではニュートラルな，「実効的（effective）」の語が，「2000 年」・「2011 年」の双方の報告書において用いられているのだ，と私は理解している。文脈上は「実効的」で十分だし，「2011 年」の「ピア・レヴュー報告書」は，すぐ続いて示すように，スイスの「憲法問題」に，一層深く，直接的に介入するものであるがゆえに，なおさらだ，ということである（なお，本書 391，414 頁と対比せよ !!）。

そして，この基準（B.2. の必須要素）に照らして，スイスの憲法上の人権保護が，一刀両断にされる (!!) のである。前記のパラ 6 で，「阻害」する **(impede)** との語が用いられていたことを，忘れてはならない。「憲法上の権利者の（人権）保護」が，実効的（効率的??）な情報交換の，単なる阻害要因と，されているのである (!!)。
**前記の「グローバル・フォーラム」から派遣された計 3 名の「覆面調査員」的な者達は，この基準に照らしてスイスの法制度をチェックする，『単なる（悲しい）歯車的存在』でしかない (!!)**。彼らは，依頼された事項を，それだけをこなす，のみである。彼らに**全人格的判断**を要求することは，そもそもできない。かくて，最終的な責任は，彼らの指摘をその通りに実行しようとするスイス政府の側（後述）にある，ということになる (!!)。

さて，Global Forum, Peer Review: Switzerland 2011, supra, at 66 の，この項の冒頭は，前記の基準（B.2. の必須要素）を "***Not unduly prevent or delay exchange of information***" と言い換えるところから始まる。要するに，「スイスの憲法上の人権保護」を，「不当（unduly）に情報交換を妨げ，又は遅らせる」存在として，誠に単純に指弾し，「国際基準」と合致しないから何とかせよ，とするのである。**この非人間的歯車が容赦なく『人権』を押し潰す悲惨な音が，どうして人々の耳に，心に，届かないのであろうか (??)**。

それでは，Id. at 66-70 の該当部分から，パラグラフ番号を示しつつ，関係する箇所を抜き書きしておこう（パラ 221 が核心部分となる）。順次示せば，其処には――

"214. …… [T]he process for ***the protection of the right to be heard*** …… is protected by **article 29 of the Swiss Constitution** [*] and the PA [Federal Law of 20 Dec. 1968 regarding administrative procedures] ……."

＊　スイス連邦憲法 29 条は「一般的な手続保障（Allgemeine Verfahrensgarantien）」の規

定であり，1項で「すべての者（Jede Person）」に対し，裁判及び行政手続における平等かつ適正な取り扱い等を保障し，2項で，当事者の「聴取（rechtliches Gehör）」を受ける権利（the right to be heard）を定める（3項は省略）。

"218. A legal challenge to the AFC [the Federal Tax Administration]'s exercise of its powers or the exchange of the information has the effect of suspending the AFC's decision ……. This means that <u>the information will not be able to be exchanged pending resolution of the appeal by the Federal Administrative Court</u>."

"221. Switzerland has advised that <u>the notification, which is part of</u> **the constitutional right to be heard**, may be carried out <u>after</u> the information has been obtained. Therefore, the tax authorities may carry out the necessary measures to access the information (including by using their search and seizure powers) directly held by third parties. <u>Thereafter, it is required that the person concerned be notified</u> (**prior to any information being exchanged**) and that person has the right to inspect the EOI file. <u>The person may also</u>, pursuant to the decision of the Swiss federal tax administration to exchange the information, <u>appeal to the Swiss Federal Administrative Court against that decision,</u> (which is the first and only level of appeal in these matters). <u>The appeal has a suspensive effect</u> and therefore the Swiss tax authorities will need <u>to await</u> the final decision of the Swiss Federal Administrative Court **prior to transmitting the information to the requesting State**. Therefore, whilst notification of the person concerned may be delayed until the information is accessed by the authority, there is **no exception** that would allow information to be exchanged **prior to** notification. *This is not compatible with the exceptions to notification rules which are established under the standard.*"

――とある。

　要するに，この報告書の段階におけるスイス（但し，その後も同じであること，後述）では，<u>憲法上の「聴聞の機会を受ける権利の保障」</u>をバックとして，情報が要請国側に引渡される前に（prior to），当該の者への通知，従ってスイス連邦行政裁判所への提訴の道が，例外なく認められ，そこで最終決着を見るまで，要請国への情報の引渡しがサスペンドされる。だから，前記の，「<u>不当に情報交換を妨げ，又は遅らせる（**unduly prevent or delay exchange of information**）</u>」ものとして，「国際基準」に不適合だ，とされるのである。実に単純な，<u>"殺人的（人権圧殺的）歯車"の論理</u>，である。

　<u>ここで想起すべきことが，二つある。</u>第1に，かの「**IRS vs. UBS 事件**」において，貿易と関税 2011 年 5 月号 45 頁以下（本書 49 頁以下）に記したように，スイス連邦行政裁判所は，スイス政府の授権により「2009 年 2 月 18 日」に国家緊急事態的認識の下になされたところの，「256 名分」の UBS 顧客データの米国側への引渡しを，基本

的人権としての当事者の手続権の保障（及び法治国家原則）の観点から，違法とした。そして，スイス政府は，後にこの引渡しを自己批判し，かつ，「**IRS vs. UBS 事件**」を，あくまで当時の対米租税条約に従って処理する方針を，以後，貫いた。ここで第 1 に想起すべきは，このことである。

　**第 2** に想起すべきは，貿易と関税 2012 年 7 月号分の前半，つまり本論文第 2 章 3 (2)の「(2 － 2)」で論じたところの，ドイツの Vogel の著書（その英訳本を含む）における，『**情報を要請国側に渡してしまえば後の祭り**』論（本書 342 頁以下），との関係である。其処で示したように，スイス・ドイツ双方は，この場面での憲法上の人権保障について，同様の法的基盤を有する。そのことを前提として，Vogel, DTC (1991), at 1255 の，本書 342 頁に①の番号で特定したものにおいては，『後の祭り』（ないし『覆水盆に返らず』）となることを回避すべく，情報を要請国側に引渡す前に当事者に裁判所で争う機会を保障し，かつ，決着のつくまで情報の引渡しを stay することの必要性が，強調されていた。

　1991 年の英訳本における Vogel の正しい指摘は，残念ながらその後後退し，この点に関する「ドイツにおける人権保障の不徹底さ」を露呈させることと，なってしまった。だが，そうなる前の，右の原点に，我々は，立ち返るべきである。それが，ここで第 2 に想起すべき点，である(*)。

* 2012 年 5 月 7 日早朝からの，今日の執筆開始の直前，フランス大統領選挙の結果に接したことは，既述の通り（本書 382 頁）。其処で引用した本論文の該当箇所において，私は，「緊縮財政（austerity）」路線はサステイナブルではない，と書いていた。次は，ドイツである。仮に仏独と，立て続けに従来路線が崩れれば，一体どうなるのか。——だが，金持ちへの課税強化ということで，「情報交換」関連の問題については，従来路線の維持・強化となってしまう恐れもある。それほど，個々人の人権保障を，私の言う「**国境でメルトダウン（熔融）する人権保障**」の観点から捉え直すことは，今の世界において，至難の業なのである（!!）。

　ここで，Global Forum, Peer Review: Switzerland 2011, supra に戻ろう。この箇所の纏めが，Id. at 69 にある。そこには——

"[C]ertain aspects of the legal implementation of the element need improvement (??)."

——とあり，また，この箇所の結論として——

"Recommendations: Switzerland should ensure that there are **appropriate exceptions** to the right of notification and right to inspect the EOI file which are consistent with the standard."

——とある。要するに，スイスの憲法上の，『当事者の「聴取（rechtliches Gehör）」』を

受ける権利（the right to be heard）』が，実効的（効率的）な情報交換に対する「過大」な例外となっているから，それを縮減させろ（「適切」な例外にとどめよ），ということである。既述のごとく，本報告書において，『効率性』という言葉を「実効性」という言葉で覆い隠してはいるが，要するにそれは，『**人権保障を「効率性基準」で単純に焼き切る野蛮な営み**』，でしかない。

　これが，「2009 年 3 月 13 日」よりも前であったなら，スイス政府は，断固，こうしたことに対して，抵抗したであろう。だが，実際には，どうだったのか。――この点については，もう一つの論点を潰した後に，言及することとしよう。

　ここで示す「もう一つの論点」とは，Id. at 7 でも言及されていた **identity information** についてのもの，である。Id. at 72ff が，それについての部分となる。即ち，「グローバル・フォーラム」による前記の「10 の必須要素」の 6 番目たる "Exchange of information mechanisms should provide for effective exchange of information." （但し，Id. at 72 では，provide が allow となっている）との要素についてであり，Id. at 73ff で，それを具体化した "Foreseeably relevant standard"（なお，本書 423，435，454 頁参照）との関係が，問題とされている。

　ちなみに，Id. at 73（一々パラグラフの番号を示すこともないとは思われるが，**para. 231 である**）には，この「予見可能な程度に関連のある基準」という，若干わかりにくい基準についての説明がある。単なる「情報漁り（fishing expeditions）」は排除されるが，最大限広汎（to the widest possible extent）な情報交換を行なうというのが，前記の 6 番目の「必須要素」であり，その間のバランスの問題として，『情報交換の実効性を阻害するようなことを要請国側に求めるな』ということ（その旨の基準），だとされる(*)。

　　* 重要なこととして一言すれば，Id. at 75（para. 236）には，「租税詐欺」云々に言及しつつ，『**双方可罰性要件（a dual criminality standard）**』をスイス側が求めることは，この "Foreseeably relevant standard" を満たさない，とされている。「2009 年 3 月 13 日」に既に打破済みとはいえ，『双方可罰性要件』の背後にある『人権保障』の視点についても，この程度の認識で，素通りされていることになる。
　　　そして(!!)，Id. at 82（paras. 268 & 269）には，この流れで "**Absence of dual criminality principles**" との項があり，以下の明言がなされている。即ち，パラ 268 において――

　　"In order to be effective, exchange of information should not be constrained by the application of **the dual criminality principle**."

　　――と，当然のことのような斬り捨てが，不当になされている。


　要するにこの箇所では，要請国がスイス側に情報交換を求める際に，スイス側に，ターゲットとなる者の氏名や住所を通知せよ，とされている点への批判が，なされて

390　第2章　「従来のスイスにおける租税条約上の情報交換」と「堅持されていた"双方可罰性の要件"」

いるのである。Id. at 72f には，この点についてスイス政府が，「2011年2月15日」にステートメントを出し，国民投票なしに（Id. at 73），この点をリラックスさせる立法を議会に提出する旨（等）を述べるに至ったことが，示されている。この「ピア・レヴュー」報告書の時点でその法案通過がまだであったために，この点「も」問題とされた，ということである。──問題のマグニチュードとしては，**Id. at** 69 に即して既に示したところの，憲法直結型の論点の方が大きいことに，注意すべきである(!!)。

　右の最後に示した点を確認した上で，ここで，この「ピア・レヴュー」報告書に対する，**極めて屈辱的な『スイス政府のレスポンス』**へと，目を転じよう。Id. at 95f の，"Annex 1: Jurisdiction's Response to the Review Report" である。
　そこには，悲惨と言うよりも，むしろ滑稽とも言うべき，今のスイス政府の姿がある。どうか私と一緒に，悲しく笑って頂きたい。即ち，その冒頭部分には──

"Switzerland wishes to express its gratitude and appreciation [??] for the excellent and conscientious work carried out by the assessment team in evaluating the Swiss legal and regulatory framework. ……"

──などとある。これはまだ，単なる外交辞令だろうが，第2パラには──

"…… Switzerland acknowledges that the Swiss legal and regulatory framework contains **deficiencies** [??] and will give careful consideration to the recommendations included in the report. We would also like to emphasize that the peer review of Switzerland was given high priority, both in the Federal Department of Finance and in the Federal Tax Administration."

──とある。スイスの連邦財務省も課税当局も，こんな内容のこの報告書を，かくて無限定に礼讃し，スイスの規制枠組に「**欠陥 (deficiencies)**」(??) のあることを認める，とまでしているのである。嘆かわしい。その「欠陥」とは，スイス連邦憲法上の（そして，日本を含めた諸国共通のものたるはずの!!）最も重要な価値としての，当事者の「**聴聞を受ける権利** (the constitutional right to be heard)」のことなのに (!!!)。
　そして，続く第3パラには，「2009年3月13日」後のスイスが行なって来たことが示されつつ──

"…… It was important for Switzerland to provide a clear framework for the exchange of information within each of the double tax treaties and to include procedural aspects in order to ensure the **efficient** [!!] exchange of information."

──とある(*)。

＊　この報告書において，慎重に避けられていた（と見るべき）『**効率的（efficient）**』という言葉，即ち，『**人権保障を踏みにじる基準**』としての『**効率性基準**』が，これまでの議論の流れに忠実に（!!），スイス側の文書において，かくて顔を覗かせている。其処に「も」，本書385－386頁の「＊部分」に立ち戻った上で，注意すべきである。

　なお，スイス政府のレスポンスの，その後の部分は，前記の「もう一つの論点」と関連するが，もはやそこは，省略する。

　以上，「2011年」段階での「サンプル調査」として，<u>Global Forum, Peer Review: Switzerland 2011, supra</u> を検討して来た。Id. at 8 には，「ピア・レヴュー」の Phase 2 が，「2012年後半（the second half of 2012）」に行なわれる予定，とあるが，もはや十分であろう。直前の「＊部分」に「も」再度示したが，<u>この報告書は，『効率性』（ないし『効率的』）という言葉を，意図的に（!?）避けている面はあるものの，その実態が，（情報交換の）『効率性』のみによって，『正義・公平等の「効率性」以外の諸々の価値基準』（「自由・平等・博愛」といったものを含むそれら!!）を不当に焼き切るものでしかないこと</u>は，明らかである。

　思い起こせばそれは，<u>貿易と関税2011年12月号87頁以下（本書203頁以下）で示したところの，実に「1963年草案」段階からの，OECDモデル租税条約26条「コメンタリー」に示された，**OECD側の歪んだ体質**を，</u>一層無節操に増幅させつつ，引き摺るものでしかなかった。それにしても，**IRS vs. UBS 事件**を含め，これまであれほど頑張って来たスイスという国（但し，スイスの「政府」であって，裁判所ではない。本論文第4章5の目次項目参照）が，どうしてここまで情けない存在となってしまったのか。――私はここで，「規制改革」と「公務員叩き」の風潮の中で，本省の正門前のテレビカメラの放列を潜り抜け，ようやく登庁するも，すっかり脱力する日々の中で，結局米国の大学に逃げて行った某省の某氏の言葉を，思い出す。「苛め抜かれると，苛められるのに慣れてしまい，それが快感ですらある。……」と言って，彼は去って言った。

　スイス政府は，それと同じ思いなのかも知れないが，「個々人の人権」よりも，「金融センターとしてのスイス」の「国益」を，貿易と関税2011年12月号95頁以下（本書212頁以下）の場合と同様に，優先させた結果，こうなったのであろう。それで，スイス・アルプスの峰々を，また，バーゼルのライン川を，直視できるのか（!!）。――私の思いは，結局は其処に，戻って行くことになる[*][**]。

　＊　以上の執筆は，2012年5月7日午後0時56分まで。執筆時間は，計7時間55分だったが，昨日までの心身の不調・不安定さを覆すように，軽快に，ノー・ストレスで，ここまで来た。不思議である。――執筆再開は，同年5月12日午前8時40分。案の定，結構ダメージが残っていた。これでも最速での執筆再開である。まずは，ここまでの部分の点検から。

392　第 2 章　「従来のスイスにおける租税条約上の情報交換」と「堅持されていた"双方可罰性の要件"」
　＊＊　但し，その後の「スイス政府」の奮起については，本書 525 頁以下。

　ここで，**貿易と関税 2012 年 6 月号分以来の流れ**を，再確認しておこう。同 6 月号 70 頁（本章 3 の(1)の「(1－1)」の末尾〔本書 319 頁〕）において，私は，(「実効性」という言葉で隠された)『効率性』基準が『人権保障』を焼切るという，本号分でも端的に示された構図が，私の『法と経済』(1998 年・岩波)以来の，新古典派経済学批判と，同じ問題であることを，示した。続いて同 7 月号 52 頁以下（本章 3(2)の「(2－1)」〔本書 336－338 頁〕）においては，「**最も重大な事柄**」として，「**金融工学 vs. 倫理・道徳**」との視座にまで遡り，現下の欧州金融危機（等）への処方箋の不十分さ（それが新古典派経済学的な，単純な「小さな政府」論に，いまだに毒されていること）にまで言及しつつ，そこから「租税条約上の情報交換」に関する当面する問題に，光を当てようと試みた。そして同 8 月号分（本章 4 の(1)の「(1－2)」〔本書 355 頁以下〕）においては，「銀行情報へのアクセス改善」のための「2000 年 OECD 租税委員会報告書」の「目的」が，(右の「最も重大な事柄」に触れることなく)単純に「国家の歳入確保」に置かれ，その「手段」として「情報交換」の『実効性（効率性）』が位置づけられつつ，巧妙に，それが特定国（例えばスイス）の『憲法上の「人権保障」への攻撃』を意味することが，**隠蔽**されていること，等を示した。以上を受けた本号分における「2011 年段階」での検証，だったことになる。

　OECD の一連の作業との関係では，「租税条約上の情報交換」に関するそれ（次号分以下において更に検討される）は，石黒・グローバル経済と法（2000 年・信山社）75 頁以下，147 頁以下で詳細に検討・批判した「OECD 規制改革報告書」，及び，「多数国間投資協定（MAI）作成作業」と同様の，あまりにも一方的な流れであった。だが，とくに後者（MAI 作成作業）を挫折に追い込んだ「フランス」（同前・373 頁）も，「情報交換」問題に関しては，「アンチ銀行秘密」（＝『双方可罰性』打破）の陣営に，率先して加わってしまっていた。もはや，(スイスを含め)どこの国の政府も，こうした極端な流れに，同調してしまっている。だからこそ私は，本書 381 頁において，**西平等「『敵』と『犯罪者』——近代法的人道性の基礎についての考察」日本平和学会編・平和研究 36 号［グローバルな倫理］(2011 年) 21 頁以下**を引用し，其処で鳴らされている重大な警鐘に留意するよう，強く求めたのである(＊)。

　＊　本章 4 では，その(3)として，The Global Forum, A Background Information Brief (2010), supra を検討する作業が，まだ残ってはいる。だがそれは，本論文第 3 章 1 と併せて，次号分で言及した方がよい面がある。かくて，実質的には，第 2 章には本号分で一応けりが付いたことになる（以上，執筆は，2011 年 5 月 12 日午後 0 時 39 分まで。点検に入る。点検終了，同日午後 1 時 38 分。約 5 時間の，超短い作業だったことにはなるが，「氣」の進展との関係で，油断は禁物である）。

［以上，2012 年 9 月号 50－67 頁］

### (3) 「グローバル・フォーラム」の「バックグラウンド・インフォメーション・ブリーフ（2010年12月10日）」――「2011年6月17日」の同様の文書との対比において

本号分では，まず，**The Global Forum on Transparency and Exchange of Information for Tax Purposes: A Background Information Brief** (10 Dec. 2010)，即ち，いわゆる「グローバル・フォーラム」の作業の基本を示す文書を検討する。そして，それが終わり次第，<u>次号分以降となってしまうが，第3章へと筆を進めること</u>とする（以下，「グローバル・フォーラム」のもう一つの文書も参照するので，便宜右のものを，<u>The Global Forum [2010], supra</u> として引用する[*]）。

* 執筆開始は，2012年5月29日午後0時15分。この5月には，1か月に2回分の前倒し執筆を，との自ら立てた目標を，達成できなかった。「氣」の進展度合いも関係しようが，前月号分の執筆については，執筆時間の長短に関係なく，毎回，心身へのダメージが相当あった。だから少し休め，という天の声があったのかもしれないが，5月後半は，この11月からの税務大学校国際租税セミナー（実務コース）のレジュメの後半部分を，「情報交換」問題の拡充のために入れ替え，（現状で）計78頁にしたり，OECDマルチ税務執行共助条約の署名に対応した国内法整備についての情報を整理し，メモを作成したりもした。5月21日の，「列島縦断は932年ぶりという金環日食」の日には（昨年末の，「皆既月食」を見た直後の「パソコン突如自己崩壊事件」もあるので），おとなしく何もせずに，である。ところが，その後24日，そして25－27日に「大きな異変」があり，とことん疲れた。5月17日作成の，22日に久々に色塗りをした絵は，「予知絵」だったのだ。そんなこんなで，今月分の執筆開始が，遅れてしまったのである。――思えば，今日の午前1時36分，激しい揺れがあった。新宿区では震度3であったということだが，実感は震度4。妻とともに，『かの「3.11」』のようになるのではないかと，ヒヤッとした。この地震で，「今日執筆せよ」との天の声を感じたのは事実だが，後述の**【重要な注記(!!)】**部分（等!!）の重大発見に至るとは……。

　結局，この数号分を総括する内容となったのが今月号分だが，のみならず，<u>気づいて見れば，本論文は，思わぬ展開となっていた</u>。即ち，「この世の終わり」を宣言することから始まった本論文は，「租税条約上の情報交換」と「スイス銀行秘密」との接点に焦点を当てるという，<u>特殊研究中の特殊研究</u>だったはずだが，何と，数号分前から，岩波の『法と経済（Law vs. Economics）』（1998年）のメイン・テーマが，眼前に立ち現れ始め，しかも，もう30年以上にもなる私の『国際金融』研究のコアまでが，本論文の長い（但し，いまだ半分だが）道程の正面に，突然，自分から姿を現したのである(!!)。東大法学部教授として最後の論文のつもりの本論文は，かくて，それにふさわしい，<u>私の全研究の，かなりの部分の集大成</u>としての様相を，呈するに至ったのである。これはあくまで，自分の（ときに過剰な?）「意識」をすべて無とし，「意識下の自分」（「氣」）に，すべてを委ねた結果，である（この最後の段落は，本号分の執筆を一応終えた2012年6月5日の，午後4時30分までの追記）。

さて，The Global Forum (2010), supra については，適宜，前号分でも言及しておいたが，本章4の文脈においてそれについて言及する本来の趣旨は，それが，前号分で論じた「グローバル・フォーラム」の対スイス「ピア・レヴュー」報告書（2011年6月）

394　第2章　「従来のスイスにおける租税条約上の情報交換」と「堅持されていた"双方可罰性の要件"」

の，半年前のグローバルな状況を示しているからである。その意味では，前号分の論述を若干補充するのが，本来は，ここでの論述であるにとどまる(*)。

* 同種の文書は，「2011年6月17日」付けでも出されている。**The Global Forum on Transparency and Exchange of Information for Tax Purposes: Information Brief (17 June 2011)** である。当初の予定を多少変更し，以下，これを，The Global Forum (2011), supra として引用し，前年のものと対比する。その方が，「グローバル・フォーラム」なるものを，よりよく理解できることに，「書きながら気づいた」ための，微調整である。

だが，軽く済ますつもりだった検討が，そうはゆかなくなって来た。これから二つ目の，実に長い「＊部分」の問題を，発見したからである。従って，すべて，自然の流れに逆らわずに，筆を進めることとする。

The Global Forum (2010), supra, at 2f の，この文書の実質冒頭部分は，"The Global Forum Delivers First Results of Peer Review Process" と題する。Id. (2010), at 2 のパラ1には，2010年9月29 － 30日のシンガポール会合に「グローバル・フォーラム」の80のメンバーが参加して，8つの「ピア・レヴュー」報告書を採択（adopt）した，とある。そこには，このシンガポール会合が，「ピア・レヴュー」の「プロセス」が最初に議論されたメキシコ会合（……was first discussed in Mexico）のちょうど1年後だ，ともある。前号分で論じたように，「グローバル・フォーラム」のいわゆる「改組」が，「2009年9月」のこの「メキシコ会合」によるものであったから，既にそこにおいて，対8カ国の「ピア・レヴュー」の開始が，決まっていたことになる。だが，そこには，「対スイス」のレヴューは，入っていなかった(*)。

* 最初の対象国は，Bermuda, Botswana, Cayman Islands, India, Jamaica, Monaco, Panama and Qatar であった。結果は，www.oecd.org/tax/transparency で一般に公開されている，とある。――本号分を一応書き上げた後の，6月5日段階での感想としては，「スイス」の「初参加」となる「メキシコ会合」で，対スイスの「ピア・レヴュー」を決定「しなかった」のも，周到な「戦略」（誰のそれかは，後述するところから，判明するはず，である）としてのもの，と思われて来る。

ちなみに，ここで参照するもう一つの文書たる，本体僅か4頁の Id. (2011) には，頁の記載がないのでパラグラフ番号で示すが，Id. (2011), paras. 1-3 の，その冒頭部分は，"Breaking News!: 3rd Global Forum Meeting in Bermuda Adopts 9 More Peer Review Reports" と題しており，そこにおいて，「スイス」に対する Phase 1 の報告書が「採択された」（adopted），とある。但し，当のスイスが，屈辱的にも (!!)，「グローバル・フォーラム」側の"憲法踏みにじり型"のこの報告書に恭順の意を表している以上，「採択された」といっても，前号分で論じたように，それは，形式的なものにとどまる(*)。

\* 【重要な注記（!!）──「2008 年以来のグローバルな政治的アジェンダ」の実像と「情報交換」問題との"位相のずれ"をめぐって・再論】

　まず，若干注意すべきは，右の Id. (2011), para. 1 において，「2011 年 5 月 31 日から 6 月 1 日まで」の，「グローバル・フォーラム」のバミューダ会合について，Id. (2010), para. 1 にはなかった「総会（plenary meeting）」という，あたかも正式の国際組織の会合である「かの如き」用語が，用いられていること，である。だが，そうした言葉遣いに，眩惑されてはならない。

　確かに，参加国も急速に増え，Id. (2011), para. 5 にあるように，その段階で 100 members を越えた参加があるが，それでは，いわゆる「グローバル・フォーラム」の内部組織が，どこまで一般の国際組織と同様の，制度的に堅固なものになっているのか。其処が，問題になる。これは，前号分で示したところの，対スイスの，"憲法踏みにじり型"レヴューへの批判を踏まえた，私なりの指摘である。「情報交換の実効性（効率性）」のみを指標として，各国の「憲法上の人権保障」をも蹂躙するがごとき『国際組織』など，今の我々の世界に，そもそも存在してよいのか（!!）。其処を，考えるべきである。

　そして，これを裏から見た場合，各国の人権保障システムに風穴を開けるなどという「危ない仕事」を，直接，『国際組織』が手を下すのではなく，そうした「汚い仕事」(!?) を，「グローバル・フォーラム」という名の，或る種のダミーとしての外部組織に任せ，『国際組織』自体は，その加盟諸国の政府と同様，そうした仕事には直接責任を負わない綺麗な存在であるかのごとくプリテンドしたがるという，前号分（本書 380 － 381 頁）でも指摘した最近の我々の世界の，在りがちな傾向（再度，後述する）との関係が，問題となる。だが，そうではあっても，その外部ダミー組織自体の権威を，言葉の上だけでも，（ある種の錯覚を利用して）高めておこうとする ambivalent な欲求は，別に生じ得る。そうしたもろもろが，「総会（plenary meeting）」という新たな用語の登場をもたらした，と見るべきであろう（後述の点と，対比せよ）。

　この点に関連して，plenary meeting との，その意味で危ない言葉を用いる Id. (2011) も，その 3 番目の項目（パラ 6）では，"Support of The Global Community" と題して，相変わらず「2008 年以来の G20」の（政治的）サポートのあることを，最も強調して示している。「2010 年 11 月」の「G20 韓国（ソウル）サミット」での宣言文を引用しつつ，である。パラ 7 では，世銀や IMF 等との共同作業（The Global Forum is also working with ……）も，誇示されているが，その二つ目の項目たる Id. (2011), paras. 4-5 の，"The Global Forum Leads The Way" を見ると，「グローバル・フォーラム」が，いまだに漠然たる「フォーラム」にとどまっていることが如実に示されているとともに，私がこれまで本章 4 において強調して示して来たところの，一連の問題の重要な背景事情が，極めて屈折した形で，示されている。まずはその箇所を，原文で引用しておく。そこには──

"4. High standards of transparency and **the eradication** of international **tax avoid-**

396　第 2 章　「従来のスイスにおける租税条約上の情報交換」と「堅持されていた "双方可罰性の要件"」

ance [??] have been high on the global **political** agenda since 2008. **Tax avoidance and tax evasion** [!!] threatens government revenues throughout the world. In many developed countries the sums run into **billions of Euros** and developing countries lose vital revenue through **tax evasion**. **This** translates into fewer resources for governmental and **social infrastructure** which in turn affects **the standard of living** in both developed and developing economies.［★］

5. The Global Forum, restructured in 2009 and now with more than 100 members, is the leading international **forum** in this field. …… The Global Forum's membership, mandate and a short history is set out in Annexes Ⅰ and Ⅲ. The Global Forum has realised a number of remarkable achievements in a short period of time, and **support from stakeholders remain strong."**

──とある（後述の論点との関係で重要な「パラ 4」に，「★マーク」を付して，特定しておく）。

　まず，パラ 5 について一言すれば，「グローバル・フォーラム」が，いまだ単なるアメーバのごとき単なる「フォーラム」どまりの存在であり続けている理由は，前号分の，本章 4 (2) の，「(2 − 2)」の項の副題として，「隠された『効率性基準』の暴走 !!」としておいた点（本書 378 頁）と，（既述のごとく，おそらく）関係する。つまり，前号分の半ばにおいて，対スイスの前記「ピア・レヴュー」においても，『人権問題』が何ら直視されて「いない」こととの関係で，私は以下のように述べていた。既述の点と内容的にはダブルが，重要ゆえ，ここでそれを，念のために再度示せば（なお，本書第 2 章の冒頭頁に記した，本書の基本的執筆方針を，ここで「も」参照せよ !!）──

　『ここで「も」，OECD やその加盟諸国，そして，それら諸国を含む各国「政府」の営みたる「グローバル・フォーラム」が，特定国（例えばスイス）の「人権保障の打破」を直接もたらした，との構図が鮮明になることは，出来れば回避しておこうとの，暗く，かつ，不誠実 (!!) な意図が，多少なりとも働いていた，と考えることの方が，自然であろう。「テロ撲滅 vs. 人権保障」の構図の表面化を避けようとする，今の世界のトレンドと，同じことである。──この点で，……西平等教授（関西大学・国際法）の論文を，掲げておく。**西平等「『敵』と『犯罪者』──近代法的人道性の基礎についての考察」日本平和学会編・平和研究 36 号［グローバルな倫理］(2011 年) 21 頁以下**，である。同前・21 頁の，「対テロ戦争」や「対テロ法規」により，「21 世紀の初頭」において，「思いもよらぬ速さ」で，「『敵』と『犯罪者』の区別が決定的に失われた」との，その冒頭の指摘を，私のここでの指摘と，重ねて見よ。**今の我々の世界の危うさが，そこから炙り出されてくる「はず」**，である。』

　──と，私は述べていた（本書 380 − 381 頁）。そのことである（ちなみに，The

Global Forum［2011］, supra の Annex Ⅰ は，単なるメンバー国の列記であり，Annex Ⅲ は，「グローバル・フォーラム」のマンデート等であり，Id.［2010］に即して後述する点とダブルので，省略する）。

だが，<u>一層重要なのは，前記のパラ 4 の方である</u>。The Global Forum（2011）, supra, para. 4 の前記の原文を見て，<u>違和感を抱かないか</u>。

巨額の「脱税（tax evasion）」が各国政府の歳入に大きな打撃を与えているのは事実であり，その撲滅（eradication）が目指さるべきは当然だが，パラ 4 の冒頭第 1 文には，"High standards of transparency and <u>the eradication of international **tax avoidance** have been high on the global **political** agenda since 2008.</u>" とある。<u>国際的な「租税回避（tax avoidance）」（合法的なそれ!!）の「撲滅」</u>が，「2008 年以来のグローバルな政治的アジェンダ」に，果たしてどこまで，なっていたのか（??）。「<u>IRS vs. UBS 事件</u>」を含め，問題となって来たのは，国際的な「脱税」だったはずである(*)。<u>何かがおかしいと，そこで感ずるべきである (!!)</u>。——ここで，仕方がないから，この「＊部分」の中に，更にそれを補充する「＊部分」と「＊＊部分」とを，挿入する。

●　　　　　　　●

＊　貿易と関税 2011 年 3 月号 47 頁以下（本書 2 頁以下）でも引用した<u>中島隆仁「**OECD のタックス・ヘイブン対策——租税目的の情報交換に関する最近の動向**」税大ジャーナル 14 号（2010 年 6 月）144 頁</u>には，「<u>2008 年 7 月の G8 北海道洞爺湖サミットの首脳宣言</u>は，『租税に関する透明性と情報交換の OECD 基準を完全には実施していないすべての国に対し，遅滞なく，これを実施するよう求めるとともに，OECD に対し，<u>租税回避</u>に関する取組を強化し，2010 年に報告するよう促す。』と言及した」，とある。だが，かかる「政治的モメンタムを高めた要因」として同前頁に列記されているのは，「<u>2007 年 8 月のサブプライム・ローン問題表面化</u>に端を発し，<u>2008 年 9 月のリーマン・ブラザーズ破綻</u>で決定的となった世界的な金融危機」，「2008 年 11 月」の「オバマ政権の誕生」，そして「リヒテンシュタイン」での「<u>脱税</u>」事件と，「UBS」関連の「<u>脱税</u>」事件の，4 つである。

そもそも，「<u>2008 年 7 月の G8 北海道洞爺湖サミットの首脳宣言」の中で，（本来合法的な）「租税回避」問題が特に問題とされたとする右の指摘は，事実に反する</u>。The Global Forum（2011）, supra, の Annex Ⅱ には，「2011 年 2 月」までの G20 のサポートと，「2009 年 7 月」までの G8 のサポート(＊＊)が，Chronology として示されている。だが，中島・前掲頁の引用する G-8 Meeting of Heads of Government, Hokkaido Japan 9 July 2008 のコミュニケは，"We urge all countries that have not yet fully implemented the <u>OECD standards</u>［??］ of transparency and effective exchange of information in tax matters to do so without further delay, and encourage the OECD to strengthen its work on **tax evasion**［!!］ and report back in 2010." として紹介されている。<u>右の "tax evasion"（「脱税」）を（合法的な）「租税回避」と訳した中島・前掲頁は，明確なミスである</u>。——ちなみに，このクロノロジーにおいてその次に示されている G-8 Meeting of Financial Ministers, Osaka Japan 14 June 2008 のコミュニケも，"tax evasion"（「脱税」）について，同旨を述べている。他方，例えば「2010 年 11 月 12 日」付けの，OECD 側から G20 ソウル財務相会合への報告についても，"Tax transparency: Presentation of the Report on progress made against international tax evasion" と題して，OECDのウェヴサイトで公表されている，等々の事実とも，対比すべきである。

＊＊　なお，「2009年7月8日」のイタリアでのG8首脳宣言以降，先進国オンリーのG8による（「グローバル・フォーラム」＆）OECDでの作業への具体的サポートが，そこ（Annex Ⅱ）にあるように姿を消していることも，気になる点である（もう一つ気になることとして，Annex Ⅱのタイトルは，「OECDの作業」へのサポート［Chronology of G7/G8/G20 Support for The OECD's Work ……］となっており，「グローバル・フォーラム」の名は，そのタイトルにはない!!）。

　「2009年4月2日」の，「銀行秘密の時代は終わった」とするロンドン宣言も，G20の場でなされていたし（更に気になることとして，Id.［2011］, Annex Ⅱにおけるこのロンドン宣言において，なぜか「銀行秘密の時代は終わった」とする部分は，"…"で省略されている。なぜ省略する必要があったのであろうか??），各国の憲法上の人権保障の相対化を迫るような危ない仕事のサポートは，先進国のみでなく，新興国も含めたG20で，先進国の存在を希釈化して行なおう，との暗黙の意図が其処にあったようにも，思われないではない。「2009年3月13日」のスイスの政治的敗北以降，こうした「危ない仕事」が具体化・表面化することを，深謀遠慮（??）した結果であろうか（もっともらしい理由は，いくらでもつけられるであろうが）。

　既述のごとく，「グローバル・フォーラム」の最初の「ピア・レヴュー」は，「2009年9月」の，「グローバル・フォーラム」の「メキシコ会合」で決定されていた。そうなってからは，G8のサポートは，なくなったのである。この時期的な一致が，気になる。

　そう思って，Id.（2011）, paras. 6-9の，"Support of The Global Community"の項をもう一度読み返してみると，微妙なカッコの中（後述）は別として，「グローバル・フォーラム」へのサポートとしては，G8の名はそこに一切なく（!!），G20（等）のことしか，書かれていない（パラ10以降は，「ピア・レヴュー」について，となる）。ちなみに，「微妙なカッコの中」とは，パラ6の冒頭の第1文の前半であり，第1文には，"Tax transparency has been a key feature of the G20 Summits since 2008 (see Annex Ⅱ for a history of the G7/G8/G20 support for **this work**), and in the run up to the G20 summit held in London on 2 April 2009, the standards on transparency and exchange of information **developed by the OECD**［??］ were endorsed by all key players." とある。

　このパラ6の第1文も，妙である（「透明性」と「情報交換」とをバラバラにして示す点も妙だが，それは措く）。パラ6に先行するパラ4・5が，「グローバル・フォーラムが道をリードする」と題していたし，パラ6の第2文も，「2010年11月」のG20韓国（ソウル）首脳会合において，首脳達が「グローバル・フォーラム（The Global Forum）」の"Phase 1 and 2 reviews"を促したとあるのに，何故か右のパラ6の第1文には，「ピア・レヴュー」の基準（後述）を開発したのがOECD自体であるかのように，プリテンド（!!）されている。——だが，前号分（本書379－381頁）でも示したように，実際の「ピア・レヴュー」の結果については，OECDもその加盟国政府も，直接の責任を負う形には，なっていない（再度原文を示して，後述する）。本当に「基準」を開発したのがOECDであるのならば，なぜそうしたことになるのか。要するに，右の箇所で「は」，基準開発を行なったのは「国際組織」たるOECDなのだから，一般人はひれ伏して拝め，といった一部の曖昧かつ情緒的な対応（一般常識的なそれ?）が，不誠実にも期待されているのみ，と考えるべきである。

この点を，更に敷衍して示しておこう。一部既述のごとく，The Global Forum (2010), supra, at 2 のパラ 1 には，「ピア・レヴュー」の（綿密な）「プロセス」が最初に議論されたのは，「2009 年 9 月」の「グローバル・フォーラム」のメキシコ会合においてだ（[T]he process for in-depth peer reviews of transparency and tax information exchange standards was first discussed in Mexico.)，とあった。

それでは，「ピア・レヴュー」の前提となる「情報交換の国際基準」自体は，OECD 自身が作ったと，果たして言えるのか。この点については，前号分の前半の，本章 4 の (2) の，「(2 - 1)」（本書 375 頁以下）で引用した，**スイス連邦メルツ大統領から OECD 事務総長に宛てた抗議の書簡（2009 年 4 月 28 日）**を，想起すべきである。スイス側のこの抗議においては，OECD 側への 3 番目の要請として，"Is the Global Forum **a standard setter** or will the Forum's role be limited to evaluating progress?" との点の明確化が，求められていた。現実には，「グローバル・フォーラム」自体が「国際基準」を作成していたからこそ，このようなスイス側からの問いかけが，なされていたのである。それを OECD が開発した，などという The Global Forum (2011), supra, para. 6 冒頭の，原文を示した第 1 文の指摘は，事実に反する（更に後述する）。

ともかく，**相互に狡猾に責任逃れをするかのごとく (!!)**，作業主体（責任主体 ?）としての「**OECD**」と「**グローバル・フォーラム**」とが，"舞台の早変わり"のように，パッとすり替わり，入れ替わって登場しているのが，（ここまでの論述においても意識して示して来たように）「グローバル・フォーラム」側のこの文書，そして，他のこの手の文書の，許しがたい特徴である。実に悲しいことではあるのだが。

なお，The Global Forum (2010), supra, at 2 のパラ 2 に付された注 1 では，「10 の必須の要素（essential elements）」を示す **Terms and Reference** の参照が指示されている。そこに，前号分で『反人権保護的な野蛮なもの』として批判した，対スイス「ピア・レヴュー」報告書でも具体的に示されていた『必須の要素』が，示されている。そこで，『それ』について具体的に記述する。The Global Forum (2010), supra, at 6 (paras. 19ff) のうち，冒頭のパラ 19 とパラ 20 に着目してみよう。前記の**「国際基準」を OECD が開発したなどという詭弁**の背景を，更に抉るために，である。

そこには，"19. The standards of transparency and exchange of information that have been developed by the OECD are **primarily contained in the Article** 26 of the OECD Model Tax Convention and the 2002 Model Agreement on Exchange of Information on tax matters. ……." とある。だが，それら（とくに誰の目にも自明なのは，OECD モデル租税条約 26 条の「条文」。──詳細は，本書第 3 章 1 で，その「コメンタリー」の指摘を含めて示す）自体に，例えば前号分で，対スイス「ピア・レヴュー」報告書について批判的に示したところの，"*The rights and safeguards that apply to persons in the requested jurisdiction should be compatible with effective exchange of information.*" (***B.2. of The 10 Essential Elements***: Id. [2010], supra, at 7 [para. 20]) などという野蛮な事柄が，何処まで書かれていると言うのか。右の "primarily contained in ……" もまた，事実に反する。

実際にも，Id. (2010), supra, at 6 (para. 20) には，冒頭の 1 文として，"**The Terms of Reference developed by the Peer Review Group and agreed by the Global Forum** break these standards [developed by the OECD?? ── para. 19] down into 10 essential elements against which jurisdictions are reviewed." と，あるではないか (!!)。──かくて，このパラ 19・20 の中にも，『本当のことを隠そう』とする暗い営為が，『スイ

スのような国における人権保護を目の敵とする毒蛇のとぐろ』のように，無意味な渦を巻いているのである。──以上で，この「＊部分」の中に挿入された「＊部分」と「＊＊部分」とを終える。The Global Forum (2011), supra, para. 4 の右の原文を見て，「違和感を抱かないか」（本書397頁）と述べた，その続きへと，ここで移行する（まだ，【重要な注記 (!!)】の途中である）。

　　　　　　　　　　●　　　　　　　●

　「2008年」は，「リーマン・ショック」の年である。しかるに，The Global Forum (2011), supra の，前記の「★マーク」で特定した「パラ4」（本書396頁）では，続く第2文で，（合法的な）「租税回避（tax avoidance）」と（違法な）「脱税（tax evasion）」とが並べて示され，それ「ら」によって世界中で国家の歳入が脅かされている，とする。ここも（後述のごとく，それは事実ではあるが!!），文脈としては，厳密にはおかしい。一見，実に trivial な問題のようだが，以下に，全4文のこのパラ4につき，どこまでも言葉にこだわって，この点を掘り下げておく。極めて重大な問題に突き当たるから，である (!!)。

　このパラ4・5は，既述のごとく "The Global Forum Leads The Way" と題した個所だが，「グローバル・フォーラム」がリードする「道」とは，「実効的(効率的)な課税上の情報交換」の「道」，である。右の「＊部分」・「＊＊部分」に入る直前の段落（本書397頁）と，右の「＊部分」とで示したように，それ（右の「道」）は，（**IRS vs. UBS 事件**」がそうであったように）国際的な「脱税（tax evasion）」の摘発のためになされ，それによって国家の歳入（税収）には，確かに増加し得る。だが，「合法的」な「租税回避（tax avoidance）」は，そのメカニズムを解明したところで，それが「合法的」である以上，国家の歳入は増えない「はず」である。

　パラ4の第3文では，まさに右のことを反映して，「脱税（tax evasion）」のみを挙げ，重大な（国家・政府の）歳入ロスが「脱税」から生ずるとする。だが，第3文は "and" で前後が繋がれており，「脱税」から生ずる歳入ロスは，その後段の「途上国」における現象，とされている。「多くの先進国」についての，第3文の前段の指摘においては，「その額（the sums）」は数十億ユーロに達する，とあるが，sums の前の「その(the)」とは，明らかに，先行する第2文を受けている。第2文には，「脱税」のみならず，（合法的な）「租税回避（tax avoidance）」も，共に掲げられ，それ「ら」によって，「世界中」で政府の歳入が脅かされている，とあった。「世界中」とあるから，「途上国」をも含み，「途上国」でも（合法的な）「租税回避（tax avoidance）」からの歳入（のロス）への脅威「も」，生じていることになる。これまた事実なのではあるが，しかし，第3文の後段では，「途上国」の重大な歳入ロスは，（専ら?）「脱税」によるものとされている。

　こうなると，第4文冒頭の「これ（This）」とは何を指すのかが，問題となる。先行する第3文が，その前半で「先進国」での『「租税回避」プラス「脱税」』による（政府の歳入の）ロスを言い，その後段で「途上国」での『脱税』による歳入ロスを，指摘しているからである。だが，この第4文では，「これ」によって，「先進国」・「途上国」ともに，「社会インフラ」（の整備）等が脅かされ，延いては人々の「生活水準」

への悪影響が生ずる，とある。そうである以上，また，このパラ4の全体構成からも，更に，事実としても，そうした悪影響は，『「租税回避」プラス「脱税」』によってもたらされるものと考えるのが自然であり，従って『それ』（『「租税回避」プラス「脱税」』）が，第4文冒頭の「これ（This）」の指示する対象となる「はず」である。だが，パラ4の冒頭第1文では，（合法的な）「租税回避」の「撲滅（eradication）」が，「2008年以来のグローバルな政治的アジェンダ」であった，とする。だから，租税条約上の情報交換の実効性（効率性）を高めるのだ，との文脈において，である。だが，**再度言う。何かおかしくないか，と。**

　右のパラ4で（合法的な）「租税回避」への言及のあることは，皮肉にも，極めて象徴的である。国際的な「租税回避」は，まさに「金融手法」を駆使して，「節税」のために行なわれる。たしかに，合法的な「節税」と，『**国際的税務否認**』のなされるべき（違法）場合との線引きは，常に微妙である。だから，「税務否認」さるべき取引等の解明のために，一層「実効的（効率的）な情報交換」をせねばならない，という限度でなら，理解できる（なお，金子宏・前掲租税法第17版 119頁以下参照）。

　だが，既述の通り，当たり前のこととして，（合法的な）「租税回避」のためにいくら情報交換をしたとて，「税務否認」ができない限り，国家の歳入（税収）は増えない（!!）。また，同じく既述のごとく，「**IRS vs. UBS 事件**」を含め，実際に問題となって来たのは，国際的な「脱税（tax evasion）」だったはずである。どこかで何かが，混線している。其処に，気づくべきである（!!）。

　そもそも，前記のパラ4冒頭の，「2008年以来のグローバルな政治的アジェンダ」の掲げ方自体が，事実に反していると言うべきである。このパラ4において，「脱税」とともに（合法的な）「租税回避」が掲げられ，それ「ら」によって各国政府の「歳入」と人々の「生活水準」（等）が脅かされている，との認識が示されているのは，実は，正しいのだが（後述）。

　その関係で，私は，貿易と関税 2012年7月号分の冒頭近く（本書 335－336頁）において，「銀行秘密の時代は終わった」とする，「**2009年4月2日**」の「**G20 ロンドンサミット・コミュニケ**」に再度言及し，それについて，以下のごとく論じていた（ここで再度，本書第2章冒頭〔129頁〕に示した，意識の断絶云々の，本書執筆方針に注意せよ!!）。即ち──

　　『要するにそれ［前記コミュニケの該当部分］は，『「G20 諸国の公的金融（財政）と金融システムを守るため」には，従来のスイスが端的に維持して来た「銀行秘密」を打ち砕く必要がある』（!?），との文脈でなされた宣言である。だが，**其処に，多少の違和感を抱かないか。**

　　「G20 ロンドンサミット」の開催されたのは，たしかに，世界が 2008年秋以来の「リーマン・ショック」の混乱の中にある時期だが，それと「銀行秘密」との間に，どれだけ直接的な因果関係があるというのか。その意味では，「銀行秘密」は，或る種の「（政治的な!!）スケープ・ゴート（scapegoat）」とされ，あたかも，それが諸悪の根源であって，『それさえなくせば「G20 諸国の公的金融（財政）と金融シ

ステム」は守られる』かのごとき文脈で，歪んで取り扱われた面が，ありはしないか。

あらかじめ私の視角から言っておけば，「リーマン・ショック」やその後の先進諸国における金融不安の原因は，何でもカネ儲けの種とする，「金融工学」万能の，今の世界の「金融手法」そのものにある……。「銀行秘密」によって隠蔽されるのは，そのごく一部にすぎない，はずである（[!!]）。

本論文のここでの文脈を越えて，**最も重大な事柄**について，あえて一言しておく。「銀行秘密」，「テロ・ファイナンス」等の，問題の「外側」をいくら攻めたところで，すべての根源の，肝心の「金融工学」ないし「金融手法」そのもの（基本的に，「倫理・道徳」の欠如した，「新古典派経済学」そのものとも言うべきその問題性と，現実世界にそれを投射した場合の，サステイナビリティの欠如!!）をアンタッチャブルとしたままでは，その後の欧州発の金融不安を含めて，真の問題解決にはならない「はず」である。

その意味でも，……1997－98年の「多数国間投資協定（MAI）」交渉ドラフトが出されたのと時期的に重なる「アジア経済危機」への対処として，**MAI交渉に参加した大多数の国々が，投資家利益の極大化の方を優先させた事実**（……「若干の国々」による「国際投資ファンド」の「投資フロー」に重大なコストと歪みをもたらす無限定な競争を防止すべきだ」との提案が，「投資家の視点」から，「大多数の国々」によって否定された事実）を，ここで想起すべきである。……』

──と（右引用部分中の「銀行秘密」の語を，「非実効的［非効率的］な情報交換」に変換して考えれば，ここでの問題となる）。

これを前提として，The Global Forum (2011), supra, para. 4と，改めて対比して考えてみよう。既述のごとく，このパラ4において，「脱税」とともに（合法的な）「租税回避」が掲げられ，それ「ら」によって各国政府の「歳入」と人々の「生活水準」（等）が脅かされている，との認識が示されているのは，実は，正しい。だが，各国政府の「歳入（税収）」と人々の「生活水準」（等）を真に脅かしているのは（少なくとも，その大きな部分は），「金融手法」を多用した国際的な「租税回避」行為と，そうしたことを自由に認めるのが「経済効率的」だとする，従来型の各国の金融政策・金融規制の在り方にある「はず」である。

そして，奇しくも（!!）パラ4の冒頭では，「脱税（tax evasion）」ではなく（!!），（合法的な）「租税回避」（つまりは，「金融手法」を駆使した合法的な「節税」!!）の「撲滅」が，「2008年以来のグローバルな政治的アジェンダ」であった，とある。本当にそう「であった」ならば，2012年の5月のフランス大統領選挙の結果を待つことなく，多少なりとも，世界は変わっていたはずである。

「緊縮財政」オンリーではなく，「経済成長」をも目指すべきことは，**フランス大統領選挙直後の，2012年5月のG8米国（キャンプ・デービッド）サミットにおいて**，ようやく認められたことである。我々の世界がその方向で軌道修正できるか否かは，今後の問題たるにとどまるし，現段階でも，『従来型の「金融手法」をそのまま放置

してよいか』については，本質的には，すべて闇の中のはず，である。

現実の我々の世界は，『そこ』をアンタッチャブルとして来た「はず」である。だから，従来型金融手法を駆使する（合法的な）「国際的な租税回避（international tax avoidance）」の「撲滅」が「2008年以来のグローバルな政治的アジェンダ」であったとする，前記のパラ4の冒頭の指摘は，事実に反するのである。

それのみならず，実際には，「2001年」の「9.11」以降の展開の中で，「OECDタックスヘイブン対策」において，「タックス・ヘイブン」の定義が，一般常識に反して変更され，いわゆるタックスヘイブンの税率の低さをもはや問題とせず（??），「情報交換」問題（実質的にはそれのみ!!）が異常にクローズ・アップされた（第4章1で論ずるが，さしあたり，本書239頁参照）というのが，**一連の問題の基本的な背景**となる。その意味での大きな歪みが，この The Global Forum (2011), supra の「パラ4」における "the global **political** agenda since 2008" の内容には，伴っていた，ということである。──以上で，延々と続いて来た【**重要な注記（!!）**】を終え，議論の本線に戻る。戻った上で，以上の議論が，再度顔を出す形にはなるのだが。

●　　　●　　　●

さて，ようやくここで，The Global Forum (2010), supra に戻ることとなる。Id. at 2 (para.5) には，"The Global Forum has consistently emphasised that jurisdictions shall not gain **a competitive advantage** by failing to implement the now universally adopted standards of tax transparency." とある。かの『**有害税競争**』問題を想起させる指摘である。だが，前号分で論じた「対スイス」の場合を想起すれば，『スイス国内の，憲法上の人権保護規定が，そうした「競争上のメリット」を不当にもたらしているから，それを打破せよ』，ということになる。そうした歪んだ発想を覆い隠すために，「グローバル・フォーラム」は，いつまでも（!?）曖昧なアメーバ状の「フォーラム」であり続けねばならないのである（既述）。

右の点を示した前記の【**重要な注記（!!）**】の前半部分（本書395頁）と関係することとして，Id. (2010), at 2 (para. 6) には，「**国際組織（international organisations）**」という言葉が出て来る。8つの「国際組織」が「グローバル・フォーラム」の作業に対して，「2009年9月」のシンガポール会合で strong interest を示した，とある。しかしながら，そこにあるように，（**世銀**や **IMF** を含めた）それらの「国際組織」は，technical assistance を行なうのみである。それらの「国際組織」もまた，前号分で「対スイス」の場合について示した，個別国家への"憲法蹂躙型"の野蛮な営為には，直接手を下さず，『**責任者不在**』（前号分で既述）のまま，「**アンチ人権保障**」のアメーバ状の**霧の毒性**を，技術的に（??）手助けするのである。実に汚らしい人間的営為，と言うべきである（!!）。

なお，Id. (2010), at 2 のパラ2にここで戻れば，このブリーフの当時は，各国の状況をレビューするための「必須の要素（essential elements）」は，10個ではなく，9個であった，とある。そして，それについては **Terms of Reference** を見よ，とある（それについての本質的な問題は既述）。

404　第 2 章　「従来のスイスにおける租税条約上の情報交換」と「堅持されていた"双方可罰性の要件"」

　Id. (2010), at 4 (paras. 10-13) は，「背景（Background）」と題して，前記の【重要な注記 (!!)】の後半で示した Id. (2011), para. 4（見つけやすいように，本書 396 頁において，「★マーク」で特定しておいた）とは，微妙に異なる表現が，用いられている。注意すべき点があり，そこで，Id. (2010), at 4 (para. 10) の全文を，以下に引用する。其処には――

"10. **Tax avoidance and tax evasion** threaten government revenues throughout the world. In many developed countries the sums run into billions of Euros **and** developing countries lose vital revenue through **tax evasion**. **This** translates into fewer resources for **infrastructure** and affects **the standard of living** *for all* in both developed and developing economies. *Globalisation generates opportunities to increase **global wealth** but also results in **increased risks**. The increase in cross-border flows that come with **a global financial system** require more effective tax cooperation.* Better transparency and information exchange for tax purposes are key to ensuring that taxpayers have no place to hide their income and assets and that they pay the right amount of tax in the right place."

――とある。
　この Id. (2010), at 4 (para. 10) が，Id. (2011), para. 4（前記の，「★マーク」で特定した個所）に対応するものであることは，明らかである。だが，大きな差としては，Id. (2011), para. 4 [★] の冒頭の，"High standards of transparency and **the eradication of international tax avoidance** [!!] have been high on the global **political agenda since 2008**." の一文が，そこにはない。この一文が，「2011 年」に至って新たに挿入されたことは，前記の【重要な注記 (!!)】の後半で示した点との関係で，実に興味深い。1 年たって削除されたのではなく，逆に新設されたのだから (!!)。――なお，この 1 文が，現実の我々の世界の進んで来た道と異なることは，右の箇所で示した通りのはずである。
　むしろそれ（Id. [2011], para. 4 [★] の第 1 文）は，Id. (2010), at 4 (para. 10) の，前記引用部分中の，イタリック体で示した点（*Globalisation generates opportunities to increase **global wealth** but also results in **increased risks**. The increase in cross-border flows that come with **a global financial system** require more effective tax cooperation.*）を，ある意味で反映したものと，見るべきであろう。重要な周辺事情を含め，理由を（2 段階に分けて），以下に示す。

●　　　　　●

　まず，右の後者（直前のカッコの中の英文引用部分）においては，「グローバル化がグローバルな富を増大させるのみならず，リスクの増大をももたらす。グローバルな金融システムとともに，クロスボーダーな［カネの］流れ」が生ずると，そこまではまっとうなことが，言われている。だが，結局は問題を矮小化し，「だから実効的な

税務面での協力が必要だ」，とされている。

　「グローバルな金融システム」と「クロスボーダーな[カネの]流れ」から生ずる様々な「リスクの増大」を，真に我々の世界が"直視"する際の手法には，実は，様々なものがある。そして，それらは，「脱税」や各国の「税務面での協力」（情報交換）を，はるかに超えたマグニチュードの問題である。テクニカルな細かなものとしては，例えばグロスの対立債権債務をネットアウトしてリスクを抑えるいわゆる「ネッティング」（「1992年ISDAマスター・アグリーメント」と「1993年3月のバーゼル合意改訂提案」との関係での，日本の問題ある対応との関係につき，石黒・前掲国際倒産 vs. 国際課税 74 頁以下）の手法などもある。米英日の中央銀行も一枚噛んで進めて来た手法である（同・国際的相剋の中の国家と企業［1988年・木鐸社］64 頁以下）。

　また，『国際的銀行監督』の従来のまっとうな流れも，「オフバランスシート取引の急増」にも対応しつつ，より大きく問題を包み込む形で，solvency 及び liquidity 両面での，瞬時にグローバルに伝播する金融リスクを，回避するためのもの「であった」（過去形‼）。即ち，「1974年のヘルシュタット銀行事件」，「1982年のアンブロシアーノ銀行事件」をそれぞれの契機とするものとしての，第1次（1975年）・第2次（1983年）の「バーゼル・コンコルダート（Basler Konkordate）」が，それである（石黒・前掲新制度大学院用国際私法・国際金融法教材 40 頁。初出は，貿易と関税 1993年11月号 38 頁以下）。

　だが，かの「BCCI 事件」を契機とし，「1992年の銀行監督上の最低基準」が定められることを通して，「バーゼル・コンコルダート」の趣旨が，相対化・希釈化されるとともに，その後，「アメリカの影響」もあり，いわゆる「自己資本比率規制」へと，「通商摩擦的バイアス」を伴いつつ，問題が矮小化されてしまった（以上につき，石黒他・国際金融倒産［1995年・経済法令研究会］2～3頁［石黒］）。そして，今日では，「BIS 規制」といえば，右の最後のものを指すという，歪んだ一般認識までが生じているのである（いわゆる Basel-Ⅱ との関係を含めて，石黒・前掲国際倒産 vs. 国際課税 66 頁以下，69 頁以下）。

　つまり，我々の世界の，1970年代半ば以降の現実の国際金融危機に対応するための，『国際銀行監督』についての制度，つまりは，Global Forum, supra (2010), at 4 (para. 10) の言うところの，「グローバルな金融システム」と「クロスボーダーな[カネの]流れ」から生ずる様々な「リスクの増大」を，真に我々の世界が"直視"する際の手法を，我々の世界は，大きく希釈化・相対化させて，今日に至っ「ていた」のである（‼）。そして，その悲しい制度的前提の上に，『グローバルな金融規制緩和の流れ』が，今日の『金融暴走』に，更なる拍車をかけてしまった，というのが『全体構図』となる。

　例えば，石黒・貿易と関税 2010年9月号 87 頁で言及したところの，大村敬一教授の「サブプライム危機に学ぶ金融市場の問題」と題した「2008年11月27日」の講演の要約部分を，参照せよ。「証券化」・「金融仲介によるプール化」につき，『効率性』の達成には条件がある（あった）ということなど，問題発生前に，一体誰が指摘して

いたというのか。例えばこれも，『効率性』（但し，見せかけのそれ）オンリーの発想のもたらした，**世界規模での『市場の失敗』**であろうが（!!）。それにもかかわらず，従来の『金融手法』に（殆ど?）手を触れることなく，悪いのは「銀行秘密」だ，「非実効的（非効率的）情報交換」だと，そこだけを取り上げて批判することが，如何に不誠実な営為であることか（!!）。

こうした問題を，「実効的（効率的）な税務情報の交換」だけで，何処まで解決できると言うのか。もはやこれは，或る種の詭弁であり，再度言うが，重大な問題のすり替えである，と言わざるを得ない（!!）。——以上が，我々の直視すべき，**『負の歴史』**なのである。そして，前記の【重要な注記（!!）】の後半部分で再度示した点が，ここで，別な角度から補強されざるを得ないこととなる。

●　　　●

以上が，本書 404 頁に記したところの，『前記の The Global Forum（2011），supra, para. 4 の第 1 文は，Id.（2010），at 4（para. 10）の，前記引用部分中の，イタリック体で示した点を，ある意味で反映したものと，見るべきであろう』，と考える理由である（もう 1 点，論ずべきことがあるが，それについては，次の「＊部分」の後で示す）。

**要するに**，「2010 年段階」での右の後者において，曖昧な形で示されたところの，グローバルな金融リスクの増大についての，極めて常識的な認識が，『従来型金融手法の問題性・危険性』にいまだ頬被りしつつも，せめてもの"罪滅ぼし"的に（??），また，一歩「世界の現実」に近い形で，"[T]he eradication of international **tax avoidance** have been high on the global **political** agenda since 2008." との，その 1 年後の若干卒然たる，また，現実の我々の世界の進んできた道とは異なるけれども，そうあるべき「だった」道についての，屈折した指摘となったのであろう，ということ（なお，本書第 4 章 1 (2) の **BEPS 問題**に注意せよ!!）である(＊)。

　＊　以上で，2012 年 5 月 29 日分の執筆を打ち切る。私としては，思わぬ収穫のあった執筆だが，それも，本日未明の大きな地震と前記の「予知絵」，そして『5 月 25 − 27 日の一大事』を妻とともに無事乗り越えられたことが，どこかで関係しているのであろう。そう感ずる。それだけ大きな問題が，本日分の執筆対象には，人知れず眠っていた，ということであろう。

　　ちなみに，前記の【重要な注記（!!）】の前半部分で，前号分の論述を引用した際に言及してある**西平等教授**（本書 381 頁，396 頁）からは，前月号分のコピーを郵送したお礼ということで，誠に有難い内容のファクスを，2012 年 5 月 18 日に頂いた。許してもらえるはずゆえ，その私信を引用すれば，そこには——

　　「『グローバルな正義』と普遍主義の要請の前にこれまでの秩序を支えてきた法の Form がなし崩しとなってゆくことへの危機感を，石黒先生と共有していることを，心強く思います。先生がなさっている仕事は，まさしく，解体してゆく法の Form の様相についての，厳密な注釈付きの記録であり，私たちがこの時代について反省しなければならないとき [!!] に，必ず参照されるべき重要資料です。……」

## 4 「双方可罰性の要件」に対する OECD 側からの不当な（!?）攻撃　407

――とあった。

　右の下線部分に，私はハッとした。確かに私は，（今は）殆ど誰も読まないであろう本論文を，まさにそのつもりで書いているのだ。本号分でも，同種文書間の，実に細かな英語のズレから，何かを炙り出そうと，必死なのだ。彼の存在は，（西方建一君とともに）本当に有難い。――以上，2012 年 5 月 29 日午後 9 時 21 分までの執筆。約 9 時間の執筆だったことになる（西君からは，2013 年 11 月 19 日にも，決意に満ちた嬉しい御手紙を頂いている）。

　だが，執筆を終えて別室に戻った本当にその「途端」，収まっていたはずの「異変」が再発。これには，本当に驚いた。今，同日午後 11 時 14 分だが，まだ，収束していない。――これで，はっきりした。「2011 年 3 月 10 日午後」と同様に（貿易と関税 2011 年 8 月号 63 頁〔本書 125 頁〕），異変を「予知」する絵を描いていたことに加えて，右の，『「途端」の再発』，である。やはり，すべては，私の「氣」のなせる業だったのである。他人がどう思おうと，知ったことではない（所詮，私は，助教授時代［以来!?］，「気違い」扱いされて来たのだから。貿易と関税 2010 年 8 月号 55 頁を見よ）。そういえば，今日は，未明の結構大きな地震に加え，明日未明にかけて関東地方は，またしても落雷，大雨，突風等で，大荒れである。確実に，天地「も」怒っているようである（以上，同日午後 11 時 28 分まで，記す）。――結局，29－30 日は徹夜。数日たって，ようやく「異変」への対処方法がわかり，落ち着くのを数日待って，同年 6 月 3 日午後 0 時 3 分，執筆再開となった。同日午後 7 時 37 分まで，専ら，ここまでの部分の補充に費やした。途中で，新品のパソコンが，まるで私の脳内配線の過熱化に対応するかの如く，ウィーンと音を出し始めた。「其処」から自分の意識をそらすべく工夫したら，数分でその音は消えたが，意識下の自分は，相当程度に怒っ「ていた」（「ている」??）ようである。

**但し**，最初からそれを言え，と言われそうだが，"4. High standards of transparency and the eradication of international tax avoidance［??］ have been high on the global political agenda since 2008." との，The Global Forum (2011), supra, para.4（本書 396 頁の，前記の，「★マーク」で特定した部分）の，冒頭の第 1 文（これを，［2011 α］とする）に相当するが，微妙にそれと異なる指摘が，Id. (2010), at 4 の，これまでに見て来たパラ 10 に続く，パラ 11 冒頭の第 1 文で，実は，なされている。この「パラ 11」の全体を，以下に示しておこう。其処には――

"11. Since **the beginning of 2008** international **tax evasion** and the implementation of international standards of transparency and exchange of information *have been high on the* **political** *agenda*.[2010 β] This trend reflects **scandals over the past few years** that affected countries around the world and the spotlight that **the global financial crisis** has put on financial centres generally. **Since** 2009, more progress toward full and effective exchange of information has been made than in the past decade."

――とある（前記の［2011 α］に対応する右の第 1 文に，［2010 β］のマークを付した）。まず，本論文のこの文脈で一層重要なことを，先に示しておく。［2011 α］の方では，

（合法的な）「**租税回避**」が，「2008 年以来」の「グローバルな政治的アジェンダ」になって来た，とあるのに対して，［2010 β］では，「2008 年初頭以来」，国際的な「**脱税**」が，（情報交換・透明性とともに）「高い政治的アジェンダになって来た」，とある（あった）。

後者の［2010 β］の指摘であれば，既述のごとく，それは，単なる事実である。その限りで，問題はない。それが，［2011 α］に至り，（合法的な）「租税回避」の「撲滅」が「2008 年以来」の「グローバルな政治的アジェンダ」だとされるに至った（それは事実に反する）から，既述の，延々と論ずべき問題が，生じたのである。

右の［2010 β］の指摘に続き，Id. **(2010)**, at 4 の「パラ 11」の第 2 文では，「過去数年間のスキャンダル」が世界中に悪影響をもたらし，「グローバルな金融危機」が意識された云々といった点が，第 1 文の「2008 年初頭以来」の「傾向」に反映されている，とある。「2008 年初頭」といえば，<u>中島・前掲税大ジャーナル 144 頁にある「**リヒテンシュタインでの脱税事件**」</u>が，「2008 年初め」以来だし，<u>サブプライム・ローン問題の表面化も，2006 年初めころにローン延滞率の上昇が始まり，その頃から徐々にのことゆえ</u>（中島・同前頁にも「2007 年 8 月のサブプライム・ローン問題表面化」とあったこと，既述），それらをも「過去数年間のスキャンダル」に含めて考えれば，（ここでは省略する第 3 文も含め）この Id.（**2010**）, at 4 の「パラ 11」の指摘には，無理な点はない。

既述のごとく，それに先行する Id. **(2010)**, at 4 の「パラ 10」も，"**Tax avoidance and tax evasion** threaten government revenues throughout the world." という，それ自体としては（事実ゆえ）納得できる第 1 文の指摘から始まり，問題の第 2・3 文を措くとすれば，第 4・5 文で，「グローバライゼイション」のもたらす光と影を，共に認めるという，概ね常識的な展開になっていた（それを実効的情報交換と結びつける第 5 文以下の問題は既述。その点を措くとすれば，第 2・3 文も，『「租税回避」と「脱税」との抱き合わせ』で論ずるパラ 10 の第 1 文が前提としてあるがゆえに，それなりに納得のゆく理解が，可能で「は」ある）。

こうした Id. **(2010)**, at 4 の paras. 10 & 11 の比較的穏当な指摘が，卒然として国際的な「租税回避」の「撲滅」が「2008 年以来」の「グローバルな政治的アジェンダ」だとする［2011 α］の指摘，つまりは，Id. **(2011)**, para. 4 の，前記の「★マーク」で特定した個所の第 1 文に "変容" したから，延々と論ずる必要が生じたのである。何故，そうした事実に反する，屈折した指摘がなされるに至ったのかを，私は，問題としていたことになる（ちなみに，<u>Id.［2011］, para. 5 は，「グローバル・フォーラム」の既述の「改組」等についての記述に移っており，次のパラ 6 は，「グローバル・コミュニティからのサポート」へと，話が移っている。つまり，Id.［2010］, at 4 の paras. 10 & 11 における，「グローバライゼイション」関連でのまっとうな記述は，Id.［2011］のこの箇所では消え，その代わりに，前記の［2011 α］の不自然な 1 文が，入ったことになる</u>）。

ともかく，以上の「再補足」（直前の「＊部分」以下の部分）を経て，ようやく，Id.（2010）, at 4 の paras. 10 & 11 から先へと，筆を進めることが，可能となる(*)。

4　「双方可罰性の要件」に対する OECD 側からの不当な（!?）攻撃　　409

＊　以上，執筆は，2012 年 6 月 3 日午後 9 時 27 分まで。前記の「異変」は，今のところ鳴りを潜めているが，その代わりに PC にハッとする異変が生じたため（既述），この程度とする（執筆時間は，9 時間半弱）。明日は，「2012 年版不公正貿易報告書」確定のための小委員会がある。――だが，やはり，ここまでの点検を，再度しておこう。一応の点検終了，同日午後 10 時 8 分。計 10 時間 5 分の作業だったことになる。執筆再開は，同年 6 月 5 日午後 1 時 18 分。6 月 4 日の部分月食，6 月 6 日の金星日面通過（Venus Transit）の間がよかろうと，思い切って今日，本号分を仕上げておくこととする。それにしても，先日の金環食にせよ，様々な星の軌道が，妙に一致する現象が，なぜこれほど近接して起こるのか。やはり，何かあると，思わざるを得ない。これが平安時代の京都だったら，またも再読している『源氏物語』の随所にあるように，大騒ぎであろう。

　さて，The Global Forum (2010), at 4f (paras. 14-16) が，"The Global Forum Mandate" である（ここからは，淡々と先に進むこととする）。パラ 14 冒頭には――

　　"**The original Global Forum** was established by **OECD member countries** and certain participating partners in 2000. Whereas **this had been ad hoc group**, it was dramatically restructured at its meeting in Mexico in **September** 2009."

――とある。2000 年の誕生から 2009 年 9 月に至るまで，「グローバル・フォーラム」は，単なる「アド・ホック」な存在だったのだ。再度ここで想起すべきは，本号分でも言及した『スイス連邦メルツ大統領から OECD 事務総長に宛てた抗議の書簡（2009 年 4 月 28 日）』である（本書 375 頁以下）。

　The Global Forum (2010), at 4 (para. 14) の右の原文には，もともとの「グローバル・フォーラム」が「OECD 加盟諸国」（等）によって作られたと，漠然とある。だが，「2009 年 9 月」の「グローバル・フォーラム」のいわゆる「改組」の数か月前に出されたメルツ大統領のこの書簡には（右のパラ 14 冒頭の 1 文を，一部合わせて考えれば），OECD 加盟国たるスイスの意見を聞くこともなく，OECD の decision making process にも反し，なぜ「グローバル・フォーラム」などという ad hoc group が，**OECD の「隠れ蓑」**（これは私の言葉）として，勝手なことをするのか，との強烈な批判が，なされていたことになる。少なくとも，OECD の正式加盟国たるスイスは，明確に，蚊帳の外に置かれていたのである。

　それゆえ，右に引用のパラ 14 の第 1 文の，"The original Global Forum was established by **OECD member countries** ……." の部分もまた，トリッキーである，と言わざるを得ない。せめてそこには，右の第 1 文の，and の次の certain のような限定（それとも most of ?? ――日本は入っていたのか ??）が，少なくともスイスは其処に入っていなかったという意味で，付されねばならない。本当に，ちょっとしたところにも，人を幻惑しようとする意図が見え隠れしていて，いやになる。先に行こう。

　The Global Forum (2010), at 5 (para. 15) には，冒頭に，"The restructured Global Forum is a consensus-based programme ……." とある。**「コンセンサス方式」**なら，**例えば WTO 設立前の GATT 紛争処理のように，1 カ国でもノーと言えば，全体決定**

は出来ないはずだが、そこは、「スイス」の「2009年3月13日」の政治的敗北に至るプロセスで示されていたように、制裁措置もちらつかせつつ、対象国に大きな政治的プレッシャーを加え続けることで、事実としてクリアする、ということである（前号分の、対スイス「ピア・レヴュー」報告書についての論述参照）。

続くパラ15の第2文には、「グローバル・フォーラム」の290万ユーロの**運営費（budget）**が、OECDの予算からすべて支出されること、また、「グローバル・フォーラム」の**事務局**について、それが"a self-standing, dedicated Secretariat based within the OECD's Centre for Tax Policy and Administration"であること、つまり、「独立した**専用（dedicated）の事務局**」が、OECDの中に置かれていることが、（右の前段との関係で、そうであるのだから、すべてのメンバーがequal-footingにある、との指摘とともに）示されている。

そこまで**OECD**が、いわば丸抱えするのなら、なぜ「グローバル・フォーラム」の作業を、**正式のOECD**のものとして、正面から認めないのかが、問題ともなろう。もとより、OECD加盟諸国をはるかに超えた参加が、今の「グローバル・フォーラム」にはあるからだ、との常識的過ぎる（逃げ口上的な）答えが、すぐにも返って来るであろう。だが、だからと言って、前号分（本書379頁）で見た対スイス「ピア・レヴュー」報告書の表紙の次の頁の——

"This work is published on the **responsibility** of the Secretary-General of the OECD. *The opinions expressed and arguments employed herein do **not necessarily** [??] reflect the official views of the OECD or the governments of its member countries or those of the Global Forum* on Transparency and Exchange of Information for Tax Purposes."

——といった、**徹底して責任主体を曖昧にする営為**が、なぜ必要になるのか、ということである。また、同じく前号分（本書380頁）で指摘したように、この対スイス「ピア・レヴュー」報告書の「スイス側のレスポンス」についてのAnnex 1に、欄外の注記として、以下のごとくあり、それについて私が次のように述べていたこと（本書第2章冒頭の、本書の執筆方針に注意!!）も、ここでの問題と深く関係する。即ち——

『"This Annex presents the Jurisdiction's response to the review report and **shall not be deemed to represent the Global Forum's views.**"とまで〔そこには〕記されている（!!）。

前記の、「表紙の次の頁」の書き振りとの差に、注意すべきである。報告書本体については、「必ずしも……を反映するものではない（not necessarily reflect ……）」として、報告書の中で指摘されていることとの"微妙な距離感"を保ちつつ、「スイス側のレスポンス」については、俺達は全く無関係であって、スイスが勝手にやっていることだ（**shall not** ……）と、完全に関係を断ち切ろうとするのである。個々人の「人権問題」が直接絡む問題なのに、どうしてこんな無責任なことが許される

4 「双方可罰性の要件」に対する OECD 側からの不当な（!?）攻撃　411

のか（!!）。』

――ということなのだが，あまりにもやり方が汚い，と言うべきであろう。

　ここで，The Global Forum (2010), at 5 (para. 16) に進む。「グローバル・フォーラム」の「運営委員会」（**The Global Forum Steering Group**）について，である。15の members から構成され，オーストラリアが議長，副議長が中国・バミューダ・ドイツと，そこまではよいのだが，その他のメンバーとして，（前号分で示したところの，"巻き取られた"末の）「スイス」のほか，何と，「日本（Japan）」の名（!!）も，そこにあるではないか。

　次に，Id. (2010), at 5f (paras. 17 & 18) の，「ピア・レヴュー・プロセス」の項だが，このプロセスを監督（oversee）する 30 member Peer Review Group の議長はフランスだが，副議長 4 メンバー（4カ国）の中に，またしても「日本（Japan）」とある（!!）。――「日本」が，一体どういうつもりで，また，何処まで主体的に，「グローバル・フォーラム」の一連の作業に，付き合って来たのか。そこは，追い追い，関係者からの事情聴取を，させて頂く所存である。

　ちなみに，この 30 カ国の中に，「スイス」も入っている。――ここまで雁字搦めに"巻き取られた"「スイス」の立場は，もはや悲惨と，言うほかない。前記のスイス大統領名の抗議の書簡において，「グローバル・フォーラム」の役割をクラリファイし，そのマンデートと組織（構成）を改めよ，とあった点が，「結局は裏目に出てしまった」と，私は，前号分の前半で指摘した。要するに，すべてスイスさんの言うとおりにしたし，だからよろしくね，と言われたスイスが，自国への「ピア・レヴュー」報告書に恭順の意を表した，否，表さざるを得なかった背景事情が，Id. (2010), at 5f に，具体的に示されていることになる。

　『実に巧妙に仕組まれた政治的な罠』，である。相手（スイス）が「2009 年 3 月 13 日」に降参しましたと言うまで，（G20 等の場で，「日本」を含めた各国首脳等が）攻めて攻めて攻めまくり，「2009 年 9 月」のメキシコで，すべては前記のメルツ大統領閣下の OECD 側への書簡のご指摘通りに，「運営委員会」にも「ピア・レヴュー・グループ」にも「スイス」にご参加頂きましたからね，と言われたスイスには，自国の憲法上の人権保障にまで無節操に手を突っ込む「覆面調査員」的な者（「グローバル・フォーラム」事務局の 1 名を含めた 3 名）の手による「ピア・レヴュー」報告書に対して，どうして抵抗が出来ようか。

　だが，四面楚歌の状況で歩けと言われ，最初は人一人通れるはずの道だったのが，次第に狭まり，遂に，身体が其処に挟まって，自分の最も本質的なもの（法的な「魂」!!）を失うに至るこの道は，最初から，（日本を含めた）今の主要諸国が用意した，いわば『狩猟用の罠』だったのである。その『罠』が，『戦闘用・テロ対策用』のそれと，本質的には同じ（!!）ものであるがゆえに，本号分で「も」細かく指摘したように，いやが上にも周到であり，そして，巧妙である（であった），ということにもなる。そうした（人権問題との関係での）『敵と犯罪者』との区別を曖昧にした上での，今の世

界の危険な傾向（西平等教授の前記論文参照!!）そのままの「**掃討作戦**」（コード名は「**ゲシュタポ**」??）だったからこそ，（厳密には）『「**誰も責任を負わない形**」での「**スイス銀行秘密（等）の「撲滅」**』(!!) が，実は極めて慎重に，自覚的に意図されて来た（のではないか），との見方も，なされ得るはずである。──だが，再度問う。「日本は何をどこまで深く考え，こうした流れに乗って来たのか??」，と。

　The Global Forum (2010), supra の，そして，Id. (2011), supra の，その先は，もはや参照する必要がない。私は，疲れた。以上で，本論文第 2 章は，終了とする（以上，執筆は，2012 年 6 月 5 日午後 4 時 5 分まで。部分月食と Venus Transit の間の 1 日ゆえ，早めに仕事を打ち切る。──点検終了，同日午後 5 時 55 分。4 時間半強の，軽い作業だったが，点検を始めた頃からはシャキッとして来たものの，殆ど空中を浮遊しているような感覚だった）。

〔以上，2012 年 10 月号 60 － 79 頁〕

# 第 3 章 「IRS vs. UBS 事件」の展開過程でなされた「スイスの重大な政策変更」(2009 年 3 月 13 日)
―― 2008 年版 OECD モデル租税条約 26 条についてのスイスの留保の撤回とスイス銀行秘密

> 1　2008 年版 OECD モデル租税条約 26 条の規律内容についての再確認 ―― 2010 年版同条約 26 条，及び，「**OECD マルチ税務執行共助条約への署名に対応したわが国内法整備**」等との関係において

\*　今月号から，第 3 章 1 の見出しに，右の副題をつけることとする。

(1)　「徴収共助」問題「等」にまで本章 1 で論及する趣旨―― 我が国の最近の国内法改正「等」によって「日本に差し始めた『一条の光』」を辿りつつ

\*　右の（二つの）「等」には，米国「FATCA 法」関連での，直近の出来事も，含まれる。すぐ続いて示す《**重要な注記**》参照。

2012 年 6 月 19 日午後 3 時 37 分，6 月だというのに (!! ―― これまた，「天変地異」の類であろう)，そろそろ日本列島直撃の台風 4 号が関東地方に大雨をもたらすであろう頃，思い切って，本論文第 3 章の執筆に入る（案の定，同日の執筆を終えた午後 10 時 45 分，テレビのニュースは，台風直撃による記録的大雨等で，大騒ぎである。それが「昨日」でなかったのも，私からすれば当然だが，不思議と言えば不思議なこと，である。ちなみに，今日は，月齢 29.1 の「新月」である !!）。

本章 1 は，第 2 章 4 の論述内容を受けつつ，第 3 章 2 以下への重要な前提をなす位置づけ，となるものである。第 2 章 4 では，2 号分かけて，「グローバル・フォーラム」なるものとその周辺を深く抉り，かつ，「グローバル・フォーラム」側による，対スイス「ピア・レヴュー」報告書の内容が，如何に反「人権保護」的であるかを糾弾した。そして，それを通して，OECD 等の国際組織やそのメンバーたる（日本を含めた）先進諸国の政府が，自らに責任が及ぶことを回避すべく，如何に汚い，腐肉を扱うがごとき動きをしているのかを，白日の下に曝すべく，とくに意を用いた。

本章 1 は，直接的には，「2009 年 3 月 13 日」にスイスが「租税条約上の情報交換」に関する『双方可罰性要件』を放棄し，G20 等の政治的圧力に屈した背景事情の一つとしての，「2008 年版 OECD モデル租税条約 26 条」，とくにその「コメンタリー」の記述内容と，「グローバル・フォーラム」側による対スイス「ピア・レヴュー」報告書の内容とを対比することに，もともとの，その主眼がある。

特定国（例えばスイス）の憲法上の「人権保護（人権保障）」を根拠とする措置であろうが何であろうが，租税条約上の「実効的 (**効率的**)」(\*) な「情報交換」を阻害するものはすべて打破するという，「グローバル・フォーラム」の野蛮な営為は，やがて日本にも向けられる。昨日の某所での知見だが，対日「ピア・レヴュー」の第 1 弾は，2011 年秋に，既になされ，一応は無事に，終了したようである。

＊ 【『効率的』との言葉に端を発した『米国「FATCA 法」関連「等」での最近の動き』
　　──「情報交換」問題と直結するがための《重要な注記》

[1]　「『実効的』な情報交換」と「『効率的』な情報交換」？
　「グローバル・フォーラム」や OECD の側の"神経質な言葉遣い"の中で,「実効的（effective)」な「情報交換」との言葉が用いられ,『効率的（efficient)』なそれ,との言葉は,意識的に（!?）避けられている。けれども,所詮は同じことであり,それが『効率性基準』によって「人権保護」等の他の価値基準を焼切る営為であることについては,貿易と関税 2012 年 8 − 10 月号分で,再三論じて来た。
　ここで「は」一言するのみにとどめるが（初めはそのつもりだったのだが……），2012 年 6 月 22 日に入手し得た米国の「FATCA 法」（2010 年 3 月 18 日制定。貿易と関税 2011 年 8 月号 64 頁（本書 126 − 127 頁）で「2011 年版」の「不公正貿易報告書」を引用しつつ示した「外国口座税務コンプライアンス法［Foreign Account Tax Compliance Act: FATCA］」である。──なお,「2012 年版」の同報告書では,その 155 − 158 頁で,記述が大幅に拡充されている）の関連での最新情報において,右の点を裏付ける表現があったので,それを示しておく。
　「2012 年 6 月 21 日」に,「FATCA 法関連での日米共同声明」が出されたのと同じタイミングで,米国財務省から,同じく「FATCA 法関連での米・スイス共同声明」が,リリースされた（U.S. Treasury Department, Joint Statement from the United States and Switzerland Regarding a Framework for Cooperation to Facilitate the Implementation of FATCA [June 21, 2012]）。その I.F. の項に──

　"In light of these considerations, Switzerland and the United States declare their intent to negotiate an agreement providing a framework for cooperation to ensure the effective, efficient ［!!］ and proper implementation of FATCA by financial institutions located in Switzerland."

──とあったことを,発見したのである。このように,普通に考えれば,「実効的」と並んで掲げるのが自然な,『効率的』の語を,あえて隠して,「情報交換」関連での「グローバル・フォーラム」や OECD の文書では,「実効的」オンリーで表現を済ませようとするあたりに「も」,彼らの汚さがあることを,ここ数号分で,私は指摘して来たのである。ちなみに,貿易と関税 2012 年 9 月号分の末尾近く（本書 390 頁）において示したように,「グローバル・フォーラム」の対スイス「ピア・レヴュー」報告書の本体においては巧妙に（!?）避けられていた『効率的』の語が,同報告書に対するスイス側のレスポンスにおいて "to ensure the efficient ［!!］ exchange of information" として,そこだけ姿を現していた。

### [2] 「日本に差し始めた『一条の光』」とは？

なお，そこを示すだけで「FATCA法」関連の指摘を打ち切るのは不親切，と思えて来たので，やはり最低限のことは，ここで論じておく。まさに「情報交換」関連の問題だから，である。

　米国「FATCA法」については，「2012年2月8日」に，その施行のための「規則（Regulation）」案が出されたが，それと同時に，「英・仏・独・伊・スペイン」の5カ国と米国（財務省）との「共同声明」（後述）が，出されていた。それに続き，「2012年6月21日」に，右に示した「米・スイス共同声明」とともに，「日米共同声明」が出されており，とくにこの「日米共同声明」において，後述のように，**日本側のタフな交渉姿勢**が，顕著な成果を上げるところとなった。これは，後述の，最近の日本の国内法の改正・整備と並んで，本章1(1)の見出しの副題に掲げたところの，ほかならぬ「日本」に「差し始めた『一条の光』」を，象徴するものである。

　つまり，本論文はこれまで，「2009年3月13日」の「政治的敗北」に至るまで『双方可罰性要件』を堅持し，「租税条約上の情報交換」における「人権保護（人権保障）」について，私の言う「**国境でメルトダウン（熔融）する人権保障**」の防止の観点から，いわば「人権保護」のための「世界の最後の砦」であったところの，「スイス」をめぐる動きに，専ら着目して来た。「日本」については，貿易と関税2012年4月号分（本書278頁以下）で，最近の「関税法」改正を含め，内外行政（規制）当局間の「情報交換」につき，『国際捜査共助法』ルートの潜脱防止』への正しい（人権的）配慮から，『双方可罰性要件』が，日米・日EUの「刑事共助条約」を例外として堅持されていることを，「国際課税」の場合と対比すべき健全な傾向として示すに，とどまっていた。

　だが，本論文執筆との関係で，2012年6月中に生起し，または，私の内面で整理されたいくつかの事柄（それらを，本号分で示す）により，「**スイス屈服」後の世界を救うのは，ほかならぬ「日本」なのではないかとの微かな希望**が，芽生え始めたのである（!!）。もとよりそれは，現状では，わずかな兆しにとどまるものではある。そうではあるが，その「芽」を「人権保護」の暖かい光で徐々に育んでゆく気持ちさえあれば，いずれそれが，世界を滅ぼす大風にも耐え得る「**大樹**」となり，その存在ゆえに，歪み切っていた世界の流れを変える原動力（『**復元力**』——本書第4章5の目次項目参照）にもなり得るように，思われるに至ったのである。

### [3] 租税条約実施特例法「9条2項」と2010年改正による同法「8条の2」の「3号」との対比を出発点としての例示

　例えば「租税条約上の情報交換」との関係でも，今般の「OECDマルチ税務執行共助条約」の署名に伴う国内法整備（後述）の前から，**租税条約実施特例法「9条2項」**には，外国側からの情報提供要請があった場合の，日本側当局の「質問又は検査の権限」につき，それが「犯罪捜査のために認められたものと解してはならない」とする，明文の規定がある。まさに，貿易と関税2012年4月号89頁，2011年12月号90頁（本書283頁，206頁）で，貴重な先行業績たる**中山繁太郎「税務執行共助における問題点」税大研究資料194号（1987年）71頁**を引用しつつ示した点を，裏付ける規定で

ある。

　そしてそれは，同論文の当時の「法人税法及び所得税法」の同旨の規定を，踏まえたものでもある（中山・同前頁。――ちなみに，所得税法234条2項，法人税法156条等は，今は削除されているが，それらは，2011年11月改正後の<u>国税通則法74条の8</u>に，同法72条の2以下の「質問検査権等」についての「<u>権限は，犯罪捜査のために認められたものと解してはならない</u>」との明文規定として，いわば集約されている。中山・前掲頁の当時と，この点の基本には，何ら変更はないのである。なお，以上につき，<u>金子宏・租税法第17版［2012年・弘文堂］766頁</u>）。

　しかも，かかる取扱いの背後にあるのは，<u>金子・同前頁</u>にあるように，「<u>憲法38条の趣旨が実質的に損なわれるのを防止するため</u>」という，**純然たる『基本的人権保障』の要請**である。中山・同前頁は，貿易と関税2011年12月号90頁（本書206頁）に記したように，当時の「OECDモデル租税条約」26条についての「コメンタリー［パラ12］」に，課税当局間で「交換された情報が，<u>租税犯罪（fiscal crimes）の告発のために使用されうる</u>」とされている点につき，「その情報の収集に協力した納税者は，刑事手続上認められる自己負罪拒否権などの行使をする機会が与えられず，十分な権利保護ができないことになり，<u>不都合である。その情報の使用目的の範囲……の在り方について，更に研究する必要がある</u>」との，貴重な指摘をしていた。前記の国内法上の基本的な主義（なお，金子・同前頁が，この場合，「租税職員の守秘義務」が「公務員の告発義務」に「優先」する，ともしていることに，注意せよ）と「OECDモデル租税条約」の「コメンタリー」との間の，『人権保護』上の重大な齟齬を，直視した指摘，である。

　従来の日本の国税サイドにおいては，この点について，『条約上の処理は別だが……』との，漠然たる理解(!?)があったようでもある。だが，<u>「条約」で「憲法上の人権保護（人権保障）」を相対化できるのか，との重大問題を，一層直視すべきである</u>（この点については，貿易と関税2007年5月号58－59頁を見よ!!）。

　そして，この点で，<u>「2010年改正」（平成22年3月法律6号）で新設された租税条約実施特例法「8条の2」</u>（それについては，更に後述する）の<u>「3号」</u>に，注目する必要がある。そこには，「相手国等」への「租税条約等に定めるところ」による「情報の提供」を，『しない』場合の一つとして――

「三　我が国がこの条の規定により提供する情報が<u>当該相手国等税務当局の職務の遂行に資する目的**以外の目的**で使用されるおそれ</u>があると認められるとき。」

――とある。

　「OECDモデル租税条約26条」等との関係については後述するが，それらとの関係を意識してか，はっきりとは書かれていないものの，当該外国側での『刑事訴追目的での使用』の「おそれ」があるとき，「憲法98条2項」（同条1項との関係でのそれ!!）をバックとした『人権的配慮』に基づく，わが国税当局の毅然たる対応が，（今後はこの明文規定を頼りとして）大いに期待される。<u>国内では憲法上の『人権保護（人権保障）』のゆえにできないはずのことが，「条約」によって可能となってしまうのは，私の言</u>

う「国境でメルトダウン（熔融）する人権保障」の，典型的な場合だから，である。
——以上は，「日本に差し始めた『一条の光』」の，出発点における例示としての指摘，である。

[4]　米国FATCA法を適切に理解するための4つのポイント
　さて，同じ『一条の光』として，私が期待するもう一つの例を，「2012年6月21日」の米国「FATCA法」に関する「日米共同声明」を素材として，示しておこう。だが，いきなりこの「共同声明」を持ち出す訳には，やはりゆかない。一からの説明が，必要である。
　もともと「FATCA法」の構造は，「米国［人］納税者が資産を海外に移転することによる脱税の防止」（2012年版「不公正貿易報告書」155頁）のために，一定の「外国金融機関」（Foreign Financial Institutions: FFIs）に対して，米国政府側との「契約」を結ばせ，米国人関連の口座情報を出すことを求め，そうでない限り利子等の支払いに30％の源泉徴収義務を課すという，極めて野蛮なものである。しかも，右の情報提供につき（個人情報保護，等の規制により）米国側への情報提供ができない場合には，当該の米国人関連の口座を閉鎖せよ，とまでしている（さしあたり，同前報告書・155－156頁参照）。その意味での，**the reporting, withholding and account closure requirements**"の三つの要請が，「FATCA法」の基本をなす（後述の「日米共同声明」のI.B.参照）。
　この「FATCA法」の構造を適切に理解するには，いくつかの重要なポイントがある。以下，まずはそれらを示すこととする。その多くは，細かくなるので，これまでの私の「霞が関対応」においても，一々は示して来なかった点，である。
　第1に，「米国型の全世界所得課税（worldwide income taxation）方式」への理解が，前提として必要である。日本の「全世界所得課税方式」は，「居住者・内国法人」についてのものだが（石黒・前掲国際民訴法36頁），米国の（自然人についての）それは，「citizenship」を基準とするものであり（企業については，「設立準拠法基準」である。Restatement, Third, infra, at 124ff［§213］），そのために，一般国際法上の「国家管轄権」論からの疑念が，従来から指摘されている。石黒・前掲新制度大学院用国際私法・国際金融法教材21頁3段目右（貿易と関税1992年9月号30頁）に示したように，"some reasonable link between the State and the person, property or transaction"が付加されることなしに，「米国型の全世界所得課税」を行なうことには，夙に，一般国際法上の疑念が，示されていたのである（右の引用は，F. A. Mann, The Doctrine of Jurisdiction Revisited After Twenty Years, 186 Recueil des cours, 1984-Ⅲ, at 30［1985］.）。
　その延長線上に，「FATCA法」の，まさに全世界に手をのばす，あまりにも広汎（過度‼）な「域外適用」（なお，2012年版「不公正貿易報告書」433頁以下）があることを，認識するべきである。しかも，この場合には，「米国人」に対する課税管轄権行使ではなく，「米国人」と取引を行ない得る「外国金融機関」の側に，重い法的義務がかけられ，それに対する国家管轄権の行使が，意図されている。
　2012年版「不公正貿易報告書」158頁が，「FATCA法」について，「合理的な立法

管轄権の行使［一般国際法上許容される範囲の「域外適用」］といえるのか疑いがある」としているのは，そのためである（なお，同前頁に，「立法管轄権の問題は，国家と国家との問題であり，私人たる［外国］金融機関が［米国政府側との前記の］契約に応じたとしても立法管轄権の問題をクリアできるわけではない」ともある点については，その裏づけとなる石黒・前掲国際民訴法 32 頁を参照せよ）。

　以上が第 1 の点だが，「更にベーシックなこと」についても，ここで一言しておく。右において，「米国型の全世界所得課税方式」は（自然人について）「citizenship」を基準とする旨を記し，他方，（面倒ゆえ）「米国人」との言葉も用いていた点との関係，である。

　この点を，The American Law Institute, Restatement, Third, The Foreign Relations Law of The U.S. (1987), Vol. 1, at 114ff のベーシックな指摘に即して，説明しておこう。Id. at 114ff の §211 には "Nationality of Individuals" の項がある。だが，それは "For purposes of international law, …….", 即ち「国際法との関係」に限定されたものであり（Id. at 114. なお，Id. at 116, Comment h. 参照），Id. at 119ff の §212 ("Nationality and Citizenship of Individuals: Law of the United States") の項においても，「国際法の目的のために（for purposes of international law）」との右の限定の下に（Id. at 120, Comment a.），「国籍」を基本的には「citizenship」に置き換えての説明が，なされている。石黒・前掲新制度大学院用国際私法・国際金融法教材 21 頁 3 段目右（貿易と関税 1992 年 9 月号 30 頁）において，「国籍（citizenship）」との表記をしておいた背景事情は，以上の通りである。

　さて，「FATCA 法」を理解する上でのポイントの**第 2 は**，前記の **2012 年版「不公正貿易報告書」158 頁**の指摘（「私人たる［外国］金融機関が［米国政府側との前記の］契約に応じたとしても立法管轄権の問題をクリアできるわけではない」との指摘）と関係する。それは，過去の，そして現在の覇権国家たる英米には，共通するものとして，伝統的に，「**契約の外装**」によって国家間の問題を回避しようとする強い傾向がある，ということである。

　テレコムを例に一言すれば，まず，「マルコーニ方式の無線電信」を世界覇権の道具としようとした「英国」は，「1903 年」の国際会議で，「契約」でそうなっているのだから，各国はそれを拘束できない，と主張した（石黒・前掲電子社会の法と経済 37 頁）。それと同じことが，米国側によって，「電子認証」関連で，「1999 年 12 月」に繰り返されたことについては，同前・218 頁を見よ。また，同前頁及び同前・116 頁以下に記したように，**インターネットのドメイン・ネーム管理**について，米国政府は，一層赤裸々に「契約」の手法（「外装」）によって，いわゆる **ICANN** を常に自国の影響下に置き，国際組織等による一層中立的なドメイン・ネーム管理を拒絶し続けて，今日に至っている。

　「FATCA 法」で「契約の手法（外装）」が用いられていることについては，このような歴史的事実を踏まえた把握が必要である。米国にとって，「租税条約上の情報交換」については，他の諸外国の一致した行動を，同法制定時期までに確保できたが，「FATCA 法」は，それを越えた米国の「一方的措置」であり，直接，それこそ世界中

の金融機関に対して,「米国人」の口座を有し得ることのみを根拠として,重い法的義務を課すものである。それが,従来の「米国型の全世界所得課税方式」をはるかに踏み越えた,あまりにも「過度な域外適用」を意味することは,既に示唆したところである。

だからこそ米国は,世界中の金融機関が嫌がるであろう,有無を言わさぬ「30％の源泉徴収義務」を正面に立てることによって,それら各国の金融機関を,IRSとの直接的な「契約」の締結へと誘い込み,「契約なのだから他の諸国はガタガタ言えないはずだ」,と持ってゆきたかったのであろう(ちなみに,withholdingが「FATCA法」の目的でないことは,欧州側5カ国との「共同声明」に即して後述するように,既に米国側が,自ら認めていることである)。かかる「米国の行動パターン」を,以上示した『歴史の視座』の下に把握することが,必要である。

第3に,ここでは一言するのみとするが,「2010年3月18日」制定のこの「FATCA法」と,貿易と関税2011年3－8月号(本書第1章)で詳論した「IRS vs. UBS事件」との関係に,注意すべきである。『「IRS vs. UBS事件」と,いわゆる「FATCA法」との,濃密なリンケージ』については,貿易と関税2011年8月号64－65頁(本書127頁)で,同事件の「小括」の中で,指摘しておいた。

ちなみに,同事件との関係では,「2009年8月19日」に「修正前のUBS合意」が成立し,「2009年9月23日」に「改正米・スイス租税条約」が,それとは明確に区別された形で,「署名」された。だが,「2010年1月21日」に,スイス連邦行政裁判所判決で,「修正前UBS合意」が「違法」とされ,「2010年3月31日」に,「修正UBS合意」が,「署名」された。その直前の「2010年3月18日」に,「FATCA法」が成立していたことになる(本論文において,すべて既述)。

実際にも,「FATCA法」の既述のごとき基本は,「契約の手法」を正面に掲げつつも,要するに,「IRS vs. UBS事件」で米国がスイス側に求めていたことの,単純なグローバル化に過ぎないように,私には思われる。「決して一枚岩とは言えぬEU」(貿易と関税2012年4月号82頁以下〔本書291頁以下〕)だが,そのEU自体とともに,「情報交換」問題でこれまでスイスを攻めまくって来た独仏を含め,「2012年2月8日」に,「FATCA法」の実施につき,「英・仏・独・伊・スペイン」の5カ国が米国(財務省)との「共同声明」を出した,否,それら5カ国(欧州側)がそれを出さざるを得なくなったのは,私からすれば,いわば『当然の報い』(!!)である。

言い換えれば,それら諸国にとっては,「情報交換」問題について,(まさに「IRS vs. UBS事件」の経緯が示していたように!!)『分野を問わずに(但し,石黒・前掲契約の神聖さ〔2010年・信山社〕79－82頁),これまで世界一過激に「一方的措置」(「域外適用」)を行なって来た「米国の主張」』に,安易に相乗りして来たことの,ツケを払わされた格好である。「租税条約上の情報交換」問題のこれまでの展開において,条約があっても「一方的措置」にこだわる「米国の基本的な癖」(石黒・前掲国際民訴法25－26頁の,「日米税金摩擦」についての記述参照)に対して,あらかじめ釘を刺しておくようなことは,一切なかったはずである。「条約」(等)で米国の意向に近い線が示されれば,米国の「一方的措置」は,一層過激になるというのが,「米国の行動」を

理解する上で，必須の前提だったはずなのに，である（この点については，石黒・同前 16 頁，75 頁注 40 において，もともと「米国法の域外適用」に際して，「相手国の規制との衝突の生ずる蓋然性」が考慮されており，国内法制度等を米国流のそれに近づければ近づけるほど，「そうした営為は米国にとって，自国法の域外適用［による一方的措置］をそれだけし易くする効果をもたらす」という，『いわゆる「制度ハーモナイゼイション論」のパラドキシカルな効果』として，示しておいたところ，である‼)。

　第 4 に，右の最後の点とも深く関係するが，私はつくづく思う。貿易と関税 2012 年 8 月号分（本書第 2 章 4(1)）で論じた「2000 年 OECD 租税委員会報告書」の「前文」（同報告書・3 頁）に，次のごとくあることと，米国「FATCA 法」との関係について，である。其処には――

"The Committee on Fiscal Affairs is of the view that …… ideally Member countries should permit access to bank information, directly or indirectly, **for all tax purposes** so that tax authorities can fully discharge their revenue raising responsibilities and engage in effective exchange of information."

――とあった。OECD 租税委員会が「理想的には」と，「2000 年段階」で記したその方向へと，現実の世界は大きく舵を切り，今に至ったが，右の英文に「FATCA 法」をインプットして考えよ。右には「すべての課税目的のため」に，「直接的に，又は，間接的に」，「銀行情報」へのアクセスを認めるべきだ，とあるが，「米国の課税目的」（右に，"all" とあることにも，注意せよ）のために，「外国金融機関（FFIs）」との「契約」で情報を出させるのも，そこで言う「間接的」云々に，当たるのではないか。――そう考えると，実に怖ろしいことが，そこにインプライされていたことになる。前から，この「間接的に」の文言が，私は気にかかって，仕方なかったのだが……。

[5]　米国「FATCA 法」実施のための「日米共同声明」（2012 年 6 月 21 日）における「日本側の粘り勝ちの構図」について――『「欧州 5 カ国」及び「スイス」』と「米国」との「共同声明」との対比において

　さて，以上の 4 点が，「FATCA 法」の構造を理解するための重要なポイント，と私が考える点だが，右の「第 3」の点の最後に示したこととの関係で，「2012 年 2 月 8 日」の，前記 5 カ国と米国側との「共同声明」の骨子についても，日米のそれと対比すべく，一言のみしておこう。**U.S. Treasury Department, Joint Statement from the United States, France, Germany, Italy, Spain and the United Kingdom Regarding an Intergovernmental Approach to Improving International Tax Compliance and Implementing FATCA (Feb. 8, 2012)** である。

　まずもって注意すべきは，その A.4. に，"Because the policy objective of FATCA is to achieve reporting, not to collect withholding tax, ……." とあることである。やはり「30％の源泉徴収義務」を課すというのは，脅しであって，外国金融機関を米国政府

側（IRS）との「契約」締結に無理やり向かわせようとする作戦だったのだ（既述）。そして実際にも，この「共同声明」のB.2.a.には，5カ国側の後述の措置を前提として，"[T]he United States would agree to …… [e]liminate the obligation of each FFI established in the FATCA partner to enter into a separate comprehensive FFI agreement directly with the IRS, provided that each FFI is **registered with the IRS** or is excepted from registration pursuant to the agreement or IRS guidance;"とある（IRSへの「登録」については，後述）。

　それでは（詳細は今後詰めるものとされているものの），前記の5カ国が対米で何を約束して米国側の譲歩を引き出したのかと言えば，要するに，それぞれ「国内法の改正」をし，税務調査又は税務調書の拡充をした上で，各金融機関からIRSへの直接報告ではなく，それぞれ自国の課税当局に対する報告，への切り替えを行ない，「租税条約」上の「情報交換」ルートで，各国課税当局からIRSへの情報提供を行なうことにしたのである（B.1.――なお，A.5.では，米国金融機関にある前記5カ国の「居住者［residents］」の口座情報を，「レシプロ」で米国側が提供することを含め，米国側として検討中［under discussion］，とある）。

　但し，B.4.b.では，前記5カ国と米国は，他の諸国（それをFATCA partnersと書く米国の傲慢さよ!!），OECD，及び「適切な場合には（where appropriate）」EU（ちなみに，EUがここで一歩引いた扱いになっている点については，貿易と関税2012年4月号82頁以下〔本書274頁以下〕の［重要な注記］参照）とで，FATCA法をベースとした"a common model for automatic exchange of information"作成のための作業を行なう，とある。これが，日本側にとって，今後の注意点となることは，後述の通りである。

　「米国（「FATCA法」）による一方的措置（域外適用）」に対して，なぜ自国国内法の改正までして，それに対応するのか（そんなことをすれば，米国が一層傲慢になるだけであろうに!!）。「米国法の域外適用」に対して，世界で最も激しく抵抗して来た「英国」（石黒・前掲国際民訴法22頁以下）も含めての対応であることに，私としては，何とも複雑な思いを禁じ得ない。

　これに対して，「2012年6月21日」にリリースされた「日米共同声明」（**Joint Statement from the United States and Japan Regarding a Framework for Intergovernmental Cooperation to Facilitate the Implementation of FATCA and Improve International Tax Compliance [June 21, 2012]**）は，どうなっているのか。この点を，次に見ておこう。

　それはその文言上，前記の二つの「共同声明」と同様，2012年版「不公正貿易報告書」で示されていた「国家管轄権」論を正面に立てるものではない。だが，もとより水面下では，傲慢な米国の「域外適用」を強く批判することから，粘り強い交渉がなされた「はず」である。そして，前記の二つの「共同声明」に比して，それなりの成果はあった，と私は判断する。以下，交渉担当者に最大限の敬意を示しつつ，そしてそこから，**確実に，我々の世界の『復元力』となり得る『一条の光』が差し込みつつあるとの実感**とともに，この「日米共同声明」について，一言する。

　出発点が，米国の不当な規制に苦しむこととなる自国金融機関の救済にあったこと

は，前記の二つの「共同声明」と，同じである（そして，そのためには，ある程度は相手の論理を認めるようにプリテンドしつつ，その相手を押し倒す必要がある）。

　だが，「日米共同声明」の場合，日本は，国内法改正をすることなく，あくまで（個人情報保護法を含む）現行法を維持しつつ，**IRS との直接の「契約」締結義務を，過酷な源泉徴収義務や前記の口座閉鎖義務とともに，米国側に免除『させた』**（II.A.2.a. & c.）。右の重い「契約」ではなく，IRS への（相対的には軽い）「登録」で，十分と『させた』のである。

　但し，前記の「登録」との関係で，まず，「米国の口座保有者（the U.S. account holders）」の「同意」があれば，直接 IRS に対して，日本の金融機関が当該口座情報を提供する。次に，かかる同意のない「非協力的口座保有者（recalcitrant account holders）」については，「非協力的口座」の数と総額を，（個別にではなく‼）『バルク情報』として（the aggregate number and aggregate value of accounts──それによって個人情報保護法をクリアする），同じく日本の金融機関から IRS に提供することを，日本側として了承している（II.A.1.a.）。

　他方，日本側は，それを越えた，政府レベルでの IRS への情報提供についても，あくまで現行の（第3次）日米租税条約26条によってそれを行なうことを，米国側に認め『させた』（II.A.1.b.）。即ち，右を越えた付加的情報（additional information about U.S. accounts identified as recalcitrant and reported on an aggregate basis by Japanese financial institutions）については，米国側に，"**group request**"をさせ，（一定の特定性のあることを前提に）日本側で，「特定された（identified）日本の金融機関」から情報を得た上で，条約ルートでの情報交換を行なう，ということに『させた』のである（実際には，前記の「非協力的口座」のうち，規模や数の大きなものについて，この「グループ要請」がなされることになろう。そして，この場合の日本側のとる国内的措置は，「租税条約実施特例法9条」によることとなる）。

　このほか，I.E. では，米国との「レシプロ」確保を米国側に，明確に(‼)認めさせ，日本の「居住者（residents）」が米国金融機関に保有する口座の情報の，現行日米租税条約に基づく提供を，米国側に認め『させた』（但し，その文言は，"The United States affirms its willingness to cooperate with Japan……."というもの）。──総じて，この「日米共同声明」は，前記の「欧州5カ国」のものよりも（また，「米・スイス共同声明」よりも），米国側を強く押し戻す形となっており，この点が，せめてもの「日本の世界貢献」として，「FATCA 法」について未だ態度決定をしていない諸国に対して，良い意味での影響を与えることを，私としては祈っている。

　なお，この**《重要な注記》**の冒頭で言及したところの，同日（2012年6月21日）付けの「米・スイス共同声明」については，既に「2009年3月13日」の「スイスの政治的敗北」の後ゆえ，また，貿易と関税2012年9月号分（本書第2章4(2)）で言及した「グローバル・フォーラム」側の対スイス「ピア・レヴュー」報告書への，スイス政府側の屈辱的な対応からも，そもそも大した期待はできないが，一言のみして，この**《重要な注記》**を終えることとする。「米・スイス」のものが，右の「日米共同声明」のようには米国を強く押し戻すものになって「いない」ことは，予想通りである。

だから，これまで見た「3つの共同声明」に共通する或る事柄に一言してから，「米・スイス共同声明」に言及することとする。全く当たり前のことなのだが，それらの冒頭の I.A. には，General Considerations の第1として，それらの「共同声明」が，国際的な「脱税」との戦い（combating international **tax evasion**）のためのものだ，とある。この当たり前のことが，「グローバル・フォーラム」側の「2010年」・「2011年」の基本文書において，（合法的な）「租税回避（tax avoidance）」と「脱税（tax evasion）」との関係で，事実に反して記述されていることを，前号分では批判した。だから，この当たり前のことに，ここで「も」言及したまで，である。

さて，「米・スイス共同声明」だが，両国間で「協力合意（Cooperation Agreement）」締結交渉がなされ，それによる免除がない限り，スイス政府としては，IRS との直接契約（FFI Agreement）の締結を，すべてのスイスの金融機関に命ずる（Switzerland would agree to …… direct …….），とある（II.A.1.）。続いて，II.A.2. では，FFI Agreement によるスイスの金融機関から IRS への情報提供を可能とすべく，「**IRS vs. UBS 事件**」でも問題となった「**スイス刑法 271 条**」（貿易と関税 2011 年 4 月号 49 頁〔本書29頁〕参照）の例外を認めることに，スイス政府として同意する，とある。

II.A.3. で，「非協力的口座」に関する「付加的情報」につき，a group request を米国側にさせ，『バルク情報』（on an aggregate basis）として，租税条約ルートで情報提供をする，とあるところは「日米共同声明」と同じである。だが，この II.A.3. では，カテゴリカルに，かかる要請が，"foreseeably relevant without regard to any other condition" としてのものであること（なお，本書 389 頁）を，スイス側として，認めてしまっている（Switzerland would agree to …… [a]ccept and promptly honor, as foreseeably ……, a group request …….）。「日米共同声明」の場合には，このような断定はなく，日本側の個別対応の余地が残されている。

前記の「協力合意（Cooperation Agreement）」でスイス側の（日本や諸外国と共通する）問題をクリアする構図ではあろうが，更に二つ，注意点がある。第 1 に，「米・スイス」の場合には，「日米」の場合にあった「レシプロ」を米国側が約束する規定の「ない」こと，である。そして第 2 に，より大きな問題として，最後の II.D. に，「FATCA 法実施のための政府間（intergovernmental）での『モデル協力合意（model Cooperation Agreement）』」作成への（米国側の）意図が示され，それがスイスと「他の関心を有する諸国（other interested countries）」との間で，on an equivalent basis で適用されるであろう，とある点である。既述の「欧州 5 カ国との共同声明」の場合と同様，**日本側として，この点が，更なる懸念材料として今後も残る**ことを，忘れてはなるまい。

以上で，ここ数日内の，直近での重要な出来事ゆえに急遽挿入されたところの，この《**重要な注記**》を終え，議論の本線（本章 1 (1)の冒頭部分）に戻ることとする。

● ● ●

だが，その後（対日「ピア・レヴュー」第 1 弾の後）において，日本は，或る条約に署名し，国内法を整備した（批准は，若干先になるとのこと）。「1988 年」に正式採択され，「2010 年」に議定書で改正された「**OECD マルチ税務執行共助条約**」（「欧州評

議会・OECD 税務行政執行共助条約」とも略称されるが,「租税に関する相互行政支援［行政共助］に関する条約」。英文では, Convention on Mutual Administrative Assistance in Tax Matters), である(*)。

* 金子宏・前掲租税法第 17 版 446 頁にも従い, これを「税務執行共助条約」と表記し, かつ,「マルチ」の語を補い,**OECD マルチ税務執行共助条約**」として示す（ちなみに, 金子・同前 447 頁には, 右の国内法整備に関して,「この改正は平成 25 年 7 月 1 日から適用の予定」とある)。

　なお, 石黒・前掲ボーダーレス社会への法的警鐘 (1991 年・中央経済社) 164 頁注 7, 166 頁注 19, 等では,「1986 年の OECD の税務執行共助条約」としていたが, これについては, 私が論文指導をさせて頂いた**中山繁太郎・前掲論文**（「税務執行共助の問題点」**税大研究資料第 194 号〔1987 年 6 月〕**）5 頁に, 本条約につき,「この条約は, OECD と欧州評議会 (Council of Europe) との共同で作成され, 1985 年に欧州評議会法制委員会で, <u>1986 年に</u> OECD 租税委員会本会合で, それぞれ採択された」とあることを, 踏まえたものである。その後, 中山・同前頁にあるように,「OECD 理事会及び欧州評議会閣僚会議へ送付され」, 同氏の論文公表の後,「1988 年」に正式採択がなされたのである。

　同条約の規律は,「徴収共助」・「送達共助」のほか, 議定書による改正の眼目となった「情報交換」にまで及ぶ。もとより「情報交換」については, 日本が締結して来た二国間租税条約上の規律が既にある。それゆえ, 今般の国内法改正は,「徴収共助」と「文書送達」規定についてのものなのだが, それに先立ち,「2010 年」（平成 22 年) 3 月の改正で, <u>租税条約実施特例法 8 条の 2</u> が, 新設されている（その「3 号」については既述)。「相手国等への情報提供」についての, 極めて重要な規定である (要請国側の「秘密の保持」が十分でない場合の, 共助の否定を含む。──後述)。

　なお,「**徴収共助**」問題についても, 石黒・前掲国際民訴法 62 － 64 頁に示したように (更に, 貿易と関税 2012 年 7 月号分の末尾 (本書 351 － 352 頁) に記したドイツでの憲法訴訟関連の部分をも参照せよ),「租税法律主義」との架橋のため,『双方可罰性要件』(と同等のもの) が, 私の言う「**国境でメルトダウン (熔融) する人権保障**」の防止のためには, 必須のものとなる。かくて,「徴収共助」について「も」, 人権保障問題の重要性（重大性）を力説して来たのが従来の私だが, その甲斐も多少あってか, <u>今般の国内法整備で, 租税条約実施特例法 11 条 1 項 1 号に, 前記のマルチ条約にはない, 重要な規定が, 日本独自のものとして, 挿入された。「OECD モデル租税条約 27 条」にもない考え方の規定,</u> である。即ち, 2012 年に新設された「租税条約実施特例法」の「11 条 1 項 1 号」は, 外国側からの「**徴収共助**」の要請に応じない場合の一つとして──

　「当該共助対象者が, 当該共助対象外国租税の<u>存否又は額</u>について, 当該相手国等において<u>争う機会を与えられていない</u>と認められるとき。」

――と規定する。

　「OECDマルチ税務執行共助条約」の規律内容については後述するが、分かり易いのは「2008年版OECDモデル租税条約」の「27条」（徴収共助）の「6項」の方であろうから、その条文を、以下に示す。同条6項は、「徴収共助」に当たって――

　「一方の締約国における租税債権の<u>存否</u>、有効性又は<u>金額</u>に関する手続は、他方の締約国の裁判所又は行政機関によって審査されない（Proceedings with respect to the existence, validity or the amount of a revenue claim of a Contracting State **shall not be brought before** the courts or **administrative bodies** of the other Contracting State.）。」

――との、誠に非常識な規定を置く。<u>新設された「租税条約実施特例法」の「11条1項1号」は、右の「27条6項」に真っ向反対する、正面切っての至当な挑戦（!!）</u>、である(*)。

* 　貿易と関税2007年6月号62－63頁に記したように、<u>「組織犯罪処罰法」の「59条1項6号」</u>は、<u>「自己の責めに帰することのできない理由により」、共助要請国たる外国で、「自己の権利を主張できなかったと認められるとき」</u>を、「共助拒絶事由」の一つとしている。そこにも記したように、これは、「必須の憲法上の要請」、と考えるべきである。
　　「裁判を受ける権利」との関係での、かかる「手続的保障」の要件としての、この「組織犯罪処罰法」の「59条1項6号」に当たる条文は、日本の締結した租税条約上の「徴収共助」の規定には「存在しない」。同前・63頁において私は、そのことを、<u>『双方可罰性要件』を堅持する「組織犯罪処罰法」の「59条1項」（共助拒絶事由）</u>との関係で「も」、深く嘆き、批判していた。
　　今般の国内法改正で、「租税条約実施特例法」の「11条1項」の「1号」が新設されたことを、私としては、率直に喜びたい。これまた明確に、「日本に差し始めた『一条の光』」であり、英断と、言うべきである（!!）。

　<u>この「OECDモデル租税条約27条6項」の規定の致命的な問題点</u>については、石黒・前掲国際倒産vs.国際課税の、とくに311－312頁（ないしは、貿易と関税2007年5月号66－67頁）を是非参照されたい。極めて重要な指摘をしておいたので（!!）。
　しかも、「2003年」にOECDモデル租税条約に新設された「徴収共助」の「27条」は、<u>各国のコンセンサスがあって導入された規定「ではない」（!!</u>[*]）。同前・312頁で引用した<u>増井良啓「国際課税ルールの安定と変動――租税条約締結によるロック・イン」</u>
<u>税大論叢40周年記念論文集(2008年)所収(335頁以下)、355頁</u>において、「<u>最近の[OECD</u>
<u>モデル租税条約の]改訂では、徴収共助に関する27条……のように[!!]、必ずしも</u>
<u>すべての加盟国の意見が一致しない場合であっても、条約締結国が望めばそれを選択</u>
<u>できるといったタイプの条項</u>」が存在する、とされていることを、ここで想起すべきである。

　　* 　その意味で、<u>今後の国税当局にとって危険極まりないこと（!!）</u>につき、一言する。

貿易と関税2010年10月号81頁で示したように、「日・シンガポール租税条約と日本のタックスヘイブン対策税制」に関する最判平成21年10月29日民集63巻8号1881頁（「**グラクソ事件**」）、最判平成21年12月4日判例タイムズ1316号92頁の共通する判旨として──

「OECDの租税委員会が作成したコメンタリーは、**条約法に関するウィーン条約……32条**にいう『解釈の補足的な手段』として、日星租税条約の**解釈に際しても参照されるべき資料**ということができる」

──とされている。

　石黒・同前頁（貿易と関税2010年10月号81頁）でも、この判旨の指摘に「要注意」と書いておいたが、「グラクソ事件」における国側（国税サイド）の主張が、右の点を含めて最高裁によって認められ、（1・2審を含めての）国側勝訴となった経緯がある。だからなおさら「要注意」なのだが、新設された「租税条約実施特例法」の「11条1項1号」は、「コメンタリー」どころか、OECDモデル租税条約「27条6項」の、「条文自体」に反している。

　明らかに「27条6項」の方が異常なのだが、これまで再三私が、国税サイドの注意を喚起して来た点、即ち、「グラクソ事件」が国側勝訴に終わったとはいえ、『**これからは、OECDモデル租税条約の「コメンタリー」を盲信することなかれ**』との警鐘は、「租税条約実施特例法」の「11条1項1号」の新設によって、日本の国税サイドにとって、一層深く認識されるべきものと、なるはずである。

　私としては、こうした「徴収共助」関連での国内法整備をも追い風として、今後、2国間租税条約に基づく「情報交換」について「も」、既に一言した「2010年」（平成22年）3月の改正による**租税条約実施特例法8条の2**（詳しくは後述）に基づき、いわば日本型の「人権感覚」に基づくわが国税サイドでの実務処理が、次第に（更に）深く浸透してゆくことを期待する。「人権保護（人権保障）」との関係での問題は、「情報交換」・「徴収共助」に、共通する問題だから、である。

　だが、仮にそうなった段階で、（租税条約上の「情報交換」に関する）「グローバル・フォーラム」側からの、更なる対日「ピア・レヴュー」がなされたとする。まさに其処において、貿易と関税2012年9月号分（本書第2章4(2)）で論じた対スイス「ピア・レヴュー」報告書と同様、そうした日本側の「人権保護（人権保障）」重視型の、（今後大いに期待されるところの）慎重な対応が、「実効的（効率的）な情報交換」を阻害するものとして、指弾され得ることになる。

　そうなった段階で、日本側が、『「2009年3月13日」以降、国家としての魂を抜かれたスイス』（貿易と関税2012年9月号分〔本書390頁以下〕参照）と同じく、「グローバル・フォーラム」の批判に対して、「ごもっとも、何とかします」などと、反「人権保護」的な恭順の意を、果たして表することになるのかどうか。そうなってはおしまいだが、もとより、そこで奮起することが、日本の国税に対して、私が最も期待するところである。そして「昨日」、私は、この期待が必ずしも雲を摑むような淡いもの、ではないことを、実感した。既述の、2011年秋の「グローバル・フォーラム」側の

対日「ピア・レヴュー」では，前記の<u>租税条約実施特例法8条の2</u>を含めて，日本側の法的対応は，一応 OK となったようだが，次の段階でどうかが，問題なのである。

　そもそも，前記の「<u>OECD マルチ税務執行共助条約</u>」の「<u>2010 年</u>」改正議定書の「<u>前文</u>」には，改正前の条約が「<u>租税に関する情報を交換するための国際的な基準（the internationally agreed standard）</u>が合意される前に締結されたものであることを考慮し，条約の締結の後に <u>協力の新たな環境</u> が生じたこと（**a new cooperative environment has emerged since ……**）を考慮し」云々，との文言がある。前号分までで論じたところの，『<u>諸国家・諸国際機関の"責任逃れ"のための隠れ蓑</u>』（特定国の人権保護をも打破する野蛮な営為の，「責任主体」をことさらに曖昧にするための外装）としての「グローバル・フォーラム」が，しかも「2009 年 9 月」のそのいわゆる「改組」前の更なるアメーバ状態のそれが，<u>密室の中で作成した</u>『**国際基準**』(\*)を，ことさらにリファーし，それが条約改正の主たる理由として，掲げられているのである（!!）。

\*　前号分の前半（本書 399 －400 頁）で指摘したように，<u>この「国際基準」を OECD が開発したなどという「グローバル・フォーラム」側の言い分は事実無根である</u>。The Global Forum（2010），supra, at 6（para. 20）には，"**The Terms of Reference developed by the Peer Review Group and agreed by the Global Forum** break these standards［developed by the OECD?? ── para. 19］down into 10 essential elements against which jurisdictions are reviewed."と，ある。同じく前号分前半の，最初から三つ目の「\*部分」の直前（本書 394 頁）に示したように，「ピア・レヴュー」の「プロセス」が最初に議論された「メキシコ会合」（…… was first discussed in Mexico）では，「グローバル・フォーラム」のいわゆる「改組」がなされるとともに，既にそこにおいて，対 8 カ国の「ピア・レヴュー」の開始が，決まっていた。「メキシコ会合」で大規模な「改組」とともに，「10 の必須の要素」が一から議論された可能性は，前号分までで論じた「彼ら」（Who??）のやり口からして，低かろう。「こうなっていますが，それでいいですよね!?」，という形だったと，私は判断する。あとは，「事情に詳しい誰か」に，調べて頂きたい（右の「誰か」には，それで，通ずるはずである）。
　そう思って前記の「OECD マルチ税務執行共助条約」の「2010 年」改正議定書の「前文」をもう一度読むと，問題の『国際的な基準（the internationally agreed standard）』を，誰が作成したかは，書かれていない。ある意味で正直な書き方，とも言える（もとより，皮肉である）。

　そして，まさにそれでスイスの人権保護を叩いたところの，"**B.2. The rights and safeguards that apply to persons in the requested jurisdiction should be compatible［!?］with effective exchange of information.**"といった『国際基準』で，私が本号分で，『期待』とともに示した日本の国税サイドの，<u>租税条約実施特例法に「2010 年」に新設されていた「8 条の 2」</u>（既述の「3 号」を含めたそれ!!）に基づく日本側の実際の対応が，指弾されることにもなり得る。
　この「2010 年」の新設規定は，「租税条約等」に基づく日本側からの情報提供を"しない"場合として，1 号から 5 号までを，定めている。1 号は相互主義（レシプロ）の規定，5 号は相手国が当該情報入手のために十分な自助努力をしなかった場合の規定

だが，注目すべきは，同条２－４号の，次のような規定である。既に条文を示した「３号」を含めて，念のためにすべて示せば——

「二　我が国がこの条の規定により提供する情報について当該相手国等において**秘密の保持**が担保されていないと認められるとき。
　三　我が国がこの条の規定により提供する情報が当該相手国等**税務当局の職務の遂行に資する目的以外の目的**で使用されるおそれがあると認められるとき。
　四　当該情報の提供を行うことが**我が国の利益を害することとなるおそれがある**と認められるとき。」

——と，規定されている(*)。

> ＊　更に念のために，「８条の２」の１・５号の文言も，示しておく。後に示す旧条文と，対比されたい。それらの文言は——
>
> 「一　当該相手国等税務当局が，我が国が行う当該情報の提供**に相当する情報の提供**を我が国に対して行うことができないと認められるとき。
> 　………………
> 　五　当該相手国等から当該情報の提供の要請があった場合にあっては，当該相手国等税務当局が当該要請に係る情報を入手するために通常用いるべき手段を用いなかったと認められるとき（当該手段を用いることが著しく困難であると認められるときを除く。）。」
>
> ——となっている。

　ちなみに，「2010 年改正」前の租税条約実施特例法には，情報交換関連では，「相手国から情報の提供要請があった場合の当該職員の質問検査権」に関する９条と，「相手国から犯則事件に関する情報の提供要請があった場合の質問，検査又は領置」についての 10 条の２があり，今もそのまま残っている**９条２項**に，「**前項の規定による質問又は検査の権限は，犯罪捜査のために認められたものと解してはならない**」とする，既述の重要な規定もある。
　だが，今の「８条の２」の２－４号に対応するもの（共助の除外事由の規定）としては，９条１項「２号」，10 条の２の「２号」に，同じ文言で，「当該……情報の提供の要請に応ずることが我が国の租税に関する法令の執行に支障を及ぼし，その他我が国の利益を害するおそれがあると認められるとき」との，直接には８条の２の４号に対応する規定があったのみ，であった。右の従来の規定の，「我が国の租税に関する法令の執行に支障を及ぼ……［す］おそれ」が，８条の２の，２号と３号で，更に具体化されたことになる(*)。その意義は，極めて大きい，と言うべきである（!!）。

> ＊　「2010 年改正」前の租税条約実施特例法には，『情報交換』の一般規定（今の「８条の

2」に相当するもの）は、なかった。ちなみに、「8条」（これについては、改正なしで現行規定となっている）は、『相互協議』関連の規定であり、1項で、「その協議又は合意の内容が地方公共団体が課する租税に係るものであるとき」についての、「あらかじめ」の財務大臣と総務大臣との協議について定める（2項は、総務大臣側は、「関係地方公共団体」の意見を、「必要に応じ」聴取せよ、と規定する）。

　ちなみにのちなみに、ということにはなるが、この「8条」について想起すべきは、石黒・前掲国際民訴法 25 − 26 頁の、かの「**Auto Cases**」の場合についての記述である。日本の主要自動車メーカー3 社に対して、米国側のトランスファー・プライシング調査がなされ、揉めた挙句に日米当局間の「相互協議」がなされた。1987 年 11 月に、日本側が既に納付済みの国税約 800 億円、及び国税に連動して地方税約 400 億円を還付し、云々となった事件である。それについて、とくに地方税還付で打撃を受ける地方公共団体で、住民監査請求等も起きた。石黒・同前 26 頁の、「外圧に対する内圧のリバランス機能」との言葉、そして、この事件で、IRS 側が、当時の日米租税条約（昭和 47 年条約 6 号）26 条の情報交換条項を使わず、一方的な文書提出命令を、米国裁判所に求め、それが認められていたこと（その判決文の注意すべき点については、貿易と関税 2006 年 3 月号 59 頁に、原文を引用しておいたので、参照されたい。『条約ルートを相対化しがちな IRS の本音』が如実に示されているので!!）、等にも、注意せよ。同前（国際民訴法）・24 頁以下の、かの「**Marc Rich 事件**」（本論文第 1 章 2 の目次項目参照）と、同事件の前半の展開は、同じだったのである。

　さて、例によって書くべきことが多くて、前置きが長くなったが、「2010 年改正」による「8 条の 2」の新設前の、租税条約実施特例法の「8 条」に続く、（いずれも「情報交換」関連での）「質問検査権」の「9 条」の「1 項」、及び「犯則事件」関連での「質問」等についての「10 条の 2」の、既に見た「2 号」以外の規定も、ほぼ全く同じ文言で──

「一　当該租税条約の規定に基づいて我が国が行う情報の提供の要請に応ずるために、当該相手国が当該情報を収集する措置をとることができないと認められるとき。
　二　……………
　三　当該相手国において当該必要情報［10 条の 2 の 3 号では「当該必要犯則情報」］を入手することが困難であると認められないとき。」

──と規定していた。
　だが、「2010 年改正」で「8 条の 2」が新設されたのに伴い、右の二つの条文における 1 − 3 号の『共助拒絶事由』が削除され、「8 条の 2」の 1 − 5 号に整理・統合されたことになる。

　右の「8 条の 2」の「3 号」については既に触れたが、**8 条の 2 の「2 号」の「守秘」**の点について、ここで若干深彫りをしておこう。私は、貿易と関税 2012 年 4 月号 85 − 86 頁の「＊部分」（本書 278 − 279 頁）において、現行関税法（昭和 29 年法律第 61 号）の 108 条の 2（情報提供）が、その 2 項の「2 号」で、日本側から外国側に、「秘密として提供する」情報につき、**当該外国の法令において「我が国と同じ程度の秘密の保持が担保されていること」**、3 号で、日本側の提供する情報が、当該外国税関当局において「その職務の遂行に資する目的以外の目的で使用されないこと」（この「3 号」

430　第 3 章　「IRS vs. UBS 事件」の展開過程でなされた「スイスの重大な政策変更」（2009 年 3 月 13 日）の文言と，租税条約実施特例法「8 条の 2」の既述の「3 号」のそれとの，差にも注意せよ‼）を，いずれも情報提供の前提となる確認事項として定めていることとの関係で（本書第 2 章冒頭に示した執筆方針に基づき，問題の部分を再度示せば）――

『この「2 号要件」に当たる配慮が，一般の国際課税の場合には既に撤廃されて久しいことにも，注意せよ。この点については，OECD モデル租税条約 26 条への，日本の実質的留保との関係で，貿易と関税 2011 年 10 月号 62 － 63 頁（本書 174 頁）参照。また，情報が国境を越えてしまえば，「守秘」とは言ってもすべては要請国の自由処分に委ねられるとするかのごとき，63 年草案以来の同モデル租税条約コメンタリーの「屈折した構造」を批判した同 2011 年 12 月号 87 － 89 頁（本書 203 頁以下）参照。ちなみに，<u>2008 年版</u>OECD モデル租税条約においては，26 条のコメンタリーの「パラ 20」において，同パラ 11 の「守秘」との関係で，**日本と同等（comparable）な守秘の規定を有する要請国に対してしか情報を提供出来ないであろう（It would be difficult for Japan ……．）**との，従来の「**日本の observation**」が，維持されていた……．だが，「**2010 年版**」の**OECD モデル租税条約コメンタリー**を，画面でのみ確認したところ，日本の「守秘」関連の，「パラ 20」のこの実質的留保は，単純に「**削除（Deleted.）**」となってしまっている。単純な削除で済む問題なのか（??）。関税法の前記規定（等‼）との関係で，十分な精査を要する問題のはずである（‼）。』

――と述べていた。

「<u>日本と同等（comparable）な守秘の規定を有する要請国に対してしか情報を提供出来ない</u>」との，具体的な『守秘の程度』についての言及は，OECD モデル租税条約 26 条との関係を考慮してか（⁉），さすがに避けつつも，かくて，日本は，新設された租税条約実施特例法 8 条の 2 の「2 号」において，重要な「守秘」の点を，「租税条約等」（「等」の中には，今般の国内法整備をもたらした「OECD マルチ税務執行共助条約」が，もとより含まれる）に基づく「相手国等」への情報提供の，拒否事由として，同じ「2010 年」に，「新設」していたことになる。<u>これまた英断</u>（なお，本書 439 頁をも参照せよ），と言うべきである（‼）。

だが，既述のごとくこの「2 号」には，外国（要請国）側に要求すべき『守秘の程度』が書かれていない。そのことによって，国税当局による実際のこの規定の運用には，一抹の不安が残る（現場での不安，である）。それはともかく，ここでの「守秘」は，日本の国税の実務との関係のみならず，その背景としての「人権保護（人権保障）」の要請を，明確に踏まえたもののはずである。

そこで，いずれにしても，既述の「グローバル・フォーラム」側の対スイス「ピア・レヴュー」との関係が，日本側の問題として，表面化し得る。即ち，前記の"B.2. The rights and safeguards that apply to persons in the requested jurisdiction **should be compatible [⁉] with effective exchange of information**."との『国際基準』から，『過度に守秘を問題とする日本側の対応が，「実効的（効率的）情報交換」を阻害して

いる』と、スイスが叩かれたときと同じ，反「人権保護」的な「単純なあてはめの論理」で，今度は日本の対応が，指弾され得ることになる。

　それを怖れた曖昧な対応は，せっかく規定が新設されたのだから，既述のごとく，断固排除さるべきである。だが，前号分の末尾部分（本書411頁）でも示したように，日本は，自ら進んで(!?)「グローバル・フォーラム」の運営に巻き取られて来た。のみならず，G8/G20等でも，スイスの『双方可罰性要件』と「銀行秘密」とを，米国やEUと一緒になって，日本はこれまで叩いて来た。

　「国際課税」の場合は別として，「情報交換」についての「日本の法制度の基本」が，従来の（「2009年3月13日」までの）スイスと同じく，『双方可罰性要件の堅持』にあったことは，貿易と関税2012年4月号85頁以下（本書278頁以下）で示した通りである（「日米・日EUの刑事共助条約」を例外として，日本の締結した残りの刑事共助条約においても，『双方可罰性要件の堅持』のなされていることについても，同前〔4月号〕・89頁以下〔本書283頁以下〕で示した通り）。

　日本の国際課税の現場では，『国際課税しか見ない』，或いは，『OECDモデル租税条約がすべて』といった傾向が，いまだに強い。だから，「『双方可罰性要件』なんて，従来の（今は否定された）スイスだけの問題じゃないの？」といった対応が，いまだに一般であろう。だが，右の「守秘」についての租税条約実施特例法8条の2の「2号」要件の新設を通して，スイスの『双方可罰性要件堅持』の法的背景をなしていたところの，憲法上の「人権保護（人権保障）」の問題が，日本自身の問題として，大きく浮上することとなり得る。それが海外から叩かれたとき，「日本国憲法」を支えとして，どこまでも筋を通し，戦って頂きたい。そう，切に願う。それが，「日本の国税当局の輝かしい伝統」のはずだと，信ずるからである。


　ところで，そこまで論じ切って，改めて気になる「はず」の問題は，「OECDマルチ税務執行共助条約」の「情報交換」関連規定における「守秘」の取扱いは，どうなっているのか，との点であろう。また，OECDモデル租税条約とその「コメンタリー」における取扱いとの関係も，同様に，問題たり得る。

　既述のごとく，今般の国内法整備で，租税条約実施特例法11条1項1号に，前記のマルチ条約にはない重要な，これまた『人権保護（人権保障）』と深く繋がる規定が，日本独自のものとして挿入されたこともあり，そこで，「この世の終わり」を宣言することから始まった本論文の中で，望外の幸せとして，今月号分の執筆を始めてから自分の認識が明確化されたところの，「日本に差し始めた『一条の光(!!)』」を，今暫く辿っておきたい。そして，そのためには，当初本章1で予定していた「2008年版（及び2010年版）OECDモデル租税条約」26条の検討とともに，「徴収共助」問題を含めて，「OECDマルチ税務執行共助条約」の全体像と今般の日本の国内法の整備との関係について，広く検討する必要が，ここで生ずることとなる。

　但し，本章1の論述上の本線は，あくまで，「2009年3月13日」の「スイスの政治的敗北」（『双方可罰性要件』放棄を内実とする，OECDモデル租税条約26条についての，スイスの留保の撤回）との関係で，その当時の，「2008年版OECDモデル租税条約」

26条の、とくにその「コメンタリー」の記述内容を点検し、かつ、それを、前号分までにおいて批判的に検討した「2010年」・「2011年」の「グローバル・フォーラム」側の営為と、対比することにある。その関係で、「2010年版OECDモデル租税条約」(そのコメンタリー)での記述内容の変化(if any)をも、点検することになる。

かくて、「スイスの敗北」のかかる背景事情と、その後3年の間に『急浮上した「日本の一条の光」』とを、ともに辿るという、またしても困難な道を、私は選んだ(否、選ばされた)ことになる(以上、2012年6月19日の執筆は、次の執筆日に十分に余力を残すべく、約5時間余りしか書いていないが、午後8時53分に打ち切る。間を置かずして、また台風5号の大雨が、日本を襲うとの予報である。そう。私は、意識下・意識上ともに、先月以来の「或る経緯」で、6月11日以来、日本のみならず台湾との関係を含め、猛烈に怒っているのだ!!──執筆再開は、2012年6月24日の日曜日未明、午前4時35分。同日午後3時28分、執筆終了。計約11時間弱、ここまでの部分の補訂・拡充に、すべてを費やした。──同年6月29日午後3時半、今月分にカタをつけるべく、執筆開始。同日午後8時55分に執筆終了。点検に入る。点検終了、同日午後10時58分。計約7時間半の作業だったことになる)。

　　＊　次号分以下に続く。次号分は、第3章1の(2)から、となる。

[以上、2012年11月号49-67頁]

## (2)　「2008年版OECDモデル租税条約」26条とその「コメンタリー」──その後の「グローバル・フォーラム」の営為「等」との関係において

　　＊　右の「等」とは、前号分で論じた、最近の日本における国内法の改正・整備のことである。

### (2-1)　はじめに

さて、前号分の問題意識を持続させつつ、一旦、「2008年版OECDモデル租税条約」の「26条」に集中する。まずは「条文」の文言自体において(本号分)、次にその「コメンタリー」において(次号分)、反人権保護的なことが、「どこまで」書かれているのかの、検証を行なう(執筆開始は、2012年7月7日午前7時10分)。

だが、前号分との関係で、「ここでの論述の趣旨」について、再度断っておく必要がある(なお、本論文第4章4の、「ループホール化する課税」の問題との関係で、引渡された情報の「他目的使用」についての「コメンタリー」の記述については、「刑事手続」用の使用との関係を除き、ここでは省略する)。

本章1におけるこの点の検討の、もともとの目的は、以下の通りであった。即ち、「2009年3月13日」の「スイスの重大な政策変更」の前提をなすところの、「2008年版」の「OECDモデル租税条約」の「26条」とそれについての「コメンタリー」の

内容を再精査・再確認し，それと，貿易と関税 2012 年 9・10 月号分（本書 393 頁以下）で論じた「2010 年」・「2011 年」の「グローバル・フォーラム」側の営為，とくに，「2011 年 6 月」の対スイス「ピア・レヴュー」報告書（同前・9 月号分〔本書 378 頁以下〕参照）との対比を行なうこと，である（貿易と関税 2012 年 8 月号分（本書 355 頁以下）で論じた「2000 年 OECD 租税委員会報告書」との関係も，再度点検すべきこととなる。——ちなみに，本号分の執筆開始直前の 7 月 5 日に，8 月号分の初校を行なったが，正直なところ，自分自身，多少きつかった。だが，今思えば，この 8 月号分での執拗な書き振りが，9・10 月号分の執筆を軌道に乗せ，そして 11 月号分における新たな展開へと，私を自然に導いてくれたのだと，実感した）。

　それを本章 1 において行なっておく<u>もともとの意味</u>は，本論文冒頭の貿易と関税 2011 年 3 月号 49 頁（本書 3 頁）において，あらかじめその条文を示しておいたところの，「<u>2009 年 9 月 23 日</u>」に署名の，「米・スイス改正租税条約」の「26 条 5 項」（<u>とくにその第 2 文</u>）との関係にある（あった）。即ち，同前頁に条文（英文）とその骨子を示しておいたように，同項第 2 文においては，（「2008 年版」の）OECD モデル租税条約「26 条 5 項」（銀行保有情報の引渡し）に対応する第 1 文に続き，スイス側の義務について言えば——

　　『被要請国（スイス）の課税当局は，本項［26 条 5 項］によるその（スイスの）義務に従うために必要であるならば，かかる銀行保有情報を得るために，本条 3 項またはその（スイスの）<u>国内法のいかなる規定にもかかわらず</u>，本項によってカバーされる情報の開示を強制（執行）する権限を，有さねばならない（英文では，"In order to obtain such information [held by a bank ……], the tax authorities of the requested Contracting State, if necessary to comply with its obligations under this paragraph, <u>shall have the power</u> to enforce the disclosure of information covered by this paragraph, <u>notwithstanding paragraph 3 **or any contrary provisions in its domestic laws**</u>."）』

——との内容が，規定されていた。とくに，右のゴチック体で示した部分（そこに "any" とあること——従って，憲法上の規範を含む!?）が，重大な問題を提起する(*)。

　　*　その関係もあって，貿易と関税 2011 年 8 月号 59 頁以下で（本書 121 − 122 頁）は，『スイスにおける「条約と憲法」との関係』についても，基本的なところを，論じておいたのである。

　貿易と関税 2012 年 8 月号以来の本論文第 2 章 4 において，「<u>租税条約上の情報交換の実効性（効率性）</u>」の要請が，昨今容易に，「被要請国」側の「<u>憲法上の人権保護（人権保障）</u>」を打破する方向で，一方的に強調されていることの不当性を，私は訴えて来た。右の条文について言えば，"if necessary" 以下の限定が，何処まで現実的な意味を有し「得る」かが，問題で「も」ある。そして，この点は主として，「2008 年版」（そして「2010 年版」）の「OECD モデル租税条約」26 条の「コメンタリー」の記述内

容と,「グローバル・フォーラム」側の, 本論文第2章4で示した営為(そのいわゆる「国際基準」なるものの内実)との対比を通して, 解明さるべき点となる。

なお, 本論文第3章の2以下においては,「対米」でのこの条項(右の第2文)が,「2009年3月13日」以降の展開の中で,「対デンマーク」を出発点とする, 他の主要国とスイスとの間の租税条約改正において, 何処まで共通するものとなっているのか, との点に重点を置く。こうした改正についてのスイス政府側の, 議会に対する公的説明(Botschaft)の記述内容に,「再度」注目するのである(但し, 改正時期が近接していることもあり, 計5か月分を要した「第2章2」よりは, 多少なりとも簡潔な比較を試みたい)。そして, その前提として,「2008年版」の「OECDモデル租税条約」の,「26条」の規律内容の(再)確認が, 必要となるのである。

だが, 2012年の「6月後半」に執筆された同年11月号分(前号分)において,『望外の幸せ』として, 本章1の論述には,『新たな意義』が見いだされた。即ち, そこで言及した「同年6月21日」の,「米国FATCA法」に関する「日米共同声明」にも同じ方向での『光』があるのだが,「2010年」改正による<u>租税条約実施特例法「8条の2」</u>(「情報交換」の一般規定)の新設(とくにその「2号」[守秘]・「3号」[刑事処罰等との関係]),『「OECDマルチ税務執行共助条約」への署名に伴う国内法整備』の一環としての, 但し日本独自の規定たる<u>同法「11条1項」の「1号」</u>(「徴収共助」関連での『手続的保障』の規定)の新設に, 前号分では注目していた。

それらの『日本に差し始めた「一条の光」』との関係で,「2008年版」(補足的に「2010年版」)の「OECDモデル租税条約」の「26条」のみならず,「1988年作成」・「2010年改訂」の「**OECDマルチ税務執行共助条約**」の規定を,(「徴収共助」関連を含めて)広く検討する必要が, 出て来たのである(但し,「徴収共助」関連は,「OECDマルチ税務執行共助条約」の検討の際に, 今般の国内法整備の概観とともに, 併せて, 次号分以下の本章1(3)で論ずるにとどめる)。

(2-2) 「2008年版」の「**OECDモデル租税条約26条**」の「条文」についての検討

以下, 前記の趣旨で,「2008年版」の「OECDモデル租税条約」の,「26条」(「情報交換」)についての検討に, さしあたり集中する。<u>検討の際の基本的な切り口は,『反「人権保護」的な記述とその程度』の検証</u>, に設定される。

まず,「2008年版」の「条文」だが, 国際課税の関係者にとってその「邦訳」は周知のことゆえ, 英文主体に, 以下検討する(本当は, もともとの「63年草案」以来の展開を詳細に辿るべきであろうが, ここでは, それはしない[*])。

* なお,「スイス」との関係で主として問題となるところの,「2008年版」の「OECDモデル租税条約」の「26条」の「5項」は, 後述の「4項」と同様,「3項の規定」(による[情報交換の]制限)を相対化し,「3項の規定」は,「銀行……情報」(等)であること「のみを理由として」情報提供を「拒否することを認めるものと解してはならない(In no case shall the provisions of paragraph 3 be construed to permit …….)」, と規定する。「2009年3月13日」以降のスイスは, これを丸呑みした訳だが, **この「(2-2)」の項においては, スイスとの関係ではなく, 専ら「最近の日本の法改正」との関係を念**

頭に，以下の検討が行われることに，結果としてなったことにつき，あらかじめ一言しておきたい。「スイスとの関係」は，「コメンタリー」主体の次の「(2－3)」において，右の日本の法改正についての引続いての検討とともに，取り扱うこととなる。

　この「26条」は全5項からなるが，同条の「4・5項」が「2002年」のレビューを経た「2005年」の新設規定であることは，貿易と関税2010年10月号79頁，同2011年3月号48頁（本書3頁），同2011年10月号60頁（本書172頁）に，示しておいた（なお，今手元にある「平成21年6月1日現在」の「租税条約関係法規集」715頁以下の「邦訳」については，一部，英文との関係で適宜言葉を補いつつ，以下の点検作業を行なう）。

　まず，26条の「**1項**」は，情報交換の一般規定だが，そこで注意すべきは，交換される情報につき，"shall exchange such information as is foreseeably relevant ……" とあることである。「邦訳」では，単に「……に関連する情報を交換する」とあるのみだが，前号分の論述との関係で，一言しておく必要がある。前号分の「FATCA法」関連の論述の末尾近く（本書423頁）において，「2012年6月21日」の「米国FATCA法」に関する「米・スイス共同声明」のII.A.3. について，私は──

『「非協力的口座」に関する「付加的情報」つき，a group request を米国側にさせ，『バルク情報』として，租税条約ルートで情報提供をする，とあるところは「日米共同声明」と同じである。だが，このII.A.3. では，カテゴリカルに，かかる要請が，"foreseeably relevant **without regard to any other condition**" としてのものであることを，スイス側として，認めてしまっている。「日米共同声明」の場合には，このような断定はなく，日本側の個別対応の余地が残されている。』

──と述べていた。その背景をなすのが，26条の「1項」の，右の文言であることを，ここで補足しておく(*)。

　　* なお，「1項」に「**すべての種類の**租税に関する（concerning **taxes of every kind**）」云々とあることについても，注意が必要である。これは，すぐ続いて論ずる「2項」に，"in relation to the taxes referred to in paragraph 1" とある点との関係での問題，である。

次に，26条の「**2項**」だが，これは，引渡された情報についての『「守秘」と「開示（使用）範囲」』に関する規定である。ちなみに，この点に関連する本論文での論述において，ここでとくに留意すべきは──

◎　貿易と関税2011年9月号58頁以下（本書144頁以下）の，『スイスの刑事司法共助と引渡された情報の「他目的使用」の原則禁止──「米・スイス刑事司法共助条約」を含めた検討と，「ループホール化する課税」（本論文第4章4）との関係』，

◎　同2011年12月号82頁以下（本書197頁以下）の，『「情報交換」によって引渡された情報についての「守秘の基準」及び「開示が許される人的・事項的範囲」（「使

用目的の制限」）についての重要な注記』，

◎　右の後者との関係での，同 2011 年 12 月号 87 頁以下（本書 203 頁以下）における，『「情報交換」で引渡された情報の「開示範囲」（「使用目的の制限」）に関する OECD モデル租税条約 26 条「コメンタリー」の，「1963 年草案」段階からの「屈折した構造」』

——の項であるので，適宜参照されたい（それらの一部については，本号分で後述する）。
　同前（2011 年 12 月号）・83 頁（本書 198 頁）に記したように，「2008 年版」の 26 条「2 項」の文言は，「1977 年版」の OECD モデル租税条約 26 条「1 項」の「第 3 − 5 文」（同前頁に，英文を示しておいた）と，殆ど同じである。——つまり，引渡された情報についての「守秘」と「開示（使用）範囲」の問題は，既に「1977 年版」において決着してしまっていた（!!）。
　具体的に，この「2008 年版」の「2 項」の文言について，見ておこう。『守秘の基準』は，専ら（!!）情報受領国側に置かれ（**OECD マルチ税務執行共助条約** 22 条 1 項は，そうではない [**!!**]。この点は後述する），「開示（使用）範囲」についての，『「2 項」の第 1 文後段以降』の部分（この部分を，後の議論との関係で見つけ易いように，「★マーク」で特定する）を，英文で示せば——

"…… and shall be disclosed only to persons or authorities (including courts and administrative bodies) concerned with the assessment or collection of, the enforcement or prosecution in respect of, the determination of appeals in relation to the taxes referred to in paragraph 1, or the oversight of the above. Such persons or authorities shall use the information **only for such purposes**. They may disclose the information in public court proceedings or in judicial decisions."（★）

——とある。ちなみに，この部分の「邦訳」は，「**1 に規定する租税**の賦課若しくは徴収，これらの租税に関する執行若しくは訴追，これらの租税に関する不服申立てについての決定又はこれらの監督に関与する者又は当局（裁判所及び行政機関を含む。）に対してのみ，開示される。……」，となっている。
　まずは，右の文言に，こだわってみたい。厳密に，右の「第 2 文」（「邦訳」では，「これらの者又は当局は，当該情報を<u>そのような目的のためのみに使用する。</u>」）の，「**かかる（そのような）目的のためにのみ**」の部分が，何処までのことを限定づけているのかを，（まずは，文言に忠実に）見ておく必要がある。「2010 年改正」によって新設された**租税条約実施特例法の「8 条の 2」**の，前号分で注目した「**3 号**」に，要請国たる外国側への「情報提供」を拒絶する場合として——

「三　我が国がこの条の規定により提供する情報が<u>当該相手国等税務当局の職務の執行に資する目的以外の目的で使用されるおそれ</u>があると認められるとき。」

──と規定されていること(*)との関係，である。だが，早速ここで，重要な『補充』が，必要となる。「国際課税」だけを見るのではなく，日本の同種の行政法規（規制）との関係で，「情報交換」問題を，一層広い視野の下で捉えるための，必須の『補充』である。

　　　　　●　　　　　●　　　　　●

* 《今般の「関税法改正」（平成24年3月30日成立，翌日公布，同年4月1日施行）との関係──その後の推移に関する補充》

　貿易と関税2012年4月号85頁（本書278頁）に記したように，従来より，**わが関税法108条の2（情報提供）**の「2項3号」は，日本側当局の引渡す情報が，外国側当局において，「その職務の遂行に資する目的以外の目的で使用されないこと」を，情報提供の前提たる（事前の）「確認事項」としていた。前記の，**租税条約実施特例法の「8条の2」の「3号」**が，それと文言を合わせたものであることに，まずもって注意すべきである（今般の「関税法改正」は，「108条の2」の「3項」についてのもの［その関係での「4・5項」の新設］であり，「2項3号」は，そのまま残っていることを，今確認し得た）。

　なお，従来の関税法108条の2の「3項」は，より具体的に，外国当局に引渡す情報が，当該外国で「刑事手続に使用されないよう適切な措置がとられなければならない」としていたが，それ（「3項」）について今般（2012年）の改正がなされ，『双方可罰性要件堅持』の上で，「先行する三つの法律」に合わせた規定のなされることとなったこと等，その基本は，同前頁以下に記した通りである（なお，岸本浩「平成24年度関税改正について」ファイナンス2012年2月号19頁以下，22頁参照）。

　だが，本号分の論述との関係で，今般成立した「関税法108条の2の改正」後の条文との関係を，ここで明確化し，かつ，今般の関税法改正で参考とされた「先行する三つの法律」について，今少し細かな紹介をしておこう（先例とされた法律の中で，その後の条文番号の変更も，一部で生じていることだし）。**租税条約実施特例法「8条の2」の右の「3号」**，及び，後述の「2号」（『守秘の程度』）との関係での，補充と更なる紹介である。

　まず，「関税法108条の2」の「3項」の改正だが，同項の冒頭に「第1項の規定により提供される情報については，」とあった部分の後に，「次項の規定による**同意がなければ**」の文言が追加され，それに続く「外国における裁判所又は裁判官の行う刑事手続」の文言の後に，「(同項において単に「刑事手続」という。)」の文言が追加され，その後は，従前どおり，「……に使用されないよう適切な措置がとられなければならない」で，新「3項」は終わる。そして，以下の4・5項が追加された。即ち──

　「4　財務大臣は，外国税関当局からの**要請**があったときは，次の各号のいずれかに該当する場合を除き，第1項の規定により提供した情報を**当該要請に係る刑事手続**

に使用することについて同意をすることができる。
　　一　当該要請に係る刑事手続の対象が政治犯罪であるとき，又は当該要請が政治犯罪について刑事手続を行う目的で行われたものと認められるとき。
　　二　当該要請に係る刑事手続の対象とされている犯罪に係る行為が日本国内において行われたとした場合において，その行為が日本国の法令によれば罪に当たるものでないとき。〔『双方可罰性要件』!!〕
　　三　日本国が行う同種の要請に応ずる旨の要請国の保証がないとき。
5　財務大臣は，前項の同意をする場合においては，あらかじめ，同項第 1 号及び第 2 号に該当しないことについて法務大臣の確認を，同項第 3 号に該当しないことについて外務大臣の確認を，それぞれ受けなければならない。」

——との規定である。
　従って，同条「1 項」の，「ただし，当該情報の提供を行うことが，関税法令の適正な執行に支障を及ぼし，その他我が国の利益を侵害する恐れがあると認められる場合は，この限りでない」との，『情報提供の拒絶』の規定は，そのまま残っている。また，同条「2 項 1 号」の，（情報提供一般に関する）レシプロの規定も，また，本号分の論述と直接関係する「2 項 2・3 号」の以下の規定も，そのままとなっている。即ち——

「2　二　当該外国において，前項の規定により提供する情報のうち秘密として提供するものについて，当該外国の法令により，我が国と同じ程度の秘密の保持が担保されていること。
　　三　当該外国税関当局において，前項の規定により提供する情報が，その職務の遂行に資する目的以外の目的で使用されないこと。」

——との関税法「108 条の 2」の規定は，今も存在する。
　次に，右の関税法 108 条の 2 の「3 項」の改正に際して参照された「先行する三つの法律」について，一層詳細に，ここで見ておこう。『第 1 の先例』たる，「出入国管理及び難民認定法」（昭和 26 年政令第 319 号）61 条の 9（情報提供）の「1 項」は，「外国入国管理当局」に対して，「その職務（……〔同法〕に規定する出入国の管理及び難民の認定の職務に相当するものに限る。次項において同じ。）の遂行に資すると認める情報を提供することができる」，と規定し，同条「2 項」で，「前項の規定による情報の提供については，当該情報が当該外国……当局の職務の遂行に資する目的以外の目的で使用されないよう適切な措置がとられなければならない」，と，畳み掛けている。そして，同条「3 項」は，「前項の規定にかかわらず」，外国当局からの「要請」のあったときには，『双方可罰性要件欠如』（3 項 3 号）等の 3 つの場合を除き，「提供した情報を当該要請に係る外国の刑事事件の捜査又は審判……に使用することについて同意をすることができる」，とする（「4 項」は省略）。
　『第 2 の先例』とされた「特定電子メールの送信の適正化等に関する法律」（平成 14

年法律第26号）の30条（外国執行当局への情報提供）でも，同条「1項」で，「外国執行当局」に対して，「その職務（この法律に規定する職務に相当するものに限る。次項において同じ。）の遂行に資すると認める情報の提供を行うことができる」と，まずある。それについて，「2項」で，「当該情報が当該外国執行当局の職務の遂行以外に使用されず，かつ，次項の規定による同意がなければ外国の刑事事件の捜査（その対象たる犯罪事実が特定された後のものに限る。）又は審判……に使用されないよう適切な措置がとられなければならない」と規定されている。そして，「3項」で，『双方可罰性要件欠如』（3項2号）等の3つの場合を除き，「提供した情報を当該要請に係る外国の刑事事件の捜査等に使用することについて同意をすることができる」，とする（「4項」は，「3項」の要件に関する事前確認の規定）。

『第3の先例』として貿易と関税2012年4月号で同じく紹介されたところの，「犯罪による収益の移転防止に関する法律」（平成19年法律第22号）の「12条」（外国の機関への情報提供──平成24年版六法全書で確認したところ，同法「13条」となっていた!!）においても，「1項」で，「国家公安委員会は……外国の機関に対し，その職務（……国家公安委員会の職務に相当するものに限る。次項において同じ。）の遂行に資すると認める……情報を提供することができる」，とある。「2項」では，「前項の規定による……情報の提供については，当該……情報が……外国の機関の職務の遂行以外に使用されず，かつ，次項の規定による同意がなければ外国の刑事事件の捜査（その対象たる犯罪事実が特定された後のものに限る。）又は審判……に使用されないよう適切な措置がとられなければならない」とされ，「3項」で，「外国からの要請」のあったときに，『双方可罰性要件欠如』（3項2号──但し，「国際約束」に「別段の定めがある場合」を除く）等の3つの場合を除き，「提供した……情報を当該要請に係る外国の刑事事件の捜査又は審判……に使用することについて同意をすることができる」，とする（4・5項は省略）。──以上，若干煩雑な紹介だが，これから先の議論と関係しそうな部分について「も」，ゴチック体で示してある。

　なお，こうして『今般の関税法改正』の際に参考とされた「先行する三つの法律」の関連条文を改めて見てみると，租税条約実施特例法「8条の2」の，後述の「2号」（『守秘』要件）に相当する明文規定が，それらには存在して「いない」ことに気付く。従来からの（そして今般の改正の射程外の）「関税法108条の2」の，「2項2号」には，既述のごとく，「当該外国において，前項の規定により提供する情報のうち秘密として提供するものについて，当該外国の法令により，我が国と同じ程度の秘密の保持が担保されていること」との，明文の定めはあったものの，それだけ「2010年（平成22年）改正」による租税条約実施特例法「8条の2」の「2号」（『守秘要件』）の規定が，輝いて見えて来る（!!）ように，私は感ずる（以上で，この《補充》は終わり）。

● ● ●

　ところで，「2008年版」の「OECDモデル租税条約26条」の「条文」上，同条の『2項』の第1文後段以降」（この「*」を付した《補充》に至る直前の，前記の「★部分」〔本書436頁〕）の，前記英文引用箇所「に至るまでの部分」においては（即ち，同条の1

項以来の「条文」の流れにおいては），引渡された情報の「使用」の「目的」は，何ら書かれていない。それなのに，いきなり「かかる目的（for such purposes）」とあるのは，若干トリッキーでもある。

　常識レベルで善解すれば，（「1 に規定する租税」を「すべての種類の租税」とすれば）「すべての種類の租税」の「賦課若しくは徴収，これらの租税［「すべての種類の租税」］に関する執行若しくは訴追，これらの租税に関する不服申立てについての決定又はこれらの監督」が，「かかる目的」の内実をなす，ということにはなる。この場合，『或る課税事件（「事件 A」）について引渡された情報を，別の課税事件（「事件 B」）のために「も」使用してよいのか』という問題（【問題 1】）が，まずは生じ得る(*)。

　　*　右は，前記の『「*」を付した《補充》部分』で参照した「改正関税法」の規定を含む法規定において，「当該要請に係る刑事手続」・「外国の刑事事件の捜査（その対象たる犯罪事実が特定された後のものに限る。）」といった文言があったことに鑑みての，「刑事」を「課税」に変換した上での問題設定，である。


　この問題について，「刑事司法共助」の場合についてのものではあるが，既に本書で論じた「1973 年署名の米・スイス刑事司法共助条約」5 条 1 項は，次のごとく規定していた。即ち──

　　「要請国が……被要請国から得た情報……は，要請国内において，それについて司法共助が認められたところの行為とは異なる……行為，を理由とする手続においては，捜査のために用い，又は，証拠として提出されてはならない。」

──と（貿易と関税 2011 年 9 月号 60 頁〔本書 145 － 146 頁〕参照）。

　『人権保護（人権保障）』を重視すれば，かかる処理は，むしろ自然と言うべきであろう。それを「租税条約上の情報交換（行政共助）」に置き換えた時，前記の【問題 1】は，否定されることになろう。

　だが，「2008 年版」の「26 条」の『「2 項」の第 1 文後段以降』の，前記の「★部分」（本書 436 頁）の英文箇所を「善解」した場合，それとは異なる結論となろう（「コメンタリー」の記述については，後述する）。また，租税条約実施特例法の「8 条の 2」の「3 号」の前記文言においても，別事件ではあれ，前記の【問題 1】は，「当該相手国等税務当局の職務の執行に資する目的」たることが肯定されるであろうから，その限りでは，同様の結論となりそうである。「事件を特定して，それに関してのみ情報を引渡す」ということに，条文上，なっていないからである（但し，【問題 1】の「事件 A」が 1 件，「事件 B」が例えば 10 件をはるかに超える，といった場合もあり得ることに，注意せよ）。──だが，租税条約実施特例法の「8 条の 2」の「3 号」の前記の「文言」との関係はともかくとして，それで本当によいのかは，極めて慎重に検討すべき問題のはず，である(*)。

＊　ここで「も」一定程度の参考にはなり「得る」であろうところの、ドイツでの処理については、後述する。

　それでは次に、『或る「課税事件」（「事件A」）について引渡された情報を、別の「刑事事件」（「事件B」）のために「も」使用してよいのか』という問題（【問題2】）について、考えてみよう。「事件B」が「刑事事件」である点が、【問題1】とは異なる。
　「2008年版」の「OECDモデル租税条約」26条の『「2項」第1文後段以降』の、前記の英文（「★部分」）箇所（本書436頁）では、「これらの租税［「すべての種類の租税」］」に関する「執行若しくは訴追（prosecution）」のための使用はOKとなっている。【問題2】は、その限りでは、肯定されそうである（「コメンタリー」については後述）。
　それでは、租税条約実施特例法の「8条の2」の「3号」の前記文言との関係で、この【問題2】は、どうなるのか。——この点が、前号分の前半（本書415頁以下の、《重要な注記》の［3］）で言及した問題となる。即ち、同法9条の2や、2011年11月改正後の国税通則法74条の8、そしてそこで再度論及した中山繁太郎氏の先行業績との関係で、国内では憲法上の『人権保護（人権保障）』のゆえにできないはずのことが、「条約」によって可能となってしまうことを（中山氏と同様に）問題視し、わが国税当局の奮起を、私が期待した点、である。
　【問題2】の設定において、「（課税）事件A」と「（刑事）事件B」とが、濃密なリンケージの下にあるならば、「当該相手国等税務当局の職務の執行に資する目的」と、言い得ることにもなる。だが、その場合に「も」、国内でのわが課税実務において、金子宏教授の体系書や中山氏の論稿が強調する「憲法上の人権保護（人権保障）」の観点から出来ないことが、条約によって可能となるのは、問題である。そして、「（課税）事件A」と「（刑事）事件B」とが、様々な意味で切り離された存在であった場合には、まさしく租税条約実施特例法の「8条の2」の「3号」の前記文言を活用して、一層端的に、前記の【問題2】は、否定される『べき』こととなろう。
　「1987年」刊行の中山論文において、当時の「OECDモデル租税条約26条」の「コメンタリー」が、既に「交換された情報が、租税犯罪（fiscal crimes）の告発のために使用されうる」としていたことが、中山氏の論述の前提となっていたことについては、前号分でも示した。「2008年版」のそれについては、後に改めて言及するが、ここで再度示した問題意識をこれから先においても持続「させる」ことが、必要である（＊）。

　＊　なお、外国における刑事訴追（その「おそれ」）について右に述べた点との関係では、「OECDモデル租税条約」26条の「3項」柱書とその「a」に、26条1・2項は、「いかなる場合にも、一方の締約国に対し」、「当該一方の締約国……の法令及び行政上の慣行に抵触する（at variance with……）行政上の措置をとること」を、「行う義務を課するものと解してはならない（In no case shall …… be construed so as to impose …….）」とあることも、関係する。だが、既述のごとく後に新設された同条4・5項は、この「3項」の射程を一定程度限定するための条文、となっていることに、注意を要する（それらについての「コメンタリー」の記述内容については、後述する）。しかも、本号分で若干

後述するが，この「4・5項」には，その表向きの文言を越えて，「3項」の例外を更に相対化したくて仕方がないような，悶々たるニュアンスが，私には感じ取れる。

貿易と関税 2012 年 8 月号分の半ば（本書 359 頁）で示したように，「2000 年 OECD 租税委員会報告書」（OECD [2000], supra, at 3）は，同委員会の考える「理想的」な状態につき，「すべての課税目的のため」の「銀行情報」への直接・間接のアクセスが許容さるべきだ（should），としていた。「銀行情報」は，26 条の「5 項」の問題だが，「4 項」をも含め，どんどん「3 項の例外」をゼロにしようとする方向に，全体的な流れがなってしまっていること，そしてそれが，忌まわしき『「情報交換」の「国際基準」』の内実をなすことは，貿易と関税 2012 年 9・10 月号（本書 374 頁以下，393 頁以下）を通して，既に批判的に検討して来たところである。

次号分では，この点を，「2008 年版」（そして「2010 年版」）の「OECD モデル租税条約」26 条についての「コメンタリー」を辿ることを通して，検証することになる。

さて，以上は，「2008 年版」の「OECD モデル租税条約」の『「2 項」第 1 文後段以降』の前記「★部分」（本書 436 頁）についてだが，次に，『「2 項」第 1 文前段』について，改めて文言を確かめておこう。そこには──

"Any information received under paragraph 1 by a Contracting State shall be treated as **secret** in the same manner as information obtained under the domestic laws of that State ……."

──とあるのみである。即ち，『守秘の基準』は専ら「要請国（情報受領国）」の側に置かれており，「被要請国（情報提供国）」側の『守秘の基準』は，何ら問題とされていない（「OECD マルチ税務執行共助条約」の場合にはそれと異なる主義になっていること，既に一言したところだが，「条文」との関係は，本号分で後述する）。

ここで問題となるのが，「2010 年改正」で新設された「租税条約実施特例法」の「8 条の 2」の「2 号」（本書分における前記の，《今般の「関税法改正」との関係での補充》において，「更に光を増した」ものとして示したところのそれ!!）との関係，である。前号分で示した通り，同号は──

「二　我が国がこの条の規定により提供する情報について当該相手国等において秘密の保持が担保されていないと認められるとき。」

──との場合を，『情報提供を否定する場合』の一つとして，定めている。

前号分の後半（本書 429 頁以下）で私は，貿易と関税 2012 年 4 月号 85 － 86 頁（本書 278 － 279 頁）をも引用しつつ，以下の点を示しておいた。即ち，『「2008 年版」の「OECD モデル租税条約」までは，その 26 条についての「コメンタリー」の「パラ 20」において，同「パラ 11」の「守秘」との関係で，「日本と同等（comparable）な守秘の規定を有する要請国に対してしか情報を提供出来ないであろうとの，従来の「日本の **observation**」が，維持されていたものの，「2010 年版」では，単純なその「削除」

がなされていること』を，まずは示した。だが，いわばその代わりに，まさに「2010年」の法改正において，『守秘の程度』については明確さを欠くものの，「租税条約実施特例法」に「8条の2」の「2号」が新設されてことを続いて示し，<u>それが『英断』であること，及び，同号の今後の『人権重視の運用』に対する期待</u>について，私は述べていた。

　「2010年版」で削除された**従来の「日本のobservation」の文言における，外国側に要請される『守秘の程度』**が，既述の（従来からの，そして現在も生きている）関税法「108条の2」の「2項2号」における，「当該外国の法令により，**我が国と同じ程度の秘密の保持が担保されていること**」との文言と，同じことを意味していることは，明らかである。そしてそれが，「**国境でメルトダウン（熔融）する人権保障**」の防止の観点からは，「在るべき日本の法制度の基本」と，考えられるべきでもあろう[*]。「**租税条約実施特例法」の「8条の2」の「2号**」の運用上，そこに「**日本と同等（comparable）な守秘**」という基準が埋め込まれてゆくことを，私としては最も期待する。要請国（外国）側に対して要求されるべき『守秘の程度』についてのレベルを，『下げる法的な理由』は，本来，存在しない「はず」だから，である(!!)。

＊　本号分で再度示した，改正後の「関税法」，及び，同法改正に際して「先例とされた三つの法律」において，『双方可罰性要件』が基本的に堅持されていることの意味を，ここでもう一度，深く考えるべきである。我が国において，「刑事執行共助」の場合にも原則として（日米・日EUの刑事共助条約の場合を例外として）堅持されている『**双方可罰性要件**』は，「わが国内に（実体的な）刑罰規定なきまま，わが刑罰権が行使されるが如きこと」（石黒・前掲国際民訴法64頁）の防止のための，『**人権保護上の法的砦**』である。それが，「関税法」を含む右の計4つの法律においても，『**国際捜査共助法ルートのバイパス防止**』という正しい認識の下に（貿易と関税2012年4月号88頁以下〔本書282頁〕），維持されていることになる。そして，そのことの法的根拠を更に深彫りしてゆけば，「租税条約上の情報交換」についての，従来（過去）のスイスにおけると同じ，「プライバシー保護の基本権（基本的人権）」へと，辿り着く「はず」である。

　ここで，「租税条約上の情報交換」において要請国に要求される『守秘の程度』の問題が，『双方可罰性要件』と同じ『**人権的基盤**』を有することに，注意が向けられるべきである。つまり，『自国内での国家の強制権限が発動し得る場合にのみ，「徴収共助」を含む「執行共助」や，「情報交換」がなされうる』とする『双方可罰性要件』も，『「自国内で法的に出来ない国家権力の行使」が「国境を介してバイパスされること」（「**国境でメルトダウン〔熔融〕する人権保障**」!!）の防止』のためのもの，である。

　それと同様のことが，「税務調査」＆「情報交換」で外国側に引渡された情報の，「刑事手続」への利用（の防止）について，わが租税法上の前記の明文の規定（かかる明文規定の，情報交換の場合についての存否が，「関税法」を含めた前記の計4つの法律の場合と，わが租税法の，とりわけ従来の国際課税の実務との差を，もたらしたものと，考えるべきである!!）を支えとして，夙に中山繁太郎氏によって，指摘されていたことになる。

　だが，「情報交換」に際して「要請国」側に要求される『守秘の程度』の問題も，<u>所詮は同じことのはず(!!)</u>，である。「日本国内」では一定の「守秘」が保たれるのに，「外国」に情報を渡すことによってそれが崩れることは，それ自体が問題である（あまり考

えたくはないが，我が国の国家権力が，外国当局と結託して，特定の私人の側を攻めるべく，そのように仕向けたとせよ‼——なお，『「ナチス・ドイツ」と「スイス」とが結託していたと仮定した場合』にまで言及する貿易と関税 2011 年 12 月号 87 頁〔本書 203 頁〕参照）。

『双方可罰性要件』が，自国内で同じことが出来る範囲で外国側に協力するものであることと同様に，「情報交換」における『守秘の程度』についても，自国内で保たれる『守秘の程度』と同じものを，外国側（要請国側）に求めなければ，やはり「人権保護（人権保障）」が，「国境を介してバイパスされること」に，なってしまう。ここで「も」，**国境でメルトダウン（熔融）する人権保障**」の防止のため，法的な筋を，正しく通すことが，関税法の前記規定や国際課税の現場での正しい認識をベースとして，わが国内においても，一層強く自覚されねばならないはず，なのである。

だが，この『「2010 年改正」で新設された「租税条約実施特例法」の「8 条の 2」の「2 号」と，（単に従来からの考え方を踏襲したに過ぎない）「2008 年版」の「OECD モデル租税条約 26 条 2 項」の「条文」との関係』は，どうなるのであろうか（〔*〕・〔**〕）。更に，「2008 年版」の「コメンタリー」には，一体，どんなことが記述されているのであろうか。——ここで，例によって長い「**注記**」を，二つ挿入せねばならなくなる。

●　　　●　　　●

* **【注記 1】**　この租税条約実施特例法「8 条の 2」の規定は，「2012 年改正」においてもそのままであり，今後は，「OECD マルチ税務執行共助条約」との関係を含め，それが国内的に適用されるものとなる。そして，「**OECD マルチ税務執行共助条約**」の，「**秘密（Secrecy）**」に関する「**22 条**」の規定は，前記の「**2008 年版**」の「**OECD モデル租税条約**」の 26 条「2 項」とは，微妙に異なる。

  そこで，それ（「2008 年版」の「OECD モデル租税条約」の 26 条「2 項」）とのあらかじめの対比のために，「**OECD マルチ税務執行共助条約**」（1988 年）「**22 条**」の，「**2010 年改正**」の対象となった同条「**1・2 項**」に限定して，ここで新旧のその「条文」を，示しておくこととする。前者（「2008 年版」の「OECD モデル租税条約」の 26 条「2 項」）が唯一の道「ではない」ことを，示すために，である。

  まず，（「2010 年」の）改正前の 22 条の「1 項」だが——

"1　Any information obtained by a Party under this Convention shall be treated as **secret** in the same manner as information obtained **under** the domestic laws of that Party, **or under** the conditions of secrecy applying in **the supplying Party** if such conditions are more restrictive."（1988 年の旧規定）

——となっていた。即ち，「OECD モデル租税条約」26 条の前記の「2 項」の主義とは異なり，専ら「情報受領国（要請国）」基準によるの「ではなく」，右の後半のアンダーライン部分にあるように，「情報提供国（被要請国）」の「守秘の条件」の方が一層厳格（制限的）な場合には，後者の基準による，とされていた。

  だが，「2010 年改正プロトコル」の Article Ⅵでは，以下に示す「22 条」の「2 項」の同様の文言とともに，右の「1 項」の「又は」以下の文言が「削除（deleted）」され，

1　2008 年版 OECD モデル租税条約 26 条の規律内容についての再確認　　445

以下の文言と，なってしまった。即ち——

"1　Any information obtained by a Party under this Convention shall be treated as **secret** and protected in the same manner as information obtained under the domestic laws of that Party <u>and, to the extent needed to ensure the necessary level of **protection of personal data**, in accordance with the **safeguards** which may be specified by **the supplying Party** as required under its domestic law</u>."（2010 年の新規定）

——との文言への改正，である。要するに，前段の「情報受領国（要請国）」基準はそのままとし，「情報提供国（被要請国）」基準による場合につき，それを文言上**トーン・ダウン**させつつ，「<u>個人情報保護の必要な水準</u>を確保するために必要な範囲内で，<u>情報提供をする側の締約国によってその国内法上の要請として規定されることのあり得るセーフガードに従って，秘密として扱い，かつ，保護される</u>」，とされるに至った。

　改正前の「情報提供国（被要請国）」基準が全部削除されなかったことは，<u>不幸中の幸い</u>である。そして他方において，日本の「2010 年改正」で新設された「租税条約実施特例法」の「8 条の 2」の「2 号」の，「当該相手国等において**秘密の保持**が担保されていないと認められるとき」との前記の文言を，「関税法 108 条の 2」の「2 項 2 号」とパラレルに，「**我が国と同じ程度の秘密の保持**が担保」されて「いない」場合として，少なくとも，それに限りなく近づけてゆくことが，強く期待されることは，既述の通りである。

　その場合，<u>なぜ外国側（要請国側）での「守秘」が問題とされているのかの法的根拠</u>が，「個人情報保護」の背景としての「憲法上の人権保護（人権保障）」にあることを，一層自覚的に捉えれば，少なくとも，「<u>改正後</u>」の「<u>OECD マルチ税務執行共助条約</u>」<u>22 条の「1 項」</u>との関係では，「租税条約実施特例法」の「8 条の 2」の「2 号」の前記のごとき（期待される）運用は，それなりに肯定され得るものと，なるはずである。かくて，問題は，従来からの「OECD モデル租税条約」26 条の「2 項」との関係に，その限りでは縮減されることになる（但し，日本の締結した実際の二国間租税条約との関係は，ここでは捨象して考えていることに，注意せよ）。

　ところで，「OECD マルチ税務執行共助条約」22 条の「2 項」の，右と同様の文言もまた「削除」され，「新規定」に置き替えられた訳だが，「旧規定」には，「情報提供国（被要請国）」側の「**事前の同意**」を要求する，重要な部分があった（この「規律手法」は，前記の「**改正関税法**」の規定，及び，「**先行する三つの法律**」における，[<u>引渡された情報の外国での「刑事手続」への利用についての</u>]『<u>外国側からの「要請」プラス日本側の「同意」</u>』との「規律手法」にとっても，参考にはなろう。だが，貿易と関税 2012 年 4 月号 87 頁［本書 281 頁］に記しておいたように，<u>当該外国が，被要請国たる日本側の「同意」を求めることなく，かかる使用をしてしまう危険性</u>が常に伴うことには，別途注意が必要である）。

　この 22 条の「2 項」は，前記の「1 項」よりも一層赤裸々に，**トーン・ダウン**してしまったのだが，まずは「旧規定」を，示しておこう。以下の「第 3・4 文」が，ここで注目する「部分」となる。

　「第 1 文」は，既に英文を示した「2008 年版」の（というか，既述のごとく従来からの）「OECD モデル租税条約」26 条における，「開示（使用）範囲」についての，『<u>「2 項」の第 1 文後段以降</u>』の部分に相当するが，その部分も含め，（「OECD モデル租税条約」26

446　第 3 章　「IRS vs. UBS 事件」の展開過程でなされた「スイスの重大な政策変更」(2009 年 3 月 13 日)

条の，『「2 項」の第 1 文後段以降』[本書 436 頁の前記の「★部分」]』との主たる差をなす部分を，イタリック体とした上で）改正前のこの 22 条の「2 項」の全体を，示しておけば——

"2  Such information shall in any case be disclcsed only to persons or authorities (including courts and administrative or supervisory bodies) *involved in* the assessment, collection or recovery of, the enforcement or prosecution in respect of, or the determination of appeals in relation to, *taxes of that Party. Cnly* the persons or authorities *mentioned above may use* the information and then **only for such purposes**. [☆] They may, **notwithstanding the provisions of paragraph 1**, disclose it in public court proceedings or in judicial decisions *relating to such taxes*, **subject to prior authorization by the competent authority of the supplying Party. However, any two or more Parties may mutually agree to waive the condition of prior authorisation.**"（1988 年の旧規定）

——となっていた。

　　右の「☆マーク」以下の，「第 3・4 文」の構造に，注目すべきである。**引渡された情報の「裁判所（courts）」への開示は，「第 1 文」で既に肯定されているが，「公開の裁判手続（public court proceedings）」（等）への開示は，それとは別枠で規定されている**。そして，「☆マーク」以下の「第 3 文」では，引渡された情報の，「公開の裁判手続」（等）での「開示」が，「改正前」の「1 項」の『守秘基準』(「要請国」のそれよりも「被要請国」のそれの方が，制限的で一層厳しいものであるならば，後者による，とのそれ）に服することが，前提とされ（!!），かかる「1 項」にもかかわらず，**「情報提供国（被要請国）」側の『事前の同意』**があれば，「公開の裁判手続」（等）での「開示」の可能となることが，規定されている。「第 4 文」でも，このような論理の下に，(「情報提供国［被要請国］側の）『事前の同意』要件を，双方の国が合意すれば「放棄」できる，と規定されている。

　　この「1988 年段階」での『事前の同意』の規定は，「2010 年の同条約の改正」によって，姿を消すことにはなる。だが，同じく「1988 年段階」での，同条「1 項」の前記の『守秘の基準』の規定とともに，こうした規定振りは，本来対等な「要請国」・「被要請国」間の問題処理の在り方として，正しかった，と言うべきではないか。

　　ところで，貿易と関税 2011 年 12 月号 82 頁以下（本書 197 頁以下）において，私は，前記の，『「情報交換」によって引渡された情報についての「守秘の基準」及び「開示が許される人的・事項的範囲」(「使用目的の制限」）についての重要な注記』を，行なっておいた。ここで必要となるその骨子を，再叙しておこう。前記の，「OECD マルチ税務執行共助条約」22 条の，「改正前」の「2 項」の，重要な背景事情をなす問題に，逢着するからである。少し長くなるので，ここでの挿入箇所を，マークして区切っておこう。

　　　　　　　　　　　　●　　　　　　　　●

　　本論文の右の箇所において，私は，「1954 年」・「1977 年（!!）」の「英・スイス租税条約」の「情報交換」条項は，「1963 年」の「OECD モデル租税条約草案」26 条「1 項第 2 文」と同じであり，「条約の対象をなす租税についての，**税額査定又は徴収に携わる者**」のみへの「開示」が，肯定されていたことを，まずは示した。この関係でそこでは，『守

秘の基準』を要請国・被要請国のいずれに置くかの点も，「1963年草案」では条文上明記されていなかったのに対して，「1977年版(!!)」の「OECDモデル租税条約」では，この点が「要請国基準」とされ，かつ，「開示範囲」の大幅な（ほぼ「2008年版」と同じ程度までの）拡大が，一気になされたことを，次に示した。更に，本書208頁以下では，「1977年(!!)」の「英・スイス租税条約」の「情報交換」条項において，「裁判手続での使用」が，想定されていなかったのではないか，との「推定」の下に，若干の点を，示してもおいた（この最後の点との関係で，「OECDマルチ税務執行共助条約」22条の「2項」[旧規定]の，前記の「☆マーク」以下の部分は，極めて示唆的，である）。

だが，本書198頁以下では，本号分のここでの論述と，更に深く関係する，『或る問題』について，言及していた。「1977年（1979年改正）」の「直接税及び付加価値税の領域における相互共助に関する欧州評議会（Council of Europe）指令」（77/799/EEC; 79/1070/EEC）への言及，である。

そこでは，とくにその「前文」と「7条1項第1文」との間の"葛藤"への言及がなされた。即ち，その「前文」では，「市民及び企業の基本的諸権利をセーフガードするために（……so that the basic rights [!!] of citizens and enterprises are safeguarded;)」，との目的意識の下に，権限なき者への情報開示がなされないように「注意がなされねばならない（[C]are must be taken to ensure …….)」とされていた。のみならず，「情報受領国が，情報提供国におけるその情報の秘密と同じ程度の秘密を，当該情報について認めること」が「必要」であることを，しかしながら，「情報提供国がその旨要求する場合には」との限定つきで，記していた（[I]t is also necessary that the receiving States afford the information the same degree of confidentiality which it enjoyed in the State which provided it, if the latter so requires;)。

にもかかわらず，この「指令」の「7条1項第1文」は，引渡された情報の『守秘の基準』を，単純に，「情報受領国（要請国）」側に置く旨の規定と，なってしまっていたのである。これは，極めて残念なことである。

そうではあるが，本書200頁に記したように，この「税務相互共助に関する欧州評議会指令」の『7条1項後段』＆『7条3項』』にも，前記の「前文」における「市民及び企業の基本的諸権利をセーフガードするために」との正しい認識（いわば各国の憲法レベルでの，正しい「人権保護重視」の姿勢!!）が生き残っていることに，別途注意すべきである。即ち，「7条1項後段」では，「いかなる場合にも，かかる［引渡された］情報は，『課税目的』以外のために使用されてはならない（In any case, such information …… shall not in no circumstances be used other than for taxation purpose …….) と規定される一方で，「7条3項」では，「1項に定めた以外の目的での情報使用」を，情報の「提供国」の法がこれを許容する範囲内で(!!)，情報の「提供国」の「許可」に，かからしめていた（[T]he competent authorities of the Member State providing the information may permit it to be used for other purposes in the requesting State, if, under the legislation of the informing State, the information could, in similar circumstances, be used in the informing State for similar purposes.)。其処に記したように，闇雲に「情報提供国（被要請国）」が「同意」する（「許可」を与える）のみでは十分とせず(!!)，そのような「課税とは別の目的」での情報の「使用」が，「類似の状況下で，情報提供国の法において類似の目的のために使用可能」である場合に，初めてかかる使用がなされ得る，とされているところが，重要である。——「2009年3月13日」の「スイスの政治的屈服」後の状況との関係では，かかる場合に「スイス政府」が「政

治的」にこの点での「許可」(「同意」)を与えたとしても、それだけでは十分ではなく、本当に「スイスの法秩序」において、かかることが可能であるかを、更に検証する必要がある、ということである。其処に示された**正しい「人権保護重視」の姿勢**は、「2012年」の今の世界の状況に照らしても、十分に尊重されて然るべきものと、私は考える。

　　　　　　　　　　　　●　　　　　　　●

　さて、ここで、前記の、「OECD マルチ税務執行共助条約」22条の、「改正前」の「2項」に、戻ろう。「OECD マルチ税務執行共助条約」というのは略称であり、前号分で示したように、正式名称は、「**欧州評議会〔Council of Europe!!〕**・OECD 税務行政執行共助条約」である。即ちそれは、流れとしては「1977年(1979年改正)」の前記「**欧州評議会 (Council of Europe) 指令**」を受けてのもの、なのである。

　この点を考えれば、「1988年」の前記「OECD マルチ税務執行共助条約」22条の、「改正前」の「2項」の、「☆マーク」以下の構造(本書446頁)も、幾分、理解し易くなるはずである。即ち、この「☆マーク」以下の規定では、既述のごとく、引渡された情報の、「公開の裁判手続」(等)での「開示」が別枠で規定され、かつ、「改正前」の「1項」の『守秘基準』に服することが、前提とされつつ、かかる「1項」にもかかわらず、「**情報提供国(被要請国)」側の『事前の同意』**があれば、「公開の裁判手続」(等)での「開示」が可能となることが、規定されていた〈「第4文」でも、情報提供国[被要請国]側の『事前の同意』要件を、双方の国が合意すれば「放棄」できる、という形で規定されていた)。──かかる「規制手法」は、「1977年(1979年改正)」の前記「欧州評議会 (Council of Europe) 指令」のそれを、大筋で引き継ぐものと、まずは把握さるべきであろう。

　だが、それだけではなく、「OECD マルチ税務執行共助条約」の22条の、前記の「改正前」の「1項」の『守秘基準』についても、「要請国」の『守秘基準』よりも「被要請国」のそれの方が制限的ならば後者による、とされていた点に、注目すべきである。即ち、「1977年(1979年改正)」の前記「欧州評議会 (Council of Europe) 指令」では「前文」でしか示されていなかった点が、実際の条文に格上げ(!!)されているのである。そしてこれは、『人権保護(人権保障)』の側に、更なる正しい一歩を踏み出したものとして、積極的に評価されるべきであろう(「1979年」から「1988年」までの間の、『人権保護』に向けての、ささやかな風!!)。

　だが、「2010年改正」で、この22条「2項」の、前記の「☆マーク」以下の"……, subject to prior authorization by the competent authority of the supplying Party. However, any two or more Parties may mutually agree to waive the condition of prior authorization."の部分、つまり、「**被要請国」側の「同意」に関する規定は、あっさりと全部削除されてしまった**。ご丁寧に、第1文の"involved in"を、「OECD モデル租税条約」26条2項に合わせて"concerned with"とした上で、"They may, notwithstanding the provisions of paragraph 1, disclose it in public court proceedings or in judicial decisions relating to such taxes."と、されてしまったのである。悲しい限り、である。

＊＊　【注記2】　ここで、『守秘・開示範囲』の問題について、「**2010年改正**」で新設された前記の「**租税条約実施特例法**」の「**8条の2**」の「**2号**」との関係で、不必要に悲観的になることを避ける意味でも、「ドイツ」の場合を、「1つの参考」として、掲げておこう。即ち、貿易と関税2012年7月号62頁(本書347－348頁)に記した点を、一層正確に、ここで『敷衍』しておく。ドイツの Vogel/Lehner, DBA (5. Aufl. 2008), supra, at 1920 (para.

112）には,「引き渡された情報が，要請国内において，十分な程度に秘密に保たれない場合」には（いわばドイツ固有の）「公序違反」となる旨の見解が,「紹介されて」いる。

　Ibid の最後の行には，Id. at 1862 に示されている「2008 年版」の「26 条」の，条文引用上のミスがあるが（OECD モデル租税条約「26 条」の，古いヴァージョンの「Abs. 1 S. 3」の引用），そんなことはともかく，（ドイツ固有の「公序」を持ち出すまでもなく）結論として，かかる場合の「情報提供」を拒絶すべしとするこの「パラ 112」は,「<u>ボン基本法上の基本権</u>」（**Grundrechte des Grundgesetzes**），即ち「基本［的人］権」の,「侵害」（**Grundrechtsverletzung**）を理由とする拒絶を，説いている。Id. at 1920 の最後の行でリファーされた，同書の「26 条」関連の Rz. 38 でも,「具体的な諸事情に基づく要請国内での課税上の秘密保持への重大な疑念」のある場合（wenn er aufgrund konkreter Umstände ernstliche Zweifel an der Wahrung des Steuergeheimnisses im ersuchenden Staat hat ……）が，問題とされている（Id. at 1890.）。

　確認のために，この点について同旨を説く Vogel, DTC（3rd ed. 1997）, supra, at 1445 をも併せ読んで Vogel/Lehner, DBA（5. Aufl.）, supra, at 1920（para. 112）の最後の行を補充すれば，<u>この議論は,「パラ 112」の「f.」冒頭にある通り,「2008 年版」の「OECD モデル租税条約」26 条の「3 項 c」の,「公序」による「情報提供」の「拒絶」を問題としていることが，明らかとなる</u>。即ち,「3 項 c」後段の「又は」以下の,「<u>公開することが公の秩序に反することになる情報を提供すること</u>」の拒絶（モデル租税条約自体の中の「公序」，による拒絶），である。

　なお，Id. at 1890 で引用されているところの，貿易と関税 2012 年 7 月号 64 － 65 頁（本書 350 － 351 頁）で引用した「情報交換に関するドイツの実務指針」（**BMF-Merkblatt zur zwischenstaatlichen Amtshilfe**）の Tz. 1.3.2.（「外国での秘密保持」［Geheimnishaltung im Ausland］）の項は，ドイツ国内での関係者が，外国での守秘につき，格別の事情の下で怖れを抱く場合についての，ドイツ側（連邦）当局の「教示」義務について，定めている（Befürchten inländische Beteiligte, dass die Geheimhaltung im Ausland aufgrund besonderer Umstände nicht gewährleistet ist, so ist das BZSt darüber zu unterrichten.)。――これは,「情報交換」の「裁量性」を表に立て，当事者・関係人の側の不服申立て等を重視するドイツならではの対応だが（貿易と関税 2012 年 7 月号 56 頁〔本書 340 － 341 頁〕），わが「租税条約実施特例法」の「8 条の 2」の「2 号」の場合には，まずもって国税当局の職権で，外国（要請国）における「守秘」の状況が，判断されることになる。そこに差があるとは言えるが,「**OECD モデル租税条約**」26 条の「3 項 c」の活用について,『憲法的配慮』をバックとする（!!），以上のドイツの場合の処理を，一定程度,『参考』にする道がそれなりにあることにつき，ここであらかじめ指摘しておきたい（「コメンタリー」との関係については，後述する）。――以上で，それぞれが非常に長い【二つの注記】を終え，ここでの議論の本線に，ようやく復帰する。だが,「注記」とはいえ，極めて重要なことを，記したつもりである。

● ● ●

　そろそろ,「2008 年版」の「26 条」の 3 項以下の「条文」の検討(*)は後回し（!?）にして,「コメンタリー」の記述へと目を転じた方が，よさそうである。

\* 以下の検討との関係で,「26 条」の「4 項」の文言が，（悪い意味で）極めて示唆的である。即ち，この「4 項」は,「自国の課税目的のために必要でないときであっても，当該情報を入手するために必要な手段を講ぜよ（shall use its information gathering measures to obtain the requested information, even though ……）」とする（第1文）。第2文では，この場合，同条「3項の規定に定める制限に従うが」とはしつつも，「その制限は，いかなる場合にも，当該情報が自己の課税目的のために必要でないことのみを理由としてその提供を拒否することを認めるものと解してはならない（but in no case shall such limitations be construed to permit ……）」と，第1文と同じことを，執拗に裏から規定する。「条文」自体におけるその執拗さは，「3項の規定に定める制限」を，本心としては，もっともっと相対化したいかのごとく，である。そして，こうした『心の傾き』が，同条についての「コメンタリー」において，一層赤裸々に示されていることは，これから示してゆく通りである。

　なお，本号分では，いわば必要に迫られて，「OECDマルチ税務執行共助条約」関連の問題についても，一部言及せざるを得なかったが，それについては，今般のわが国内法改正の全体像とともに，改めて後述する（＊＊）。

　＊＊　以上，2012年7月7日午後6時35分までの，計11時間25分の執筆。──その後7月9日には，殆ど一日中の妻の経絡マッサージを受け，同年7月10日午前1時40分，交代で寝た妻に一言してから，再度の「深夜執筆」に入る。──点検を含めての作業終了は，同日午後2時10分。計12時間30分の，夜を徹しての作業だったことになる。

　そして，本号分は，いつもよりは1日少ない「計2日」の，全体で「計23時間55分」の作業で，仕上げられたことになる。いつもは，大体計30時間かかっていたはずゆえ，スピード・アップもしている。このところの星々の軌道の異常なまでの一致との関係を含む，私の「氣」の向上による『自己統御』と，妻の『「漢方」及び冗談じゃなく昼夜を徹しての献身的な「経絡マッサージ」』との合体の，絶大なる成果である。『比翼連理』とは我々のことだ，と実感する（石黒・グローバル経済と法［2000年・信山社］の「はしがき」には，「単なる比翼連理のレベルを超えた我々二人」と書いたが，それから12年。私の「氣の覚醒」からは，7年半。あといくつ山を越さねばならないかは，神のみぞ知る，ではあるが）。

[以上，2012年12月号50－68頁]

## （2－3）「2008年版」の「OECDモデル租税条約26条」に関する「コメンタリー」の記述内容について──「条文」との間の「亀裂」の氾濫!!

　いよいよ，「2008年版」のOECDモデル租税条約26条の，「コメンタリー」の記述内容について，検討することとなった（執筆開始は，予定より数日遅れの，2012年7月24日午前9時15分。7月18日，5月半ばから入院中だった教え子の森田博志千葉大学教授が，急逝したから，である。享年50歳。2008年6月の，元永和彦筑波大学教授の逝去に続く，二人目の教え子の死，である。でも，私を国際課税の世界へと導いてくれた1986年1月の上本修君の逝去［貿易と関税2005年9月号53頁以下］を含めれば，三人目となる。その三人の，それぞれの思いを胸に，以下の執筆を行なう）。

　検討方針は，既に示して来たが，まず，本書第4章4の，引渡された情報の「他目的使用」（「ループホール化する課税」）の問題は，「刑事手続用の利用」は別として，ここでの検討から，除かれる。それを除いた上で，二つの方向での検証作業が，以下

において行なわれる。

　第1は，「2009年3月13日」の「スイスの政治的敗北」以降のスイス，とくに貿易と関税2012年9月号分（本書374頁以下）で論じた「グローバル・フォーラム」側からの，対スイス「ピア・レヴュー」報告書のベースにあったところの，「グローバル・フォーラム」による「情報交換」の「国際基準」との関係。——それが，OECDモデル租税条約（「2008年版」及び「2010年版」）のコメンタリーから，直接もたらされるものだなどと，何処まで言えるのかの検証作業である。

　第2は，「2010年」・「2012年」の日本の国内法改正との関係で，今後において，（同フォーラム側の更なる「対日レヴュー」とともに）問題となり得る点の検証，である（なお，右の「第2」のうち，「徴収共助」関連での問題は，「OECDマルチ税務執行共助条約」の規律内容を「OECDモデル租税条約」のそれと対比するための，後の項目で，分けて論ずる）。

　早速，内容に入ろう。以下の検証作業は，右の第1・第2の点に即し，かつ，本号分冒頭の，第1段落のカッコの中に書いた悲しい事情により，極力淡々と，注意すべきコメンタリーの記述内容に，限定して行なう(*)。

　＊　大筋においては，との限度でだが，「2008年版」26条のコメンタリーについての，以下のパラグラフの番号のうち，枝番号（例えば「パラ4.1」）のないもの（例えば「パラ4」）は，Kees van Raad, 1963 and 1977 OECD Model Income Tax Treaties and Commentaries（2nd ed.），supra, at 313ff の，「1977年版」26条のコメンタリーの実質的な内容をなす「パラ19」までの，同一の番号のパラグラフに，対応するものとなっていることを，あらかじめ付記する。

### （2－3－1）「前提的コメント（**Preliminary remarks**）」から

　まず，「パラ4」が，本書において既述の，「2002年」になされた26条への包括的レヴューについて，記述している。冒頭では，このレヴューが，"current country practices" を反映させるためのものだったとあるが，「従来のスイス」の人権重視の主義は，何の限定句もない右の英語の中で，言葉の上で既に，無視されている（再度後述する）。のみならず，"the OECD Global Forum" という，策略に満ちた言葉（貿易と関税2012年9・10月号分参照）を用いつつ，同フォーラム側での最近の展開，及び，貿易と関税2012年8月号（本書353頁以下）で論じた「2000年OECD租税委員会報告書」における "**the ideal standard** of access to bank information" をも考慮して，26条の条文とコメンタリーとの変更が，「2005年」に行なわれた，とある。

　注意すべきは，右に「**理想的な基準**」とあることである。貿易と関税2012年11月号分の，米国「FATCA法」関連の論述の［4］の末尾（本書420頁）に「も」示したことだが，貿易と関税2012年8月号62頁（本書359頁）で論じた「2000年OECD租税委員会報告書」の「前文」（同報告書・3頁）には——

　"The Committee on Fiscal Affairs is of the view that …… **ideally** Member countries should permit access to *bank information*, directly or indirectly, for all tax purposes so that tax authorities can fully discharge their revenue raising responsibilities and engage in <u>effective exchange of information</u>."

——とあった。この「2008年版」のコメンタリーの「パラ4」には，同報告書の頁等の引用はなく，単にその注2で，「2000年報告書」が引用されているのみだが（この点につき，本書500頁以下），「2000年段階」でOECD租税委員会が，「理想的には」との限定の下で示した右の点を（も）前提に，「2005年」の26条及びコメンタリーの改訂が，なされたことになる。

だが，当の「2000年OECD租税委員会報告書」では，貿易と関税2012年8月号72頁以下（本書370頁以下）で示したように，『双方可罰性要件』についても，ダイレクトにそれを叩くものとは，なっていなかった。そうした問題の機微（現実？）をすべてすっ飛ばし，「2000年段階」では「単なる理想状態」において語られていた事柄，即ち，「実効的（効率的）な情報交換」（のみ）を正面に据えつつ，「すべての課税目的のため」に，直接・間接に，（何らの<u>限定句もなく</u>——後述）「銀行情報へのアクセス」が認められるべきだ，との内容が，かくて，条文とコメンタリーとに，深く埋め込まれることとなったのである。

それを踏まえて，「2008年版」のコメンタリーの「パラ1」・「パラ2」を改めて見れば，「パラ1」の末尾の，"……, even if there is no question of the application of any particular article of the Convention."の部分が，<u>やたらギラついて見えて来る</u>。即ち，「増大する経済関係の国際化」に鑑み，各国が自国租税法の実施のためにレシプロで情報提供をする利益をますます有しているのだから，<u>もはやモデル租税条約の他の条文がどうの，ということを越えて情報交換がなされるべきだ，というニュアンスが，濃厚</u>なのである。他方，「パラ2」も，（条約実施のため，ということよりも）「国内法実施のため」の情報交換の方に力点を置くものと言え，to the widest possible extent に情報交換がなされるように，「2008年段階」での条文があるのだとし，このモデル租税条約「1・2条」の限定など，もはや関係ないのだ，との点が，重視されている。

ちなみに，同モデル租税条約1条は，条約適用の「人的範囲」（締約国居住者に適用する），2条は，「対象税目」の規定だが，それらの限定なく「情報交換」がなされるべきことについては，26条「1項」の「第2文」で，「情報の交換は，第1条及び第2条の規定による制限を受けない（The exchange of information is not restricted by Articles 1 and 2.）」との文言で，規定されるに至っている。それを明示した上での前記の「パラ2」，なのである。

以上からして既に，『かくて，「情報交換」問題は，OECDモデル租税条約の一般の規律内容を踏み越える，突出した内実を有するものに，"変質"してしまっている』，ということが指摘され得るであろう。だが，同様の事態は，「26条」の条文構造の中において，更に濃厚に生じてしまっている。「3項」との関係で，である。

前号分の半ばの「＊部分」（本書441－442頁）において指摘したように，「2005年」に新設された26条の「4・5項」は，「3項」の相対化・希釈化のための条文である。つまり，<u>26条の「3項」柱書とその「a」</u>には——

『26条1・2項による「情報交換」は，「いかなる場合にも，一方の締約国に対し」，「当該一方の締約国……の法令及び行政上の慣行に抵触する（at variance with……）行政上の措置をとること」を，「行なう義務を課するものと解してはならない（In no case shall…… be construed so as to impose…….）」。』

——とある。その相対化・希釈化のための「4・5項」なのだが，前号分の右の箇所でも指摘したように——

『この「4・5項」には，その表向きの文言を越えて，「3項」の例外を更に相対化したくて仕方がないような，悶々たるニュアンスがあるように，私には感じ取れる。「銀行情報」は26条の「5項」の問題だが，「4項」をも含め，どんどん「3項の例外」をゼロにしようとする方向に，全体的な流れがなってしまっていること，そしてそれが，忌まわしき「情報交換」の「国際基準」の内実をなすことは，貿易と関税2012年9・10月号を通して，既に批判的に検討して来たところ』

——なのである。

　かくて，いずれ遠からず，「3項の制限」自体に，致命的なメスが入れられることとなるであろう。だが，再度問う。各国の国内法上の枠組を踏み越えて闇雲に「情報交換」を行なえとする(*)，こうした流れは，何処までサステイナブルなのか，また，妥当なのか，と。

* 但し，こうしたことが或る二国間租税条約に組み込まれたとしても，実際の国家実行において，その通りになるかどうかは，各国における「国内法と条約との優先劣後関係」に依存することには，注意すべきである。例えば「米国」では，正式に（自動執行的 [self-executing] なものとして）批准された「条約」も，「連邦法」と同順位の存在でしかなく，条約批准後に「連邦法」が改正されれば，「後法優先の原則」により，国内的には，かくて改正された「連邦法」の方が，「条約」よりも優先する（石黒・前掲国際私法 [第2版] 186頁以下の注327参照）。
　「第2次日米租税条約」について，こうしたことが実際に生じ，憲法98条2項との関係で既に条約優先の法的前提に立つ日本側との，法的立場の差が鮮明になったことは，わが国税関係者の意識に，今も鮮明に残っていることの「はず」である。日本のような憲法体制の国々（のみ）が，条約規定による直接的拘束を受けることになるのである。言い換えれば，そこには，「条約締結によるイコール・フッティングの法的土壌」など，最初からないのである（!!——例えば「米国」に対して，「連邦憲法を何とかせよ」などと言うことの，不毛さの問題でもある）。

　さて，ここで「2008年版」のコメンタリーの「パラ4.1」に移る（以下を，本書499－500頁と対比せよ）。その冒頭第1文の内容自体が，トリッキーである。そこには，「26条についてなされた改正の多く（many of ……）は，その規律内容の変更（to alter its substance）を意図したものではなく，その正しい解釈についての疑問を除去するために（to remove doubts as to **its proper interpretation**）なされたものだ」，とある。右の「多

くは」との、**逃げの言葉**に眩惑されてはならない（後に、本号分において、この「パラ4.1」の全体的文脈を、英文で示す）。

そこには、右に続いて、「例えば」として、いくつかの（マイナーな!!）例が挙げられているが(*)、「3項」と「4・5項」との関係についての、いくつか前の段落において、前号分での論述を引用しつつ私が示したことは、一体どうなるのか。まず、「4項」との関係に、一言しておこう。

> * （その実マイナーな）「例」として、そこ（第2文）に掲げられているのは、「necessary の語の foreseeably relevant への変更」（なお、本書389頁参照）と、1項における「to the administration or enforcement の語の挿入」と、である。それを受けて、「新設の4項」についての第3文となる。

たしかに、新設の「4項」の規定は、「自己の課税目的のために必要でないときであっても」（……, even though that other State may not need such information for its own tax purposes.）情報交換を行なえとするものだが（第1文）、第2文において——

> 「第1文の義務は、3項の規定に定める制限に従うが、その制限は、いかなる場合にも、当該情報が自己の課税目的のために必要でないこと**のみを理由として**その提供を拒否することを認めるもの**と解してはならない**（The obligation contained in the preceding sentence is subject to the limitations of paragraph 3 but **in no case shall** such limitations **be construed to** permit a Contracting State to decline to supply information **solely because** it has no domestic interest in such information.）。」

——と、規定されている（右の訳文は、基本的には、国税庁・租税条約関係法規集による）。
つまり、文言上は、一定の「解釈をしてはならない」、となってはいる。それはまさに、前記の「パラ4.1」の言う、「**正しい解釈**についての疑問を除去するため」の規定、と言えよう。

だが、**それが「2005年改正」前の「3項の制限」についての、「正しい解釈」だ（「だった」）、とする根拠**は、十分なのか。その点が、問題となるはず、である（「4項」のコメンタリーの記述については、後述）。

この「4項」の規定内容と直接関係するのは、従来の日本が行なっていた「二つ」の「実質的留保（Observations）」のうちの、第2である。この点は「2008年版」のコメンタリーでは消えているが（その「パラ20」では、後述の「パラ11」との関係で、日本の守秘基準と同等［comparable］な外国にしか情報提供ができないであろうことのみが、掲げられている）、Kees van Raad, 1963 and 1977 OECD Model Income Tax Treaties and Commentaries (2nd ed.), supra, at 321 の、「1977年版」コメンタリーの「パラ21」にあるように、**従来の日本**は——

> "Japan can only supply information obtained through special investigation or special examination as long as such investigation or examination is connected with taxation

in Japan."

――との見解を示していた。前記の『守秘』の点と併せ考えれば，日本で実際に課税がなされる関係で収集し得た情報のみを，しかも，日本と同等の守秘基準の守られることを前提に，外国側に渡す，ということである。

「2010 年版」ではこの「二つ」とも消えてしまっているものの，考えてみれば，<u>日本で実際に課税がなされる関係で収集し得た情報のみを（しかも，右の「守秘要件」を課した上で）引渡すとの，この日本の従来の立場は，「租税条約上の情報交換」について，スイスの『双方可罰性要件』以上に慎重なスタンス，とも言える (!!)</u>。『双方可罰性要件』は，当該行為につき，"as if" の前提で臨むものだが，日本の前記のスタンスでは，日本での"実際の課税"と関係した調査等で得られた情報に限定して，情報交換を行なうものだから，である。

このような日本の従来のスタンスは，OECD モデル租税条約 26 条の，「2005 年改正」の射程外の，従来からの同モデル租税条約 26 条の，「**3 項**」柱書とその「**a**」が定めているところの前記の点，即ち，26 条 1・2 項は，「いかなる場合にも，一方の締約国に対し」，「当該一方の締約国……の法令及び行政上の慣行に抵触する行政上の措置をとること」を，「行う義務を課するものと解してはならない (In no case shall …… be construed so as to impose …….)」との前記の文言についての，一つの解釈「だった」はずである。だが，「2008 年版」のコメンタリーの前記の「パラ 4.1」によると，かかる解釈は，26 条の「**正しい解釈**」（**its proper interpretation**）」ではない，とされていることになる。――こうしたことが，「正しい解釈への疑問を除去」するのだということで，そこにおいてなされているのである。だから**トリッキー**（既述）なのである。新設の「4 項」は，その意味で「創設的」に（「確認的」に，ではなく），<u>「3 項の射程」を限定づけているのである</u>[*]。

   *  **厳密に考えた場合**（後述の「5 項」についても言えることなのだが），前記の「4 項」の「当該情報が自己の課税目的のために必要でないこと**のみを理由として**その提供を拒否すること」との文言との関係で，右の従来の日本の立場が，果たして全否定されるものかは，問題たり得る。たしかにそこでは，日本で課税が実際になされた場合にのみ，しかも，その関係で得られた情報を引渡すということになってはいたが，その根拠が更に問題となるはずだから，である。

    つまり，それはたしかに，「自己の課税目的のために必要」な場合への情報交換の限定，ではある。だが，<u>なぜそうしたスタンスをとるのかの根拠を，自覚的に深く掘り下げれば</u>（そうした作業が，従来のわが国税サイドで，何処までなされていたかは，別途問題となるが !!），<u>「納税者の人権保障」のゆえにそうするのだ，ということに突き当たる「はず」</u>，である。

    その場合，「4 項の」，「自己の課税目的のために必要でないこと**のみを理由として**」の拒絶には当たらない，との解釈も，可能「だった」はずである。かかる限定は，『人権保障を理由として』のものだから，である（そう考えると，この「従来の日本の立場」と，『双方可罰性要件』を死守して来た「従来のスイスの立場」との親和性が，一層明確になることにも，注意せよ !!）。

だが，日本側は，(右の「4項」の文言の，背後にあるところの，そして一層の「3項」の空洞化を意図する!!) OECD サイドの全体的雰囲気を察してか，いち早く，前記の『日本の Observations』を，取り下げてしまったことになる。残念な展開だが，「5項」の「銀行情報」についてスイスも，「2009 年 3 月 13 日」以後において，同様の選択をした訳であり，それだけ，こうしたことに対するアゲンストの風が，実際の「4・5項」に共通する，前記の「のみを理由として」との文言を越えて，吹き荒れていた，ということであろう。

なお，「4・5項」の新設に際して，右の「のみを理由として」との文言を更に越えた文言を挿入することになると，『3項の空洞化（相対化・希釈化）』のニュアンスが，強く出過ぎることになる。要するに，それが，ギリギリのところでの，改訂者達（後述のエキスパート達）の選択だった，ということなのであろう。

だが，彼らが本当にしたいことは，明らかにこの文言を越えていた，ということになる。もとよりこの点は，「4・5項」についてのコメンタリーの記述内容に関する，後述の検証作業の対象ともなるのだが。

さて，ここで「2008 年版」コメンタリーの「パラ 4.1」の，続きの部分に戻ろう。その「第 2 文」以下で，26 条についての「多くの改正（変更）」が「正しい解釈」への「疑問の除去」にとどまることの「例」として掲げられたもの（既述）の中には，貿易と関税 2012 年 11 月号 60 頁（本書 423 頁）の，米国「FATCA 法」関連の論述の [5] で言及した "foreseeably relevant" の語の導入（従来は，"necessary" だった）等の点はあるが，右に述べた「4項」の新設については――

"New paragraph 4 was added to incorporate into the text of the Article **the general understanding** previously expressed in the Commentary (cf. paragraph 19.6)."

――とされている（「パラ 19.6」については本書 499 頁以下で後述）。

この論理の強引さを，思うべきである。「パラ 4.1」の前記の冒頭第 1 文と併せて考えれば，要するに，コメンタリーに書いてあることが，「一般的な理解」であって，かつ，「正しい解釈（proper interpretation）」なのだ，ということになる。そして，前記の従来の日本の立場は，間違いだった，ということに，されてしまっている (!!)。実におかしな論断，である(*)。

* 貿易と関税 2012 年 7 月号 61 頁（本書 346 頁）において，OECD モデル租税条約の「コメンタリー」に書いてあれば，ドイツの憲法上の「基本権保障」も相対化される，と言うが如きドイツ学説について，批判しておいたところを，参照せよ。

「2008 年版」OECD モデル租税条約（17 July 2008）冒頭の，7 頁以下の「序論（Introduction）」の「パラ 28」以下（同前・14 頁）には，「**コメンタリー**」の**基本的位置づけ**が，記述されている。まず，「パラ 28」には，"[T]here is a detailed Commentary that is intended to illustrate or interpret its provisions." とあり，次に，「パラ 29」には，「コメンタリー」は "drafted and agreed upon **by the experts** appointed to the Committee on Fiscal Affairs by the Governments of Member countries" なのだから(*)，国際租税法の発展において special importance を有する，云々とある。だが，それにとどまる。

* 但し，この点で，更に一言すべきことがある。即ち，貿易と関税 2012 年 11 月号 62 頁（本書 425 頁）でも引用したところの，増井良啓「国際課税ルールの安定と変動——租税条約締結によるロック・イン」税大論叢 40 周年記念論文集（2008 年）所収（335 頁以下），355 頁における，「最近の［OECD モデル租税条約の］改訂では，徴収共助に関する 27 条……のように [!!]，必ずしもすべての加盟国の意見が一致しない場合であっても，条約締結国が望めばそれを選択できるといったタイプの条項」が存在する，との指摘と，その直後に「＊部分」で鳴らした，わが国税サイドへの警鐘に，注意すべきなのである。
  コンセンサスがないのに，いわば強国のゴリ押しで（!?）挿入された条項についても，前記の「エキスパート達」によるコメンタリーが付され，それが「一般的な理解」であって，かつ，「正しい解釈」なのだ，とされる「としたら」，（そのようなことを示唆するだけでも）全くおかしいことのはず，である。とくに，後述の「徴収共助」関連では，ダイレクトにこの点が，問題となることになる。

当然のことだが，どこにも，コメンタリーの記載が「正しい解釈」だ，などとは書かれていない（!!）。それなのに，「パラ 4.1」では，前後を併せ読めば，『コメンタリーに書いてあることが，「一般的な理解」であって，かつ，「正しい解釈（proper interpretation）」なのだ』ということが，書かれているのである（「パラ 4.1」の全体的文脈については，後に「◎マーク」を付した部分に英文を掲げつつ，整理して示すので（本書458 頁），対比されたい!!）。おかしいではないか（!!）。
　ちなみに，右の「序論（Introduction）」の「パラ 30」には，前記の日本のスタンスがその形で示されたところの，**"Observations"** につき，それらは，コメンタリーの解釈に同意できない加盟国の要請で（at the request of Member countries that are unable to concur in the interpretation given in the Commentary）挿入されるものだ，とある。にもかかわらず，26 条のコメンタリーの「パラ 4.1」では，それが「正しい解釈ではない」と，されているのである。再度言うが，実におかしい(*)。

* 但し，これは，『少数派抹殺』のための，ありふれたやり方，である。それが，とかく金科玉条のごとく扱われがちな OECD モデル租税条約の「コメンタリー」において採られていることへの，冷静な認識が，必要なのである。直前の「＊部分」における，わが国税サイドへの警鐘に，再度注意せよ。

なお，右の「序論」の「パラ 31・32」は，「2009 年 3 月 13 日」までのスイスが行なっていたような，「留保」の位置づけについてのものだが，実にいやらしい書き方が，なされている。即ち，「パラ 31」の最後の一文には，「ある加盟国が留保を行なった場合には，その国と二国間の条約交渉を行なう際に，他方の加盟国は，レシプロの原則に従って行動する自由を保持する，との理解」が，あえて示されているのである（It is understood that …… the other Member countries …… will retain their freedom of action in accordance with the principle of reciprocity.）。こんなことは，書く必要もないことのはずだが，それをあえて書くところに，『異分子はすべて粛清する』という，この OECD モデル租税条約 26 条の「コメンタリー」の，悍ましい基本スタンスと，それが「情報交換」について今日まで辿って来た道程が，示されているのである。

　さて，ここで再度，「2008 年版」の 26 条についてのコメンタリーの「パラ 4.1」の，次の部分（第 4 文）に戻る。右に示した『異分子はすべて粛清する』という，この OECD モデル租税条約コメンタリーの悍ましい基本スタンスが，そこに，如実に示されている。これは，新設された「銀行情報」についての「5 項」についてのものなのだが，理由があり，「パラ 4.1」（全体の頁で言えば，348 − 349 頁）の既述の冒頭部分からの引用を行ない，その文脈を，明らかとする。即ち──

"4.1 **Many** of the changes that were then made to the Article [26] were **not** intended to alter its substance, **but** instead were made to remove doubts as to its ***proper interpretation***. **For instance**, ……. New ***paragraph 4*** was added to incorporate into the text of the Article *the general understanding previously expressed in the Commentary* (cf. paragraph 19.6). New ***paragraph 5*** was added to reflect ***current practices among the vast majority of OECD member countries*** (cf. paragraph 19.10). The insertion of the words "or the oversight of the above" into new paragraph 2, **on the other hand　[!!]**, constitutes **a reversal of the previous rule**." [◎]

──との英文となる（前記のごとく，特定のために，この英文引用部分に，「◎マーク」を付す）。つまり，「2005 年改正」の「多く（many）」が「正しい解釈」への「疑問の除去」のため，とする書き出しから，右の「最後の一文の前」までは，右の「多く」の例示となっている，と見る「べき」である。

　たしかに，「新設の 4 項」についての一文（右の第 3 文）の前で，（若干狡猾に !?）文が切れているが，右の最後の一文で，「他方において（on the other hand）」とあるところが，右の第 2 文の「例えば」に，鮮明に対応する形になっている。この「他方において」がなかったら，何処までが「第 1 文についての例示」なのか，多少曖昧になるが，文脈上は，右の通りと，なる「はず」（!）である[(\*)]。

*　そう解した場合，「2 項」の「開示」範囲に，「又はこれらの監督に関与する者」の文言を付加する点は substance の変更だが，それ以外は，新設の「4・5 項」を含めて「正しい解釈の確認」にとどまる，とプリテンドすることの不誠実さ（!!）に，気づくべきである。他方，そうまで断定はできないと仮に解した場合，重大な問題たるはずの「4・5 項の新設」が，「正しい解釈の確認」なのか，「substance の変更」なのかを，意図的に（!?）曖昧に示すことの不誠実さに，気づくべきである（!!）。──即ち，右のどちらで考えても，この英文の示し方は，不誠実なのである。

　　貿易と関税 2012 年 8 月号分以来，OECD・「グローバル・フォーラム」サイドにおける，この手の不誠実な英語の使い方を，私は克明に批判して来たつもりである。「2008 年版」

1　2008年版OECDモデル租税条約26条の規律内容についての再確認　459

のコメンタリーについても，同じことが言える，ということである (!!)．

　要するに，文脈上は，ここで論ずる「5項」の新設もまた，『「2005年改正」の「多く (many)」が「正しい解釈」への「疑問の除去」のため，とする「例えば」の例示』の中に，含まれていることになる．だが，『「3項の規定」を，「**銀行情報**」だからということ「**のみを理由として**」情報提供の「拒否」を「認めるものと解してはならない」とする「5項」』(**In no case shall** the provisions of paragraph 3 **be construed to** permit a Contracting State to decline to supply information **solely because** the information is held by a bank, ……．) の新設が，従来の26条の「正しい解釈」の「確認」にとどまるとするのは，"**詭弁**"である（この点は，「パラ19.10」に即して，貿易と関税2013年3月号分の後半〔本書504頁以下〕で示すところを参照せよ）．「2005年改正」の射程外たる，「3項」の柱書と「c」には，「営業上，事業上，産業上，商業上若しくは職業上の秘密……を明らかにするような情報……を提供すること」は，「いかなる場合にも」義務として課されない (In no case shall the provisions of paragraphs 1 and 2 be construed so as to impose on a Contracting State the obligation …… to supply information which …….) とあることを，ここで想起すべきである．

　それだけではない．右の「◎マーク」を付した英文引用部分には，「非常に多く (vast majority) のOECD加盟諸国の現在のプラクティス」を反映させるために「5項」が追加（新設）された，とある．「パラ4.1」冒頭の「正しい解釈」についての既述の点を，再度ここにインプットすれば，「非常に多くの国々の実務ないし解釈」が「正しい」のであって，『異分子はすべて粛清される』，ということになる．これまた，**実におかしな論断**である．

　ここで再度言及するまでもなく，「2009年3月13日」までの「スイス」は，『双方可罰性要件』という，「憲法上の人権保障」に裏打ちされたところの，本来は26条の「3項」で認められるはずの要件を死守して来たが，「2008年版」では，「パラ24」において，26条の（「1項」及び）「5項」についての，スイスの「留保」（「2004年6月」に改訂されたそれ）が，なされていた．正式の留保である．

　にもかかわらず，「パラ4.1」のロジックにおいては，それが「正しい」解釈ではないとされ，かつ，既述の，この「2008年版」の「序論」の「パラ31」では，こうした国に対しては，レシプロで行動するのが当然だ，と言わんばかりのことが，書かれていたことになる．おかしい．

　更に注意深く，26条コメンタリーの「パラ4」の第1文に戻って，考えてみる必要がある．そこでは，既述のごとく，**何らの限定句もなく**，"current country practices" を反映させるべく，「2002年」の26条についての包括的レヴューがなされた，とあった．つまり，不誠実極まりないこととして，前記の「留保」による「2009年3月13日」までのスイスの明確な立場は，既述のごとく最初から，弾き飛ばされていた．だが，「パラ4.1」の前記引用箇所では，右の部分が，正直に，"current practices among the vast majority of OECD member countries" と書かれている．——こうした，『不必要かつ不誠実に，人々の意識を一方向のみへと向けるための言葉遣い』についても，貿

易と関税2012年8月号分（本書第2章4）以来，繰り返し注意喚起をして来たことだが，ここでもそれに注意すべきだ，と思われる。

さて，「2008年版」の26条についてのコメンタリーは，「パラ4.2」で，「4・5項」についてのコメンタリーが大幅に拡充されたこと等を示して，各項についての記述へと，移行する。

### （2－3－2）「1項」についてのコメンタリーから

ここでも，検討は，前記の目的に合わせて，ターゲットを絞って行なう。この部分は，「パラ5」から「パラ10.3」まで，となる。

まず，「パラ5」の冒頭で，前記の "foreseeably relevant" への文言の変更が，「すべての租税（taxes of every kind）」についての，「可能な限り広汎（to the widest possible extent）」な情報交換のために，また，その反面において，「単なる情報漁り（fishing expeditions）」を遮断するためになされた，とある。

他方，そこには――

"The scope of exchange of information covers all tax matters without prejudice to the general rules and legal provisions governing **the rights of defendants and witnesses** *in judicial proceedings*."

――との，一見まっとうそうな記述もある。これは，**criminal tax matters** における情報交換が，別途二国間・多国間の条約で「も（also）」なされ得ることを示す一文の，前に置かれたものだが，その双方を合わせれば，既にしてそこに，このモデル租税条約で引渡された情報の，「**（租税関連での）刑事手続への利用**」（後述）が，インプライされている，とも言える。

右の英文とて，よく考えれば，「裁判（司法的）手続」における「被告や証人の権利」が「情報交換」によって害されないのは，本来，当たり前のことであって，わざわざ書くまでもないことである。しかも，「1項」には，当事者・関係人の法的保護に関する文言は，存在しない。明らかに，引渡された情報の「（租税関連での）刑事手続への利用」を，早くもここで匂わせておくための一文ではないか，とさえ疑われる。

続く「パラ5.1」は，「1項」でカバーされる情報は，「個別の納税者関連（taxpayer-specific）」のものに限られず，「例えば」として，「リスク分析技術（risk analysis techniques）」や，「租税回避又は脱税のスキーム（**tax avoidance or evasion** schemes）」についての情報も含まれる，とする。貿易と関税2012年10月号64頁以下（本書395頁以下）で私は，「グローバル・フォーラム」側の「2010年」・「2011年」の基本文書の中で，「租税回避」と「脱税」の語とが，最近の世界の流れとの関係において，事実に反して『混線』して用いられていたことを，克明に辿った。だが，右の「パラ5.1」については，とくに問題とすべき点はない（なお，「租税回避」と「脱税」との基本的区別，等については，金子宏・前掲租税法［第17版］119頁以下参照）。

以下，本論文のここでの（既述の）目的に照らし，「パラ10」に飛ぶ。むしろ，『人

権保護』の側に有利と思われる点が，<u>但し何の評価もなく，単なる事実として，いわば「孤島」のように，記述されている</u>箇所がある。即ち，「パラ10」の後段には――

"Contracting States which are required, according to their law, to observe <u>data protection laws</u>, **may wish to** include provisions in their bilateral conventions concerning the protection of personal data exchanged. Data protection concerns **the rights and *fundamental freedoms* of an individual**, and in particular, **the right to privacy** ……."

――とある。
<u>「租税条約上の情報交換」における『人権保護』の憲法的基盤が，ドイツ・スイスに共通する理解として，「プライバシー保護の基本権」にあることについては</u>，貿易と関税2012年7月号55頁（本書339－340頁）でも示した。そして，同前（7月号）・63頁（本書348頁）では――

『前号分〔貿易と関税2012年6月号80頁（本書331頁）の「＊＊部分」〕で，OECD（及びEU）での**TDF（Transborder Data Flow）**規制ないしプライバシー（データ）保護の流れの中で，<u>問題発生の未然防止（!!）のための「国境でのゲートキーパーの存在」が極めて重視されていること</u>に，論及した。『双方可罰性要件』は，まさにそのための，「事前の防波堤」としての法的装置のはずである。単純にそれを外せとする，諸国の大合唱のある今の世界には，<u>どこかで或る種の混線が生じている</u>，と言うべきではないのか（!!）。』

――と論じておいた。
　前記の「パラ10」の指摘は，まさに，この点と関係する（なお，「2002年」の「独スイス租税条約改正」に際して，ドイツ側がこだわって挿入されたところの，「個人と関係づけられたデータ」の保護に関する規定については，貿易と関税2012年6月号77頁以下〔本書328頁以下〕）。
　だが，「パラ10」には，そうしたことについての価値判断は，既述のごとく，何ら示されていない。しかも，「<u>個人の**権利**及び**基本的自由**（the rights and fundamental freedoms of an individual）</u>」とまで言いつつ，それが「<u>個人の基本的**人権**保障（protection of fundamental human rights of an individual）</u>」の問題である（あり得る）ことも，また，それが「<u>憲法上の（constitutional な）</u>」問題である（あり得る）ことへの言及も，巧妙（狡猾 !!）に，回避されている(＊)。

* 前記の（「パラ10」の後段の）英文における，"<u>the rights **and** fundamental freedoms of an individual</u>" という<u>英語が，既にして不自然であること</u>に，気づくべきである。なぜ "<u>the rights of</u> fundamental freedoms of an individual" ではないのか，ということである。

かかる"小細工"によって、「個人の権利」と「個人の基本的自由」とは、言葉の上で、分断される。そして、あたかも、後者の「個人の基本的自由」は、「権利」ではないかのごとき外観が生じる。――この手の『英語の小細工的・意図的な操作』が、「情報交換」関連でのOECD・「グローバル・フォーラム」の文書の随所において、実に狡猾な形でなされていることを、貿易と関税2012年8月号（本書第2章4）以来、私は、執拗に辿って来たのである（!!）。

先に行こう。「パラ10.3」まで、本項の目的と関係する部分はないので、26条の「2項」に移行する。

### (2－3－3)　「2項」についてのコメンタリーから

『守秘』と『開示範囲』についての、26条「2項」である。「パラ11」から「パラ13」までが、該当部分となる。

冒頭の「パラ11」では、「守秘の基準」が要請国（情報受領国）側におかれるとの「2項」の文言を反映して、「受領国における秘密保持は国内法の問題である（The maintenance of secrecy in the receiving Contracting State is a matter of domestic laws.)」、とされている。それについて、被要請国（情報引渡し国）は何も言えない、との書き振りである。

「OECDマルチ税務執行共助条約」の『守秘（秘密）』の規定（22条）が、そうした一方的なものでないことは、既に前号分後半（本書444頁以下）の、【注記1】でも示した。また、「2010年改正」による租税条約実施特例法「8条の2」の「2号」が、（「2008年版」までは維持され、「2010年版」で削除された）OECDモデル租税条約26条についての従来の日本のObservations（既述）を反映して、情報受領国側において、「秘密の保持が担保されていないと認められるとき」を、情報提供拒絶の一場合としていることは、前号分後半の、【注記1】に至る直前の部分（本書442頁以下）で示した。

従って、ここでは、こうした日本の新設規定が、どこまで「2008年版」のコメンタリーと親和的・敵対的（そのいずれであるのか）の検証作業が、メインとなる。また、本論文第4章4との重複を避けつつも、同じく前号分の、前半（本書436頁以下）で言及したところの、「2010年改正」による租税条約実施特例法「8条の2」の「3号」の、「当該相手国等税務当局の職務の執行に資する目的以外の目的で使用されるおそれ」との、情報提供拒絶事由との関係も、とりわけ、引渡される情報の「刑事手続への利用」との関係で(*)、検証する必要がある。――「OECDマルチ税務執行共助条約」との関係は後回しとなるが、以上の方針で、「2008年版」コメンタリーの「パラ12以下」を、検討の対象とする。

* ちなみに、再三引用した中山繁太郎・前掲税大研究資料194号所収論文71頁は、当時のコメンタリーの「パラ12」を引きつつ、「交換された情報が、租税犯罪（fiscal crimes）の告発のために使用されうる」点を、問題としていた（なお、同前論文・13頁でも、同旨が述べられているが、そこでの引用は、「GCA Paragraph 47」となっている。これは、同前・4頁の、OECD租税委員会による「情報交換」の「拡大」のための、「権

1　2008年版OECDモデル租税条約26条の規律内容についての再確認　　463

限ある当局のための手引き［Guide for Competent Authorities: GCA］」である）。同前・3頁からも，同論文で検討されたのは，「1977年」版の，OECDモデル租税条約26条についてのコメンタリーであることが，判明する。

　Kees van Raad, supra, at 317に，「1977年版」の「パラ12」があるので，"fiscal crime"の語の出て来る文脈を，確かめておこう。そこでは，『開示範囲（開示目的）』につき，「パラ12」の最後の一文（「第4文」）において——

"If the information appears to be of value to the receiving State for **other purposes** than those referred to, that State may not use the information for **such other purposes** but it must resort ***to*** means specially designed for those purposes (e.g. in case of **a non-fiscal crime**, ***to*** a treaty concerning judicial assistance)."

——とある。
　つまり，当時既に，「2008年版」の26条「2項」と殆ど同じ文言だった26条「1項」の『開示範囲（開示目的）』の規定につき，そこで書かれていない『他の目的』のためには，引渡された情報を使ってはならぬ，とする文脈で，『他の目的』の例として，「非租税犯罪」が，掲げられていた。そこから，「租税犯罪」（この言葉は，「2008年版」でも，「2項」の条文には，存在しない）の「訴追（告発 ［**prosecution**］）」は条文の『開示範囲（開示目的）』に含まれる，との自然な理解が導かれ，前記の中山論文における指摘に至ったことが，判明する。
　なお，右の英文引用部分に対応する「2008年版」の記述は，「パラ12.3」に移っており，その第1文に，冒頭に「同様に」が付いたのみで，右と同一の文言が繰り返されている。だが，その後に，本論文第4章4の目次項目で扱う内容が，付加されている。前記の『他の目的』の大幅拡大，である（「2012年版26条」を含め，2013年2月からの執筆再開時に扱う）。

「2008年版」のコメンタリー「パラ12」の「第1文」は，新たに付加された"or the oversight of the above"の文言（前記の「パラ4.1」に即して既述）との関係を除き，「1997年版」の「パラ12」と同じであり，条文の内容を再叙するのみである。その「第2文」も同様であり，「1977年版」・「2008年版」ともに——

"This means that the information may also be communicated to a taxpayer, his proxy or to the witness."［★］

——となっている[*]。

　*　若干細かくなるが，一言しておく。「1977年版」の「パラ12」では，「第3文」で条文所定の者による，同じく条文所定の目的でのみの使用が許される，とあって，直前の「*部分」に英文を示した「第4文」（「2008年版」では「パラ12.3」に移ったそれ）となる。だが，「2008年版」では，右の「第2文」に続き，かなりの加筆がなされている。

右の英文（「パラ12」の「第2文」——特定のために，「★マーク」を付した）について

言えば、26条「2項」において、「受領した情報（the information[*]）は、……に関与する者（persons …… concerned with ……）又は当局……に対してのみ」の「開示」が条文上認められることから、「納税者やその代理人」等への「受領した情報」の「開示」もまた、許される、とされていることになる。「1977年版」では、この点はそれで終わっていたのが、「2008年版」では、その後に、大幅な加筆がある、ということである。

* この"the"は、「第1文」の"[t]he information obtained"をさすが、厳密には、ここでの"the information obtained ＝ the information"の訳は、『「受領した」、又は、「受領する」情報』となる。以下の論述との関係で、ここでは一層厳密に考えておくことにする（!!）。

ここで、右の「★マーク」を付した英文（「第2文」）**それ自体（!!）**について、若干考えてみよう。要請国が「受領した［又は、受領する］情報」について**「納税者」**等に**「開示」**をするのは、要請国・被要請国いずれの官庁なのかについて、そこには、右の限りでは(*)記述が「ない」からである。

* もとより「2項」の規定の全体的文脈は、「情報」の受領国（要請国）内での取扱いを問題としていると見るのが自然であり、かつ、コメンタリー「パラ11」の「第3文」以降も、要請国内（つまりは情報受領国内―― in the receiving …… State）での扱いについて記述している。だが、前記の「★マーク」の「第2文」自体には、右の場所の限定が明示されて「いない」。そこで、この「第2文」だけを仮に切り取って、その「英文の論理」を突き詰めた場合にどうなるかを、以下、論じてみたい。――問題は、本書465頁に「☆マーク」を付した後述の「グローバル・フォーラム」側の「B.2.の国際基準」との関係にある。そのために、こうした論理過程を経る必要が、在るのである。

要請国が、これから「これ」を証拠に、お前にかかってゆくぞと、「納税者」に「受領した［又は、受領する］情報」を「開示」するのは、当たり前過ぎることである。そうであれば、わざわざコメンタリーに書くまでもないはず、とも言えないではない。そうではなく、「被要請国」が、『「要請国」の「受領した［又は、受領する］情報」』について、「納税者」等に、「開示」するのは、この「★マーク」を付した英文（「第2文」）において、果たしてどう扱われるのか。また、かかる「開示」が許されるとして、「被要請国」側は、**一体いつの時点で（!!）**、「納税者」側に対する「開示」を行なえるのか。――「得られた［又は、得られる］情報」（"[t]he information obtained"）についての「開示」とあるが、それは、"[t]he information which **is** obtained"についてなのか、"[t]he information which **was** obtained"についてなのか。右のうち、（「★マーク」の前記「第2文」が現在形であることからも）一層自然な前者とすれば、右の「開示時点」の問題が、浮上するはずである（これらの者に対する要請国内での「開示のなされる時点」もまた、そこにおいて曖昧なことに、別途注意すべきである。後述）。

そして、ここで想起すべきは、貿易と関税2012年9月号62頁以下（本書386頁以下）において、「グローバル・フォーラム」の対スイス「ピア・レヴュー」報告書（**Global**

Forum, Peer Review: Switzerland, supra, at 66-70）を引用しつつ行なった**検討**，である。
そこでは，「スイス連邦憲法29条」が明示されつつ，それによる当事者の，「聴聞の機会を受ける権利の保障」により，具体的には，「情報交換がなされる**前に（prior to）**」，かかる機会が「例外なく」保障されていることから，「不当に情報交換を妨げ，又は遅らせる（unduly prevent or delay exchange of information）」ものとして，「国際基準」に不適合とされた。具体的には──

"The rights and safeguards (e.g. notification, appeal rights) that apply to *persons* in the requested jurisdiction should be compatible with *effective* exchange of information." (**Essential Elements: B.2.**［☆］)

──との「国際基準」（後述の論点との関係で，この「**B.2.の国際基準**」に，「☆マーク」を付することとする）への不適合，である。
　本論文のここでの検討においては，こうした反『人権保護』的な「グローバル・フォーラム」の「国際基準」が，何処まで「2008年版」の，また，「2010年版」の，OECDモデル租税条約26条のコメンタリーの記述から，導かれ得るものかもまた，重要な検証対象である。貿易と関税2012年10月号前半の，【重要な注記】の中の，マークで区切られた箇所の末尾近く（本書399頁）において，The Global Forum (2010), supra, at 6 (para.19) を引用しつつ示したように，「グローバル・フォーラム」側は，この「情報交換」の「国際基準」（もとより「B.2.」を含む）は，OECDが開発したものであり，もともとOECDモデル租税条約26条に含まれていた（"The standards of …… exchange of information that have been developed by the OECD are primarily contained in the Article 26 of the OECD Model Tax Convention ……."）などと，臆面もなく，**全くの詭弁**を弄していた。
　そのこととの関係で，「2008年版」のコメンタリー「パラ12」の，「★マーク」を付した前記の「第2文」を見る必要があるから，執拗にそのロジックの追及を，ここで行なっているのである。そして，以上の検討の限りでは，「グローバル・フォーラム」側の前記の詭弁とは逆に，「2008年版」OECDモデル租税条約26条のコメンタリーには，曖昧模糊としてはいるものの，その「パラ12」において，「グローバル・フォーラム」側が「国際基準」に不適合とした従来のスイスの，憲法上の「人権保護（人権保障）」を重視するスタンスを，考えようによっては，一定程度は「支持」し「得る」かのごとき記述（前記の「★マーク」の箇所）が，既述のごとく「2項」の規定の全体的文脈は別として，そこ（★）だけを切り取って考えれば，あった，ということになる。
　ともかく，「グローバル・フォーラム」側の前記の「☆マーク」を付した「B.2.の国際基準」が，前記の「★マーク」の「第2文」からもたらされる，などとは到底言えない。むしろ，**方向性としては逆（!!）**である。──そのことが，以上から確認できるはずである。
　だが，「2008年版」の「パラ12」には，「★マーク」の「第2文」の後に，追加された記述がある。そこまで最低限見なければ，私の右の論理は，成り立たない（正確

には，「2項」関連の，「パラ13」までを，この観点から検証する必要がある）。そこで，もはや面倒ゆえ，「パラ12」の右に続く部分を，英文で引用しておく。そこには「第3文」以降として，──

"This also means that information can be disclosed to governmental or judicial authorities charged with **deciding whether such information should be released to the taxpayer, his proxy or to the witnesses**. The information received by a Contracting State may be used by such persons or authorities only for the purposes mentioned in paragraph 2. **Furthermore**, information covered by paragraph 1, whether taxpayer-specific or not, **should not be disclosed** to persons or authorities not mentioned in paragraph 2, *regardless of domestic information disclosure laws [!!] such as freedom of information or other legislation* that allows greater access to governmental documents."

──とある。右冒頭の「第3文」では，前記の「★マーク」の「第2文」に対して，一定のブレーキをかけるかのごとく，「納税者」等に「受領した（または「受領する」──既述）情報」を「開示（リリース）」すべきか否かを判断する当局等にもまた，「開示」がなされ得る，とする（「第3文」冒頭の「情報」には，冠詞がついていないが，前記の「★マーク」の「第2文」"the information"にも冠詞がなかったら，前記の推論が，若干はよりスムーズになされ得た，とは思われる。単に「情報」の「開示」とあれば，「情報交換の要請のあったこと」についての「情報」の「開示」へと，問題が自然に膨らみ「得る」から，である）。

だが，この「第3文」自体でも，いつの時点での「開示の可否」かが，曖昧である。例えば情報受領国（要請国）での人権保護を"極大化"して考えれば，「これから情報交換をするぞ」という，事前の段階での開示も，論理としては可能となり得る（「2002年独スイス租税条約改正」において，ドイツ側の要請で入った実際の条文についての，貿易と関税2012年6月号79頁（本書330－331頁）と対比しつつ考えよ!!）。

また，この「第3文」でも，同じくそこだけを切り取って考えれば，要請国・被要請国のいずれにおける「開示の可否」が問題になっているのかが，曖昧である（そして，この点については，6月号の同前頁と，貿易と関税2012年7月号57頁以下（本書341頁以下）とを対比して考えるべきである）。被要請国における「開示の可否」も，「第3文」それ自体ではロジカルには排除されていないと見れば，「グローバル・フォーラム」側による「2011年」の対スイス「ピア・レヴュー」報告書で実際に問題とされた，前記の「☆マーク」の直前に示した点との関係が，大きく浮上する。──ここで「も」，「グローバル・フォーラム」側の前記の「☆マーク」を付した「B.2.の国際基準」が，「パラ12」の「第3文」からもたらされる，などとは到底言えない。やはり，**方向性としては逆(!!)**である。

さて，「第3文」はこれ位とし，先に進む。「パラ12」の右の「第4文」は，条文通りのことの繰り返しだが，最後の「第5文」は，別の方向に，議論の矛先を向けて

いる。従って，この「パラ12」において，前記の「グローバル・フォーラム」の詭弁を，裏付けるものは何もない，ということになる。

だが，「更に」以下の，ゴチック体を用いて示した右の「第5文」には，別途，看過し得ないことが，書かれている。『「納税者」等の「2項」に掲げられた者』以外の者に対しては，政府文書への一層のアクセスを認める（「情報公開法」等の）国内法の規定にかかわらず（!!），「開示」がなされる「べきではない」（ここは should not），とある。――そんなことは，「2項」の条文には，何ら書かれていない。

のみならず，かかることは，既述の26条「3項」柱書とその「a」の，26条1・2項は，「いかなる場合にも，一方の締約国に対し」，「当該一方の締約国……の法令……に抵触する行政上の措置をとること」を，「行う義務を課するものと解してはならない（In no case shall …… be construed so as to impose ……．）」との文言に，正面から反することである。おかしい。

「グローバル・フォーラム」側は，「国内法を踏み越える」旨の，この「第5文」が「パラ12」にあるから，前記の「☆マーク」を付した「B.2.の国際基準」が，OECDモデル租税条約から導かれた，と言えるのだと，強弁するのかも知れない。だが，落ち着いて考えるべきである。

この「第5文」は，「納税者」等の「2項」に掲げられた者『以外の者』に対する「開示」をするな，と言っている。他方，貿易と関税2012年9月号分の後半（本書386頁以下）で示したように，実際に対スイス「ピア・レヴュー」報告書（Global Forum, Peer Review: Switzerland 2011, supra, at 8 [para. 6]）で「不適合」とされたスイスの，例外なき「通知」の法的規律は，"**taxpayers** and other persons concerned" の保護のためのもの，であった。そこでの「納税者」について言えば，この者は，コメンタリーの「パラ12」の「第5文」（「納税者」等の「2項」に掲げられた者『以外の者』）の，射程外（!!）なのである。――この「第5文」の射程がそもそも限定されていることに加え，冷静に考えれば，右のことに気付くはずである。

つまり，前記の「☆マーク」を付した「B.2.の国際基準」は，漠然と，つまりは包括的（!!）に，"**persons in the requested jurisdiction**" の権利保護を問題としているが，到底それを，26条コメンタリー「パラ12」の，前記の「第5文」から導くことは，出来ないのである。この点からして「も」，「グローバル・フォーラム」の「国際基準」（具体的には，スイスの憲法上の「人権保護」を不当にも焼き切った，その「B.2.」）が，OECDモデル租税条約26条からもたらされたものだとする前記の詭弁は，詭弁のまま残ることになる。もとより，これから先の26条の「2008年版」，そして「2010年版」のコメンタリーの，すべてのパラグラフを検討し終えた末に，私のこの論断が，初めて完全な形で，成り立つことに，なるのではあるが。

さて，次に，「パラ12.1」以下へと，目を転じよう（今日はここで筆を擱く。以上の執筆は，2012年7月24日午後8時58分まで。計11時間43分の，「全くのノー・ストレス」での執筆，であった。スピードは，前号分の場合以上に，上がっていることになる。――だが，その精神的な「安定」が，意識のほんの表層部分の，『薄い外膜』でガードされたものに過

ぎないことが、同日の執筆終了後、暫くして判明した。実に些細なことで、『プチ爆発』が起きたのだ。そして、その時私の至近距離に居た妻は、私が風呂の水に意識して「氣」を入れたときと同じ、眩暈・息切れ等の、『湯当たり』状態となった。だが、今回は、それが判明してすぐ、『私から発したものはすべて私に戻れ』と、合掌して強く念じた。その直後、妻の『湯当たり』状態は、ほぼ解消した。これからは、執筆終了のたびに、同じことをしよう、と私は思った。それで、爆発性の私の「氣」を、原子炉の冷却のように、かなりの程度抑えられる、と直感したからである。――なお、以上は、石黒・前掲国際倒産 vs. 国際課税の「はしがき」vii 頁にも記した、『氣［電磁波］』の科学的解明［例えば、同前・120－121 頁の「＊＊＊＊部分」における、「ヒューレット・パッカード社」による、科学的な『氣』の、初歩的レベルでの解明についての記述を、参照せよ］の一助として、あえて言及されたものである。――執筆再開は、2012 年 7 月 29 日日曜日午後 1 時 20 分）。

「パラ 12.1」は、「2 項」の文言中の、"or the oversight of the above"への情報開示についてのものであり、かつ、実際の二国間での交渉で、それが嫌なら外し得る、とするのみゆえ、ここでの論述とは、関係しない。また、「パラ 12.2」は、「第三国への開示」につき、かかる開示を許容する二国間条約の明示規定がなければ、それができない、とするものであって、同様に、ここでの議論とは関係しない。

「パラ 12.3」が、既述の「他目的」での情報使用、である。本論文第 4 章 4 で論ずる点がメインとなるが、本号分の「＊部分」において中山繁太郎氏の論稿について再度論じた際に英文を示しておいたところの、「1977 年版」の「パラ 12」と同じ文言が、そこにおいて、受け継がれている。つまり、「1987 年」刊行の中山論文において前提されていたのと同様に、「交換された情報が、租税犯罪（fiscal crimes）の告発のために使用されうる」というのが、今も、このコメンタリーの（いわば当然の）前提だ、ということになる。

前号（貿易と関税 2012 年 12 月号）分の後半部分（今般の『関税法改正』についての論述の後たる本書 441 頁以下）において、私は、『或る「課税事件」（「事件 A」）について引渡された情報を、別の「刑事事件」（「事件 B」）のために「も」使用してよいのか』という問題（【問題 2】）を設定し、「2010 年」に新設された租税条約実施特例法の「8 条の 2」の「3 号」の、日本側が「提供する情報」が「当該相手国等税務当局の職務の執行に資する目的以外の目的で使用されるおそれ」のあることを情報提供の拒絶事由とする文言との関係で、この【問題 2】が、どうなるのかを、問題としていた。同法 9 条 2 項に、同条 1 項の規定による（外国側からの情報提供の要請の場合の）「質問又は検査の権限は、犯罪捜査のために認められたものと解してはならない」とあり、2011 年 11 月改正後の国税通則法 74 条の 8 も同旨を定めていることとの関係で、である。

要するに、私はそこにおいて、国内では憲法上の『人権保護（人権保障）』のゆえにできないことが、「条約」によって可能となってしまうことを（中山氏と同様に）問題視していた。「事件 A」と「事件 B」とが濃密なリンケージの下にある場合につい

ても，金子宏教授の体系書（金子・前掲租税法［第17版］766頁）や中山氏の論稿が強調する『憲法上の人権保護（人権保障）』の観点から出来ないことが，条約によって可能となるのは，日本の憲法体制の下では，許されないからである（この点につき，貿易と関税2007年5月号58頁以下）。

　そして私は，前記の「（課税）事件A」と「（刑事）事件B」とが，様々な意味で切り離された存在であった場合には，なおさら**租税条約実施特例法の「8条の2」の「3号」**の前記文言を活用して，一層端的に，前記の【問題2】は，否定される『べき』こととなろう，とも論じておいた。――前号分では，いまだOECDモデル租税条約26条の，条文との関係での論述にとどまっていたが，本号分では，「コメンタリー」の記述との関係で，同じ結論が示されるべきこととなる。

　こうして，以上の私のような立場をとる限り，租税条約実施特例法の「8条の2」の「3号」と**OECD**モデル租税条約26条のコメンタリー「パラ12.3」との（人権保護ゆえの!!）衝突は，回避し得ないものとなる。もとより，この「3号」の前記文言を狭く解して，かかる衝突を回避することは，その限りでは（その場しのぎの対応としては!?），可能ではあろうが(*)，それは本末転倒であろう。

* 同様の衝突は，「グローバル・フォーラム」の定めた前記の**10の必須要素**との関係でも生じる。「スイスの人権保護」を正面から叩いた本書465頁の前記の，（**☆マーク**）を付した）「**B.2.**」の「要素」（基準）の他にも「**C.1.**」には，"EOI [Exchange of Information] mechanisms should provide for **effective** exchange of information." とあり，「**C.5.**」には，"The jurisdiction should provide information under its network of agreements in a **timely** manner." とあるから，である（The Global Forum, A Background Information Brief [10 Dec. 2010], supra, at 7.）。前記の**「8条の2」の「3号」**との関係で日本側が実際に情報提供を拒めば，「実効的（効率的）」で「タイムリー」な情報交換をしていない，と指弾されるであろうし，『人権保護』を正面に立てた議論を日本側がすれば，「B.2.」が持ち出されることになろう。

　そして，『守秘』に関する**租税条約実施特例法の「8条の2」の「2号」**との関係でも，日本側が『人権保護』を正面に立てた議論をすれば，「グローバル・フォーラム」との関係では，以上と全く同じことになる。――前記の「3号」もこの「2号」も，「2010年改正」によるものであって，貿易と関税2011年11月号51頁（本書413頁）において一言したように，「グローバル・フォーラム」による第1弾の対日「ピア・レヴュー」は，「2011年秋」に，一応無事に（??）終了した，とのことである。そこで日本側が，どのような回答をしていたのかが，大いに気になる。だが，その点は，本論文の射程を超える。また，私としては，「今後のわが国税サイドの奮起」に期待するスタンスゆえ，その理由からも，右の点についての言及は，ここでは行なわない。

　なお，「2008年版」OECDモデル租税条約26条の「2項」（守秘等）についてのコメンタリーの，最後の「パラ13」についての検討が，まだ残っているが，この「2項」との関係では，**租税条約実施特例法の「8条の2」の「2号」**と直接衝突するコメンタリーの記述は一応ない，と言える。そして，その限りで言えば（まだ「3項」以下についての，コメンタリーの記述内容に対する検討が残っているから，そう言うのである），ここで「も」，「グローバル・フォーラム」側の突出が，指摘されるべきことになる（!!）。

さて、「2項」関連でのコメンタリーの最後となる、「パラ13」に移る。結論を先に言えば、この「パラ13」は、以上の私の論述と、関係しない。この「パラ13」の内容は、「公開の法廷（court sessions held in public）」等での情報の「開示」に関するものとして、基本的には、「1977年版」のコメンタリーの「パラ13」と、同じである。ここでその内容に言及する必要は、ないものと思われる。

従って、この26条「2項」のコメンタリーについて、本号分の論述の途中で指摘した諸点は、その限りでは、維持さるべきものとなる(*)。

* 次号分では、26条「3項」以降のコメンタリーについて、論じ進めることとなる（以上の執筆は、2012年7月29日午後8時10分まで。計8時間45分の、軽目の執筆だったことになる。点検終了、同日午後10時5分。そして、今月号分も「計2日」で仕上げ、「トータルで約20時間30分」の作業だったことになる。確実にスピード・アップしているが、あまりそれにはこだわらず、次号分執筆のための心身調整に入りたい）。

[以上、2013年1月号67－85頁]

**（2－3－4）　「3項」についてのコメンタリーから——その1・前提とすべき諸点について**

前号分では、「2008年版」のOECDモデル租税条約26条の、「2項」までについての、コメンタリーの記述を、批判的に検討した。本号分では、同条「3項」以下へのコメンタリーについて、同様の作業を続行することとなる（執筆開始は、どうしても8月12日の満62歳の誕生日の前に、本号分を書き出しておきたいという、内的欲求により、2012年「8月9日」の「長崎原爆投下の日」の、午後1時に作業を開始し、約45分、資料の下読みをして、同日午後1時45分、昭和20年のこの日の今、長崎がどんな状況だったのかを思いつつ、執筆を開始した[*]）。

* 但し、本号分の論述は、驚くべきことに（!!）、「3項」コメンタリー冒頭の、「パラ14」及び「パラ14.1」だけで、紙数が尽きてしまった。本号分末尾（本書488頁）の「＊部分」参照。

本章1(2)の「(2－3)」の論述において、この「3項」についてのコメンタリーが真の山場となることを、「意識下の自分」は、この私自身以上に、強く感じていたようである。今日の作業を開始してすぐ、私はそれに気づいた。私の「内なる声」に従って、まずは、本号分のこれからの論述の前提となるところの、前号分の論述の骨子を、議論に慎重を期するために、纏めておこう。そして、「2008年版」OECDモデル租税条約26条「3項」の「条文」を再度、念のために掲げてから、「コメンタリー」の記述について、検討しよう。この26条「3項」については、**「条文」と「コメンタリー」との間の亀裂が、致命的（!!）** だから、である。

まずは、前号分の論述のうち、本号分で前提とすべきその骨子を、以下に示しておく（但し、前号分の原稿については、提出後の点検で、さして大きな問題ではないものの、

一層厳密に書くべき点が結構見つかり、自分自身全く異例のこととして、二日前の 8 月 7 日夜、改訂原稿を作り、7 月 29 日に提出済みのものは廃棄して頂き、「原稿の差し換え」をすることとした）。

　前号分では、まず、「2008 年版」26 条のコメンタリーの「パラ 4」と、「パラ 1」・「パラ 2」とを対比しつつ、そのコメンタリーの記述において、『もはやモデル租税条約の他の条文［具体的には 1 条・2 条］がどうの、ということを越えて［26 条の］情報交換がなされるべきだ、というニュアンスが、濃厚であること』を、指摘した。本号分においては、同じことが一層赤裸々に、26 条「3 項」の条文との関係で、指摘されるべきことになる。前記の、<u>「条文」と「コメンタリー」との間の亀裂（!!）</u>の問題である。

　続いて前号分では、26 条の「条文」自体においても、「2005 年」に新設の「4・5 項」には、『その表向きの文言を越えて、「3 項」の例外を更に相対化したくて仕方がないような、悶々たるニュアンスがあること』を、指摘しておいた。引き続きそこでは、**26 条コメンタリーの「パラ 4.1」の冒頭第 1 文以下の**『**トリッキーな（英文の）構造**』に執拗に言及し、とりわけ本号分との関係で重要となるところの、以下の点を指摘しておいた。即ち、<u>「2008 年版」OECD モデル租税条約の（「26 条」ではなく）冒頭の、「序論」の「パラ 28」以下における、『「コメンタリー」の基本的位置づけ』についての指摘に反して (!!)</u>、「26 条」のコメンタリーの「パラ 4.1」においては、要するに

『コメンタリーに書いてあることが、「<u>一般的な理解（the general understanding）</u><u>であって、かつ、「正しい解釈（proper interpretation）」なのだ</u>」という、<u>実におかしな論理</u>（これを以下において、「問題ある▼の論理」として特定する）が示されていること』

——についての批判、である(*)。

* 　右の点のみならず、この「パラ 4.1」においては、前号（1 月号）分の本書 458 頁において、「◎マーク」で特定し、その『実に不誠実な英文の構造と文脈』を明らかに示しておいたように、「<u>非常に多くの国々の実務（practices among the vast majority of OECD member countries）</u>」が「<u>正しい解釈</u>」なのだと言わんばかりの論断が、不当になされて「<u>も</u>」いた。

　そこに既に、『異分子は粛清する』との、『少数派抹殺』のためのありふれたやり方が示されていることへの注意喚起とともに、前号分では、『「2 項」についてのコメンタリー』へと進み、「グローバル・フォーラム」側の文書から、以下の①②の二つの部分を、引用しておいた。即ち、まず——

① "**The rights and safeguards** (e.g. notification, appeal rights) **that apply to** *persons* in the requested jurisdiction <u>should be compatible with</u> *effective* <u>exchange of information.</u>"（**Essential Elements: B.2.**〔貿易と関税 2013 年 1 月号 81 頁（本書 465 頁）で「☆マーク」で特定した部分〕）

——との，「グローバル・フォーラム」側の言う「情報交換」の「国際基準」（その B.2.）である。

貿易と関税 2012 年 9 月号分の後半（本書 385 頁以下）で論じたように，まさにこの基準によって，スイスの「人権保護」規定が，あっさりと斬り捨てられてしまった。即ち，「グローバル・フォーラム」の対スイス「ピア・レヴュー」報告書（Global Forum, Peer Review: Switzerland, supra, at 66-70）において，「スイス連邦憲法 29 条」に基づく当事者の「聴聞の機会を受ける権利の保障」との関係で，「<u>情報交換がなされる前に（**prior to**）</u>」，かかる機会が「例外なく」保障されていることがターゲットとなり，「不当に情報交換を妨げ，又は遅らせる（unduly prevent or delay exchange of information）」ものとして，右の点が「国際基準」に不適合とされた。

そして，前号分で次に引用したのは——

② "**The standards of …… exchange of information that have been developed by the OECD** are primarily contained *in the Article 26* of the OECD Model Tax Convention ……."（The Global Forum〔2010〕, supra, at 6〔para.19〕.）

——との，「グローバル・フォーラム」側の『詭弁』を端的に示す一文，である。即ち，「グローバル・フォーラム」側は，この「情報交換」の「国際基準」（もとより前記①の「B.2.」を含む）は，「OECD が開発したものであり，もともと OECD モデル租税条約<u>26 条の中に</u>含まれていた」などと，臆面もなく，<u>全くの詭弁</u>を弄していた。

前号分では，26 条「2 項」のコメンタリーの「パラ 12」（以下）において，この②の「国際基準」（従って前記①の，「B.2.」を含む）についての指摘を裏付けるものが何もないことを，第 1 段階として，確認しておいた。

<u>この②について，本号分の論述との関係で最も注意すべきは，そこに，（①を含む）「国際基準」</u>が，<u>もともと「26 条の中に（**in the Article 26**）」（!!）含まれていた</u>，とあることである。即ち，『「26 条」の「コメンタリーの中に」』とは，書かれていない。そこに，本号分でも既に示したところの，「条文」と「コメンタリー」との間の<u>亀裂（!!）</u>の問題をインプットした場合，浮上するのが，本書 471 頁の前記の「<u>問題ある▼の論理</u>」との関係，である。

言い換えれば，「4・5 項」の新設の際，「3 項」自体はそのままとされて「2008 年版」の条文となっているのだが，この「3 項」については，前号分でも一応示唆しておいたように，「条文」と「コメンタリー」との乖離（亀裂）が，最も烈しい。所詮「モデル条約」ではあるにせよ，「条文」が主であって，「コメンタリー」は（解釈のための）参考資料に過ぎないはずのところ，前記の「<u>問題ある▼の論理</u>」によって，そうした本来の姿が，捻じ曲げられている（!!）のである。

1 2008年版 OECD モデル租税条約26条の規律内容についての再確認

　以下の本号分での検討を先取りして一言しておけば、『「グローバル・フォーラム」側の前記の「国際基準」』は、何ら「2008年版」OECD モデル租税条約の「26条」自体の「条文構造」を反映したもの「ではない」(!!)。『それ』は、本来参考資料にとどまるのみのはずの「コメンタリー」、しかも、「2005年」の改訂の枠外であったはずの「3項」についてのそれ、更に言えば、「3項」を制約するものとして新設された「4・5項」の規律内容「以外(!!)の問題」について、「3項」のコメンタリーの中に、いわば無理やり捩じ込まれていたところの、後述の『条文に明確に反する様々な記述(!!)』に、いわば"つまみ食い"(!!)的に、平仄を合わせたものだったに過ぎないのである。言い換えれば――

　『それ(「グローバル・フォーラム」側の前記の「国際基準」)は、そのような"幾重にも屈折した構造"の下に、更に、このコメンタリーに特有の、(少数者排除のための)前記の「問題ある▼の論理」を、埋め込むことによって、辛うじて「2008年版」の「26条」との関係を、保ち「得る」代物、でしかなかった』

――ことが、以下の検討を通して解明される(!!)。

　前号分(貿易と関税 2013年1月号 74 頁以下〔本書 457 頁以下〕)において、「コメンタリー」の示す「解釈」に「同意できない加盟国(Member countries that are unable to concur in the interpretation given in the Commentary)」の要請で挿入される位置づけとなっている"Observations"(従来の「日本」の行なっていた「2つのそれ」を具体例として、前号分では論じた)や、「従来のスイス」が行なっていた「留保」の位置づけについて、「2008年版」の「序論」における記述をリファーしつつ、論じておいた。要するに、"Observations"や「留保」があっても、26条のコメンタリー「パラ4.1」においては、前記の「問題ある▼の論理」によって、それらは「正しい解釈」ではない、とされてしまっている。そこに、重大な問題のすり替えが、在るのである。

　なお、前号分の末尾部分(本書 468 頁以下)では、租税条約実施特例法の「2010年」改正で新設された「8条の2」の「2号」及び「3号」(ともに情報交換の拒絶事由の規定)との関係で、それらを自覚的に、『人権保護』重視の方向で運用した場合(「2号」では要請国における『守秘』が、「3号」ではとくに、要請国における『刑事手続での情報の使用』が、それぞれ問題となる)、「3号」については、「2008年版」OECD モデル租税条約26条のコメンタリー「パラ12.3」(**fiscal crimes** の告発のための情報の使用が、前提となっている)との衝突が避けられないことを、中山繁太郎氏の論述の再精査をした上で、示した。また、「2号」については、26条「2項」のコメンタリーの中で「は」、それと衝突する記述はない、との見方を、示しておいた。
　他方、前記の方向での、これらの日本の新設規定の運用がなされた場合、「グローバル・フォーラム」側の「国際基準」のうち、前記①の「B.2.」のみならず、「C.1.」及び「C.5.」との衝突も、回避し得ないであろうことを、そこで指摘しておいた。こ

の「C.1.」・「C.5.」の「国際基準」もまた，各国の「人権保護」を『「実効的（効率的）」な情報交換』を阻害するものとして指弾し得るものである。それゆえ，前記の「B.2.」とともに，「2008年版」（そして後述の「2010年版」──但し，後者は，「グローバル・フォーラム」側の「国際基準」の設定よりも，後のものとなることに注意せよ。前記の②の論断との関係，である）の26条「3項」以下のコメンタリーの記述との関係が，この「C.1.」及び「C.5.」についても，やはり問題となる。そこでそれらを，③④として，以下に改めて示しておく。即ち──

③ "EOI (Exchange of Information) mechanisms should provide for *effective* exchange of information." (Essential Elements: C.1.)

④ "The jurisdiction should provide information under its network of agreements in a *timely* manner." (Essential Elements: C.5.)

──の「国際基準」である(*)。

* 以上の，①③④が（実は，これから示す「B.1.」とともに!!），反『人権保護』の方向で機能するものとなるが，ここで，それらの「10の必須要素」が列記されているところの，The Global Forum, A Background Information Brief (10 Dec. 2010), supra, at 6fの，「パラ20」の全体を，（再）確認のために，英文で引用しておこう。以下の冒頭部分は，貿易と関税2012年10月号分半ばの，マークで区切った「＊＊部分」の末尾（本書400頁）に示しておいたように，「前記②の事実に反する論断」と対比すべきものだが，ともかくもそこには──

"20. The Terms of Reference **developed by the Peer Review Group [!!] and agreed by the Global Forum [!!]** break these standards [para.19 ＝②] down into 10 essential elements against which jurisdiction are reviewed.

**THE 10 ESSENTIAL ELEMENTS OF TRANSPARENCY AND EXCHANGE OF INFORMATION FOR TAX PURPOSES**

A   AVAILABILITY OF INFORMATION

A.1.   Jurisdictions should ensure that ownership and identity information for all relevant entities and arrangements is available to their competent authorities.

A.2.   Jurisdictions should ensure that reliable account records are kept for all relevant entities and arrangements.

A.3.   Banking information should be available for all account-holders.

1　2008 年版 OECD モデル租税条約 26 条の規律内容についての再確認　475

B　ACCESS TO INFORMATION

B.1.　Competent authorities *should* have the power to obtain and provide information that is the subject of a request under an EOI agreement from any person within their territorial jurisdiction who is in possession or control of such information.〔＊＊〕

B.2.　→ ①

C.1.　→ ③

C.2.　The jurisdictions' network of information exchange mechanisms should cover all relevant partners.

C.3.　The jurisdictions' mechanisms for exchange of information should have *adequate* provisions to ensure the confidentiality of information received.

C.4.　The exchange of information mechanisms should respect the rights and safeguards of taxpayers and third parties.

C.5.　→ ④"

――とあった。

＊＊　右のうち，「B.1」を見たとき，何かに気付く「べき」である。それは，貿易と関税 2011 年 3 月号 49 頁（本書 3 頁以下）の，以下の論述である。即ち，（本書第 2 章冒頭に示した執筆方針に基づき，意識の希薄化防止の為に，ここであえて再叙すれば）本論文の冒頭部分たるそこにおいて，私は――

『「2009 年 9 月 23 日」に署名された「米・スイス間の 1996 年 10 月 2 日の租税条約を改正するプロトコル」3 条によって全項差替えとなった新 26 条（情報交換）の 5 項には，前記の〔2008 年版〕OECD モデル租税条約 26 条 5 項の内容を定めた同項第 1 文に続き，以下の第 2 文が，挿入されてしまっている……。即ち――

"In order to obtain such information [held by a bank ……], the tax authorities of the requested Contracting State, if necessary to comply with its obligations under this paragraph, **shall** [!!] **have the power** to enforce the disclosure of information covered by this paragraph, **notwithstanding paragraph 3** *or any contrary provisions in its domestic laws*."

――との条項である。
　スイスについて言えば，「銀行保有情報の引渡しのため，スイスの課税当局は，スイス国内法上のいかなる反対の規定にもかかわらず，それを米国側に引渡す『権限を持たねばならない』」とするこの条項は，スイス側に対して，いかなる法的義務を課したも

のなのか。また、そのようなスイスの国内法改革は、可能なのか、そして、そもそも妥当なのか……。──そこを、どこまでも突き詰めて示すのが、本論文の重大な課題となる……。』

　──と、述べていた。
　「改正米スイス租税条約（2009年署名）」の「26条5項」の、右の「第2文」を、前記の「グローバル・フォーラム」側の、「B.1」の「国際基準」と、対比せよ。後者の"**should have the power**"が、実際の条約規定では"**shall** have the power"と、一層強い義務規定となってはいるが、両者の親近性は、明らかである。
　貿易と関税2012年10月号分の冒頭近く（本書394頁）で The Global Forum (2010), supra, at 2 (para.1) を引用しつつ示したように、「2009年9月」の「グローバル・フォーラム」の「メキシコ会合」（そこで同フォーラムのいわゆる「改組」がなされたこと等、既述）で、各国への綿密な「ピア・レヴュー」の、「プロセス」のための、最初の論議がなされていたのであり（Ibid には、"[T]he process for in-depth peer reviews of transparency and tax information exchange standards was first discussed in Mexico.", とある）、しかも、この「メキシコ会合」において、（「スイス」はそこに含まれてはいなかったものの）既に8カ国への「ピア・レヴュー」の実施が、決定されていた。
　この点については、Id. at 6f の、「パラ20」に言及したところの、貿易と関税2012年11月号分後半の「＊部分」（本書427頁）でも言及しておいたが、右の英文を再度よく読めば、「ピア・レヴュー」の「プロセス」が「メキシコ会合」で「初めて」議論されたとあるからには、前記の「10の要素」自体は、"**the Peer Review Group**"という、『得体の知れないグループ』(!!──改組の「前」の「グローバル・フォーラム」というアメーバの中の、更に微小な『小アメーバ』）によって、「メキシコ会合」よりも前に、既に developed（右の「パラ20」の冒頭参照）の状態にあった、ということになる。それが、スルッと（あるいは「ヌルッと」）、「2009年9月23日」に署名の、「米スイス改正租税条約」26条5項の、前記の「第2文」に、忍び込んでいたことになる。
　そして、その点を前提とすれば、次の問題は、「2008年版」OECDモデル租税条約26条コメンタリーの「3項」以下（「3項」及び「5項」）の部分に、これに相当する記述が、果たしてある（あった）のか否かの検証、となる。──この意識を持続させつつ、以下の検討を行なう必要がある。

　右には、本論文の全体構想との関係でも重要な、『「＊マーク」及び「＊＊マーク」による二つの重要な注記』をしておいたが、ここで、議論の本線に復帰する。日本の「2010年改正」による前記の新設規定との関係で問題となるところの、それぞれ前記①③④のマークで特定した「国際基準」が、前記②の「グローバル・フォーラム」側の指摘（『詭弁』!!）の通り、"**primarily contained in the Article 26 of the OECD Model Tax Convention**"であったと、果たして言えるのかどうかが、以下の当面の検証作業の、対象となる。
　そしてその際には、前記の『「条文」と「コメンタリー」との間の亀裂（!!）』との関係での「問題ある▼の論理」（本書471頁）からして、「2008年版」OECDモデル租税条約26条の「3項」についてはとくに、「条文自体」に何と書いてあるかが、大前提として、極めて重要となる。従って、まずは慎重に、「2008年版」26条「3項」の「条

1　2008年版OECDモデル租税条約26条の規律内容についての再確認　477

文」を，以下において，和文・英文をともに示しつつ，再度確認しておく（和文は，「平成21年6月1日現在」の国税庁・租税条約関係法規集715頁のそれを，便宜示すこととする）。それによって，以下に示す『「条文」と「コメンタリー」との間の亀裂』が，ここでの論述との関係において，極めて鮮明なものと，なるはずである。

☆　【2008年版OECDモデル租税条約26条「3項」の条文の英和対比】

「1及び2の規定は，いかなる場合にも，一方の締約国に対し，次のことを行う義務を課するものと解してはならない。
 a　当該一方の締約国又は他方の締約国の法令及び行政上の慣行に抵触する行政上の措置をとること。
 b　当該一方の締約国又は他方の締約国の法令の下において又は行政の通常の運営において入手することができない情報を提供すること。
 c　営業上，事業上，産業上，商業上若しくは職業上の秘密若しくは取引の過程を明らかにするような情報又は公開することが公の秩序に反することになる情報を提供すること。」

"**In no case shall** the provisions of paragraphs 1 and 2 **be construed so as to** impose on a Contracting State the obligation:
 a) to carry out administrative measures *at variance with* the laws and administrative practice of that or of the other Contracting State;
 b) to supply information which is not obtainable under the laws or in the normal course of the administration of that or of the other Contracting State;
 c) to supply information which would disclose any trade, business, industrial, commercial or professional secret or trade process, or information, the disclosure of which would be contrary to public policy (*ordre public*)."

「2008年版」の26条においては，確かに「4・5項」の新設によって，この「3項」の射程は，限定づけられている。だが，「4項」の条文は，「自己の課税目的のために必要でないことのみを理由として（solely because）」の情報提供の「拒否」を，「3項の制限」が認めるものと「解してはならない」（[I]n no case shall such limitations [of paragraph 3] be construed to permit ……．），とするにとどまる。また，「5項」の条文とて，「3項の規定」が，『銀行情報』であること「のみを理由として（solely because）」の情報提供の「拒否」を，認めるものと「解してはならない」（In no case shall the provisions of paragraph 3 be construed to permit ……．），とするにとどまる。——それら以外の場合については，『「3項」による前記の断固たる禁止』が，条文上，明確に生きていること（!!）に，最も注意すべきである。

果たして，26条「3項」のコメンタリーには，こうした条文を踏み越えて（!!），

何処までのことが書かれているのか。前記の、「グローバル・フォーラム」側の「B.2.」（前記①）・「C.1.」（前記③）・「C.5.」（前記④），そして「2009 年」の「スイスの対米租税条約改正」との関係で言及した「B.1.」の「国際基準」との関係を含め，右の点を検証することが，本号分におけるこれからの課題となる（まだまだ書けるが，誕生日直前だし，このところの執筆スピードのアップにこだわる積りは，更々ない。そこで，この先は，「満 62 歳」になってからの執筆，としたい。以上の執筆は，2012 年 8 月 9 日午後 8 時 25 分まで。今日の「執筆」は「午後 1 時 45 分」からだったから，計 6 時間 40 分の軽い執筆で，本号分の約半分弱を，ともかくも書いたことになる。──執筆再開は「終戦の日」，同年 8 月 15 日の，午前 10 時 55 分）。

(2 − 3 − 5) 「3 項」についてのコメンタリーから──その 2・「パラ 14」以下の記述について

さて，「2008 年版」OECD モデル租税条約 26 条の「3 項」についてのコメンタリーは，「パラ 14」から「パラ 19.5」まで，である。それらをすべて潰し終えたとき，やっと一息つけることになる。

だが，冒頭の「パラ 14」において既に，重大な問題がある。まずもって指摘すべきは，「2008 年版」の 26 条「3 項」の条文が，「1977 年版」の 26 条「2 項」の条文と，（「1977 年版」の同条は 2 項までだったので，冒頭部分が "In no case shall the provisions of paragraph 1 be construed so as to ……."となっていた点を除けば）全く同一であること，である。それを反映してか，「2008 年版」の 26 条「3 項」へのコメンタリーの冒頭部分たる「パラ 14」の記述は，「1977 年版」の 26 条「2 項」への最初のコメンタリーの項目だった「パラ 14」と，殆ど同じ(*)である。

* 以下に示す「2008 年版」コメンタリー「パラ 14」の，"However" のところに，「1977 年版」の「パラ 14」では，次の下線を付した部分があったが，なくなっている。その点のみが，両者の差である。即ち，後者では──

"However, types of administrative measures authorized for the purpose of the requested State's tax **must** be utilized, even though invoked solely to provide information to the other Contracting States. Likewise, internal provisions concerning tax secrecy should not be interpreted as constituting an obstacle ……."

──となっていた（Kees van Raad, supra, at 317 参照）。

なお，「1977 年版」の「パラ 14」の，右の「消えた下線部」は，「要請国側への情報提供のためのみに」，ということであったとしても，被要請国側での行政措置を講じなければならない（must），とするものであり，内容的には，「2005 年」の改訂で新設された 26 条の「4 項」の条文に，対応する。

「1977 年版」26 条コメンタリーの「パラ 16」にも，同様のことが，やはり「ねばならない（has to）」との，きつい要請の言葉で書かれており，そこで，当時の日本は，同年版コメンタリーの「パラ 21」で，その双方を挙げつつ，既述の，即ち，"With respect to paragraph 14 and 16 above, Japan **can only** supply information obtained through special investigation or special examination as long as such investigation or examination is concerned with taxation in Japan." との，日本の（二つ目の）"Observations"を，掲げていた(**)。──それが，「従来のスイス」の『双方可罰性要件』よりも更に，『人権保護』上，慎重な立場「だった」と見得ること (!!) については，前号分の前半（貿易と関税2013年1月号73頁〔本書455頁〕）において，指摘したところ，である。

\*\*　前号分で詳述したように，『以下に示す(1)(2)の問題ある指摘』は，いずれも，「2008年版」の「パラ4.1」から，もたらされていた。即ち，(1)前記の「問題ある▼の論理」，即ち，『コメンタリーに書いてあることが，「一般的な理解 (the general understanding) であって，かつ，「正しい解釈 (proper interpretation)」なのだ』という，実におかしな論理，及び，(2)前号分（本書458頁）において「◎マーク」で特定し，その『実に不誠実な英文の構造と文脈』を明らかに示しつつ，本号分でそれを前者（右の「(1)」）と一体化させて示しておいたところの，「非常に多くの国々の実務 (practices among the vast majority of OECD member countries)」が「正しい解釈」なのだと言わんばかりの論断，である。

　この「パラ4.1」の『実に不誠実な英文の構造と文脈』についての，前号分における論述を『補う』べく，ここでは，「1977年版」26条のコメンタリー冒頭の，"Preliminary Remarks"の最後のパラたる，「パラ4」の"構造"に，注目しておこう。その全文を，まずは掲げておく（Kees van Raad, supra, at 313.）。そこには──

"4. Experience in recent years has shown that the text of the Article [26] in the 1963 Draft Convention left room for differing interpretations. Therefore it was felt desirable to clarify its meaning by a change in the wording of the Article [26] and its Commentary *without altering its effects*. **Apart from a single point of substance** (cf. paragraph 13) the main purpose of the changes made has been to remove grounds for divergent interpretations."〔1977年版〕

──とあった。

「2008年版」26条コメンタリーの「パラ4」は，「2002年」になされた26条の包括的レヴューの説明に，置き換えられている。だが，本書458頁で「◎マーク」で特定しておいたところの，「2008年版」の「パラ4.1」の"英文構造"は，右の，「1977年版」の「パラ4」に，よく似ていることに気付く。──と書いただけでは分かりにくかろうから，再度ここで，「2008年版」の「パラ4.1」の該当部分を示しておけば──

"4.1 **Many** of the changes that were then made to the Article [26] were **not** intended to alter its **substance**, **but** instead were made to remove doubts as to its *proper interpretation*. **For instance**, ……. New *paragraph 4* was added to incorporate into the text of the Article *the general understanding previously expressed in the Commentary* (cf. paragraph 19.6). New *paragraph 5* was added to reflect *current practices among the vast majority of OECD member countries* (cf. paragraph 19.10). The insertion of the words "or the oversight of the above" into new paragraph 2, ***on the other hand*** [!!], constitutes **a reversal of the previous rule**."〔2008年版〕

——との英文となる。

　こうして右の双方を、改めて対比すると、「1977年版」の「パラ4」の基本的な英文構造が、「2008年版」の『「パラ4」＆「パラ4.1」』に受け継がれていることが、一層"可視化"されるはずである。とくに、「1977年版」の「パラ4」の最後の1文における"*Apart from* **a single point** *of substance*"の部分と、「2008年版」の「パラ4.1」の最後の1文における"*on the other hand*"との対応関係に、注意すべきであろう。

　だが、「2008年版」の「パラ4.1」の方では、『冒頭の"Many"という逃げの言葉』とともに、構文上も、新設の「4・5項」を含め、何処までが「サブスタンス」の変更なのかが曖昧化され、かつ、そこに、前記の「問題ある▼の論理」が、人知れず埋め込まれることと、なってしまったのである（!!）。

　さて、前記の「2008年版」の「パラ14」は、26条の「3項」について――

"14. This paragraph contains certain limitations to the main rule in favor of the requested State. In the first place, the paragraph contains the clarification that a Contracting State is ***not bound to*** [!?] go beyond its own internal laws and administrative practice in putting information at the **disposal** of the other Contracting State. However, internal provisions concerning tax secrecy should not be interpreted as constituting an **obstacle** to the exchange of information under the present Article [26]. As mentioned above, the authorities of the requesting State are obliged to observe secrecy with regard to information received under this Article."

――と記述している。

　ここは、どこまでも厳密に、実際の26条「3項」の条文との対比を、心掛けねばならない（!!）。右の「パラ14」の、「第2文」の書き振りに、まずは注目すべきである。

　被要請国について言えば、要請国側に情報を引き渡す上で、被要請国の国内法等を越えてそれを行なう義務はない (is not bound to go beyond)、と記述されている。だが、"**is not bound to do ……**"には、「無理に……しなくともよい」とのニュアンスが伴う。

　例えば "You are not bound to do it, you know." の訳は、「無理にしなくてもいいんだよ」、となる。また、"You are not bound to buy them if you don't want to." なら、「買いたくなければ買う必要はない」になる。

　ここで、前記の【2008年版OECDモデル租税条約26条「3項」の条文の英和対比】を、参照されたい。26条「3項」の条文には、この点について、「いかなる場合にも、一方の締約国に対し、次のことを行う義務を課するものと解してはならない（In no case shall the provisions of paragraphs 1 and 2 be construed so as to impose on a Contracting State the obligation: …….）」、とあった。

　それが何故、「一方の締約国は、無理に……しなくともよい (**is not bound to**)」とのコメンタリー「パラ14」の「第2文」における、右の記述に、『化ける』のか（??）。おかしいではないか（!!）。

　「3項」の「条文」に明確に書いてあることを、"is not bound to do ……"との曖昧

な文言に，**意図的・恣意的（!!）**に，置き換えることにより，「無理でなかったら，やってもよい」との，『不当な言い換え』が，ここでなされている。もし本当にそういう趣旨なら，「3項」の条文には，「被要請国が自ら選択して，自国国内法等を踏み越える措置を講ずる場合は別として」といった限定句が，必要なはずである。だが，そんな文言は，26条「3項」には，一切ない。──再度言うが，おかしいではないか（!!）。

サラッと読み飛ばしてはならない。こんなところにも既に，OECDモデル租税条約の「コメンタリー」が，条文を踏み越えて，一定方向に人々をミスガイドする代物であることが，如実に示されているのだから（!!）。

最も注意すべきは，右の"is not bound to ……"との『不当な置き換え』をも含めて，「2008年版」の「パラ14」の右の記述が，既述のごとく，「1977年版」以来のものであること，である。そして，そこで気づくべきは，「パラ14」の「第2・3文」における"at the **disposal** of"&"an **obstacle**"という，『二つのキイ・ワード（ないしキイ・フレーズ）』である。

貿易と関税2011年12月号87頁以下（本書203頁以下）において，『**OECDモデル租税条約26条「コメンタリー」の，「1963年草案」段階からの屈折した構造**』を論じた際，「1963年草案」26条の「2項」についてのコメンタリー「パラ10」を，同前・88頁（本書205頁）に，示しておいた。そこでの，同前・88－89頁の私の指摘を，ここで再度示しておく。それがそのまま，「2008年版」の「パラ14」についてのものとして，『失われていたパズルの一枚』のように，ここでピタリと嵌るから，である（「2008年版」の「パラ14」の「第2文」以下が，「1963年草案」への「パラ10」と，殆ど全く同じ文言であることにも，注意せよ）。即ち，（本書第2章冒頭に示した方針に基づき，重要ゆえ，ここでそのまま再叙すれば）同前・88－89頁（本書204頁以下）において私は──

『[「1963年草案」26条の「2項」についてのコメンタリーの] パラ10を，試みに見ておこう。その"屈折した構造"は，パラ9と，同じである。パラ10は，計4つのセンテンスからなるが，その第2文以下の3つのセンテンスの関係が面白いので，以下，便宜それらを分割し，番号を付して示す。即ち──

(1)　In the first place, the paragraph contains the clarification that a Contracting State is **not bound to** go beyond its own internal laws and administrative practice in putting information at the **disposal** [!!] of another Contracting State.

(2)　In this connection, the internal provisions concerning **tax secrecy** should not be interpreted as constituting an **obstacle** [!!] to the exchange of information under the present Article.

(3) As was mentioned above, the authorities of a Contracting State are obliged to observe secrecy with regard to information received under this Article.

──となっているのが，このパラ10の第2文以下である。こうした書き方をする「人間心理」(!!) に，まずは注目すべきであろう。

　右の(1)で「被要請国」(例えばスイス) 側の国内法（等）を踏み越える必要なしとは言うものの (但し, この(1)に "at the disposal of" とあり, 情報の受領国がそれを「思い通りに使えること」が, そこに赤裸々に示されている点 [!!] に, 別途注意せよ), その象徴たる「秘密」関連の規定につき, (2)では, 「情報交換」の「障害」になるような「解釈」はするべきでないと, (1)を牽制する。本心としては, 「解釈」ではなくて, そうした「障害」になる「立法」自体するな, と言いたいところなのであろう。だが, そうは書けないから, 「解釈」止まりとなった, のであろう。

　この(2)で, スイスのような国に対して, 或る種のクレイム（文句）をつけた格好になるから, そこで置かれたのが(3)だと, 見るべきであろう。確かに, 既述のごとく2項c [「2008年版」の「3項」のc] は各種の秘密情報の規定だが, それはそれらの情報の「提供」(to supply information which ……) の「拒否」という, 「被要請国」側の権利についての規定である。だが, 右の(3)を, もう一度見て欲しい。同じ「秘密」でも, この(3)では, 「要請国（情報受領国）」側の「義務」について, 書かれている。だが, それは, このパラ10が役割とする「2項」[「2008年版」の「3項」] の問題「ではない」(!!)。

　こうした「論理の捩じれ」に気づくか否かは, 感性の問題かもしれない。だが, 更に, この(3)が「守秘」に言及する点については, 前記のパラ9の, 「被要請国」側の憲法上（等）の制約を突破しようとする（私からすれば暗い）指摘が, これと関係する。前記の(2)で踏み込み過ぎたかな, との思いで付加されたであろうこの(3)には, パラ9の, 同様の屈折した指摘が, 前提としてあるのであろう。それが, この(3)の「既に述べたように」との書き出しの, 意味ともなろう。つくづく, いやらしい書き振りである。

　かくて，OECDモデル租税条約26条の「コメンタリー」は, 以上「1963年草案」について垣間見ただけでも, 「被要請国」側のもろもろの法制度に対して, それらがその国の憲法上のものであったとしても, 知ったことではなく (!!), それらを単に「情報交換」に対する「オブスタクル」としか見ていないこと, そして, 国境を越えた情報は, もはや情報受領国の"自由処分"に委ねられる（「べき」だ）と考えていることが, いわば本心レベルでの問題として, 判明する。「1963年」段階からそうだった, ということである (その先は, 第4章3・4で後述することとする)。』

──と，述べていた。

　ここで，その文言が右の(1)－(3)と同じであるところの, 「2008年版」の「パラ14」に戻って，再整理をしておく。無用の混乱を回避するためにも，そうした再整理が,

必要なはずであろうから。

　「2008年版」の前記「パラ14」の，「第2文」の英文に，"**at the disposal of**" とあり，情報の受領国がそれ（引渡された情報）を「思い通りに使えること」が，そこに赤裸々に（ニュアンスとして）示されている点は，右の本書204頁以下からの引用部分に，示した通りである。英語の"disposal"には，「処分の自由」・「思い通りに出来ること」の意味が伴うから，である。

　この「2008年版」の前記「パラ14」の，「第2文」（「1963年草案」の「パラ10」では，右の引用部分に示した「(1)」）においては，前記のごとく，一方で，『被要請国側の営為』については，"**is not bound to** ……"との表現を用いることによって，「無理に自国国内法等の制約を踏み越えなくともよいけれども，無理でなかったらどうぞ」とのニュアンスを，条文に反して（!!）滲ませつつ，他方において，『要請国（情報受領国）側の営為』については，「情報の引渡しを受けたなら，後は，要請国の自由処分だ」とのニュアンスが，示されている。たった一つのセンテンスなのに（!!），である。──それは，そこだけ切り取って考えてみても，この「コメンタリー」の作成者達の，条文に反した『偏向』（!!）を，如実に示すものと言える。

　だが，続く「2008年版」の，前記の「パラ14」の「第3文」（「1963年草案」の「パラ10」では，右の引用部分に示した「(2)」）における，「2008年版」26条「3項」の『条文との衝突・矛盾』は，致命的（!!）である。被要請国について言えば，そこでは，被要請国としては「自国国内法を踏み越えることは義務として要請されない」（「第2文」）ものの──

　「しかしながら，課税上の秘密に関する［被要請国の］国内規定は，本条［26条］による情報交換の障害となるように，解釈されるべきではない。」（However, internal provisions concerning tax secrecy should not be interpreted as constituting an **obstacle** to the exchange of information under the present Article [26].) ［▽］

──とされている（この部分を，「▽マーク」で特定する）。

　そのようなことが，26条「3項」の条文（規定の文言）に書かれているの「ならば」，条文の内容を単に再叙するコメンタリー中の記述の一つとして，これまでも折りに触れてそうして来たように，スキップできる。だが，そんなことは，26条「3項」には，一切書かれて「いない」（!!）。条文には，真反対のことが書かれている。

　しつこいようだが，本書477頁で確認のためにその条文を再度示した26条の「3項」a には，"**In no case shall** the provisions of paragraphs 1 and 2 **be construed so as to** impose on a Contracting State the obligation …… to carry out administrative measures *at variance with* the laws and administrative practice of that or of the other Contracting State;" と，規定されていたはずである（「1963年草案」26条の「2項」a も，全く同じ文言である。Kees van Raad, supra, at lxv.）。

　それによれば，「課税上の秘密に関する被要請国の国内法規定」については，それ

が被要請国において解されているところの，いわば「as it is」の法的状態が，26条（1・2項──「2005年」の改訂までは，同条に1－3項までしかなかったことに，注意せよ!!）による「情報交換」について，尊重されねばならない。即ち，前記の「▽マーク」に反し──

『「課税上の秘密に関する被要請国の国内法規定」について「も」，それが被要請国において解されているのとは「異なる（矛盾する・相違する── at variance with）」措置を講ずる義務を課するもの，として26条を解釈することは，「いかなる場合にもしてはならない（In no case［!!］shall …… be construed so as to …….）」と，「26条」の条文に，明文で規定されていることになる（!!）。』

──ということである（以下の論述との関係で，私の右の指摘を，「◆マーク」で特定する）。

にもかかわらず，それと正面から衝突・矛盾することが，堂々と，また臆面もなく，前記の「▽マーク」の箇所，即ち，「2008年版」26条コメンタリー「パラ14」の「第3文」に，記述されているのである。それがなぜ，"a detailed Commentary that is intended to illustrate or interpret its [the Convention's] provisions"（「2008年版」OECDモデル租税条約冒頭のIntroductionにおける，既述の「パラ28」）だ，などと言えるのか（!!）。『詭弁』以外の何物でもない。と言うか，これは『殆ど全くの嘘』（!!），のはずである。──こうしたことが平気で書かれているのが，『OECDモデル租税条約「コメンタリー」の，歪み切った実像（!!）』なのである(*)。

* 【重要な注記】　右は，本号分の冒頭近く（本書470頁）で一言しておいたところの，「条文」と「コメンタリー」との間の亀裂（!!）の問題である。そして，これから示すように，全く同じ問題が，「パラ14.1」以下においても，繰り返し示されることと，なっているのである（!!）。
　　ここであらかじめ，『本号分（以降?）の検討から得られる基本的な帰結』について，再度一言しておこう。本号分で示した前記①**Essential Elements: B.2.**［本書465，472頁で「☆マーク」で特定した部分］）等の，「グローバル・フォーラム」側のいわゆる「国際基準」は，右にその一端を示したところの，『「条文」と「コメンタリー」との間の致命的な亀裂（!!）の問題』を直視することなく，26条の条文（とくにその3項）と乖離し，矛盾する形で示された「コメンタリー」の中の，専ら自己に都合のよい部分の"つまみ食い"（!!）によって構成されたもの，であるに過ぎない（本書473頁参照）。
　　そうでありながら，前記②のごとく，この「国際基準」（もとより①の「B.2.」を含む）は，「OECDが開発したものであり，もともとOECDモデル租税条約**26条の中に**含まれていた」などと，「グローバル・フォーラム」側が，真実を歪めて，主張していることになる。そうした，**OECD租税委員会をも含めた上での『不誠実さ』**を，本号分（以降?）では，克明に『立証』している（!!），のである。

ここで，「2008年版」コメンタリーの「パラ14.1」に移る。この「パラ14.1」については，あたかも，この「コメンタリー」に書いてあればドイツの憲法上の基本権保

1　2008 年版 OECD モデル租税条約 26 条の規律内容についての再確認　　485

障も相対化される，と言うがごとき，問題あるドイツ学説との関係で，既に，貿易と関税 2012 年 7 月号 61 頁（本書 346 頁）で，その英文の骨子を，かなり長く引用しつつ，論じておいた。従って，ここで再度それを示すことは，本来省略すべきか，とも思われる。

　だが，本論文の別な個所を参照し，その後でここに戻る，といったことでは，著しく不便であり，かつ，論述のインパクトもまた，大きく薄まってしまう（それが本書第 2 章冒頭に示した，本書の基本的執筆方針とつながることに注意 !!）。むしろ，本論文の前記箇所での論述を，ここで拡充する必要もあるため，再度「パラ 14.1」の英文全体を，『動かぬ証拠』として，提示する。但し，長いパラグラフであって，「第○文」といった記述方法では不便ゆえ，センテンスごとに便宜 [1] — [8] の番号を付して，まずはその全体を，以下に示す。この「パラ 14.1」には——

"14.1

[1]　**Some** countries' laws include procedures for **notifying** the person who provided the information and/or the taxpayer that is subject to the enquiry ***prior to*** the *supply of information*.

[2]　Such notification procedures **may be** [??] an important aspect of the rights provided under domestic law.

[3]　They can help prevent mistakes (e.g. in cases of mistaken identity) and facilitate exchange (by allowing taxpayers who are notified to co-operate voluntarily with the tax authorities in the requesting State) [??].

[4]　**Notification** procedures **should not**, however, be applied in a manner that, in the particular circumstances of the request, would **frustrate** the efforts of the requesting State.

[5]　In other words, they **should not *prevent or unduly delay*** [!!] **effective** exchange of information.

[6]　For instance, **notification** procedures **should *permit exceptions from prior notification***, e.g. in cases in which the information request is **of**[*] a very urgent nature or the **notification** is likely to **undermine the chance of success of the investigation conducted by the requesting State**.

＊　貿易と関税 2012 年 7 月号 61 頁において，この "of" が脱落していたことを，今発見した（本書 346 頁では修正済み）。

[7] A Contracting State that ***under its domestic law*** is required to **notify** the person who provided the information and/or the taxpayer **that an exchange of information *is proposed* [!!]** should inform its treaty partners in writing that it has **this requirement** and what the consequences are for **its obligations [??]** in relation to mutual assistance.

[8] Such information should be provided to the other Contracting State when a convention is concluded and thereafter whenever the relevant rules are modified."

——とある。以上が，一切省略せずに示した，この「パラ 14.1」の，全体である。
　この「パラ 14.1」は，全体を通して，「情報提供者」and/or「納税者」への「通知」，とくに（要請国側への）情報引渡しの「前 (prior to)」になされる，（被要請国の国内法に基づく）「通知」を，問題としている（[1]・[6] のみならず，「情報交換が提案されていること」の「通知」(to notify …… that an exchange of information *is proposed* [!!]) が「国内法上要請されている締約国」，について記述する [7] が重要）。
　そこでは，[2]・[3] のダミー的な記述（後述）を間に挟んで，[4] ― [6] で，そうした被要請国の国内法（「as it is」のそれ）に対して，「should not レベル」での介入が，試みられている。——だが，こうしたことは，「パラ 14」について示した私の，前記の「◆マーク」の指摘（本書 484 頁）と同じことであり，26 条「3 項」の条文と，真正面から衝突する。そのことを，まずもって確認しておく必要がある。

　ところで，貿易と関税 2012 年 7 月号 61 頁（本書 346 - 347 頁）において私は，「パラ 14.1」の [6]（第 6 文）までを示しつつ，以下のように述べていた。即ち（ここでも，それをあえて再度示せば）——

『私は，正直，軽い吐き気を催した。第 1 文の「若干の国々」とは，何事か。第 2 文の「may be」とは何事か。第 2 文で「国内法上の権利の重要な側面」たり「得る」とされた事前ノーティスの手続について，第 3 文……で挙げられた低レベルの例は，一体何なのか。そこにおいて，そして，右の引用部分［右の第 6 文まで］の全体において，それ［「通知要件」，とくに「事前」のそれ］が「基本的人権保障」ゆえの「私人の権利」である（であり得る）ことに対して，何の考慮も払われていないではないか。第 4・5 文も，要するに，「要請国」側の努力を，また，情報交換の「実効性（効率性）」**(!!)** を，被要請国側の人権保障手続が阻害するべきではない，と言っているに等しい。第 6 文の例示でも，（緊急の場合への言及はともかく）アンダーラインを付した部分では，臆面もなく，「要請国側の調査の成功のチャンスを阻害 [undermine] する場合には事前ノーティスの例外を設けよ」，とある。そこには，何の留保もない。「人権」の「じ」の字もない (!!)。すべてが，「情報交換」の「実効性（効率性）」と「要請国側の都合」とによって，"塗り潰されて" いる (!!)。
　こうした現象が，「1963 年草案」の段階からの，OECD モデル租税条約「コメン

タリー」の「悍（おぞ）ましい体質」を，惰性で引き摺るものでしかないことは，……〔既に〕示した［ところである］。……』

――と。

　ここで，二つ前の「＊部分」における【重要な注記】（本書484頁以下）を，この「パラ14.1」に，当てはめて考えてみよう。前記［4］－［6］を適宜組み合わせれば，本号分で前記の①として示したところの，「グローバル・フォーラム」側の言う「情報交換」の「国際基準」の「B.2.」（"The rights and safeguards [e.g. notification ……] …… should be compatible with effective exchange of information."（**Essential Elements: B.2.**［本書465，472頁で「☆マーク」で特定した部分］）へと，"何となく"至る，であろう。
　貿易と関税2012年9月号61頁以下（本書384頁以下）で論じたように，「グローバル・フォーラム」側の対スイス「ピア・レヴュー」報告書が，スイスの「憲法上の人権保障」に裏打ちされたところの，「例外なき事前の通知」を，「国際基準」に「不適合」として『斬り捨てた「刀」』は，まさに「パラ14・1」の，前記の［5］［6］の記述に対応する。「グローバル・フォーラム」側の「覆面調査員」的な立場の者達が，「B.2.」を"Not unduly prevent or delay exchange of information"と『言い換え』た上で，それによってスイスを「斬り捨て」たことを含めて，The Global Forum, Peer Review: Switzerland 2011, supra, at 66 を引用しつつ，そこにおいて既述の通り，である。
　この『言い換え』を，前記の［5］（**not prevent or unduly delay**）と対比すれば，"unduly"の位置が多少ずれただけで，言っていることは全く同じだ，ということにもなろう。そうなると，ここで――

　『まさにそこまで，「グローバル・フォーラム」側の前記「国際基準」の「B.2.」は，OECDモデル租税条約26条の「コメンタリー」の記述内容に，平仄を合わせたものであって，だから，本書472頁の前記の，②（"**The standards of …… exchange of information that have been developed by the OECD are primarily contained *in the Article 26* of the OECD Model Tax Convention** ……"）の「グローバル・フォーラム」側の指摘は，石黒の言う「**詭弁**」などでは，毛頭ないのだ。』

――といった声（後述の「仮定的言説」）が，前記の『「条文」と「コメンタリー」との間の致命的な亀裂（!!）の問題』は別として，何処からか，聞こえて来そうでもある。
　だが，「2008年版」26条コメンタリー「パラ14.1」の，前記の［4］－［6］から，かくて直接もたらされたとも見「得る」ところの，この『実際にスイスを斬り捨てた「刀」』（前記の「国際基準」の「B.2.」）は，このコメンタリー「パラ14.1」において，『実際に各国の国内法制度を「斬れる刀」』として，提示されていたのか（??）。答えは，明確に否（!!），である。

　ここで，「パラ14.1」の前記［7］（第7文）以降の構造に，着目する必要がある。［7］

では，要するに，「事前の通知」が国内法上要請される国（情報交換の「被要請国」）は，「条約の相手国」（情報交換の「要請国」）に対して，書面でそのような国内の法制度になっていること，及び，かかる国内法上の要請からもたらされる結果について，通知す「べき（should）」だ，とされている(*)。そして，それにとどまる（!!）。また，「パラ14.1」の前記の［8］とて，この［7］を前提として，実際の条約締結時，制度変更時に，相手国への通知を，求めているにとどまる。

* 但し，この［7］の最後の，"…… should inform …… what the consequences are for its obligations [??] in relation to mutual assistance." の部分も，前記の 26 条「3 項」a の『条文に反していること』に，気づくべきである（!!）。即ち，「3 項」a の条文（規定の文言）では，被要請国に対して，その国内法上の（当事者に対する，事前の）「通知」要件に反する情報交換をする「義務を課する」ものとして 26 条を解することは，「いかなる場合にも」，「してはならない（shall not）」，と規定されている。従って，かかる場合における被要請国の「相互共助（＝情報交換）」との関係での「義務」は，そもそも存在しない（!!）。しかるに，『条文に反して』（!!），この場合に「も」情報交換の「義務」が，26 条において存在すると記述するのは，これまでと同様，「3 項」の条文との関係では，『全くの嘘』であり，これまた（見落としがちな点だが），この「コメンタリーの偏向」を，如実に示す「例の一つ」，なのである（!!）。

かくて，「2008 年版」26 条コメンタリーの，「パラ14.1」の［1］から［8］までを通してもたらされる『刀』は，決して，『実際に各国の国内法制度を「斬れる刀」』，なの「ではない」。──『「グローバル・フォーラム」側の前記「国際基準」の「B.2.」は，OECD モデル租税条約 26 条の「コメンタリー」の記述内容に，平仄を合わせたものだ』，との前記の「仮定的言説」は，「パラ14.1」の［7］・［8］と，衝突する。「2008 年版」コメンタリーの「パラ14.1」は，［4］─［6］で「3 項」の条文に反した不当な記述をしつつも，（当事者への）「通知」要件の存在とそれによる帰結について，条約締結国間での「通知」をせよ，というところで『止まっている』から，である(*)。

* 本号分における以上の論述は，26 条「3 項」についてのコメンタリー冒頭の，「パラ14」と「パラ14.1」についてのものだが，それで 1 号分の分量になってしまったことは，この私にとっても，**驚き**である。──「3 項」のコメンタリーは，「パラ19.5」まで，まだ延々と続くのに，である。

「冗談じゃないよ」との声は，ここまで必死に書いて来た私自身の，「内なる声」である。だが，今 BGM となっているブルックナーの「交響曲第 7 番」のような，執拗なまでの旋律の繰り返しが，『すべてを浄化するプロセス』においては，必須のものとなる。従って，決して先を急がず，ここで仕切り直しとし，「パラ15」以下は，次号分回しとしよう。

以上の執筆と点検は，2012 年「8 月 15 日」の，と思って時計を見たら，もう「16 日」になってしまっていたが，その「午前 0 時 20 分」まで。従って，計 13 時間 25 分の作業となる。別にこだわってはいないが，今月分もまた，「計 2 日」，かつ，「計 20 時間 5 分」で，作業完了となった。「今日」の作業は，とくにゆっくり，のんびりと（!!）行なったのに，である（但し，その後，案の定起きてしまった"プチ噴火"を経て，「16 日」の

朝まで，徹夜の更なる確認作業をあえて行ない，ようやく心の安定を得た。──なお，以下は，「某年8月16日夜」の，助手時代の或る忌まわしい思い出を，40年近くもたって，ようやく一句に纏め得たもの，である。どこかしら，本号分を書き上げた今の，私の思いとも通ずるものがあるように思われるのだが……)。

大文字背に暗闇を突き進む　　一憲

〔以上，2013年2月号53－70頁〕

\*　本号分では，「2008年版」OECDモデル租税条約26条へのコメンタリーのうち，「3項」についての，「パラ15」以降の検討を，引き続き行なうこととなる。その検討方針を示す「キイ・ワード（キイ・フレーズ）群」や，「主な検討結果」・「留意点」等は，概ね，以下の通りである。即ち──

・　26条の，とくに「3項」について顕著かつ致命的であるところの，「条文」と「コメンタリー」との間の亀裂（!!）。──それが「4項」・「5項」についても同様に顕著であることが，以下において示されることとなる。

・　「問題ある▼の論理」（「26条」コメンタリーの「パラ4.1」。本書458，471頁）──『コメンタリーに書いてあることが，「一般的な理解（the general understanding）」であって，かつ，「正しい解釈（proper interpretation）」なのだ』という，実におかしな論理（なお，この「パラ4.1」の中では，本書458頁において「◎マーク」で特定し，その『実に不誠実な英文の構造と文脈』を明らかに示しておいたように，「非常に多くの国々の実務［practices among the vast majority of OECD member countries］」が「正しい解釈」なのだと言わんばかりの論断が，不当になされて「も」いた。そうした，『異分子は粛清する』との，『少数派抹殺』のためのありふれたやり方が示されていることへの，注意喚起を含む「▼マーク」である）。

・　一見，「2008年版」26条コメンタリー「パラ14.1」の，［4］－［6］（第4－6文）から，直接もたらされたとも見「得る」ところの，『実際にスイスを切り捨てた「刀」』（「グローバル・フォーラム」側の「国際基準」の「B.2.」）は，このコメンタリー「パラ14.1」において，何ら『実際に各国の国内法制度を「斬れる刀」』として，提示されていた訳ではないこと（詳細な論述については，本書487－488頁参照!!）。つまり，「グローバル・フォーラム」側のこの「国際基準」は，「コメンタリー」中の，この「パラ14.1」の，条文を無視して示されたところの，そもそも問題ある記述について，更にそれが示されている（右の）「文脈」をも無視し，いわば暴力的に「捏造」された『刀』であったこと（それを言い換えれば，次の「・」となる）。

・　前号分以来の，今月分でも継続される検討を，先取りしての一言。──『「グローバル・フォーラム」側の前記「国際基準」』は，「2008年版」OECDモデル租税条約の「26条」自体の「条文構造」を反映したものではない（!!）。『それ』は，本来参考資料にとどまるのみのはずの「コメンタリー」の，しかも，「2005年」の改訂の枠外であったはずの「3項」についてのそれ，一層正確に言えば，『「3項」を制約するものとして新設された「4・5項」の，規律内容「以外（!!）の問題」』（!!）について，「3項」のコメンタリーの中に，

いわば無理やり捩じ込まれたところの，「条文に反する種々の記述」』の上に，更に言えば，26 条の条文（とくにその 3 項）と乖離し，矛盾する形で示された「コメンタリー」の記述の，自己に都合のよい部分の "つまみ食い"（!!）によって，構成されたもの，であるに過ぎない。――これも，本号分で引き続き示される点である。

・「改正米スイス租税条約（2009 年署名）」の「26 条 5 項」の「第 2 文」を，「グローバル・フォーラム」側の，**B.1** の「国際基準」と，対比した場合，後者の "***should have the power***" が，実際の条約規定では "***shall*** have the power" と，一層強い義務規定となってはいるが，両者の親近性は，明らかであること。――その点を前提とすれば，次の問題は，「2008 年版」**OECD モデル租税条約 26 条コメンタリーの「3 項」以下（「3 項」及び「5 項」）の部分に，これに相当する記述が，果たしてある（あった）のか否かの検証**となり，この意識を持続させつつ，以下の検討を行なう必要があること（本書 475－476 頁の「＊＊部分」参照）。――この点については，「パラ 19.9」の「代替案」たる条文の提示につき想起すべきことの**第 2** として，本号分で検証される。

――といったところである。
　以上を基本的な指針として，本号分における検討を，引き続き行なう（ここまでの箇所は，前号分を纏め終わった日に，いわばついでに，一応書いておいたところだが，執筆再開は，2012 年 8 月 24 日午前 6 時ちょうど）。

かくて，「2008 年版」の OECD モデル租税条約 26 条コメンタリーの「パラ 15」以下の検討を，これから行なうこととなる。だが，たった二つのパラグラフについて論じ進めるだけで 1 号分，といったことでは，書いている自分自身がたまらない。26 条「3 項」へのコメンタリー冒頭の，「パラ 14」・「パラ 14.1」についての，前号分における詳細な検討をバックとして，更に突出した注意すべき指摘等があれば格別，「以下同文」的な部分は基本的に省略して，出来れば本号分で，26 条の最後の「5 項」へのコメンタリーまでを含めて書き終え，そこまでで一区切りとしておきたい。2012 年 10 月（本郷の冬学期開始）以降は，昨年同様（貿易と関税 2012 年 3 月号 74 頁と同 4 月号 81 頁とを対比せよ〔本書 272－273 頁〕），「教育」に専念する数か月となるから，である。

右の基本方針から「パラ 15」を見ると，そもそも冒頭の，"Furthermore, the requested State does **not need** to go so far as to carry out administrative measures that are not permitted under the laws or practice of the requesting State or ……." との書き振りが，「パラ 14」・「パラ 14.1」と同様，実際の 3 項の条文との関係で，既にして大きく "屈折" していることに気付く。その「屈折」の度合いを詳密に測定することは，右に記した本号分の執筆方針からして，ここでは省略するが，要するに「パラ 15」では，3 項 a・b の条文上，「当該一方の締約国又は他方の締約国」とあることとの関係で，「レシプロ」の問題が記述されている。要請国が，自国内で出来ない情報収集を，被要請国の information system を利用して可能とすることは認められない，ということ(＊)なのだが，それにしても，「パラ 15」冒頭の，右の "not need to ……" の書き振りが，条文の断固たる書き方（すぐに後述する）とズレている点等には，注意すべ

きである。

> \*　「1977年版」の「パラ15」は，そこまでで終わっていた。Kees van Raad, supra, at 317 & 319.

右の点を措くとすれば，「パラ15」で突出しているのは，「レシプロ」の行き過ぎ防止を牽制する，以下の一文である。即ちそこには──

"However, **it is recognized that** *too rigorous an application of* the principle of reciprocity *could **frustrate*** effective exchange of information and that reciprocity should be interpreted in a broad and pragmatic manner."

──とある。

前号分の「パラ14」・「パラ14.1」と同じことだが，3項の条文との関係での問題は，以下の通り。即ち，条文には，このコンテクストで言えば，要請国「の法令」に「牴触」する（要請国の「情報システム」[the information system of the other Contracting State──この言葉は，「パラ15」の第2文にある]を越える）「措置をとること」を「行う義務」を，被要請国「に対し」，「課するものと解してはならない」ということが，「いかなる場合にも」そう解してはならぬとの，断固たる形で示されていた（In no case shall …… be construed so as to impose on a Contracting State the obligation …….）。しかるに，「パラ15」の右の英文では，条文上のこの断固たる禁止が，"it is recognized that" ということで，条文に反して（!!），不当に相対化されてしまっている。

ここで（「パラ15」の右の英文で），「しかしながら，以下のことが認められる」とあるとき，本当にそれが各国の一致した見解「ならば」，「2005年」の「4・5項」の新設と併せて，その線での「3項」の条文の変更を，すればよかったはずである（26条コメンタリーの，既述の「パラ4.1」についての論述参照!!）。だが，それは一切なされなかった。──ここで示されているのは，各国（とくに被要請国）の国内法制と同様に，26条「3項」の条文もまた（!!），「実効的（効率的）情報交換」を挫折させることのないように解釈されるべきだとの，26条の条文を無視した，この「コメンタリー」作成者達の単なる願望，でしかない（!!）。「パラ14」・「パラ14.1」についての，前号分での詳密な検討を経た今となっては，以下同文の感があるので，先に行く（＊）。

> \*　「パラ15」の右の英文を，前号分で論じた「パラ14.1」の，次に示す第4文（[4]）と対比せよ。その構造と歪んだ意図とが同じであることに，気づくはずである。即ち，前号分の後半で示した「パラ14.1」の右の[4]には──
>
> "[4] **Notification** procedures **should not**, *however*, be applied in a manner that, in the particular circumstances of the request, *would **frustrate*** the efforts of the requesting State."

──とあった。

また，同じく前号分で論じた「パラ 14」の，以下に再度示す第 3 文とも，同様の対比をせよ。即ち──

"*However*, internal provisions concerning **tax secrecy should not** be interpreted as constituting *an obstacle* to the exchange of information under the present Article [26]."

──と，右の第 3 文にある。

もはやパターン認識が可能であろう（!!）。以上の対比を経て，ここで再確認すべきは，こうした『狡猾なコメンタリーの書き振り』によって，意識的に，既述の「条文」と「コメンタリー」との間の亀裂（!!）が，しかも随所で（!!）もたらされていること，である（!!）。──この文脈で言えば，『"However" が出て来たら，要注意』，ということでもある。それが出て来たら，大体，条文とは逆のことが書かれているのでは（??），と疑って考えるべきである。

そして，再確認のために一言すれば，「2010 年改正」で新設された租税条約実施特例法 8 条の 2 の「2 号」（要請国での「秘密の保持」を理由とする情報交換拒絶事由）と，右の「パラ 14」の第 3 文とが，鋭い緊張関係に，立つ『べき』(!!) ことになる。

次の「パラ 15.1」も，「レシプロ」の問題を引き摺るが，もはや省略し，「パラ 15.2」に移る。「パラ 15.2」には，「自己負罪に対する特権（the privilege against self-incrimination）」についての記述がある。その関係で『銀行』からの情報取得についての記述もあるが，本論文の関心との関係で，ここで言及すべき点はない。

「パラ 16」は，3 項 b の条文に「行政の通常の運営において入手」可能，云々とあることとの関係での記述，である。被要請国で special investigations or special examinations がなされる場合も，「行政の通常の運営において入手」可能な場合に含まれることが，そこで記述されている。

「1977 年版」では，それに畳み掛けて，次の一文があったが，「2008 年版」コメンタリーでは，それが削除されている。即ち──

"This means that the requested State **has to** collect the information the other State needs in the same way *as if* its own taxation was involved, under the proviso mentioned in paragraph 15 above."

──との 1 文が，「1977 年版」の「パラ 16」には存在していた（Kees van Raad, supra, at 319.）。

この 1 文とて，26 条 3 項 b（「1977 年版」の当時では，26 条 2 項 b）の，『条文に反する記述』である。そうした記述が「1977 年版」のコメンタリーに既に存在していた事実は，この「コメンタリー」の歪んだ性格が OECD モデル租税条約の作成当初以来のものであることを示すものである。──それについては，これまでも本書の随所において，様々な形で力説して来たところでもある。

そして，Id. at 321 の，「1977 年版」の 26 条コメンタリー「パラ 21」では，既述の

日本の「所見（Observations）」（コメンタリーの見解に同意できない旨の立場の表明‼）が，既述の「パラ14」とともに，この「パラ16」をも掲げつつ――

"21. With respect to paragraph 14 and 16 above, Japan **can only** supply information obtained through special investigation or special examination **as long as** such investigation or examination is concerned with taxation in Japan."

――との形で，示されていた。それが，「1977年版」の「パラ16」の右の1文における"as if"を，"as long as"に置き換えた上でのものであることも，こうして両者の英文を対比して示せば，分かり易いであろう(*)。

* 「2008年版」では，「日本」についての，右の「パラ21」が消えており（Klaus Vogel on Double Taxation Conventions [Third ed. **1997**], at 1402 において，既にそれが消えていることを，今確認した），「1977年版」の「パラ20」の，（「2008年版」まで存在したが，「2010年版」で削除されたところの）『守秘』（the procedure to make public the information obtained）関連での Observations のみとなったこと，そして，右の「パラ21」に示されていた日本の立場が，『双方可罰性要件厳守』の「従来のスイス」以上に，『人権保護』上慎重な立場だったと言えること（とくに，貿易と関税2013年1月号73頁〔本書455－456頁〕において，**厳密に考えた場合**として「＊部分」で示した点を，参照せよ）等，すべて本論文において既述。

「パラ17」は飛ばして，「パラ18」に進む。この「パラ18」は，『「3項」へのコメンタリーが，以上本号分でも示して来たような，条文に反する，非常に屈折したものであることの背景事情』を，端的に示している面があり，興味深いものがあるため，一言する(*)。

* なお，右に省略した「パラ17」には，後述の「パラ19」の後段の問題ある論理と，同様の点が，示されている。

この「パラ18」の全文を，以下に示しておく。そこには――

"If the structure of the information systems of two Contracting States is very different, **the conditions under subparagraphs a) and b) of paragraph 3 will lead to the result that the Contracting States exchange very little information or perhaps none at all**. In such a case, the Contracting States may find it appropriate to broaden the scope of the exchange of information."

――とある（「2008年版」の「3項」a・bの規律内容が，当時の「2項」a・bの中にあったことにより，右の冒頭の下線部の記載が違っていただけで，「1977年版」の「パラ18」にも全く同じ記述のあったことにつき，Kees van Raad, supra, at 319 参照）。

この「パラ 18」を全訳すれば——

『要請国・被要請国の「情報システム」の構造が大きく異なる（very different な）場合には（if），「3 項 a 及び b」の規定する条件は，「非常に少ないか，又は，全くのゼロ」の情報交換，との結果をもたらすであろう。かかる場合，双方の国は，情報交換の範囲を拡大することが適切だ，と考えるかも知れない（may）。』

——となる。

それだけの「パラ 18」なのだが（右の第 2 文については，後述），冒頭の if-clause にある「情報システム」の語による限定は，ここでは，取り払って考えてもよいはずである。そもそも「3 項 a・b」の条文には，"the laws and administrative practice; under the laws or in the normal course of the administration" とあるのみだから，である（その意味で，「情報システム」という条文にはない言葉は，問題のコンテクストを曖昧にするための，ある種のダミーと，考えるべきでもある）。

かくて，「パラ 18」は，『（情報交換に関連する，様々な）「各国国内法制度」が very different な場合には（if），「3 項 a 及び b の規定する条件」は，「非常に少ないか，又は，全くのゼロ」の情報交換，との結果をもたらすであろう』，となる。

だが，そう考えても，この if-clause が，果たしてどこまでの限定になっているかが，更に問題となる。つまり，"very different" との，はなはだ定性的・非定量的な表現に，何処までの意味があるのか，ということである。むしろ，国が違う以上，各国のこの点での国内法制度が（少なくとも，かなりの程度）異なることは，常の事だと言えよう（それは，私のもともとの専門の「牴触法学」の，基本的前提である［!!］）。

そうなると，もはや，この「パラ 18」は——

『「3 項 a 及び b」の（条文の!!）規定する条件は，「非常に少ないか，又は，全くのゼロ」の情報交換，との結果をもたらすであろう。』（これを，「☠［髑髏］マーク」で特定する。）

——と言っているに，（殆ど）等しいことになる（!!）。

「パラ 18」の，（右においては省略した）第 2 文は，「かかる場合，双方の国は，情報交換の範囲を拡大することが適切だ，と考えるかも知れない（may）」とするが，それは，実際の二国間租税条約締結の場合を，文意としては，示している。しかも，「かも知れない（may）」であって，「べきである（should）」とは，なっていない。

だが，ここで，「2008 年版」OECD モデル租税条約 26 条「コメンタリー」の，ここまで見て来た屈折した構造(*)を，右に整理し直したところの「パラ 18」，とくに，一見さしたる内容のものとは思われない前記の「第 2 文」に，大なる皮肉を込めて（!!），当て嵌めて見る「べき」である。

＊　それは即ち，本号分冒頭にも示したところの，<u>「条文」と「コメンタリー」との間の</u><u>亀裂（!!）</u>，及び，<u>前記の「問題ある▼の論理」</u>（「26条」コメンタリーの「パラ 4.1」に示されているところの，『コメンタリーに書いてあることが，「一般的な理解［the general understanding］」であって，かつ，「正しい解釈［proper interpretation］」なのだ』という，実におかしな論理）のこと，である。

　そうした操作を施すことによって，<u>この「パラ 18」の「第 2 文」に書かれていることをはるかに（不当に!!）踏み越えること</u>が，実際にはこの「コメンタリー」自体の中で，随所で書き連ねられているという，歪み切ったこの「コメンタリー」の基本構造が，<u>多少皮肉な形で</u>，"炙り出されて"来る「はず」である。要するに——

　『「3項 a 及び b」の条文通りでは，「非常に少ないか，又は，全くのゼロ」の情報交換，との結果をもたらすであろう。——それでは「不適切」（not appropriate）だと，多くの国々は考えるであろうし，そのために，<u>「3項 a 及び b」の条文に反してでも，</u><u>情報交換の範囲を拡大することが適切だ，と考えるべき（should）である</u>。だから，「コメンタリー」では，実効的（効率的）な情報交換が，実際にも数多くなされるために，条文を相対化・希釈化する内容のことを，実際の「3項 a・b」の条文に反してでも，意図的に（!!），いろいろと記述しているのだ。』

——ということである。「コメンタリー」の作成者達の本音が，そうしたところにあることを，これまでの検討で，私は，明らかにして来たつもりである。
　かくて，まさにこの「パラ 18」には，<u>『26条「3項」の条文に対する「コメンタリー」</u><u>作成者達の基本的な反情（!!）』</u>が，多少は隠された形で，だが，よく考えれば結構赤裸々に，示されている，と見るべきである。——この「パラ 18」（前記〔本書494頁〕の「☠［髑髏］マーク」で特定した個所参照）を，「3項」コメンタリーの中核に据え，個々のパラを，これを起点として考察するべきだ，ということになる。<u>その意味で，重要</u><u>なパラ，なのである</u>。

　さて，「パラ 18.1」は飛ばし，「パラ 19」に行く。「パラ 19」は，右の「パラ 18」で言及されていなかったところの，26条<u>「3項」の c による，秘密情報の開示（その</u><u>禁止）</u>について，である(＊)。

　　＊　Kees van Raad, supra, at 319 の，「1977年版」コメンタリーの「パラ 19」には，以下に示す「2008年版」の「パラ 19」の英文の後に，更に念押しの記述が存在し，それを経て，「日本」の Observations を示す「パラ 20」へと，繋がっていた。

　「パラ 19」の第 2 文以下を，重要であるため，（右に飛ばした「パラ 17」との関係での一文，のみを省略しつつ）左に掲げておく。そこには——

　　"**Secrets** mentioned in this subparagraph［c］ **should not** be taken in too wide a sense [!?]. Before invoking this provision, a Contracting State **should** carefully weigh [!?] if the interests of the taxpayer really justify its application. *Otherwise it is clear that too wide an interpretation would in many cases render ineffective the exchange of information provided for in the Convention.* …… The requested State in protecting the interests of its taxpayers is given a certain **discretion** [??] to refuse the requested information, but if it does supply the information **deliberately** the taxpayer **cannot** [???] allege an infraction of the rules of **secrecy**."

――とある。

　まずもって，声を大にして言うべきは，『そんなこと，26条3項の条文の，一体どこに書いてあるのか!!』，ということである。ここで「も」，条文に反することが，堂々と，しかも，「1977年版」以来のものとして，コメンタリーの本来の役割（本書456－457頁）にも反しつつ，記述されている。それが何故，条文の『正しい解釈』だなどと，言えるのか（前記〔本書471頁〕の「問題ある▼の論理」，である。――「26条」コメンタリーの，「パラ4.1」についての論述個所を参照せよ）。

　右に示した「パラ19」第2文以下の，半ばにおけるイタリック体の部分は，前記の「パラ18」の問題ある記述を引き摺るのみのものだが，ここでは，右の"……"の後の，最後の1文に，注意すべきである。

　最も大きなその問題は，右の1文の，『"but"以下の後段』にあるのだが，その『前段』にも問題がある。即ち，この『前段』には，『銀行秘密』等による納税者の利益保護制度を有する被要請国には，情報交換を拒絶する「一定の**裁量**が与えられる」，とある。"The requested State ……is given a certain **discretion** to refuse the requested information ……."との，現在形による，一般的な論断である（"may be given"でも，"should be given"でもない，ということである）。

　だが，そうであるかどうかは，当該国の国内法の規律による「はず」なのに，おかしい。また，「3項c」は，各国の国内法制度の在り方には一切踏み込まずに，その国で所定の秘密情報の提供（引渡し）禁止を，定めているのであり，その点からしても，おかしい。

　右の点が，「3項c」の断固たる条文に反すること以上に，その先で『とんでもないこと(!!)』が，記述されている。即ちそこ（前記の英文引用部分の最後の1文の，『"but"以下の後段』）には，極めて断定的に――

　　「熟慮の上で（deliberately），被要請国がその情報を提供する場合には，納税者は，当該の秘密に関するルールの違反（infraction）を主張することは出来ない。」

――などと書かれている。

　何を根拠に，このコメンタリーが，かかる**断定**をするのか（??）。おかしいではないか(!!)。――そうなるかどうかは，当該の「秘密」規定を有する被要請国の国内法

の問題である。そして，「3項c」の条文には，「いかなる場合にも」，被要請国がかかる「秘密」情報の提供を「行う義務を課するものと解してはならない」と，明文をもって定められている。

しかるに，ここで「は」，**被要請国国内法の規律内容に，コメンタリーが不当に（違法に，と言いたくなる），越権的に（!!）介入し**，情報を引渡すと被要請国側が決めたなら，被要請国国内法の「秘密」規定の違反についての，「納税者の主張」が，「**出来ない（cannot）**」との**断定**が，いわば勝手に，このコメンタリーの作成者達によって，なされているのである。——この箇所は，**OECDモデル租税条約26条コメンタリーの『勇み足（越権!!）も甚だしいところ』の例**となる。『こんな解釈が，あってたまるものか（!!）』，ということである(*)。

* 書きながら，次第に許し難く思われて来たことがあるので，一言する。例えば「日本の国際課税関係者達」は，ここで「証拠としての英文」を示しつつ，私が示しているような事柄につき，一体，どのようなスタンスで，これまで数十年，臨んで来たのか。「おかしいんじゃないですか？」といった疑問の提示すら，して来なかったのか，ということである。それとも，OECD租税委員会の全体的雰囲気自体が，そうした素朴な（!?）疑問の提示すら実際上拒むような，一方的・閉鎖的な空気に，満ち満ちていたのか。——そうであったとしても，（もはや，そうしたことから足を洗って10年以上にはなるが）私が会議に出席していれば，周りが何と言おうと，また，思おうと，断固おかしいと，逐一発言したであろう。私の国際会議での役割が，『**反逆のshow-stopper**』であることを，いつの頃からか，自ら深く認識したが，なあなあの国際会議など，はっきり言うが，「糞食らえ」である。そんなものに巻き取られるために，わざわざ地球の裏側まで，危ない飛行機に乗って来たんじゃあない，ということである（あまりにも多くの，しかも，大体が孤軍奮闘の国際会議で，どんなに辛くとも[例えば石黒・前掲世界貿易体制の法と経済（2007年・慈学社）125頁]，常に言いたいことをすべて言い，常に勝利[!!]して来たところの私の実体験に基づく，同前・117頁に傍線付きで引用した，同・法と経済［1998年・岩波］155頁の，万感の思いで記した点を，参照せよ）。

今はもはや消えてしまった「日本の二つのObservations」以外のところで，また，なぜ右の「二つのObservations」を消したのかの点も含めて，「日本」が，いつ，何をどこまで考えて，これまで行動して来たのか。——その逐一の痕跡が，情報として霞が関のどこかに残っているのかどうか。更には，それについての歴代担当者間での「引き継ぎ」の有無・程度・方法の適否も，気になる……。

次の「パラ19.1」は，冒頭に，"In its **deliberations** regarding the applications of secrecy rules, ……."とある。「パラ19」の，右の最後に示した，問題ある場面設定を引き摺った記述ゆえ，いやになる。要するに，「3項c」の条文に反して，また，被要請国国内法の『守秘』の規定にも反して，被要請国側に情報交換をさせるように仕向けたいという，**このコメンタリーの作成者達の『単なる根拠なき願望』**が，そこに示されているだけ，である。再度言うが，そんなものが「正しい解釈」だ，などと言われては堪らない。

「パラ19.2」に進む。だが，「パラ19.2」には，つまらぬことが長々書かれているの

みゆえ、スキップする（その前半の記述に、「**IRS vs. UBS 事件**」を当てはめたらどうなるかを、論じようと思えばできるが、下らないから省略する）。だが、「パラ 19.3」・「パラ 19.4」にも、以下同文の感がある。先に行こう。

「パラ 19.5」は、「3 項 c」の「公序」(public policy; ordre public) について、である。条文上は、「公序」について何の定義も制約もないのに、またしても"However, ……."である。「極端な場合」のみの発動たるべし (should)、とあるのはともかく、「ジェームズ・ボンド」じゃあるまいし、"secret services"の保有するサービス、なんてものにまで言及して「公序」の限定に腐心するその姿は、滑稽でもある。——そしてここで、「3 項」についてのコメンタリーが終わる(\*)。

* 単なる結果論だが、前号分以来、「3 項」へのコメンタリーに関しては、その冒頭の「パラ 14」、「パラ 14.1」についてはどこまでも詳密に、それ以降の今月号分では適宜スキップしながら、それなりのメリハリをつけて、検討して来た。以上の検討結果だけからしても、『「コメンタリー」に書いてある以上、それが「正しい解釈」だ』、などとは到底口が裂けても言えない、極めて胡散臭く、かつ、薄汚れた不純な動機に満ち溢れている代物が、OECD モデル租税条約 26 条についてのコメンタリーであることは、もはや明白であろう。——仮に、そうではないと言い張る人が居たなら、私は、静かに問いたい。「その証拠を示すことが、出来るのですか??」、と(\*\*)。

\*\* 本号分で「2008 年版」コメンタリーを論じ終える目途が立ったので、せっかく数日前から心身を調整し、本日早朝から始めた執筆だが、切りがよいので、ここで筆を擱く。まだ、2012 年 8 月 24 日の、「午前 11 時 30 分」で、今日は、まだ 5 時間半しか書いていないのに (!!)。

まあ、夏休み中なのだし、こんなことがあってもいい、のであろう。何だか、肩透かしを食らった気分だが、たまにはそれも、よしとすべきなのであろう。すべては、「氣」の流れ、なのだから。

そう言えば、昨日早朝、全く久しぶりのこととして、デカ星が二つ、明け方近い東の空に並んでいるのを、妻と目撃した。うち一つは、異常に大きく輝いていた。しかも、それらの右には、何と、オリオン座が……。おそらく、何かが大きく「変わった」、ということなのであろう。——執筆再開は、同年 8 月 29 日午前 5 時ちょうど。ここまでの点検・拡充等に、午前 7 時 55 分までを要した。

### (2 – 3 – 6) 「4 項」についてのコメンタリーから

冒頭の「パラ 19.6」には、「4 項」が「2005 年」の新設規定であることが、まずは示されている。そして、同項へのコメンタリーが、「パラ 19.9」まで続く。この「4 項」が、本号分でも示したところの、「1977 年版」の 26 条コメンタリー「パラ 21」として示されていた既述の**日本の「所見 (Observations)」**（コメンタリーの見解に同意できない旨の立場の表明 !!）を、正面から否定するものであることに、まずもって注意すべきである。

「4 項」の条文は、引渡しを要請された情報が、自国の課税目的のために必要でないときにも (even though)、"information gathering measures"を用いて当該情報を取

得せよ（shall）とし，この点は「3項の制限」に従うが，いかなる場合にも，その制限は，被要請国が「かかる情報につき国内的利益（domestic interest）を有していない，ということのみを理由として（solely because）」情報提供をしないことを認めるもの「と解釈されてはならない（in no case shall such limitations be construed to permit ……）」，との内容である。

「パラ19.6」には，以上を示す第1文に続き——

"Prior to the addition of paragraph 4 **this obligation** was not expressly stated in the Article, but was **clearly evidenced** by the practices followed by **member countries which showed that**, when collecting information requested by a treaty partner, Contracting States ***often*** [!?] use the special examining or investigative powers provided by their laws for purposes of levying their domestic taxes even though they do not themselves need the information for these purposes. **This principle** [??] is also stated in **the report Improving Access to Bank Information for Tax Purposes**. [FN. 1: OECD, Paris, 2000 (at *paragraph 21b*).]"

——とある（右には，「脚注1」を含めて示しておいた）。

本論文のここまでの論述との関係で重要なのは，この「パラ19.6」が，貿易と関税2013年1月号71頁以下（本書453頁以下）で論じた「パラ4.1」において，"New paragraph 4 was added to incorporate into the text of the Article **the general understanding** previously expressed in the Commentary (cf. paragraph 19.6)." として引用されていたこととの関係，である。

この「パラ4.1」においては，「コメンタリー」に示されていた「**一般的理解**」の『確認的』な条文化（貿易と関税2013年1月号分で，「英文の構造」にまで踏み込んで示したところの，「パラ4.1」の第1文の問題点〔本書458頁以下〕を参照せよ!!）が，この「4項」だ，とされている。だが，その際に，『「パラ19.6」を参照せよ』とされていることの適切さは，若干疑問である。そのために「パラ19.6」の第2文以下を引用したのでもあるが，じっくりとそれを見る必要がある。

まず，「パラ19.6」の右引用部分には，「この（4項の）義務」は，「加盟諸国の実務（ないし，国家実行）によって**明らかに証拠立てられた**」とある。だが，単に「加盟諸国（member countries）」とのみあって，どの程度の数の諸国かが曖昧な上に，同じ文の中にそれ（clearly evidencedとの点）を示すべく記述された箇所には，"often" とあるに，とどまるではないか。

「**しばしば……ということがある（あった）**」ということだけで，どうして「**一般的理解**」が「**明らかに証拠立てられた**」と言えるのか。論理としてもおかしくはないか，ということである。

ところが次の1文では，「この（4項の）義務」が，「この原則」は，と言い換えられている。そのまま論理を辿ると，「加盟諸国の実務（ないし，国家実行）」において「しばしば」示されていたことが，「原則」化されてしまっている。これまたおかしい，

と言うべきである。

　そこで次に問題となるのが，脚注で引用されている「**2000年OECD租税委員会報告書**」(本書第2章4(1)において既述。貿易と関税2012年8月号56頁以下〔本書355頁以下〕参照)である。貿易と関税2013年1月号70頁（本書452頁）で論じた「パラ4」に付された脚注(\*)では，該当箇所の特定がなかったが，ここでは「パラ21b)」として，引用箇所が特定されている。

> \*　その文脈は，『銀行情報』へのアクセスへの，「理想的基準（the ideal standard）」が，同報告書に示されている，とのもの。——貿易と関税2013年1月号分の【「**前提的コメント（Preliminary remarks）**」から】の項の冒頭（本書451頁以下）において，それが，同報告書・3頁の，単なる「OECD租税委員会の見解」における理想状態についての記述であることを，示しておいた。

ところが，「**2000年OECD租税委員会報告書**」の「パラ21b)」はと言えば——

"The Committee on Fiscal Affairs **encourages** Member countries to:　……　b) re-examine any domestic tax interest requirement that prevents ……."

——とあるのみである。続いてそこ（「パラ21b)」）では，「本報告書への同意（approval）から3年以内」に，法改正等を含めて（by making changes, if necessary, to their laws, regulations and administrative practices），事態改善のための措置の実施を，同委員会として **suggest** する，とあるが，それだけである。——<u>ここ（「パラ19.6」からの前記引用部分）にも，OECD租税委員会が **encourage** し **suggest** すれば，それが「原則」となるのだ，といった，この「コメンタリー」の傲慢さが，暗示されているのである。</u>「**2000年OECD租税委員会報告書**」の「パラ21b)」は，それ自体としては，何ら「原則」を示したものではないから，である(\*)。なし崩し的に，その方向で事態が動いたのだとしても（!!），前記の「2008年版」コメンタリーの「パラ19.6」の書き方は，トリッキー過ぎる，と言うべきである。

> \*　この「2000年報告書」が『双方可罰性要件』自体を指弾するものではなかったこともあり，同報告書（いわばその全体）に「スイス」でさえ「同意」したことは，貿易と関税2012年8月号59頁（本書355頁）にも示した。だが，前記の「日本」の，「4項」新設で否定されたところの，かつての「**所見（Observations）**」（コメンタリーの見解に同意できない旨の立場の表明!!）との関係はどうなのか。
> 　本号分でも既述のごとく，「日本」については，少なくともKlaus Vogel on Double Taxation Conventions (Third ed. **1997**), supra, at 1402において（従って，原著刊行の「1996年」には），既に「それ」が消えていた。それは，右の「2000年報告書」よりも前だが，それでは，「日本」は，いつ，どのように考えて，「それ」を削除したのか。——本号分における，「3項」についてのコメンタリーに関する項の，後ろの方の「<u>書きながら，次第に許し難く思われて来たこと</u>」についての「\***部分**」（本書497頁）との関係が，やはりここでも，問題となる。

次の「パラ19.7」・「パラ19.8」は，（細かな点は別として）まさに，前記の「日本」の「所見（Observations）」（コメンタリーの見解に同意できない旨の立場の表明!!）は，もはや「4項」の明文をもって否定された，と言わんばかりの記述である。そして，「パラ19.9」では，many countries にとっては「4項」（と国内法規定）で十分であろうが，other countries にとっては，「4項」の趣旨の一層の明確化のために，実際の二国間租税条約において，以下の条文を入れる道もあるとして，条文の「代替案」を別に示す。

　注意すべきは，その「代替案」が，"to clarify expressly ……  that their competent authorities **have the necessary powers** to do so"との観点から示されていること，である。其処に示された実際の条文案でも──

　"[E]ach Contracting State shall take the necessary measures, including legislation, rule-making, or administrative arrangements, **to ensure that its competent authority has sufficient powers under its domestic law** to obtain information for the exchange of information regardless of whether ……."

──となっている。

　ここで想起すべきことが，二つある。第1に，「4項」関連での前記の「日本」の「**所見（Observations）**」には，本号分でも再度一言したように，『双方可罰性要件厳守』の「従来のスイス」以上に，『人権保護』上慎重な立場だったと言えることを，想起すべきである。──但し，従来の「日本」が，何故かかる「所見」を示していたのかという，その（『人権保護』上の!!）『根拠』が，どこまで深く，かつ，自覚的に，示され，そして「引き継がれて」(!!)来ていたのかは，既述のごとく，別途問題となるのだが。

　ともかく，従来の「日本」の前記「所見」が，『憲法上の人権保護』を理由とするもの「だったとしても」，「パラ19.9」における「代替案」の提示の仕方においては──

『そのような日本の課税当局による「憲法上の人権保護」上の措置を封ずる上での，「必要で，かつ，十分な国内法上のパワー」（??）を確保すべく，「立法」等の手当てをせよ。』

──ということに，なってしまっている。

　『そこ』に，最も注意すべきである(!!)。──だが，このような各国国内法の奥底（憲法上の問題）にまで介入することを，「2008年版」OECDモデル租税条約26条「4項」のコメンタリーに書き込むことが，果たしてどこまで適切なことなのか。

　「パラ19.9」には，"Other countries, however, may wish to clarify expressly in the convention that ……."との，"逃げの表現"があるものの，「4項」第2文の条文には，

前記のごとく，"The obligation contained in the preceding sentence **is subject to the limitations of the paragraph** 3 ……." と，明確に書いてあるではないか（!!）。つまり，新設の「4項」は，『「3項」による各国国内法アンタッチャブルの状態』をそのまま維持した上で（!!），右の英文に続く "but" 以下において，国内の（課税目的からの）利益がないという一事のみによって（solely because），情報交換を拒絶してはならないと定め，その限度でのみ（!!）各国国内法に介入している。――かかる条文構成を無視して，ここで「も」，『「3項」の死文化（!!）』が，このコメンタリーの作成者達によって志向されていることは，明らかである。これもまた，『越権行為』と，言うべきではないのか。

　ここまで書いたなら，「パラ 19.9」の「代替案」たる条文の提示につき想起すべきことの**第 2 は**，もはや明らかであろう（そう期待する）。それは，確認のために本号分冒頭でも示したところの，「改正米スイス租税条約（2009 年署名）」の「26 条 5 項」の「第 2 文」である(*)。

* あちこち調べて参照するのは面倒であろうから（本書第 2 章冒頭に示した本書の執筆方針!!），念のため，再度その条文を示しておけば――

    "In order to obtain such information [held by a bank ……], the tax authorities of the requested Contracting State, if necessary to comply with its obligations under this paragraph, ***shall*** [!!] **have the power** to enforce the disclosure of information covered by this paragraph, **notwithstanding paragraph 3** ***or any contrary provisions in its domestic laws***."

――との条項である。

　前号分の前半（本書 474 頁以下）でその全体像を示したところの，「グローバル・フォーラム」側の，「**B.1**」の「国際基準」では，"***should*** have the power" 止まりではあったが，実際の右の条約規定では "***shall*** have the power" と，一層強い義務規定となっている。その差はあるものの，両者の親近性が，明らかであることについては，本書 476 頁において，示しておいた。また，前号分の右の箇所では，『次の問題は，「2008 年版」OECD モデル租税条約 26 条コメンタリーの「3 項」以下（「3 項」及び「5 項」）の部分に，これに相当する記述が，果たしてある（あった）のか否かの検証』となる旨，示してもおいた。

　かくて，（「5 項」ではなく!!）「4 項」の，「パラ 19.9」の，実際の条約規定における「代替案」の提示の仕方が，まさに，「改正米スイス租税条約（2009 年署名）」の「26 条 5 項」の「第 2 文」を導いた，とも見得ることになる。但し，それ（「パラ 19.9」）が，実際の「4 項」の条文構造を無視したものであること（既述）を，断固忘れるべきではない（!!）。

その点を踏まえた上で，「4項」についての「パラ19.9」の前記「代替案」との対比をすれば，右の「改正米スイス租税条約（2009年署名）」の「26条5項」の「第2文」における"***shall*** have the power"の意味として，"shall take the necessary measures, **including legislation**, rule-making, or administrative arrangements, **to ensure that** its competent authority **has sufficient powers under its domestic law**"（「パラ19.9」）ということがそこで含意されている，との察しが付くことにもなる(\*)。

* なお，『銀行秘密』に関する「5項」のコメンタリーには，こうした実際の租税条約の条文に関する「代替案」の提示は，ない。

『相手国の事情（ここでは憲法上の人権保護）など，知ったことではない。約束は約束だ!!』とわめき散らす，『日米通商摩擦』において散々見飽きた「米国の姿」が，思い浮かぶ。だが，『「2008年版」OECDモデル租税条約26条の「コメンタリー」に，そうした『"貿易屋"的な「醜い姿」』が，そっくりそのまま乗り移っているという現実』の方が，私には，はるかに悍ましい（!!）。

(2－3－7)　「5項」についてのコメンタリーから

「パラ19.10」から「パラ19.15」までが，「5項」について，である。——その後の「パラ20」が，「2008年版」において一つだけ残っていた，「日本」の『守秘』に関するObservationsであるから，ここでの検討も，あと少しとなる（ジョージ・セル指揮クリーブランド管弦楽団の，1970年の大阪万博で実際に聴いた，感動的なモーツァルトの40番が，今終わった。今日の執筆も早朝からだったが，今日は，最後までやり抜く決意である）。

冒頭の「パラ19.10」に，またしても，許し難いことが，書かれている。そこには

"Whilst paragraph 5, which was added in 2005, represents a change in the structure of the Article it should not be interpreted as suggesting that **the previous version of the Article did not authorize the exchange of such information [held by banks ……]**. ***The vast majority*** of OECD member countries already exchanged such information under the previous version of the Article **and the addition of paragraph 5 merely reflects *current practice***."

——とある。

まずもって忘れるべきでないのは，「2008年版」の段階では，この「5項」について，**4ヵ国の明確な「留保」があったこと**(\*)，である。にもかかわらず，「大多数の国々」のやっていることが「現在の（currentな）実務」なのだとし，「5項新設前」においても，そう解するのが「正しい解釈」（既述の「パラ4.1」を想起せよ）だったと，言わんばかりのことが，そこに示されている(\*\*)。

＊　「2008年版」へのコメンタリーでは、「パラ23」で「オーストリア」が、「パラ25」で「ルクセンブルグ」が、また、「パラ26」で「ベルギー」が、それぞれ"the right not to include paragraph 5 in its conventions"を、明確に「留保」し（なお、それら3国が、スイスとともに「OECD側からの不当な攻撃」に抵抗して来たことを含めて、貿易と関税2011年10月号63頁〔本書175頁〕）、「スイス」は、「2004年6月修正」の「留保」（同前・60頁〔本書172頁〕参照。なお、その「修正」の経緯を含めて、同2012年2月号55頁以下、とくに70頁以下〔本書235頁以下、252頁〕）を、「パラ24」で維持していた。

＊＊　「パラ19.10」の、右引用部分の最後に、『新設』の「5項」が、単に「現在（従来）の実務」を反映するのみだ、とされている点に、注意せよ。そしてこの点を、貿易と関税2013年1月号75頁以下において、「パラ4.1」の英文構造を「◎マーク」（本書458頁）で特定して示し、その『英文構造の不誠実さ』を糾弾した点と、対比せよ。
　そこで示した通り、やはり「パラ4.1」の最後の"on the other hand"に至るまでの箇所（文脈）においては、『「4項・5項」の新設を含めて、それが（従来の、3項までだった26条の条文構造における）「正しい解釈の確認」としてのものだった、とされていた』ことが、かくて、「パラ19.10」の記述からも、裏付けられる。

「2005年」よりも前の状況に関する「パラ19.10」の記述については、右の「4カ国の留保」の点に加えて、「3項c」の条文との衝突が、問題となる。「3項c」には、明確に、"In no case shall the provisions of paragraphs 1 and 2 be construed so as to impose on a Contracting State the obligation: …… c) to supply information which would disclose any …… secret ……."と規定されていたから、である。即ち、『銀行秘密』を含む『「秘密情報」の提供の義務付けを課するものと26条を解釈することの禁止』が、以前からそこで定められて来ている。
　かくて、「大多数の国々」の解釈が「正しい」とする、『異分子粛清』・『少数派抹殺』のための、本号分冒頭でも再度示した**「問題ある▼の論理」（本書471頁）**を、そこにインプットしなければ、「2005年」の「5項新設」よりも前の状況に関する、「パラ19.10」の前記引用部分の論理は、成り立たない。——ここで「も」それは、単なる**『詭弁』**でしかない（なかった）、のである（!!）。
　さて、続く「パラ19.11」について、ここで言及すべきは、以下に示す、その「最後の1文」である(＊)。

＊　但し、その前の1文において、"[A]ccess to information held by banks …… may be by *direct means or indirectly* through a judicial or administrative process."とある点については、貿易と関税2012年11月号54頁以下（本書417頁以下）の、「[4] **米国FATCA法**を適切に理解するための4つのポイント」の項で示した「**第4**」の点と、一応対比すべきである。そこにおいて私は、前記の「2000年OECD租税委員会報告書」3頁の「前文」に、（「理想的には」ということで示されているところの）同委員会の見解として、"directly *or indirectly*, for all tax purposes ……"云々とある際の、「間接的に」との文言に、FATCA法との関係で、着目していた。
　「2008年版」コメンタリーの「パラ19.11」では、（すぐ続いて論ずる）「司法的又は

行政的プロセス」を経ての情報交換が「間接的」だとされている訳だが，いわばその先に，相手国との「共同声明」等を利用しての，米国 FATCA 法の強引な実施方法がある，ということになる。

即ちそこには──

"The procedure for *indirect access* [through a judicial or administrative process] should not be so **burdensome and time-consuming** as to act as an **impediment** to access to bank information."

──と，又しても『言いたい放題』のことが，書かれている。
　この "**burdensome; time-consuming; impediment**" という，(もはや聞き飽きた)「三つのキイ・ワード」は，しかしながら，「5項」の条文の，一体どこから導かれ得るもの，なのか。ここに「も」，本号分冒頭に示した「条文」と「コメンタリー」との間の亀裂 (!!) の問題があることを，無視する訳には，ゆかないはずである (!!)。「5項」の条文には，「3項」の制限は，当該情報が『銀行情報』(等)であること「のみを理由として……情報の提供を拒否することを認めるものと解してはならない」，とあるにとどまる。その文言を踏み越えて，『「3項」による各国国内法アンタッチャブルの状態』(4項に即して既述)に介入することは，「4項」と同様，新設の「5項」の条文の中に，一切示されてはいない (!!)。従って，これまた「コメンタリー」の本質を踏み違えた『越権』，と言うべき記述なのである。
　だが反面，被要請国の「司法的・行政的プロセス」を経た『銀行情報』等へのアクセスが，"**burdensome; time-consuming; impediment**" とならぬようにとの，この「パラ19.11」の記述は，確実に，本書474－475頁でその全体像を示したところの，「グローバル・フォーラム」側の言う「国際基準」(「10の必須要素」)のうち，反『人権保護』的に機能するものとしてそこで指摘した①③④ (B.1; C.1; C.5) を想起させるものでもあろう。──だが，ここで「も」，「それ」(「グローバル・フォーラム」側の言う「国際基準」)は，「5項」の条文に反し，それと乖離するところで示された「コメンタリー」の方に，いわば勝手に平仄を合わせただけのものであることが，明らかとなる。

　「パラ19.12」・「パラ19.13」は，以下同文ゆえ，「パラ19.14」に進む。そこに「は」，珍しく，条文に "solely because ……" とあることを踏まえた上での記述がある。即ち，その冒頭の記述からして，"Paragraph 5 does not preclude a Contracting State from invoking paragraph 3 to **refuse** to supply information held by a bank ……." と，まとも「そうな」ことが，書かれている。そして，すぐその先で──

"However, such refusal must be based on reasons **unrelated to** the person's status as a bank ……."

──と来る。

　つまり，銀行としての立場とは「関連のない・無関係な（unrelated な）」理由なら，「3項」による拒絶が出来る，との記述である。だが，「5項」の条文では，当該情報が『銀行情報』（等）であること『のみを理由として』の情報の提供の拒否が禁止される，だけである。当該情報が『銀行情報』（等）であること『以外の理由』についての，更なる縛りは，条文上，一切ない（!!）。

　にもかかわらず，当該の拒絶の『理由』が，銀行としての立場とは『「関連のない・無関係な（unrelated な）」ものでなければならない（must）』，とするのは，これまた，「5項」の条文にはないこと，である。もう，指摘し飽きたことゆえ，先に行きたいのだが，この「パラ 19.14」では，「3項」で『銀行情報』（等）の提供が「拒絶され得る例」として──

"For instance, …… for any information protected as a confidential communication between attorneys, solicitors or other admitted legal representatives and their clients, paragraph 3 continues to provide a possible basis for **declining** to supply the information."

──と記述されて，それでこの「パラ 19.14」が終わる。
　だが，「5項」の新設にかかわらず維持され得る「3項の制限」は，そんな例のみなのか。──それが，私の言いたいこと，である。

　これまで本論文が論じて来た「従来のスイス」との関係で言えば，『**スイスの銀行秘密**』（銀行にとっては義務であるところの，顧客の権利としてのそれ!!）の法的根拠は，貿易と関税 2011 年 5 月号 49 頁（本書 53 頁）以来，再三示して来たように（ドイツの人権的把握との関係については，貿易と関税 2012 年 7 月号 55 頁〔本書 339 － 340 頁〕），顧客側の「プライバシー保護の基本権（基本的人権）」にある。それをバックに『銀行秘密』規定がある，のである。

　たしかに，コメンタリー「パラ 19.14」の前記の記述のように，『銀行情報』（『銀行保有情報』）提供の拒絶事由が，銀行としての立場とは『「**関連のない・無関係な（unrelated な）**」ものでなければならない（must）』ということになると，苦しくなる。だが，「5項」の条文には，当該情報が『銀行情報』（等）であること『のみを理由として』情報の提供の拒否が禁止される，とあるだけである。──そこから，確かに『銀行保有の情報』ではあるが，そもそも「銀行」の，ではなくて「顧客」の保護のための，しかも，「顧客」の「プライバシー保護の基本権（基本的人権）」を理由としての情報交換の拒絶は，当該情報が『銀行情報』（等）であること『のみを理由として』の情報の提供の拒否ではなく，「5項」の条文の下でも認められるはずだ，ということが，導かれ得るはず，である（「3項」に言う「締約国の法令」の中に当該国の「憲法規定」もまた含まれるはずゆえ，である）。そして，そう考えなければ，おかしいはず，である。

もっとも，「2009 年 3 月 13 日」以降のスイス，とくに「スイス政府側の対応」については，ここで私が期待すべきものは，何も存在しないのだが（本論文第 4 章 3・5 の目次項目参照。──但し，スイスの「その先の展開」についての，貿易と関税 2013 年 5 月号分の大半を占める《重要な注記》〔本書 525 頁以下〕参照）。

　右には，「従来のスイス」を例に論じたが，「2010 年」・「2012 年」の租税条約実施特例法の新設規定が，今後，一層自覚的かつ『人権保護』的に運用されてゆけば，そこにおいて，右と同じことが生じて来る。そうなることを，私は『期待』しつつ，これまで，「2008 年版」OECD モデル租税条約 26 条の「コメンタリー」と，付き合って来た（但し，「その先」の問題については，本書 611 頁以下を見よ!!）。
　だが，それも，ここで終わりとなる。「5 項」の最後の「パラ 19.15」は，「5 項」の適用例であって，ここでの検討において省略し得るものだから，である。

　これで，「2013 年 3 月号分」（同年 1 月 20 日締め切り分）までを，この夏休み中に仕上げるという，昨年同様の目標は，達成されたことになる。以上をもって，本書第 3 章 1⑵の「(2 － 3)」は終了し，その先は──

『(2 － 4)「2010 年版」の「OECD モデル租税条約 26 条」及び「コメンタリー」における変化の有無』

『(3)「OECD マルチ税務執行共助条約」及びそれへの「署名」に伴う「わが国内法整備」との関係──「徴収共助」問題を含めての検討』

──を済ませれば，本章 1 は，終わりとなる。

　だが，それらについては，2013 年 1 月末の，本郷の冬学期の講義・ゼミの終了を待って，書き進めることとする（以上，2012 年 8 月 29 日午後 3 時 2 分までの，約 10 時間の執筆。点検に入る。──点検終了，同日午後 6 時 5 分。今日は，約 13 時間の作業だったことになる。そして，本号分も，計 2 日，かつ，「計 18 時間半」の作業で，終了したことになる。このところ，自然に作業スピードが，どんどん加速化しているようである。数カ月の執筆上の冷却期間を置く意味は，そこにもあるように，思われる……）。

〔以上，2013 年 3 月号 53 － 70 頁〕

＊　《久々の執筆再開にあたって──「日・スイス租税条約改正議定書」新『25 条の A』5 項の「第 2 文」(!!)の"発見"と「2013 年 1 月 24 日」の「日米租税条約改正議定書」による「第 3 次日米租税条約」26 条等の改正，及び，本章 2 以下の「執筆内容の大幅圧縮」の予告について》

前号分の脱稿は，「2012年8月29日」であった。たまたま今日は，2013年1月29日（作業開始は午後2時7分）ゆえ，ちょうど5カ月ぶりの執筆再開となる。昨年の9月は，同年10月からの，本郷での冬学期，及び，本論文との関係でレジュメを大幅に改訂・増補したところの，税務大学校（和光）での国際租税セミナー・実務コース，等の準備に当て，その後本年1月21日までは，文字通りの「教育専念期間」となった。昨年度と同様に，である（貿易と関税2012年3月号74頁，同4月号81頁〔本書272－273頁〕）。

　本論文との関係での，この5か月間の空白における収穫は，何よりも2012年11月27日午後，和光の税大で，講義中にたまたま，<u>国税庁・租税条約関係法規集（平成24年6月1日現在）279-280頁</u>の，「**日・スイス租税条約改正議定書」（平成23年12月2日条約13号）**19条で"新設"された「情報交換」条項たる同条約『25条のA』の条文を，セミナー参加者百名とともに，自分の目で確認した時の"**驚き**"，にある。何と，同前・280頁の新『**25条のA**』5項の「**第2文**」には，銀行情報との関係で──

　　「これらの情報を入手するため，当該一方の締約国の税務当局は，<u>この5の規定に基づく義務を履行するために必要な場合には，3の規定又は当該一方の締約国の法令のいかなる規定にもかかわらず，当該情報を開示させる権限を有する。</u>」

──と規定されていたのである（!!）。

　その時の講義の文脈としては，前号分の冒頭でも再度言及したところの，「2009年9月23日署名」の「<u>改正米・スイス租税条約</u>」26条（情報交換）5項の「第2文」の突出（本論文第3章2参照）を，私の言う「<u>国境でメルトダウン（熔融）する人権保障</u>」(*)との関係で論じ，この点を，従来「情報交換」条項が欠落していた「日・スイス租税条約」の最近の改正による「情報交換」条項と，対比してみよう，ということだった。私は，同前法規集・280頁の5項の，前記の「第2文」を見て，愕然とした。問題ある「改正米・スイス租税条約」26条5項「第2文」と，全く同じだったのである（!!）。私は慌てた。休憩時間に講師室に戻って，「平成24年6月1日現在」の同前・法規集から，最近の日本の租税条約改正における「情報交換」条項を，虱潰しに，限られた時間であったが，点検してみた。だが，「日・スイス」の前記条文に相当するものは，その限りでは，見つからなかったので，ほっとした。

　＊　なお，2013年度冬学期の私のゼミのテーマを，『<u>国境でメルトダウン（熔融）する人権保障？──執行共助の刑事と税務</u>』とすることに決定した。本論文が，東大での私の最後の論文であり，もはや，それにふさわしい内容のゼミにした方がよい，と考えたためである。なお，2012年度まで数年間のゼミのテーマは，『世界貿易体制の法と経済──「不公正貿易報告書」との関係において』であったが（更にその前の数年間の，ずっと私が続けて来たいわゆる100人ゼミを打ち切った後でのテーマは，『国際課税と牴触法（国際私法）』。その一端につき，貿易と関税2012年2月号59頁〔本書239頁〕），2012年度冬学期には，国税庁からの東大への聴講生8名（うち1名は東大・経済学部

# 1 2008年版OECDモデル租税条約26条の規律内容についての再確認

への派遣）が，全員参加してくれた（制度上はオブザーバーで，申し訳ないことに単位を差し上げられないのだが）。次年度以降も同様の参加のあることを，私としては最も期待している。

ちなみに，その時そこで点検したのは，同前・25頁の「第3次日米租税条約」（平成16年条約2号）26条（自国の課税のために必要でない場合の情報交換についての4項に，情報入手に十分な権限を付与することを確保するために云々，といった規定［この直後の「＊部分」で後述!!］はあるが，銀行情報に特化した規定はない），同前・124頁の「改正日豪租税条約」（平成20年条約13号）28条（銀行情報に関する5項は，「のみを理由として」云々の，「2008年版」OECDモデル租税条約26条5項と同じ），同前・147頁の「改正日蘭租税条約」（平成23年条約15号）25条（銀行情報の5項につき，日豪の場合と同じ），同前・255頁の「改正日・シンガポール租税条約」（平成22年条約2号）26条（銀行情報の5項につき，右と同じだが，一部提供拒否の但書がある），同前・364頁の「日・香港租税条約」（平成23年条約8号）25条（銀行情報の5項につき，日豪・日蘭の場合と同じ），同前・580頁の「改正日・マレーシア租税条約」（平成22年条約11号）25条（銀行情報の5項につき，右と同じ），同前・625頁の「改正日・ルクセンブルグ租税条約」（平成23年条約14号）28条（銀行情報の5項につき，右と同じ），である。

その限りで言えば，日本が結んだ最近の租税条約における，銀行情報の交換に関する規定（「日米」においては，今後の改正で，その取扱いが問題とされることになろう［＊］）は，前号分までにおいてその「コメンタリー」を含めて検討した「2008年版」の「OECD租税条約」26条5項の『条文』に沿ったものであって，「日・スイス」の場合のみが突出している，ということになる。この点は，本論文第3章4で扱うこととなるが（＊＊），なぜ日本側がこうした条項でよしとしたのかは別として，スイス側に立って考えれば，「日・スイス」の改正は「米・スイス」のそれよりも後であり，『「情報交換」に関する「最恵国待遇」的配慮』（なお，貿易と関税2012年3月号65頁以下，等〔本書193，263頁，270－272頁〕）からも，あらかじめ後者に合わせておいた，ということなのかも知れない。ともかく私は，以上の経緯の中で，再度言うが，ほっとした（＊＊＊）。

＊　本号分を書き出した段階では，右のごとく記していたが，幸運なこととして2013年2月7日に，N氏・M氏（西方・馬渕の両氏）から，「2013年1月24日」の「日米租税条約改正議定書」についてのご教示を得た。私の関心事項としては，「第三次日米租税条約」25条（相互協議）に5項以下が新設され，新たに「仲裁」に関する規定が入ったこと，従来2項しかなかった同27条の「徴収共助」につき，全16項の詳細な規定が設けられたこと，そして情報交換の26条が全面改正されたこと，がある。新たな情報ゆえ，また，本号分での「OECDマルチ税務執行条約」についての論述とも深く関係することもあり，若干の点について，ここで一言のみしておく（「徴収共助」との関係は，後述する）。

　　まず，「租税条約と仲裁」についての（それに懐疑的な）私見は，石黒・前掲世界貿易体制の法と経済286頁以下を踏まえて，同・前掲国際倒産vs.国際課税312頁に，凝縮して示したところを参照されたい。ちなみに，「2012年版不公正貿易報告書」626頁以下には「海外投資収益の還流と新興国等における課税問題」のコラムがあり，同前・

626 頁で、日本の締結したオランダ・香港との租税条約に「仲裁」（相互協議から 2 年間経過しても解決に至らない場合の、仲裁への移行）の規定が入っていること、についての言及がある。

　この点については、当初若干突出した書き振りだったのを、右の私見を「も」踏まえつつ、最終的な「2012 年版」では、マイルドな書き振りになっていることにつき、やはり一言しておくべきであろう。即ち、同前頁では、「仲裁制度の実際の運用にあたっては、納税者の利益が適切に確保されるよう留意することが必要である」との、一方的な仲裁礼賛（それは、同前・639 頁以下の「投資協定仲裁の活用について」・「投資協定仲裁以外の問題解決の手段について」の二つのコラムの記述内容及び趣旨と、牴触する!!）「ではない」指摘があるし、同前・628 頁には、「相互協議の実効性を高める仲裁制度の導入」との表現がある。

　この最後の表現が、おそらくは最も正確なところなのであって、日本の国税サイドに「相互協議」よりも「仲裁」を重視する見方は、ないはずである。つまり、2 年内に「相互協議」を確実に完了させるための一つのインセンティブ、というのが「租税条約」に「仲裁」を導入する真の意図のはず、である。国際仲裁の実態（「仲裁マフィア」についての石黒・前掲世界貿易体制の法と経済 291 頁の指摘を見よ!!）を踏まえれば、「租税条約」をそれら欧米（英米）の、一握りの仲裁のプロの、金儲けの手段とすることは、在ってはならないことのはず、だからである（万が一「仲裁」に移行することになった場合に、国際課税のプロたる仲裁人［??］に期待する、と考えた場合にも、所詮同じことになるのであって、国税サイドにおいても、この点、要注意である!!）。

　なお、遡って考えれば、「2012 年版不公正貿易報告書」の前記の「海外投資収益の還流と新興国等における課税問題」のコラムの背後には、日本企業の海外投資収益の、日本への還流をスムーズに進めないと、「2011 年」の日本の「貿易収支」の、「31 年ぶり」の「赤字」（同前報告書・626 頁）が今後も続く、との危機感がある。そこからの性急な発想が、わが「タックスヘイブン対策税制」（なお、貿易と関税 2011 年 1・2 月号の本連載参照）をも何とかせよ、との要求と結びつき、同税制の「平成 21 年」改正に至った訳でもある（なお、この改正後の状況についての、秋元秀仁「外国子会社配当益金不算入制度導入後の改正タックス・ヘイブン対策税制における租税条約適合性」税大ジャーナル 17 号［2011 年］123 頁以下の、極めて重厚な分析参照!!）。

　だが、産業構造審議会通商政策部会の 2012 年 5・6 月頃の部会では、みずほ銀行の頭取としての立場の一委員から、闇雲に日本への海外投資収益の還流を促進したところで、現状では日本国内に十分な再投資先のないことが、詳細なデータの提示とともに、雄弁に語られていたはず、である。経産省としてのそのあたりの問題整理が、「2013 年版不公正貿易報告書」の準備段階においても、いまだに十分ではないように、私は感じている。

　次に、「**情報交換**」だが、2013 年の前記改正議定書により、「第三次日米租税条約」26 条は、前項差し替え（deleted and replaced by the following: ……）となった。注目すべきは、『**銀行情報**』についての「**新 5 項**」の規定である。だが、この「＊部分」に至る前に、今般の議定書による改正の前の「4 項」についてカッコ書きで言及した点についても、注目すべき改正がなされており、ともにその内容には、**実にしっかりとした、信念に基づく日本側の交渉態度（!!）** を、彷彿とさせるものがある。そこで、改正担当者達の営為に最大限の敬意を表しつつ、以下、ポイントを絞っての言及を行なう。

　まず、「5 項」の改正だが、従来の 5 項は、「一方の締約国が課するすべての種類の租税」

について「情報交換」をする，と規定するのみだったが，既述のごとく，『銀行情報』に関する規定となった。だが（!!），「新5項」は――

「3の規定は，提供を要請された情報が銀行その他の金融機関……が有する情報……であることのみを理由として，一方の締約国が情報の提供を拒否することを認めるものと解してはならない。」

――と『のみ』（!!），規定している。即ち，「2009年9月23日署名」の「改正米・スイス租税条約」26条（情報交換）5項の突出した「第2文」，及び，それと同じ内容の「日・スイス租税条約改正議定書」（平成23年12月2日条約13号）で"新設"された「情報交換」条項たる同条約25条のAの5項の「第2文」（本号分で既述）とは，明確に一線を画する規定となっている。つまりそれは，既に本論文において検討済みの，「2008年版」・「2010年版」のOECDモデル租税条約26条「5項」の文言に，ピタリと合わせた内容に，なっているのである（!!――前記の，「改正日豪租税条約」以下についての論述と，対比せよ）。

他方，私が本号分の冒頭近く（本書509頁）で若干の懸念を示していた「第三次日米租税条約」26条の「4項」についても，私の懸念を払拭する改正が，なされている（!!）。即ち，従来の「4項」は――

「各締約国は，1に規定する情報の交換を実効あるものとするため，当該締約国が自らの課税のために必要とするか否かを問わず，当該締約国の権限ある当局に対し，当該情報の交換のために情報を入手する十分な権限を当該締約国の法令上付与することを確保するために必要な措置（立法，規則の制定及び行政上の措置を含む。）を講ずる。」

――と規定していた。この従来の「4項」は，英文では――

"In order to effectuate the exchange of information ……, each Contracting State **shall take necessary measures**, including legislation, rule-making, or administrative arrangement, **to ensure** that its competent authority has **sufficient powers** [!!] **under its domestic law** to obtain information for the exchange of information regardless of whether that Contracting State may need such information for purposes of its own tax."

――となっている（この英文は，便宜，某氏から2012年夏のある会合で頂戴した『平成24年版租税条約関係法規集』［納税協会連合会発行］79頁による。私はそれまで，欧文・和文ともに収録した，こんな便利な書物のあることを，知らなかった。右の某氏には，いつもながら大感謝である）。

ちなみに，前記の「2009年署名」の「改正米・スイス租税条約」26条5項「第2文」の英文は，再三本論文において示して来たように，『銀行情報』につき，"In order to obtain such information [held by a bank ……], the tax authorities of the requested Contracting State, if necessary to comply with its obligations under this paragraph, **shall have the power** [!!] **to enforce** the disclosure of information covered by this paragraph, **notwithstanding paragraph 3 *or any contrary provisions in its domestic laws*.**"となっている。それと，（『銀行情報』に関する規定がない状況下で存在した）

従来の,「第三次日米租税条約」26 条「4 項」との, 親近性（!!）は, 明白であろう。
　つまり, 従来の「日米間」のこの「4 項」（なお, 前記のその英文を, 貿易と関税 2013 年 3 月号 65 頁（本書 501 頁）に英文で示し, かつ, 同前頁以下で論じたところの,「2008 年版」の OECD モデル租税条約 26 条「4 項」についての「コメンタリー」の「パラ 19.9」に示された,「4 項」の「代替案」と, まずもって対比せよ !!）には,『銀行情報』につき「2008 年版」の OECD モデル租税条約 26 条「5 項」の規定内容をはるかに踏み越えるところの,「米・スイス間」の 26 条 5 項「第 2 文」が, 無理やり其処に捩じ込まれたかのごときニュアンスが, 濃厚だった。おそらく米国側にとっては,「第 3 次日米租税条約」26 条に『銀行情報』に関する規定がないのだから, その代わりに同条「4 項」に, スイスからもぎ取ったものと同質的な文言を入れてしまえ, ということだったのではないか, とも思われる（国内課税上の必要性に関する, 従来の日本の, OECD モデル租税条約 26 条についての, 既述の Observation の存在が, そこに多少なりとも, 関係していた可能性もある）。
　「2013 年 1 月議定書」で,『銀行情報』に関する「新 5 項」が挿入されたが, それは（貿易と関税 2012 年 11 月号 57 頁以下〔本書 420 頁以下〕に示したところの,『米国「FATCA 法」に関する,「2012 年 6 月 21 日」の「日米共同声明」における, 日本側の粘り強い交渉姿勢とその成果』を彷彿とさせるものとして !!）, 日本側によって, 既述のごとく封じ込められた。それでは, 懸念していた「4 項」についての改正は, どうだったのか。
　賞賛すべきこととして（!!）, 何とこの「4 項」についても, 従来あった OECD モデル租税条約 26 条 4 項からの『はみだし部分』がすべて払拭され, 同モデル租税条約 4 項の条文の線まで, すべてを押し戻すことに, なった（!!）のである。即ち,「新 4 項」の規定は——

「一方の締約国は……自己の課税目的のために必要でないときであっても, 当該情報を入手するために必要な手段を講ずる。一方の締約国がそのような手段を講ずるに当たっては, 3 に定める制限に従うが, その制限は, いかなる場合にも, 当該情報が自己の課税目的のために必要でないことのみを理由としてその提供を拒否することを認めるものと解してはならない。」

——との, いわば常識的な線まで, 引き戻されたのである（!!）。
　こうして（2 項・3 項についての改正はここでは措くとして）,「2013 年 1 月改正議定書」による「第 3 次日米租税条約」26 条の「新 4 項」・「新 5 項」には, 特筆すべきこととして（!!）, 貿易と関税 2012 年 11 月号（本書 413 頁以下）以来指摘して来たところの『日本に差し始めた一条の光』を, 更に太く, 強固なものとする, 日本側の粘り強い対米交渉姿勢が, みごとなまでに反映されている, と言うべきなのである(!!)。——以上を,「2013 年 2 月 7 日」の, N 氏・M 氏による前記のご教示に心から感謝しつつ, ここで記しておく（この部分の補充は, 同年 2 月 9 日の, 午後 7 時 49 分まで）。

\*\*　但し, 本章 1 を予定通りに執筆した後, それ以降の目次項目については, その執筆内容を大幅に圧縮し, 2013 年 12 月号までの本論文の完成を目指すことに, 方針変更をする。そして, 現時点であと 3 年と 2 カ月となった東大での在職期間中に, 信山社からの, 本論文の著書としての刊行を, 多少なりともゆったりとした気持ちで, 目指すこととした（この間の事情については, 後述する）。

＊＊＊　「日・スイス」の関係でスイス側が，「米・スイス」の関係における従来の米国側のような，アグレッシヴな要求を，日本側に対して求めることは，論理的には可能である。その場合，貿易と関税 2012 年 11 月号分（本書 415 頁以下）以来強調して来た日本側の『人権的配慮』の発露を，前記の「改正日・スイス租税条約」25 条の A の 5 項「第 2 文」との関係で，如何に守ってゆくかが，問題となる。本号分以下の論述の趣旨をも，一部先取りすることにはなるが，あらかじめ一言しておけば，「条文の文言」との関係での答えは，「5 の規定に基づく義務を履行するために必要」か否かの判断にある，と言うべきである。もとより，「条約で憲法上の人権保護（人権保障）を相対化することは出来ない」との大前提が，日本の場合には明確にあるが，その憲法的配慮を，自覚的に右の「必要」性の判断に，盛り込むのである（スイス側の「人権保護」については，本論文第 4 章 5 の目次項目参照）。

　さて，本論文のここ数カ月の展開について，念のために，ここで一言する。とくに貿易と関税 2012 年 8 月号以来，前号分までの論述によって，「2009 年 3 月 13 日」のスイスの「政治的敗北」に関する諸事情については，実際にスイスが，この方針変更を受けて諸国と締結した租税条約についての個別的検討（本章 2 以下）を除き，一応すべて論じ終えたことになる（前記の日付でスイスが，26 条についての留保を撤回したこと，既述の通り。なお，何故それを「政治的」な，と書くのかについては，第 3 章 3 で後述）。即ち，これまで計 8 号分を費やして，「2000 年 OECD 租税委員会報告書」から出発し，この「スイスの重大な政策変更」の当時存在していた「2008 年版」の，OECD モデル租税条約 26 条の規律内容を確認し，それを踏まえたと称する「グローバル・フォーラム」側の，とりわけ「2009 年秋」以降の動きについても，後者による「対スイス」での「ピア・レヴュー」報告書を含めて，予定していた論述は，すべて完了した（「2008 年版」26 条の「コメンタリー」の徹底検証も，前号分までで終了）。

　既に予告していた通り，本章 1(2)におけるこの先の論述は，以下の要領で行われる。即ち，「2009 年 3 月 13 日」よりも後の，「2010 年版」の OECD モデル租税条約 26 条における，「コメンタリー」を含めた「変化の有無」を，次の項目たる「(2—4)」において，確認する（「26 条」についての「2012 年改正」については，第 4 章 4 との関係で，後回しとする）。続いて，本章 1(3)として，日本の租税条約実施特例法「2012 年改正」との関係を含め，**OECD マルチ税務執行共助条約**（1988 年制定だが，「2009 年 3 月 13 日」よりも後の「2010 年」に，議定書で改正。日本は改正後のそれに署名し，前記の「2012 年」の法改正を行なった）の規律内容について，但しそれについては「徴収共助」関連をも含めて，検討する。

　以上で，本章 1 は終わりとなる。だが，直前の「＊＊部分」で示したように，本章 2 以下の目次項目については，その記述内容が大幅に圧縮され，本論文の 2013 年 12 月号までの完結を，目指すこととなる。

　そう考えたのには，貿易と関税 2012 年 11 月号 51 頁（本書 413 頁）に「昨日」（「2012 年 6 月 18 日」）の出来事として示した或る事柄を契機とする，私の内面での，大きな変化が，実のところ，深く関係する。つまり，同号分で示した『日本に差し始めた一条の光』を，幸運にも見いだしたことにより，本論文の基本構想は，その時点で，大

きな路線変更を受け『ていた』（!!）のだ。

　つまり，それまでは（そのことを，右の11月号分を「書きながら」深く自覚するに至るまでは!!），「租税条約上の情報交換」問題についての，「世界の人権保護のための最後の砦」はスイスだと考え，そのスイスの「政治的敗北」を，「この世の終わり」として「告知する，淋しい論文」として，本論文は構想され（貿易と関税2011年3月号46頁〔本書1頁〕の，本論文冒頭の第1文参照），第4章までの本論文「目次」も，かかる認識を前提として，構想されたものだった。

　だが，スイスが，前号分までで論じた『世界の不条理な流れ』に屈服した後，何と，何の期待もしていなかったこの日本が，この問題についての『世界の人権保護のための最後の砦』として浮上「しつつある」ことを，前記の『一条の光』として，私は，その時点で，強く認識した。——そしてそれ以降，書き続けながら，実は私には，次第に「第3章2」以下の本論文の目次項目（それを確定したのは，貿易と関税2011年3月号47頁〔本書1頁〕にある通り，「2011年1月6日」であった）自体が，重荷になって来「ていた」。「2009年3月13日」にスイスは既に屈服してしまったのであり，それに代わって「浮上しつつある日本」の『一条の光』の存在を知った以上，もはやスイス「のみ」にこだわる理由は，なくなっ「ていた」から，である。

　「2013年1月24日」に生じた或る事態を，私は，以上の経緯の中で受け止め，むしろ『天の声』（つまりは，意識下の自分の声）があったものとして，自然に受け容れた。目前に迫った2013年度はともかく，その後も1月末から9月までに1年分の執筆前倒しをし，10－1月は「教育専念期間」，といったことの，これ以上の繰り返しでは，論文完成後の著書としての出版のための膨大な作業を含め，東大を辞めるまで，全く自分というものを振り返る時間がない，ということへの大なる苦痛もあった。——以上が，直前の「＊＊部分」に示した，本章2以降の目次項目についての，執筆内容の大幅圧縮への，心底偽らざる理由である。

　それでは，予定していた論述に移ろう。

（2－4）「2010年版」の「**OECD モデル租税条約26条**」及び「コメンタリー」における変化の有無

　「2010年版」については，OECD, Centre for Tax Policy and Administration（TPA）から，**THE 2010 UPDATE TO THE MODEL TAX CONVENTION**（approved by the **OECD Council on 22 July 2010**）が出ている。Id. at 3の冒頭にあるように，「2008年版」からの変更・削除・付加部分のみが，見え消し等で分かるようになっており，便利なため（別途「2010年版」の英和対訳も入手させて頂いているが），当面は，このTPAの，「2011年1月2日」のネット検索の結果として打ち出し「ていた」この文書（膨大な資料の山から，後日発見したもの）を，用いることとする。

　まず，26条の，条文についての変更はない（「2012年」には，26条の「2項」の条文に特化した改正がなされているが，それについては後に論ずること，既述の通り）。この段階での条文についての変更は，7条のみである（Id. at 3f.）。

　26条の「コメンタリー」の変更はId. at 76fだが，「条約の適用」についての「パ

ラ7」のc）が若干改訂されたのみで，本論文との関係では無視できる内容である。それに続くのは，まず「パラ20」の全削除，である。これは，「日本」の（実質的な留保としての意味合いを有する）Observationであり，貿易と関税2012年11月号66頁（本書430頁）に記したように，日本と同等（comparable）な守秘の規定を有する相手国に対してしか情報提供することが出来ない（困難）であろう，とする内容であった。だが，（同前頁にも『英断』として示したように）日本はこれをOECD向けに削除したのと同じ年たる「2010年改正」で，租税条約実施特例法8条の2の「2号」において，情報提供の拒否事由として，「守秘」の点を明示する規定を，新設したのである。もとよりこれは，前記の『日本に差し始めた一条の光』の一つの要をなす国内規定，である。

「2008年版」の「コメンタリー」の，「パラ20」に続き，OECD (TPA), supra, at 76fにあるように，「パラ23」（オーストリア），「パラ24」（スイス），「パラ25」（ルクセンブルク），「パラ26」（ベルギー）の，26条についての「留保」も，すべて全削除となった。貿易と関税2011年10月号63頁（本書175頁）に示しておいたように，情報交換に関する「OECD側からの不当な攻撃」に抵抗して来たのは，この4カ国だった（同前頁に，スイスを除く3カ国の留保の変遷についても，一言しておいた。また，スイスの留保の変遷については，同前・58頁以下〔本書170頁以下〕，及び，「2004年6月」のスイスの留保の「修正」の，背景事情を含めて，同・2012年2月号54頁，70頁以下〔本書232頁以下，とくに252頁〕）。それらが，すっきりさっぱり，全削除と，なってしまった。

その結果，「2010年版」26条についての「留保」は一切存在せず，残っているのは，「パラ21」のギリシャによる，「コメンタリー」の「パラ15.1」（26条「3項」との関係での，レシプロシティの原則についてのもの）に関するObservationのみとなった（Observationsのこの「コメンタリー」における位置づけについては，貿易と関税2013年1月号75頁〔本書457頁〕）。ちなみに，「2010年版」で唯一残ったこのギリシャのObservation（日本語では，［コメンタリーに関する］「所見」と訳されている）の内容は——

"...... Greece wishes to clarify that according to Article 28 of the Greek Constitution international tax treaties are applied under the terms of reciprocity."

——というものである。「レシプロ」関連のものではあるが，自国の「憲法」につき明示的に言及するその姿勢自体は，正しいし，『世界の人権保護のための最後の砦』として浮上「しつつある」日本にとっても見習うべきものが，其処にある，と言うべきであろう(*)。

* これに対して，従来のスイス「政府」は，これまで自らが死守して来た『双方可罰性要件』の背後に，明確に存在していたはずの，『憲法上の人権保障』の観点を，「2000年OECD租税委員会報告書」との関係でも，何ら表に出して議論してはいなかった。そこに，極めて屈折した，ある種の『共謀』(!?)めいた事情があったようにも思われることについては，貿易と関税2012年8月号69－74頁（本書367頁以下）を参照せよ。とくに，同前・70頁下段（本書369頁）のスイスの「政府」と「裁判所」とを対比さ

「2010年版」について論ずるべきは，以上にとどまる。「情報交換」に関する限り，「2009年3月13日」のスイスの敗北の確認に，この年のOECD側の作業の力点が，置かれた結果であろう。もはやその最後の「堤防」(「砦」は別に，新たに浮上しつつある!!)が決壊した以上，歯止めなき「情報交換」の津波が世界を襲う。そして，そのあとは，「2012年改正」(26条「2項」の「条文」を含めたそれ)で，本論文第4章4で扱う，**『「国境を渡った情報の他目的使用」の際限なき拡大──「ループホール化する課税」』**の問題が，一気に加速することと，なるのである。

さて，貿易と関税2012年8月号（本書第2章4）以来，「情報交換」問題について，OECD（モデル租税条約とその周辺）及び「グローバル・フォーラム」の営為に注目した論述を行なって来た。それを別な角度から考察し，併せて『日本に差し始めた一条の光』の意義を一層明確化するために，ここで，「OECDマルチ税務執行共助条約」（貿易と関税2012年11月号60頁，同12月号66頁〔本書423頁以下，444頁以下〕に記しておいたように，<u>正式名称は，「欧州評議会・OECD税務行政執行共助条約」ないし「租税に関する相互行政支援に関する条約」</u>。なお，前記の略称を以下において用いる理由につき，前者の頁参照）と，それへの日本の署名に伴う「租税条約実施特例法」の「2012年改正」へと，目を転じよう。

本条約については，貿易と関税2012年11月号60頁以下で頭出し的に論じ，同・12月号62－67頁（本書444頁以下）の【注記1】では，同条約22条の「秘密（守秘）」の規定について，<u>「1977年」（1979年改正）の「欧州評議会指令」との関係</u>を含め，かなり踏み込んで論じた（なお，同・2013年1月号79頁〔本書462頁〕をも参照）。その先を，以下において論ずることになる。

また，以下の(3)では，「徴収共助」関連についても言及する。既に予告しておいたように，人権保護上重要な意義を有する日本の法改正との関係があるから，である（以上の，5か月ぶりのアイドリング的執筆は，2013年1月29日午後8時25分まで。約6時間余の，心身の調整とギア・チェンジに重きを置いた作業，であった。──執筆再開，同年2月4日午後4時10分）。

(3) 「OECDマルチ税務執行共助条約」及びそれへの「署名」に伴う「わが国内法整備」との関係──「徴収共助」問題を含めての検討

(3－1) 「1988年」の「OECDマルチ税務執行共助条約」（「欧州評議会・OECD税務行政執行共助条約」）と議定書によるその「2010年改正」について──「情報交換」関連での新旧規定の対比に重点を置きつつ

もともと「1988年」（なお，貿易と関税2012年11月号61頁〔本書424頁〕）に作成された本条約は，「前文」と計32か条からなり，その規律内容の柱は，「情報交換」・「徴収共助」・「文書送達」の三つの分野に及ぶ(*)。「2010年」の改正は，専ら「情報交換」

に関するものであって（その関係で,「前文」にも一部変更がある）,「徴収共助」(11-16条),「文書送達」(17条) についての変更はない。

* 本条約1条2項を踏まえて，その第3章「共助［支援］の形態（Forms of assistance）」の第1節（Section 1）が4条以下の「情報交換（Exchange of information）」，第2節が11条以下の「徴収共助［支援］（Assistance in recovery）」，第3節が17条の「文書送達（Service of documents）」に，それぞれ区分されている。だが，「情報交換」の第1節は，4条の「総則（General provision）」，5条の「要請に基づく情報交換（Exchange of information on request）」，6条の「自動的（automatic）な情報交換」，7条の「**自発的（spontaneous）**な情報交換」（without prior request でなされるそれ）の他に，8条の「同時税務調査（Simultaneous tax examinations）」，9条の「海外税務［海外における租税に関する］調査（Tax examinations abroad）」，10条の「矛盾する情報（Conflicting information）」の規定を，含んでいる。8・9条は「税務調査」の規定であり，若干注意を要する。
  なお，以上につき [　] で示した訳語は，国税サイドのもの（暫定的なそれ?）だが，assistance は「共助」に一本化して訳すべきである。ちなみに，日本国内での「2012年改正」においては，「共助」の語で一本化されている（右には，訳語の一本化との関係で，それ以外の点についても，マークしてある）。

但し，本条約自体の構成において，第4章が「すべての形態の共助に関する諸規定（Provisions relating to all forms of assistance）」となっていて，そこに「守秘」(22条) や「当事者保護（Protection of persons ……）」等の規定があり，「2010年」の改正は，そこにも及んでいる（「守秘」の点については，貿易と関税 2012 年 12 月号 62 － 67 頁〔本書 444 頁以下〕，等）。

以下においては，「情報交換」・「徴収共助」に焦点を当てるため，「文書送達」の17条について，一言のみしてから先に行く。注意すべきは 17 条 3 項である。そこには——

「3　締約国は，他の締約国の領域内の者に対し，郵便により直接に文書の送達を実施することができる（A Party may effect service of documents directly through the post on a person within the territory of another Party.）。」

——との明文規定がある。「**海外向けの郵便による直接送達**」が一般国際法に違反しないこと，及び，それを明文で定めた条約規定も数々あることについては，石黒・前掲国際民訴法 42 頁，83 頁以下の注 137 を踏まえ，貿易と関税 2007 年 2 月号 60 頁以下，同 2009 年 12 月号 64 頁以下，同 2010 年 1 月号 49 頁以下，同 2011 年 9 月号 57 頁以下〔本書 142 － 144 頁〕，等で再三論じて来たが，本条約にもそれを許容する規定が，「1988 年段階」からのものとして，在るのである(*)。

* 以下の論述を「情報交換」・「徴収共助」に集中して行ないたいので，ここで一言しておく。「2012 年改正」で新設された租税条約実施特例法 11 条の 3（送達共助）の 2 項は，

受送達者の住所・居所が外国にある場合，「国税通則法に定めるほか」，「租税条約等の規定に従って」相手国等の当局に嘱託して送達出来る，と規定する。国税通則法 12 条の郵便による送達は，外国向けであっても，右の「国税通則法に定める」の文言によって，"従前通り"に可能，との前提が其処にあることに，注意すべきである。

さて，「情報交換」に関する「OECD マルチ税務執行共助条約」の新旧規定の対比に移ろう。もはや「2008 年版」・「2010 年版」の OECD モデル租税条約についての，「コメンタリー」を含めた詳細な論述を終えた後ゆえ，検討の主眼は，同条約の「1988 年段階」・「2010 年改正」の中で，「人権保護（人権保障）」の観点が，どのように退潮したのか，また，それでも残っている部分は何か，更に，その最後の部分につき，OECD モデル租税条約の場合との差異がどうなっているのか，といった点に置くこととする。

また，以下の対比は，同条約への日本の署名との関係での，和英対照の表をベースとしつつ，「2010 年改正」については，便宜，「2011 年 1 月 2 日」のネット検索で打ち出しておいた **OECD/Council of Europe, Protocol amending the Convention on Mutual Administrative Assistance in Tax Matters, Provisional Edition**（日付の記載はなし）を用いる（両者の間での差異は，ないようなので）。

まず，Id. at 2 に示された，この「改定議定書」自体の「前文（Preamble）」に，注目する必要がある。その第 2 段には，「1988 年 1 月 25 日にストラスブールで作成された」本条約が，「課税事件における情報交換の国際的に合意された基準が得られる前に作成されたことを考慮し（Considering that the Convention …… was concluded before agreement was reached on the internationally agreed standard to exchange information in tax matters;）」，とある。第 3 段では，この国際基準作成以後の状況を「新たな協力環境（a new cooperative environment）」として示しつつ，それを考慮するのだとし，この「前文」の最終たる第 4 段でも，それを踏まえて「課税分野での最も高い協力の国際基準の実施を目指す」云々と，述べている。そして，この第 3・第 4 段を合体させた内容が，もともとの本条約「前文」第 7 段（the seventh recital）の次に，（第 8 段として）改正議定書 1 条 2 項によって，挿入されることとなった(*)。

* そこにおいて，少なくとも「条約上の文言」としては，かかる情報交換の国際基準を一体誰が作ったのかについての言及の「ない」ことを，貿易と関税 2012 年 11 月号 64 頁（本書 427 頁）において，私は皮肉を込めて示しておいた。

  但し，前記と同じ日付けで打ち出しておいたところの，Text of the Revised Explanatory Report to the Convention on Mutual Administrative Assistance in Tax Matters as Amended by the 2010 Protocol, at 1 には，「情報交換の国際基準」に合わせることが「2010 年改正」の主眼であったこと，等が示されるとともに，「やっぱりね」と思う，以下のような記述がある。以下，基本的には，この Explanatory Report には原則的に言及しないが（注意すべき場合に限って The Revised Explanatory Report to the Convention, supra として引用する），その理由となる点もあるので，以下，「Id. at 1 の第 4－6 パラ」を，原文で示しておこう。

1　2008年版 OECD モデル租税条約 26 条の規律内容についての再確認　　519

"The 1988 Convention was revised in 2010 primarily to align it to the internationally agreed standard on transparency and exchange of information and to open it up to States which are not members of the OECD or of the Council of Europe. <u>The internationally agreed standard, which was developed by OECD and non-OECD countries working together in the OECD's Global Forum on Transparency and Exchange of Information,</u> **is** <u>included in Article 26 of the</u> **2008**〔!?〕<u>OECD Model Tax Convention,</u> and has been endorsed by the G7/G8 and the United Nations.

<u>The text of the Explanatory Report,</u> prepared by the committee of experts and transmitted to the Committee of Ministers of the Council of Europe and the Council of OECD and approved by the OECD's Committee on Fiscal Affairs, <u>does</u> **not** <u>constitute an instrument providing an authoritative interpretation of the text of the Convention,</u> although it may facilitate the understanding of the Convention's provisions.

<u>The text of the Explanatory Report was amended in 2010 primarily on the basis of</u> **the Commentary**〔!?〕<u>on Article 26 of the OECD Model Tax Convention.</u> It is understood〔??〕that the provisions of the Convention, as amended by the 2010 Protocol, which follow the corresponding provisions of the 2008 OECD Model Tax Convention, shall generally be given the same interpretation〔??〕as that expressed in **the OECD Commentary**〔??〕thereon."

　右の最初の（第 4）パラで、「情報交換の国際基準」が「グローバル・フォーラム」で開発されたとある点は、貿易と関税 2012 年 8 月号以下（本書第 2 章 4 以下）の論述との関係では、相対的にはまともである。だが、それが「2008 年版」の OECD モデル租税条約「26 条」に「含まれている（**is** included）」とあるのは、明らかにおかしい。すべて詳述した後ゆえ、改めてここで論ずることはしないけれども。

　次に、右の二番目の（第 5）パラでは、この Explanatory Report が本条約の**権威ある解釈**を示すもの「ではない」ことが、明確化されている。それを踏まえた右の最後の（第 6）パラだから、まだ許せるが、そこには、OECD モデル租税条約「26 条」の「コメンタリー」に主なベースを置くのがこの Explanatory Report だとある（だったら、もはや細かく見る必要なし！）。のみならず、<u>本条約の「2010 年改正」による諸規定につき、それらが OECD モデル租税条約の諸規定に従ったものゆえ、その「コメンタリー」と同一の解釈で臨め</u>、とする**暴論**が、示されている（なお、本書 522 － 523 頁の、「＊部分」に至る直前の個所と対比せよ!!）。

　これは、**権威なき暴論**、と言うべきである。これから示すように、「OECD マルチ税務執行共助条約」と「OECD モデル租税条約」とでは、「情報交換」についての条文が、全く同じ「ではない」からである。それを無視して何を言うか、ということで「も」ある。──総じて、本条約についてのこの Explanatory Report は、以上垣間見たのみでも、相当程度に、書き方が粗雑すぎる。<u>租税条約実施特例法の「2012 年改正」による諸規定の解釈上も、当局者として、この点に、十分に留意すべきであろう</u>。

　以下、英文については、基本的に OECD/Council of Europe, Protocol (amending the Convention on Mutual Administrative Assistance in Tax Matters, Provisional Edition), supra に戻りつつ、本条約の「2010 年改正」による「人権保障の退潮」ぶりを、点検するこ

ととする。引き続き，本条約の「前文」からの検討を行なう。

　「2010年改正」による本条約「前文」の変更は，この観点からは，既にして微妙である。即ち，第7段が全文削除で置き換えられ，次に既述の第8段が挿入された。だが，<u>「人権保障」上は重要な第6段は，幸いにも残っている</u>。——大体の構図が「直前の＊部分」からも既に判明しているゆえ，一々全文を対比することは避け，以下，概略のみを示すにとどめる。

　即ち，「1988年段階」の「前文」第7段は，「<u>情報の秘密保護の必要性</u>」と「<u>プライバシー及び個人情報の流通（flows of personal data）のための国際的な枠組み（international instruments）</u>」とを考慮し，自国の国内法及び実務慣行に合致する場合以外には措置をとるべき<u>ではなく</u>，又は，情報を提供すべき<u>ではない</u>ことを確信し（Convinced therefore that states <u>should **not**</u> carry out measures or supply information except ……;），とあったが，**方向性が逆**となってしまった。つまり，右の"should not"のところが"should"となり，措置や情報提供を「すべし」，となった。但し，右の考慮事由は，そのまま残っている（右に「プライバシー保護」とともに並んでいるのは，いわゆる**TDF**［Transborder Data Flow——「越境データ流通」］のことである。なお，貿易と関税2012年6月号80頁〔本書331頁〕，同年7月号63頁〔本書348頁〕参照）。

　だが，幸い，「1988年段階」の本条約「前文」第6段は，そのまま残っている。そしてそこには（邦訳は国税庁サイドのものに基本的にはよるが，若干変更する。以下，同じ）——

　「すべての者が適正な法令上の手続に従って決定される自己の権利及び義務を有するという<u>基本原則が，すべての国の租税に関して適用されるものとして認められるべきこと</u>（<u>fundamental principles</u> entitling every person to have his rights and obligations determined in accordance with a proper legal procedure should be recognized as applying to tax matters in all states），並びに，各国が，差別及び二重課税からの適切な保護を含む**納税者の**<u>正当な利益</u>を保護するよう努めるべきであること（<u>states should endeavor to protect **the legitimate interests of taxpayers**</u> ……;）を考慮し，」

——とある。こうした当たり前のことが，「2010年改正」を潜り抜けて今も存在するものの，既述の「改正議定書」自体の「前文」には何ら存在「しない」，ということの奇異さの中に，すべてが暗示されている，のである。

　以下，前記の観点から留意すべき点に絞った検討を行なう。まず，情報交換の「総則規定」たる4条だが，「1988年段階」では同条1項で情報交換の目的につき一定の縛りがあったが，その限定がなくなり，単純に「あらゆる情報を交換せよ（The Parties shall exchange any information, in particular …….）」，となった（同項の"Information which is unlikely to be relevant to these purposes shall not be exchanged under this Convention."との文言も，削除された）。ちなみに，そこには，OECDモデル租税条約26条について論じた際に言及した"foreseeably relevant"の文言（貿易と関税2012年11月号

# 1 2008年版OECDモデル租税条約26条の規律内容についての再確認

60頁，同2013年1月号72頁，等〔本書389,423,435頁〕）も，新たに付加された。

次に，受領した**情報の刑事訴追用の使用**に関する4条2項が，単純に削除(!!)となった。即ち，「1988年段階」では──

「締約国は，本条約に基づいて入手した情報を，当該情報を提供した締約国が**事前の許可を与えた場合にのみ**（**only if *prior authorization* has been given** by a Party which has supplied the information），**刑事裁判における証拠**として（as **evidence before a criminal court**）用いることが出来る。」

──と規定されていたが，この規定が全削除された。

貿易と関税2012年4月号85頁以下（本書279頁以下），同2012年12月号56頁以下（本書437頁以下）において，**最近の関税法108条の2の改正**や，その際先例とされた三つの日本の立法例において，外国当局からの「要請」のあることを前提として，日本側の提供した情報の，当該外国における刑事手続への利用につき，日本側が「**同意**」できる，とされていること，「国際捜査共助法」の潜脱防止がそこで重視されていること，等につき論じた。同2012年4月号87頁（本書281頁）では，外国側が日本側に要請をすることなく，受領した情報を勝手に，かかる目的のために用いてしまうという，『**かかる制度的対応の落とし穴**』についても言及しておいたが，それらを想起すべきである（「2010年改正」による租税条約実施特例法8条の2の「3号」や，「2011年11月改正」の後の国税通則法74条の8，等との関係については，同2012年12月号59頁以下〔本書440頁以下〕）。

「1988年段階」でのOECDマルチ税務執行条約4条2項は，そうした日本側の「**現在**」(!!)の法制度と同じ主義だったが，それが「2010年改正」で変更され，OECDモデル租税条約の側に，引き摺られることとなったのである（中山繁太郎氏の論稿に言及する貿易と関税2011年12月号90頁，同2012年11月号53頁以下，同2012年12月号59頁以下，同2013年1月号79頁以下〔本書206頁，216，283頁，415－416頁，441，462頁〕参照）。これは明らかに，「人権保障の退潮」である。

だが，OECD/Council of Europe, Protocol (amending the Convention on Mutual Administrative Assistance in Tax Matters, Provisional Edition), supra, at 3においても，わざわざ従来のままの規定が掲げられているところの，「**1988年段階**」での**4条3項の条文は，そのまま残っている**(!!)。この4条3項は──

「いかなる締約国も，いずれか一の寄託者に宛てた宣言をすることにより，5条及び7条の規定に従い，自国の居住者または国民に関する**情報を引渡す前に**〔**!!**〕，自国当局が自国の法令により当該の居住者又は国民にその旨を通知することを明示することが出来る（Any Party may …… indicate that, according to its internal legislation, its authorities may inform its resident or national **before transmitting information** [**!!**] concerning him, in conformity with Articles 5 and 7.）。」

——と規定する。

　面白いことに，The Revised Explanatory Report to the Convention, supra, at 9f の本条約 4 条の改正についての解説に，同条「3 項」についての解説は，欠落している。改正しなかったから解説がない，との表向きの説明は可能だが，OECD/Council of Europe, Protocol, supra, at 3 に「1988 年段階」での 3 項が再度全文示され，それをも含めて，"Article 4 of the Convention shall be deleted and replaced by the following:"とあるのに（Id. at 2），若干不自然でもあろう。

　そもそもなぜこの 4 条 3 項の規定が無傷のまま残ったのかは，それ自体，興味深い。<u>何らかの暗闘</u>のゆえ，であろうか。

　「2010 年改正」でこの 4 条「3 項」が生き残った意義は，実に大きい（!!）。まずもって想起すべきは，貿易と関税 2012 年 9 月号 61 頁以下（本書 386 頁以下），である。要するに，「グローバル・フォーラム」側の対スイス「ピア・レヴュー」報告書において，スイスが<u>連邦憲法上の要請</u>により，例外なく，情報の引渡しの<u>前に</u>（**prior to** transmitting the information to the requesting State——本書 387 頁）当該の者に通知する制度であることが，既述の「国際基準」の B.2. に不適合とされた。同前頁にあるように，まさにこの点が，"**unduly prevent or delay** exchange of information"だと，指弾されたのである。

　実に皮肉なことに，The Revised Explanatory Report to the Convention, supra, at 2 の Introduction, Para. 8 には——

"In applying the Convention, tax authorities will be <u>bound to</u> operate within the framework of national laws. The Convention specifically ensures that taxpayer's rights under national laws are fully ［!?］safeguarded. **However**, <u>national laws should not be applied in a manner that</u> undermines the object and purpose of the Convention. In other words, the Parties are expected not to ***unduly prevent or delay*** effective administrative assistance."

——とある。

　本条約 4 条 3 項との関係で言えば，波線のアンダーラインで示した右の第 2 文が，まさに同項に相当する。だが，例によって However 以下で，これが覆される形になる。そして，何と同じ "**unduly prevent or delay**" の語が，ここで「も」（!!）用いられている。

　かくて，「2010 年改正」を経てもそのまま残っている前記の「前文」第 6 段とともに，それを具体化したものとも言えるこの 4 条「3 項」は，直前の「＊部分」の中で引用した「Id. at 1 の第 4－6 パラ」にもかかわらず，また，「改正議定書」における「前文」の，前記の変更にもかかわらず，**本条約**と「**グローバル・フォーラム**」側の「**国際基準**」との間の，『**顕著な主義の差**』（!!）を，示していることになる。

　そうであるのに，<u>本条約の「2010 年改正」による諸規定につき，それらが OECD</u>

モデル租税条約の諸規定に従ったものゆえ，その「コメンタリー」と同一の解釈で臨め，とする前記の暴論が，Id. at 1 において示されている（直前の「＊部分」参照）のは，一体どうしたことなのであろうか（??[＊]）。

＊　明日，ではなく今日の昼には，某口述試験があるので，この位とする。以上の執筆は，2013年2月5日午前0時25分まで。計8時間15分の作業，であった。──執筆再開は，同年2月9日午後3時27分だが，「2013年2月7日」の既述のご教示（「2013年1月」の「第3次日米租税条約」についての「改正議定書」関連──但し，それ以外の多種多様なご教示も頂いた）についての補充のみで，ほぼ1号分の分量となってしまった。
　　今月号分の執筆は，5か月ぶりの，心身のギア・チェンジを目的とするものだし，あと5－12月号分までで本論文を完結させる，との新たな制約はかかったものの，焦らず，本号分は（多少ここで切った方がよい面もあり），ここまでとする（2013年2月9日午後8時0分，執筆終了。点検に入る。点検中に，文書保存上の若干不可思議な問題が発生し，一からの点検を，再度行なったため，点検作業は，同日午後11時52分までかかってしまった。計約8時間半の作業だったことになる。今日の補充箇所のごく一部が，若干ランダムに消えてしまったが，まあよい。それも，一切気にしないこととする）。

〔以上，2013年4月号84－99頁〕

　前号分に引き続き，「OECDマルチ税務執行共助条約」5条以下の新旧規定の対比を行なう（以下の邦語訳は国税サイドのものを基本的に用い，適宜，補充等を行なう。──執筆開始は，2013年2月28日午後0時4分[＊]）。

　　＊　そのつもりだったが，『本論文の全体構想と深くかかわる一層重要（重大）な事柄』が，わが眼前に立ち現れた。即ち，（貿易と関税2012年11月号〔本書413頁以下〕で言及した『日本』と同様に）**『スイス』に差し込んで「来ていた」ところの，新たな「人権保護」のための『一条の光』**を，この2月中に見いだしたため，「OECDマルチ税務執行共助条約」の新旧規定の対比は一向に進まず，殆ど専ら『それ』について論ずるのが本号分と，なってしまった。だが，それも，2013年12月号までに本論文を断固完結させるための『バイパス手術』としてのものであり，かつ，文字通り最新の，重要情報の徹底分析ゆえ，致し方ないところのはず，である。

　まず，「OECDマルチ税務執行共助条約」第3章（「共助［支援］の形態［Forms of assistance］」）の第1節（「情報交換」）についての「2010年議定書による改正」だが，この部分の改正は，前号分で論じた4条に関するもののみで，5条以下についての改正はない。けれども，本条約第4章（「すべての形態の共助［支援］に関する規定［Provisions relating to all forms of assistance］」）が別にあり（18－23条），そこにおいて，「情報交換」にも関連するかなりの改正があるので，ここでは，それらをも併せて検討する必要がある（その検討は次号分となるのだが。──なお，assistance を［共助］と訳すべきことについては，既述の通り）。
　まず，議定書による改正のない5条以下について，見ておく。5条は，「要請に基

づく情報交換（Exchange of information on request）」だが、1項に、提供される情報につき、「4条に規定されるものであって特定の者又は取引に関するもの（any information referred to in Article 4 which concerns particular persons or transactions）」を提供せよ、との限定が、まずある。5条の2項では、「自国の租税に関して保有する［正確には、「被要請国の課税上のファイルにあって利用可能な」］情報（the information available in the tax files of the requested State）」が要請に応ずるために不十分なら、「すべての関連する措置をとれ（shall take all relevant measures）」、と規定する。

次の6条が、「自動的な情報交換（Automatic exchange of information）」、7条が、「自発的な情報交換（Spontaneous exchange of information）」である。前者は、二以上の締約国間の合意に基づくものであり、後者は、7条1項にあるように、そこに所定の場合につき「事前の要請なしに（without prior request）」なされるものとして、6条の「自動的」なそれと、区別されている（*）。

* 細かなことだが、厳密を期する上で、「情報交換」についての「自動的」・「自発的」の区別につき、一言しておくべきことがある。本論文において、「2009年3月13日」よりも前にスイスが締結した、主要国との租税条約について、詳細に検討した中で（貿易と関税2011年11月号─2012年7月号）、例えば貿易と関税2012年1月号71頁以下（本書220頁以下）の、「1971年8月11日署名」の「対独租税条約」27条につき、スイス政府側は、同条がスイスに「更なる行政共助」を義務付けるものではないとし、次のような説明を、議会向けに行なっていた。即ち、同条は、「要請に基づいてのみ（nur auf Ersuchen）」の情報交換を定めるものであって、それ以上のものではない（weder periodisch noch spontan）、との説明である。ドイツ語の „spontan" との関係で、私は本書222頁で、右の „weder periodisch noch spontan" を、（ともに拒絶されたところの）「定期的又は自発的（自動的）な」情報交換、と訳していた。だが、厳密には、「自動的」が「定期的」に対応し、„spontan" は、その原義からしても、「自発的」と訳すべきところであったか、と「も」思われる。

但し、貿易と関税2012年2月号56頁（本書236頁）でも、「利子課税に関する2004年対EU租税条約」において、EU側が「自動的（automatisch）」な情報交換を求めていたが、スイス側によって拒絶されたことを示し、それの関係で、「1953年対仏租税条約」の場合に、フランス側が „periodische Spontanmeldung" を求めていたが、同じくスイス側によって拒絶され、情報交換はあくまで「要請による」ものとされたことをも、同前頁に示しておいた。その際にも、右の „periodische Spontanmeldung" を「定期的な自発的（自動的）報告」と訳していたわけだが、この最後の用語法においては、„spontan" と „periodisch" とは同質的とされ、前の段落で引用した部分では、両者は区別されていた。

もともとドイツ語の、„spontan" は、「（外的強制なしに）自然に起こる、自発的な」の意味だが、スイス政府の右に見たような（多少曖昧な？）用語法においては、クリア・カットに「自動的（automatisch）」と「自発的（spontan）」の対比がなされておらず、そこで迷った結果として、いわば苦肉の策として以上のように訳しておいた、というのが偽らざるところ、である。

だが、いずれにせよスイス側が、「2009年3月13日」より後において「も」（!!）、「自動的」な「情報交換」に最も神経を尖らせていることは、以下の《重要な注記》の中における記述（「1」・「2」のそれぞれの冒頭部分等参照）からも、自ずから明らかとなる

ところである。但し、以下には、本号分の冒頭で予告しておいたように、一層重要な問題について、言及する(**)。

\*\* ここで、以下の、極めて重要な注記を行なう。

　　　　　　　　　●　　　　　●　　　　　●

☆《『「2009年3月13日」の「政治的敗北」後のスイスにおける「プライバシー保護」のための法的新方策』⁉──「2013年2月までの展開」についての極めて重要な注記（‼）》

　ここで、「OECDマルチ税務執行共助条約」の新旧規定の対比（だがそれも、「1988年段階」と「2010年改正」とで、「人権保護」［‼］がどこまで"退潮"したかに焦点を当てて行われるものであることに注意‼）を中断してでも、急遽補充すべきことが生じた。即ちそれは、（個々の口座保有者を特定しない）「バルク情報」（貿易と関税2012年11月号57頁以下〔本書420頁以下〕の［5］参照。とくに本書422頁。──そこで示した文脈では、"the aggregate number and aggregate value of accounts; on an aggregate basis"との言葉が用いられていた）による情報交換と、その『更なる発展形態』（⁉）についての、最新情報である。
　いずれも、前号分でもご登場頂いたN氏・M氏（財務省主税局参事官室の西方建一・馬渕大樹の両氏）からの、2013年2月7日・15日（‼）の、誠に有難いご教示に基づくものである。──そのご教示に従い、かつ、自力でスイスのBundesblattにアクセスしたところ、以下のごとき「極めて重要なスイスの新方策」が明らかとなった。即ち、『憲法上の人権保障（プライバシー保護）』を『「双方可罰性要件放棄」後のスイス』が如何に守ろうとしているかについての、『智慧の国スイス』の法的新方策（‼）、である。その入り口までの丹念なご教示を頂いたN氏・M氏（とくに、ここではN氏、つまり西方建一君‼）への心からの感謝と敬意の念を込めて、以下、「情報交換」における「自動的」・「自発的」の語の区別（直前の「＊部分」参照）に端を発した当該の問題につき、いまだ「OECDマルチ税務執行共助条約」の条文チェックの途中ではあるが（そのため、「＊＊部分」の中での注記と、せざるを得ない）、言及しておくこととする。本論文第4章3・5を、前号分で示した趣旨で大幅圧縮するためにも（従って、本論文を2013年12月号までで完結させるためにも）、極めて重要だから、である。
　以下、便宜、［1］・［2］に分けた論述を行なう。

［1］「FATCA法実施のための米・スイス政府間合意」（2013年2月14日署名）
　この《重要な注記》（「＊＊部分」）の冒頭で示した貿易と関税2012年11月号分の［5］の項目（本書420頁以下）では、「2012年6月21日」の、米国FATCA法実施に関する「日米」・「米スイス」それぞれの「共同声明」について、論じていた。その後、「2013年2月14日（‼）」に、「米・スイス政府間のFATCA法実施促進の協力のための合意（Agreement between the United States of America and Switzerland for Coopera-

tion to Facilitate the Implementation of FATCA)」が署名された，のである。

　まず，「2012年12月4日」付けで同合意の正式署名前（「仮調印・仮署名」の，即ち，"initial"の段階，従ってスイス議会の承認前のアナウンスが，スイス側からなされている（Federal Department of Finance [FDF], Switzerland and the U.S. Initial the FATCA Agreement, Bern, 04.12.2012）。それによれば——

"The agreement ensures that accounts held by U.S. persons at Swiss financial institutions are reported either with the consent of the account holder or by administrative assistance channels through **group requests**. If consent is not given, the information will **not** be exchanged **automatically** [!!], but only on the basis of the administrative assistance provision in the Swiss-U.S. Double Taxation Convention."

——とあり，当該の者の「情報交換（情報提供）」への「同意」なき場合，「自動的」な情報交換ではなく（!!——直前の「＊部分」の末尾参照），「　　」（個人情報の特定なき「バルク情報」の提供要請——なお，貿易と関税2012年11月号59頁〔本書422頁〕参照）がなされる，とある。

　「2012年6月21日」の「米・スイス共同声明」の概要については，貿易と関税2012年11月号60頁（本書423頁）で示したが，「2012年2月8日」の米国と英仏独伊スペインとの共同声明とは異なり（本書421頁），米・スイス間では，スイスの金融機関が直接米国側（IRS）への情報提供を行なうこととなる（本書423頁）。だが，その際，前記のごとき工夫（「グループ・リクエスト」方式の採用）がなされることにより，個々の銀行顧客の（プライバシー保護に関する）権利，即ち『銀行秘密』が，（その段階では!!）担保されることになる。

　但し，後述のごとく，当局間の「租税条約上の情報交換」に問題が移行した後の，当該の者に対する「人権保護」のためには，実は，それだけでは不十分（!!）である。その理由を，事前にディスクローズしておこう。

　つまり，この「グループ・リクエスト」方式は，後述のごとく，「**IRS vs. UBS事件**」の処理のための「UBS合意」で用いられていたのと同様のもの，と言える。だが，「2009年3月13日」よりも前のスイスでは，実際に外国（米国）側に情報を引渡すためには，『双方可罰性要件』の満たされることが，必要であった。私の言う，『国境でメルトダウン（熔融）する人権保障』を防止するための防波堤としてのそれ，である。けれどもそれは，「2009年3月13日」に，廃棄（放棄）されてしまった。従って，スイス国内で，『双方可罰性要件』，即ち，スイス国内での強制措置発動の法的要件が，具備せぬ状態で，当該の者に対して，強制措置等が発動されてしまうことになる（〔＊〕——内外行政当局間での情報交換に関する日本の法制度の基本との関係でも，最近の関税法改正の場合を含めて『双方可罰性要件』の具備が原則となることにつき，貿易と関税2012年4月号85頁以下，同2012年12月号56頁以下〔本書278頁以下，437頁以下〕）。

\* 当該の者がスイスで，制限的又は制限なく納税義務を負う（in der Schweiz beschränkt oder unbeschränkt steuerpflichtig）場合についての，罰則付きの強制措置については，次の［２］の項目で言及する「2012年９月」制定の「課税事件における国際的行政共助に関する連邦法（Bundesgesetz über die internationale Amtshilfe in Steuersachen［Steueramtshilfegesetz, StAhiG］vom 28. September 2012）」の，9条（及びそれ以下）の規定参照。

この点をどうするのかが，大きな問題となる。そして，そのために，この『「グループ・リクエスト」方式の「発展形態」』（!?）として"開発"され「ていた」のが，［２］の項目で検討する『源泉税条約』方式だ，と考えるべきである。——だが，さしあたり，「グループ・リクエスト」方式の「FATCA法実施のための米・スイス政府間合意」における採用から，議論を始めよう。

「2013年２月14日」付けのスイス側の文書（State Secretariat for International Financial Matters［SIF］, Switzerland and United States sign FATCA agreement, Bern, 14.02.2013）では，同日付けで前記の「米・スイス政府間合意」の正式署名がなされたとともに，前記引用の英文と全く同じ文言で，その内容が確認されている。同合意の前文第６段に示されたところの，スイス金融機関にとっての「国内的な法的障害（domestic legal impediments）」の，除去のために，「グループ・リクエスト」（「バルク情報」の提供要請）という手法が用いられた，と見るべきである(\*)。そして，実際の前記「米・スイス政府間合意」3条（「スイスの義務」を定めたPart Bの冒頭の規定）や，「情報交換」の５条にも，"aggregate information; a group request (by the IRS)"といった文言が，用いられている。

\* 直前の「＊部分」において言及したスイスの連邦法（「2012年９月」制定の **StAhiG**）の，6条2項a・eには，『グループ・リクエスト』を可とする規定がある。また，同法についてのスイス政府の説明（Botschaft zum Erlass eines Steueramtshilfegesetzes vom 6. Juli 2011, Bundesblatt 2011, at 6198）には，「既に，2011年４月６日［!!］付けの**Botschaft**において，スイス政府がこの［方式の］推奨に"反応"［!!］していたこと（**Der Bundesrat hat mit seiner Botschaft vom 6. April 2011 [BBl. 2011, 3749] bereits auf diese Empfehlung *reagiert* [!!], …….**）」が，示されている（このBotschaftについては，後述）。

なお，StAhiGについてのこのBotschaftは，実は，同名の連邦法の草案（Entwurf）についてのものであり，その段階での同法の略称は，Steueramtshilfegesetz: StAGだった。だが，「2012年９月28日」制定の同法の略称は，Steueramtshilfegesetz: StAhiGと変更された。内容は，殆ど全く同じである（8条6項の „verweigeln" の語の位置が違っている点に，気づいた程度）。

詳細は略するが，この政府間合意において，スイスの「課税当局」（FTA——3条1項b(i)参照）が実際に行なうことと，ターゲットとなる私人のスイス国内での手続保障についてのみ，一言しておく。5条3項である。

（口座保有者の）「同意なき米国口座（Non-Consenting U.S. Accounts）」（等）につき米

国側から「グループ・リクエスト」を受けた FTA は，5 条 3 項 a で，まず，当該情報を有するスイスの金融機関に対し，その「口座保有者」（等）を identify するように要求する（shall request）。それを受けた「**5 条 3 項 b**」は──

"The FTA shall issue a final decision and **notify the persons concerned** about the decision on an **anonymous [!!] basis** by a publication in the Federal Gazette and on its internet site. The final decision may be appealed within 30 days after the publication in the Federal Gazette. **The appeal** must be lodged with **the Swiss Federal Administrative Court**. …… The Federal Administrative Court's decision is final. ……"

──と規定する。

要するに，「匿名」のまま当該の者の関係を含めてバルク情報で公表をしつつ，当該の者には，あなたの口座について米国側に情報提供をする旨，内々で「通知」をし，当該の者の『スイス連邦行政裁判所』での争訟の機会を，保障するのである（その後の流れは，「**IRS vs. UBS 事件**」関連の，貿易と関税 2011 年 5 月号 45 頁以下，同年 7 月号 46 頁以下〔本書 49 頁以下，91 頁以下〕の論述へと，いわば回帰すべきこととなる）。

だが，この段階では，米国側への（個人を特定した）情報提供は，いまだなされてはいない。つまりこれは，相手国（米国）への情報提供前の，「**事前の通知**」（**!!**），となる(*)。

* 　この政府間合意に対応するところの，前記の「2012 年 9 月 28 日」のスイス連邦法（StAhiG）の構造は，以下の通り。即ち，同法第 4 節「情報引渡し」（4. Abschnitt: Informationsübermittlung）冒頭の，16 条の「簡易な手続」は，当該の者が外国側への情報引渡しに同意した場合のものだが，そうではない場合についての，17 条の「正規の手続（Ordentliches Verfahren）」の，その 1 項によれば，スイス側当局はすべての不服申立権者に対して，行政共助の実施が基礎づけられたこと，及び，引渡されるべき情報の範囲についての，最終決定（命令）を，通知する（Die ESTV eröffnet jeder beschwerdeberechtigten Person eine Schlussverfügung, …….）。この点についての条文上の制約は，何らかかっていない（!!）。

　　それを受けた同法第 4 節の 19 条（「不服申立手続」）に続く 20 条 1 項によれば，当局側の最終決定，又は，不服申立についての決定（der Beschwerdeentscheid）が，確定した場合には（Ist …… rechtskräftig geworden, so …….），スイス側当局（ESTV）は交換されるべき情報を要請国側当局に引渡す，とある。

　　但し，それに先立ち，同法第 3 節（「情報の入手 [Informationsbeschaffung]」）の中の，同法 14 条（「不服申立権者への通知 [Information der beschwerdeberechtigten Person]」）の 1 項では，当該の者への「情報交換要請 [のあったことそれ自体] に関する（über das Ersuchen）」通知は，（常にではなく）「外国の当局がその [外国での] 手続に関する守秘の根拠を疎明しない場合（……, soweit die ausländische Behörde **nicht** Geheimhaltungsgründe hinsichtlich des Verfahrens glaubhaft macht.）」に，後述のごとき経緯で(!!)，限定されてしまっている。連邦憲法上の人権保障との関係で，果たしてそれで十

分かは，今後スイスの司法制度の中で精査されて行く「べき」ことになろう。だが，当局の最終決定があれば，いずれにしてもそれは，17条1項で（情報の外国側への引渡し前に‼），例外なく，当事者に通知されることになる（「事前の通知」‼）。従って，当事者への「通知」に関する制度変更は，情報交換についての最終決定が下される前の段階における，前記の14条1項と，その関係での15条2項（後述）にとどまる。

「グローバル・フォーラム」側の対スイス「ピア・レヴュー」報告書において，まさにこの点（右の「＊部分」に至る直前に示した点）が槍玉に挙がっていたことは，貿易と関税 2012 年 9 月号 63 頁以下（本書 386 頁以下）で示した。「グローバル・フォーラム」側の「覆面調査員」達（本書 379 頁以下）と同様のスタンスで，米国政府は，スイス連邦憲法上の要請に基づく『例外なき「事前の通知」要請』（情報の引渡し前のそれ）を，この FATCA 法実施のための「米・スイス政府間合意」で叩き潰すことも，出来たはずである。だが，少なくともこの政府間合意の条文上は，そうなってはいない。

つまり，「5条3項b」を受けた「5条3項c」には，スイス側当局たる FTA は，「5条1項に示された情報」についての「グループ・リクエスト」を米国側当局から受領してから，8カ月以内に，「要請されたすべてのかかる情報（all such requested information）」（但し，その意味については，「5条3項d」との関係で後述‼）を米国側に渡せとあるのみで，しかも，「要請された情報（the requested information）」の交換に遅延（delay）が生ずる際には，その旨米国側に通知（notify）せよ，云々とある。そして，それにとどまる。

遡って「5条1項」（米国側当局からスイス側当局に対する「情報交換」の要請）には，あくまで「バルク情報（the aggregate information）」についての「グループ・リクエスト」が規定されており，そこでメンションされている「3条1項b(iii)及び同条2項a(ii)」においても，『バルク情報』(the [aggregate] number; [the] aggregate value) の IRS への報告を，スイス政府側がスイス金融機関に対して命じよ，となっている（この命令を発することが，3条によるスイス側の，まずもっての義務となる。次の段階での米・スイス当局間の「情報交換」が，5条において定められていることになる）。

但し，同条の最後たる「5条3項d」には，（混乱なきよう‼）注意を要する。そこには，前記の「5条3項c」（「3項b」ではない‼）にもかかわらず，当該スイス金融機関の記録に「同意なき米国口座」の保有者の **U.S. TIN** (U.S. federal taxpayer identifying number) がない場合には，U.S. TIN を取得してそれを交換することは，スイス側当局には要求されない (Notwithstanding paragraph 3 (c) of this Article 5, the Swiss Competent Authority is not required to …….) と規定され，かつ，かかる場合には，当該スイス金融機関の記録に当該口座保有者の生年月日がある場合には，スイス側当局としてそれを取得し，かつ，交換される情報にそれを含めよ（…… shall obtain and include in **the exchanged information** the date of birth of the relevant person, if …….)，とされている。

かくて，ここ（「5条3項d」）では，当該条件の下にではあれ，「個人を特定した情報」の交換が，規定されている。だが，5条では，スイス金融機関から米国側当局への『バ

ルク情報』の提供（3条）を経た後での，米・スイス当局間の，通常の「租税条約上の情報交換」に，問題が移行している。そのことに，注意すべきである。

そもそも5条1項冒頭の第1文には，FATCA実施のコンテクストにおいて，米国側当局は，スイス側当局に対して，「グループ・リクエスト」を行なうことが**出来る（may make group requests）**，とある。つまり，スイス金融機関からの，直接の『バルク情報』の提供だけで米国側当局が個人を特定できれば，その者を特定した上での（租税条約上の）情報交換要請もできるが，そこまで行かねば，スイス側当局に対して，改めて「グループ・リクエスト」を行なえる，というのが5条である。

そこから先の，この5条の全体構造の中で，右の「5条3項d」の規定内容を正しく理解するためには，**IRS vs. UBS 事件**の展開過程（具体的には，「**UBS 合意**」の規律内容と，それに対するスイス連邦行政裁判所側の判断）を再度想起することが，必要となろう（詳細は略するが，この点については，貿易と関税2011年6月号62－65頁〔本書80頁以下〕，及び，とくに同2011年7月号55, 58頁〔本書100, 103頁〕参照）。要するに，同事件でも米国側の情報提供要請は，個人を特定せず，一定のカテゴリーの者の特定のみでなされた。それで情報交換の対象者の特定が十分なのかが，スイスの裁判所でも争われた訳だが，ともかくスイス側は，約「4,450」の口座についての対米情報提供（貿易と関税2011年6月号62頁〔本書81頁〕）を，行なうこととなった。──それと同様のことが，「FATCA法実施のための米・スイス政府間合意」の5条による，米・スイス「当局間」の「租税条約上の情報交換」においても，なされることとなる。だから，この政府間合意の，前記の「5条3項a」で，米国側からの「グループ・リクエスト」方式での要請を受けて，スイス側当局が，問題の口座保有者の特定 (to identify the Account Holders) 等を当該スイス金融機関に求めることに，なるのである。

この意味で，前記の「5条3項c」における「要請された**すべてのかかる〔!?〕**情報（**all such**〔!?〕**requested information**）」という語は，若干トリッキーである，とも言える。前記のごとく，そこに示された規定を遡ってゆくと，個人を特定せずになされる「グループ・リクエスト」方式のことしか浮かんで来ない。だが，政府間の情報交換に問題が移行した後ゆえ，一定のカテゴリーの特定があれば（単なる「情報漁り」のための情報交換要請ではない，との前提の下で），個人の特定へと，話が先に進むのである。

但し，その際，特定された当該の者の「プライバシー保護の基本権」（＝『スイス銀行秘密』で担保されるそれ）のために，従来の（「2009年3月13日」までの）スイスでは，『双方可罰性要件』が必須の法的砦を提供していた。だが，それが撤去された状況下において，本合意の「5条3項b」は，匿名性（an anonymous basis）の前提を維持した上で，当該の者の訴える権利をも保障するという，それなりに重要な法的"技術"を"開発"したもの，との位置づけとなる。

こうした法的メカニズムとともに，『スイス側の重要な法的（憲法的!!）要請としての「事前の通知」』が，前記のごとく，この「米・スイス政府間合意」においても，「5

条3項b」によって"生き残る"形になっているのである。**そのことの有する意義は，極めて大きい**（本論文第4章5の目次項目参照）。

　つまり，前号分でも言及した「2009年署名」の「改正米・スイス租税条約」26条5項「第2文」は，再示して来たように，『銀行情報』につき，"In order to obtain such information [held by a bank ……], the tax authorities of the requested Contracting State, if necessary to comply with its obligations under this paragraph, shall have the power [!!] to enforce the disclosure of information covered by this paragraph, notwithstanding paragraph 3 or any contrary provisions in its domestic laws." と規定している。それを文字通りに受け止めれば，スイス連邦憲法をバックとする「例外なき事前の通知」要請も，爆破され「得る」ことになる（前号分半ばの「＊＊＊部分」[本書513頁]で，右と同趣旨の「日・スイス改正租税条約」新『25条のA』5項「第2文」について言及したところの，ifクローズ部分の囲い込みのテクニックは別として，ということである!!)。だが，FATCA法関連で，ではあれ，米国側は，租税条約上の情報交換について，スイス側の『事前の通知』要件には口を挟まない，というところで手を打った，ということに「は」なる(＊)。

　＊　但し，「2009年3月13日」よりも後の状況下で，私人の「聴聞を受ける機会（[d]as rechtliche Gehör)」については，スイスの国内法上，重大な風穴が，空いてしまっている。即ち，スイスの前記連邦法（「かなり遅れて2012年9月」に正式に制定の **StAhiG**）についてのスイス政府の説明（**Botschaft vom 6. Juli 2011, supra, Bundesblatt** 2011, at **6197f**）には，貿易と関税2012年9月号51頁以下（本書378頁以下）で検討したところの，「2011年6月」の「グローバル・フォーラム」側の対スイス「ピア・レヴュー」報告書について，それが法的拘束力を有しない（rechtlich nicht verbindlich）ことを認めつつ，広汎過ぎる「聴聞の機会」について批判がなされたことから，その批判に「出来る限り（so weit wie möglich)」答えるべく，改正が意図されたとして，**Id. at 6201** の **Ziff. 1.3.3 Bst. e** が，リファーされている。其処を見ると，StAhiGの「15条2項」の規定内容が，情報交換の「国際基準」を考慮して，以下のごとくなった，とある。即ち，不服申立権者の「書類閲覧（Akteneinsicht)」の権利，及び「聴聞（Anhörung)」の機会は，情報提供の要請国たる外国の当局が，（その国における）「秘密保持の根拠（Geheimhaltungsgründe)」を「疎明（glaubhaft macht)」する場合には，その（外国当局の）要請に基づいて（auf deren Ersuchen)，スイス側当局によって拒絶され得る（Soweit ……, kann die ESTV …… einer beschwerdeberechtigten Person …… verweigern.)，というのが15条2項である。

　なお，**Ibid** には，この場合，不服申立手続についての同法19条の，3項による「延期的効果（aufschiebende Wirkung)」も同様に排除されることが意図されている（wird vorgesehen)，とある。この点は連邦政府側の願望に近かろうが，前記の20条1項により，いずれにせよ，（当局の最終処分についての「通知」を踏まえた）不服申立手続の，終了後に情報引渡しがなされることには，注意すべきである。

　ともかく，以上を前提とした上での，前記の（FATCA法実施のための）「米・スイス政府間合意」の「5条3項b」だ，ということになる。情報の外国側への引渡し前の，当事者への『事前の通知』要件は，スイス側として守り抜いたとは言えるが，『国境でメルトダウン（熔融）する人権保障』を防止するための『双方可罰性要件』は廃棄され

てしまっており（そのことの意味については既述），「2009 年 3 月 13 日」の「政治的敗北」（『双方可罰性要件』の放棄）後のスイスは，決して無傷ではなく，後述の [2] の荒っぽい手法を用いなければ，(スイス政府がどうプリテンドしようとも!?)，十全な問題解決には，至り得ない法的状況に，あるのである。

なお，スイス側の『事前の通知』要件をそれとして認めつつ，この米・スイス政府間合意が，なぜ『グループ・リクエスト』方式を主眼とするところで，基本的には止まったのかの点に関して，その背景事情についても，ここで一言しておく必要があろう。本論文第 4 章 4（「ループホール化する課税」）との関係で，後に論ずるとして来た『「OECD モデル租税条約」の「2012 年改正」』，である。

「2012 年 10 月 18 日」に，別途，西方建一君から頂戴していた **OECD, UPDATE TO ARTICLE 26 OF THE OECD MODEL TAX CONVENTION AND ITS COMMENTARY, Approved by the OECD Council on** 17 July 2012 を，ここで見ておこう（「2012 年改正」は，何と「26 条」関連のみである!!）。条文の改正は，後に論ずる 26 条「2 項」のみだが，Id. at 2ff の，26 条の「コメンタリー」の改正の中で，Id. at 3 (Preliminary remarks: para. 4.4) に，"requests in relation to **a group of taxpayer** (see paragraph 5.2)" との記述がある。そして，Id. at 4 (**para. 5.2**) には，「グループ・リクエスト」を容認する，以下の記述がある（そのことについても，2013 年 2 月に，西方君のご教示を得ていた。今，自力で該当箇所を見つけたところである）。

その文脈は，個人を特定しない情報提供要請と，「単なる情報漁り (fishing expedition)」との線引き，にある。即ち，"a group of taxpayers not individually identified" についても，「要請国 (the requesting State)」側によって "a detailed description of the group and the specific facts and circumstances that have led to the request" が示されておればよしとする，との文脈で，「グループ・リクエスト」が容認されているのである。

「**IRS vs. UBS 事件**」でも，米・スイス政府間の「UBS 合意」における，情報交換の対象者の絞り込み方について，同様の観点からの問題のあったことについて，貿易と関税 2011 年 7 月号 55 頁以下（本書 100 頁以下，109 頁以下）で論じた。これは，同事件の場合の，米国側の情報提供要請の杜撰さと関係する。

だが，「2013 年 2 月 14 日署名」の「米・スイス政府間の FATCA 法実施合意」における「グループ・リクエスト」方式は，そうした流れを，いわば "逆手にとって (!!)" のもの，である。そこに，注意すべきである。即ち，そこでの「グループ・リクエスト」方式採用の，スイス側にとっての意義は，まずもって，個々の銀行顧客のプライバシー保護を，言い換えれば顧客の権利としての「銀行秘密」を，その限りにおいて（既述）担保することにあったのである（スイス銀行界の要請が，背後にあったようである。──この点を匂わせるものとして，Daniel Pruzin, Swiss Government Announces Agreement With United States on FATCA Implementation, Daily Tax Report, ISSN 1522-8800 [233 DTR G-3], at 2 [**Protecting Client Confidentiality**] 参照）。

この換骨奪胎は，それとして見事，と言うべきである (!!)。しかも，既述のごとく，

『スイス側の重要な法的（憲法的!!）要請としての，「事前の通知」』は，この「米・スイス政府間合意」においても，「5条3項b」によって"生き残る"ことに，なっているのであるから（!!）。

　それでは，いかなる経緯で，スイス政府による，この換骨奪胎がなされたのか。ここでは，この点について，一言のみしておこう。
　『グループ・リクエスト』方式は，その限りでは，『個々人の情報に一定の「マスキング」を施し，「個人情報（プライバシー）」を保護した上で「情報交換」のルートに乗せる手法』である。「米・スイス共同声明」と同日の「2012年6月21日」になされた，「FATCA法実施のための日米共同声明」でも，日本の「個人情報保護法」との関係をクリアするために，その手法が用いられた訳だが（貿易と関税2012年11月号59頁〔本書422頁〕），「2012年7月17日」に正式承認された「2012年改正」によるOECDモデル租税条約26条「コメンタリー」で「グループ・リクエスト」方式が認められるよりも前，スイス政府は，既に「2011年4月6日（!!）」のBotschaft (BBl. 2011, supra, at 3749) において，この方式の推奨に，「反応していた (hat reagiert [!!])」，とされる（StAhiGについての，Botschaft, supra, BBl. 2011 vom 6. Juli 2011, at 6198に基づき，既述[*]）。

　＊　ドイツ語の „reagieren" には，「化学反応する」の意味もある。この場合のニュアンスは，これから論じて行くように（とくに，本号分の末尾部分〔本書543－544頁〕参照!!），まさに，金属ナトリウムに水を垂らすが如き，激しいそれ（なお，石黒・国境を越える環境汚染［1991年・木鐸社］24頁），である。

　其処で引用されている「2011年4月6日」のBotschaftは，本論文第3章2・3における叙述を大幅に圧縮させる上でも，極めて重要な文書である。即ちそれは，何と（!!），**Botschaft zur Ergänzung der am 18. Juni 2010 von der Schweizerischen Bundesversammlung genehmigten Doppelbesteuerungsabkommen vom 6. April 2011, BBl. 2011, at 3749-3763** のこと（それ自体は，意外に短い），である（!!）。
　要するにそれは，「2009年3月13日」以降，スイスが締結して来た数多くの国々との改正租税条約上の「情報交換」条項でも不十分とする，『「グローバル・フォーラム」側の対スイス「ピア・レヴュー」報告書（2011年6月）』を踏まえた上での，それらの改正条約（右のAbkommenは複数形）上の「情報交換」条項の，更なる「補充」のための，スイス政府の提案，である（Id. at 3750.[*]）。

　＊　Id. at 3755にあるように，この「ピア・レヴュー」は，「2010年10月末に始まり2011年6月初めまで続く（……hat Ende Oktober 2010 begonnen und dauert voraussichtlich bis Anfang Juni 2011.)」ものであったが，このBotschaftの日付たる「2011年4月6日」には，既にその内容は（ほぼ!?）確定していたようである。即ち，Id. at 3750には，このPeer Reviewについて，„Dabei hat sich gezeigt, dass ……."と，現在完了形でのその内容についての指摘がある。

その冒頭頁（Id. at 3750）では，前記「ピア・レヴュー」報告書において，外国側からスイス側への情報提供要請に際してスイス側の要求するところの，当該の者の特定性要件が，厳し過ぎるとの批判のあったこと（なお，Id. at 3756 をも参照。この点については，貿易と関税 2012 年 9 月号 59 - 60 頁〔本書 389 頁以下〕）を踏まえ，それを緩和することが，意図されている（Ibid は，この点がこの Botschaft の基本であることを示した「概観〔Übersicht〕」の部分）。

具体的には，「2009 年 3 月 13 日」以後の状況下で，「対デンマーク」を筆頭に，「2010 年 6 月 18 日」にスイス議会の承認を既に得ていた 10 本（zehn）の改正租税条約のうち，（対米を除く）9 本（neun）の条約が，「国際基準」を満たさないと批判されたことを受けて，同じく「2010 年 6 月 18 日」にスイス議会の承認を受けていた対米改正租税条約の，改正プロトコル 10 項 b（Ziffer 10 Buchstabe b）には既にあったところの，以下のごとき条項を，他の 9 本の条約にも盛り込み，併せて対米でも，一層の趣旨の明確化のための改正を施す，というのが，この Botschaft の基本である（Ibid.）。

対米での実際の条文は，BBl. 2010, at 247ff の，「2009 年 9 月 23 日署名」の「米・スイス租税条約改正プロトコル」の中で，（その 4 条による）条約 26 条についての従来の対米プロトコル 10 項（10. Zu Art. 26 [Informationsaustausch]）の差替え条文として，示されている。要するにそこでは，当該の者の特定のために「氏名・住所」を示して情報交換することは，必ずしも must とはなっていず，一方では「情報漁り（fishing expeditions）」を遮断しつつも，特定のために十分な指示（hinreichende Angaben zur Identifikation —— 10 項 a）が当該要請においてなされていれば十分，とされている[*]。

* それが，既述の，米・スイス政府間の「UBS 合意」（それについての，スイス側にとっての，いわば痛々しい実体験!!）を踏まえたものと見得ることに，最も注意すべきである（!!）。貿易と関税 2011 年 7 月号 51 頁以下（本書 96 頁以下），とくに 55 頁（本書 100 頁）と，対比せよ。

ここで「2011 年 4 月 6 日」の **BBl. 2011, supra, at 3749ff** に戻れば，Id. at 3750 の「概観」の項において既に，外国側からの要請における当該の者の特定に際して，この対米の場合をモデルとして，「氏名及び住所」は「それが知れている限り（soweit sie ihm bekannt sind）」とし，「その他の方法によっても（auch auf andere Weise als durch Angabe des Namens und der Adresse）」特定のなされ得ることを，残りの 9 本の条約でも，更なる改正（補充）によって認めることが，スイス政府の方針として，示されている（趣旨の明確化のために，対米でも更なる改正が，既述のごとく意図されている[*]・[**]）。

* Id. at 3761f に，デンマークを筆頭とする各国との改正租税条約の「補充」についての要点が，Id. at 3762 の対米の場合に必要な更なる「補充」とともに，示されている。

** もう一つ注目すべきは，Id. at 3754 において，「2009 年 3 月 13 日」のスイス政府の決定が「G20 の圧力による」ものであること (!!) が，正面から認められていること，である（Dieser Entscheid des Bundesrates [am 13. März 2009] erfolgte **auf Druck der**

1　2008 年版 OECD モデル租税条約 26 条の規律内容についての再確認　　535

G-20 [!!],…….)。なお，本書 629 頁と対比せよ。

但し，この段階（この Botschaft の発出された「2011 年 4 月 6 日」の段階）では，Id. at 3753 にあるように，OECD モデル租税条約，及び，その「コメンタリー」において，情報提供要請をするに際し，ターゲットとなる者に関して，どの程度の（具体的な）指示をせねばならないかについては，定めがなかった（Weder Artikel 26 des OECD-Musterabkommens noch der Kommentar zum OECD-Musterabkommen bestimmen, welche Angaben der ersuchende Staat in einem Amtshilfegesuch zu machen hat.）。そして，この Botschaft には，後に言葉としても明確化されるところの，『グループ・リクエスト』方式を，（一層）明確な「国際基準」にしたいという，スイス側の強い意向が，随所に読み取れる（この点が，次の ［2］ で論ずる点と，結び付いて行くことになる）。

だが，『双方可罰性要件放棄』後の状況下で，『グループ・リクエスト』方式の採用だけで十分ではないことは，既に示した通りである。そこで，一層の抜本的な対応が，必要となる。

すべてがうまく進行中，と言う訳にはゆかないが，以下，『「グループ・リクエスト」方式を更に発展させたスイスの，新たな挑戦（!?）』について，論じ進めることとする。

［2］　『「2009 年 3 月 13 日」の「双方可罰性要件放棄」』以後の状況下での，スイスの新たな挑戦（!?）——主要国との『源泉税条約（withholding tax agreement）』締結への流れと「対独」でのその挫折

「2013 年 2 月 7 日」に，西方建一君からは，スイス側の資料たる① Federal Department of Finance (FDF), State Secretariat for International Financial Matters (SIF), How **the tax agreements with Germany, the United Kingdom and Austria** work (**June 2012 [!!]**); ② SIF, Switzerland regrets Germany's "No" to signing of **withholding tax agreement**, Bern, 12.12.2012 の他，これらと対をなす，ドイツ側の事情を示すものとして，③ David D. Stewart, German Parliament Rejects **Swiss Withholding Tax Agreement**, Tax Notes International (January 7, 2013), at 12f を「も」，頂いていた。その時の議論では，西方君も（彼の後ろに居た馬渕君も），そこで言う『源泉税条約（withholding tax agreement）』が条約としての形式上，具体的に何を指すのか，（多少ではあるが!!）首を傾げていたが，私は，「2009 年 3 月 13 日」後のスイスが改正・締結して来た各国との二国間租税条約とは別物「だろう」，と述べた。そして，スイスが「2009 年 3 月 13 日」以後の状況下で，『新たな法的智慧』として，これで『スイス伝統の銀行秘密』（顧客のプライバシー保護の基本権から発するそれ!!）を守ろうとしているのでは（!?），と直感した。直感とは言っても，前記の②に，"**The withholding tax model** efficiently ensures that no untaxed foreign money can be hidden in Switzerland. It is an alternative to the **automatic exchange of information [!!]**." とあり，また，前記の①に——

"With this mechanism, **the privacy [!!] of bank clients is safeguarded** and the foreign tax authorities nevertheless receive the tax payments they are legally entitled to."

——とあることは，その場で説明を受け，かつ，原文を読んで気づいていたことではあったのだが（「2012年12月12日」付けの②には，「対英国」・「対オーストリア」の『源泉税条約』は「対独」のそれとは違い，「2013年1月1日」に発効するであろう［will enter into force］，とある）。

　要するにこれは，スイスが相手国と『源泉税条約（withholding tax agreement）』なるものを締結し，［1］で論じた「**グループ・リクエスト」方式**の，『**発展形態**』として，個々の口座情報は明かさずに，即ち，『スイス伝統の銀行秘密』は守りつつ，情報交換で一々相手国に情報を渡してから相手国で課税措置をとる代わりに(*)，その額をスイス側で『源泉徴収』して相手国側に渡すという，手品のようなメカニズム，である（私は，バーゼルの旧市街側から，ライン川にかかる中世の石橋の向こうのドイツ側に向けて，「あっかんべー」の赤い舌を大きく垂らした，トラムの線路の上の，顔のモニュメントのことを，その時，思い出していた。如何にもスイスらしいやり方，である）。

　　* 　直前の原文引用部分を，若干補充しておくと，以下のようになる。即ち，確かに「2009年3月13日」以降，『租税条約』上の「情報交換」の必須の前提だった『双方可罰性要件』は，スイス政府によって放棄・廃棄された。だが，スイス国内法上の措置として，前記の（詳しくは後述する）『源泉税条約』の前提となる，新たな「源泉税」徴収のための立法をして，それに基づく「徴収額」を外国に引渡すメカニズムを採用すれば，(1) 従来のスイスにおいて，顧客の権利としての『銀行秘密』，つまりは，当該顧客の『プライバシー保護の基本的人権』を守るための法的砦だったところの，『双方可罰性要件』がなくとも，当該の者の『プライバシー』，つまりは『スイスの銀行秘密』は，従来通りに守られる。他方，(2)スイスに対して「情報交換」を求める外国側においても，『「情報の入手」プラス「実際の課税」』に要する時間的その他のコストが削減され，**一層効率的（!!）な税務行政**」が期待できるはずである。
　　　この(1)(2)，とくに(2)のメリットを，従来スイスを「租税条約上の情報交換」で攻めて来ていた諸国が呑めば，それによって「2009年3月13日」のスイスの政治的屈服（既述）は，見事に止揚（aufheben!!）されることになる。あとは，この「新たな源泉税」に関するスイスの立法についての，憲法的判断が残るのみ，ということである。——直前の原文引用部分をもとに，前記①②③を一気に纏めると，以上のごとくなる。

　だが，②③にあるように，ドイツは，（すでに署名はなされていたところの）スイスとのこの『源泉税条約』なるものの批准を，拒絶した。また，肝腎の，『源泉税条約』と略称される条約の実体は，「2013年2月7日」の，西方君達との議論の場では，明らかにはならなかった。そこで，2013年2月28日（昨日は，久々の絶不調日であった。満月期の大潮なのだが）の執筆を一時中断し，一気にネット検索をかけたのである。
　制度の概要を示した前記①の文書が「2012年6月」のものゆえ，その時期のBundesblattを集中的に調べたのだが，いきなりそこへ飛んだ訳ではない。実は，西

方君からは，前記の，スイスの新たな「課税事件における国際的行政共助に関する連邦法（Bundesgesetz über die internationale Amtshilfe in Steuersachen [Steueramtshilfegesetz, **StAhiG**] vom 28. September 2012)」（英語での略称は TAAA）が「2013年2月1日」に施行されることを報ずる④ Federal Department of Finance, Federal Council brings Tax Administrative Assistance Act in force, Bern, 18.01.2013 と，同法のドイツ語条文をも頂いていた。右の④の冒頭には，同法については「国民投票（referendum）」は行なわれず従って，として——

"Consequently, **group requests** [!!] in accordance with **the international standard** [!!] will now be possible as well."

——とある（右に「国際基準」とある点については，後述）。
『すべては「グループ・リクエスト」で繋がっている』との直感が，私には働いた。その直感が西方君によっても，今や共有されているから，あの日の彼が，前記の④とドイツ語の条文をも，ご教示下さったはず，である（40年にならんとする私の全研究においても，こうしたことは，殆どなかったことである。とても嬉しいことである!!)。
全文わずか13行の前記④には，更に畳み掛けるように，「グループ・リクエスト」に関する記述が続く。まるで，「2009年3月13日」以後の状況下に対応すべく制定された同法の主眼が，「グループ・リクエスト」にあるかのように（!!）。即ちそこには——

"**Group requests** …… require a description of the action taken by bank clients to avoid taxation and must be clearly distinct from fishing expeditions. In accordance with the Ordinance on Administrative Assistance in the Case of **Group Requests** According to International Tax Agreements [!!], **group requests** are admissible for information on issues which concern the period of time from when the law entered into force."

——とあり，そこで終わっている。
右の第1文は，明らかに，「2012年改正」による OECD モデル租税条約26条「コメンタリー」の，前記の para. 5.2 を踏まえたものである。だが，その先は，妻の出番だった。

この④には，右の第2文にあるところの，⑤「2013年1月16日」制定の「国際的な租税条約による『グループ・リクエスト』の場合の行政共助に関する規則（Verordnung über die Amtshilfe bei Gruppenersuchen nach internationalen Steuerabkommen vom 16. Januar 2013)」の他，⑥同日，つまり「2013年1月16日」に廃止（aufgehoben）された，「2010年9月1日」制定の「二重課税防止のための条約（租税条約）による行政共助に関する規則（Verordnung über die Amtshilfe nach Doppelbesteuerungsabkommen)」の，その廃止を定めた規則，及び，⑦「2012年9月28日」制定の，前記の「課税事件における国際的行政共助に関する連邦法（**StAhiG**）」の，計3本の法及び規則につき，条文の検索先が，記載されていた。そのうち⑦については，既に西方君からドイツ語の条文を直接頂いていたし，その場でざっと見てはいたが，念のために⑦も含めて，妻にネットから打ち出してもらったのである。

まず，この段階で一言しておけば，前記⑥の規則については，貿易と関税2011年8月号54－55頁（本書116頁）において，「**IRS vs. UBS 事件**」との関係で，その成立について一言しておいた。だが，それはもはや「2013年1月16日」に廃止され，「同日」，それに代わるものとして，⑤の新規則が制定されたが，⑤は，その規則の名称にあるように，専ら「グループ・リクエスト」に関するものだった（!!），のである(*)。

* ⑤の「国際的な租税条約による『グループ・リクエスト』の場合の行政共助に関する規則」（BBl. 2011, at 6193）を探し出して，愕然とした。その実質は，「グループ・リクエスト（Gruppensuchen）」と題した1条のみ（2条は，「2013年2月1日」の同規則の施行を定めるのみで，これら2カ条で本規則は終わり）。
  しかも，その1条は，「当該の者（対象者）を或る行動モデルを手掛かりとして（anhand eines Verhaltensmusters）定めるところの国際的な租税条約に基づく［情報交換の］要請は，StAhiGの発効（施行）日たる2012年9月28日以後の事実関係に関する情報については，許容される（…… sind zulässig）」，とするのみである。
  StAhiG（⑦）の前身たる（内容は同じ）StAGの実施規則（細則）として，この連邦法の制定（そのためのBotschaftの発出は「2011年7月6日」）よりも前に制定されていたところの，「2010年9月1日」の「二重課税防止のための条約（租税条約）による行政共助に関する規則」は，この種の規則として，一応まともな内容を定めていた。だが，それを廃止した上で制定されたこの⑤は，その意味で，かなり異常である。常識的に考えて，「グループ・リクエスト」を許容するのみで，どうして「実施規則（細則）」と言えるのか，ということである。

そして，この⑤の新規則の，上位規範となる⑦の連邦法（その制定は，「2012年9月28日」）の施行を告げる，「2013年1月18日」の前記④のスイス政府側文書においては，本来，全25条の同法の全体を語るべきところ，「グループ・リクエスト」のことしか，既述のごとく，書かれていなかった。しかも（!!），前記④においては，スイス連邦政府が⑦の連邦法の施行日を決定したのは，何と「2013年1月16日」だ，とあるではないか（!!）。――ここで，⑤⑥⑦の『日付』が，ピタリと一致することとなる。

もはや，おそらくは誰の目にも，明らかであろう。以上を要約し，かつ，（繰り返しを厭わずに）今私の頭の中にあることを纏めて示せば，以下のようになる。即ち――

『「2009年3月13日」の「双方可罰性要件放棄」という「スイスの政治的敗北」後の状況下で，OECDモデル租税条約26条の線での情報交換もやむなしとして，ス

イスは,「2010 年 9 月 1 日」に,まずは⑥の規則を制定し,その上位規範たる⑦の連邦法のドラフトを「2011 年 7 月 6 日」に纏め上げ,それを,殆どそのままの形で,「2012 年 9 月 28 日」に制定した。

だが,前記 [1] の項の末尾部分で示したように,「2012 年 7 月 17 日」に正式に了承された「2012 年改正」による OECD モデル租税条約 26 条の「コメンタリー」において,「グループ・リクエスト」が,正面から認められた。⑦の連邦法の正式な制定は,その約 2 か月後であったが,この同法の制定時期が,「2012 年 7 月 17 日」の右の出来事を見据えた上でのものだったのではないか(スイスは,それまで待っていた!?)とさえ,思われないではない。他方,「グループ・リクエスト」が正式に OECD サイドで認知される「2012 年 7 月 17 日」よりも前 (!!) の,「2012 年 6 月 21 日」の FATCA 法実施のための「米・スイス共同声明」において,スイスは,同日付けの FATCA 法実施のための「日米共同声明」と同じく,「グループ・リクエスト」方式を米国側に認めさせていた。

そして,「2013 年 1 月 16 日」という同じ日に,スイスは,⑥の規則を廃止し,かつ,⑦の連邦法の主眼が「グループ・リクエスト」にあるとするかの如き前記④の文書の発出とともに,⑦の連邦法の実施のためには「グループ・リクエスト」で十分だとするかの如き,⑤の規則を制定した。

更に,前記の「米・スイス共同声明」を踏まえて,「2013 年 2 月 14 日」に,[1] で論じた「米・スイス政府間の FATCA 法実施促進の協力のための合意」がなされた。そこにおいてスイス側は,ターゲットとされる者への,例外なき『事前の通知 (prior notice)』という,「グローバル・フォーラム」側の,「2011 年 6 月」の対スイス「ピア・レヴュー」報告書で「情報交換の国際基準」に不適合とされた点を,それにもかかわらず従来通りのものとして,FATCA 法関連で米国側に認めさせ,かつ,既述の「グループ・リクエスト」方式を"逆手に取る戦略"(「2012 年 7 月 17 日」よりも後の,「2013 年 1 月 18 日」付けの前記④の冒頭に,「グループ・リクエスト」方式が情報交換の「国際基準」に沿ったものである旨が,既に原文を示しておいたように,明確に示されている点に,注意せよ!!)で,個々の銀行顧客の(プライバシー保護に関する)権利,即ち『スイスの銀行秘密』を,従来の「双方可罰性要件」との関係での問題は,既述のごとく残るものの,「グループ・リクエスト」方式の採用によって,第 1 段階においては (既述),その限りにおいて保護する,"外装"を得た。

だが,右の最後に,いずれも「既述」として示した,『残された問題』との関係は,どうなるのか。——ここで最も重要な事は,以上に示した一連の動きに『先立ち』(!!),スイス側が,既に (!!)「2012 年 6 月」の段階で (即ち,「2012 年 6 月 21 日」の日米,米・スイス政府間での FATCA 法実施のための「共同声明」発出と同時期に!!),前記①のスイス連邦財務省から出された文書において,『「グループ・リクエスト」方式の「発展形態」』(!?) として,詳細はこれから述べる『源泉税条約モデル』を提案「していた」こと (過去完了!!),である。

そこで,前記①の文書から,この文脈において重要な部分 (等) にアンダーラインを付しつつ,引用をしておこう。ドイツ議会がいわゆる『源泉税条約』の批准を

拒否する前の段階の文書ではあるが、その冒頭の "What is a final withholding tax? How does it work?" と題した項には——

"**A final withholding tax** is a tax levied at source [i.e. in Switzerland] at a flat rate and transferred to the tax authority of the partner state. The specific procedures is as follows: Swiss banks deduct a flat-rate tax sum on existing assets from <u>Germany, UK or Austrian</u> clients (past) and investment income and capital gains (future) respectively, and forward this sum to the Federal Tax Administration (FTA) in Switzerland. The FTA then transfers the tax to the <u>German, UK or Austrian</u> tax authorities. With this transfer, the tax liability is deemed to have been finally settled -- hence the term **final withholding tax**. <u>*With this mechanism,* **the privacy** [!!] *of bank clients is safeguarded and* *the foreign tax authorities nevertheless receive the tax payments they are legally entitled to.*</u>"

——とある。

それだけでも十分とは思うが、ダメ押し的に、同じく前記①の "**What impact will the agreements have on Swiss banking secrecy?**" と題した項からも、引用をしておこう。そこには——

"<u>*Protecting the privacy of bank clients is and will remain one of the pillars of the Swiss financial centre* [!!]</u>. The agreements respect this requirement: only tax payments will be handed over to foreign tax authorities, **not** <u>names of bank clients. Bank relationships will be disclosed **only** with the explicit consent of the person concerned</u>. To this end, the agreements enable appropriate and substantial taxation **without abandoning protection of clients' privacy** [!!]. **In short, only the privacy of honest clients will be protected in the future.**"

——とあるのである。

要するに、『「銀行顧客のプライバシー」(即ち、「**スイス銀行秘密**」!!)は、従来(現在)と同様、将来においても、金融センターとしてのスイスの、<u>支柱であり続ける</u>』との、右引用部分冒頭の高らかな宣言は、「2009年3月13日」の段階では、『双方可罰性要件放棄』により、一旦は挫折を経験「していた」ところのもの、である。それがここで復活する裏には、『「グループ・リクエスト」方式の「発展形態」』たる(これは、石黒の評価)ところの、『源泉税条約モデルの開発(!!)』がある、ということになる。——こう見て来ると、「2012年6月21日」のFATCA法実施のための「米・スイス共同声明」における「グループ・リクエスト」方式(「バルク情報」の提供)という手法は、<u>同日付けの「日米共同声明」のコピー</u>なのかなと、私は今日まで、漠然と考えていたが、どうも事情は違うようである。むしろ、『スイス内部の高度な頭脳集団』が、スイスを金融大国たらしめて来た「法的智慧」を結集し、すべての基本の「グループ・リクエスト」方式を、"開発" したのではないか、と

も思われて来る。
　「グループ・リクエスト」方式と「源泉税条約モデル」とに共通するのは，それらが，個々の口座保有者・口座情報に一定の「マスキング」を施す技術だということである(*)。とくに後者は，『スイスの銀行秘密』（=『双方可罰性要件』）打破を猛然と要求して来たOECDやG8/G20等の力のベクトルを躱（かわ）し，土俵際で「うっちゃり」をかける法的技術，である。

＊　とくに後者は，個人情報を一定の『マスキング』技術によって完全に（!!）保護しつつ，そうでありながら，多数の症例分析，等を可能とする，「2012年2月14日」発表の**NTT R&D の成果**――「医療統計処理における秘密計算技術を世界で初めて実証」――と同様の，技術開発成果と，見るべきである。

　問題は，完全な技術とも言うべき右の後者（「源泉税条約」モデル）の"開発"が，前記①が発出された「2012年6月」よりも前の，一体いつなのか，ということである。その先は，もはや後進の者の分析に委ねるが（但し，本号分の末尾部分において，もう一歩だけ先のことについて，言及する），OECDモデル租税条約26条の「コメンタリー」において，この発想の原点とも言うべき「グループ・リクエスト」方式（前記の「マスキング」のための基本技術）が，「国際基準」として正式に認められねば，事は自然には進まない。ひょっとして，「2012年版」の26条「コメンタリー」における前記の新たな記述も，そうしたことを背景に，種々の手練手管を弄しつつ，或いは，建前と本音を微妙に使い分けつつ（!?），裏でスイスが動いた結果，なのであろうか，とさえ思われる（すでに本号分で匂わせていた点）。それが功を奏したのが「2012年7月17日」。その上で，その換骨奪胎戦略が固まるまで，若干の時間はかかろう……。
　だが，既述のごとく，既にBotschaft zur Ergänzung der am 18. Juni 2010 von der Schweizerischen Bundesversammlung genehmigten Doppelbesteuerungsabkommen vom 6. April 2011, BBl. 2011, at 3749ff において，**即ち，「2011年4月6日」の段階で，既にスイス政府は，各国との租税条約の更なる改正を意図しつつ，『グループ・リクエスト』方式の採用に，鋭く（!!）「反応」していた**のである……。――といった頭の体操が，高速（光速!?）回転のCDのように延々と続いている，というのが，今現在の私である。u.s.w.(*)』

＊　但し，実際には，「グループ・リクエスト」方式は，「租税条約上の情報交換」対策用の一応のもので，一層抜本的な『源泉税条約』方式が，別途相当前から構想されており，**スイスは，いわば『両面作戦』(!!) で「2009年3月13日」以降の問題に対処しようとして来「ていた」**と思われることにつき，本号分の末尾部分参照。もとより，これは，2013年「3月10日」（午後10時22分）の加筆，である。

　――と書いたところで時計を見たら，何と2013年「3月1日」の午前3時0分。殆ど15時間ぶっ続けでの執筆を，していたことになる。いわゆる『源泉税条約』の

542　第 3 章　「IRS vs. UBS 事件」の展開過程でなされた「スイスの重大な政策変更」(2009 年 3 月 13 日)

実態解明用に，自力で打ち出した大量の Bundesblatt のコピーについても，「今日」言及しかったのだが，それは次回の執筆に委ねることとする(*)。

　　* 　2 月 27 日の「絶不調」も，翌「28 日」(「お不動さんの日」)であり，気象庁のデータによれば，月齢27.8で大潮)の正午頃からの，「今日」の執筆における「大発見」へとジャンプするための，「内的必然」ないし（九鬼周造が言うところの）「偶然的必然」による，「深い心身の谷（ボトム）」だったことを，書きながら，徐々に深く，実感していた。だが，3 月 1 日未明の執筆終了後，妻に約 30 分かけて，「今日」の執筆上の大収穫について捲（まく）し立てたところ，妻は，私の「氣」による，極度の「湯当たり」（つまりは超クラクラの）状態に，なってしまった。うっかり私は，ゴジラの発する光線のごとき私の，最近更に一層強力となった『氣』(=「電磁波」)が，こうした状況下で，妻に向かって強く放射されてしまうことを，忘れていたのだ。だが，今回に限っては，中国漢方生薬の粋を集めた，アルコール度数 35％の，妻特製の薬酒を呑むこともなく，自力で対処し得た。つまり，全く画期的なこととして，約 20 分で，妻の「湯当たり」は殆ど解消し，妻は，おいしい「未明の夕食」を作ってくれるまでに回復した。実は「今日」の執筆に際して「も」，貿易と関税 2011 年 3 月号分以来の，雑誌のコピーだけで数百頁にはなる本論文のファイルの中から，相当前に執筆した個所を見つけ出さねばならないことが，数回あった。執筆上の一番の苦労は，こうした不毛に近い「発掘作業」にあるのだが，今日に限っては，この辺かなと思ってパッと開いた頁が何とビンゴだった，ということが数回あった。これも，現状での私の「氣」のレベルを示す証拠，なのであろう。もっと私は，自分自身（意識下の自分）のパワーを，信じなければならないと，以上の顛末から，強く感じ，「今日」の執筆終了＆「未明の夕食」のあと，こうして 3 月 1 日午前 5 時 40 分まで，加筆をした次第である。——執筆再開は，2013 年「3 月 5 日」午後 1 時 55 分。ここまでの補充と調整に，殆どすべてを費やした（本日分の執筆は，「3 月 5 日」の午後 10 時 50 分まで。——執筆再開，2013 年 3 月 10 日午前 9 時 7 分）。

　さて，ここまでの論述においては，私の見るところ**『「グループ・リクエスト」方式の「発展形態」』たる『源泉税条約』方式**(*)について，その実体が何であるのかを，明かさずに来た。以下では，まずはその実体ないし実像が，一体何であるのかを明らかとすることから，一層の検討を始めよう。

　　* 　前者が「租税条約」(「FATCA 法実施のための米・スイス政府間合意」を含む) 上の「情報交換」の，少なくとも第 1 段階において（既述），個々の顧客情報に一定の「マスキング」をかけるという，いわば "不完全な技術" であるのに対して，後者は，「租税条約」上の「情報交換」という制度を全面的にし，『双方可罰性要件』なき状況下でも，個々の顧客情報（『銀行秘密』）を完全に守りつつ，外国側当局がスイスに対して「情報交換」を求めて来る前に，外国当局がそのために「情報交換」を求めるところの，外国側における税収確保の欲求に満足を与えるという，『いわばカネですべてのカタを付ける』という，（それが認められれば，の話だが）"完全な技術"，として位置づけられる。

　「2012 年 6 月」のものたる，前記②の FDF/SIF の文書では，スイスと「ドイツ・英国・オーストリア」との tax agreements が既に存在することが示され，かつ，その

末尾部分において，スイス議会のそれらについての承認が，既に「2012年6月15日」になされていること，そして，「次のステップ」として，「ギリシャ・イタリア」との交渉が進行中，とある。

　そのあたりから検索をかけたところ，「ドイツ・英国・オーストリア」との関係での，以下のものがヒットした。そして，『源泉税条約』の実体が，『課税及び金融市場』（ないし『課税』）の領域における『協力に関する条約』というものであること(*)が，判明した。一般の二国間租税条約とは別物としてのそれら，である。即ち，Bundesblatt への公表順に，以下の三つの連邦決定が見つかった。それらは，Bundesbeschluss über die Genehmigung des Abkommens zwischen der Schweiz und **Deutschland** über Zusammenarbeit in den Bereichen Steuern und Finanzmarkt und Protokolls zur Änderung dieses Abkommens vom 15. Juni 2012, BBl. 2012, at 5823f; Bundesbeschluss über die Genehmigung des Abkommens zwischen der Schweiz und dem **Vereinigten Königreich** über Zusammenarbeit im Steuerbereich und Protokolls zur Änderung dieses Abkommens vom 15. Juni 2012, BBl. 2012, at 5825f; Bundesbeschluss über die Genehmigung des Abkommens zwischen der Schweiz und **Österreich** über Zusammenarbeit in den Bereichen Steuern und Finanzmarkt vom 15. Juni 2012, BBl. 2012, at 5827 である。

* 「対英」の場合のみ，『課税の領域における協力』，となっている。なお，BBl. 2012, at 5825 のこの決定においては，同名の「対英」条約が「2011年10月6日」のものとして既に存在し（それについては BBl. 2012 4943 参照，とある），その改正のためのプロトコルが，「2012年3月20日」に署名された，とある。それらの批准を連邦政府に対して認めるのが，本決定である。同様に，BBl. 2012, at 5823 の「対独」の場合についても，『課税及び金融市場に関する協力』に関する同名の条約が「2011年9月21日」のものとしてあり（それについては，BBl. 2012 5039 参照，とある），その改正のためのプロトコルが，「2012年4月5日」に署名された，とある。だが，「対オーストリア」では，BBl. 2012, at 5827 にあるように，「2012年4月13日」の条約の承認が，（改正プロトコルなしに）スイス議会によって，そこでなされている。

　この『源泉税条約』（＝『課税協力条約』）についての，スイス政府の議会向けの公的説明(Botschaft)は，「対英」・「対独」で，共通のものとなっている。即ちそれは，「2012年4月18日」付けの Botschaft であり，その正式名称は，Botschaft zur Genehmigung der Abkommen mit Deutschland über die Zusammanarbeit im Steuer- und im Finanzmarktbereich und mit dem Vereinigten Königreich über die Zusammenarbeit im Steuerbereich sowie zum **Bundesgesetz über die internationale Quellensteuerung [!!]** vom 18. April 2012, BBl. 2012, at 4943ff である。

　Id. at 4943 に，「国際的な**源泉課税**についての連邦法（**IQG**）」とあり，Id. at 4944 の「概観」の末尾に，「本条約及び IQG は，（連邦政府の）『**潔白なマネー戦略（die Weissgeldstrategie）**』に，ピタリ符合する（fügen sich ein）ものだ」，とある。そして，この『戦略』のために，スイス政府は，「スイス金融市場政策のための**戦略的な『衝**

撃的進路』」（!!）についての「2009年12月16日」の報告書（Bericht vom **16. Dezember 2009** zu den **strategischen Stossrichtungen [!!]** für die Finanzmarktpolitik der Schweiz），及び，「2012年2月22日」の同旨の「ディスカッション・ペーパー」において，「自らの見解を表明した」，あるいは，「胸中を吐露した」（sich …… ausgesprochen hat[*]）ところである，とされている（「対オーストリア」の，同様の「2012年4月20日」付けの Botschaft [BBl. 2012, at 5307ff] 冒頭の，「概観」部分 [Id. at 5308] の末尾にも，右と全く同文での指摘がある）。

　　＊　この „sich aussprechen" には，後者のニュアンスがあるし，ここでは，その方が素直な意味ともなろう。

　かくて，『源泉税条約』（＝『課税協力条約』）方式の原点は，「2009年12月16日」のスイス政府報告書にまで遡る（!!）。この方式は，そこにおいて『潔白なマネー戦略（**die Weissgeldstrategie**）』（「ホワイト・マネー」戦略 !!），ないし，（世界の金融市場のセンターとしてのスイスを守るための）**戦略的な『衝撃的進路』**のために，構想されたものであった（多少凝った表現であり，訳しにくいが，その意図するところは，明らかであろう）。即ちそれは，『双方可罰性要件放棄』を骨子とする「2009年3月13日」のスイスの「政治的敗北」，更には，（時期の近接性からも）それを踏まえたものとしか思われないところの，『銀行秘密の時代は終わった』とする「2009年4月2日」のG20ロンドンサミット・コミュニケ（貿易と関税2011年3月号48，53頁，同2012年7月号51－52頁，同2012年10月号66，70頁〔本書2，8，335，398，401頁〕）にも示された『世界の一方的な流れ』をも踏まえた上での，スイスの起死回生の一打として，構想されたものであった。

　再度言うが，(a)『源泉税条約』（＝『課税協力条約』）方式の原点は，「2009年12月16日」のスイス政府報告書にまで遡ることになる。それは，「2009年3月13日」の，わずか9か月後（!!）である。そして，既述のごとく，(b)スイス政府が「グループ・リクエスト」方式に「反応」（!!）したのは，「2011年4月6日」の段階において，であった。前記①の "**What impact will the agreements have on Swiss banking secrecy?**" と題した項の記述（既に本号分で原文を引用したそれ）からも，(a)の『源泉税条約』（＝『課税協力条約』）方式の狙いは，，銀行顧客の「プライバシーの権利」（＝『スイス銀行秘密』）が，今後も引き続き守られる，との点にある。

　これは，『銀行秘密の時代は終わった』とする「2009年4月2日」のG20ロンドンサミット・コミュニケに対する，正面切っての挑戦，である。それは，世界の「ブラック・マネー」がスイスに流れ，諸悪の根源となっているとの一般の理解に対する，アンチ・テーゼの提示，でもある。だから，『潔白なマネー戦略（**die Weissgeldstrategie**）』（「ホワイト・マネー」戦略 !!），ないし，（世界の金融市場のセンターとしてのスイスを守るための）**戦略的な『衝撃的進路』**（ショックを与えるための［新たな］道筋），なのである（!!）。

但し、ここで『悲しいお知らせ』がある。——本論文は、2013 年 12 月号をもって完結する。従って、この先を、ここで更に深く検討することは、もはや出来ない。

ここに、大きな『学問的鉱脈』があるのは、確かである。其処を指し示しておくだけで、後は後進の者の検討に委ねることとしても、あと 3 年の東大在職期間を残すのみの、そして（明治以来の伝統では、既に退職していたはずの）満 62 歳半の、私の使命としては、十分ではないか、とも思う（従って、本論文完成後の著書化作業においても、この先には踏み込まない。ここまでが、今の私が辿り着いたところなのだ、という現実を、この自分自身が尊重するためにも‼）。

とはいえ、『源泉税条約』（＝『課税協力条約』）方式に関する Botschaft(en) には、最低限ここで触れておくべき点が、あるように思われる。それらについて、次号分で検討し、それで、次号分にまで跨ることとなってしまった、この《重要な注記》を終え、その上で、「OECD マルチ税務執行共助条約」の新旧条文の対比という、本論文執筆上の本線に、復帰することとする（以上の執筆は、2013 年 3 月 10 日午後 8 時 25 分まで。点検に入る。——点検終了、同日午後 10 時 55 分）。

〔以上、2013 年 5 月号 71 － 91 頁〕

執筆開始は 2013 年 3 月 21 日午後 0 時 14 分。この《重要な注記》を早く終えて、「OECD マルチ税務執行共助条約」の新旧条文対比に戻り、そこから、「徴収共助」関連を含めたわが「租税条約実施特例法」の「2012 年改正」へと議論を進めるのが、今月号分の執筆の、目的となる。だが、**スイスの『源泉税条約』方式**（個々人の口座情報に『マスキング』を施す「グループ・リクエスト」方式の『発展形態』としての、"完全な" 法的技術としてのそれ——「2009 年 12 月 16 日」のスイス政府報告書にまで遡るそれ）について、最低限ここで言及すべきことがあり（前号分の末尾部分参照）、そこから論じ始めることとする。

『源泉税条約』の方式（モデル）についての、前号分で言及した①②③の文献（いずれも、西方建一君から頂戴したもの——それらがなかったら、私は何も書けなかった‼）を、もう一度見ておこう（*）。スイス政府の Botschaft の検討は、その後とする。

* それらは、① Federal Department of Finance (FDF), State Secretariat for International Financial Matters (SIF), How **the tax agreements with Germany, the United Kingdom and Austria** work (**June 2012 [‼]**)；② SIF, Switzerland regrets Germany's "No" to signing of **withholding tax agreement**, Bern, 12.12.2012；③ David D. Stewart, German Parliament Rejects **Swiss Withholding Tax Agreement**, Tax Notes International (January 7, 2013), at 12f である。前号分では、専ら①と②からの引用等を行なっていた。

この②には、既にドイツ側も署名済みだった「対独源泉税条約」（the withholding tax agreement which the German federal government signed with Switzerland）がドイツ議会によって批准拒否（not ratified）となったことへの、スイス側の嘆きが示されるとともに、以下の点への言及がある。即ち、順調に実施される見込みの「対英」・「対オー

ストリア」の「源泉税条約」に続き，前号分でも一言したように，「ギリシャ」・「イタリア」との交渉が進行中であり，かつ，ヨーロッパ内外の他の諸国も，「源泉税条約」モデル(*)への関心を示している (Other countries both within and outside Europe have also shown an interest.)，とされている。

* この「源泉税条約」モデルが，『銀行秘密の時代は終わった』とする「2009年4月2日」のG20ロンドンサミット・コミュニケに対する正面切っての挑戦であり，「2009年12月16日」に既に示され「ていた」ところの，スイス政府の「ホワイト・マネー」戦略，ないし，世界の金融センターとしてのスイスを守るための，『戦略的な「衝撃的道筋」』としてのものであることにつき，前号分の末尾部分参照。

②の末尾には――

"The withholding tax model **efficiently** [!!] ensures that no untaxed foreign money can be hidden in Switzerland. It is an alternative to **the automatic exchange of information**."

――とある。

右に「効率的に」とあるところが，重要である。即ち，前号分で述べたように，この「源泉税条約」モデルにより，従来スイスに執拗に「情報交換」を迫って来ていた諸外国の側においても，一々情報の提供をスイス側に求めて，それを得てから自国で課税措置を打つ手間を省き，得るべき税額をスイス側からトランスファーしてもらえば，コストと時間の節約になり，一層『効率的』であろうから，この線で行くインセンティブが諸外国の側にもあるはずだ，との読みが，スイス側には，あるのである（スイスが従来より一貫して「自動的な情報交換」に大きなアレルギーを示して来て現在に至っていることも，右に示されている。この点は，更に後述する）。

この「源泉税条約」モデルの要点を示した前記①には，前号分で強調した点としての，『銀行顧客のプライバシーの保護』（＝『「スイス銀行秘密」の［従来通りの!!］維持』）が，このメカニズムによって担保されることとともに，以下の点が示されている。即ち，このモデルにおいては，様々な法律構成をとって課税を逃れようとしても無駄であって（[T]he agreements cannot be circumvented by imposing constructs such as domiciliary companies, institutions, foundations, trusts, etc.），それらの背後に居る者に規制上のフォーカスが当てられていること (The focus lies on the beneficial owners behind such constructs.) への言及が，まずある。

ちなみに，相手国ごとに税率が違うのにどうするのか，といった疑問が，この「源泉税条約」モデルについては，すぐに出て来るであろう。本論文において，このモデルの前提をなすスイスの「国際的な源泉課税に関する連邦法」（Bundesgesetz über die internationale Quellensteuerung ――前号分の末尾部分参照）に深入りする必要はないと思うが，前記①には，以下のごとくある。即ち，"What are the differences between the German, UK and Austrian agreements?" との項に――

"The content of the three agreements with Germany, the UK and Austria is largely the same. The differences are due primarily to the different tax systems, and concern in particular the tax rates for future income and procedural arrangements."

――とある。要するに，各国ごとの税率の差等を，それぞれの「源泉税条約」に盛り込み，それを前提に，スイス側で課税し，当該の額を相手国に引渡すのである（＊）。

* 前記①の二つ目の項には，"Regularisation of the past"（「過去の分の秩序立て」――ちなみに，次の項は，"Withholding tax for the future" であるが，省略する）とあり，①がドイツの批准拒否前の段階のものであることには再度注意を要するが――

"Under the two pilot agreements with Germany and the UK, Swiss banks undertook to make an advance payment toward future tax revenue; this payment will be refunded to the banks if sufficient tax revenue is raised from clients. The prepayment amounts to CHF 2 billion in the case of Germany, and CHF 500 million in the case of the UK. ……"

――とある。この方式が定着した場合，（少なくとも一時的には）スイス金融機関にとって結構な負担になるようにも思われるが，**IRS vs. UBS 事件**等の実体験を踏まえれば，それでもまし，ということであろうか。
　いずれにせよ，ここから先は，餅は餅屋で，租税法の専門家へのバトン・タッチが，許されるはずであるから，深入りはしない。

この①の最後の方に，「源泉税条約」モデルの基本を（再度）示した項があるので，それを①の最後として，また，ここまでの論述の，再確認のための纏めとして，引用しておこう。このモデルと，スイスが毛嫌いして来た「自動的な情報交換」との関係を示した個所である。そこには――

"What is the relationship between the final withholding tax[*] and the automatic exchange of information?：

Both side acknowledge in the agreement that the negotiated model has a long-term impact that is *equivalent to the automatic exchange of information*. In this respect, the final withholding tax is an alternative to the automatic exchange of information: it serves to fulfill the states' legitimate tax claims while **safeguarding the privacy of clients** [!!], *unlike the automatic exchange of information*."

* ①の冒頭には，この制度に基づくスイス側での源泉徴収額の，外国側への引渡しによって，tax liability が最終的に settled の状態になるものとみなされるがゆえに，"the final withholding tax" との用語が用いられるのだ，とある。

――と記述されている。

『スイス側が本当に言いたかったであろうこと』を，以上の検討を踏まえつつ，適宜私の言葉で補って示せば，これは，要するに（!!）──

『「2009 年 3 月 13 日」のスイスの政治的敗北後の状況下では，もはや『双方可罰性要件』による銀行顧客の，（スイス連邦憲法上の基本的人権保障の発露としての）『プライバシー保護』（＝『スイス銀行秘密』）の維持は，出来ないし，「自動的な情報交換」までが認められてしまっては，顧客情報は外国当局に，"常時筒抜け"となり，しかも，そのためのスイス国内での強制措置等も，『双方可罰性要件』によるガードなしに，なされてしまうことになる（私の言う，『国境でメルトダウン［熔融］する人権保障』の顕在化!!）。そうなってしまっては，世界の金融センターとしてのスイスは，もはや崩壊してしまう。

　だが，この「源泉税条約」モデルにより，（「租税条約上の情報交換」問題を完全に『バイパス』して!!）『スイス銀行秘密』を従前通りに維持しつつ，外国側は，『「情報交換」の要請から情報入手後の課税措置の執行までの様々なコスト』を節減しつつ，得るべき税額を，その意味で『効率的に』（!!──既述[*]），手にすることが出来る。英国・オーストリアがこのモデルの採用に同意し，ドイツもスイスとの条約の署名にまでは辿り着いていたのも，このモデルが追求する『効率性』のゆえ，であろう。他の諸国も，既述のごとく，このモデルに関心を有している。

　だから，『まさに世界にショックを与えるために，スイスが世界に示したところの，「戦略的な新たな道筋（die strategischen Stossrichtungen）」』（前号分末尾部分参照）としての，この「源泉税条約」モデルは，「自動的な情報交換」と同等のインパクトを長期的には有し，かつ，「自動的な情報交換」によって象徴される「租税条約上の情報交換」という従来型メカニズムとは，別の選択肢となる（!!）のだ。

　以上が，『銀行秘密の時代は終わった』とする「2009 年 4 月 2 日」の G20 ロンドンサミット・コミュニケに対する，スイスによる明確なアンチ・テーゼの提示（!!）なのだ。』

＊　ここで，スイス側が『「効率性」基準』をも "逆手にとって" の攻勢（!!）に出ていることに「も」，十分に注意すべきである。つまり，これまで本論文では，貿易と関税 2012 年 8 月号 67 頁（本書 364 頁）における，「租税条約上の情報交換」問題に関する『効率性 vs. 基本的人権保障』の対立図式の提示を踏まえて，同 2012 年 9 月号 55 頁以下（本書 378 頁以下）では，『「グローバル・フォーラム」側の対スイス「ピア・レヴュー」報告書（2011 年 6 月）の問題性──「隠された "効率性基準" の暴走!!」』との項目を立て（なお，同前・62 頁［本書 386 頁］参照!!），また，本論文の執筆方針上の大転換となった同 2012 年 11 月号 51 頁以下（本書 413 頁以下）でも，『効率的』との言葉にこだわった論述をして来た。

　『効率的（実効的）な情報交換のためには，（スイス等の）被要請国側の憲法上の人権保障など，すべて焼き切れ』というのが，煎じ詰めたところでの OECD・G20・「グローバル・フォーラム」等の，身勝手な主張であった。私は，それを強く批判して今日に至っている。

だが，何とスイスは，『効率性』を盾にわめき散らす者達に対して，はるか上空から，そうした者達に"軽い電気ショックと眩暈"を与えるために仕掛けられたところの，もっと大きな『効率性の網』を，「租税条約上の情報交換」という制度を完全にバイパスするものとして，ふわっと被せようとした，のである。その作戦は，それ自体として実に見事であり，そこには，私の言う（対米）『ミラー・アタック』（石黒・前掲世界貿易体制の法と経済 82 頁以下）を想起させるものがある，と言うべきである。

——ということになろう。

さて，ここで前記の③に移る。ドイツ議会がスイスとの「源泉税条約」の批准を拒否したのは，なぜなのか。後に，スイス政府の議会向けの公的説明（Botschaft）で，この点を若干補充するが，マスコミ報道的なレベルのこの③を，さしあたり見ておこう。

「2013 年 1 月 7 日」付けの③（David D. Stewart, Tax Notes International [January 7, 2013], at 12）によれば，スイスとの「源泉税条約」は，ドイツの下院にあたる連邦議会（Bundestag）は通過したが，（上院にあたる）連邦参議院（Bundesrat）で否決された，とある。Social Democratic Party (SPD) 及びいわゆる「緑の党」の，連邦参議院の多数派の反対理由は，Ibid によれば，「対スイス源泉税条約」は「脱税者らの匿名性をも認めつつのものであって，彼らに寛大過ぎる（too lenient on tax evaders while also allowing them to remain anonymous）」，との点にあるとされる。

Ibid には，この否決に対して，「2012 年 12 月 13 日」に，**ドイツ財務大臣 Wolfgang Schäuble**(*)が，議会側の批准反対派の営為がかえって脱税者を守ることになる，としてこれを非難（accused）し，スイスとのこの条約が，脱税を防止し，かつ，ドイツ納税者の資産がスイス又はドイツのいずれにあろうとも，それが平等に扱われる（treated equally）ことを確保するものだ，と述べた，とある。

* Ibid には，"**Despite the efforts of Finance Minister Wolfgang Schäuble** [!!], Germany's parliament failed to ratify a withholding tax agreement with Switzerland." とのコメントとともに，会見する同大臣の写真が，掲げられている。ドイツ側の「同大臣の努力にもかかわらず」とのこのコメントの意味は，次に見るスイス側の文書から，一層明確化されることになる（!!）。——5 つ後の「＊部分」参照。

以上が，前記①②③について，本号分において補充すべきこと，である。次に，「**源泉税条約**」（ドイツ語の略称では，**Quellensteuerabkommen**——例えば BBl. 2012, infra, at 4949, 4953 等参照）**の実体**として，前号分の末尾部分で示しておいた『**課税協力条約**』についての，スイス側の Botschaft から，最低限必要な点のみを見ておこう（それで，この誠に長い《重要な注記》は，終わりとなる [はずであった]）。前号分でも言及した **Botschaft zur Genehmigung der Abkommen mit Deutschland über die Zusammenarbeit im Steuer- und im Finanzmarktbereich und mit dem Vereinigten Königreich über die Zusammenarbeit im Steuerbereich sowie zum Bundesgesetz** über die internationale Quellensteuerung vom 18. April 2012, BBl. 2012, at 4943ff である⁽*⁾。

* だが，書きながらその下読みを進めていたら，何と Id. at 4948 に，前号分の末尾で言及したスイス政府の，『スイス金融市場政策のための戦略的な衝撃的進路（道筋）』についての「2009 年 12 月 16 日」の報告書（Bericht《Strategische Stossrichtungen für die Finanzmarktpolitik der Schweiz》vom 16. Dezember 2009）の検索先が，以下のごとく示されていた。

  www.efd.admin.ch>Dokumentation>Berichte

  そうなると，居ても立ってもいられなくなるのが私，である。執筆を中断し，現物を打ち出して，しばし読み耽って，ズバリの箇所（後述）を発見した。やはり，其処には，宝が埋まっていた，のである。従って，前号分末尾の『悲しいお知らせ』を撤回し，以下，本論文の中で，何処までも『私の世界』を追求することとした。

と言っても，「源泉税条約」モデルの詳細な構造を辿る，のではない。それは，租税法の専門家に任せること，既述の通り。そうではなく，以下の検討は，「2009 年 3 月 13 日」のスイスの政治的敗北以後の状況下で，このモデルがいつ頃から，また，いかにして構想されて来たのか⁽*⁾の点について，集中的になされることになる。

* 本号分における以下の検討の結果を先取りすれば，最も早い時期として，何と「2009 年 4 月 28 日」付け (!!) の，スイス連邦大統領から OECD 事務総長に宛てた抗議のレターの中において，「源泉税条約」モデルへの萌芽的指摘がなされていた，との**驚くべき事実**が，判明することとなる（本書 558 頁）。

さて，BBl. 2012, supra, at 4944 の，この Botschaft の「概観」の部分だが，冒頭に，「源泉税条約」モデルが前提とするところの，スイス側で課す源泉税の名称につき，「**補償的源泉税（[e]ine abgeltende Quellensteuer）**」との記載がある。それを課すのが，前号分の末尾部分で言及した「**国際的な源泉課税についての連邦法（IQG）**」だということになる。同じくそこで言及したように，この「源泉税条約」モデルの淵源は，「2009 年 12 月 16 日」の，二つ前の「＊部分」で示したスイス政府の報告書（後述）にまで遡る，とされていた（但し，直前の「＊部分」参照。なお，スイス側の右の連邦法［IQG］の概要については，BBl. 2012, supra, at 5017ff を，条文ドラフトについては Id. at 5289ff を，参照せよ）。

だが，まずは，「対英」・「対独」での「源泉税条約」の交渉経緯に，注目すべきものがあるので，其処を示しておく。Id. at 4949 には，右の「2009 年 12 月 16 日」の報告書（それについては，本号分で後に検討する）を受けて，スイス政府が「2010 年 2 月 24 日の決定」（Beschluss vom 24. Februar 2010）により，その金融市場戦略の具体化を行なった，とある。その中核（Kernstück）をなすものたる，（後の「2012 年 2 月 22 日」の「ディスカッション・ペーパー」をも経て明確化されるところの――Id. at 4944）いわゆ

る「ホワイト・マネー戦略（Weissgeldstrategie）」を，既になされて来た二国間租税条約の改正を「乗り越えて更にその先に手を伸ばす（über …… hinausreicht）」ものとして，示したのである。

　Ibid には，この「2010年2月24日の決定」においてスイス政府が，これまでスイスで課税されて来なかった外国からのマネーの「秩序立て（Regularisierung）」の，大きな重要性を強調し，かつ，スイスにとっての重要なパートナーたる国々との「補償的源泉税の合意（die Vereinbarung einer abgeltenden Quellensteuer）」を提案した（initiierte），とある。但し，これは，スイス金融機関の顧客のプライバシーを維持した上でのものだ（……, dies unter Wahrung der Privatsphäre der Kundinnen und Kunden von schweizerischen Finanzinstituten.），とそこにある(*)。

* 各時点ごとに，微妙な表現の差があり，ここは，慎重に訳す。とくに注意すべきは，「補償的源泉税の合意」から「源泉税条約」への，言葉の推移，である。

　続いて Ibid は，右の段階でのスイス政府の考え方につき，「この萌芽を（diesen Ansatz）」(!!) と表現しつつ，それをスイス政府が，「2012年2月22日」（22. Februar 2012）のディスカッション・ペーパー（その名称は，《Strategie für einen steuerlich konformen und wettbewerbsfähigen Finanzplatz》というもの）において更に具体化し，「世界の課税上の流れに適合的な金融センター，というスイスの目的（Das Ziel eines steuerlich konformen Finanzplatzes）」は，「源泉税条約の締結（Abschluss von Quellensteuerabkommen）」（等）によって達成される「べき」である（soll …… erreicht werden）とした，とする。そこには更に，「2012年2月22日」の右のペーパーにおいて，スイス政府は，「源泉税条約」が，納税者のプライバシー保護を維持した上で（unter Wahrung des Schutzes ihrer Privatsphäre），その者の住所地国（Wohnsitzstaat）の規律に従って課税する上での，有効な手段であるとの，スイス政府の評価（Einschätzung）を繰り返し，かつ，ドイツ及び英国との既に交渉決着後の条約(*)を越えて，この「萌芽」を更に追及するという，その（スイス政府の）意図（seine Absicht, diesen Ansatz auch über die schon ausgehandelten Abkommen mit …… hinaus weiterzuverfolgen）が，確認された，とある。

* 前号分末尾の，最後から実質二つ目の「*部分」（本書543頁）に示したように，「対英」・「対独」での「源泉税条約」としては，既にそれぞれ「2011年10月6日」・「2011年9月21日」に，同名のものものが署名されていた。それらの「改正のためのプロトコル」（Protokoll zur Änderung dieses Abkommens —— Id. at 4943 参照）についての Botschaft が，ここで見ている BBl. 2012, at 4943ff なのである。その限りで言えば，スイス側の構想の基本は「2010年2月24日」には（ほぼ?!）固まっていたものの，「源泉税条約」とのネーミングが正式のものとして条約上定着したのは，「2011年9月下旬頃」（あるいはその少し前——後述）だった，ということになる。

　さて，注目すべきこととして，ここで何と（!!），前記③の文書で，ドイツ議会によ

るスイスとの「源泉税条約」の批准拒否を非難（accused）していたところの，**ドイツ財務大臣 Wolfgang Schäuble** が，登場する（!!）。BBl. 2012, at 4950 (para. 1.2.1) の，「対英」・「対独」での交渉の経緯を，見ておこう。

　この「パラ 1.2.1」は，「調査のための協議（Sondierungsgespräche）」と題する。そこには，スイス政府の前記「2010 年 2 月 24 日（24. Februar 2010）の決定」を踏まえて，スイス政府側と**ドイツ財務大臣 Wolfgang Schäuble（!!）**が，「2010 年 3 月 26 日（26. März 2010）」に，「二国間での作業グループ」を設置した，とある。その 4 つの検討テーマの中には，「**補償的性格の課税**の確保（Sicherstellung einer **Besteuerung mit Abgeltungscharakter**）」が，明示的に含まれていた。

　そして，Ibid には，「2010 年 5 月初め（Anfang Mai 2010）」には，「英国」とも，共同の作業グループが，設置された，とある。――ドイツとの，ドイツ財務大臣が直接絡んだ(*) 2 国間での検討が，対英のそれよりも，先行していたのだ（!!）。

* ここで，5 つ前の「*部分」（本書 549 頁）を参照せよ。かくて，「源泉税条約」モデルが，ドイツ・英国の両国政府との，いわば一からの検討の末に（ドイツ政府も納得尽くで!!）条約として署名されたものなのだという，その成立上の重要な経緯が，明らかとなる。そして，その上でのスイス財務省側の前記①の文書（「2012 年 6 月」のもの）だったことが，ここで判明する。

　続いて Ibid には，スイス政府が，「2010 年 10 月 1 日」にドイツとの調査の結果を，「2010 年 10 月 20 日」には英国との調査の結果を，それぞれ了承し，両国との「共同声明（eine gemeinsame Erklärung）」へと話が進み，「2010 年 10 月 25 日」には「英国との共同声明」が，「2010 年 10 月 27 日」には「ドイツとの共同声明」が，それぞれ署名された，とある。

　そこから，「源泉税条約」（＝「課税協力条約」）の締結交渉となる。Id. at 4950-4952 (para. 1.2.3) が，その経緯と結果について，である。交渉は「2011 年 1 月」に開始した（Id. at 4950.）。スイス側の背後では『スイス銀行協会（die Schweizerische Bankiervereinigung）』の動きもあったが（Id. at 4951.），ともかく「2011 年 8 月 10 日」にはドイツと，「2011 年 8 月 24 日」には英国との，条約テキストの仮署名（仮調印［Paraphierung］）がなされ，「2011 年 9 月 21 日」には対独「源泉税条約」の，「2011 年 10 月 6 日」には「対英」での条約の署名が，それぞれなされた（Ibid.――この点は既述）。

　だが，ここで（話がややこしくなるので，詳細は略するが）**EU 委員会が介入**して英・独両政府を脅し（drohte），かつ，ドイツ議会内部では，SPD（the Social Democratic Party――前記③［12 頁］参照）と「緑の党」が「源泉税条約」への反対を決めていた。こうした状況下で，スイス政府は，「2011 年 12 月 16 日」に，スイス財務省（EFD）に対して両国側との調整を授権した（以上につき，Ibid.）。――かかる経緯で成立した「対スイス源泉税条約」の「改正プロトコル」を，ドイツ議会が批准拒否した（前記③）のである。

　ちなみに，Id. at 4954ff (para. 1.4) の「源泉税条約への評価（Würdigung）」の項の中

の,「スイスから見た評価（Aus Sicht der Schweiz）」の個所（Id. at 4956［para. 1.4.3］）には,以下の記述がある。即ち,この英独との「源泉税条約」によって,**「政治的には」(!!)**,このところずっと不穏な状態の懸念されて来た或る領域において,そうしたことに「終止符が打たれる」（**Politisch [!!] wird ein Schlussstrich gezogen** in einem Bereich, der …… für Unruhe gesorgt hat.），とある(*)。

* これが,本号分で既に示したところの,『スイスは,『効率性』を盾にわめき散らす者達に対して,はるか上空から,そうした者達に"軽い電気ショックと眩暈"を与えるために仕掛けられたところの,もっと大きな『効率性の網』を,「租税条約上の情報交換」という制度を完全にバイパスするものとして,ふわっと被せようとした』との,私の指摘と,繋がるのである。

また,Ibid には,「源泉税条約」が英独からの課税上の要請に応じつつ,他方で,スイスの関心事（Anliegen）たる,以下の事柄を考慮するものだ,ともある。即ちそこには——

„Die Abkommen …… berücksichtigen andererseits das Anliegen der Schweiz, die Privatsphäre von Bankkundinnen und -kunden zu schützen. Der Schutz der Privatsphäre *vor dem Eingriff des Staates* **geniesst [!!]** in der Schweiz traditionell einen hohen Stellenwert. ……"

——とある。

右にアンダーラインを付した部分（右の第二文）において,スイスにおける伝統的な,（相対的には）高い価値を享受する（**現在形!!**）ところの『プライバシー保護』（=『銀行秘密』）は,「国家の介入」からの保護だ,とある。だが,ここでの文脈では,そこで言う国家とは,「情報交換」でスイスに圧力をかけ続けて来た諸外国のこと,である。つまり,諸外国からの圧力に抗して（!!）,銀行顧客のプライバシーを（完全に!!——既述）,従来通りに保護するのが,この「源泉税条約」モデルだという,高らかなスイスの宣言（!!）が,ここに示されているのである。

本論文のここでの目的のためには,BBl. 2012, at 4943ff の検討は,以上で十分であろう。そこで,既に予告しておいたところの,**スイス政府の,『スイス金融市場政策のための戦略的な衝撃的進路（道筋）』についての「2009 年 12 月 16 日」の報告書（Der Bundesrat, Bericht 《Strategische Stossrichtungen für die Finanzmarktpolitik der Schweiz》 vom 16. Dezember 2009）**について,論点を二つに絞り,それぞれ一言のみしておこう。

まず,第 1 の論点は,「源泉税条約」モデルの淵源について,である。スイス側の「源泉税条約」モデルについての,構想の基本は,既述のごとく「2010 年 2 月 24 日」には（ほぼ）固まっていたと思われるが,この「報告書」は,それよりも前の時点のものである。Der Bundesrat, Bericht vom 16. Dezember 2009, supra, at 58 には,この点

554　第 3 章　「IRS vs. UBS 事件」の展開過程でなされた「スイスの重大な政策変更」(2009 年 3 月 13 日)

で興味を引く，以下のごとき記述がある。即ち，『銀行顧客のプライバシーの保護』を「自動的な情報交換の否定」と抱き合わせの要請としつつ (‼——Ibid には，以下の提案においても，その前提として達成さるべき三つの目的の一つとして，《**Schutz der Privatsphäre des Bankkunden [kein automatischer Informationsaustausch]**》との点が，示されている)，『外国側との国境を越えた更なる協力』について，スイス政府としてとくに注目すべき二つの措置の一つとして，「補償的な税の採用 (Einführung einer **Abgeltungssteuer**)」があるとされ，Ibid の「注 36」に——

> „Der Abgeltungscharakter der Steuer **würde ［‼］** bedeuten, dass die ausländischen Bankkunden mit der Erhebung der Steuer und deren Übermittlung via ESTV an die jeweiligen ausländischen Steuerbehörden ihre Steuerpflicht erfüllt **hätten ［‼］**."

——とある。右には，『外国からの銀行顧客が，スイスで「補償的な税」の徴収を受け，かつ，スイス課税当局を通して外国側当局へのその徴収額の引渡しがなされることによって，その (外国での) 納税義務を果たしたことになる』とあり，そこには，後の「源泉税条約」モデルの骨子が，既に「2009 年 12 月 16 日」の段階で，示されていることになる。だが，右の引用部分の，動詞は「接続法第二式」(würde; hätten) であり，右を正確に訳すならば，「税の補償的性格とは，以下のことを意味することになるであろう……」，となる。

つまり，「2009 年 12 月 16 日」の段階で，後の「源泉税条約」モデルの基本構想は (本号分で後に一層明確に示すところの『スイス銀行秘密』の断固たる維持の方針とともに)，既に固まっていたと言える。だが，その固まり度合いは，いまだ生成途中の，ドロドロのチーズのような状態だった。それが，既述のごとく，独英両国の当局との調査・協力の中で，徐々に明確化されて行ったことになる。

だが，この構想の具体化の中で，スイス側が一貫して維持し「ていた」スイスの法的伝統につき，「2009 年 12 月 16 日」のこの「スイス政府 (der Bundesrat)」の報告書の中に，遂に私は，『私はこのような断固たるスイス政府の，基本的人権擁護のための明確な指摘を，本論文執筆中，ずっとずっと探していたのだ (‼)』と叫びたくなるような"宝"を，発見した。感動である(*)。

* 貿易と関税 2012 年 9 月号 55 頁，65 − 66 頁 (本書 378 頁，390 − 391 頁) において，私は，「グローバル・フォーラム」の側からの対スイス「ピア・レヴュー」報告書 (「2011 年 6 月」‼) に対するスイス政府のレスポンスに言及し，『国家としての魂を抜かれた後のスイスの悲しく屈辱的な姿』を，批判した。そして，以後もその認識を引き摺り，貿易と関税 2012 年 11 月号分 (本書 413 頁以下)，同 2013 年 4 月号分 (本書 507 頁以下) でも，「2009 年 3 月 13 日」の「スイスの政治的敗北」の事実 (のみ ‼) を前提に，「租税条約上の情報交換」問題につき，幸いにして『世界の人権保護のための最後の砦』として浮上しつつある『日本』に『差し始めた一条の光』に，縋る思いで，今日まで執筆を続けて来た。

そうしながら，『世界の不条理な流れ』に抗して，『日本』が一国のみで，何処まで戦い抜けるかを，正直なところ，私は，終始気にして来た。だが，『世界の不条理な流れ』と戦うのは，『日本』だけではないこと（!!）が，ここに判明した。

屈辱の「2009 年 3 月 13 日」から約 9 か月後の「2009 年 12 月 16 日」，スイスが，しかも（スイスの裁判所，ではなく）『スイス政府』が，これ以上はないと思われるような明確な指摘を，し「ていた」のである。私は，貿易と関税 2012 年 9 月号以来引き摺って来たところの，「2009 年 3 月 13 日」以降のスイスに対する基本認識の不十分さを，大いなる喜びと共に改め，以下のスイス政府の指摘を，ここに全文引用する次第である（貿易と関税 2013 年 4 月号 93 頁の「＊部分」〔本書 515 － 516 頁〕と対比せよ !!）。

『スイス銀行秘密の歴史』を再度論じた貿易と関税 2011 年 10 月号 45 頁以下（本書 155 頁以下），とくに同前・51 頁（本書 162 頁）で引用したヤコブ・ブルクハルト（Jacob Burckhardt [1818-1897]）の，重く印象的な言葉（!!）と，以下のスイス政府の指摘とを，対比すべきである（＊＊）。

＊＊　今，2013 年 3 月 22 日の午前 3 時 30 分。「今日」の執筆開始は 2013 年 3 月 21 日午後 0 時 14 分だったから，（途中で，現在仮眠中の妻によるお握り等の二度の差し入れはあったものの）15 時間超のぶっ続けの作業（ネットからの，今検討している文書の打ち出しと読み込みを含む），だったことになる。さすがに，途中で辛くなってやめようかと思うことがしばしばあったが，『一番綺麗な宝物』の包みを開ける寸前まで書けたので，今日はここまでとする。執筆中に，帰国した西方君からのファクスが入り，新たなご教示への感謝のファクスを出したり，その関係で 5 月号分の原稿に若干手を入れたり，といったこともあった。「今日」の執筆途中で，BGM を，久々の「アルプス交響曲」等に替えたのも，ツェルマットの山の上で，モンテ・ローザの夕景を眺めながら深呼吸をする，あの『至福のスイス・アルプス』が，また戻って来てくれたことの喜びのゆえ，である。さすがに，そろそろ筆を擱こう（以上，2013 年 3 月 22 日午前 3 時 40 分までの執筆──執筆再開は，十分に休みを取り，かつ，妻の徹夜の経絡マッサージを受けつつ，2013 年 3 月 28 日の満月期大潮・お不動さんの日の，午前 9 時半から）。

以下に引用するのは，Der Bundesrat, Bericht vom 16. Dezember 2009, supra, at 37 の，『プライバシー保護（Schutz der Privatsphäre）』と題した個所の，全文である。文脈は，Id. at 34ff の，„6 Strategische Stossrichtungen"（既述）の中の，「金融セクターの競争力強化」（6.2 Stärkung der internationalen Wettbewerbsfähingkeit des Finanzsektors）の項の中の一つとして，ということになる。そこには──

„*Schutz der Privatsphäre*

Als eine Konkretisierung des *verfassungsrechtlichen Persönlichkeitsschutzes (Art. 13 BV [!!])*, der auch die individuelle Vermögenssphäre miterfasst, **ist das Schweizer Bankgeheimnis fester Bestandteil der demokratischen Tradition in der Schweiz [!!]**. Es gehört zur schweizerischen Vorstellung von Privatsphäre und Persönlichkeitsrechten. *Es ist Ausdruck des gegenseitigen Ver-*

*trauens zwischen dem Schweizer Staat und seinen Bürgern* [!!]. Gleichzeitig gewährt das Bankgeheimnis im privatrechtlichen Verhältnis dem Bankkunden einen Geheimhaltungsanspruch gegenüber seiner Bank. Das Bankgeheimnis schützt somit die finanzielle Privatsphäre der Bürgerinnen und Bürger vor unberechtigten Einblicken anderer Privatpersonen **oder des Staates**.

**Der international Druck** [!!] **auf das schweizerische Bankgeheimnis** hat im Zuge der Wirtschafts- und Finanzkrise stark zugenommen. Mit der Anpassung der Amtshilfepolitik hat die Schweiz auf diese veränderte Lage reagiert. Damit hat die Schweiz ein weiteres Signal gesetzt, dass das schweizerische Bankgeheimnis keinen Schutz vor der Verfolgung von Delikten (inkl. Steuerdelikten) bietet. Die Schweiz beteiligt sich bereits seit vielen Jahren aktiv an der Bekämpfung der internationalen Finanzkriminalität. Zur Wahrung ihrer legitimen Interessen sollen **jedoch** Bankkunden in den **Genuss des in der Schweiz tief verwurzellten Schutz der Privatsphäre** [!!] kommen. *In diesem Sinne soll das Bankgeheimnis auch in Zukunft bestehen bleiben* [!!] (vgl. Kapitel 6.5.2)."

——との，かつて私が，何ら見いだせないでいたところの，「スイス政府」としての，この上なく明確，かつ，断固たる，まさに感動的と言うべき，宣言がある。極めて重要ゆえ，全訳しておく。

「プライバシー保護

　個々の財産的領域をも共にカバーするところの，**憲法上の人格権保護（スイス連邦憲法13条**[!!]**）の具体化**として，スイス銀行秘密は，**スイスにおける民主的伝統の確固たる構成要素**[!!]をなす。それは，プライバシー及び人格権についてのスイス的観念の一部を構成する。それは，スイスの国家と市民との間の，**相互的信頼の表現**[!!]，である。銀行秘密は，同時に，私法的関係において，銀行の顧客に，その銀行に対する秘密保持請求権を認める。それによって銀行秘密は，市民の金融上のプライバシーを，他の私人，**又は国家の**，不当な覗き見から保護する。

　**スイス銀行秘密に対する国際的な圧力**[!!]は，経済・金融の危機の流れの中で，極めて増大した。スイスは，この変化した状況に対して，行政共助政策を適合させることによって，対応した。そのことによってスイスは，スイス銀行秘密が，（租税犯罪を含む）犯罪の訴追からの保護を提供するものではないのだということの，更なるシグナルを送った。スイスは，既に永年，国際的な金融犯罪との戦いに，積極的に関与して来ている。しかしながら，銀行顧客は，その正当な利益の確保のためには，**スイスに深く根ざすプライバシーの保護**[!!]を，受けねばならない。この意味において，銀行秘密は，将来においても，存続し続けねばならない[!!]([*]

「パラ 6.5.2」と対比せよ）。」

＊　なお、『スイス銀行秘密の憲法的基盤』に関しては、「**IRS vs. UBS 事件**」との関係での、スイス連邦行政裁判所の判決についての、貿易と関税 2011 年 5 月号 49 頁（本書 53 頁）の指摘を、また、スイス・ドイツに（その限りでは）共通するところの、「租税条約上の情報交換」における「人権（プライバシー）保護」の憲法的基盤については、同 2012 年 7 月号 55 頁（本書 339－340 頁）を、それぞれ参照せよ。

　　また、『銀行情報へのアクセス改善』のための「2000 年 OECD 租税委員会報告書」（Appendix Ⅰ）において、「スイス」の「銀行秘密の根拠」に関して、何故か『憲法』への言及がなく、"Switzerland（based on civil and commercial law）" とのみあったことにつき、そこに、「スイス政府」と OECD 租税委員会との、ある種の"共謀"があったとも、見られ得ないではないことを含めて、同 2012 年 8 月号 69、70、74 頁（本書 367－369、373 頁）。

　　なお、右引用箇所の最後の「パラ 6.5.2」への、ここでの言及は、とくに必要ないと思われるので、省略する。


　この、Der Bundesrat, Bericht vom 16. Dezember 2009, supra, at 37 の指摘は、「2009 年 6 月」の段階で出されていたスイス財務省のパンフレットにおける、貿易と関税 2011 年 10 月号 51－52 頁（本書 162－163 頁）に英和対訳で示したところの指摘（EFD, Bankgeheimnis und internationale Steuerfragen: Der Schweizer Standpunkt〔Juni 2009〕── Id. at 12 に、前記のヤコブ・ブルクハルトの印象的な言葉が、引用されていた。本書 162 頁）と、基本的には同じである。だが、そこに「も」、『憲法』への言及は、なかったのである（このパンフレットが、「2009 年 3 月 13 日」よりも後のものであることを、今更ながら、こうして書いていて、再認識した）。

　本論文執筆を続けて来た私にとって、スイスの「裁判所」ではなく、スイス「政府」の文書において、「スイス銀行秘密」の根拠が「連邦憲法上の基本的人権保障」にあることを明示するものを発見するのは、至難の業であった。本論文冒頭の、貿易と関税 2011 年 3 月号 56 頁（本書 13 頁）に初出の、EJPD/EDA/EFD, **Press kit**, Agreement between Switzerland and the USA concerning UBS: Key information and explanations (August 19, 2009) において、「2009 年 3 月 13 日」よりも前のスイスにおける、「租税詐欺」（等）に限定した行政共助の手続が『憲法上の要請（constitutional requirements）』に合致する、との指摘を、辛うじて見出し得た程度、だったのである（貿易と関税 2011 年 6 月号 69、70 頁〔本書 89 頁〕。──この Press kit の初出頁を探すのに、自分でも 15 分以上かかった。本論文の書き出しの時期で、頭の中が一杯一杯だったのであろうが、右における Press kit, supra との引用方法は、多少暴力的である）。

　私はこれまで、なぜスイス政府が、『「スイス銀行秘密」の究極的根拠は、「スイス連邦憲法」にある。なぜ OECD・G20・「グローバル・フォーラム」等は、スイス連邦憲法上の基本的人権保障の在り方に対して、介入するのか!!』と、声を大にして抗議しないのか、悶々たる思いであった。貿易と関税 2012 年 9 月号 52 頁以下（本書 375 頁以下）で一部引用したところの、「2009 年 4 月 28 日」付けの『スイス連邦大統

558　第 3 章　「IRS vs. UBS 事件」の展開過程でなされた「スイスの重大な政策変更」(2009 年 3 月 13 日)

領から OECD 事務総長宛ての苦情』(本論文第 4 章 2 で，その先を論ずる予定だったが，もはやそれは出来ない)のレターを，改めてここで点検してみたが，「同年 3 月 13 日」の政治的屈服の直後のものではあるにせよ，『憲法』への言及は，やはり存在しなかった(＊)。

* その代わり，「2009 年 4 月 28 日」付けのこのレターに，後の「源泉税条約」モデルを示唆したものと思われる，以下のごとき注目すべき指摘を，瓢箪から駒で，発見した。即ち，この抗議のレターにおける，スイス連邦大統領から OECD 事務総長に対する計 6 点の要請（requests）の最後として，そこには——

"6. An in-depth analysis should be conducted of **the best way [!!] to ensure taxation of cross-border payments** of interest or other forms of capital earnings. **In particular [!!]**, such an analysis should compare *the effectiveness of existing systems based on a withholding tax [!!]* as compared to systems based on automatic exchange of information. The possibility of *extending such [withholding!?] systems to all other states of the Global Forum* should be examined."

——と，あるではないか（!!）。右においては，クロスボーダーな支払いへの課税を確保する「最善の道」（!!）についての深い分析がスイス側から要請される際，「とりわけ」として，「自動的な情報交換」に基礎を置くシステム（つまりは，従来型の「租税条約上の情報交換」システム）と対比されるものとして，「源泉税」（!!）に基礎を置く（但し，「現在の」）システムの実効性が掲げられ，「かかるシステム（such systems）」の「グローバル・フォーラム」の他の諸国への拡張可能性が，検討されるべきだ，とされている。
　なお，最後の一文の "such" について一言すれば，「自動的な情報交換」に象徴される従来型の「租税条約上の情報交換」システムは，基本的には「グローバル・フォーラム」に属する諸国において，既に存在するがゆえに，ここでの "such" は，それと対比されるところの，「源泉税」（!!）に基礎を置くシステムだ，ということになる（これは，念のための一言，である）。
　かくて，スイス政府は，「2009 年 3 月 13 日」よりも後の状況下で，『従来型の「源泉税」システムの（抜本的）拡充』によって，「租税条約上の情報交換」という従来型の制度を乗り越えること（後に明確化された「源泉税条約」モデル）を，既に「2009 年 4 月 28 日」には構想していた（!!），ということが，新たに判明したことになる。『銀行秘密の時代は終わった（The era of banking secrecy is over.）』とする「同年 4 月 2 日」の G20 ロンドンサミット・コミュニケの発出から，わずか数週間後のこと（!!），である。

右の「＊部分」における衝撃的な事実の判明もさることながら，「2009 年 3 月 13 日」，そして，まさにそれを受けてのものとしてしか思われないところの，前記の「同年 4 月 2 日」の事態を受けて，スイス「政府」が，「同年 12 月 16 日」の前記報告書において，『スイス銀行秘密』の『憲法的基盤』を従来以上に直視した，明確な指摘をするに至っ「ていた」ことは，大いに喜ぶべきこと，である。

以上で，前号分からの長い**《重要な注記》**を終え，ようやくこれで，「OECD マル

チ税務執行共助条約」の新旧条文の対比（本書525頁）に，戻ることとなる。

● ● ●

　前号分の冒頭では，「OECDマルチ税務執行共助条約」の，5－7条の検討を終えたところだった。6条の「自動的な情報交換」から派生して，以上の長い《重要な注記》が，なされたことになる。以下，「1988年段階」と「2010年議定書」とを対比し，この間の「人権的把握」の退潮の有無・程度に焦点を当てた論述を，淡々と進める。

　8条の「同時税務調査（Simultaneous tax examinations）」は，要請・協議を経て，入手した情報の交換を目的としつつ，それぞれの国が自国の領域内で（each in its own territory），同時に調査するものだが，9条の「海外における税務調査（Tax examinations abroad）」は，要請国当局側の，被要請国での調査への立ち会いについて，である。いずれの規定も，「2010年議定書」による改正は，ない。また，前記の「人権的把握」との関係で，言及すべき点もない。

　10条は，「矛盾する情報（Conflicting information）」の規定であり，自国の有する情報と矛盾する情報を相手国から受領した場合には，その旨通知（advise）せよ，とする。これまた，「2010年議定書」による改正はない。──以上で，本条約「第3章　共助［支援（assistance）］の形態」の，「第1節　情報交換」が終わる。

　本条約第3章第2節の「徴収共助（Assistance in recovery）」（11－16条）については，わが租税条約実施特例法の「2012年改正」との関係で，適宜後述することとする。また，同章第3節の「文書送達」（17条のみ）については，租税条約実施特例法の「2012年改正」による，新設の同法11条の3（送達共助）との関係を含め，貿易と関税2013年4月号95頁（本書517－518頁）で，一言しておいた。

　そこで，本条約第4章の「すべての形態の共助［支援］に関する規定」（18－23条）に移る。ここについては，「2010年議定書」による改正が，かなりある。そのうち「秘密（Secrecy）」に関する22条については，同条「1・2項」に射程を限定しつつ（貿易と関税2012年12月号62頁〔本書444頁〕），改正による「人権的把握」の退潮について，「2008年版」のOECDモデル租税条約26条「コメンタリー」と適宜対比させながら，貿易と関税2012年12月号62－67頁（本書444－448頁），及び，同2013年1月号79頁（本書462頁）で，既に論じた。従って，以下においては，それ以外の規定について，検討する。

　18条（「要請国によって提供されるべき情報［Information to be provided by the applicant State］」）については，「2010年改正」が二つの点についてなされており，うち1点は，前記の《重要な注記》の［1］及び［2］の，前号分における論述と，関係する。それは，18条1項bである。

　18条が「情報交換」の場合に限られないことには，一応注意を要するが，同条1項は，「適切な場合には（where appropriate）」との限定を付しつつ，そのbで，「要請の対象となる者の特定に資する氏名［名称］，住所，及び他の事項」（the name, address, and any other particulars assisting in the identification of the person in respect of whom the request is made;）を明示せよ，と規定していた。改正は，右のカッコ内の英

文の and を or とするいう，いわば「気分の問題」に近いもの，であるにとどまる。

　右の点については，要請国側のなすべきことにつき，被要請国側からいろいろ注文を付けるなという，「グローバル・フォーラム」側の対スイス「ピア・レヴュー」報告書でも出て来ていた論点が，関係する。むしろ注意すべきは，前記の「適切な場合には」との限定からして，「氏名及び住所」の点は，本条約においては，そもそも「1988年段階」から，must ではなかったこと，である（本書532頁で示したところの，「グループ・リクエスト」方式の正式承認との関係での，OECD モデル租税条約26条「コメンタリー」の「2012年改正」，及び，その"換骨奪胎"を図ったスイスについての論述と，対比せよ）。

　もう1点の，18条1項に関する改正もまた，「気分の問題」に近いが，多少いやらしいものを感ずる（権力ないし権威を手にした者が，ほくそ笑んで「ここも削ってやれ」といった感じで改正した??）。同項の最後の，f の改正である。

　18条1項fの内容は，実は，改正によって，殆ど全く，変わっていない（!!）。共助要請が，要請国の法や行政慣行に従ったものであることと共に，要するに，要請国が自国内でとるべき手段を取らずに（いわば安易に）要請をしたのでは駄目だ，との規定なのだが，「改正者側の眼差し」は，別のところに向いていた，と言うべきである。

　つまり，右の「要するに」以下で記した点は，「1988年段階」の18条1項fでは，「当該要請が次条に定める要件に照らして正当であるか否か」，との形で規定されていた。ところが，その「次条」，即ち「19条」は，「要請の拒否の可能性（Possibility of declining a request）」と題した規定，であった。

　その「19条」は，「2010年改正」で，単純に削除された。だが，「21条」の「対象となる者の保護及び共助提供義務の限界（Protection of persons and limits to the obligation to provide assistance）」と題した規定に，2項の「g」が新設され，右の「旧19条」と殆ど同じ内容が規定された。

　それで何が変わったのかと言えば，「要請の拒否の可能性（Possibility of declining a request）」という，「旧19条」の"ギラついた看板"が本条約の中から消えただけ，である。──だから，この点の改正も，（若干いやらしい）「気分の問題」に近い，と私は記したのである。わざわざこんな小細工を弄するのも，『権力ないし権威を手にした者』（既述）の常，であろう。もはや（例外なく闇雲に!!），「情報交換」をすることこそが善である，という"刷り込み"がまずあって，改正の前後でやることは（殆ど）一緒だが，邪魔な言葉は『KY（空気，読めない）』(*)と言われるのも嫌だから，消しましょう，といった程度のこと(**)，である。

　　* 2012年度冬学期東大ロー・スクールの，私の講義の最終回の「プレゼンテーション・コンテスト」における，Kさんの提出ペーパーで，この『KY（空気，読めない）』という昨今の若者用語を知った。「なぜ石黒は孤独なのか？」との内容の副題を有する，今は亡き森田博志教授の論文等にも深く言及する，充実した内容のペーパーであった。

　　** 「19条」自体を削除しても，20条（「共助要請への対応〔Response to the request for assistance〕」）の2項には，「被要請国は，要請を拒否する場合には……（If the re-

## 1　2008 年版 OECD モデル租税条約 26 条の規律内容についての再確認

quest is declined, the requested State shall …….)」との文言が，「1988 年段階」からのものとして残っているのだし，なおさらこれは，(殆ど)意味のない改正，なのである。

21 条に移る。「<u>対象となる者の保護</u>及び共助提供義務の限界」についての規定であることは，既述の通り。まずもって注目すべきは──

「<u>本条約のいかなる規定も，対象となる者に対して被要請国の法令又は行政上の慣行によって保障される権利及び保護</u>に<u>影響を及ぼすものではない</u>。(<u>Nothing in this Convention shall affect</u> **the rights and safeguards secured to persons by the laws or administrative practice of the requested State**.)」

──との，「21 条 1 項」の断固たる規定が，「2010 年改正」を乗り越えて，今も存在する，ということである。これと対比すべきは，まず，「2009 年 9 月 23 日署名」の「改正米・スイス租税条約」26 条 5 項「第 2 文」である。再三示したように，そこには，"……, notwithstanding paragraph 3 or any contrary provisions in its domestic laws" との，誠に物騒な文言があった(*)。

* 貿易と関税 2013 年 4 月号分冒頭(本書 508 頁)で言及したように，「日・スイス改正租税条約」(平成 23 年条約 13 号) 25 条の A の，5 項「第 2 文」も，右と同じ文言を有する。本書 513 頁の「＊＊＊部分」において，私は，「日・スイス」の関係でスイス側が，「米・スイス」の関係における従来の米国側のような，アグレッシヴな要求を，日本側に対して求めることは，「論理的には可能である」として，その場合の処方箋についても，一言しておいた。

　だが，前号分以来の《重要な注記》からは，「情報交換」に際してのスイス側の，『基本的人権擁護』の姿勢は，従前通りというか，一層明確化されたものとなっていることが，明らかとなった。何かの弾みないし手違いで，スイス側がその基本を忘れたような主張を対日で行なった場合には，わが国税サイドとして，まずもって本号分で論じた諸点をスイス側に示し，その上で交渉に臨むこととなろう。

それと比較すると，「2010 年改正」を経た「OECD マルチ税務執行共助条約」(21 条 1 項)の場合には，「1988 年段階」と変わらず，<u>文言上の何の限定ないし留保もなく，被要請国における対象者の権利・保護に，「本条約のいかなる規定も……影響を及ぼすものではない」</u>と，明確に規定している。<u>これは，「2008 年版」(以降)の「OECD モデル租税条約」26 条「3 項」の規定(条文)の書き方，とは異なる (!!)</u>。**OECD モデル租税条約 26 条「3 項」の規定上は，そもそも私人の権利保護に関する明示の文言が欠けていることに，むしろここでは注意すべきである (!!)**。──そこから先の微妙な問題については，21 条の「3 項」・「4 項」との関係で，後述する。

　この 21 条の「2 項」は，(14 条の「期間制限[Time limits]」との関係は省略するが)「本条約は……被要請国に対して，次のことを行なう義務を課するものと解してはならない (shall not be construed so as to ……)」として，「1988 年段階」では a − f の規定を

置いていたが, 既述のｇの他に, ｈが新設され, かつ, (右において言及したところの,「2008年版」OECDモデル租税条約26条の「4項」・「5項」に対応する) 21条の「3項」・「4項」が, 新設された。

まず21条「2項」のａだが,「被要請国又は要請国の法又は行政上の慣行に抵触する措置をとること」(の排除) とあり, ここは「1988年段階」と変わらない。同項のｂには変更がある。「1988年段階」では,「公の秩序又は被要請国の重要な利益に反すると被要請国が認める措置をとること (to carry out measures which it considers contrary to public policy [ordre public] or to its essential interests;)」(の排除) とあったが, 右の下線ないし傍線部分が消え,「公の秩序に反することとなる措置をとること (…… measures which would be contrary to public policy [ordre public];), となった(＊)。

＊　この21条2項ｂの改正も, 或る種「気分の問題」に近く, かつ, 多少 (既述の点と同様に) いやらしい。右の,「……と被要請国が認める」との文言の削除は, 規定の上から, 被要請国側の判断で共助が拒絶されるニュアンスを払拭したいという, 既述の『「KY (空気, 読めない)」と言われたくない症候群』のゆえであろう。同様に,「被要請国の重要な利益」への言及を規定上消し去るのも, 右の『アンチKY症候群』からの神経質な対応であろうが, 実質的にそれで何が変わるというのか。
　　　ちなみに, 貿易と関税2013年4月号96－97頁の「＊部分」(本書518－519頁) 及び同前・99頁 (本書522－523頁) で示したように, 本条約の「2010年改正」に関するThe Revised Explanatory Report to the Convention, supraは, そもそも信頼性が低いが, Id. at 28の「21条2項ｂ」の解説部分にも, なぜ「被要請国の重要な利益」の文言を落としたのかについて, 説明がない。
　　　ついでに, Ibidのpara. 190を見て, 私は, げんなりした。やはり, この文書は, いい加減だ。"The right to refuse information …… could, if the structure of the information system of the treaty partner differed very much, lead to the result that very little information was exchanged. In order to avoid this undesirable result, ……." などとある。これは, 貿易と関税2013年3月号59頁以下 (本書493頁以下) で批判したところの,「2008年版」OECDモデル租税条約26項「3項」に対する, 条文を無視した「コメンタリー」の「パラ18」(本書494頁) を, 横において適当に書いたものであることが, 明らかである。
　　　ちなみに, わが租税条約実施特例法の「2012年改正」による, 同法「11条1項2号」は, 本条約「21条2項ｂ」の右の改正規定に対応するものだが, そこでは,「徴収共助」の場合につき,「共助実施決定」の除外 (拒絶) 事由の一つとして,「当該共助を行うことが我が国の利益を害することとなるおそれがあると認められるとき」, との定めを置いている。文言上は, 本条約の「2010年改正」で削除された, 前記の「被要請国の重要な利益に反すると被要請国が認める」場合に, 対応する。──これは, 既に同法の「2010年改正」で『情報交換』の一般規定として新設されていた, 同法「8条の2」の, 但書 (情報提供の拒絶事由) の「4号」の文言に, 合わせた結果であろう。いずれにしても, さしたる問題は, 生じない。

次に, 本条約21条「2項」のｃだが,「被要請国又は要請国の法又は行政上の慣行において入手できない (not obtainable under ……) 情報の提供」(の排除) とあり, この点に変更 (改正) はない。続く同項ｄは, 各種の「秘密」情報と併せて,「又は公

開することが公の秩序若しくは被要請国の重要な利益に反することとなる情報を提供すること（to supply …… information the disclosure of which would be contrary to public policy〔ordre public〕or to its essential interests;）」（の排除）とあったのが，同項 b の場合と同様，右の傍線ないし下線部分が削除された。

同項 e については改正がなく，「要請国」における課税が，「一般的に認められている課税上の原則（generally accepted taxation principles）」又は租税条約その他の条約に反する「と被要請国が認める場合（if and insofar as it considers the taxation in the applicant State to be contrary to ……）」についての共助の排除（拒否）を定める。ここで「は」被要請国の判断が表に出たままの文言であり，いい加減なものである（直前の「＊部分」参照）。

そして，次の同項 f は，「同一の状況において（in the same circumstances），被要請国の国民と要請国の国民との差別につながることとなる（would lead to discrimination between ……）場合」の行政共助の排除だが，言葉を捏ねくり回した，品性下劣とも言うべき変更（改正?）が，なされている。早く先に行きたいのだが，とくに貿易と関税 2012 年 8 月号（本書第 2 章 4）以来，「情報交換」の『実効性（効率性）』のみを指標に，妙な英語を使って物事の本質を誤魔化そうとする輩の「人間心理」にスポット・ライトを当てた論述をして来た以上，見過ごす訳にはゆかない。このfの改正条文は──

"f. to provide administrative assistance **for the purpose of** administering or enforcing a provision of **the tax law of the applicant State**, or any requirement connected therewith, **which discriminate** against a national of the requested State ……."

──となっている。

「要請国の租税法規」が被要請国国民を自国民（要請国国民）に対して「差別している場合」であって，そのような要請国の法規定の実現「のために」行政共助が要請されるなどという，この場面設定自体が著しく不自然（!!）であろう。そうまでして共助要請拒絶の場合を限定づけたいという，「改正者の"不純な意図"」が，私には，極めていやらしく感じられるが，どうであろうか。改正者に見えているのは，（情報交換を含めた）共助の拒絶事由の限局化「のみ」であり，『「差別」という「人権的な問題の深み」』は，関心の外のようである。其処が，問題なのである（!!）。

既述の「21 条」2 項の g は飛ばして，新設の同項 h だが，これは「徴収共助」についての，「要請国が得る利益」に比して「被要請国の行政上の負担」が明らかに不均衡（clearly disproportionate）な場合の共助要請の排除（拒絶）であり，ここでとくに論ずる必要は，なかろう。

さて，「2010 年改正」で新設の，本条約 21 条の「3 項」だが，「被要請国」が「自己の課税目的のために必要でない場合であっても」要請された情報の入手のために必要な手段を講ぜよ，とする規定である。「2008 年版」の OECD モデル租税条約 26 条の「4 項」（その文言については，貿易と関税 2012 年 12 月号 68 頁〔本書 450 頁〕，等参照）

564　第 3 章　「IRS vs. UBS 事件」の展開過程でなされた「スイスの重大な政策変更」（2009 年 3 月 13 日）

に対応する規定，である。

　だが，本条約 21 条「3 項」には，以上の第 1 文に続く第 2 文がある。その第 2 文は――

「被要請国がそのような手段を講ずるに当たっては，本条約に定める制限に従うが，<u>とりわけ**本条 1 項**及び 2 項の制限を含めたかかる制限は，いかなる場合にも，当該情報が自己の課税目的のために必要でないこと**のみを理由**としてその提供を拒否することを，認めるものと解してはならない</u>（The obligation …… is subject to the limitations contained in this Convention, but <u>in no case shall such limitations, including **in particular those of paragraph** 1 and 2, be construed to permit</u> a requested State to decline to supply information **solely because** it has no domestic interest in such information.）。」

――と規定する。前記の本条約 21 条「1 項」（及び「2 項」）とこの「3 項」との関係は，「2008 年版」OECD モデル租税条約 26 条の，「3 項」と「4 項」との関係と，瓜二つである。

　だが，既述のごとく，本条約 21 条「1 項」は，『対象者に被要請国で保障される権利・保護』を，その文言上，明示していた。そこから本条約について言えることは，以下の通り。即ち――

『本条約 21 条「1 項」が被要請国内での対象者の権利及び保護をアンタッチャブルとして明示するものである以上，<u>なおさら（!!）</u>，被要請国側当局の事情「のみ」に着目する「3 項」の文言（solely because 云々の箇所）を，越えたところに位置するところの，**被要請国内での対象者の「人権保障」を直視した憲法上の要請**は，「3 項」の存在にもかかわらず，本条約の趣旨及び「1 項」・「3 項」の文言からして，被要請国側において，十分に貫き得るものとなる（!!）。』

　――ということになる（!!）。

　以上を，「2008 年版」・「2010 年版」の OECD モデル租税条約 26 条の条文，及び，それについての「コメンタリー」に関する，貿易と関税 2012 年 12 月号－同 2013 年 3 月号分（本書 432－507 頁）の詳細な論述と，対比して頂きたい。基本的な問題状況は，後者の場合と同じだが，正式な条約としての「OECD マルチ税務執行共助条約」の場合には，『憲法上の基盤を有する人権的配慮』の貫徹のために，<u>一層有利な条文構成（21 条「1 項」に即して既述）に，なっているのである（!!）</u>。

　さて，22 条で同じく新設された「4 項」だが，以上論じた「3 項」と同じ条文構成の下で，『銀行情報』の交換が，規定されている（"solely because the information is held by a bank……" 云々のところも同じ）。もとよりこれは，「2008 年版」OECD モデル租税条約 26 条の「5 項」の引き写し規定，である。以下同文の感があるので，ここでの指摘は，それだけとする。

　**本条約 22 条**（「秘密 [Secrecy]」）については，改正のあった同条「1・2 項」に限定

しつつ，既述のごとく，貿易と関税 2012 年 12 月号 62 － 67 頁，及び，同 2013 年 1 月号 79 頁（本書 444 － 448 頁，462 頁）で，「2010 年改正」による「人権的把握」の退潮ぶりに焦点を当てつつ，本論文における分析が，一応済んでいる。だが，同条には，「2010 年改正」の射程外の，「3 項」及び「4 項」がある。（「2010 年改正議定書」の Article VI には，"Paragraphs 1 and 2 of Article 22 shall be deleted and replaced with the following: ……" とあるのみ，である）。

「1988 年段階」からの規定たる 22 条「3 項」は，（本条約 30 条 1 項 a に基づく――詳細は省略）一定の留保をした締約国につき，その国が他の締約国に引渡した情報を，要請国が，当該の留保対象たる区分の租税のために，使用してはならず，また，当該の留保をした国自身も，他の締約国から得た情報を，当該の区分の租税のために使用してはならない，とする規定である。これは大した規定ではないが，「4 項」が重要である。

同じく「1988 年段階」以来の 22 条「4 項」は，情報交換で受領した情報の，「他目的使用」の規定である。だが，まずはそれと対比すべき同条「2 項」の新旧規定の対比（貿易と関税 2012 年 12 月号 63 頁以下〔本書 444 頁以下〕）を，想起すべきである。「2 項」（同項の規定の全体は，本書 446 頁に，英文で示しておいた）の，改正前の規定の第 3 文は，「情報提供国（被要請国）」側の『事前の同意（許可）』があれば（subject to ***prior authorisation*** by the competent authority of **the supplying Party**），「公開の裁判手続」（等）での当該情報の「開示」が可能となる，としていた。だが，「2010 年改正」で，この『事前の同意』要件が，あっさりと削除されてしまった（以上，本書 446 頁）。

ところが，「2010 年改正」の射程外の，22 条「4 項」では，右の「改正後の 2 項」とは平仄の合わない規律手法の規定が，（幸いにして !!）残存している。この点は，本条約の全体的な主義の一貫性からは，問題とは言えるのだが。

つまり，この「4 項」は――

「本条 1 項から 3 項までの規定にかかわらず，締約国が受領した情報は，当該情報を提供した締約国［被要請国］の法において，かかる情報が他の目的のために使用できる場合であって，かつ，その［被要請国の］権限ある当局が，かかる使用を許可する場合には，かかる他の目的のために［要請国において］使用することが出来る（…… may be used for other purposes when such information may be used for such other purposes *under the laws of the supplying Party* **and** *the competent authority of that Party* **authorises** *such use.*）。或る締約国（a Party）から他の締約国（another Party）に提供された情報は，前者の国［被要請国］の権限ある当局の事前の同意（許可）を条件として（subject to ***prior authorisation*** by the competent authority of the first-mentioned Party），後者の国［要請国］から第三の締約国に，送付することが出来る（may be transmitted）。」

――と規定する。

右の第 1 文において，いわば『闇雲に』，被要請国当局が単に情報の「他目的使用」

に同意するだけでは十分とせず，かかる「他目的使用」が，「被要請国の法」(!!) において可能であることという，ダブルの条件を課するという，その『健全な規律手法(!!)』（貿易と関税 2011 年 9 月号 58 頁以下〔本書 144 頁以下〕の，「1973 年 5 月 25 日署名」の「米・スイス刑事司法共助条約」についての論述，及び，同前〔9 月号〕・61 頁以下〔本書 147 頁以下〕の，「1977 年 12 月 19 日〔1979 年 12 月 6 日改正〕」の「直接税及び付加価値税の領域における相互共助」に関する「欧州評議会指令」7 条の，1 項及び「3 項」[!!] に関する論述を，参照せよ!!) は，右の「欧州評議会指令」7 条 3 項の規律手法と，殆ど完全に，一致する（本書 148 頁を見よ!!)。

本書 146 － 147 頁（更には，貿易と関税 2011 年 12 月号 84 頁以下，同 2012 年 12 月号 65 頁以下〔本書 198 頁以下，447 頁以下〕!!) に記しておいたように，「1970 年代後半」のものたる，この「欧州評議会指令」の「前文」には，「市民及び企業の基本的諸権利（the basic rights）のセーフガードのために」との，その目的意識の一つが，明示されていた。それと対比すべきは，「情報が国境を越えて引き渡されれば，後は要請国の思うがままで，もはや後の祭りだ」とするかのごとき，「1963 年草案」段階からの，**OECD** モデル租税条約 26 条「コメンタリー」の傲慢さ，である（貿易と関税 2011 年 12 月号 87 頁以下〔本書 203 頁以下〕参照。――なお，「ドイツの人権的把握」との関係については，とくに同 2012 年 7 月号 57 頁以下〔本書 341 頁以下〕を見よ）。

貿易と関税 2012 年 12 月号 65 頁以下，とくに 66 頁（本書 448 頁）では，この「欧州評議会指令」と「OECD マルチ税務執行共助条約」との密接な関連性を前提とした論述を，行なっておいた。そもそも，同前頁に示したように，本条約の正式名称は，「欧州評議会・OECD」が名を連ねた上でのものなのであり，かつ，流れとしては，本条約は，右の「指令」を受けてのもの，なのである（!!）。

以上が，今も残存する本条約 22 条「4 項」の，重要な背景事情だ，ということになる。この「4 項」において，右に見た『健全な規律手法』が残存し，他方，同条「2 項」では，同様のそれが「2010 年改正」によって，前記のごとく排除されているという，その**一貫性のなさ**は，「OECD マルチ税務執行共助条約」の「2010 年議定書」による改正が，この場合に限らず（これまでも随所で示唆して来たように――例えば貿易と関税 2013 年 4 月号 98 頁〔本書 521 － 522 頁〕），若干"摘まみ食い"的な一面を有することを，如実に示している。だが，この改正による『「人権的把握」の後退』が，不徹底に終わっていて，それを日本が採用した（署名は既になされ，近々，正式批准の予定）ということは，貿易と関税 2012 年 11 月号（本書第 3 章 1(1)）以来強調して来た『**日本に差し始めた「一条の光」**』との関係では，幸いであった，と言えよう。

なお，本条約 23 条は「争訟の手続（Proceedings）」であるが，それについては，次の項で，「徴収共助」問題と併せての適宜の検討で，十分かと思われる。そして，24 － 32 条の，残された規定には，本論文において検討すべき点は，ない。従って，以上で，本章 1(3) の「(3 － 1)」は，終わりとなる[*]。

　　＊　次号分は，本章 1(3) の，「(3 － 2)」から，となる。――以上の執筆は，2013 年 3 月

29日午前0時10分まで。点検に入る。点検終了，同日午前2時40分。何と今日は，「計17時間10分」（!!）の，ぶっ続けの執筆だったことになる。

〔以上，2013年6月号42－62頁〕

## （3－2） 租税条約実施特例法の「2012年改正」について──「徴収共助」制度を中心に

＊ 執筆再開にあたって──2013年3月13日の午前4時，執筆を再開する（今回の新月期大潮は，その少し前から，実にきつかったが，深夜，数時間にわたる妻の経絡マッサージを経て，ようやく心身が安定したように思われたため，思い切って，まだ暗いうちに起きて，机に向かった。頭の中で，書くべきことがグルグルと廻り始めてしまったので……）。

さて，本号分は，本章1(3)の「(3－2)」から，となる。いよいよ，『世界の人権保護のための最後の砦』として浮上しつつある日本（貿易と関税2012年11月号52－53頁〔本書413頁〕の『日本に差し始めた「一条の光」』の項参照）について，となる。ここで主として扱うのは，「OECDマルチ税務執行共助条約」への日本の署名に伴う，「租税条約実施特例法」の「2012年改正」の，全体像である（「人権保護」上の，その最も注目すべき点については，同前・60－67頁〔本書423－432頁〕に，「2010年改正」による同法「8条の2」の新設と併せて，概要を示しておいた）。

同法のこの「2012年改正」が，「送達」（「送達共助」──この改正による同法11条の3，とくにその2項の意義については，貿易と関税2013年4月号95頁〔本書517－518頁〕）と「徴収共助」についてのものであるため（「2010年改正」との関係につき，本書516－517頁をも参照），本章1(3)では，「徴収共助」を含めた検討を行なうこととしていた訳だが，前号分までの「OECDマルチ税務執行共助条約」の新旧条文対比においても，「徴収共助」関連は，この「(3－2)」で纏めて扱うこととしていた。他方，貿易と関税2013年4月号87頁（本書509頁）において，まさに前記の『日本に差し始めた「一条の光」』の一端を示す「2013年1月24日」の「(第3次) 日米租税条約改正議定書」の，「徴収共助」関連の部分については，「後述する」と記しておいた。それらについても，ここで論ずることとする。

だが，貿易と関税2013年5－6月号分の大半を占めることとなった《重要な注記》（本書525－559頁）を経て，私は，『「2009年3月13日」の「政治的敗北」以後のスイス』についての基本認識を，改めることとなった。そして，貿易と関税2012年11月号分以来，実に9号分を費やして来た本章1が終われば，同章2以下において，再び，本論文における検討は，「スイス」へと，明確に軸足を移すこととなる。

もはや，「日本」一国のみで『世界の不条理な流れ』に抗するのではなく，「日本」は「スイス」とともに『世界の人権保護のための最後の砦』として，共に戦うのだ，ということを発見できた私の喜びには，極めて大きなものがある。既述のごとく，貿易と関税2011年3月号46頁（本書1頁）の，本論文冒頭の一文は，本論文が「まさに『この世の終わり』を告知する，淋しい内容」のものであることを，示していた。だが，そこに『一条の光』が，何と日・スイスそれぞれから，発していることを，今や私は，見いだせた。

しかも，それらはいずれも，元ゼミ生の西方建一君のご教示・お導きによるものであった（「お導き」という点では，馬渕大樹君の存在が大きい。貿易と関税2012年11月号

53 頁上段〔本書 415 頁〕参照）。西方君からは，別途，**西方建一＝大柳久幸＝田中宏幸＝中島格志「国際租税手続――徴収共助，国外財産調書制度，二国間租税情報交換協定」ジュリスト 1447 号（2012 年 11 月）45-51 頁**のコピーを頂いていた（中島君にも，大感謝である。彼は，本誌の私のこの連載を，最初の号から把握してくれていたし，「徴収共助」関連での，彼らとの，初期段階での或る議論の際に，何とこの私よりも早く，即座に，石黒・前掲国際倒産 vs. 国際課税の該当頁をパッと示してくれたりもして，びっくりした）。それを，本号分の論述で，いよいよ参照することとなる。

けれども，「スイス銀行秘密」の本質と「**IRS vs. UBS 事件**」の詳細な検討から出発した本論文の全体構成からは，貿易と関税 2013 年 5-6 月号分における，前記の《**重要な注記**》（本書 525 ― 559 頁）において，とくにこだわったところの『時系列的整理』を，「**IRS vs. UBS 事件**」や FATCA 法関連での動きとともに，ここで一本化して示しておくことが，有益ではないか，と考えるに至った。今日の執筆開始前，妻の経絡マッサージを受けつつ，夢うつつの段階で「頭の中でぐるぐると廻り始めたこと」（既述）とは，まさにそのことであった。

従って，本章 2 以下への円滑な橋渡しを兼ねて，「それ」を纏めてから，本章 1 の最後の項目たる「（3 ― 2）」の論述へと，進むこととしよう（＊＊）。――なお，以下の『時系列的整理』は，もともと「2011 年 7 月 11 日」に作成していたところの，「**IRS vs. UBS 事件**」についてのそれを，改訂したものである。従って，同事件の展開を〔UBS 事件〕としてメインに示し，そこに，**スイスが「2009 年 3 月 13 日」の前後に行なって来たもろもろの事柄の全体像（!!）** が明確に浮かび上がるように意を用いつつ，FATCA 法関連を含めた，同事件とは別の，前号分までで解明された流れを（対米での問題に若干ウエイトを置きつつ），「☞マーク」で，ゴシック体で挿入する形とする。

　　　　●　　　●　　　●

＊＊　【「2009 年 3 月 13 日」の「スイスの政治的敗北」前後のスイスの営為についての『時系列的整理』――「**IRS vs. UBS 事件**」の展開を含めた「米国」との関係を重視しつつ】

・〔UBS 事件〕　内部告発→ JDS（在外文書・情報提出命令）手続（マイアミ地裁）

・〔UBS 事件〕　DPA（刑事訴追猶予合意）をめぐる水面下の交渉――スイス連邦政府，FINMA（金融監督委員会）への「国家緊急事態」を前提とした「授権」

・〔UBS 事件〕　2009 年 2 月 18 日―― DPA 成立

・〔UBS 事件〕　DPA 成立への米国側の条件としての，256 名分の顧客データの米国側への引き渡し――スイス銀行法 25・26 条（銀行倒産防止）に基づく「国家緊急事態」への対処として（人身御供 !!）
　　　　↓
☆後にスイス連邦行政裁判所〔2010 年 1 月 5 日〕判決で違法とされ，スイス連邦政府も，修正後の UBS 合意への公的説明の中で自己批判。（この判決で，「スイス

1　2008 年版 OECD モデル租税条約 26 条の規律内容についての再確認　　569

銀行秘密」が「プライバシー保護の基本権」に深く根ざすものであること，の明言あり !!)

☞「2009 年 3 月 13 日」──スイス連邦政府，OECD モデル租税条約 26 条（情報交換）への留保撤回＆新方針発表（だが，「UBS 事件」は，あくまで「1996 年米・スイス現行租税条約」で処理［『双方可罰性要件』── tax fraud or the like があるならば銀行秘密解除との，スイスの従来路線で !!］）

☞「2009 年 4 月 2 日」の「G20 ロンドンサミット・コミュニケ」──「銀行秘密の時代は終わった !!」

☞「2009 年 4 月 28 日」のスイス連邦大統領から OECD 事務総長に宛てた抗議の書簡──そこに，後の「源泉税条約」方式の（最初の !?）萌芽あり !!

・［UBS 事件］　2009 年 4 月 30 日・7 月 7 日──スイス政府の「法廷の友」意見書提出

☆〔UBS 事件〕　マーク・リッチ事件同様の「国家緊急事態」としての処理（対抗措置としての情報の収用）もスイス政府は別途，水面下で検討（実施はせず）

・［UBS 事件］　2009 年 8 月 19 日──修正前 UBS 合意成立（即日発効）
　　　　　　　　　　　　　　　★米一方的措置の抑止確約，明文化 !!
　　　　　　　　　　　　　　　★米司法省──銀行秘密破れたり，と喧伝（歴史の改竄 !!）
　　　　　　　　　　　　　　　★米要望で，情報交換の基準は，90 日間公表せず（IRS の任意開示手続との関係）
　　　　　　　　　　　　　　　★ IRS，改めて「租税条約上の情報交換」申し出（4450 名分）

☞ 2009 年 9 月 23 日──「米・スイス改正租税条約」署名（beyond OECD?）

☞ 2009 年 12 月 16 日──『スイス金融市場政策のための戦略的な衝撃的進路（道筋）』についての「スイス政府報告書」──かつてないほどに「スイス銀行秘密」の憲法的・人権保護的基盤を明確化させつつ，その将来的維持を宣言 !!（「同年 4 月 2 日」の前記 G20 コミュニケへの，正面切った挑戦）

・［UBS 事件］　2010 年 1 月 21 日スイス連邦行政裁判所判決──「国家緊急事態」だとしても，修正前 UBS 合意は違法（条約解釈として）！

☞ 2010 年 2 月 24 日──主要国との「補償的源泉税の合意」提案を含む「スイス政

570　第 3 章　「IRS vs. UBS 事件」の展開過程でなされた「スイスの重大な政策変更」(2009 年 3 月 13 日)

府決定」

☞ 2010 年 3 月 18 日――「米国 FATCA 法」署名・成立‼

☞ 2010 年 3 月 26 日――ドイツ側（ドイツ財務大臣‼）とスイス側との「補償的性格の課税の確保」を含めた「調査のための協議」の開始

・［UBS 事件］　2010 年 3 月 31 日――修正 UBS 合意署名

☞ 2010 年 5 月初め――英国側との対独（「同年 3 月 26 日」）と同様の協議開始

・［UBS 事件］　2010 年 6 月 17 日――修正 UBS 合意スイス議会通過，成立

☞ 2010 年 9 月 1 日――スイス「租税条約による行政共助に関する規則」制定（但し，2013 年 1 月 16 日，同規則は廃止――実質「グループ・リクエスト」オンリーの規則となる‼）

☞ 2011 年 4 月 6 日――「2009 年 3 月 13 日」以後に改正・締結されたスイスの租税条約の「更なる改訂」のための同日付けの Botschaft でスイス政府が「グループ・リクエスト」方式の「推奨」に（鋭く）反応（reagiert‼）

☞ 2011 年 6 月――「グローバル・フォーラム」対スイス「ピア・レヴュー」報告書による「例外なき事前の通知」等への批判

☞ 2011 年 7 月 6 日――スイス「課税事件における国際行政共助に関する連邦法（StAG）」ドラフトに関する Botschaft 発出（名称変更の上での同法の正式成立は遅れる［意図的遅延⁉］）

☞ 2011 年 9 月 21 日――「対独源泉税条約（課税・金融市場協力条約）」署名

☞ 2011 年 10 月 6 日――「対英源泉税条約（課税協力条約）」署名

☞ 2012 年 2 月 22 日――「世界の課税の流れに適合的で競争可能な金融センター」についてのスイス政府「ディスカッション・ペーパー」（スイス政府の「ホワイト・マネー戦略」の明確化）

☞ 2012 年 3 月 20 日――「対英源泉税条約（課税協力条約）」の「改正プロトコル」署名（BBl. 2012, at 4952.）

☞ 2012 年 4 月 5 日――「対独源泉税条約（課税・金融市場協力条約）」の「改正プロトコル」署名（BBl. 2012, at 5098.）

☞ 2012 年 4 月 13 日――「対オーストリア源泉税条約（課税・金融市場協力条約）」署名（BBl. 2012, at 5358.）

☞ 2012 年 6 月 21 日――「FATCA 法」実施のための「米・スイス共同声明」（「グループ・リクエスト」方式の採用――この点で同旨の「日米共同声明」と同日）

☞ 2012 年 7 月 17 日――「2012 年版」OECD モデル租税条約 26 条「コメンタリー」で「グループ・リクエスト」方式を正式容認‼

☞ 2012 年 9 月 28 日――前記 StAG を StAhiG と名称変更して正式制定（但し，スイス政府側は，「2013 年 2 月 1 日」の同法施行にあたって，「グループ・リクエスト」方式がすべてであるかの如く説明‼）

☞ 2012 年 12 月 12 日――「対独源泉税条約（課税・金融市場協力条約）」の「改正プロトコル」をドイツ議会批准拒否（「対英」・「対オーストリア」のそれは，「2013 年 1 月 1 日」に発効⁉）

☞ 2013 年 1 月 16 日――スイス「租税条約による『グループ・リクエスト』の場合の行政共助に関する規則」制定（実質 1 カ条のみ＆同日付けで「2010 年 9 月 1 日」の前記規則を廃止）

☞ 2013 年 2 月 14 日――「米国 FATCA 法実施のための米・スイス政府間合意」（「グループ・リクエスト方式」の採用＆当事者への「例外なき事前の通知」の維持‼）

● ● ●

――以上が，前号分までにおける，「2009 年 3 月 13 日」以後のスイスの果敢なる営みの解明と，本論文第 1 章における「**IRS vs. UBS 事件**」の検討とを，合体させた『時系列的整理』，である。人口 700 万人余のいわゆる「小国」なのに，凄いとは思わぬか（‼[*]）。

　* 今，3 月 13 日の午前 9 時頃ゆえ，右の『時系列』を纏めるのに，著者たる私でさえ，優に 4 時間以上を要した。読者（if any）の側で同じことをする時間は，もっともっと（禁止的に）かかるはず，である。やはり，目覚める前の，頭の中のもやもやを，こうして纏めておいて，よかった（ここで，徹夜モミモミの後仮眠していた妻の，トマト・ジュースとサンドウィッチの差し入れで一息）。

さて，西方建一＝大柳久幸＝田中宏幸＝中島格志・前掲（ジュリスト1447号）を身近に置きつつ，本章1(3)の「(3－2)」で予定していた内容の検討に，ようやくここで移ることとなる。わが租税条約実施特例法の「2012年改正」の主眼は，既述のごとく，「徴収共助」との関係にある。

　税の「徴収共助」についての，私の基本的問題関心は，まさに本論文のメイン・テーマであるところの，『国境でメルトダウン（熔融）する人権保障』の防止，にある。その概要については，石黒・前掲国際倒産 vs. 国際課税 5 頁以下，79 頁，309 頁以下，等を参照せよ。同前・310 頁に示しておいたように，日本が締結した租税条約上の「徴収共助」条項については，「昭和 29 年」の「第 1 次日米租税条約」以来の展開についての詳細な論述とともに，貿易と関税 2007 年 5 月号 60 頁以下，同 6 月号 53 頁以下で検討をしている。私の「徴収共助」問題への関心は，「1986 年」刊の石黒・現代国際私法［上］492 頁以下にまで遡る。同前・493 頁の注 383 に記したように，それは，故上本修君（貿易と関税 2005 年 9 月号 53 頁以下参照）から，当時の租税条約実施特例法（昭和 44 年法律 46 号）の「8 条」の，次のような規定についてのご教示を受けたことに，端を発するものであった。即ち——

　「政府は，租税条約の規定によりわが国以外の締約国の租税につき当該締約国の政府から徴収の嘱託を受けたときは，国税徴収の例によりこれを徴収する。この場合において，当該租税及び滞納処分費の徴収の順位は，それぞれ国税及びその滞納処分費と同順位とする。」

——との規定，である。この規定は，実質的規律内容に変更なきまま，同法（租税条約実施特例法）の「11 条」となり，その「2012 年改正」（平成 24 年 3 月 31 日法律 16 号によるそれ）に，至ることになる（以下で示す改正規定の施行は，「2013 年」［平成 25 年］の 7 月 1 日から）。

　この規定に基づく租税条約上の「徴収共助」の制度に関して，私は，当初から，同前書（現代国際私法［上］）・494 頁に示したように，『憲法』上の疑念を抱いていた。だが，同・前掲国際民訴法 62－64 頁にも示したように，私の関心は，「租税法律主義」との関係で，この制度を，どうしたら「合憲的」なものとできるのか，との点にあった。同前・63 頁に略述したように，「第 2 次日米租税条約」27 条 2 項の，「徴収共助」の『拒絶事由』には，『自国の規則・慣行との抵触・主権・安全・公序』とあるのみで，これを「納税者の側」（!!）から見たとき，それらの曖昧な規定上の文言が，「オン・オフのスイッチとして機能」して，それ次第でわが国内での「課税権が発動される」ことになる。それでは『憲法』上の「租税法律主義」に違反するのではないか，というのが私の疑念の中核にあった事柄，である（この法現象について，「徴収共助」の場合には，自国の「実体的課税権」は発動していないから合憲だとする，ドイツ連邦憲法裁判所の論理への批判については，同前・63－64 頁に引用のものを参照せよ[*]）。

　　＊　西方建一＝大柳久幸＝田中宏幸＝中島格志・前掲（ジュリスト1447号）47 頁には，「徴

1　2008 年版 OECD モデル租税条約 26 条の規律内容についての再確認　　573

収共助」の制度について，「その課税要件等を定める法律がわが国の法律ではない点に着目してしばしば租税法律主義との関係が論点となるが，他方で前述のとおり，外国租税の納税義務者はあくまで当該外国に対して納税義務を負い，被要請国であるわが国は強制執行を代行するに過ぎないことからすれば，租税法律主義の観点から許されないとまではいえないと考える」とあり，同前頁の注 4 で，「2010（平成 22）年 11 月に政府税制調査会・専門家委員会でとりまとめられた「国際課税に関する論点整理」（同前・45 頁）においても，「徴収共助は，憲法の定める租税法律主義の観点から法制上許されないというわけではない」とされたことへの言及が，なされている。

　だが，その（本文における）指摘は，従来からの私の問題関心を十分に理解した上でのもの，と考える『べき』である。――そのあたりが，『**「as if 的な鵺」の法的表現**』（後述）という，「4 月 16 日」の執筆開始前の，私の頭の中でグルグル廻り始めた言葉（もとより，「OECD マルチ税務執行共助条約」の規律内容をも踏まえたもの）と，深く関係する。要するに，「**徴収共助**」についての具体的な国内法制度の構築の仕方次第で，「**租税法律主義**」との関係は，**違って来る（!!）** のである。

　例えば，従来の租税条約実施特例法（昭和 44 年法律 46 号）の「8 条」（「11 条」）の，前記文言通りに，『順位』の点も含めて完全に「国税徴収の例」によった制度作りがなされ，運用されていたとせよ。その場合，日本国内では課税権行使（強制力の行使を含めたそれ）が，法的には何らなされ得ない状況下で，「徴収共助」の要請が外国側からあったとの一事で，何処から見ても完全な形で，日本の課税権限が（外国での）納税者側に対して，日本国内で発動することになる。これはまさに，「国境でメルトダウン（熔融）する人権保障」の，典型的な一場合となる。

　そうならないための「合憲的」な制度作りを，私が目指していたことは，引き続きここで示す通りであり，それをも踏まえた具体的な制度作りが，**租税条約実施特例法**（略称は「**実特法**」――西方他・同前 46 頁）の「2012 年改正」で目指された結果が，同前・47 頁に示されているのであって，この点，くれぐれも誤解なきよう。――私の問題関心は，これから示してゆくように，この「2012 年改正」の中に，基本的に盛り込まれているのであるから。

　なお，西方他・前掲 47 頁には，前記の引用部分に続き――

「もっとも，国民感情も考慮すれば，**わが国が公権力を行使して徴収することがおよそ許されないような種類の外国租税**についてまで，条約において［「徴収共助」の］対象税目として規定することは想定していないと考えられる。」

――との，著者達の「私見」（同前・46 頁参照）が，示されている。これも，私の年来の関心（日本で non-taxable な場合についての，後に示す例示参照）を踏まえたものとは一応考えられるが，但し，厳密に考えた場合，それが「**国民感情**」の問題にとどまるのかどうか（本書 645 頁と対比せよ!!）。当局者においては，更に今一歩，この点を詰めて頂きたいという思いが，私にはある（この「＊部分」は，2013 年 4 月 16 日午前 5 時半までの追記。――書きながら，同日午前 8 時頃から，更に以下を追加することとした）。

　なお，右に「わが国が公権力を行使して徴収することがおよそ許されないような種類の外国租税」についての言及があるが，後述の「OECD マルチ税務執行共助条約」11 条 1 項への The Revised Explanatory Report, supra, at 17 (para. 110) には，次のごとくある。即ち――

574　第 3 章　「IRS vs. UBS 事件」の展開過程でなされた「スイスの重大な政策変更」(2009 年 3 月 13 日)

"[I]t is possible that the request concerns a tax which does not exist in the requested State. However, since the applicant State has to indicate the character of the tax in the recovery of which assistance is requested ……, this **should not** give rise to serious problems. The requested State **will** then follow the procedure applicable to a claim for a tax of its own which is similar to that of the applicant State or any other appropriate procedure if no similar tax exists."

——と。西方他・前掲 47 頁の「およそ許されないような種類の」課税，という強いニュアンスとの差はあれ，右は，同条約の趣旨として，「被要請国に存在しない税」についても，「徴収共助」がなされる「であろう」，との書き振りである。だが，貿易と関税 2013 年 4 月号 96, 97, 99 頁（とくに 96 頁〔本書 519, 522 − 523 頁〕を見よ）以来，折りに触れて指摘して来たように，この Explanatory Report は，そもそも「権威ある解釈」を示すもの「ではない」。それゆえ，西方他・前掲の著者達には，前記の自説を信じて，先に進んで頂きたい，と思う。

　ともかく，こうした（直前の「＊部分」の前に示した）文脈において，この制度の「合憲化」のために私が着目していたのが，石黒・前掲国際民訴法 64 頁の，『双方可罰性要件』の「徴収共助」制度への「応用」，ということであった。——これが，本論文における「国境でメルトダウン（熔融）する人権保障」の防止という基本的視座からのものとして，「2012 年改正」による租税条約実施特例法（実特法）の，「徴収共助」規定を検討する上での，基本的な関心事となる。
　ここでは，「第 3 次日米租税条約」（平成 16 年 3 月 30 日条約 2 号）の 27 条（徴収共助）において，前記の「オン・オフのスイッチ」問題（『共助拒絶事由』の「白地規定性」!!）がどうなったのかについて，まず，見ておこう。だが，同条 2 項に基本的な変更はなく，前記の問題は，そのまま残っている（「平成 24 年 6 月 1 日現在」の国税庁・租税条約関係法規集 25 頁で確認）。
　それでは，「2013 年 1 月 24 日」の「第 3 次日米租税条約改正議定書」では，この点はどうなったのか。そこでは，従来 2 項までだった「27 条」が，改正議定書 13 条，及び，14 条 3 項（後者は 27 条の 5 項への，後述の⒜⒝の付加）で大幅改正を受け，計 16 項の，詳細な規定となった。だが，その逐一について論ずるのは，ここでの私の目的ではない。そこで，『共助拒絶事由』について，まず見ておく。「新 14 項」がそれである。
　ところが，前記の点は，何ら変わっていない。だが，従来の租税条約実施特例法「11 条」（「旧 8 条」）の前記文言との関係で，まずもって問題となるところの，日本国内でなされる「徴収」の，『法制度的性格』については，「2013 年改正議定書」による条約 27 条の「新 6 項」が，次のように定めている。即ち——

「……要請国の租税債権は，被要請国の法令に基づく**徴収のために必要な限りにおいて**，……被要請国の法令に基づき確定した租税債権として取り扱われるものとし（…… the revenue claim of the applicant State shall be treated, **to the extent necessary**

**for collection** under the laws of the requested State, as assessed under the laws of the requested State)，被要請国の租税債権の徴収に適用される法令に従い，被要請国の租税債権を徴収する場合と同様に［!!］徴収されるものとする（…… shall be collected by the requested State **as though** ［!!］ such revenue claim **were** the requested State's own revenue claim in accordance with the laws applicable to the collection of the requested State's own revenue claim.）。」

――との規定である。後段の"**as though** …… **were**"のところが，「徴収共助」制度特有の悩ましいところではある（後述）。けれども，「徴収のために必要な限りにおいて」との，右の前段の文言の限定（!!）によって，規定上は，「徴収共助」の対象たる外国の租税債権が，100％被要請国の租税債権だ「とは言えない」のだ（!!）という，その『微妙な法制度的性格』（「鵺［ぬえ］」的なそれ!! ――後述）が，それとして"明確化（!!）"されている。――まずもって，そこに注目すべきである（!![*]）。

* ちなみに，「2013年議定書」による改正前の「第3次日米租税条約」27条「1項」では，この点が，「各締約国は……他方の締約国が課する租税を徴収するよう努める（Each of the Contracting State shall endeavor to collect …… taxes imposed by the other Contracting State …….)」，と定めるにとどまっていた。ここでは詳論（再論）を避けるが，こうした従来の租税条約上の規律を前提として，従来の租税条約実施特例法「11条」（「旧8条」）の前記文言が存在していた，のである。
　だが，後者（同法）の規定では，徴収方法のみならず，『順位』までが，明確に，日本の租税債権のそれと同じとされており，既述のごとくこれでは，「徴収共助」の対象たる「外国租税債権」の法的性格が，日本の租税債権と「全く同じ」になってしまう。そうなると，端的に言えば「日本で非課税（non-taxable）」・「要請国（外国）で課税（taxable）」の場合，そうであるのに，何故日本の課税権限が，納税者に対して（強制力の行使まで含めて!!）かかって行けるのかという，まさに私の言う「国境でメルトダウン（熔融）する人権保障」の問題が，顕在化してしまうことになる。
　「2013年議定書」による「第3次日米租税条約」27条の，この点での改正「も」，かかる私の，従来からの問題関心を踏まえたものなのであり，嬉しい限りである（もとよりこれも，『日本に差し始めた「一条の光」』の一端である!!）。

なお，直前の「*部分」で言及した『順位』の点だが，従来の「第3次日米租税条約」27条では，この点が曖昧なまま，租税条約実施特例法の従来の「11条」への，法的バトン・タッチがなされていた。だが，「2013年議定書」による「第3次日米租税条約」27条の「新8項」では，「徴収共助」の対象たる外国租税債権は，「被要請国の法令の下で租税債権であるとの理由により適用される……優先権を与えられない（…… **shall not**, in that [requested] Contracting State **be** …… **accorded any priority, applicable to a revenue claim** under the laws of that [requested] Contracting State **by reason of its nature as such**.)」と，ここでも，その「微妙な法制度的（法的）性格」（後述）が，明確化されるに至った。

『租税条約実施特例法の従来の「11条」の規定する，前記の『順位』（優先権の付与）の点がネックとなって，この点の法改正なしには，従来の日本が，「OECDマルチ税務執行共助条約」を批准できない状況にある。』——このことを私は，ずっと以前から指摘し続けて来たが(＊)，この点も，後述の同法の「2012年改正」で解決し，それを踏まえた規定が，今般の「第3次日米租税条約」の「2013年改正」において，右のごとく示されていることになる(＊＊)。

＊　西方他・前掲47頁の末尾には，「なお，改正前の実特法では外国租税の徴収の順位は国税と同順位とされていたが」，今般の改正で「優先権は与えられないことになる」旨が，サラッと「なお書き」で，触れられている。

＊＊　それと併せて私が指摘して来たところの，租税条約実施特例法（実特法）の従来の「11条」についての政省令の規定がなく，そのこともあって，「徴収共助」の実例が1件もなかったということについても，同法の「2012年改正」で，一挙に制度的な決着がついたことになる。あとは，「最初の1件」の登場を，待つばかりとなる（N君，頑張れ!!）。——なお，『かかる従来の状況』が，『徴収共助』問題（や，更には，その根底にある『国家の「執行管轄権」の国境による限定』，即ち，『国家公権力の国境を越えた行使の禁止』という，一般国際法上の最もベーシックなルール）に関する無理解とも相俟って，日本の国際倒産法学者達等の一方的な主張を，一層増幅させてしまったことについては，石黒・前掲国際倒産 vs. 国際課税1頁以下，8頁，12頁注5所掲のもの，及び，同前・79頁，同前・112頁以下の「＊部分」，等を参照せよ。

けれども，肝腎の問題は，どうなったのか。即ち，(1)「納税者」の側から見たとき，端的には日本で non-taxable な状況下でも，日本の課税権力が，私人に対して強制力まで行使して来るのかどうか，という点（これまでの私が，実特法の従来の規定を前提としつつ，『双方可罰性要件』と同趣旨の要件を「徴収共助」について課すことによって，「租税法律主義」の問題をクリアしようと考えていたこと，既述の通り。簡単には，石黒・同前8頁以下），そして，(2)「2003年」以来の OECD モデル租税条約27条の「6項」(＊)に示されているような，「当事者の手続的保障」を無視した制度作りとの関係は，どうなったのか。——これらの点については，もはや，租税条約実施特例法（実特法）の「2012年改正」に即して，点検すべきところ，であろう。

＊　OECD モデル租税条約27条の「6項」について，その背景事情から論じたものとして，簡単には，石黒・同前311頁以下。この点は，「OECDマルチ税務執行共助条約」との関係を含めて，後述する。——ここで時計を見たら，2013年4月13日の午後1時過ぎになっていた。もう9時間余の執筆となる。このところ，計15時間超，17時間超といった非常識な執筆が続いたが，さすがに心身へのダメージは，相当なものであった。そこで，今日はここで筆を擱くことにする（以上は，同日午後1時10分までの執筆。——執筆再開は，同年4月16日午前4時2分。事前に30分弱，西方他・前掲を再度下読みした上で，ここまでの部分の点検から入る。今回もまた，妻の経絡マッサージを受けつつ寝ていて，急に『「as if 的な鵺」の法的表現』という言葉が頭に浮かび，ぐるぐると廻り始めたので，潮時かと思い，寝床から起き上がった次第。

さて，西方建一＝大柳久幸＝田中宏幸＝中島格志・前掲（ジュリスト1447号）45頁以下から，「徴収共助」関連の部分に注目しつつ，租税条約実施特例法（実特法）の「2012年改正」の基本について，見ておこう。本論文で言う「OECDマルチ税務執行共助条約」は，同前・45頁では，「<u>税務行政執行共助条約</u>（以下，「マルチ条約」という）」として示されているが，同前頁にあるように，それへの日本の署名は，「2011（平成23）年11月」（私の記憶では，11月3日の文化の日）である。

　以下，まずは同論文の論旨を点検してから，実際の「2012年改正」と「OECDマルチ税務執行共助条約」の「徴収共助」関連の規定との対比，等に移ろう。同前・<u>46頁</u>冒頭には，すべての基本として，「差押えや強制換価といった滞納処分は強制的な公権力の行使であり，その執行を外国で行うことは，当該外国の同意または条約の規定がない限り，一般に当該外国の主権を侵害することになる」との，国家管轄権上の大原則が，しっかりと押さえられている（同前頁には，「<u>執行管轄権</u>」の語もある）。

　だが，それに続き，同前頁に──

「さらに，外国の租税債権については<u>司法手続を通じて回収することも許さない</u>とのルール（いわゆる**レベニュールール**）が英米法の諸国を中心に形成されてきた。徴収共助は，<u>こうした制約</u>がある中で，各国の税務当局が租税条約に基づき互いに相手国の租税債権を徴収しようとする法的枠組みである。」

──とあるのは，同前・45頁に引用されていた既述の「論点整理」（それについては，ここでは省略）に配慮し過ぎた，理論的には不正確な指摘に，なってしまっている。

　右引用部分の論理を，点検しておこう。冒頭の「さらに」は，その直前の，『執行管轄権』問題を踏まえたものである。だが，一般国際法上のそれ（『執行管轄権』問題）と「レベニュールール」とが並列され，「こうした制約」が，日本を含めた大陸法諸国にもかかる，かの如き書き方になっている。

　これは，国際租税法を論ずる若手研究者の中に，単純に英米，とりわけ「米国」での扱いを一般化する，不十分な論じ方をするものがあること（なお，石黒・前掲国際倒産vs.国際課税35頁半ばの「＊部分」参照!!）が，おそらくは関係する。西方他・前掲46頁の，前記引用部分の論理においては，なぜ「英米法の諸国を中心に形成されて来た」ルールが，この「日本」においても「制約」要因になるのかが，説明されていない（但し，それは彼らの責任なのではない，とだけここでは言っておく）。

　そもそも，「英米」というのも問題であって，「Revenue Rule」は，「執行管轄権」問題，更には，「国家管轄権」問題を直視しない，「米国」特有の問題である。「英国」には，「執行管轄権」問題の最も端的な表現としての，「<u>インド課税事件</u>」（「国際課税」の事件である!!──石黒・同前書22頁以下）があり，それを矮小化しようとする「<u>米国対外関係法第3リステートメント§483</u>」（とくにその問題あるコメント）にもかかわらず，それが，（米国を含めた!!）諸国における国家実行の，基本をなす。

　「インド課税事件」は，インドの課税当局が「英国」での倒産手続において，未徴収のインドの税金を，配当として受けようとして「英国」に赴き，「英国」裁判所か

ら蹴っ飛ばされた事例である。従ってそれは，西方他・前掲46頁の前記引用部分における「司法手続を通じて」の「回収」であり，そうしたことをももともより射程内に収めつつ，初めから「執行管轄権」問題は，一般国際法上の大原則として，考えられて来ていた，のである。──問題ある「§483」の，その背景事情（石黒・同前書26頁以下）をも含めて，最低限，石黒・同前書15－36頁を，もう一度読んで頂きたい，と切望する（「同書全体を」と言いたいところだが，それは忙しくて無理だろうから，ということである）。

さて，ここで西方他・前掲46頁の，その先を見ておく。同前頁で，「実特法11条」の従来の問題についての指摘はあるが，そこで「は」，既述の諸点についての言及はない。「租税の減免」に限らぬ「一般的な徴収共助」の必要性が示されているのみ，である（「順位」の点に関する改正について，既述の如くサラッと，同前・47頁の末尾での言及があるのみ，である）。同前・46頁には，「徴収共助」制度において「被要請国は，執行管轄権という国際秩序の下，条約の枠組に基づき要請国の権利（租税債権）の実現のため強制執行を行うに過ぎないと言える」，とされた直後に──

「こうした法的構図はあたかも，民事執行の領域において，自力救済を禁ずる私法秩序の下，債権者の申立てに基づき執行機関が強制執行を行う光景さながらである。」

──との，執筆者達の"苦心の表現"がある。これが，既述の『「**as if 的な鵺**」の法的表現』という私の言葉に対応する。

外国からの要請に際して，そのまま「国税徴収の例」によって徴収をしてしまっては（従来の実特法11条の文言だと，そうなる），『人権保護』上も問題が生ずる（石黒・前掲国際倒産 vs. 国際課税32頁以下の，「執行管轄権」と「基本的人権保障（租税法律主義）」とが『「国境」に落ちたコインの両側』をなす，との問題関心を，想起せよ!!）。刑事の場合の『双方可罰性要件』に相当する要件をインプットすることなしに，ここで日本の課税権行使を，直接的なものとして認めてしまっては，私の言う「国境でメルトダウン（熔融）する人権保障」の問題が顕在化してしまう。──この点を，『あたかも自国の租税債権であるかのごとく（as if），しかしながら課税特有の強制力の直接的行使の法的色彩は，極力払拭しつつ(*)，ギリギリのところで，「自力執行権」は有しつつも，実質的には「民事債権」の執行の内実で，法的に表現する』というのが，彼ら立法担当者の苦心の選択，なのである（後述）。

* この波線による下線部分が，後述のごとく，決して「OECDマルチ税務執行共助条約」や「徴収共助」規定を有する（二国間）租税条約からの直接的要請「ではない」(!!)ことに，最も注意せよ(!!)。

まさにこの点との関係で，西方他・前掲47頁の，「徴収手続」の項を見ておこう。そこには，「マルチ条約［「OECDマルチ税務執行共助条約」］や［OECD］モデル［租

税〕条約は重要な2つの原則を定める。その第1は，被要請国は要請国の租税を自国の租税と同様に徴収しなければならない（マルチ条約11条1，モデル条約27条3）との原則である」，とある（同前頁の，第2の原則たる「優先権が与えられない，との原則」については再度後述する）。

「OECDマルチ税務執行共助条約」11－16条の，「徴収共助（Assistance in recovery）」の規定には，既述のごとく，「2010年改正」における変更は，ない。その冒頭の11条1項には——

"[T]he requested State shall …… take the necessary steps to recover tax claims of the first-mentioned [applicant] State **as if** they **were** its own tax claims."

——とある。「自国の租税と同様に徴収」すべしとの，西方他・前掲47頁の日本語に対応するのが，右の英文となる。条文上は，「必要なステップをとれ」というのが基本となり，どのようなステップが必要なのかについては，一定のゆとりのある書き方，と言える。

但し，既述のごとく，公的な権威はない文書だが（貿易と関税2013年4月号96頁〔本書519頁〕），「OECDマルチ税務執行共助条約」11条1項へのThe Revised Explanatory Report, supra, at 17 (para. 109)には——

"The paragraph also regulates the way in which the tax claim of the applicant State is to be recovered by the requested State. The recovery has to take place **as if** the requested State **were** recovering a tax claim of its own ……. In particular where the laws of the requested State in respect of the recovery of tax claims provide for measures taken by judicial bodies, such action is covered by the Convention."

——とある。"as if" をどこまで強く読むかの問題だが，通常の自国徴収手続を用いて「徴収共助」を実施せよ，とのニュアンスが，そこ（最後の1文）にはある。だが，同条約の「前文」第6段（貿易と関税2013年4月号97頁〔本書520頁〕）等の「人権保護」重視の規定が「2010年改正」を経ても残存していることだし，日本なりの条約解釈（及び，人権重視の姿勢!!）の結果としての，実特法の「2012年改正」による制度枠組（詳しくは後述）は，ギリギリのところで（!?）ではあれ，本条約の要請を満たしている，と言うべきであろう。

それでは，西方他・前掲47頁で，これ（「OECDマルチ税務執行共助条約」11条1項）と並んで引用されていたところの，「OECDモデル租税条約」27条3項の方は，どうなっているのか。「2010年版」で条文を確認しておくと——

"[A] revenue claim of a Contracting State …… shall …… be accepted for purposes of collection by …… the other Contracting State. That revenue claim shall be collected by that other State in accordance with the provisions of its laws applicable to the enforcement and collection of its own taxes **as if** the revenue claim **were** a revenue claim of that other State."

——となっている。右の第 2 文の，波線によるアンダーライン部分からして，自国租税債権の徴収に関する法規定による徴収が義務付けられ，"as if" は，いわば後景に退くかのごとく，である。

　だからこそ，モデルではない，実際の租税条約上の問題として，本号分で既述のごとく，「「第 3 次日米租税条約」27 条についての，「2013 年改正議定書」による条約 27 条の「新 6 項」が，「……要請国の租税債権は，<u>被要請国の法令に基づく</u><u>徴収のために必要な限りにおいて</u>，……被要請国の法令に基づき確定した租税債権として取り扱われるものとし（…… the revenue claim of the applicant State <u>shall be treated</u>, **to the extent necessary for collection** under the laws of the requested State, as assessed under the laws of the requested State)」と規定したのでもある。つまり，「徴収のために必要な限りにおいて」との，右の前段の文言の限定（!!）によって，規定上は，「徴収共助」の対象たる外国の租税債権が，100％被要請国の租税債権だ「とは言えない」のだ（!!）という，その『微妙な法制度的性格』（「鵺［ぬえ］的なそれ!!──後述）を，実際の徴収手続との関係で，"明確化（!!）"したのである(＊)。

　　＊　なお，西方他・前掲 47 頁が，「徴収手続」上の「第 2」の「原則」として掲げているのは，「優先権の否定」であるが，そこにおいて，「OECD モデル租税条約」27 条 5 項（それについては，ここでは省略）とともに掲げられているところの，「OECD マルチ税務執行共助条約」の「15 条」には，以上の論点と関係「し得る」点が，示されている。即ち，この「15 条」は，"The tax claim in the recovery of which assistance is provided <u>shall not have</u> in the requested State **any priority** specially accorded to the tax claims of that State ***even if the recovery procedure used is the one applicable to its own tax claims***." と規定する。右の "even if" 以下の部分に，ここで注目すべきである。
　　要するにそこでは，「徴収共助」に際して，「自国租税債権の徴収に適用される手続が［そのまま!!］使用される場合であっても」とあり，そうではない扱いも，本条約との関係で十分に認められる，との含みがある。つまり，この規定は，「2012 年改正」後の実特法の規定が，実際の徴収の手続において当該外国租税債権を，「100％日本の租税債権だ」とは「していない」という，前記の日本の法制度的選択を，裏から支持しているようにも読める，ということである。

　さて，この辺で，実特法（租税条約実施特例法）11 条以下の，実際の規定を見てみよう。――そう思ったのだが，改めて実際の規定の複雑さ（フツーの租税法規と同じそれ!!）を見て，それらを細かく見ることは，断念した。ここも，基本的には西方他・前掲で代用することとする。同前・47 頁には，（枚数圧縮のために）直前の「＊部分」で示したものを含めた，「徴収手続」上の前記の「二つの原則」を踏まえ――

「わが国国内法では，わが国が共助を行う外国租税（以下「共助対象外国租税」という）の徴収には，<u>国税徴収法等における国税の徴収に関する規定が基本的にはすべて準</u>

用される一方で，国税の優先配当の規定（国税徴収法8条等）は準用されず，さらに，共助対象外国租税の徴収手続が強制執行や倒産手続と競合したときに共助対象外国租税が優先的に徴収されないよう，調整する規定が設けられた。具体的には，わが国税務当局が共助対象外国租税の滞納処分の執行等を行う一方で，例えば私債権者による民事執行手続と競合した場合には，共助対象外国租税には優先配当されずに一般私債権と同列の順位で配当を受けることになる。」

——との説明が，なされている。

　要するに，『「優先権」否定，「自力執行権」あり』というのが，「2012年改正」による新たな「徴収共助」制度の内実となる。だから『鵺（ぬえ）』，なのである。——こうした制度を，果たして納税者側がどう見るのかが，問題ではある。すべては，こうした制度の基本たる，"as if" の英文（既述）を，どう具体的に制度化するか，との一点にかかる。だが，ともかくもこうして，従来の実特法（租税条約実施特例法）11条の文言が抱えていたところの，「国境でメルトダウン（熔融）する人権保障」の問題が，それなりにクリアされたことは，喜ぶべきこと，である。

　なお，西方他・前掲47頁には，「要請適状」と題して，「わが国国内法には特段の定めはな」いものの，「被要請国において尚早な時期に徴収が行われることを防止し，納税者の保護など」を図るものとして，「OECDマルチ税務執行共助条約」の規定が，示されている。即ち，同条約11条2項が引用されつつ，「要請国において執行を許可する文書の対象となっていること，争われていないものであること，要請国の非居住者に係る租税債権である場合にはもはや争われないものであることの全てを充足している状態」が，そこで言う「要請適状」だ，とされている（同前頁）。

　ちなみに，従来の「第3次日米租税条約」27条には，この点の定めはなかった（また，「一方の締約国における租税債権の存在，有効性又は金額に関する手続は，他方の締約国の裁判所又は行政機関によって審理されない」とする，「OECDモデル租税条約」27条「6項」[後述]に相当する規定も，なかった）。だが，「2013年議定書」による「第3次日米租税条約」の改正で，27条に新設された「5項」は，共助対象たる要請国の租税について，「要請国が自国の法令に基づき当該租税債権を徴収する権利を有し，かつ，当該租税債権に関する争訟のために納税者が行使することができる行政上及び司法上の全ての権利が消滅し，又は尽くされた場合に，最終的に決定されたものとする（[A] revenue claim is finally determined when …… all applicable administrative and judicial rights of the taxpayer to dispute or appeal the revenue claim have lapsed or been exhausted.)」とした上で，かかる最終的な決定についての要請国当局の証明を，「徴収共助」の前提として，要求している。これが，西方他・前掲47頁の言う「要請適状」の，具体的な姿である。

　だが，同じく「2013年議定書」による「第3次日米租税条約」の改正で新設された27条の「9項」は——

　「この条のいかなる規定も，要請国の最終的に決定された租税債権に関し，いずれ

かの締約国の法令の下において行政上又は司法上の審査を受ける権利が認められているか否かにかかわらず，被要請国において，そのような権利を生じさせ，又は付与するものと解してはならない（Nothing in this Article shall be construed as creating or providing any rights of administrative or judicial review by the requested State of the applicant State's finally determined revenue claim, irrespective of any such rights that may be available under the laws of either Contracting State.）。」

——と規定する。右の「そのような権利」とは何を指すのかが，問題となる。

つまり，「要請適状」は要請国内での問題だが，この「9項」は，（英文の方が明確だが）「被要請国」による「要請国租税債権」に対する審査を，否定している。しかも，「5項」で要請国内での最終確定は，「徴収共助」の要請の前提となっているのに，この「9項」では，「要請国」を含めた「いずれかの締約国の法令」による審査が，纏めて否定されている。**若干不自然な条文の構造**，である(*)。何らかの暗闘が，あったのであろうか（後述）。

* それもあってであろうか，「2013年議定書」14条3項により，「27条5項」に関して，改めて(a)の規定が追加され（**多少見苦しい規定振り!?**），「租税債権が最終的に決定されたものであるか否か」の判断に際して，「米国」については，「徴収の後に発生する」納税者の「権利」は「考慮されない」，とされるに至ったのであろうか（但し，日本については，行政事件訴訟法36条の，「無効等確認の訴え」の場合が，除外されている）。

右の問題関心は，実特法の「2012年改正」により，同法（租税条約実施特例法）11条1項1号に，「共助実施決定」の除外事由の一つとして――

「当該共助対象者が，当該共助対象外国租税の存否又は額について，当該相手国等において争う機会を与えられていないと認められるとき。」（α）

――との，「OECDマルチ税務執行共助条約」にも存在しない，**『日本独自の規定』**が設けられたこと，との関係からのものである（同号については，貿易と関税2012年11月号61－62頁〔本書424－425頁〕参照。そこにおいて私は，問題ある「**OECDモデル租税条約**」27条「**6項**」の前記規定とも対比させた論述を，既に行なっていた）。

この租税条約実施特例法11条1項「1号」の「共助拒絶事由」の規定は，石黒・同前（貿易と関税2012年11月号）62頁（本書425頁）に記しておいたように，「**組織犯罪処罰法**」の「**59条1項6号**」（なお，貿易と関税2007年6月号62頁参照!!）と同趣旨の**当事者の「手続的保障」への正当な配慮**を，「徴収共助」の枠組に導入する，『世界の人権保護のための最後の砦』たる「日本」の，面目躍如たる，そして，同法の「2012年改正」の中で，最も重要な**日本独自の規定**，である。従来から，私は，「組織犯罪処罰法」の「59条1項6号」に相当する，当事者の「**手続的保障**」に関する規定が，租税条約実施特例法にも，また，「日本の結んだ実際の租税条約上の『徴収共助』の規定に」も，何ら「存在しない」ことを，深く嘆いていた（貿易と関税2007年6月号

63頁参照）。――かくて，①『双方可罰性要件』との衝突防止のためにも，**前記の『「鵺」的な手続』**（「自力執行権」は維持しつつ，その実体としては，限りなく民事債権の強制執行に近づけ，「優先権」も一切否定するという，苦心の末の手続）で対処しつつ，②『徴収共助』に際して，一般の民事判決の承認・執行の場合と同様の「当事者の手続的保障」要件を設けるという，この①②が，実特法の「2012年改正」における，最も重要な点となるのである。

だが，実特法11条13項には――

「共助対象者は，不服申立て及び訴えにおいて，当該共助対象者に係る共助対象外国租税の存否又は額が当該共助対象外国租税に関する法令に従っているかどうかを主張することができない。」（β）

――と規定されている。前記のα（実特法11条1項1号）と，このβ（同法11条13項）との関係は，どう整理されるのか。

まず，右の「αプラスβ」の実特法の構造と対比すべきは，「OECDモデル租税条約」（便宜，「2010年版」を用いる）の，前記の27条「6項」である。邦訳は本号分において，既にゴチック体で示したが，英文では――

"Proceedings with respect to the existence, validity or the amount of a revenue claim of a Contracting State shall not be brought before the courts or administrative bodies of the other Contracting State."

――となっている。

前記のα（実特法11条1項1号）は，要請国内での実際の課税の「手続（proceedings）」の流れに着目しつつ，一般の（民事の）外国判決の承認・執行の場合と同様に，そこ（外国での「課税手続」）における「**当事者の手続的保障**」を，問題とするものである[*]。即ち，**英文で示した右の条文とは「逆に」**（‼――貿易と関税2012年11月号61頁〔本書425頁〕参照），「共助拒絶事由」としての「当事者の手続的保障」の問題に限定して（‼）の話だが，"Proceedings with respect to a revenue claim of a (requesting) Contracting State **shall be brought** [‼] before the courts or administrative bodies of the other (requested) Contracting State." とするものである。

* この点につき，石黒・前掲国際倒産 vs. 国際課税311-312頁参照。そこでは，「OECDモデル租税条約」27条が，その「3・5項」で，「米国対外関係法第3リステートメント§483」のReporters' Notesと同様に，一方では，「承認」と「共助」とを混同する「米国的用語法」に従いつつ，他方で，『この「§483」が，一般の民事判決の承認・執行の場合とパラレルに，「外国租税判決」の「承認」（&「執行」）を考えてよいという，米国の判例にも反する立論をしながら，右の民事の場合に，日米及び他の諸国で不可欠の「承認要件」とされるところの，「手続的保障」の要件には言及を「しない」という，その不誠実さ』までを，前記の「OECDモデル租税条約」27条の「6項」が受け継ぎ，か

くて，「§483」がそのままそこ（27条）に乗り移ったかの如き規定となっていること，への批判を行なっているので，参照されたい．

「OECDモデル租税条約」の，右の27条「6項」は，その文言を額面通りに受け取れば，まさに右のこと（当事者の「手続的保障」のためになされる被要請国での審査）をも，否定するものである（!!）．——少なくとも，そう読めてしまうし，条文の書き方が，大雑把すぎる．其処が，問題なのである（一層根源的な問題については，直前の「＊部分」を参照せよ）．

なお，「OECDモデル租税条約」27条の「6項」についての「コメンタリー」は，「パラ28」のみである．そこには前記の，冒頭の"Proceedings"の語はなく，——

"This paragraph ensures that **any** legal or administrative objection concerning the existence …… of a revenue claim of the requesting State *shall not be dealt with* by the requested State's court and administrative bodies. *Thus, no legal or administrative proceedings, such as **a request for judicial review**, shall be undertaken in the requested State* with respect to these matters. The main purpose of this rule is **to prevent** administrative or judicial bodies of a requested State **from being asked** to decide matters which concern whether an amount, or part thereof, is owed under the internal law of the other [requesting] State. States in which the paragraph may raise **constitutional or legal difficulties** may amend or omit it in the course of bilateral negotiation."

——とある．「6項」の条文と同様，「被要請国内での司法審査等の全面禁止」の色彩が，強過ぎる．

前記のα（実特法11条1項1号）は，一般の（民事の）「外国判決の承認・執行」の場合と同様，「外国での課税」自体につき，その「中身の当否の審査」（実質的再審査）をするもの「ではなく」，日本国内で事実として国家権力による私権への介入がなされるためには，**憲法上の**「裁判を受ける権利」（但し，広義のそれ）が，当該外国においてミニマム・レベル以上であったことが必要なはずだ，との法的・憲法的要請に基づくものである（民事の場合についての，石黒・前掲国際民訴法211頁以下，223頁以下参照）．——それをも遮断するような制度は，右の英文の，最後の1文にあるように，まさに『憲法上の困難』をもたらす．右の波線によるアンダーライン部分の書き方も，同様に，すべてに網をかけようとする色彩が強過ぎる，と言うべきである(＊)．

＊　この点で，直前の「＊部分」と，その若干不自然な条文構成に言及したところの，「2013年議定書」による「第3次日米租税条約」の改正で新設された27条の「9項」に関する，既述の論述（二つ前の「＊部分」〔本書582頁〕参照）とを，対比されたい．

だが，この「OECDモデル租税条約」27条の場合に比して，一層穏健な，そして，相対的には明確（!!）な規定振りは，「OECDマルチ税務執行共助条約」23条（争訟の

手続「Proceedings」）に見いだせる。そこでは，次の1項と2項とが，対をなすものとして規定されている（但し，同条は，本条約第4章の，「すべての形態の共助に関する規定」の中の規定であり，「2010年改正」による変更はない）。

まず，同条約23条の「1項」は，「この条約に基づき被要請国がとった措置についての争訟の手続は，被要請国の適切な機関にのみ提起される（Proceedings relating to measures taken …… by the requested State shall be brought only before the appropriate body of that State.），と規定する。そして，それと対をなす形での「2項」は——

「この条約に基づき要請国がとった措置，とくに，徴収の分野に関連して，租税債権の存在若しくは額又はその執行を許可する文書に関してとられた措置についての争訟の手続は，要請国の適切な機関にのみ提起する。……（Proceedings relating to measures taken …… by the applicant State, *in particular those which, in the field of recovery, concern the existence or the amount of the tax claim or the instrument permitting its enforcement,* shall be brought only before the appropriate body of that State. ……）」

——となっている。

こう並べられると，一層分かり易くなる。要するに，ここで問題となる「2項」が規定するのは，民事的に言えば，要請国における課税処分の内容的当否それ自体（実質的再審査）は，被要請国では行なわない，というだけのこと，である。だが，前記の「OECDモデル租税条約」27条の「6項」の場合には，文言上の「禁止」が無限定に広く，そこに更に，二つ前の「＊部分」で略述した，（或いはあったかも知れない，米国型の）『不純な動機』が微妙に絡まって，被要請国側での「手続的保障」要件の審査までが遮断される，かのごとき外観を呈するに至っていた，のである。

ここで，前記の「αプラスβ」の実特法の構造を，再度点検すべきであろう。今論じている問題との関係で，実特法11条13項（前記のβ）は，共助対象者が被要請国たる日本で「主張することができない」事柄の内容として，当該共助対象者に係る共助対象外国租税の存否又は額が当該共助対象外国租税に関する法令に従っているかどうか」である旨，明確化している。これに対して，同法（租税条約実施特例法）11条1項1号（前記のα）が問題とするのは，あくまで「当該共助対象者が，当該共助対象外国租税の存否又は額について，当該相手国等において争う機会を与えられていないと認められる」か否か，である。その双方の間に，衝突はない。

とくに，実特法11条13項（前記のβ）の文言は，前記「OECDマルチ税務執行共助条約」23条「2項」の場合にも，そのままでは不明確な点を，一層明確化し，リファインさせたものとして，評価できる。その上で，『人権保護』上の最重要規定たる，同法11条1項1号の「日本独自の正しい規定」（前記のα）をも設けたのであり，かくて，同法の「2012年改正」には，『人権保護』上の大きな成果があった（又しても『英断』!!)，と言うべきである(＊)。

\*　西方他・前掲48頁には、「共助対象租税債権の訴訟管轄と適正手続の保障」の項があり、実特法11条13項と11条1項1号とが、対比されている。「マルチ条約（23条2）」と「モデル条約27条6」とを単純に併記するのは、既述のごとく問題だと思うが、11条1項1号については、「要請国で租税債権の存在や額を争う機会が与えられていない場合には、**私人の権利保護**に妥当な配慮がなされているとは言い難く、わが国が権限を行使して相手国に協力することは妥当ではないことから、共助に応じない（実特法11条1項1号）こととして**適正手続の保障**が図られた」、とある。それだけでは、この11条1項1号が『日本独自の規定』（『英断』!!）であることが、あまり明確には伝わらないであろうことが、惜しまれる。

　租税条約実施特例法の「2012年改正」については、その他の問題についても、書こうと思って準備して来ていたのだが、もはや今月号分の紙数は尽きているし、最低限書くべきことは書いた。むしろ、あとは「潔く捨てる勇気」を、持つべきであろう。従って、本章1の論述は、これまでとする（以上の執筆は、2013年4月16日午後3時半まで。うっかり、「計11時間半」も執筆を続けてしまったが、点検に入る。点検終了、同日午後6時5分。「計14時間」の作業と、なってしまった。

〔以上、2013年7月号47－65頁〕

## 2　「IRS vs. UBS 事件」と併行してなされた「米・スイス租税条約」の改正（2009年9月23日署名）――「**OECD基準**」を越えたその規定振り（!?）とスイス政府の国内向けの公的説明

\*　執筆再開は、「2010年9月4日」に打ち出し、それなりに読み込んでいたところの、以下に引用する資料の再度の読み込みを1時間程度行なった上で、2013年4月27日午前9時半。

　前号分前半（本書568頁以下）の『**時系列的整理**』を、再度、ご覧頂きたい。貿易と関税2013年5・6月号分に跨る、長い《**極めて重要な注記**》（本書525－559頁）を経て、「2009年3月13日」の「政治的敗北」後のスイスが、『人権保護』（=「スイス銀行秘密」!!）との関係で、どのような（果敢な!!）行動をとって今日に至っているのかについての概要が、そこに示されているから、である。元ゼミ生の西方建一君（昨日も、当方から送付した前月号分の原稿に関する、嬉しいファクスを頂いた）のお導きにて、かくて、本章2以下で当初予定していた論述内容の、大幅圧縮のためのバイパス手術も完了し、随分と肩の荷が軽くなった上での、本号分の執筆となった(\*)。

\*　4月18日に、久々に研究室に行ったところ、金子先生から、光栄にも、金子宏『租税法　第18版』（2013年4月15日刊・弘文堂）を頂戴していた。しかも（!!）、その459頁に、「2013年2月号」までの本論文が、「金融情報の交換の問題について」という

ことで，引用されていた。同前・458頁には，前号分で論及した西方建一他・ジュリスト1447号論文の引用もあり，また，同前・454頁以下の注2には，金子先生の『第17版』443頁と同様に，貿易と関税「2005年9月号〜2010年3月号」の石黒「国際課税と牴触法（国際私法）」論文，及び，同・前掲国際倒産vs.国際課税が引用されている。嬉しい限り，である。

　　常々，「私は，石黒君よりちょうど20歳上だよ」とおっしゃっておられる金子先生だが，凄いのは，「2005年刊」の『第10版』以降は，毎年，新たな版が刊行（しかも，『第11版』以降は，すべて「4月15日刊」），となっていることである。更に，これはA氏から教えてもらって，なるほどと納得したことだが，金子先生は，改版のたびに，細かな日本語のリファインを，実に丹念にしておられる，ようである。だから，版を重ねるごとに，ランダムに開いた頁が，門外漢たる私にも，どんどん分かり易くなっている，という現象が生じていたのだ。

「2013年2月14日」までのスイスの営為（前記の『時系列的整理』参照）についての論述を，既に済ませた上での本章2の論述は，主として，再三示したところの，「2009年9月23日署名」の「米・スイス租税条約改正プロトコル」による「新26条」（情報交換）5項の「第2文」の，「OECD基準」を越えたその規定振りについて，スイス政府が，議会向けに（つまりは国内向けに），一体どのような公的説明をしているのか，についてのものとなる。だが，「新26条」関連では，他にも注目すべき点があり，それらについても，極力論点を絞りつつ，ここで言及しておこう(*)。

　　* そして，「対米」でこれから析出する諸論点が，「米国」以外の諸国との間で（「2009年3月13日」以後に）締結・改正されたスイスの租税条約について，本章3・4で検討する際の，基本的な視点を提供することとなる（後述）。

まず，問題の「新26条」の5項（銀行情報の交換）の「第2文」だが，英文と独文とでは，若干ニュアンスが異なっているので，そこから示すこととする。即ち，英文では，再三示して来たように——

"In order to obtain such [bank] information, the tax authorities of the requested Contracting State, *if necessary to comply with its obligations under this paragraph*, **shall have the power to enforce** the disclosure of information covered by this paragraph, notwithstanding paragraph 3 or **any** contrary provisions in its domestic laws."

——となっている(*)。

　　* ちなみに，貿易と関税2013年4月号86頁（本書508頁）に邦文を示しておいた「日・スイス租税条約改正議定書」の「新25条のA」5項の「第2文」について，念のために英文を確認したところ，右と全く同じであった（納税協会連合会・平成24年版租税条約関係法規集［2012年7月］737頁）。

588　第3章　「IRS vs. UBS 事件」の展開過程でなされた「スイスの重大な政策変更」(2009年3月13日)

これに対して，BBl. 2010, at 250 の，右の「新26条」の5項「第2文」の独文では

---

„Ungeachtet von Absatz 3 oder entgegenstehender Bestimmungen des innerstaatlichen Rechts **verfügen** die Steuerbehörden des ersuchten Vertragsstaates, *sofern dies für die Erfüllung der Verpflichtungen unter diesem Absatz erforderlich ist*, **über die Befugnis**, die Offenlegung der in diesem Absatz genannten Informationen **durchzusetzen**."

---

——となっている。つまり，まず右の下線部分で，英文にはある"any"（いかなる）という強い限定が，独文にはない。また，ゴチック体の個所で，英文では"shall have the power to enforce"となっているところが，独文では，"shall"に相当する言葉はなく，単に，（当該情報を公開する）「権限」（Befugnis）を「持っている・駆使できる」（verfügen über et[4]），となっており，被要請国当局への「当為」的ニュアンスが，消されている。

　右の英文・独文間の微妙な差から，具体的に何がもたらされ得るかは別として，こうしたところからも，「OECDモデル租税条約」26条「5項」の文言（solely because 云々のその文言は，「米・スイス」間の右の26条5項の「第1文」に，そのまま盛り込まれている[*]）を越える，この「第2文」の挿入をめぐって，米・スイス間に一定のやり取りのあったことが，推察される。

　　＊　なお，本論文でも折りに触れて示して来たように，「OECDモデル租税条約」26条「5項」の文言からは（「コメンタリー」の勝手な記述にもかかわらず!![**]），『銀行顧客のプライバシー保護の基本権』を正面に立てた情報交換の拒絶は，このモデルの「5項」の文言の下で，十分に認められるはず，である（例えば貿易と関税2013年3月号70頁）。そして，この点が，以下の論述の基本となる。

　　＊＊　「OECDモデル租税条約」26条の，問題ある「コメンタリー」の記述に関して，「3項」については貿易と関税2013年2月号61頁以下，同3月号55頁以下（本書470頁以下）を，「5項」については同2013年3月号67頁以下（本書503頁以下）を，それぞれ参照せよ（!!）。

　そこで，まずはこの点に絞って，スイス政府の議会向けの公的説明を，以下に見ておこう。**Botschaft zur Genehmigung eines Protokolls zur Änderung des Doppelbesteuerungsabkommens zwischen der Schweiz und den Vereinigten Staaten von Amerika vom 27. November 2009, BBl. 2010, at 235-244** である。かなり短いBotschaftだが，その理由は，この改正が情報交換問題（及び仲裁条項の「導入」[die Einführung einer Schidsgerichtsklausel: Id. at 236]，等）のみに特化した形でなされたことと，関係する（Ibidの「概観」参照）。

　Id. at 241 に，問題の「第2文」を含めた新26条5項（Absatz 5）についての説明が

2 「IRS vs. UBS 事件」と併行してなされた「米・スイス租税条約」の改正(2009年9月23日署名)　　589

あるのだが, 先に一言しておくべきことがある. 即ち, **Ibid に示された限りでは**, まさに「2009年3月13日」の「政治的敗北」そのままに, 「スイスの全面降伏」を「法的」に具体化するかの如き説明がなされている, ということである(以下, 本書では, この点でのスイスの戦略を, 手順を踏みつつ, 解明してゆくこととなる‼). 具体的に見ておこう.

　Ibid にはまず, 「銀行情報(銀行保有情報)」につき, 以下の説明がある. 重要ゆえ, 少し長いが, 2段階(「パート1」・「パート2」)に分けて, 引用する. そこには――

　„Solche Informationen sind auch dann einzuholen und auszutauschen, wenn sie nach den Gesetzen oder der Verwaltungspraxis des ersuchten Staates **nicht** erhältlich wären. **Entsprechend kann die Schweiz den Informationsaustausch nicht unter Hinweis auf das schweizerische Bankgeheimnis verweigern** [??]. Die Bestimmung setzt jedoch voraus, dass die ersuchten Informationen tatsächlich bestehen. Die Schweiz besitzt im Falle eines Steuerbetruges die erforderlichen Mittel, um die im Absatz 5 genannten Auskünfte zu beschaffen. Der Informationsaustausch gemäss diesem Protokoll erfordert indessen nicht mehr das Vorliegen eines Steuerdeliktes. Damit **diese Abkommensverpflichtungen** durch die Vertragsstaaten umgesetzt werden können, wird in Absatz 5 *ergänzend* die nötige gesetzliche Grundlage [??] geschaffen, um die verlangten Auskünfte beschaffen zu können." (スイス政府の26条「5項」についての説明の「パート1」)

――とある. 慎重を要する箇所ゆえ, 右の説明につき, 細かく見ておこう. まず, 右の「**前段第1文**」では, 「銀行情報」は, 被要請国の法, 又は, 行政上の慣行によっては入手できない場合にも入手され, 交換されねばならない, とある. 被要請国の法によって出来ないことが, 条約規定によって可能となるということ, である. 被要請国法秩序において, 当該情報を(強制力をも行使して)入手する国内法的根拠がないことの裏に, 『憲法的・人権保護的配慮』があったとしてもそうなる, としてしまってもよいのか否か. ――其処に, 私の言う「**国境でメルトダウン(熔融)する人権保障**」の問題がある.

　この「**前段第1文**」の説明について注意すべきは, それが既にして, 当時の(「2008年版」の)「OECD モデル租税条約」26条「5項」の条文を, 大きく踏み越えていること, である. くどいようだが再度一言すれば, 後者の「5項」では, (「情報交換」について, 被要請国の法と行政慣行と牴触する措置をとる義務を課するものと解してはならないとする)同条「3項」の規定との関係で, 当該情報が『銀行情報』であること「のみを理由として」情報提供の拒否をしてはならない, とだけ規定している. そうではない「理由」による『銀行情報』の提供拒否は, 「OECD モデル租税条約」26条「5項」の文言からして, 十分に可能なはずなのに, 右の独文の**前段第1文**」は, 「3項」(この「米・スイス改正プロトコル」による「米・スイス租税条約」の新26条「3項」は, 右の「モデル」の「3項」と同じである)を, 「銀行情報」につき, 全否定している, かの

ごとくである。──「米・スイス」の新26条5項「第1文」は,「OECDモデル租税条約」26条5項と同じゆえ,右の独文の「前段第1文」の説明は,既にして,ここで問題としている,前記の「第2文」の存在を前提とするものと,なってしまっているのである。

次に,右の独文によるスイス政府の説明の,ゴチック体で示した「前段第2文」は,一層大きな問題を孕んでいる。そこには,何の限定もなく,「スイスは,『スイス銀行秘密』を持ち出して情報交換を拒絶することは出来ない」との断定が,なされてしまっているかの如く,なのである。

貿易と関税2013年6月号53-54頁(本書555-556頁)で原文をも示したように,また,再度本号分で後述するように,スイス政府は,『スイス銀行秘密に対する国際的な圧力の増大』(それが,まさに「情報交換」関連での問題であったことに,注意せよ!!) に言及しつつ,『スイス銀行秘密』の『憲法的・人権保護的基盤』をかつてないほどに明確に示した上で,その引き続いての妥当・堅持を,高らかに宣言した。だが,それは,「2009年12月16日」のこと,であった。つまりそれは,「米・スイス租税条約改正議定書」の署名から3カ月ほどたってから,だった。そして,「2010年2月24日」には,主要国と「源泉税条約」を締結して,完全に『租税条約上の情報交換』ルートをバイパスし,『スイス銀行秘密』(=『銀行顧客のプライバシーの基本権保護』)を貫徹する方向での,スイス政府の決定がなされた。しかも,「2009年4月28日」のスイス連邦大統領からOECD事務総長宛ての抗議の書簡の中には,後の「源泉税条約」方式の萌芽とも言える指摘が,既にあった(以上につき,本書568頁以下の『時系列的整理』参照)。この「2009年4月28日」とは,後述のごとく,「米・スイス租税条約改正議定書」作成のための実質的な交渉の,開始日にあたる。

「2009年3月13日」の「政治的敗北」後のスイスの,こうした混沌とした状況(!!) の中で,それでは,この「米・スイス」間の租税条約改正との関係で,その後のスイスの「果敢な挑戦」を匂わせるような,スイス政府の説明等が,何処までなされているのか。そこが,気になる(後述の「交換公文」関連の論述参照)。

だが,前記の独文引用部分(スイス政府の26条「5項」についての説明の「パート1」)には,この点でのプラス材料は,何ら見つからない。計3文からなる右の「後段」を見ると,更に悲惨,である。

この,右の「後段」部分では,従来のスイスでは,「租税詐欺」の場合には『銀行情報』の交換が可能だったが,この改正により,もはや「租税詐欺」のあることは,『銀行情報』の交換の前提にはならない,とある(「後段第2文」まで)。──そこに,『双方可罰性要件』による「国境でメルトダウン(熔融)する人権保障」の回避という,スイスにとっての重大な憲法問題が埋め込まれ「ていた」こと,そして,それが今や廃棄(放棄)されてしまったことが,こうした説明の仕方では明確化されないが,注意すべき点である。

ところが,「後段第3文」は,悲惨の極み,とも言うべき内容となっている。即ち,『銀行情報』の入手を可能とするために,5項の中に補充的(!!) に,「必要な法的基盤」が作り出された,などとある。冒頭に「この条約上の義務が締約国によって実施され

2 「IRS vs. UBS 事件」と併行してなされた「米・スイス租税条約」の改正(2009年9月23日署名)　591

得るようにするために」とあることからして，『銀行秘密の全否定』は，そこでは（5項の「第2文」に至る前に!?）既に前提されている，かの如くである（★――すぐ後述する関係で，この波線の下線を付したゴチック体部分の指摘に，「★マーク」を付する）。――但し此処には，若干の"論理の揺らぎ"が看取されるのだが……（後述）。

　ともかく，問題が大きいはずの，26条5項「第2文」の，"notwithstanding paragraph 3 or **any** contrary provisions in its domestic laws"との文言について，その限りでは，手放しでの肯定的評価が，何とスイス政府の側から，なされている，かの如く，である。この文言によって爆破されるのが，スイス伝統の「憲法的・人権保護的価値」であるというのに（!!）。

　ところが，以上の『スイス政府の26条「5項」についての説明の「パート1」』に続く，その『パート2』には，意外な事実が示されている。即ち，Ibid の右引用部分に続く部分には――

　　„Auf Ersuchen **der USA [!!]** wurde in diesem letzten [zweiten] Satz explizit festgehalten, *dass die benötigten Mittel nur insofern zur Verfügung gestellt würden, als sie für die Erfüllung der unter diesen Absatz fallenden Verpflichtungen benötigt werden.* **Ihre Bedenken** lagen in einer allfälligen negative Auswirkung, die eine **pleonastische** Formulierung eines **ihnen** schon zustehenden Rechts auf die Judikative haben können." (スイス政府の26条「5項」についての説明の「パート2」)

――とある。即ち，「米・スイス」の26条5項「第2文」の，「この[5項の]規定に基づく義務を履行するために必要な場合には」との文言は，何と「米国の要請」で(!!)付加されたものだ，とされている。右の説明中の「第2文」は，その背景としての，「米国の懸念（Ihre Bedenken）」の内実を示す(*)。

　　*　ここで正直に告白しておけば，「2013年5月14日」に完成・送付していた8月号分の原稿には，右の独文部分への理解に，誤りがあった。そのことに，同年5月17日午前0時あたりに気付き，こうして同日午前4時25分の今，差替え原稿を作成中，なのである（!!）。右の Ihre; ihnen が何を指すか，等を正確に捉えられずに，いわば流して引用していた旧稿のミスに，ハッと気づいたのである。危ないところであった。

　正確に訳せば，右の文言の挿入を求めた「米国の懸念」は，「米国にとって既に［5項第1文からして］当然与えられるべき権利についての，『冗語法的』な（不必要な語句を付け加える――**pleonastisch** な）定式化が，司法権に影響を及ぼし得る，或いはあるかもしれないネガティヴな影響，にあった」，ということになる。スイス政府側のこの説明も，若干舌足らずで，分かりにくい。右の直訳の，5項第1文からして「米国にとって既に当然与えられるべき権利」とは，『スイス銀行秘密の全否定』で『銀行情報』を米国に渡せと要求する権利，ということになる。そして，かかる権利の『冗語法的』な定式化とは，5項「第2文」のこと，のようである。――ここで，少し前に示した「★マーク」の部分（本書591頁）を，参照されたい。スイス政府は，ここ

で「は」，どうも，26条5項「第1文」の文言を越え，「OECDモデル租税条約」26条「5項」と同じ文言の，「米・スイス」間の新26条5項「第1文」から，既にして『スイス銀行秘密の全否定』が導かれる，と解していたようである。だから，ここでのスイス政府の理解によると，「米・スイス」の新26条5項「第2文」自体が，『冗語法的』な定式化（!!）と，なるのである。

5項「第1文」の理解として，それは本来おかしいことであり，そこで私自身が，直前の「＊部分」のような事態に至った訳でもあるが，ともかく，右のように理解しないと，この『スイス政府の26条「5項」についての説明の「パート2」』の「第2文」は，理解困難となる。言い換えれば，ここに示されたスイス政府の理解で「は」，5項に「第2文」がなくとも（「第1文」だけでも），同じこと（『スイス銀行秘密の全否定』）になるのだが，「米国」側は，5項「第2文」に限定を加え，「この［5項の］規定に基づく義務を履行するために必要な場合には」との文言を挿入しないと，（米国の）「司法権」との関係で，ややこしいことが生じ得る，と考えたことになる。

「米国側の事情」の詳細に，ここで立ち入ることは，本論文の目的を越えるが，これは，ある種の『瓢箪から駒』的な事態，である。ここで挿入された文言をうまく使えば，被要請国側の憲法（人権保護）を蹂躙する野放図な情報交換要請を，拒絶する道が，後に再度言及する通り，開けるから，である。だが，以上の説明を見る限りでは，スイス政府側に，この点に対する自覚は，存在しない（??）ようである。

但し，（この26条5項「第2文」についての説明は，右の個所で終わっているのだが）それとの関係で注目すべきは，Id. at 253ff に掲げられているところの，この「改正プロトコル」の署名の際の，「交換公文（Notenwechsel）」である（以下に示すのは，その「2.」の項目）。

或いは，新26条「5項」についての公的説明の中において，スイス政府が，以下に（私見を踏まえつつ）示す点を直接示すことは，対米交渉の経緯との関係で，「政治的」にも無理だったけれども，ある種の「失地回復」を，この「交換公文」で狙った，ということかも知れない。おそらく，そうであろう。もっとも，以下に示す点について，スイス政府自体に，何処まで深い自覚があったのかはわからない。だが，それが，後述のごとく，スイス国内での行政訴訟への，重要な呼び水となること（!!）には，おそらく疑いがない。以上を前提として，この「交換公文」を，見ることとする。

この「交換公文」の，以下に示す「2.」の項は，直接（表向き!?）には，同項「第1文」（銀行情報だから，というのみの理由による［solely because the information is held by a bank ……］情報交換の拒絶の禁止）の関係なのだが，Id. at 256f には——

„2. Es besteht Einvernehmen darüber, dass **Absatz 5**［!!］ von Artikel 26 des Abkommens nicht ausschliesst, dass sich ein Vertragsstaat auf **Absatz 3**［!!］ von Artikel 26 beruft, *um* die Erteilung von Informationen, die sich im Besitz von Banken …… befinden, …… *abzulehnen*. Allerdings muss sich eine solche Ablehnung auf Gründe stützen, die mit der *Eigenschaft der Person als Bank* …… nichts zu tun haben. Ein

2 「IRS vs. UBS 事件」と併行してなされた「米・スイス租税条約」の改正(2009年9月23日署名)　593

Rechtsvertreter, der für einen Klienten tätig wird, mag **z.B.** in *Vertretereigenschaft* handeln, aber für Informationen, die als vertrauliche Mitteilungen zwischen Rechtsanwälten oder anderen zugelassenen Rechtsvertretern und ihren Klienten geschützt sind, kommt Absatz 3 des Artikel 26 *weiterhin* als Grundlage für die Ablehnung der Informationserteilung in Betracht."

──とある⁽*⁾。

* 　右の独文中の「26条3項」は、「OECD モデル租税条約」の同条同項そのままの文言である。「2008年版」の同項の英文と邦文とは、貿易と関税 2013 年 2 月号 61 頁（本書 477 頁）に示しておいたので、参照せよ。
　　なお、右引用部分冒頭の第1文に、それぞれ（単に !!）「5項」・「3項」とあることの、（スイス側にとっての）戦略的な意義が、以下の論述のポイントとなること（そう見るべきこと）を、あらかじめ示しておこう。

　右には、まず、「米・スイス」間のこの「改正プロトコル」による「新26条」の「5項」（但し、同項には問題の「第2文」があることに注意 !!）によっても、**情報の保有者が「銀行であるということ」とは「全く関係がない理由」**（Gründe ……, die mit …… **nichts zu tun haben**）による情報交換の拒絶は、「26条3項」によって認められる、とある。そして、その例として (z.B.)、「弁護士」（Rechtsvertreter; Rechtsanwalt）とクライアントとの間での情報のやり取りは、引き続き（今後も [weiterhin]）、この「3項で」保護される、とある。従ってそれ（但し、あくまでも「例」としてのそれ !! ──後述）については、それが（たまたま）「銀行保有情報」であったとしても、被要請国側として、「3項」を持ち出して情報提供を拒絶できることを、この「5項」が排除しないこと（……, dass **Absatz 5** …… nicht ausschliesst, dass sich ein Vertragsstaat auf Absatz 3 …… beruft, um die Erteilung von Informationen, die sich im Besitz von Banken …… befinden, …… abzulehnen.）が、右に示されている。そして、この点については、米・スイス間で合意（Einvernehmen）がある、とされている。

　但し、Id. at 253, 257 にあるように、ここまではスイス側の提案（Vorschläge）であり、Id. at 257 の示すように、これに対して「米国政府」の同意（Zustimmung）があって初めて、その内容が、この改正条約の「不可欠の部分」になる（…… zu einem integrierenden Teil des Abkommens wird.）、という筋合いのものである。だが、Ibid には、米国政府のこの点への同意が示されており、**右の独文での引用部分は、かくて、本条約改正の不可欠の部分となった (!!)**。

　ここで、右の独文による引用部分に、もう一度戻って考える必要がある。この「米・スイス租税条約改正議定書」による新26条の「5項」（Absatz 5）が、「第1文」のみ、なの『ではない』ところが、重要である（既述）。
　つまり、「米・スイス」の場合には、前記の（物騒な）「第2文」がある。そして、

前記の独文による引用部分（改正条約の不可欠な部分としての，「交換公文」による米・スイス政府間の合意）の冒頭には，単に「5項」（Absatz 5）とあり，「5項第1文」とは，書かれて『いない』のである（!!）。従って，前記の「弁護士」の場合の例示（z.B.）も，この「第2文」を含めての，情報交換の拒絶の「例」として示されていることになる。

この「第2文」には，既述の如く，『銀行情報』の交換のための，「5項」の義務に従うために必要ならば，被要請国当局は，（英文で示せば）"…… **shall have the power to enforce** the disclosure of information covered by this paragraph, notwithstanding paragraph 3 or **any** contrary provisions in its domestic laws." とあった。「弁護士とそのクライアント」との間のやり取りは，本来，各種の秘密情報の交換を排除する新26条「3項 c」でカバーされる。そうであっても（notwithstanding paragraph 3），当該情報を引渡す権限を持て，というのが，5項の「第2文」だったはずである。つまり，『3項でカバーされるか否かを問わず，それがいかなるものであれ，銀行保有情報については，被要請国法上の情報交換への法的障害を，すべて覆す』，というのが，5項の「第2文」（とくに，右のアンダーライン部分の"any" !!），だった『はず』，である(*)。

* 右には，「**IRS vs. UBS 事件**」等からも推測されるところの「米国側の狙い」においては，との限定を付してもよいところ，ではある。だが，「2013年5月17日」午前6時8分に，この部分の最終確認をしていて，一層強く感じたことがある。
「対米」新26条「5項」についてのスイス政府の Botschaft においては，（既述の如く）極めて不自然なことに，5項「第1文」の中に，同項「第2文」の文意が既に含まれている，かの如き論理が，とられていた。「第2文」を「冗語法的」と評する，スイス政府の前記の見方である。新26条「5項」の説明では意図的に（!?）そうしておいて，この「交換公文」では，「弁護士の例」を挙げ，「これは『5項』で拒絶できますよね？」と持って行くスイス政府の眼差しは，実は明確に，最初から大きな問題だった「第2文」自体に向けられている。——如何にも「スイス」らしい，そんなトリッキーな構図を，一層強く感じたのである……（なお，この点の更なる深彫りが，後述の「対デンマーク」の場合を含めて，次号分冒頭〔本書608頁以下〕で行われることを，予告しておく）。

だが，右の「交換公文」における米・スイス政府間の合意では，「弁護士」の「例」につき，「3項」を盾とした情報交換の拒絶が，この26条5項「**第2文**」にもかかわらず（!!）引き続き認められる（これを英語で示せば——[P]aragraph 3 of Article 26 continues to provide a possible basis for declining to supply the information, **notwithstanding the second sentence of paragraph 5** [!!] of Article 26.[*]），とされていることになる。しかも，それは「例」としてのものゆえ，「弁護士」の場合以外にも，当然，同様の場合のあることが，少なくともそこにおいて，含意されていることになる。

* 右の最後の，カッコ内の英文は，"notwithstanding"の前までは，この「交換公文」の英文ヴァージョンであり，その後に，26条5項「第2文」との関係を，適宜，私の視角から挿入したもの，であるので，注意されたい。

この「交換公文」(右の「2.」の項)についてのスイス提案は，実質的には，その無限定さ・野放図さが大いに懸念されるところの，**新26条5項「第2文」の『封じ込め（containment!!）』**のためのもの，と見るべきである。それに米国側が同意したことの意義は，極めて大きい。

右の個所は，直接には，同条「3項」の射程内の「例」で書いてはあるが，「3項」にもかかわらず (**notwithstanding paragraph 3**)，『銀行保有情報』の情報交換に向かって突き進め，というのが5項の「第2文」の文言の，自然な理解のはずであった。しかも，この「第2文」の"notwithstanding paragraph 3 or ***any*** contrary provisions in its domestic laws"の部分を全体として把握すれば，<u>キャッチ・オール型のこの条項に『風穴』が空いたということは，右の「弁護士」の「例」を越えた事由，とくに"or ***any*** contrary provisions in its domestic laws"の部分との関係でも，同様の『風穴』</u>が空き「得る」ことを，強く示唆している（具体的にどこまでの事を米国側が呑むかは，交渉次第，ということにはなろうけれども）。

ここで，前記の「交換公文」(「2.」)の第1文に，再度注意すべきである。そこには，『「3項」による拒絶』，とあった。「弁護士」の「例」は，既述の如く，「3項c」の「職業上の秘密（Berufsgeheimnis; professional secret)」に相当するが，ここでも，単に『「3項」による拒絶』とあり，『「3項c」による拒絶』とは，書かれて『いない』(!!)。

「3項a」には，「締約国の法令及び行政上の慣行に抵触する行政上の措置をとること」の「義務を課するものと解してはならない」（便宜，英文で示せば"In no case shall …… be construed so as to impose on a Contracting State the obligation: a) to carry out administrative measures at variance with the laws and administrative practice of …… the …… Contracting State;"), とある。この「3項a」に基づく情報交換の拒絶は，「3項c」によるそれよりも，射程がはるかに広い。

ここで想起すべきは，既述の如く，また，前号分の『**時系列的整理**』に示したように，スイス政府が，かつてないほどに「スイス銀行秘密」の憲法的・人権保護的基盤を明確化させつつ，その将来的維持を宣言したのが，「2009年12月16日」のことであった，ということである。それは，「米・スイス租税条約改定議定書」が署名されてから，3か月程たってから，となる。

このような憲法的配慮を，具体的には26条の「3項a」に盛り込みつつ，以上見て来た「交換公文」による両国政府間の合意を盾に，「スイス政府」が，『銀行秘密』の憲法的基盤を正面に立てて米国側への情報提供を拒絶する，「**法的可能性**」は，いまだ残っている，ということになる。――そして，この点が，<u>この「交換公文」(「2.」の項) の最も大きな意義だ</u>，と解すべきであろう。

だが，それはあくまで「法的」な「可能性」たるのみであって，<u>スイス政府にとって，それは，「**政治的には不可能**」なこと</u>，なのであろう。だからスイス政府は，本誌2013年5・6月号で詳論し，それを本書568頁以下の『**時系列的整理**』で纏めて示したように，『「グループ・リクエスト」方式と，その発展形態たる「源泉税条約」方式』という，別な道を模索したのでもあろう(*)。

＊　前記の「交換公文」により，スイス「政府」としては，『双方可罰性要件』の放棄という，重大な人権保護上の問題との関係で，いわば歯を食いしばって，ギリギリのところまで，「法的」に筋を通した，というところであろうか（本論文第 4 章 3 の目次項目参照）。だが，本論文第 4 章 5 の，『「最後の砦」としてのスイス国内での行政訴訟』の可能性は残る（この点は，本号分で更に後述する）。スイスの「裁判所」が，私人による訴え提起を受けて，どう判断を下すかが，注目される。

　他方，「スイス」が出来ないなら，「日本」が，ここで論じていることを，自覚的に実践するまで，である。「OECD モデル租税条約」26 条の，従来アンタッチャブルとされて来た「3 項」が，「米・スイス」間の新 26 条 5 項「第 2 文」の一般化，等の流れの中で相対化されてしまったとせよ。それが，実際の租税条約上の情報交換条項に盛り込まれることは，条約交渉上，断固阻止すべきだが，そうした最悪のシナリオの中で，（スイスとともに）『世界の人権保護のための最後の砦』たるべき「日本」が，どう対応するかの問題，でもある。

　さて，このあたりで，この「米・スイス租税条約改正プロトコル」の，「情報交換」関連でのその他の注目すべき点について，論じておこう。まずは，Botschaft vom 27. Nov. 2009, supra, BBl. 2010, at 237f の，『対米交渉の経緯』から。

　そこには，「1996 年 10 月 2 日」の，「**IRS vs. UBS 事件**」処理の前提となった対米租税条約（それについては，貿易と関税 2012 年 1 月号 74 頁以下〔本書 224 頁以下〕）は，その後改正を受けず（seither nicht geändert），スイス政府が OECD 基準での「情報交換」を行う旨「2009 年 3 月 13 日」に告知した直後に（[u]nmittelbar nach der Ankündigung），米国側から条約改正の意向が伝えられ，「2009 年 4 月 25 日」のワシントンでの両国財務大臣会合で，このスイスの新政策を条約改正に盛り込むこととなった，とある。「2009 年 4 月 28 － 30 日」，「同年 6 月 16 － 18 日」の交渉において，「情報交換」以外の改正項目のあることも判明したが，それらの大半は後回しとされ，「情報交換」中心の改正が意図されることとなった。そして，「改正プロトコル」の「仮調印（仮署名［Paraphierung］）」が，「2009 年 6 月 18 日」になされた，とある（以上，Botschaft vom 27. Nov. 2009, supra, BBl. 2010, at 237f.[＊]）。

＊　本書 569 頁以下の『時系列的整理』を参照せよ。「**IRS vs. UBS 事件**」との関係では，同事件についてのスイス政府の，米国裁判所への「法廷の友」意見書の提出が，「2009 年 4 月 30 日・7 月 7 日」になされ，「修正前 UBS 合意」が「2009 年 8 月 19 日」に成立した，等の緊迫した状況下での，条約改正交渉だったことになる。

　なお，この「対米改正プロトコル」の，スイス議会での承認のための「2010 年 6 月 18 日」の連邦決定（Bundesbeschluss über die Genehmigung eines Protokolls zur Änderung des Doppelbesteuerungsabkommens zwischen der Schweiz und den Vereinigten Staaten von Amerika vom **18. Juni 2010**, BBl.2010, at 4359f）は 4 カ条からなるが，その 2 条には，連邦政府が連邦議会に対して，本（対米）条約における「OECD 基準」による行政共助を実施するための連邦法草案を提示して説明すること，及び，同法の発効までの間は，規則（Verordnung）によってこの点を規律できることが，定められていた。──この点も，前記の『時系列的整理』で確認されたい。右の連邦決定の 2 か月半ほど後，「2010 年 9 月 1 日」に，「租税条約による行政共助に関する規則」が制定され，「2011

## 2 「IRS vs. UBS 事件」と併行してなされた「米・スイス租税条約」の改正 (2009 年 9 月 23 日署名)

年 7 月 6 日」に右の連邦法 (StAG) 草案についての Botschaft が発出されたが，同法の名称変更 (StAhiG) の上での正式制定は「2012 年 9 月 28 日」，その施行は「2013 年 2 月 1 日」と，大きく遅れた。また，「2013 年 1 月 16 日」に，「グループ・リクエスト」に特化した新規則が制定され，前記規則は，同日付けで廃止された。この間に，スイス政府の「ホワイト・マネー戦略」と，「源泉税条約」方式を含めた個別の口座情報の「マスキング技術」(貿易と関税 2013 年 5 月号 88 頁〔本書 541 頁〕) の開発とをベースとする，新方策へのシフト (**戦略的な路線変更!!**) が，生じていたのである。

次に，この「対米改正プロトコル」において「情報交換」関連で注目すべき，他の条項を，スイス政府の公的説明と対比させつつ，示しておこう。まず，新 26 条の「2 項」の，「守秘」の規定について。同項は，第 3 文までは (「2010 年版」までの)「OECD モデル租税条約」26 条 2 項と，文言が殆ど同じだが，最後の「第 4 文」が追加されている。英文も独文も同じゆえ，英文の方を便宜示しておけば，この新 26 条 2 項「第 4 文」には——

"Notwithstanding the foregoing, information received by a Contracting State may be used for other purposes when such information may be used for other purposes under the laws of **both** States **and** the competent authority of the requested State authorizes such use."

——と規定されている。**引渡された情報の「他目的使用」とその条件**，である。「他目的使用」は，双方の国の法がそれを認め，かつ，被要請国の当局がそれを許可する場合に認められる，とある(\*)。

* 「OECD モデル租税条約」26 条及びそれについての「コメンタリー」の「2012 年改正」については，貿易と関税 2013 年 5 月号 80 頁以下，86 頁 (本書 532 頁以下，539 頁) で一言したが，「他目的使用」との関係は，本論文第 4 章 4 で，一括して論ずる。

注目すべきは，この規律手法が，貿易と関税 2013 年 6 月号分の末尾部分 (61 - 62 頁〔本書 565 頁〕) で言及したところの，「**OECD マルチ税務執行共助条約**」22 条「4 項」の，「2010 年改正」でも生き残った条項と，類似するものだ，ということである。即ち，後者 (22 条「4 項」) では，「他目的使用」の条件として，被要請国の法がそれを認め，かつ，被要請国の当局がそれを許可する場合，との限定が付されていた。それと比較すると，米・スイスの新 26 条 2 項「第 4 文」は一層厳格で，要請国・被要請国双方の法が，云々となっている点が，注目される。

この新 26 条の「2 項」につき，Botschaft vom 27. Nov. 2009, supra, BBl. 2010, at 240f の，スイス政府の公的説明を見てみよう。そこにはまず，「2 項」の第 1 文に "Any information received …… shall be disclosed only to persons …… involved in ……." とあることから (「**OECD モデル租税条約**」26 条 2 項の第 1 文では，右の "**involved in**" が "**concerned with**" となっている等，若干の文言の差はあるが，無視する) ——

「情報は、従って、納税義務者自身又はその代理人に対しても開示され得る（Die Informationen dürfen somit auch der steuerpflichtigen Person selbst oder der von ihr bevollmächtigten Person offenbart werden.）。」

——とされている（Id. at 240.）。この点は、この「改正プロトコル」4条による、従来からあった「本条約プロトコル」の「パラ10」（para. 10 of the Protocol; Ziffer 10 des Protokolls——それについては、貿易と関税 2011 年 6 月号 65 頁以下〔本書 84 頁以下〕参照[*]）の、差替え規定中の「e」（独文の条文は、BBl. 2010, at 251）という、極めて重要な規定への、伏線となる指摘、である。

* 貿易と関税 2013 年 5 月号 82 頁（本書 534 頁）では、今般の改正後の右の「パラ10」を「10 項」（Ziffer 10）と訳しておいたが、同じことである。なお、同前頁では、**情報提供要請のなされる際の、当該の者の「特定性」の程度に関する、「2009 年 3 月 13 日」以後にスイスが締結・改正していた各国との租税条約の、（「対米」をも含めた）更なる改正**について、論じているので、参照されたい。

Botschaft vom 27. Nov. 2009, supra, BBl. 2010, at 240f は、続いて、「米・スイス租税条約改正プロトコル」新 26 条 2 項「第 4 文」の、前記の「他目的使用」について、以下のように説明している。まず、ここで言う「他目的使用」とは何かだが、そこでは、「課税上の目的ではない、他の目的のための使用」（Verwendung für andere, nicht steuerliche Zwecke; steuerfremde Verwendung）とされ、その例として（beispielsweise）、**引渡された情報の「刑事手続における使用」（die Verwendung …… im Strafverfahren）**が、掲げられている。だが、そうしたことが、裸のままで認められている訳ではない。即ち、そこには、この「刑事手続における使用」について、「しかしながら、関係者から適切な手続上の権利を剥奪することなく（……, ohne jedoch der betroffenen Person die entsprechenden Verfahrensrechte zu entziehen.）」、との重要な限定が、付されている(*)。

* 但し、そこでは、なぜ新 26 条 2 項「第 4 文」のような規定振りになったのかについての説明は、とくになされてはいない。一定の条件の下に「他目的使用」を認めることにより、違う目的のために同じ情報を何度も（mehrmals）作成して引渡すことが回避され得る、とあるのみである（もっとも、すべての場合につき、被要請国の同意が必要だ、とはある）。

そして、この**当事者の手続権の保障**は、Id. at 241 において、新 26 条の「3 項」との関係で、明確に示されている。従来の「OECD モデル租税条約」26 条「3 項」と、文言まで殆ど全く同じなのがこの条文だが、そこに、被要請国の法や行政慣行を踏み越えることは義務付けられないとあること（既述）との関係で、スイスの場合にはとくに、とした上で——

„Im Fall der Schweiz bedeutet dies insbesondere, dass **das rechtliche Gehör** der Betroffenen sowie die Möglichkeit, einen vorgesehenen Informationsaustausch gerichtlich überprüfen zu lassen, gewahrt bleiben."

――との，極めて重要な指摘がある。つまり，この新 26 条の「3 項」から，関係者の聴聞を受ける機会，並びに，予定された情報交換について（事前に）司法上の審査を受ける可能性が，スイスにおいて今後も認められる，ということである(*)。

*　前記の，新 26 条「3 項」との関係での同条 5 項（とくにその「第 2 文」!!）の"封じ込め"戦略（スイスの提案による「交換公文」によるそれ）を，ここで明確に想起せよ。

それを裏付ける別な条文については後に示すが，Ibid においては，もう一つ重要な点が示されている。つまり，「3 項 c」の，情報交換の『拒絶事由』としての「公序要件」（等）との関係で，とくに，「情報が要請国内で十分な程度に秘密保持されない場合」にも，情報交換を拒絶できるであろう（Dies könnte insbesondere der Fall sein, wenn die Informationen im ersuchenden Vertragsstaat nicht in ausreichendem Masse geheim gehalten werden.），とされているのである(*)。

*　この点は，『英断』との言葉と共に示したところの，わが租税条約実施特例法の「2010 年改正」による「8 条の 2」の「2 号」（貿易と関税 2012 年 11 月号 64，66 頁〔本書 430，434，439 頁〕）と同趣旨である。また，要請国内での守秘の問題を，右のスイスの場合と同様に，「公序要件」と結びつけるドイツの場合についての，貿易と関税 2012 年 7 月号 62 頁（本書 347 頁），同 2012 年 12 月号 67 頁（本書 449 頁）の指摘とも，対比すべきである。

さて，ここで，関係者の手続権を（引き続き）保障する旨の，前記のスイス政府の説明を裏付ける，極めて重要な規定について，言及しておこう(*)。「本条約（に付された）プロトコル」の新たな「パラ 10」の e，である。

*　今日は 9 時間以上執筆「しない」ためにセットしたアラームが，既になってしまったので，ここで強制的に筆を擱く。あとは，「本条約（に付された）プロトコル」の新たな「パラ 10」の b − e を残すのみ，となった。今，2013 年 4 月 27 日の午後 5 時 35 分。執筆時間は約 8 時間だが，その前の準備に 1 時間を費やしたから，計約 9 時間の作業。この程度で執筆を終え，心身へのダメージの，程度の変化を，妻とともに観察することとする。――なんて言っていたら，二人揃って風邪を引いた。かくて，憲法記念日の執筆も（珍しいことに!!）断念し，こどもの日の 2013 年 5 月 5 日午後 0 時 27 分，執筆を開始する。――だが，やはり，執筆の状況を問わぬ「時間制限による執筆中断」には，問題があることを，実感した。かえって，ストレスがかかる。この間の私及び（1 日遅れでの）妻の発熱，等のせいもあるが，意識の繋がりが悪くなっており，ここまでの点検・加筆に，何と同日午後 4 時 15 分までを要した。

このeの規定については、Botschaft vom 27. Nov. 2009, supra, BBl. 2010, at 242 に、簡単な説明があるが、実物の方が、一層説得力がある。そこで、Id. at 251 を見ておこう。そこには、この「米・スイス租税条約改正プロトコル」4条の定める、本条約（に付された）「プロトコル 10 項（パラ 10）」(Ziffer 10 des Protokolls zum Abkommen) の、新たな（差替え）条文の一つとして――

„《10. Zu Art. 26 (Informationsaustausch)：

e) Es besteht Einvernehmen darüber, dass im Falle des Austauschs von Informationen unter Artikel 26 des Abkommens die im ersuchten Staat geltenden Bestimmungen des Verwaltungsverfahrensrechts über die Rechte der Steuerpflichtigen (wie zum Beispiel das Recht auf **Benachrichtigung** oder das Recht auf **Beschwerde**) vorbehalten bleiben, *bevor* [!!] **die Informationen an den ersuchenden Staat übermittelt werden**. Es besteht im Weiteren Einvernehmen darüber, dass diese Bestimmungen dazu dienen, dem Steuerpflichtigen ein ordnungsgemässes Verfahren zu gewähren, und nicht bezwecken, den wirksamen Informationsaustausch zu verhindern oder übermässig zu verzögern.》" [☆]

――との、e の定めがある（!![*]）。

* 問題の重要性に鑑み、この規定の英文ヴァージョンをも、適宜、以下の邦訳の中に示しておく。この規定についての英文・独文の間のニュアンスの差は、存在しないのだが。また、「対デンマーク」以下の検討上の便宜のために、右の独文に「☆マーク」を付しておく。

要するに、右の**第 1 文**では、「本条約 26 条に基づく情報交換の場合には（in the case of an exchange of information under Article 26）、情報が要請国に引渡される前に [!!]、被要請国法上の、納税者の諸権利に関する行政手続法上の規定（例えば通知に関する権利 [the right to be notified]、又は、**不服申立**の権利 [the right to appeal]、等）が、引き続き適用（留保）されること（…… remain applicable **before** [!!] the information is exchanged with the requesting State.)」については、米・スイス政府間の合意（了解）がある（It is understood that …….)、と規定されている。これは、これから具体的に示すように、極めて重要な両国間の合意事項である。

他方、右の**第 2 文**も、重要である。そこでは、「これらの（被要請国の）規定は、納税者に**適正な手続**を認めるためのものであって（these rules are intended to provide the taxpayer **a fair procedure**）、実効的な情報交換を、妨げ、又は、過度に遅延させることを目的とするものではない（*not to prevent or unduly delay the exchange of information process*)」ことについての、更なる両国間の合意が、示されている。

このeの規定は，『多面的な重要性』を有する。その一つ一つを，以下に，示しておく。第１に，本号分で論じた，前記の「交換公文」との関係で，私は，「スイス政府」が『銀行秘密』の憲法的基盤を正面に立て，それを新26条の「3項a」に盛り込みつつ，米国側への情報提供を拒絶する，「法的可能性」は，いまだ残っている，と述べた。そこで述べたように，仮に「スイス政府」にとって，そのようなことが「政治的に不可能」だとしても，右の，本条約（に付された）「プロトコル10項（パラ10）」のeで，納税者側のスイスでの争う権利が明確に認められていることから，「スイス連邦行政裁判所」の判断への道が，自然に開けることとなる。それが，第１の重要な点，である。つまり，前記の「交換公文」による新26条5項「第２文」の『封じ込め（containment!!)』の点と，この本条約（に付された）「プロトコル10項（パラ10）」のeにおける当事者の手続権の保障とを，ドッキングさせて考える必要が，まずある(*)。

　　*　このeの第１文で，「本条約26条に基づく情報交換の場合には（in the case of an exchange of information under Article 26)」との広い網が被せられていることからして，新26条5項「第２文」も，その射程内に含まれていること（!!）に，注意すべきである。

　第２に，右のeの第１文では，要請国（米国，と想定せよ）への情報の引渡し前の，被要請国（スイスとせよ）の法による当事者への『事前の通知（prior notice）』(!!)が，情報引渡し前の当事者の『裁判を受ける権利』とともに，正面から認められている。この点で，まずもって想起すべきは，「2013年2月14日」の「米・スイス政府間のFATCA法実施促進の協力のための合意」である（貿易と関税2013年5月号75頁以下〔本書525頁以下〕）。同前・77－79頁（本書528－531頁）に示したように，このFATCA関連での「米・スイス政府間間合意」においては，その「5条3項b」を通して，スイス連邦憲法上の重要な要請としての，「例外なき事前の通知」が，生き残る形となっている。——時期的に考えれば，本号分で論じている「2009年9月23日署名」の「米・スイス租税条約改正プロトコル」の方が先だが，かくて，貿易と関税2013年5月号分（とくに，同前・78頁上段の最後〔本書529頁の破線による下線部分〕を見よ!!）で論じたところの，FATCA法関連での右の論点の前提をなすものとして，右のeの第１文がある，ということになる。

　第３の点は，前記のeの第２文関連，であり，右に示した第２の重要ポイントと，深く関連する。同前頁（貿易と関税2013年5月号78頁〔本書529頁〕）で論じたように，「グローバル・フォーラム」側の対スイス「ピア・レヴュー」報告書（2011年6月）では，スイス国内法による「例外なき事前の通知」要件（及び，それと連動し得るスイス国内での行政訴訟）が，「不当に情報交換を妨げ，又は遅らせる（unduly prevent or delay exchange of information）」として，「国際基準」に不適合だ，とされた（貿易と関税2012年9月号63頁〔本書387頁〕）。だが，それに先立ち(!!)，「2009年9月23日署名」の，一番こうしたことにうるさい筈の「米国」との租税条約「改正プロトコル」中の，前記e第２文では，それとは全く逆に(!!)，『事前の通知』等の被要請国（スイス）の規定は，「納税者に適正な手続（a fair procedure）を認めるた

めのものであって，実効的な情報交換を，妨げ，又は，過度に遅延させることを目的とするものではない（*not to prevent or unduly delay the exchange of information process*）」ことが，何と米・スイス政府間の明確な合意（了解）事項として，定められ「ていた」（過去完了!!），のである（\*）。

* 　私は，ここで，二つの感想を抱く。まず，大きな問題から。
　　貿易と関税 2012 年 9 月号 57 － 58 頁，同 2012 年 10 月号 63 － 65 頁，68，72，78 頁（!!），等において，私は，OECD やその他の国際機関，及びその加盟諸国の政府，そして，その存在自体がアメーバのごとき「グローバル・フォーラム」やそのメンバー諸国が，『租税条約上の情報交換』問題について，スイスのようなターゲットとなる国の『人権保障』を直接叩くという，危ない仕事は，「グローバル・フォーラム」から派遣された「覆面調査員」達に委ね，その「ピア・レヴュー」報告書については，結局は誰も責任を負わないことの不正義を，強く指弾した（本書 380 － 381 頁，394 － 396 頁，399，403 頁，等）。　ところが，「米国政府」が直接コミットする「米・スイス租税条約改正プロトコル」では，スイス連邦憲法上の要請をバックとするスイス国内法上の「例外なき事前の通知」等についての，正面切った批判（非難）を，案の定（!!），「米国政府」としては，出来ないでいる，という事実が，ここにある。やはり，「米国政府」を含めた「彼等」（諸々の法的レベルでのプレイヤー達）は，こうしたことに，直接責任を負いたくないのだな，との感想を，「前記 e の**第 2 文**の書き振り」から，私は抱いた。
　　次に，小さな問題かも知れないが，貿易と関税 2012 年 9 月号 55 頁，65 頁以下（本書 375，378 頁，390 頁以下）において，私は，前記の対スイス「ピア・レヴュー」報告書に対する「スイス政府のレスポンス」（それについての，「グローバル・フォーラム」側の，狡猾と言うべき責任逃れのスタンスへの批判は，本書 380 頁 !!）につき，「国家としての魂を抜かれた後のスイスの悲しく屈辱的な姿」が其処にある，と評していた。
　　この評価も，貿易と関税 2013 年 5・6 月号分の**《重要な注記》**（本書 525 頁以下）を経た今となっては，大きく変更する必要がある。だが，貿易と関税 2012 年 9 月号 65 － 66 頁（本書 390 － 391 頁）に示されたところの，この「ピア・レヴュー」に対するスイス政府の『恭順の意』の表明もまた，それに先立つ「米・スイス租税条約改正プロトコル」の，前記の e の規定が，その当時既に存在していたことからして，貿易と関税 2013 年 5 月号 84 頁上段（本書 536 頁）の，『バーゼルの「あっかんべー」の赤い舌』（その，一層赤裸々なヴァージョン）だったのだな，との感想を抱く。
　　確かにスイスは，同前（2013 年 5 月号）・82 頁（本書 534 頁）に示したように，情報交換の要請時の「当該の者の特定性要件」が厳しすぎるとの，「ピア・レヴュー」報告書の批判に対しては，既に改正済みの租税条約を再度改正するべく，素早く対応した。だが，これも，こうした批判を素直に受け入れるようでありつつ，実は，批判を"**逆手にとって (!!)**"，「グループ・リクエスト方式」等の『マスキング技術』（本書 541 頁参照 !!）で当事者のプライバシーを守ろうとする，スイスのしたたかな戦略によるものであった（但し，同前・80 頁〔本書 531 頁〕では，同じく「ピア・レヴュー」報告書の批判を踏まえたものとしての，スイスの StAhiG における，情報交換についての当局の最終処分，よりも前の段階での，当事者の手続権の，若干屈折した縮減についても，言及してある。これとて，ある種のリップ・サービスのように思われて来るが，同前頁にも示唆したように，若干微妙過ぎる対応，とも思われる [\*\*]）。

＊＊　なお,「本条約（に付された）プロトコル」の新たな「パラ10」のb〜dについて,ここで一言のみしておこう（BBl. 2010, at 250f.——その a は,情報交換要請時の,前記の「特定性」の要件との関係,である）。まず,b では,単なる「情報漁り（fishing expeditions）」の否定,等が定められ,d では,「自動的又は自発的な情報交換」（Informationen auf automatischer oder spontaner Basis auszutauschen）の否定（nicht dazu verpflichtet, ……）が,定められている（c は省略）。

<u>以上が,本章2の「対米改正」について論ずべき点</u>,である。そして,ここで論じた諸点が,本章3・4への基本的視点となる（既述）。そこで,本章のこの残された部分における論述を効率化すべく,本章2（「対米」）で析出された論点を,（直前の「＊＊部分」の指摘を含めて）本章3・4との関係で,纏めて示しておこう。それらは——

① 「対米」26条5項「第2文」に相当する<u>「OECD基準」</u>からの『<u>はみ出し条項</u>』があるか？
② それ（①）があったとして,その挿入経緯は？
③ それ（①）があったとして,「対米」での「交換公文」のごとき,その『封じ込め』のための文言（「弁護士」の例,等）はあるか？
④ そもそもその「改正経緯」に,注目すべき点はあるか？
⑤ 「対米」の26条「2項」の『守秘』との関係での,引渡された情報の「他目的使用」及び被要請国側の「同意」の要件等は,どうなっているか？
⑥ 当事者の「手続権の保障」及び「事前の通知」要件との関係,そして,前記の "unduly prevent or delay exchange of information" 云々「ではない」との点は,どうなっているのか？
⑦ 「公序」との関係での,要請国での「守秘」の点は,どうなっているのか？
⑧ 「自動的又は自発的情報交換」の点（直前の「＊＊部分」参照）は,どうなっているか？

——といったところか,と思われる。この①から⑧を指標に,以下の検討を行なうこととする。

---

**3　「対デンマーク」（2009年8月21日）を出発点とする『「対米」に先行する「他の諸国との租税条約改正」』における新たな情報交換条項を含めての比較検討——「OECDモデル租税条約26条に関するコメンタリー」との関係？**

---

＊　右の副題には,拡充された本章1,及び,一連のバイパス手術等をも経た今,さしたる意味はないが,とくに削除はしないでおく（但し,次号分冒頭〔本書608頁〕参照）。——以上の執筆は,2013年5月5日午後8時55分まで。今日は,約8時間半弱の執筆,

604　第 3 章　「IRS vs. UBS 事件」の展開過程でなされた「スイスの重大な政策変更」(2009 年 3 月 13 日)

であった(執筆再開，同年 5 月 14 日午前 9 時 10 分)。

　以下の検討は，要領よく，簡潔に行なうこととする。貿易と関税 2011 年 3 月号 60 頁(本書 18 頁)以来，折りに触れて言及して来たように，「2009 年 3 月 13 日」のスイスの政策変更以後，最初の租税条約改正は，「対デンマーク」であった(「2009 年 8 月 21 日」署名)。そこで，「対デンマーク」の場合に，前記の①－⑧の点がどうであったのかを，以下の本章 3 の論述の冒頭において，簡略に，確認しておく。

　ただ，本論文第 2 章 2(2)(貿易と関税 2011 年 10 月号 58 頁から始まり，同 2012 年 5 月号 75 頁まで続く〔本書 170 頁以下〕)，及び同章 3(ドイツ――同 2012 年 6・7 月号分〔本書 313 頁以下〕)において，私は，スイスが主要国と締結・改正して来た租税条約について，初期段階から「2009 年 3 月 13 日」の直前の時期(とくに「2009 年 1 月 12 日」の，結局お蔵入りとなった「対仏租税条約改正」についての，貿易と関税 2012 年 5 月号 65 頁以下〔本書 302 頁以下〕参照)までの推移を，『時系列』的に整理しつつ，論じて来ていた。従って，本章 3 におけるこれからの論述は，極力それとインターフェイスを合わせて行なう必要がある。――以上の方針で，これからの論述を，但し極力簡略に行なう。

## (3－1)　対デンマーク租税条約改正(2009 年 8 月 21 日署名)の場合

　まず，「対米」で析出した前記①(「OECD 基準」からの『はみ出し条項』)の点だが，**BBl. 2010, at 103ff** の「対デンマーク改正プロトコル」8 条により，「27 条」(情報交換)が全面改正となった(条文は，Id. at 107f)。同条 5 項「第 2 文」に，「対米」での前記新 26 条 5 項「第 2 文」に相当する規定がある。だが，その文言は――

„Ungeachtet des Absatzes 3 <u>oder entgegenstehender Bestimmungen des innerstaatlichen Rechts</u> **verfügen** die Steuerbehörden des ersuchten Vertragsstaates **über die Befugnis**, die Offenlegung der in diesem Absatz genannten Informationen **durchzusetzen**."

――となっている(Id. at 108.)。つまり，対米の場合にはあった<u>「本項の義務の履行に必要な限りにおいて」</u>(sofern dies für die Erfüllung der Verpflichtungen unter diesem Absatz erforderlich ist)との「限定」が，存在しない(\*)。

　\*　この「限定」の「対米」での挿入経緯については，既述。

　先に，前記⑤以下の点を，条文で確かめてから検討しよう。「27 条」の 1－5 項は，(細かな点を別とすれば――BBl. 2010, infra, at 95) 基本的に，「対米」の場合と同じく，「2008 年版」の「OECD モデル租税条約」26 条の引き写しと言ってよいが，「2 項」の第 4 文に，「対米」の 26 条「2 項」と同様の，「他目的使用」(前記⑤)の規定がある。条件は，「対米」の場合と，同じである(双方の国の法がそれを認め，かつ，被要請国当局の「同意」のある[zustimmt]ことが必要)。

また，この「対デンマーク改正プロトコル」10 条において，本条約（に付された）プロトコルの内容が示されており（Id. at 109-111），「27 条」についてのその 3（3. Zu Art. 27）の b が，「単なる情報漁り」の排除，d が，「自動的又は自発的な情報交換」の排除（前記⑧）を，それぞれ定めている。他方，その e は，前記の「米・スイス租税条約改正プロトコル」4 条の定める，この対米条約（に付された）「プロトコル 10 項（パラ 10）」（Ziffer 10 des Protokolls zum Abkommen）の e（前記〔本書 600 頁〕の「☆マーク」の箇所参照）と基本的には同一内容を，同一の文言で，定めている（違いは，冒頭に「情報交換の場合において」とのみあって，条文番号が示されていないこと，カッコ内の例がないこと，のみである）。従って，「対デンマーク」の場合にも，「対米」の場合の前記⑥と同様，「情報の引渡し前」の被要請国内での当事者の「手続権の保障」が認められ，かつ，それが "unduly prevent or delay exchange of information" といった性格のもの「ではない」ことが，両国間の合意（了解）内容として，明確に示されている。

　かくて，前記の①⑤⑥⑧の点は，一応片付いたので，「対米」の場合に示した前記②③④⑦（及び①についての「対米」の場合との文言の差）について，スイス政府の公的説明（Botschaft）をベースに，以下に検討する。**Botschaft zur Genehmigung eines Protokolls zur Änderung des Doppelbesteuerungsabkommens zwischen der Schweiz und Dänemark vom 27. November 2009, BBl. 2010, at 89ff** である。

　まず，前記④の「改正経緯」だが，「情報交換」関連の Id. at 92 の記述によれば，「2009 年 3 月 13 日」の後，（いつからかは明示がないが）すぐに交渉が持たれていたようであり，その交渉は，「2009 年 5 月 19 日」には終わっていた（Die Verhandlungen konnten am 19. Mai 2009 …… beendet werden, …….)。そして，その正式署名が，「2009 年 8 月 21 日」になされた(*)。

　　＊　既述の如く，「対米」での交渉は，「2009 年 4 月 25 日」のワシントンでの米・スイス財務大臣会合，「2009 年 4 月 28-30 日」，「同年 6 月 16-18 日」の交渉を経て，「2009 年 6 月 18 日」に「仮調印（仮署名［Paraphierung］）」に至っていた。

　前記①の，「対米」における**「OECD 基準」**からの**『はみ出し条項』**『(26 条 5 項「第 2 文」)がいかなる経緯で挿入されたのかは，「対米」の場合にも，前記の「限定」のための文言が「米国の要請」によるものだということ（**BBl. 2010, supra, at 241**）以外には，判明しない。この点は，「対デンマーク」の場合にも，同じである。

　右の「＊部分」に示したように，「対デンマーク」の交渉は，「対米」のそれと，時期が一部ダブっており，「2009 年 4 月 28-30 日」の「対米」交渉で，既にこの物騒な条項が米国側から提案されていたとすれば，それが「対デンマーク」でも挿入されたことは，それなりに時期的には，納得がゆく。他方，スイス政府が率先してこうした『はみ出し条項』を提示して，「対デンマーク」で既にそれを提示してしまっ「ていた」，という可能性も，ないではない。ミステリーである（但し，次号分冒頭で，その先の問題について論ずる）。

　ともかく，問題は，「対米」での前記「交換公文」による，この『はみ出し条項』

606　第 3 章　「IRS vs. UBS 事件」の展開過程でなされた「スイスの重大な政策変更」（2009 年 3 月 13 日）

の"封じ込め"がなくとも、「対デンマーク」では大丈夫なのか、との点にある(*)。
——前記の③の点、である。

＊　「対米」での前記「交換公文」の論理においては、「本項の義務の履行に必要な限りにおいて」との、「対デンマーク」の場合にはない「限定」が、あってもなくとも、結局は同じことになる（ちなみに、「2010 年 5 月 21 日署名」の「対日」の場合の 25 条 5 項「第 2 文」には、この「限定」が存在する。貿易と関税 2013 年 4 月号 86 頁〔本書 508 頁〕参照。また、この「限定」の活用方法［!!］に関する同前・91 頁〔本書 513 頁〕をも参照せよ）。

　この観点から、「対デンマーク」での Botschaft, supra, BBl. 2010, at 95-97 の、「情報交換」（27 条）関連でのスイス政府の説明を、点検しておこう。Id. at 96f が、同条「5 項」についての説明となる。だが、そこには、「対米」の場合と同様の、屈辱的（!?）な指摘があるのみ、である。即ち、そこには極めて単純に、『銀行情報』は、3 項の制約にもかかわらず、交換さるべきである、とある。そして、同じく「対米」の場合と同様に、„Entsprechend kann die Schweiz den Informationsaustausch nicht unter Hinweis auf das schweizerische Bankgeheimnis verweigern." (Id. at 96.) との、「そんなこと、書いてもいいのですか？」と（再度）苦言を呈したくなる指摘がある。「スイスは、スイス銀行秘密を持ち出して情報交換を拒絶できない」などと、何の限定もなく、ここで言ってしまっては、この「対デンマーク」Botschaft が出されてから約 20 日後の、「2009 年 12 月 16 日」のスイス政府の報告書において、「スイス銀行秘密」の憲法的・人権保護的基盤の明確化と、その引き続いての維持が高らかに宣言されたこと（前号分前半（本書 568 頁以下）の『時系列的整理』参照 !!）との矛盾も、致命的（!!）となる。
　しかも、Id. at 97 には、問題の『はみ出し条項』との関係で、これまた「対米」の場合と同様に、次のような「全くノー・ガード」の指摘さえある（!!）。即ち、問題の 5 項「第 2 文」について、無限定に、それが情報交換の実施のために「必要な法的基盤」だ、などとされている。
　「対デンマーク」の場合には、「対米」の場合の「交換公文」による「失地回復」的なものは、私の把握し得た限りでは、存在しない「ようである」。或いは、「対デンマーク」交渉の決着後、「対米」での交渉過程でスイスが、この『はみ出し条項』の危険性に気づき（!?）、本号分で論じた（「対米」での）新 26 条 5 項「第 2 文」の『封じ込め（containment!!）』に邁進した、ということなのであろうか（この点は、次号分冒頭で解明する）。
　ちなみに、Ibid には、「2009 年 9 月 1 日」制定の、（後に廃止された）「規則」による行政共助の実施がなされる「であろう（wird）」とあり、その「規則」が「法律」によって置き換えられるべきか否かは、「目下検討中」、とあるのみである。——その後のスイスの『華麗なる転身』については、既に論じて来た通り、である。
　たしかに、前記⑥の点との関係、即ち「対デンマーク」の本条約（に付された）プロトコルの既述の e との関係で、Id. at 97 には、「納税者の手続権の保障（die Garantie der Verfahrensrechte der Steuerpflichtigen）」への言及があり、連邦行政裁判所への不服

申立てが既判力をもって排斥されて初めて情報交換がなされ得ることが，明示されてはいる(\*)。だが，「対デンマーク」のこの Botschaft の段階（公表時点ではなく，その確定時点!!）では，その後今日に至るまでの「スイス政府の果敢な行動」（貿易と関税 2013 年 5 月号 74 頁以下〔本書 525 頁以下〕の，2 号分に跨る《重要な註記》，及び，本号分での「対米租税条約改正」で示したそれ!!）への『明確な路線変更』に至る直前の，いまだ「政治的敗北」を引き摺るのみのスイスの痛々しい姿が，浮き彫りとなっているだけである，かの如くである。——既述の如く，「対デンマーク」の交渉終了が「2009 年 5 月 19 日」，「対米」での交渉終了と「仮調印（仮署名）」が「同年 6 月 18 日」ゆえ，わずか 1 カ月の間に，この『はみ出し条項』をめぐるスイス側のスタンスの（正しい）転換があった，ということなのであろうか (!![\*\*])。

\* Id. at 96 には，前記⑦の点，即ち，「公序」との関係での，要請国での「十分な守秘」の点も，対米の場合とほぼ同様に，記述されているのだが。——以上で，「対デンマーク」の場合の，前記①—⑧の点は，一応論じ終わったことになる。

\*\* 但し，本号分の執筆終了後，点検に入る前に，次号分への準備として，何となく「対独」租税条約改正の Botschaft vom 3. Dezember 2010, BBl. 2011, at 485ff と，Id. at 503ff の改正条文を点検していて，気づいたことがある。次号分で「対仏」・「対英」等とも対比してみなければ，今の段階では最終的な判断が出来ないが，少なくとも「対独」では，「対独租税条約改正プロトコル（das Änderungsprotokoll zum DBA-D）」の署名が「2010 年 10 月 27 日」であって，「対米」でのそれの 1 年以上後であるのに（BBl. 2011, at 489.），「対デンマーク」で批判したのと同じ（ような）規定振りとスイス政府の説明に，なっている（Id. at 495, 506.）。つまり，『危ない対デンマーク方式 (!?)』が，「対独」でも踏襲されている（ような）のである。
　本号分では，「交渉時期」が近接し，一部ダブる「対米」の場合と「対デンマーク」の場合を対比させつつ論じたが，**今の段階で言えることは，以下のことである**。即ち，この「対独租税条約」の改正と，「対独源泉税条約」の交渉とが，同時併行的に進行していたことに注意すべきだ，ということである（Id. at 495 には，「2010 年 3 月 26 日」のドイツ財務大臣 Wolfgang Schäuble とスイス側との協議［そこにおいて，「補償的性格の課税の確保」を含めた「調査のための協議」が開始された］のことなども，言及されている。本書 568 頁以下の『時系列的整理』と対比せよ!!）。
　「対米」では（OECD 基準からの）『はみ出し条項』の"封じ込め"のために，何処までも食い下がった（と評価すべき）スイスだが，「対デンマーク」でそれについての（不十分で問題ある）スタンスを，いわば裸のまま示してしまっ「ている」以上，同じ EU 域内国たる「対独」で，(「最恵国待遇」的配慮からも）同じスタンスで通そうとしたのか，とも思われる。いずれにしても，前記の『時系列的整理』にも示したように，「2010 年 2 月 24 日」のスイス政府の決定で，スイスは既に『源泉税条約』方式による，『「租税条約上の情報交換」制度の「完全なバイパス」』戦略（それによる『スイス銀行秘密』の温存）へと，大きく転換をしており，「対独租税条約改正」は，そうなってからの出来事である。——そのあたりの問題の整理が，次号分の当面の課題となろうか，と思われる。そして，「対英」では「源泉税条約」が既にあるが，それのない「対仏」の場合にはどうなっているのかも，重要なポイントとなろう。他方，「対デンマーク」と時期

的に近接する他の諸国との租税条約改正の場合との対比も，場合によって必要となるかもしれない（以上は，2013年5月14日午後6時10分までの加筆）。

　以上が，スイスの「対デンマーク」租税条約改正について，「対米」の場合との対比において論ずべき点，である。

　こうして実際に「対米」を軸に「対デンマーク」の場合と対比しただけで，貿易と関税2013年5月号74頁（本書525頁）以来とくに注目して来た点，即ち，『「2009年3月13日」の「政治的敗北」以後，スイスの中で一体いつ，いかなる変化が生じて，スイスが（日本と並ぶ）「世界の人権保護のための最後の砦」として再浮上するに至ったのか？』について，かなり注目すべき点が浮き彫りとなって来る。この線で，本章2・3を次号分で書き上げ，もはや足早に，本論文第3章へと，移行したい（本論文は，あと4号分で完結，となる）。

　次は，「2009年3月13日」の直前での改正がお蔵入りとなった，という既述の注目すべき経緯からして，「対仏」の場合について検討するつもりだったが（それとも「対独」を先にしようか??），本号分でそれを行なうことは，もはや紙数の関係で，いずれにしても出来ない。従って，本号分は，「対デンマーク」で終わりとする（以上の執筆は，2013年5月14日午後4時40分まで。点検に入る。点検終了同日午後7時55分。計10時間45分の作業であった。──同年5月17日午前6時半，差替え用原稿［既述］の点検終了）。

　＊　次号分以下に続く（但し，既述の如く，次号分冒頭に，本号分の論述を補足し，分析の解明度を一層高めるための項目を，置くこととした）。

〔以上，2013年8月号49－69頁〕

## （3－2）「対米」と「対デンマーク」との対比についての『補足』──「2008年版」OECDモデル租税条約26条「5項」への「コメンタリー」の記述内容の確認を含めて

　＊　はじめに──執筆再開は，ともかくも，2013年5月28日午前6時15分頃。前号分では書き切れなかった右の点についての補足から入る。事ここに至って，本章3の副題が，それなりの意味を有するに至ることになる。やはりそれを，削除しないでおいて（前号分の本章3の冒頭部分参照），よかった。

　前号分では，「対米」と，それに先行する「対デンマーク」の租税条約の改正とを，情報交換問題について，対比しつつ論じた。この両者に共通するのは，「2008年版」OECDモデル租税条約26条の「5項」（solely because 云々の条項）を，『銀行情報』の交換に特化した条文（「対米」では26条5項，「対デンマーク」では27条5項）の「第1文」とし，それに，再三問題ありとして指摘して来た「第2文」を加えた，という構成であること，である。その際，「対米」では「交換公文（Notenwechsel）」の中で，この「5

3 「対デンマーク」（2009年8月21日）を出発点とする『「対米」に先行する「他の諸国との租税条約改正」』における新たな情報交換条項を含めての比較検討

項」があっても，「3項」（「2008年版」OECDモデル租税条約26条の「3項」と同じ）による『銀行情報』の提供拒絶が全面否定される訳ではないことが，確認されている点に，とくに注目した。つまり，そこ（「対米」の「交換公文」）に単に「5項」・「3項」とあり，「2008年版」OECDモデル租税条約26条の「5項」とは，右の「第2文」が付加されている点で，規律内容が異なるのに，あえてサラッと説明がなされることによって，実はそこに，問題の「第2文」に大きな風穴を開けて，『スイス国内での行政訴訟への重要な呼び水』にしよう（!?）との，スイス政府の戦略を，ともかくも私は『読み取った』のであった。

そうだとしても，「対米」に先行する「対デンマーク」の場合には，同様の「交換公文」がない『ようで』あり，そこから「対デンマーク方式の危険性」を指摘するところで，前号分の論述は，終わっていた。その先を，ここでまず，補足しておきたいのである。前号分の最終的な脱稿後の，悶々とした思いが増幅・凝縮されて，ここに至ったのではあるが。

前号分で書き切れなかった事柄（それについて，順次，この項目で論じ進める）の最初は，「対米」の場合の「スイス政府の議会向けの公的説明」（Botschaft）における，前記の「交換公文」の位置づけ，である。あらかじめ一言しておけば，「対デンマーク」の場合には，Botschaftの「情報交換条項」の説明の中に，「交換公文」の存在についての言及はなく（BBl. 2010, at 95-97.），それに対して「対米」の場合には，前記「交換公文」の内容が，補足的に示されている（**BBl. 2010, at 242.**），といった違いがある。また，「対米」の場合には，本体たる「対米改正プロトコル」の条文（Id. at 247-252）にすぐ続いて，「交換公文」の内容が記されており（Id. at 253-257.），その Id. at 256f に，前記の注目すべき記述があった，ということになる。——そこからも，「対デンマーク」の場合には同様の「交換公文」のなかったことが推測され（前号分の論述），それで大丈夫なのかが，懸念されたことになる。

そこでまず，「対米」Botschaft における「交換公文」への言及の仕方の点検が，必要となる。ここ「も」，『非常にトリッキーな記述』となっており，注意を要する。

「交換公文」への言及のある「対米」Botschaft 中の個所（BBl. 2010, at 242）は，この「対米租税条約」に付された「プロトコル」の「パラ10」（Ziff. 10）についての説明の最後の，次の一文である。即ち，この（「対米条約」に付された）「プロトコル」の「パラ10」の「e」で，納税者の手続的権利（die Verfahrensrechte der Steuerpflichtigen）が引き続き保障されることを述べたその次に（!!）——

„Der Briefwechsel *enthält* erläuternde Bestimmungen zum Informationsaustausch, die **unverändert** [!!] vom OECD-Kommentar übernommen *wurden*."

——とある。直訳すれば，「交換公文は，情報交換について解説する規定であって，OECDコメンタリーから**変更されることなしに** [!!] 引き継がれたところのものを，含んでいる」，となる。これは，『非常にトリッキーな表現（記述）』(!!)，である。

なぜトリッキーかについては，まさに既述の点が関係する。即ち，この当時の（「2008年版」の）OECDモデル租税条約26条の「5項」は，『銀行情報』だからというのみの理由で（solely because）情報交換を拒絶してはならない，とのみ規定していたのに対して，「対米」では，例の「第2文」が付加されており，<u>規定の構造がそもそも違っていることが，ここでは捨象されているかの如くだから</u>，である。言い換えれば，問題の「第2文」が存在しない状況下での「コメンタリー」の記述（具体的には後述）を，いわば『情報交換一般（!?）について解説する』ものとして把握し，従ってそれがそのまま，「第2文」のある「対米」の場合にもあてはまるのだ，とするかの如き論理の下に，右の1文が成り立っているのである。

ここで，前号分の論述から，想起すべきことがある。一度完成していた前号分の原稿を書き直す必要が生じたのも，そのあたりの理由からだったのだが（既述），スイス政府は，「対米」26条「5項」（Absatz 5）の説明の中で，5項「第2文」を，「**冗語法的**定式化（eine **pleonastische** Formulierung）」と評していた。想起すべきは，まさにそのことである。

つまり，（「対デンマーク」の場合にも共通する）スイス政府の見方は，「対米」の5項「第1文」（「2008年版」OECDモデル租税条約26条の「5項」と同じ文言）から，既に<u>『スイス銀行秘密の全否定』がもたらされるという，規定の実際の文言との関係で，極めて不自然なもの，であった（その理由については，後に言及する</u>）。だから，「対米」で付加された5項「第2文」（米国の要望で挿入された「本項の義務の履行に必要である限り」との文言は別として，「対デンマーク」の「第2文」も同じ）に対して，『冗語法』（論理的には不必要な語句を付け加える表現法）的との，スイス政府の評価が，示されていたのである。

ここで，「対米」での「交換公文」に言及する BBl. 2010, at 242 の，前記の独文引用部分に，もう一度戻って考える必要がある。この「交換公文」において，「対米」でも情報交換が「3項」で拒絶され得るとされていた（米国もそれに同意した）のは，前号分でも強調して示したところの，「弁護士とクライアント」との間での情報のやり取りの「例」，である。

Ibid の前記引用の個所では，この「交換公文」中の規定が，「変更されることなしに（unverändert）」，OECDの「コメンタリー」から「引き継がれた」ものだ，とされていた。——ここで，「2008年版」OECDモデル租税条約26条の，「5項」についての「コメンタリー」の記述に，立ち戻って考える必要が生ずる。

そして，そのことによって，スイス政府が何故，「対米」での前記「第1文」によって（その文言に反して!!）『スイス銀行秘密の全否定』がもたらされるとの，不自然な前提をとっていたのか，背景事情が明らかとなるとともに，「対米」で付加された<u>前記の「第2文」の"**封じ込め**"のために</u>（但し，これは石黒の解釈），前記の「交換公文」が「対米」で付加された戦略的な理由が，更に明確化されることになる。

まず，前記の，「変更されることなしに（unverändert）」，OECDの「コメンタリー」から「引き継がれた」云々の記述についてだが，確かに，「弁護士の例」については，「2008年版」OECDモデル租税条約26条の，「5項」についての「コメンタリー」の「**パラ**

3 「対デンマーク」(2009 年 8 月 21 日) を出発点とする『「対米」に先行する「他の諸国との租税条約改正」』における新たな情報交換条項を含めての比較検討 611

19.14」に——

"19.14 Paragraph 5 does not preclude a Contracting State from invoking paragraph 3 to refuse to supply information held by a bank ……. However, such refusal must be based on reasons unrelated to the person's status as a bank ……. **For instance** [!!], a legal representative acting for a client may be acting in an agency capacity but for any information protected as a confidential communication between attorneys …… and their clients, paragraph 3 continues to provide a possible basis for declining to supply the information."

——とある。その文言は，前号分で示した「対米」での「交換公文」(その「2.」) の文言 (BBl. 2010, at 256f) と，まさに "瓜二つ"，である。

だが，くどいようだが，「2008 年版」OECD モデル租税条約 26 条の「5 項」には，「対米」での「第 2 文」に当たる規定は，存在しない (!!)。だから，"瓜二つ" の記述とは言っても，「対米」でそれが維持される意味は，大きく異なる (!!)。問題の「第 2 文」は，被要請国内の如何なる (any!!) 反対の規定があっても『銀行情報』を交換せよとするニュアンスの，「キャッチ・オール型」の規定である。それがあっても，それがない場合 (「2008 年版」OECD モデル租税条約 26 条の「5 項」) と同じになる (!!) というのが，「対米」での「交換公文」の，戦略的に重要な意義となる。——これが，前号分で指摘したことであった。

「2008 年版」OECD モデル租税条約 26 条の「5 項」の，solely because 云々という，場合を限定した規定の文言からは，右の「コメンタリー」の「パラ 19.14」の指摘は，単に当然のことを述べたのみ，となる「はず」である。それ以外に，(情報保有者が銀行だから，という理由 [右の「5 項」] によるのではない)『プライバシー保護 (個人情報保護) の基本権保障』を正面に立てた情報交換の拒絶も，右の文言からは，当然認められることの「はず」，である。「対米」5 項の「第 2 文」との緊張関係が生じるのは，再三述べたように，右の最後の場合，である。しかるに，この「第 2 文」があってもなくとも，同じことになる。——それが，前号分で述べたように，「対米」での「交換公文」に埋め込まれたスイス政府の戦略だった，と見るべきなのである。

それでは，**solely because** 云々の「第 1 文」のみで『スイス銀行秘密の全否定』が導かれるとするかの如き，スイス政府の不自然な見方は，一体どこからもたらされたものなのか。——この点は，前号分の論述では，いまだ解明されていなかった問題，である。

ここでも，「2008 年版」OECD モデル租税条約 26 条の「5 項」の，「コメンタリー」の記述に遡って考える必要がある。まさに『面従腹背』と言うべきか。そこに，『OECD「コメンタリー」の，「5 項」の文言をはるかに越えた勝手な言い分を "逆手にとって" (!!)，「対米」での問題ある「第 2 文」の "封じ込め" をはかるという，如何にもスイスらしい，したたかな戦略』の，この点での全体像を解明する鍵のあったことが，判明する (!!)。以下，手順を踏んで，この点を解明してゆこう。

「2008 年版」OECD モデル租税条約 26 条の「5 項」の「コメンタリー」冒頭の,「パラ 19.10」の第 2 文は,「5 項」の文言を越え,一般的に──

　"19.10　……  Paragraph 5 is intended to ensure that the limitations of paragraph 3 **cannot** ［??］be used to prevent the exchange of information held by banks ……."

──などと記述する。この一文における無限定な記述は,スイス政府が注目していた前記の「パラ 19.14」の記述とも,正面から衝突する。それは,「5 項」の文言をはるかに越えた,一方的で問題ある記述である(*)。

　*　「コメンタリー」の抱えるこの手の問題の詳細については,貿易と関税 2013 年 1 月号 − 3 月号(本書 450 頁以下)で論じた。ここでは,同 3 月号 67 頁以下〔本書 503 頁以下〕の「5 項」の「コメンタリー」についての論述を,若干補足することになる。

次の「パラ 19.11」では,「5 項」の文言が踏まえられてはいるが,そこから先に行きたくて仕方がない,といった悶々たるニュアンスが,伝わって来る。即ちそこには

　"19.11　Paragraph 5 stipulates that a Contracting State shall not decline to supply information to a treaty partner solely because the information is held by a bank ……. **Thus, paragraph 5 overrides paragraph 3** to the extent that paragraph 3 would otherwise permit a requested Contracting State to decline to supply information on grounds of **bank secrecy**. ……"

──とある。右の第 1 文は,「5 項」の文言に即した記述だが,第 2 文の「従って」以下が,右の悶々である。「5 項」の文言からして,「従って,5 項は 3 項に,……という程度にまで(という点で)優先する」とある先の,"otherwise" と "to the extent that" との組み合わせが,何とも不自然である。
　右を直訳すれば,「3 項が『その他の点では(もしそうでなければ)』被要請国に,『銀行秘密』に基づき情報提供をしないことを許容するであろう『程度にまで(という点では)』,5 項は 3 項に優先する」,ということになる。"Thus" も,遡って考えれば,不自然である。
　そもそも,「5 項」には,『銀行秘密』の語は存在しない。右の「パラ 19.11」の第 1 文にアンダーラインを付した部分に対応するのが,「5 項」である。しかるに,右の第 2 文の "Thus" で,「5 項」が(但し,一定限度で)否定するのは『銀行秘密』なのだ,といった「規定の文言の読み替え」が,意図されている(*)。

　*　再三論じて来たように,『スイス銀行秘密』は,プライバシーに関する「顧客」の権利であって,「銀行」の権利,ではない。『それ』による「情報交換」の拒絶は,そもそ

3 「対デンマーク」（2009年8月21日）を出発点とする『「対米」に先行する「他の諸国との租税条約改正』』における新たな情報交換条項を含めての比較検討　　　613

も（厳密に考えれば!!），『銀行が保有する情報であるからというだけの理由』（solely because ……）による拒絶，ではない（!!）のである。

　しかも，"otherwise" と "to the extent that" との組み合わせによって，「5項」の優先する範囲については，結局は「5項の文言」を踏み越えないことが文意としては維持されつつも，こうした不自然な書き方がなされることによって，本当は無限定に，**"Paragraph 5 overrides paragraph 3 (= bank secrecy)."** とだけ言いたいのだな，という書き手の本心（下心）が，私（と妻）には，丸見えである(*)。

　　＊　今は，漢方や経絡マッサージの専門家だが，元お茶大英文科・ESS部長の妻にも，問題の「パラ19.11」の「第2文」を，じっくりと見てもらったが，私と同意見だった。妻は，私がワシントンD.C.に行ったとき，私の発言に対して米国側に何かやばいことがあると，現地の役人等が，"You should be careful in saying that ……." などと言う，いつもの彼らの反応と，同じものがここにある，と言った。つまりは，やばいことを無理やりねじ伏せようとするときの，汚い英語の使い方，ということになろう。

　そして，「パラ19.11」についての，"paragraph 3 = bank secrecy" との右の見方を，前記の「パラ19.10」の第2文に "代入" すれば，"Bank secrecy **cannot** be used to prevent the exchange of information." となって，彼らが一番ここで言いたい（が，条文には反する）事柄が，クリアになる。
　規定の文言を越えて，先に行こうと悶々とするから，「パラ19.11」の，前記の如き妙な書き方になるのであろう。だが，そこで彼らがどう足掻（あが）こうと，前記の「パラ19.10」の第2文が，26条「5項」の文言，即ち——

　"5. In no case shall the provisions of paragraph 3 be construed to permit a Contracting State to decline to supply information solely because the information is held by a bank ……."

——との文言を，踏み越えた記述であることは，否定できない。右の「5項」が，「『銀行秘密』を理由に情報提供を拒んではならない」との文言だったらともかく，そこまでの文言ではないのだから（!![*]）。

　　＊　「2008年版」OECDモデル租税条約26条「5項」の「コメンタリー」（「パラ19.10」から始まる）は，前記の「パラ19.10」第2文の『突出した記述』のあと，「パラ19.11」から「パラ19.13」までにおいて，（渋々!?）"solely because" の語を繰り返しつつ，スイスの「対米交換公文」にそのまま受け継がれた「パラ19.14」に至り，実質そこで終わるのである（「パラ19.15」は，以上の記述の単なる補足としての具体例）。それはまるで，右の『突出』のあと，ずるずると「5項」の文言へと引き戻され，本当は彼らが一番言いたくなかった「パラ19.14」に至る，かの如き記述プロセスである。一体どうして，「5項」の「コメンタリー」の構造がこのようなものになったのかが，気になる。スイス（又は「オーストリア」!?）がOECD側の足を引っ張ったためではないのか，と

614　第 3 章 「IRS vs. UBS 事件」の展開過程でなされた「スイスの重大な政策変更」(2009 年 3 月 13 日)
も思われるのだが……（次の「＊部分」のすぐ後で，後述する）。

　けれども，ここで視点を変えれば，「2008 年版」OECD モデル租税条約 26 条「5 項」
の「コメンタリー」が，26 条との関係で，「情報交換」の拒絶事由としての『銀行秘密』
の『全否定』を，「5 項」の文言を越えて，実質的に意図して（狙って）いることは，
確かである。そしてそれが，スイスを「2009 年 3 月 13 日」の政策変更（『政治的敗北』
──何故それを「政治的」と言うのかについては，本号分の末尾部分〔本書 629 頁〕参照!!）
に至らしめたところの，G8/G20 等の政治的圧力の内実，でもあった(＊)。

　　＊　「2009 年 4 月 2 日」の，『銀行秘密の時代は終わった』とする G20 ロンドンサミット・
　　　コミュニケのことを，ここで想起せよ。

　ここからは，私の推測だが，スイス政府は，以下のように考えたのではないか。即
ち──

　『「2008 年版」OECD モデル租税条約 26 条の「5 項」にあたる規定があれば（その
文言の限定性にもかかわらず!!），情報交換拒絶事由としての『銀行秘密』の『全否定』
が導かれるというのが，世界の大勢であるのならば，「2009 年 3 月 13 日」の「政
治的屈服（敗北）」を経た今，もはや『政治的』には，それに従わざるを得ない。
前記の 26 条 5 項への「コメンタリー」の「パラ 19.10」の第 2 文も，直前の「＊部
分」に示した G20 コミュニケも，まさにその趣旨であろうから。従って，「対米租
税条約改正」においても，右のモデルの「5 項」と同じ「対米」の 5 項「第 1 文」
によって，『スイス銀行秘密の全否定』がもたらされる，とのスイス政府の恭順の
意を，まずは示すほかあるまい。
　だが，そうしてしまえば，つまり，こうしたことを"逆手にとれば"(!!)，「対米」
で付加された 5 項「第 2 文」(＊)は『冗語法的』なもの（既述），ということになる。
その上で，前記「5 項」の「コメンタリー」の「パラ 19.14」（それ自体，スイスが〔あ
るいは，本書 620 頁以下で後述の「技術的ノート」との関係で，オーストリアが!?〕，
OECD 側に「認めさせた」もののようにも，私には思われるのだが……）を，（逆に!!)
そのままの形で（unverändert!!），「対米」の「交換公文」に盛り込む旨のスイス提
案をすれば，既に「コメンタリー」にも書いてあることだからとして，スンナリと
米国も，同意し「得る」であろう（実際，そうなった）。

　　＊　ここでもう一つ想起すべきことがある。それは（OECD 基準からの）『はみ出し条項』
　　　（問題の「第 2 文」）の成立経緯（!!）との関係での，貿易と関税 2013 年 2 月号 59 頁（本
　　　書 475 頁）に示したところの，「グローバル・フォーラム」側の設定した「10 の必須要素」
　　　の B.1. である。その──

　　　"B.1. Competent authorities ***should* have the power** to obtain and provide information
　　　that is the subject of a request under an EOI〔Exchange of Information〕agreement from

**any** person within their territorial jurisdiction who is in possession or control of such information."

——との内容が,「2009年9月23日署名」の「対米」租税条約改正における,問題の26条5項「第2文」との『親近性』を有することについては,同前・59 − 60頁(本書476頁)で指摘しておいた。また,この「B.1.」を含めた「10の必須要素」が,「2009年9月」の「グローバル・フォーラム」の「メキシコ会合」(貿易と関税2012年10月号77頁〔本書409頁〕)『よりも前』に既にdevelopedの状態にあった,と思われることについては,同2013年2月号60頁(本書476頁)で,言及しておいた。右の"should"を"shall"に,そして"any person"を「銀行」に置き換えれば,「対米」での,問題の「第2文」に至る。——おそらくは,こうした展開の中で,「対米」(そして,「対米」よりも前の「2009年8月21日」に署名の「対デンマーク」)での,この(OECD基準からの)『はみ出し条項』(「第2文」)が,登場するに至ったのではないか。これが,ここで想起すべきもう一つの事柄の内容,である。

　だが,この「交換公文」による米国との合意によって,「弁護士の場合」を「例」として『風穴』が空くのは,実は,(「2008年版」OECDモデル租税条約26条の「5項」を越えた「キャッチ・オール型」の規定たる,危険な)「対米」5項の「第2文」である。その「第2文」が,あってもなくても同じことになる,というところまで道を開いておけば,あとは,別途「対米」でも従来通りとされたところの,納税者側の手続権の保障で,スイス国内での行政訴訟への呼び水としては,十分であろう。』

——というのが,私の考える,ここでのスイス政府の戦略の全体像,である。
　それでは,「対デンマーク」の場合には,どうなるのか。——確かに「対デンマーク」では,この「対米」での「交換公文」はない。前号分の論述では,この点を「危険なデンマーク方式」として示した訳だが,以上からして,本号分のここまでの論述からは,別な見方が浮上する。
　つまり,こうである。スイス政府は——

『「対米」でのこの「交換公文」の内容が,「2008年版」OECDモデル租税条約26条「5項」の「コメンタリー」の記述内容をそのままの形で(unverändert!!)示したものであること,そして,『スイス政府の条約解釈』としては,「対デンマーク」の情報交換規定の「第1文」(solely because 云々の規定)からして『スイス銀行秘密の全否定』がもたらされるとの立場ゆえ,同様に「第2文」は『冗語法的』となる。つまり,「第2文」はあってもなくても同じ,となる。その上で,ここまでスイスが,「2008年版」OECDモデル租税条約26条「5項」の「コメンタリー」の趣旨に恭順の意を表していることからして,「対デンマーク」でも,(「交換公文」はとくになくとも)この「コメンタリー」の前記「5項」についての「パラ19.14」の内容を含めて,それを「対デンマーク改正」に取り込んだのだ,とのスイス側の理解は,一定の説得力を持つはず,である[*]。「弁護士の例」はあくまで「例」なのであり,あ

とは，「対デンマーク」でも従来通りとされたところの，納税者側の手続権の保障で，**スイス国内での行政訴訟への呼び水**(**)としては，十分であろう。』

──と考えたのではないか。そう考えると，前号分で論じ残した点もクリアとなり，納得がゆくのだが，どうであろうか。

* 「対デンマーク」の Botschaft には，情報交換条項の各項の説明に至る直前に，ではあるが，„Die vorgesehenen Einschränkungen der Amtshilfe sind im Kommentar [!!] zum OECD-Musterabkommen vorgesehen und mit dem OECD-Standard vereinbar." との指摘が，ともかくも存在する（BBl. 2010, at 95）。即ち，本条約上「予定（規定）される情報交換の制限は，OECD モデル租税条約『コメンタリー』に (!!) 示されたものであって，OECD 基準に合致する」，との指摘である。

** 単なる結果論に過ぎないのかも知れないが，ここで，（「対米」等の他の場合を含めて）**別途想起すべきこと (!!)** がある。貿易と関税 2012 年 8 月号 69 頁（本書 368 頁）の指摘なのだが，「**2000 年 OECD 租税委員会報告書**」51 頁の，同報告書 APPENDIX I 冒頭の「パラ 1.1」を引用しつつ，そこにおいて，「スイス」の場合の『銀行秘密の根拠』(the basis for bank secrecy) につき，単に，"Switzerland (based on civil and commercial law)" とのみあって，『憲法上の人権保障』への言及が，何故かなされてはいないことを，私は指摘していた。そこでは，スイス政府の不徹底さを批判するのが，私の論調であった。

　だが，「2000 年」の同報告書以来，問題とされて今日に至る『スイス銀行秘密』について，それが，「民商事法に基礎を置く」ものである（それにとどまる!!）ことが前提とされて来た，**と言えるとすれば**，『スイス連邦憲法上のプライバシー保護』をダイレクトに持ち出した『スイス国内での行政訴訟』のことには，スイス政府として，「対米」・「対デンマーク」（等）の租税条約改正に際して，そのスイス議会向けの公的説明（Botschaft）における何の言及も，また外国側へのコミットメントも，「していない」，**と強弁することも，可能となる**。

　むしろ，それらの条約でも，『当事者の手続的権利の引続いての保障』と『情報引渡し前の当事者への（例外なき）事前の通知』とが，明確に認められている（但し，「対仏」の場合については本号分で，また，「対日」での扱いについては次号分で，それぞれ後述する）。そのことから「も」，スイス政府としては，対外的に，この点での「憲法訴訟」の前提整備こそすれ，それに水を差す対外的なコミットメントは，一切していない，ということになる。「2008 年版」OECD モデル租税条約 26 条「5 項」と同じ条文（「対米」・「対デンマーク」での 5 項「第 1 文」）によって『スイス銀行秘密の全否定』がもたらされる，との「スイス政府」の Botschaft における前記の指摘も，すべてそれを前提としてのものなのだ，ということである。この点で「は」，前記の「2000 年報告書」における『憲法非言及型』の指摘が，結果論として (!?)，追い風にもなり得る。──そのことについて，ここで一言しておく次第である。

もしそういうことだとすれば，問題の「第 2 文」に『風穴』を開けるための「交換公文」の存否は，その重要度が低下する(*)。そして，この点が，「対デンマーク」以外の各国との租税条約改正をこれから検討する際の，重要なポイントとなる。──以

3 「対デンマーク」(2009 年 8 月 21 日) を出発点とする『「対米」に先行する
「他の諸国との租税条約改正」』における新たな情報交換条項を含めての比較検討    617

上が，前号分の論述への，補足である。

* 或いは，「対米」の場合には，一方では米国が，**IRS vs. UBS 事件**」からも十分に予想される過激な意図を有して「第 2 文」にこだわりつつ，他方（実際の日米摩擦でも，よくあることだが），ふと我が身を振り返って，自国の司法権との関係で危ないぞと気付き，前記の文言を「第 2 文」に付加したりした（BBl. 2010, at 241 に即しつつ，前号分で既述），といった流れの中で，スイス側として，米国側に明確に釘を刺しておくべく，前記「交換公文」を提案し，明示的に，(「2008 年版」OECD モデル租税条約 26 条 5 項への「コメンタリー」の）前記「パラ 19.14」の内容を，条約の不可欠の一部（an integral part of the Convention）として埋め込んだのか，とも思われる。

(3 − 3) 「対デンマーク」に近接する時期の，英仏独以外の若干の国々との租税条約改正の場合——問題の（**OECD 基準**からの）『はみ出し条項』に焦点を絞って

「2009 年 3 月 13 日」以後にスイスが改正・締結した租税条約のリストについては，貿易と関税 2011 年 4 月号 48 頁（本書 28 頁），同 2012 年 9 月号 55 − 56 頁（本書 378 頁）に示しておいたが，「対米」(2009 年 9 月 23 日署名) に先行するものの中には，OECD 側の攻勢に対してスイスと共に戦った「ルクセンブルグ」・「オーストリア」(例えば貿易と関税 2011 年 10 月号 63 頁〔本書 175 頁〕参照）とのものも，含まれている。そこで，「2009 年 3 月 13 日」よりも前の時期のスイスの，主要国との租税条約の締結・改正に関する，貿易と関税 2011 年 11 月号から同 2012 年 7 月号までに至る検討（本書第 2 章 2・3）に合わせて，「対仏」・「対英」・「対独」の租税条約改正について検討する前に，以下，この小項目における若干の検討を，行なうこととする（以上の執筆は，2013 年 5 月 28 日午前 11 時 30 分まで。わずか 5 時間 15 分の軽い執筆だが，執筆にメリハリをつけたくて，ここで今日は筆を擱く。——執筆再開は，2013 年 6 月 2 日の午前 3 時頃。今日は早めにしっかりと寝ておいたので，日曜の未明に仕事を始める。ここまでの補充等に，午前 6 時までを要した）。


(3 − 3 − 1) 「対ルクセンブルグ」(2009 年 8 月 25 日署名) の場合

前記の趣旨から，ここで右の『はみ出し条項』に限定して一応検討するのは，「署名日基準」で「対デンマーク」に続く（貿易と関税 2011 年 4 月号 48 頁〔本書 28 頁〕参照），その 4 日後の「2009 年 8 月 25 日（25. August 2009）」に署名（BBl. 2010, at 1206, 1189, 1190[*]) の，「1993 年 1 月 21 日」の「対ルクセンブルグ」租税条約の改正のための「補足条約（Zusatzabkommen）」，である（条文は，Id. at 1201ff.）。情報交換の「26 条」は全項差し替えとなり，その「5 項」は，「対デンマーク」(Id. at 108) と同じ文言での（従って，「米国の要請」で付加された文言なしでの）『はみ出し条項』を，有している (Id. at 1204.)。

* 但し，Id. at 1192 では，「署名日」が「25. September 2009」と，誤記されている。

「対ルクセンブルグ」でのスイス政府の公的説明は，**Botschaft zur Genehmigung**

eines Zusatzabkommens zur Änderung des Doppelbesteuerungsabkommens zwischen der Schweiz und Luxemburug vom 20. Januar 2010, BBl. 2010, at 1189ffである。その「仮署名（仮調印）」のなされたのは (paraphiert; Paraphierung),「2009年5月20日」であった (Id. at 1190, 1192.)。

　細かな点はともかくとして，「26条」の情報交換条項についての説明の冒頭には，基本的には「対デンマーク」の場合 (Id. at 95) と同様ではあるものの，「2008年の金融危機」を背景として国際協力の重要性が増加したことへの言及がある。また，「26条」の各項の説明に入る直前 (Id. at 1194) には，「対デンマーク」の場合の前記文言とほぼ同様に，„Die Änderungen bei den Bestimmungen zum Informationsaustausch sind im Kommentar [!!] zum OECD-Musterabkommen vorgesehen und mit dem OECD-Standard vereinbar." とある。即ち，「情報交換」に関するこの改正は，「コメンタール」をも含めた「OECD基準」に沿ったものであることが，同モデル条約の条文との（若干の）差異との関係で，明示されている。

　だが，Id. at 1195 の「5項」の説明には目新しい点はなく，空振りだった（残念）。但し，Id. at1204f の，本条約に付された「プロトコル」の3で，「26条」につき，納税者の「行政手続法上の権利」等が確認されていることにだけは，一言しておこう。

(3－3－2)　「対ノルウェー」(2009年8月31日署名) の場合

　「署名日基準」では，後述の「対フランス」に4日遅れるが，(1)(2)(3)と確認をした後で，「対フランス」に言及することとする。右の(1)からして，さしたる収穫はあるまいとの推測は出来ても，それは実際に確認してから言えることのはずだから，ともかく見てみる（貿易と関税2012年3月号59頁以下〔本書256頁以下〕で，「2005年」の「対ノルウェー」租税条約改正につき，サンプル的に検討していたこともあるので）。

　情報交換の「新26条」の構造は，「対デンマーク」の場合と同様。『はみ出し条項』もある (BBl. 2010, at 1164f.)。但し，「対ノルウェー」の場合には，「交換公文」(!!) がある (Id. at 1167ff.)。──と思って喜んだのだが，内容的には納税者の「行政手続法上の権利」等の確認であり，目新しいものではなかった（この「交換公文」に至る経緯，等については，Id. at 1158f 参照。なお，この部分の最後に，スイス連邦行政裁判所への不服申立には「延期的・中止的」な効果があり，不服申立が斥けられて初めて情報交換のなされ得ること，への言及もある）。

　そこで仕方なく，次に，**Botschaft zur Genehmigung eines Protokolls zur Änderung des Doppelbesteuerungsabkommens zwischen der Schweiz und Norwegen sowie des dazugehörigen Briefwechsels vom** 20. Januar 2010, BBl. 2010, at 1151ffを，一応見ておくこととする。冒頭の「概観」のところで，既にして，（前記の『はみ出し条項』を含めた上で!!）この改正による「情報交換」条項が，「OECD基準」に沿ったものであることが，示されている (Das vorgeschlagene Protokoll …… sieht die Aufnahme einer Bestimmung über den Informationsaustausch gemäss dem OECD-Standard vor.)。Botschaft 冒頭の「概観」における同様の指摘は，「対デンマーク」の場合にもあったが (Id. at 90.──但し，「対ルクセンブルグ」の場合の「概観」に「は」，それがない。

Id. at 1190.），それが，『はみ出し条項』の『はみ出し部分』をゼロとするスイス政府の戦略によるものであること（そう見る「べき」こと）は，これまでに指摘して来た通り，である。

　Id. at 1156 に，或るパラグラフの最初と最後に置かれた以下の説明が，このことを裏付ける。即ち，„Die paraphierte Bestimmung entspricht weitergehend dem Wortlaut von Artikel 26 des OECD-Musterabkommens. …… Die vorgesehenen Einschränkungen der Amtshilfe sind im Kommentar [!!] zum OECD-Musterabkommen vorgesehen und mit dem OECD-Standard vereinbar." との指摘である。だが，これももはや，以下同文的な指摘となるので，省略する。

　なお，『はみ出し条項』たる「5項」についての，Id. at 1157 の説明には，『スイス銀行秘密の全否定』を示す前に，「**銀行保有情報は，3項の制限にもかかわらず交換されるべきことになる**」（Solche Informationen sind unabhängig von den Einschränkungen des Absatz 3 auszutauschen.) との，前記の「2008 年版」OECD モデル租税条約 26 条の「5項」への「コメンタリー」冒頭の，「パラ 19.10」の第 2 文（それが「5項」の文言を越えるものであることを，私は強く批判した）そのままの指摘がある。これまで一々指摘しては来なかったが，「対デンマーク」（Id. at 96）でも，「対ルクセンブルグ」（Id. at 1195）でも，この点は同じである。「対米」（Id. at 241）ではそれがないが，実質的には，（原則論として）同じことが示されている，という形になる。――要するに，そこまで OECD の「コメンタリー」に恭順の意を示しつつ，すべてを"**逆手に取る**"という，既述のスイスの戦略である（但し，憲法訴訟は話が別，ということ）。

　なお，Id. at 1158 冒頭に，若干興味深いノルウェー側の事情への言及があるが，省略する。また，「対ノルウェー」では，ノルウェーが他国との租税条約で「仲裁条項」を導入した場合についての，スイスのための「最恵国待遇」条項（eine **Meistbegünstigungsklausel** zugunsten der Schweiz）たる「改正プロトコル」4条の定めもあるが，これまた省略する（Id. at 1164, 1152.）。

### （3－3－3）「対オーストリア」（2009 年 9 月 3 日署名）の場合――オーストリア側提案による「交換公文」の中で全文引用された『「2009 年 3 月」の OECD 事務局による「技術的ノート」』の賞賛すべき内容!!

　忘れないうちに書いておけば，貿易と関税 2013 年 5 月号 83 頁以下，90 頁（本書 536, 543 頁）に示したように，スイスの締結した『源泉税条約』には，「対独」・「対英」と並んで，「対オーストリア」のもの（「2012 年 6 月 15 日」署名）もあった。だが，『源泉税条約』方式への自覚的シフトに関する，スイス政府の決定は，貿易と関税 2013 年 7 月号分前半（本書 568 頁以下）の『**時系列的整理**』にも示したように，「2010 年 2 月 24 日」のことであるため，ここで論ずる「対オーストリア」の租税条約改正には，その点は，反映されていない。

　この「対オーストリア」の租税条約改正でも，情報交換の「新 26 条」に，『はみ出し条項』たる 5 項の「第 2 文」が，やはりある（Id. at 1317.）。「対オーストリア」では，Id. 1317f に示された，条約に付された「最終プロトコル」（Schlussprotokoll）で，納税

者の行政手続法上の権利についての確認等が，型通りになされている。
　だが，殆ど不毛な(1)(2)を辛抱しつつ凌いで，ようやくこの(3)で，大きなヒット（!!）に至った。Id. at 1319ff に，「オーストリア側提案」(!!) による，以下の如き興味深い内容の「交換公文」の存在が，示されていたから，である（Id. at 1319 のこの「交換公文」の冒頭に，**Note Republik Österreich** とあり，„…… beehre ich mich, Ihnen im Namen der Regierung des Republik Österreich folgendes Verständnis vorzuschlagen:" とある）。
　そこ（Ibid）には――

『右の「最終プロトコル」の諸原則と並んで（neben），「2009年3月」にOECD事務局から出されたOECDモデル租税条約26条についての「技術的ノート」(!!)を含めた上での (, einschliesslich der vom OECD-Sekretariat erstellten technischen Note von März 2009[!!] zu Artikel 26 des OECD-Musterabkommens,), 「2008年版」（「2008年7月」版）のOECDモデル租税条約「コメンタリー」から（aus den Kommentaren der OECD in der Fassung von **Juli** 2008）導き出されるところの，解釈上の諸原則（Anwendungsgrundsätze）もまた（auch），考慮されるべきである。』

――との，オーストリア側の提案が，スイス側に対してなされたこと，そして，Id. at 1320f に，右の「2009年3月」(!!) に出されたOECD事務局の「技術的ノート」(*)の全文が，示されているのである(**)。

* 　手元にある「2008年版」・「2010年版」のOECDモデル租税条約「コメンタリー」を点検してみたが，以下に示す「技術的ノート」なるものは，見当たらなかった。従って，「新情報の登場」(!!)，となる。やはり，無駄とは思っても，丹念に掘って見るものである (!!)。

** 　「オーストリア」側の理解としては，『以下に示す「技術的ノート」を含めた上での「コメンタリー」なのだ』，ということになる（その通りの「はず」である!!）。そして，この理解に，少なくとも「オーストリア」との関係で「は」，「スイス」側も従ったことになる。
　問題は，このオーストリアの（正しい）理解が，他の（日本を含めた!!）OECD加盟諸国で，何処まで共通のものとなっているのか，との点にある。「日本」については，いずれ確認するつもりであるが……。
　なお，これから検討するように，この「技術的ノート」の記述内容は，賞賛に値する。にもかかわらず，それが「技術的」な，下位の文書にとどまるとされ，昨今の世界の一方的な流れの中で，実質的に，完全に葬り去られていることの『不正義 (!!)』を，私は強く訴えたい。

　Id. at 1320f の Anhang に掲げられているのは，「**OECDモデル租税条約26条5項に関する技術的ノート**（**Technische Note betreffend Artikel 26 Absatz 5 des OECD-Musterabkommens**）」と題した文書，である。それを，「2009年3月」(!!) に，OECD事務局が，出していたことになる(*)。

＊　「2009 年 3 月」とあって，3 月の何日かは記載がないが，それが「2009 年 3 月 13 日」の「スイスの政治的敗北」と関係するのは，確かである。しかも，以下の文脈とは関係しないので省略するが，Id. at 1320 には，「業務執行（Geschäftsführung）」の意味で，„Gebarung" という，オーストリア特有の用語法が見られる。もとより，オーストリアの提案による「交換公文」の中での独文での引用ゆえそうなっただけ，とも言える（これに同意するスイス側の「回答［Antwortnote］」に添付されたこの「技術的ノート」でも，„Gebarung" の語が Id. at 1323 で同じく用いられているが，これとて「交換公文」としての体裁ゆえ，とは言える）。

　だが，これまで，スイスがこの時期に改正した各国との租税条約を見て来た中で，「対オーストリア」の場合のみの特殊現象として，この「技術的ノート」への言及があり，しかも，「オーストリア」がスイスに対して提案していること（!!）からして，<u>ひょっとして，この「技術的ノート」自体が，「オーストリア」から OECD 事務局への要求で発出されたものではないのか，との推測</u>が，十分に成り立つ。

　もとよりここで想起すべきは，「オーストリア」が，スイスとともに，「情報交換」に関する OECD 側の攻勢に対して，強く抵抗して来た「4 カ国」の中に，含まれていたこと，である（例えば貿易と関税 2011 年 10 月号 63 頁〔本書 175 頁〕。なお，その「オーストリア」の行なって来た OECD モデル租税条約 26 条への留保の撤回については，「2010 年版」のそれに関する貿易と関税 2013 年 4 月号 93 頁〔本書 515 頁〕参照）。

　あるいは「オーストリア」は，「2009 年 3 月 13 日」の「スイスの政治的敗北」を眼前にして，同じ月たる「2009 年 3 月」に，<u>対 OECD 事務局で，『スイスに代わって，通すべき筋を通した』</u>のかも知れない。これから示すこの「技術的ノート」の記述内容からして，そう思われる（推測される）のである。——以下，暫くの間，この「技術的ノート」が「オーストリア」の要求で出されたものとの推定を維持しつつ，それを読み解くこととしよう。


　さて，Id. at 1320f に示された OECD 事務局の「技術的ノート」の内容だが，冒頭（その第 1 文）とそれ以降（とりわけ，その末尾部分）とが，全く別の方向を示す，かの如き構成になっている。即ち，まず，その冒頭の二つのセンテンスを示せば——

**„Artikel 26 Absatz 5 des OECD-Musterabkommens sieht vor, dass das Bankgeheimnis kein Hindernis für den Informationsaustausch für steuerliche Zwecke darstellen darf.** Artikel 26 sieht **auch** wichtige Sicherheitsvorkehrungen zum Schutz der Vertraulichkeit von Informationen vor, die sich auf Abgabenpflichtige beziehen."

——となっている。

　右の冒頭の一文は，「**OECD モデル租税条約 26 条 5 項は**，『銀行秘密』が課税目的での情報交換にとっての障害になってはならない，<u>と規定している（sieht vor）</u>」，とする。これは，前記の「2008 年版」OECD モデル租税条約 26 条「5 項」の「コメンタリー」冒頭の，「<u>パラ 19.10</u>」の第 2 文と，「<u>パラ 19.11</u>」の前記引用部分とを合体させたような，実際の「5 項」の文言をはるかに踏み越えた，問題ある指摘である。

だが，OECD/G20 等がそう考えていること，そして，スイスもまた，このモデルの「5項」の文言から「スイス銀行秘密の全否定」を（但し，戦略的に!!）導いていることからして，そこはあえて動かさない。注目すべきは，それに続く右の第2文で，「そのこととともに（auch!!），26条は，<u>納税者に関係する情報の機密（Vertraulichkeit）の保護のための，重要な安全予防措置を定めている</u>」，とあることである。

この「技術的ノート」が「オーストリア」の要求で発出されたとの前記の推定（だから，一般の公表文書の中には，それが存在しない??）の下で考えよう。右の「第1文」を所与のものとはしつつも，「26条」の別の側面（直接には，「2項」の『守秘』）を，それにぶつける。——そして，それ以降のこの「技術的ノート」は，専ら後者の線で，<u>スイスが「2009年3月」には出来なかったであろうところの，或る種感動的な指摘（!!）</u>に，至るのである(*)。

* 《スイスとオーストリアとの関係に関する重要な注記》

　前記の推測に基づくこの構図が真実ならば，それは，伝統的国際私法にとって最も重要な価値たる，「準拠法選択上の一般条項」が，本来，『スイス民法典第1条』から自然にもたらされるはずのものであるところ，「オーストリア」が先に，「最も密接な関係の原則」としてそれを定式化し，「スイス」がそれに触発されて，「準拠法選択上の一般条項」の定式化に本腰を入れた，との事実（1981－82年の私のスイス留学は，まさにこの点の調査を目的としていた。なお，<u>石黒・国際私法［第2版］［2007年・新世社］86－87頁参照</u>）を，まさに想起させる展開，となる。

　ここ（ここでの推測）では，「オーストリア」側の，『スイス頑張れ!!』の自覚的応援があったことにはなるが，「2009年3月」のこうした「オーストリア」側の動き（それがあったとして）に「も」触発されて，貿易と関税 2013年6月号51頁以下（本書553頁以下）で現物を，また，同7月号分前半（本書568頁以下）の『時系列的整理』でもそれを示したところの，「2009年12月16日」の「スイス政府報告書」（『スイス金融市場政策のための戦略的な衝撃的進路』）における，『スイス銀行秘密』の将来的維持に<u>向けた高らかな宣言</u>（その憲法的・人権保護的基盤をかつてないほどに明確に示した上でのそれ!!）に，「スイス政府」が至り得た，と見ることも出来る。そうだとすれば，<u>スイスは，「かつての盟友オーストリア」に対して，大いに感謝をせねばならないはず</u>，である。

BBl. 2010, at 1320f の，この「技術的ノート」の，その先の展開について，見ておこう。前記の，冒頭の一文があるからと言って，「銀行口座情報」についての「手当たり次第（wahllos）」の情報収集等が許される訳ではない，等々の釘を，丹念に一々刺しつつ，「守秘」規定の違反は，「自由刑（Freiheitsstrafe）」を伴う刑事的違反行為として，「通常評価される」(Üblicher Weise wird …… als …… gewertet.) などと，まるで脅しのような書き振りとなる。——そんなことを，「**OECD事務局**」が，「**2009年3月**」という時期に，自ら進んで書く筈はない。明らかにこれは，誰か他者に（おそらくは「オーストリア」に）<u>「書かされた文書」のはず</u>，である。

そして，この「技術的ノート」の，或る種感動的な，最後のパラグラフとなる。そ

の感動的内容のゆえに，この「技術的ノート」があまり人の目に曝されないような工夫が，OECD 事務局側によってなされているのであろう。重要ゆえ，この部分を，以下に全文引用する。そこには何と（!!）——

„Wie aus diesen Erläuterungen, die sowohl dem Kommentar zum OECD-Musterabkommen als auch dem OECD-Handbuch über den Informationsaustausch entnommen werden können, ersichtlich ist, **erscheint das Bankgeheimnis mit einem wirkungsvollen Informationsaustausch nicht unvereinbar [!!]**. Alle Länder kennen Regelungen über Bankgeheimnis oder über die abgabenrechtliche Geheimhaltung. Die Erfüllung des international vereinbarten Standards des Informationsaustausches gebietet lediglich beschränkte Ausnahmen von den Bankgeheimnisregelungen **und dürfte daher das Vertrauen der Bürgerinnen und Bürger in den Schutz ihrer Privatsphäre [!!] nicht untergraben**."

——とある。
　右は，無限定に『銀行秘密の時代は終わった』とする，「2009 年 4 月 2 日」の G20 ロンドンサミット・コミュニケに対する，正面切っての（事前）挑戦状，のようでさえある。およそ OECD 側が，まして「2009 年 3 月」という時期に，絶対に書くはずもない『堂々たる正論』(!!) が，そこで語られているのである。
　その内容を，OECD 側の理不尽な攻勢に対して，スイスと共に戦った「かつての盟友」たる「オーストリア」が，「対スイス」の租税条約改正に際して，「交換公文」の内容として提案し，「スイス」の同意を求めたのである。その意義には，(既述の如く) 極めて大きなものがある，というべきである (!!)。
　念のために，右の独文を，正確に訳出しておこう。そこには——

「以上の解説は，OECD モデル租税条約へのコメンタリーからも，また，OECD の情報交換ハンドブックからも，読み取り得るものであるが，そこから明白 (ersichtlich) となるように，**銀行秘密は，効果的な情報交換と相容れないもの，ではないように思われる**。すべての国々が，銀行秘密に関する，又は，租税法的な守秘に関する規律を (自らのものとして直接的に) 知っている (wissen ではなく kennen)。情報交換についての国際的に合意された基準の達成 (Erfüllung) は，単に，**銀行秘密の規律への限定的な例外を要求するのみであって，従って，『市民の「プライバシー保護」に寄せる彼女達及び彼等の信頼』**が，それ (国際基準の達成) によって突き崩されてはならないであろう。」

——とある (まさに「国宝級の文書」，と言うべきである)。
　右において，まずもって注目すべきは，最後の一文において，『銀行秘密』の問題が，『市民の「プライバシー保護」に寄せる彼女達及び彼等の信頼』の問題として，正しく (!!) 言い換えられていること，である。——既述の，「2009 年 4 月 2 日」の「G20

ロンドンサミットコミュニケ」に，この「正しい言い換え」を『代入』すれば，「『市民の「プライバシー保護」に寄せる彼女達及び彼等の信頼』（=『銀行秘密』）などを問題とする時代は，もう終わった（??）」，ということになる。そんな非常識なことを，G20 の各国首脳達が，臆面もなく宣言していたという，悍ましい事実を，この「技術的ノート」が，「2009 年 3 月」に，みごとに炙り出してもいた（!!），のである。

さて，この「交換公文」提案に対する，スイス側の回答（BBl. 2010, at 1322ff）を，次に見ておこう。そこでは，「オーストリア提案」を，「技術的ノート」の再叙を含めて示した上で，Id. at 1324 において──

„Ich beehre mich, Ihnen bekannt zu geben, dass dieser Vorschlag die Billigung [!?] des Schweizerischen Bundesrates findet. Ihre heutige Note und meine Antwortnote sind somit Bestandteil des Abkommens."

──とある。
かくて，この「交換公文」の内容は，「対オーストリア」改正租税条約の構成部分となった。だが，「スイス政府の同意が得られた」とするのみでは，「スイス」側として，言葉（感謝の言葉!!）が足りなさ過ぎ，ではないか。──同じ「ような」ことで，1981 − 82 年のスイス「バーゼル」留学中に，トレッシュ神父さん（Rev. Dr. Felix Trösch S.J.）と一緒に，何度となく嘆き，怒ったことを思い出す。即ち，これまた，「スイスではありがちなこと」のように，私には思われるのである(*)。

 * ここで，執筆用の机の前に飾ってあるトレッシュ神父さんの写真の裏を，もう一度見てみた。亡くなったのは，「2007 年 5 月 31 日」だ，とある。あれからもう 6 年。だが，何と一昨日が命日だったとは（!!）。──かくて，本号分で第 3 章 3（と 4）を終えてしまおうという「予定」は，既に不可能となり，第 3 章は，10 月号分にまで及ぶこととなった。最後の第 4 章が 2 号分とちょっとで，果たして済むのかどうか。だが，そこですべてを打ち切るべく，今日はここで仕切り直しとしよう。──と思ったのだが，もう少しだけ，先を書いて，「対オーストリア」を，終わらせてしまおう。

なお，この「交換公文」の位置づけを含めた，スイス政府の公的説明は，**Botschaft zur Genehmigung eines Protokolls zur Änderung des Doppelbesteuerungsabkommens zwischen der Schweiz und Österreich vom** 20. Januar 2010, **BBl. 2010, at 1303ff** である。その冒頭近い Id. at 1305 には，「G20 の灰色リストからの削除を受けるための 12 の条約の署名への時間的圧迫から，本条約改正に踏み切った」という，スイス側の事情が示されており，それなりに興味深い。改正交渉は「2009 年 7 月 15 日」に終了，とある（Id. at 1305f.）。

前記の「交換公文」については，Id. at 1309 に，記述がある。だが，思った通り，スイス側は腰の引けた対応だったことが，明らかとなる。即ち，そこには，オーストリア側が，前記の「最終プロトコル（Schlussprotokoll）」（納税者の手続的権利の保障等

について規律するそれ）の中で，前記「技術的ノート」を含めた規定を置くように求めたのに対して，スイス側は，原則としてそれに反対（!?）はしないが，しかしながら云々（grundsätzlich nicht ablehnend …… jedoch ……），といった対応を示した，とある。

要するに，スイス側は，前記の「技術的ノート」を，OECDモデル租税条約への正規の「コメンタリー」の記述よりもランクの低い『解釈上の補助（Auslegungshilfe）』と位置づけ，「プロトコル」の中で『解釈上の補助』に言及するのは異例（ungewöhnlich）だから，などという些末なことを持ち出し，「閣僚レベル（Ministerebene）」での「交換公文」にしようと提案し，協議の末にそうなった，ということなのである（Ibid.）。

これまた『いかにもスイスらしい』姑息な対応である。そんな小細工を弄しても，Ibidにも示されているように，前記「技術的ノート」を含めた「交換公文」の内容は，「条約の構成部分（Bestandteil des Abkommens）」になっているのだから（!!）。

スイス政府としては，極力，（オーストリアのこだわる）『正論の極』と評すべき前記「技術的ノート」の存在を，他の諸国との関係で目立たなくすることに必死だった，ということである(*)。嗚呼，情けないったら，ありゃあしない（!!）。

* 「対オーストリア」改正作業終了日たる「2009年7月15日」は，確かに，貿易と関税2013年7月号分前半（本書568頁以下）の『時系列的整理』からも，既述の，『「2009年12月16日」以降のスイスの華麗なる転身』の前の，「混沌たる時期」ではある。だが，「盟友オーストリア」に対する感謝の念が，猛烈に欠如していたことを，スイス政府としては，大いに反省すべきであろう（以上の執筆は，2013年6月2日午後2時36分まで。今日は，午前3時頃から机に向かったから，計11時間半程度の執筆だったことになる。最初は不毛に近かったが，その後は，それなりに「新鮮な発見」もあって，楽しめた執筆，であった。——執筆再開は，2013年6月8日午前3時15分）。

(3－4) 対フランス租税条約改正（2009年8月27日署名）の場合

この「対仏」租税条約改正に至る前の，「対仏」での「1997年7月22日」，「2009年1月12日」（後者は，お蔵入りとなった）の改正については，貿易と関税2011年10月号59頁（本書171頁）で，それらが「いずれも時期的に見て，非常に興味深いもの」となっていることを含めて，一言した。また，「1953年12月31日」に締結（abgeschlossen）の「対仏」租税条約については，貿易と関税2011年11月号73頁以下（本書181頁以下）において，それに先行する「1937年10月13日署名」の「対仏」条約（本書183頁）とともに論じ，同2012年1月号67頁（本書215頁以下）においてそれらを纏めつつ，「1966年9月9日署名」の「対仏」条約（及びそれ以降の展開）について，同前（2012年1月号）・68頁以下（本書217頁以下）で論じた。更に，「2009年1月12日署名」の前記の「対仏」改正については，そこにおける『双方可罰性要件』の実質的な明文化に重点を置きつつ，貿易と関税2012年5月号65－75頁（本書301頁以下）で，比較的詳細に，論じておいた。その先を，ここで論ずることとなる。

まず，情報交換関連の条文を，確認しておこう。「2009年8月27日署名」の「対仏」改正は，正確に言えば，『「1966年9月9日署名」の「対仏」租税条約，及び，「1969年12月3日」と「1997年7月22日」にそれぞれ署名された「補足条約（Zusatzabkommen)』』を，纏めて「対仏」条約として示した上での，それに対する「補足条約 (Zusatzabkommen)」』，である（BBl. 2010, at 1555ff に，その条文がある）。

　この「補足条約」の7条と10条が，情報交換と関係する。まず，その「7条」が，「対仏」条約の「情報交換条項」たる「28条」の改正条文であり，この「補足条約」の「10条」が，「対仏」条約の「補足プロトコル (Zusatzprotokoll)」に「11項（パラ 11 [Ziffer XI])」を，付加 (ergänzt) している。

　まず，「新28条」だが，貿易と関税 2013 年 8 月号 65 頁の，「対米」の最後に示した①―⑧の点（本書 603 頁）を指標に，以下，要点のみを示す。まず，「対米」での前記の「第2文」の，「OECD基準」からの『はみ出し条項』の存否（①の点）だが，「対デンマーク」等と同様に，（米国の要望で付加された文言を欠く形で）『それ』がある（Id. at 1558.）。引渡された情報の「他目的使用」（⑤の点）は，双方の法がそれを認め，かつ，被要請国側がそれに同意する場合に認めるとの，これまで見て来たのと同じ条件で，認められている（Ibid の28条「2項」。当事者の手続権の保障が，その前提となることについては，Id. at 1547 の Botschaft における指摘参照）。

　次に，「補足プロトコル」の「新11項」（Id. at 1560f）だが，「対米」（BBl. 2010, at 251）では，情報引渡し**前 (bevor)** の，「被要請国法による納税者の行政手続法上の権利」の引続いての保障が，当事者の通知を受ける権利（das Recht auf Benachrichtigung）と不服申立権とを「例」として示した上で，明示され，かつ，それらの被要請国の規定が，納税者に適正な手続きを認めるものであって，実効的な情報交換を prevent or unduly delay させるもの「ではない」ことについても，両国間で合意がある，とされていた（「対米」で示した⑥の点）。「対デンマーク」（Id. at 111）でも，右の「例」が示されていないだけで，その他の点は，「対米」と同じだった(*)。

> \* ちなみに，直前の項目の(1)(2)(3)で，『はみ出し条項』に限って検討した「対ルクセンブルグ」・「対ノルウェー」・「対オーストリア」の場合についても，この点は重要ゆえ，一言しておこう。「対ルクセンブルグ」（Id. at 1205.），「対ノルウェー」（Id. at 1169.），「対オーストリア」（Id. at 1318.――条約に付された「最終プロトコル」の「新2項」の e である）ともに，この点は「対デンマーク」の場合と同じ，であった。

　ところが，「対仏」では，Id. at 1560 の末尾に示された「補足プロトコル」の「新11項」の最後のパラ（番号なし）に――

„Die im ersuchten Staat geltenden Bestimmungen des Verwaltungsverfahrensrechts über die Rechte der Steuerpflichtigen bleiben vorbehalten, ohne dass diese Bestimmungen dazu dienen, den wirksamen Informationsaustausch zu verhindern oder übermässig zu verzögern."

――とあるのみ，である。右の „ohne dass ……"（「……することなしに」）で，一文となった表現が，大いに気になる。また，何よりも，本章 2・3 でこれまで見てきた諸国との改正において，この⑥の点に共通して存在したところの，『情報引渡し**前 (bevor) の**』，

との点を明示した上での，納税者の行政手続法上の権利の保障であることについての指摘が，「対仏」の場合には，欠落している。そこから逆算すれば，右の „ohne dass" の文の繋げ方も，納税者の権利保障に条件を付けようとしたフランス側の思い入れ（!?）があって，それが認められたもののようにも，読めないことはない。ともかく，表現として，若干微妙である。——この改正に至るまで，「対仏」での交渉が，その都度相当程度に揉めて来たこと（貿易と関税 2011 年 11 月号 74 頁以下〔本書 182 頁以下〕，同 2012 年 1 月号 67, 69 頁〔本書 216, 218 頁〕，同 2012 年 5 月号 67 頁〔本書 304 頁〕，等参照）からも，以上の点が気になるのである。

そこで，まずはこの点に絞って，スイス政府の公的説明を見ておこう。**Zusatzbotschaft zur Botschaft vom 6. März 2009 über die Genehmigung eines neuen Zusatzabkommens zum Doppelbesteuerungsabkommen mit Frankreich vom** 27. **November** 2009, BBl. 2010, at 1541ff がそれである。「補足プロトコル」の「新 11 項」についての説明は，Id. at 1548f にある。

「納税者の手続的権利の保障」との関係で，そこには，連邦行政裁判所への不服申立手続が終結した後で初めて情報引渡しがなされ得ること等への言及があった上で，Id. at 1549 において——

„Dieses Verfahren **darf** den Informationsaustausch **aber nicht** in unzulässiger Weise behindern oder verzögern. Damit weicht die Amtshilfepraxis mit Frankreich nicht von derjenigen der Schweiz mit anderen Ländern mit ähnlicher Klausel ab."

——とある[*]。

   * 右を一々逐語訳することは，もはや省くが，ちなみに，この点についての「対米」の Botschaft の書き方（Id. at 242）は，「納税者の手続的権利は，将来にわたって保障されているが，それは，情報交換を許されない方法で（in unzulässiger Weise）阻害し，又は遅延させることを目的とするものであってはならない（**jedoch nicht bezwecken dürfen,** ……）」というものであった（それに相当する文言は，「対デンマーク」[Id. at 97]・「対ノルウェー」[Id. at 1158f]・「対オーストリア」[Id. at 1309] にはなく，「対ルクセンブルグ」[Id. at 1196] では，むしろ「対仏」の右の第 1 文と殆ど同じ文言がある）。

やはり，「対仏」での前記の「補足プロトコル」の，「新 11 項」の最後のパラ（前記の原文参照）は，他の諸国と同じ文言で合意することを，フランスが拒んで，被要請国（スイス）国内での手続自体に，条件付けをしようとしたもののようである（「グローバル・フォーラム」寄りの表現，とも言えようか）。

だが，そうして足掻いてみても，右の Id. at 1549 からの引用の第 2 文にあるように，また，直前の「＊部分」に示したように，それで何が変わるかと言えば，殆ど何も変わらない。後述のように，「対抗措置」をもちらつかせるフランスの，急進的な態度が，こんなところにも顔を覗かせただけ，とも言えよう（スイス国内での連邦行政裁判所の手続の中に，既述の如く，『事前の通知要件』がインプットされていることだし，それを含

めて,「情報交換を許されない方法で阻害し,又は遅延させる」ものだとする個別のクレイムを,フランス側が,いかなる場合につけ得るかの問題,でもある)。——以上で,「対仏」での前記の⑥の点は,終わりとする。

「対仏」でのZusatzbotschaft, supra から,「対米」で示した残りの諸点(②③④⑦⑧)を,足早に見ておこう。まず,便宜,⑦⑧から片づけておく。⑦の点,即ち,「要請国」での(不十分な)「守秘」を,「3項」の「公序」による情報交換の拒絶と結びつける点は,Id. (BBl. 2010), at 1547 に,示されている。次に,「自動的又は自発的情報交換」の拒絶(⑧の点)だが,前記の「補足プロトコル」の「新11項」(Id. at 1561)に,その義務なしとの,両国間の合意のあることが,示されている。

残りは②③④だが,②の点,即ち,前記の(OECD基準からの)『はみ出し条項』の挿入経緯については,「対仏」でも記述がない。③の,「対米」での「交換公文」の如き,『はみ出し条項』の『封じ込め』のための合意は,とくに存在しない。——その関係を含めて,④の「改正経緯」に,以下着目する。

「対仏」でのZusatzbotschaft, supra, BBl. 2010, at 1542 の「概観」には,「2009年1月12日署名」の「補足条約(Zusatzabkommen)」が,スイス側の「2009年3月(13日)」の政策変更を受けて,お蔵入りとなった経緯が,略述されている。「2009年6月11日」に,「改正補足条約」の「仮署名(仮調印)」がなされた,とある。

ここで注目すべきは,「対仏改正」に至る経緯についての,Id. at 1543ff の,スイス政府の一般的説明である。Id. at 1543f において,まず,(G20 ロンドンサミット・コミュニケが出された)「2009年4月2日」に,「OECD事務局(OECD-Sekretariat)」が,情報交換に非協力的な国々の「灰色リスト(die graue Liste)」を公表し,スイスを含めたそれらの諸国に「政治的(!!)な義務(politische Verpflichtungen)」を負わせた旨の,指摘がある。そして,「2009年3月13日」以降のスイスの行政共助政策が,「2009年9月25日」に,「G20によって」(「OECD基準」に)適合的とみなされ(Ihre Amtshilfepolitik ist am 25. September 2009 von der G-20 als conform erachtet worden …….),スイスは前記リストから外れた,とある。

Id. at 1545 には,情報交換に非協力的な国々に対する「威嚇的措置(drohende Massnahmen)」への言及があり,フランスの「対抗措置(Gegenmassnahmen)」(それについては,貿易と関税 2012年5月号 67-68頁,75頁〔本書303頁以下,312頁〕参照)をも明示した上で,「対仏」での新たな行政共助(情報交換)合意によって,「スイスの全体としての経済的立場にとって極めて有害な措置(sehr schädliche Massnahmen für den gesamten Wirtschaftsstandort Schweiz)」が回避されることが,強調されている。

個別の条項への説明の最初も,「情報交換」の「新28条」についてのものであり(Id. at 1546-1550.),その冒頭(Id. at 1546)には,「OECDモデル租税条約26条への留保の撤回(Rückzug——原義は「撤退」)によって,スイスは,『政治的に[politisch]』(!!),この条項及びそれへのコメンタリーによる基準の採用(Übernahme des Standards nach diesem Artikel und dessen Kommentar)を,自らに義務付けた」,とある。そして,「対仏」の「新28条」は,殆ど完全に(weitgehend)OECDモデル租税条約26条の「文言(Wortlaut)」(!!)に沿ったものだが,『「対仏」の情報交換条項におけるそれとの差異

(Abweichungen) は，同モデル条約「コメンタリー」において定められて（意図されて [vorgesehen]）おり，かつ，「OECD 基準」に適合的だ』，とある (Ibid.)。――右の『後段の指摘』によって，前記の『はみ出し条項』が説明されることになる（「新 28 条」5 項「第 2 文」の説明は，Id. at 1547f にあるが，別段の点はない）。

　むしろ，ここで一言すべきは，以上の，前記④の「改正経緯」についてのスイス政府の説明の中で，「政治的 (politisch)」という言葉が，重要な文脈で（右の限りでは 2 度）用いられていること，である。実は，本論文を書き出す前の，下読みの段階で，私は，右の「政治的」の語を，この「対仏」改正との関係で発見し，それに大きな意味ありと直感して，目次の作成に当たり，本論文第 4 章 3 の項目名を，『スイスの「政治的決断」(2009 年 3 月 13 日) と「法制度的な重大な岐路 (!?)」――果たしてそれは「乗り越えられるべき壁」だったのか？』とすることに決めた，という経緯がある。

　他方，貿易と関税 2013 年 5 月号 83 頁の「＊＊部分」（本書 534 頁）に示したように，スイス政府が，その後，「2011 年 4 月 6 日」の，重要な Botschaft（本章 2－4 で論じている各国との租税条約の，『更なる改正』のためのそれ!!）において，『「2009 年 3 月 13 日」のスイス政府の決定が，「G20 の圧力による」ものであること（…… erfolgte auf **Druck der G**-20, …….)』を明記するに至っていることを，同前・74 頁以下の《重要な注記》の執筆中に，発見した。そこには「政治的」の語はないが，実質は同じこと，である。

　ともかく，ここで論じているスイス政府の，「対仏」改正の説明において，「OECD 基準」へのスイス政府のシフトが，『政治的』なものであって，そこでスイス政府が負った義務もまた，『政治的』なものであること（それにとどまること!!）が，前記のごとく明示されていることの，『法的』な意味合いは，大きい。実際にもスイス政府は，「2009 年 3 月 13 日」のその「政治的敗北」後，貿易と関税 2013 年 5・6 月号に跨る前記の《重要な注記》（本書 525 頁以下）に示したように，一方では，『スイス銀行秘密』の『憲法的・人権保護的な基盤』を一層明確化した上で，その引き続いての維持を宣言しつつ，他方において（右のことを前提とした上で），「グループ・リクエスト方式」と（その発展形態たる）『源泉税条約方式』という，銀行顧客のプライバシー保護のための「法的マスキング技術」の開発（貿易と関税 2013 年 5 月号 88 頁〔本書 541 頁〕参照）に，邁進した(*)のであるから (!!)。――以上で，「対仏」改正についての論述を，終えることとする(**)。

* 但し，「対仏」での『源泉税条約』（租税条約上の情報交換をバイパスするための「完全な技術」としてのそれ!!）の締結は，既述の如く，スイスにとって，将来の課題たるにとどまる。

** 次号分以下に続く。――以上の執筆は，2013 年 6 月 8 日午後 0 時 21 分まで。点検に入る。点検終了，同日午後 2 時 40 分。約 11 時間半の作業だったことになる。

〔以上，2013 年 9 月号 53－73 頁〕

630　第3章 「IRS vs. UBS 事件」の展開過程でなされた「スイスの重大な政策変更」(2009年3月13日)

　＊　執筆再開は，2013年6月18日午前3時45分。本連載及び本連載は，あと3号分で完結する。
　　　従って，本号分で第4章に入ることが，must となる。

## (3−5)　対英租税条約改正 (2009年9月7日署名) の場合

　まず，右の対英改正に至るまでの，「スイス・英国間の租税条約締結史」に関する，本論文における検討について，ここで纏めておく。「1931年」・「1954年」の英・スイス租税条約については，貿易と関税 2011年11月号72頁以下，78頁（本書178頁以下，186頁）で扱い，同 2011年12月号80−81頁（本書195頁）で「1966年」・「1974年」の改正について一言した後，同前・81頁以下，89頁以下（本書195頁以下，205頁以下）で，「1977年」の新たな「対英条約」について論じた。その際，同前・82頁以下（本書197頁以下）で，とくに，引渡された情報についての「使用目的の制限」（「開示が許される人的・事項的範囲」）に注目し，それとの関係で，同前・87頁以下（本書203頁以下）で，右の点に関する OECD モデル租税条約26条「コメンタリー」の，「1963年草案」段階からの「屈折した構造」について論じた。また，「2007年6月26日署名」の「対英改正」について言及する際，頭出し的に，同前・91頁（本書208頁）で，ここで論ずる「2009年9月7日署名」の「対英改正」のうち，「情報の他目的使用」についての扱いに絞って，一言しておいた（同 2012年1月号70−71頁〔本書219頁以下〕では，「1990年代」までの「対仏」・「対英」での展開と，「対米」[「1951年旧条約」]でのそれとの，情報交換条項の比較について，中間的取り纏めも，行なっている）。――以上を経た貿易と関税 2012年5月号60頁以下（本書295頁以下）で，「2007年6月26日署名」の「対英改正」について，そこにおける**『双方可罰性要件』の「明文化」**に重点を置きつつ，論じた。

　なお，同前・75頁（本書313頁）の「＊部分」においては，「対英」でのスイスの租税条約の改正が，「2007年改正」に至るまで，「如何にスムーズになされて来たか」に言及しつつ，その理由につき，『「英国」がいわゆるタックス・ヘイブンを，数多く"内に抱える"存在だから』なのであろうか，との指摘を行なっておいた（その関係での，本論文第4章1の頭出し的指摘としての，貿易と関税 2012年2月号59頁〔本書239頁〕の「＊部分」[本号分で後述]にも，注意せよ!!）。

　以下，「2009年9月7日署名」の「対英改正」について，貿易と関税 2013年8月号65頁（本書603頁）の，本章2の末尾で示した①―⑧の点に基づき，簡潔を旨とした検討を行なう。ちなみに，この「対英改正」が，本章3で検討するもののうち，「対米」（「2009年9月23日署名」）に先行するものとしては，最後のものとなる。

　まず，(OECD 基準からの)『はみ出し条項』だが，BBl. 2010, at 271ff の「2009年改正プロトコル」による，「新25条」（前項差し替えとなった「情報交換条項」――Id. at 272f）の「5項」には，（「対米」で，「米国の要請」で挿入された既述の部分を除く）『はみ出し条項』が，これまで見て来た他の諸国の場合と同様の文言で，「第2文」として存在する（前記①の点）。また，引渡された情報の「他目的使用」(⑤の点) は，前記の如く，一部既に論じていた点だが，「新25条」の2項「第4文」において，要請

3 「対デンマーク」（2009 年 8 月 21 日）を出発点とする『「対米」に先行する
「他の諸国との租税条約改正」』における新たな情報交換条項を含めての比較検討　631

国・被要請国双方の法がそれを認め，かつ，被要請国側の同意のあることを要件として，他の諸国との改正と同じく，認められている。

　なお，「新 25 条」の条文差替えは，「2009 年改正プロトコル」の 2 条によるものだが，その 3 条（Id. at 273）には，『従来「対英条約」の不可欠の部分をなしていたところの，「2007 年 6 月 26 日」の「交換覚書（交換公文——Notenwechsel）」（それについては，貿易と関税 2012 年 5 月号 63 頁以下〔本書 299 頁以下〕）は，この「改正プロトコル」と同日に署名された「補足プロトコル（Zusatzprotokoll）」によって置き換えられる』，とある。本書 300 頁に示したように，「2007 年改正」においては，この「交換覚書（交換公文）」の「第 3 項（Ziffer 3）」において，**双方可罰性要件**が明示されていた[*]。

　　* ちなみに，『銀行情報（銀行保有情報）』についての「新 25 条」の「5 項」に限っては，「2009 年改正プロトコル」の最後の条文たる 4 条の 2 項 a で，この改正の発効日の 3 年後からの適用が，定められている。「対米」から始まる本章 2・3 で検討した諸国との租税条約の改正について，ざっと見た限りでは，「銀行情報」の規定に限っての，このような適用先延ばし規定は，ないようである。なお，この「対英」での前記「5 項」の適用時期先延ばしについてのスイス政府の説明は，とくになされてはいない（Id. at 267.）。

　前記の①⑤以外の点については，スイス政府の議会向けの公的説明から，見ておこう。**Botschaft zur Genehmigung eines Protokolls zur Änderung des Doppelbesteuerungsabkommens zwischen der Schweiz und dem Vereinigten Königreich von Grossbritannien und Nordirland vom 27. November 2009, BBl. 2010, at 259ff** である。

　まず，「改正経緯」（前記④の点）だが，Id. at 260 の「概観」において，「2009 年 3 月 13 日」のスイス政府の決定を受けて，「英国」側からの改正要請があった，とされている。「2009 年 7 月 9 日」には「仮署名（仮調印）」がなされた，とある。

　次に，「新 25 条」の情報交換についての説明（Id. at 263ff）を，見ておこう。Id. at 264 の冒頭のパラグラフに，この改正による「行政共助の制限（Einschränkungen）」は，OECD モデル租税条約の「コメンタリー」において定められて（予定されて）いるものであって，OECD 基準に適合的だ，とある点は，これまで見て来た他の諸国の場合と，同じである。Id. at 265 の，「2 項」関連での前記の「他目的使用」の個所において，それを「課税上の目的ではない他の目的（andere, nicht steuerliche Zwecke）」と置き換えつつ，その例として，引渡された情報の「刑事手続における使用」が挙げられている点（beispielsweise die Verwendung …… in einem Strafverfahren），及び，その際にスイス国内での，この点に関する別途の当事者の手続権の保障が前提となる，とする点（……, ohne jedoch der betroffenen Person die diesbezüglich separaten Verfahrensrechte in der Schweiz zu entziehen.）も，これまで見て来た他の諸国との改正の場合と，同様である。

　OECD モデル租税条約（「2008 年版」のそれ）の 26 条 3 項と同じ構造の，「対英」での「新 25 条」の「3 項」との関係で，Id. at 265 には，（3 項 a との関係で）当事者の「聴聞を受ける機会」の保障（das rechtliche Gehör der Betroffenen），及，情報交換についての「司法的審査」（einen vorgesehenen Informationsaustausch gerichtlich überprüfen zu lassen）が，重視されている。この点も，（「対仏」を除く）他の場合と，同じである。Ibid で，「3 項 c」の情報交換拒絶事由としての「公序」との関係で，要請国内での十分な程度の「守秘」の欠如が挙げられていること（前記の⑦の点）も，同じである。また，「5 項」についての前記『はみ出し条項』（「第 2 文」）についての説明の仕方（Id. at 266）にも，特段の点はない（前記②の，『はみ出し条項』の「挿入経緯」についての指摘は，やはりない）。

Id. at 266f が，「情報交換」関連での，前記の「補足プロトコル」の「4 項」についての説明である（但し，Id. at 266 では，Kapitel 4 と表記されている。なお，この「補足プロトコル」が条約の不可欠の構成部分たることにつき，Id.〔BBl. 2010〕at 275.）。この「4 項」において，「両国間の合意あり」（Es besteht Einvernehmen darüber, dass …….），との形で一々掲げられているところの，その a－e の規定については，Id. at 276 に条文が示されている。そこでは，「単なる情報漁り（fishing expeditions）」の排除が b で，「自動的又は自発的情報交換」の排除（前記⑧の点）が d で，それぞれ定められている。

また，最後の e では，第 1 文で，納税者の権利に関する被要請国の行政手続法上の規定が，情報引渡しの「前に（bevor!!）」，引き続き留保（適用）される旨が，明記されている。前号分で論じた「対仏」の場合には，明示のなかった点，である（前記⑥の点の一部）。また，この e の第 2 文では，第 1 文で言及された規定が，納税者に対して合法的（ordnungsgemäss）な手続を認めることのために用いられる（dazu dient）ものであって，実効的な情報交換を妨げ，又は，過度に遅延させることを目的とするものではない（nicht bezweckt, den wirksamen Informationsaustausch zu verhindern oder übermässig zu verzögern），ということについても，両国間に更なる合意がある，とされている（前記⑥の残りの点）。——右の第 2 文を含めて，この e の部分が，「対仏」の場合には，随分と文言上，希釈化されていたことについては，前号分で論じた。

Botschaft, supra, BBl. 2010, at 266 では，この e について，スイスの場合には，当該の納税者が，情報交換についてのスイス側当局の最終的な処分（決定）を，連邦行政裁判所への不服申立で争うことが出来ること，この申立が既判力をもって排斥されて初めて，情報交換のなされ得ること等が，いわば型通りに，示されている。

確かに，この「対英改正」では，「対米」での「交換公文」の如き，前記の『はみ出し条項』の封じ込めのための文書（前記の③の点）はない。だが，「対デンマーク」以下の諸国との関係で論じたのと同じように，既述の Id. at 264 冒頭のパラグラフに，この改正による「行政共助の制限」は，OECD モデル租税条約の「コメンタリー」において定められて（予定されて）いるものであって，OECD 基準に適合的だ，とあることによって，再三論じて来たスイス政府の（戦略的な）スタンスが，維持されている，と見るべきである。

かくて，この「対英」での改正もまた，以上見て来たように，情報交換が特段揉めた形跡は，ない。——ここで，この「対英」の項の冒頭近くで言及したところの，貿易と関税 2012 年 5 月号 75 頁（本書 313 頁）の「＊部分」，及び，同 2012 年 2 月号 59 頁〔本書 239 頁〕の「＊部分」（後者は，本号分で後述する）の指摘へと回帰し，その上で，本論文第 4 章 1 へと，その意識を持続させるべきこととなろう。

この「対英」での「2009年改正」で，前記の如く，その「2007年改正」で明文化されていたところの『双方可罰性要件』は，姿を消した。だが，その代わりに，「対英」では，その後，『源泉税条約』方式による「租税条約上の情報交換」ルートの「完全なバイパス」が，実現している。そのことも，意識のどこかに，とどめておくべきこと，であろう。

### （3－6）　対ドイツ租税条約改正（2010年10月27日署名）の場合

　この「対独改正」については，貿易と関税2013年8月号68頁以下の「＊＊部分」（本書607頁以下）において，『危ないデンマーク方式』がそこで踏襲されていること，等について，一言しておいた。だが，OECDモデル租税条約「コメンタリー」との一体化を図ることによって，前記の（OECD基準からの）『はみ出し条項』の封じ込めを行なうとの，スイス政府の戦略が，貿易と関税2013年9月号55頁以下（本書608頁以下）の論述によって，（新たに）明らかとなった。それを前提としての検討を，以下において行なうこととなる。

　まず，本論文における「対独」での租税条約の締結・改正の流れについての検討過程を，整理しておく。本章3において，英・独・仏を主な対象国とするのは，貿易と関税2011年11月号70頁（本書177頁）に示した点に基づくものだが，同前・76頁（本書184頁）では，「対独」の「1931年」租税条約と「1934年」のその改正について一言し，同前・79頁以下（本書187頁以下）では，右の「1931年」の条約について，その前史を含めた検討を行ない，その検討途中の同前・82頁以下（本書191頁以下）では，「1957年」の改正の存在についても言及した。また，同前・84頁以下（本書192頁以下）では，「1959年」の改正，及び「1971年」の「対独新条約」についても，一言しておいた。

　その後，貿易と関税2012年1月号71頁以下（本書220頁以下）に至り，「1971年」の「対独新条約」について正面から論じ，その上で，同2012年6・7月号分（本書313頁以下）において，「2002年3月12日署名」の「対独改正プロトコル」における『双方可罰性要件』の堅持に焦点を当てつつ，ドイツにおける「人権保障の視点」とその限界（とくに，同2012年7月号66頁下段〔本書352頁〕を見よ!!）についても，詳細に論じた。——以上が，本論文における，「対独」での改正等の経緯に関する論述の，纏めである。

　ここで扱う「対独」での「2010年改正」は，本章4で別に扱う「対日」でのそれと同様，「対米改正」よりも後のもの，となる。「2010年5月21日署名」の，「対日」の「新25条のA」において，前記の『はみ出し条項』（「2008年版」OECDモデル租税条約26条の「5項」を「第1文」とした上での，問題の「第2文」）に，「対米」の交渉で「米国の要請」で付加されたところの，「この5の規定に基づく義務を履行するために必要な場合には」との限定的文言のあることは，既に確認済みである（貿易と関税2013年4月号86頁〔本書508頁〕）。

　それではその5か月後の，ここで見る「対独」の改正において，この点がどうなっているのか。この点も，若干興味を引くところ，である。もっとも，**スイス政府の戦**

**略的理解**においては，この「第 2 文」は，既述の如く『冗語法的』(BBl. 2010, at 241) な，つまりは，無くても同じことになるものであって，「第 1 文」のみから既にして，『スイス銀行秘密の全否定』(但し，憲法訴訟は別!!) が導かれる，ということにはなるのだけれども。

さて，「2010 年 10 月 27 日」に「締結」(Abgeschlossen 27. Oktober 2010 —— BBl. 2011, at 503) の，この「対独改正プロトコル」(id. at 503ff に，その条文がある) は，前記の「1971 年条約」の改正，との形をとる (Id. at 503.)。先に，情報交換関連の条文を，見ておく。Id. at 505f の，この「改正プロトコル」4 条に示された，「新 27 条」である。

前記の①—⑧の点を指標とする検討を，ここでも行なう。「新 27 条」の 1 － 5 項の構造は，これまで見て来た諸国との租税条約改正の場合と同様，「2008 年版」OECD モデル租税条約 26 条と，基本的には同じである。「新 27 条」の 2 項の「第 4 文」には，<u>引渡された情報の「他目的使用」の規定がある（前記の⑤の点）。双方の国の法がそれを認め，かつ，被要請国の同意のあること</u>が，その条件となる点は，これまで見て来た他の諸国との租税条約改正の場合と，同じである。同条 5 項「第 2 文」には，『はみ出し条項』があるけれども (前記①の点)，「この 5 の規定に基づく義務を履行するために必要な場合には (, sofern dies für die Erfüllung der Verpflichtungen unter diesem Absatz erforderlich,)」との，「対米」で付加された「限定的文言」が，存在する(\*)。

> \* そのことから推して，「対米改正」の署名日以降の署名 (締結) のものには，この「限定的文言」が挿入されて，「対独」に続く「対日」に至っていたの「ではないか」，とは思われる (その先のことについては，一々ここで，調べはしないけれども)。だが，再度言うが，スイス政府の (戦略的) 理解において「は」，この「第 2 文」が，あってもなくても同じことになる。

以上の「新 27 条」の改正規定は，この「対独改正プロトコル」の 4 条によるものだが，続く 5 条はこの「対独租税条約」についての (それに付随する)「プロトコル」(Das Protokoll zum Abkommen) の改正，である。情報交換の「新 27 条」については，右の 5 条の 3 項—5 項が，関係する。いずれも，この「(付随) プロトコル」中の，「27 条についての 3 項 (Ziffer 3 zu Artikel 27)」の改正，である (Id. at 507f.)

この，27 条についての「3 項 (Ziffer 3)」の改正について，足早に見ておく。まず，その c で「単なる情報漁り」が排除され，e では，「自動的又は自発的情報交換」の義務のないこと (前記⑧の点) が，定められている。また，この「3 項 (Ziffer 3)」の最後たる f では，両国間に合意あり，との形で，以下の点が規定されている。即ち，<u>「対英」</u>の場合と全く同様に，まず，その第 1 文で，納税者の権利に関する被要請国の行政手続法上の規定が，<u>情報引渡しの「**前に (bevor!!)**」</u>，引き続いて留保 (適用) される旨が，明記されている。また，その第 2 文では，<u>第 1 文で言及された規定が，納税者に対して合法的 (ordnungsgemäss) な手続を認めることのために用いられる (dazu dient) ものであって，実効的な情報交換を妨げ，又は，過度に遅延させることを目的とするものではない (nicht bezweckt, den wirksamen Informationsaustausch zu verhindern oder übermässig zu verzögern)</u>，ということについても，両国間に更なる合意がある，

3 「対デンマーク」（2009 年 8 月 21 日）を出発点とする『「対米」に先行する「他の諸国との租税条約改正」』における新たな情報交換条項を含めての比較検討

とされている（前記⑥の点）。

　従来の「対独改正交渉」が，情報交換問題について，かなり揉めて来たことについては，貿易と関税 2011 年 11 月号 84 頁（スイスがドイツを「差別」している，とのドイツの主張に言及〔本書 193 頁〕），同 2012 年 6 月号 73 頁以下（対立的な交渉の雰囲気の中で，いかにして『双方可罰性要件』が明記されるに至ったのかの，ミステリーについて，同前・74 頁以下〔本書 321 頁以下〕で分析）でも論じていた。そのことを前提とすれば，右の段落で示した点は，それ自体が，若干注目すべきことのように，私には思われる。

　だが，貿易と関税 2013 年 8 月号 68 頁以下の「＊＊部分」（本書 607 頁以下）にも示しておいたように，この「対独改正」の時点では，スイス・ドイツ両国の「租税条約上の情報交換」を巡る問題は，既に『新たなフェーズ』に移行「していた」。──そのことに，最も注意すべきだ，と思われる。

　つまり，右の「＊＊部分」にも示したように，この「対独租税条約」の改正と，「対独源泉税条約」の交渉とは，同時併行的に進行していた。そのことが，この「対独改正」についての，Botschaft, infra, BBl. 2011, at 495 からも知られる。Ibid では，この「対独租税条約改正」との関係での，**スイス側とドイツの Schäuble 財務大臣との，「2010 年 3 月 26 日」の会合**についての言及があるのだが，貿易と関税 2013 年 7 月号 51 頁の『時系列的整理』(本書 568 頁以下）からも知られるように，この日は，『ドイツ側（ドイツ財務大臣‼）とスイス側との「補償的性格の課税の確保」を含めた「調査のための協議」の開始日』だったのである（‼──この点については，Id. at 489 をも参照せよ）。

　そして，前記の『時系列的整理』にも示したように，「2010 年 2 月 24 日」のスイス政府の決定で，スイスは既に『源泉税条約』方式による，『「租税条約上の情報交換」制度の「完全なバイパス」』戦略（それによる『スイス銀行秘密』の将来的な自覚的維持‼）へと，大きく転換をしており，「対独租税条約改正」の成立は，そうなってからの出来事だったのである。

　ここで，この「対独租税条約改正」についての，スイス政府の公的説明へと，目を転じよう。**Botschaft zur Genehmigung eines Protokolls zur Änderung des Doppelbesteuerungsabkommens zwischen der Schweiz und Deutschland auf dem Gebiet der Steuern vom Einkommen und vom Vermögen vom 3. Dezember 2010, BBl. 2011, at 485ff** である。

　まず，気になる「改正経緯」（前記④の点）だが，Id. 487-490 が，この点についての説明となる。その冒頭の Id. at 487 には，「2009 年 3 月 13 日」の後，両国でコンタクトを取り，まず，「2009 年の春と夏（im Frühjahr und Sommer 2009）」に，双方の国の基本的なポジション等を探る（um …… ausszuloten）べく，二回の調査のための協議（zwei Sondierungsgespräche）がなされた。そこでは，情報交換問題については一致を見たものの，その他の問題についての対立が解けず，「2009 年 8 月」の，当時のスイスの Merz 大統領と，同じく当時のドイツ Steinbrück 財務大臣との電話会談（以下，Id. at 488）を経て，3 ラウンドの交渉が「2009 年秋から 2010 年春まで」（drei Runden von Herbst 2009 bis Frühjahr 2010）行なわれた。交渉は，「政治的に緊張した環境」の中で（in

636　第 3 章　「IRS vs. UBS 事件」の展開過程でなされた「スイスの重大な政策変更」(2009 年 3 月 13 日)

einem politisch angespannten Umfeld) なされ，難航した，とある (Ibid.)。

　こうした中で，前記の「2010 年 3 月 26 日」の，スイス側とドイツ Schäuble 財務大臣との会合において，「バイラテラルな作業グループ (eine bilaterale Arbeitsgruppe)」が設置され，それの下で，「2010 年 9 月末まで (bis Ende September 2010)」，「補償的性格の課税の確保 (Sicherstellung einer Besteuerung mit Abgeltungscharakter)」(これが，後の「対独源泉税条約」の原型である !!) を含めた 4 つの課題についての検討がなされた。

　こうした経緯の下に，「対独租税条約改正」については，前記の「2010 年 3 月 26 日」の閣僚会合の「ついでに」([a]m Rande dieses Ministertreffen)，「仮署名 (仮調印)」がなされ，「2010 年 10 月 27 日」の署名に至った (以上，Id. at 489.)。そして，それと同時に ([g]leichzeitig)，「課税領域での国境を越えた協力 (die grenzüberschreitende Zusammenarbeit im Steuerbereich)」等に関する交渉の開始についての「共同声明」への署名がなされた，とある (Ibid.)。——この後者が，前記の『時系列的整理』でも示したところの，「2011 年 9 月 21 日署名」の「**対独源泉税条約 (課税・金融市場協力条約)**」へと繋がったが，その後，ドイツ議会がその (改正後の同条約の) 批准を拒否した，との展開になるのである(*)。

　　*　「対独」・「対英」での「源泉税条約」の締結・改正経緯とスイス政府側の狙い，等に関する，貿易と関税 2013 年 6 月号 44 頁以下 (本書 545 頁以下) の論述と，ドイツ Schäuble 財務大臣の果たした役割，及び，彼の嘆きに関する，同前・48, 50 頁 (本書 549, 552 頁) の指摘を，参照せよ。

　このように，この「対独改正」は，「対独源泉税条約」締結交渉 (少なくとも，その初期) とダブる時期に，なされたものである。即ちそれは，スイス・ドイツ両国にとって，従来型の「租税条約上の情報交換」を越えた，一層効率的かつ実効的な『新たな道』が，見え始めた段階でのもの，だったのである。

　さて，ここで，この「対独租税条約改正」における情報交換関連の問題に戻ろう。前記の①④⑤⑥⑧の点は済んだので，残りの点を，Botschaft, supra, BBl. 2011, 485ff から見ておこう。——以上の執筆は，2013 年 6 月 18 日午前 11 時半まで。明日の昼には，豊田正和氏と二人だけの重要な会合があるから，今日の午後一杯は心身を休めておこうと思っての，深夜からの (計 7 時間 45 分の) 執筆であった(*)。

　　*　執筆再開は，2013 年 6 月 29 日午前 11 時半。——この間，多少いろいろなことがあったので，それらを記してから，この先を書くこととする。まず，西方建一君が遂に異動となり，のみならず，当初執筆・公表の危ぶまれた本論文が，ともかくもここまで至り得たことにつき，(A 氏と共に) ご尽力頂いた K 氏が，東京を離れることとなった。心からの感謝とともに，この点を記したい。

　　　次に，6 月 21 日に関東信越税理士会税経研究所で「情報交換等」につき話したとき，直前に，当日 (2013 年 6 月 21 日) の日経新聞朝刊 6 面の，『銀行口座情報　スイス，米へ提供せず——脱税捜査協力，議会で廃案』の記事を，同研究所の方々に，教えてもらった。点線内のコラムに，「スイス金融の厳格な守秘義務は約 300 年の歴史を持つが」云々とあり，スイス連邦憲法が最初に出来たのは 1848 年なのに，何を見てそう書いた

3 「対デンマーク」(2009 年 8 月 21 日) を出発点とする『「対米」に先行する「他の諸国との租税条約改正」』における新たな情報交換条項を含めての比較検討

のか,首を傾げたくなったが,同様の点が,他にも多くあった。ともかく,『**スイス銀行秘密の歴史**』については,貿易と関税 2011 年 3 月号 49 頁以下 (本書 4 頁以下),一層詳しくは,同 2011 年 10 月号 45 頁以下 (本書 155 頁以下) を,参照されたい。

一層問題なのは,記事の中の時系列表の上に,「スイス金融への包囲網は狭まりつつある」のコメントがあり,かつ,記事の末尾近くには,「スイスは……各国の圧力を受け,情報の完全守秘は難しいと判断」した,とある。そして,この流れで,スイスは「英国やオーストリア」との合意で「妥協案を策定」,とある。右の最後は,『源泉税条約』のことだが,それが単なる「妥協案」でないことは,既に縷々論じて来たところである。

何よりも,「スイス銀行秘密」が諸悪の根源という,一般受けし易いトーンでこの記事が書かれているところが問題であり,そこで私は,二日後の早大ファイナンス研究科の「国際金融法」講義で,「この記事の誤りを指摘せよ」との,模擬小テストを実施した。講義の流れから,参加者がこの記事を既に読んでいたので,話が早かったが,「日経を読むと世界がわかる」などという宣伝文句の危うさが,2007 年 4 月 7 日の「グローバリゼイションと法」と題した私の東大公開講座での講義 (ネット上の TODAI TV で,最近でも視聴出来たとのこと) でも一言したように,この記事からも,彼らに十分理解できたようである。

ちなみに,この早大での講義に際して,私は,別途打ち出しておいたスイス財務省 (FDF) のプレス・リリース等をも,参加者に配布した。議会で否決された法案は,FDF, Federal Council enables banks to set about resolving tax dispute with United States (Bern, 29.05.2013) によれば,"Federal Act on Measures to Facilitate the Resolution of the Tax Dispute between Swiss Banks and the United States" とのことだが,**前記の日経の記事を読んだ人が最も誤解し易い点についてのみ一言しておく**。Ibid には,"Client data, including account information, is **not** covered by the authorization [i.e. by the bill]. The disclosure thereof will occur **exclusively** within the scope of administrative assistance procedures based on a valid double taxation agreement." と,明確に記載されているのである (!!)。

その他,早大で当日配布したものとしては,**FDF, Switzerland and United States sign Memorandum of Understanding on FATCA agreement (Bern,** 07.06.2013**)**; FDF, Administrative and mutual assistance in tax matters (01.02.2013); Swiss Confederation, Fact sheet: Administrative and mutual [judicial] assistance in tax matters (Status as at **January** 2013),等がある。なお,右の最後のものには,「行政共助」について「グループ・リクエスト」及び「プライバシー保護」への言及があり,「司法共助」については**「双方可罰性 (double criminality)」要件の堅持**が,示されている。――(右の最後の点については,本章 4 との関係で,本号分で後述するが) いずれも重要な情報ゆえ,ここで一言した次第である。

さて,Botschaft, supra, BBl. 2011, at 493ff が,この「対独改正」における「新 27 条」への説明である。残された②③⑦の点だが,Id. at 493 に,OECD モデル租税条約 26 条の文言 (Wortlaut) との差異 (Abweichungen) は,その「コメンタリー」に定められて (予定されて) おり,「OECD 基準」に適合的だ,とある。それによって,「対デンマーク」以下の諸国との改正の場合と同様,既述のスイスの『はみ出し条項』死文化戦略が,ここでも維持されることになる (前記の③の点)。また,「3 項」の「公序」との関係で,要請国における『守秘』の不十分な場合が,やはり,このスイス政府側説明

でも，明示されている (Id. at 494.——前記⑦の点)。他方，「5 項」の『はみ出し条項』の説明 (Id. at 495) に，その「挿入経緯」についての説明は，やはりない (前記の②の点)。

以上が，この「対独改正」について，である。

## 4 「日・スイス租税条約改正プロトコル」（2010 年 5 月 21 日署名）の情報交換条項——そこにおける「引渡された情報の『他目的使用』の規定の欠如」とその周辺

*  本号分から，目次を含めて，右の副題を付することとした。

この「対日改正」に，「対米」と同じ（OECD 基準からの）『はみ出し条項』（「新 25 条の A」5 項の「第 2 文」）のあること（前記①の点）については，貿易と関税 2013 年 4 月号 86 頁（本書 508 頁）において，既に指摘済みである。「改正プロトコル（Änderungsprotokoll —— BBl. 2010, at 5966）」の条文は Id. at 5945ff に示されており，スイス政府の公的説明は，**Botschaft zur Genehmigung eines Protokolls zur Änderung des Doppelbesteuerungsabkommens zwischen der Schweiz und Japan vom 25. August 2010, BBl. 2010, at 5921ff** である。以下において，「対米」の場合に析出した前記①—⑧の点を指標に検討するのは，これまでと同じである。だが，「対日」について「は」，**引渡された情報の「他目的使用」**の規定が，後述の如く，存在しない。そのこととの関係で，『**双方可罰性要件**』の問題（等）について，日本国内での扱いに関し，将来展望（本論文第 4 章 4 で検討するところの，**OECD モデル租税条約 26 条「2 項」の「2012 年改正」との関係**を含む）を兼ねて，若干の点を，ここで併せて，補足的に検討することとする。

まず Botschaft の方から見ておこう。Id. at 5922 の「概観」にあるように，この改正交渉の途中で「2009 年 3 月 13 日」のスイスの政策変更が生じ，「日本」が「情報交換」条項にそれを織り込むことを求めた（Japan ersuchte darauf die Schweiz, einen Artikel ins Abkommen aufzunehmen, der diese r.eue Politik widerspiegelt.），とある。「2009 年 6 月 24 日」に「仮署名（仮調印）」がなされ，「2010 年 5 月 21 日」に正式署名がなされた (Ibid.)。

Id. at 5924 にあるように，「対日租税条約」は「1971 年 1 月 19 日」に締結された後，それ以来改正はなかったが，そこには，そもそも「情報交換」条項は，存在しなかった。今般の改正のための作業は，「2004 年」・「2005 年」の閣僚レベルでの意見交換にまで遡るが (Id. at 5925.)，日本側が「情報交換」条項（の新設）を求めたことは，Ibid にも記されている(*)。

*  これまでの諸国との租税条約改正についての論述においてもそうだったのだが，Ibid には，「2009 年 3 月 13 日」のスイス政府の決定が，**右の日付の時点における最後のヴァー**

ジョン（つまりは「2008年版」のそれ）の OECD モデル租税条約 26 条との一致を意図したものだったこと（Bestimmungen über den Informationsaustausch zu übernehmen, die mit der letzten Fassung von Artikel 26 des Musterabkommens der OECD in Einklang stehen）が，明記されている。前記『はみ出し条項』の死文化戦略も，まさに，そこから発するものだった，と言えるのである。

なお，Ibid には，「対日」の場合には「交換公文（Notenaustausch〔Notenwechsel—Id. at 5971ff〕）」のあることが，示されている。以下，それを含めての検討となる。

この「対日改正」は多岐にわたり，Botschaft もそれなりの分量があるが（この点が，前記④の，「改正経緯」で注目すべき点，とは言えよう），以下，「情報交換」問題に特化した検討を行なう。Id. at 5936ff が，「新 25 条の A（Artikel 25A）」の説明であるが，先に，条文の方を点検しておこう。この「改正プロトコル」の 19 条で新たに挿入された「新 25 条の A」の条文は，Id. at 5965f にある。

注目すべきは，これまで検討して来た他の諸国との改正の場合と異なり，「新 25 条の A」の「2 項」において，引渡された情報の「他目的使用」の規定が，「対日改正」の場合には存在しないこと，である（前記の⑤の点。既述）。例えば「対デンマーク改正」の場合にも，引渡された情報の，「課税以外の目的（andere, nicht steuerliche Zwecke）」での使用，例えば「他の**刑事手続**における（in einem anderen **Strafverfahren**）」使用が，OECD モデル租税条約 26 条「2 項」に相当するものの，この点はそれと異なるところの，（27 条の）「2 項」の「第 4 文」の明文の規定を踏まえて，Botschaft, supra, BBl. 2010, at 96 において（この点についての当事者の手続権の保障，及び，双方の国の法がそれを認め，かつ，被要請国側の同意を条件とすることと共に），明記されていた。――この点は，「対日」の場合に特有の問題として，一連の問題にカタを付けてから，後に取り扱うこととする(*)。

* ちなみに，「第 3 次日米租税条約」の「2013 年（!!）1 月 24 日改正議定書」（それについては，貿易と関税 2013 年 4 月号 87—90 頁〔本書 509 － 512 頁〕）による 26 条の「新 2 項」においても，引渡された情報の「他目的使用」の規定は，無い。だが，**OECD モデル租税条約の，「26 条」に特化した「2012 年（!!）改正」**によって，26 条「2 項」に，これまで検討して来たスイスの，「日本」以外の国々との租税条約改正におけると同様の条件（双方の国の法がそれを認め，かつ，被要請国側の同意のあること）の下に，引渡された情報の「他目的使用」が，明文をもって認められた。

かくて，「刑事手続」との関係を含む，引渡された情報の「他目的使用」をどう考えるべきかは，「日本」にとって，重要な将来的課題（緊急のそれ!?）となる。これが，「対日」の場合に即して，『双方可罰性要件』を含めた検討を，ここで行なっておく理由，となる。

さて，「対日改正」の「新 25 条の A」の条文（BBl. 2010, at 5965f）に戻るが，「他目的使用」の規定が「2 項」にないということは，この点でも「対日改正」が，「2008 年版」の OECD モデル租税条約 26 条「2 項」の文言に沿ったものであることを，意味する（二つ前の「＊部分」参照）。その流れで，「5 項」の「第 2 文」（前記の『はみ出

し条項』）に，至ることとなる。

　この「改正プロトコル」には，（本条約に付随し，その不可欠の構成部分をなすところの）「プロトコル」が別にあり（Id. at 5968ff.），その「5 項」(5.) に，「新 25 条の A」に関するａ－ｆの規定がある。そのｂが「単なる情報漁り（fishing expeditions）の排除，ｄが「自動的又は自発的な情報交換」の否定（前記⑧の点），である。

　ところが，この（付随）「プロトコル」の「5 項」のｅには，これまで見てきた「対デンマーク」以下の諸国（「ルクセンブルグ」等を含む）との改正には存在しない規定が，何と存在する。<u>「弁護士（Rechtsanwälte）」（等）とその顧客との間のやり取りに関する情報の交換は，締約国の法によってこの点についての守秘が認められている場合，拒絶できる</u>，との規定である。このｅの規定は，「対米」の場合の，26 条「5 項」に特化した「交換公文」の「2.」に相当する（前記③の点）。――「対米」の場合の，そのスイス側にとっての戦略的意図については，貿易と関税 2013 年 8 月号 56 頁以下（本書 592 頁以下）で言及したところを，参照せよ。更に，前号分の冒頭以下（本書 608 頁以下）で，「2008 年版」OECD モデル租税条約 26 条についての**「コメンタリー」の「パラ 19.14」**との関係を含めて，「補足」して示しておいた点をも，参照せよ。

　かくて，「対日」の場合には，前記の『はみ出し条項』（「新 26 条の A」5 項「第 2 文」）の『封じ込め』のための文言も，しっかりとある，ということになる。けれども，この「プロトコル」の「5 項」のｆを見ると――

　　„(f) Es besteht Einvernehmen darüber, dass …… die im anderen Vertragsstaat geltenden Bestimmungen des Verwaltungsverfahrensrechts über die Rechte der Steuerpflichtigen vorbehalten, **soweit** sie einen wirksamen Informationsaustausch nicht verhindern oder übermässig verzögern."

――となってしまっている。「納税者の行政手続法上の権利」の保障（前記⑥の点）に関するこの規定には，その権利が情報交換の「前に」保障されるとの文言はなく，また，（要請国側の）そうした権利保障に，右の soweit 以下で，条件が付けられている。即ち，「実効的な情報交換を阻害し，または不当に遅延させない限りにおいて (soweit)」，との条件付けである。

　実は，このｆの右の文言は，『「対仏」の場合に特異なものとして，前号分の末尾近く（71 頁）で，その「補足プロトコル」の「新 11 項」の最後のパラについて原文を示しておいたもの』（本書 626 頁）に，極めて近い。「対仏」の場合には，右の soweit が ohne dass だったが，同じ「ような」ことである。

　こうした文言にしたところで，事柄の実質に変わりのないことについては，「対仏」の場合に述べた通りではある。だが，「日本」の側が，「フランス」同様の文言を「対スイス」で求めなければ，おそらく，こうした文言（前記の，情報交換の「前に」，との明示も欠くそれ[*]）には，ならなかったはず，である。せっかく前記ｅがプラスの方向だったのに……。

4 「日・スイス租税条約改正プロトコル」（2010年5月21日署名）の情報交換条項　　641

＊　スイス当局の情報交換についての最終処分につき，スイス法上，当事者への『例外なき事前の通知』が求められること（既述）に対し，日本の場合には，<u>増井・後掲日銀金融研究30巻4号294頁にあるように，「2011」年度改正による実特法9条「4項」の新設（そこでの準用規定）</u>により，『事前通知を要しない』場合のあることが，注意されるべきであろう。「対日改正」の場合に，情報交換の「前に」，との文言がない理由としては，おそらくはこの点が，関係する。なお，増井・同前294－295頁は，この『事前通知を要しない』場合につき，「事案に応じ，検討していく必要がある」としながらも，「OECDモデル租税条約の注釈［コメンタリー］」を参考とした議論を，展開している。

　なお，Id. at 5971ff の「交換公文（Notenwechsel）」が残っているが，そこには「情報交換」関連の指摘は，存在しない。そこで，Botschaft, supra, BBl. 2010, at 5936ff の，「新25条のA」関連の指摘を，見ておこう。
　まず，Id. at 5936 の，「新25条のA」関連の説明の冒頭において，従来の「対日」条約に「情報交換」の規定のなかったこと（既述）とともに，スイス政府の「2009年3月13日」の決定と同時に，スイス政府は，課税領域での将来的な情報交換が「手続的保護を保持する」ものとなること，等を宣言した旨が，ともかくも，示されている（Gleichzeitig erklärte er, die zukünftige Amtshilfepolitik in Steuersachen werde den Verfahrensschutz wahren, …….）。直前で論じた「対日」の「プロトコル」の f があるから，この点が気になったのだが，試みに，「対デンマーク」のこれに相当する個所たる BBl. 2010, at 95 を見たところ，同様の文言があったので，安心した。
　Id. at 5937 の，「対日」での説明に戻れば，型通りに，OECDモデル租税条約26条との条文上の差は，同モデル条約の「コメンタリー」において定められて（予定されて）おり，「OECD基準」に合致する，との指摘が，そこにある。「3項」の「公序」との関係で，要請国側における不十分な守秘が問題となされていること（前記の⑦の点）も，他の諸国との改正の場合と，同様である（Id. at 5937f.――なお，Id. at 5937 には，「3項」の下で，情報交換に関してスイスでは，とりわけ，当事者の「聴聞を受ける機会」と「司法審査」とが保障されること，への言及もある）。また，「5項」についての Id. at 5938 の説明，及び，Id. at 5938f の前記「プロトコル」の「5項」についての説明にも，特段の点はなく，前記の f との関係では，連邦行政裁判所への不服申立手続が済んでから情報交換のなされること，等が示された後に，「この手続きは情報交換を不当に阻害又は遅延させるものであってはならない」（Dieses Verfahren darf den Informationsaustausch aber nicht in unzulässiger Weise behindern oder verzögern.），とあり，そこで，「情報交換」についての説明が終わっている。――以上で，前記①―⑧の点の検討は，すべて終わったことになる。

　そこで，この「対日改正」において「は」，(「2013年1月」の「第3次日米租税条約」の改正の場合と同様に）<u>引渡された**情報**の「他目的使用」</u>の規定がないこと，そして，**OECDモデル租税条約の「2012年改正」**で，要請国・被要請国の法がともに認め，かつ，被要請国側の同意のあることを要件として，「他目的使用」が認められるに至っ

ていること（既述[*]），との関係で，近い将来において期待されるところの，この点に関する日本の制度改革の在り方について，ここで言及し，それをもって本論文第3章の結びとしたい。

* 「対日」を除く，本章で検討したスイスの租税条約改正における「他目的使用」の規定が，「それ」を先取りしたものであることに，注意せよ。なお，この点に関する「OECDマルチ税務執行共助条約」の規定の変遷については，貿易と関税2013年4月号98頁（本書521頁），及び，同2013年6月号61－62頁（本書565頁以下）参照。

この点に関する**中山繁太郎氏の貴重な論稿**については，貿易と関税2011年12月号90頁，同2012年11月号53頁以下，同2012年12月号59頁以下，同2013年1月号79頁以下，そして，同2013年4月号98頁（本書206頁以下，216，283頁，415頁以下，441，462，521頁）で，それぞれ言及した。問題意識を明確にするべく，右のうち，貿易と関税2012年11月号53－54頁の私の指摘を，（本書第2章冒頭に示した基本方針に従い）再度，以下に示しておく。そこにおいて私は──

『例えば「租税条約上の情報交換」との関係でも，今般の「OECDマルチ税務執行共助条約」の署名に伴う国内法整備（後述）の前から，**租税条約実施特例法「9条2項」**には，外国側からの情報提供要請があった場合の，日本側当局の「質問又は検査の権限」につき，それが「犯罪捜査のために認められたものと解してはならない」とする，明文の規定がある。まさに，……貴重な先行業績たる**中山繁太郎「税務執行共助における問題点」税大研究資料194号（1987年）71頁**を引用しつつ示した点を，裏付ける規定である。

そしてそれは，同論文の当時の「法人税法及び所得税法」の同旨の規定を，踏まえたものでもある（中山・同前頁。──ちなみに，……それらは，2011年11月改正後の**国税通則法74条の8**に，同法72条の2以下の「質問検査権等」についての「権限は，犯罪捜査のために認められたものと解してはならない」との明文規定として，いわば集約されている。中山・前掲頁の当時と，この点の基本には，何ら変更はないのである。なお，以上につき，**金子宏・租税法第17版［2012年・弘文堂］766頁**）。

しかも，かかる取扱いの背後にあるのは，金子・同前頁にあるように，「**憲法38条の趣旨が実質的に損なわれるのを防止するため**」という，純然たる『**基本的人権保障**』の要請である。中山・同前頁は，……当時の［「1977年版」の］「OECDモデル租税条約」26条についての「**コメンタリー［パラ12］**」に，課税当局間で「交換された情報が，**租税犯罪（fiscal crimes）**の告発のために使用されうる」とされている点につき──

「その情報の収集に協力した納税者は，刑事手続上認められる自己負罪拒否権などの行使をする機会が与えられず，十分な権利保護ができないことになり，不都合である。その情報の使用目的の範囲……の在り方について，更に研究する必要がある。」

4 「日・スイス租税条約改正プロトコル」（2010年5月21日署名）の情報交換条項　　643

——との，貴重な指摘をしていた。前記の国内法上の基本的な主義（なお，金子・同前頁が，この場合，「租税職員の守秘義務」が「公務員の告発義務」に「優先」する，ともしていることに，注意せよ）と「OECDモデル租税条約」の「コメンタリー」との間の，『人権保護』上の重大な齟齬を，直視した指摘，である。

　従来の日本の国税サイドにおいては，この点について，『条約上の処理は別だが……』との，漠然たる理解（!?）があったようでもある。だが，「条約」で「憲法上の人権保護（人権保障）」を相対化できるのか，との重大問題を，一層直視すべきである……。

　そして，この点で，「2010年改正」（平成22年3月法律6号）で新設された租税条約実施特例法「8条の2」（それについては，更に後述する）の「3号」に，注目する必要がある。そこには，「相手国等」への「租税条約等に定めるところ」による「情報の提供」を，『しない』場合の一つとして——

「三　我が国がこの条の規定により提供する情報が当該相手国等税務当局の職務の遂行に資する目的以外の目的で使用されるおそれがあると認められるとき。」

——とある。

　「OECDモデル租税条約26条」等との関係については後述するが，それらとの関係を意識してか，はっきりとは書かれていないものの，当該外国側での『刑事訴追目的での使用』の「おそれ」があるとき，「憲法98条2項」（同条1項との関係でのそれ‼）をバックとした『人権的配慮』に基づく，わが国税当局の毅然たる対応が，（今後はこの明文規定を頼りとして）大いに期待される。国内では憲法上の『人権保護（人権保障）』のゆえにできないはずのことが，「条約」によって可能となってしまうのは，私の言う「国境でメルトダウン（熔融）する人権保障」の，典型的な場合だから，である。——以上は，「日本に差し始めた『一条の光』」の，出発点における例示としての指摘，である。』

——と，指摘しておいた。

　右の引用の中で示しておいたOECDモデル租税条約26条への「コメンタリー」において，例えば「2008年版」の「パラ12」にも，"The information obtained may be disclosed only to persons and authorities involved in …… the enforcement or **prosecution in respect of**, the determination of appeals **in relation to the taxes** ……." との文言が存在する。そのことを反映してか，（OECDモデル租税条約26条を踏まえて）「日本」が締結して来た租税条約における，日本側が引渡した情報の『相手国刑事手続における利用』についての従来の扱いは，以下の如きものであった「ようである」。

　つまり，「租税犯罪」と「租税犯罪以外」とが区別され，租税条約締結国との関係では，「租税犯罪」については『相手国刑事手続における利用』が，とくに要件を付することなく，条約規定を根拠として，可能とされるが（この点が問題の核心であることは，右の引用箇所でも示した通りである‼），「租税犯罪以外」については，『それ』が

不可とされて来た「ようである」。だが，こうした取扱いが，『現在の日本の法制度の基本』との関係で，『鋭い法的緊張』をもたらすことについては，貿易と関税 2012 年 4 月号 85 頁以下（本書 278 頁以下）の **[重要な注記(1)]**，及び，同 2012 年 12 月号 56 頁以下（本書 437 頁以下）で，詳論したところである。即ち，関税法 108 条の 2（情報提供）の 2012（平成 24）年改正，及び，そこで参考とされた『三つの先例』たる法律においては，「国際捜査共助法」の「潜脱防止」が強く意識され，同法の基本たる『双方可罰性要件』の堅持（等）が，日本の引渡した情報の外国での「刑事手続」における使用の，要件とされている。——しかも，それらの法律において「刑事手続」と言うとき，それは「刑事手続」一般を意味しており，「国際課税」の場合の特殊な現象としての，「租税犯罪」と「租税犯罪以外」との区別，といったものは存在しない。

こうした『現在の日本の法制度の基本』との不整合を解消する「第 1 歩」は，前記の「関税法改正」を含めた『4 つの先例』に合わせた法改正を，早急に行なうことである。その基本は，前記の「国際捜査共助法」の「潜脱防止」との点に，求められねばならない（「双方可罰性要件」のほか，非政治犯罪性なども，問題となろう）。

だが，国際課税の場合については，既述の「租税犯罪」と「租税犯罪以外」との区別の問題が残る。「租税犯罪」ならば，従来通りに，日本側が引渡した情報の外国における「刑事手続」における使用を，条約規定の存在を根拠に（と言っても，明文の規定によるのではなく，OECD モデル租税条約 26 条の，「2010 年改正」までのその「2 項」に相当する規定についての，いわば「条約規定の解釈」によって!?），無条件で認めるという扱いが，果たして憲法上許されるか，の問題である。

この点を考える際には，例えば前記の「関税法改正」の場合にも，**以上とは逆の流れ**，つまり，外国から租税条約ルートで日本が入手した情報の，「**日本国内における刑事手続への使用**」について，同様の要件の下に，これを可能とすることが，考えられていたこと（この点につき，貿易と関税 2012 年 4 月号 89 頁〔本書 282 − 283 頁〕）を，想起する必要がある。日本国内での扱いに関しては，前記の私見引用部分にあるように，2011 年 11 月改正後の**国税通則法 74 条の 8** に，同法 72 条の 2 以下の「質問検査権等」についての「権限は，**犯罪捜査のために認められたものと解してはならない**」との明文規定がある。また，右部分で引用したところの，**従来の租税条約実施特例法 9 条「2 項」**の，「質問又は検査の権限は，犯罪捜査のために認められたものと解してはならない」との規定は，同法の「2011（平成 23）年改正」（法律第 114 号）・「2012 年改正」（法律第 16 号）による **9 条「3 項」**となり，多少の文言の差はあれ，もとより残存している（「平成 24 年 6 月 1 日現在」の国税庁・租税条約関係法規集 663 − 664 頁で確認）。——こうした前提の下に，それでは，租税条約ルートで日本側の入手した情報を，「日本国内における刑事手続への使用」のために使用できることに，一体なり得るのか。条約が国内法を越えるとは言えても，それでは『**憲法上の人権保障**』も，条約によって凌駕されることになるのか。ここで，問題は，出発点としての前記の**中山繁太郎氏の問題提起**に，戻ることとなる。OECD モデル租税条約 26 条の「コメンタリー」との，正面切っての対決が，本来，必要なはず，である（!!）。

ところで，前記の関税法 108 条の 2 の改正においても，『**双方可罰性要件**』のチェッ

## 4 「日・スイス租税条約改正プロトコル」（2010年5月21日署名）の情報交換条項

クについては、「**法務大臣の確認を受ける**」こととされている（同条の「5項」である。この点につき、貿易と関税2012年4月号89頁〔本書282頁〕と、同2012年12月号57頁〔本書438頁〕とを、対比せよ）。国際課税関連での今後の日本の法改正において、『双方可罰性要件』がインプットされることを期待しつつも、その先で問題となるのが、この「法務大臣の確認」、である。

　この点に関しては、2013年4月26日に、幸いにして二つの文献を入手出来た。いずれも法務省刑事局付検事の手による、山内由光「『国際捜査共助法及び組織的な犯罪の処罰及び犯罪収益の規制等に関する法律の一部を改正する法律』について」現代刑事法6巻11号（67号）（2004年）99頁以下、及び、甲斐行夫「犯罪及び犯罪者の国際化に伴う問題点と対策」法律のひろば1993年7月号14頁以下、である（右の前者は、石黒・前掲国際倒産 vs. 国際課税8頁以下で批判した「日米刑事共助条約」との関係でのもの、である。山内・同前99頁参照。以下、その部分に限定して、これを引用する）。

　山内・前掲101頁には、「日米刑事共助条約」により『双方可罰性要件』の例外を規定するに至った「国際捜査共助法」の改正との関係で、以下の指摘がまずある。即ち、「双罰性の欠如が共助の絶対的な拒否事由とされていたのは、我が国で行われたとしても犯罪にならないような行為について、捜査機関が証拠の収集を行って外国に提供することは、**国民感情**(＊)にも反する恐れもあることなど[??]から一般的に適当ではないことが多い[??]と考えられたからである」、とある。

　　＊　「国民感情」の語が、実特法の「2012年改正」に関する西方他・前掲ジュリスト1447号47頁にも用いられており、それについて貿易と関税2013年7月号54-55頁（本書573頁）において、更に一歩の詰めを私が求めていたことを、ここで想起せよ。

　なぜ、問題が「国民感情」止まりであって、「など」とか「適当」とか「ことが多い」などと、これが純然たる『憲法上の基本的人権保護』の問題であることを、直視『しない』のか（!!）。山内・同前頁には、この先において、「双罰性がない事実について、強制処分を実施できるような法制を採用したとしても、裁判官が令状を発布するか否かの審査を行う上」、云々と、裁判官に下駄を預けるかの如き指摘もあり、かつ、前記の日米条約上「わが国に**裁量権**[!!]がある」のだから、「双罰性がない場合に強制処分を実施することは必ずしも不当とは思われない」、ともされている。そして、同前・102頁に至り、「双罰性の要件の緩和」は、この要件の検討に要する「時間を短縮」し、「共助の迅速化に資するものである」、と来る。――ここに「も」、当局者として『憲法上の人権保護』を直視する指摘はない。石黒・前掲書10頁で「警察実務家の立場」からの見解を批判したときと、全く同じことが、山内・同前においても、繰り返されているだけ、である。**実に情けなく、そして、危うい**。

　それでは、甲斐・前掲14頁以下はどうなのか。同前・17頁でも、実務的な先行業績を引用しつつ、「国民感情にも反する恐れもある」云々と、山内・前掲と同旨が示された後、米国は「双罰性」不要で、韓国・オーストラリアは「双罰性の不存在は裁量的拒否事由」たるのみだ、とされる（但し、「日韓刑事共助条約」において『双方可罰

性要件』が堅持されていることについて，石黒・前掲書14頁!!)。だが，<u>「英国」及び「スイス」</u>(＊)では，<u>「強制手続を取る場合」</u>には<u>「双罰性を必要として」</u>いる，とあるのにもかかわらず(!!)，「双罰性を絶対的要件とみる考え方は，国際的には支配的でなくなってきているようである」，とある。

 ＊ スイスの国際刑事司法共助の詳細については，貿易と関税2011年9月号48頁以下（本書第2章1）。それを，本号分の，本章3の最後の「＊部分」で，若干補充したことになる。

その後の同前頁の論旨は，山内・前掲と同じであり，<u>「もともと双罰性を要件とした趣旨［!?］</u>からすれば，双罰性については柔軟な理解が求められると言えよう」，とある。――こうして，「租税条約上の情報交換」における『引き渡された情報の刑事手続への利用』につき，関税法改正等の先例に照らして『双方可罰性要件』が，将来的にインプットされた「としても」，そこで問題となるであろう<u>「法務大臣の確認」</u>については，<u>『憲法上の人権保護』との関係での，大いなる懸念が，存在する</u>。これが，今の日本の現状，なのである(!!――以上を，貿易と関税2012年4月号89頁以下〔本書283頁以下の［重要な注記(2)］と対比せよ!!)。嗚呼。

以上をもって，第3章における検討を，すべて終了する。

# 第4章　OECD のタックス・ヘイブン対策と 「租税条約上の情報交換」
──スイスの政策変更との関係において

> 1　その展開過程と留意点──「タックス・ヘイブンの定義」をめぐる 不可解な展開を含めて

　あと 2 号分とほんのちょっとで，本論文は完結となる。そのために予定していた論述の大幅圧縮を行なうターゲットが，本章 1 である。本章 1 には半年分くらいかかるか，と思っていたが，もはやそれは出来ない。そこで，大胆な「バイパス手術」を行なう。

　具体的には，ここに限って，「2010 年度冬学期東大石黒ゼミ」の，ある種の『実況中継』的な論述に，思い切って切り替える。それによって，詳細な文献引用等を，かなりの程度，リラックスして省略し，省力化を図ることとする。

　ちなみに，このゼミの成果については，貿易と関税 2012 年 2 月号 59 頁の「＊部分」（本書 239 頁）において，頭出し的な言及を行なっていた。そこでは，「利子課税に関する 2004 年対 EU 租税条約」に関するスイス側の Botschaft vom 1. Oktober 2004, BBl. 2004, at 6205 を引用しつつ，「EU」の側における「利子課税」の導入により，それが域内のみのものであるために，かかる課税を意識した「EU 領域（EU-Raum）」からの「資本の流出（Kapitalabfluss）」が，EU 側によって懸念され，かくしてスイスを含めた「第三国」たる諸国を，EU のこのシステムに組み込むこと（in ihr System einzubinden）が決定され，この点が，スイスとのこの条約締結への経緯となったこと，を記した上で（本書第 2 章冒頭の基本方針に従って，ここでもそれを再叙すれば）──

　『Ibid において，かかる「第三国」（その冒頭はスイス）として掲げられているのは，順に，「アンドラ，モナコ，リヒテンシュタイン，サン・マリノ，及び米国［!!］，並びに，英国及びオランダの属領……であって英国近辺の水域及びカリブ海にあるもの」，である。そして，「英国及びオランダの属領」は，具体的に「ジャージー，ガーンジー，マン島，ケイマン，アンギラ，モントセラト，英領ヴァージン諸島，タークス・カイコス諸島，オランダ領のアンティル諸島及びアルバ」，として示されている。

　一部英和辞書をも使って，細かな「英国及びオランダの属領」の名称を記したのには，実は理由がある。本論文第 4 章 1 で，「OECD のタックス・ヘイブン対策」を扱う際に，「タックス・ヘイブンの定義をめぐる不可解な展開」への言及を行なう。「タックス・ヘイブン」と言えば英和辞書でも「租税回避地（軽課税国）」の訳が出て来るし，それが一般の用語法であろうに，「同時多発テロ」の起きた 2001 年「9.11」

の，その２カ月後に，税率の（ゼロを含めた）低さは，「タックス・ヘイブン」の定義から，削除された（後述）。「情報交換」が問題の正面に，不自然に据えられたのである。

　この点については右の個所で後述するが，まさにEUが，ここで問題とする「利子課税」導入との関係で具体的な「資本の流出（逃避）」を懸念したように，「タックス・ヘイブン」と言えば「租税回避地（軽課税国）」のことだと，従来通りに考えることの方が，はるかに自然である。それなのに，どうしてOECDでの議論が，不自然な軌道修正を，してしまったのか。

　「タックス・ヘイブン対策」については，EU内部での検討もなされて来ていたが，そこにおいて，多数の（しかも，その大半がいわゆる「タックス・ヘイブン」でもあるという⁉）海外属領を抱え，Ibidにおいても，それが細かく明示されているところの「英国」が，どう動いていたのか。実はこの点は，『両M氏』〔本並・馬渕の両氏である〕を含めた国税庁職員（税務大学校研究科の，東大法学部派遣の研究生達）が参加してくれた私の2010年度冬学期演習において，集中的に扱った問題である。

　本論文第４章１では，その検討結果も含めて，書くつもりだが，だいぶ先になってしまうのが，ずっと気になっていた。関係する属領名がずらっと登場したIbidの指摘に接し，以上の頭出し的言及を，行なっておく次第である。』

――と，私は指摘しておいた。

　その先を，「ゼミの実況中継」的に，との既述の方針を維持しつつ，多少なりとも一層深く，論ずることとする（但し，極力短く，である）。

　なお，実際の前記のゼミでの『議論の流れ』については，次号分で示すが，第４章の見出しとの関係で，全体を概観する文献としては，まずもって，**増井良啓「租税条約に基づく情報交換――オフショア銀行口座の課税情報を中心として」日銀金融研究所・金融研究30巻４号（2011年10月）253－311頁**がある。ちなみに，その303頁にリスト・アップされている同「Havens in a Stormを読む――『有害な税の競争』をめぐる言説の競争」租税研究720号（2009年）264－277頁は，前記の私のゼミでも細かく検討をさせて頂いた文献である（なお，私の本論文も，貿易と関税2011年６月号分までが，増井・前掲金融研究303頁で，参照の対象となっている）。

　増井・同前（金融研究）論文は，前提的論述の後，同前・262頁以下で「OECDモデル租税条約26条の2005年改訂」に言及する際，同前・263頁で，OECDの「1988年『有害な税の競争』報告書」について触れ，同報告書が「タックス・ヘイブン」の「定義」として，『４つの要素』，即ち，(1)「無税であるか名目的な課税であること」，(2)「効果的な情報交換の欠如」，(3)「透明性の欠如」，(4)「実質的活動が行われることが要求されないこと」の４つを挙げていたこと，そして，そのうち右の(2)(3)が強調されていたこと，を示す。だが，同前頁にあるように，右の(2)－(4)は，この段階では，右の(1)「以外」の「他の重要な要素」たることが，いわば常識に沿った形で，認識されていた。

　増井・同前263－264頁が，続いて言及するのは，「タックス・ヘイブンとの情報

## 1 その展開過程と留意点　649

交換」であり，そこにおいて，「オフショア法域とのやりとり」が続けられる中で，「グローバル・フォーラム」という「対話の場」が設けられた，とある（そこで引用されているのは，OECD, Towards Global Tax Co-operation: Progress in Identifying and Eliminating Harmful Tax Practices［2000］である）。なお，「グローバル・フォーラム」については，貿易と関税 2012 年 9・10 月号分（本書 374 頁以下，393 頁以下）において，詳細に扱ったので，対比されたい。

　増井・同前 264 − 265 頁は，続いて，OECD 租税委員会の「2000 年『銀行情報へのアクセス』報告書」に触れている（同報告書については，貿易と関税 2012 年 8 月号 56 頁以下〔本書 353 頁以下〕参照）。また，増井・同前 267 頁以下は，「欧州評議会・OECD 税務執行共助条約」（それについては，貿易と関税 2013 年 4 月号分以下〔本書 517 頁以下〕で扱っている）に言及し，増井・同前 271 頁以下の，「グローバル・フォーラムの活動」へと移る。同前・271 頁には，「グローバル・フォーラム」の活動が「2009 年 9 月以降」に「本格」化したとあり，「2009 年 4 月 2 日」の前記 G20 ロンドンサミット・コミュニケ（「首脳宣言」）への言及が，同前頁にある。

　増井・同前 275 頁以下は，大略こうした流れの中で，「UBS 事件」と「スイスの立場」に言及するが，既述の『源泉税条約』方式の位置づけについての，同前・278 頁の指摘は，検討が「2010 年 10 月段階」（同前・278 頁）までのためか，もとより十分ではない（但し，私がそれに正面から言及したのも，貿易と関税 2013 年 5 月号 83 頁以下，同 6 月号 44 頁以下において，であった〔本書 525 頁以下〕）。そして，増井・同前 279 頁以下は，「日本の対応」へと転じ，同前・284 頁以下で，「実特法の改正」につき，「平成 23 年度（予定）」の改正までを，論じている。但し，「2010 年改正」による「実特法 8 条の 2」の新設についての，同前・286 − 287 頁，290 − 291 頁の論述には，若干の物足りなさを感ずる（貿易と関税 2012 年 11 月号 53 頁以下，61 頁，63 頁以下，とくに 66 頁以下〔本書 429 頁以下，442 頁以下〕と対比せよ）。なお，増井・同前 295 − 296 頁の「民事と刑事の区別」についても，同様の思いがある。同前・299 − 300 頁は，既に同論文の「おわりに」の中の指摘だが，「納税者の権利保護」と題する。だが，そこには，『憲法上の人権保障』への言及は，無い。『国境でメルトダウン（熔融）する人権保障』の防止，という本論文の基本的視座との，基本的で大きな温度差が，其処にある。

　以上の増井論文にここで言及したのは，前記の「2010 年度冬学期東大石黒ゼミ」では，ゼミ終了後の刊行たる同論文を，もとより扱い得なかったから，である。──以下，次号分では，このゼミの『実況中継』となる(*)。

* 以上は，2013 年 6 月 29 日午後 11 時 50 分までの執筆。点検終了は，翌 6 月 30 日の午前 1 時 50 分。従って，「今日」は，計 14 時間 20 分の作業，だったことになる。さすがに，途中で相当苦しかったが，計 2 日で，ともかくも終了，となった。いよいよ，あと 2 号分のみ，である。

〔以上，2013 年 10 月号 58 − 76 頁〕

(1) 「東大法学部 2010 年度冬学期石黒ゼミ」での検討状況──「2001 年 11 月」の「タックス・ヘイブンの定義の変更」問題を中心に

　執筆の開始は，2013 年 7 月 14 日午前 7 時 35 分。いよいよ，「東大法学部 2010 年度冬学期石黒ゼミ」（「国際課税と抵触法［国際私法］」）の『実況中継』である。前号分で予告しておいたように，詳密な論証過程と膨大になったであろう頁数とを，すべて「バイパス」するための『それ』ゆえ，極力リラックスして書くこととする。

　2010 年 10 月 13 日（水曜）開講のこのゼミでは，専ら「国際課税と情報交換」に焦点を当てた検討を行なった。開講日とその次の 10 月 20 日に，私から，若干の資料配布と基本的な問題関心（「国境でメルトダウン「熔融」する人権保障」の問題を基軸とするそれ）についての説明を行ない，10 月 27 日から，参加者による報告，となった。

　参加者は，以下の通り。まず学部からは，非常に成績の良い Y さん，K さんの 2 名と，オブザーバー希望で財務省内定の I 君の，計 3 名（Y さんは，貿易と関税 2012 年 4 月号 84 頁以下，89 頁以下〔本書 276 頁以下，283 頁以下〕の，私の「2011 年度冬学期東大ロースクール講義」での成果との関係で，「S・Y さん」として登場する）。大学院からは，共に総合法政専攻修士課程 1 年（当時）で私の指導する，中国の袁田（えんでん）さんと新疆ウィグル地区からのメメティ・カディル君の 2 名（画期的で資料的価値も高い袁田さんの修士論文は，袁田・WTO 紛争処理の一断面──協定解釈と「辞書」の利用［2012 年・信山社］として刊行。メメティ君は，現在博士課程 2 年）。それに加えて，東大法学部に派遣された「2010 年度税務大学校研究科聴講生」7 名中の 5 名が参加した（うち，両 M 君については，本論文の中で，既に実名を示してある。本並尚紀君と馬渕大樹君である）。従って，参加者は計 10 名。その数年前までの計 20 名位だったか，いわゆる「100 人ゼミ」を指導して来た私にとっては，適正人数の，ゼミらしいゼミであった（国税庁関係者は，論文執筆があるので，12 月までの参加）。

　次に，このゼミと本論文との関係だが，当時の私は，まさに本論文の執筆準備に入っていた。貿易と関税 2011 年 3 月号 47 頁（本書 1 頁）にも記したように，本論文の目次の作成と執筆開始は，「2011 年 1 月 6 日」。それは，まさにこのゼミの，年明けの二回のセッション（2011 年 1 月 12，19 日）を前にした，最終段階でのことだった。

　そのこともあってか，この「2010 年度ゼミ」に限って，私は，独特の進め方を，試みた。『全体のシナリオをあらかじめフィックスすることなく（!!），各回のセッションで参加者に自由に報告をさせ，但し，レジュメの他に，参考となり得る文献等の原文を人数分コピー配布し，とくに問題となりそうな部分を，全員の目で点検しつつ，ランダムにそこから情報や論点を引き出し，次のセッションでその先を検討することの積み重ねで，何となくゼミを進める』，との「進め方」である。それが，まさに功を奏したゼミ，であった。

　5 回のセッションを経た，6 回目の 2010 年 11 月 24 日のセッションで，私は，A3 カラー1 枚の，それまでのセッションでの成果を纏める『「謎解き」への「推論の順序」①─⑧』を配布したが，そこには，右の如き「ゼミの進め方」を何故行なったのかの説明を兼ねて，以下の「メッセージ」を示しておいた。即ち──

「論文執筆又は研究の前提としては，常にと言ってよい程に，見えないもの，見えていないものの，可視化（自分自身にとってのそれ）のプロセスがある。或る種の謎解き，と言ってもよい。最初は針の穴程の『時空のひずみ』であったとしても，疑念が生じたら，何処までもそれを追求してゆくと，とんでもないカラクリが見えて来たりする。──石黒が，この30年余実践して来たことの，或る種の追体験を，このゼミでやって行きたい……。」

──とのメッセージである。これは，それまでのセッションでも折りに触れて私が示して来た方針であったが，参加者達は，この方針を，実によく理解し，実践してくれた。

参考までに，第6回セッションにおける，右の『「謎解き」への「推論の順序」①－⑧』を，以下に示してから，このゼミで検討・解明して来た事柄を，順に示してゆくこととしよう。右の①－⑧とは──

「① ケイマンは「米国議会が造り出した無人地帯（a no-man's land Congress had created ……）」との米側説明の意味は？
（石黒・前掲国際倒産 vs. 国際課税 362 頁の Westbrook, 79 Am. Bankr. L. J.〔2005〕, at 727f の説明中の指摘をコピー配布〔なお，本書 336 頁参照〕） → ①' その趣旨をさらに調べる必要あり。 → ①'' 前々回の米財務長官の訳の分からぬ説明（後述）との関係含む。

② ケイマンは，ともかくも米側（官民）にとって重要なゲームの地!?

③ だったら，それ自体を「潰す」ことは，米国にとって損。

④ 英国は，例えば「ガーンジー島」から，確実に儲けている。だったら，「英国」がそれ自体（and 他の属領たるタックス・ヘイブン）を潰すことは，あり得ない（!!）。
（石黒・貿易と関税 2007 年 3 月号 63 − 64 頁の，「ガーンジー島の税制」についての実際の課税事例とその周辺に関する論述部分をコピー配布）

⑤ 同様の事情は，今も海外属領（その多くがタックス・ヘイブン!?）を有するオランダ等にも共通!?

⑥ （④＋⑤で）EU がタックス・ヘイブン自体を潰すことは，あり得ない!?

⑦ （①〜⑥で）タックス・ヘイブン自体を潰すことは，米・EU 側とも，自らに損との認識では，一致していたのではないか!?

⑦' 「Sharman＝増井」（後述）── **Nov. 2001 の「タックス・ヘイブンの定義」**

の変更は，「タックス・ヘイブン側の勝利」，とのこと。But 実際には，旧植民地（海外属領）を多く有する EU 諸国（英国その他!!）の勝利だったのではないか？
　　⇒　But それでは，「一体，誰に対する勝利」だったのか??

⑧　OECD の「有害税制」対策プロジェクトの出発点に遡る必要性あり!!（それは，そもそも誰が言い出したことだったのか??）」

――である。
　もとよりこれは，あり得べき「推論の順序」を示したものであって，そのすべての点を，このゼミの中で解明出来た訳ではない。だが，右の⑦'のゴチック体で示した部分は，結構重要な点である（後述）。なお，私は，2010 年 12 月 8 日のセッションでも，右の「推論の順序」を若干敷衍した A4 で 1 枚の手書きのものを配布し，2011 年 1 月 19 日のゼミ最終日にも，同様の趣旨からの，A3 で 2 枚のものを配布した。

　さて，キック・オフのための 2 回を経た 3 回目の 2001 年 10 月 27 日のセッションでは，既にして，その後のゼミでの論議の方向付けのための，大きな進展があった。以下，本章 1 に関係する事柄のみを抽出して，『実況中継』をすることとする。
　まず，馬渕君から，二つのペーパーが配布され，紹介がなされた。第 1 に，OECD Observer, No. 221/222（2000 年夏号）の「世界の税務協力を目指して」との文書である。「OECD 財務局長の Jeffrey Owens に説明を求めた」とあり，OECD 東京センターのホームページからのもの，であった。ゼミでは，OECD が発表する「タックス・ヘイブン」のリストとの関係で，Owens 氏が，リストに載った jurisdiction（「管区」と訳されていた）が「有害な租税慣行をなくすことを約束する」際，「この約束は，税率ゼロの税制をなくすことを意味するのではない。透明性を高め，有効な情報交換を行うことを意味するのである。……」と，この段階において，既に述べていたことが，注目された（但し，Owens 氏が「英国人」であることも，ゼミにおいて take note された）。
　馬渕君から配布・紹介された二つ目のペーパーが，増井良啓「Havens in a Storm を読む――『有害な税の競争』をめぐる言説の競争」租税研究 2009 年 10 月号 264－277 頁であった。J. C. Sharman, Havens in a Storm: The Struggle for Global Tax Regulation (2006 Cornell Univ. Press) の紹介論文，である（早速私は，この原書を，2010 年 11 月 6 日に入手した。オブザーバーの I 君も，別途入手した）。
　ゼミの『実況中継』として，右の増井論文に沿って紹介すれば，増井・前掲 264 頁にあるように，著者の Sharman 氏は，オーストラリアの「政治学者」であり，この著書の「対象とする時期」は，「OECD で，有害な税の競争に対抗する運動がはじまった 1996 年ごろから，2001 年初夏以降の方針転換を経て……2003 年ごろまで」である。同前頁には，「本書によると，この時期には，タックス・ヘイブンと名指しされた小国が OECD 加盟国の攻勢に対抗し，規制の試みが実質的に骨抜きにされた。本書はこれをタックス・ヘイブン側の『勝利』[*]とみて，その要因が評判に訴えかけるレトリックを効果的に駆使したことにあると論じている」，とある（同前頁にあるように，

1　その展開過程と留意点　　653

同書は，「国際関係論の角度」からのものである。なお，『タックス・ヘイブン側の勝利』の構図については，増井・同前266, 267頁，等も参照せよ）。

＊　但し，前記の私のゼミでは，前記の『「謎解き」への「推論の順序」①―⑧』の⑦’にあるように，この現象を『タックス・ヘイブン側の勝利』とのみ考えるのは皮相的に過ぎ，一連の問題，とくに「タックス・ヘイブンの定義」の変更については，「英国」（ないしは，「コモンウェルス」――後述）の画策にウエイトを置いて考えるべきではないか，との方向に，議論が進んだ。

　ちなみに，Sharman, supra, at 21 には，そもそもタックス・ヘイブンの誕生と増殖（proliferation），そしてその development strategy の背景には，旧宗主国のサポートのあったことが（当たり前のことだが!!），"Often [!?] this development strategy was adopted by small states on the advice of former colonial powers and development agencies." として，示されている。同書における，これに対応する指摘は，「コモンウェルス」がタックス・ヘイブン諸国のサポーターであったことを示す Id. at 56 である。そこには，"**the Commonwealth (one of very few international organizations to support the listed states as discussed below)**" との表記がある。そして，Id. at 58 には，「有害税制」を有する国々に対する制裁の「不適切さ」との関係で，「<u>2000年9月</u>」の「<u>コモンウェルス財務大臣会合</u>」（カナダとカリブ海諸国の要請［at the behest of ……］による開催），及び，「<u>英国</u>」への言及がある。即ちそこには――

"Further momentum was generated when the OECD initiative was put on the agenda of **the September 2000 Commonwealth Finance Ministers' Meeting** in Malta at the behest of Canada and Caribbean countries. Because <u>twenty-five of the thirty-five</u> countries to appear on **the June 2000 list**, and *five of six* jurisdictions that had made advance commitments just before the list, were **former or current British colonies**, the Commonwealth became closely involved with the tax competition issue. The subsequent annual meetings in 2002 and 2003 (the 2001 meeting was canceled in the wake of <u>terrorist attacks that September</u>) reaffirmed this **support for listed states**."

――とある。「英国の属領」との関係では，本書647－648頁を参照せよ。また，前記の『「謎解き」への「推論の順序」①―⑧』の④と，対比せよ。

　なお，Id. at 84 には，右の「2000年9月」の「コモンウェルス財務大臣会合」で作成されたレポートの引用があり，そこにおいて，OECDの営為によって**ターゲットとされた国々の租税政策決定上の主権，及び，主権侵害，への言及がある**（"**the sovereignty of jurisdictions to determine their tax policies**"; "…… violates **the sovereignty of these jurisdictions**"）。――この論じ方は，後述の「米国」オニール財務長官のそれを彷彿とさせるものだが（なお，前記の『「謎解き」への「推論の順序」①―⑧』の①－③とも対比せよ），これだけのことがありながら，Sharman の前記著書は，なぜ『タックス・ヘイブン側の勝利』とのみ結論付けるのか。<u>それら小国の背後にある（アングロ・サクソン系の）大国の行動に，何故もっと光を当てないのか。それは，ひょっとして著者もまた，「オーストラリア」の研究者だから，ではないのか。</u>――増井論文を読み進めつつ，折りに触れてゼミで私が指摘したのは，まさにそのことであった。

　ちなみに，2001年12月23日に，既に税務大学校に提出される論文の執筆専念期間

に入っていた本並君から，本庄資「オフショア・タックス・ヘイブンをめぐる国際課税（第1回－第3回）」租税研究2010年10月号156頁以下，同11月号197頁以下，同12月号179頁以下のコピーを頂いた。ゼミではそれを十分には活かし切れなかったが，同前・10月号161頁には，「2000年9月」の「イギリス連邦［コモンウェルス］」の「財務大臣会合」への言及があり，同前・164頁には，「OECD・イギリス連邦作業部会のパリ会合（2001年3月1～2日）」での英連邦（コモンウェルス）側のOECD批判（非難）への言及がある。

　なお，増井・前掲267－268頁には，Sharman, supraの「14－18頁の概要」が示されている。そこ（同前・268頁）には，『3つのこと』が，並んで示されている。即ち，第1に，「2001年5月10日」の「オニール米財務長官の会見」で，「OECDのイニチアティブに対する公式批判」がなされたこと，第2に，「2001年9月11日」の「同時多発テロ」，そして第3に，「2001年11月，OECDが経過報告書を公表」し，「タックス・ヘイブンの4要件」（前号分末尾〔本書648頁〕で，別の増井論文に即しつつ示したそれら）から「④実質的経済活動がないこと」が外され，「②有効な情報交換の欠如，および，③透明性の欠如のみに審査の力点が置かれることになる」との経緯が，並んで示されている。――右の最後の，第3に示した経緯は，いわゆる「9.11」の2か月後，である（!!）。「なんか，変じゃないか，君達」との私の指摘に，「怪しい!!」と，低く呻くように答えた馬渕君の声を，私は忘れない（彼の直観力の素晴らしさは，その後，今日まで，実証されることとなる）。

　以上の馬渕君の大なる貢献に続き，袁田さんが提出したペーパーは，「2001年OECDレポートにおけるタックス・ヘイブンの認定要件の変化」，及び，「アメリカの政策の変化」に，焦点を当てたものだった。彼女の貢献も，また，大きなものであった。――以下，純然たる『実況中継』に戻る。

　袁田さんのペーパーは，米国が「2000年6月」（財務省プレス・リリース）の段階では，OECDの『有害税競争』レポート（1998年）を支持していたのに，「2001年」のブッシュ政権誕生で一変し，「2001年7月」のオニール財務長官の声明で，「他の国の租税政策には干渉しない」こととともに，「タックス・ヘイブンの認定要件」から，「実質的な活動がない」との要件を取り下げるよう，強く主張したことを，指摘する。袁田さんのペーパーには，日本語の説明に続き，英文で該当個所が全部引用されていたが，それとは別に，Statement of Paul H. O'Neill before The Senate Committee on Governmental Affairs Permanent Subcommittee on Investigations: OECD Harmful Tax Practices Initiative (July 18, 2001: PO-486) が，それ自体として，全員に配布された（それ以外のものも同様に全文配布）。――そうしてくれると，全員で，その場での原文及び文脈（!!）のチェックが出来るから，ベストであるとの，私の要望に，早速応えてくれたのである（以後，各自の報告に，この点は見事に反映されることとなった）。

　オニール米財務長官のOECD批判については，増井・前掲（租税研究）268頁でも，また，それが紹介するところのSharman, supraにおいても（例えばId. at 74, 86.），「2001年5月」段階のものが引用されているが，同年「7月」の米国議会向けのステートメントを，コピー配布してくれたのである。ただ，その中で私がむしろ注目したのは，

「タックス・ヘイブンに関するOECDの活動の最近の展開」の項の中の，"*Removal of the no substantial activities criterion.*"の小項目の第2パラ，であった。そこには──

 "**Countries may have good reason to provide different levels of taxation to income**[*] earned by nonresidents or to income earned by residents from foreign activities, such as to provide investment incentives or to improve access to capital markets. If such policies are not coupled with a lack of transparency or **a refusal to exchange information** and otherwise do not interfere with the enforcement by other countries of their tax laws, they should not be targeted by the OECD initiative."

──とあった。

* なお，Sharman, supra, at 86 には，オニール長官が，「2001年5月」のワシントン・タイムズで，"The United States does not support efforts to dictate to any country what its own **tax rates** or tax system should be."と述べたことが，示されている。こうした『米国の変節』をも背景として，「税率の低さ」という「タックス・ヘイブンの常識的な定義」は，OECDの一連の作業から，排除されることとなるのである。直前の長い「＊部分」の指摘と，これを対比せよ。

他方，その前後のパラグラフには，袁田さんが気になった「二つの点」として，レジュメの中で直接原文を引用していたところの，"Application of the "no substantial activities" criterion proved difficult, ……."との指摘と，"Moreover, this criterion necessarily would have **uneven application** to the tax haven jurisdictions as it would have potential application only to those jurisdictions that have an income tax system and would have no application whatsoever to those jurisdictions that have no income tax system. The lack of clarity in definition and **uneven application** are particularly troubling because the criterion potentially implicates fundamental tax and economic policy decisions of the jurisdictions."との指摘とがある（「★」）。

ゼミでは，このオニール長官が理由として示したところの，直前の段落で示された「二つの点」に，さして説得力のないこと（この点に，後述の論点との関係で，「★マーク」を付することとする）に，参加者の関心が集まった。即ち，「実質的経済活動がないこと」の「認定が難しい」との点については，「タックス・ヘイブン対策税制」や『国際的な税務否認』関連の案件においても，確かに難しいけれど，それを乗り越えた課税が，何処の国だって（日本だって）なされている訳だし，今更それが難しいから「タックス・ヘイブンの認定基準」からそれを外すなんて，どう考えても怪しい。また，「所得税制度」のない国（例えばモナコ──これは，本並君の貢献）とのそれのある国との間で「不公平な適用」になるとの点も，取ってつけたようで，おかしい。──「裏に何か，あるはずでは!?」，ということである(*)。

＊　なお，本庄・前掲租税研究 2010 年 10 月号 162 頁は，「米国の態度の変化」について，以下のように指摘している。即ち，サマーズ（Lawrence Summers）財務長官の下で，クリントン政権は「タックス・ヘイブンの撲滅」を方針としていた。だが，ブッシュ政権となり，その方針が，「自由と繁栄のセンター」(Center for Freedom and Prosperity: CFP) の「ロビー活動」で変化した。「CFP」は，「OECD イニシアティブが米国の最も緊密な隣人［??］や同盟国の虚弱な経済の根底を脅かすという考えを吹き込み，ブッシュ政権の当初のスタンスを覆すことに成功した。財務長官 O'Neill は，米国は他国の税制のあり方に干渉すべきでないという考えを踏まえ，2001 年 5 月 10 日，米国は有害な税の競争を根絶する OECD イニシアティブを支持しないとの声明を発表した（Doc 2001-16886 or 2001 TNT 117-55）」，とされている。右に言う「米国の最も緊密な隣人」とは，「英国」，そして「コモンウェルス」諸国のことではないか。ここでも，再び，二つ前の長い「＊部分」の指摘と，対比せよ。

　他方，本庄・同前（10 月号）168 頁は，「2007 年段階」でのものとして，「『ケイマン諸島がなぜ OECD のブラックリストに掲名されないのか』という素朴な疑問を示」す見解のあることを，紹介している（前記の『「謎解き」への「推論の順序」①－⑧』の①－③と対比せよ）。そして，それに続いて，同前・169 頁は，前記の『米国の変節』につき――

「別の見方をすれば，可動性の高い金融サービスに有利な税制を有害な税制として排除するという OECD の……意図から，米国はマネーロンダリングとテロファイナンス及び個人（富裕層）の脱税との闘いに必要な情報を入手することに焦点を合わせるように，OECD イニシアティブを乗っ取ることに成功したと評価される。」

――との見解を，紹介している。ここでも，前記の『「謎解き」への「推論の順序」①－⑧』の①－③との対比が必要だが，右引用部分に下線を付した個所との関係では，「一層大きな問題」としての，貿易と関税 2012 年 10 月号 70－71 頁，同 2012 年 7 月号 52－53 頁（本書 401－402 頁）の私の指摘（本号分で後述）へと，回帰して考える必要がある（!!）。

　ちなみに，まさにこの点と関係するが，本庄・前掲租税研究 2010 年 12 月号 179 頁は，「タックス・ヘイブンをコントロールしているのは誰か」と題して，同前・180 頁において，「マンハッタン島（NY）とロンドンが世界最大級のタックス・ヘイブンである」との見解，及び，この点での「IMF」の見方を紹介しつつ，OECD 側において「UK および USA がブラックリストに掲げられていないのはなぜだろうか」と問うている。

　ところで，このゼミでは「IRS vs. UBS 事件」等も扱ったのだが，それらは省略して，2010 年 11 月 10 日のセッションの『実況中継』に移る。そこでＫさんの報告があり，「EU のタックス・ヘイブン対策」へと，我々の視界は，大きく開けることとなった。『実況中継』ゆえ，ここではＫさんのレジュメを，そのまま引用する。OECD に先んじて，EU では「有害」な「優遇税制」との「取り組み」が，「1996 年 10 月」の「EU における税制のあり方に関する報告」から，既に始まっていた，とある。そこで，私（というか，我々）が注目したのが，「1998 年 3 月」に，EU 域内でのこの流れにおいて，「行動規範グループ」が設置され，「同年 5 月」に，同グループの最初の会合において，「英

<u>国[!!]のプリマローロ女史</u>」が「座長に選任」されたこと，であった。同日のKさんの報告では，JETRO ユーロトレンド 2002 年 5 月号 14 頁の，EU と OECD の作業内容を対比した「表 2」等も配布され，便利だったが，その 2 回後の 2001 年 11 月 24 日に，私が，前記の『「<u>謎解き</u>」への「推論の順序」①—⑧』を含む A3 カラーの資料（本書 651 頁以下）を，配布したことになる。そのうち，前記の④—⑦'が，EU 関係での私のサジェスチョンである。

それを受けた同年 12 月 1 日のセッションでは，まず袁田さんが，Robert T. Kudrle, U.S. Defection from the OECD "Harmful Tax Competition" Project: Rhetoric and Reality (Working Paper, The Ridgway Working Group on Challenges to U.S. Foreign Policy chaired by Davis B. Bobrow)というネット上の論文を発掘し，全文コピー配布の上で，報告レジュメを作成してくれた（刊行年は不明だが，最新の参照文献が 2005 年のものゆえ，その頃のものと思われる。ちなみに，この文献は，前号分の末尾部分で引用した増井・金融研究 30 巻 4 号［2011 年 10 月］304 頁以下の欧文参考文献リストにも，挙がっていない）。

袁田さんは，「2001 年 5 月」に前記のオニール米財務長官が，「他の国の租税政策には干渉しない」こと，及び，「タックス・ヘイブンの認定要件」から「実質的な活動がない」との要件を取り下げることを，強く主張した点との関係で，Kudrle, supra, at 24f に次の指摘のあることに，注目した。即ち，袁田さんのレジュメから引用すれば，当時，米国は，「<u>アメリカと EU［EC］の WTO 紛争事件</u>」に巻き込まれていた，との指摘である。「輸出促進のための FSC（外国貿易法人）と ETI（域外所得）控除制度事件」がそれであり，袁田さんは，Kudrle, supra, at 24f の指摘に沿いつつ，「アメリカのこれらの制度は『実質的活動が欠けている』，或いは，Ring-fencing 措置であるとも考えられる」，と指摘した（ここでは省略しているが，Ring-fencing 云々の点も，オニール長官の，これまで言及したステートメントの中で，言及されている）。——<u>要するに，EU（EC）の側から「実質的経済活動がない」云々の点で米国の税制自体が，当時責められていたから，なおさら，それを「タックス・ヘイブンの定義」から外そうとする米国の動きが加速したの「ではないか」との，袁田さんの</u>『<u>謎解き</u>』だったのである（彼女の直観力・洞察力の鋭さについては，同じく「国際課税と牴触法［国際私法］」をテーマとしていた 2009 年度冬学期の私のゼミでも，参加した国際課税担当者が，舌を巻いていた）。

そして，袁田さんのように考えると，本書 655 頁で「★マーク」を付した前記の点，即ち，「タックス・ヘイブンの定義」から「実質的経済活動がないこと」を外す理由として同長官の示した「二つの点」（その認定が難しいとの点，及び，「所得税制度」のない国とそれのある国との間で「不公平な適用」になるとの点）が，いずれも（著しく）説得力に欠けることの理由が，確かに，かなりはっきり，くっきりと，浮かび上がって来る（一言しておけば，Kudrle, supra, at 24f には，そこまではっきりとは書かれていない。純然たる袁田さんのヒット，である!!）。

右の点についての，その先の展開を，ここで書いておく。次のセッション（2001 年 12 月 8 日）では，袁田さんから，問題の WTO 紛争処理事例（後に著書化された彼女の修士論文のテーマは，まさにそれについてのものである）についての，詳細な紹介がなさ

れた。当日のレジュメ（もとより，論文形式）のタイトルは，「DISC 税制――FSC 税制――ETI 税制」であったが，前記の問題と直接関係する「米国の『外国販売子会社』への課税制度（FSC）」とその後について，一言するにとどめる（なお，EU［EC］側との紛争は，1970 年代からのものであったとして，この点についてそこでは，松下満雄＝清水章雄＝中川淳司・ガット・WTO 法［2000 年・有斐閣］122，81，179 頁が，それぞれ引用されている）。

袁田さんのレジュメから引用すれば，「2000 年 3 月 20 日」の WTO 紛争処理パネル報告では，ともかくも米国の「FSC 税制」（「米国企業が米国外に設立した子会社［Foreign Sales Corporation; 以下「FSC」］を通じて米国製品を米国外で販売して得た所得を，課税対象から除外することを認める米国の税制」）が，WTO の「補助金協定」で禁止されている「輸出補助金」であるとされた。このために米国は，「2000 年 11 月 15 日」に，「ETI 税制」を導入したが，再び EU（EC）側から WTO 提訴され，「2001 年 7 月 23 日」のパネル報告，「2002 年 1 月 14 日」の上級委員会報告で，共に米国が負け，「2002 年 1 月 29 日」に正式採択された。「2002 年 8 月 30 日」には，EU（EC）の対米での「対抗措置」を承認する「仲裁判断」（**WTO/DS/108ARB**）が出されている。――こうして，前記の「★マーク」を付した点，即ち，オニール米財務長官の「訳の分からぬ説明」（前記の『「謎解き」への「推論の順序」』の①"参照!![*]）がなされた理由につき，その背景事情の解明度が，更に一層，高まったのである。

* 実は，ここで急に，「ウインドウズに応答なし」のサインが出て，気づくと雷鳴も聞こえ，PC がウィーンッと唸って，一切レスポンスなし，となってしまった。何をやってもダメで，1 時間以上待ってもダメ。諦めて「閉じるボタン」をクリックして，ダメもとで「メッセージの修復」を期待したら，これが辛うじて当たった。既に本号分の半分程度の枚数を書いていたので，げんなりしていたが，救われた（本号分の自動バックアップも，何故か存在しなかった）。怖いから，今日はここで筆を擱く。以上，2013 年 7 月 14 日午後 6 時 5 分までの（計 10 時間半の）執筆。――執筆再開は，間に二日のみ置いて，同年 7 月 17 日午前 7 時 21 分。

ここで，袁田さんの前記 2010 年 12 月 1 日の報告ペーパーに戻る。そこでは，『有害税競争』に関する OECD の動きに対する「反対派の活動」が，最後に示されていた。Kudrle, supra, at 25, 26 からの引用である。そこでは，既述の「**米国**」の「**CFP**」の活動と並んで，「OECD の経済産業諮問委員会（**BIAC**）からの攻撃と **Jeffrey Owens** のステートメント」への言及が，袁田さんによって，なされていた。

Owens は，第 3 回目の 2001 年 10 月 27 日のセッションで，馬渕君からの紹介がなされた OECD Observer, No. 221/222（2000 年夏号）に登場する人物であり，「英国人」であることが take note されていた人物である（別途，2010 年 11 月 10 日のセッションで，税務大学校の A 君から，ジェフリー・オーエンス［OECD 租税政策局長］「国際租税をめぐる OECD の動向について」租税研究 2008 年 6 月号 91 － 131 頁が，全員にコピー配布されていた）。また，**BIAC（Business and Industry Advisory Committee to the OECD）**については，2010 年 12 月 8 日のセッションにおいて，念のために私から，「**OECD 暗**

号政策ガイドライン」策定との関係で（ICC［国際商業会議所］とともに）登場するBIACについて，但し，同ガイドライン策定で参考とされたICC/BIACのドラフト作成に，元NSA（米国国家安全保障局）のS・ベイカー氏が深く関与していたことをも示すところの，石黒・世界情報通信基盤の構築——国家・暗号・電子マネー（1997年・NTT出版）277－278頁を，配布した。

　ここで，Kudrle, supra, at 25f からの引用をしておこう。前記の米国オニール長官の声明よりも前に，「**BIAC**からの攻撃と **Jeffrey Owens** のステートメント」があった，との文脈における指摘，である。そこには——

　　"**The Reaction from Business:**
　　The OECD had been subject to attack from its own Business and Industry Advisory Committee（BIAC, 1999）before taking fire from the new U.S. administration. **And the two assaults were not independent**［!!］. The misgiving of U.S. business was largely mirrored in Europe because the OECD had not engaged in what the BIAC regarded as sufficient consultation. ……
　　In an attempt to shore up business support for the OECD and acquiescence in the de facto refocused project, Jeffrey Owens, OECD's Head of Fiscal Affairs joined Richard Hammer, Chairman on Taxation and Fiscal Policy of the BIAC to issue a statement praising tax competition and "**legitimate tax planning**."（Webb, 2004: 34-35）. This statement was issued on March 6, 2001, about two months before O'Neill's public indication of U.S. rethinking. And once the project had been refocused on transparency and **information exchange**, business opposition, at least in the U.S., largely ceased."

——とある。要するに，米欧のビジネス界の抵抗があって，「米国の変節」のみならず，OECDの「2001年」の「方針転換」（透明性と『情報交換』のみを，その「タックス・ヘイブン対策」の主軸とするそれ——「タックス・ヘイブン」の常識的な定義としての「軽課税又はゼロ課税」，等の2要件は，もはや問わないこと）がもたらされたこと，そして，そうなるについて，（「英国人」の）ジェフリー・オーエンス氏の関与もあったことが，ここに示されている。注意すべきは，そこに，"**legitimate tax planning**"への言及のあること，である。——ここで再度，『一層大きな問題』として既に示した，貿易と関税2012年10月号70－71頁，同2012年7月号52－53頁の指摘（本書401－402頁参照），とくに，其処における「**金融工学**」への言及と，同前・10月号70頁（本書401頁）の，『「銀行秘密」は，或る種の「**政治的な(!!)スケープ・ゴート（scapegoat）**」とされ……た面が，ありはしないか』との指摘（いずれも，本号分において後述）へと，回帰すべきであろう。

　この2010年12月1日のセッションでは，11月10日の前記報告を受けたKさんの，「EUのタックス・ヘイブン対策と行動規範グループについて」との報告がなされた。EUのウェブサイトで確認をし，EUの the Code of Conduct Group（Business Taxation）で「1998年」の「5月」に「座長」となった「**Dawn Primarolo女史**」が，「当時

**UKの大蔵省主計長官（Paymaster General）であった」**こと，「1999年11月」に同グループの「300頁超」の「レポート」が提出され，「66の租税措置を有害な特性を持つとして特定した（40 in EU Member States, 3 in Gibraltar and 23 in dependent or associated territories）」こと等が，Kさんから報告された。ちなみに，そこに添付されていた「プリマローロ・レポート」の Annex C: Measures with Harmful Features の (iii) Dependent or associated territories のリストには（カッコ内は措置の数），Aruba (4); British Virgin Islands (1); Guernsey (5); Isle of Mann (6); Jersey (4); Netherlands Antilles (3) が並んでいる(*)。

＊　貿易と関税2012年2月号59頁のリスト（本書239，647頁）と，対比せよ。

ここで，次のセッションたる2010年12月8日のゼミの，『実況中継』に移る。当日，Yさんからは，増井良啓「タックス・ヘイブンと租税情報交換条約（TIEA）」税大ジャーナル11号（2009年6月号）11頁以下のコピー配布があり，かつ，それをも踏まえつつ，（ペーパーのタイトルはなかったが）「1996」年の「OECD閣僚理事会声明」から始まるOECDのプロジェクトのそもそもの初め，EU・日本・米国それぞれの「各国の背景」，「有害税制プロジェクト」の「議長国」が「仏・日」であったこと（!!），等が示された。そして，「何が起こったのか？」との項目では，順次（この段階ではレジュメ形式だったが），「英国は，仏主導のタックス・ヘイブン基準に基づき2000年に自国の属領が多数タックス・ヘイブンとして挙げられたことへの反撃？」，「なお，1999.3.13に英国属領に関するホワイト・ペーパーあり」，「しかし，EUの有害税制プロジェクトは英国が議長。なぜ？」，等といった興味深い指摘があった。『謎解きのプロセス』を示す貴重なペーパーだった，と言える（それを受けて，2011年1月12日のセッションでは，Yさんの詳細なペーパーが，後述の如く，提出されることとなる）。

なお，同日（12月8日）には，私から，「石黒ゼミ用ランダムメモ――気になる点列挙」と題した手書きの1枚紙を配布した。一言のみすれば，そこでは，『「UKのMOFのプリマローロ」のレポートと「コモンウェルス財務大臣会合」ないし「コモンウェルス事務局」の動きとは，どう関係するのか？（増井・租税研究2009年10月号論文267－268頁）』，等々の点も，私なりに指摘しておいた。

ここで，1回おいて2010年12月22日のセッションとなる。右の私のペーパーを踏まえ，Kさんから，「ゼミ内容の総括と今後の見通しについて」の1枚紙が出された。私の記憶では，この日が，税務大学校からの5人の，最後の参加日となることに配慮してのものだったはず，である。そこでは，新たな論点として，「G20にて仏サルコジ大統領が香港，マカオのブラックリスト入りを主張（2009年）」，「米カール・レヴィン，オバマらによる Stop Tax Haven Abuse Act の起案（2009年）」，等が示されつつ，一連の流れについての「懸念点」として，「BIACの存在」，「EUのタックス・ヘイブン対策における英国の影響力」，「OECDにおける英オーウェンスの影響力」，「旧植民地国と本国との関係」，「フランスの立場」，「米国における意見の転換と政権政党との関係」の，以上6点が示された。

2011年1月12日のセッションでは，Yさんから，レジュメ体だった前記の報告を，大幅に拡充する報告がなされた。そこではまず，「OECD・EUにおける有害税制に関する議論の発端」が論じられ，この問題が，EUサイドにおいて，「1996年4月のVeronaにおけるMinisters for Economic Affairs and Financeの会議において取り上げられ，1997年9月に具体化されている」ことが，Official Journal of the EC 98/C 2/01を引用しつつ示された。そして，「EUがOECDより1カ月早く取り上げていることからすれば，EUにおける議論が発端となり，それがOECDに持ち込まれたとみることができるであろう」，とする。また，EU側の既述のCode of Conductとの関係では，「Tax havenに当てはまる可能性の高い属領等を多数有している英国が有害税制を取り締まるという事自体が疑問である」，とする。――その先のYさんのペーパーは，殆ど重厚な論文になっており，ゼミの『実況中継』の域を超える。いずれ彼女が自身で論文を公表することに，むしろここでは期待したい。

だが，もうこの辺で，ゼミの『実況中継』は，十分であろう。**各自それぞれに問題意識を持って走り出した**。――そこまでが，『ゼミ』というものの役割，なのだから。

なお，最終日のこの2011年1月19日には，私が，石黒・グローバル経済と法（2000年・信山社）の150－151頁，230－235頁のコピーに，若干の書き込みをして，配布した。『有害税競争』論議の頃の世界の動きとして，1995年1月1日のWTO設立と，同年以来の，OECDでの規制改革論議，そして，1997・1998年のOECDでの，悍ましき「多数国間投資協定（MAI）」ドラフトの発出と，1998年秋の，MAI交渉の正当なる挫折。――それらを示しつつ，とくに同前・233頁のMAIの「98年案」における，「課税」の誠に危険な取り扱いについての，私の以下の指摘にマークを付した，A3で2枚のペーパーである。即ち，同前頁において私は，**1998年4月の危険なMAI案の発出の当時，「各国課税当局は，そしてOECD租税委員会は，一体何をしている（していた）のであろうか。再度，そこが釈然としない」**と，指摘していた。ちょうどその前後から，『有害税競争』論議が，始まっていたことになる。そのことと，その裏における「**国家と企業とのせめぎ合い**」を示すペーパー，であった。

MAI作成作業は，私の言う「（多国籍）企業が国家を抑え込む構図」（国家は，専ら海外からの投資・投資家の利益の極大化のために動く‼）の典型である。だが，グローバルな「投資」（‼）の流れに歪みの生ずることを懸念したOECD・EUの，本章1で以上（変則的に）論じた流れも，「米国」にとっての「CFP」，「OECD」にとっての「BIAC」という，企業側（や富裕層）の声に押され，かつ，「OECD」については明確に「コモンウェルス」の圧力もあり，他方，「EU」の中での作業に「も」，「英国」の影がちらつく（「英国」については，個人のプレイヤーをも含めて‼），という状況の中で，そうした流れ自体が歪んでいった。そして，「タックス・ヘイブンの定義」は，一般常識に反する「不可解な変更」を，受けるに至った。――いずれも，「アングロ・サクソン（官民）の影」なしにはあり得ない展開，だったように思われる。こうして私の想いは，前記の『「謎解き」への「推論の順序」①－⑧』の①の，これまた不自然な，米国サイドにおける指摘に「も」，戻ることになる。

以上をもって、本論文第4章1への『バイパス手術』を、終了する。あくまでそれは、「バイパス」であって、必ずしも十分なものではなかったか、とは思われるが、別な意味で参考となる点も多かろう、と思ってのこと、であった(*)。

* 以上で、2013年7月17日の執筆を、終える。今日は、早稲田大学大学院ファイナンス研究科での、実質的な最終日の講義があり、もともと執筆する気はなかったのだが、何となく、ここまで執筆してしまった。今、午後1時5分ゆえ、約5時間半の作業だったことになる。何となくふわふわした感じであったが、「休み」が十分でなかったのだから、致し方ないところであろう。──執筆再開は、2013年7月28日日曜日の午前7時38分。

### (2) 「2013年」の新たな動き──「税源侵食と利益移転（Base Erosion and Profit Shifting: BEPS）」問題の位置づけを中心に

以上、「2001年11月」の、OECDにおける「タックス・ヘイブンの定義の不自然な変更」に焦点を当てた（変則的）検討を、行なった。だが、「2013年」に入って、OECDでは、「新たな動き」(!!) が生ずることとなった。それが、「BEPS」問題である（これもまた、西方建一君からのご教示であり、心から感謝している）。

「2013年7月22日」に入手し得たOECD, Secretary-General, Closing the tax gap [Remarks by Angel Gurria, Secretary-General of the OECD, **G20/OECD Action Plan on Base Erosion and Profit Shifting (BEPS)**], Moscow, 20 July 2013（以下、**Gurria, supra** として引用する）を、まず見ておこう。そこにあるように、「Base Erosion」とは「税源侵食（tax base erosion）」のことである。

Gurria, supra の冒頭の二つのパラグラフを、まずは引用する。そこには──

"The joint challenges of _tax evasion and_ **tax base erosion** lie at the heart of **the social contract** [!!]. Our **citizens** [!!] are demanding that we tackle offshore tax evasion by **wealthy individuals** and re-vamp the international tax system to prevent **multinational enterprises** from artificially **shifting profits**, resulting in very low taxes or even **double non-taxation** and thereby eroding our tax base.

**Base Erosion and Profit Shifting** can undermine _the fairness_ [!!] and integrity of our tax systems. BEPS practices fundamentally **distort competition** [!!], because businesses that engage in cross-border strategies gain **a competitive advantage** compared with enterprises that operate mostly at the domestic level."

──とある。

もとより『米英の思惑』(!!) や国際的な政治的駆け引き等で、BEPSの今後は予断を許さないが、少なくとも『BEPS問題の出発点』として示された右のメッセージは、注目に値する。「社会契約」、「市民の要望」、「フェアネス」への言及、そして、国内活動に基本的に終始する中小企業と大企業（とくに「多国籍企業」!!）との間で、BEPS

につき，後者にのみ「競争上の優位」があることによる「競争の歪み」への言及は，それ自体として，貴重なものである（後述する重要な論点!!）。

ちなみに，前日発表の，OECD, Newsroom, Closing tax gaps—OECD launches Action Plan on Base Erosion and Profit Shifting (19/07/2013) にも，「市民への奉仕（to serve their citizens）」と「フェアネス」の観点(*)が示され，かつ，Gurria, supra にも示されていた「二重非課税（double non-taxation）」の問題性が，「BEPS 行動計画（Action Plan on BEPS）」の基本として，指摘されている。そして，OECD, Newsroom, supra には，この「行動計画」が，「国際的な課税上の協力の歴史における転換点（a turning point in the history of international tax co-operation）」であることが，明記されている。

* **【重要な注記（!!）】**「BEPS 行動計画」を「the joint OECD/G20 BEPS Project」とも表記する OECD, Newsroom, supra は，ロシア財務大臣の言葉を引用し，「フェアネス」について，以下の文脈で言及している。即ち——

"As the presidency of the G20, we commend the work of the OECD to ensure that the international tax system promotes growth and competition without distorting the basic tenets of **fairness** — that it allows multi-national corporations to prosper **without loading a higher tax burden on domestic companies and individual taxpayers**."

——と，そこにある。要するに，**BEPS** の手法を駆使できる「多国籍企業」だけが儲けて節税（!!）をし，国内の（中小の）企業や個人（だけ）が重い納税義務を負うことが，基本的な「フェアネス」の原則を阻害するものとして，把握されている（!!）のである。

以下の私の議論の流れとの関係で，ここで想起すべきは，石黒・前掲世界貿易体制の法と経済 233 頁の論述，である。詳しくは，貿易と関税 2006 年 3 月号 54 頁以下で示したが，「外国税額控除余裕枠海外売却事件」（私の提出した国側意見書は，貿易と関税 2000 年 3 月号 58 頁以下［石黒・前掲教材 82 頁以下に所収］）に関する，国側逆転勝訴の最判平成 17 年 12 月 19 日民集 59 巻 10 号 2964 頁は，問題の取引は「我が国ひいては我が国の納税者の負担の下に取引関係者の利益を図るものというほかない」，と断じていた。原判決が，「市場ニーズ」を理由に当該取引は（経済）合理的だとしていたのを，逆転させたのである。私は，同前書 233 頁（及び 10 頁以下）において，この『最高裁の英断』を，石黒・前掲法と経済 23 頁に引用した宇沢弘文教授の正当なる見解と対比させつつ，M・フリードマン的な『新古典派経済学』（倫理・道徳との関係を絶ち切った後の「シカゴ学派」的な単純な市場信仰）の論理では，最高裁の右の説示とは逆のことになっていたであろう，と指摘した。

OECD, Newsroom, supra における「フェアネス」への言及は，この最高裁判決における『単純な市場信仰（「効率性」オンリーの発想!!）への戒め』と，軌を一にする（!!）。其処が，重要なところである。

『新古典派経済学』的発想では，「効率性基準」以外のもろもろが，しばしば「フェアネス」として表現される（石黒・前掲世界貿易体制の法と経済 17 頁）。この『「効率性 vs. フェアネス」の対立軸』の中で，『BEPS 行動計画』は，OECD/G20 が，「市民社会」の声を背景に，ようやく「効率性」一辺倒だったその姿勢（後述!!）を改め，（これか

664　第4章　OECDのタックス・ヘイブン対策と「租税条約上の情報交換」

らの展開における歪みは，大いにあり得るものの）新たな道を歩み始めたものとして，評価すべきもの，なのである（!!）。──そしてその流れは，『海外からの投資・投資家の利益の極大化のみに腐心した前記のMAI作成作業』を，みごとに「挫折」させた「欧州市民社会」の声にも，通ずるものがある（次の「＊部分」参照）。

　以下，本論文の全体構造における，この「BEPS問題の位置づけ」についての論述を行うが，その前に，BEPSと前記の「**市民（市民社会[＊]）の要望**」との関係を報ずる新聞記事について，一言する。例えば日経新聞2012年12月8日朝刊には，「スタバ　無利益でも納税──英で企業の節税対策　影響も」の記事が載り，「海外の低税率国を使って利益を低く抑える手法に消費者などから反発が強まったため」に，「スターバックスの英国法人」が「法の求めを超えて」，「2千万ポンド（約26億円）の法人税」を支払うことで「英当局と合意」，とある。2012年「10月のロイター通信の報道をきっかけに政治家や消費者に反発が広がった」とされ，英国の「議会」からの「批判」や，「オズボーン財務相」の言も，引用されている。他方，「米アマゾン・ドット・コムや米グーグル」も，同様の「批判の対象」だとされている。また，それに先立ち，日経新聞2012年7月23日「Insight Inside」欄には，「米IT　国境を越えて節税──制度巧みに使い拠点配置　日本企業は対策進まず」の記事が載っていた。──BEPS問題の背景事情は，そこからも，知られるであろう。

　　＊　前記の「多数国間投資協定（MAI）」作成作業の1998年秋の挫折（フレンチ・レジスタンスの勝利!!）との関係で，「欧州市民社会」に言及した石黒・前掲新制度大学院用国際私法・国際金融法教材90頁4段目左（貿易と関税2001年1月号51頁の注8とその本文）を，参照せよ。

　ここで，本書662頁で前記のGurria, supraの冒頭の二つのパラグラフ（英文で示した部分）に，戻る必要がある。そこで注目すべき諸点を，先に列記しておこう。それらは，①冒頭で「脱税」と「BEPS」とが並んで示され（!!），それらが，「社会契約」の根幹にかかわる，との認識が示されていた点，②第2パラにおける「フェアネス」への言及を，（「市民［市民社会］の要望」との関係で）どう位置付ける「べき」なのか，との点，それとの関係で，③「富裕層」や「多国籍企業」の，「脱税」及び「BEPS」についての『優越的立場』が「競争を歪める」とのその認識を，如何に位置づけるか，との点である。そして，それらの点との関係で，OECD, Newsroom, supraに，④「BEPS行動計画」が，「国際的な課税上の協力の歴史における転換点（**a turning point** in the history of international tax co-operation）」であることが，明記されていることを，本論文のこれまでの展開の中で，果たして如何に位置づけるべきかが，問題となる。

　この①―④の点が，相互に絡み合う，『BEPS行動計画』の位置づけについての最も重要なポイントだと，私は考える。そのうち，②の点については，二つ前の「＊部分」における【**重要な注記（!!）**】で，議論の流れを良くするために，あらかじめ基本的な事柄を示しておいたことになる。

　以下，残りの①③④の点について敷衍することとするが，その前に，「2013年」に

具体化した「BEPS への対応」の，これまでの流れについて，一言しておこう。Gurria, supra にもあるように，「2013 年 2 月」の「G20 財務相会合」において，**『税源侵食と利益移転への対応』報告書**（the OECD Report Addressing Base Erosion and Profit Shifting）が提出された。そして，「2013 年 7 月」に，**『BEPS 行動計画』**（英文表記は既述）が，提出されたのである（以下，前者を『対応』報告書，後者を『行動計画』として，引用する）。

それら自体については，国際課税関係者による詳細な検討がなされるであろうから（本号分の脱稿後，早速，本庄資「陳腐化した国際課税原則を見直し新しい国際課税原則を構築する必要性──OECD の BEPS 対策の始動を中心として」税大ジャーナル 21 号［Jun. 2013 年］35 頁以下が届いた），ここでは，本論文との関係で重要な点のみに限定して，以下，言及する。まず，『対応』報告書において注目されるのは，その 41 頁に「**デリバティブ取引（Derivatives）**」への言及もあり，総じて，『**複雑な金融取引**』等による BEPS に対する「対応」が，「税源侵食」との関係で問題とされていること，である。そして，同前・48 頁に──

"For years the OECD has promoted dialogue and co-operation between governments on tax matters with its work on (i) tax transparency, (ii) tax treaties, (iii) transfer pricing, (iv) **aggressive tax planning**, (v) **harmful tax practices**, (vi) tax policy analyses and statistics, (vii) tax administration, and (viii) tax and development. Current OECD projects which are directly relevant for BEPS …… will have to be brought together in a **holistic** manner."

──とある（それらについては，更に同前・83 頁以下）。また，同前・50 頁にも，「全体を見据えたアプローチ（a holistic approach）」の必要性が，「**グループ内での金融取引（intra-group financial transactions）**」の課税上の扱いを含めて，問題として指摘されている(*)。

* 右の(v)に『**有害税慣行**』とあることとの関係で，本章 1 (1)での本号分での論述を踏まえつつ，先に『行動計画』の方を，見ておこう。『行動計画』17 頁の「行動 4」においては，『有害税制（有害税慣行）』に関する OECD の「1998 年報告書」が，「2013 年 2 月」の前記『対応』報告書と並んで引用されつつ，その後者の趣旨として，"The BEPS report (OECD, 2013a) calls for proposals to develop "solutions to counter harmful regimes more effectively, taking into account factors such as transparency and substance.""との，気になる指摘がある。気になるのは，『**有害税制**』問題との関係で示された「**実体（substance）**」の語，である。

  それを受けてか，『行動計画』18 頁の「行動 5」（Action 5: Counter harmful tax practices more effectively, taking into account transparency and substance）冒頭のパラグラフには──

  "Revamp the work on harmful tax practices with a priority on improving transparency, including compulsory spontaneous exchange on rulings related to preferential regimes, and **requiring substantial activity [!!]** for any preferential regime. It will take a holistic approach to evaluate preferential tax regimes in the BEPS context. ……."

――とある。
　本号分で既述の如く，「2001年5月」以降，オニール米財務長官の声明もあって，「タックス・ヘイブンの認定要件」から，「実質的な活動がない」との要件を取り下げる方向で，すべてが動いた。だが，「2013年7月」のこの『行動計画』では，BEPSの文脈で，それが復活している面があるようにも，思われるのである（!!）。――この点についてのわが国税関係者の認識は，現状では必ずしも十分ではないようにも思われるが，ともかく，注意すべき点ゆえ，先に一言した次第である。

　ここで，前記の①の点に戻る。Gurria, supra の冒頭で「脱税」と「BEPS」とが並んで示され（!!），それらが，「社会契約」の根幹にかかわる，との認識が示されていた点について，である。ここで想起すべきは，貿易と関税2012年10月号68－71頁（本書400頁以下）の，次のような私の指摘である。私はそこで，The Global Forum (2011), supra, para. 4 の記述に何処までもこだわり，大略，次のように述べていた。そのエッセンスを，重要ゆえ，纏めて（若干編集して）示せば――

『この「パラ4」は，（合法的な）「租税回避（tax avoidance）」と（違法な）「脱税（tax evasion）」とが並べて示され [!!]，それ「ら」によって世界中で国家の歳入が脅かされている，とする。ここも（後述のごとく，それは事実ではあるが!!），文脈としては，厳密にはおかしい。
　この「パラ4」は，既述のごとく "The Global Forum Leads The Way" と題した個所だが，「グローバル・フォーラム」がリードする「道」とは，「実効的（効率的）な課税上の情報交換」の「道」，である。それ（右の「道」）は，（「IRS vs. UBS 事件」がそうであったように）国際的な「脱税（tax evasion）」の摘発のためになされ，それによって国家の歳入（税収）は，確かに増加し得る。だが，「合法的」な「租税回避（tax avoidance）」は，そのメカニズムを解明したところで，それが「合法的」である以上，国家の歳入は増えない「はず」である。どこかで何かが，混線している。其処に，気づくべきである（!!）。
　そもそも，前記の「パラ4」冒頭の，「2008年以来のグローバルな政治的アジェンダ」の掲げ方自体が，事実に反していると言うべきである。この「パラ4」において，「脱税」とともに（合法的な）「租税回避」が掲げられ，それ「ら」によって各国政府の「歳入」と人々の「生活水準」（等）が脅かされている，との認識が示されているのは，実は，正しいのだが。――この点について，貿易と関税2012年7月号52頁（本書335－336頁）の指摘，即ち，「銀行秘密の時代は終わった」とする，「2009年4月2日」の「G20 ロンドンサミット・コミュニケ」に再度言及しつつ，「銀行秘密」は，或る種の「（政治的な!!）スケープ・ゴート（scapegoat）」とされ，あたかも，それが諸悪の根源であって，『それさえなくせば「G20諸国の公的金融（財政）

と金融システム」は守られる』かのごとき文脈で，歪んで取り扱われた面が，ありはしないか，と述べた個所と，対比せよ．

　あらかじめ私の視角から言っておけば，「リーマン・ショック」やその後の先進諸国における金融不安の原因は，何でもカネ儲けの種とする，「金融工学」万能の，今の世界の「金融手法」そのものにある．「銀行秘密」によって隠蔽されるのは，そのごく一部にすぎない，はずである（!!）．「銀行秘密」，「テロ・ファイナンス」等の，問題の「外側」をいくら攻めたところで，すべての根源の，肝腎の「金融工学」ないし「金融手法」そのもの（基本的に，「倫理・道徳」の欠如した，「新古典派経済学」そのものとも言うべきその問題性と，現実世界にそれを投射した場合の，サステイナビリティの欠如!!）をアンタッチャブルとしたままでは，その後の欧州発の金融不安を含めて，真の問題解決にはならない「はず」である．

　その意味でも，貿易と関税 2010 年 9 月号 84 − 85 頁で述べたように，とくに 1997 − 98 年の「多数国間投資協定（MAI）」交渉ドラフトが出されたのと時期的に重なる「アジア経済危機」への対処として，**MAI 交渉に参加した大多数の国々が，投資家利益の極大化の方を優先させた事実**（石黒・グローバル経済と法［2000 年・信山社］157 − 158 頁）を，ここで想起すべきである．

　これを前提として，The Global Forum (2011), supra, para. 4 と，改めて対比して考えてみよう．既述のごとく，この「パラ 4」において，「脱税」とともに（合法的な）「租税回避」が掲げられ，それ「ら」によって各国政府の「歳入」と人々の「生活水準」（等）が脅かされている，との認識が示されているのは，実は，正しい．だが，各国政府の「歳入（税収）」と人々の「生活水準」（等）を真に脅かしているのは（少なくとも，その大きな部分は），「金融手法」を多用した国際的な「租税回避」行為と，そうしたことを自由に認めるのが「経済効率的」だとする，従来型の各国の金融政策・金融規制の在り方にある「はず」である．

　そして，奇しくも（!!）「パラ 4」の冒頭には，「脱税（tax evasion）」ではなく（!!），（合法的な）「租税回避」（つまりは，「金融手法」を駆使した合法的な「節税」!!）の「撲滅」が，「2008 年以来のグローバルな政治的アジェンダ」であった，とある．本当にそう「であった」ならば，2012 年の 5 月のフランス大統領選挙の結果を待つことなく，多少なりとも，世界は変わっていたはずである．

　我々の世界がその方向で軌道修正できるか否かは，今後の問題たるにとどまるし，現段階でも，『従来型の「金融手法」をそのまま放置してよいか』については，本質的には，すべて闇の中のはず，である．現実の我々の世界は，『そこ』をアンタッチャブルとして来た「はず」である．だから，従来型金融手法を駆使する（合法的な）「国際的な租税回避（international tax avoidance）」の「撲滅」が「2008 年以来のグローバルな政治的アジェンダ」であったとする，前記の「パラ 4」の冒頭の指摘は，事実に反するのである．』

―― となる．
　以上の私の指摘と Gurria, supra の前記の①の点とを，合体させてみよう．Gurria,

supra の冒頭で「脱税」と「BEPS」とが並んで示されていた点が，The Global Forum (2011), supra, para. 4 において，(合法的な)「租税回避（tax avoidance）」と（違法な)「脱税（tax evasion）」とが並べて示されていたことと，重なる。——要するに，「BEPS」が，(合法的な)「租税回避（tax avoidance）」に対応することになる（!!）。

「2013 年」に至り，我々の世界は，『市民社会の声』にも押されつつ，ようやく（!!)，右の長い引用（編集）部分にも示したところの，何でもカネ儲けの種とする，「金融工学」万能の，今の世界の「金融手法」そのものに対して，一定のメスを入れる方向に，明確にシフトした（!!），ということなのである。そして，そのことを裏付けるのが，OECD, Newsroom, supra に示されたところの前記④の点，即ち，『BEPS 行動計画』が，「国際的な課税上の協力の歴史における転換点（a turning point）」である，との認識(*)，なのである（!!）。

* 但し，もとより従来から，前記の如く，例えば **aggressive tax planning** に関する検討等は，OECD で，行なわれて来ていた。「2008 年版」OECD モデル租税条約 26 条「コメンタリー」の「パラ 5.1」にもあるように，「租税条約上の情報交換」のターゲットは，個々の納税者関連の情報のみならず，other sensitive information related to tax administration ……，for example risk analysis techniques or tax avoidance or evasion schemes についての情報の，各国課税当局間での交換にも，及んでいた。

  だが，従来は，種々の『金融手法』等について其処で得られた情報をもとに，各国が独自に課税することに，重点があった。それに対して，「BEPS 行動計画」では，各国が一致して，『課税という切り口』から，従来の『金融手法』そのものに，一定のメスを入れることに，重点がシフトすることとなる，のである。

  「2013 年 7 月」の前記『行動計画』の「行動 6」は（租税）「条約の濫用防止」，「行動 12」は，「納税者に濫用的〔強引〕なタックス・プラニングの報告を要求する（Require taxpayers to disclose their aggressive tax planning arrangements)」ことであり，そのために，「行動 15」は「多国間協定の開発」にまで，言及している。

なお，残された前記の③の点についても，ここで一言のみしておく。前記③の，「富裕層」や「多国籍企業」の，「脱税」及び「BEPS」についての『優越的立場』が「競争を歪める」，とのその認識についても，注意すべき点がある。即ち，そこでは，最も自然な意味での「競争の歪み」（更には，「持てる者と持たざる者」[the haves and the have-nots] との間の，不平等ないし社会的分裂[*]）が，問題とされている。

* テレコムで言うところの「digital divide 問題」。それについては，石黒・前掲電子社会の法と経済 1 頁以下，16 頁以下，同・前掲教材 91 頁，等。WTO（世界貿易機関）体制における「途上国の疎外化（marginalization）」については，同・前掲世界貿易体制の法と経済 31 頁以下，同・前掲法と経済 36 頁。

言い換えれば，『BEPS 行動計画』における「競争の歪み」への認識には，世界貿易体制や通商摩擦で大きな問題となるところの，（「市場アクセス［MA］」概念，等による）「競争概念自体の歪み」の問題（それについては，石黒・前掲電子社会の法と経済

147頁以下）が，今のところは（!!），無い。このまま，議論が健全なまま進むことを，祈るのみ，である。

　但し，以上を前提としつつ，私が懸念するのは，従来型の『金融手法』・『金融工学』に対して，課税（国家財政）の側面からメスを入れるのが「BEPS問題」の注目すべき点であるとはいえ，何処まで深くそのメスが届くのか，届き得るのか，との点である。「2013年2月」段階での前記『対応』報告書でも，一言で言えば，(現状では)『多くのBEPS手法は合法である』ことが，随所に滲み出ていた。また，従来型の『金融手法』・『金融工学』は，まさに現代の（アングロ・サクソン型の!?）「金融」の根幹である。それがあって初めて，世界の金融の中心地としてのニューヨーク・ロンドン（英米）がある。そしてそれは，まさに，「効率性」追求の権化とも言える存在である。それを本気でどうかしようということは，本章1(1)で私が示した『「謎解き」への「推論の順序」①―⑧』のうち，①―④にも示したように，「英米」が，本気で考えるはずもない。それが英米の生命線だから，である。『「効率性 vs. フェアネス」の対立軸』(*)の中で，「フェアネス」の観点から，果たしてどこまでのことが，全世界を巻き込みながら進むのか，進み得るのかについて，最終的には，私はかなり懐疑的，である。

* なお，「内部者取引とチャイニーズ・ウォール」について論じた，石黒・ボーダーレス社会への法的警鐘（1991年・中央経済社）45頁以下参照。岩波の『法と経済』（Law vs. Economics）に至るよりも，はるか昔の習作，ではあるけれども。

以上で，「BEPS」関連での論述を，終えることとする(*)。

* 次号分（そこで本論文，そして，本連載は，「完結」となる）は，第4章2から，となる。——以上の執筆は，2013年7月28日午後4時25分まで。点検終了は，同日午後6時21分。計10時間半強の作業，であった。

〔以上，2013年11月号 57 ― 76頁〕

## 2　G20及びグローバル・フォーラムにおける論議とスイス等四カ国の抵抗，そして，OECDへのスイス政府の苦情（2009年4月28日）
　　──再び「2004年のスイス側報告書」との関係において

　かくて，本論文，そして，22年余り続けた本連載の，最後の号の執筆に入る。極力，淡々と進めたい（執筆開始は，2013年8月7日の，「新月」の日の午前4時28分）。——1号分の中ですべてを終結させるべく，多少の執筆上の工夫が，どうしても必要となる。
　最初に一言しておくべきは，右の「第4章2」の見出しに対応する内容が，本論文の一体どこで論じられていたのかの点の，確認であろう。それとともに，この目次項目作成後の，本論文の執筆過程との関係で，私の当初の問題関心がどのように変遷して行ったのかについても，ここで（再）確認をしておきたい。

第4章2の右の見出し（目次項目）のうち，「G20及びグローバル・フォーラムにおける論議」については，まず，本論文冒頭の序章の1（貿易と関税2011年3月号48頁〔本書2頁〕）において，「2009年4月2日」の「G20ロンドンサミット・コミュニケ」を，「2009年3月13日」の「スイスの重大な政策変更」と関係づけるところから出発し，折りに触れてそれを肉付けしてゆく手法をとった。また，「グローバル・フォーラムにおける論議」については，第2章4(2)(3)において，OECDやG8/G20の隠れ蓑的な「グローバル・フォーラム」の実像を深く抉ることに主眼を置きつつ，貿易と関税2012年9・10月号分（本書374頁以下）で論じた。

　他方，本論文第1章では，**IRS vs. UBS事件**の正確な（「米国」的な歪みのない）分析に徹し，同事件が，種々の紆余曲折はあれども，基本的には『双方可罰性要件』堅持のスイスの従来の方針に従って処理されたことを，解明した。そして，それを受けた第2章では，そうしたスイスの，『双方可罰性要件』を基軸とする従来の基本的な法制度的な枠組みについて，「国際刑事司法共助」の場合を含めて検討した。――第4章2の，右の見出し（目次項目）にある「2004年のスイス側報告書」に言及したのは，その第2章4（その目次項目の副題に，この報告書への言及がある）に先立ち，貿易と関税2011年10月号59頁以下（本論文第2章2(2)の「(2-1)」）において，であった。

　次に，前記の目次項目に，「スイス等4カ国の抵抗」とある点だが，同前（2011年10月号）・63頁（本書175頁）で，「OECD側からの不当な攻撃」に抵抗したのが，「スイス」の他，「ルクセンブルグ，オーストリア，ベルギー」の，「計4カ国」であったことが，「2004年」の前記報告書を引用しつつ，示されている（スイス以外の3カ国の，OECDモデル租税条約26条についての従来の留保の変遷についても，同前頁参照。それを，遂に同条についての留保なしとなった，「2010年版」のOECDモデル租税条約「コメンタリー」に関する，貿易と関税2013年4月号93頁〔本書515頁〕の論述と，対比せよ）。

　かくて，本論文第4章2の，前記の見出し（目次項目）の最後に残された「OECDへのスイス政府の苦情（2009年4月28日）」，となる。同日付けのスイス連邦大統領からOECD事務総長に宛てた「抗議の手紙」については，若干予定を早め，第2章4(2)の「(2-1)」の中で，貿易と関税2012年9月号52頁以下（本書375頁以下）において言及した。「2011年6月」に「グローバル・フォーラム」側からなされた対スイス「ピア・レヴュー」報告書との関係，との文脈における言及，である。

　このスイス連邦大統領名での抗議は，OECDの外で，隠れ蓑的な「グローバル・フォーラム」が暗躍するのは筋としておかしいことを指摘した，正論であった。だが，同前（2012年9月号）・55頁（本書377頁）で指摘したように，「グローバル・フォーラム」のマンデートと組織（構成）を改めよとの，このスイス政府の要望は，「裏目に出てしまった」。「2009年9月」の「メキシコ会合」における同フォーラムの「改組」を経て，スイスも深く巻き込まれつつ，前記の対スイス「ピア・レヴュー」報告書にまで，至ってしまったからである（同前頁にも示された「国家としての魂を抜かれた後のスイスの悲しく屈辱的な姿」については，同前・65頁以下〔本書390頁以下〕参照）。

　だが，こうした執筆の流れに自然に導かれつつ，私は，再度，前記の「2004年の

スイス側報告書」に言及した上で，貿易と関税 2012 年 6 月号 67 頁以下の第 2 章 3(1) の「(1－1)」（本書 316 頁以下）において，『「効率性基準」と「基本的人権保障」とのバランス!!』との視座を，提示するに至った。その基本的視座が，その後，本論文の中で，重要な位置づけを得るに至ることとなる。それは，本論文の全体構想と目次をフィックスさせた「2011 年 1 月 6 日」（大震災・原発事故の前，である。貿易と関税 2011 年 3 月号 47 頁〔本書 1 頁〕）の段階では，私自身，予想出来ないでいた展開，であった。

右の視座のその後の展開だが，前記の 2012 年 6 月号 67 頁をリファーした貿易と関税 2012 年 8 月号 57 頁を受けて，同前頁以下で論じ進めた結果，私は，『【効率的（実効的）な銀行情報へのアクセス上の重大な阻害要因】＝【若干の国々における「憲法上の個人の自由又はプライバシー保護」（の基本権保障）】』との「クリアな図式」を得た（本書 365 頁）。これは，「2000 年 OECD 租税委員会報告書」の検討過程で得た対立図式であり，本書 361 頁に，私は，「現象的には，『効率性』基準が，『正義・平等』（等）の諸々の価値基準をすべて"塗り潰す"という，私が岩波の『法と経済』（Law vs. Economics）において，研究者生命を賭けて戦ったのと同じ構図が，真の問題の所在を適当な英語表現で誤魔化すという，姑息な（『彼ら』のいつもの）手段の下に，ここで『も』示されていることになる」，と記した。

右の視座ないし構図は，本書第 2 章 4(2)の見出し（その副題）にも受け継がれ，「グローバル・フォーラム」側からなされた前記の，「2011 年」の対スイス「ピア・レヴュー」報告書における (隠された)『効率性基準』の「突出」ないし「暴走」（後者は，本書 378 頁以下の「(2－2)」で問題視したが，本書 392 頁において，その間の (2012 年 6 月号分以来の) 本論文の流れを再確認し，本書 336 － 337 頁で記した『最も重大な事柄』を，メンションしておいた。──なお，『それ』については，前号分後半（本書 663 頁以下）の「重要な注記 (!!)」の「＊部分」，及び，その後で示したところの，(2012 年 7 月号 52 頁を出発点とする) 同 2012 年 10 月号 68 － 71 頁の論述(＊)を纏めて（若干編集して）示した個所を，参照せよ（本書 666 頁以下）。

＊　それが，本書 395 頁以下の，『「2008 年以来のグローバルな政治的アジェンダ」の実像と「情報交換」問題との"位相のずれ"をめぐって』との文脈における指摘であることに，注意せよ。

こうして本論文の正面に，私の『法と経済』（1998 年・岩波書店）における最も重要な基本構図が立ち現れたことは，望外の幸せ，であった。だが，それだけではなかった。私にとっての，『二つの大きな転機』が，あったのである。

まず，貿易と関税 2012 年 11 月号 51 頁以下で，第 3 章 1(1)（本書 413 頁以下）として，私は，「日本に差し始めた『一条の光』」に注目することとなった。本論文は，「国境でメルトダウン（熔融）する人権保障」の防止の観点から，あくまで「スイス」の対応に焦点を当てるものとして，構想された。だが，「2010 年」・「2012 年」のわが租税

条約実施特例法の改正や，米国「FATCA 法」対応，「第 3 次日米租税条約」の「2013年改正」，等において，もはや何の期待もしていなかった「日本」が，この点で大きく浮上したのである。

他方，貿易と関税 2013 年 5 月号 74 頁以下，同 6 月号 44 頁以下（本書 525 頁以下）において，「2009 年 3 月 13 日」以後の状況下での「スイス」が，単純に「政治的敗北」に陥ったのではなく，主要国との『源泉税条約』締結，等の「新たな挑戦」を行ない，その背景として，「スイス政府」が，かつてないほどに『「スイス銀行秘密」の人権保護的根拠』を明示しつつ，その将来的な堅持の必要性を，高らかに宣言していたこと（とくに，貿易と関税 2013 年 6 月号 53 － 54 頁〔本書 555 － 557 頁〕参照）を，私は，知ることとなった。これが，前記の二つ目の『転機』，である。

そして，それ以来，本論文は，「スイス」及び「日本」を，（「情報交換」関連での）『世界の人権保護のための最後の砦』として，強く認識するに至ったのである(*)。

* 「スイス」のこの「新たな挑戦」の展開過程については，「IRS vs. UBS 事件」のそれと対比させて作成されたところの，貿易と関税 2013 年 7 月号 50 頁以下（本書 568 頁以下）の『時系列的整理』参照。


以上の，本論文の思わぬ展開の中で，第 4 章 2 の前記の見出し（目次項目）とも深くかかわる，特筆すべき「二つの発見」があった。まず，前記の「OECD へのスイス政府の苦情（2009 年 4 月 28 日）」だが，貿易と関税 2013 年 6 月号 55 頁（本書 550，558 頁）に示し，それを，直前の「＊部分」で言及した『時系列的整理』にも織り込んだように（本書 569 頁），このスイス連邦大統領の抗議のレターの中に，後の『源泉税条約』方式の萌芽と言うべき，対 OECD でのスイスの提案が，埋め込まれていたことを，私は偶然発見した。本当にこれは，何の気なしにこのレターを点検した結果であって，『瓢箪から駒』の展開だった，のである。

次に，同じく前記の第 4 章 2 の見出し（目次項目）の中の，「スイス等 4 カ国の抵抗」に，深く関係する「発見」について，一言する。私は，「2009 年 3 月 13 日」以後のスイスが各国との租税条約の改正を，急務として進めたこと（本論文第 3 章 2）との関係で，貿易と関税 2013 年 9 月号分の後半（本書 617 頁以下）において，「スイス」と共に「抵抗」した「ルクセンブルグ」及び「オーストリア」との租税条約改正について，検討した。

そのうち，「重大な発見」があったのは，「対オーストリア」の改正，であった。この改正では，「オーストリア側の提案」による「交換公文」の中で，『「2009 年 3 月」の OECD 事務局による「技術的ノート」』なるものが，全文引用されていた。オーストリア側が，その内容を，この改正の中に明示的に埋め込むべく，スイス側に強く迫ったのである。

私にとって衝撃的だったのは，その「技術的ノート」の記述内容，であった。詳細は，本書 623 － 624 頁の前記箇所を参照されたいが，この「技術的ノート」の内容は，「銀行秘密」は「効果的な情報交換」と，必ずしも両立しない訳ではなく，『「銀行秘密」

3 スイスの「政治的決断」(2009年3月13日)と「法制度的な重大な岐路 (!?)」 673

は「プライバシー保護」に寄せる「市民の信頼」に応えるもの』であって, 云々といったものである。こんな正論を,「OECD 事務局」が, 前記の (「銀行秘密の時代は終わった」とする)「2009年4月2日」の G20 ロンドンサミット・コミュニケ発出の直前に,「出す」訳がない。そこでも指摘したように,「スイス」と共に戦って来た「オーストリア」が, それを「出させた」のではないか。——しかるに,「スイス」は, この改正に際し, この「オーストリア提案」に対して, 完全に及び腰であって, 情けない対応をした。だが, この改正 (「2009年9月3日署名」) の3か月半位後の,「2009年12月16日」に, スイス政府は, 前記の,「スイス銀行秘密」の憲法的・人権保護的基盤をかつてないほどに明確化し, その将来的維持を高らかにする宣言を, 行なった (貿易と関税 2013年7月号 51 頁 〔本書 569 頁〕の『時系列的整理』参照)。

　この「技術的ノート」は, その後の世界の一方的な流れの中で, 完全に葬り去られている, かの如き存在である。——それを発掘出来たのも, それぞれの文書や改正の『時点』を明確化しつつ, 丹念に一々点検するという, 時として不毛かつ徒労感を伴う作業を, 本論文がこれまで徹底して進めて来た成果の一つ, であろう。それを, 当然のように埋もれさせて来た,「今の世界の流れの不条理さ」とともに, この点を, この第4章2において, 再度示しておく必要が大きいように, 私には思われる。

　ここで, 紙数の関係もあり, 先に進まざるを得なくなる。

---

### 3　スイスの「政治的決断」(2009年3月13日)と「法制度的な重大な岐路 (!?)」——果たしてそれは「乗り越えられるべき壁」だったのか？

　この目次項目を設定した段階では, 右の本章2の中で述べたように, 私は,「2009年3月13日」以後の「スイス政府」が,「銀行秘密」の将来的維持を (「オーストリア」の「対スイス提案」にあった, 前記の「技術的ノート」に示された趣旨と同様に !!),「プライバシー保護の基本権」と直結させ,「2009年4月2日」の「G20 ロンドンサミット・コミュニケ」に対する「正面切っての挑戦」をし「ていた」ことについて, 知らなかった。

　確かにスイスは, 前記の『時系列的整理』(貿易と関税 2013年7月号 50 頁以下〔本書 568 頁以下〕——それまでの論述に一覧性を持たせるためのそれ) にゴチック体と☞マークで示したように,「租税条約上の情報交換」(及び「米国 FATCA 法」関連でのそれ) について,「グループ・リクエスト方式」での情報交換要請 (のみ？) を基本とする姿勢を, 示すに至った。それによって,「スイス銀行秘密」との関連で重要となる個々の口座情報等に, 一定の『マスキング技術』(貿易と関税 2013年5月号 88 頁〔本書 541 頁〕参照) を施し, 個々の口座保有者の「プライバシー保護」(=『スイス銀行秘密』の維持) を, 図ろうとしたのである。

　だが, スイス国内で (「交換すべき情報」の収集のために) 行使される「強制力」との関係では, 同前・79 − 80 頁 (本書 531 − 532 頁) に記したように,「2009 年 3 月 13

日」の『双方可罰性要件放棄』の"法的傷跡"は、いまだ残っている。ここでの再論は避けるが、「グループ・リクエスト方式」は、『不完全なマスキング技術』であるにとどまる。

それがゆえに、「2009年3月13日」以後のスイスは、「租税条約上の情報交換」という制度の「完全なバイパス」を意図して、主要国との『源泉税条約』締結へと、邁進するのである（同・2013年5月号83頁以下、同・2013年6月号44頁以下〔本書535頁以下〕）。だが、「対独」での『源泉税条約』の批准がドイツ議会によって否決されたほか、現状では、この『源泉税条約』の方式（モデル）は、決して主要国を広くカバーするものとは、何らなっていない(*)。

* そうした中で、「2013年」に至り、本書662頁以下で論じた『BEPS問題』が、急浮上することとなる。『BEPS行動計画』と、スイス提案による『源泉税条約』モデルとが、どのような関係に立つのかが、今後の重要な注目点となろう。

ここで、右の第4章3の見出し（目次項目）に戻ろう。OECD/G20等の圧力によるスイスの、「2009年3月13日」の「政治的決断」、即ち、従来の『双方可罰性要件』を放棄し、OECDモデル租税条約26条に対するスイスの留保を撤回して、「国際基準（OECD基準）」による情報交換の実施のため、各国との租税条約の改正に努める旨の、同日付けの「スイス政府」の決定は、言い換えれば、その『双方可罰性要件の放棄』は、本来、私の言う「国境でメルトダウン（熔融）する人権保障」の防止の観点からして、大きな問題を孕むものであった。それは決して、「乗り越えられる『べき』壁」ではなかった、のである。あとで『スイス政府』がそれに気付いた（それを再度自覚した）からこそ、前記の『マスキング技術』の開発と、「スイス銀行秘密の将来的維持」方針の明確化へと、スイス政府が動いたのでもある。

もとより問題は、スイスに政治的圧力をかけたG20/OECDの方にある。前記の「2009年4月2日」の「G20ロンドンサミット・コミュニケ」を含めて、『其処に「日本政府」も居たこと』を、我々は、忘れるべきではない。

だが、これ「も」また「氣」のなせる業、とは思われるのだが、私は、10年の委員任期が切れた後、何年も音沙汰なかったのに、偶然、関税・外国為替等審議会の「2012（平成24）年」の「関税法改正」の審議に、関与することとなった（貿易と関税2012年4月号85頁以下、同2012年12月号56頁以下〔本書278頁以下、437頁以下〕）。そこで得られた知見は、外国側行政当局と日本側当局との「情報交換」に関する、「従来の日本の法制度の基本」が、（「国際捜査共助法の潜脱防止」の観点からの）『双方可罰性要件の堅持』にある、との点であった。そして、前記の「関税法改正」もまた、同様の方針でなされた。──ここにおいて、OECDモデル租税条約26条を主軸とする「国際課税の常識」と、「従来の日本の法制度の基本」とが、同じ「情報交換」問題について、みごとに『衝突』することになる。これは、「2010年」・「2012年」の、前記のわが租税条約実施特例法の改正等によって「日本に差し始めた『一条の光』」の、その更に先に存在する、『日本の国際課税』にとって乗り越えるべき壁、である（再度

後述する)。

　その「壁」が乗り越えられ，「租税条約上の情報交換」についても，「従来の日本の法制度の基本」に適合的に，(極力??)『双方可罰性要件』の堅持が，法制度上明確化されたところでの，(情報交換問題についての)『世界の人権保護のための最後の砦』たる「スイス」と「日本」との，真の共闘に，私としては最も期待する。——それがゆえに私は，貿易と関税 2013 年 10 月号分後半の，第 3 章の末尾部分（本書 645 頁以下）において，『双方可罰性要件』に関する，法務省刑事局筋の，『人権問題』を直視『しない』(!!)問題ある見解を，再度強く批判したのでもある。

　そして，これから先は，本章 4・5 へと繋がることになる(*)。

　　*　今日は，もろに「新月」の大潮だし，作業開始段階でのパソコンの異常音も気になる。8 月号の雑誌と 9 月号分の初校も届いたことだし，早過ぎるとの思いはあるが，何せ「22 年半」の締めくくりゆえ慎重を期すべく，今日はここで筆を擱く。次の執筆は 8 月 12 日の満 63 歳の誕生日の後になるのかも知れないが（以上，2013 年 8 月 7 日午前 10 時 58 分まで。計 6 時間丁度の作業であった）。——と思ったのだが，同日午後 1 時 38 分，8 月号の雑誌の点検・送付を終えた後，ちょっとだけ先を書き続けることとした。

---

### 4　「国境を渡った情報の他目的使用」の際限なき拡大——その史的展開と「ループホール化する課税(?)」

　国境を渡って「引渡された情報」の『他目的使用』については，貿易と関税 2011 年 9 月号 58 頁以下（本書 144 頁以下）で，まず，スイスの刑事司法共助との関係でこれを扱い，次に，「引き渡された情報」の『開示範囲』（「使用目的の制限」）についての，「1963 年草案」段階からの OECD モデル租税条約 26 条「コメンタリー」の「屈折した構造」を批判する，とのスタンスの下に，同 2011 年 12 月号 87 頁以下（本書 203 頁以下）で，これを論じた。同前・90 頁以下（本書 206 頁）で，かの中山繁太郎氏の貴重な先行業績（なお，その論旨については，とくに貿易と関税 2013 年 1 月号 79－80 頁〔本書 462－463 頁〕を，同 2012 年 11 月号 53－54 頁〔本書 415－416 頁〕と対比せよ）に言及しつつ，である。

　また，到着したばかりの貿易と関税 2013 年 8 月号 60－61 頁（本書 597 頁以下）では，「OECD マルチ税務執行共助条約」22 条「4 項」の規律手法と対比しつつ，「2009 年 9 月 23 日署名」の「米・スイス改正租税条約」新 26 条 2 項の「第 4 文」に言及し，「引き渡された情報」の「刑事手続における使用」を含めた『他目的使用』が，そこで認められていることを，指摘した。それが認められる条件は，「双方の国の法」がその「他目的使用」を認め，かつ，「被要請国の当局がそれを許可する」こと，であった（★——この点に，後述の論点との関係で，「★マーク」を付することとする）。——同前・65 頁では，これを，「論ずべき点」の⑤とし，「対米」改正に時期的には先行する「対デンマーク」等の改正について論ずる際の指標の一つとして，それぞれの改正に即して，チェックを行なって来た。

676　第4章　OECDのタックス・ヘイブン対策と「租税条約上の情報交換」

　他方、同前・60頁（本書597頁）では、本来ここ（本章4）で扱う予定の、「OECDモデル租税条約」26条の（同条「2項」に限定された）「2012年改正」についての頭出し的検討たる、貿易と関税2013年5月号80頁以下、86頁（本書532頁以下、539頁）を、リファーしておいた。——その先の、同モデル条約のこの「2012年改正」における、「引き渡された情報」の「他目的使用」について、ここで論ずべきこととなる。
　もともと「1963年草案」段階から、OECDモデル租税条約26条「コメンタリー」には、租税条約ルートで要請国に引渡された情報の使用は、「守秘」の問題はあれども、もはや基本的に要請国側の自由だ、とのニュアンスが、かなり赤裸々に示されていた（貿易と関税2011年12月号88頁以下〔本書203頁以下〕）。その流れを受けた「2008年版」の同条「2項」の「コメンタリー」については、その問題性につき、同2013年1月号79頁以下（本書462頁以下）で検討したが、本章4の文脈で重要なのは、同前・84－85頁で言及した「パラ12.3」である。そこには——

"12.3　Similarly, if the information appears to be of value to the receiving State for other purposes than those referred to in paragraph 12, that State may not use the information for such other purposes but it must resort to means specifically designed for those purposes (e.g. in case of **a non-fiscal crime**, to a treaty concerning judicial assistance). **However**, Contracting States may wish to allow the sharing of tax information by tax authorities with other law enforcement agencies and judicial authorities on certain **high priority matters** (e.g., to combat **money laundering, corruption, terrorism financing**). Contracting States wishing to broaden the purposes for which they may use information exchanged under this Article may do so by adding the following text to the end of paragraph 2:
"Notwithstanding the foregoing, information received by a Contracting State may be used for other purposes **when such information may be used for such other purposes** under the laws of both States and the competent authority of the supplying State authorizes such use.""

——とあった。
　若干の解説をすれば、右の「第1文」は、貿易と関税2013年1月号79－80頁（本書463頁）に原文を示しておいたところの、「1977年版」の「パラ12」と、同じである。「第2文」及び付加される『条文案』が、後に新たに書き込まれた部分となる(*)。

　　*　貿易と関税2013年10月号分後半の、第3章4の論述の中で、「中山繁太郎氏の貴重な論稿」について再度の言及をした後、日本側が引き渡した情報の『相手国刑事手続における利用』についての「従来の扱い」への言及がなされた（本書643頁以下）。そこで示した「租税犯罪」と「租税犯罪以外（の犯罪）」との区別における後者が、右の「パラ12.3」の「第1文」における **non-fiscal crime** に、対応する。それに対して、「租税犯罪（fiscal crime）」については、「引渡された情報」の『相手国刑事手続上の使用』が、「国際課税の常識」として、この「コメンタリー」を介して、従来から（「2008年版」

に至る前から——「1977年版」以来!!）認められて来た，との扱いとなる。そして，そうした扱いに対して，中山繁太郎氏が，『正当なる疑問』を呈していたことになる。その先の問題については，貿易と関税2013年10月号分の，本論文第3章の末尾部分（本書645頁以下）を参照せよ。

　ここで注目すべき点は，二つある。まず，「2008年版」（「パラ12.3」）の段階では，『引き渡された情報』の『租税犯罪以外の犯罪』のための使用は，OECDモデル租税条約上は「出来ない」とされていたこと，である。そして，「マネー・ローンダリング」・「汚職」・「テロ・ファイナンシング」等を「高いプライオリティの事項」として例示しつつ，それらについての使用を可能とするために，『条文案』が示されていた。

　注目すべき第2の点は，そこで提示された『条文案』が，既述の，「米・スイス改正租税条約」（「2009年9月23日署名」）の新26条2項の「第4文」（いくつか前の段落〔本書675頁〕における，「★マーク」を付した個所参照）と，全く同じであること，である。「対米」以外のスイスの租税条約改正でも（「対日」を除き!!），同じ規律手法が踏襲されていたことは，既に論じて来た通りである。

　これから検討するように，OECDモデル租税条約の，26条「2項」に特化した「2012年改正」では，「2008年版」の「コメンタリー」の「パラ12.3」に（付加的な）『条文案』として示されていた内容が，「2項」の「条文」に格上げされた。——これまでの論述において，「2009年3月13日」の政策変更後のスイスが，「対米」及び「米国」以外の国々との租税条約改正で挿入した「引き渡された情報」の『他目的使用』の規定が，この「2012年改正」を先取りするものであることについては，それなりに言及して来た。だが，「対デンマーク」を出発点とするスイスの租税条約改正のなされた当時に「時点」をフィックスして，<u>より正確に言えば，それらの営為は，「2008年版」の「コメンタリー」の，この「パラ12.3」に示されていた『条文案』に，実際の条約規定を合わせたものだった</u>，と言えるのである(＊)。

　　＊　さすがにここで，今日は筆を擱くこととする。以上の執筆は，2013年8月7日午後4時5分まで。約2時間半の追加執筆ゆえ，トータルで今日は，約8時間半の執筆だったことになる。——執筆再開は，同年8月16日午前8時47分。今夜の「送り火」に向けたかの如き，この執筆が，おそらく22年半，毎月毎月続いた私の「苦行」の，最後のものとなる。その覚悟で，但し淡々と，作業を開始する。

　さて，ここで，『OECDモデル租税条約及び「コメンタリー」の「2012年改正」』を，見ておく必要がある。本章4の見出し（目次項目）の，「<u>ループホール化する課税（?）</u>」との論点，との関係においてである。

**Update to Article 26 of the OECD Model Tax Convention And Its Commentary, Approved by The OECD Council on** <u>17 July 2012</u>, at 1にあるように，この改正は，26条「2項」に，「他目的使用」に関する「第4文」（「2008年版」26条「コメンタリー」の「パラ12.3」末尾にあった前記の「条文案」と同文）を付加するものである。Id. at 2ff の26条への「コメンタリー」にも，かなりの変更があるが，もはや「他目

678　第 4 章　OECD のタックス・ヘイブン対策と「租税条約上の情報交換」

的使用」の問題に集中しよう（ちなみに，「グループ・リクエスト」方式との関係は，貿易と関税 2013 年 5 月号 80 － 81 頁〔本書 532 頁〕に示しておいた通り，Id. at 4 の「パラ 5.2」である）。

　前記の「2008 年版」の「パラ 12.3」は，Id. at 11 において，以下の変更を受けている。即ち，まず，従来からあった「第 1 文」が削除された。「2012 年版」の「パラ 12.3」の新しく付加された「第 1・第 2 文」は，26 条 2 項「新第 4 文」の条文内容を再叙し，「パラ 12.3」の「新第 3 文」以下は（前記の "However,……" を削除した上で），2 項の「新第 4 文」（左の冒頭の It）の規定との関係で，次のように記述するに至った。即ち，変更部分をイタリック体で，また，「他目的使用」との関係での注意すべき点をゴチック体で，それぞれ示せば——

"It allows the sharing of tax information by the tax authorities of the receiving State with other law enforcement agencies and judicial authorities in that State on certain **high priority matters** (e.g., to combat **money laundering, corruption, terrorism financing**). *When a receiving State desires to use the information for* **an additional purposes** (*i.e.* **non-tax purpose**), *the receiving State should specify to the supplying State the other purpose for which it wishes to use the information and confirm that the receiving State can use the information for such other purpose under its laws.* **Where the supplying State is in a position to do so**, *having regard to, amongst others, international agreements or other arrangements between the Contracting States relating to mutual assistance between other law enforcement agencies and judicial authorities*, **the competent authority of the supplying State would generally be expected** [??] **to authorize such use for other purposes if the information can be used for similar** [??] **purposes in the supplying State**. *Law enforcement agencies and judicial authorities receiving information under the last sentence of paragraph 2 must treat that information as* confidential *consistent with the principles of paragraph 2.*"（「パラ 12.3」の「新第 3 文以下」。)

——となった。
　右と併せて，**新設**された「パラ 12.4」を次に示してから，若干の検討を行なうこととする。「新パラ 12.4」は——

"12.4　*It is recognized that Contracting States may wish to achieve* **the overall objective inherent in the last sentence of paragraph 2** *in other ways and they may do so by* **replacing** [!!] **the last sentence of paragraph 2** *with the following text:*

"*The competent authority of the Contracting State that receives information under the provisions of this Article may,* **with the written consent of the Con-**

***tracting State that provided the information***, *also make available that information to be used for other purposes allowed under the provisions of* ***a mutual legal assistance treaty*** *in force between the Contracting States that allows for the exchange of tax information.*""

——と記述する。

「2012年版」の，この「パラ12.3」の「新第3文以下」と「新パラ12.4」とを合体させたものが，前記の「2008年版」の「パラ12.3」に相当する存在（その新たな姿）だ，ということになる。「2008年版」の「パラ12.3」末尾に示された『条文案』が，「2012年版」の「新パラ12.4」末尾の，26条2項「新第4文」を置き換える『条文案』であるというその構造も，同じである。

だが，「2012年版」の2項「新第4文」の示す『「他目的使用」の条件』，即ち，『要請国・被要請国の法が共にその「他目的使用」を認め，かつ，被要請国側が同意すること』との条件が，右の「新パラ12.4」末尾の代替的な『条文案』では，外されて（!!）いる。『被要請国側の書面による同意』さえあれば（!!），後は，両国間の（租税条約とは別の）「司法共助条約」のルートによる「他目的使用」が認められることになる。

その関係で，「新パラ12.4」の冒頭に，『26条2項「新第4文」に内在する全般的な目的』とある点に，注意（警戒）すべきである。これが，「パラ12.3」の「新第3文以下」の前記英文引用の中で，波線によるアンダーラインを付した部分に，対応する。即ち，「就中，両国間の（租税条約以外の）共助条約を考慮して」，との部分である。——「パラ12.3」の「新第3文以下」では，就中「それ」を考慮して，（要請国の求める）当該の「他目的使用」と**「類似」（??）**する目的での使用が被要請国で認められる場合には，被要請国に対して，その「他目的使用」を認めることが，「一般的に期待されるであろう」（??），などとされていた。

これ（「パラ12.3」の「新第3文以下」の右の部分）は，26条2項「新第4文」の規定の文言を，**（例によって!!）** 不当に歪める，「コメンタリー」の勝手な言い分に過ぎない。即ち，「2012年版」で新設された26条2項「新第4文」の文言は——

"Notwithstanding the foregoing, information received by a Contracting State may be used for other purposes when such information may be used for such other purposes under the laws of both States and the competent authority of the supplying State authorizes such use."

——となっており，あくまで『「当該」（!!）の「他目的使用」』につき，要請国・被要請国双方の「法」が『それ』を認め，かつ，被要請国（情報提供国）側が『それ』を許容することが，「他目的使用」の条件として，条文上明記されているから，である（!!）。その何処にも，被要請国側で「類似」する目的での使用が認められていれば云々，といった文言はない。

要するに，ここで「も」OECDモデル租税条約26条「コメンタリー」は，その従

来からの歪んだ姿そのままに（!!），2 項「新第 4 文」の文言の制約を脱し，野放図な「他目的使用」（前記の「パラ12.3」の「新第 3 文以下」では，それが『「付加的目的」即ち「非"課税目的"」[non-tax purpose]』と，言い換えられている）へと，アモルファスなアメーバの触手を伸ばそうと，画策している（!!）。「新パラ12.4」の冒頭に，『26条2項「新第 4 文」に内在する全般的な目的』とあるのは，そうした歪みを背景とした指摘として，把握すべきものなのである。

「彼ら」にとっては，2 項「新第 4 文」の文言の制約が鬱陶しいから，こうした指摘がなされるのである（その構図は，「2008年版」の 26 条「5 項」の文言との関係で，本書において既に示したのと，同じである）。——そして，この歪んだ鬱憤を晴らそうとしたのが，「新パラ12.4」の代替的な『条文案』なのだ，と見るべきである。

「2008年版」の代替的な『条文案』が「2012年版」で 26 条 2 項「新第 4 文」に格上げされたのと同じ道が，今後辿られることは，十分に想定できる。そうなれば，「租税条約ルート」で要請国に引渡された情報の「非"課税目的"」(non-tax purpose)での使用は，被要請国法上それが本来認められない場合にも，広汎に認められることに，なり得る（被要請国に圧力をかけて，「国家的同意」さえ引き出せれば，個別の共助条約がなくとも，一般国際法上はそれが認められ得ることにも，注意せよ!!）。——ここにおいて，私の言う「国境でメルトダウン（熔融）する人権保障」の問題は，一層深刻かつ先鋭化した形で，再浮上することとなる。

その関係で，私は，本論文第 1 章の末尾（貿易と関税 2011 年 8 月号 65 頁〔本書 127 頁〕）において——

『本論文が論述の対象とする問題は，テロ撲滅とは，直接には関係しない（!!——テロ・ファイナンシングの防止のためだ，との声が，すぐさま聞こえて来そうだが。……）。そこで「打破」されるのは，純然たる私人の，いわば通常の法的枠組における「人権保障」である。「風が吹けば桶屋が儲かる」的な，強引な「因果関係」論で，どこかで「テロ撲滅」と結び付き「得る」なら，「国境でメルトダウン（熔融）する人権保障」は，即ち，その意味での「炉心熔融（メルトダウン）」は，むしろ積極的に肯定す「べき」だというのが，今の世界の風潮である。』

——と述べていた。また，同様に，貿易と関税 2011 年 12 月号 87 頁（本書 202 頁以下）において——

『今の流れからは，「情報提供国（被要請国）」の国内ではそれに基づく訴追等も法的に出来ない情報の利用が（「国境」により「バイパス」され），外国たる「情報受領国（要請国）」の国内でなされ，当該の者が，その地で刑事訴追等を受けることにも，なり「得る」。最悪のシナリオとして，最初から両国の当局が結託して，その者を，いわば「国境」と「条約」の存在を奇貨として陥れようと画策「していた」（まさにそのために外国当局に情報が渡された）と，仮定せよ……。

今の世界は，そんなこと心配ない，との楽観論に満ちている「かの如く」である。

だが，一度制度を作ってしまったら，その制度は一人歩きする（!!）。「自分がいわれなく狙われていたとしたら」，との前提で，国際課税の関係者も含めて，但し他人事としてではなく（!!），もう一度考え直して欲しいと，切に私は願う。

「情報提供国（被要請国）」が「自分の国」（例えば日本）であったとせよ。「あなた」は，「自分の国（日本）」の憲法上の基本的人権保障の規定を踏み越えた形で，日本の当局の，条約に基づく当然の営為だからということで，「外国」で刑事訴追（等）の憂き目に合う「かも知れない」のである……。

「本当にあなたは，それでよいのですか？」と，私は問いたい。もとより，「脱税などしていない」と信ずる「あなた」に対して（!!）。』

――とも，述べていた。

こうしたことが，一層の現実味を帯びつつ，考えられる『べき』こととなる。それが，本章4で言う「ループホール（loophole）化する課税」の問題，なのである。断じて，「租税条約上の情報交換」という制度が，こうした「抜け穴」として機能することは，回避せねばならない。――そのためには，「双方可罰性要件堅持」を基軸とする，既述の，『現在の日本の法制度の基本』が，再度想起されねばならない『はず』，である。

## 5 「最後の砦」としてのスイス国内での行政訴訟？――今まさに問われる「個々人の人権感覚」と「社会的復元力」

本章5の，この目次項目を作成した段階では，既述の如く，「2009年3月13日」以後のスイスが，貿易と関税2013年5月号74頁以下，同6月号44頁以下（本書525頁以下）に示したような，果敢な「法的挑戦」をするに至っ「ていた」ことについて，私は不知，だった。だが，「スイス政府」がOECD/G8/G20等の「政治的圧力」に屈してしまったとしても，スイスには，「健全な司法制度」がある。

「IRS vs. UBS事件」でも実証された「スイス司法制度の健全性」（「2010年1月5日」のスイス連邦行政裁判所判決については，貿易と関税2011年5月号45頁以下（本書49頁以下）。そこで『スイス連邦憲法上の基本的人権保障』への強い司法的眼差しが示されていたことにつき，本書53頁。また，「2010年1月21日」の同裁判所判決については，同2011年7月号46頁以下〔本書91頁以下〕）は，実は，『「スイス銀行秘密の成立」と「ナチス・ドイツとの関係」』（貿易と関税2011年3月号49頁以下〔本書4頁以下〕と，同2011年10月号45頁以下〔本書155頁以下〕，とくに55頁以下〔本書166頁以下〕とを，対比せよ!!）でも，遺憾なく発揮されていた（本書168－169頁!!）。スイス国内に逃れたユダヤ人資産を，ナチス・ドイツ側の要請（ドイツ裁判所の命令）を拒絶して守ったのは，スイスの「裁判所」，だったのである（!!）。――そうしたことから，本論文目次作成段階での私は，「スイス政府」が崩れても，「スイス裁判所」に，なお期待する，との趣旨で，この目次項目を作成し「ていた」のである（ゲシュタポの追及が問題となってい

た時期の「スイス政府」が，実は，「隠れた反ユダヤ主義」的な立場に立っていたことにつき，本書169－170頁）。

だが，「2009年3月13日」以後の「スイス政府」が，『「双方可罰性要件」の「法的な盾」』は失ったものの，華麗な「法的転身」を遂げたことについては，本号分にも示した通りである。もっとも，「グループ・リクエスト方式」や『源泉税条約』方式にも，既述の如き限界（後者については，国ごとの，いわば面的な広がりの問題）があり，個々人の「プライバシーの権利」（＝『スイス銀行秘密』）の保護のためには，十分ではない。

この点で注目すべきは，「2009年3月13日」以後の「スイス政府」が，（「対米」での問題を含めて）スイス連邦憲法上の必須の（例外なき）要請たる，当事者への『事前の通知』要件を死守し（貿易と関税2013年8月号63頁以下〔本書600頁以下〕），その他の点でも，常に（!!）「当事者の手続権の保障」（スイス連邦行政裁判所への提訴の権利の保障を含むそれ）を大前提として，各国との租税条約改正にあたって来たこと，である。

本論文第3章2－4で詳論したように，こうした「スイス政府」の営為は，『スイス国内での行政訴訟（憲法訴訟!!）への呼び水』として，把握されるべきものである。たしかに，「スイス政府」の『戦略的な理解』においては，「2008年版」OECDモデル租税条約26条「5項」（その限定的な文言!!）にもかかわらず，それと同一の実際の条約規定（「銀行情報」の交換に特化した，既述の「第1文」）によって，「スイス銀行秘密の全否定」がもたらされる，ということにはなる。だが，「憲法訴訟」との関係は，別なはず，である。

つまり，貿易と関税2013年9月号61頁の「＊＊部分」（本書616頁）に示したように，「スイス政府」としては，（専ら）『civil and commercial lawに基礎を置くもの』として，「2000年OECD租税委員会報告書」でも把握されていたところの，『「スイス銀行秘密」の通常の姿』を前提とした『戦略的な理解』を示したまでだ，と考える『べき』である。そして，それを超える「スイス国内での『憲法』訴訟」について，「スイス政府」は，何らの対外的コミットメントも，実は，していない（!!），と考える『べき』である（そうでないと，何故「スイス政府」が執拗に「当事者の手続権の保障」を，個々の条約改正においてあれだけ強調したのかは，説明できない!!）。

かくて，本章5の，前記の目次項目の内容は，もともとそれを作成した当時とは別な形で，「スイス社会」に対して一層深く，期待されることになる。或いは，注目すべき事例が既に出ているのかも知れない。だが，その先を本論文の中で検討することは，もはや出来ない。——前号分後半の，『ゼミの実況中継』に徹した本章1(1)の，末尾近く（本書661頁）で一言したように，「各自それぞれに問題意識を持って走り出」すまでが，『ゼミというものの役割』だが，『論文というものの役割』もまた，同じであろう。問題意識さえ明確にあれば，後は「走り出」すか否かの，覚悟の問題である。

## 6　出発点に戻って再度問うべき「日本の対応」——「国境でメルトダウンする人権保障」（!）との関係において

　この本章6の目次項目をフィックスさせた段階での私は，「日本」について，何の期待も，出来ないでいた。だが，幸いにも，私は，既述の如く，『日本に差し始めた「一条の光」』を見いだすことが出来た。ただそれは，「差し始めた」だけであって，それを**一層自覚的で強烈な『光の束』**として行くのは，「日本」にとっての今後の大きな課題，である。とくに，本章4の「他目的使用」との関係での法改正は，まさにこれから，となろう。

　本論文が著書として信山社から刊行される頃には，この点での必要な法改正が，済んでいる「はず」である。だが，万が一そこで，批判すべき点が生じたとしても，すべては本論文に，既に織り込み済み，である。むしろ，著書化の段階でも，本論文の「基準時点」を，維持すべきかと，今は思われる。——何をしようが，するまいが，人はいずれ，この世から消えてゆく存在なのだから。

# 結　章

　かくて，本論文は，そして本連載は，ここで「終末」を迎えることになる。さしたる感想は，無い（本論文の「結章」に予定していた事柄も，本号分に，意識して織り込んで来た）。

　本連載の第1回は，貿易と関税1991年7月号20－24頁の，「本連載についての予告」であった。それを書いたのは，「1991年5月5日」の，こどもの日であった（その年の7月1日に，私は，教授に昇任した）。――それから今日（「2013年8月16日」）の最後の執筆に至るまで，22年と3カ月余り。雑誌の刊行で言えば，この「2013年12月号」までの，「22年半」となる。毎月毎月，本当に辛かったが，「2004年12月2日」の，北京の劉宝崑先生の手による，私の「先天の強い氣」の覚醒を経て，このところの執筆は，徐々に「氣の修行」としての色彩を，濃厚として行った。そして，摩訶不思議な，実に様々なことが，生起した。だが，それらは，実際に体験した私と妻にしか，絶対に（!!）理解出来ないことである。

　ともかく，大厄の年の入院・手術の時にも，毎月の連載は，続けることが出来た。また，妻のおかげで，文体も変わった。分かり易い方向に，である。

　「全270回」の本連載からは，数多い私の著書が生まれた。その一々を列記しようか，とも思ったが，やめにした。過去を振り向いても，得るところは少ないので。

　但し，本連載中の，（本論文を含めた）終盤での二つの大きな論文が，ともに「国際課税」に関するものであったことへの私の想いは，深い。貿易と関税2005年9月号53頁以下に記した「故上本修君」の傘が，こうして書いている今も，私のことを見守ってくれている。

　敬虔なクリスチャンでいつも優しかった彼は，闘争心の異常に強い私に対して，常に，「他者を恨んだり，復讐しようと思ったりしたら，かえって駄目なんですよ」と言っていた。「復讐するは神にあり」という，聖書の中の言葉のこと，である。彼が亡くなってから，私はそれに気づき，少しずつ実践するようになった。「氣」の力を得てからはなおさら，である。

　彼は，『私は先生の傘になりたい』と，いつも言ってくれていた。その彼の傘が，強い「偶然的必然」のゆえに，私の後ろに，今もある。「ありがとう!!」と，心の中で言えば，天国の彼に，確実に伝わるはずである。――「マタイ受難曲」は，終曲に近づいている。

　東大法学部教授としての私の論文執筆は，以上をもって終わる。こんな形で机に向かうのも，これが最後となるが，本論文「も」，1981－82年のBasel留学以来の，「スイス」への私の強い想いに終始支えられて，執筆された。それは，疑いようもない事実，である。そしてそのことについては，前著『国際倒産vs. 国際課税』と同様，本論文の随所に，鏤めて来たつもりである。

「バーゼル」を，従って「スイス」を留学先に選んだのは，殆ど偶然の成り行きだったのだが，本当によかった。その「スイス」と「日本」とが，（この先どうなるかはわからないが）『一条の光』で繋がっていることを，執筆を通して知り得たことは，本当に嬉しいこと，であった。

さあ，妻と乾杯，である。もう，毎月（そして毎日!!）のこの苦痛は，未来永劫，無いのだから（!!――以上の最後の執筆は，2013年8月16日午後3時55分まで。点検に入る。点検終了，同日午後5時15分。計8時間28分の作業，であった）。

そろそろ「送り火」の時刻，であろうか。

〔以上，2013年12月号 58 － 72 頁〕

# 索　引

＊本索引は，言葉の微妙なニュアンスの差を，完全には統一せずにあえて残し，いわばあちこちから光を当てられるようにしつつ，本書のクロス・レファレンスを極力多面的に活用できるように，工夫した上で，作成されている。また，同様の趣旨で，本索引の末尾には，「1848年」から「2013年」までの，スイスの租税条約締結とそれに関連する出来事等について，時の流れに沿って別枠で整理したものを，重複を厭わず掲げてある。

## あ　行

IRS vs. UBS 事件 ……… 3, 13〜, 213, 232,
　　　251, 257, 368, 371, 387, 388, 526,
　　　528, 530, 532, 557, 568, 594, 596, 617
　——といわゆる FATCA 法との濃密
　　なリンケージ………………… 127, 419
　——の展開過程………………… 13〜
IRS による情報提供要求の対象者……… 14
IMF コンディショナリティ ………… 337
曖昧な数字の示し方………………… 16
曖昧な米国流の対応………………… 199
赤いポスト白書…………………… 70, 71, 77
アジア経済危機………………… 337, 402, 667
as if 的な鵺の法的表現 …… 573, 576, 578
as if をどこまで強く読むかの問題 … 579
後の祭り………… 145, 146, 341, 342, 343,
　　　　　344, 362, 363, 388, 566
危ない仕事 ………………… 395, 398, 602
危ない対デンマーク方式？… 607, 615, 633
amicus curiae ……………… 4, 25〜, 62〜
アメーバ状の霧………………… 376
アメリカと EU［EC］の WTO 紛争事
　件 ………………………………… 657
新たな人権保護のための一条の光
　……………………… 413〜, 523, 525〜
新たな法的智慧…………………… 535
或る種の悪意……………………… 156
アングロ・サクソン型の金融の根幹… 669
暗黒の木曜日……………………… 189
アンチ KY 症候群 ………………… 562
アンチ人権保障のアメーバ状の霧の毒
　性 ………………………………… 403
アンブロシアーノ銀行事件………… 405
EC と EU との関係 ………………… 171
EU 域内各国と米国との二国間刑事共
　助条約 …………………………… 287
EU 域内各国の規制権限のもぎ取り … 274
EU 域内各国の租税条約締結権限 …… 275
EU 域内各国の法システム ………… 287
EU 域内での双方可罰性要件放棄 …… 288
EU が決して一枚岩ではないこと
　…………… 274, 286, 288, 291〜, 294, 300
EU 加盟諸国とスイスとの租税条約 … 251
EU 側に阻止された「双方可罰性の原則
　の明文化」……………………… 266
EU サイドの域内各国向けの越権的要
　望 ………………………………… 297
EU サイドの域内各国向けの思惑 …… 314
EU サイドの苛立ち ………………… 291
EU サイドの双方可罰性要件相対化・
　希釈化方針……………………… 295
EU とスイスとの暗闘 ……………… 249
EU の「1995 年の個人情報保護指令」… 331
EU の対抗立法 ……………………… 292
EU の対日圧力 ……………………… 353
EU のタックス・ヘイブン対策 … 656, 659
EU の有害税制プロジェクト ……… 660
イウス・コーゲンス以外の国際法と憲
　法との衝突……………………… 122
意外な事実………………………… 591
域外執行…………………………… 60
域外適用…………………………… 417
域内各国の情報の伝達（引渡）への

| | |
|---|---|
| リラクタンス（刑事）……………… 292 | 英米の生命線……………………… 669 |
| 違憲審査権………………………… 122 | 英米法……………………………… 577 |
| 一次資料の解読…………………… 126 | 英米法的色彩の濃い法技術……… 292 |
| 一般国際法………………… 48, 55, 576, 578, 680 | 英連邦（コモンウェルス）側の OECD |
| ——の法的地位の低い米国……… 28 | 批判……………………………… 654 |
| 一般的な最恵国待遇要請………… 271 | SEC との紛争 ……………………… 38 |
| 「一般的な理解」?……………… 456, 457, 471, | 越権的な EU の思惑 ……………… 295 |
| 479, 489, 495, 499 | N-STAR …………………………… 74, 106 |
| 一方的措置………… 19, 43, 87, 127, 418, 419 | エンロン＆金融工学……………… 336 |
| 一方的な文書提出命令…………… 70 | エンロンの対日進出……………… 70 |
| 異分子粛清………………… 458, 459, 471, 504 | 欧州各国の条約締結実務………… 143 |
| 今の世界のトレンド……………… 381 | 欧州金融危機……………………… 392 |
| 今のドイツが置かれた二律背反的状況 | 欧州市民社会……………………… 664 |
| ………………………………… 352 | 欧州発の金融不安………… 336, 402, 667 |
| 今の日本の法制度の全体的制度設計 | 欧州評議会・OECD 税務行政執行共助 |
| …………………………………… 278〜 | 条約…………………………… 347, 516〜 |
| 今の我々の世界の危うさ………… 381, 396 | 欧州評議会指令 7 条 3 項の規律手法 566 |
| いわゆる 9.11 の 2 か月後 ……… 654 | 欧州評議会指令（77/799/EEC; 79/1070/ |
| インターネットのドメイン・ネーム管 | EEC）……………… 147, 198, 200, 447 |
| 理………………………………… 418 | 欧州評議会指令と OECD マルチ税務執 |
| インド課税事件…………………… 577 | 行共助条約……………………… 566 |
| ウィーン条約法条約……………… 93, 94, 115, | OECD・EU における有害税制に関する |
| 119, 121, 149 | 議論の発端……………………… 661 |
| ——との関係……………………… 119 | OECD 側の歪んだ体質 …………… 391 |
| ウィーン条約法条約 27 条と 46 条 1 項 | OECD 基準からのはみ出し条項 |
| の関係…………………………… 119, 120 | …………… 603, 604, 605, 614, 615, 617 |
| ウィーン条約法条約 31 条 ……… 95, 97, 98 | ——の封じ込め…………………… 633 |
| Waiver By Conduct ……………… 10 | OECD 基準を越えた規定振り …… 587 |
| 動かぬ証拠………………… 48, 80, 485 | OECD 事務局の更なる暴走 ……… 377 |
| 英国及びオランダの属領………… 239, 647 | OECD 租税委員会の営為 …… 355〜, 363 |
| 英国がどう動いていたのか……… 648 | OECD 租税委員会の見解における理想 |
| 英国の属領………………………… 653 | 状態…………………………… 451〜, 500 |
| 英国のドミサイル概念…………… 186 | OECD 租税委員会の全体的雰囲気 … 497 |
| 英国の要望………………… 296, 297, 314 | OECD 多国籍企業行動指針の骨抜き 337 |
| 英語の小細工的・意図的な操作… 462 | OECD での規制改革論議 ………… 661 |
| 永世中立…………………………… 68 | OECD とグローバル・フォーラムとの |
| 永世中立国スイス………………… 8, 157 | 関係?………………… 376, 399, 410, 476 |
| 英断（日本）! …… 430, 443, 515, 585, 586 | OECD に対するスイスの二つの義務 302 |
| 英文構造の不誠実さ……………… 458, 504 | OECD の意思決定プロセス ……… 377 |

OECD のいわゆる構造分離報告書 … 377
OECD の隠れ蓑 ………………… 409
OECD のグローバル・フォーラム？
　……………………………… 376,476
OECD の経済産業諮問委員会（BIAC）
　からの攻撃…………………… 658
OECD へのスイス政府の苦情 … 375,672
OECD マルチ税務執行共助条約 … 413～,
　423～,444,448,462,516～,567,578
　――の署名に伴う日本の国内法整備
　……………………………… 415,516～
　――の新旧規定の対比………… 518～
OECD マルチ税務執行共助条約 22 条
　……………………… 444,445,447,597
OECD 向けのスイスの意思表示 …… 297
OECD モデル租税条約 26 条コメンタ
　リーの 1963 年草案段階以来の屈折し
　た構造……………… 203～,330,675
OECD モデル租税条約 26 条コメンタ
　リーの歪み切った実像……… 450～,484
OECD モデル租税条約 26 条 2 項の 2012
　年改正……………………… 532,638,677
OECD モデル租税条約 26 条に対する
　スイスの留保の変遷………… 170～,196
OECD モデル租税条約 26 条について
　の「技術的ノート」…………………… 619～
OECD モデル租税条約 26 条の条文
　………………………………………… 434～
OECD モデル租税条約 26 条への日本
　の実質的留保（Observations） …… 430
OECD モデル租税条約 27 条 ……… 424
OECD モデル租税条約 27 条 6 項
　……………………… 581,582,583,585
　――の致命的な問題点……………… 425
OECD や G8/G20 の隠れ蓑的なグロー
　バル・フォーラムの実像…………… 670
大きな額の継続的脱税………………… 108
オーストリアの留保………………… 175
Auto Cases ……………………… 70,429

Automated Commercial Environment
　（ACE）……………………………… 154
オニール米財務長官の OECD 批判 … 654
オブスタクル………………………… 205
オン・オフのスイッチ……………… 572

か 行

ガーンジー島の税制………………… 651
外圧に対する内圧のリバランス機能… 429
外交政策における国民の諸権利の強化 123
外国側に引渡された情報の刑事事件
　への使用…………………………… 280
外国口座税務コンプライアンス法
　……………………………… 127,414～
外国税額控除余裕枠海外売却事件…… 663
外国税関当局との情報交換の拡充
　……………………………… 278,437～
外国訴訟差止命令……………………… 62
外国租税債権の法的性格…………… 575
外国租税の徴収の順位……………… 576
外国租税判決の承認？……………… 583
外国で訴追された行為…………… 242,246
外国での訴追からの保護…………… 212
外国での秘密保持…………………… 449
外国による経済的な恫喝……………… 55
外国判決の承認……………………… 168
開示制限……………………………… 198
開示のなされる時点………………… 464
開示範囲… 197,200,202,207,210,224,225,
　226,227,231,258,268,307,317,436,463
解釈の補足的な手段………………… 426
改正者側の眼差し…………………… 560
改正者の不純な意図………………… 563
改正タックス・ヘイブン対策税制…… 510
改正日・スイス租税条約 25 条 A …… 513
改正前の第 3 次日米租税条約 27 条 … 575
外部ダミー組織自体の権威？……… 395
外務大臣の確認……………………… 281
書かされた文書？…………………… 622

| | |
|---|---|
| 鏡の中の虚像……………………… 292 | 技術者魂……………………………… 106 |
| 書き手の内面……………………… 367 | 技術的ノート…… 614, 620, 621, 625, 672, 673 |
| 書き手の本心（下心）…………… 613 | ──の記述内容………………… 620 |
| 隠された効率性基準の暴走 | ──のその先の展開…………… 622 |
| ……………………… 378, 396, 548, 671 | 汚い英語の使い方………………… 613 |
| 隔　壁………………………………… 66 | 氣による予知……………………… 125 |
| 学問研究自体が基本的におかしくなっ | 規範衝突………………………… 103, 115 |
| ている？…………………………… 67 | 詭　弁……………… 459, 472, 476, 504 |
| 学問的鉱脈………………………… 545 | 基本権の制限…………… 53, 90, 120 |
| 隠れた反ユダヤ主義…………… 170, 682 | 基本権の本質的核心……………… 122 |
| 隠れ蓑……………………… 377, 379, 670 | 基本的人権保障… 319, 334, 367, 380, 486, 578 |
| 籠抜け詐欺…………………………… 60 | 基本的人権保障 vs. 効率的情報交換の |
| 課税協力条約……………………… 549 | 基本的な対立図式………………… 357 |
| 課税事件における国際行政共助に関す | 基本的な国家の在り方…………… 117 |
| る連邦法……………… 527, 537〜, 570 | 義務的国民投票…………………… 123 |
| 課税上の秘密…………………… 483, 484 | 義務としての裁量………………… 350 |
| 課税当局にとっての長所？… 260, 298, 305 | 欺罔行為……………………………… 85 |
| 課税目的以外……………………… 447 | 客観性を装った情報操作………… 126 |
| ──での情報の使用……… 148, 675〜 | 旧宗主国のサポート……………… 653 |
| 各国の国際租税関係者の常識………… 200 | 9.11以後の世界 ………………… 352 |
| 各国の国内法制度を斬れる刀 | 9.11との関係 …………………… 289 |
| ……………………… 487, 488, 489 | 行革・規制緩和の嵐………… 71, 72, 319 |
| 各国法の平等の観念への強烈な認識… 361 | 狭義の租税詐欺……………… 92, 112 |
| 過度な域外適用…………………… 419 | 共助拒絶事由………………… 429, 574 |
| 関係者の司法的救済……………… 133 | 共助拒絶事由の白地規定性……… 574 |
| 関係者の聴聞……………………… 350 | 共助（支援）………………… 517, 523 |
| 換骨奪胎……………………… 532, 533 | 共助対象外国租税…………… 580, 585 |
| 干　渉…………………………… 357, 367 | ──の存否又は額………………… 424 |
| 関税法108条の2（情報提供）の改正 | ──の徴収手続…………………… 581 |
| ……………………… 437〜, 521 | 行政共助……… 9, 31, 92, 98, 99, 100, 101, 123, |
| 関税法改正による外国税関当局との情 | 124, 129, 131, 171, 247, 358 |
| 報交換………………………… 278〜 | 行政共助要件の緩和……………… 212 |
| 関東大震災……………………………… 74 | 行政行為…………………… 341, 345 |
| カントン…………………… 187, 188 | 行政裁判所への不服申立………… 222, 256 |
| 消えたナチ犠牲者達の財産……… 167 | 強制措置…… 9, 85, 91, 98, 112, 114, 130, 132, |
| 議会承認前の米国側への情報引渡し… 124 | 134, 135, 136, 137, 138, 150, 151, 152, |
| 危機管理……………………………… 73 | 248, 256, 258, 285, 286, 526, 527 |
| 危機対応…………………………… 118 | ──と任意措置との微妙な境界…… 285 |
| 危険なMAI案の発出 ……………… 661 | ──の視点………………………… 150 |

索引 691

──の要件……………………… 140
強制措置・任意措置の区別………… 286
強制措置実施の要件としての双方可罰
　性の原則……………………… 139
強制的な情報取得………………… 109
行政的目的………………………… 371
強制の脅しのある召喚状…………… 143
強制力の直接的行使の法的色彩…… 578
競争概念自体の歪み……………… 668
競争上の不利益…………………… 213
競争の歪み………………………… 663
協調的合意…………………… 93, 94, 95, 102,
　　　103, 108, 110, 111, 115
協調的手続……… 94, 190, 191, 192, 230, 231
共　謀……………………… 515, 557
強烈な国家的脅し…………………… 47
極めて屈辱的なスイス政府のレスポン
　ス………………………………… 390
緊急権限………………… 46, 55, 57, 64
　──の発動………………………… 54
緊急権限 vs. 基本権保障………… 49
　──の基本構図…………………… 369
緊急事態………… 54, 56, 57, 69, 72, 73, 74, 116
緊急避難… 42, 44, 46, 47, 48, 49, 68, 120, 369
緊急避難的事態…………………… 126
銀行顧客のプライバシーの保護…… 554
銀行システムの効率性…………… 362
銀行情報へのアクセス改善
　………………………… 355, 359, 366, 392
　──に関する2000年のOECD租税
　　委員会報告書…………… 233, 355〜
銀行情報へのアクセス上の重要な阻害
　要因……………………… 365, 385
銀行倒産…………………………… 165
　──の危機………………………… 45
銀行破綻…………………………… 164
銀行秘密という困難？……………… 361
銀行秘密規定作成の背景事情…… 164
銀行秘密規定の淵源……………… 158

銀行秘密の解除………………… 10, 11, 130
銀行秘密の権利享有者…………… 54
銀行秘密の終焉宣言……………… 335
銀行秘密の重要性………………… 361
銀行秘密の全否定……………… 591, 614
銀行秘密の放棄…………………… 10
銀行秘密の法的根拠……… 364, 368, 370
緊縮財政………………………… 402
緊縮財政（austerity）路線はサステイ
　ナブルではない………………… 388
金融危機……………… 36, 118, 397, 618
金融工学……… 70, 106, 336, 402, 659,
　　　667, 668, 669
金融工学 vs. 倫理・道徳………… 337, 392
金融市場関連犯罪……………… 213, 337
金融商品取引法189条…………… 279
金融センターとしてのスイス
　………………………………… 237, 391, 540
　──の経済的利益………………… 213
金融犯罪………………………… 556
金融不安の原因………………… 336
金融暴走………………………… 405
グーグル検索…………………… 126
偶然的必然……… 58, 69, 106, 274, 295, 382
偶然の悪戯……………………… 255
苦心の表現……………………… 578
国としての経済的利益…………… 214
グラクソ事件…………………… 426
グループ・リクエスト……… 526, 528, 529,
　　　530, 532, 535, 537, 538, 539, 570, 571,
　　　595, 597, 602, 629, 637, 673, 678, 682
　──の場合の行政共助に関する規則
　　……………………………… 571, 537, 538
グループ・リクエスト方式の正式承認
　………………………………… 560
グループ・リクエスト方式の発展形態
　………………… 527, 536, 539, 540, 542, 545
グローバライゼイションのもたらす光
　と影……………………………… 408

| | | | |
|---|---|---|---|
| グローバル盗聴網の構築 | 336 | | 279, 366, 371, 372, 521 |
| グローバルな金融危機 | 408 | 刑事訴追目的での使用 | 416 |
| グローバルな金融規制緩和の流れ | 405 | 刑事的目的 | 371 |
| グローバルな金融リスクの増大 | 406 | 刑事手続 | 241, 246, 253, 264, 279, 281, |
| グローバル・フォーラム | 175, 303, 318, | | 437, 438, 440, 443, 450, 460, |
| | 353, 354, 356, 357, 558, 615, 649 | | 462, 598, 631, 639, 644, 675 |
| ――がリードする道 | 666 | 刑事手続上の証拠能力 | 206 |
| ――側の国際基準との間の顕著な主義の差 | 522 | 刑事手続的な強制措置 | 92, 99, 112, 114 |
| ――自体が国際基準を作成 | 399, 476 | 刑事手続での情報の使用 | 473 |
| ――事務局 | 379, 410, 411 | 刑亭の租税上の調査 | 371 |
| ――とは一体何なのか | 374, 375, 393～ | 継続的脱税 | 85, 91 |
| ――のいわゆる改組 | 394 | 継続的で大きな額の脱税 | 98, 99, 103 |
| ――の運営費は？ | 410 | 継続的で重大な脱税 | 23, 96, 99, 101, 102, |
| ――の詭弁 | 465, 467, 472 | | 103, 107, 109, 112, 124 |
| ――の国際基準 | 465, 467 | ――という用語 | 97 |
| ――の作業 | 375 | ケイマン | 336, 651 |
| ――の作業の基本 | 393 | 契約の外装 | 418 |
| ――の定めた10の必須要素 | 469 | 契約の手法 | 419 |
| ――の対スイスPeer Review報告書 | 378～ | 契約を破る自由 | 117 |
| | | ゲート・キーパー | 357 |
| ――のマンデートと組織（構成） | 670 | KY（空気読めない） | 560 |
| ――の役割 | 377 | 劇場政治 | 71 |
| ――の野蛮な営為 | 413 | ゲシュタポ | 7, 25, 47, 68, 155, 156, 157, |
| 経済危機 | 164 | | 161, 166, 169, 412, 681 |
| 経済成長 | 402 | 結果論 | 616 |
| 経済的価値と人権的価値 | 213 | 結局は誰も責任を負わない！ | 380, 381, 602 |
| 警察実務家の立場？ | 645 | 潔白なマネー戦略 | 543 |
| 刑事共助にあたっての人権侵害の危険性 | 286 | 権威ある解釈 | 519, 574 |
| | | 権威なき暴論 | 519 |
| 刑事事件 | 242, 246, 441, 468 | 現在の日本の法制度の基本 | 278～, 294, |
| ――における国際司法共助に関する1981年の連邦法 | 30 | | 314, 319, 334, 338, 644, 681 |
| ――の捜査 | 281, 439, 440 | 現実の我々の世界の進んで来た道 | 404 |
| 刑事司法共助 | 247 | 源泉税条約 | 535, 536, 541, 542, 544, 545, |
| ――の三つの原則 | 134 | | 547, 549, 551, 553, 590, 607, 619, |
| 刑事司法共助ルートにおける情報の他目的使用の禁止 | 149 | | 633, 635, 637, 649, 672, 674, 682 |
| | | ――の実体 | 543 |
| 刑事訴追 | 155, 203, 211, 276, | 源泉税条約方式 | 527, 535～, 595, 597, 629 |
| | | ――の萌芽 | 550, 569, 672 |
| | | 源泉税条約モデル | 539, 558 |

|     |     |
| --- | --- |
| ──の淵源……………………550,553 | 公　序……197,347,498,599,603,632,641 |
| ──の開発……………………540 | 公序違反………………………348,449 |
| ──の骨子……………………554 | 公序による情報提供の拒絶…………449 |
| 健全な規律手法………………………566 | 公的金融（財政）……………………8 |
| 健全な銀行システム…………………361 | 公表されていない事実………………44 |
| 憲法 38 条の趣旨　………206,416,642 | 巧妙に避けられていた「効率的」の語 414 |
| 憲法外での緊急権限…………………56 | 巧妙に仕組まれた政治的な罠………411 |
| 憲法規範を条約で空洞化すること……148 | 公務員の告発義務……………………643 |
| 憲法上の基本的人権保障………146,203, | 効率性………319,346,353,359,361,372, |
| 347,361,369,557 | 373,405,549,669 |
| ──との関係での大いなる懸念……646 | 「効率性 vs. 基本的人権保障」の対立 |
| ──の要請………53～,334,529～,554～ | 図式…………………………548 |
| ──への言及…………………368,616 | 効率性オンリーの発想………………663 |
| ──への攻撃…………………392 | 効率性基準…………319,361,362,391,548 |
| 憲法上の緊急権限……………………55～ | ──が人権保障を焼切る……………392 |
| 憲法上の聴聞の機会に関する権利の保 | ──が正義・平等等の諸々の価値基 |
| 　障……………………………387 | 　準をすべて塗り潰す………671 |
| 憲法上の通知要件……………………385 | ──と基本的人権保障とのバランス |
| 憲法上の要請………89,90,120,203,204, | …316～,347,353,354,355,374,381,671 |
| 216,369,557 | ──の突出……………………374～ |
| 憲法上の理由…………………154,201 | 効率性という言葉……………………389 |
| 憲法訴訟との関係……………………682 | 効率性と実効性との関係……………361 |
| 憲法訴訟の前提整備…………………616 | 効率性の網……………………………553 |
| 憲法訴訟は話が別……………………619 | 効率性 vs. フェアネスの対立軸………669 |
| 憲法直結型の論点……………………390 | 効率的……………………385,546,548 |
| 憲法的配慮……………202,348,449,513 | ──（efficient）の語　………386,414 |
| 憲法非言及型の指摘…………………616 | ──（efficient）の語の使用　………385 |
| 憲法踏みにじり型レヴュー…………395 | ──な税務行政………………536 |
| 憲法問題（＝人権保障の問題）の表面 | 国際課税に関する論点整理…………573 |
| 　化……………………………370 | 国際基準………384,385,387,427,430,442, |
| 合意形成のなされ方の不透明性………382 | 464,465,467,472,476,478,487, |
| 合意メモの政治的性格………249,250 | 489,490,502,505,522,531,534, |
| 合意メモランダム………171,233,249,259, | 535,537,541,601,623,674 |
| 270,273,295～ | ──を OECD が開発したなどという |
| 公益通報者保護法……………………66 | 　詭弁…………………………399 |
| 公開の裁判手続………………446,448,565 | 国際協調………………………149,352 |
| 合憲的な制度作り……………………573 | 国際経済法の基本……………………143 |
| 口座情報のマスキング技術…………597 | 国際刑事共助ルートのバイパス……11,277 |
| 「こうした書き方」をする人間の心理　364 | 国際刑事司法共助法……………245,260,264 |

索　引　693

国際刑事法上の双方可罰性の原則…… 276
国際航空運輸の場合………………… 271
国際捜査共助法……… 11, 279, 281, 282, 293, 521, 644, 645, 674
国際捜査共助法ルートの潜脱防止
　……… 282, 283, 293, 314, 334, 353, 415, 443
国際組織……………………………… 395, 403
国際仲裁の実態……………………… 510
国際的銀行監督……………………… 405
国際的税務否認……………………… 401, 655
国際的な移転価格…………………… 63, 70
国際的な源泉課税についての連邦法
　…………………………………… 543, 546, 550
国際的な合意形成の在り方としての問
　題………………………………………… 376
国際法規範と憲法との法の位階構造上
　の問題…………………………………… 120
国際法上の強行法規………………… 121, 122
国際法上の領域主権………………… 28
国際法と国内法との関係…………… 121
国際法と連邦憲法との衝突………… 122
国際法の適用義務…………………… 93
国際法の法的なランク付け………… 121
国際連盟……………………………… 188
国税関係者からの誠に貴重な問題提起
　…………………………………………… 206
国税サイド内部での更なる検討の必要
　性………………………………………… 217
国税徴収の例………………………… 572, 573
国税通則法74条の8 ……… 416, 441, 468, 642, 644
国税当局にとって危険極まりないこと
　…………………………………………… 425, 457
国税の優先配当……………………… 581
国内法実施のために必要な情報…… 308
国内法と条約との優先劣後関係…… 453
国内法の実施のための情報交換… 237, 324
国民感情？…………………………… 573, 645
国民議会……………………………… 22, 23, 124

国民生活と危機管理………………… 67, 73
国民投票…………… 123, 138, 235, 238, 390
国民の不安…………………………… 74
国民発議……………………………… 123
国連国際組織犯罪防止条約……… 11, 141, 151, 275, 284
国連麻薬新条約………… 11, 141, 151, 275, 284
個人情報……………………………… 533
個人情報保護………………………… 445, 611
　──の必要な水準？……………… 445
個人情報保護法……………………… 422, 533
個人と関係づけられたデータ 329, 332, 347
個人の権利及び基本的自由………… 461
個人の自由………………… 364, 365, 370, 671
個人を特定した情報………………… 529
国家管轄権…………………………… 417, 577
国家緊急事態 72, 117, 214, 369, 387, 568, 569
国家行為理論………………………… 63
国家公権力の国境を越えた行使の禁止
　…………………………………………… 576
国家的同意…………………………… 680
国家としての政策分裂……………… 353
国家としての魂……………………… 375, 378
国家としての魂を抜かれた後のスイス？
　…………………………………… 554, 602, 670
国家の介入からの保護……………… 553
国家の歳入確保… 359, 360, 361, 373, 392, 401
国家の不当な覗き見………………… 556
国家無責任体制の放任……………… 78
国境ですべてをメルトダウンさせる
　毒性の霧………………………………… 213
国境でのゲートキーパー…………… 331, 461
　──の存在………………………… 348
国境でメルトダウン（熔融）する人権
　保障……… 2, 68, 90, 113, 206, 216, 226, 276, 278〜, 326, 330, 333, 339, 351, 353, 388, 415, 444, 508, 526, 572, 581, 589, 674
国境に落ちたコインの両側………… 578
国境の相対化………………………… 357

国境を跨いだ憲法上の要請への配慮の
　非対称！ ………………………… 217
事柄の本質が憲法問題であること 367,369
「この報告書」に示された意見や議論は
　一体誰のものなのか？ ………… 379
この世の終わり… 1,69,72,73,393,431,514
個別国家への憲法蹂躙型の野蛮な営為
　……………………………………… 403
後法優先の原則…………………… 122
コミティ ……………………… 61,62,69
コメンタリー作成者達の単なる願望
　………………………………… 491,497
コメンタリーに関する所見………… 174
コメンタリーの1963年草案段階からの
　屈折した構造 ……………… 203～,630
コメンタリーの勇み足（越権）…… 497
コメンタリーの勝手な言い分…… 588,679
コメンタリーの基本的位置づけ… 456,471
コメンタリーの傲慢さ …………… 566
コメンタリーの偏向 ……………… 488
コメンタリーの本来の役割 ……… 496
コメンタリーの歪んだ性格…… 450～,492
コメンタリーの路線 ……………… 204
コモンウェルス …………………… 653
　──の圧力 …………………… 661
コモンウェルス財務大臣会合 … 653,660
コンセンサス ……………………… 425
continued and severe tax evasion … 101
continued and serious tax offense
　…………………………………… 100,109
Compelled Waiver ………………… 10

## さ　行

最悪のシナリオ …………… 67,203,680
在外文書提出命令 ……………… 13,70
最近の我々の世界の在りがちな傾向… 395
最恵国待遇…… 183,193,254,262,263,264,
　　268,270,271,272,305,306,312,314,315,
　　321,322,323,324,325,333,509,607,619

最高裁の英断 …………………… 663
最後の砦としてのスイス国内での行政
　訴訟 ………………………… 596,681
財　政 ………………… 335,401,666
最低限の学問的義務 ……………… 79
裁判所侮辱 ………………………… 63
裁判手続での使用… 206,210,225,226,447
裁判を受ける権利 ……………… 425,601
裁　量 ……… 62,69,151,285,340,496
裁量権 …………………………… 645
裁量的決定（裁量権行使）の合法性… 340
裁量での共助拒否 ……………… 284
裁量による司法共助 …………… 151
サウンド・オブ・ミュージック …… 157
詐欺的行動…… 85,97,98,99,100,104,108,
　　109,111,112,113,114,269,297,301
詐欺撲滅 ………………… 235,236,272,306
詐欺撲滅等に関するEU・スイス間の
　条約 ……………… 138,142,143,247
サステイナビリティの欠如 ……… 667
殺人的・人権圧殺的歯車の論理 … 387
サバチーノ事件 …………………… 64
サブプライム・ローン問題… 397,405,408
差　別 ……… 193,220,221,320,563,635
更なる詐欺の概念 ………………… 98
3項による各国国内法アンタッチャブ
　ルの状態 ………………… 502,505
3項による断固たる禁止 ………… 477
3項の空洞化 ……………………… 456
3項の死文化 ……………………… 502
3項の条文に対するコメンタリー作成
　者達の基本的な反情 …………… 495
3項の例外をゼロにしようとする方向
　……………………………………… 442
三倍賠償 …………………………… 62
G8のサポート ……………… 397,398
G8北海道洞爺湖サミットの首脳宣言 397
G7/G8/G20のサポート ………… 376
シーソー・ゲーム …………… 314,315

G20 コミュニケへの正面切った挑戦　569
G20 等の政治的圧力　……　413, 534, 629
G20 の灰色リスト　……………………　624
G20 ロンドンサミット・コミュニケ
　　……2, 8, 335, 354, 374, 375, 401, 544, 546,
　　548, 558, 569, 614, 623, 666, 670, 673, 674
JDS……………………　13, 20, 35, 43, 57, 59,
　　　　　　　　　60, 61, 62, 82, 88, 89, 568
　　――の曖昧さ………………………　35
支　援………………………………　523
シェンゲン協定…………　138, 235, 247, 272,
　　　　　　290, 291, 292, 306, 357, 358, 359
Schengen/Dublin 協定へのスイスの加
　　盟についての条約…………………　247
時間軸…………………………………　117
資金の海外流出………………………　166
時系列的整理…………………………　568
資源配分上の無駄……………………　386
自国金融機関の救済…………………　421
自己資本比率規制……………………　405
自己負罪拒否権………………　206, 416, 642
自殺行為的な行動……………………　213
史　実…………………………　3, 18, 26
事実に反する論断……………………　474
市場原理主義…………………………　319
私人の権利保護に関する明示の文言…　561
自然災害に基づく国家緊急事態………　72
事前審査………………………　243, 256, 257
事前通知を要しない場合……………　641
事前の開示……………………………　466
事前の通知………………　341, 343, 344, 345,
　　　　　　487, 488, 528, 529, 530, 531,
　　　　　　532, 533, 539, 601, 603, 616
事前の通知要件………………………　627
事前の同意………　211, 329, 446, 448, 565
事前の防波堤としての法的装置……　348
執行管轄権……………………　576, 577, 578
実効的と効率的との関係……………　365
実際にスイスを斬り捨てた刀……　487, 489

実質的経済活動……………　648, 655, 657, 666
実質的再審査…………………………　585
実質的留保（Observations）……　174, 454
実質論…………………………………　352
実体的課税権…………………………　572
失地回復…………………　254, 266, 592, 606
実特法…………………………………　573
実特法 8 条の 2 の新設………………　649
執筆という営為…………………………　71
質問検査権……………………　206, 216, 282, 283,
　　　　　　　　　　416, 428, 429, 642, 644
自動的（automatic）な情報交換……　36,
　　　218, 236, 239, 242, 243, 271, 517,
　　　524, 526, 546, 547, 548, 558, 559
自動的な情報交換の否定…………　238, 554
自動的又は自発的な情報交換……　603, 605,
　　　　　　　　　　　　628, 634, 640
自発的（spontaneous）な情報交換
　　　　　　　　　　　　　517, 524
自発的（自動的）情報交換の否定……　182
司法共助…………　9, 30, 31, 124, 129, 130, 134,
　　　　　　136, 153, 247, 272, 358, 637
司法制度の在り方………………………　52
司法手続を通じての回収……………　578
資本の流出……………………　239, 647, 648
市民及び企業の基本的諸権利　199, 447, 566
　　――のセーフガード…………　146, 148, 200,
　　　　　　　　　　　　202, 216, 217
市民社会………………………………　663
市民のプライバシー保護に寄せる信頼　623
市民の要望……………………………　662
ジャーナリスティックな偏り…………　158
ジャーナリズム………………………　167
社会契約…………………………　662, 666
社会的な復元力……………………　73, 681
シュヴァイツァーハレ事件…　46, 66, 67, 107
自由刑……　4, 142, 255, 259, 266, 305, 308, 622
住所単一の原則………………………　186
自由処分………………………………　205

修正後のUBS合意 ……… 17, 23, 26, 46, 50, 79, 80, 99, 105, 570
修正前のUBS合意 ……… 37, 48, 50, 57, 79, 80, 81, 84, 86, 87, 92, 94, 95, 101, 105, 108, 110, 369, 419, 569, 596
　──のアネックス2/A/b ……… 100, 103, 108, 116
　──のアネックス2/A/b; 2/B/b …… 113
　──のアネックス2/B/b ……………… 109
　──の署名者は誰か？……………… 95
重大な人権問題……………………… 283
重大な脱税………………………… 100, 103
自由と繁栄のセンター……………… 656
自由・平等・博愛…………………… 391
重要なスイスの新方策……………… 525〜
従来型金融手法の問題性・危険性…… 406
従来型の金融手法をそのまま放置して
　よいか …………………………… 667
従来のスイス以上に人権保護上慎重な
　立場！ ………………………… 493, 501
従来のスイスの法制度の基本…… 116, 319
従来の日・スイス租税条約…………… 9
従来の日本での双方可罰性を巡る議論
　……………………………………… 112
従来の日本のObservations 279, 442, 443
従来の日本の法制度の基本…… 278〜, 674
授　権……………… 54, 55, 56, 57, 65, 387
主権侵害……………………………… 653
主権の衝突…………………………… 19
出入国管理及び難民認定法………… 438
守　秘…… 178, 243, 258, 261, 278, 279, 298, 307, 317, 429, 430, 435, 436, 445, 469, 497, 515, 516, 517, 603, 622, 632, 676
　──の基準…… 197〜, 216, 226, 227, 231, 258, 268, 270, 435, 436, 442, 446, 447, 448, 462
　──の程度………… 430, 437, 443, 444
守秘義務……………………………… 203
純粋な緊急権限立法………………… 54

純然たる基本的人権保障の要請……… 642
証券化………………………………… 405
証券取引所及び証券取引に関する連邦
　法 ………………………………… 210
証券取引犯罪………………………… 212
証拠漁り……………… 61, 255, 256, 257, 258, 261, 268, 270, 317
冗語法………………………………… 610
冗語法的……………… 591, 594, 614, 615, 634
　──な定式化………………… 591, 592, 610
少数派抹殺………………… 457, 471, 489, 504
承認と共助…………………………… 583
条文とコメンタリーとの間の亀裂！
　……………… 450〜, 470, 471, 472, 476, 477, 484, 487, 489, 492, 495, 505
条文との衝突・矛盾………………… 483
条文に反する記述…………………… 473, 492
情報漁り……………… 305, 383, 389, 460, 532, 534, 603, 605, 640
情報公開法…………………………… 467
情報交換条項が純化されてゆくプロセ
　ス ………………………………… 190, 194
情報交換で影響を受ける者の人権保護
　……………………………………… 333
情報交換に関する2000年のスイスの
　政策変更 ………………………… 218
情報交換に関するドイツの人権的配慮
　……………………………… 327, 333〜
情報交換に対するオブスタクル？…… 482
情報交換についての自動的・自発的の
　区別 ……………………………… 524
情報交換の一般規定………………… 428
情報交換の効率性（実効性）……… 380
情報交換の国際基準………… 451, 472, 539
　──の全体像………………………… 474〜
　──の内実…………………………… 453
　──を一体誰が作ったのか？
　……………………………… 399, 476, 518
情報交換の国際基準自体はOECD自身

698　索　引

が作ったと果たして言えるのか？… 399
情報交換の障害になるような解釈？… 205
情報交換の対象者の絞り込み方……… 532
情報取得可能性………………………… 113
情報受領国（要請国）の憲法…… 202, 363
情報使用の制限………………… 145, 209
情報使用の特定性……………………… 134
情報提供国（被要請国）の憲法… 202, 363
情報の他目的使用… 145, 207, 210, 226, 248,
　　　　　　　　　　269, 516, 630, 675〜
使用目的の制限…… 194, 197, 200, 203, 207,
　　　　　　　　208, 210, 212, 216, 226, 446
条約違反…………………………………… 61
条約解釈…………………………… 92, 111
　　──を巡る争い……………………… 248
条約遵守義務…………………………… 120
条約上の徴収共助条項と租税法律主義
　との相剋……………………………… 351
条約締結によるイコール・フッティン
　グ？…………………………………… 453
条約で憲法上の人権保護（人権保障）
　を相対化できるのか…………… 416, 643
条約と憲法……………………………… 149
　　──との関係……………………… 121〜
条約と国内法，とくに憲法との関係… 121
条約の正しい適用……… 180, 182, 218, 255
　　──に必要な情報… 173, 177, 195, 219, 222
条約の直接適用可能性………………… 93
条約法に関するウィーン条約…… 119, 426
将来における IRSG の改正…………… 151
諸カントンの名代……………………… 188
職務の遂行に資する目的……………… 438
職務の遂行に資する目的以外の目的
　………………………………… 278, 429
所見（Observations）………………… 500
自力執行権…………………… 578, 581, 583
新26条5項第2文の封じ込め
　………………………………… 595, 601, 606
人格権………………… 53, 334, 339, 357, 556

信義則…………………………………… 251
神経質な言葉遣い……………………… 414
人権感覚………………………………… 283
人権的把握………………… 79, 272, 559
　　──の退潮………… 519, 521, 559, 565
人権的配慮………… 120, 228, 229, 314, 319,
　　　　　　　　334, 335, 337, 416, 513, 643
人権保護………………………… 326, 327
　　──の憲法的基盤……… 340, 443, 461
　　──のための世界の最後の砦…… 415
　　──のための必須の事前の防波堤… 348
人権保護重視の姿勢………………… 447, 448
人権保護上の最重要規定……………… 585
人権保護上の法的砦…………………… 443
人権保障…………………………… 224, 352
　　──の最も深いところ…………… 277
　　──を効率性基準で単純に焼き切る
　　　野蛮な営み……………………… 389
　　──を踏みにじる基準…………… 391
人権問題は素通り？…………………… 362
新古典派経済学………………… 663, 667
新古典派経済学・日本分室…………… 319
新古典派的議論における時間軸の欠落
　………………………………………… 117
新スイス連邦憲法……………………… 21
真の自由………………………………… 162
　　──の人権的価値………………… 169
真の問題が人権保障の（不当な）打破
　にあること！………………………… 380
真の問題の核心（憲法上の人権保障の
　問題）を隠蔽！……………………… 372
神話？………………… 155, 157, 159, 161, 166
スイス・英国間の租税条約締結史…… 630
スイスからの預金の逃避……………… 165
スイス側が本当に言いたかったであろ
　うこと………………………………… 548
スイス側の脅し…………………… 63, 64
スイス側の対応における全ての出発点
　………………………………………… 102

索　引　699

スイス側の論理の貫徹…………79,83,86
スイス旧連邦憲法102条………………55
スイス行政刑法（VStrR）14条 …99,142
スイス行政刑法上の強制措置…………113
スイス銀行秘密……………………………36
　──が諸悪の根源？……………………637
　──に対する国際的な圧力……………556
　──に対する国際的な圧力の増大……590
　──の淵源………………………155〜,273
　──の解除………………………………81
　──の基本…………………………4〜,162,176
　──の憲法的（人権保護的）基盤
　　………………53〜,334,555〜,557,558,
　　　　　　　569,590,595,606,629,673
　──の憲法的・人権保護的な基盤………
　──の根拠………………369,557,616,672
　──の将来的な自覚の維持……635,674
　──の全否定………591,592,610,611,
　　　　　　　　　　615,616,619,682
　──の通常の姿…………………………682
　──の背景………………………………201
　──のプライバシー保護の基本権と
　　の関係…………………………53〜,163
　──の歴史………155〜,181,273,555,637
スイス銀行法25・26条 …………44,45,52
スイス銀行法47条 ………4,25,29,47,53,
　　　　　　　　　　　68,120,334,339
スイス銀行法制定…………7,156,163,189
　──の基本………………………………165
　──の背景………………………………161
スイス銀行法の重大な違反……………40
スイス銀行法の制定過程………155〜,273
スイス金融機関の顧客のプライバシー
　………………………………………551
スイス金融市場政策のための戦略的な
　衝撃的進路…………550,553,569,622
スイス金融システムの安定性………42,44
スイス刑法271条………………25,29,423
スイス刑法273条………………………29,153

スイス刑法321条………………………7
スイス国内での行政訴訟（憲法訴訟）
　への呼び水！………592,609,615,616,682
スイス国内での政治的な力のせめぎ合い
　…………………………………………238
スイス国民経済……………………………58
スイス債務法……………………………165
スイス司法制度の健全性………49〜,57,
　　　　　91〜,157,168〜,187,214,681
スイス社会の正しい法的伝統…………214
スイス社会の復原力……………124,681〜
スイス主権の侵害………………………28
スイス所在のユダヤ人の財産…………169
スイス新連邦憲法13条2項 ……………53
スイス政府としての苦渋に満ちた屈折
　…………………………………………214
スイス政府の果敢な行動………525〜,607
スイス政府の恭順の意…………602,614
スイス政府の条約解釈…………………615
スイス政府の戦略的な理解……609〜,682
スイス政府のホームページ………6,19,126
スイス政府の猛烈な焦り………………213
スイス政府のレスポンス………………602
スイス全体にとっての大きな危機……110
スイス租税条約締結史…………170〜,273
スイスでの司法審査……………………44,214
スイスでの利子課税の基本……………243
スイスではありがちなこと……………80,624
スイス等4カ国の抵抗…………670,672
スイスとオーストリアとの関係………622
スイスにおける条約と憲法との関係
　……………………………………121〜,433
スイスにおけるプライバシー保護のた
　めの法的新方策……………………525〜
スイスに対するPeer Review報告書
　………………………………………374〜
スイスにとっての重大な憲法問題……590
スイスにとっての重大な法的汚点……48
スイスに深く根ざすプライバシーの保

護……………………………… 556
スイスの2009年3月13日の政治的敗
　北………………………………… 410
スイスのEU加盟問題 ……… 238
スイスの欧州経済圏への参加の拒絶… 138
スイスのOECDモデル租税条約26条
　についての留保の変遷……… 170～
スイスの起死回生の一打………… 544
スイスの国際刑事司法共助の詳細
　……………………………… 131～,646
スイスの国民経済……………… 45, 119
スイスの国家と市民との間の相互的信
　頼………………………………… 556
スイスの国家理解及び市民の自由権… 163
スイスのしたたかな戦略……… 602, 609～
スイスの支払システム等への悪影響… 58
スイスの重大な政策変更（2009年3月
　13日）………………………… 413～
スイスの従来の国家的選択……… 294
スイスの政治……………………… 124
スイスの政府と裁判所………… 369, 515
スイスの全面降伏？……………… 589
スイスの双方可罰性要件以上に慎重な
　スタンス………………………… 455
スイスの対米要望………………… 199
スイスの締結した初期の租税条約… 177
スイスの「はみ出し条項」死文化戦略
　…………………………………… 637
スイスの人々の願望…………… 36, 369
スイスの法的伝統…………… 191, 222
スイスの法的論理の一貫性……… 214
スイス本来の道…………………… 58
スイスらしいしたたかな戦略…… 611
スイス連邦行政刑法（VStrR）との関
　係………………………………… 114
スイス連邦行政裁判所2010年1月21日
　判決後の事態…………………… 105
スイス連邦行政裁判所での争訟… 528
スイス連邦行政裁判所への提訴の道… 387

スイス連邦憲法13条 ……… 556
スイス連邦憲法29条 ………… 386, 465
スイス連邦憲法184条3項……… 45
スイス連邦憲法上のプライバシー保護
　……………………………… 53, 616
スイス連邦政府が抱いていた危機意識
　…………………………………… 58
スイス連邦政府の内心忸怩たる思い… 59
スイス連邦大統領………… 22, 374, 399, 409,
　　　　　　　　　550, 558, 569, 590, 670
──の抗議のレター……… 550, 558, 672
推理劇…………… 40, 41, 43, 44, 238,
　　　　　　　　323, 325, 333, 349, 354
スケープ・ゴート……… 336, 401, 659, 666
ズワイ蟹輸入カルテル事件……… 15, 26
税額査定………………… 147, 223, 307, 446
正義・平等等の諸々の価値基準…… 361
税源侵食と利益移転（BEPS）…… 662～
制　裁…………………………… 303, 335
制裁措置…………………………… 410
政治的屈服………………………… 303
政治的という言葉………………… 629
政治的な義務……………………… 628
政治的には不可能？……………… 595
政治的敗北………………………… 614
政治的敗北以後のスイスについての基
　本認識……………………… 525～, 567
制度ハーモナイゼイション論のパラド
　キシカルな効果………………… 420
税務行政執行共助条約…………… 424
税務当局の職務の執行（遂行）に資する
　目的………… 428, 436, 440, 441, 462, 643
税率ゼロの税制…………………… 652
セーフガード…………… 362, 363, 566
世界規模での市場の失敗………… 406
世界最大級のタックス・ヘイブン… 656
世界大恐慌…………… 179, 186, 189
世界の一方的な流れ……………… 673
世界の金融センターとしてのスイス… 548

索引 701

世界の人権保護のための最後の砦…… 514,
　　　515,554,567,582,596,608,672,675
世界の復元力……………………………… 421
世界の不条理な流れ…………… 514,555,567
責任意識の尖鋭化………………………… 165
責任者不在………………………………… 382
責任主体を曖昧にする営為！…………… 410
責任逃れ…………………………………… 602
　　──のための隠れ蓑………………… 427
世銀や IMF 等との共同作業？………… 395
ゼミというものの役割…………………… 661
戦後のユダヤ人資産の返還……………… 166
戦時ファイナンスの道具としての租税
　　制度………………………………… 178
全州議会………………………………… 22,23
全人格的判断……………………………… 386
全世界所得課税…………………………… 417
戦前の日本での出来事…………………… 71
全体としての日本の顔？………………… 357
戦略的な衝撃的進路………………… 544,546
相互協議…… 94,190,194,230,231,429,510
　　──の実効性を高める仲裁………… 510
相互主義…………………………………… 317
相互の保証… 134,144,146,210,228,278,280
送　達……………………………………… 307
送達共助…………………………………… 567
想定の甘さ………………………………… 67
双罰性がない場合………………………… 645
双罰性を絶対的要件と見る考え方……… 646
双罰性を要件とした趣旨？……………… 646
双方可罰性概念との辛うじての架橋…… 108
双方可罰性の欠如…………………… 136,289
双方可罰性の原則の放棄………………… 212
双方可罰性の原則を巡る EU とスイス
　　との暗闘…………………………… 246
双方可罰性の要件との関係……………… 112
双方可罰性要件…………………………… 283
　　──の完全否定…………………… 382,383
　　──の更なる希釈化……………… 109

　　──の相対化・希釈化…… 151,274,284,
　　　　　　　　　　　　　　288,295,353
　　──の徴収共助制度への応用……… 574
　　──の明確な留保…………………… 288
　　──の明文化　262～,295～,316～,630
　　──への（但し歪んだ）評価……… 361
　　──への例外………………………… 152
　　──をどこまで緩く解し得るのか… 114
　　──を不要とする日本の一部刑事法
　　　学者の所説……………………… 137
　　──を巡る EU とスイスとの争い
　　　　　　　　　　　　　　…… 139,141
双方可罰性要件外しへの EU の攻勢
　　………………………… 137～,235～,291
双方可罰性要件放棄後のスイス…… 525～
双方可罰性要件放棄の法的傷跡………… 674
遡及適用…………………………… 118,124
組織犯罪………………………… 137,152,161
　　──の撲滅…………………………… 152
組織犯罪処罰法……………………… 425,582
租税回避 (tax avoidance) ……… 397,400,
　　　　　　　　　408,423,666,667,668
　　──と脱税…………………………… 460
　　──の撲滅（eradication）…… 401,408
租税回避地（軽課税国）…………… 239,648
租税回避プラス脱税………………… 400,401
租税回避又は脱税………………………… 460
租税刑事手続…………………………… 9,130
租税債権の存在若しくは額……………… 585
租税詐欺………… 10,31,34,43,84,86,91,97,
　　　　　98,99,102,103,107,108,114,115,
　　　　　131～,142,150,171,175,177,179,180,
　　　　　181,182,193,207,208,214,220,221,
　　　　　222,223,225,226,230,231,233,234,
　　　　　237,240,241,244,249,252,253,255,
　　　　　257,258,259,261,296,297,304,310,
　　　　　317,324,354,355,366,371,557,590
　　──と銀行秘密規定との関係……… 160
　　──との用語………………………… 98

──のパターン………………………… 61
租税上の刑事的な訴追………………… 372
租税条約実施規則（VO-DBA）… 115, 132
租税条約実施特例法8条の2…… 416, 424,
　426, 430, 431, 434, 437, 439, 440, 441, 442,
　443, 444, 445, 448, 449, 462, 492, 515, 643
租税条約実施特例法11条 …………… 572
租税条約実施特例法11条1項1号
　………………………… 424, 425, 431, 582
租税条約実施特例法11条の3（送達共
　助）………………………………………… 517
租税条約実施特例法（昭和44年法律
　46号）の8条 …………………………… 572
租税条約実施特例法の2010年改正によ
　る8条の2 ……………… 468, 469, 599
租税条約実施特例法の2012年改正の基
　本………………………………………… 577
租税条約実施特例法の2012年改正の全
　体像…………………………………… 567～
租税条約上の情報交換についてのスイ
　スの政策の変遷……………………… 171
租税条約締結に関する連邦と州（カン
　トン）との関係……………………… 184
租税条約と仲裁………………………… 509
租税条約による行政共助に関する2010
　年規則…………………………… 116, 151
租税条約による行政共助に関する規則
　……………………………………… 570, 596
租税職員の守秘義務 ……………… 416, 643
租税政策決定上の主権………………… 653
租税犯罪（fiscal crimes）…… 9, 36, 129, 206,
　235, 416, 441, 462, 463, 468, 642
租税犯罪と租税犯罪以外……………… 643
　──との区別………………… 644, 676
租税犯罪の定義………………………… 372
租税犯罪の定義上の大きな差？……… 371
租税法律主義……… 352, 424, 572, 576, 578
　──との関係…………………………… 573
訴追者の免責…………………………… 136

訴追猶予合意…… 14, 17, 37, 38, 51, 52, 53, 59,
　69, 80, 86, 111, 371, 568
　──の条件!? ………… 43, 47, 49, 53, 58
損害賠償………………………… 330, 343, 345
　──による事後的救済……………… 344

## た　行

第1次世界大戦以降の各国の課税の
　実態……………………………………… 183
第1次日米租税条約……………………… 180
第2次大戦終結前にスイスの締結した
　租税条約………………………… 177～, 186
第2次大戦による覇権国家の交代…… 179
第2次日米租税条約……………………… 453
第2次日米租税条約27条 ……………… 572
第3次日米租税条約……… 509～, 581, 639
第3次日米租税条約26条等の改正
　（2013年）……………………… 507～, 672
第3次日米租税条約26条4項 … 511, 512
第3次日米租税条約27条 ……………… 580
対OECD事務局でスイスに代わって
　通すべき筋…………………………… 621
対英源泉税条約………………………… 570
対オーストリア源泉税条約…………… 571
大恐慌……………… 159, 161, 164, 186, 189
対抗措置……… 55, 303, 335, 627, 628, 658
対抗立法………………………………… 62
対象者の人権保障……………………… 564
対スイス「ピア・レヴュー」報告書
　……… 383, 413, 433, 451, 464, 472, 487, 513,
　522, 529, 531, 533, 548, 560, 570, 601, 670
対デンマーク方式の危険性？………… 609
対等な主権国家相互でのあるべき自然
　な関係！……………………………… 330
対独源泉税条約………………… 545, 570, 607
　──の原型…………………………… 636
対独での租税条約の締結・改正の流れ
　…………………………………………… 633
対内関係と対外関係…………………… 120

索　引　703

対日租税条約…………………………638
対日ピア・レヴュー…………426,427,469
対米租税条約実施規則………………132
対米で付加された限定的文言！………634
大陸法………………………28,292,577
大陸法系の各国法制度の基本構造……293
多国籍企業が国家を縛る構図…336,337,661
多数国間投資協定（MAI）………271,322,
　　　　　　　　　　　　　　336,661
多数国間投資協定（MAI）作成作業…392
「正しい解釈」？………………453,454,455,
　　　456,457,459,471,479,489,
　　　495,496,497,498,503,504
　　——への疑問の除去？…………458,459
タックス・プラニング………………668
tax fraud …………………………59,60,97
tax fraud or the like ………34,80,84,86,
　　　　　　88,89,90,91,97,98,101,
　　　　　　112,131～,150,151,569
タックス・ヘイブン
　　——の定義……239,289,403,647～,650
　　——の定義をめぐる不可解な展開
　　　　……………………………647～
　　——をコントロールしているのは誰
　　　　か………………………………656
タックス・ヘイブン側の勝利？………653
タックス・ヘイブン対策税制…………655
脱税（tax evasion）………60,86,89,98,99,
　　　　114,397,400,408,423,666,667,668
脱税から生ずる歳入ロス………………400
脱税とBEPS……………………664,666,668
打破対象がスイス等の人権問題である
　　こと！………………………………363
他目的使用………11,565,566,598,603,626,
　　　　　　　　631,634,638,639,642
　　——とは何か？……………………598
　　——の禁止…………………………144～
　　——の条件………………………597,679
誰も責任を負わない形でのスイス銀行
秘密等の撲滅？………………………412
小さな政府……………………………337
智慧の国スイス………………………525
チェルノブイリ原発事故………66,105,106
仲　裁………146,229,230,231,509,510,
　　　　　　　　　　　　588,619,658
仲裁制度の実際の運用…………………510
仲裁制度の導入……………………27,230
仲裁マフィア…………………………510
徴　収……………………………223,307,446
　　——の順位…………………………572
徴収共助……33,147,148,180,229,231,276,
　　　351,352,413,424,425,434,516～,567～
　　——についての私の基本的問題関心
　　　　……………………………………572
　　——の実例…………………………576
聴　聞……………………………………531
　　——を受ける権利…390,465,472,531,599
聴聞の機会付与の例外…………………350
直接の関係……255,256,257,258,260,261,
　　　　268,298,301,305,308,312,317
直接の相互連絡…………………179,190
直接民主制……………………………124
直接郵送による送達…………………247
通常の行政実務………………219,231,317
　　——において入手出来ない情報……182
　　——の枠組み………………………218
通信傍受……………………………………154
つまみ食い………………………484,490,566
TDF（Transborder Data Flow）
　　……………………………331,348,461,520
DPA …………………………80,86,111,568
DPA成立への米国側の条件！ ………568
データ保護………………327,329,331,461
適正手続の保障……………………586,600,601
適切な措置……………………………280,281
敵と犯罪者！ ……………381,392,396,411
手続権の保障……………40,116,213,243,603
手続的強制……………………135,136,242

手続的保障……………… 425, 434, 582, 583
デリバティブ取引……………………… 665
テロ・ファイナンシング
 ……………… 336, 402, 667, 677, 680
 ——の防止………………………… 127
テロ撲滅……………………… 159, 360, 680
 ——の錦の御旗…………………… 352
テロ撲滅 vs. 人権保障の構図……… 380
 ——の表面化……………………… 396
電子認証…………………………… 418
電力不祥事………………………… 66
ドイツ側からの最も重要な改正要望… 193
ドイツ側の要望…………………… 347
ドイツ国内での人権的把握の後退… 341, 342
ドイツ財務大臣…… 549, 552, 570, 607, 635
ドイツにおける人権的把握の内実… 338〜
ドイツにおける人権保護の不十分さ
 ……………… 314, 327, 330, 333〜, 351,
 353, 388, 506, 566, 633
ドイツにとっての交渉上の大きな弱み
 …………………………………… 325
ドイツの輝かしい栄光…………… 352
ドイツの公序………………………… 347
ドイツの執拗な姿勢……………… 323
ドイツ連邦憲法裁判所…………… 351, 572
同　意……………… 279, 280, 281, 282, 437,
 438, 439, 445, 448, 500, 521,
 526, 603, 626, 631, 634, 679
当該の者の特定性の程度……………… 598
当該の者の利益になる司法共助……… 137
同期現象………………… 72, 125, 315
当局者の憲法感覚？…………… 293, 294
投資家利益の極大化…………… 336, 402
当事者の聴聞を受ける機会の保障… 631
当事者の手続権の保護……… 41, 42, 52, 88,
 191, 213, 388, 598, 601, 605, 631, 682
当事者の手続的保障……… 576, 583, 584
当事者への事前の通知要件………… 682
同時多発テロ………………… 239, 647

盗　聴…………………………… 154
堂々たる正論…………………… 623
毒ガス…………………………… 67
特定国（例えばスイス）の人権保障の
 打破……………… 380, 386, 396
特定性の原則…… 144, 145, 209, 210, 211, 212,
 213, 227, 228, 229, 248, 260, 298
特定性要件……………………… 534
特定電子メールの送信の適正化等に関
 する法律………………………… 438
匿名口座………………… 5, 30, 158, 368
匿名性………………………… 530
どこまで双方可罰性の要件を緩く解し
 得るか………………………… 113
トランスファー・プライシング（transfer
 pricing）…………………… 63, 429

## な 行

内外行政当局間の情報交換………… 415
内外税関当局間の情報交換………… 277
内部告発………………… 39, 50, 66
謎解きへの推論の順序… 650, 651, 653, 656
ナチス・ドイツ…………… 4, 8, 155, 159, 189,
 203, 315, 444
 ——との関係…………………… 681
ナチズムの犠牲者達……………… 168
逃げの言葉………………… 454, 480
二重非課税……………………… 663
日 EU 刑事共助条約 ……… 277, 283, 284,
 286, 289, 291
日・スイス租税条約改正議定書の新 25
 条の A ……………… 507〜, 531, 587
日米衛星摩擦………………… 75, 106
日米刑事共助条約……… 113, 151, 277, 281,
 284, 285, 286, 645
日米自動車摩擦……………………… 28
日米通商摩擦………………… 363, 383, 503
 ——の最前線…………………… 18
日米のメディアの悪意…………… 60

| | | | |
|---|---|---|---|
| 日米フィルム摩擦 | 48 | 任意開示プログラム | 16, 22, 81, 88, 102, 110, 124 |
| 日米摩擦における米国のいつもの姿 | 83 | 任意処分における双罰性の緩和 | 289 |
| 日韓刑事共助条約 | 11, 284, 645 | 任意的国民投票 | 23, 306 |
| 日本が締結した租税条約上の徴収共助条項 | 572 | 人間心理 | 204, 482 |
| 日本側が引渡した情報の相手国刑事手続における利用 | 643 | ネッティング | 405 |
| 日本側の一般的な理解 | 383 | 納税者の行政手続法上の権利 | 626, 627, 640 |
| 日本側の交渉態度 | 510 | 納税者の恐怖心理 | 22 |
| 日本側のタフな交渉姿勢 | 415 | ――を利用した税務行政 | 22 |
| 日本側の粘り勝ちの構図 | 420 | 納税者の権利保護 | 649 |
| 日本側の粘り強い交渉姿勢 | 512 | 納税者の司法的保護の上での不利 | 352 |
| 日本国内における刑事手続への使用 | 644 | 納税者の人権保障 | 455 |
| 日本国内における問題の整理 | 282 | 納税者の正当な利益 | 520 |
| 日本という国自体の想定の甘さ | 106 | 納税者の手続権の保障 | 606, 615, 616, 624 |
| 日本という国家の政策分裂 | 338 | 納税者のプライバシー保護 | 551 |
| 日本という国家のメルトダウン | 69 | ノルウェー・タックス事件 | 26 |
| 日本独自の正しい規定！ | 582, 585 | ノルウェーとEUとの関係 | 259 |
| 日本とスイスとの，基本的な法的体力の差 | 6 | **は 行** | |
| 日本と同等な守秘 | 279, 455 | バーゼル・コンコルダート | 405 |
| 日本に差し始めた一条の光 | 413～,415, 431, 434, 512, 513, 515, 554, 566, 567, 575, 643, 671, 674, 683 | 灰色リスト | 628 |
| | | バイパス | 444, 542, 548, 549, 590, 607, 633, 650, 674 |
| 日本の銀行検査・税務調査 | 61 | Haut | 8, 47, 68, 125, 170 |
| 日本の警察実務家の立場？ | 151 | はみ出し条項の死文化戦略 | 639 |
| 日本の刑事法学者が陥りがちな認識 | 288 | はみ出し条項の挿入経緯 | 632 |
| 日本の国際刑事共助のメイン・ストリーム | 277 | はみ出し条項の封じ込め | 605, 632 |
| | | バルク情報 | 422, 423, 435, 525, 529, 530, 540 |
| 日本の実質的留保 | 278 | 番号口座 | 5, 158, 368 |
| 日本の所見（Observations） | 430, 493, 498, 501 | ――への海外からの誤解 | 7 |
| | | 犯罪捜査 | 416, 428, 642, 644 |
| 日本の対抗立法 | 292 | 犯罪による収益の移転防止に関する法律 | 439 |
| 日本の立ち位置 | 357 | | |
| 日本の判例 | 93 | 阪神・淡路大震災 | 71, 77 |
| 日本への海外投資収益の還流 | 510 | 犯則事件 | 429 |
| ニューヨーク連銀 | 49, 53, 58 | ――の証拠 | 282 |
| ――の査定（評価）！ | 58 | 犯則事実の立証 | 281 |
| 任意開示手続 | 569 | 犯則調査 | 283 |

706　索　引

ピア・レヴューなるものの実像！　380, 381
Peer Review Group という得体の知れないグループ！……………………………476
ピア・レヴューのプロセス…　394, 399, 476
BCCI 事件………………………………405
東日本大震災……………………………65, 67
非課税目的（non-tax purpose）……680
非協力的口座……………………………422
引渡された情報についての守秘の基準
　……………………………………194, 197
引渡された情報の相手国刑事手続上の
　使用………………………………445, 676
引渡された情報の開示が許される範囲
　…………………………198, 203, 216
引渡された情報の使用制限……………153
引渡された情報の他目的使用……144, 146,
　　　　　　　　　　　149, 435, 450, 641
　　──のオン・パレード……148, 155,
　　　　　　　　　　　　　　202, 675〜
　　──の原則禁止…………………203, 209
引渡した情報の守秘の程度……………362
非常識なこと……………………………624
非常に危険なメッセージ………………337
BIS 規制…………………………………405
必須の憲法上の要請……………………425
人身御供……………43, 47, 68, 69, 170, 568
benign neglect ………275, 286, 291, 292
非人間的歯車……………………………386
誹謗中傷…………………………………126
秘密口座……………………………15, 158, 368
秘密情報の提供拒否……………………197
秘密保持…………154, 199, 202, 428, 442, 445
被要請国側の憲法上の人権保障………373
被要請国側の書面による同意……248, 679
被要請国側の人権保障手続……………346
被要請国側の同意………145, 208, 209, 210,
　　　　　　　　　　　　　269, 639, 641
被要請国側の付した条件の遵守………331
被要請国内で損害が発生する場合……332

被要請国内での司法審査等の全面禁止？
　……………………………………584
被要請国による要請国租税債権に対する審査……………………………582
平仄の合わない規律手法の規定………565
瓢箪から駒！………………76, 558, 592
平等な独立国家からなる我々の世界…217
ファクト・ファインディング…………60
FATCA…………………………………127
FATCA 法………………………………568
FATCA 法の基本………………………417〜
fishing expeditions ………61, 255, 257,
　　　258, 261, 268, 270, 298, 301, 308,
　　　312, 318, 389, 460, 532, 534, 640
FINMA の UBS への命令…………37, 52
フェアネス……………………662, 663, 669
不完全なマスキング技術………………674
覆水盆に返らず……………341, 343, 388
覆面調査員…379, 381, 386, 411, 487, 529, 602
覆面調査員 vs. 対象国政府……………376
不公正貿易報告書……28, 417, 418, 509, 510
不自然な場面設定………………………371
不誠実な営為……………………………406
不誠実な英語の使い方…………………458
不誠実な英文の構造……………………479
舞台の早変わり？………………………399
復　仇……………………………………54
不服申立権…………………………318, 332
不服申立者への通知……………………528
プライバシー………30, 36, 47, 68, 130, 163,
　　　169, 339, 348, 357, 361, 364, 365,
　　　367, 370, 520, 533, 539, 546, 548,
　　　553, 602, 611, 612, 637, 671, 682
　　──への介入………………………54
プライバシー保護………331, 385, 525,
　　　　　　　　　　　　526, 555, 556
　　──に寄せる市民の信頼…………673
　　──の基本権……53, 120, 201, 217, 334,
　　　339, 360, 369, 370, 443, 461, 506,

|  |  |
|---|---|
| 530, 535, 536, 569, 588, 590, 673 | |
| フランス側の改正要望 | 217 |
| フランス大統領選挙 | 382, 388, 402 |
| フランスとの交渉の暗闘部分 | 311 |
| プリマローロ・レポート | 660 |
| 古い英国のモデルに従った条約 | 195 |
| Burckhardt, Jacob | 162 |
| ブルクハルト | 162, 169 |
| プルサーマル | 66 |
| 文書送達 | 424, 516, 517, 559 |
| 文の捩じれ | 365 |
| 米EU刑事共助条約 | 277, 283～, 286, 287, 289, 291, 294 |
| 米国1916年アンチダンピング法 | 62, 292 |
| 米国オニール財務長官 | 653 |
| 米国型金融手法の旨味 | 336 |
| 米国型の全世界所得課税 | 417, 418 |
| 米国型のモデル条約 | 225 |
| 米国側の意図的誤解（曲解） | 17, 34 |
| 米国側の大きな譲歩 | 3 |
| 米国側の狙い | 594 |
| 米国司法省の勝手な言い分 | 368 |
| 米国司法省のプレス・リリース | 13, 24 |
| 米国SOX法 | 127 |
| 米国対外関係法第3リステートメント §442 | 69 |
| 米国対外関係法第3リステートメント §483 | 577, 583 |
| 米国で言う民事 | 26 |
| ——の特殊性 | 15 |
| 米国での紛争再燃 | 104 |
| 米国特有の問題 | 577 |
| 米国内での杜撰な守秘の実態 | 154 |
| 米国の一方的措置 | 3, 54, 55 |
| ——の抑止確約 | 19, 79, 82, 86, 569 |
| 米国のFSC税制 | 658 |
| 米国の懸念 | 591 |
| 米国の国家的脅し！ | 47, 48, 49, 55 |
| 米国の弁護士事務所のミス | 149 |

|  |  |
|---|---|
| 米国の変節 | 659 |
| 米国のメディア | 60 |
| 米国の最も緊密な隣人？ | 656 |
| 米国の要請 | 21, 591, 605 |
| 米国の流儀のグローバル化 | 155 |
| 米国FATCA法 | 126, 336, 414, 417, 456, 505, 512, 570 |
| ——に関する日米共同声明 | 414, 417, 420～, 434, 533, 539 |
| ——に関する米・スイス共同声明 | 414, 435, 539, 571 |
| 米国FATCA法実施のための米・スイス政府間合意 | 525～, 571, 601 |
| 米国法の域外適用 | 421 |
| 米・スイス刑事司法共助条約 | 30, 130, 133, 144, 145, 147, 149, 151, 199, 203, 209, 243, 280, 362, 435, 440 |
| 米・スイス刑事司法共助条約15条 | 200, 201, 202, 216 |
| BEPS | 662～ |
| BEPS行動計画 | 663, 665, 668, 674 |
| BEPS問題 | 674 |
| ——の位置づけ | 664 |
| ——の出発点 | 662 |
| ——の注目すべき点 | 669 |
| ——の背景事情 | 664 |
| ベルギーの留保 | 176 |
| ヘルシュタット銀行事件 | 405 |
| 弁護士の例 | 594, 595, 615 |
| 貿易屋 | 503 |
| ——の無知 | 271 |
| 防御措置 | 304, 312, 315 |
| 法治国家 | 46, 53, 68, 102, 117, 124, 351, 369 |
| ——としての国のかたち | 119 |
| ——の要請 | 57 |
| 法治国家原則 | 54, 56, 57, 58, 334, 388 |
| 法廷の友 | 4, 11, 20, 24, 36, 38, 42, 55, 63, 569, 596 |
| 法的には出来ないこと | 111 |

法的マスキング技術………………… 629
報　復……………………………… 54
法務省刑事局筋の人権問題を直視しな
　い問題ある見解！……………… 675
法務大臣の確認…………… 281, 645, 646
暴論………………………………… 523
補償的源泉税……………………… 550
　──の合意…………………… 551, 569
ホロコースト……………………… 161
ホワイト・マネー戦略……… 544, 546, 551,
　　　　　　　　　　　　　570, 597
ボン基本法上の基本権…………… 449
ボン基本法上の民主主義原則…… 352
ボン基本法上の要請……………… 342
本拠地の海外移転………………… 220
本書の基本的執筆方針…………… 129
本当に偶然選んだスペイン……… 265
本当のことを隠そうとする暗い営為… 399

## ま 行

マーク・リッチ（Marc Rich）事件
　………… 11, 20, 24, 25, 55, 62〜, 429, 569
マスキング……………… 533, 541, 545
　──のための基本技術………… 541
マスキング技術…………… 602, 673, 674
マネー・ローンダリング…… 140, 141, 142,
　　　　　　　　　　　　289, 368, 677
マルコス資産問題…………………… 31, 64
密室の中で作成した国際基準！……… 427
妙な書き方………………………… 365
ミラー・アタック…………… 292, 549
民事訴追……………………………… 15, 46
民主主義原則……………………… 56
面従腹背…………………………… 611
目的外使用の禁止………………… 331
最も自然な形での双方可罰性要件の明
　文化………………………… 317, 320
モデルの世界から現実世界へのあって
　はならない逆流現象…………… 319

問題のすり替え…………………… 360
問題の本質………………………… 360

## や 行

ヤコブ・ブルクハルト… 162, 163, 213, 555
USTR の対日批判 ………………… 364
USTR の対日要求 ………………… 367
有害税慣行………………………… 665
有害税競争………… 356, 403, 648, 661
　──の排除……………………… 302
優先権……………………… 575, 576, 579
優先権否定………………… 580, 581
UBS 合意　…… 15, 18, 20, 24, 35, 79, 91, 224,
　　　　　　243, 369, 371, 526, 530, 534
　──のアネックス………………… 20, 22
　──の性格付け…………………… 19
UBS 合意修正プロトコル ……… 114
UBS 顧客データの対米引渡し問題 … 118
UBS 事件 ………………………… 6, 18
　──の発端………………………… 13
UBS との訴追猶予合意 ………… 15
UBS に対する刑事訴追の脅威！……… 45
UBS に対する調査のそもそもの経緯 …… 50
郵便による送達…………………… 142
　──と国際課税………………… 143〜
郵便による直接送達……… 143, 307, 517
輸出補助金………………………… 658
ユダヤ人の資産…………………… 167
ユダヤ人の資産保護という伝説？…… 161
ユダヤの人々のプライバシーと資産
　………………………………… 7, 156
許されない秘密主義……………… 67
許し難い裏切り…………………… 214
許し難い暴論……………………… 8
容赦なく人権を押し潰す悲惨な音！… 386
要請国側における不十分な守秘……… 641
要請国側の自由？………………… 676
要請国内での守秘の基準………… 147
要請国・被要請国間で本来なされて然

るべきこと……………………… 330
要請適状……………………… 581
弱い立場の人々！……………… 352

## ら 行

来料加工取引…………………… 248
リーマン・ショック……… 1, 58, 335, 336,
　　　　　　　　　400, 401, 402, 667
リーマン・ブラザーズ破綻………… 397
利害関係者の権利保護…………… 330
利　子……………………… 91, 171, 233
利子課税………… 138, 172, 214, 234, 236,
　　　　　　　237, 243, 254, 255, 295
　──に関する 2004 年対 EU 租税条約
　　……………… 235〜, 253, 260, 263,
　　　　　270, 296, 303, 310, 524, 647
　──の場合……………………… 251
　──の問題を越えて……… 250, 254, 273
理想（the ideal）の示し方………… 360
理想状態？……………… 366, 442, 452
理想的な基準………………… 451, 500
立法管轄権の問題………………… 418
立法担当者の苦心の選択………… 578
流動性の危機……………………… 43
留保の位置づけ………………… 457, 473
両国の課税当局間に閉じた関係……… 227
倫理・道徳………………… 663, 667
　──の欠如した新古典派経済学…… 336
類似する犯罪… 244, 245, 246, 250, 252, 257
ループホール化する課税… 144〜, 149, 203,
　　　209, 303, 432, 435, 450, 516, 675〜
ルクセンブルグの留保…………… 176
例外なき事前の通知… 529, 531, 570, 571,
　　　　　　　　　　　601, 602, 641
歴史の改竄　13〜, 48, 80, 86, 111, 126, 156, 569
歴史の時間軸…………………… 210
歴史の選択………………………… 1
レゾン・デートル………………… 352
レピュテーション………………… 117

レベニュールール………………… 577
連邦行政刑法 14 条………………… 136
連邦行政裁判所への不服申立手続　627, 641
連邦憲法上の要請………………… 522
連邦国際刑事司法共助法……… 31, 131, 133,
　　　　137, 150, 211, 227, 298, 334, 349
連邦裁判所への憲法上の異議申立…… 191
連邦裁判所への上訴……………… 101
連邦政府による条約の暫定適用…… 104
連邦政府の自己批判………… 52, 58, 68
連邦とカントン…………………… 188
連絡を取り合う…………………… 190
炉心熔融………………… 66, 67, 127
論文というものの役割…………… 682
論理の捩じれ………………… 205, 482
論理の飛躍………………… 36, 369

## わ 行

ワイマール憲法…………………… 188
我が国と同じ程度の秘密の保持
　　…………… 278, 429, 438, 439, 445
我々の直視すべき負の歴史！……… 406

＊　＊　＊

1848 年スイス連邦憲法　……………… 188
1931 年対英租税条約　……………… 295
1931 年対独租税条約　………… 187, 192, 320
1932 年前後のスイス・フランス間の関
　係……………………………… 185
1937 年対仏租税条約　……………… 183, 190
1951 年米・スイス旧租税条約　……… 31, 94,
　　　　　　　　116, 130, 177〜, 257
1951 年米・スイス旧租税条約 16 条
　…………………………… 178, 180
1953 年対仏租税条約　180, 193, 206, 225, 236
1954 年対英租税条約　………… 178, 182, 185,
　　　　　　　　　　　195, 206, 295
1963 年版 OECD モデル租税条約草案
　26 条　…………………………… 173

1966年対仏租税条約 … 217,218,219,220, 222,224,301,302,307
1971年対独租税条約 … 220,222,224, 227,231,236,263,320
1977年対英租税条約 … 196,205,206, 208,210,216,219,223,225,226,295,447
1977年版OECDモデル租税条約26条 …………………………………… 174
1989年対独租税条約 ………………… 321
1992年のスイスの欧州経済圏への参加の拒絶…………………………………… 235
1996年対米租税条約 ……… 224〜,251, 257,258,266
2000年以来のスイスの行政共助政策の変更………………………… 173,214,232
2000年OECD租税委員会報告書 …… 326, 353,354,355〜,383,392,442, 500,504,513,515,557,616,682
2000年のEU域内の刑事共助条約 …………………………………… 290,358
2002年対独租税条約 ……… 259,274,316, 330,345,347,348,349,350
2003年対米MOU 34,80,93,94,99,114,115
2004年6月修正後のスイスの留保 … 172
2005年対ノルウェー租税条約改正 …………………………………… 255,326
2006年対スペイン租税条約改正 …………………………… 262,274,294,311
2006年対フィンランド租税条約改正 …………………………………… 259
2007年対英租税条約改正 ………………………… 208,295,297,300,309
2008年以来のグローバルな政治的アジェンダ（?）…… 395〜,401,402,403,408
──の掲げ方………………………… 666
──の実像…………………………… 671
2008年版OECDモデル租税条約26条の規律内容…………………………… 413〜
2008年版OECDモデル租税条約26条3項の条文…………………………… 477,480
2008年版OECDモデル租税条約26条コメンタリー………………… 172,432〜
──のパラ14.1 …………………… 346
2009年2月18日の事態の合法性 …… 46
2009年2月18日の重大な出来事 ………… 49〜,73,87,90,102,104, 112,117,123,126,214,215,232
2009年3月13日以降のスイスに対する基本認識……………………… 525〜,555
2009年3月13日のスイスの重大な政策変更 ……… 233,267,269,315,334, 335,337,353,376,432,670
2009年3月13日のスイスの政治的敗北 ………… 354,398,447,451,513, 525,536,548,554,621
2009年3月13日の政治的敗北後のスイス ……………………… 525〜,586,590
2009年3月のOECD事務局による技術的ノート……………………… 619,672
2009年12月16日以降のスイスの華麗な転身……………………………… 625
2009年対英租税条約 ………………… 207
2009年対仏租税条約 ……… 301,324,335
2009年の欧州発の金融危機 …………… 6
2010年版OECDモデル租税条約 …………………………… 432,513,514
2010年版OECDモデル租税条約コメンタリー…………………… 279,514〜
2012年版OECDモデル租税条約26条 ………………… 532,539,571,675〜
2013年1月24日の第3次日米租税条約改正議定書……… 507〜,567,574,584
2013年議定書による第3次日米租税条約27条 …………………………… 575

〈著者紹介〉

石 黒 一 憲（いしぐろ かずのり）

昭和25(1950)年生まれ。昭和44年（東大入試中止の年），都立日比谷高校卒。同45年，京都大学法学部中退。同49年，東京大学法学部卒。同学部助手・助教授を経て，現在，東京大学大学院法学政治学研究科・法学部教授。専攻は，国際私法・国際経済法など。

〈主要著書〉『現代国際私法［上］』(1986年・東京大学出版会)，『国際私法［第2版］』(2007年・新世社)，『国際民事訴訟法』(1996年・新世社)，『法と経済』(1998年・岩波書店)，『電子社会の法と経済』(2003年・岩波書店)，『通商摩擦と日本の進路』(1996年・木鐸社)，『世界情報通信基盤の構築』(1997年・NTT出版)，『IT戦略の法と技術』(2003年・信山社)，『国境を越える環境汚染』(1991年・木鐸社)，『国境を越える知的財産』(2005年・信山社)，『国際倒産vs.国際課税』(2010年・信山社)，等。

学術選書
129
国際租税法

✿ ✿ ✿

スイス銀行秘密と国際課税
──国境でメルトダウンする人権保障──

2014(平成26)年5月25日　第1版第1刷発行
6729-7：P728　¥15000E-012-045-005

著　者　石　黒　一　憲
発行者　今井　貴　稲葉文子
発行所　株式会社　信山社
〒113-0033　東京都文京区本郷6-2-9-102
Tel 03-3818-1019　Fax 03-3818-0344
henshu@shinzansha.co.jp
笠間才木支店　〒309-1611　茨城県笠間市笠間515-3
Tel 0296-71-9081　Fax 0296-71-9082
笠間来栖支店　〒309-1625　茨城県笠間市来栖2345-1
Tel 0296-71-0215　Fax 0296-72-5410
出版契約6729-01010 Printed in Japan

©石黒一憲, 2014.　印刷・製本／東洋印刷・牧製本
ISBN978-4-7972-6729-7 C3332　分類329.630-a008　国際租税法

JCOPY　〈(社)出版者著作権管理機構 委託出版物〉
本書の無断複写は著作権法上での例外を除き禁じられています。複写される場合は，そのつど事前に，(社)出版者著作権管理機構（電話03-3513-6969，FAX 03-3513-6979，e-mail: info@jcopy.or.jp）の許諾を得てください。

◈石黒一憲 著◈

国際倒産 vs. 国際課税
　　―牴触法的考察

契約の神聖さ
　　―住友信託 vs. ＵＦＪ事件

国際私法の危機

グローバル経済と法

国際摩擦と法
　　―羅針盤なき日本〔新版〕

ＩＴ戦略の法と技術
　　―「ＮＴＴの世界的Ｒ＆Ｄ実績」vs.「公正競争」

国境を越える知的財産
　　―サイバースペースへの道程と属地主義

新制度大学院用 国際私法・国際金融法教材

信山社